KARL MARX

GARETH STEDMAN JONES

Karl Marx

Grandeza e ilusão

Tradução
Berilo Vargas

Publicado originalmente em inglês por Penguin Books Ltd, Londres
Copyright do texto © 2016 by Gareth Stedman Jones
O autor assegura seus direitos morais
Todos os direitos reservados

Grafia atualizada segundo o Acordo Ortográfico da Língua Portuguesa de 1990, que entrou em vigor no Brasil em 2009.

Título original
Karl Marx: Greatness and Illusion

Capa
Guilherme Xavier

Imagem de capa, lombada e quarta capa
Reprodução de litogravura de 1866, Hulton Archive/ Getty Images

Preparação
Osvaldo Tagliavini Filho

Índice remissivo
Luciano Marchiori

Revisão
Jane Pessoa
Huendel Viana
Ana Maria Barbosa

Dados Internacionais de Catalogação na Publicação (CIP)
(Câmara Brasileira do Livro, SP, Brasil)

> Jones, Gareth Stedman
> Karl Marx : grandeza e ilusão / Gareth Stedman Jones ; — São Paulo : Companhia das Letras, 2017.
>
> Título original : Karl Marx : Greatness and Illusion
> Bibliografia
> ISBN 978-85-359-2996-6
>
> 1. Comunismo e sociedade 2. Europa – Política e governo – 1789-1900 3. Europa – Vida intelectual – Século 19 4. Filosofia marxista 5. Marx, Karl, 1818-1883 I. Título.

17-07933   CDD-335.4092

Índice para catálogo sistemático:
1. Marx, Karl : Filosofia política e social   335.4092

[2017]
Todos os direitos desta edição reservados à
EDITORA SCHWARCZ S.A.
Rua Bandeira Paulista, 702, cj. 32
04532-002 — São Paulo — SP
Telefone: (11) 3707-3500
www.companhiadasletras.com.br
www.blogdacompanhia.com.br
facebook.com/companhiadasletras
instagram.com/companhiadasletras
twitter.com/cialetras

Sumário

Imagens 7
Mapas 11
Agradecimentos 17

Prólogo: O surgimento de um ícone, 1883-1920 21
1. Pais e filhos: as ambiguidades de se tornar prussiano 27
2. O advogado, o poeta e o amante 52
3. Berlim e o iminente crepúsculo dos deuses 77
4. Reconstrução da pólis: a razão enfrenta o Estado cristão 106
5. A aliança entre os que pensam e os que sofrem: Paris, 1844 144
6. Exílio em Bruxelas, 1845-8 191
7. O enfoque da revolução: o problema com a Alemanha 228
8. As revoluções de meados do século 272
9. Londres 337
10. A *Crítica da economia política* 401
11. *O capital*, democracia social e a Internacional 460
12. De volta ao futuro 566
Epílogo 622

Notas 631
Referências bibliográficas 727
Índice remissivo 745

Imagens

1. O jovem Marx (Copyright © Mary Evans Picture Library, 2015/ Marx Memorial Library).

2. Retrato de Jenny Marx, sem data (Museu Karl Marx e Friedrich Engels, Moscou/ AKG Images).

3. Karl Marx, editor do *Rheinische Zeitung*, 1842-3, por Ernst Schaumann (Deutsches Historisches Museum, Berlim/ S. Ahlers).

4. Heinrich Heine com Jenny e Karl Marx. Desenho, 1848 (AKG Images).

5. Eleanor Marx aos dezoito anos, 1873 (Roger-Viollet, Paris/ Bridgeman Images).

6. As filhas mais velhas de Karl Marx, Jenny e Laura, *c.* 1865. Fotografia (Alfortville, Coleção Frédéric Longuet/ AKG Images).

7. Karl Marx e sua mulher, Jenny, década de 1850 (Copyright © Mary Evans Picture Library, 2015/ Marx Memorial Library).

8. Helena Demuth (AKG Images).

9. Friedrich Engels, 1870 (AKG Images).

10. Moses Hess, 1847 (Museu de História da Cidade de Düsseldorf/ AKG Images).

11. Mikhail Aleksandrovitch Bakunin (Copyright © Mary Evans Picture Library, 2015).

12. Pierre-Joseph Proudhon (Copyright © Mary Evans Picture Library, 2015).

13. Dr. Andreas Gottschalk, retrato de autoria de Wilhelm Kleinenbroich, 1849 (Museu da Cidade de Colônia, HM 1916/221; Copyright © Rheinisches Bildarchiv, rba_co24059).

14. Ferdinand Lassalle, *c.* 1860 (Copyright © Mary Evans Picture Library, 2015/ Imagno).

15. Dr. Eduard Gumpert (Cortesia do dr. Karl Kollman, Arquivos da Cidade de Eschwege, Arquivo de Imagens).

16. Wilhelm Wolff (Museu Karl Marx e Friedrich Engels, Moscou/ AKG Images).

17. *Trier*, vista de Trier do outro lado do rio Mosela. Gravura em aço, sem data (*c.* 1850?), de autoria de Johann Poppel a partir de um desenho de Ludwig Lange (1808-1868) (Berlim, Sammlung Archiv für Kunst und Geschichte/ AKG Images).

18. Folha de rosto dos *Deutsch-Französische Jahrbücher*, Paris, 1844 (Copyright © Mary Evans Picture Library, 2015/ Interfoto/ Sammlung Rauch).

19. Corpos dos mortos durante os conflitos de rua em fevereiro de 1848 são mostrados em Paris (Gravura de J. Gaildrau numa história da França).

20. Sessão da Commission des Travailleurs, Paris, 1848 (Copyright © Mary Evans Picture Library, 2015).

21. Luta de barricada em Colônia, 1848 (Bildarchiv Preußischer Kulturbesitz. Copyright © Mary Evans Picture Library, 2015/ Interfoto/ Sammlung Rauch).

22. Berlim, 1848, ilustração do livro de Carl Schurz, *Reminiscences*, v. 1 (McClure Publishing Co., 1907) (The Bodleian Libraries, Universidade de Oxford. 23351 d.43, v. 1).

23. A reunião cartista em Kennington Common, 10 de abril de 1848, do livro de Frances Dimond e Roger Taylor, *Crown & Camera: The Royal Family and Photography, 1842-1910* (Harmondsworth, 1987) (Royal Collection Trust/ Copyright © Her Majesty Queen Elizabeth II, 2016).

24. A primeira edição do *Neue Rheinische Zeitung*, 1º de junho de 1848 (Copyright © Mary Evans Picture Library, 2015/ Interfoto).

25. Thibault: a barricada de Saint-Maur-Popincourt, 26 de junho de 1848 (PHO 2002 42). (Paris, Museu d'Orsay, adquirido pelo Museu Nacional com apoio da Heritage Photographic, Copyright © RMN-Grand Palais, Museu d'Orsay).

26. Insurgentes detidos (Copyright © Mary Evans Picture Library, 2015).

27. Cerimônia de abertura da Exposição Internacional em South Kensington em 1862 (Copyright © Mary Evans Picture Library, 2008).

28. William Powell Frith, *Ramsgate Sands* (*Life at the Seaside*), 1851-4 (Royal Collection Trust/ Copyright © Her Majesty Queen Elizabeth ii, 2016).

29. Rescaldo da Comuna (Copyright © BnF, Dist. rmn-Grand Palais/ Image BnF).

30. Pôster da Revolução Cultural Chinesa em comemoração ao centenário da Comuna de Paris (Coleção Stefan R. Landsberger, Instituto Internacional de História Social, Amsterdam).

Mapas

1. A Renânia antes de 1789 — "O Corredor dos Monges"
2. A ocupação francesa da Renânia durante a Revolução e a Era Napoleônica
3. Paris e as batalhas da Guerra Franco-Prussiana
4. A Londres de Marx, 1848-83

MAPA I. A RENÂNIA ANTES DE 1789 — "O CORREDOR DOS MONGES"

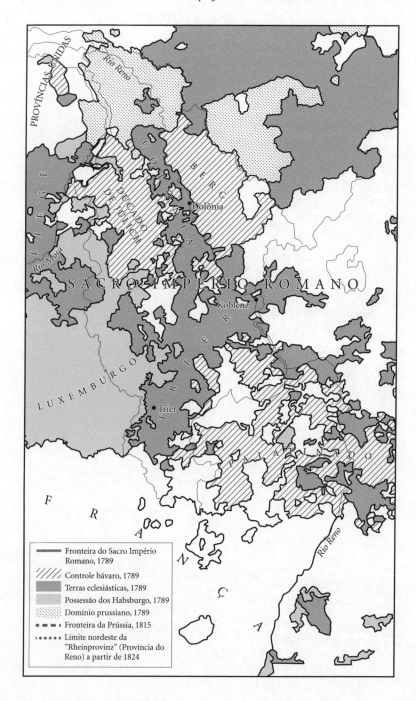

MAPA 2. A OCUPAÇÃO FRANCESA DA RENÂNIA DURANTE A REVOLUÇÃO E A ERA NAPOLEÔNICA

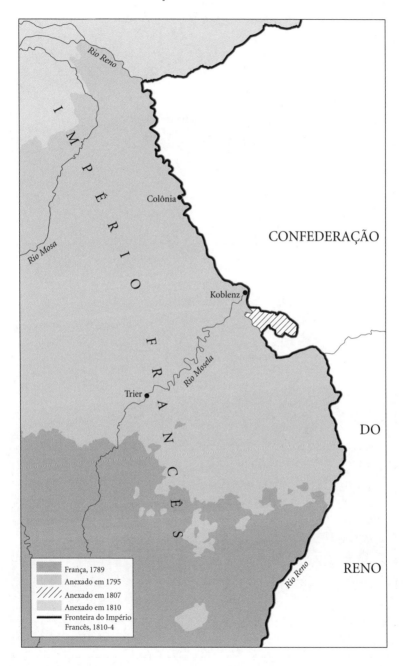

MAPA 3. PARIS E AS BATALHAS DA GUERRA FRANCO-PRUSSIANA

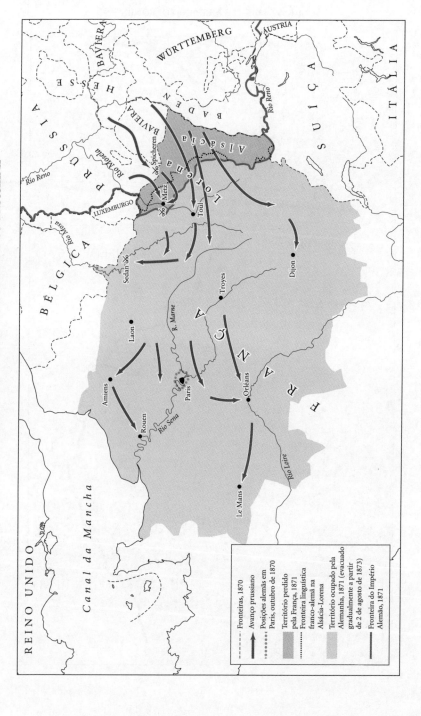

MAPA 4. A LONDRES DE MARX, 1848-83

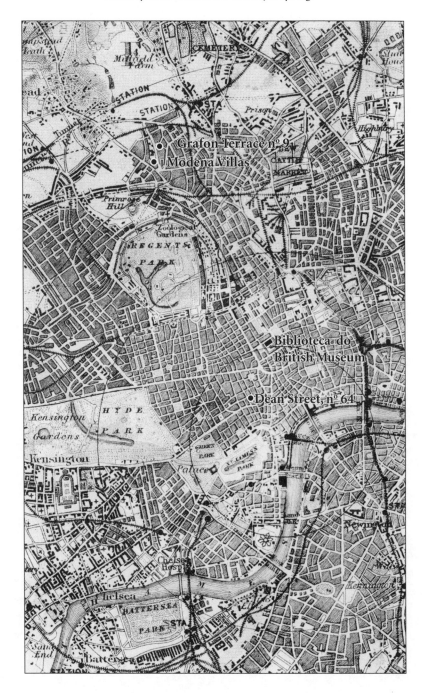

Agradecimentos

O estudo da vida e da obra de Marx inspirou muitos escritores notáveis, a começar pela biografia pioneira do destacado social-democrata alemão Franz Mehring, em 1918, e prosseguindo, quase sem interrupção, até hoje. Meu livro tem por base as inúmeras revelações e explicações contidas nessas obras. Mas é diferente num importante sentido.

Por mais interessante que tenha sido a vida de Marx, sua importância duradoura vem do impacto das ideias que desenvolveu numa série de textos cujo valor e significado deram ensejo a acirrados debates políticos desde o seu surgimento. Talvez para passar ao largo das paixões políticas em torno desses textos, as quais já foram ardentes e continuam a ferver em fogo lento, biógrafos eruditos de Marx tendem a apresentar relatos descritivos de seus escritos teóricos e preferem concentrar-se em sua vida.

Diferentemente, decidi dar atenção tanto ao pensamento de Marx quanto à sua vida. Trato seus escritos como intervenções de um autor em contextos políticos e filosóficos particulares que o historiador precisa reconstruir cuidadosamente. Apesar da sua originalidade, Marx não foi um explorador solitário seguindo um curso não trilhado rumo a uma teoria social singular que não tinha sido descoberta. Em vez disso, fosse como filósofo, teórico da política ou crítico de economia política, seus escritos eram vistos por ele como intervenções em áreas de discurso já existentes. Além disso, essas intervenções eram dirigidas aos seus contemporâneos, e não aos seus descendentes do século XX ou XXI. Meu objetivo neste livro é como o do restaurador que remove os últimos retoques e alterações de uma pintura aparentemente conhecida para restaurá-la à condição original. É por isso que presto atenção tanto nos pronunciamentos e nas reações dos seus contemporâneos quanto nas palavras do próprio Marx. Mas isso, por sua vez, só pode ser feito se Marx e seus contemporâneos forem inseridos numa paisagem maior do que eles. Daí a necessidade, pelo menos em parte, de repensar a história do século XIX, da qual Marx e seus contemporâneos fazem parte.

A pesquisa para este livro e os diversos seminários a ele relacionados só foram possíveis graças ao generoso apoio, ao longo de anos, da Fundação Edmond de Rothschild, dirigida por Ariane de Rothschild e Firoz Ladak. Também tenho uma dívida considerável com as formas de história intelectual praticadas há anos por meus colegas da Universidade de Cambridge, da Universidade Queen Mary de Londres e do Instituto de Pesquisa Histórica: em particular, ao falecido Chris Bayly, a Duncan Bell, Eugenio Biagini, Richard Bourke, Christopher Clark, Tim Harper, Colin Jones, Shruti Kapila, Duncan Kelly, William O'Reilly, Jonathan Parry, Michael Sonenscher, Sylvana Tomaselli, Robert Tombs, Adam Tooze e Georgios Varouxakis. As obras de Marx precisam ser fixadas com firmeza em específicas linhagens de economia política e direito natural, e nessas áreas aprendi muito com membros do projeto do Centro de Pesquisa do King's College sobre "Economia Política e Sociedade", incluindo John Dunn, Bianca Fontana e Michael Ignatieff, e especialmente com a obra desbravadora do falecido István Hont. Subsequentemente, muito me beneficiei também da pesquisa desenvolvida no Centro de História e Economia de Cambridge, chefiado por Emma Rothschild e por mim e com a assistência de Inga Huld Markan e Amy Price. O entendimento de Emma da história da economia política anterior influenciou imensamente a abordagem que adotei neste livro.

Meu trabalho foi possível graças às *Marx-Engels-Gesamtausgabe* (Obras Completas de Marx e Engels) ainda em andamento, magnífico projeto editorial tanto na sua concepção original, que data dos anos 1920, como na restauração de sua integridade acadêmica depois de incorporado pela Berlin-Brandenburgische Akademie der Wissenschaften em 1991. Eu gostaria de agradecer particularmente a um dos seus editores atuais, Jürgen Herres, por suas explicações e assistência.

A Karl-Marx-Haus em Trier, agora parte da Friedrich-Ebert-Stiftung em Bonn e Berlim, e o Instituto Internacional de História Social em Amsterdam me deram acesso a importante material de arquivo.

Numerosos amigos e colegas desempenharam papel fundamental ajudando-me a repassar cuidadosamente os temas deste livro. Em filosofia alemã, Douglas Moggach foi uma constante fonte de apoio, bem como Keith Tribe em economia política. Joachim Whaley ofereceu ajuda inspiradora e orientação em tudo que diz respeito à língua e à literatura alemãs do século XIX. Ao longo dos anos, também tive o prazer de supervisionar a pesquisa de doutorado de numerosos e notáveis especialistas nessas áreas, todos eles agora distintos historiadores. Beneficiei-me imensamente da interação com Carolina Armenteros, Callum Barrell, Duncan Campbell, Edward Castleton, Gregory Clayes, Simon Cook, David Craig, Isabel Divanna, David Feldman, Margot Finn, Tom Hopkins, Tristram Hunt, Thomas Jones, Christina Lattek, Jon Lawrence, Julia Nicholls, David Palfrey, Susan Pennybacker, Daniel Pick, Anna Plassart, Diana Siclovan, Nick Stargardt, Miles Taylor, William Whitham e Bee Wilson. Sou grato, de coração, a Sally Alexander por sua proveitosa crítica e por seu contínuo envolvimento com este livro. Muitos outros amigos e colegas ajudaram também com comentários e sugestões: Sylvie Aprile, Jonathan Beecher, Fabrice Bensimon, Jonathan Clark, Widukind de Ridder, Ludovic Frobert, Peter Ghosh, Samuel Hayat, Joanna Innes, David Leopold, Karma Nabulsi, Mark Philp, Iorwerth Prothero, Loïc Rignol, Amartya Sen, William Steimetz, David Todd, Mark Traugott, Macel van der Linden e Richard Whatmore.

É um verdadeiro prazer agradecer a Mary-Rose Cheadle do Centro de História e Economia; trata-se de uma editora altamente eficiente e uma amiga. Com suas habilidades linguísticas e editoriais e seu olho para as imagens apropriadas, ela supervisionou, com sabedoria, a edição do livro desde a redação dos primeiros capítulos até o manuscrito final. Maggie Hanbury ofereceu paciente apoio por muitos anos e garantiu as melhores condições possíveis para a publicação do livro. A equipe da Penguin tem sido fantástica, especialmente Chloe Campbell e Mark Handsley, que deram sugestões editoriais muito inteligentes. Simon Winder, da Penguin, ofereceu incentivo e apoio desde o início do projeto.

Espero que este livro seja apreciado por muitos leitores fora dos círculos acadêmicos. Ao pensar nesse público, sempre tive em mente Abigail Thaw e Nigel Whitmey, inteligentes e curiosos leitores e observadores do mundo. Espero que gostem do livro. Finalmente, e acima de tudo, meus mais calorosos agradecimentos a Daniel, Joseph e Miri — todos os três envolvidos na tarefa de pensar e escrever história — por sua fé no projeto, seu amor e seu apoio inabalável.

Cambridge, 11 de junho de 2016

Prólogo: O surgimento de um ícone, 1883-1920

Karl Marx ficou conhecido no mundo inteiro como o notório revolucionário que, em nome da Associação Internacional dos Trabalhadores, tinha defendido a Comuna de Paris em 1871. Em consequência dessa notoriedade, prestou-se uma atenção cada vez maior à sua obra como teórico do socialismo e do comunismo. A publicação de *O capital* em 1867, primeiro em alemão e subsequentemente em russo, francês, italiano e inglês, fez de Marx o mais destacado teórico do socialismo de sua época, e criou grupos de seguidores na Europa e na América do Norte. O conhecimento de suas ideias foi difundido em particular por seu amigo íntimo e estreito colaborador Friedrich Engels, que afirmava que graças à obra de Marx o socialismo não era mais apenas uma "utopia". Era uma "ciência". *O capital* anunciava o colapso iminente do modo de produção da época e sua substituição pela sociedade socialista ou comunista do futuro.

A Revolução Russa de 1917 e uma série de outras revoluções tentadas na Europa central na esteira da Primeira Guerra Mundial foram todas atribuídas aos ensinamentos de Marx. Essas, por sua vez, foram seguidas, no período do entreguerras, pelo crescimento de partidos comunistas ao estilo soviético, que depois da Segunda Guerra Mundial ficaram em posição favorável para assumir o controle de Estados em boa parte da Europa oriental. Na Ásia, movimentos locais de libertação nacional, formados na resistência ao imperialismo e ao colonialismo, empreenderam revoluções comunistas na China e no Vietnã, também em nome do "marxismo". Nos anos 1960, movimentos inspirados pelo comunismo ou pelo socialismo revolucionário também tinham se espalhado pela América Latina e foram bem-sucedidos em Cuba. Na África do Sul, o comunismo ajudou a inspirar a primeira resistência duradoura ao apartheid e movimentos para acabar com a dominação colonial branca em todo o resto da África.

No rescaldo de 1917 e da difusão global do comunismo de estilo soviético, Marx foi celebrado como épico fundador e legislador do comunismo, numa mitologia de proporções monumentais. Foi venerado como o fundador da ciência da história — o "materialismo histórico" — e, junto com o amigo Engels, como arquiteto da filosofia científica correspondente — o "materialismo dialético". Em países comunistas, imensas estátuas foram erguidas em incontáveis praças públicas, ao mesmo tempo que edições populares das suas obras ultrapassavam as da Bíblia. Essa é a conhecida história do comunismo do século xx e do desenvolvimento da Guerra Fria. Como era de esperar, ela tem sido identificada com a aparição dos Estados "totalitários", nos quais a promulgação de uma forma oficialmente prescrita de "marxismo" era acompanhada de expurgos, julgamentos fraudados e um vigilante controle de todos os meios de comunicação.

Mais surpreendente é o fato de que a mitologia em torno de Marx não foi inventada pelo regime soviético. Já tinha começado a ser construída na época da morte de Marx, em 1883, desenvolvendo-se com força total nos trinta anos seguintes. A invenção do que viria a ser conhecido como "marxismo" foi inicialmente, em grande parte, criação de Engels em seus livros e panfletos, a começar por *Anti-Dühring* em 1878. Foi preparado pelos líderes do Partido Social-Democrata na Alemanha, particularmente August Bebel, Karl Kautsky, Eduard Bernstein e Franz Mehring. O Partido Social-Democrata da Alemanha, nos anos anteriores a 1914, era o maior partido socialista do mundo e exercia influência preponderante no desenvolvimento do socialismo em outros países. Em parte por convicção, mas principalmente para fortalecer a autoridade do partido, seus líderes julgaram oportuno proteger e promover a reputação de Marx como fundador revolucionário de uma ciência da história. Na Rússia, o "marxismo", como filosofia e como movimento político, foi vigorosamente promovido nas décadas de 1880 e 1890 por Georgi Plekhanov e, subsequentemente, por Lênin. Em outros países, do Império Austro-Húngaro à Espanha e à Itália, o "marxismo" oferecia uma poderosa alternativa ao nacionalismo, ao republicanismo ou ao anarquismo. Mesmo em países onde a força de um radicalismo ou socialismo autóctone tinha raízes muito mais profundas, como na Grã-Bretanha e na França, *O capital* de Marx conquistou o apoio de pequenos agrupamentos e de destacados intelectuais.

Os líderes social-democratas da Alemanha tinham plena consciência da vulnerabilidade da imagem de Marx e sua teoria. Eles eram os guardiães designados dos documentos de Marx e Engels e discutiam entre si como lidar com o hiato, por vezes constrangedor, entre imagem e realidade. Acreditavam que a admissão de falhas de Marx, fossem políticas ou pessoais, enfraqueceria o apoio de membros comuns do partido, muitos dos quais eram sustentados pela ideia de que a morte iminente do capitalismo tinha sido provada definitivamente num livro escrito por um grande filósofo. Era essencial também não dar ao governo imperial da Alemanha guilhermina uma oportunidade de atacar as credenciais do Partido Social-Democrata desacreditando a obra do seu pensador e fundador. Boa parte da imagem vigente sobre o caráter pessoal, o discernimento político e as realizações teóricas de Marx foi fundada na necessidade de proteger o seu legado.

O custo dessa atitude foi uma inflação crescente da reputação de Marx. Alegações cada vez mais amplas eram feitas sobre a escala e o significado das realizações de Marx, ao mesmo tempo que as áreas nas quais seus escritos ou atividades não tinham alcançado esses requisitos míticos eram falsamente interpretadas ou omitidas. Marx foi promovido como o filósofo que realizou nas ciências humanas tanto quanto Darwin tinha realizado nas ciências naturais. Esse paralelo inventado reforçava a alegação de que o Partido Social-Democrata encarnava a *ciência* do socialismo. Da mesma forma, com base no então ainda inédito terceiro volume d'*O capital*, sustentava-se também que a teoria de Marx propunha como certa a queda do capitalismo. Entre os anos 1890 e 1930, a questão do momento exato em que o capitalismo entraria em colapso foi tópico de prolongado debate. Conhecida como *Zusammenbruchstheorie* (teoria do colapso), a ideia era que o capitalismo chegaria ao fim, não tanto como consequência da revolta dos operários, mas porque, na ausência de novos mercados para explorar, o sistema atingiria um ponto de colapso terminal.

Como resultado das expectativas criadas sobre o conteúdo do terceiro volume, sua publicação em 1894 produziu considerável desapontamento. Foi alvo da crítica fundamental do economista austríaco Eugen von Böhm-Bawerk, por sua incapacidade de produzir uma teoria satisfatória sobre a relação entre valores e preços.[1] Mais imediatamente, também provocou o ataque de Eduard Bernstein à

Zusammenbruchstheorie. A teoria baseava-se na polarização entre as classes, supostamente cada vez mais aguda, e na distância cada vez maior entre riqueza e pobreza. Mas o material empírico não confirmava essa afirmação. O ataque de Bernstein à teoria foi visto como particularmente danoso, pois o autor era um dos testamenteiros literários dos documentos de Marx e Engels. Engels concluiu o prefácio do terceiro volume em 4 de outubro de 1894. Morreu em 5 de agosto de 1895. Kautsky, o editor de *Die Neue Zeit*, principal jornal teórico do partido, gostou do debate e publicou os oito artigos críticos de Bernstein. Mas Bebel, o líder do partido, estava assustado e tinha esperança de que Bernstein deixasse o partido. As críticas de Bernstein foram debatidas em sucessivos Congressos do Partido Social-Democrata em 1898 e 1899, mas acabaram condenadas como "revisionismo". A partir de então, a opinião de Bernstein foi classificada como heresia, distinta do "marxismo ortodoxo".²

Desde o início, o que veio a ser chamado de "marxismo" foi construído a partir de uma visão resolutamente seletiva daquilo que era para ser considerado teoria, não apenas em relação a possíveis hereges, mas também em relação ao próprio Marx. O Marx celebrado na década de 1890 e além era o teórico da universalidade do capitalismo e seu inevitável colapso global.

Líderes social-democratas também tiveram que decidir o que deveria ser dito sobre o caráter pessoal de Marx. Em 1905, Franz Mehring, o primeiro biógrafo de Marx, escreveu para Karl Kautsky que seria impossível publicar a correspondência entre Marx e Engels sem que sofresse alguma censura. Mehring declarou que se a correspondência aparecesse na íntegra, todos os esforços dos vinte anos anteriores para preservar a reputação literária de Marx teriam sido inúteis. A correspondência estava repleta de referências insultuosas a destacados sociais-democratas. Também continha comentários racistas sobre várias figuras, como o primeiro líder social-democrata, Ferdinand Lassalle. Por isso, em 1913, o líder do partido, August Bebel, junto com Bernstein, finalmente publicou uma coleção de quatro volumes de cartas, censuradas como Mehring queria. Como escreveu Bebel para Kautsky: "A propósito, quero lhe dizer — mas por favor não toque absolutamente nesse assunto — que algumas cartas não foram publicadas, antes de tudo, porque eram fortes demais para nós. Os dois velhos tinham, àquela altura, um jeito de escrever cartas que não consigo aceitar".³ As cartas foram finalmente publicadas numa edição sem censura, por David Riazanov, entre 1929 e 1931.

O que esse relato revela é que, pelo fim do século XIX, havia importantes diferenças entre o verdadeiro Marx — quem era ele, como se comportava, em que acreditava, em que pensava — e as formas como ele veio a ser representado no discurso político. A figura que emergiu era a de um patriarca e legislador barbudo, severo e ameaçador, um pensador de implacável consistência, com uma imperiosa visão do futuro. Esse era o Marx tal como o século XX — bastante equivocadamente — o veria. A imagem foi brilhantemente enunciada por Isaiah Berlin em um texto de 1939: a crença de Marx em sua própria visão sinótica era "daquele tipo ilimitado, absoluto, que encerra todas as questões e dissolve todas as dificuldades"; "seu sistema intelectual era fechado, tudo que entrava tinha que estar de acordo com um padrão preestabelecido, mas fundamentado na observação e na experiência".[4]

O objetivo deste livro é restituir Marx ao seu ambiente no século XIX, antes de qualquer elaboração póstuma de seu caráter e de suas realizações. Karl, como o chamaremos a partir de agora, nasceu num mundo que ainda se recuperava da Revolução Francesa, do governo napoleônico da Renânia, da iniciada mas rapidamente abortada emancipação dos judeus, e da sufocante atmosfera do absolutismo prussiano. Era também um mundo onde havia saídas, ainda que na maior parte apenas na imaginação. Havia a beleza da pólis grega, a inspiração dos poetas e dramaturgos de Weimar, o poder da filosofia alemã e as maravilhas do amor romântico. Mas Karl não foi apenas produto da cultura na qual nasceu. Desde o início estava determinado a deixar sua marca no mundo.

1. Pais e filhos: as ambiguidades de se tornar prussiano

Três anos depois da Batalha de Waterloo, Karl Marx nasceu na Renânia, em 5 de maio de 1818. Por toda parte à sua volta, havia sinais da tentativa de reconstruir a Europa após trinta anos de destruição e transformação provocados pela Revolução Francesa e pelas Guerras Napoleônicas, e em nenhum lugar isso era mais evidente do que na própria Renânia. Situada entre a França e a Confederação Alemã, a população da Renânia era majoritariamente católica — cerca de 1,5 milhão entre os 2 milhões de almas. Antes de 1789, tinha sido dominada por três principados-bispados — Colônia, Mainz e Trier — que haviam tido o antigo privilégio, juntamente com quatro príncipes-eleitores seculares, de eleger o imperador do Sacro Império Romano. Entretanto, durante a Revolução Francesa e as Guerras Napoleônicas, não só os exércitos em luta atravessaram e reatravessaram esse "corredor de monges" (como os habitantes locais o chamavam), como também os Estados que comandavam esses exércitos redefiniram toda a área: primeiro como parte da França revolucionária em 1794, e depois de 1815 como parte do reino protestante da Prússia. O Sacro Império Romano, que existia desde o ano 800 d.C., tinha sido abolido por Napoleão em 1806, e os aliados vitoriosos reunidos em Viena em 1815 não fizeram nenhuma tentativa para restaurá-lo.

A escala dessas guerras precisa ser rememorada. Estima-se que vitimaram 5 milhões de europeus, número igual, em proporção, ao dos mortos na Primeira

Guerra Mundial. A escala da própria guerra era totalmente nova. No século XVIII, os exércitos contavam-se às dezenas de milhares; em contraste, o exército que Napoleão comandou na invasão da Rússia em 1812 totalizava 650 mil soldados. O impacto da guerra na sociedade também foi alterado. As guerras do século XVIII tinham sido travadas basicamente por mercenários, mas, como consequência da Revolução Francesa, formaram-se "exércitos nacionais", primeiro na França e em seguida na Prússia. Uma nova ideia de "serviço militar" surgiu, e com ela a prática do alistamento. Comparativamente, a Renânia teve sorte, evitando as devastações da guerra, pois as grandes batalhas foram travadas em outros lugares. No entanto, como parte do império de Napoleão, não conseguiu escapar do alistamento militar. Entre 1800 e 1814, a Renânia contribuiu com 80 mil soldados (ou um em cada vinte habitantes) para os 2 milhões mobilizados na França. Metade desse imenso número jamais voltou.[1]

Karl Marx nasceu em Trier, centro da região vinícola do vale do Mosela, no sudoeste da Renânia. Como centro de uma região puramente agrícola — à exceção de alguma fabricação de ferro no Eifel —, os êxitos e fracassos de Trier estavam estreitamente ligados à uva e à madeira. Vinhedos e bosques ocupavam as encostas que subiam do rio, e para além deles havia as florestas da região pobre de Hunsrück ao sul e o Eifel ao norte. Fundada como Augusta Treverorum no ano 16 a.C., e reivindicando o título de cidade mais antiga da Alemanha, Trier foi a capital da província romana da Gália Bélgica. Em dado momento o principal centro da Gália, a cidade romana deve ter abrigado uma população de até 80 mil pessoas. Depois de um declínio em importância administrativa no início da Idade Média, durante o século XII o arcebispo de Trier tornou-se príncipe-eleitor do Império, e a cidade desfrutou outro período de prosperidade durante os últimos tempos medievais. Mas em 1802, de acordo com estatísticas oficiais, a população de Trèves (como os ocupantes franceses a rebatizaram) era de apenas 8846, e despencou para 7887 com a retirada dos soldados e oficiais franceses em 1814. Depois disso, a população voltou a crescer, e em 1819 totalizava 11 432 habitantes.[2]

O pai de Marx, Heinrich, nasceu em 1777 na contestada cidade fronteiriça de Saarlouis, terceiro filho de Meier Halevi Marx, o rabino da comunidade judaica da cidade. Em 1788, Meier Halevi mudou-se para servir como rabino em Trier, onde permaneceu até a morte, em 1804. O irmão mais velho de Heinrich, Samuel, sucedeu ao pai e continuou no cargo até morrer, em 1827, enquanto Heinrich se tornou advogado. Bem-sucedido na profissão, em 1832 foi agraciado com a posição de *Justizrat* (o equivalente a jurisconsulto). Amplamente reconhecido como distinto jurista renano, Heinrich morreu em 10 de maio de 1838. A mãe de Karl, Henriette, nasceu em 1788 numa família judaica em Nimega, Holanda, onde o pai era descrito como comerciante, cambista e coletor de fundos de loteria. Em 1814, ela casou com Heinrich, a quem provavelmente tinha sido apresentada por conhecidos da família em Amsterdam. Deu a Heinrich nove filhos e morreu em 30 de novembro de 1863.[3] Num momento qualquer entre 1816 e 1819, Heinrich foi batizado na Igreja cristã evangélica da Prússia. Os filhos também foram batizados por volta de 1824, seguidos por Henriette em 1825.

I. REVOLUÇÃO, IMPÉRIO E OS JUDEUS DA RENÂNIA

O drama histórico que assomava por trás desses simples dados biográficos era o da Revolução Francesa, que resultou na tomada da Renânia pelos franceses, nas reformas do Império Napoleônico e, em 1815, na aquisição da Renânia pela Prússia, acontecimentos esses que transformaram radicalmente o destino da família Marx. Heirich jamais teria se tornado advogado, não fosse pelos efeitos da Revolução. Jamais conseguiria licença para exercer a advocacia, não fosse pelas iniciativas educacionais de Napoleão, e não poderia ter continuado como advogado se não se adaptasse à política prussiana cada vez mais restritiva com relação aos judeus depois de 1815.

Esses acontecimentos de suma importância muito contribuíram para influenciar a concepção de mundo do jovem Karl, suas relações com os pais e sua atitude geralmente negativa para com o passado judaico da família. A longa sombra projetada por esses acontecimentos é explicada pelas enormes esperanças despertadas pelos primeiros anos da Revolução, entre 1789 e 1791: a promessa de governo representativo, de liberdade religiosa, de liberdade de expressão e de igualdade perante a lei, tudo isso expresso na linguagem universal dos "direitos do homem". Esse sonho tinha sido um ponto decisivo e crucial para a geração de Heinrich Marx. Mas é igualmente importante lembrar os acontecimentos posteriores, de 1792-4, que produziram a dramática substituição da desacreditada monarquia francesa e o estabelecimento de uma república, forma política anteriormente considerada impossível em grandes, velhos e populosos Estados europeus. A recém-constituída república tinha se defendido com êxito do resto da Europa com a ajuda de um exército de cidadãos, uma Constituição democrática e até mesmo uma religião civil para embasar sua visão de um novo mundo. Mas também tinha engendrado o Terror, falência quase total, e a queda do jacobinismo radical. Para os radicais da geração de Karl, 1792 era mais importante do que 1789. A República Jacobina serviu ao mesmo tempo como fonte de inspiração e ponto de partida de qualquer tentativa para explicar o naufrágio final da Revolução. Essa tensão entre a concepção liberal e a concepção republicana da Revolução dominaria a linguagem de agrupamentos renanos de oposição até as revoluções de 1848.

As mudanças trazidas pela Revolução foram de suma importância. O governo da França antes de 1789 era organizado com base num sistema de estados hierarquicamente concebido, a partir da suposta distinção entre os que rezavam, os que lutavam e os que trabalhavam. Na Revolução, uma nova nação foi construída. Em sua nova Constituição, os que trabalhavam — o "terceiro estado" — tornaram-se a própria nação. Os privilégios e a existência separada dos outros estados, a aristocracia e o clero, foram abolidos. Além disso, na noite de 4 de agosto de 1789, na cidade e no campo, privilégios e poderes feudais foram revogados. A servidão foi abolida e os camponeses foram habilitados a adquirir a posse da terra que cultivavam, fosse de imediato ou mediante pagamento de modestas comissões de resgate. Finalmente, com a transformação dos Estados Gerais na Assembleia Nacional, a nação refundada agora se apoiava numa nova e secular fonte de legitimidade política: a soberania do povo.

No entanto, seria um erro supor que os acontecimentos da Revolução tenham sido o resultado de um programa revolucionário aparentemente bem definido. Só em retrospecto ela poderia ser vista dessa maneira. O processo foi consideravelmente mais ambíguo e confuso.

No início da Revolução, "a maioria esmagadora dos deputados estava convencida de que todas as reformas tinham de ser realizadas sob os auspícios da monarquia, em estreita colaboração com um rei a quem continuavam demonstrando forte devoção filial". Os deputados insistiam numa "visão de retorno a um passado idealizado, de um processo de reforma no qual o precedente histórico continuava a ter considerável importância". "Mas de alguma forma, no período de seis semanas de reuniões extraordinariamente intensas" no verão de 1789, esses delegados chegaram a "uma posição que só poderia ser chamada de revolucionária", um "novo conceito de soberania nacional, fundamentalmente democrático em suas implicações".[4]

No começo, parecia mais provável que a Assembleia adotasse a monarquia histórica, temperada com um equilíbrio de poderes, que tinha sido proposta por seu Comitê Constitucional e seu respeitado presidente, Jean-Joseph Mounier. Mas em vez disso adotou uma Constituição radicalmente nova, baseada na soberania nacional e numa assembleia legislativa unitária, uma proposta mais dentro do espírito de Rousseau. À Coroa, agora efetivamente definida como uma autoridade executiva subordinada, foi dado apenas um poder temporário de veto suspensivo, e este foi mais restringido ainda por um recurso ao povo como o tribunal de apelação definitivo. Esse sistema, como comentou o líder girondino Brissot, só poderia ser posto em funcionamento por um "rei revolucionário".[5]

Muitos representantes não sabiam dizer se a Assembleia Nacional estava tentando reformar um sistema existente ou estabelecer um inteiramente novo. O resultado, como era de esperar, foi incoerente, uma combinação totalmente instável e praticamente insustentável do princípio da soberania inalienável da vontade geral, baseado em Rousseau, com o princípio categoricamente antirrousseauniano de uma assembleia representativa.

Parte do motivo da confusão de objetivos era a fraqueza de um Executivo financeiramente falido, impotente para evitar a adoção de uma linguagem de proposições universais, a exemplo do que fizeram os norte-americanos em 1776. Vários membros da Assembleia avisaram do perigo de adotar essa linguagem. O argumento de Champion de Cicé, bispo de Bordeaux, era característico: "Não devemos nos preocupar com os direitos naturais fixados no berço de pessoas imaturas, mas com direitos civis, a lei positiva de um grande povo que está unido pelos últimos quinze séculos. [...] Abandonemos o homem natural para nos preocuparmos com o quinhão do homem civilizado". Outro moderado, Pierre-Victor Malouet, chamou a atenção para os riscos evidentes de adotar essa abordagem. Diferentemente da América, uma sociedade, afirmou ele, já "preparada para a democracia" e "inteiramente composta de proprietários", na França, "anunciar de maneira absoluta para homens sofredores, destituídos de conhecimentos e de meios, que eles são iguais em direitos aos mais poderosos e afortunados" poderia "destruir os vínculos necessários" e "incitar a ruptura universal".[6]

À medida que a Revolução avançava, essa linguagem de direitos universais adquiria uma qualidade cada vez mais coercitiva. Em parte, isso pode ser atribuído à radicalização da Revolução em face da crescente hostilidade da Igreja católica, da resistência e tentativa de fuga do rei, da guerra civil da Vendeia e da determinação cada vez maior das potências europeias de combater o que Burke chamou de "doutrina armada" da Revolução. Nesse estado de emergência, no lugar da *religion royale* do Antigo Regime, foi concebida uma nova forma do sagrado, e ele estava localizado na nação. Velhas estruturas eclesiásticas foram desmanteladas, e as bases sagradas da realeza foram removidas, até mesmo o cristianismo. A pressão para fundir autoridade política e religiosa, agora sob auspícios republicanos, ganhou intensidade. Esse processo culminou brevemente na fundação, no verão de 1794, do "Culto do Ser Supremo", de Robespierre, uma religião civil republicana nos moldes originalmente esboçados em *Do contrato social* de Rousseau.

As diferenças entre o que passaria a ser chamado de "liberalismo" e "republicanismo" só começaram a aparecer durante a escalada de conflitos, mas a separação entre intenção original e resultado político estava presente desde o início. Pois já em 1789 a utilização pela Assembleia Nacional de uma linguagem de direitos naturais e soberania popular gerou efeitos que pouco correspondiam às aspirações declaradas originalmente. O que prevalecia mesmo nesses debates era uma linguagem de vontade política, mais do que de razão social, de soberania absoluta, mais do que de governo limitado pelos direitos do homem — linguagem essa que poderia também justificar o Terror.[7]

Essa tensão entre as visões liberal e republicana da Revolução ficou particularmente clara no caso da emancipação judaica. De acordo com a Declaração dos Direitos do Homem e do Cidadão de 1789, os homens nascem livres e permanecem livres e iguais em direitos. Além disso, nenhuma pessoa deveria ser perseguida em razão de suas opiniões, mesmo as religiosas, desde que a manifestação dessas opiniões não perturbasse a "ordem pública estabelecida por lei". Com base nisso, a Assembleia Constituinte garantiu aos judeus cidadania francesa e todos os direitos correspondentes em 27 de setembro de 1791.

Antes de 1789, os pensadores mais simpáticos aos judeus tinham sido protestantes exilados na Holanda, como os que viviam em volta de Pierre Bayle e Jacques Basnage, ou livres-pensadores na Inglaterra, como John Toland, que reivindicavam liberdade de crença para todas as religiões. Montesquieu tinha igualmente pregado a tolerância em nome da razão, mas também como uma medida de *raison d'état*, destinada a assegurar que as atividades mercantis judaicas fossem totalmente empregadas no serviço do Estado. As atitudes católicas manifestadas por Bossuet e Fleury eram negativas por razões teológicas. Era verdade que os judeus serviram como testemunha da Glória de Deus e faziam parte da história tradicional da Igreja; precisavam, portanto, ser protegidos. Mas foram também testemunhas da ira de Deus; precisavam, portanto, ser mantidos em situação humilhante ou convertidos. Os mais negativos com relação aos judeus, no entanto, não eram crentes cristãos, mas os que pertenciam a uma corrente de opinião existente entre os *philosophes*, especialmente Voltaire, para quem os judeus combinavam "a avareza mais sórdida" com "a superstição mais detestável". Essas opiniões eram compartilhadas, em maior ou menor grau, por outros filósofos importantes, como Diderot, Jaucourt e D'Holbach.[8]

Em 1789, os *Cahiers de doléances* — os cadernos de declarações de agravo, compiladas por todas as localidades e enviadas a Paris — revelaram fontes mais triviais de sentimento antijudaico, especialmente na Alsácia e nas províncias orientais bordejando a Renânia. Ali, disputas religiosas eram menos frequentes do que queixas econômicas relativas à associação dos judeus com a usura. Esses ressentimentos tinham uma base real em pressões demográficas e econômicas exercidas sobre os trabalhadores rurais, que sofriam com a subdivisão de terras arrendadas, a escassez de moedas e a falta de linhas de crédito; e eles se enfureceram em julho de 1789, mais ou menos na época do Grande Medo. Os camponeses rebelaram-se não apenas contra os senhores, mas também contra os judeus, centenas dos quais tiveram que fugir da Renânia para a Basileia ou para Mulhouse. Isso explica, em parte, por que a igualdade de direitos foi concedida pela Assembleia Nacional a protestantes e a atores de teatro em 24 de dezembro de 1789 e à comunidade judaica sefardita de Bordeaux ("os portugueses") em janeiro de 1790, mas não aos judeus das províncias orientais antes de setembro de 1791, e talvez apenas porque o clima político mudou após a tentativa do rei de fugir para Varennes em junho.

Em 1792-3, exércitos franceses tomaram o sul da Renânia e estabeleceram uma república jacobina no eleitorado religioso de Mainz, conjunto ao de Trier; em 1794, tomaram toda a margem esquerda do Reno (supostamente a verdadeira divisa da Gália romana e um objetivo preexistente de expansão francesa adotado pelo revolucionário Danton) e ali permaneceram até a queda de Napoleão em 1815. A Renânia tornara-se parte da República Francesa, e subsequentemente do Primeiro Império. A doutrina dos direitos universais tinha, portanto, que ser posta em prática ali.

A situação da população de 22 mil judeus na majoritariamente católica Renânia variava significativamente de um território para outro. Em Colônia, por exemplo, os judeus tinham ficado excluídos da cidade desde a sua expulsão em 1424; em Bonn, os judeus desfrutavam de tolerância, mas os protestantes não; em Aachen, até mesmo os protestantes eram obrigados a realizar seus cultos religiosos fora dos portões da cidade; em Mainz, de outro lado, judeus e cristãos tinham os mesmos direitos — judeus podiam frequentar escolas cristãs, e a partir de 1786 protestantes e judeus tinham permissão para se formar na universidade local. Em Trier, os judeus viveram uma história particularmente acidentada. Atacados na época da Primeira Cruzada em 1096 e novamente no período da Peste Negra (1347--53), em geral eles haviam prosperado nesse intervalo de dois séculos e meio. Depois de excluídos da cidade pela maior parte do século XV e outra vez no final do XVI, o último grande assalto à sua propriedade tinha ocorrido em 1675. No século XVIII, os antagonismos pareciam ter diminuído. Os judeus eram tratados com maior tolerância e recebiam tratamento mais favorável, como parte de um movimento de Iluminismo católico, que insistia em maior igualdade para minorias religiosas. Até certo ponto, reformadores católicos, especialmente os "febronianos" em Trier, agiam por princípio. Mas receavam também acabar ficando aquém de áreas da Alemanha protestante, onde uma combinação de Iluminismo e a economia da *raison d'état* tinham ocasionado um aumento constante da prosperidade.[9]

No entanto, os judeus não eram tratados como súditos iguais desses vários principados, episcopados e cidades-Estados, mas — em comum com outros lugares — como membros de uma "nação" separada, exterior aos Estados envolvidos. Ficavam, portanto, restringidos a certos bairros das cidades, excluídos de muitas profissões e submetidos a um tributo discriminatório, justificado como uma forma de dinheiro pago em troca de proteção, que era arrecadado na comunidade judaica local como um todo e dividido em partes iguais entre eles.

Apesar da ambivalência de atitudes para com os judeus, uma ponte entre o universalismo e a emancipação judaica já tinha sido estabelecida às vésperas da Revolução. No entanto, a posição desenvolvida correspondia a menos do que uma plena e incondicional posse de direitos iguais. Na França, fosse formulada por católicos de mentalidade reformadora, como o abade Grégoire, fosse por membros do "Partido Patriota" ou por simpatizantes do Iluminismo, a forma adquirida pela discussão continuava explícita ou implicitamente condicional. Alegava-se que conceder direitos iguais ajudaria "a regeneração" dos judeus, significando sua acelerada assimilação pela comunidade "nacional" e seu efetivo desaparecimento dentro de poucas gerações.

Os termos do debate tinham aparecido pela primeira vez na Alemanha, onde a partição da Polônia com seus 750 mil judeus entre a Rússia, a Áustria e a Prússia tinha levantado questões inesperadas sobre como esses novos súditos deveriam ser tratados.[10] Na Áustria, isso precipitou o Decreto de Emancipação, de José II, em 1781. Na Prússia, onde uma pequena população judaica tinha dobrado de tamanho e um crescente sentimento antijudaico na Alsácia provocava ansiedade, essa nova situação produziu, naquele mesmo ano, o primeiro argumento sustentado não judaico a favor da emancipação, de autoria de Christian Dohm, professor de história e amigo de Moses Mendelssohn, o grande expoente do Iluminismo judaico. Dohm era um representante da religião natural e rejeitava todas as crenças "positivas". Boa parte da hipótese que propôs em *Über die bürgerliche Verbesserung der Juden* [Da melhoria cívica dos judeus] baseava-se na capacidade de os judeus se tornarem membros mais satisfeitos e úteis da sociedade, uma vez finda a opressão, "tão indigna da nossa época", que os havia corrompido. O fim da discriminação legal, supunha ele, levaria à assimilação dos judeus pela sociedade gentia e ao desaparecimento gradual de uma identidade judaica específica. Em lugar de suas "opiniões religiosas com forte sentimento de clã", eles seriam inspirados pelo patriotismo e pelo amor ao Estado. Isso ocorreria como parte de uma transformação mais ampla da sociedade, que deixaria de ser uma hierarquia de Estados para se transformar numa estrutura social baseada no mérito.[11]

Esse livro foi rapidamente traduzido e publicado na França, onde teve impacto instantâneo. Em 1787, inspirou uma competição de ensaios em Metz: "Existem meios de tornar os judeus da França mais satisfeitos e úteis?". A resposta mais famosa veio do abade Grégoire. Como Dohm, Grégoire defendia a eliminação dos obstáculos civis e políticos aos judeus, não tanto para aumentar a sua utilidade, mas para obter sua "regeneração". Grégoire foi o primeiro sacerdote católico a escrever com simpatia sobre a difícil situação dos judeus, mas também recorreu extravagantemente a uma eclética variedade de fontes para explicar a sua "corrupção". Não só Deus tinha castigado os judeus dispersando-os pelo mundo, mas Grégoire também concordava com Johann Kaspar Lavater, o clérigo suíço e muito estimado inventor da "ciência" da "fisiognomonia", na crença de que sua degeneração moral podia ser detectada nas características faciais.[12]

Depois de iniciada a Revolução, Grégoire tornou-se um dos paladinos da nova Igreja Constitucional estabelecida pela Assembleia Nacional para corrigir os abusos da Igreja católica durante o Antigo Regime. Com o advento dessa nova igreja e dessa nova sociedade, acreditava ele, os judeus asquenazes seriam dissolvidos dentro da nação. Além disso, o argumento da "regeneração" dos judeus agora era expresso em termos universais. Pois todos os grupos no Antigo Regime haviam sido corrompidos, em maior ou menor grau, antes de 1789. Grégoire não tinha dúvida de que a nova nação precisava ter um caráter unificado, e portanto todos agora seriam obrigados a transformar seus costumes e valores. Em particular, uma nova homogeneidade seria alcançada mediante casamentos mistos. Fora os judeus, Grégoire dedicava atenção especial à transformação de pessoas da zona rural, de negros livres e, sua *bête noire* particular, dos falantes de patoá.

Até que ponto o quinhão da família Marx mudou nos dez anos seguintes ao Decreto de Emancipação de 1791?[13] As provas são apenas indiretas e sugerem poucas melhorias significativas na situação dos judeus na Renânia. Uma maior liberdade de residência tornou-se possível, bem como alguma ampliação das opções abertas aos artesãos. Mas agora havia uma hostilidade jacobina contra todas as formas preexistentes de culto, culminando no fechamento de todas as igrejas e sinagogas entre setembro de 1793 e fevereiro de 1795, ou na sua transformação em Templos da Razão. O restabelecimento de congregações no traumático rescaldo desses acontecimentos costumava ser difícil, uma vez que muitos agora estavam mais satisfeitos com seu novo status secular, como cidadãos iguais, e se recusavam a continuar dando a antiga contribuição para o apoio comunitário. O acantonamento das tropas de ocupação francesas e a requisição de provisões para os militares também eram problemas. Na vizinha Alsácia, os anos severos do regime termidoriano francês (1795-9) provocaram uma nova onda de ira contra a usura. Apesar de financistas cristãos também estarem envolvidos, os judeus eram o alvo principal da animosidade camponesa.[14]

Mudanças muito mais dramáticas na vida dos judeus da Renânia ocorreram sob o domínio de Napoleão. Na década de 1790, os jacobinos tinham adotado, de modo geral, uma atitude exploradora para com a população local. Tinham fechado as quatro universidades da Renânia — Bonn, Colônia, Trier e Mainz — e rebocado tesouros artísticos locais para Paris. Napoleão, diferentemente, estava decidido a cortejar a colaboração das elites locais. Aboliu o calendário revolucionário e apoiou costumes e feriados consensuais locais (incluindo o Dia de São Napoleão, claro). Apesar de ter pouca paciência com as humanidades e os cursos tradicionais das universidades, era um entusiasmado defensor das disciplinas de formação profissional. Fora as ciências aplicadas, ele se interessava particularmente em promover a jurisprudência como meio de apoiar seu recém-construído e definitivo código legal, o Código Napoleônico. Tratava-se de um projeto digno do fundador de um segundo Império Romano e seu novo Justiniano. Numa visita oficial à Renânia em 1804, ele esteve brevemente em Trier, onde ordenou que a magnífica Porta Nigra romana ficasse livre da barafunda de edifícios medievais que a cercavam e decretou a fundação de uma nova Escola de Direito em Koblenz.[15]

Em 1801, basicamente para pacificar a área francesa ocidental da Vendeia, o coração da resistência monárquica e eclesiástica à república secular, Napoleão fez também uma concordata com o papa. Tendo removido as objeções católicas ao seu governo, ele tomou medidas subsequentes destinadas a estender uniformidade administrativa a outras confissões, principalmente a protestantes e judeus. Sua justificativa era que "o povo precisa ter uma religião", e "essa religião deve estar sob controle do governo". "Minha política", declarou ele, "é governar os homens como a maioria deseja ser governada. É dessa maneira, acredito, que se reconhece a soberania do povo. Se governasse um povo de judeus, eu reconstruiria o Templo de Salomão."[16]

Napoleão parece ter tido uma antipatia instintiva pelos judeus, alimentada em parte pela sua criação católica, em parte pela leitura de Voltaire. "Os judeus são um povo vil", "covarde porém cruel", escreveu em suas *Memórias de Santa Helena*.[17] Mas ao mesmo tempo também estava decidido a aliviar a tensão endêmica sobre as novas províncias orientais do Império, em particular acelerando o processo de "regeneração" dos judeus. Apesar da sua antipatia, ele muito fez para regularizar a situação de cidadãos judeus e ampliar suas oportunidades profissionais.

Em 9 de fevereiro de 1807, junto com outros 71 rabinos e destacados judeus laicos, Samuel Marx, o rabino de Trier — irmão de Heinrich e tio de Karl —, foi convocado por Napoleão para "O Grande Sinédrio" em Paris.[18] Uma reunião anterior de notáveis judeus tinha ouvido uma série de perguntas hostis destinadas a acelerar a sua assimilação, ressaltando as áreas nas quais a lei judaica era tida como incompatível com as leis da nação. Foram interrogados sobre sua atitude para com o patriotismo, o casamento misto, a autoridade estatal e a usura. Como resultado do Sinédrio, dois decretos reorganizaram a fé judaica em conformidade com políticas aprovadas pelo Estado. Os membros do rabinato tornaram-se servidores públicos de caráter similar aos pastores protestantes e aos padres católicos, e a administração do credo judaico foi confiada a um Consistório Geral, semelhante ao que governava as comunidades protestantes. Muito mais inflamatório era o terceiro decreto, conhecido como "decreto infame" (*décret infâme*). Essa medida dava continuidade à prática da tributação discriminatória, mas supostamente se destinava a erradicar obstáculos à "regeneração" judaica, em especial a prática da "usura". O decreto não só recomendava a diversificação para outras profissões, mas também mudava acordos de crédito existentes, obrigava negociantes judeus a solicitar ao chefe de departamento territorial a renovação anual de uma licença para negociar, proibia aos judeus — o que não se estendia a outros grupos — escapar do alistamento militar pagando a um substituto e obrigava-os a se registrar e, caso necessário, alterar seus nomes para atender às novas exigências de registro civil.

Os judeus da Renânia gostavam de demonstrar seu patriotismo fazendo o melhor possível para obedecer a esses decretos, particularmente os relacionados à usura. Em 16 de agosto de 1808, na comemoração do aniversário de Napoleão numa sinagoga em Trier, o tio de Karl, Samuel, recomendou aos jovens judeus que se dedicassem às profissões artesanais, à agricultura ou às ciências; seu próprio filho aprendeu jardinagem. O recém-estabelecido Consistório também gostava de agir decididamente contra a usura. Um documento de 1810 declara que Samuel não tinha "perdido nenhuma oportunidade de alertar contra o espírito do fanatismo, tão contrário aos princípios da nossa religião"; e declarava, ainda, que o Consistório denunciaria imediatamente às autoridades qualquer "israelita" que, em consequência da usura, fosse considerado "culpado de fraudar um não israelita".[19] Deve ter sido também mais ou menos na mesma data que o pai de Karl começou sua carreira de advogado. Pelas novas exigências da administração civil, Heinrich — originalmente Herschel — passou a chamar-se Henri. Ele foi registrado entre os matriculados no curso de licenciatura em direito em Koblenz, com duração de três anos, e em 1814 — o ano do seu casamento — assinou, como testemunha do nascimento da sobrinha, "H. Marx, *avoué*".[20]

Mas o tempo estava acabando para Napoleão e seu novo império. Na desastrosa campanha russa de 1812, Napoleão perdeu 570 mil soldados. O exército russo continuou sua marcha para o oeste, fortalecido pela deserção do contingente prussiano do Grande Exército. Os austríacos reincorporaram-se à coalizão aliada, e em outubro de 1813, na Batalha de Leipzig, o exército de Napoleão, com seus 200 mil soldados, foi derrotado por uma coalizão de 265 mil austríacos, prussianos, russos e suecos. Quando o que restava do exército de Napoleão entrou em Mainz em novembro, mais 18 mil foram vitimados pelo tifo. No final de janeiro de 1814, toda a margem esquerda do Reno estava nas mãos dos aliados.

2. 1815: A RENÂNIA SE TORNA PRUSSIANA

A sorte da Renânia agora era uma questão em disputa entre as forças aliadas vitoriosas. A Prússia esperava ficar com um pedaço da Saxônia como a parte que lhe cabia no butim da vitória. Mas depois do colapso dos Países Baixos Austríacos na década de 1790, os britânicos resolveram que a Prússia, na maior parte uma potência oriental, deveria substituir a Áustria como "sentinela" ocidental contra uma nova erupção militar francesa. A Prússia resistiu a essa solução o máximo possível. Isso significaria assumir a enorme responsabilidade de defender as longas fronteiras ocidentais da Alemanha. O povo da Renânia mostrava a mesma falta de entusiasmo. A grande maioria era católica e provavelmente teria preferido um governante Habsburgo. Chamavam os prussianos de "lituanos", enquanto os endinheirados lamentavam: "estamos casando com alguém de família pobre".[21]

O desafio mais imediato para os prussianos não era o catolicismo, mas a ameaça representada pela lei renana. Se a Renânia fosse incorporada à Prússia, a lei prussiana certamente substituiria o sistema jurídico local. Mas o código legal prussiano, o Allgemeines Landrecht, apesar de iluminista em suas intenções, em grande parte era anterior a 1789 e praticamente não levava em conta a mudança fundamental nos pressupostos jurídicos e políticos que deveria ocorrer na Renânia em consequência da Revolução e de vinte anos de domínio francês. Como na França, a autoridade feudal tinha sido substituída pela soberania da propriedade privada, os direitos comuns privatizados, as guildas dissolvidas, a administração simplificada e as terras da Igreja leiloadas.

Toda essa transformação social e política era pressuposto de um novo sistema jurídico e foi apoiada com vigor pela população local. Essas novas instituições judiciais baseavam-se no Código Napoleônico, que implicava igualdade perante a lei. Além disso, uma estranha reviravolta nos acontecimentos tinha empurrado o sistema numa direção ainda mais liberal. Sob Napoleão, os júris só eram permitidos em casos comuns. Crimes de interesse especial para o Estado eram apanágio de tribunais especiais, formados por juízes e oficiais das Forças Armadas, atuando sozinhos. Durante a invasão aliada de 1814, porém, os juízes que serviam nesses tribunais impopulares tinham fugido e tribunais sem júri foram fechados. Como resultado, o sistema judicial na Renânia agora era visto como modelo de prática liberal, e os princípios a ela inerentes — julgamento por corpos de jurados, audiências públicas, a separação de Judiciário e Executivo e a proscrição dos castigos físicos — sobreviveram até 1848, quando foram adotados como modelo pelos reformistas em toda a Alemanha.

Em 1815, a direção das políticas prussianas para a sua nova província renana ainda não estava clara. Pois a Revolução e a guerra tinham forçado a Prússia a mudar também. Em 1806, nas Batalhas de Jena e Auerstedt, os prussianos tinham sido totalmente humilhados por Napoleão. Foi o fim da ordem política da velha Prússia — da "classe dominante rural fardada".[22] Em resposta ao fiasco, radicais dentro da administração prussiana tinham introduzido uma série de reformas fundamentais. O alistamento militar e a promoção por mérito foram adotados no Exército, um sistema ministerial foi criado, a propriedade servil foi abolida, as restrições de guilda foram removidas e o governo municipal foi estabelecido. Essas medidas vieram acompanhadas pela introdução da educação primária universal e pela fundação de uma nova universidade em Berlim.

Houve também uma importante mudança de atitude para com a emancipação judaica: promovido pelo chanceler Karl von Hardenberg, o Édito Relativo à Condição Civil dos Judeus, de 1812, acabou com as jurisdições especiais existentes e transformou os judeus em "cidadãos" do Estado prussiano. O édito não foi tão longe quanto a legislação francesa de 1791. Ainda havia uma expectativa de que a mudança de status seria acompanhada por uma mudança de comportamento. Além disso, não foi decidido se judeus teriam o direito de trabalhar para o governo. Não obstante, como medida inicial, o édito foi muito bem recebido pelas organizações judaicas.

Essa mudança teve papel significativo no abandono dos pressupostos políticos que haviam governado a Prússia feudal e absolutista dos velhos tempos. A mudança se tornara necessária devido à renovação da guerra contra Napoleão em 1813. Envolvera a mobilização da Prússia nos meses que antecederam a Batalha de Leipzig, e para muita gente na época isso tinha significado o verdadeiro nascimento da "Alemanha".[23] Depois da humilhação de 27 de outubro de 1806, quando

Napoleão e seu exército vitorioso foram saudados ao desfilar pelas ruas de Berlim, uma transformação extraordinária havia ocorrido. Naquela época, surgiram as primeiras faíscas de resistência "nacional" à França. Limitavam-se a pequenos círculos de estudantes e intelectuais, que defendiam uma "nação" no sentido de comunidade linguística e cultural abrangendo e transcendendo principados e Estados existentes. Mais tarde, porém, esse sentimento combinou-se com uma reação crescente contra a crueldade e a conduta exploradora do Grande Exército, e, como resultado, a indiferença popular transformou-se em ódio contra a potência de ocupação. Grupos de leitura, agremiações de ginástica e sociedades secretas distribuíam propaganda entre as classes instruídas, encontrando uma receptividade mais ampla, especialmente entre os jovens das cidades, como estudantes, artesãos e trabalhadores jornaleiros.

Em 1813, a monarquia conservadora e absolutista prussiana tinha sido obrigada a seguir o exemplo do Estado revolucionário francês e recrutar seu exército entre as massas. Toda a população masculina apta, independentemente da região e incluindo judeus, foi convocada para servir, enquanto numerosos e variados grupos voluntários, incluindo mulheres, dava apoio à sociedade civil. Por um momento, a causa da Prússia e a causa de uma "Alemanha" rudimentar se juntaram. Depois disso, uma lembrança interminavelmente embelezada desse momento de união patriótica em 1813, quando rei e povo supostamente estiveram lado a lado, alimentou um poderoso reservatório de sentimento legalista nas décadas anteriores a 1848.

A vitória definitiva sobre Napoleão em Waterloo por tropas majoritariamente britânicas e prussianas em 18 de junho de 1815 surgiu como o momento culminante das esperanças engendradas pela "Era da Reforma" da Prússia e pela mobilização patriótica de 1813. Menos de um mês antes, a vitória tinha sido precedida pelo édito real de 22 de maio prometendo a convocação de uma assembleia representativa. Havia motivos também para ser otimista com relação ao futuro da Renânia. O governo da província tinha sido confiado a destacados membros do setor reformista, em particular Johann Sack, Justus von Gruner e Christoph von Sethe, que se opunham à velha aristocracia e eram favoráveis ao sistema judicial liberal da Renânia. Por um momento, parecia que uma Prússia nova e mais progressista poderia se entender com sua província pós-revolucionária.

Essas esperanças logo se desvaneceram. A promessa de uma assembleia representativa não foi cumprida. O estabelecimento por Metternich de uma Confederação Alemã, um conglomerado arcaico de 38 entidades majoritariamente principescas, obscureceu visões de uma nova forma de unidade alemã. As desilusões e confusões de ativistas românticos e nacionalistas, agora inscritos numa nova forma de associação estudantil, a *Burschenschaft*, foram apaixonadamente manifestadas numa nova forma de reunião política, comemorando o tricentenário da Reforma de Lutero, o Festival de Wartburg em 1817. Ali, em meio a uma variedade de objetos odiados, participantes queimaram as obras do dramaturgo August von Kotzebue, que tinha zombado de ideais nacionalistas românticos. Um ano depois, vestindo um "antigo traje alemão" concebido pelo pedagogista da ginástica romântico Friedrich Jahn, um estudante nacionalista radical de Jena, Karl Sand, assassinou Kotzebue em sua casa. Isso bastou para amedrontar o nervoso rei prussiano, Frederico Guilherme III, já convencido por Metternich da ameaça representada por "demagogos" que difundiam o jacobinismo e o nacionalismo. Assim, em 1819, a Confederação Alemã, incitada por Metternich, promulgou os Decretos de Carlsbad, que suprimiam as associações estudantis e impunham duras medidas contra a liberdade de expressão e de associação.

Em Berlim, conservadores também já tinham começado a assumir o controle da corte de Frederico Guilherme III, e o casamento de sua irmã com o futuro tsar Nicolau I da Rússia empurrou-o mais ainda numa direção reacionária. Em contraste com as políticas dos reformistas prussianos, houve uma nova ênfase na centralidade da religião. De acordo com um ofício de 1816, a religião era o único vínculo suficientemente forte para transformar um povo num "todo unânime", capaz de ação unificada e determinada "em tempos de ameaça externa". Isso, por sua vez, significava uma mudança política com relação aos judeus. Medidas foram tomadas para tornar mais fácil a conversão, mas, por isso mesmo, enquanto um judeu permanecesse judeu, deveria ser rigorosamente excluído de qualquer função no Estado.

Como advogado e como judeu, Heinrich Marx se viu em meio ao fogo cruzado entre esses grupos rivais. Em 13 de junho de 1815, Heinrich escreveu ao novo governador provincial prussiano, Johann Sack, pedindo que a nova administração rescindisse o decreto napoleônico antijudaico de 17 de março de 1808. Referiu-se a seus correligionários (*Glaubensgenossen*) argumentando que, se alguns eram culpados de práticas usurárias, o remédio não era a legislação desigual em vigor, mas uma lei clara contra a usura. Aproveitou para contestar a alegação de que essa discriminação tivesse sido planejada como cura para a degeneração judaica. Deu "graças eternas ao Todo-Poderoso pelo fato de que ainda éramos, e somos, seres humanos", e declarou que "qualquer pessoa que depois de um período tão longo de opressão não se transforme num completo degenerado é porque ostenta o selo inequívoco de uma nobre humanidade; as inerradicáveis sementes da virtude residem no peito; a faísca da divindade inspira o espírito". Apelou também para o "doce espírito do cristianismo", com frequência obscurecido pelo "espírito do fanatismo", à "pura moralidade do Evangelho maculada pela ignorância dos sacerdotes" e à "vontade do rei como o legislador sábio".[24]

Heinrich estava particularmente preocupado com a possibilidade de exercer a advocacia. Em 23 de abril de 1816, num informe sobre o número de judeus empregados na administração da justiça, o presidente do Tribunal de Comarca, Christoph von Sethe, escreveu para Berlim argumentando que, apesar de o édito de 1812 proibir os judeus de exercerem a advocacia, a três deles, que já trabalhavam como advogados — incluindo Heinrich —, deveria ser concedido o direito excepcional de continuar a fazê-lo. Tinham escolhido a profissão de boa-fé e receberam do monarca a garantia de que nenhum funcionário seria afastado do cargo em consequência da mudança de governo. Mas Kircheisen, o ministro da Justiça conservador em Berlim, não achava certo abrir exceções, nem o ministro do Interior prussiano, Von Schuckmann.[25]

Com os reformistas na defensiva ou marginalizados — Sack foi transferido para a Pomerânia logo depois —, não havia quase nada que a administração local pudesse fazer para ajudar. No final de 1816, Heinrich submeteu à "Immediat-Justiz-Kommission" um relatório sobre a instituição de tribunais de comércio na Renânia. Quando a Kommission o convidou a publicar o relatório, ele concordou, mas com a condição de que seu nome e seu lugar de residência não fossem divulgados. Temia as possíveis consequências, caso se soubesse que morava em Trier. E explicou:

> Infelizmente, meus vínculos de sangue são de uma espécie que, como pai de família, exigem cautela. Como se sabe, a confissão à qual a natureza me acorrentou não desfruta de apreço especial, e esta província certamente não é a mais tolerante. E, se tenho que aguentar muitas coisas, algumas bastante amargas, e correr o risco de perder minha pequena fortuna quase completamente, até uma época em que se possa admitir que um judeu tenha algum talento e seja justo e honrado; com certeza não é culpa minha se me tornei um tanto tímido.[26]

E assim Heinrich foi batizado como membro da Igreja cristã evangélica da Prússia em algum momento entre 1816 e 1819. Não existe registro do batismo. Mas não há por que duvidar da razão para isso. Foi porque — como declararam muito tempo atrás um amigo de Karl, Wilhelm Liebknecht, e sua filha, Eleanor — o governo prussiano não lhe deu outra opção, se quisesse continuar sendo advogado.[27]

Embora não possa haver dúvida sobre a necessidade profissional do batismo de Heinrich, não é tão certo assim que essa mudança fosse inteiramente contrária às suas convicções. Suas referências ao "doce espírito do cristianismo" e à "pura moralidade do Evangelho" sugerem um forte respeito pelo cristianismo, quando ainda era membro da comunidade judaica. O que talvez o tenha impedido de fazer essa mudança antes foi a consideração pelos sentimentos de seus pais. Pode ter sido a isso que se referiu anos depois quando, numa carta de censura a Karl, então com dezenove anos, sobre a necessidade de respeitar os pais, ele mencionou sua própria experiência: "Como lutei e sofri para não acabrunhá-los enquanto foi possível!".[28] O cunhado de Karl, Edgar von Westphalen, em suas recordações quarenta anos depois, chamou Heinrich de protestante à maneira de Lessing, ou conforme o modelo kantiano de fé e razão unidas numa moralidade mais elevada.[29] Isso certamente está de acordo com o tom de outra carta que Heinrich escreveu ao filho Karl em 1835:

> Um grande apoio da moralidade é a pura fé em Deus. Você sabe que posso ser qualquer coisa, menos um fanático. No entanto, essa fé é um [requisito] real do homem cedo ou tarde, e há momentos na vida em que até o ateu é [involuntariamente] levado a reverenciar o Todo-Poderoso [...] pois aquilo em que Newton, Locke e Leibniz acreditavam, qualquer um pode [...] submeter-se [a isso] também.[30]

Na década de 1820, Heinrich parece ter prosperado. Após sua nomeação para o Tribunal de Apelação de Trier em 1818, ele redigiu outro relatório sobre a usura em 1821 e se tornou advogado público. Era, evidentemente, bem-visto pelos colegas. A imponente casa perto da Porta Nigra adquirida em 1819 foi comprada de um colega jurista, e os padrinhos dos seus filhos eram, quase sempre, advogados de Trier. Edgar von Westphalen dizia que ele era um dos melhores advogados e um dos homens mais nobres da Renânia. E Heinrich não perdeu contato com a comunidade judaica. A família Marx continuou a compartilhar a propriedade de um vinhedo em Mertesdorf com o dr. Lion Bernkastel, destacado membro do Consistório, e a procurar sua assistência em assuntos médicos até os anos 1830.[31] A família também mantinha uma relação de amizade com a viúva do rabino Samuel Marx.[32]

Para Trier e a região circundante, a década de 1820 não foi uma época de prosperidade. Sob o domínio francês, o vinho do Mosela tinha fácil acesso ao mercado francês, mas passou por uma longa e profunda crise poucos anos depois que a região foi incorporada à Prússia. Iludidos pela aparente posição de monopólio conferida à indústria pela tarifa prussiana de 1818, os produtores de vinho aumentaram vastamente as áreas dedicadas à viticultura, ao mesmo tempo que diluíam a qualidade, seduzidos pela promessa de um mercado prussiano de larga escala. Em meados dos anos 1820, a superprodução levou a uma queda dos preços e isso se transformou em uma catástrofe em razão de tratados comerciais com a Baviera e Württemberg que levaram à substituição do vinho do Mosela pelos vinhos do Palatinado e de Rheingau, do sul da Alemanha. A crise dos viticultores prosseguiu nas décadas de 1830 e 1840, até chegar a um ponto em que sua miséria só podia ser comparada ao caso contemporâneo, internacionalmente notório, dos tecelões silesianos.[33]

O outro pilar da região era a floresta, e durante a primeira metade do século XIX houve um aumento da demanda por madeira, especialmente das forjas de ferro do Eifel e dos tanoeiros do comércio de vinho. Pobres camponeses do planalto se beneficiaram dessa demanda vendendo a madeira que coletavam no chão das florestas. Mas a consolidação dos direitos de propriedade privada durante o período de domínio napoleônico e sua confirmação pelos Estados Provinciais nas décadas de 1820 e 1830 ameaçaram os meios de subsistência dos camponeses ao contestar o direito de coletar árvores mortas. A resistência aldeã tomou a forma de "furto de madeira", praticado basicamente por mulheres e crianças. O número crescente de condenados por furto de madeira por júris de proprietários foi uma das questões ressaltadas por Karl Marx no *Rheinische Zeitung* de 1842. Porém a questão não era tanto a luta entre propriedade privada e agricultura de subsistência, como ele pensava, mas a luta dos pobres para participar do mercado da madeira.[34]

Se havia desconfiança do governo prussiano na década de 1820, ela corria em surdina. Não se cultivava a nostalgia da Renânia anterior aos anos de dominação francesa. Berlim prestava pouca atenção aos interesses econômicos da província renana; sua política de livre-comércio destinava-se basicamente a beneficiar os exportadores de milho do leste do Elba no interior da Prússia. Mas, como Napoleão, os prussianos tentaram associar-se à cultura local. Devolveram tesouros saqueados, restauraram a Universidade de Bonn em 1818 (mas não a de Trier) e patrocinaram o crescente culto do medieval apoiando o projeto para terminar a catedral de Colônia. Seu principal interesse, porém — e certamente em Trier —, era militar e estratégico. Trier, cidade-quartel a poucos quilômetros da fronteira francesa, ficava na primeira linha de defesa contra uma França potencialmente ressurgente.[35]

Na década de 1820, a promessa feita pelo rei prussiano de convocar uma assembleia representativa, originalmente incitada por Hardenberg e outros reformistas ministeriais, foi transformada pelos conservadores na realização periódica de uma assembleia provincial organizada segundo o modelo da sociedade de Estados tradicional e sem poderes orçamentários.[36] Uma vez que, pela lei renana, os privilégios da nobreza continuavam ilegais, a tentativa de propor um Estado de nobres na primeira reunião da Assembleia Renana em 1826 foi no geral tratada com escárnio; os renanos importantes continuavam firmemente burgueses na atitude e no estilo de vida. No entanto, apesar da sua inadequação de forma, líderes locais conseguiram transformar essas assembleias em veículos para manifestar descontentamento com a burocracia prussiana local.[37]

3. 1830 E DEPOIS

Em resposta aos acontecimentos da década de 1830, as demandas do liberalismo renano adquiriram contorno muito mais definido. A revolução de julho de 1830 em Paris derrubou o regime do rei da Casa de Bourbon, Carlos X, irmão do executado Luís XVI, e pôs fim a qualquer ambição de restaurar as estruturas do Antigo Regime. Um mês depois, a Bélgica assistiu ao início de uma bem-sucedida revolta nacional contra os holandeses, e de novembro ao verão seguinte, em 1831, os poloneses fizeram uma tentativa de livrar-se do domínio russo. Entre os liberais e radicais alemães, o clima era de agitação. De acordo com o poeta Heinrich Heine, que passava férias na remota Helgoland, quando chegou a notícia da queda de Carlos X, "o pescador, que ontem me levou a uma ilhota de areia onde tomamos banho, sorriu para mim e disse: 'Os pobres conseguiram'".[38] Em Brandemburgo-Prússia, nada se mexeu muito. Na Renânia, porém, foi saudado com entusiasmo o fato de dois dos seus mais importantes vizinhos — a França e a

Bélgica — terem se tornado monarquias parlamentaristas liberais. Politicamente, a presença intimidadora de guarnições prussianas inibiu qualquer contestação explícita à Constituição existente, limitando-se a tumultos e distúrbios em Aachen e Colônia.[39] Mas na Renânia bávara, em Hambach, em maio de 1832, uma assembleia de burgueses, artesãos e estudantes, reforçada por milhares de camponeses protestando localmente, demandou um Estado-nação alemão fundado na soberania do povo. Como era de esperar, a Confederação Alemã reagiu com outro conjunto de leis fortalecendo a censura e proibindo todas as formas de liberdade de associação e liberdade de assembleia.

A reação dos burgueses de Trier foi menos visível, mas não o bastante para escapar à atenção oficial. As autoridades prussianas já tinham notado, com cenho franzido, as atividades do Casino Club, o principal clube social da *Bürgertum* [burguesia] da cidade, cujos membros tinham em várias ocasiões, aparentemente, deixado de erguer um brinde à saúde do rei. E ficaram ainda mais preocupadas quando a tensão entre membros do clube e a guarnição levou seus oficiais a saírem em massa do local. Mas a tensão aumentou quando, em 13 de janeiro de 1834, o clube ofereceu um festivo banquete para 160 convidados para dar as boas-vindas aos quatro deputados de Trier que voltavam da Landtag [Assembleia Provincial].

Heinrich Marx fez o discurso de boas-vindas. "Um sentimento nos une, a todos nós, nesta cerimônia", começou ele, "um sentimento agora inspira os cidadãos honrados desta cidade: o sentimento de gratidão a seus representantes, sobre os quais estão convencidos de que lutaram com palavras e atos, com coragem e sacrifício, pela verdade e pela justiça." E então proferiu "os mais íntimos agradecimentos e os melhores votos ao nosso bondoso rei" por instituir "a representação do povo". "De livre e espontânea vontade", o rei tinha organizado a convocação dos estados "para que a verdade atinja os degraus do seu trono". E, prosseguiu ele, "para onde a verdade deve nos levar, senão para lá?". "Onde a justiça está entronizada", concluiu, "a verdade também deve aparecer."[40] Como discurso leal, foi um tanto malicioso. Heinrich Marx agradeceu aos representantes da cidade antes de agradecer ao rei; falou do primeiro estabelecimento "da representação do povo", e não da convocação dos Estados, e fez uma ligação entre a Assembleia Provincial e a obtenção de justiça e verdade.

As autoridades viram nessas atividades uma afronta. O ministro da Justiça criticou um clube composto de contribuintes privados na cidade de Trier pela "presunção, de forma igualmente ignorante e não autorizada, de criticar as atividades de uma assembleia que está subordinada à majestade do rei". E ele ficou particularmente alarmado com o fato de que

> a grande maioria dos deputados da Landtag não se comporta como deputados de seus respectivos Estados alemães na Landtag, mas como representantes do povo; e, como na Inglaterra, serão incentivados pelo povo a seguir esse caminho se nas tavernas fazem e ouvem discursos e são aplaudidos pelos assistentes como tribunos do povo por suas façanhas na Landtag, combatendo os perigos e os planos que ameaçavam a Landtag, e que eles repeliram.[41]

Para um governo ainda ansioso com a reação dos seus súditos renanos no rescaldo de 1830, o pior ainda estava por vir. Menos de duas semanas depois, em 25 de janeiro de 1834, houve outra celebração para comemorar o aniversário de fundação do Casino Club. Depois que a maioria dos convidados foi embora, vários participantes reuniram-se em volta de uma das mesas, discursos foram pronunciados e canções entoadas. Enquanto as canções sem conteúdo político eram murmuradas, *A Marselhesa* foi adotada com mais entusiasmo, e depois vieram "La Parisienne" e outras canções revolucionárias. Um dos participantes pegou um guardanapo de seda tricolor, subiu num banquinho e acenou, e então, descendo do banco e cambaleando para trás, fez os outros beijarem-no, abraçarem-no ou até se ajoelharem diante dele. Um advogado exclamou: "Se não tivéssemos tido a Revolução de Julho na França, agora teríamos que comer capim, feito gado". Outra vez, um dos presentes era Heinrich Marx, apesar de ele ter saído antes da execução final d'*A Marselhesa*.[42]

A administração prussiana ficou assustada com os relatos do incidente que recebeu dos militares em Trier. Já o prefeito tentou atenuar as coisas dizendo que tudo não passara de um efeito do excesso de vinho, e não devia ser levado muito a sério. A opinião pública reprovou o que aconteceu lá dentro, mas gostou menos ainda do sentido dado ao incidente pelos militares. Apesar disso, o governo seguiu em frente e acusou de alta traição um dos participantes, o advogado Brixius. Mas o acusado foi absolvido em Trier, e mais uma vez em recurso apresentado em Colônia, testemunho eloquente do valor e da importância do sistema judicial não absolutista da Renânia.

Outro sinal da ansiedade dos governantes prussianos foi que no Ginásio de

Trier — que Karl Marx frequentou de 1830 a 1835 —, juntamente com o diretor, Johann Hugo Wyttenbach, um codiretor acentuadamente conservador, Vitus Loers, foi nomeado e incumbido da vigilância política da escola. Wyttenbach era professor de história, além de diretor. Homem culto e progressista, certa vez saudara a Queda da Bastilha como a aurora da liberdade, e suas crenças religiosas foram influenciadas por Kant. Heinrich lembrou ao filho, quando ele chegou ao fim do seu período no ginásio, que mandasse alguns versos agradecidos a Wyttenbach — "eu disse a ele que você lhe tem a maior devoção". Mas também lhe informou que tinha sido convidado para um almoço oferecido por Loers, "que ficou ressentido porque você não lhe fez uma visita de despedida". Heinrich tinha contado uma mentira para desculpar o desrespeito do filho.[43]

Apesar do incidente de 1834, as opiniões de Heinrich não eram as de um revolucionário, e, como escreveu para o filho, ele era "qualquer coisa, menos um fanático". Em 1837, numa tentativa de satisfazer a ambição do filho de explorar a "composição dramática", ele sugeriu um período de prova e propôs um tema. O assunto deveria ser tirado da história prussiana e estar relacionado a um "momento agitado no tempo em que o futuro seja incerto". Pensou num tema que atribuísse um papel "ao gênio da monarquia", talvez através "da mente da muito nobre rainha Luísa". Deparou com Waterloo. "O perigo era enorme, não só para a Prússia, para seu monarca, mas para toda a Alemanha"; e foi a "Prússia que decidiu a grande questão aqui", um tópico adequado para uma "ode no gênero heroico, ou não". Há dúvidas acerca da completa seriedade da sugestão. A rainha Luísa tinha morrido em 1810. Mas não havia incerteza quanto a sua condenação de Napoleão uma página adiante. "Na verdade, sob o seu governo ninguém teria ousado pensar em voz alta o que está sendo escrito diariamente e sem interferências em toda a Alemanha, e especialmente na Prússia." Qualquer um que tenha estudado essa história "pode se alegrar imensamente e sem remorso com a sua ruína e a vitória da Prússia".[44]

Um judeu que tinha ingressado na Igreja cristã evangélica — a confissão oficial da monarquia prussiana — em terra de católicos não pode, de forma alguma, ser considerado típico. Mas Heinrich Marx compartilhava muitos valores e condutas dos liberais renanos. Mesmo em assuntos religiosos, pelo menos até que o conflito em torno dos casamentos se intensificasse subitamente no final da década de 1830, havia uma sobreposição muito mais consensual de atitudes na elite renana — fosse católica, protestante ou judaica — do que as divisões confessionais sugerem. No caso de Heinrich, como já ficou claro, isso foi moldado pelo legado do Iluminismo. Segundo a neta Eleanor, "ele era um verdadeiro 'francês' do século XVIII. Sabia de cor Voltaire e Rousseau".⁴⁵ Mas outros movimentos esclarecidos de reforma tinham causado impacto entre os católicos renanos também. No final do século XVIII, a Universidade de Trier tinha sido muito afetada pela teologia iluminista de Febronius e pelos ensinamentos de Immanuel Kant, enquanto na Universidade de Bonn estudantes se amontoavam para assistir às palestras de teologia radical de Georg Hermes.⁴⁶

Os pontos de consenso eram políticos. Incluíam a determinação de não destruir os benefícios de vinte anos de dominação francesa, especialmente o Código Civil, o sistema de júri e a abolição da aristocracia feudal. Essas mudanças tinham sido acompanhadas pela aversão ao fanatismo dos jacobinos e ao autoritarismo burocrático de Napoleão. Havia também uma antipatia e uma desconfiança generalizadas contra o militarismo da Prússia, um ressentimento com a política econômica prussiana, tida como favorável às províncias orientais, e um desejo de um governo parlamentar moderado, prometido pelo rei ainda em 1815. Para a geração de Heinrich, os anos decisivos tinham sido de 1789 a 1791 — a promessa de uma assembleia representativa, igualdade perante a lei, abolição dos Estados, direitos do homem —, e para os judeus especialmente o ano de 1791 e a conquista de uma emancipação incondicional. Eram essas as demandas que inspiravam os novos líderes renanos, que ganharam renome na década de 1830 — Hansemann, Mevissen e Camphausen — e que liderariam os ministérios liberais em Berlim e Frankfurt em 1848.

Para uma geração mais jovem e mais radical, nascida e criada inteiramente sob domínio prussiano na Europa de Metternich, opiniões fundamentadas em defesa da monarquia constitucional e do governo representativo não bastavam. Em 1830, quando Karl tinha doze anos, depois de quinze anos de severa repressão, voltou-se a falar em revolução, quando outra geração assistiu de novo à ruína de um rei Bourbon em Paris. Regimes parlamentares foram estabelecidos na França e na Bélgica, e o direito ao voto foi reformado na Grã-Bretanha. Mas em toda a Europa havia uma pressão radical para impulsionar ainda mais as reformas, e desavenças começaram a surgir entre liberais e radicais, monarquistas constitucionais e republicanos, bonapartistas, nacionalistas e democratas. Na França e na Grã-Bretanha, diferenças se tornavam públicas e explícitas quase de imediato. Mas na Alemanha, onde as condições continuavam repressivas, divergências dentro do *Bewegungspartei* ("partido do movimento") permaneciam implícitas e em surdina. Dez anos depois, porém, em face da recusa da monarquia prussiana a fazer qualquer concessão à causa da reforma, essas divisões se tornaram tão explícitas e polarizadas quanto em outros lugares. Foi nessa altura que Karl Marx, com 24 anos de idade, surgiu como um dos mais distintos expoentes de uma nova e peculiarmente alemã forma de radicalismo, muito diferente das cautelosas esperanças de seu pai. O que precisa ser explicado agora é como as circunstâncias de família, a condição crítica da religião e da filosofia alemãs e, acima de tudo, as altíssimas ambições intelectuais do próprio Karl se combinaram para formar uma postura tão singular.

2. O advogado, o poeta e o amante

I. HENRIETTE PRESSBURG E SEUS FILHOS

Até agora, nada foi dito sobre a mãe de Karl, Henriette, nascida Pressburg. Geralmente, ela recebe um tratamento superficial e, quase sempre, paternalista. Em seu clássico estudo de 1918, Franz Mehring lhe dedica menos de meio parágrafo, comentando apenas que "ela vivia completamente envolvida em seus assuntos domésticos" e que falava mal o alemão.[1]

Por que sua gramática e sua ortografia alemãs continuaram tão fracas ainda é um mistério. Não se pode atribuir apenas à sua criação na Holanda, ou à sua preferência pelo holandês, pois sua irmã, Sophie, não só falava como escrevia bem o alemão, além de dominar várias outras línguas. Também não há provas, como alguns conjecturaram, de que a língua falada em casa por Henriette fosse o iídiche. É mais provável que fosse um dialeto holandês falado em Nimega. Da mesma forma, não há razão para achar que ela era de alguma maneira limitada intelectualmente. A filha Sophie a descreveu como "pequena, delicada e muito inteligente"; e as poucas provas fragmentárias existentes sugerem que era capaz de julgamento crítico e ditos espirituosos.[2] Na época do seu batismo, consta que respondia aos conhecidos que a provocavam sobre a sua nova fé: "Acredito em Deus, não pelo amor de Deus, mas por amor de mim".[3] Embora mais para o fim da vida tivesse poucas coisas boas a dizer dela, Karl Marx reconhecia, pesarosamente, em 1868: ali estava ele, com "meio século nas costas, e ainda um indigente. Como minha mãe tinha razão: 'Quem dera Karell tivesse feito capital, em vez de etc.'".[4]

Não se sabe ao certo até que ponto Henriette se adaptou à sociedade de Trier. Ela veio de Nimega, e no fim da vida pensava em voltar, para a irmã, que morava em Zaltbommel, perto de Amsterdam. A Holanda continuou a ser importante em sua vida e, por diferentes razões, na do filho. Depois da viagem de Karl à Holanda no Natal de 1836, Henriette lhe escreveu com verdadeiro orgulho: "O que achou da minha cidade natal? É realmente um lugar bonito e espero que tenha inspirado você dando-lhe assunto para poesia".[5] Muito mais tarde, em 1851, ao cumprimentar a sobrinha Henriette von Anrooij (nascida Philips) pelo nascimento do terceiro filho, ela acrescentou: "Quando casamos de acordo com a nossa vontade, não devemos reclamar. Mas você teve muito mais sorte do que eu. Pode contar com sua mãe em todas as ocasiões. Eu estava completamente só numa terra estranha".[6] Como tantas outras pessoas em meados do século XIX, ela associava os seus temores aos do judeu errante. Em 1853, escreveu à irmã, Sophie, sobre o iminente casamento da filha Louise e sua intenção de ir morar na África do Sul: "Parece que o destino do povo de I[srael] está sendo mais uma vez cumprido no meu caso e que meus filhos estão sendo espalhados pelo mundo todo".[7]

Quanto a envolver-se completamente em assuntos domésticos, é preciso dizer mais sobre os motivos dessa preocupação. Em suas primeiras cartas, escritas logo depois que Karl saiu de casa para estudar na Universidade de Bonn, enquanto Heinrich aconselhava ou repreendia o filho sobre conduta, valores e carreira, Henriette dava mais atenção ao bem-estar físico dele. Seis semanas depois, quando Karl começou a ter aulas na Universidade de Bonn, ela escreveu em 29 de novembro de 1836: "Você não deve achar que é uma fraqueza do nosso sexo se estou curiosa para saber como é que você cuida da sua casinha".[8] Depois de perguntar que papel desempenhava a "economia" na vida dele e como preparava o seu café, ela continuou: "Você não deve jamais achar que limpeza e ordem são coisas secundárias, pois saúde e animação dependem delas. Faça a maior questão de que seu quarto seja esfregado com frequência e estabeleça uma hora certa para isso". Ao saber com "inquietação" que Karl tinha adoecido no início de 1836, Heinrich declarou que "não há nada mais lamentável do que um erudito doentio", enquanto Henriette deu alguns conselhos práticos:

Tenho certeza de que se você se comportar direito, querido Carl, chegará a idade bem avançada. Mas para tanto precisa evitar tudo que possa piorar as coisas, não deve se aquecer demais, nem beber muito café ou vinho, nem comer nada picante, muita pimenta ou outros temperos. Não deve fumar tabaco, nem ficar acordado até tarde da noite, e levante cedo. Tenha cuidado também para não apanhar resfriado e, meu caro Carl, não dance enquanto não estiver totalmente bem. Você vai achar ridículo, querido Carl, que eu fique aqui bancando a médica, mas não tem ideia de como os pais se afligem quando veem que os filhos não estão bem, e quantas horas de ansiedade isso já nos custou.⁹

Em setembro de 1837, quando Karl começava o segundo ano na Universidade de Berlim, ela escreveu dizendo que tinha lhe preparado "para o outono paletós de lã, que o protegerão contra resfriado". Mesmo no começo de 1838, quando o marido estava gravemente doente, ela ainda estava ansiosa para saber "o que aconteceu com você e se você ficou bem".[10]

Mas seria um erro achar que os temores de Henriette eram os de uma tacanha dona de casa do período Biedermeier, com nada mais importante para se ocupar. Quando se leva em conta o histórico de saúde da família, fica mais fácil compreender suas preocupações. Dos nove filhos nascidos de Heinrich e Henriette, cinco morreram com 25 anos ou menos. Na casa da família Marx, o grande inimigo era a tuberculose; e uma fraqueza pulmonar hereditária do lado paterno da família tornava o próprio Heinrich e a maioria dos filhos — em especial os homens — particularmente suscetíveis a ela. Dos que sobreviveram até a idade adulta, só Karl e três irmãs — Sophie (1816-86), Louise (1821-93) e Emilie (1822-88) — tiveram um tempo de vida normal. O irmão mais velho de Karl, Mauritz, morreu com quatro anos de idade em 1819; Hermann, com 23, em 1842;[11] Henriette, com 25, em 1845; Caroline, com 23, em 1847; Eduard, com onze, em 1837. Em dois casos, as cartas existentes dão ideia do que isso representava no moral da família.

Em 9 de novembro de 1836, Heinrich informa que Eduard está frequentando o ginásio e "quer mostrar muito mais aplicação". Mas em 12 de agosto de 1837, ao repreender Karl por não ter escrito, Heinrich afirma que as cartas dele — quando ele estava livre "dessa doentia sensibilidade e desses pensamentos fantásticos, melancólicos" — são "uma verdadeira necessidade", e "teriam sido particularmente necessárias neste verão para sua mãe, que está muito sentida, e para mim".

> Eduard tem andado doente nos últimos seis meses e está muito magro, sua recuperação é incerta e ele sofre da mais profunda melancolia, realmente tem medo de morrer, o que é muito raro entre crianças e muito cansativo. — E você sabe como é sua mãe: não sai do lado dele, se atormenta dia e noite, e fico sempre com medo de que esses esforços acabem com ela.[12]

Eduard morreu em 14 de dezembro de 1837.

Igualmente excruciante foi o caso de Henriette, a quinta da prole. Jenny Westphalen, futura mulher de Karl, escreveu-lhe em Paris em 11 de agosto de 1844 informando que grandes preparativos estavam em andamento na casa da família Marx para o casamento de "Jettchen" Marx e Theodor Simons.

> Apesar de todas as comemorações, o estado de saúde de Jettchen é cada dia mais miserável com a tosse e a rouquidão piorando. Ela praticamente não consegue ir mais a lugar nenhum. Anda como se fosse um fantasma, mas tem que se casar. Isso é horrível e muito irresponsável. [...] Não sei se pode dar certo. Se pelo menos fossem morar numa cidade — mas é numa aldeia miserável.

Jenny disse que era incapaz de compreender a posição da mãe de Marx. Henriette achava que Jettchen tinha tuberculose, mas ainda assim permitia que casasse. No entanto, não se sabe se havia alternativa, uma vez que Jettchen tinha declarado, com grande convicção, que esse era o seu desejo.[13]

Segundo uma das filhas do clérigo Rocholl, a tuberculose avançou com tanta rapidez que todo mundo já esperava a sua morte:

> Meu pai tentou adiar o casamento, alegando que já não era possível. O noivo também tinha consciência disso, mas a noiva esperava ficar boa quando casasse. Por isso foi realizado. Ela tinha levantado e usava um vestido branco; não a reconheci, tão lamentável era a sua aparência. Depois da cerimônia do casamento, o noivo teve de carregá-la para a cama, de onde só levantou para ser levada na carruagem e poder morrer em sua nova casa.[14]

O casamento foi em 20 de agosto de 1844 e ela morreu em 3 de janeiro de 1845.

Apesar de ter escapado das devastações da tuberculose, Karl era propenso a inflamações pulmonares. Comentaristas têm conjeturado fantasiosamente, com base num ensaio escolar escrito em 1835 — "Reflexões de um jovem sobre a escolha de uma profissão" —, sugerindo que ele pressagiava sua futura "concepção materialista da história".¹⁵ Mas deixam escapar a questão mais óbvia, a preocupação com a saúde. Karl escreveu:

> Apesar de não conseguirmos trabalhar por muito tempo, e raramente contentes, com uma condição física que não seja adequada à nossa profissão, ainda assim continuamente surge o pensamento de sacrificarmos o nosso bem-estar ao dever, de agirmos vigorosamente apesar da fraqueza.¹⁶

O pai ficou assustado com a descrição do seu estado de saúde em Bonn no começo de 1836 e aconselhou exercícios moderados, como caminhar e até mesmo cavalgar.¹⁷ Karl não teve dificuldade para conseguir uma isenção do serviço militar. Mais ou menos em junho de 1836, o pai lhe recomendou que obtivesse os certificados adequados, adiantando que poderia conseguir um com o médico da família, dr. Bernkastel. "Você pode fazê-lo em sã consciência. Seu peito é fraco, pelo menos no momento."¹⁸ Escrevendo sobre o seu primeiro período na Universidade de Berlim, no inverno de 1836-7, Karl disse ao pai que, depois de "muitas noites sem dormir", e de ter "negligenciado a natureza, a arte e o mundo, [...] fui aconselhado por um médico a ir para o interior". Tendo atravessado Berlim até Stralow, disse ele, "não fazia a menor ideia de que me transformaria ali de anêmico fracote em homem de robusta força física".¹⁹ Apesar dessa transformação, sua mãe lhe mandou o certificado de isenção em fevereiro de 1838, acrescentando, como Heinrich, que ele "tinha todo o direito de fazê-lo".²⁰ O médico militar que o examinou em Berlim naquela época declarou-o incapaz para o alistamento, "devido a um peito fraco e a periódicos escarros de sangue".²¹

A correspondência com os pais deixa claro que a saúde de Karl era uma preocupação constante. Parece também que a sua sobrevivência era tida como um dom providencial.²² O único relato da infância de Karl já ressalta sua obstinação: "Ouvi minha tia dizer", escreveu a filha de Marx, Eleanor, que "quando pequeno ele era terrivelmente tirânico com as irmãs, as quais ele 'conduzia' pela Markusberg em Trier à velocidade máxima, como se fossem seus cavalos, e, pior ainda, insistia que elas comessem os 'bolos' que fazia com massa suja e mãos mais sujas ainda".²³ Já crescido, foi tratado como alguém especial. Heinrich reconhecia seus distintos "dons intelectuais".²⁴ Acima de tudo, os pais parecem tê-lo considerado excepcionalmente favorecido pelo destino. Como escreveu Heinrich em 9 de novembro de 1836, "sua mãe diz que você é um favorito da sorte", ou como observou numa carta de 12 de agosto de 1837, "você mesmo diz que a boa sorte fez de você o filho favorito dela".[25] O que isso parece ter alimentado no jovem Karl foi um alto grau de ensimesmamento, a crença num destino especial e um senso de privilégio maior do que o normal.

2. GINÁSIO DE TRIER E UNIVERSIDADE DE BONN

Entre os doze e os dezessete anos, de 1830 a 1835, o jovem Karl frequentou o Ginásio de Trier. Dos seus colegas de sala, apenas sete eram membros da Igreja cristã evangélica; os outros 25 eram católicos (não havia alunos judeus). Oito (quase todos protestantes) vinham de famílias de profissionais liberais, nove eram filhos de artesãos, seis vinham de famílias camponesas e cinco eram filhos de comerciantes. Em 1835, quando eles fizeram o exame final, o *Abitur*, a idade daqueles que se matricularam ia dos dezesseis aos 27 anos. Dos 22 que fizeram o exame, quase metade era de candidatos a teologia.[26] Recordando seus tempos de escola em 1878, Marx escreveu sobre a "obtusidade" e a "idade avançada" da "gente rude do campo na nossa escola primária em Trier", "que se preparava para entrar no seminário" e "a maioria recebendo estipêndio".[27] Teologia se destacava porque os filhos de operários e camponeses quase não tinham possibilidade de continuar a sua educação, a não ser por meio da caridade e de subvenções da Igreja. A faixa etária (dezessete alunos tinham vinte anos ou mais) era explicada, também, pelo número dos que permaneciam na escola para escapar do serviço militar.

O éthos do Ginásio de Trier, moldado por seu diretor Johann Hugo Wyttenbach, que ocupou o cargo por muitos anos, era o da *Aufklärung* do século XVIII, o Iluminismo alemão. Consistia numa forte crença num Deus bondoso e numa moralidade racional livre de dogma. Em sua juventude, Wyttenbach tinha sido jacobino convicto, e durante o período de dominação francesa era de opinião que o futuro da República dependia da educação dos jovens; e assim sendo, em 1799 redigiu um *Handbuch für den Unterricht in den Pflichten und Rechten des Menschen und des Bürgers* [Manual de instrução sobre os deveres e direitos do homem e do cidadão]. Wyttenbach foi nomeado diretor da escola primeiramente em 1804, mas conseguiu manter-se na diretoria em 1815, quando os prussianos que chegavam transformaram a escola num ginásio estatal. Continuou no cargo até se aposentar em 1846.

Apesar da mudança de regime em 1815, os valores ensinados por Wyttenbach quase não mudaram. Ele acreditava que o privilégio do homem em relação aos animais consistia na posse da razão e do livre-arbítrio. A liberdade do homem, de acordo com um dos livros didáticos recomendados por Wyttenbach, consistia na satisfação das suas necessidades físicas e espirituais: as primeiras mediante o emprego de habilidades mecânicas e novas invenções, as últimas pela busca da verdade, da beleza, da perfeição moral e da união com Deus — ou a chamada "formação" ou "cultura" (*Bildung*). Em duas *Deutsche Lesebücher* (cartilhas de leitura) compiladas por ele, uma para a escola primária e outra para a escola superior, havia seleções de prosa e poesia de autores como Herder, Goethe, Schiller, Klopstock, Wieland, Kleist, Schlegel e Albrecht von Haller. Em 1834, Wyttenbach descreveu o ginásio como um estabelecimento educacional em que os jovens deveriam ser instruídos na crença sagrada do progresso e do enobrecimento moral. "A sabedoria divina estabeleceu duas estrelas que brilham eternamente. [...] A razão mais alta, que abre o santuário sagrado da verdade, e o desejo de um coração puro, que só existe no bom e no nobre." Baseando-se na "pura" doutrina de Deus e na imortalidade da alma, que ele associava a Kant, Wyttenbach não se cansava de reiterar a ideia de que o ser humano tem sempre e em primeiro lugar que trabalhar para os outros; por esse meio, o caminho da imortalidade seria aberto.[28]

Embora Wyttenbach conservasse seu cargo, as autoridades prussianas desconfiavam profundamente do éthos da escola e temiam a possível infiltração de ideias subversivas. Depois do assassinato de Kotzebue em 1819 por um membro da associação estudantil (*Burschenschaft*) de Halle, houve uma onda de prisões e detenções de suspeitos conhecida como "caça aos demagogos" (*Demagogenverfolgen*). Além disso, a mando do chanceler austríaco, Metternich, a Confederação Alemã baixou os Decretos de Carlsbad, que impunham rigorosa censura e intensa vigilância. Em Trier, o ginásio vetou candidaturas à Universidade de Halle e suspendeu o ensino do francês, que só foi aceito novamente como matéria opcional em 1822, e retornou ao currículo apenas em 1828. Da mesma forma, a instrução de ginástica foi suspensa, devido à sua conexão com as *Turnvereine* (agremiações de ginástica) nacionalistas. Vários professores foram acusados de viajar a Bonn para participar de "atividades demagógicas". No começo da década de 1830, um dos professores de Marx, J. G. Schneemann, foi apontado como um dos que desfraldaram o estandarte tricolor no Casino Club, e outro, Schwendler, era claramente suspeito na qualidade de secretário do clube. Steininger, o professor de matemática e geologia, também foi denunciado porque declarou, mais ou menos em 1818, que não havia provas da imortalidade da alma e que a destruição de Sodoma e Gomorra provavelmente fora causada por uma erupção vulcânica.

Os indícios de opiniões subversivas eram fonte constante de alarme também entre os alunos. No final dos anos 1820, houve um entusiasmo generalizado pela luta dos gregos pela independência e por seu herói amante da liberdade, Botzaris. No início da década de 1830, relatos sobre os discursos radicais no Festival de Hambach teriam circulado pela escola,[29] e parece que lá existia uma ramificação do grupo Jovem Alemanha.[30] Numa tentativa de exercer maior controle sobre a direção da escola, portanto, as autoridades promoveram em 1835 um mestre dos clássicos, Vitus Loers, a codiretor da escola, ao lado de Wyttenbach.[31]

Em sintonia com a cultura neoclássica e humanista do *Gymnasium* alemão, e em adição ao ensinamento religioso tradicional, foi dada considerável ênfase ao ensino do grego, do latim, de história antiga e de língua e literatura alemãs. Essas eram as matérias nas quais o jovem Marx tinha bom desempenho, segundo o seu "Certificado de Maturidade" emitido depois que ele passou no *Abitur* em 1835. Nessas matérias, ele tinha demonstrado "considerável aplicação". Seu conhecimento da "fé e da moral cristã" era "bastante claro e bem fundamentado". Sua matemática era "satisfatória". De outro lado, seu conhecimento de física era apenas "moderado", e ele demonstrou somente "uma leve aplicação" em francês. No geral, seu desempenho era equiparável ao de outros estudantes profissionais protestantes: bom, mas não excepcional. Dos 32 alunos que prestaram o exame final naquele ano, ele terminou em oitavo.[32]

Em seu ensaio cuidadosamente preparado sobre a "Escolha de uma profissão", no fim dos anos escolares, Karl mostrou um senso quase religioso de vocação. A Divindade permitia ao homem "escolher a posição que lhe seja mais adequada na sociedade". O objetivo de uma pessoa pode ser "grande" "se a convicção mais profunda, a voz mais íntima do coração declarar que assim é. [...] Pois a Divindade nunca deixa o homem mortal inteiramente desorientado; ela fala mansamente, mas com segurança". Essa voz, porém, pode ser facilmente "afogada" pela ilusão, pelo equívoco ou pelo "demônio da ambição". Além disso, mesmo deixando a ambição de lado, o entusiasmo por uma profissão em particular pode ser despertado pelas fantasias da imaginação ou por ilusões sobre talento. Uma referência superficial foi feita ao conselho que pode ser dado pelos pais, "que já viajaram pela estrada da vida e experimentaram a severidade do destino". Mas se depois de examinar a nossa própria escolha a sangue-frio o entusiasmo persistir, "então devemos adotá-la. [...] Bom é aquilo que mais eleva o homem, que confere uma nobreza mais alta às suas ações". Portanto, desde que uma "precária condição física" ou a falta de talento não impeçam alguém de "cumprir sua vocação", "o que deve nos orientar antes de tudo na escolha de uma profissão é o bem-estar da humanidade e a nossa própria perfeição. [...] Pois a natureza do homem é de tal maneira constituída que ele só pode alcançar a própria perfeição trabalhando pela perfeição, pelo bem, dos seus semelhantes".[33]

Seria um erro atribuir muita importância aos sentimentos expressos nesse ensaio. A preocupação com Constituição física e a "severidade do destino" experimentada pelos pais talvez ofereçam pistas mais íntimas sobre o estado de espírito de Karl. Mas, à exceção de uma insistência mais enfática no trabalho pelo bem da humanidade como principal objetivo, muitas formulações eram a reiteração dos ensinamentos de Wyttenbach, expressos de forma parecida nos ensaios de outros alunos. O próprio diretor achou o ensaio "muito bom", caracterizado por riqueza de pensamento e "uma narrativa bem sistematizada". Mas considerava também um "erro" característico o fato de Karl "buscar constantemente expressões complexas e pitorescas", resultando em "muitas passagens" que carecem "da clareza e definição necessárias".[34]

Em 27 de setembro de 1835, os aprovados no *Abitur* deixaram a escola. Karl foi para a universidade local de Bonn estudar jurisprudência. Em revide à abolição das universidades renanas pelos franceses, Bonn tinha sido refundada pela monarquia prussiana em 1818. O objetivo das novas autoridades era demonstrar aos renanos um respeito cultural mais amplo pela instrução superior, em contraste com as estreitas preocupações vocacionais dos franceses. Outra intenção era estimular o protestantismo na província e oferecer o treinamento indispensável para aqueles que desejassem servir ao Estado.[35] Mas a vigilância política da nova universidade foi intensificada consideravelmente no clima de pânico que acompanhou a "caça aos demagogos" depois do assassinato de Kotzebue em 1819. Bonn era vista como um notório centro de sociedades secretas estudantis, estimuladas, suspeitava-se, por destacados polemistas católicos e nacionalistas, como Joseph Görres e Ernst Moritz Arndt.[36] Consequentemente, a vigilância prosseguiu, e em seu

"Certificado de Aptidão" fornecido pela Universidade de Bonn em agosto de 1836, como item padrão do formulário, as autoridades universitárias informaram que Marx "não é suspeito de participação em nenhuma associação proibida entre os estudantes".

Bonn era maçante para os membros mais rebeldes do corpo docente. De acordo com Bruno Bauer, escrevendo a Marx em 1840, Bonn era sinônimo de "insignificância medíocre", e ele comentou, exasperado, que seus colegas fugiam de qualquer referência aos conflitos existentes, que tanto arrebatavam o resto da Prússia.[37] Para os estudantes, porém, Bonn oferecia vida associativa e hospitalidade. O comportamento de Karl ali não era o de um subversivo político, mas o de um adolescente que saboreava sua primeira libertação da vigilância dos pais; e seus excessos eram, quase sempre, os cometidos em todas as comunidades estudantis. O certificado menciona um castigo por "desordem e bebedeira à noite". Mas ele parece também ter cedido aos vícios mais particularmente associados às regras aristocráticas ou pseudoaristocráticas de sociabilidade encontradas em muitas universidades alemãs. O certificado de agosto de 1836 registra a acusação de "ter portado armas proibidas em Colônia". Uma carta do pai faz referência a um duelo ("e duelar está assim tão interligado à filosofia?"), que aparentemente foi travado em Bonn.

As ansiedades dos pais evidentemente tinham pouco espaço na nova vida de Karl. Em 8 de novembro de 1835, três semanas depois que ele saiu de casa, Heinrich escreveu censurando sua "negligência sem fim" por não escrever. "Você conhece sua mãe e sabe que ela é muito ansiosa." Aquilo confirmava "a opinião de que no fundo do seu coração, apesar de suas muitas boas qualidades, predomina o egoísmo". Pediu-lhe que respondesse imediatamente na próxima postagem. Heinrich estava preocupado também com a atitude do filho em relação a dinheiro. Em janeiro de 1836, queixou-se de que as contas do filho eram "desconexas e questionáveis". "Espera-se *ordem* até mesmo de um intelectual e especialmente de um advogado prático." Em março, o pai admitiu que o fato de que "você ultrapassou um pouco os limites" poderia ser "minimizado", embora continuasse achando que era possível "sobreviver com menos".

À parte o que possa ter acontecido em Bonn além disso, parece que Karl continuou a ser um aluno estudioso e responsável. No primeiro período, respondendo a cobrança do pai, ele informou, numa carta "quase ilegível", que estava tendo aulas em nove matérias. O pai achou que era "muita coisa", talvez "mais do que seu corpo e sua mente podem aguentar". Mas ficou alegre pelo fato de o filho ter considerado o início "fácil e agradável" e porque "você está aprendendo a gostar dos seus estudos profissionais".³⁸

Essa impressão foi confirmada pelo relatório final emitido pela Universidade de Bonn antes de Karl transferir-se para Berlim para o ano letivo de 1836-7. No período de inverno de 1835, ele tinha cursado seis matérias, três de direito (enciclopédia de jurisprudência, instituições, história do direito romano) e três de arte e literatura (mitologia greco-romana, Homero, arte moderna), e em cada curso foi descrito como "aplicado" ou "muito aplicado" e "atento". No período de verão de 1836, fez quatro matérias, três de direito (história do direito alemão, direito internacional europeu, direito natural) e uma de literatura (elegias de Propércio), e foi mais uma vez considerado "aplicado" e "atento".³⁹

Uma sugestão de cunho mais negativo sobre o estado de espírito do jovem Karl é dada por sua atitude diante de uma opção óbvia que na década de 1830 um advogado ambicioso certamente teria levado em conta: o "cameralismo" (*Staatswissenschaften*). Essa matéria cobria política e administração de Estado e baseava-se nas tradições paternalistas de administração de pequenos Estados. Originalmente concebido segundo o modelo de administração de uma casa ou propriedade, descrito por Aristóteles e levado adiante por Lutero e Melâncton, o cameralismo era considerado particularmente pertinente em Estados protestantes, onde o governo tinha ocupado terras da Igreja. O cameralismo desenvolveu-se especialmente na Prússia do século XVIII, onde foi redesenhado por Christian Wolff e outros, em conformidade com os pressupostos da lei natural. Mas as imensas dívidas acumuladas pela Prússia durante as Guerras Napoleônicas forçaram o Estado a vender boa parte de suas terras e, consequentemente, a depender cada vez mais da tributação como principal fonte de renda. Por essa razão, a economia política — a palavra alemã era "Nationalökonomie" — foi incluída entre os tópicos cobertos por *Staatswissenschaften*. Durante os anos da "Era de Reforma" da Prússia, o prestígio da burocracia aumentou consideravelmente, e no período de 1815 a 1830 o número de estudantes de direito subiu 89%.⁴⁰ Foi por isso que Heinrich argumentou que seria "conveniente" que o filho fizesse "uma introdução geral ao cameralismo", "porque é sempre útil ter uma ideia geral daquilo que se terá de fazer um dia".⁴¹ Karl não rejeitou a ideia, mas não demonstrou entusiasmo. Depois de 1830, com as esperanças da "Era da Reforma" sepultadas, o prestígio da burocracia tinha claramente entrado em declínio, e as chances de emprego público, de todo modo, se tornaram extremamente remotas.[42] Mais tarde, em Berlim, ele escreveu ao pai dizendo que tinha sido aconselhado a cursar cameralismo só depois da terceira prova de direito, e que, de qualquer forma, "eu realmente prefiro jurisprudência a toda a ciência administrativa".[43]

A verdadeira razão provavelmente permaneceu inconfessa. Talvez, como o pai esperava, o direito ainda pudesse garantir-lhe a sobrevivência. Mas Karl estava destinado a coisas maiores. Era poeta.

3. UM POETA ENAMORADO

De acordo com a filha Eleanor, foi Ludwig von Westphalen, pai de seus colegas de infância Edgar e Jenny, quem primeiro incutiu no jovem Karl a reverência pela grande literatura. Em anos posteriores, escreveu ela, Marx "nunca se cansava de nos contar sobre o velho barão Von Westphalen e seu surpreendente conhecimento de Shakespeare e Homero. O barão era capaz de recitar hinos de Homero, do começo ao fim, e sabia de cor a maioria das tragédias de Shakespeare em alemão e inglês". Dizia-se que Jenny Wishart, a mãe escocesa do barão, é que lhe havia inspirado esse entusiasmo. Também foi o barão, como disse Eleanor a Wilhelm Liebknecht, "que inspirou em Marx seu primeiro amor pela escola romântica".[44]

Karl já tinha começado a escrever poesia na escola. Logo depois que ele partiu para Bonn, Heinrich lhe escreveu sobre a tristeza de Wyttenbach com a nomeação de Loers como codiretor do ginásio e suplicou a Marx que lhe dedicasse alguns versos.[45] No começo de 1836, o pai gostou muito de saber que Karl se tornara membro de um círculo de poetas em Bonn. Um tanto ingenuamente, comentou que "seu pequeno círculo tem para mim, como bem pode imaginar, maior apelo do que os encontros nas cervejarias". Ficou aliviado também quando lhe disseram que a primeira obra de Karl seria submetida a ele, para crítica, "antes de qualquer outra pessoa". Sua reação a um poema anterior enviado pelo filho tinha sido negativa: "Confesso francamente, meu querido Karl, que não o compreendo, nem seu verdadeiro significado, nem seu pendor".[46] Tão diplomaticamente quanto possível, tentou afastar Karl da poesia como vocação: "Eu ficaria muito triste de vê-lo surgir como um poetastro qualquer; bastaria mesmo que você desse prazer às pessoas mais próximas de você no círculo familiar".[47]

Ao longo de 1836, no entanto, Karl se apaixonou por Jenny, a filha do barão, e isso inflamou ainda mais suas ambições poéticas. Como explicou ao pai em 10 de novembro de 1837, quando chegara a Berlim no outono anterior, "um novo mundo nasceu para mim, o do amor, que na verdade era no começo um desejo apaixonado e um amor impossível". Como resultado, continuou ele,

> de acordo com o meu estado de espírito na época, a poesia lírica estava destinada a ser o meu primeiro assunto, pelo menos o mais agradável e imediato. Mas, devido à minha atitude e a todo o meu desenvolvimento anterior, era puramente idealista. Meu paraíso, minha arte, tornou-se um mundo do além, tão remoto como o meu amor.[48]

Jurava ter queimado sua produção poética no verão de 1837, quando se recuperou da doença. Mas foi com relutância que, no final do mesmo ano, começou a abandonar a crença em seu destino como poeta. Nesse ínterim, escreveu para Jenny três volumes de poesia, dois com o título *Livro do amor* e um terceiro intitulado *Livro de canções*. Compilou ainda um *Livro de versos*, dedicado ao pai. A coleção continha, além disso, alguns capítulos de *Escorpião e Félix*, "romance humorístico", e cenas de *Oulanem*, tragédia em versos.[49]

Estudiosos de literatura rastrearam com certa minúcia as fontes dos esforços poéticos de Marx.[50] Nas primeiras produções, há uma forte dívida, em muitas composições, à poesia abstrata do jovem Schiller e às baladas de Goethe, ao passo que as últimas devem muito aos cadernos satíricos de viagem de Heine. O tema principal, o triunfo e as tribulações do amor, é desenvolvido numa série de imagens e narrativas românticas convencionais — o jovem fiel aos seus ideais que resiste ao canto das sereias; o cavaleiro de regresso que, descobrindo que sua amada lhe foi infiel e está prestes a casar-se com outro, mata-se no dia do casamento; o casal de harpistas que chora ao cantar diante do castelo para ele, "que triste vive lá dentro"; estrelas indiferentes ao destino humano; a beldade levada ao delírio e à morte; a pálida donzela que, por causa do amor impossível de um cavaleiro, se afoga.

Esses poemas são singularmente distantes dos temas do momento, fossem culturais ou políticos.[51] Na verdade, um crítico até os chamou de "curiosos anacronismos", remontando aos primeiros escritos de Goethe e Schiller.[52] Referências caras aos mais piedosos tropos do romantismo conservador depois de 1810, o chamado período de *Hochromantik* (alto romantismo) — capelas, frades, arte cristã, Alemanha medieval ou antiga —, estão em grande parte ausentes. Mas o mesmo se pode dizer das referências à Jovem Alemanha ou às lutas contemporâneas dos poloneses e dos gregos. A ênfase é numa ação heroica, para "audaciosamente progredir em conhecimento e apoderar-se da música e da arte" dentro do mundo da cultura:

> *Jamais consigo buscar com calma*
> *O que empolga a alma poderosamente,*
> *Jamais consigo ficar confortavelmente sossegado:*
> *Incessante e tempestuosamente, vou em frente.*[53]

Particularmente distinto é um tipo de louvor rapsódico da ação — vontade e atividade, quando unidas ao amor, vencerão o mundo material. No "Soneto final para Jenny", por exemplo:

> *Em amplas vestes resplandecentes bravamente envolto,*
> *Com iluminado coração alçado pelo orgulho,*
> *Restrições e vínculos imperiosamente rejeitados,*
> *Com passo firme, grandes espaços atravesso,*
> *Em tua presença eu despedaço a dor,*
> *Em direção à árvore da vida os meus sonhos irradiam!*[54]

Ou em "Orgulho humano":

> *Jenny, ousarei confessar*
> *Que no amor permutamos nossas almas*
> *Que como uma só palpitam e resplandecem,*
> *E que através de suas ondas uma corrente desliza?*
>
> *Então lanço um desafio desdenhoso*
> *À face exposta do Mundo.*
> *E a gigante anã, choramingando,*
> *Mergulha, não pode esmagar a minha felicidade.*
>
> *Como em direção a Deus eu ouso*
> *Através desse reino em ruínas correr em triunfo.*

Toda palavra é Ação e Fogo
*E meu peito como o do próprio Criador.*⁵⁵

Em poemas posteriores, uma batalha contra o mundo é invocada, mas é a batalha do poeta ou do artista contra os filisteus ou burgueses. A inspiração vem principalmente dos esquetes satíricos encontrados nos *Quadros de viagem* de Heine. Um bom exemplo é o poema "Armide". Ouvindo a ópera *Armide*, de Gluck, o poeta tenta perder-se no "feitiço da música", mas é interrompido pela tagarelice leviana e pela irritante ostentação de uma jovem tola sentada ao lado.⁵⁶ Postura semelhante é adotada numa tentativa de replicar os comentários críticos sobre o baixo padrão da crítica alemã coletados em conjunto por Goethe e Schiller nas *Xênias* em 1797. Nesses epigramas, Marx empregou o sarcasmo para defender o grande artista do julgamento da multidão. Dessa maneira, Schiller "brincou muito com o Trovão e o Raio, mas lhe faltava totalmente a habilidade de comunicar-se com a gente comum", ao passo que Goethe poderia ser repreendido, porque "tinha belos pensamentos, se bem que por vezes bizarros, mas deixava de mencionar — 'produzidos por Deus'". Entre esses versos satíricos, havia também um ataque a Hegel:

Palavras ensino, misturadas numa diabólica trapalhada,
*Assim qualquer um pode pensar o que quiser pensar.*⁵⁷

Na seleta que Karl mandou para o pai, duas peças mais longas foram incluídas: *Escorpião e Félix* e *Oulanem*. *Escorpião e Félix* era uma laboriosa tentativa de imitar o *Tristram Shandy* de Sterne, forma popularizada não muito tempo antes nos escritos de Jean Paul, além de ser uma peça construída em cima da noção do "duplo" [*Doppelgänger*] de E. T. A. Hoffmann. Nesse fragmento de "romance humorístico", a intenção de humor, fosse ela qual fosse, foi sepultada por uma laboriosa ostentação de erudição. O próprio Karl admitiu, em carta ao pai, seu "humor forçado". Talvez sua característica mais interessante fosse a tentativa, um tanto tosca, de tratar questões políticas de forma literária, imitação da abordagem associada a Sterne e Heine. Além da desastrada comparação da primogenitura como "lavabo da aristocracia", havia o lamento, provavelmente mais uma vez inspirado por Heine, de que "em nossa época [...] não dá para compor um épico". O grande é seguido pelo pequeno: "Todo gigante [...] pressupõe um anão, todo gênio um tacanho filisteu". Dessa maneira, "César, o herói, deixa atrás de si o histriônico Otaviano; o imperador Napoleão, o rei burguês Luís Filipe", e assim por diante.[58] Sem humor para segurá-lo, o caprichoso fio de associações parece desajeitado e sem sentido.

O outro fragmento, "Cenas de *Oulanem*, uma tragédia", em verso, dizia respeito a um desconhecido e misterioso alemão, Oulanem, e seu companheiro, Lucindo, que chegam a uma cidade italiana onde são recebidos por Pertini, que, sem que eles soubessem, conhecia-os desde seus primórdios e, como um Mefistófeles postiço, tem planos sinistros para eles. Lucindo desafia a "vil alma de serpente" de Pertini, mas apesar disso este consegue distraí-lo apresentando-o ao que insinua que será "um suculento pedaço de mulher". Essa mulher se chama Beatrice. Ela e Lucindo descobrem que são ambos alemães e logo se apaixonam. Mas Beatrice já foi prometida pelo pai como noiva de Wierin — "nenhum macaco jamais teve uma aparência tão lustrosa".[59] Lucindo e Wierin preparam-se para um duelo. Enquanto isso, o misterioso Oulanem, um idoso Fausto, senta-se à sua escrivaninha, praguejando contra o mundo e temendo uma desgraça já predeterminada:

> *Este universo está entrando em colapso.*
> *Logo devo agarrar a Eternidade e berrar*
> *A gigantesca maldição da Humanidade em seus ouvidos.*
> *Eternidade! É dor eterna,*
> *Morte inconcebível, imensurável!*
> *Um maldoso artífice resolveu zombar de nós,*
> *Que somos apenas mecanismo de relojoaria, máquinas cegas a quem se dá corda*
> *Para sermos os bobos de calendário do Tempo.*[60]

Sugeriu-se que entre Lucindo, Beatrice e Oulanem haveria ligações mais profundas do que parece à primeira vista. Não só Lucindo e Beatrice acabam se revelando alemães, mas talvez até sejam irmãos há muito tempo separados. Apesar de sobreviverem apenas fragmentos, já se argumentou, convincentemente, que o enredo segue as convenções do que na época era chamado de "tragédia do destino", uma espécie de suspense gótico popularizado por Zacharias Werner e Adolf Müllner nas décadas de 1810 e 1820.[61] Motivos comuns a esse gênero incluem a volta do forasteiro aparentemente desconhecido mas secretamente reconhecido, um destino governado por maldições e a ameaça de incesto entre irmão e irmã.

O principal interesse desse drama em termos biográficos é que ele dá a primeira indicação de que Karl começa a distanciar-se do romantismo alemão. Lucindo mal tinha conhecido Beatrice quando explode:

> *Ah, se meu coração pudesse falar, e se pudesse apenas*
> *Verter o que despertaste em suas profundezas,*
> *As palavras seriam todas chamas de melodia,*
> *E cada suspiro uma eternidade inteira,*
> *Um céu, um Império infinitamente vasto,*
> *Onde todas as vidas arderiam, brilhantes de pensamento,*
> *Repletas de suaves desejos, de harmonias,*
> *Encerrando o mundo tão docemente no peito,*
> *Fluindo com esplendor de puro encanto,*
> *Pois cada palavra só comportaria o teu nome!*

Pertini, nesse momento, intervém para explicar:

> *Não te ofendas, minha jovem,*
> *Se eu te disser que ele é alemão*
> *E sempre delira de melodia e alma.*[62]

Em 10 de novembro de 1837, Karl escreveu ao pai admitindo que o sonho de ser poeta chegara ao fim. Naquele dia tinha recebido um bilhete "altamente inexpressivo" de Adelbert von Chamisso, o editor do *Deutscher Musenalmanach*, rejeitando os poemas que ele havia submetido. "Engoli-o [o bilhete] furioso."[63] Um ano antes, sua irmã Sophie lhe dissera que "Jenny derramou lágrimas de prazer e dor ao receber teus poemas".[64] No verão de 1837, quando "novamente buscou as danças das Musas e a música dos Sátiros", ele descobriu que suas tentativas estavam se tornando "mera arte formal, basicamente sem assuntos que a inspirem, e sem uma linha de raciocínio apaixonada". Mas, apesar disso, prosseguiu ele, "estes últimos poemas são os únicos em que, de repente, como num passe de mágica — oh, o passe foi de início um golpe demolidor —, pude entrever por um instante o reino resplandecente da verdadeira poesia, como um distante palácio encantado, e todas as minhas criações se reduziram a pó". Karl adoeceu, e ao recuperar-se queimou "todos os seus poemas e projetos de histórias".⁶⁵ Mais ou menos no final de agosto, já estava brincando com a ideia de fazer crítica de teatro, mas o pai lembrou que, mesmo quando muito brilhante, ela seria recebida "com mais hostilidade do que aprovação. [...] O bom e sábio Lessing, tanto quanto sei, seguiu um caminho que não foi nenhum mar de rosas, mas viveu e morreu como um pobre bibliotecário".⁶⁶ Mais uma vez ele tentou conduzir seu filho de volta a uma carreira prática, dessa vez uma carreira acadêmica, fosse em direito, filosofia ou cameralismo.

O desejo de Karl de agarrar-se ao seu destino literário persistiu, e ficou evidente em sua carta de novembro, no estilo rebuscado que escolheu para contar ao pai que se tornara seguidor de Hegel. "Eu tinha lido fragmentos da filosofia de Hegel, cuja grotesca e áspera melodia não me atraiu", escreveu ele num diálogo de 24 páginas intitulado "Cleantes", um

> relato filosófico-dialético da divindade, que se manifesta como ideia em si, como religião, como natureza e como história. [...] Minha última proposição foi o começo do sistema hegeliano. [...] Sua obra, meu filho mais querido, criado à luz do luar, como uma falsa sirene me jogou nos braços do inimigo. [...] Por alguns dias, meu desgosto me tornou incapaz de pensar; corri de um lado para outro, como um louco, no jardim à beira da água suja do Spree, "que lava as almas e dilui o chá".⁶⁷

Aos poucos, a intensa paixão de Karl pela ideia que fazia de si mesmo como poeta perdeu força. Já tinha desaparecido completamente em 1839, quando, em lugar do seu próprio esforço literário, ele preparou para Jenny uma coletânea internacional de poemas folclóricos.⁶⁸

4. OS WESTPHALEN

No fim do período de verão de 1836, Marx tinha conseguido autorização para se transferir da Universidade de Bonn para a de Berlim, e no final de agosto ficou noivo de Jenny von Westphalen. Não teve dificuldade para obter o consentimento dos próprios pais, mas os srs. Westphalen só foram informados em março de 1837. Jenny tinha 22 anos, quatro a mais do que Karl. Karl provavelmente conheceu Jenny por intermédio do irmão mais novo dela, Edgar, na mesma classe de Karl no ginásio. Jenny era também amiga de escola da irmã mais velha de Karl, Sophie. Consta que Karl, Jenny e Edgar brincavam juntos quando crianças, que Edgar era visita regular na casa da família Marx e se sentira atraído por Emilie, irmã de Karl. Está claro também que Heinrich e o pai de Jenny, Ludwig von Westphalen, já se conheciam profissionalmente. Como conceituado advogado local, Heinrich representava presos, e as prisões eram uma das responsabilidades oficiais de Ludwig como conselheiro privado (*Geheim-Regierungsrat*), de acordo com uma lista de 1824, juntamente com a polícia, os bombeiros, hospitais, instituições beneficentes e a produção de estatísticas.[69] Ambos eram também membros do Casino Club.

Johann Ludwig von Westphalen nasceu em 1770, quarto filho de Christian Philipp Heinrich von Westphalen. O pai tinha atuado efetivamente como chefe do estado-maior do príncipe Fernando de Brunswick-Lüneburg, o famoso comandante das forças anglo-alemãs contra os franceses em Hannover e outras partes durante a Guerra dos Sete Anos (1757-63), e tinha sido nobilitado por seus serviços. A mãe de Ludwig, Jenny Wishart, filha de um pregador de Edimburgo, era aparentada com os Argyll. Além de uma boa educação universitária em Göttingen e outros lugares, Ludwig falava inglês e sabia ler latim, grego, italiano, francês e espanhol.

Depois da universidade, começou a trabalhar para o governo em Brunswick. Mas, como tantos outros da sua geração, teve a carreira perturbada por revolução e guerra. Em 1807, quando Brunswick foi absorvida no novo Estado napoleônico de Vestfália, Ludwig ingressou no serviço público.[70] Foi provavelmente atraído pelo programa de reforma do novo Estado.[71] De 1809 a 1813, foi subprefeito de Salzwedel, onde Jenny nasceu.

Quando tropas francesas tornaram a entrar em Salzwedel em 1813, Ludwig foi preso por ter falado abertamente contra Napoleão. Ainda naquele ano, depois da retirada dos franceses, tornou-se presidente do distrito prussiano de Salzwedel, mas teve que entregar o cargo quando a aristocracia fundiária local reivindicou seu direito tradicional de escolher o presidente.

Em 1816, ele provavelmente ficou desapontado ao ser transferido, como primeiro conselheiro, para Trier, na extrema fronteira ocidental do reino prussiano. Depois disso, permaneceu no cargo e não recebeu mais promoções, além da honorífica mas automática ascensão a conselheiro privado governamental (*Geheim-*

-*Regierungsrat*) quando se aposentou.[72] Como muitas autoridades prussianas de mentalidade liberal, com esperanças de implementar reformas progressistas no rescaldo da guerra, ele se viu atado; e essa falta de novas perspectivas deve ter sido especialmente decepcionante, uma vez que, apesar das relações aristocráticas, sua família não era rica. Uma relação de funcionários prussianos da década de 1820 cita Ludwig como "sem propriedades", e sabe-se que ele enfrentava constantes problemas para saldar dívidas e pagar impostos. Em 1832, autoridades em Trier e Berlim discutiram se ele deveria ou não ser aposentado. Dizia-se, em sua defesa, que era um trabalhador incansável, mas os detratores mencionaram verbosidade, prolixidade e uma mão excessivamente trêmula, que prejudicavam o seu desempenho. Ludwig ficou profundamente magoado ao saber o que diziam dele. Decidiu-se mantê-lo na ativa, mas depois de outra grave infecção pulmonar ele foi aposentado em 1834.

Por volta de 1830-1, a atmosfera política e social em Trier era extremamente tensa. Houve um crescimento acentuado da pobreza nas classes média e baixa. Em cada quatro moradores, um dependia de algum tipo de assistência aos pobres. A ira se voltava contra o nível de tributação e as desigualdades da sua incidência — particularmente os impostos sobre "alimentos" e "abate". As autoridades prussianas temiam a possibilidade de revolta popular. Uma carta que Ludwig escreveu para o sobrinho Friedrich Perthes em 1831 deixa claro que ele também era profundamente crítico da política, que era obrigado a representar. Grandes disparidades na cobrança de impostos o levaram a sentir certa simpatia pelas queixas do povo, e apesar de hostil à ideia de república, também se mostrava crítico com relação aos arranjos constitucionais existentes: era preciso avançar em direção à "verdadeira liberdade", baseada na "ordem e na razão".[73]

Ludwig von Westphalen foi casado duas vezes. Seu casamento em 1798 com a aristocrática Elizabeth von Veltheim produziu quatro filhos: Ferdinand (1799), Louise, conhecida como Lisette (1800), Carl (1803) e Franziska (1807). Elizabeth morreu em 1807. O segundo casamento de Ludwig, em 1812, com Caroline Heubel, filha de um funcionário prussiano, produziu três filhos: Jenny, futura mulher de Karl (1814), Laura (1817, morreu em 1821) e Edgar (1819). O contraste entre os filhos dos dois casamentos era notável. A rigor, a variedade de convicções e rumos tomados pelos diferentes membros da sua família demonstra as polaridades da Prússia no século xix, vividas em miniatura dentro dos confins de uma única família.

Ferdinand, o mais velho, formou-se advogado, e apesar de apoiar o advento de Luís Filipe na França em 1830, depois disso foi ficando cada vez mais conservador. Entre 1826 e 1830, e novamente entre 1838 e 1843, foi estacionado em Trier como funcionário governamental cada vez mais alto (*Ober-Regierungsrath und Dirigent der Abteilung des Inneren der Regierung*). No rescaldo da Revolução de 1848, por intermédio dos bons ofícios do conservador Leopold von Gerlach, foi apresentado ao rei, Frederico Guilherme IV. Nomeado ministro do Interior prussiano, permaneceu no cargo de 1850 a 1858. Como no caso do rei, o cristianismo de Ferdinand era conservador e evangélico, e sua principal ambição como ministro era restabelecer uma monarquia por direito divino e uma sociedade baseada em estados (*ständische Gesellschaft*).

Suas duas irmãs, Lisette e Franziska — muito parecidas no modo de pensar, segundo consta —, tornaram-se destacadas ativistas do revivalismo religioso conservador, o *Erweckungsbewegung*, que tinha começado como reação à derrota militar da Prússia na Batalha de Jena. De acordo com um relato familiar sobre Lisette, a meia-irmã mais velha de Jenny, apesar de um bom marido, de doze filhos e de uma vida confortável em Krosigk, "ela torturava a si mesma e aos outros com sua preocupação relativa à pecaminosidade, e, por causa dos pensamentos sobre pecado, esquecia-se dos risos, da alegria e da gratidão. [...] Suas ações, nascidas não dos impulsos naturais de um coração amoroso, mas do dever, regulavam sua conduta com as pessoas mais próximas". Por essa razão, misturado com o amor ao marido e aos filhos, havia sempre um traço de nervosismo: "Sentíamo-nos indignos na presença da Santa [*die Heilige*] e frequentemente ansiávamos por uma palavra cordial que pudesse diluir a atmosfera impregnada de incenso emanando de dentro".[74]

Jenny, sua meia-irmã, era igualmente voluntariosa, mas diametralmente oposta em suas opiniões. A neta de Lisette, baseando-se na correspondência da família, escreveu que Jenny, quando jovem, tinha sido difícil de governar, com um forte senso de justiça, o que muitas vezes resultava em acessos apaixonados; além disso, tinha sede de conhecimento, o que desde criança fez dela uma devoradora de livros. Nos anos 1830, assumiu posição como representante da Jovem Alemanha do lado dos radicais. Isso ia tão longe que os encontros entre "a orgulhosa mulher" e o irmão, Ferdinand, tinham que ser evitados. Fiel a suas apaixonadas convicções de mulher, de jovem e de partidária de políticas revolucionárias, criticava severamente as ideias atrasadas do mundo *bürgerlich* [burguês]. Sua meia-irmã, Lisette, apesar de compartilhar decididamente as opiniões do irmão, no íntimo sentia-se atraída pela disposição para o sacrifício, pela pureza de paixão e pelo coração ardente da irmã, "que, em nome do amor e da justiça, compadecia-se dos enganados pelo destino, o proletariado".⁷⁵

Jenny era, sem sombra de dúvida, excepcionalmente bela. Numa visita a Trier em 1863, segundo Karl, "todos os dias, por todos os cantos, me perguntam por aquela *que foi* 'a moça mais linda de Trier' e a 'rainha do baile'. É muito agradável para um homem quando sua mulher vive assim como uma 'princesa encantada' na imaginação de toda uma cidade".⁷⁶ O próprio Ferdinand comentou, em 1831, que Jenny era regularmente "cercada por um enxame de *Curmachern*" (visitantes de vilegiatura), mas seguia em frente ostentando um "sangue-frio", nesse caso muito oportuno.⁷⁷ Naquele ano, com dezessete anos, parece que ela foi noiva, por pouco tempo, de um oficial estacionado na guarnição, mas sem qualquer envolvimento emocional duradouro.

O caçula dos irmãos Westphalen, Edgar, como se disse, foi colega de classe de Karl no ginásio. Era um moço inteligente, de quem Jenny gostava muito, e, segundo consta, charmoso e de convívio fácil. Edgar e Karl também foram contemporâneos em 1837 em Berlim, ambos ostensivamente estudando jurisprudência, assim como o melhor amigo de Edgar, Werner von Veltheim, sobrinho da primeira mulher de Ludwig. Tanto Edgar como Werner sonhavam em ir para os Estados Unidos e viver numa comunidade comunista. Mas Werner continuava preso às obrigações hereditárias de uma propriedade de família. Edgar tornou-se advogado e ocupou uma série de cargos nas vizinhanças de Trier. Mas não sossegava, e em 1847, depois de uma temporada com Karl e Jenny na Bélgica, como membro do Comitê de Correspondência Comunista de Karl em Bruxelas, pôs em prática o plano de ir para os Estados Unidos. Werner o ajudou a estabelecer-se no Texas, apesar de comentar que "a ideia de comunismo representada por Edgar é bonita, mas depende, para a sua concretização, de homens totalmente ideais". Ao mesmo tempo, informou Lisette, "ele é um sujeito de bom coração, só parece não ter energia e resolução, mas quem sabe isso ainda se desenvolva quando ele passar a contar apenas consigo mesmo".⁷⁸

Mas não seria assim. Apenas meio ano depois, Edgar estava de volta, abatido pela febre amarela e afligido pelo desespero. Em seu diário, Lisette comentou que "a experiência o curou das ideias comunistas, mas ele ainda é confundido constantemente por devaneios socialistas".⁷⁹

Em 1851, ele partiu novamente para o Texas, dessa vez com ajuda financeira não só do amigo Werner, mas também do seu irmão Ferdinand. Finalmente voltou de novo para Berlim em 1865, desiludido e sem recursos. Na mesma época, Jenny escreveu à amiga Ernestine, mulher de Wilhelm Liebknecht: "Ele foi o ídolo da minha infância e juventude, meu único e querido companheiro. Eu me agarrava a ele com toda a minha alma. [...] Ultimamente, tive tanta coisa a fazer com a família de Karl, para mim estranha e distante, que prendi mais ainda o meu eu interior ao único membro que ainda resta da minha família".[80] Mais ou menos na mesma época, Karl escreveu para Engels, de forma menos indulgente, dizendo que Edgar estava "vegetando", "refletindo sobre as necessidades do seu estômago da manhã à noite". Mas como era uma pessoa agradável, e as crianças gostavam muito dele, "seu egoísmo é o de um gato de boa índole, ou de um cão amigo". Edgar agora queria voltar novamente para o Texas, mas não havia como fugir do "confronto" com Ferdinand. Karl suspeitava que por trás do "ideal atual" de "montar uma LOJA — uma LOJA de charutos ou de vinhos" havia uma esperança secreta de que "essa é a maneira mais segura para alguém se dedicar aos charutos e aos vinhos".[81]

Em Berlim, Edgar publicou um livro de poesia e conseguiu emprego com as autoridades judiciais. Seus ideais políticos ainda eram os de um radical de Frankfurt de 1848 (uma Alemanha unificada sem a Prússia, a Áustria ou uma aristocracia). Descrevia-se como *"Auscultator ausser Diensten"*,[82] mas parece ter sido sempre um caso perdido em matéria de administrar dinheiro, e aparentemente morreu em 1890 sem recursos num hospital beneficente, o Diakonissenhaus Bethanien, para o qual, 25 anos antes, seu irmão Ferdinand tinha doado um leito.

Conflitos na casa dos Westphalen não resultavam apenas de diferenças políticas. Parece que Ferdinand e especialmente sua mulher, Louise von Florencourt, tinham dificuldade para aceitar a segunda mulher de Ludwig, Caroline. O motivo não está muito claro, mas é confirmado pelo fato de que em 1830 eles tentaram excluir Caroline e Jenny de uma viagem de família que queriam fazer com Ludwig. Já se sugeriu que na raiz do conflito havia um esnobismo social — o desdém dos aristocráticos Florencourt e Veltheim (a família da primeira mulher de Ludwig) pela meramente *bürgerlich* Caroline Heubel, filha de um "pequeno funcionário prussiano", na desdenhosa frase de Karl. Mas é igualmente provável que a antipatia viesse de uma incapacidade mais elementar de aceitar o segundo casamento, e que a disputa sobre a viagem tivesse a ver com o constrangimento de incluir Caroline e Jenny numa visita à casa da família da primeira mulher de Ludwig.

Bem mais sério foi o esnobismo deliberadamente cometido por Ferdinand muitos anos antes, em 1859, quando publicou um livro sobre o avô Christian Philipp Heinrich von Westphalen, chefe do estado-maior de Fernando de Brunswick-Lüneburg, e seus quatro filhos. A seção sobre Ludwig não trazia nenhuma menção ao seu segundo casamento, com Caroline, e aos filhos desse matrimônio. Jenny ficou particularmente indignada por ele não ter mencionado sua mãe, cujo casamento com Ludwig durara trinta anos e que tinha criado os filhos adotivos como se fossem seus.[83] Não é de admirar que as atitudes para com a linhagem mais antiga da família Westphalen na casa dos Marx — mesmo deixando de lado a política — fossem tão cáusticas. Como disse Eleanor Marx em 1896:

> Eu realmente não sei nada sobre os Florencourt — a não ser que alguns eram muito ricos, muito excêntricos e muito fanáticos. [...] Meu tio Ferdinand von Westphalen era, como você sabe, um fanático religioso, e assim também, *acredito*, eram os Florencourt. [...] Meu tio Ferdinand era o pior de todos os fanáticos — um fanático protestante.[84]

Se a briga interna dos Westphalen tinha um significado mais amplo, não era tanto um drama sobre classe ou parentesco — o irmão mais novo de Ferdinand, Carl, continuava sendo relativamente liberal, e Werner von Veltheim compartilhava do comunismo de juventude de Edgar Westphalen. Era, isso sim, um choque de gerações políticas. A geração de Ludwig von Westphalen e Heinrich Marx tinha acreditado que a razão e o progresso eram possíveis sobre a base de uma religião livre de dogmas supersticiosos — "a libertação do homem de uma imaturidade que ele mesmo se impôs", como disse Kant —, uma assembleia representativa e uma autoridade monárquica esclarecida, fosse Napoleão ou o rei da Prússia.

Para a geração seguinte, porém, isso tinha sido visto como uma cruel desilusão. O Estado bem ordenado e racional de Frederico, o Grande, tinha desabado em face do exército de Napoleão em Jena. Ferdinand e suas duas irmãs cresceram à sombra de uma revolução, fundida com o Terror, e da derrota da aristocracia militar prussiana pelas forças do republicanismo e do ateísmo. Havia muitos diagnósticos da derrota prussiana, mas a opinião mais popular entre as classes fundiárias era a de que foi um juízo divino e um castigo pelo vazio racionalismo do Iluminismo. Em sua reação contra a razão secular, o *Erweckungsbewegung* (revivalismo religioso conservador) era comparável ao movimento evangélico na Grã-

-Bretanha, mas no mundo germanófono ele foi reforçado pela redescoberta da Idade Média alemã, com sua arte cristã e sua cultura popular. Foram essas as experiências formadoras daquelas crianças.

Em contraste, o mundo de Jenny, Edgar, Werner e, é claro, do jovem Karl — os que chegaram à idade adulta depois de 1830 — era para além de Metternich e da tristeza penitente da Restauração. Era um mundo mais uma vez tornado multiforme por uma nova onda de revoluções e de esperanças despertadas pela aparição de novos movimentos culturais e políticos — os saint-simonianos, os jovens alemães, os jovens hegelianos e a Jovem Europa de Mazzini.

Alguns dos conflitos que seriam provocados pelo noivado de Karl e Jenny já podiam ser previstos quando ele partiu para Berlim no outono de 1836. Em 28 de dezembro, Heinrich escreveu para Karl dizendo que tinha conversado com Jenny, que "ela ainda não sabe como os pais vão reagir ao relacionamento" e que "o julgamento de parentes e do mundo" não será "coisa sem importância". Sua impressão era de que Ludwig já sabia, mas ainda não queria ser informado.

Porém se as relações entre os dois lados da família Westphalen já eram polarizadas, as coisas agora só podiam piorar, com o advento de um assalto até mesmo contra o moderado liberalismo da geração de Heinrich e Ludwig. Pois Karl, em Berlim, tinha ingressado num novo grupo de amigos que começavam a achar que a construção de Deus pelo homem — em particular, do Deus cristão — e a mistificação das relações sociais que vieram com ela tinham conduzido a humanidade à sua sombria situação atual. Uma vez compreendidos os motivos dessa condição sombria, a humanidade entraria numa nova e totalmente inaudita época de felicidade.

3. Berlim e o iminente crepúsculo dos deuses

I. O NOVO MUNDO DE BERLIM E A MORTE DO PAI

Karl chegou a Berlim, metrópole em rápida expansão, em outubro de 1836. De 1816 a 1846, a população de Berlim subiu de 197 mil para 397 mil habitantes. Dois terços dos novos operários que inundavam a cidade a cada ano, estimados em 10 mil, não tinham de fato onde morar, sendo obrigados a alugar todas as noites um espaço para dormir (*Schlafstelle*). A maioria da crescente força de trabalho de alfaiates e sapateiros continuava abaixo do limite de isenção de impostos, e segundo o jornalista socialista Ernst Dronke,[1] dentre a população feminina da cidade, uma em cada dezessete mulheres — muitas delas migrantes da zona rural e candidatas a empregadas domésticas — acabava na prostituição. Friedrich Sass, escrevendo em 1846, achava que nenhuma outra cidade, exceto São Petersburgo, fazia menos por seus pobres. Mas mesmo aqueles cujo padrão de vida era mais alto viviam em condições pouco atraentes. Suas "ruas largas e simples com casas prosaicas" pareciam "um regimento de soldados".[2] Um visitante inglês, Henry Vizetelly, queixou-se das "nuvens de areia que, no tempo seco, ao mais leve bafejo de vento, se erguem no ar e cobrem tudo que encontram pelo caminho".[3] Vem daí a célebre descrição de Heine, que chamou Berlim de "a caixa de areia do norte".

Berlim era a capital da Prússia, Estado sem Parlamento ou Judiciário independente. Uma Constituição, prometida pelo rei em 1815, jamais se materializara. Não havia imprensa livre, pois os jornais de Berlim eram submetidos a severa censura. Como resultado, havia apenas dois jornais em Berlim, e esses, de acordo com Edgar Bauer, eram incapazes de compreender "os sinais verdadeiramente significativos dos tempos. Mal conseguiam digerir as notícias que as províncias mandavam".[4] As classes médias não ofereciam oposição alguma ao regime, nem os novos empresários, que desenvolviam seus empreendimentos nas fábricas químicas e têxteis e nas oficinas que cresciam em volta de Berlim. Críticos acusavam "os burgueses" de serem leais e politicamente inertes, distinguindo-se basicamente por suas "amargas e críticas opiniões sobre a vida e sua doentia piedade".[5]

No entanto, apesar desses inconvenientes, para muita gente Berlim era uma cidade sensacional. Sua vitalidade cultural derivava de sua universidade, seus teatros e cafés, seus bares e cervejarias. Fundada por Wilhelm Humbolt em 1810, a universidade foi uma das conquistas mais importantes da "Era da Reforma", que se seguiu à traumática derrota da Prússia para Napoleão na Batalha de Jena em outubro de 1806.[6] Projetada em conformidade com ideais humanistas liberais, seu primeiro reitor foi o filósofo idealista radical Johann Gottlieb Fichte. Era notavelmente inclusiva em seu processo de admissão, e muitos a consideravam a melhor do mundo.[7] A universidade estava localizada numa cidade que abrigava uma próspera tradição de artes cênicas, com uma cultura musical altamente desenvolvida, uma vasta quantidade de dramaturgos relevantes e mais de setenta teatros. Segundo o crítico literário e jovem hegeliano Eduard Meyen, Berlim era "o ponto central da cultura alemã, como nenhum outro lugar da Alemanha".[8] Ainda que não tivesse a escala de Paris ou Londres, Berlim oferecia muitas das atrações de uma grande cidade do século XIX, e não apenas os prazeres e diversidades da vida urbana, mas também um antídoto contra os preconceitos filisteus da cidade pequena.

Karl mudou-se de Bonn para Berlim como um aluno inicialmente decidido a continuar seus estudos de direito. O que sabemos do seu primeiro ano em Berlim vem de uma carta de dez páginas que escreveu para o pai mais ou menos em 10 de novembro de 1837 — a única carta preservada daquele período.[9] É um documento estranho: embora expresse a paixão de Karl por Jenny, suas mudanças de ideia sobre filosofia do direito e os altos e baixos de suas ambições poéticas, o texto soa, em grande parte, como um exercício beletrista, mais do que uma carta pessoal para um pai enfermo. Começa em tom solene: "Há momentos na vida de cada um que são como postos de fronteira assinalando o término de um período". E segue em frente, agora na primeira pessoa do plural: "Nesses momentos de transição, somos levados a ver o passado e o presente com o olho de águia do pensamento para nos conscientizarmos da nossa real posição. [...] A própria história mundial se compraz em olhar para trás dessa maneira". Em seguida, passa para a terceira pessoa: "Nesses momentos [...] o indivíduo se torna lírico, pois cada metamorfose é em parte um canto do cisne, em parte a abertura de um grande poema novo". Mais uma vez, Karl apela para a primeira pessoa do plural. "Gostaríamos de erguer um monumento àquilo que um dia superamos." Só nesse ponto é que o destinatário aparece, mas mesmo aqui essa pessoa precisa ser engrinaldada com enfeites retóricos: "E onde se poderia encontrar uma habitação mais sagrada para ele do que o coração de um pai, o mais misericordioso juiz, o mais íntimo simpatizante, o sol de amor cujas chamas aquecedoras são sentidas no centro mais secreto dos nossos esforços!". Só depois de concluir essa lisonjeira introdução é que Karl mergulha num relato do seu primeiro ano em Berlim, numa declaração de seu amor por Jenny e numa discussão de suas mudanças de opinião sobre direito e poesia.

Karl tinha ido para Berlim em estado de total aturdimento. "Um novo mundo nascera para mim, o do amor" — e, àquela altura, ainda "um amor apaixonadamente anelante e impossível", "nenhuma obra de arte era tão bela quanto Jenny"; e isso significava que "a poesia lírica estava destinada a ser o meu primeiro assunto". Como já foi dito, ele tinha enviado três volumes de poesia para Jenny em Trier, poesia por ele mesmo descrita como "puramente idealista, [...] nada natural, tudo construído a partir da fantasia, completa oposição entre o que é e o que deveria ser". Rompeu "todas as conexões existentes, fazia visitas raramente e de má vontade", tentou "mergulhar" na "ciência e na arte" e, com essa finalidade, adquiriu o hábito, que duraria o resto da vida, de selecionar e anotar trechos de livros.[10]

Seguem-se sete páginas sobre direito e poesia nessa carta extraordinária, e só nos últimos parágrafos Karl emprega um tom mais pessoal, embora esse tom seja empolado e desigual. Expressões de genuína preocupação se misturam com frases superficiais e estereotipadas. "O estado de saúde de Eduard, a doença de mamãe, seus próprios problemas de saúde, que espero não sejam sérios, tudo isso me dá vontade de ir correndo para perto de vocês, e na verdade faz disso quase uma necessidade." Pede que a parte final da carta não seja mostrada "ao anjo que é minha mãe. Minha chegada repentina poderia talvez ajudar essa mulher magnífica e maravilhosa a recuperar-se". Finalmente, há expressões de "profunda e sincera compaixão e amor incomensurável", além de um apelo para que se leve em conta seu "agitadíssimo estado de espírito" e proporcione perdão onde seu "coração parece ter cometido erro", soterrado por seu "espírito militante". Esse final apressado talvez fosse compreensível, pois ele estava escrevendo às quatro horas da manhã, "quando a vela acabou de queimar e minha vista está turva".

A carta foi escrita cerca de um mês antes da morte do irmão de onze anos, Eduard, e menos de seis meses antes da do pai. Como nenhuma outra carta chegou até nós, é impossível dizer até que ponto isso era representativo. Mas o ensimesmamento solipsista, a presunção beletrista e a aparente falta de interesse genuíno pela situação da família — mesmo diante das nuvens negras que se acumularam em volta dela no ano anterior — parecem ter sido elementos característicos das cartas de Karl para a sua gente.

Essa pelo menos era a essência das reiteradas queixas do pai e ocasionalmente dos outros membros da família quando ele morava em Berlim. Todos achavam que as cartas de Karl eram raras demais. Em 28 de dezembro de 1836, o pai reclamou que não recebiam uma carta sua desde o início de novembro. Em 12 de agosto de 1837, escrevendo de Ems, para onde Henriette o enviara na vã esperança de curar sua tosse persistente, Heinrich alegou que uma carta de Karl durante o verão tinha sido "uma necessidade real". Escreveu também que Eduard, de onze anos, estava doente havia seis meses e emagrecera muito, que sua recuperação era "bastante duvidosa" e que Henriette "se aflige dia e noite". Em 16 de setembro, Heinrich volta a insistir com Karl que "escreva de vez em quando algumas linhas para Eduard, mas aja como se ele tivesse ficado bom", e a mãe lhe pediu algumas linhas para o irmão Hermann. Em 17 de novembro, Heinrich lembrou-lhe que não tinham recebido nenhuma informação sobre o endereço dele em Stralow e nenhuma carta por dois meses, e quando receberam, foi "uma carta sem forma ou conteúdo, um fragmento arrancado que não dizia nada". Na carta seguinte, de 9 de dezembro, embora profundamente temeroso de parecer severo demais, manifestou sua exasperação com Karl:

> Nunca tivemos o prazer de uma correspondência racional. [...] Nunca recebemos uma resposta às nossas cartas; jamais a sua carta seguinte teve qualquer relação com a anterior, ou com as nossas. [...] Em várias ocasiões ficamos meses sem receber carta, e a última vez foi quando você soube que Eduard estava doente, a mãe sofria e eu mesmo não estava bem; e, além disso, o cólera grassava em Berlim; e como se

não fosse o caso de um pedido de desculpas, sua carta seguinte não trazia uma única palavra a esse respeito, mas apenas algumas linhas rabiscadas às pressas e um trecho de um diário chamado *A visita* que eu, francamente, preferiria rejeitar a aceitar, uma coisa maluca, feita de qualquer jeito, que simplesmente mostra que você desperdiça o seu talento e passa as noites parindo monstros.[11]

Heinrich Marx estava igualmente preocupado com a situação de Jenny durante a ausência de Karl, pois apesar de a família Marx ter sido informada do noivado no outono de 1836, os Westphalen só ficariam sabendo em março de 1837. Em 28 de dezembro de 1836, Heinrich escreveu para o filho dizendo que Jenny fazia "um sacrifício inestimável por você" e ainda não sabia como os pais reagiriam ao noivado, e que "o julgamento de parentes e do mundo" (sem dúvida o de Ferdinand, em particular) não era "coisa sem importância". Por isso era especialmente importante descobrir quando ele poderia conseguir um emprego acadêmico. A irmã Sophie, que estava atuando como intermediária, acrescentou que se a diferença de idade preocupava Jenny (ela era quatro anos mais velha que Karl), isso se dava por causa dos pais dela; ademais, ela tinha "vertido lágrimas de prazer e dor ao receber teus poemas", e que, logo que ela os tivesse "preparado", Karl deveria escrever. Em 3 de fevereiro de 1837, Heinrich escreveu novamente ao filho para dizer que uma das preocupações de Jenny era que "os pais não sabem ou, como sempre achei, não querem saber". Recomendou que ele mandasse uma carta, "não ditada pelo poeta fantasioso", mas que tivesse teor informativo, "que desse uma ideia clara das relações entre vocês e esclarecesse e discutisse as perspectivas".[12]

Em 2 de março, Heinrich e Jenny ainda tentavam chegar a um acordo sobre como a notícia do noivado deveria ser dada aos Westphalen. Isso deve ter acontecido poucos dias depois. Mas o processo todo tinha causado em Heinrich uma inquietação quanto ao caráter de Karl que ele se esforçava para abafar. Em 28 de dezembro de 1836, depois de reafirmar sua "elevada opinião sobre o seu bom coração", apesar das "aberrações", ele declarou que, "por mais alto que seja o meu apreço por seus dons intelectuais, se lhe faltasse bom coração eles não teriam para mim o menor interesse". Em março, voltou ao assunto:

> Às vezes meu coração se compraz em pensar em você e no seu futuro. Mas às vezes não consigo me livrar de ideias que provocam em mim tristes pressentimentos e te-

mores quando sou atingido por um pensamento como se fosse um raio: será que seu coração corresponde à sua cabeça, a seus talentos? [...] E uma vez que esse coração é animado e governado por um demônio não concedido a todos os homens, esse demônio será celestial ou faustiano? [...] Você algum dia será capaz de compartilhar a felicidade com as pessoas mais próximas?

Esses pensamentos o perturbavam em relação a Jenny e à vulnerabilidade da situação dela: "Percebo em Jenny um fenômeno notável. Ela, tão dedicada a você com sua disposição pura, infantil, às vezes demonstra, involuntariamente e contra a sua vontade, uma espécie de temor, um temor carregado de pressentimentos, que não me escapa".[13]

Um motivo constante de irritação era a postura estética de Karl como suposto poeta. Numa carta em que manifestava suas ansiedades sobre a doença de Eduard, a "prolongada indisposição" e "profunda preocupação" de Jenny e sua ambígua posição em relação aos Westphalen, Heinrich repreendeu o filho por ter "um pouco mais de egoísmo do que o necessário para a autopreservação". E o acusou de entregar-se à dor "à menor tempestade". A "primeira de todas as virtudes humanas", prosseguiu Heinrich,

> é a força e a disposição para se sacrificar, para deixar de lado o próprio ego, se o dever, se o amor o exigir, e a rigor não se trata aqui desses sacrifícios gloriosos, românticos ou heroicos, o ato de um momento de devaneio fantasioso ou de sentimento heroico. Até mesmo o grande ego é capaz disso, pois é precisamente o *ego* que predomina. São esses sacrifícios diários e horários que nascem do coração puro de uma pessoa bondosa [...] que dão à vida seu único charme e a tornam bela, apesar de todos os dissabores.

Pelo que se depreende das cartas existentes, ao longo de 1837 esse ensimesmamento parece ter ficado mais intenso, particularmente depois que o problema do noivado foi resolvido. No fim do ano, Heinrich queixou-se: "A julgar por suas cartas, é difícil perceber que você tem irmãos ou irmãs; quanto à boa Sophie, que tanto sofreu por você e Jenny e é tão generosa em sua devoção, você nunca se lembra dela, a não ser quando precisa de alguma coisa".[14]

Heinrich rejeitava particularmente a aparente atração de Karl pela parafernália faustiana e demoníaca que o romantismo tinha associado à aquisição do conhecimento.

> Arruaças, cediças excursões a todos os departamentos do saber, bolorentas cismas à luz de uma triste lamparina; farrear em trajes acadêmicos, os cabelos desgrenhados, [...] as cartas de amor para Jenny e as bem-intencionadas advertências de um pai, escritas talvez entre lágrimas, usadas para acender o cachimbo.[15]

Num momento em que Heinrich, doente, achava que talvez tivesse que parar de trabalhar, havia preocupações financeiras também. Ele suavemente tentou demover Karl da ambição de fundar um periódico de crítica teatral. O lucro seria significativo? Essas preocupações com a falta de realismo de Karl e sua imprevidente extravagância aumentaram mais à medida que o ano chegava ao fim. Heinrich alegava que os estudantes mais ricos gastavam menos de quinhentos táleres, enquanto Karl tinha ultrapassado os setecentos táleres, "contrariando tudo que acordamos". Finalmente, na última carta que teve forças para escrever, Heinrich mais uma vez repreendeu o filho por seu "aristocrático silêncio" sobre o dinheiro, e lembrou que Karl já gastara mais dinheiro no quarto mês do curso de direito do que ele tinha ganhado durante o inverno.[16]

Durante o inverno de 1837-8, o estado de saúde de Heinrich se agravou. Em 12 de agosto de 1837, ele se queixou de que nos últimos meses tinha sido "afligido por uma dolorosa tosse". A vilegiatura em Bad Ems, para onde Henriette o mandara no verão, não lhe deu nenhum alívio real — "esta tosse fatal me tortura em todos os sentidos" —, e pelo fim de agosto ele padecia também "do mais penoso tédio". De novo em casa, sua saúde continuou piorando, e em 10 de fevereiro de 1838 ele escreveu com grande esforço para o filho dizendo que tinha passado os dois meses anteriores enclausurado em seu quarto e, mais recentemente, preso à cama. A mãe acrescentou que "o bom pai está muito fraco", que ela estava realmente desolada porque o filho não ia passar a Páscoa com eles, mas que "Jenny toma parte intimamente em tudo" e "costuma nos animar com sua adorável disposição de criança, que consegue descobrir um lado bom em tudo". A irmã Sophie escreveu contando que o pai ficava "muito impaciente" por estar "tão atrasado com seus negócios. [...] Canto para ele todos os dias e leio também". Pediu a Karl que "escreva de imediato, será uma agradável distração para nós". Em 15 e

16 de fevereiro de 1838, Heinrich não recebeu mais do que uma frase de saudação de Karl. Morreu em 10 de maio.[17]

O apego de Karl a Jenny e o respeito ao pai continuavam fortes. Mas, à medida que a vida em casa se tornava mais desanimadora, Karl ia mergulhando em sua própria vida em Berlim. Lá, as conversas fluíam com facilidade e as notícias voavam. Mesmo na ausência de uma imprensa livre, o teatro oferecia um canal vital para a transmissão de novas ideias. Estas, por sua vez, eram discutidas nas resenhas de teatro, em pequenos periódicos intelectuais, como a *Athenäum* (a revista interna do Clube dos Doutores), ou em publicações de fora da cidade, como os *Hallische Jahrbücher*, de hegelianos radicais. Cafés, bares e cervejarias faziam as vezes de agências de notícias. Em casas como o Café Stehely, jornais e revistas de outros países e de outras partes da Alemanha ficavam disponíveis em longas mesas, onde correspondentes colhiam notícias de política e fofocas de revistas estrangeiras e provincianas para disseminação na Europa central e mais além.

2. A BATALHA EM TORNO DO SIGNIFICADO DO DIREITO

Durante os últimos anos do período do Vormärz — de 1815 a 1848 —, os cafés, bares e cervejarias de Berlim ficaram famosos como centros de debate livre e aberto. As discussões que floresciam nesses estabelecimentos provavelmente significavam para Karl o lado mais estimulante da vida na capital, sobretudo depois de ter passado pelos estreitos horizontes católicos de Trier e Bonn. Segundo Ernst Dronke, escrevendo em 1846, o "humor" de Berlim era político; era uma cidade onde "uma preocupação geral com a política" quase compensava "a falta de uma verdadeira vida política".[18] Cada agrupamento profissional e político — altos funcionários públicos, os militares e empresários, o teatro, as instituições acadêmicas e a literatura — tinha seus pontos de encontro favoritos. Para os radicais, os intelectuais e o pessoal do teatro, a mais famosa *Konditorei* [confeitaria] era o Café Stehely, em frente ao teatro na Gendarmenmarkt, que noutros tempos teria sido frequentado por Mozart e pelo influente autor romântico E. T. A. Hoffmann. Na década iniciada em 1836, cada vez mais a discussão girava em torno de filosofia, teologia e política.[19] Ali Marx conheceu membros do Clube dos Doutores e começou a escrever sua tese; ali também, poucos anos depois, em

1842-3, supostamente foram realizadas reuniões do notório clube de livres-pensadores conhecido como "Livres".

Na carta ao seu pai, Karl fez uma descrição bastante minuciosa do avanço dos seus estudos de direito. A chamada "Escola Histórica do Direito", personificada pelo seu maior representante, Karl von Savigny, dominava o Departamento de Direito. Em 1836-7, Karl assistiu às aulas de Savigny sobre as Pandectas, o compêndio de direito romano compilado a mando do imperador Justiniano entre 530 e 533 d.C. A única oposição significativa à abordagem de Savigny veio de um hegeliano, Eduard Gans. Karl assistiu às aulas de Gans sobre direito prussiano (*Preußisches Landrecht*) no verão de 1838.[20]

Durante os primeiros meses em Berlim, a maior preocupação de Karl ainda era aceitar o abandono da vocação poética. No final do primeiro período, ele tinha passado "muitas noites sem dormir" e "fechado a porta para os amigos. [...] E, apesar disso, no fim das contas, não ganhei muita coisa". Karl adoeceu e foi aconselhado por um médico a procurar a cura no campo. Por isso viajou a Stralow.[21] Em Stralow, "aprendeu Hegel de cabo a rabo". De início, a "grotesca e áspera melodia" de Hegel não o atraíra.[22] Pois na concepção de modernidade de Hegel, arte e poesia ocupavam uma parte subordinada e secundária. Por que aludir à verdade por meio de símbolos ou histórias, ou de representação pictórica, se a filosofia tinha aberto caminho para "o conhecimento absoluto" e era capaz, portanto, de enunciar a verdade em linguagem simples e direta? Karl descreveu a mudança: "O que havia de mais sagrado em mim foi destroçado, e novos deuses tiveram que ser instalados". Depois de mais uma tentativa de resistência emocional, que uniria arte e ciência, "meu filho mais querido, criado à luz do luar, como uma falsa sirene" me jogou "nos braços do inimigo". Sua primeira reação foi de "contrariedade". Num trecho em que desmente um pouco a decisão de abandonar suas pretensões literárias, ele conta: "corri de um lado para outro, como um louco, no jardim à beira da água suja do Spree", o qual, nas palavras de Heine, "lava as almas e dilui o chá"; e depois de ter ido com seu senhorio a uma caçada, diz: "saí correndo para Berlim, e minha vontade era abraçar todos os vadios de todas as esquinas".

Em sua carta ao pai, Karl descreveu seus esforços para chegar a uma fundamentação filosófica satisfatória para o direito em face do formidável desafio intelectual representado por Savigny. Suas simpatias políticas e éticas originais — tanto as do seu pai como as de Wyttenbach no ginásio — procediam de uma posição "alimentada pelo idealismo de Kant e Fichte".²³ Mas o defeito dessa abordagem era que a discussão de normas filosóficas ou "princípios básicos" estava divorciada de qualquer "direito real". Além disso, o que ele chamava de "dogmatismo matemático" — abordagens mecânicas características do século XVIII — tinha impedido "o assunto de tomar forma como coisa que vive e se desenvolve de forma multifacetada". Mais concretamente, essa abordagem poderia ser incompatível com a história do "direito positivo", ou com o direito como "fato" histórico, e a insistência no direito como "fato" é que constituía o ponto de partida de Savigny.

Os escritos de Savigny faziam parte da primeira onda de nacionalismo romântico desenvolvida entre 1800 e 1810 em reação às conquistas e ao domínio da Prússia por Napoleão. Em sua *Geschichte des römischen Rechts im Mittelalter* [História do direito romano na Idade Média], Savigny contestava a noção de que o direito romano tinha "perecido" com a queda de Roma e "foi restabelecido por acidente, depois de seiscentos anos de esquecimento". Suas pesquisas documentaram a continuidade do desenvolvimento de leis, costumes e instituições durante a Idade Média, com base na criativa confluência de temas romanos e germânicos. Foi um período, de acordo com Savigny, "repleto de exemplos dessa energia despertada e desse cometimento inquieto".²⁴

A obra seminal de Savigny, *Das Recht des Besitzes* [Tratado da posse], de 1803, sustentava que o direito romano tratava a *posse* "não apenas como consequência do direito, mas como a fundação mesma do direito".²⁵ Partindo desse ponto, ele desenvolveu uma concepção de direito radicalmente oposta às abordagens racionalistas e idealistas predominantes. O direito, e particularmente a noção de propriedade privada, provêm não da razão, mas do fato da posse manifestada nos costumes e línguas de povos distintos na história. "Todas as leis dependem mais das cambiantes necessidades e opiniões daqueles que as obedecem do que do mero decreto de qualquer legislador."²⁶ A lei não é "feita", mas "descoberta". De acordo com Herder, a lei estava alinhada com língua e cultura; de acordo com Edmund Burke, a ênfase estava na tradição e na mudança gradual.²⁷ "Nos primeiros tempos, o direito já alcançara um caráter fixo, peculiar ao povo, como sua língua, seus costumes e sua Constituição."²⁸ Os direitos não eram naturais, mas históricos. Essa abordagem abria "uma visão totalmente diferente das provas históricas", pois "o direito é parte de uma nação entrelaçada com a sua existência e revogada por sua destruição".²⁹

Numa tentativa de tornar mais claras as próprias ideias, Karl escreveu à mão um texto de trezentas páginas sobre filosofia do direito. Na segunda parte do manuscrito, em resposta a Savigny, ele examinava "o desenvolvimento de ideias no direito positivo romano", a área particularmente investigada por Savigny em seu estudo sobre a posse. Karl concluiu, porém, que não havia diferença entre "direito positivo em seu desenvolvimento conceitual" e "a formação do conceito de direito". Escreveu ao pai dizendo que agora encontrava em Savigny um erro que ele mesmo já tinha cometido: o de imaginar a matéria e a forma da lei desenvolvendo-se em separado. Parecia então que nem os kantianos nem Savigny tinham feito a conexão necessária entre norma filosófica e fato histórico. O problema ficou mais agudo quando Karl mergulhou na seção sobre "direito material privado", na qual questões centrais relativas a pessoas e propriedade teriam de ser tratadas; e foi nesse ponto que deixou de lado o projeto. Pois estava claro que conceitos romanos — os fatos de posse, uso e alienação — não poderiam ser arranjados num sistema racionalista.

Recorrer a Hegel ajudou Karl nessa altura. Em vez de uma separação entre norma e fato, o desenvolvimento do direito precisava ser estudado "como expressão concreta de um mundo vivo de ideias". Como disse ao pai, ele tinha sido conduzido do "idealismo de Kant e Fichte" para "o ponto de buscar a ideia na própria realidade. [...] Se antes os deuses moravam acima da terra, agora eles se tornaram o centro dela".

Ele não chegou a esse ponto sem ajuda. Karl não só lera todo o Hegel, mas também "teve a oportunidade de conhecer a maioria dos seus discípulos" e, "depois de numerosos encontros com amigos em Stralow", acabou topando com o Clube dos Doutores. Essa informal associação de admiradores de Hegel reunia-se e discutia em certas tavernas de sua preferência, e contava entre seus membros conferencistas universitários, professores e jornalistas. Karl mencionou, em especial, Bruno Bauer, "que desempenha um papel importante entre eles", e o dr. Adolf Rutenberg, então "meu amigo mais íntimo em Berlim". Parece provável também que, nos primeiros anos de Karl em Berlim, Eduard Gans, um dos mais destacados membros do clube, o tenha ajudado a definir suas ideias sobre direito. Há registros de Karl assistindo a suas palestras em 1837 e em 1838.[30]

Gans era professor no Departamento de Direito em Berlim e amigo do falecido Hegel. Sua carreira tinha sido inicialmente prejudicada pelo ressurgimento do antissemitismo, no rescaldo da "guerra de libertação". Insultado por estudantes em Berlim e Göttingen, mudou-se para Heidelberg, onde adquiriu brilhante reputação como estudante de direito, aluno do jurista racionalista e progressista Anton Thibaut. No começo dos anos 1820, ele era um dos principais membros da Associação para Cultura e Ciência dos Judeus, uma tentativa de juntar cultura judaica e valores iluministas. Ao mesmo tempo, e de acordo com o decreto de emancipação judaica de 1812, candidatou-se em 1822 para uma cadeira na Universidade de Berlim. O rei interveio pessoalmente para declarar que os judeus não podiam mais ocupar cargos acadêmicos. Em 1825, assim como seu amigo Heine, ele se converteu ao cristianismo, e então foi nomeado para a Cátedra de Berlim no ano seguinte. Nessa época tornou-se hegeliano convicto e o mais íntimo aliado e amigo de Hegel na Faculdade de Berlim. Não foi surpresa, portanto, que nos anos 1830 ele tenha sido escolhido para preparar edições póstumas da *Filosofia do direito* (1833) e da *Filosofia da história* (1837) de Hegel.

Gans tornou-se consideravelmente mais radical do que Hegel a partir de 1819. Era membro atuante do "partido do movimento" e partidário ativo dos "Amigos da Polônia" depois da repressão ao levante polonês de 1830.[31] Conhecia Paris e as atividades dos saint-simonianos em primeira mão.[32] Além disso, foi o primeiro escritor alemão a estudar a sério a "questão social".[33] Particularmente importante nesse contexto foi a sua crítica de Savigny e da Escola Histórica do Direito. Na ausência de partidos políticos ou liberdade de imprensa, a intervenção aberta em política nacional era praticamente impossível. Em vista disso, nas décadas de 1820 e 1830, uma das mais importantes batalhas sobre o futuro da Prússia foi travada numa controvérsia a respeito da natureza do direito romano.[34]

Embora Savigny evitasse o sectarismo político explícito, as implicações políticas da sua posição tinham ficado claras no fim das Guerras Napoleônicas. Em 1814, o jurista liberal Anton Thibaut propôs que a Alemanha adotasse um código legal uniforme, comparável ao Código Napoleônico. Em resposta, Savigny lançou naquele mesmo ano uma acirrada polêmica, *Vom Beruf unserer Zeit für Gesetzgebung und Rechtswissenschaft* [Da vocação da nossa época para a legislação e a jurisprudência]. Argumentava que Napoleão tinha utilizado o código como um vínculo para "agrilhoar" países "que ele conseguiu submeter ao seu domínio". Na Alemanha, o Código Napoleônico havia "corroído cada vez mais, como um câncer". Enquanto em algumas áreas tinha sido rejeitado como "emblema de degradação política", ainda estava em vigor em pelo menos seis estados. Sua contínua propagação teria resultado "na aniquilação da nossa nacionalidade". Os códigos, afirmava Savigny, datavam de meados do século XVIII, quando toda a Europa "estava tomada por um cego furor de aperfeiçoamento"; agora, "um espírito histórico foi despertado em toda parte e não dá margem para a autossuficiência frívola" daqueles tempos.³⁵

Havia diversas implicações preocupantes na posição de Savigny, que se tornaria ministro da Justiça prussiano nos anos 1840. Em primeiro lugar, sua defesa de um retorno ao direito romano, tal como existia antes da época revolucionária, perpetuava uma situação na qual leis de propriedade e herança estavam sujeitas a incertezas legais e infinitas variações locais. Em segundo lugar, seu argumento de que o direito de posse romano provinha de um "fato" e não de um "direito" fortalecia as pretensões dos senhores feudais de manter suas propriedades pelo direito de "prescrição aquisitiva" ou mero "domínio de um objeto".³⁶ Finalmente, a posição de Savigny representava uma ameaça particular para a Renânia, onde uma versão modificada do Código Napoleônico tinha como fundamento o pressuposto de igualdade perante a lei e onde o julgamento por júri ainda estava em vigor.

Gans atacava a Escola Histórica pela confusão que ela fazia entre fato natural e fato legal. O fato da posse não tinha status legal. Um "direito" não poderia basear-se num "erro". O que os advogados chamavam de agravo implicava a existência de um direito legal que tornava a violação injustificada sujeita a reparação legal.³⁷ Mais genericamente, Gans acusava a Escola Histórica de recusar-se a admitir a criatividade e o movimento para a frente do Espírito Mundial ou História Mundial. Savigny e seus seguidores viam a história não como um progresso racional, mas como um processo a ser revelado por meios puramente empíricos, uma sucessão de acontecimentos incorporada na forma de tradições que expressam a vida e a alma do povo. Dessa maneira, argumentava Gans, o presente estava subordinado ao passado. Por fim, a opinião de Gans sobre o significado do direito romano era muito diferente da de Savigny. Em primeiro lugar, ressaltava que boa parte do seu valor provinha da sua promulgação como *código* por Justiniano. Em segundo lugar, diferentemente dos que exultavam com a imersão do direito romano no costume nativo germânico durante a Idade Média, Gans elogiava a relativa autonomia do direito romano. Sua longa história sugeria que regras legais podiam, até certo ponto, permanecer independentes do poder político, e isso, por sua vez, sugeria a existência de algum tipo de lei natural subjacente.³⁸

Ao contrário dos kantianos ou da Escola Histórica, Gans sustentava que um processo dialético de "mediação" existia entre a norma filosófica e o fato histórico, subjacente ao desenvolvimento histórico e racional do conceito de direito.

Como tentou demonstrar em *Das Erbrecht in weltgeschichtlicher Entwicklung* [O direito sucessório em seu desenvolvimento histórico universal] (1824), houve um desenvolvimento racional do conceito de herança através das sucessivas épocas históricas do progresso do espírito. Karl assistiu às aulas de Gans sobre direito penal em 1836-7 e às aulas sobre direito civil prussiano no verão de 1838. Em sua carta ao pai, ele claramente faz eco à posição de Gans ao afirmar que "o caráter racional do objeto em si precisa desenvolver-se como algo imbuído de contradições em si e encontrar a unidade em si".[39]

Apesar de todo o seu interesse pela filosofia, Karl ainda parecia indeciso sobre perseguir carreira no direito. Externou ao pai sua preferência por jurisprudência em vez de ciência administrativa, e a possibilidade de transferir-se como "administrador de justiça" depois do terceiro exame de direito e tornar-se, então, um "assessor", para finalmente conseguir uma cátedra extraordinária. Não se sabe ao certo até que ponto isso era produto de indecisão ou simples desejo de agradar ao pai. Antes, em setembro de 1837, Heinrich já tinha declarado que "se você vai fazer carreira num departamento de ensino ou em outro é, essencialmente, a mesma coisa para mim". O filho poderia escolher o que estivesse "mais de acordo com seu talento natural", fosse em direito ou filosofia, mas, em qualquer caso, que não esquecesse a necessidade de patrocínio.[40] Ao que parece, o interesse de Karl por jurisprudência também persistia. Não só continuou a assistir às aulas de Gans no verão de 1838, como suas contribuições para o *Rheinische Zeitung* mais de três anos depois sugerem um contínuo envolvimento com questões de jurisprudência racional.

3. A EMOÇÃO DA FILOSOFIA: IDEALISMO DE KANT A HEGEL

Em 1839, porém, já era evidente que Karl se decidira totalmente pela filosofia e estava pronto para iniciar seu doutorado. A morte do pai tinha acabado com qualquer vestígio de inibição quanto a mudar de curso, e a morte de Gans no ano seguinte provavelmente reforçou sua decisão. Mais importante ainda era a sua sensibilidade às divisões culturais e políticas que se abriam na Prússia do Vormärz. Contemporâneos notaram a mudança de interesse ocorrida no Café Stehely, de literatura e arte para filosofia, teologia e política, e isso correspondia à mudança que se verificava nas próprias preocupações de Karl. O apelo de Hegel — como escreveu ele ao pai em 1837 — tinha sido o de "buscar a ideia na própria realidade". Mas o problema era que o pensamento e o ser não estavam se aglutinando da maneira que a posição de Hegel supunha. Talvez fosse até o caso, e particularmente a partir da morte de Hegel em 1831, de pensamento e ser estarem se afastando cada vez mais.

Nos anos seguintes a 1815, Hegel foi o pensador que enunciou mais vigorosamente a associação entre o mundo germânico e o desenvolvimento do Espírito Universal. Esse discurso fazia sentido enquanto fosse possível acreditar que a Prússia continuaria o programa de emancipação da "Era da Reforma", iniciado na esteira da derrota para Napoleão em 1806. A nomeação de Hegel para a Cátedra de Filosofia em Berlim em 1818 pode ser vista como parte desse programa de reformas. O convite partira de Karl von Altenstein, ministro da Educação, Saúde e Assuntos Religiosos, um protegido de Hardenberg e racionalista convicto.

Em suas palestras sobre a *Filosofia da história*, proferidas nos anos 1820, Hegel afirmava que dois caminhos paralelos poderiam ser traçados na história moderna da liberdade. Um caminho partia da Reforma, na qual Lutero libertou a religião da autoridade externa e com isso tornou possível o florescimento das virtudes germânicas da espiritualidade interiorizada — *Innerlichkeit* — e do pensamento reflexivo. Essa trajetória de desenvolvimento culminou na filosofia de Kant e na libertação do homem de todas as crenças herdadas. O segundo caminho, o da política, tinha levado à Revolução Francesa, que apesar de suas óbvias imperfeições produzira uma situação na qual a liberdade interna e espiritual do homem poderia agora se expressar de forma política e institucional externa. Segundo Hegel, essa combinação de liberdade espiritual e política estava sendo concretizada na Alemanha. Na Prússia, um programa de reformas vinha alcançando pacificamente aquilo que a Revolução Francesa tentara criar pela força.

A abordagem de Hegel tinha sido atacada pelos conservadores praticamente a partir do momento em que ele foi nomeado. O assassinato de Kotzebue reavivara no rei e no seu círculo o medo da revolução.[41] Os Decretos de Carlsbad, de 1819, tinham levado à demissão de professores "demagogos" em universidades e reduzido severamente a liberdade de publicação, a liberdade de expressão e a liberdade de reunião. Ao que parece, impediram também que Hegel reconhecesse publicamente a causa da reforma política. Em seu recém-escrito prefácio para a *Filosofia do direito*, publicado em 1821, ele repudiara qualquer intenção de legislar para o futuro, supostamente defendendo a racionalidade da situação existente.[42]

As revoluções de 1830, que desencadearam a violência e a demanda por independência na Itália e na Polônia, levaram a Bélgica a separar-se da Holanda e produziram Constituições liberais na França, na Bélgica e na Grã-Bretanha, agravando ainda mais os temores das autoridades políticas. Assustada com uma reunião democrática maciça em Hambach, no Palatinado, em 1832, a Confederação Alemã intensificou a censura e a repressão política.

A postura cada vez mais defensiva do governo prussiano foi também uma resposta a uma reação cultural e política mais ampla contra o "racionalismo" e o Iluminismo, que ganharam força nas décadas seguintes a 1815. Em Brandemburgo-Prússia houve um retorno a uma forma evangélica e fundamentalista de cristianismo, particularmente entre setores da aristocracia e das classes profissionais. Seguidores do novo evangelicalismo acreditavam que as ideias iluministas tinham sido responsáveis pela propagação do racionalismo e do ateísmo, e que estes, por sua vez, tinham desembocado nos horrores da Revolução Francesa. Esse mundo pós-1815, dominado pelo desejo de dar as costas à revolução e à heterodoxia religiosa, era totalmente diferente daquele da Revolução Francesa e da crise na crença ortodoxa ocasionada pela demolição kantiana da teologia e da metafísica tradicionais. Aquele era o mundo no qual se formara a abordagem filosófica do jovem Hegel, mas que agora era considerado totalmente incompatível com as prioridades de um fundamentalismo cristão e de um medievalismo romântico renovados.

O radicalismo, o republicanismo e o socialismo alemães das décadas de 1830 e 1840 — as aspirações do "partido do movimento" — foram tentativas de renovar as formas de racionalismo que, de diferentes maneiras, tinham supostamente orientado as ambições de Frederico, o Grande, definido os ideais do jacobinismo, moldado a filosofia de Kant e de Fichte e inspirado as principais inovações da "Era da Reforma". O pensamento de Karl foi formado dentro dessa tradição, e em muitos sentidos importantes, sua abordagem continuou a ser produto das expectativas dessa tradição.

A herança racionalista teve particular importância na formação da identidade daquilo que ficaria conhecido nas décadas de 1830 e 1840 como "socialismo", que na Alemanha, como em outros lugares, nasceu de uma batalha em torno do status e do caráter da religião. Na Alemanha, porém, esse racionalismo e o socialismo construído a partir dele tomaram uma forma diferente dos da tradição anglo-francesa.

Nos Países Baixos e no mundo alemão, a partir do final do século XVII, a descrença tinha assumido uma forma "panteísta", a começar por Espinosa: Deus e natureza eram a mesma coisa, e esse todo indivisível era governado pela necessidade racional. Na Alemanha, o impacto de Espinosa foi duradouro, levando Heine a declarar nos anos 1830 que o espinosismo era a religião secreta da Alemanha. Na Grã-Bretanha e na França, tinha havido conflitos paralelos sobre religião, mas assumindo formas diferentes. Em contraste com Espinosa, o ponto de partida era predominantemente deísta (um Deus "relojoeiro" separado da sua criação) em vez de panteísta, e empiricista em vez de racionalista. O ponto de partida das duas tradições, porém, diferentemente da ênfase cristã no pecado original, tinha sido o pressuposto de que o homem era um ser natural, cujas ideias eram formadas por meio da percepção sensorial e cuja atividade era impulsionada pelo desejo e pela busca da felicidade.

Mas na Alemanha, no último terço do século XVIII, apareceu uma terceira grande forma de filosofia. Baseava-se, em pontos consideráveis, no conceito de Rousseau de liberdade como lei autopromulgada, mas foi formalizada no que ficaria conhecido como *idealismo* na filosofia "crítica" de Kant. Apesar de igualmente cético a respeito da religião revelada, o idealismo dava ênfase à liberdade humana, ao papel ativo da mente na formação do conhecimento e da atividade, e à capacidade da razão de resistir a desejos naturais e superá-los.

O idealismo abriu as portas para uma forma distinta de perfeccionismo, ou utopismo, construído com a substituição das limitações do homem como ser natural pelo avanço do domínio da razão, no qual o homem só obedecia, em última análise, aos comandos por ele mesmo formulados. A formação desse conceito distintamente idealista da emancipação humana e sua separação cada vez mais nítida da crença religiosa tradicional podem ser claramente mapeadas nos últimos escritos de Kant, nos quais a concepção cristã de vida após a morte é substituída por uma visão quase laica de emancipação na terra.

Em *Crítica da razão pura*, de 1781, Kant tinha afirmado que seu objetivo ao eliminar todas as alegações de conhecimento da existência de Deus era abrir espaço para a fé.[43] Essa promessa foi cumprida em 1788, em sua *Crítica da razão prática*, na qual Deus e a imortalidade foram restaurados como pré-requisitos, ou "postulados". Mas o status de Deus era agora muito mais incerto. Na metafísica tradicional, Deus era quem fornecia o fundamento da moralidade. Na nova teoria, era a moralidade que (questionavelmente) exigia a existência de Deus. O argumento em defesa da necessidade de Deus agora fazia parte de um requisito maior, no entendimento de Kant, para conciliar a lei moral com o fato de os seres humanos serem criaturas naturais encarnadas em busca da felicidade.[44] Em *Crítica da razão prática*, ele sustentava que a conexão entre virtude e felicidade deveria ser encontrada na noção do "bem mais alto". Essa era a condição para que a felicidade fosse distribuída em proporção à virtude, e portanto para que cada um recebesse a quantidade de felicidade que merecesse. Esse ideal, de acordo com Kant, jamais poderia ser alcançado neste mundo, mas, como acreditamos que precisa ser alcançado, era necessário postular um Deus capaz de distribuir felicidade aos virtuosos na proporção justa e a imortalidade da alma como meio de garantir o tempo necessário para alcançar esse resultado final.

Kant tentou de várias maneiras tornar esses "postulados" imperativos. Em sua *Crítica da faculdade do juízo*, de 1790, ele escreveu não mais sobre o "bem mais alto", mas sobre o "fim último". Apresentando o argumento em outros termos, afirmou que se Deus não existisse, a lei moral contradiria a si mesma, exigindo algo que, por sua natureza, não poderia ser cumprido. A estrutura básica da argumentação era a mesma. Em *A religião nos limites da simples razão*, de 1793, no entanto, a distância da crença convencional foi aumentada. O supranaturalismo cristão encerrado na doutrina da imortalidade da alma foi substituído pela visão de uma "comunidade ética", que seria o resultado "da vitória do bom princípio na fundação de um reino de Deus na terra".[45] Aqui, mais uma vez, desenvolve-se um argumento sobre a necessária relação entre a lei moral e Deus como legislador da moral. Mas a necessidade desse legislador não foi plenamente estabelecida. A lei moral era divina por ser obrigatória, e não obrigatória por ser divina. Além disso, Kant admitia que a ideia de um "fim último" foi introduzida como algo que os humanos pudessem "amar", e era uma concessão a "uma inescapável limitação da humanidade".[46] Assim, em meados da década de 1790, estava claro que Kant não conseguira restabelecer Deus como postulado da "razão prática".[47] A única maneira de preservar o argumento moral em defesa de Deus era identificar o próprio mundo moral com Deus.[48]

Foi durante os anos 1790 que as ideias de Hegel e as de seus dois brilhantes colegas de estudos, Hölderlin e Schelling, foram influenciadas por sua experiência como estudante de teologia em Tübingen.[49] O jovem Hegel repudiava a rigidez do luteranismo oficial, sentindo-se estimulado pelos acontecimentos na França e inspirado pelo desafio da filosofia de Kant. A resposta que deu em seus escritos não publicados foi tentar reformular o cristianismo à luz dos pré-requisitos pós-

-kantianos de autonomia e autolegislação. Suas ideias também de baseavam em *A educação do gênero humano*, de Lessing, e na concepção de Rousseau de uma religião civil, juntamente com a visão da harmonia ética espontânea que se supunha ter sido desfrutada na Grécia antiga, de acordo com as ideias de Goethe, Schiller e Herder na época em que trabalharam juntos na pequena corte de Weimar, entre a década de 1770 até 1805.[50] Em 1793, o próprio Kant tinha esboçado a forma de uma religião puramente moral em *A religião nos limites da simples razão*. Mas Hegel e seus amigos achavam que Kant dera muita ênfase à virtude como cumprimento do dever. Em 1796, eles delinearam seu próprio conceito de "religião do povo" (*Volksreligion*). Inspirados por *A educação estética do homem*, de Schiller, ressaltavam que as ideias éticas kantianas precisavam ser acompanhadas pelo apelo do belo: "Monoteísmo da Razão e do coração, politeísmo da imaginação e da arte, é disso que precisamos". A necessidade era de "uma nova mitologia", "uma mitologia da *Razão*".[51]

Os debates na década de 1790 não se ocupavam da historicidade da narrativa cristã, mas da capacidade que tinha o cristianismo de formar as bases da vida ética. Na opinião de Hegel, a superioridade do cristianismo sobre outras religiões era incontestável, porque só ele se baseava na convicção de que todos eram livres. Em seus escritos posteriores, Hegel pôde, por conseguinte, argumentar com justiça que sua concepção de *Sittlichkeit* — as normas éticas e leis que caracterizavam uma cultura moderna e um Estado racional — tinha como base o cristianismo protestante. A ausência dessa cultura, na opinião de Hegel, foi a principal razão de a Revolução Francesa ter descambado para o terror e a guerra. A religião, em seu estado não transformado, tinha sido incapaz de defender-se dos ataques irreligiosos do Iluminismo. Hegel achava que sua filosofia tinha ampliado e enriquecido o cristianismo.

As dúvidas dos conservadores sobre a compatibilidade do racionalismo com o cristianismo não foram dissipadas. Os livros e as aulas de Hegel situavam o cristianismo como o que havia de definitivo e mais alto no desenvolvimento de sucessivas formas de consciência religiosa. Enquanto nos primeiros tempos a religião tinha começado com deuses misteriosos cercados por cultos da natureza e por magia, a partir da época da Reforma a clareza finalmente tinha sido alcançada no cristianismo. O cristianismo havia superado o abismo entre homem e Deus. Pois na história cristã da Encarnação, o humano deixara de estar alienado do divino. Hegel colocou no coração do seu cristianismo o "Espírito Santo", o terceiro componente da Trindade. Esse era o Espírito Divino, que residia dentro de todos e de cada um e era celebrado no ato da Comunhão.

No entanto, o cristianismo se dizia não apenas imanente, mas também transcendente, e não havia nada nos escritos de Hegel que apoiasse a ideia de um Deus separado de sua criação, ou de uma vida após a morte. Além disso, estava claro na apresentação da "Ideia Absoluta" de Hegel que, à luz do desenvolvimento da autoconsciência, a religião, como a arte antes dela, era, em última análise, incapaz de dar uma ideia adequada do divino.[52] Os ritos e símbolos do cristianismo baseavam-se numa forma inefável de simbolismo; essa visão do Absoluto era, no fim das contas, ingênua, e o seu modo de comunicar a verdade não era livre. A religião cristã contentava-se em basear suas alegações na autoridade bíblica, não na livre determinação e na autoconsciência.

Por volta da década de 1820, essa posição foi ficando cada vez mais isolada, praticamente confinada aos seguidores imediatos de Hegel. A brilhante geração de escritores e filósofos românticos, que adotaram concepções do divino semelhantes à de Hegel durante os anos dele em Jena, entre 1800 e 1806, tinha morrido ou seguido em frente. Novalis morreu jovem; Schleiermacher renunciou ao seu antigo panteísmo; os irmãos Schlegel tornaram-se católicos; Schelling refugiou-se no misticismo. Ao longo da década de 1820, houve repetidos ataques a Hegel desferidos por seguidores de Schleiermacher, que enfatizavam a relação entre religião e sentimento, enquanto pietistas e evangélicos, encabeçados por Ernst Hengstenberg, o editor do recém-fundado *Evangelische Kirchenzeitung*, consideravam as traduções racionalistas hegelianas do dogma religioso presunçosas e heréticas. Apesar do seu protestantismo, Hegel ainda era acusado de panteísmo espinosista, enquanto outros atacavam o seu "panlogismo", a subordinação da liberdade e da realidade à necessidade lógica.[53] Diante desses ataques, Hegel adotou atitude defensiva, favorecendo seus discípulos mais conservadores, empenhados em demonstrar a compatibilidade da religião revelada com a filosofia especulativa.

4. AS BATALHAS DOS ANOS 1830: STRAUSS E O SURGIMENTO DOS JOVENS HEGELIANOS

Intelectualmente, o ataque mais desafiador à posição de Hegel veio na década de 1830, depois de sua morte, da parte de um ex-amigo de Tübingen, o então festejado filósofo Schelling. Schelling não tinha publicado nada depois dos anos que passou em Jena, e sua posição só era conhecida pelo que dela se dizia. Mas em 1827 ele repudiou o "panlogismo" de juventude e em 1834 lançou um mal disfarçado ataque filosófico à posição de Hegel. Como outros que tinham dado as costas ao radicalismo filosófico da juventude, Schelling queria recuperar um Deus pessoal livre dos confins da lógica ou da razão. Já em 1804, recuara de uma visão da humanidade superando todas as alteridades dentro de uma totalidade e abrangendo a identidade de espírito e natureza. Ele trouxe de volta a linguagem cristã da Queda do Homem, complementada, poucos anos depois, por uma concepção de Deus como pura vontade além da razão. Deus agora era proposto como o criador do mundo, mas eternamente separado dele. O que revelava de si mesmo para o mundo era feito não por intermédio da razão, mas da revelação.[54]

A geração filosófica dos anos 1830 de modo geral não se impressionava muito com a reconstituição excêntrica de Schelling da apologética cristã, mas não pôde ignorar a força de sua crítica a Hegel. Essa crítica tomou a forma de uma reafirmação da independência e realidade anterior do ser, e de um ataque à tentativa hegeliana de demonstração da passagem da lógica para a realidade no início da *Ciência da lógica* (1816).[55] Em contraste com as filosofias que negavam a autonomia da realidade — a "filosofia negativa" —, Schelling propunha "uma explicação positiva da realidade", a "filosofia positiva". A "necessidade lógica" que a "filosofia negativa" considerava para ordenar o mundo era, na opinião de Schelling, resultado da vontade de Deus, que nenhuma lei restringia. O que a filosofia especulativa não podia admitir era a improcedência da realidade. Já a filosofia positiva, diferentemente, pressupunha a rendição da autonomia da razão a alguma coisa que lhe era externa, ao "fato positivo", só acessível por meio da "revelação".

A "filosofia positiva" de Schelling foi ampliada e convertida em filosofia política por Friedrich Julius Stahl, intransigente antirracionalista e amigo de Savigny. Em 1833, Stahl publicou sua própria *Filosofia do direito*, e em 1840 foi promovido à Cátedra de Direito de Berlim, como sucessor de Eduard Gans. De acordo com Stahl, a filosofia de Hegel padecia da perigosa ilusão de que a razão podia conhecer Deus. Acusou Hegel de destruir a personalidade divina — e, por extensão, a humana — ao privar Deus de vontade própria. O Deus de Hegel ("Espírito") estava encerrado dentro de um princípio universal de desenvolvimento necessário incorporando ao mesmo tempo natureza e espírito, sendo, por conseguinte, incapaz de agir como um Ser Supremo que se autorrevela livremente.

A objeção de Stahl à concepção hegeliana do monarca era parecida: o monarca estava encarcerado na substância do Estado e em débito com a Constituição. Assim como a vontade de Deus fundamentava o ser e a razão, mas não era limitada por eles, a vontade do monarca deveria ser igualmente irrestrita. Pois assim como o ser de Deus que a tudo abrange dá unidade a toda a criação, a soberania pessoal do monarca deveria personificar sozinha a autoridade do Estado e, de modo semelhante, estar livre de restrições constitucionais. Em termos práticos, Stahl recomendava a restauração do "Estado cristão" com seu princípio de *"cuius regio, eius religio"* [subordinar-se à religião daquele que rege] estabelecido na Paz de Augsburgo em 1555.

Em meados da década de 1830, o conflito entre o novo conservadorismo e o "partido do movimento" se tornara, em termos filosóficos, mais acalorado. Também começou a tomar uma forma política mais explícita.

Na Confederação Alemã, monarcas tinham repudiado com sucesso todo e qualquer ganho liberal obtido em Hesse-Kassel, Saxônia e Hannover como resultado das revoluções de 1830. Os escritos da Jovem Alemanha, tendência literária que incluía Heine e Ludwig Börne, foram banidos em toda a Confederação. O exame político de nomeações acadêmicas ficou mais rigoroso. Na Universidade de Erlangen, na Baviera, Ludwig Feuerbach foi barrado de qualquer possibilidade de conseguir uma cátedra depois de escrever uma crítica hostil a Stahl.[56] Outros hegelianos de destaque, como David Strauss, Arnold Ruge e Bruno Bauer, sofreriam a mesma sina.

O acontecimento decisivo dessa luta foi a publicação, em 1835, de *A vida de Jesus examinada criticamente*, do teólogo David Strauss, de Tübingen.[57] Finalmente tinha sido publicado um livro explicando com clareza o que poderia significar a afirmação hegeliana de que os objetivos da religião e da filosofia podiam até divergir na forma, mas eram idênticos no conteúdo. De acordo com Strauss, a verdade racional personificada no cristianismo, a união do humano com o divino, só poderia ficar clara quando os Evangelhos fossem libertados do seu arcaico ambiente supranatural. No Novo Testamento, a "Ideia" tinha sido encerrada numa narrativa sobre a vida e as atividades de um único indivíduo. Essa narrativa era "o produto" de um processo inconsciente de mitificação influenciado pela imagem do Messias segundo o Antigo Testamento. Se se quisesse salvar o cristianismo para a ciência moderna, a figura do Cristo teria que ser substituída pela ideia de "humanidade" no conjunto da sua história. Pois só o espírito infinito do gênero humano poderia produzir a união do finito com o infinito, tal como mostrado por Hegel na representação do "Espírito Absoluto".[58]

No final da década de 1830, a batalha pela direção da política religiosa a ser seguida pelo Estado prussiano tornou-se cada vez mais rancorosa. Altenstein, ainda ministro da Educação e Assuntos Religiosos, permitiu a publicação e a livre disseminação de *A vida de Jesus* de Strauss, apesar da indignação conservadora. Mas acabou ficando numa posição defensiva, uma vez que as forças conservadoras eram cada vez mais influentes na corte, particularmente no círculo do príncipe herdeiro, que incluía Stahl, Hengstenberg e partidários da visão romântica antirracionalista da Igreja e do Estado. Na esteira do livro de Strauss, mais hegelianos conservadores se sentiram tentados a fazer as pazes com a agressiva promoção do ressurgente Estado monárquico-cristão germânico. Altenstein estava, portanto, impossibilitado de promover radicais para cátedras universitárias. Recomendou a Göschel, sucessor de Hegel em Berlim, que reiterasse a compatibilidade entre hegelianismo e cristianismo ortodoxo, para acalmar os ânimos em torno de Strauss.

Por mais desfavoráveis que fossem esses presságios, o "partido do movimento" ainda se agarrava à esperança de que os acontecimentos pudessem fazer o governo mudar de curso. O velho rei, Frederico Guilherme III, era famoso por sua arbitrária fusão das Igrejas luterana e calvinista em 1817, medida mais próxima, em espírito, do absolutismo burocrático de Napoleão do que do revivalismo evangélico pós-1815. Mas então o governo se viu diante de um desafio inesperado à direita. A questão dizia respeito às relações entre o Estado prussiano e seus súditos católicos. Em 1835, o novo arcebispo católico de Colônia, Droste-Vischering, era um partidário militante da tendência "ultramontana" dentro da Igreja. Isso significava uma ênfase na autoridade do papa nas questões temporais de governos civis, e que os sacerdotes de um país deviam lealdade em primeiro lugar a Roma e não aos seus líderes seculares. Ele pôs em vigor uma rigorosa proibição papal a casamentos mistos. A Igreja passou a exigir dos cônjuges protestantes de fiéis católicos uma garantia por escrito de que os filhos seriam criados como católicos. Isso significava não apenas a rejeição de um antigo acordo renano sobre a questão, mas também uma violação da lei prussiana e um desafio frontal à autoridade do rei como "bispo supremo" da Igreja Unida da Prússia. Como consequência, o arcebispo foi preso em 1837.[59]

Como era de esperar, esse confronto entre o Estado prussiano e a Renânia esmagadoramente católica despertou um interesse sem precedentes; a questão foi debatida em mais de trezentos panfletos.⁶⁰ Também foi um assunto no qual os hegelianos ofereceram ao Estado apoio incondicional.⁶¹ *Athanasius*, o principal panfleto ultramontano, foi escrito pelo conhecido renano e ex-radical Joseph Görres. Ele afirmava que o protestantismo tinha desaguado na Revolução Francesa. A denúncia protestante foi apresentada pelo ex-hegeliano Heinrich Leo. Mas os hegelianos radicais acharam que a causa tinha sido exposta com excessiva mansidão. Seu principal porta-voz era Arnold Ruge, conferencista de Halle e ex-ativista da associação estudantil (*Burschenschaft*).⁶² Junto com Theodor Echtermeyer, ele havia fundado os *Hallische Jahrbücher* no começo de 1838. Essa revista tinha iniciado sua trajetória como um folhetim baseado em todas as colorações da opinião liberal e hegeliana, mas aos poucos foi se identificando com "a independência da investigação científica" (em outras palavras: apoiando Strauss) e a supremacia do Estado sobre a Igreja. Ruge atacou Görres e Leo em seu panfleto *Prússia e a reação* por sua hostilidade ao racionalismo, que Ruge dizia ser a essência da Prússia; também acusou Leo de ser "semicatólico". O ataque de Ruge provocou, por sua vez, uma irada resposta de Leo, que chamou Ruge, Feuerbach, Strauss e seus aliados de "os hegelianinhos" (*die Hegelingen*). Vem daí a expressão "jovens hegelianos". Leo descreveu-os como um grupo de ateístas que relegaram a Ressurreição e a Ascensão de Cristo aos domínios da mitologia e defendiam um Estado inteiramente secular.⁶³

Em resposta, Ruge reiterou a afinidade entre protestantismo e racionalismo, e nos *Hallische Jahrbücher* enfeitou esse tema com provas coligidas na edição póstuma da *Filosofia da história*, de Hegel, que Eduard Gans acabara de publicar. Como terra da Reforma e do Iluminismo, a Prússia representava tolerância religiosa e liberdade de pensamento. Strauss pertencia a essa tradição protestante prussiana de orientação racional, que agora parecia correr o risco de cair sob influência do catolicismo. Num outro ataque a Leo e Hengstenberg, intitulado *Pietismo e os jesuítas*, Ruge sustentou que o núcleo duro protestante do pietismo do século XVII tinha desaparecido, deixando apenas sua casca irracional, o catolicismo como religião de exterioridades.⁶⁴

No final de 1839, Ruge e Echtermeyer ampliaram esse ataque polêmico num "Manifesto", numa série de artigos intitulada *Protestantismo e romantismo*. Tanto o protestantismo como o romantismo, afirmavam, eram produtos da Reforma, mas enquanto o protestantismo constituía seu "núcleo" racional, o romantismo representava sua "casca" irracional. Era "o impulso subjetivo do eu livre", baseado nas emoções e na natureza, não na universalidade da razão. Encarnava, portanto, "o princípio não livre". Essa representação do "romantismo" concentrava-se em suas "manifestações irracionais". E essas manifestações incluíam o gosto pelo misticismo, a proximidade do catolicismo, a afeição pela Idade Média e uma preferência pela poesia popular. Isso tudo vinha acompanhado de uma aversão à França, ao Iluminismo e a Frederico, o Grande.

5. EPICURO: ÁTOMOS E LIBERDADE

Outros partidários aderiram à campanha, mas nenhum deles com mais entusiasmo do que Karl Köppen, de Berlim, um estudioso do insólito interesse do século XIX pela mitologia nórdica, membro do Clube dos Doutores e, segundo vários relatos, o amigo mais íntimo de Karl naquela época.[65] Köppen escrevia para os *Hallische Jahrbücher* desde maio de 1838. Sua abordagem da religião e da mitologia nórdicas era muito parecida com a de Strauss: o mito fornecia o relato íntimo da consciência de um povo bem antes da história escrita. Enquanto a controvérsia acerca de Strauss e do caráter da campanha dos jovens hegelianos contra o ultramontanismo prosseguia, os escritos de Köppen radicalizavam-se cada vez mais. Ele elogiava o imperador medieval Frederico Barbarossa por sua heroica oposição a escravos e padres, e ressaltava a evolução do pensamento de Hegel e da própria Prússia em direção ao governo constitucional. Em 1840, escreveu um ensaio louvando Frederico, o Grande, no centenário de sua ascensão ao trono. O ensaio foi transformado num livro — *Frederico, o Grande, e seus adversários* — e usado para recomendar ao novo rei prussiano, Frederico Guilherme IV, que seguisse o exemplo do seu grande predecessor, fazendo do esclarecimento e da batalha contra o fanatismo sacerdotal os princípios orientadores do seu reinado.

Ao longo do seu estudo, Köppen chamou a atenção para o fato de que o filósofo grego Epicuro era o pensador favorito de Frederico, e que "todos os racionalistas [os *Aufklärer*] do último século eram, em muitos sentidos, ligados aos epicuristas, exatamente como os epicuristas se mostraram, inversamente, os grandes *Aufklärer* da Antiguidade".[66] Epicuro era o filósofo mais odiado pelos românticos, como antecessor do materialismo francês do século XVIII e de uma visão mecanicista do mundo. Sua filosofia era, segundo Friedrich Schlegel, "o mais vil de todos os sistemas antigos [...] que resolve tudo em termos de átomos corpóreos básicos"; Schlegel lamentava que o epicurismo tivesse se tornado a filosofia dominante da última metade do século XVIII.[67]

Tudo isso ajuda a explicar por que Karl escolheu Epicuro como tema da sua tese de doutorado. Köppen dedicou a Karl seu livro *Frederico, o Grande*, e Karl, no prefácio da sua tese, elogiou Köppen pelo tratamento que deu às filosofias epicurista, estoica e cética, e por sua "profunda indicação [...] da conexão entre elas e a vida grega".[68] Como Köppen, Karl estava empenhado em promover a recuperação de uma afinidade entre o Estado prussiano e os ideais do Iluminismo — aquilo que logo depois, em seus artigos para periódicos, ele chamaria de "o Estado racional". Mas a tese também tinha outros objetivos. Num momento em que a abordagem hegeliana tinha sido colocada na defensiva, a tese apresentava uma defesa genérica do idealismo como filosofia, dirigida primeiramente contra o "intelecto teologizante" e depois contra o determinismo "dogmático" com base na natureza, de Demócrito. Karl estava interessado em refutar a acusação antirracionalista, amplamente aceita, de que Epicuro era um defensor do materialismo e do determinismo. Por essa razão, apresentou Epicuro como precursor da filosofia da autoconsciência.[69]

A tese concentrava-se nas implicações da teoria do "átomo" de Epicuro. Fazia parte de um projeto maior de estudo dos "filósofos da autoconsciência", os epicuristas, os estoicos e os céticos.[70] Examinar a trajetória dessas filosofias, que tinham surgido na esteira de Platão e Aristóteles, era uma forma de examinar, obliquamente, os desenvolvimentos contraditórios da filosofia alemã depois da morte de Hegel e da ruptura do seu sistema. Em 1837, Karl tinha escrito para o pai como se a síntese entre o pensamento e o ser anunciada pela filosofia de Hegel estivesse prestes a ser concluída. Agora, como outros seguidores de Hegel, ele considerava essa conciliação um objetivo a ser alcançado no futuro, uma meta a ser atingida por uma transição da teoria para a prática.

Nesse meio-tempo, Karl teve que examinar os desenvolvimentos discrepantes do pensamento pós-hegeliano. Pois não só era claro que na Prússia da Restauração o abismo entre realidade e ideia tinha aumentado, mas também parecia que a filosofia se tornara separada do mundo. Enquanto as diferenças subjetivas entre os seguidores de Hegel se agravavam, o Estado em aliança com o "romantismo" tinha se tornado mais e mais reacionário. A universalidade objetiva da filosofia foi transformada de volta nas "formas subjetivas de consciência individual nas quais ela tem vida". Ou, como disse ele de outra forma, "quando o sol universal se põe é que a mariposa busca a lâmpada da privacidade".[71] Uma vez que o pensamento e o ser entraram em colapso e a filosofia foi obrigada a adotar essa forma subjetiva, a autoconsciência filosófica assumiu a aparência de "uma dualidade, cada lado completamente oposto ao outro". De um lado, havia a "facção *liberal*", que retinha "o conceito"; de outro, a *"filosofia positiva"*, o *"não conceito*, o momento de realidade". Assim Karl descrevia o conflito entre os jovens hegelianos e os partidários de Schelling e Stahl. Os primeiros achavam que o problema era "a inadequação do mundo, que precisa ser tornada filosófica"; para os últimos, "a inadequação" era um problema para a filosofia.[72]

A reivindicação acadêmica da tese de Karl era ter resolvido "um problema até aqui insolúvel na história da filosofia grega". Comentaristas, desde Cícero e Plutarco até os pais da Igreja, tinham repudiado a obra de Epicuro como simples plágio do filósofo pré-socrático grego Demócrito. Segundo Demócrito, os átomos tinham movimentos rigorosamente determinados; o "vórtice" resultante de sua repulsa e colisão era a "substância de necessidade". Já Epicuro achava que esse movimento poderia ser não determinado; podia estar sujeito a um "desvio" ou "declinação". Com isso, ele encontrou uma maneira de resistir à "necessidade cega" e à física puramente materialista de Demócrito. Nas palavras de Karl, Demócrito tinha visto "na repulsa apenas o lado material, a fragmentação, a mudança, e não o lado ideal, segundo o qual qualquer relação com outra coisa é negada e o movimento é estabelecido como autodeterminação". O átomo continha alguma coisa dentro dele que lhe permitia revidar e resistir à determinação de outro ser, e isso, de acordo com Karl, era o começo de uma teoria da autoconsciência. "Agora, quando a matéria se reconcilia com a forma e é tornada autossuficiente, a autoconsciência individual deixa de ser pupa, proclamando-se o verdadeiro princípio."[73]

Uma das características mais distintas da tese de Karl era a tentativa de representar o progresso do átomo epicurista como prenúncio da representação hegeliana do surgimento da autoconsciência. De acordo com Karl, "a incondicionalidade e a liberdade da autoconsciência", ainda que apenas na forma de individualidade, eram "o princípio da filosofia epicurista". A "atomística", com todas as suas contradições, era a "ciência natural da autoconsciência". "Os átomos, considerados abstratamente entre eles", eram "nada mais que entidades imaginadas em geral. [...] Só em contato com o concreto é que eles desenvolvem sua identidade. [...] A contradição entre existência e essência, entre matéria e forma, é inerente ao átomo individual dotado de qualidades." Segue-se que a declinação ou "repulsa" de muitos átomos era a realização da lei dos átomos. "Ele se abstrai do ser oposto e dele se retira", o que poderia ser feito se "o ser com quem se relaciona não é outro senão ele mesmo". A repulsa foi a primeira forma de autoconsciência. Qualquer relação com outra coisa foi negada, e o movimento foi estabelecido como "autodeterminação". Prova disso eram "os corpos celestes", nos quais o átomo é matéria na forma de individualidade. Os corpos celestes eram portanto "átomos tornados reais". Neles a matéria adquiria individualidade. "Nesse processo, a matéria deixava de ser individualidade abstrata e se tornava individualidade concreta."[74] Dessa forma, a "repulsa" manifestada pelos átomos na existência física fornecia um paradigma para a existência da liberdade humana e da autoconsciência.

A recusa da necessidade levou Epicuro a negar uma premissa central da crença grega, "o abençoado e eterno papel dos corpos celestes". Ele o fez apontando para a atividade dos meteoros, cuja existência era impermanente e cuja atividade era desordenada. A natureza supostamente eterna dos corpos celestes, como tudo o mais, estava sujeita à transitoriedade terrestre. A natureza não era independente. O mais alto princípio era a "incondicionalidade e a liberdade da autoconsciência". O prefácio declarava, em palavras atribuídas a Prometeu, que a filosofia se opunha "a todos os deuses celestes e terrestres que não reconheciam a autoconsciência humana como a mais alta divindade". Por essa razão, Epicuro teria sido "o maior representante do Iluminismo grego".[75]

As deficiências de Epicuro também eram inegáveis. Os antigos filósofos da "autoconsciência" tinham fracassado devido à sua incapacidade de ir além de uma noção subjetiva de verdade identificada com "o homem sábio". A esse respeito, Marx seguiu a *Filosofia da história*, de Hegel: "pensamento e pensador" eram "imediatamente unidos"; o "princípio" orientador de Epicuro era "o impulso da autoconsciência rumo à autossatisfação".[76] Segundo Epicuro, "tudo que importa é a tranquilidade do sujeito explicador". A principal preocupação da "individualidade abstrata", que Epicuro concebeu como o princípio do átomo, era a preservação da *ataraxia* (serenidade). Isso significava que "o objetivo da ação deve ser encontrado na abstração, em desviar-se da dor e da confusão". O pensamento continuava separado do ser, e com isso o valor da ciência era negado. Ou, como disse Marx, o objetivo tinha sido "libertar-se *do* ser, e não libertar-se *no* ser".[77]

O perigo da concepção epicurista de autoconsciência como "universalidade abstrata" era que "a porta" ficava "escancarada para o misticismo supersticioso e servil". Foi isso que tornou Epicuro vulnerável ao "intelecto teologizante" de Plutarco nos tempos antigos e incentivou Gassendi a tentar conciliar Epicuro e catolicismo no século XVII. Pior ainda, no entanto, era a ameaça representada pela "filosofia positiva". Pois uma vez que o pensamento fosse destacado do ser, mas preservando-se o pressuposto do Absoluto, a filosofia estava livre para restaurar a transcendência e a teologia voltava. Essa crítica era dirigida particularmente aos hegelianos conservadores propensos a transigir com a reafirmação do "Estado cristão" germânico defendida por Stahl, e com respaldo filosófico de Schelling.[78]

A tese de Karl — e as notas que a acompanhavam — oscilava entre a confiança e a incerteza. A "teoria" agora dera lugar à "prática", mas "a prática da filosofia é em si *teórica*. É a crítica que mede a existência individual pela essência, a realidade particular pela Ideia". Era, pensava Karl,

> uma lei psicológica que a mente teórica, uma vez libertada em si mesma, se transforma em energia prática. [...] A autossatisfação e a plenitude íntima foram rompidas. O que era luz interna tornou-se chama consumidora voltada para fora. O resultado é que, quando o mundo se torna filosófico, a filosofia também se torna mundana.

Nesse sentido, ele tinha certeza de que "só a facção liberal alcança progresso real, porque é a facção do conceito, enquanto a filosofia positiva só é capaz de produzir demandas e tendências, cuja forma contradiz o sentido". Mas, admitia ele, "a *realização imediata* da filosofia é, na sua essência mais profunda, gravemente afetada por contradições". Encerrando sua tese com um floreio retórico, e não com uma firme conclusão, Karl depositou sua confiança na dialética, "o veículo da vitalidade, a eflorescência nos jardins do espírito, o espumar na taça borbulhante das sementes minúsculas de onde brota a flor da singular chama do espírito".[79]

4. Reconstrução da pólis: a razão enfrenta o Estado cristão

Cobre o teu céu, ó Zeus,
De nuvens de neblina
E mostra a tua força, como menino
Que decepa cardos,
Em carvalhos e no alto dos montes.
Mas deixes para mim
A minha terra,
E a minha cabana, que não construíste,
E o meu fogão,
Cujo rubor
Tu invejas.

Sob o sol não conheço ninguém
Mais pobre do que vós, ó deuses!
Mal consegues manter a vossa majestade
Com ofertas de sacrifício
E orações exaladas,
E perderíeis o vigor
Se as crianças e os mendigos

*Não fossem
Tão tolos e esperançosos.*

*Quando eu era menino,
E não sabia nada de coisa nenhuma,
Voltei os meus olhos inquietos
Para o sol, como se por lá houvesse
Um ouvido para ouvir o meu lamento,
Um coração como o meu,
Para ter piedade dos aflitos.*
                          J. W. Goethe, "Prometeu" (1772-4)

1. A DISSOLUÇÃO DA FAMÍLIA

Nos cinco anos seguintes à morte do pai, as relações de Karl com a família, especialmente com a mãe, pioraram muito. Quando estava em Trier, Karl se sentia mais à vontade na casa do futuro sogro, Ludwig von Wespthalen, do que na da própria família. Mas passava a maior parte do tempo fora de Trier, em Berlim, Bonn e Colônia.

A morte de Heinrich, em 10 de maio de 1838, pesou muito nas relações entre as famílias Marx e Westphalen. Jenny era muito apegada a Heinrich, mas não tinha uma boa relação com Henriette. Seis semanas depois da morte de Heinrich, Jenny ainda estava muito perturbada quando escreveu: "O futuro é tão sombrio, nenhuma perspectiva reconfortante me sorri". Jenny relembrou a Karl de uma tarde que tinha passado com o pai dele um ano antes, no vinhedo da família em Kürenz.

Conversamos duas ou três horas sobre as coisas mais importantes da vida, nossas preocupações mais nobres e sagradas, religião e amor. [...] Ele me falou com um amor, uma ternura, uma paixão de que só um temperamento tão rico como o dele seria capaz. Meu coração retribuiu com este amor, este amor que tenho por ele, que vai durar para sempre. [...] Ele falou muito sobre o alarmante estado de saúde do pequeno Eduard [o irmão mais novo de Karl, que morreu em 14 de dezembro de 1837] e da sua própria fraqueza física. [...] Naquele dia sua tosse estava muito ruim.

Mais tarde, "colhi para ele um punhado de morangos. [...] Ele ficou mais animado, até mesmo espirituoso e namorador", fingindo que Jenny era a mulher de um alto funcionário do Judiciário, que deveria ser tratada como "senhora presidente". Jenny juntou à sua carta a Karl uma mecha de cabelo de Heinrich.[1]

Não há muita coisa que possa nos revelar como Henriette lidou com a perda do marido. Só uma carta dela para Karl perdurou. Foi escrita mais de dois anos depois da perda e está muito danificada. Mas o que sobrou indica a extensão da angústia que ainda sentia, mesclada à sensação de estar sendo abandonada. A carta começa assim: "Você poderá avaliar quantas lágrimas dolorosas e amargas derramei por sua total renúncia a tudo que lhe era preciso e caro, quando refletimos sobre nossa vida doméstica de antigamente — marcada por um cuidado extraordinário e um amor materno ilimitado". Ela se sentia esnobada e rejeitada pelos Westphalen. "Seis semanas depois que o seu querido pai foi tirado de nós, da família Westphalen, nenhuma demonstração de amizade, nenhum consolo nos veio desse lado. Era como se nunca nos tivessem visto na vida. [...] Jenny aparecia a cada quatro ou cinco semanas, e então, em vez de nos consolar, se queixava e lamuriava." Evidentemente tinha havido uma disputa, talvez sobre a liquidação dos bens de Heinrich, embora não se saiba ao certo de que se tratava; e parece que a família Westphalen a acusava de ter administrado mal a situação. "Todo o orgulho e toda a vaidade dos Westphalen foram insultados. [...] Agora tenho que ficar com a culpa de não ter apresentado as questões adequadamente." Quando ela, as meninas e Hermann (irmão de Karl) foram dar os pêsames num momento de dor da família Westphalen, Hermann não foi tratado com hospitalidade, e Jenny "agiu de um modo distante". Henriette sentiu-se ameaçada, achando que eles queriam desfazer o casamento. "Só veem em mim uma mãe fraca e duvidam dos meus sentimentos." Ela precisou fazer um grande esforço para manter a paciência, de modo a não entristecer Karl ou dizer uma palavra dura a Jenny. Se ao menos Karl tivesse ajudado um pouco. "Você nunca fará por sua família o sacrifício moral que todos nós fizemos por você." Mais uma vez recomendou que ele levasse em conta "o que acha que deve aos seus irmãos e irmãs, mas o que toleramos e sofremos você jamais poderá retribuir". Quanto aos Westphalen, ela sugeriu que Karl lembrasse que, por mais que "alguém reconheça na jovem que ama as mais belas e nobres virtudes", toda família "tem um caráter essencial, que permanece o mesmo apesar de todas as circunstâncias". No caso dos Westphalen, isso significava um altíssimo padrão: "Para eles não há *juste milieu* — ou somos transportados para a esfera celeste, ou temos que aceitar o abismo".[2]

As relações familiares claramente sobreviveram à tensão criada por esse noivado muito longo. A sobrevivência casual de uma carta de Sophie, irmã de Karl, escrita em março de 1841, mostra a família aguardando uma visita de Karl antes de ele juntar-se a Bruno Bauer em Bonn em julho, e o fornecimento por ela de "qualquer coisa que seja necessária para a sua viagem e outras despesas". Mas o relativo desapego dele à família continuava, e fica evidente nos comentários finais de Sophie: "Se eu tivesse um irmão amoroso de verdade, eu gostaria muito de contar [para ele] sobre a minha própria situação, mas assim como está, está bem do mesmo jeito".[3]

Não há dúvida de que a família julgava incompreensíveis as escolhas de carreira de Karl. Ele não só rejeitara a oportunidade de uma vida na advocacia, ou de um cargo no serviço público, mas também, como estudante de doutorado em filosofia, resolvera trabalhar com um dos mais notórios jovens hegelianos do seu departamento, um departamento hostil tanto a Bauer como a ele próprio. Bauer, seu novo amigo e mentor, entendeu a situação e sugeriu, em março de 1841: "Se eu pudesse estar em Trier e explicar à sua família [...]. Acho que a mentalidade de cidade pequena também contribui um pouco para essas complicações". Mas naquele verão ele estava ocupado demais terminando seus próprios *Sinóticos* para ir a Trier. Bauer compreendeu igualmente a importância de concluir o doutorado sem provocar confrontos desnecessários. "Você precisa lembrar também que aumentará os problemas financeiros da sua noiva se tornar a sua trajetória para o púlpito mais difícil devido a um *éclat* popular. Seja como for, você já vai ter mesmo que enfrentar muitas dificuldades depois." Recomendou a Karl que deixasse Berlim no mês seguinte. "Desligue-se de tudo e de todos, tranquilize sua noiva e faça as pazes com a sua família."[4]

Karl parece ter evitado a casa da família tanto quanto pôde. Em Trier, estava ao mesmo tempo isolado do mundo literário e longe do clima de camaradagem dos seus companheiros de Berlim. Em janeiro de 1841, teve a oportunidade de conhecer Eduard Meyen e o círculo literário da *Athenäum*, para a qual colaborou com um poema. Quando deixou a cidade, os amigos claramente sentiram falta da sua companhia. Köppen escreveu em junho de 1841 que estava triste depois de uma semana separado de Karl, e começara a fazer caminhadas com Meyen, seu novo *Schönheitsfreund* (amigo da beleza). Pelo menos, diz que estava satisfeito de poder voltar a pensar por conta própria, em vez de achar-se um "estúpido pateta".⁵ Bauer também lamentava que nunca mais daria as boas gargalhadas que dava com Karl andando pelas ruas de Berlim.⁶

O rompimento final nas relações de família ocorreu no verão de 1842. Desde o início do ano, Karl estava hospedado com os Westphalen, enquanto Ludwig von Westphalen — a quem dedicou sua tese — jazia moribundo. Sua morte, em 3 de março, coincidiu com a demissão de Bauer e o fim de qualquer possibilidade de emprego acadêmico, e por isso a questão da carreira de Karl voltou a aparecer. Mas dessa vez houve mais uma complicação com outra morte na família Westphalen, a de Christiane Heubel, que vivera com eles por muitos anos.⁷ Parece claro que Karl pressionou a mãe para lhe dar sua parte da herança, e que ela recusou. O único relato escrito dessa época está numa carta de Karl para Arnold Ruge, de 9 de julho. Ruge vinha insistindo com Karl para produzir artigos que ele tinha prometido ainda na primavera. Karl respondeu:

> De abril até a presente data só consegui trabalhar um total de quatro semanas, se tanto, e mesmo assim não sem interrupções. Tive que passar seis semanas em Trier por causa de outra morte. O resto do tempo foi dividido, e envenenado, pelas mais desagradáveis disputas de família. Minha família, apesar de próspera, me interpôs obstáculos que me deixaram no momento numa situação bastante difícil.⁸

Fez a mesma alegação a Ruge no começo de 1843: "Como já lhe escrevi uma vez, briguei com minha família, e enquanto minha mãe estiver viva, não tenho nenhum direito sobre meus bens".⁹ A mãe de Karl transferiu a administração de seus assuntos financeiros para os genros Robert Schmalhausen, procurador em Maastricht casado com Sophie, e Jacob Conradi, engenheiro hidráulico casado com Emilie, e posteriormente para o cunhado Lion Philips, em Zaltbommel.¹⁰

Karl e a mãe pareciam ser igualmente voluntariosos e não gostar de fazer concessões. Os poucos comentários posteriores de Karl sobre a mãe foram feitos com os dentes cerrados. Ele reconheceu, de má vontade, que ela tinha um espírito independente. Depois de uma ida a Trier em 1861, durante a qual Henriette quitara algumas das velhas dívidas dele, ele comentou com Lassalle: "A propósito, a velha senhora me intrigou também por seu humor extremamente sutil e sua inabalável tranquilidade".[11] Nos seus momentos de crueldade, ele queria vê-la morta.[12]

Nenhuma carta de Karl a Jenny sobreviveu, mas do que ela lhe escreveu pode-se ter uma ideia do caráter de suas relações. Não há dúvida de que, durante aqueles anos, o amor entre eles foi contínuo e apaixonado. Em 1839, ela lhe escreveu:

> Ó, meu amor, como você me olhou pela primeira assim de repente e depois olhou para o outro lado, e depois me olhou novamente, e eu fiz a mesma coisa, até que nós dois olhamos um para o outro por um bom tempo, e profundamente, e não conseguíamos mais desviar os olhos. [...] De vez em quando eu me lembro de coisas que você me disse ou me perguntou, e então sou tomada por sensações maravilhosas indescritíveis. E, Karl, quando você me beijou, e me apertou e me abraçou com força, e eu não conseguia mais respirar de medo e tremor. [...] Se você soubesse, meu querido Karl, como meu sentimento é peculiar, eu não consigo mesmo descrevê-lo para você.[13]

Às vezes esses sentimentos eram descritos numa linguagem de autodepreciação. Em 1841 ela declarou: "Queridíssimo Karl, diga por favor, ainda voltarei a ser totalmente sua? [...] Ó, Karl, sou tão má, e não há mais nada de bom em mim a não ser o meu amor por você, mas esse amor acima de tudo é grande, forte e eterno".[14]

Karl manifesta-se nessas cartas como um aspirante a poeta, dramaturgo ou filósofo; representa o amante romântico ao extremo, furiosamente ciumento de rivais imaginários ou de qualquer desvio de sentimento de devoção exclusiva. Em 1838, Jenny teve de explicar que seu amor por Edgar era o de irmã ou amiga e que não afetava em nada o que sentia por Karl.[15] Em 1839, Jenny se torturava de medo de que "por amor a mim você venha a se envolver numa desavença ou num duelo". Mas, talvez para desarmá-lo, fantasiava um enredo na linha de Jane Eyre conquistando o sr. Rochester, no qual ela não era inteiramente infeliz.

> Imaginei, com riqueza de detalhes, que você perdia sua mão direita, e, Karl, eu me achava num estado de arrebatamento, de êxtase, por causa disso. E veja só, amado, eu imaginei que nesse caso poderia me tornar totalmente indispensável para você; e você então me manteria sempre perto e me amaria. Pensei também que então eu poderia anotar todas as suas ideias queridas e divinas, e ser realmente útil a você.[16]

Mas essa paixão era sempre acompanhada de uma contracorrente de realismo e de uma ansiedade que o pai de Karl já tinha notado. Jenny não estava inteiramente segura do "belo, comovente, apaixonado amor, as coisas indescritivelmente lindas que você diz dele, as criações inspiradoras da sua imaginação". Preocupava-se com a permanência desse amor.

> É por isso que não sou totalmente grata pelo seu amor, não completamente encantada com ele, como ele realmente merece. É por isso que estou sempre lembrando a você de coisas externas, a vida, a realidade, em vez de me apegar por inteiro, como você consegue fazer tão bem, ao mundo do amor, de me absorver nele, e numa unidade mais elevada, mais querida, espiritual com você, e nela esquecer tudo o mais, encontrando consolo e felicidade nela e só nela.[17]

As cartas revelam que Jenny também tinha suas próprias preocupações. Não só estava totalmente empenhada em tomar conta do pai doente, Ludwig, mas também se afligia com as irresponsabilidades financeiras do irmão Edgar, fazendo o possível para que a mãe, Caroline, não tomasse conhecimento da confusão em que ele se metera. Em 1841, ela escreveu que tinha "ficado calada, de propósito, sobre o estado bagunçado das finanças de Edgar", mas isso já não era possível, especialmente porque as próprias despesas dela tinham aumentado muito. Além disso, "minha mãe voltou a me repreender, pois voltou a me repreender sobre tudo". Caroline tinha insistido para que Edgar fosse buscá-la em Colônia, "simplesmente por uma questão de decoro interno e externo, já que eu, de outra forma, não poderia ir visitar você em Bonn".[18]

Jenny se sentia cada vez mais entediada e inquieta na casa dos pais e longe da agitação de Berlim ou Colônia. Em 1839, escreveu: "Se eu ao menos soubesse de algum livro que eu pudesse entender direito e que me distraísse um pouco". Pediu a Karl que lhe recomendasse um livro que fosse "um pouco erudito, para que eu não compreenda tudo, mas ainda consiga entender alguma coisa, como se enxergasse através da neblina, um desses livros que não são do gosto de todo mundo; e também que não seja conto de fadas ou poesia, não suporto nada disso. Acho que me faria muito bem exercitar um pouco a mente".[19] Em 1841, ela estava aprendendo grego, e gostaria de conhecer "o sinoticista" (Bruno Bauer).[20] Os longos anos de envolvimento com doenças, tensões familiares, ansiedade financeira e incerteza sobre o futuro estavam cobrando um preço. O casamento não poderia sair tão cedo. "Amanhã", escreveu, o pai, que dava ordens sem parar, seria transferido da cama para uma cadeira. "Se eu não estivesse deitada aqui tão miseravelmente, eu não demoraria a arrumar minha mala. Tudo está pronto. Vestidos, gargantilhas e toucas em perfeita ordem, e só o usuário não está nas condições adequadas."[21]

2. BRUNO BAUER E A DESTRUIÇÃO DO CRISTIANISMO

Entre 1839 e 1841, enquanto Karl preparava sua tese, Bruno Bauer foi seu melhor amigo e mentor. Bauer estava ficando famoso por sua radical crítica bíblica e sua interpretação intransigentemente secular da filosofia de Hegel (ver adiante, pp. 115 ss.). Na época em que Karl se aproximou dele, era *Privatdozent*, um professor não titular, da Faculdade de Teologia de Berlim. Karl tinha assistido às aulas de Bauer sobre o Livro de Isaías em 1836, e foi apresentado a ele pelo amigo Adolf Rutenberg, cunhado de Bauer. No período de verão de 1839, as aulas de Bauer eram as únicas a que Karl assistia. Enquanto esteve em Berlim, Karl costumava encontrar Bauer no Clube dos Doutores, onde era um dos luminares, e com frequência também na casa da família Bauer, em Charlottenburg.

O primeiro sinal público de que Bauer estava se afastando da posição de conciliação veio em 1839, quando ele criticou "a míope apologética teológica" do seu antigo aliado Hengstenberg, líder do fundamentalismo cristão evangélico. O objetivo de Bauer era separar o espírito do cristianismo da forma dogmática que tinha adquirido no éthos do Estado prussiano da Restauração. Hengstenberg vinha adquirindo cada vez mais influência na corte, e é possível que Altenstein e Schulze, como os últimos representantes ativos e racionalistas no governo da Prússia na "Era da Reforma", tenham incentivado Bauer a desfechar o ataque. Mas essa atitude era também uma admissão da crescente fraqueza deles. Pois, apesar da mudança para Bonn, Bauer continuava sendo um *Privatdozent* que não recebia salário e estava financeiramente desesperado e, como Schulze reconhecia, sem perspectiva de promoção. No período de inverno de 1839, Altenstein, o ministro da Educação, transferiu Bauer para a Universidade de Bonn a fim de protegê-lo da controvérsia que ele tinha começado a provocar.

Em 1841, depois de concluir e entregar a tese em abril, Karl passou dois meses em Trier, e em seguida, no começo de julho, acompanhou Bauer a Berlim na esperança de que ele o ajudasse a conseguir uma colocação acadêmica. Nos três primeiros meses de 1842, Karl passou a maior parte do tempo em Trier, onde o pai de Jenny, Ludwig von Westphalen, sofria de uma doença terminal, mas aproveitou também para ampliar a sua tese, entregue originalmente em Jena, com o objetivo de publicá-la e obter sua habilitação (qualificação de pós-doutorado) em Bonn. Em março de 1842, Bauer perdeu o emprego em Bonn e voltou para Berlim logo depois. Karl ficou mais um tempo em Bonn, mas acabou indo morar em Colônia, onde se envolveu com o recém-fundado *Rheinische Zeitung*.

Por trás desses fatos resumidos ocorria uma sequência de acontecimentos cada vez mais dramáticos: as mortes de Altenstein e do velho rei Frederico Guilherme III, seguidas de intenso confronto entre a "crítica" progressivamente radical de Bauer e os novos — e cada vez mais furiosos — líderes do "Estado cristão" prussiano. Foi um processo do qual Karl parece ter participado com entusiasmo, mas que também acabou com suas chances de vir a conseguir um emprego na academia.

As primeiras cartas de Bauer a Karl depois que chegou a Bonn em 1839 lembram as de um prestativo orientador de doutorado e amigo. Em dezembro, ele mencionou as "investigações lógicas" de Karl e a preocupação de Köppen de que isso pudesse conduzir a sofisma. Deu-lhe conselhos sobre o tratamento insatisfatório de Hegel à transição do ser para a essência na *Ciência da lógica*, recomendando-lhe, ao mesmo tempo, que primeiro terminasse a tese. Por intermédio de Karl, Bauer enviou saudações a Köppen e Rutenberg em Berlim e lamentou a falta de qualquer coisa em Bonn que se comparasse ao "nosso clube", com seu fluxo constante de conversas inteligentes. Os colegas em Bonn se reuniam às nove horas da noite no Casino Club ou no "Clube dos Professores no Trier Hof, mas só para contar piadas e fofocas; e às onze horas da noite todo mundo ia embora". Desanimado, Bauer comentou que "tudo é totalmente burguês". Na primavera de 1840, recomendou a Karl que superasse suas hesitações e "a mera farsa que é este exame", desejando apenas que pudesse estar lá para discuti-lo.[22]

Ao aproximar-se o momento de apresentar a tese de doutorado, Bauer recomendou a Karl, em várias cartas, que não provocasse o examinador sem motivo. Não deveria, por exemplo, incluir uma máxima provocadora de Ésquilo no frontispício, nem qualquer coisa além da discussão filosófica. "Dentro desse formato você pode na verdade dizer tudo que está contido nessas máximas. Só não agora!

Quando estiver no pódio, depois de desenvolver uma posição filosófica, poderá, de fato, dizer o que quiser."[23] Em 6 de abril, com a ajuda de Edgar, irmão de Bruno Bauer, Karl despachou sua tese para a Faculdade de Filosofia de Jena, e em 15 de abril recebeu seu diploma de doutor.[24] Karl tinha pedido ao chefe do Departamento de Filosofia que agisse o mais rápido possível em seu caso. Mas a notável presteza com que examinaram a tese foi resultado da ajuda de um amigo acadêmico em Jena, o professor Oskar Wolff, que lhe dera instruções precisas sobre a documentação necessária para acompanhar a tese.

A proximidade dos pontos de vista de Karl e Bauer durante esse período é atestada pelo prefácio da sua tese, no qual Karl declara seu ódio contra "todos os deuses celestes e terrenos que não reconhecem a autoconsciência humana como a mais alta divindade".[25] "Autoconsciência" era o termo central na interpretação baueriana de Hegel. Não se referia a uma consciência imediata ou particular, mas ao que Bauer chamava de "singularidade", ou processo pelo qual o particular se elevava ao universal. Dessa maneira, o eu tornava-se portador de razão ou da união dialética entre o universal e o particular. O individual, possuidor de singularidade, tinha adquirido os atributos que Hegel conferia ao "Espírito Absoluto". O que Bauer chamava de progresso da autoconsciência infinita agora significava progresso de uma realidade histórica externa, que os indivíduos reconheciam como realização sua.

A noção de "autoconsciência" de Bauer fazia parte da sua ambição de remover da filosofia de Hegel qualquer resíduo da existência do transcendente. Era esse o pretexto que permitia aos hegelianos conservadores se convencerem de que Hegel ainda reservava um lugar para um Deus transcendente. Hegelianos ortodoxos sustentavam que a religião e a filosofia eram idênticas: o que uma representava em narrativas e pinturas, a outra enunciava em conceitos. O Espírito Absoluto em filosofia era portanto equivalente ao Deus cristão. Em Bauer, porém, Deus era encontrado exclusivamente na consciência humana; Deus era nada mais do que a autoconsciência conhecendo-se ativamente a si mesma. Ao atacar qualquer ideia de *Espírito* como um poder independente dos espíritos racionais, Bauer tinha designado a "autoconsciência humana como a mais alta divindade".

Bauer, filho de um pintor de porcelana da corte, tinha se matriculado na Universidade de Berlim em 1828. Tornou-se o aluno predileto de Hegel e escreveu um premiado ensaio ampliando os argumentos hegelianos sobre estética. Como resultado dessa associação, incorreu na inimizade de Schleiermacher, o teólogo, e seus seguidores.[26] Em 1834, tornou-se *Privatdozent* do Departamento de Teologia de Berlim, e em 1836 virou editor de um periódico hegeliano ortodoxo, a *Zeitschrift für spekulative Theologie* [Revista de Teologia Especulativa]. Além disso, foi escolhido pelos testamenteiros filosóficos de Hegel para editar suas *Lições sobre a filosofia da religião*, juntamente com um dos mais respeitados seguidores de Hegel, Philipp Marheineke, defensor da ideia de que era possível encontrar uma conciliação racional entre filosofia e religião. Nessa fase inicial, a obra de Bauer mereceu atenção pelo zelo com que ele afirmava que cada detalhe da epístola bíblica poderia ser estabelecido como historicamente verdadeiro num sentido especulativo, segundo o entendimento hegeliano da história. O objetivo da exegese bíblica era demonstrar "a unidade da Ideia na separação de seus momentos, como descrito no Antigo Testamento, e em seguida sua unidade sem intermediários no Novo Testamento". O próprio Bauer disse em 1840: "Como os deuses imortais, os discípulos viviam com calma patriarcal no reino da Ideia que o mestre tinha deixado como herança".[27] Mas a publicação de *A vida de Jesus* de Strauss em 1835, junto com a equivalente crítica histórica do Antigo Testamento de Wilhelm Vatke, tinha abalado rudemente essa abordagem especulativa da verdade religiosa. Hegel e Marheineke não achavam que as questões de crítica histórica eram relevantes para a questão das relações entre religião e filosofia. Mas na esteira do livro de Strauss, essa questão se tornou um tópico candente.

Hegelianos tradicionais recorreram a Bauer para dar uma resposta convincente a Strauss. Isso começou com uma tentativa frustrada de demonstrar que os Evangelhos não eram uma coleção de mitos messiânicos, mas formulações multifacetadas da "Ideia Absoluta". Partindo daí, Bauer construiu um relato alternativo do status histórico da religião em geral, e do cristianismo em particular, em relação ao desenvolvimento da autoconsciência. Em 1838, em *Apresentação crítica da religião do Antigo Testamento*, ele apresentou o relato do Antigo Testamento da vontade de Deus como subordinação legal à vontade de outro. Isso seria substituído pela imagem no Novo Testamento da imanência universal e da identidade do humano e do divino. Em 1840, contudo, a crítica originalmente dirigida ao Antigo Testamento foi ampliada para o cristianismo em sua totalidade. Entre 1841 e 1843, o ataque de Bauer tornou-se ainda mais severo. A rigor, a polêmica investida contra as credenciais do cristianismo em *A trombeta do juízo final contra Hegel, o ateu e anticristo* e em *O cristianismo revelado* tinha uma ferocidade não encontrada nas obras de Strauss ou Feuerbach. Bauer desmontou totalmente o edifício da crença religiosa. Como disse em 1841:

> Autoconsciência manifesta é aquela peça na qual o Eu é duplicado como num espelho e que, depois de julgar por milhares de anos que sua imagem era Deus, descobre que a imagem no espelho é ele mesmo. [...] A religião acha que essa imagem no espelho é Deus; a filosofia desfaz a ilusão e mostra ao homem que não há ninguém atrás do espelho.[28]

Bauer contestou, já de saída, as apresentações de Strauss dos Evangelhos como produto da comunidade judaica e suas tradições de mitos e profecias messiânicos. Ele argumentava que a "comunidade" segundo Strauss era apenas outro nome dado ao conceito panteísta de "substância", ou de "ser", derivado de Espinosa. Essa abordagem invocava um "Universal" que era supostamente efetivo de imediato, sem mostrar como operava, como foi adotado ou como foi internalizado na autoconsciência individual. Só os indivíduos, afirmava Bauer, poderiam dar corpo e forma a essa "tradição". A "tradição" de Strauss dissolvia os indivíduos num todo amorfo. Como tema de história também, Bauer discordava de Strauss. O cristianismo não estava fundamentado na substância da mitologia e da tradição, da expectativa apocalíptica judaica ou do Deus de Espinosa do Antigo Testamento. O cristianismo foi uma resposta às novas condições universais do Império Romano depois do desaparecimento da pólis. Assinalava "a morte da natureza" e o começo da autoconsciência.

A perda de qualquer perspectiva realista de um emprego acadêmico ajuda a explicar o radicalismo crescente da crítica religiosa de Bauer depois de 1839.[29] Isso foi indicado pelo aparecimento de sua *Crítica do Evangelho de João*, em maio de 1840, seguida por três volumes da *Crítica dos Evangelhos Sinóticos*, publicados em 1841 e 1842. A *Crítica do Evangelho de João* ressaltava a oposição entre autoconsciência livre e o princípio religioso. Argumentava que o cristianismo tinha sido uma necessidade num estágio do desenvolvimento do espírito humano, mas também que esse estágio tinha chegado ao fim. O Evangelho de João foi tomado como demonstração da "positividade" do dogma cristão; era uma construção literária que inventava incidentes dramáticos como pretexto para pronunciamentos dogmáticos e confundia a defesa do particular com a necessária manifestação do universal. Era um Evangelho no qual os pronunciamentos de Cristo estavam mesclados, confusamente, com expressões da percepção de membros posteriores da comunidade religiosa.

Na *Crítica do Evangelho de João* ainda estava implícito que, embora João fosse uma invenção literária, os três primeiros Evangelhos "Sinóticos" talvez contivessem as palavras originais de Cristo. Mas na *Crítica dos Evangelhos Sinóticos*, a tentativa de minar as pretensões do cristianismo dogmático foi ainda mais longe. Nos dois primeiros volumes, a afirmação de que os Evangelhos Sinóticos citam diretamente declarações de Cristo foi evitada, enquanto Bauer tentava demonstrar que os episódios descritos eram produtos da consciência religiosa, e não relatos factuais. Ele chamava a atenção também para o quanto os acontecimentos relatados contradiziam a natureza e a história. O Evangelho de João, sugeria ele, representava um novo estágio de reflexão sobre essa consciência religiosa, que convertia as declarações encontradas nos Sinóticos em forma dogmática. Por fim, no terceiro volume dos *Sinóticos*, publicado no começo de 1842, Bauer afirmava não só que o Evangelho de João era um artefato literário, mas os Evangelhos Sinóticos também. Bauer finalmente se livrou da ambiguidade ainda existente em Strauss, em que as expectativas míticas do povo judeu estavam alinhadas com a vaga figura de certo Jesus. No terceiro volume, a suposta existência histórica de Cristo era apresentada como parte de uma história fictícia da autoconsciência judaica, e até mesmo o conceito do Messias era descrito como invenção literária.[30]

As intervenções acadêmicas de Bauer deram início a um surto de amplas hostilidades num conflito que vinha ganhando impulso desde a publicação de *A vida de Jesus*, de Strauss, e a batalha entre o Estado e os católicos de Colônia. Sob o velho rei, enquanto Altenstein ainda era responsável pelas universidades, a tensão era um tanto velada. Mas em 1841, pelo menos aos olhos de hegelianos de esquerda, e talvez também do círculo em torno do novo rei, a luta escancarada entre "autoconsciência livre" e o "Estado cristão" começou a tomar proporções épicas. O "Estado cristão" não era fantasia da imaginação hegeliana de esquerda. O novo rei, Frederico Guilherme IV, era um romântico conservador, produto do despertar religioso das décadas de 1810 e 1820, firmemente convencido de seu direito divino como monarca e da necessidade de rejuvenescer uma forma positiva de cristianismo. Diferentemente da do pai, sua visão do cristianismo era ecumênica, em conformidade com o medievalismo sentimental cultivado pelos românticos tardios. Deixou luteranos dissidentes romperem com a Igreja Unida de seu pai e gostava de pôr remendos na briga com os católicos renanos. Chegou a se casar com uma católica e era um incentivador entusiástico da renovação gótica da catedral de Colônia.³¹

Certos atos iniciais de Frederico Guilherme IV levaram alguns radicais a acreditar, ingenuamente, no início de uma nova era. Edgar, irmão de Bruno, escreveu em 13 de junho de 1840 que "a maioria das pessoas alimenta as mais altas expectativas do governo, de que o rei se manterá acima dos partidos".³² O novo rei manifestou aprovação a órgãos de representação e mostrou-se cético quanto à burocracia; soltou alguns prisioneiros políticos que estavam na cadeia havia muito tempo; apoiou aspectos do nacionalismo cultural e, por um momento em 1842, abrandou a censura. Mas nenhum desses atos era sincero. Ele rapidamente evitou qualquer compromisso com a representação política; proibiu a publicação na Prússia dos *Hallische Jahrbücher*, de Arnold Ruge, e pressionou o governo saxão a bani-lo com o título revisado de *Deutsche Jahrbücher*. Também forçou o fechamento da *Athenäum*, a minúscula revista cultural do Clube dos Doutores de Berlim. A autorização inicial do rei para a aparição do *Rheinische Zeitung* em 1842 foi resultado de uma impressão equivocada sobre seu provável caráter. A visão que havia por trás dessas iniciativas não era a do liberalismo do século XIX, baseada numa imprensa livre e em partidos políticos rivais, mas a de um rei que ouvia as vozes dos súditos e agia em nome do bem-estar deles. A crença de Frederico Guilherme era numa hierarquia de corporações e estados, e ele chegou a brincar com a ideia de reconstituir os judeus como estado separado, antes de ser advertido a não levar a ideia adiante por funcionários horrorizados. Não é de surpreender que o racionalismo e o pensamento livre — menos ainda as heresias de Hegel — não tivessem lugar em seu reino.

Enquanto isso, em Berlim, assim como Stahl tinha sucedido a Eduard Gans como professor de direito, Friedrich Schelling foi convidado pelo novo rei a assumir a Cátedra de Filosofia antes ocupada por Hegel. Em novembro de 1841, Schelling deu a sua primeira aula para um auditório lotado, que incluía entre os presentes o anarquista russo Mikhail Bakunin, o jovem Engels e o filósofo dinamarquês Søren Kierkegaard. A missão de Schelling consistia em "remover as sementes de dragão do hegelianismo" e propagar a sua "filosofia da revelação". O novo ministro da Educação, Saúde e Assuntos Religiosos era Johann Eichhorn, um dos arquitetos do Zollverein (aliança aduaneira prussiana) e ex-aliado do barão Von Stein, reformista liberal prussiano. Mas logo ficou claro que ele via o hegelianismo radical como fenômeno perigoso e recebeu com satisfação a tarefa de implantar a política cultural conservadora do rei.³³ Em agosto de 1841, Eichhorn despachou o primeiro volume dos *Evangelhos Sinóticos* para seis departamentos de teologia, consultando-os sobre uma possível revogação da *licentia docendi* de Bauer — sua "autorização para lecionar" — por ele negar a inspiração divina dos Evangelhos. Mas antes que tomassem uma decisão, o governo foi informado sobre um banquete e uma "serenata" em Berlim, organizados sem autorização e realizados na taverna de Wallburgschen pelo Clube dos Doutores em 28 de setembro de 1841, em homenagem ao editor liberal sulista do *Staats-Lexikon*, Carl Welcker, professor em Freiburg e ativista político em Baden. Nesse banquete, Bauer fez um discurso enaltecendo sua própria interpretação radical da visão de Estado de Hegel. Isso não só ia muito além da posição constitucionalista e reformista dos liberais do sul da Alemanha, mas também implicava uma oposição revolucionária ao governo. O próprio Welcker ficou "muito chocado", mas o rei se indignou e exigiu que os participantes do encontro, especialmente Bauer e Rutenberg, tivessem acesso negado a Berlim e fossem excluídos de todos os cargos oficiais.³⁴

3. *ARQUIVOS DO ATEÍSMO* E ARTE CRISTÃ

As cartas de Bauer para Karl sugerem que os hegelianos radicais estavam igualmente empenhados no que eles, com confiança, viam como um confronto capaz de transformar o mundo. Em 11 de dezembro de 1839, ele escreveu: "Pela experiência que tenho de Berlim, da universidade aqui e especialmente do Departamento de Teologia, a Prússia está disposta a dar um passo à frente com outra Batalha de Jena". Na primavera de 1840, ele aconselhou Karl a ficar "alerta para o momento". Os tempos estavam se tornando "mais terríveis" e "mais belos". As questões políticas talvez fossem maiores em outros lugares, mas as "questões que dizem respeito à vida em sua totalidade não são tão ricas e diversamente interligadas como na Prússia". Em toda parte, ele via "o surgimento das contradições mais nítidas e o fútil sistema policial chinês tentando encobri-las, o que serve apenas para fortalecê-las". Finalmente, afirmou, "há a filosofia, que se emancipa justamente no contexto dessa repressão chinesa, e encabeçará a luta, enquanto o Estado, com suas ilusões, deixa o controle escapar das suas mãos". Poucas semanas depois em Bonn, tendo terminado uma palestra pública na qual se deleitara em frustrar as expectativas acadêmicas locais de que "um hegeliano tem que viajar sempre com uma lança na mão", a experiência "deste simpático pedacinho do mundo aqui" o convencera de uma coisa, que ele não conseguira admitir a si mesmo em Berlim: "Tudo precisa ser derrubado. [...] A catástrofe será terrível. [...] Eu quase me arrisco a dizer que vai ser maior e mais horrenda do que a crise que acompanhou a entrada do cristianismo no mundo". Na primavera de 1841, quando Karl se preparava para entregar sua tese, Bauer adoraria "tirar os *Evangelhos* das minhas costas para me dedicar a outras coisas". Achava que "o momento de decisão, na medida em que se expressará numa ruptura externa", estava "chegando cada vez mais perto", e "quem sabe dizer como o governo se comportará nesse ponto".[35]

Por essa razão, Bauer recomendou que Karl não abandonasse a causa da filosofia. Os *Hallische Jahrbücher* ficaram maçantes. Estava claro que "o terrorismo da verdadeira teoria deve limpar o terreno", e isso significava que uma nova revista deveria surgir. "No verão precisamos já ter o material pronto", para que a revista pudesse ser publicada no período de Michaelmas.[36] "Seria bobagem dedicar-se a uma carreira prática. A teoria agora é a mais forte forma de atividade política, e ainda não podemos prever em que sentido amplo ela será prática."[37] As conversas sobre o novo plano se estenderam de março a dezembro de 1841. A nova revista se chamaria *Archiv des Atheismus* [Arquivos do Ateísmo].[38]

Diferentemente de seu irmão Edgar, Bauer nunca tinha manifestado a menor confiança nas intenções do novo rei, e mesmo antes do novo reinado ele expressara descrença no governo prussiano devido à sua ambivalência na questão dos católicos renanos. Como as cartas para Karl revelam, mesmo antes do verão de 1841 Bauer já previa que um conflito épico entre religião e autoconsciência livre seria desencadeado por sua crítica, e que as linhas da batalha deveriam ser declaradas com a máxima transparência. Dessa maneira, meses antes do caso Welcker e da reação do governo aos *Evangelhos Sinóticos*, Bauer tinha começado a explicar o radicalismo da sua posição religiosa da forma mais clara que a censura permitia. Via Hegel como radical e punha essa interpretação na boca de um pregador pietista supostamente ofendido, que denunciou Hegel como ateu e jacobino; isso explica o título zombeteiramente enganoso do panfleto *A trombeta do juízo final contra Hegel, o ateu e anticristo*. Karl estava totalmente de acordo com a posição esboçada nesse panfleto e tinha planos de contribuir com um "tratado de arte cristã" no volume que daria continuidade ao opúsculo.

A *Archiv des Atheismus* não chegaria a existir, provavelmente por causa da dificuldade de encontrar colaboradores e de burlar as novas regras da censura, divulgadas em 24 de dezembro de 1841. *A trombeta*, no entanto, foi publicada em outubro de 1841, e a intenção era provocar. Na opinião do pseudopastor pietista, as ideias dos "antigos" hegelianos, dos "filósofos positivos" ou dos seguidores de Schleiermacher, que tentaram, cada um à sua maneira, conciliar religião e filosofia, precisavam ser expostas. A mensagem cristã só estaria a salvo nas mãos de evangélicos fundamentalistas como Hengstenberg, vociferava o autor de *A trombeta*: "Vamos acabar com essa mania de conciliação, com essa lenga-lenga sentimental, com esse secularismo subserviente e mentiroso".[39]

Nem mesmo os adversários de Hegel tinham percebido "o profundo ateísmo na base deste sistema". Hegel parece apresentar o "Espírito do Mundo" como um "poder real guiando a história para certos fins". Mas o "Espírito do Mundo" não passava de uma forma verbal para descrever o ponto em que a autoconsciência entrou no mundo, mas ainda não estava ciente da sua natureza — o período entre o princípio do cristianismo e o Iluminismo. Porém agora "uma nova época surgiu no mundo. [...] Deus está morto pela filosofia, e só o eu como autoconsciência vive, cria, age e é tudo".[40] Na visão da história segundo Bauer, a identidade hegeliana de ser e de pensamento foi retida, porém não mais como resultado já alcançado, como foi descrito na *Filosofia do direito* de Hegel em 1821. Essa identidade agora era apresentada como um incessante movimento ascendente, cujo ímpeto estava localizado na atividade de sujeitos racionais em face de instituições irracionais ou "positivas".

Na interpretação de Bauer, o desenvolvimento histórico estava dividido em três momentos. Primeiro, houve o tempo dos antigos, "o momento de substancialidade", no qual o pensamento não se distinguia do ser e continuava a ele subordinado. Aqui os indivíduos estavam subordinados à comunidade; sua relação com ela era a da substância para com o acaso. Ainda não se entendia o indivíduo como possuidor de uma subjetividade livre. O segundo momento, o da consciência religiosa — preeminentemente o cristianismo —, foi aquele no qual se reconheceu a "universalidade" do sujeito distinguindo-a da "substância". Essa subjetividade não estava localizada na humanidade, mas num domínio alheio e transcendental. No mundo alienado da consciência religiosa, a humanidade percebia seus próprios feitos como sendo de outro. O homem postulava um Deus transcendente e se rebaixava diante dele. Foi "o momento da Consciência Infeliz". No terceiro momento histórico, o do Iluminismo e da Revolução Francesa, a autoconsciência livre foi capaz de apreender sua própria universalidade, remover a alteridade anterior do Espírito do Mundo e perceber seu mundo como criação própria. O particular e o universal foram localizados dentro de cada cidadão; nada transcendente restava. "O momento do Espírito Absoluto" denotava uma situação na qual o que tinha sido percebido como ser transcendente agora era visto como consistindo nos sujeitos racionais individuais que o compunham.⁴¹

A história recente era um período no qual o desenvolvimento da autoconsciência livre que emergira durante o Iluminismo e a Revolução Francesa foi interrompido e contido pelos governos da Restauração, que apareceram depois de 1815. A tarefa política consistia, portanto, em provocar a retomada da época de revolução. *A trombeta* fazia muitas referências aos jacobinos. Eles eram saudados por sua crítica implacável de todas as relações existentes e por sua recusa a fazer concessões. Hegel tornou-se um apologista de Robespierre: "Sua teoria é práxis. [...] É a própria revolução". Além disso, os alunos de Hegel — os jovens hegelianos — não eram verdadeiros alemães. Ninguém os escutaria entoando canções patrióticas durante a crise do Reno de 1840. "Eles insultam tudo que é alemão"; são "revolucionários franceses".⁴²

O subterfúgio de Bauer só funcionou por dois meses. Em dezembro, a verdadeira autoria de *A trombeta* foi revelada. A nova lei relativa à censura afetava diretamente projetos como *Archiv des Atheismus* e rapidamente interrompeu a circulação d'*A trombeta*. Esses atos provocaram a primeira incursão de Karl no jornalismo político com "Notas sobre a recente instrução prussiana relativa à censura", uma análise da intenção que havia por trás da legislação.

Karl contrastou a nova medida com a legislação de 1819. Diferentemente da antiga lei, que tentara reprimir "tudo que é contrário aos princípios gerais da religião", o novo decreto mencionava especificamente o cristianismo. Em 1819, de acordo com Karl, "ainda prevalecia um racionalismo que entendia por religião em geral a chamada religião da razão". Na antiga lei de censura, um dos objetivos era "combater a fanática transferência de artigos religiosos de fé em política e a *confusão de ideias* disso resultante". Mas agora "a confusão entre político e o princípio religioso cristão tornou-se de fato *doutrina oficial*".⁴³ Karl tinha enviado o texto originalmente a Arnold Ruge para publicação nos seus *Deutsche Jahrbücher*, com sede em Dresden. Mas Ruge lhe disse que o governo prussiano certamente censuraria o artigo e o publicou na *Anekdota*, sediada na Suíça.⁴⁴

Quanto ao destino do segundo volume de *A trombeta*, em janeiro de 1842,

Bauer escreveu para Karl informando que tinha encerrado sua contribuição. À luz da proibição, ele trocou o título para *A doutrina de Hegel sobre religião e arte do ponto de vista do crente*. Karl continuou desenvolvendo sua parte do texto durante o inverno de 1841-2 e preencheu um de seus cadernos com leituras pertinentes. Mas em 5 de março escreveu para Ruge dizendo que o ressurgimento da censura na Saxônia (e na Prússia) tornava "impossível publicar o meu 'Tratado sobre *arte cristã*', que deveria ter aparecido como a segunda parte d'*A trombeta*". Ele esperava que uma versão pudesse aparecer na *Anekdota*, a ser publicada em Zurique, e portanto fora do alcance dos censores alemães.[45] Em 27 de abril, escreveu para Ruge informando que seu ensaio tinha quase o tamanho de um livro, mas que, devido a "todo tipo de trapalhada externa, para mim tem sido quase impossível trabalhar".[46]

Os originais do texto sobre arte cristã não sobreviveram, mas seu argumento geral pode ser deduzido das paixões estéticas anteriores de Karl, da justificativa de *A trombeta* e das obras consultadas em seu caderno.[47] Parece que a identificação de Karl com o classicismo de Weimar permaneceu intacta. Já tinha ficado evidente durante os seus anos no Ginásio de Trier, onde o diretor Wyttenbach o propagava. Até mesmo o reacionário Vitus Loers se redimiria, aos olhos de Karl, por seu conhecimento e entusiasmo por Ovídio. Durante alguns anos em Berlim, Karl continuou dedicando suas horas livres à tradução de *Tristia*, de Ovídio.[48] Quando esteve em Bonn em 1835-6, seu contínuo interesse por cultura e literatura clássicas manifestou-se no comparecimento às aulas de Welcker sobre mitologia grega e latina, às de Eduard d'Alton sobre história da arte, e às de Augustus Schlegel sobre Homero e Propércio. Bem mais tarde, em 1857, ele ainda se maravilhava com "a arte grega e a poesia épica. [...] Por que não haveria a infância histórica da humanidade, onde ela atingiu sua forma mais bela, de exercer um eterno feitiço como um estágio que jamais se repetirá?".[49]

A Grécia clássica tinha sido uma inspiração para os jacobinos, assim como para os construtores do Portão de Brandemburgo na época de Frederico, o Grande. Em *A trombeta*, Bauer afirmava que Hegel era "grande amigo da religião grega e dos gregos em geral". A razão disso era que a religião grega "basicamente não era religião coisa nenhuma". A religião grega era uma religião "da beleza, da arte, da liberdade, da humanidade", em contraste com a religião revelada, que era "a celebração do egoísmo servil". A religião grega era "a religião da humanidade".[50] Isso estava mais perto da associação feita pelo poeta e filósofo Friedrich Schiller entre estética e liberdade política do que de Hegel, que aceitara boa parte da glorificação neoclássica da Grécia e da arte grega na sequência de Winckelmann,[51] mas achava que o que os gregos alcançaram tinha sido limitado por seu confinamento ao mundo físico. Para Hegel, a emergência do "Espírito", representada no desenvolvimento do cristianismo, é que tinha libertado a civilização de sua sujeição à natureza.[52]

A afirmação de que a religião grega não era religião coisa nenhuma tinha grande importância, pois permitia argumentar que *religião* era um fenômeno importado, "oriental".[53] O fundamento da vida grega era a união com a natureza. De acordo com uma das fontes citadas no caderno de Marx, C. F. von Rumohr, os deuses gregos eram "pulsações da natureza".[54] Em contraste com isso, os deuses de outros povos pagãos eram feios e ferozes, destinados a meter medo. Também não havia beleza alguma no Deus do Antigo Testamento; era um Deus de "básica praticidade, rapacidade e crueza". Esse Deus, como outros deuses orientais, tinha uma atitude predatória para com a natureza e uma propensão a combatê-la como forma de demonstrar o seu poder: Karl ficou particularmente impressionado com o tratado de De Brosses, de 1760, que associava religião a fetichismo. Nas religiões da África ocidental e do Egito antigo, segundo De Brosses, objetos feitos pelo homem eram dotados de poder sobrenatural. Sua feiura era intencional; De Brosses citava uma grotesca representação de Hércules proveniente da Beócia.[55]

A perspectiva de censura foi provavelmente o grande motivo que levou Karl a decidir não publicar seu tratado, que teria sustentado a continuidade fundamental entre cristianismo e as repelentes características das religiões pagãs. A arte cristã em seu período pós-clássico reproduzia a estética do barbarismo asiático. Citações de historiadores da arte e de arqueólogos, como Grund e Böttiger, originalmente inspirados por Gibbon, realçavam a continuidade entre as grotescas características de deuses fetíchicos e as formas físicas deformadas da arte cristã.[56] Segundo Grund, as estátuas góticas de santos eram "pequenas na aparência, magras e angulosas na forma, desajeitadas e antinaturais na pose, e estavam abaixo de qualquer habilidade artística real, exatamente como o homem, seu criador, estava abaixo de si mesmo". Enquanto na arte clássica a forma e a habilidade artística eram essenciais, a arquitetura cristã buscava o exagero e a sublimidade, e apesar disso "se perdia em pompa primitiva e em incontáveis detalhes". O homem foi tornado passivo, ao passo que coisas materiais foram dotadas das qualidades do próprio homem.[57]

Da análise de Karl podia-se deduzir, em primeiro lugar, que a libertação cristã do "Espírito" das amarras da natureza não tinha representado um grande progresso na história humana, uma vez que se baseava não na ciência, mas no mágico e no miraculoso. Em segundo lugar, a intenção do "Tratado" seria intervir na batalha sobre a arte, buscada pelos radicais desde a politização do papel do artista pelos saint-simonianos na França. De acordo com a missão saint-simoniana no começo da década de 1830, os artistas deveriam tornar-se profetas de "vanguarda" da nova "religião de Saint-Simon", evangelizadores de uma nova era de sensualismo e da "reabilitação da carne". Em seu exílio em Paris e por algum tempo admirador dos saint-simonianos, Heinrich Heine tinha saudado essa maioridade em sua *História da religião e da filosofia na Alemanha*, de 1834. Ele contestou a identificação hegeliana da modernidade com o espiritual glorificando o sensualismo do famoso quadro *A Liberdade guiando o povo*, de Eugène Delacroix, por ele descrita como "uma Vênus das ruas".[58] Durante sua fase de pretenso poeta, Karl fora inspirado pela observação de Heine de que "os castos monges puseram um avental na Vênus da Antiguidade".[59] Era um argumento de imediata importância política, uma vez que Frederico Guilherme IV era patrono e adepto entusiástico daquilo que ficou conhecido como escola "nazarena", uma arte moderna que buscava ressuscitar a arte religiosa da Alemanha medieval.

Em 20 de março de 1842, Karl escreveu para Ruge dizendo que o artigo "Da arte cristã", com o novo título de "Da religião e da arte, com especial referência à arte cristã", precisaria ser "totalmente refeito", pois ele estava abandonando o tom bíblico de *A trombeta* e queria acrescentar um epílogo sobre os românticos.[60] Essa foi praticamente a última menção ao projeto. A campanha conjunta iniciada por Bauer e Karl na primavera de 1841, com o plano de incluir uma revista ateísta e sucessivos volumes de *A trombeta*, foi definitivamente encerrada com a demissão final de Bauer da Universidade de Bonn em março de 1842. Bauer anunciou a intenção de voltar para Berlim e "tomar medidas contra o governo prussiano". O futuro cunhado de Karl e "aristocrata *comme il faut*", Ferdinand von Westphalen, disse a Karl que essa linha de conduta deixaria muita gente em Berlim "particularmente contrariada".[61] Antes de se separarem, Bauer e Karl "alugaram dois asnos" para cavalgar pela cidade. "A sociedade de Bonn ficou espantada. Nós gritávamos de alegria, os asnos zurravam."[62]

4. O *RHEINISCHE ZEITUNG*

Com a demissão definitiva de Bruno Bauer, Karl perdeu toda a esperança de conseguir uma colocação acadêmica. Como acontecia com um número cada vez maior de jovens instruídos mas desempregados na Alemanha do período do Vormärz, havia uma alternativa para ele: abraçar o jornalismo. Apesar da censura, as oportunidades de emprego nessa profissão estavam aumentando, e para Karl apareceu uma chance na Renânia, com a perspectiva de escrever para um novo jornal liberal, o *Rheinische Zeitung*, que deveria ser lançado no começo de 1842.

O governo prussiano queria que se estabelecesse um jornal moderado pró-Prússia na Renânia, por preocupação com a lealdade de sua população católica. Nos vizinhos Países Baixos, uma revolta católica contra o Estado protestante em 1830 tinha resultado na secessão da Bélgica da Holanda. O crescimento do ultramontanismo, que colocava a autoridade papal acima da dos monarcas seculares, e a prisão do arcebispo de Colônia pelas autoridades prussianas, por rechaçar a lei sobre a questão dos casamentos mistos, tinham levado a uma guerra de panfletos na qual a contracorrente de sentimento antiprussiano era claramente perceptível. De acordo com um relato posterior, "os católicos da Província do Reno, despertados de seu sono, se juntaram com inesperado vigor em apoio ao seu pastor-chefe".[63] A causa católica e ultramontana foi poderosamente apresentada em *Athanasius*, obra do eminente ex-radical renano Joseph Görres, sinistramente comparado com O'Connell, o grande agitador pela emancipação católica da Irlanda.[64] A situação era agravada pelo fato de que a opinião pública na Renânia era em grande parte formada pelo católico *Kölnische Zeitung*, o principal jornal da província renana, que tinha mais de 8 mil assinantes. A preocupação dos funcionários do governo era que durante os "distúrbios de Colônia" — o conflito entre o governo e o arcebispo católico — a posição adotada pelo *Kölnische Zeitung* não tinha sido confiável.[65] Assim, em 1841, eles haviam tentado emplacar um jornal rival, protestante e pró-Prússia, o *Rheinische Allgemeine Zeitung*.

O fracasso desse projeto de vida curta deu aos mais importantes industriais, advogados e escritores de Colônia a oportunidade de se encarregarem de estabelecer um jornal no segundo semestre de 1841. O grupo se reunira pela primeira vez no começo do ano para discutir a necessidade de desenvolvimento industrial e reforma econômica. Como resultado de sua posição protestante e pró-prussiana, o grupo conseguiu autorização oficial, e o apelo para adquirir ações do novo empreendimento foi um grande sucesso.

Esse grupo contava com membros importantes como Ludolf Camphausen (1803-90), pioneiro do desenvolvimento ferroviário e primeiro-ministro da Prússia por um breve período em 1848, e Gustav Mevissen (1815-99), fundador do Banco Darmstädter, uma das primeiras instituições de crédito alemãs, e destacado membro da Assembleia Nacional de Frankfurt em 1848. O interesse deles era tanto econômico como político, pois estava claro que a expansão econômica futura dependia da reforma do Estado na base das instituições representativas e da igualdade perante a lei. Além disso, embora os acionistas majoritários fossem industriais de Colônia, o papel principal na formulação da política do jornal no conselho administrativo foi assumido por membros da intelligentsia instruída e endinheirada de Colônia. Destacavam-se particularmente nesse grupo Georg Jung e Dagobert Oppenheim. Ambos tinham ligação com importantes casas bancárias da cidade, mas se sentiam atraídos também pelo radicalismo intelectual e político dos jovens hegelianos. Por último, havia Moses Hess, nascido em Bonn numa modesta família de comerciantes judeus, escritor socialista pioneiro e um dos principais participantes na formulação da política editorial.

Karl fez o primeiro contato com esse grupo quando estava indo de Trier para Bonn, por volta de julho de 1841, no momento em que eles tiveram a ideia inicial de estabelecer um jornal diário na Renânia. Ele causou forte impressão, particularmente em Jung, Oppenheim e Hess. Jung o descreveu como "um revolucionário bastante desesperado", dono "de uma das mentes mais agudas" que já tinha conhecido, ao passo que Hess o chamou de seu "ídolo", comparando-o com os principais pensadores do Iluminismo. Consequentemente, Karl foi convidado a participar do jornal quando do seu lançamento em janeiro de 1842.

Devido ao grande interesse que havia na época pela expansão do Zollverein — a aliança aduaneira alemã dominada pela Prússia — e seu impacto na proteção das indústrias provincianas em crescimento, a primeira escolha do grupo para editor recaiu sobre o célebre defensor de um desenvolvimento de base estatal e protecionista, Friedrich List.[66] Mas List estava doente demais para aceitar o cargo e recomendou um dos seus seguidores, o dr. Gustav Höfken, cujas maiores preocupações eram não a proteção de indústrias locais, mas sim a unidade alemã e a expansão do Zollverein. Essa escolha não agradou a membros importantes do conselho, e em 18 de janeiro, depois de um breve período de serviço, Höfken se demitiu. Por influência de Moses Hess, um novo editor foi escolhido entre os jovens hegelianos de Berlim: Adolf Rutenberg, amigo de Karl.

Um jornal de província editado pelo cunhado de Bruno Bauer e organizador do banquete oferecido a Welcker, com a ajuda de um grupo de jovens hegelianos e socialistas, não era bem o que o governo tinha em mente. O rei ficou furioso e exigiu que o jornal fosse proibido, mas os ministros estavam divididos — incluindo Bodelschwingh, o *Oberpräsident* da província, e o ministro da Cultura, Eichhorn — e achavam que a proibição peremptória do jornal, que mal acabava de nascer, seria vista como arbitrária e provocaria insatisfação entre os homens de negócios. De acordo com Eichhorn, os ensinamentos destrutivos dos *Deutsche Jahrbücher*, de Ruge, tinham tido pouco impacto na Renânia; ele duvidava, portanto, que "as extravagâncias" dos jovens hegelianos tivessem algum efeito. Estava mais preocupado com a ameaça católica. Durante os quinze meses de existência do jornal, as autoridades debateram se seria melhor fechar o periódico ou se uma censura mais rigorosa seria suficiente.[67]

A primeira colaboração de Karl para o jornal apareceu em 5 de maio de 1842, logo após a confirmação da demissão de Bauer. Previsivelmente, era evidente uma forte conexão entre suas preocupações durante o convívio com Bruno Bauer e as questões que pretendia abordar no jornal. Numa carta para Arnold Ruge em 27 de abril de 1842, prometeu enviar quatro artigos para os *Deutsche Jahrbücher* sobre "Arte religiosa", "Os românticos", o "Manifesto filosófico da Escola Histórica do Direito" e "Filosofia positiva".[68] Na verdade, só o ensaio sobre a Escola Histórica do Direito apareceu. Mas o contínuo envolvimento com os outros temas, que ele julgava interligados, é evidente em seus escritos para o *Rheinische Zeitung*.

Como outros jovens hegelianos — Ruge, Bauer, Köppen e Feuerbach —, Karl aproximou-se de um compromisso mais explícito com uma posição republicana em 1842. Referindo-se ao ensaio que pretendia produzir sobre a filosofia política de Hegel, Karl escreveu para Ruge em 5 de março: "A questão central é a luta contra a *monarquia constitucional* como um híbrido que do começo ao fim contradiz e abole a si mesmo". Mas comentou também que o termo *"res publica"* era intraduzível para o alemão. Em suas colaborações para o *Rheinische Zeitung*, portanto, ele contrastava o "Estado cristão" com o "verdadeiro Estado", o "Estado racional", ou, por vezes, apenas "o Estado".[69]

Um ataque ao "Estado cristão" significava uma crítica de seu embasamento teórico. Isso incluía a filosofia "positiva" de Schelling, a teoria política de Stahl, a rejeição da razão tal como se verificava na "Escola Histórica" e a defesa da censura religiosa no católico *Kölnische Zeitung*, o principal rival local do *Rheinische Zeitung*. Para explicar como essas ideias encontravam expressão na prática política, Karl escreveu longos artigos críticos sobre as atividades da Assembleia dos Estados da Província do Reno, dissecando o que nelas lhe pareciam argumentos oportunistas e em defesa de interesses privados. Ele cobriu seus debates sobre a liberdade de imprensa, sobre a publicação dos seus anais e sobre as novas e mais severas leis relativas ao furto de madeira de árvores mortas.[70]

Chamar esses escritos de *jornalismo* é um tanto equivocado. Quase todos os artigos eram longos, alguns longuíssimos — os dois relatos sobre as atividades dos Estados tinham entre quarenta e cinquenta páginas. Não eram formas de jornalismo investigativo destinadas a revelar a existência de fatos ocultos, e diziam respeito quase exclusivamente ao princípio da liberdade de imprensa, uma "realização da ideia", em contraste com a censura, "a concepção de mundo da aparência".[71] Engels diria mais tarde que a consciência de Marx sobre a importância dos fatos econômicos resultou primeiramente de uma investigação das condições dos camponeses vinicultores do Mosela. No entanto, o artigo do *Rheinische Zeitung* não se concentrava na condição dos camponeses, mas na forma como a censura desmentira a afirmação das autoridades governamentais de que tinham uma compreensão superior das aflições dos seus governados. Em suma, a melhor maneira de avaliar os artigos de Karl é considerá-los exercícios de filosofia aplicada. O conflito entre o imanente e o transcendente, que a partir de meados da década de 1830 tinha lançado os jovens hegelianos contra o Estado prussiano na esfera da religião e da metafísica, agora era travado nos domínios da filosofia e da história. Ou, como disse Karl, a filosofia agora entrara "em contato e interação com o mundo real da sua época". Isso significava que "a filosofia se tornou mundana e o mundo se tornou filosófico".[72]

A Prússia pré-1848 era um amálgama complexo de características feudais, absolutistas, liberais e individualistas. Apesar da continuidade representada por sua casa governante e pelas grandes propriedades senhoriais existentes nas suas províncias orientais, a Prússia de Frederico Guilherme IV tinha pouca relação com a sua ancestral do século XVIII, essencialmente da Europa oriental e racionalista. Era um Estado radicalmente transformado por derrota militar, reestruturado na "Era da Reforma" e depois bastante ampliado no oeste não protestante como resultado do arranjo pós-revolucionário de 1815. Combinava características feudais e absolutistas — ausência de igualdade perante a lei e um sistema hierárquico de estados — com vigorosa expansão econômica sustentada pela erosão das relações patrimoniais no interior, pelo crescimento de um livre mercado em terra e pela migração para as cidades, e nestas, por sua vez, pelo acesso parcial a profissões, pela remoção de privilégios das guildas e pela liberalização do mercado de trabalho.[73] Apesar da ênfase na restauração do cristianismo tradicional, o governo prussiano de Frederico Guilherme IV na década de 1840 não fez nenhuma tentativa de reverter o processo de mudanças econômicas introduzidas durante a "Era da Reforma". A ampliação do Zollverein e a extensão do livre mercado continuaram a ser essenciais para as suas ambições; a aflição dos vinicultores do Mosela foi um subproduto dessa estratégia governamental.[74]

O éthos antirracionalista do regime também estava longe de ser tradicional. A sociedade secular, na argumentação de apologistas feudais, como Von Haller, era semelhante ao estado natural.[75] Com isso, a autoridade e a hierarquia podiam assimilar formas de atividade agressivamente competitivas e individualistas. Diferentemente dos pontos de vista de racionalistas e hegelianos, não havia uma ponte ligando a lógica à realidade, uma vez que o ser e a realidade precediam o pensamento. A criação do universo não foi um ato guiado pela razão; foi exclusivamente produto da vontade de Deus. Stahl aplicava esse raciocínio ao monarca, que não estava mais sujeito à Constituição do que Deus à sua criação. Pela mesma razão, os direitos dos proprietários privados eram semelhantes aos direitos pré-sociais dos indivíduos, e considerados tão absolutos quanto os do monarca sobre o Estado. O que resultava disso era um agregado de autoridades transcendentes, enquanto os que estavam abaixo, o povo, eram apenas uma "ralé de indivíduos".[76]

Numa entidade política como essa, as pretensões dos partidários do regime de que o Estado ou a nação fosse uma comunidade política eram reduzidas ao mínimo. O homem era um ser isolado e não social, e a liberdade era propriedade individual, não atributo universal. Os habitantes desse Estado eram ligados pelo seu compromisso com a fé cristã. Mas não havia uma dimensão coletiva para a salvação; a salvação pessoal era uma questão individual. Diante da ameaça de revolução — que voltara mais uma vez a aparecer em 1830 — e de irreligião em sua esteira, o "Estado cristão" exigia novas formas de influenciar e controlar a opinião. Por essa razão, como sustentava Karl, a censura teve que ser redefinida de tal maneira que o racionalismo anteriormente adotado durante a "Era da Reforma" era agora passível de castigo por representar uma ameaça à religião.[77]

Nos artigos para o *Rheinische Zeitung*, Karl manteve a periodização histórica que ele e Bauer tinham usado em *A trombeta*. Na idade de ouro da Grécia, "arte e retórica suplantavam a religião". Da mesma forma, tanto na Grécia como em Roma, a verdadeira religião dos antigos tinha sido o "culto da 'sua nacionalidade', ou seu 'Estado'".[78] Inversamente, nos séculos que se seguiram à queda dos antigos, o povo fora dominado pelo cristianismo, pelo feudalismo e pelo romantismo. Foi uma época na qual o homem esteve subordinado a uma "lei animal". Esse princípio era supremo dentro do estado cavalheiresco, que foi uma encarnação do "princípio feudal moderno, em suma o princípio romântico". Em seu conceito feudal de liberdade como privilégio especial pertencente a certos grupos e pessoas, acreditava-se que os privilégios dos estados não eram "de forma alguma direitos da província".[79] Isso era verdade também no que dizia respeito à Assembleia dos Estados em sua totalidade, que identificava a lei com a representação de interesses particulares.[80]

Karl continuava a identificar o cristianismo não apenas com o feudalismo, mas também com o fetichismo. À luz da demissão de Bauer e do conflito de Ruge com Von Rochow, o ministro do Interior prussiano, Karl escreveu para Ruge afirmando que embora fosse notável que "a degradação do povo ao nível dos animais tenha se tornado para o governo artigo de fé e princípio", isso não contradizia a "religiosidade". "Pois a deificação de animais é provavelmente a mais consistente forma de religião, e talvez logo venha a ser necessário falar de zoologia religiosa em vez de antropologia religiosa."[81]

A mesma ideia foi desenvolvida em sua descrição dos "Debates sobre a lei referente ao furto de madeira". Tendo atacado os "chamados costumes das classes privilegiadas" por serem "costumes contrários ao direito", Karl afirmou:

> Sua origem data do período em que a história humana era parte da *história natural* e no qual, de acordo com lenda egípcia, todos os deuses se disfarçavam na forma de animais. Os humanos pareciam pertencer a espécies definidas de animais, as quais eram ligadas não pela igualdade, mas pela desigualdade, e desigualdade determinada por lei. [...] Visto que a lei humana é o modo de existência de liberdade, essa lei animal é o modo de existência de falta de liberdade. *Feudalismo* em sentido amplo é o *reino animal espiritual*, o mundo da humanidade dividida.[82]

Igualmente culpados de fetichismo eram "esses escritores de fantasia", responsáveis por entronizar "a abstração imoral, irracional e desumana de um objeto material particular e de uma consciência particular que está servilmente subordinada a esse objeto". Esse *"materialismo abjeto"* era o resultado da crença em que o legislador "deve pensar apenas em madeira e floresta e resolver cada problema material de *forma não política*, ou seja, sem qualquer conexão com o todo da razão e da moralidade do Estado".[83]

Essa base estrutural também permitia a Karl resolver suas diferenças com a Escola Histórica do Direito. A ocasião surgida foi o quinquagésimo aniversário do doutorado de seu fundador, Gustav Hugo.[84] Como os jovens hegelianos, Hugo também afirmava que suas ideias eram inspiradas por Kant. No entanto, o Kant festejado por Hugo não era o idealista, mas o pensador que tinha dúvidas sobre os limites da razão. "Ele era cético com relação à *necessária essência das coisas.*" Tudo que importava era "o positivo", o factual, e Hugo tinha prazer em demonstrar que nenhuma necessidade racional era inerente em instituições positivas como a propriedade, a Constituição do Estado ou o casamento. Pela mesma razão, também era possível justificar a escravidão. O escravo pode receber uma educação melhor, e a sorte do escravo pode ser preferível à do prisioneiro de guerra ou do presidiário. Se alegações de razão não pudessem ser fundamentadas, então *"a única característica jurídica distintiva do homem é a sua natureza animal.* [...] *Apenas o que é animal* parece, *à sua razão, indubitável"*.[85] Karl comparava o que chamou de "frivolidade" de Hugo à dos "cortesãos" e "libertinos" do Antigo Regime. Essa ênfase conservadora e empirista "no positivo" em história e direito tinha sido seguida, subsequentemente, nas obras de Haller, Stahl e Leo.[86]

5. REPENSAR A REPÚBLICA

A crítica de Karl no *Rheinische Zeitung* tinha por base a justaposição do "Estado cristão" ao "Estado racional". Em contraste com o "Estado cristão", que não era "uma livre associação de seres humanos morais, mas uma associação de crentes", a filosofia exigia que "o Estado seja de natureza humana", e isso significava liberdade, uma vez que "a liberdade é de tal maneira a essência do homem que até mesmo seus oponentes a implementam enquanto combatem a sua realidade". "A verdadeira educação 'pública' realizada pelo Estado" estava na existência racional e pública do Estado; o próprio Estado educa os seus membros ao torná-los seus membros, convertendo os objetivos do indivíduo em objetivos gerais, o instinto cru em inclinação moral, a independência natural em liberdade espiritual, com o indivíduo encontrando o seu bem na vida do todo, e o todo no estado de espírito do indivíduo.[87]

A liberdade existia no Estado como lei, pois as leis eram "normas positivas, claras, universais, nas quais a liberdade adquiriu uma existência impessoal, teórica, independente da arbitrariedade do indivíduo". Uma "lei promulgada" era "uma Bíblia de liberdade do povo" e era defendida pela "imprensa livre".[88]

Embora o *Rheinische Zeitung* se apresentasse como um jornal liberal, o "Estado racional" invocado por Karl era bem distinto do Estado do liberalismo constitucional. Na verdade era uma atualização da pólis grega, que ele e Bruno Bauer tinham louvado n'*A trombeta*. O ateísmo e o republicanismo andavam de mãos dadas. Esse era um republicanismo que usava a noção de Hegel do movimento para a frente e da racionalidade coletiva do Espírito para reafirmar a visão política encarnada no conceito da vontade geral de Rousseau. A filosofia recente, segundo Karl, provinha "da ideia do todo", que via o Estado "como o grande organismo no qual a liberdade legal, moral e política precisa ser concretizada e no qual o cidadão individual, ao obedecer às leis do Estado, obedece apenas às leis naturais da sua própria razão, da razão humana".[89]

Nesses artigos quase não havia referência à representação parlamentar, à divisão de poderes ou aos direitos do indivíduo. Claramente, a representação era inaceitável no caso local dos estados provincianos, cujo objetivo era o de representar "seus *interesses provincianos particulares* do ponto de vista de seus *interesses particulares de estado*".[90] Mas havia uma objeção maior à representação. "Em geral, ser representado é uma coisa passiva; só o que é material, sem vida, incapaz de confiar em si, ou está em perigo, precisa ser representado; mas nenhum elemento do Estado deveria ser material, sem vida, incapaz de confiar em si ou estar em perigo." A representação só poderia ser concebida como "*autorrepresentação* do povo".[91] Essa ideia não reconhecia interesses particulares. Só podia significar a representação do todo pelo todo. "Num verdadeiro Estado, não há propriedade fundiária, nem indústria, nem coisa material que, como tosco elemento dessa espécie, possa fazer um trato com o Estado; nele há apenas *forças espirituais*, e só em suas formas estatais de ressurreição no seu renascimento político essas forças naturais têm direito a voz no Estado." O

Estado, prossegue ele, "impregna toda a natureza com nervos espirituais", e em todos os pontos o que deve estar aparente é "não matéria, mas forma, [...] não o *objeto sem liberdade*", mas o *"ser humano livre"*.[92]

Os jovens hegelianos tinham surgido da batalha de ideias que se seguiu à publicação de *A vida de Jesus* de David Strauss em 1835. Em 1842, o republicanismo de Karl era uma variante de uma posição comum dos irmãos Bauer, de Ruge e de Feuerbach. Como demonstram os artigos para o *Rheinische Zeitung*, era uma posição política distante dos argumentos do próprio Hegel. A principal área de desentendimento dizia respeito à distinção, feita por Hegel na *Filosofia do direito*, entre o "Estado" e a "sociedade civil". Pois o efeito dessa distinção era excluir a possibilidade da participação direta e democrática dos cidadãos no governo do Estado moderno.

Hegel achava que uma das características mais perigosas da Revolução Francesa tinha sido o governo irrestrito de uma única assembleia, como a da Convenção em 1792-3, que se baseara no pressuposto de que todos (do sexo masculino) eram capazes de se desincumbir dos deveres de homem e de cidadão. A perturbadora associação de soberania popular com terror revelou-se um poderoso entrave à realização de novas experiências democráticas na esteira do período revolucionário. Isso tinha ficado evidente na concepção hegeliana de política.

Hegel primeiro tentou um retorno à clássica distinção de Aristóteles entre a política e a esfera doméstica. Na *Política*, o Estado tinha sido dividido basicamente em dois componentes: a *polis*, o espaço público para a deliberação política dos cidadãos, e a *oikos*, a família ou a casa, o hábitat de mulheres e escravos, o lugar da reprodução material da vida.[93] Como Hegel não demorou a descobrir, porém, essa distinção clássica, pelo menos na formulação aristotélica, não poderia ser sustentada. A reprodução material da vida não estava mais confinada à casa da família. Não só a escravidão tinha desaparecido na Europa medieval, como, além da agricultura, boa parte da atividade do mundo moderno agora dependia do comércio. Por essa razão, Hegel tinha revisado o conceito aristotélico introduzindo um terceiro componente, a *sociedade civil*, como novo espaço que se abrira entre a família e a Constituição formal do Estado.[94]

Reagindo aos pressupostos democráticos de 1792, Hegel também tentara formular uma versão moderna da suposição aristotélica de que o exercício da virtude política dependia da ausência de necessidade e carência material.[95]

Na *Filosofia do direito*, ele tentou preservar a conexão entre virtude política e independência material encarnando-a na classe "universal" dos *Beamten*, ou seja, os funcionários públicos titulares e economicamente independentes. Isso agora era contrastado com a esfera da "sociedade civil", ou o que ele chamou de "estado de necessidade". "A criação da sociedade civil", de acordo com Hegel, pertencia ao "mundo moderno"; foi o que Adam Smith e outros chamaram de sociedade "comercial". "Na sociedade civil, cada indivíduo é o seu próprio fim, e tudo o mais não significa nada para ele." O Estado só era "necessário" porque o indivíduo "não consegue alcançar a plena realização dos seus fins sem referência a outros; esses outros são, portanto, meios para o fim da pessoa particular".

A sociedade civil veio ao mundo quando a Antiguidade chegou ao fim, com a destruição da pólis grega e da República Romana. Depois disso, com o advento do Império Romano, a propagação do cristianismo, o desenvolvimento do direito romano e a elaboração de um "sistema de necessidades" (expressão de Hegel para a estrutura da sociedade comercial), cada um tinha estimulado à sua maneira o crescimento do que Hegel chamava de "particularidade subjetiva". Isso abrangia a relação imediata do indivíduo com Deus, a liberdade de julgamento individual, a subjetividade, a busca egoísta de objetivos pessoais, o individualismo. Esse era um princípio para o qual a pólis antiga não pôde encontrar um lugar legítimo.

De acordo com Hegel, era a capacidade do Estado moderno de incorporar a liberdade subjetiva dentro de uma comunidade política que representava também sua maior força. Mas essa conquista teve um custo. No Estado moderno, em contraste com a relação direta e imediata do cidadão com a pólis antiga, os membros da sociedade civil só estavam ligados à vida política por um complicado sistema de "mediações" (corporações, propriedades etc.). Visto no rescaldo das revoluções de 1830, mesmo críticos compreensivos como Eduard Gans, o mais próximo seguidor de Hegel na Universidade de Berlim, caracterizavam o Estado descrito por Hegel na *Filosofia do direito* como uma forma de tutela. Aos olhos dos jovens hegelianos, o defeito da teoria do Estado de Hegel era que a atividade da pessoa ficava restrita a um papel na sociedade civil: fazer contratos, ser parte de uma profissão ou um ofício, desfrutar de liberdade de vida religiosa e privada. O que faltava era a capacidade de desempenhar um papel pleno e participante como cidadão.

O fim da pólis e o declínio do Império Romano também tinham sido acompanhados pelo crescimento do cristianismo; e aos olhos dos seus críticos republicanos, de Maquiavel em diante, a religião cristã estava profundamente implicada na gênese da sociedade civil, se não fosse inteiramente responsável por ela. O cristianismo separou a noção de pessoa da de cidadão. O jovem Ludwig Feuerbach, como aluno de Hegel em 1828, argumentou que a ideia cristã de imortalidade da alma começou como substituto da ideia antiga de cidadão. Mas já no século XVIII Gibbon e Voltaire tinham ressaltado a contribuição cristã para o declínio da antiga vida política e a queda de Roma. Rousseau levou o argumento mais adiante ainda, culpando a combinação de cristianismo e comércio pelo declínio do patriotismo, e atacando o cristianismo em particular por suas preocupações sobrenaturais.[96]

A identificação do Estado prussiano com o cristianismo e a sociedade civil era partilhada por Bruno Bauer, Arnold Ruge e o próprio Karl. No caso de Karl, a sociedade civil era a ideia cristã do eu, a ideia feudal de liberdade como privilégio, o domínio da "lei animal", que encarnava a luta competitiva associada com a lei da natureza. Mas a mais aguda atribuição de culpa veio de Feuerbach, que afirmava não só que o cristianismo estimulava o individualismo, mas que impedia ativamente o surgimento de um éthos comunal. Pois ele substituiu a primordial unidade da espécie entre "Eu e Tu" pela união particular de cada indivíduo com um ser externo pessoal: com Cristo.

Na década de 1830, o velho ataque republicano à relação entre cristianismo e espírito cívico foi reforçado por uma forma insólita de crítica panteísta que veio da França e estava contida no "novo cristianismo" pregado pelos saint-simonianos. O cristianismo ortodoxo era criticado por sua indiferença ou hostilidade à "matéria", ao corpo e ao trabalho produtivo. Seguindo os saint-simonianos, portanto, o republicanismo adotado pelos jovens hegelianos seria não apenas político, mas também social. A produção era o que ligava o indivíduo à sociedade. Todas as formas de atividade, fossem materiais ou espirituais, ocorreriam no mesmo contexto comunal. Nessa república, a sociedade civil seria fortalecida pelo espírito público. De acordo com Ruge, as buscas materiais e espirituais convergiriam, e a atividade coletiva substituiria o desejo de ganho privado. A "camaradagem da oração", como dizia Feuerbach, seria substituída pela "camaradagem do trabalho". Ou, como afirmava Karl, a atividade do espírito era revelada igualmente na construção de ferrovias e nas deliberações políticas do povo.

Em suma, a plataforma republicana compartilhada pelos jovens hegelianos de 1842 já tinha uma dimensão social distinta provocada pela necessidade de superar a divisão entre Estado e sociedade civil esboçada por Hegel. No caso de Karl, portanto, o objetivo não era descobrir uma forma diferente de combinar sociedade civil com Estado racional, mas imaginar um Estado no qual essa distinção já tinha desaparecido.

6. O FIM DO *RHEINISCHE ZEITUNG*

A batalha entre os ministros e funcionários do rei se estendeu pelo resto de 1842. Em março, Von Rochow, o ministro do Interior, quis que o jornal fosse fechado, mas Bodelschwingh julgava que uma censura mais enérgica seria suficiente, ao passo que Eichhorn continuava achando que o ultramontanismo era a maior ameaça. Von Rochow considerava o jornal perigoso porque difundia ideias liberais francesas, e o rei era da mesma opinião. Quando Von Rochow foi afastado do cargo, o novo ministro do Interior, Arnim Boitzenberg, só recebeu uma reclamação séria sobre o jornal no fim de julho. Em novembro, o rei voltou a ficar furioso com a publicação no *Rheinische Zeitung* do vazamento do projeto de uma nova lei de divórcio, e exigiu que lhe dissessem quem tinha sido a fonte. Arnim Boitzenberg não pretendia criar um mártir, nem dar a impressão de que esse projeto extremo fosse uma indicação precisa do que seria a futura legislação. Em razão disso, chegou-se a um meio-termo. O jornal se livraria do seu ostensivo editor, Rutenberg, e adotaria uma linha editorial compatível com a lei existente.

Uma resposta foi redigida por Karl em nome do proprietário, Renard. Era um documento sagaz, preparado com inteligência, que fazia uso habilidoso da legislação existente junto com declarações reais e ministeriais.[97] Argumentava que o *Rheinische Zeitung* apoiava os líderes prussianos na Alemanha, insistia na expansão do Zollverein, defendia o liberalismo alemão em vez do francês e promovia a "ciência" do norte da Alemanha contra a "frivolidade" da França e do sul da Alemanha. Dali em diante, o jornal evitaria tocar em questões religiosas, adotaria um tom moderado e aceitaria a demissão de Rutenberg.

A posição do jornal continuava incerta e voltou a piorar perto do fim do ano. Publicações simpáticas às posições dos jovens hegelianos foram proibidas, incluindo os *Deutsche Jahrbücher*, de Ruge, a revista de Buhl em Berlim e o saxão *Leipziger Allgemeine Zeitung*. Finalmente, em 23 de janeiro, o governo anunciou que o jornal teria que encerrar sua publicação em 1º de abril de 1843.

A proibição não foi muito bem-aceita pelas autoridades provincianas, porque faria aumentar a tensão entre o Estado prussiano e a população local. Wilhelm von Saint-Paul, servidor público de Berlim, foi então enviado para supervisionar a censura durante os meses restantes. Anteriormente, o jornal não causara grande impacto nas classes médias da província — artesãos, pequenos comerciantes, lojistas e lavradores. Em outubro e novembro verificou-se um significativo aumento na circulação, de 885 para 1880 exemplares. Além disso, quando a iminente proibição do jornal chegou ao conhecimento público, o jornal se beneficiou de uma onda de simpatia, como vítima de um poder arbitrário, e pelo fim de janeiro de 1843 as assinaturas tinham subido para 3400. Ao mesmo tempo, Jung e Oppenheim organizaram uma eficiente campanha nas principais cidades da Renânia para exigir que a proibição fosse revogada.

O sucesso crescente do jornal foi resultado também de uma estratégia mais coerente do novo editor. Karl juntou-se ao corpo editorial em 15 de outubro e rapidamente ficou conhecido como força motriz da sua política. Ele é que originalmente tinha trazido seu amigo Rutenberg de Berlim para ser editor. Em julho, Karl admitiu a Ruge que Rutenberg era "um peso em minha consciência", "absolutamente incapaz", e mais cedo ou mais tarde lhe "mostrariam a porta da rua".[98]

Devido à fraqueza e falta de critério de Rutenberg, seus cupinchas de Berlim — Meyen, Köppen, Buhl e outros — tratavam o jornal como seu "órgão dócil" e não poupavam esforços para interpolar polêmicas anticristãs nos artigos mais impróprios. Como Karl confessou a Ruge em 30 de novembro, "tenho jogado fora tantos artigos quanto o censor", uma vez que "Meyen e companhia nos mandam montes de garatujas sobre como revolucionar o mundo, vazias de ideias, escritas num estilo desleixado e temperadas com umas pitadas de ateísmo e comunismo".[99] Felizmente, o governo não se dera conta de que Rutenberg "não representava perigo para ninguém, exceto para o *Rheinische Zeitung* e para ele mesmo", e exigira a sua demissão.

Como editor do jornal, as melhores qualidades e aptidões de Karl vieram à tona. Ele partia do princípio de que "o *Rheinische Zeitung* não deve ser guiado por seus colaboradores, mas, pelo contrário, deve guiá-los".[100] Em segundo lugar, como renano, ele tinha uma concepção mais clara do provável público a que o jornal se dirigia. Sabia que, numa província esmagadoramente católica, toscos exercícios de polêmica anticristã seriam contraproducentes, e havia muitas opiniões na Renânia, fosse do lado católico ou protestante, que não eram sectárias. De outro lado, a defesa das liberdades da província contra a interferência do governo prussiano provavelmente encontraria apoio generalizado. Em seu artigo sobre "furtos de madeira", Karl concluiu que "o senso de direito e de legalidade é a *característica provinciana mais importante* do renano".[101] Era essencial, portanto, que qualquer posição política fosse desenvolvida a partir do local e do concreto. Escrevendo para Oppenheim a respeito do ataque de Edgar Bauer ao "morno liberalismo" ou ao *juste milieu* — posição com a qual Karl concordava em princípio —, ele afirmou que "argumentos teóricos muito gerais sobre o sistema político do Estado são mais adequados a publicações mais puramente científicas do que a jornais", e que "jornais só começam a ser arena apropriada para essas questões quando elas já se tornaram questões do estado real, questões práticas". O uso de argumentos abstratos e gerais contra o Estado não só resultaria, provavelmente, na intensificação da censura, mas também "despertaria o ressentimento de muitas — na verdade da maioria — das pessoas práticas, livres-pensadoras, que assumiram a laboriosa tarefa de ganhar a liberdade passo a passo, dentro do quadro constitucional".[102]

A primeira vez que Karl manifestou sua irritação com as colaborações vindas de Berlim foi em julho de 1842. Ele escreveu para Ruge pedindo detalhes sobre o chamado "Livres", um novo grupo formado por seus amigos de Berlim. Declarar-se pela emancipação era honesto, disse ele, mas declarar-se aos berros como se fosse propaganda irritaria os "filisteus" e serviria apenas para apertar a censura. O dr. Hermes, "porta-voz do filistinismo" e editorialista do católico *Kölnische Zeitung*, "provavelmente o sobrecarregaria com o 'Livre'". Para ele era um alívio saber que Bauer estava em Berlim e não permitiria "que nenhuma estupidez seja cometida".[103]

Mas aparentemente Bruno Baeuer não exerceu nenhuma influência moderadora, e no fim de novembro a situação atingiu um ponto crítico. Numa visita a Berlim, Georg Herwegh, poeta radical e ex-exilado, tinha sido ridicularizado pelos "Livres" por suas pretensões radicais. Atacaram-no, em particular, por ter se encontrado com o rei e arranjar um casamento de conveniência. Indignado com essa recepção, o poeta escreveu para o *Rheinische Zeitung* queixando-se de que "o romantismo revolucionário" do "Livres" e "essa macaqueação barata de clubes franceses" estavam comprometendo "nossa causa e nosso grupo".[104] Karl concordava com a atitude de Herwegh e acusou Eduard Meyen, um dos cabeças da turma de Berlim, de manifestar opiniões "escabrosas" e "*à la sans-culotte*".[105] Ruge foi a Berlim pedir a Bruno que rompesse com os "Livres" e não adotasse nenhuma postura que não fosse a de um "estudioso objetivo".[106] Mas Bauer alegou que não poderia abandonar Meyen, Buhl, Köppen e Stirner. Poucos dias depois, ele também escreveu a Karl reclamando de deturpações e inexatidões nas alegações de Herwegh, e atacando Karl por aceitar a posição de Herwegh. Mas encerrou num tom mais conciliatório: "Eu preferiria escrever-lhe sobre coisas mais agradáveis e importantes para nós".[107]

Para Bauer, 1842 tinha sido um ano de desencantos. No ano anterior, sua reputação entre os jovens hegelianos atingira o ponto mais alto. Os dois volumes dos *Sinóticos* tinham levado a crítica bíblica um passo adiante de Strauss. Além disso, sua crítica direta à tentativa de Strauss de abrandar as implicações de *A vida de Jesus* contara com forte apoio de Arnold Ruge nos *Deutsche Jahrbücher*, muito embora isso tivesse levado à saída de Strauss e à deserção de assinantes moderados da revista.[108] Em seu prefácio aos *Deutsche Jahrbücher* em julho de 1841, Ruge também apoiara a afirmação de Bauer de que o movimento da autoconsciência era idêntico ao da própria história. Era por isso que Bauer às vezes se via como o novo Sócrates que tinha chegado para acabar com o mundo cristão. Ruge também endossara, como uma transição da teoria para a prática, a confiança de Bauer no poder da "crítica" para dissolver todos os fenômenos meramente "positivos".

Bauer manteve a confiança até a demissão final. Em março de 1842, tinha declarado que uma nova época estava começando, enquanto Karl acrescentava, com aprovação, que a "filosofia fala de modo inteligível com a sabedoria de Estado dos confiadíssimos canalhas".[109] Mas passado o verão, e estando Karl envolvido mais profundamente com o *Rheinische Zeitung*, ampliou-se a distância entre ele e seus antigos companheiros de Berlim. Estes se reuniram em torno de Bauer quando ele voltou para a cidade e lançaram mão de todos os recursos jornalísticos para divulgar os argumentos dele — especialmente, é claro, no *Rheinische Zeitung*, editado por Rutenberg, cunhado de Bauer.

Não houve nenhuma crise cósmica do tipo que Bauer previu, ou foi comicamente descrita entre os jovens hegelianos numa epopeia burlesca escrita por Friedrich Engels e por Edgar, irmão de Bruno Bauer.[110] Além disso, enquanto a população de Brandemburgo-Prússia continuava não afetada pela crítica religiosa dos jovens hegelianos, a população da Renânia católica provavelmente estava enfurecida.

Em grande parte, as diferenças entre Karl e Bruno Bauer ao longo de 1842 eram táticas e localizadas. Como a filosofia deveria dirigir-se ao país fora dos enclaves do mundo acadêmico radical ou da boemia de Berlim? Mas, à medida que a esterilidade da contestação ateísta de Bauer ia se tornando mais clara no decorrer do ano, a posição de Karl, Ruge e outros jovens hegelianos sobre a centralidade da questão religiosa passava por uma mudança fundamental. Em resposta às queixas de Eduard Meyen em Berlim, no fim de novembro de 1842, Karl escreveu para Ruge: "Pedi que a religião fosse criticada no contexto da crítica das condições políticas, e não que as condições políticas fossem criticadas no contexto da religião, o que estava mais de acordo com a natureza de um jornal e com o nível de instrução dos leitores". Mas isso agora indicava também uma mudança de posição mais fundamental. "Pois religião não tem conteúdo; ela deve a sua existência não ao céu, mas à terra; e com a abolição da realidade distorcida, da qual é a *teoria*, cairá por si mesma."[111]

Em seus últimos meses de existência, o *Rheinische Zeitung* — que aparentemente não tinha mais nada a perder — ficou mais ousado. Em resposta à ira provocada pela iminente supressão do jornal, Arnim considerou a ideia de permitir que alguns escritos anticristãos fossem publicados sem censura, como forma de afastar os leitores renanos. O funcionário prussiano Wilhelm von Saint-Paul, que informou a Berlim que Karl era o ponto de equilíbrio doutrinário e a inspiração teórica do jornal, também sugeriu a hipótese de o jornal continuar, numa veia mais moderada, se ele saísse. Mas o governo continuava inflexível, em parte também por causa da pressão exercida por Nicolau I, o tsar russo e cunhado de Frederico Guilherme IV, que ficara indignado com um artigo polêmico denunciando a aliança entre os dois países.[112]

Em 2 de março de 1843, Saint-Paul informou que, dadas as circunstâncias do momento, Karl tinha decidido desligar-se do *Rheinische Zeitung* e ir embora da Prússia. Em 16 de março, Karl demitiu-se definitivamente. O governo chegou a pensar que talvez tivesse superestimado os perigos representados pelo jornal, levando em conta a pouca influência do seu idealismo abstrato sobre demandas práticas. Além disso, devido às opiniões "ultrademocráticas" de Karl, Saint-Paul se perguntava se não seria o caso de um jornal moderado tomar o lugar do *Rheinische Zeitung* depois que ele saiu. Havia outras pessoas no jornal que eram instintivamente radicais, mas pouco inclinadas a atrelá-lo à doutrina "Ruge-Marx-Bauer". Mas nada disso aconteceu. Com relação à ameaça católica — a razão dada originalmente para que se estimulasse a criação do jornal —, Saint-Paul conseguiu estabelecer boas relações com o dr. Hermes, o principal editorialista do *Kölnische*

Zeitung, e consequentemente garantir um tratamento mais amigável do governo de Berlim no futuro.[113]

Karl escreveu para Ruge informando-o da proibição do Rheinische Zeitung e do seu próprio afastamento no fim de janeiro de 1843:

> É muito ruim ter que fazer trabalhos subalternos mesmo em nome da liberdade; de lutar com alfinetadas, e não com porretes. Estou cansado de hipocrisia, de estupidez, de flagrantes arbitrariedades, e das nossas mesuras e vênias, de nossas negaças e sofismas sobre o uso de palavras. Consequentemente, o governo me devolveu a liberdade.

E acrescentou: "Não tenho mais nada a fazer na Alemanha".[114]

5. A aliança entre os que pensam e os que sofrem: Paris, 1844

1. PRÓLOGO

Um dos efeitos mais duradouros das revoluções de 1848 foi traçar linhas mais nítidas entre liberais, republicanos e socialistas. Na Prússia, essa divergência tinha ocorrido quatro anos antes, em 1843-4. Até então, fora possível pensar num *Bewegungspartei* — um "partido do movimento" incluindo desde os acionistas liberais e reformistas do *Rheinische Zeitung* até o socialismo de Moses Hess ou o nacionalismo republicano de Arnold Ruge. As esperanças ainda se concentravam numa reforma da consciência a partir de versões radicalizadas do idealismo kantiano e hegeliano e encabeçada por uma imprensa livre. As aspirações eram formuladas não na linguagem da felicidade ou do bem-estar, mas na da autodeterminação e da liberdade. O objetivo era concretizar um Estado no qual o "cidadão individual, ao obedecer às leis do Estado, obedeça apenas às leis naturais da sua própria razão, da razão humana".

Enquanto a expectativa de mudança prevalecia, prestava-se atenção às nuances de posição política, a vislumbres de lutas entre grupos rivais atrás de portas fechadas e ao possível ressurgimento de um programa de reforma dentro do governo e da administração. A lembrança da "Era da Reforma" ou da mobilização nacional de 1813-4 e a presença até o começo da década de 1840 de influentes veteranos daqueles tempos atenuavam as linhas divisórias entre as forças do progresso. Mas diante da postura intransigente do novo governo, da remoção de uma imprensa contestadora e da falta de resistência eficiente, as posições logo se cristalizaram. Os reformistas moderados foram reduzidos ao silêncio, e os radicais foram obrigados a ir para o exílio.

Nessa situação, a ampla aliança do *Bewegungspartei* fracassou e a união com o movimento dos jovens hegelianos se desfez. Em meados de 1844, Karl estava distante de Bruno Bauer e Arnold Ruge. Ele tinha se tornado "comunista", defensor da "revolução social".[1] A fragilidade da aliança entre liberais e radicais era evidente desde a década de 1830 e foi marcada por diferenças de atitude para com a monarquia parlamentar de Luís Filipe na França. Esse regime, que alcançara o poder depois da Revolução de Julho de 1830, era o tipo de governo que os liberais alemães gostariam de obter a qualquer custo. Mas logo em seu início, em 1831, o regime embarcou num programa de repressão, visando aos republicanos em Paris e aos operários em Lyon e outros centros provincianos. Seu liberalismo *juste milieu* era atacado por partidários legitimistas do destronado ramo dos Bourbon, à direita, e por um amplo conjunto de radicais, republicanos e socialistas, à esquerda.

Menos fácil de compreender foi o racha entre republicanos e "comunistas" dentro do grupo de jovens hegelianos. Por que Karl rompeu com aqueles que adotavam uma posição republicana socialmente esclarecida? Três elementos são responsáveis pelo que, de outra forma, poderia parecer uma guinada arbitrária de Karl na direção dos "comunistas" no inverno de 1843-4.

O primeiro elemento era óbvio: a incapacidade demonstrada pela política de autoconsciência de provocar quaisquer mudanças nas políticas do Estado. A debilidade da reação à supressão do *Rheinische Zeitung* ou dos *Deutsche Jahrbücher* de Ruge da parte de qualquer setor da sociedade prussiana também levou ao desencanto com a estratégia da "crítica". O segundo e crucial elemento foi a emergência de uma via filosófica alternativa além de Hegel, que tinha sido delineada por Feuerbach. A política iluminista e o desenvolvimento da autoconsciência eram idealmente adequados ao processo de crítica religiosa e jurídica, mas, diferentemente da posição adotada por Feuerbach, não tinham um ponto de vista distinto em relação a questões que viriam a dominar a vida política na década de 1840 e a constituir o terceiro elemento: a condição do "proletariado" e "o problema social". Os três elementos estavam estreitamente interligados. Olhando da perspectiva da "crítica", era difícil atribuir significado especial ao proletariado, uma classe cujas características distintivas eram a miséria material e a falta de instrução. Mas da perspectiva de uma revolução "humana" ou "social", que Karl deduziu de premissas formuladas por Feuerbach, a essa classe poderia ser atribuído um papel central.

2. KREUZNACH

Karl finalmente saiu do *Rheinische Zeitung* em 16 de março de 1843. Ele já tinha decidido ir embora da Alemanha, e desde janeiro estava procurando outro emprego, primeiro com Herwegh na Suíça, depois com Ruge na Saxônia, na Bélgica ou na França.[2] Também resolvera casar. Pois, como escreveu para Ruge em 25 de janeiro, não iria embora sem sua noiva. Uma vez providenciados os arranjos para o casamento, ele voltou a escrever para Ruge em 13 de março contando que iria a Kreuznach para casar e "passar um mês, ou mais, na casa da mãe da minha mulher, de modo que, antes de começarmos a trabalhar, possamos ter, de qualquer forma, alguns artigos prontos".

O casamento pôs fim a longos e acidentados anos de noivado, que se tornara particularmente tenso depois da morte de Heinrich, pai de Karl, mas mais ainda depois do falecimento do pai de Jenny, Ludwig. Como Karl explicou a Ruge:

> Estou noivo há mais de sete anos, e por minha causa minha noiva travou as mais violentas batalhas, o que quase acabou com a sua saúde, em parte contra seus aristocráticos parentes pietistas, para quem "o Senhor no céu" e "o senhor em Berlim" são igualmente objeto de culto religioso, e em parte contra minha própria família, na qual alguns sacerdotes e outros inimigos meus se enfiaram. Durante anos, portanto, minha noiva e eu nos envolvemos em conflitos mais desnecessários e cansativos do que muitos que têm três vezes a nossa idade, e não se cansam de falar da sua "experiência de vida" (frase favorita do nosso Juste Milieu).

Apesar de tudo isso, disse ele a Ruge, "posso lhe garantir, sem sombra de romantismo, que estou loucamente apaixonado, e da maneira mais séria".[3]

O casamento foi realizado em 19 de junho em Kreuznach, no Palatinado, a 130 quilômetros de Trier, centro de uma região vitícola famosa por suas uvas Riesling e Silvaner. A morte de Ludwig tinha sido seguida pela de uma tia, que também morava com os Westphalen. Jenny então se mudou temporariamente para Kreuznach com a mãe, Caroline, provavelmente por necessidade econômica; Karl já a tinha visitado lá. De acordo com Betty Lucas, amiga de Jenny, a famosa escritora e crítica social romântica Bettina von Arnim esteve em Kreuznach em outubro de 1842 e fez questão de que Karl a acompanhasse num passeio a pé a Rheingrafenstein, famoso castelo e ponto turístico local notável pela beleza, a uma hora de distância da casa deles. Karl, aparentemente, tinha seguido Bettina "com um melancólico olhar para a noiva".[4]

O casamento foi celebrado na igreja de São Paulo, em Kreuznach, por um clérigo cuja nomeação datava da época dos jacobinos; uma das testemunhas foi um antigo colega de escola de Karl e estalajadeiro local. Henriette não assistiu ao casamento, mas deu seu consentimento por escrito. Depois da cerimônia, de acordo com Jenny, "fomos de Kreuznach para Renânia-Palatinado via Ebernburg e voltamos via Baden-Baden. Então ficamos em Kreuznach até o final de setembro. Minha querida mãe voltou para Trier com meu irmão Edgar".[5] Karl e Jenny partiram para Paris no final de outubro.

Karl tinha esperança de coeditar o *Deutscher Bote* [Mensageiro Alemão] com Herwegh em Zurique, e em 19 de fevereiro Herwegh escreveu sobre uma possível colaboração. Mas o plano foi enterrado quando as autoridades fecharam o *Bote* e expulsaram Herwegh. Arnold Ruge também tinha concordado com o projeto, mas sua maior intenção era garantir o "renascimento essencial" dos *Deutsche Jahrbücher*. Por isso ofereceu a Karl a posição de coeditor e um salário fixo de 550 a seiscentos táleres, com mais 250 táleres por outros escritos. A nova revista estabeleceria "uma filosofia radical sobre os alicerces da liberdade de imprensa" e "enunciaria a questão da crise política ou da consciência geral quando ela começar a se formar". O objetivo imediato seria "nos prepararmos, para depois nos lançarmos no meio dos filisteus totalmente armados e liquidá-los com um só golpe".[6]

A orientação política de Karl seguia de perto a de Ruge desde o final da década de 1830. Em 1842 e 1843, suas respostas a acontecimentos do momento, em especial as "frívolas" diatribes das "Livres", continuaram muito parecidas. Autor reconhecido, vivendo de renda, "Papai Ruge" — como Jenny o chamava — era claramente o sócio majoritário nessa colaboração. A proibição dos *Deutsche Jahrbücher* em janeiro de 1843 como resultado de pressões prussianas e o fechamento do *Rheinische Zeitung* significavam o amordaçamento efetivo dos jovens hegelianos dentro da Alemanha. O objetivo da crítica, na modalidade empregada pelos jovens hegelianos, era ressaltar a distância entre as demandas da razão e o comportamento do governo, mas sua incapacidade de alcançar progresso significativo contra a Prússia de Frederico Guilherme IV tinha levado os dois a criticar abertamente a filosofia política de Hegel.

Durante o verão que passou em Kreuznach, Karl tentou terminar sua "Crítica da filosofia do direito de Hegel" que havia prometido aos *Deutsche Jahrbücher* ainda na primavera de 1842. Na época em que voltou ao assunto, sua crítica à filosofia política de Hegel, inicialmente concebida como uma crítica da monarquia constitucional, tinha sido fundamentalmente transformada pela extensa aplicação da abordagem filosófica de Ludwig Feuerbach. Feuerbach propôs uma forma diferente de interpretar Hegel, e isso foi explicado com minúcia em seu ensaio intitulado "Teses preliminares para a reforma da filosofia", publicado na *Anekdota* de Ruge em Zurique, na primavera de 1843, e desenvolvido ainda mais em seu livro *Princípios da filosofia do futuro*, publicado no final daquele ano.[7]

Feuerbach tinha ficado famoso em 1840 como autor de *A essência do cristianismo*, que seria traduzido para o inglês por George Eliot em 1854.[8] Seu argumento era que a religião era uma forma alienada de emoção humana. Diferentemente dos animais, os humanos eram capazes de transformar suas emoções em objeto de pensamento. Essas emoções eram reencarnadas num ser exterior, liberto das limitações da existência humana individual, e dessa forma o homem era levado a projetar sua própria essência como espécie num ser fictício, Deus. Como resultado, a relação entre sujeito e objeto (ou predicado) era invertida. Consequentemente, já não parecia que o homem criou Deus, mas que Deus criou o homem.

Em contraste com isso, Feuerbach começou com o "homem-na-natureza". "Homem" (o ser humano) não era apenas um ser pensante. O homem personificava a razão e a liberdade, mas era antes de tudo um "ser sensual". O homem-na-natureza era ao mesmo tempo ativo e passivo. Assim como o pensamento teve sua gênese no "ser real", o "sofrimento precede o pensamento". Como ser natural, o "homem" tinha necessidade de um meio de vida existente fora dele, e acima de tudo a relação elementar da espécie, o amor. "O primeiro objeto do Homem", escreveu Feuerbach, "é o Homem." Como criatura de necessidade, o homem dependia de outros. Nesse sentido, era um "ser comunal". A essência e o ponto de partida do homem não eram o "eu", mas a "união Eu e Tu". O homem chegou à consciência da sua humanidade, do seu "ser-espécie", por meio da ação de outros homens.

A construção por Feuerbach de um "ser-espécie" a partir dos atributos naturais do homem levava a uma visão do significado da sociedade civil bem diferente da encontrada em Hegel. Na *Filosofia do direito*, Hegel tinha atribuído um papel de fundação à necessidade e à interdependência humanas. O que ele chamou de "sistema de necessidades" descrevia as formas de troca e interdependência que tinham sido descobertas por economistas políticos e que embasavam a sociedade comercial moderna. Mas Hegel não via a sociedade civil como a verdadeira esfera da liberdade humana, nem enxergava nela a capacidade de tornar-se isso. Era a esfera de necessidade, o "estado externo" governado pelas necessidades individuais e pelos desejos egoístas do homem natural. O verdadeiro ser do homem como espírito não poderia tornar-se realidade "no Estado". Já para Feuerbach, diferentemente, a única existência do homem era a de um ser natural governado pela necessidade. Sobre essa base, porém, era possível conceber a interdependência da sociedade civil como fundamento da natureza comunal do homem e imaginar o florescimento gradual de uma sociedade que estaria de acordo com o "ser-espécie".

O desenvolvimento do cristianismo tinha bloqueado o surgimento dessa sociedade. O cristianismo transformara o caráter comunal da espécie humana numa união particular de cada indivíduo com um ser externo. A religião era, portanto, responsável pelo individualismo da sociedade moderna. Entre o indivíduo e a universalidade da espécie havia agora um mediador externo de permeio. Em lugar do "Eu e Tu" da união-espécie primordial, o papel do "Tu" tinha sido usurpado por Cristo. O protestantismo, em particular, com sua ênfase na consciência individual e no sacerdócio universal de todos os crentes, desmontou a comunidade espiritual da religião medieval e inspirou uma retirada egoísta da vida comunal e um mundo material despojado de santidade.

Em "Teses preliminares para a reforma da filosofia", Feuerbach ampliou sua crítica à filosofia de Hegel. A encarnação hegeliana do "Espírito Absoluto" na história pressupunha uma perspectiva extra-humana sem base natural. Era uma extensão da teologia cristã. Assim como o cristianismo tinha originalmente afastado o homem das suas emoções, Hegel afastou o homem do seu pensamento, e o método de "abstração" era um traço comum aos dois. "Abstrair significa postular a *essência* da natureza *fora da natureza*, a *essência* do Homem *fora do Homem*, a *essência* do pensamento *fora do ato de pensar*. A filosofia hegeliana afastou o Homem *de si mesmo*, na medida em que todo o seu sistema se baseia nesses atos de abstração."[9]

Essas abstrações, como ressaltava Feuerbach, não tinham existência independente. Tudo poderia ser decomposto em termos empíricos naturais e reescrito na linguagem da natureza e da história. A abstração era expressão da própria natureza racional do homem e das suas faculdades. A impressão de que essas abstrações tinham existência objetiva fora da humanidade resultava do afastamento do homem da natureza, e em particular da sua própria natureza social. Isso era especialmente agudo no caso de filosofias idealistas como as de Fichte ou Hegel, que começavam com o "Eu" isoladamente. "São necessários dois seres humanos para a geração do homem, tanto do intelectual como do físico." O defeito do idealismo era o desejo de extrair ideias do "Eu" sem um "Tu" sensual dado. O caso extremo era o da *Ciência da lógica* de Hegel, em que termos como conceito, juízo ou silogismo "deixam de ser nossos conceitos" e são apresentados como termos "objetivos" absolutos, existindo em si e por si. Dessa maneira, a filosofia do Absoluto exteriorizava e afastava "do homem a sua própria essência e atividade".[10]

Independentemente de Feurbach, Ruge tinha desenvolvido sua própria crítica à concepção hegeliana de Estado. Já em 1840 ele afirmara que a *Filosofia da história* de Hegel (publicada postumamente), que apresentava o Estado como produto do desenvolvimento racional e histórico, era superior à *Filosofia do direito*, que explicava o Estado em categorias empregadas em sua *Ciência da lógica*. Nos *Deutsche Jahrbücher* de agosto de 1842, Ruge baseou-se nos insights de Feuerbach para explicar a sua crítica política.[11] A *Filosofia do direito* de Hegel, argumentava ele, tinha sido cria de uma época que "carecia totalmente de debate público e de vida pública". Hegel alimentava a ilusão de que era possível ser "teoricamente livre sem ser politicamente livre". Ele evitara "o desagradável 'deveria' da práxis".[12]

Depois de Strauss, afirmava Ruge, isso era impossível, pois "os tempos" eram "políticos". O problema de tomar a *Ciência da lógica* como ponto de partida era que ela não tratava de questões sobre existência. Só com a entrada da história no domínio da ciência é que a existência passou a ser relevante. Para os jovens hegelianos, "o *processo histórico* equivale a relacionar a teoria com as existências históricas do Espírito; essa relação é a *crítica*". Em contraste com isso, a *Filosofia do direito* erigiu "existências ou determinações históricas em determinações lógicas". Essa falta de distinção explícita entre o histórico e o metafísico resultou num "tolo ato de malabarismo" no qual a monarquia hereditária e o sistema bicameral se tornaram necessidades lógicas. Ruge abandonou a sua identificação anterior da Prússia com desenvolvimento lógico e protestantismo. Como Feuerbach, ele agora apresentava a Reforma como o ponto de separação entre religião e comunidade e o começo da visão de Hegel do "estado externo" ou "sociedade civil", em que os indivíduos só estão preocupados com seus assuntos particulares.[13]

3. ROUSSEAU REVISTO: A VERDADEIRA DEMOCRACIA CONTRA O ESTADO
REPRESENTATIVO MODERNO

A crítica de Ruge a Hegel manteve-se dentro dos limites da posição republicana normal; a crítica de Karl era muito mais drástica. Depois de queixar-se inicialmente a Ruge de que Feuerbach dava atenção demais à natureza e atenção de menos à política, sua própria ampliação do procedimento crítico de Feuerbach ficou ainda mais ambiciosa.[14] Em 1842, o alvo de Karl tinha sido "o Estado cristão"; agora era "o Estado moderno" ou "o Estado político". Como Ruge, Karl aplicou as ideias de Feuerbach sobre abstração e inversão, mas o que lhe parecia mais estimulante na abordagem de Feuerbach era ver a religião como único exemplo de processo universal de abstração.[15] Todas as abstrações poderiam ser decompostas em aspectos da natureza humana. Traduzindo-se as abstrações de volta nos fenômenos naturais e históricos de onde foram tiradas, era possível — assim afirmara Feuerbach — chegar à "verdade óbvia, pura e imaculada".[16]

Na opinião de Karl, esse insight poderia ser aplicado tanto à política quanto à religião. Hegel foi atacado por esquecer-se de que "a essência de uma 'personalidade particular'" era "sua *qualidade social*, e que as funções do Estado [...] não são nada mais que modos de ser e modos de ação das qualidades sociais dos homens".[17] "Assim como não é a religião que cria o homem, mas o homem que cria a religião, não é a Constituição que cria o povo, mas o povo que cria a Constituição." Se isso não estava claro era porque o Estado "político" não era uma totalidade, mas "um dualismo", no qual cada indivíduo "tem que fazer uma divisão fundamental dentro de si entre o cidadão do Estado e o cidadão como membro da sociedade civil".[18]

Como Ruge, Karl usou ideias de Feuerbach para atacar a tentativa de Hegel de apresentar sua teoria do Estado como uma aplicação de sua *Ciência da lógica*. Hegel tinha feito do Estado uma criação "da Ideia"; tinha "transformado o sujeito de uma ideia num produto, num predicado, da ideia". Seu procedimento consistia em transformar fato empírico em especulação. Dessa maneira, "o método correto é posto de cabeça para baixo". A transição da família e da sociedade civil para o Estado não decorria da natureza da família ou da sociedade civil, mas era vista como a transição puramente categórica da esfera da essência para a do conceito na *Ciência da lógica*.[19] Todos os termos empregados posteriormente por Karl para explicar a sua divergência de Hegel em seu "Pós-escrito a *O capital*", a tentativa de extrair um conceito do Estado de uma sequência de abstrações, foram reiterações dos termos aqui empregados.[20]

Quem era culpado de abstração, a teoria do Estado de Hegel ou o próprio Estado pós-revolucionário? Segundo Karl, Hegel estava certo ao tratar o Estado como abstração e dar como certa a separação dos Estados civil e político. "Hegel não deve ser responsabilizado por retratar a natureza do Estado moderno como ela é, mas por apresentar aquilo que é como a natureza do Estado." O que havia de peculiar no Estado moderno é que a Constituição tinha sido convertida numa "realidade particular ao lado da vida real do povo", e, como resultado da divisão entre o Estado e a sociedade civil, numa situação em que "o Estado não reside dentro, mas fora da sociedade". Nesse processo, afirmava Karl, "a *constituição política* tem sido *a esfera religiosa*, a *religião* da vida nacional, o paraíso da sua generalidade em detrimento da *existência terrena* da sua realidade".[21]

Essa "abstração do Estado como tal" caracterizava a vida moderna, assim como a sua causa, "a abstração da vida privada". A visão de Karl do feudalismo medieval continuava a ser a que ele desenvolvera ao estudar a arte cristã em 1841. Foi um período da sociedade humana no qual se converteu o homem num animal "idêntico às suas funções", mas também um período no qual "toda esfera privada tinha um caráter político". "A vida da nação e a vida do Estado eram idênticas." O "homem" era o princípio do Estado, mesmo que fosse um "homem sem liberdade". Era "a democracia da falta de liberdade". O Estado político dos tempos modernos só passou a existir quando "as esferas privadas" — comércio e propriedade fundiária — adquiriram existência independente. Essa transformação de Estados políticos em Estados civis ocorreu sob a monarquia absoluta, e o processo foi concluído pela Revolução Francesa. A partir de então, as diferenças entre os Estados se tornaram apenas "diferenças sociais da vida civil".[22]

Só no "Estado racional", que Karl agora chamava de "democracia", existia "uma verdadeira união do universal com o particular". "A democracia era o enigma decifrado de todas as Constituições." Só aqui a Constituição era trazida de volta "para a sua base real, o ser humano real, o povo real". "Na democracia, o princípio formal é, ao mesmo tempo, o princípio material."[23] Um ponto imaginado de comparação era mais uma vez a Grécia clássica. Diferentemente do Estado moderno, que era uma solução conciliatória entre o Estado político e o apolítico, o Estado antigo era "universal", a união do formal com o material. Ali a república era "o assunto particular dos cidadãos, seu conteúdo real, o verdadeiro e único conteúdo da vida e da vontade dos cidadãos". Nos Estados da Antiguidade, fosse Grécia ou Roma, o Estado político formava o conteúdo do Estado, excluindo todas as demais esferas.[24]

A "democracia" à qual se referia Karl não era a democracia *política* pós-1789, baseada no princípio representativo. No moderno Estado "político", a democracia só poderia ser "formal", uma vez que esse Estado pressupunha a coexistência do "apolítico" e do "político", do "homem" e do "cidadão". Isso era verdade, fosse numa monarquia, numa república ou mesmo num Estado baseado no sufrágio universal masculino. O Estado moderno era uma solução conciliatória entre a sociedade civil e o Estado, ou entre o Estado "apolítico" e o "político". Julgado por esses critérios, "todo o conteúdo do direito e do Estado é o mesmo na América do Norte e na Prússia, com poucas alterações. A *república* ali é, portanto, uma mera *forma* de Estado, como a monarquia aqui. O conteúdo do Estado está fora dessas Constituições".[25]

A realidade dominante na modernidade era a "sociedade civil", com seus princípios basilares do individualismo, a "guerra de todos contra todos" e o predomínio dos interesses privados. Hegel afirmava que o Estado moderno era "a realidade da ideia ética", mas "a identidade que ele construiu da sociedade civil com o Estado é a identidade existente entre dois exércitos inimigos". Além disso, a julgar por sua apresentação, parecia que a ideia ética era simplesmente "a religião da propriedade privada". A Constituição era "garantida" por primogenitura, enquanto as diferentes subdivisões de comércio e indústria eram "a propriedade privada de diferentes corporações". Da mesma forma, a burocracia, que segundo Hegel era o interesse universal, apenas constituía um objetivo particular em contraste com outros. A propriedade privada não era só "o pilar da Constituição, mas a própria Constituição".[26]

Numa verdadeira democracia, não havia lugar para a representação tal como desenvolvida no "Estado político". A representação era apenas uma questão "dentro da *abstração do Estado político*", quando "universalidade" era convertida em "multiplicidade externa". O que estava faltando era "universalidade" como "qualidade abstrata, espiritual, real do indivíduo", de tal maneira que "todos" participassem como "todos", e não como "indivíduos".[27]

Numa verdadeira democracia, a sociedade civil se torna sociedade política, e "o significado do Poder *Legislativo* como poder *representativo*" desapareceria por completo. O Poder Legislativo numa verdadeira democracia só existiria no sentido "em que *cada* função é representativa". Por exemplo: "O sapateiro, na medida em que satisfaz uma necessidade social, é meu representante, no qual cada atividade social particular como atividade-espécie simplesmente representa a espécie, ou seja, um atributo da minha natureza, e no qual cada pessoa é representante de cada uma das outras". Além disso, nessa situação, a tomada de decisões não resulta do conflito de vontades, "mas a lei real é que precisa ser *descoberta* e *formulada*". Em outras palavras, numa "democracia", a tomada de decisões se aproximaria da visão de Rousseau do exercício da "vontade geral" em *Do contrato social*.[28]

Depois de escrever 130 páginas, Karl abandonou esse "ensaio". Mas o rumo da argumentação era razoavelmente claro. A mudança ocorreria quando a sociedade civil se declarasse como Estado político. Essa realização da abstração seria ao mesmo tempo a "transcendência da abstração". Indícios dessa possibilidade foram sugeridos por movimentos por reforma política na França e na Inglaterra. "*Reforma eleitoral* dentro do *Estado político abstrato* é, portanto, a demanda por sua *dissolução*, e também pela *dissolução da sociedade civil*."[29]

Um dos principais objetivos de Karl no manuscrito era esclarecer a rejeição da noção de "crítica" que ele tinha partilhado com Bruno Bauer. A divergência de Karl com Bauer desenvolvera-se aos poucos. Ele tinha se familiarizado com a obra de Feuerbach já em 1839, ou mesmo antes, e sua impaciência com o estreito foco da crítica religiosa já se manifestava em novembro de 1842, quando escreveu que a religião era algo "sem conteúdo". Em março de 1843, porém, seu elogio à "Autodefesa" de Bauer continuava sincero, e ainda em junho do mesmo ano ele aparentemente partilhava a esperança de Ruge de que Bauer fizesse parte da revista que tinham em mente.[30]

No entanto, à medida que o ano avançava, a distância entre Karl e os pressupostos da "crítica" iam ficando mais evidentes. Bauer não aceitava que o processo de abstração, que Feuerbach tinha aplicado a sua crítica da religião, pudesse se estender ao Estado moderno. Também não aceitava, portanto, que a "emancipação política" pudesse ser criticada em nome da "emancipação humana". Essa era a base do ataque de Karl a Bauer na primeira parte do ensaio "Sobre a questão judaica", que Karl publicaria nos *Deutsch-Französische Jahrbücher* no começo de 1844.

O erro de Bauer, escreveu Karl, foi criticar apenas o "Estado cristão", não o Estado como tal, e, portanto, ver "a abolição política da religião como a abolição da própria religião". Bauer não investigou a relação entre "emancipação política" e "emancipação humana". Nem levou em conta as limitações do "Estado político" e suas relações com a sociedade civil. De acordo com Karl, onde "o Estado político alcançou seu verdadeiro desenvolvimento", o homem levou uma vida dupla: "A vida na *comunidade política*, na qual ele se considera um *ser comunal*, e a vida na *sociedade civil*, na qual ele age como um *indivíduo privado*". Isso era o que tinha acontecido durante a Revolução Francesa, que, "ao esmagar todos os estados, corporações, guildas e privilégios" associados ao feudalismo, tinha "abolido o caráter político da sociedade civil".

A emancipação política, consagrada na Declaração dos Direitos do Homem e do Cidadão de 1789, não contradizia o "privilégio de fé", como pensava Bauer. Tanto a Constituição francesa de 1791 como a Constituição da Pensilvânia de 1776 trataram o "privilégio de fé" como um direito universal do homem. A religiosidade dos Estados Unidos, onde tinha havido uma total separação entre Igreja e Estado, era prova de que a existência de religião não estava em contradição com "a perfeição do Estado". A emancipação política significava que a religião era relegada à esfera privada, à esfera civil da sociedade. Nesse sentido, "o perfeito Estado cristão" era o "Estado ateísta, o Estado democrático, o Estado que relega a religião a um lugar entre os outros elementos da sociedade civil".

Mas se a existência de religião era compatível com "a perfeição do Estado", isso só poderia significar que havia uma inadequação inerente na noção de emancipação *política*. Pois a existência de religião era "a existência de um defeito", e "como já não consideramos a religião a *causa*, mas simplesmente a *manifestação* da estreiteza secular", a fonte do defeito tinha que ser procurada na natureza do próprio Estado. A emancipação política era, claro, "um grande passo para a frente".[31] Mas Bauer não compreendeu o que Feuerbach tinha demonstrado: que emancipar o Estado da religião não significava emancipar os homens reais da religião.

O cristianismo ainda estava no banco dos réus, porém não mais por causa das mistificações da narrativa bíblica, ressaltadas por Bauer, mas porque se tornara "a expressão da separação do homem da sua comunidade". A religião se tornara "o espírito da sociedade civil", o espírito da "esfera do egoísmo, da *bellum omnium contra omnes* [guerra de todos contra todos]". A religião era "o reconhecimento do homem de forma indireta, através de um intermediário". Assim como o Estado era "o intermediário entre o homem e a liberdade do homem", "Cristo é o intermediário para quem o homem transfere o fardo de toda a sua divindade". A religião trata do indivíduo separado da comunidade. Era por isso que

> a democracia política é cristã, pois nela o homem, não simplesmente um homem mas todos os homens, se equipara ao soberano, ao ser mais elevado, mas é homem na sua forma incivilizada, insocial, homem em sua existência fortuita, homem apenas como ele é, homens apenas como ele foi corrompido por toda a organização da nossa sociedade, [...] em suma, homem que ainda não é um ser-espécie real.[32]

Como Moses Hess, Karl denunciou a Declaração dos Direitos do Homem e do Cidadão de 1789 como uma proclamação da primazia da sociedade civil sobre o Estado político moderno. O direito do homem à liberdade na Declaração baseava-se não na associação do homem com o homem, mas na separação do homem do homem. "É o *direito* dessa separação, e a aplicação prática do direito do homem à liberdade é o direito do homem à propriedade privada." Era o direito de desfrutar e dispor da propriedade "sem consideração com outros homens", ou, em outras palavras, "o direito ao interesse pessoal"; "nenhum dos chamados direitos do homem" ia além do "homem egoísta, como membro da sociedade civil". Não havia conceito de ser-espécie ou vida-espécie. "O único vínculo que os une é a necessidade natural, a necessidade e o interesse privado." Em suma, o cidadão era "o servo do *homme* egoísta". Mesmo na euforia da revolução, a vida política declarou ser "um simples meio, cujo objetivo é a vida da sociedade civil". Não era o homem como cidadão, mas o "homem como burguês", que é considerado "o homem essencial e verdadeiro".[33]

O ideal de emancipação política era deficiente. Significava a redução do homem ao indivíduo egoísta independente ou então ao cidadão, a "pessoa jurídica". "Só quando o homem individual real reabsorve em si o cidadão abstrato, e como ser humano individual se torna um ser-espécie em sua vida diária [...] e consequentemente não mais separa de si mesmo o poder social na forma de poder político, só então a emancipação humana terá sido alcançada."[34]

O manuscrito de Karl e a utilização dele nos *Deutsch-Französische Jahrbücher* para distinguir sua nova posição da de Bruno Bauer foram importantes porque boa parte dos argumentos apresentados continuaria sendo uma característica do pensamento subsequente de Karl. Mas mesmo aos olhos do próprio Karl os argumentos desenvolvidos não poderiam ter sido nem conclusivos nem totalmente convincentes: questão sugerida pelo fato de que Karl tentou reafirmar sua divergência com Bauer em pelo menos duas ocasiões posteriores.

Fosse qual fosse a validade da tentativa de Karl de teorizar não apenas o Estado de Hegel mas o próprio Estado moderno, o resultado foi uma teoria rígida e empobrecida, na qual as diferenças entre o Estado prussiano e o Estado norte-americano, por exemplo, se tornaram secundárias e não essenciais. Em segundo lugar, a suposta alternativa para a separação entre sociedade civil e Estado político, entre homem e cidadão, apoiava-se numa visão totalmente não investigada do "caráter *social*" da natureza humana e do "caráter *universal*" do indivíduo, suportada apenas por uma referência fugaz à pólis grega. Por essa razão, Hegel foi criticado por esquecer-se de que a essência de uma personalidade particular era "sua qualidade social": crítica essa que ignorava efetivamente as razões dele para distinguir o Estado antigo do Estado moderno. Essa incapacidade — ou recusa — de pensar a individualidade a não ser como afastamento do ser social encontrou expressão duradoura em sua antipatia pela ideia dos direitos, mesmo antes de começar a rejeitá-los como fenômenos "burgueses". Finalmente, o distanciamento das concepções de Karl das realidades da política radical na Grã-Bretanha e na França do século XIX era ressaltado por sua rejeição da ideia de representação e sua expectativa de que movimentos radicais pressionassem pela superação da divisão entre sociedade civil e Estado político.

4. A QUESTÃO SOCIAL E O PROLETARIADO

O segundo elemento que ajuda a explicar a mudança de posição de Karl foi a súbita aparição, por volta de 1840, do "proletariado" e da "questão social" como essenciais para o debate político. Em 1842 já existiam movimentos trabalhistas tanto na Grã-Bretanha como na França.

Na França, "comunismo" passara a ser tema de atenção pública em 1840. A palavra tinha sido posta em circulação pelo republicano radical Étienne Cabet, como sucedâneo supostamente inofensivo da ideia proibida de república igualitária. Mas o "comunismo" não conseguiu se libertar tão facilmente da sua associação com as atividades violentas e insurrecionais da tradição igualitária: parte da razão pela qual, como alegava o *Manifesto do Partido Comunista*, a Europa logo seria perseguida por seu "fantasma".

Os republicanos ultrarradicais tinham se distinguido pela ênfase na igualdade e por sua identificação com a fase extremamente jacobina da Revolução Francesa. Havia entre eles seguidores de Robespierre, de Hébert e especialmente de "Graco" Babeuf, que em 1796, em nome da igualdade, tentara organizar um levante contra o Diretório (o governo francês que se seguiu à queda de Robespierre) — vindo daí a frequente identificação de "comunismo" com "babouvismo". As lembranças desse episódio tinham sido avivadas pelo veterano conspirador revolucionário e sobrevivente do movimento Philippe Buonarroti, cujo relato, *A conspiração de Babeuf pela igualdade*, aparecera em Bruxelas em 1828. A intenção dos "Iguais" era derrubar o governo corrupto do Termidor e substituí-lo por um comitê de emergência de homens "sábios" (uma nova versão do Comitê de Salvação Pública de Robespierre). Seu objetivo seria expropriar os ricos, ocupar a terra e estabelecer uma comunidade de bens; isso devolveria o poder ao povo, que a partir de então seria constituído como república igualitária e democrática.

A doutrina de Babeuf tinha reaparecido dentro das sociedades republicanas radicais formadas na esteira da Revolução de Julho de 1830, como a Société des Droits de l'Homme [Sociedade dos Direitos do Homem]. Essas sociedades, integradas essencialmente por estudantes e artesãos baseados em Paris, viam a monarquia parlamentar, as concessões aos proprietários de terras e a economia de laissez-faire do novo "rei-cidadão" Luís Filipe como "traição". Suas repetidas tentativas de insurreição tinham provocado uma resposta repressiva do governo, e em 1835 não só as sociedades republicanas foram declaradas ilegais, mas qualquer defesa da república passou a ser proibida.[35] Diante dessas duras medidas, parte da oposição republicana foi para a clandestinidade. Formaram-se sociedades secretas, como a Société des Saisons [Sociedade das Estações], que tentou uma revolta malsucedida em 1839 sob a liderança de Armand Barbès e Auguste Blanqui.

Foi essa situação que serviu de pano de fundo para a defesa do estabelecimento pacífico de comunidades comunistas, apresentada por Cabet em 1840 em seu *Viagem à Icária*, laboriosa imitação da *Utopia*, de Thomas More. O plano de Cabet era replicar "as aldeias de cooperação" propostas na Grã-Bretanha por Robert Owen.[36] No mesmo ano, porém, adversários do gradualismo de Cabet, os *violents*, Pillot e Dézamy, resolveram passar adiante de Cabet e da crescente campanha de banquete em favor da reforma do sufrágio, feita pela oposição dinástica, que organizou "o primeiro banquete comunista" no subúrbio proletário de Belleville, evento do qual participaram 1200 pessoas. Muita gente responsabilizou esse banquete por uma onda de greves que ocorreu em Paris logo em seguida. Finalmente, quase no fim do ano, a notoriedade do "comunismo" foi ressaltada quando um operário de nome Darmès, "comunista" e membro de uma sociedade secreta, tentou assassinar o rei.

O inusitado interesse pelo "comunismo", que se desenvolveu na França em 1840, refletia uma mudança real nas preocupações sociais e políticas. Isso era resultado de uma sobreposição crescente entre as antigas obsessões republicanas radicais com a igualdade, e o novo interesse, predominantemente socialista, pela "associação" como solução para a questão "trabalhista". Antes dos últimos anos da década de 1830, não havia muito terreno comum entre essas duas posições. O comunismo era político, um ressurgimento da tradição republicana revolucionária, uma extensão da causa da igualdade que passava da destruição de privilégios para um assalto generalizado à propriedade privada. Em contraste, o socialismo na França — um conjunto de doutrinas inspiradas por Saint-Simon e Fourier e inicialmente de interesse de estudantes de novas instituições como a École Polytechnique — se opunha à revolução, era indiferente a formas políticas, hostil à igualdade e mais interessado na Igreja do que no Estado. A meta do socialismo era não a igualdade, mas o advento da harmonia, possibilitado por uma nova ciência social. Até lá, batalhava pela "associação" ou "cooperação" como resposta ao "antagonismo" gerado pela competição e pelo "egoísmo".

Dois livros publicados em 1840 deram forma a esse novo cenário político: *A organização do trabalho*, de Louis Blanc, e *O que é a propriedade?*, de Pierre-Joseph Proudhon. O livro de Blanc tentava fundir socialismo e republicanismo. Buscava antes de tudo uma solução para a "questão trabalhista": a questão levantada por um sistema supostamente exterminador da competição acompanhado da queda dos salários, da dissolução da família e da decadência moral. A difícil situação da classe operária era resultado do domínio "burguês", da hegemonia britânica e da onipresença do egoísmo. O remédio era a criação de associações operárias sob a égide de um Estado republicano. Diferentemente, o socialismo de Proudhon partia de uma forma não estatal de "associação". Apesar disso, em seu principal alvo de ataque, ele parecia mais próximo dos comunistas. Pois apesar de sua veemente oposição ao ascetismo e autoritarismo dos "babouvistas", também afirmava que "se quisermos ter igualdade política, eliminemos a propriedade privada". Dessa maneira, socialismo, comunismo e os descontentes da classe operária tornavam-se cada vez mais interligados no debate público.

Na Grã-Bretanha também a preocupação com a questão social sofrera uma violenta guinada. Assim como na França, onde o republicanismo militante e depois o comunismo tinham começado como uma irada reação à "traição" orleanista da Revolução de Julho, o cartismo na Inglaterra, com sua demanda pelo voto universal masculino, começou como uma reação radical ao limitado arranjo constitucional contido na Lei de Reforma de 1832. Nos dois países, os números dos que tinham direito ao voto eram extremamente baixos, e as "classes médias" ou "burguesia" eram acusadas de abandonar o povo, em vez de apoiá-lo.

No verão de 1842, tinha havido também um movimento grevista em larga escala, e em parte politicamente inspirado, entre os operários dos distritos têxteis de Lancashire e Yorkshire — os chamados Plug Plot Riots. Para alguns, essas greves foram estimuladas deliberadamente pelos patrões; outros acusavam os cartistas de tentarem transformar as greves "numa revolução por meios legais". Mas fosse qual fosse a intenção original que havia por trás do movimento, no entendimento geral ele representava o que o cartismo tinha de mais ameaçador até então. Parecia confirmar aquilo que Thomas Carlyle escrevera sobre "a questão da condição da Inglaterra", concluindo que, qualquer que fosse a "manifestação angustiada e incoerente do cartismo", sua "essência viva" era "o amargo descontentamento tornado feroz e enlouquecido, a condição errônea, portanto, ou a disposição errônea das classes operárias da Inglaterra".[37]

Justamente naquele momento — novembro de 1842 —, o jovem Friedrich Engels chegou à Inglaterra para trabalhar na empresa têxtil do pai em Manchester, Ermen & Engels, depois de um ano de serviço militar em Berlim, onde tivera a oportunidade de conhecer os irmãos Bauer e confraternizara com as "Livres". Suas primeiras impressões pareciam confirmar tudo que tinha ouvido sobre uma revolução social iminente. Em dezembro de 1842, ele despachou imediatamente uma reportagem para o *Rheinische Zeitung* declarando que "os despossuídos aprenderam alguma coisa útil com esses acontecimentos: o entendimento de que uma revolução por meios pacíficos é impossível", e que só "uma abolição forçada das condições antinaturais existentes" poderia "melhorar a posição material do proletariado".³⁸

Havia também um crescente interesse pela questão social na Alemanha dos anos 1830. Heine, Börne e os escritores da Jovem Alemanha eram fascinados pelas ideias sociais e religiosas dos saint-simonianos, mas consideravam suas ideias políticas insustentáveis. Em 1842, houve na Alemanha um ressurgimento do interesse pela França especificamente relacionado a questões sobre socialismo e comunismo, mas em geral não se tinha o conhecimento da sua conexão com a tradição republicana francesa precedente. Em vez disso, o comunismo foi recontextualizado como "uma paixão pela igualdade" e como parte da "questão social". Era identificado com uma força primordial e extrapolítica: "o proletariado", "o grito angustiado de uma classe infeliz e fanatizada"; ou, como disse Heine, escrevendo de Paris, os comunistas tinham uma linguagem simples e universal, compreensível para todos, uma linguagem construída a partir de "fome", "inveja" e "morte".

O debate sobre essas questões foi grandemente facilitado pela publicação de um estudo minucioso de autoria de um pesquisador alemão residente em Paris, Lorenz von Stein. Seu *Socialismo e comunismo na França contemporânea* (1842) reforçou a associação entre fome, inveja e violência. Foi amplamente lido, até porque era muito informativo. Não apenas resumiu as obras de Saint-Simon e Fourier, mas também apresentou aos leitores alemães uma geração sucessora de socialistas, como Proudhon, Pierre Leroux e Louis Blanc. Mais uma vez a discussão girava em torno do proletariado. Stein tratava o comunismo como um produto específico das condições pós-revolucionárias na França, e não via nenhuma ameaça imediata à Alemanha.

Esse senso de segurança durou pouco. A ansiedade sobre o crescimento do "pauperismo" tanto nas cidades como no campo a partir dos anos 1830 recebeu um enfoque político em 1843 com a detenção e prisão em Zurique de Wilhelm Weitling, alfaiate itinerante de Magdeburgo e autor comunista. Documentos encontrados em seu poder sugeriam que o comunismo já se espalhava pelo proletariado alemão por meio de uma rede de sociedades secretas. Em seu relatório oficial, o magistrado local J. C. Bluntschli reforçou a associação feita por Stein do comunismo com os desejos raivosos e destrutivos do proletariado. O "comunismo" foi levado para a Suíça por Weitling e outros que tinham fugido depois do fracassado levante de 1839 em Paris. Weitling exigia uma revolução para produzir a comunidade de bens, e apesar de em sua obra publicada, *As garantias da harmonia e da liberdade*, ter feito um chamado à razão, sua correspondência privada revelou que a conquista do comunismo também requeria ações "ferozes" e "horríveis" da parte dos pobres atingidos pela miséria das grandes cidades.[39] O relatório de Bluntschli contribuiu consideravelmente para um medo irracional da ameaça comunista que prevaleceu na Alemanha até 1848.

Por essa razão, embora Stein classificasse o comunismo e o socialismo conjuntamente como respostas à criação do proletariado pela Revolução Francesa, ele também fazia claras distinções entre os dois. O socialismo se tornou a resposta científica à questão trabalhista, a solução para a cisão entre sociedade e Estado. O "comunismo" era a sua contrapartida instintiva e destruidora, encarnada num proletariado que era impelido ao mesmo tempo por sua ignorância e por sua falta de propriedade na busca irrealizável de uma redistribuição de uma vez por todas.

Stein era um estudante sem dinheiro, que dependera de uma bolsa do governo para fazer seus estudos em Paris, e que também complementava a renda espionando os exilados alemães (embora não se soubesse disso na época). A tradição intelectual de onde surgiu o livro de Stein era a da *Staatswissenschaft* reformista, a modalidade de ciência política estudada em universidades alemãs por aspirantes a servidor público. Ela provinha das políticas sociais e econômicas paternalistas da Prússia do século XVIII, apoiadas por um conjunto de tradições econômicas e administrativas conhecido como "cameralismo". Essa tradição governamental foi elaborada na filosofia de Christian Wolff, o mais importante filósofo alemão entre Leibniz e Kant. Em suas numerosas publicações, Wolff desenvolveu o que era, na verdade, um Estado do bem-estar social. O Estado ficava responsável pela defesa, pelo bem-estar e pela felicidade dos seus súditos. A concepção de Estado de Stein também foi influenciada por Hegel. O próprio Hegel, em sua discussão das políticas sociais e econômicas do dia a dia na *Filosofia do direito*, compartilhava boa parte dessa perspectiva administrativa. O livro de Stein não era, portanto, uma simples descrição do problema social e da condição do proletariado francês, mas sim o de um apaixonado defensor de uma forma considerada de intervenção estatal como resposta ao problema social — quando e se ele chegasse à Prússia.[40]

Dentro da tradição da *Staatswissenschaft*, como resposta ao surgimento do proletariado, o socialismo não precisava ser tratado como uma filosofia política subversiva ou como a ideologia de uma classe em particular. Ele poderia ser considerado uma política apoiada pelo Estado que oferecia proteção ao trabalhador e segurança política ao Estado em sua totalidade. A tardia introdução por Bismarck de pensões para a velhice e seguridade social teve muito a ver com essa tradição. Outros oficiais do governo estavam chegando a conclusões parecidas, e isso ajuda a explicar o interesse mostrado por reformistas administrativos como Karl Rodbertus ou Robert von Möhl pela proposta apresentada em 1839 por Louis Blanc para uma "organização do trabalho" administrada pelo Estado.

O "socialismo de Estado", como veio a ser chamado, teve apelo duradouro na Europa central por todo o resto do século. Nas décadas de 1860 e 1870, seu legado ajudou a explicar o conflito entre a Allgemeiner Deutscher Arbeiterverein (Associação Geral dos Trabalhadores Alemães), que era simpática ao Estado, e o Eisenach, partido antiprussiano de Liebknecht e Bebel, durante a formação do Partido Social-Democrata Alemão. Seu apelo seria detectado nas propostas de reforma social dos "Socialistas de Cátedra" nos anos 1870 e nas medidas previdenciárias de Bismarck nos anos 1880 que cobriam doença, velhice e desemprego.

Mais de imediato, explicava a reação hostil dos jovens hegelianos à obra de Stein logo que ela apareceu. Isso foi vigorosamente enunciado em 1843 por Moses Hess.[41] Hess questionou a veracidade da distinção feita por Stein entre socialismo e comunismo. Acima de tudo, atacou a impalatável implicação do livro de Stein de que o Estado poderia resolver o "problema social" ou até mesmo praticar o "socialismo" sem ter que se transformar.[42]

Entre os hegelianos radicais, o interesse pela França se concentrava não apenas no crescimento do proletariado e no problema do pauperismo, mas também nos defeitos da monarquia *juste milieu* de Luís Filipe. Esse antigo modelo de liberalismo agora estava associado à repressão, tanto do republicanismo como da agitação social. Em Colônia, em agosto de 1842, essas preocupações ficaram evidentes na formação, pela direção do *Rheinische Zeitung*, de um círculo de estudos, encabeçado por Moses Hess, para investigar a questão social. Hess tinha estado na França, e em 1837 produziu uma obra milenarista radical intitulada *A história sagrada da humanidade por um discípulo de Espinosa*. Em geral ele era visto como o primeiro defensor filosófico do comunismo na Alemanha. Esse livro teve pouco impacto, mas o segundo, *Triarquia europeia*, de 1841, tentou reapresentar sua abordagem em termos hegelianos.

Hess argumentou contra Hegel que o homem ainda não estava em posição de "harmonizar-se consigo mesmo" e que essa reconciliação não ocorreria se ficasse confinada apenas ao pensamento. A reconciliação só poderia realizar-se dentro de uma sociedade socialista e sob a égide de um credo humanista; e isso exigia ação. Movimentos pela harmonia espiritual e social já existiam. Na *Triarquia europeia*, o avanço em direção a essa harmonia definitiva se dava em três movimentos de emancipação encontrados em três países europeus: a Alemanha, a terra da Reforma, tornaria real a liberdade espiritual; a França, a terra da revolução, alcançaria a liberdade política; a Inglaterra, agora à beira da revolução social resultante da contradição entre o pauperismo e a "aristocracia do dinheiro", produziria a igualdade social.[43] Um dos que se deixaram convencer pela visão de Hess foi Friedrich Engels, que estava de passagem por Colônia rumo à Inglaterra no outono de 1842. Hess jurava que depois de um encontro com ele no escritório do *Rheinische Zeitung*, Engels mudou de posição, do jacobinismo para uma forma de socialismo. Foi a visão de Hess que alimentou a expectativa de Engels da revolução social que se avizinhava na Inglaterra.

Karl era um participante habitual do círculo de estudos de Hess no *Rheinische Zeitung*; o "Estado racional" invocado em seus artigos já continha um forte componente social. Mas, naquele estágio, sua atitude para com escritos explicitamente comunistas e socialistas ainda era de cautela. Em outubro de 1842, em resposta a acusações de simpatias comunistas feitas pelo *Augsburg Allgemeine Zeitung*, ele disse, em nome do *Rheinische Zeitung*, que não achava que ideias comunistas "em sua forma atual tenham sequer *realidade teórica*". Declarou que escritos como os de Leroux, Considérant e acima de tudo "a obra afiada de Proudhon" não poderiam ser rechaçados sem "longo e profundo estudo".[44]

Em seu artigo, Karl só estava preparado para levar em consideração "o comunismo" como forma de crítica, e não como movimento social. "O *perigo* real", escreveu ele,

> está não em *tentativas práticas*, mas na *elaboração teórica* de ideias comunistas, pois tentativas práticas, mesmo *tentativas em massa*, podem ser respondidas com *canhão* logo que se tornam perigosas, ao passo que *ideias*, que conquistaram nosso intelecto e tomaram posse da nossa mente, [são] correntes das quais ninguém conseguia se livrar sem grande tristeza.[45]

Só quando Karl conseguiu refletir sobre o homem como ser ao mesmo tempo sensual e racional foi que o impacto da filosofia de Feuerbach sobre ele se tornou perceptível. Essa mudança ocorreu na primavera de 1843, no momento em que ele tinha abandonado qualquer esperança de progresso na Prússia e preparava-se para deixar o país.

Uma prova dessa mudança está clara no título da revista escolhido por Marx e Ruge: *Anais Franco-Alemães [Deutsch-Französische Jahrbücher]*. Em suas "Teses preliminares para a reforma da filosofia", Feuerbach tinha declarado:

> O verdadeiro filósofo, que é idêntico à vida e ao Homem, tem que ser de ascendência franco-alemã. [...] Precisamos fazer com que a mãe seja francesa e o pai alemão. O *coração* — o princípio feminino, o *senso* do finito e assento do materialismo — é de *inclinação francesa*, e a *cabeça* — o princípio masculino e assento do idealismo — é de inclinação alemã.[46]

Hegelianos radicais ficaram profundamente impressionados com esse pronunciamento oracular. A concepção de homem de Feuerbach como ser sensual e racional tornava possível uma diferente maneira de pensar sobre as relações entre pensamento e ser, ou espírito e natureza. Em termos mais concretos, sugeria uma síntese entre a Alemanha e a França, ou entre a filosofia e o proletariado. Como escreveu Karl para Feuerbach no outono de 1843: "Você foi um dos primeiros escritores a falar da necessidade de uma aliança científica franco-alemã".[47]

Uma posição similar seria encontrada num ensaio de Hess publicado em 1843 no *Deutscher Bote*, de Herwegh. Hess reiterou a alegação de que a emancipação só poderia ser o resultado de igual ênfase no pensamento e na ação. Naquele momento, enquanto os alemães mal se davam conta do "movimento social moderno", os franceses tinham permanecido paralisados em "questões religiosas". O saint-simonismo "era simplesmente uma macaqueação de hierarquia", enquanto na Alemanha os jovens hegelianos continuaram "enredados em consciência teológica". Mas agora um novo radicalismo tinha surgido.

> Em ambos os países, o partido radical saiu contra os poderes oficiais que emergiram do movimento espiritual e social. O protestantismo e a Monarquia de Julho estão sendo atacados. Pierre Leroux, o Arnold Ruge francês, polemiza contra o governo *juste milieu*, assim como seu homólogo alemão polemiza contra o protestantismo, porque começam a ver que essas coisas representam apenas meia vitória.[48]

Uma síntese criativa entre "materialismo" (ou "sensualismo") francês e "idealismo" alemão, dentro do marco filosófico fornecido por Feuerbach, agora se tornara necessária, e em meados dos anos 1840 o "humanismo" — como essa ideia ficou conhecida — inspirou uma geração de intelectuais alemães, anteriormente radicalizados pelos escritos dos jovens hegelianos, ou Jovem Alemanha. Mas a questão a ser resolvida era se o "humanismo" assumiria uma forma republicana ou socialista.

5. OS *DEUTSCH-FRANZÖSISCHE JAHRBÜCHER*: PLANEJAMENTO E REALIDADE

Em março de 1843, em reposta à convocação de Feuerbach para uma aliança franco-alemã, Karl sugeriu a Ruge que a publicação da revista fosse transferida de Zurique para Estrasburgo, e que se recrutassem colaboradores franceses e alemães. Ruge reagiu com entusiasmo, mas ainda considerava a possibilidade de publicação na Saxônia, sua localização anterior. Karl respondeu que o relançamento dos *Deutsche Jahrbücher* nunca passaria de uma "cópia inferior". Já a publicação dos *Deutsch-Französische Jahrbücher* seria "um projeto que poderia despertar entusiasmo".[49] Ruge aceitou o "princípio galo-germânico" de Karl, mas entre março e agosto, talvez devido a receios de Jenny, Karl abandonou a ideia de Estrasburgo.[50] Ruge investigou a possibilidade de Bruxelas, mas descobriu que a cidade abrigava poucos intelectuais, e nada que se comparasse aos 85 mil alemães supostamente vivendo em Paris.[51] Foi decidido, portanto, que a sede da publicação seria em Paris.

Alguma ideia do que Karl e Ruge esperavam inicialmente da nova revista foi exposta na correspondência entre eles durante a primavera e o verão de 1843, posteriormente publicada na revista. Karl comparava com otimismo o rei da Prússia com os Stuart e os Bourbon, e a Alemanha com uma "nau dos insensatos" destinada a ir a pique numa "iminente revolução".[52] A resposta de Ruge foi profundamente pessimista, como resultado da sua experiência de republicano alemão, prisioneiro político e editor perseguido. Não havia povo mais fragmentado do que o alemão. Fazendo eco ao *Hyperion* de Hölderlin, Ruge escreveu a Karl:

> Veem-se artesãos, mas não homens, senhores e servos, pessoas jovens e estabelecidas, mas não seres humanos. [...] Não é isto um campo de batalha, onde mãos, bra-

ços e outros membros jazem espalhados, misturados, onde o sangue da vida que foi derramado penetra na areia? [...] Sua carta é uma ilusão. [...] Teremos uma revolução política? *Nós*, os contemporâneos desses alemães? Meu amigo, você acredita no que gostaria que acontecesse.⁵³

Ruge dizia que a Alemanha estava vivendo uma reprise dos Decretos de Carlsbad de 1819. Conversas sobre os Stuart e os Bourbon eram apenas conversas. Os alemães nunca tinham conseguido fazer uma revolução. Lutaram como gladiadores, mas para os outros. "Existe alguém tão estúpido que não compreenda nossos filisteus e sua eterna paciência de cordeiros?" Agora tinham perdido até mesmo seu valioso bem, a liberdade de pensamento. Os alemães não só toleravam o despotismo, mas o toleravam "com patriotismo". Como resultado disso, os príncipes tinham restabelecido a propriedade privada da terra e do povo, e abolido mais uma vez os direitos do homem como imposição dos franceses. Os alemães eram "um povo sórdido".⁵⁴

Diante do ceticismo de Ruge, Karl explicou melhor seu argumento. Era verdade, afirmou ele, que o velho mundo pertencia aos filisteus, mas uma nova ordem estava nascendo, a dos "seres pensantes, homens livres, republicanos".⁵⁵ "A autoconfiança do ser humano" precisava, primeiro, ser reacendida "no coração dessas pessoas". "Só este sentimento, que desapareceu do mundo com os gregos, e sob o cristianismo desapareceu na névoa azul dos céus, pode novamente transformar a sociedade numa comunidade de seres humanos unidos por seus mais altos objetivos num Estado democrático."

A tentativa de reforma feita pelo rei da Prússia tinha fracassado. Sua ambição de recriar um passado repleto de "sacerdotes, cavaleiros e servos feudais" entrara em choque com os objetivos de "idealistas", que só desejavam "as consequências da Revolução Francesa". Tanto o tsar como os ministros tinham avisado ao rei que isso criaria um "povo clamoroso" e ingovernável, aconselhando-o a "voltar ao velho sistema de escravos e silêncio". Era uma "situação desesperadora" que enchia Karl de esperanças. Isso levara a um entendimento antes inexequível entre "os inimigos do filistinismo, [...] todos os que pensam e que sofrem. [...] O sistema de indústria e comércio, de propriedade e exploração do povo" estava levando, ainda mais rapidamente do que o aumento da população, "a uma ruptura dentro da sociedade atual".⁵⁶

Em setembro, Ruge já tinha aparentemente deixado de viver no passado.

Karl esboçou uma estratégia. Eles não "prenunciariam dogmaticamente" um novo mundo, mas "encontrariam o novo mundo através da crítica do velho". Portanto, a partir do "conflito do Estado político consigo mesmo", seria "possível desenvolver, em toda parte, a verdade social".

Continuando o argumento que tinha desenvolvido na sua crítica a Hegel, Karl afirmou que uma revelação das contradições contidas dentro do "Estado político" levaria a uma "reforma de consciência". "Ao analisar a superioridade do sistema representativo sobre o sistema de Estado social, o crítico, *de maneira prática, desperta o interesse* de um grande grupo." Mas então,

> ao elevar o sistema representativo da sua forma política para a forma universal e fazer aparecer o verdadeiro significado subjacente a esse sistema, o crítico ao mesmo tempo força esse grupo a ir além dos seus próprios limites, pois a sua vitória é ao mesmo tempo a sua derrota. [...] Nós apenas mostramos ao mundo pelo que é que ele de fato está lutando, e consciência é algo que ele *tem que* adquirir, ainda que não queira.

A estratégia foi concebida em termos imaginados por Feuerbach. "Nosso objetivo só pode ser [...] dar às questões religiosas e filosóficas a forma correspondente ao homem que se tornou consciente de si mesmo." Feito isso, ficaria claro que "o mundo há muito tempo sonha possuir algo do qual ele só precisa ter consciência para possuir de fato".[57]

Karl e Jenny chegaram a Paris pela primeira vez no final de outubro de 1843. Paris era a maior cidade da Europa depois de Londres, com uma população de mais de 1 milhão de pessoas. Sua especialidade era a fabricação de artigos de moda de alta qualidade e também a prestação de serviços especializados. Sua população operária era de longe a maior da França, mas o trabalho de fábrica era praticamente desconhecido. Seus operários eram majoritariamente membros de ofícios qualificados, empregados em pequenas oficinas. Em 1848, 50% trabalhavam sozinhos ou eram ajudados por um único empregado; e só uma em cada dez lojas empregava mais de dez trabalhadores. Na primeira metade do século, a população da cidade dobrou. Imigrantes eram atraídos pela perspectiva de melhores salários e provinham não só do interior da França, mas também dos países vizinhos. Estima-se que em meados da década de 1840 havia de 40 mil a 60 mil alemães vivendo em Paris, predominantemente artesãos — pintores, sapateiros e alfaiates, mas também professores, escritores e artistas. A migração de artesãos tinha começado depois de 1815, como efeito do aumento da população, do relaxamento das restrições das guildas e da consequente superlotação dos ofícios alemães. Já os estrangeiros instruídos e profissionais eram em grande parte refugiados políticos, particularmente os que vieram da Polônia durante a chamada "grande migração" que se seguiu ao levante de 1830-1. Sua presença em Paris foi resultado de sucessivas ondas de repressão política em seus países de origem.[58]

Karl não via a hora de sair da Prússia, e ficou feliz por sair com destino à "nova capital do novo mundo" e escapar de uma atmosfera "que nos transforma em servos".[59] Ruge foi mais efusivo, maravilhado com o tamanho de Paris, particularmente a vista que as colinas de Montmartre ofereciam do mar de casas até onde a vista alcançava. Como escreveu:

> Viena e Roma são grandes, sua localização é bela, talvez mais bela do que a de Paris; mas infelizmente não se pode esquecer, quando se olha com mais atenção, que são habitadas por asnos, e só esparsamente colonizadas por homens, ao passo que isto aqui, e só isto, é o ponto focal do espírito europeu, aqui o coração da história do mundo se estende diante de nós. [...] Acima de tudo, desde os tempos de Atenas e Roma, a história dos homens se tornou a história dos seus absurdos; a renovação do movimento mundial humanizado ainda é muito recente. Começou com a Revolução. Pois a Revolução foi o primeiro lembrete de que heróis, republicanos e homens livres já existiam no mundo.[60]

Em sua procura por autores franceses, nem Ruge nem Karl tinham levado em conta antes as realidades locais. Ruge, ajudado por Hess, começara de forma grandiosa. Abordara figuras notáveis como Lamartine, Sand, Ledru-Rollin, Lamennais e o militante antiescravista Victor Schölcher, assim como os socialistas Étienne Cabet, Théodore Dezamy, Victor Considérant e Flora Tristan. Havia bons motivos para otimismo; os franceses estavam curiosos para aprender sobre o romantismo e o nacionalismo alemães, e particularmente sobre Schelling, a Jovem Alemanha e os jovens hegelianos. Louis Blanc endossou o projeto em *La Revue Indépendante*, de Pierre Leroux.

No entanto, nenhum escritor francês estava preparado para colaborar com a revista proposta. Ruge achava que o humanismo filosófico de Feuerbach poderia unir os alemães e os franceses. A suposição de que "o povo" leria uma revista bilíngue já era implausível, mas achar que ficaria animado com sua crítica feuerbachiana era não levar em conta o desenvolvimento intelectual francês nos trinta anos anteriores. Como seria de esperar, os autores franceses, quase sem exceção, relutavam em associar-se ao "ateísmo alemão".

A partir da década de 1820, a hostilidade ao cristianismo associado aos *philosophes* da Revolução tinha praticamente deixado de definir a esquerda francesa. Os conceitos sobre o significado da religião tinham mudado. As batalhas da Revolução ressaltaram a importância do que os contemporâneos chamavam de *pouvoir spirituel*, a hegemonia cultural exercida no passado pela Igreja católica. Críticos contrarrevolucionários e teocráticos, mais notavelmente Bonald, afirmavam que a Revolução tinha fracassado, em grande parte devido à incapacidade dos jacobinos de estabelecer uma nova fonte de "poder espiritual" que pudesse conquistar o apoio total do povo.

O socialismo que surgiu na França a partir mais ou menos do final dos anos 1820 baseava-se, portanto, não apenas na visão iluminista do progresso científico e social, mas também na crítica teocrática do jacobinismo e da Revolução. A proclamação por Saint-Simon do "novo cristianismo" e a subsequente fundação da Igreja saint-simoniana foram tentativas de aproveitar o "poder espiritual" e aplicá-lo na busca de objetivos industriais e científicos. Isso ajuda a explicar por que, na pletora de escritos social-democratas que veio logo depois da Revolução de 1830, o cristianismo foi reformulado ou apropriado, em vez de ser atacado ou dissolvido.

Pierre Leroux, antigo editor do *Le Globe* e um dos mais famosos escritores socialistas durante a Monarquia de Julho, alegava ter inventado o "socialismo" em seu sentido moderno em 1833.[61] Mas de início tinha chamado sua nova concepção de "democracia religiosa", que foi colocada entre dois extremos: de um lado, o de Père Enfantin, o "pai" da Igreja saint-simoniana — "esse novo papado esmagador e absorvente"; de outro lado, o "individualismo da economia política inglesa", que "em nome da liberdade" transformava "o comportamento dos homens uns com os outros no dos lobos vorazes e reduzia a sociedade a átomos".[62] "Democracia religiosa" era uma descrição adequada da linguagem do movimento social na França nos anos anteriores a 1848. Depois de 1830, tornou-se comum retratar a Revolução Francesa como um capítulo decisivo na história religiosa da humanidade, tendo Jesus como seu profeta.[63] Essa identificação foi usual entre grupos socialistas e republicanos entre 1830 e 1848. O robespierrista Alphonse Laponneraye descreveu Jesus, Rousseau e Robespierre como "três nomes que existem em união inseparável". Cabet declarou que o comunismo era o cristianismo na prática. Philippe Buchez, o socialista cristão ex-saint-simoniano e patrocinador da principal revista dos artesãos, *L'Atelier*, declarou que o socialismo era a realização da promessa cristã de igualdade. Victor Considérant, sucessor de Fourier como líder dos falansterianos, alegava também que o fourierismo era o cristianismo do século XIX. Segundo ele, a ciência social tornaria realidade a promessa cristã de fraternidade. Desconcertantemente para os alemães, Louis Blanc declarou que a esquerda era a verdadeira defensora do cristianismo contra o escárnio de Luís Filipe e dos orleanistas, a nova classe dominante "voltairiana".[64] Não é de surpreender, portanto, que substituir o cristianismo por um credo humanista tivesse pouco apelo para os franceses.

A incapacidade de prever como seria difícil converter os franceses ao humanismo sugere que Marx e Ruge simplesmente não estavam familiarizados com a política popular e com o mundo fora da Alemanha. O problema tinha sem dúvida sido indicado por Moses Hess.[65] Ruge achava que o temor do "ateísmo" alemão e os apegos sectários dos franceses a partidos eram problemas superáveis.[66] Diferentemente dele, Marx, cujo ponto de partida era que a religião como "existência de um defeito" era incompatível com a "emancipação humana", não fez nenhum esforço para lidar com os pressupostos franceses.[67] Segundo Ruge, "por causa do seu cinismo e da sua bruta arrogância", Marx era "anátema para os franceses". "Sua opinião" era que "toda a cultura da França atual precisa desaparecer".[68] Ele fingia acreditar que a "irreligião", anteriormente associada às classes fundiárias, agora estava localizada no proletariado, suposição quase sem qualquer fundamento. Sua ideia era outro indicativo da distância entre as versões francesa e alemã de socialismo e republicanismo nas décadas de 1840 e 1850. Mais perspicaz foi a observação feita por Friedrich Engels, ainda não familiarizado com Karl e escrevendo de Manchester. Em outubro de 1843, ele comentou que era muito estranho que os socialistas ingleses, "geralmente contrários ao cristianismo", tivessem que sofrer "todos os preconceitos religiosos de um povo realmente cristão", enquanto "comunistas franceses, sendo parte de um país célebre por sua descrença, são eles próprios cristãos".[69]

A incapacidade de conseguir a cooperação dos franceses foi apenas o primeiro contratempo a atingir o malfadado projeto conjunto. No nível pessoal, as coisas já começaram mal. Ruge, pelo menos é o que se dizia, tinha proposto originalmente que estabelecessem um falanstério fourierista — a versão fourierista de uma comunidade socialista — perto da redação dos *Jahrbücher* na Rue Vaneau. As três famílias — os Ruge, os Marx e os Herwegh — morariam em andares diferentes, mas as mulheres cuidariam, por turnos, de cozinhar, costurar e organizar uma casa comunal. De acordo com Marcel Herwegh, sua mãe, Emma,

> rechaçou a ideia no ato. Como poderia uma gentil mulherzinha saxã como a sra. Ruge conviver em bons termos com a altamente inteligente e ainda mais ambiciosa madame Marx, tão mais culta? E como poderia a recém-casada sra. Herwegh, a mais jovem, sentir-se atraída por essa vida comunal? Não deu outra: Herwegh e a mulher recusaram o convite de Ruge. Ruge, Marx e suas mulheres foram morar juntos na Rue Vaneau. Duas semanas depois, se separaram.[70]

A edição do único número da revista, publicada como número duplo em fevereiro de 1844, ficou quase inteiramente a cargo de Karl, uma vez que Ruge passou a maior parte do tempo fora da cidade e depois adoeceu. Não houve nenhuma colaboração de escritores que viviam na Alemanha. Feuerbach alegou que não fazia sentido escrever mais nada sobre Schelling. Não havia nada de novo que ele pudesse dizer a seu respeito, além de fazer uma comparação, meio a sério, meio de brincadeira, entre Schelling e Cagliostro.[71] Apesar disso, a revista trouxe colaborações excepcionais: um cômico hino de louvor ao rei Ludwig da Baviera, de autoria de Heine, juntamente com poemas de Herwegh, os ensaios do próprio Karl e um ensaio de Engels sobre Thomas Carlyle junto com uma crítica pioneira de economia política, inspiração inicial para as investigações de Karl nessa área.

6. "A EMANCIPAÇÃO DOS *ALEMÃES* PARA TORNÁ-LOS *SERES HUMANOS*"

Karl incluiu duas colaborações de sua própria autoria na revista. Num ensaio sobre "a questão judaica", ele acrescentou ao que já tinha escrito em Kreuznach uma nova seção que chegava bem mais perto de um ponto de vista socialista. Em sua discrepância original de Bauer, ele tinha sustentado que a emancipação do Estado da religião não era o mesmo que a emancipação do ser humano da religião. Na segunda seção, provavelmente escrita depois que chegou a Paris, o judaísmo era equiparado ao individualismo possessivo da sociedade civil.

Karl discordava do tratamento hegeliano dado por Bauer ao judaísmo e ao cristianismo como estágios sucessivos no desenvolvimento do Espírito. Como alternativa à "abordagem teológica" de Bauer, Karl tentou especificar a distinção entre cristianismo e judaísmo em termos não teológicos, identificando o elemento *social* que teria de ser superado, caso se quisesse abolir o judaísmo. Sua abordagem fazia uso substancial de um ensaio de autoria do socialista Moses Hess, "Sobre a essência do dinheiro", que deveria ser publicado num número subsequente da revista.

Hess sustentava que o cristianismo fornecia a "teoria e a lógica" do "mundo de cabeça para baixo, atualmente habitado pela humanidade". Assim como a atividade da espécie não era atribuída aos indivíduos que a compunham, mas a Deus como essência-espécie concebida para existir fora desses indivíduos, na vida prática o dinheiro era o equivalente desse Deus invertido, um Deus cristão materializado, que despojou o homem dos seus vínculos sociais. Nesse moderno "mundo cristão de vendedores", o dinheiro representava o ambiente da vida-espécie fora do indivíduo. O dinheiro se tornara a riqueza alheia do homem, a permuta da atividade da vida do homem.[72]

A distinção que Hess fazia entre a teoria cristã de um mundo de cabeça para baixo e o dinheiro como o equivalente na vida prática do Deus invertido foi transformada por Karl numa teoria do "judaísmo". O dinheiro era "o Deus mundano" dos judeus, e "regatear" era a sua "religião mundana", uma vez que a base secular do judaísmo, segundo Karl, era a "necessidade prática" e o "interesse pessoal". Tanto Hess como Karl estavam tentando fazer uso do conceito de abstração de Feuerbach. De acordo com Karl, o homem nas garras da religião pode objetificar sua natureza essencial e transformá-la numa coisa alheia. Ele coloca sua atividade sob o domínio de um ser alienígena e lhe confere o significado de entidade alienígena — dinheiro.[73]

No momento, o judaísmo constituía "um elemento geral *antissocial*". O judaísmo como regateio desenvolvera-se ao longo da história até chegar às alturas de agora, nas quais o dinheiro se tornou uma potência mundial e o culto de Mamon se universalizou. A falta de direitos políticos do judeu era desmentida por seu poder financeiro.[74] Pois a política se tornara "escrava do poder financeiro". O dinheiro era "a essência alienada do trabalho do homem", e ele a adorava.

O egoísmo era o núcleo da religião judaica, mas era também o "princípio da sociedade civil". À medida que crescia o poder financeiro, a afinidade entre os valores do judaísmo e os da sociedade civil ia se tornando cada vez mais clara. O desdém por teoria, pela arte e pelo homem como fim em si mesmo, juntamente com uma visão aviltada da natureza, estava contido, "em forma abstrata", na religião judaica. Mas também formava "o real ponto de vista do homem de dinheiro", para quem "a própria relação-espécie, a relação entre homem e mulher, se torna objeto de comércio". Do mesmo modo, "a quimérica nacionalidade do judeu" era equivalente à "nacionalidade do negociante, do homem de dinheiro em geral".[75]

Como religião de necessidade prática, o judaísmo não poderia desenvolver-se mais do que já se desenvolvera; só poderia encontrar sua consumação na prática. Apesar de ter atingido seu ponto mais alto na sociedade civil, a perfeição da própria sociedade civil só poderia ocorrer no mundo cristão. O judaísmo carecia de teoria para criar "um novo mundo". Mas do judaísmo desenvolvera-se o cristianismo, que criou a teoria que faltava ao judaísmo. Pois só o cristianismo era capaz de tornar "*todas* as condições nacionais, naturais, morais e teóricas extrínsecas ao homem".

> Apenas sob o domínio do cristianismo [...] a sociedade civil poderia separar-se completamente da vida do Estado, romper todos os vínculos de espécie do homem, colocar o egoísmo e a necessidade pessoal no lugar desses vínculos de espécie e dissolver o mundo humano num mundo de indivíduos atomizados que se opõem, hostilmente, uns aos outros.[76]

O cristianismo tinha brotado do judaísmo, mas agora estava se fundindo a ele novamente. Pois o cristianismo apenas *parecia* superar o judaísmo através da criação de um paraíso cristão. No entanto, agora que o cristianismo tinha concluído a alienação do homem de si mesmo e da natureza, e tudo fora transformado em objetos vendáveis, alienáveis, o judaísmo podia finalmente alcançar o "domínio universal". Agora "o egoísmo cristão da bem-aventurança celeste" se fundia novamente com "o egoísmo físico do judeu". A tenacidade do judeu vinha da "base humana" de sua religião — necessidade prática, egoísmo. A emancipação política, portanto, não poderia emancipar o judeu. Só a emancipação humana — emancipação do regateio e do dinheiro — tornaria o judeu "impossível".[77]

A outra colaboração de Karl para a revista, a introdução à sua "Crítica da filosofia do direito de Hegel", também cruzou a fronteira entre republicanismo e socialismo apresentando um grupo particular — o proletariado — como a encarnação privilegiada do universal, em vez de redigir a sua análise na forma de um apelo a todos os cidadãos em potencial. Esse curto ensaio reiterava alguns temas da "Crítica" inacabada: a inadequação da "emancipação política" e o fracasso da "crítica". Sua confiança nos usos a que a crítica da abstração poderia ser submetida continuava intacta. "A crítica da religião agora está completa", anunciou ele. Mas "a crítica da religião" era "a premissa de toda a crítica", e concluía com "o ensinamento de que *o homem é o ser mais alto para o homem*, portanto com *o imperativo categórico de destruir todas as relações* em que o homem seja um ser aviltado, escravizado, renegado, desprezível. [...] Abolir a religião como a felicidade *ilusória* do povo é exigir sua felicidade real". A missão da filosofia, uma vez desmascarada a forma sagrada da autoalienação, era desmascarar a autoalienação em suas formas profanas. Todas as esferas da sociedade alemã precisavam ser expostas, "essas relações petrificadas têm que ser forçadas a dançar, cantando-se para elas sua própria melodia". Como Hess, ele insistia na necessidade de ação e na necessidade de recorrer ao uso da força. "A arma da crítica não pode substituir a crítica das armas."[78]

O regime alemão daquele momento era "um anacronismo". "A última fase de uma forma histórico-mundial é sua *comédia*." O destino de outros antigos regimes tinha sido trágico, mas "o Antigo Regime moderno é apenas o *comediante* de uma ordem mundial cujos *verdadeiros heróis* estão mortos". Os capitães da indústria alemã, "nossos barões do algodão e defensores do ferro", eram igualmente anacrônicos. Exigiam a adoção de "taxas de proteção" justamente quando países mais avançados, como a Grã-Bretanha e a França, começavam a abandoná-las. Mais genericamente, "mesmo a *autoconfiança moral da classe média alemã* repousa apenas na consciência de ser a representante geral da mediocridade filistina de todas as demais classes".[79]

Pois na Alemanha não havia classe capaz de agir como o "terceiro estado" francês em 1789. Cada classe lutava contra outras classes tanto acima como abaixo dela. Isso significava que na Alemanha não era "a revolução radical" ou a "emancipação humana geral", mas a "emancipação política", "a revolução parcial, meramente política", que era um "sonho utópico". Na Alemanha, a "emancipação universal" era a condição "sine qua non da emancipação parcial". Agora, o que se fazia necessário era uma transformação "humana" levada a cabo por uma classe fora e abaixo da sociedade existente, uma classe com apenas um "título humano", "uma classe com cadeias radicais", uma "esfera" que "não pode se emancipar sem emancipar [...] todas as outras esferas da sociedade". Na Alemanha, essa classe já estava nascendo. Era o proletariado, uma classe surgida do "desenvolvimento *industrial*" e da "*drástica dissolução* da sociedade". Era a "completa perda do Homem" e a "dissolução da ordem mundial previamente existente". Para que a revolução radical ocorresse na Alemanha, não bastaria que "o pensamento lute para se tornar realidade", pois "a própria realidade precisa lutar para se tornar pensamento". Esse requisito estava sendo cumprido, pois "ao exigir a negação da propriedade privada [...] o proletariado simplesmente eleva ao nível de princípio aquilo que a sociedade transformou em princípio do proletariado".[80]

O proletariado representava o "elemento *passivo*, uma base *material*" no processo de mudança revolucionária. Na visão de Feuerbach, ele representava "o *coração* — o princípio feminino, o *senso* do finito e assento do materialismo". A faísca devia vir de outro lugar, da filosofia, "a *cabeça* — o princípio masculino e assento do idealismo". O passado revolucionário da Alemanha era teórico — a Reforma. Assim como a Alemanha atual estava presa nas garras de um Antigo Regime antiquado, a Alemanha "oficial" da véspera da Reforma tinha sido "a mais incondicional *escrava* de Roma". Mas "assim como a revolução naquela época começou na cabeça do *monge*, agora ela começa na cabeça do *filósofo*". Se o público original do jornal tinha sido "os que pensam" e "os que sofrem", no começo de 1844 o papel de sofredor foi atribuído ao proletariado. Segundo a conclusão de Karl,

> assim como a filosofia encontra suas armas *materiais* no proletariado, o proletariado encontra suas armas *espirituais* na filosofia. [...] A *emancipação do alemão é a emancipação do ser humano*. A *cabeça* dessa emancipação é a *filosofia*; seu *coração* é o *proletariado*. [...] Uma vez que o raio de pensamento atinge diretamente esse solo ingênuo do povo, a emancipação dos *alemães* para transformá-los em *seres humanos* ocorrerá.[81]

Como era de esperar, o governo prussiano ficou apavorado com a publicação dos *Jahrbücher*. Foi considerada uma revista punível por traição, e baixaram-se instruções para que Karl, Ruge, Heine e Bernays (jovem advogado do Palatinado, ex-editor do *Mannheimer Abendzeitung* e recentemente expulso da Baviera) fossem presos se pusessem os pés em solo prussiano. Dos mil exemplares impressos, cem foram encontrados pela polícia em um navio a vapor no Reno sendo transportados por Bernays; outros 230 foram apreendidos na fronteira entre a França e o Palatinado.

Em Zurique, o editor Julius Froebel também ficou horrorizado com o radicalismo do primeiro número, que era bem maior do que esperava, levando em conta a ausência de colaboradores franceses e a agressiva pressão das autoridades. Ele anunciou que o financiamento da revista se esgotara e que não tinha condições de continuar se não recebesse mais dinheiro. Ruge se recusou a botar mais dinheiro do próprio bolso na revista e tentou convencer Moses Hess a devolver o adiantamento que recebera por ensaios não publicados; Karl foi pago com exemplares não vendidos dos *Jahrbücher*. E assim, depois de uma grande edição com cerca de 350 páginas, o projeto editorial galo-germânico chegou ao fim.

O aperto financeiro que Karl poderia ter sofrido foi compensado pelo recebimento de mil táleres coletados em apoio à continuação de suas atividades literárias por antigos acionistas do *Rheinische Zeitung*, por iniciativa de Georg Jung, mas as relações com Ruge andavam tensas. Sobre a ruptura de Karl com Ruge, só a versão de Ruge sobrevive, e ela diz respeito à moralidade do poeta Georg Herwegh. Boatos sugeriam que Herwegh, que muito recentemente havia se casado com a filha de um rico banqueiro de Berlim, estaria tendo um caso com a condessa D'Agoult, ex-amante de Franz Liszt e futura cronista de 1848 em Paris com o pseudônimo de Daniel Stern. Como Ruge recordaria posteriormente:

> Eu ficava irritado com o modo de vida e a preguiça de Herwegh. Várias vezes me referi a ele muito sinceramente como um canalha, e declarei que quando um homem se casa, precisa saber o que está fazendo. Marx não disse nada e reagiu à sua partida de maneira perfeitamente amigável. Na manhã seguinte, escreveu-me dizendo que Herwegh era um gênio com um grande futuro. Ficou indignado porque o chamei de canalha e disse que minhas ideias sobre casamento eram filistinas e desumanas. Depois disso, não nos encontramos mais um com o outro.[82]

Um dia Karl tinha alimentado a ambição de ser poeta, e em Paris ficou muito feliz com a oportunidade de conhecer Heinrich Heine, cujo humor satírico e mestria estilística ele tentava, em vão, rivalizar. Solitário, mal de saúde, Heine fez amizade com o grupo dos *Jahrbücher*. Segundo as lembranças que Eleanor Marx tinha dos pais, houve uma época em Paris em que Heine aparecia praticamente todos os dias e testava novos versos lendo-os para Karl e Jenny. Ele parecia encantado particularmente com Jenny, e, diferente de Karl ou Jenny, tinha senso prático. Segundo o relato de Eleanor:

A pequena Jenny Marx, uma bebezinha de poucos meses, um dia foi atacada por fortes cólicas que ameaçavam matá-la. Marx, a mulher e sua fiel ajudante e amiga Helena Demuth ficaram parados em volta da criança na mais completa perplexidade. Heine chegou, deu uma olhada e disse: "A bebê precisa de um banho". Com suas próprias mãos preparou um banho, pôs a criança na banheira e, foi o que disse Marx, salvou a vida de Jenny.[83]

Como os saint-simonianos, Karl acreditava que os artistas eram dotados de uma visão privilegiada do futuro, e por isso formavam a vanguarda eleita da humanidade: não deveriam ser avaliados pelo padrão dos homens comuns ou mesmo extraordinários.[84] Também está claro que, fossem quais fossem as mudanças sofridas por suas ideias filosóficas, a fixação de Karl no gênio poético — que ele associava com a desordem da criação — continuou a definir o seu estilo de vida. Ruge descreveu sua rotina de trabalho:

> Ele tem uma personalidade peculiar — perfeito como erudito e escritor mas completamente desastroso como jornalista. Lê muito; trabalha com uma intensidade incomum e tem um talento crítico que de vez em quando degenera numa dialética temerária. Mas não termina nada, interrompe tudo e volta a mergulhar num oceano de livros. [...] É irritadiço e exaltado, particularmente quando trabalha até adoecer e não vai para a cama por três, até quatro noites seguidas.[85]

Como o relato de Ruge sobre sua vida em Paris deixa claro, as opiniões de Karl a respeito de poesia ou seus hábitos de trabalho não foram a verdadeira razão do rompimento entre os dois homens. Ruge achava que o número publicado da revista continha ensaios notáveis, ainda que alguns epigramas de Karl fossem forçados e certos ensaios fossem "pouco refinados". Mas o principal motivo do fracasso do projeto foi a gravitação da revista, desde o início, rumo a uma forma mais enfática de comunismo. Isso fez o editor Froebel recuar, amedrontou os livreiros e afastou "talentos importantes". Ruge ainda estava tentando encontrar outro editor quando seu coeditor, Karl, "personalidade desagregadora dada ao sofisma, cujos talentos práticos eu tinha superestimado imensamente, me explicou que não dava mais para trabalhar comigo porque eu era apenas político, enquanto ele era comunista". Foi uma surpresa, pois de setembro de 1843 a março de 1844, prosseguiu Ruge, Karl guardou silêncio sobre o seu progresso rumo a um "socialismo bruto", contra o qual tinha "discorrido muito razoavelmente" em suas cartas (publicadas nos *Jahrbücher*).[86]

Ruge aproveitou também para atacar o comunismo de Karl. Argumentou com Feuerbach que nem os objetivos dos fourieristas, nem a supressão da propriedade que os comunistas defendiam, poderiam ser enunciados com clareza. "Essas duas tendências acabam em estado policial e escravidão. Para libertar o proletariado do fardo da miséria física e intelectual, sonha-se com uma organização que tornará geral essa mesma miséria, que fará todos os seres humanos carregarem esse peso."[87]

Quanto ao próprio Karl, que um dia se convencera, momentaneamente, de ter encontrado o novo Lutero, agora não manifestava nenhum pesar por sua colaboração com Ruge ter chegado ao fim.

Em 11 de agosto de 1844, Karl escreveu para Feuerbach sobre "o grande respeito e, se posso usar essa palavra, amor que tenho por você". E, referindo-se especialmente aos *Princípios da filosofia do futuro*, de Feuerbach, acrescentou: "Nesses escritos, você forneceu — não sei se intencionalmente — a base filosófica para o socialismo, e foi assim que os comunistas de imediato os entenderam". Feuerbach foi saudado em particular por sua compreensão da "união do homem com o homem, baseada nas diferenças reais entre eles", e "o conceito da espécie humana trazida do céu da abstração para a terra real, o que é senão o conceito de *sociedade*?".[88]

7. "VELHA ALEMANHA, ESTAMOS TECENDO A TUA MORTALHA!" *VORWÄRTS!* E SILÉSIA

Em dezembro de 1843, as autoridades francesas e alemãs foram avisadas da aparição em Paris de dois novos jornais alemães, um deles "de tendência comunista". Metternich, o chanceler austríaco, e Büllow, o ministro do Exterior da Prússia, esperavam que medidas preventivas pudessem ser adotadas na Dieta de Frankfurt, reiterando a proibição de periódicos de língua alemã não censurados, fora e dentro da Confederação Alemã — medida impossível de aplicar, mas um bom pretexto para revistar operários que atravessassem as fronteiras. Ao mesmo tempo, publicações alemãs não censuradas, importadas para dentro da Confederação, estavam sujeitas a confisco — como Bernays descobriria. Mesmo assim, o embaixador prussiano em Paris, conde Von Arnim, considerava essas medidas ineficazes e pressionou o primeiro-ministro francês, François Guizot, a intervir. Guizot recusou-se, pois não tinha a menor vontade de provocar a grita da imprensa, que viria na esteira da expulsão de refugiados políticos por ordem dos prussianos.

No final de março de 1844, porém, o embaixador teve o prazer de informar a Berlim que os *Deutsch-Französische Jahrbücher* haviam falido. O problema parecia resolvido. Mas só por precaução, uma vez que as autoridades estavam convencidas de que o problema tinha sido levado para o pacífico e leal reino da Prússia por agitadores externos, em 16 de abril de 1844 foram emitidos mandados de prisão contra Karl, Ruge, Heine e Bernays, caso pusessem os pés na Prússia.

A segunda revista, *Vorwärts!*, foi lançada em janeiro de 1844 pelo diretor de teatro e tradutor Heinrich Börnstein, com a ajuda do compositor Giacomo Meyerbeer.[89] Inicialmente, a revista pretendia ser politicamente inofensiva, enfatizando a ajuda beneficente a artesãos aflitos. A presença de Adalbert von Bornstedt, supostamente financiado pela Prússia, era uma garantia extra, ainda que o mais vago compromisso com "união" e "liberdade" a tornasse passível da desconfiança prussiana.[90]

Börnstein não conseguiu estabelecer uma circulação viável, e nos meses seguintes descobriu que seria necessário repensar o caráter da revista. Se quisesse angariar escritores qualificados, teria que procurá-los entre os exilados parisienses; se quisesse formar um público certo, teria que apelar para os artesãos. O colapso dos *Jahrbücher* lhe deu a oportunidade perfeita. Mas era improvável que os exilados políticos participassem enquanto a *Vorwärts!* estivesse ligada a Bornstedt, a quem Heine acusara de ser espião já em 1838. A demanda poderia ser estimulada também entre os artesãos ligados a associações educacionais radicais e a associações secretas a elas conectadas; eles precisavam de um periódico para debater posições políticas. Era o caso, particularmente, dentro da maior das associações radicais alemãs, a Liga dos Justos (Bund der Gerechten), que datava de 1836.

Dentro desses grupos, as divisões eram tanto políticas como geracionais. A geração mais velha de exilados do período de 1830-4 definia-se basicamente por formas diferentes de nacionalismo, desde os membros de fraternidades românticas, os republicanos cosmopolitas jacobinos, os nacionalistas mazzinianos até os liberais de Hambach. Em idade e formação política, Ruge estava mais perto do primeiro grupo. A segunda leva de exilados, do final dos anos 1830, era definida, mais provavelmente, por variadas formas de socialismo e comunismo, indo desde os icarianos cabetistas, passando pelos seguidores de Weitling ou Lamennais, pelos defensores de várias formas de comunismo cristão de base suíça, até, mais recentemente, os que se sentiam atraídos, como Karl Schapper, pelo cartismo de base londrina. Finalmente, havia os "humanistas" e "neo-hegelianos", agrupados em torno dos *Jahrbücher*.

Em resposta a esse público radical, Börnstein rompeu com Bornstedt e chamou antigos colaboradores dos *Jahrbücher*, bem como destacados membros da Liga. O próprio Börnstein afirmava ter sido convertido ao "humanismo" e, como gostava de gabar-se com certa razão, "logo se reuniu em torno da *Vorwärts* um grupo de escritores que nenhum outro jornal, fosse onde fosse, poderia igualar. [...] Escreviam para o jornal Arnold Ruge, Karl Marx, Heinrich Heine, Georg Herwegh, Bakunin, Georg Weerth, Georg Weber, Friedrich Engels, dr. Ewerbeck e Heinrich Bürgers". Börnstein se lembrava também "com prazer" das conferências editoriais semanais:

> De doze a catorze homens costumavam reunir-se. [...] Alguns sentavam na cama ou em baús, outros ficavam em pé ou andando. Todos fumavam desbragadamente, e discutiam com grande paixão e vivacidade. Era impossível abrir as janelas, sob pena de juntar-se imediatamente uma multidão na rua lá fora querendo saber o motivo de tamanho rebuliço, e logo a sala era tomada por uma nuvem de fumaça de tabaco tão densa que um recém-chegado não conseguiria identificar nenhum dos presentes. No fim, nem nós mesmos éramos capazes de nos reconhecermos.[91]

Como nos *Jarhbücher*, a maior batalha era entre republicanos e socialistas. Börnstein escreveu sobre violentas disputas noturnas entre as duas tendências. Os socialistas eram maioria, e Ruge seu principal alvo. Ainda em março, Börnstein via os *Jahrbücher* originalmente como a revista de Ruge — Ruge era famoso, "o mestre", e Karl era seu assistente talentoso e obscuro. Além disso, Ruge tinha bons recursos, e Börnstein até propôs que juntos eles refundassem a revista. Ruge recusou-se, entre outros motivos porque antipatizava com a facção "comunista", cada vez mais forte no jornal. Mas isso resultou em ataques cada vez mais frequentes à sua política. Em 22 de junho, Börnstein publicou uma provocadora carta aberta a Ruge, acusando-o de "negativismo" e desafiando-o a ser mais específico em suas opiniões. Por que, por exemplo, tinha parado nos "direitos do homem" e não ia além, como Karl? Outras intervenções de Bernays e Ewerbeck aumentaram a pressão contra a posição republicana. Mas naquele momento (6 de julho) Ruge relutava em tornar público seu conflito com Karl, atendo-se a generalidades.[92]

Ruge poderia ter dado uma resposta perfeitamente persuasiva. Como Karl, ele tinha sido inspirado pela crítica de Feuerbach à abstração, mas não via razão para que seus efeitos ficassem confinados a uma forma particular de trabalho, ou a um grupo social como o proletariado. O humanismo republicano implicava uma luta contra todas as formas de abstração (a suposição de que os conceitos tinham existência objetiva fora da humanidade, ver pp. 164-5). Ele aprovava as atividades de grupos socialistas e comunistas na Inglaterra e na França, mas achava a ideia de revolução social uma ilusão. Tudo poderia ser, e teria que ser, abarcado por uma revolução democrática nacional, nos moldes de 1789. O problema da Alemanha, como insistira com Karl nas cartas de 1843 para os *Jahrbücher*, era a apatia. Sua posição era a de que "não há povo alemão, e só uma revolução pode criá-lo".

Nos meses que se seguiram ao colapso dos *Jahrbücher* em março, Karl tinha deixado o jornalismo para dar continuidade à sua obra. Em 1º de maio de 1844 nasceu sua primeira filha, Jenny, e no começo de junho sua esposa Jenny retornou a Trier com a bebê para ficar com a mãe. A pequena Jenny adoeceu com a viagem. Sofria de "constipação e puro e simples excesso de alimentação" — e o médico insistiu que ela precisava de uma ama de leite, pois com "alimentação artificial ela não vai se recuperar com facilidade". A ama de leite, a quem o pai de Jenny, Ludwig, conhecia desde que ela era criança, por coincidência sabia falar francês e por isso pôde acompanhar a mãe e a filha quando elas voltaram para Paris em setembro. Jenny escreveu de Trier para Karl em 21 de junho dizendo que "todos ainda esperam que você finalmente decida arranjar um emprego permanente". Em Trier, ela adorou poder colocar a conversa em dia com a mãe, mas ficou muito preocupada com o desregramento do irmão, Edgar. Enquanto a mãe economizava e poupava, Edgar frequentava a ópera em Colônia; Edgar "se utiliza de todos os grandes sinais dos tempos, e todos os sofrimentos da sociedade, para ocultar e disfarçar a própria inutilidade".[93] Com alguma ansiedade, "iniciei minha difícil viagem — você sabe para onde". Mas tudo acabou dando certo, e quando a porta abriu, Jenny foi recebida por Jettchen, que "me abraçou e beijou" e levou até a sala de estar, onde Henriette e a irmã Sophie "me abraçaram imediatamente" e "sua mãe me tratou por 'tu'". Sophie lhe pareceu "terrivelmente arrasada pela doença", e Jettchen já se encontrava no que viria a ser a fase terminal da tuberculose. "Só sua mãe parece bem e próspera." Na manhã seguinte, Henriette foi ver a bebê: "Dá para imaginar uma mudança dessas?". Ela achava que era por causa do sucesso deles, "ou, no nosso caso, mais uma *aparência* de sucesso".[94]

O principal objetivo de Karl nesse período era desenvolver os argumentos em que vinha pensando desde a época do seu decisivo contato com a obra de Hegel em Kreuznach — escrever uma história da Convenção (1792-5) durante a Revolução Francesa.[95] Isso daria uma preparação histórica à sua tese sobre as limitações do "Estado político". Para os detalhes empíricos, recorreu aos quarenta volumes de Buchez e Roux em busca de um sumário dos debates parlamentares durante o período revolucionário.[96] Ele não fazia uma forte distinção entre 1789 e 1793. Seu interesse do começo ao fim era a incapacidade do "Estado político" de transcender suas condições de existência. Já tinha feito disso o assunto central em "Sobre a questão judaica", em sua análise da distinção entre os direitos do homem e os direitos do cidadão. Um relato sobre como os esforços do Comitê de Salvação Pública para repudiar o preço de mercado do pão haviam retrocedido às práticas de laissez-faire do Termidor teria reforçado a argumentação. Mais genericamente, seu objetivo teria sido explicar o nascimento do cidadão moderno e suas ilusões.

Karl também tinha ficado muito impressionado com o ensaio de Friedrich Engels nos *Jahrbücher*, "Esboço de uma crítica da economia política". Esse texto revelava mais uma maneira pela qual o processo de abstração dominara e distorcera as relações entre "Eu e Tu". Desse modo, de março a agosto de 1844, Karl tomou notas sobre Smith, Ricardo, Say, Sismondi, Pecqueur, Buret, James Mill, Wilhelm Schulz e McCulloch. A partir desse material, preparou um esboço preliminar daquilo que viria a ser a sua principal preocupação nos 25 anos seguintes, a "Crítica da economia política".[97]

Engels, ao passar por Paris a caminho de Wuppertal para escrever seu livro sobre a Inglaterra, interrompeu a viagem durante dez dias, entre 28 de agosto e 6 de setembro de 1844, para passar o tempo conversando com Karl. Foi o começo de uma longa parceria; seu resultado imediato foi um acordo com Engels para participar de um ataque polêmico que Karl estava preparando contra Bruno Bauer e sua nova revista, *Allgemeine Literatur-Zeitung*.[98]

Nesse meio-tempo, porém, acontecimentos emocionantes atraíram Karl de volta à controvérsia política. Diante da contínua pressão de socialistas e comunistas, Ruge e seus partidários aos poucos foram se retirando da *Vorwärts!*. Ruge acabou formando uma aliança mais apropriada com Louis Blanc e Ledru-Rollin em *La Réforme*. Antes de isso acontecer, a disputa ganhou uma inesperada dimensão alemã. De 4 a 6 de junho de 1844, os tecelões silesianos de Peterswaldau atacaram uma fábrica local acusada de pagar baixos salários e oferecer aviltantes condições de trabalho. Arrebentaram casas e escritórios dos patrões e, no dia seguinte, voltaram a se reunir na aldeia vizinha de Langenbielau, onde soldados em pânico mataram onze tecelões antes de serem expulsos pela multidão enfurecida, que aproveitou para saquear a casa de outro proprietário.[99]

Os acontecimentos da Silésia pareciam sugerir que a Confederação Alemã tinha finalmente adquirido também o seu proletariado. Houve confusões envolvendo trabalhadores na Boêmia e em outros lugares da Alemanha. Em resposta, Frederico Guilherme IV, da Prússia, lançou um debate sobre o pauperismo e incentivou a formação de sociedades beneficentes e cristãs para "o bem-estar das classes trabalhadoras". Quando notícias não censuradas do que tinha acontecido na Silésia chegaram a Paris, um entusiasmo que beirava a euforia tomou conta do corpo editorial, cujas expectativas foram moldadas por Ludwig Feuerbach sobre o advento do "ser-espécie", por Karl sobre a chegada da "revolução humana" na Alemanha, por Moses Hess sobre a essência do dinheiro e por Friedrich Engels com sua crítica da economia política. Depois do fracasso da tentativa de convencer Ruge a investir na revista, Carl Bernays foi nomeado editor no começo de julho. Ele louvou a conduta exemplar dos tecelões, em especial o fato de que, em vez de saquear, destruíram os livros de contabilidade da firma. "Foram eles os mensageiros sublimes de uma revolta universal, o que provou também que enquanto a economia política perpetuasse suas velhas rotinas, uma sociedade verdadeiramente humana não seria possível." No número seguinte, a *Vorwärts!* publicou o que viria a ser um dos mais citados poemas de Heine, "Os pobres tecelões", com sua tripla maldição contra Deus, o rei e a pátria, e seu notável clímax: "Velha Alemanha, estamos tecendo a tua mortalha!".[100]

Ruge reagiu aos acontecimentos da Silésia no fim de julho. Não ficou nem um pouco impressionado com as façanhas dos tecelões. Sua maior preocupação era sobre a fraqueza da resposta do governo aos incidentes, e comentou que num país apolítico como a Alemanha era impossível tratar uma dificuldade parcial nos distritos manufatureiros como questão geral. Em vez disso, como uma enchente ou uma epidemia de fome, o caso foi tratado como um desastre natural, que coube à caridade cristã aliviar. Quanto aos próprios distúrbios, Ruge afirmou que se tratara de uma greve de fome, característica dos alemães que em parte alguma conseguem "ver além da própria casa e da própria família". Sua colaboração foi anônima, assinada apenas por "Um prussiano".[101] Por que assinou assim não se sabe ao certo. Ele não só era saxônio, e não prussiano, como o único prussiano do grupo era Karl. Isso deve ter levado Karl a intervir.

Karl também tinha sido tomado pela euforia que se espalhara entre os editores da *Vorwärts!* em julho, assim como Jenny. Na esteira da fracassada tentativa de Heinrich Tschech — o revoltado *Bürgermeister* [burgomestre] de Storkow, província de Brandemburgo — de assassinar o rei, ela escreveu de Trier sobre os disparos de canhão, os sinos tocando e "a multidão devota se agrupando nos templos" para dar graças pela salvação do rei. O estado de espírito em Trier a convenceu de que "uma revolução política é impossível na Alemanha, embora todas as sementes de uma revolução social estejam presentes".[102] Ela se lembrava dos poemas de Heine, que previa — e Jenny não tinha a menor dúvida — que o velho mundo estava de fato chegando ao fim, e que a emancipação humana, encarnada na emergência do proletariado, estava à vista. A carta de Moses Hess no começo de julho era igualmente encorajadora.

> Os *Jahrbücher* estão sendo um grande sucesso. Novos socialistas aparecem inesperadamente em toda parte: em particular, o grupo da filosofia foi totalmente conquistado [pelo socialismo]. [...] Os distúrbios silesianos agora estão contribuindo com a sua parte. [...] Em suma, daqui a pouco a totalidade da Alemanha instruída será socialista, na verdade socialista radical, quero dizer, comunista.[103]

Nas mesmas duas semanas, Karl escreveu efusivamente a Feuerbach sobre seus primeiros contatos com proletários. Segundo relatos de espiões, o dr. Hermann Ewerbeck, um dos principais membros da Liga e tradutor de Cabet, tinha levado Karl em várias ocasiões a reuniões públicas de artesãos alemães em Barrière du Trône na Rue Vincennes. Karl enfatizou para Feuerbach "os méritos teóricos dos artesãos alemães na Suíça, em Londres e em Paris", mas lamentou que "o artesão alemão ainda seja, porém, artesão demais". Todavia, não fazia nenhuma restrição desse tipo ao "proletariado francês". "Você precisa assistir a um desses encontros dos operários franceses para compreender o puro vigor e a nobreza que brotam desses homens cansados da labuta."[104]

Tudo isso ajuda a explicar os termos extraordinários que Karl usou para enaltecer as virtudes do proletariado alemão, em resposta às observações desdenhosas de Ruge sobre os distúrbios salesianos em agosto de 1844. Ele começou por reiterar o argumento sobre a impotência do "Estado político" que tinha ajudado a desenvolver no ano anterior. O argumento do "suposto prussiano" de que o rei deveria ter legislado pela educação de crianças abandonadas esquecia o fato de que tal legislação teria sido equivalente à "abolição do proletariado". A Convenção Revolucionária Francesa, Napoleão e o governo inglês tinham fracassado em sua tentativa de abolir o pauperismo. Pois a "escravidão da sociedade civil" era "o alicerce natural sobre o qual repousa o Estado moderno". O "princípio da política" era "a vontade", e isso tinha levado Robespierre a imaginar que a pobreza, o principal "obstáculo à pura democracia", poderia ser remediada pela prática da "frugalidade espartana universal". Mas nem mesmo a Convenção, que representava "o máximo de energia política, de poder político e de compreensão política", poderia atingir esse objetivo. Pois a ação administrativa e as instituições beneficentes eram os únicos meios de que o governo dispunha, e o Estado "não pode abolir as deficiências da administração sem abolir a si mesmo".

Ao enaltecer a ação dos tecelões silesianos, Karl foi muito mais longe do que Bernays: "Nenhum dos levantes franceses e ingleses" teve "esse caráter *teórico* e *consciente*". O levante silesiano começou "onde as insurreições inglesas e francesas terminam". Os tecelões foram elogiados por atacarem livros-razão em vez de máquinas, e banqueiros em vez de proprietários de indústrias. O levante silesiano não só tinha "o selo de 'caráter superior'" em relação aos ingleses e franceses, como também no livro de Weitling, *Garantias de harmonia e liberdade*, de 1842, Karl festejava "a brilhante estreia literária dos operários alemães". De fato, o proletariado alemão era "o teórico do proletariado europeu", como o inglês era o "economista" e o francês o "político". A impotência política da Alemanha era a "impotência da burguesia alemã"; os alemães estavam "classicamente destinados à revolução social". "Um povo filosófico só pode encontrar a sua prática correspondente no socialismo", e portanto só no proletariado pode "encontrar o elemento dinâmico da sua emancipação". Diferentemente "do espírito tacanho" que governava um "levante político, [...] o levante dos operários *da indústria*, por mais *parcial* que seja, contém dentro de si uma *alma* universal". Pois a "comunidade de operários" era a da "natureza humana, [...] a verdadeira comunidade do homem".[105]

De agosto até o final de 1844, Karl teve papel ativo na *Vorwärts!*, fazendo palestras para artesãos e definindo a linha editorial da revista. A publicação agora estava estreitamente afinada com as atividades da Liga. Ele escreveu para Feuerbach dizendo que "os artesãos alemães em Paris, isto é, aqueles que são comunistas, algumas centenas", têm assistido a palestras, duas vezes por semana, sobre *A essência do cristianismo*, "durante todo este verão". Karl e outros do periódico, especialmente Georg Weber, davam palestras sobre economia política, tendo como base o ensaio crítico de Engels sobre o assunto, o texto de Hess sobre dinheiro e os manuscritos do próprio Karl. A revista noticiava tudo sobre agitações industriais na Alemanha, além de publicar artigos, anteriormente destinados aos *Jahrbücher*, particularmente de Engels sobre a Constituição inglesa e de Bernays sobre Weitling.

As autoridades prussianas ficaram muito nervosas depois da tentativa de assassinato do rei. Indignaram-se com o editorial de Bernays, que sugeria que, em face daquele ataque, o absolutismo tinha perdido sua "natureza divina e infalível". Bernays acabaria denunciado e condenado a dois meses de prisão por deixar de pagar um depósito caução e, mais genericamente, por incentivar o regicídio. Em dezembro de 1844, Guizot foi persuadido a emitir ordens de expulsão contra Ruge, Heine, Bernays e Karl. Ruge alegou que tinha cidadania saxônia e portanto estava fora da jurisdição prussiana. Heine não poderia ser expulso porque nasceu em Düsseldorf numa época em que a Renânia era parte da França. Bernays, uma vez solto, foi esquecido. Apenas Karl, em 3 de fevereiro de 1845, por arrogância ou incompetência, viu-se dentro de um trem com o amigo Heinrich Bürgers a caminho do exílio em Bruxelas.

8. PÓS-ESCRITO: NOTA SOBRE MARX E O JUDAÍSMO

Compreensivelmente, comentaristas têm tratado "Sobre a questão judaica" com certa falta de jeito, e não menos devido ao uso estouvado e acrítico de imagens antissemitas. O ensaio é estranho também porque, apesar das referências ao "verdadeiro judeu", esse "judeu" é puramente abstrato, pouco mais do que uma metáfora dos valores e práticas da sociedade civil. Na visão de Karl, com a ruína da pólis e a perda de conhecimento ou de memória de participação numa comunidade política, os habitantes do mundo pós-clássico construíram uma espécie de religião baseada em práticas provenientes do interesse pessoal e da pura necessidade. O "judaísmo", segundo Karl, foi a religião que legitimou essas práticas e suposições. Segundo o seu relato, o judaísmo desprezava a natureza, não tinha interesse pela arte ou pelo amor, exceto pelo valor financeiro que pudessem conter, e o seu interesse pela lei resumia-se a saber como burlá-la. Mas uma religião que simplesmente racionalizava as práticas diárias não tinha capacidade de abranger uma realidade maior do que ela ou de transformá-la. Daí a emergência do cristianismo, que completou a ruptura do homem com todos os vínculos da espécie. Nesse sentido, o ensaio é uma denúncia não apenas do judaísmo, mas de todo o desenvolvimento judaico-cristão, que veio em seguida à queda da república antiga. Ainda que seja julgada em seus próprios termos, porém, a analogia entre judaísmo e as práticas da sociedade civil era forçada, e assim sendo, foi posteriormente abandonada. Quando já estabelecido em Paris e familiarizado com o discurso do socialismo republicano francês, Karl abandonou a terminologia do "judeu" e adotou a noção mais ampla de "burguês".

Mas nada disso explica a calculada indiferença e falta de empatia manifestada por Karl no emprego dessa linguagem, nem por que motivo resolveu utilizá-la. É de notar que, na extensão original da ideia de alienação para abranger o sistema do dinheiro, Moses Hess escreveu sobre "o mundo cristão de vendedores" ou "o moderno mundo judaico-cristão de vendedores". O despreocupado uso de tropos antissemitas por Karl contrasta fortemente com outros escritores radicais judeus que durante o período do Vormärz tentaram incorporar a história dos judeus à história do progresso. Heine, em sua *História da religião e da filosofia na Alemanha*, considerava os judeus o primeiro povo verdadeiramente moderno, em razão de sua reverência pela lei. Gans, que tinha fundado a Associação para Cultura e Ciência dos Judeus, entre 1821 e 1823, com o objetivo de reconciliar judaísmo e Iluminismo, acabara convencendo Hegel a considerar o judaísmo a primeira religião de liberdade. O próprio Hess, em sua *História sagrada da humanidade*, de 1837, também tinha tentado construir uma filosofia da história alternativa e centrada no judaísmo, indo de Abraão a Espinosa, passando por Jesus, em lugar das histórias convencionais, nas quais os judeus mal mereciam uma nota de rodapé.

Nada disso estava nos escritos de Karl. Ele não compartilhava a opinião de alguns socialistas franceses, notadamente os fourieristas e Proudhon, de que o grau de endividamento e pauperismo tinha piorado com a emancipação dos judeus na época da Revolução Francesa. Karl apoiou uma petição judaica pela remoção das restrições de judeus à Assembleia Provincial na Renânia, apesar de dizer que só o fez para aumentar a pressão sobre a administração prussiana. Ele escreveu a Ruge: "Por mais que eu antipatize com a fé judaica, as opiniões de Bauer me parecem abstratas demais. O negócio é abrir todas as brechas possíveis no Estado cristão e nelas injetar o máximo de racionalidade que pudermos".[106]

Talvez tenha sido porque Heinrich abandonou o judaísmo antes de Karl nascer ou porque Karl foi criado como cristão, mas o fato é que ele se sentia distante dos judeus e de seus problemas. Porém, fosse qual fosse a razão, seu jeito de tratar a questão não foi simplesmente insensível, mas uma continuação e uma extensão diretas do discurso republicano sobre "regeneração", que tinha caracterizado a Revolução Francesa. Apesar dos esforços do pai e do tio, Karl adotou sem hesitar a equação secular de Napoleão entre judaísmo e usura. Ele não só atacou o suposto monoteísmo dos judeus nos termos mais insultuosos, de origem voltairiana, como "um politeísmo de muitas necessidades", como também aproveitou para atacar o Talmude como "a relação do mundo do interesse pessoal com as leis que governam esse mundo".[107] A única diferença real entre a abordagem de Karl e a dos republicanos da época da Revolução era que sua versão de "regeneração" agora incorporava a noção abrangente de emancipação *humana*, em oposição à emancipação meramente *política*. A *emancipação humana* seria "uma organização da sociedade que aboliria os pré-requisitos de regateio, e portanto a possibilidade de regatear", e "tornaria o judeu impossível". "Sua consciência religiosa seria dissipada como uma névoa fina no ar vital e real da sociedade."

O irrefletido recurso de Karl ao sarcasmo antissemítico incongruentemente combinado com uma suscetibilidade à questão da sua judeidade continuou também na idade madura. Exemplos do primeiro eram especialmente notáveis em relação a Lassalle. Durante sua visita a Berlim em 1861, ele não conseguiu se abster de comentar, a respeito da voz da companheira de Lassalle, a condessa Von Hatzfeldt, que tinha "uma entonação judaica adquirida dele e instilada nela por ele". Da mesma forma, num jantar oferecido por Lassalle, quando se sentou ao lado da srta. Ludmilla Assing, a sobrinha de Varnhagen von Ense e organizadora da correspondência de Varnhagen com Humboldt, ele não conseguiu se abster de comentar que ela, "que realmente me inundou com a sua bondade, é a criatura mais feia que já vi na vida, uma desagradável fisionomia judaica, um nariz agudo e saliente, eternamente sorrindo e arreganhando os lábios".[108] De outro lado, ele reagiu rispidamente à sugestão do genro, Charles Longuet, em 1881, de que tinha havido hostilidade em Trier contra o casamento de Karl com Jenny von Westphalen, com base em "preconceito racial". Karl disse à filha que aquilo era uma "invencionice" e que não havia "preconceito algum a ser superado. [...] Longuet me faria um grande favor se jamais mencionasse meu nome nos escritos *dele*".[109]

6. Exílio em Bruxelas, 1845-8

I. A FAMÍLIA REINSTALADA

Karl viajou de trem para Bruxelas antes de sua família, em 3 de fevereiro de 1845. Bruxelas era a capital do novo reino da Bélgica, formado como resultado de uma bem-sucedida revolta contra o domínio holandês em 1830-1. A cidade era o centro administrativo do novo reino e a residência da nova corte real, mas era famosa também pela fabricação de rendas e de móveis. Antes de junho de 1846, o país tinha sido governado por uma série de coalizões católico-liberais. Como um dos regimes mais tolerantes e liberais do período pré-1848, já servira de refúgio para democratas poloneses, comunistas franceses e republicanos alemães. Mas em sua condição de Estado novo, pequeno e inseguro, temeroso de agressões e intimidações dos vizinhos mais poderosos, não podia ignorar totalmente as pressões diplomáticas. No caso de Karl, as autoridades belgas resistiram às exigências prussianas por sua expulsão, mas insistiram com ele para assinar um compromisso de não publicar nenhum artigo que tivesse alguma coisa a ver com a política belga do momento. Quando a pressão prussiana persistiu, Karl, exasperado, renunciou à sua nacionalidade em dezembro de 1845. A partir de então, tornou-se um apátrida.

Chegando a Bruxelas, o primeiro pensamento de Karl não foi sobre acomodação para a família, assunto que preocupava Jenny, de acordo com anotações de Karl.¹ Havia a perspectiva mais emocionante de arregimentar um poeta para a causa da revolução. Segundo Heinrich Bürgers, que viajou com ele e também fazia parte do corpo editorial da *Vorwärts!*, Karl tinha declarado que sua primeira missão em Bruxelas seria fazer uma visita ao jovem e festejado poeta alemão Ferdinand Freiligrath, que pouco tempo antes renunciara à pensão da corte e se juntara ao "partido do movimento"; e portanto, disse Karl, "tenho que reparar o mal que o *Rheinische Zeitung* lhe fez antes que ele se postasse 'nas ameias do partido'".²

Depois da abrupta expulsão de Karl de Paris, Jenny foi obrigada a vender os móveis e as roupas de cama da família para poder pagar a viagem para Bruxelas — "o valor que consegui foi ínfimo", diria ela mais tarde, em seus momentos de reminiscências. No dia seguinte à partida de Karl, ela lhe escreveu dizendo que Herwegh estava brincando com a pequena Jenny, enquanto Bakunin desabafava suas mágoas "com retórica e drama". Ela ficou dois dias hospedada com os Herwegh e então, "doente e num frio terrível, fui-me juntar a Karl em Bruxelas". Karl não conseguiu encontrar instalações adequadas, e por isso, durante um mês, a família ficou alojada na modesta hospedaria Bois Sauvage. Depois disso, passaram um tempo em alojamentos que Freiligrath tinha ocupado antes de partir para a Suíça, até finalmente se mudarem para uma pequena casa geminada, na Rue de l'Alliance, no bairro flamengo da cidade, onde logo lhes fariam companhia Moses Hess e a mulher, Friedrich Engels, Heinrich Bürgers e um médico radical de Colônia, Roland Daniels. Jenny descreveu "uma pequena colônia alemã" que "convivia agradavelmente" com um ou dois belgas radicais, notavelmente Philippe Gigot, e "vários poloneses", que se encontravam "num dos agradáveis cafés para onde íamos à noite. [...] Que colônia de indigentes está se formando em Bruxelas", escreveu Jenny numa de suas cartas de agosto de 1845.³

O evento familiar mais importante de 1845 foi o nascimento da segunda filha de Karl e Jenny, Laura, em 26 de setembro. Em abril, a mãe de Jenny, Caroline, lhes despachara uma "empregada de confiança", Lenchen, que ficaria com Karl e Jenny pelo resto da vida deles. Jenny também se encarregou de planejar a rearrumação da casa para quando a criança chegasse. O irmão dela, Edgar, que estava em Bruxelas à procura de emprego, poderia ser acomodado, por menos dinheiro, na Bois Sauvage. Quando Laura nascesse, Karl se mudaria para o andar de cima. "O barulho das crianças lá embaixo será completamente vedado, você não será incomodado, e eu poderei ficar com você quando as coisas sossegarem."

Enquanto Karl e Engels passavam julho e agosto em Manchester numa viagem de pesquisa, Jenny, Lenchen e a pequena Jenny — então com catorze meses — voltaram a Trier para fazer companhia a Caroline: "Ah, se você soubesse a bênção que é para minha mãe". Indecisa sobre quando deveria voltar para casa, Jenny pensava que apesar de "as pessoas aqui serem insignificantes, infinitamente insignificantes", e "a vida em geral ser uma versão em miniatura", ela se sentia obrigada a dizer, "mesmo a despeito de vocês, antialemães", que "eu me sinto totalmente à vontade aqui na pequena Alemanha". Zombeteiramente, prosseguiu ela, para uma mulher "cuja sina é ter filhos, costurar, cozinhar e cerzir, eu recomendo a miserável Alemanha", onde "temos o conforto de saber, no fundo do coração, que cumprimos o nosso dever". Mas agora, admitiu ela, "velhas palavras de ordem" como "dever, honra e outras do gênero não têm mais significado algum", e, confessou, "nós sentimos de fato, em nós mesmos, um impulso rumo a sentimentos de egoísmo positivamente stirneriano. [...] E, portanto, não temos mais nenhuma inclinação para os deveres mais humildes da vida. Também queremos nos divertir, fazer coisas e descobrir por experiência própria A FELICIDADE DA HUMANIDADE em cada um de nós".[4]

Apesar do degelo nas relações com os parentes de Karl, conseguido por Jenny na viagem que fez de Paris em 1844, as relações entre Karl e a família dele em Trier continuavam tensas. Um ano depois da visita de Jenny em 1845, a irmã dele, Sophie, escreveu agradecendo as atenções de Karl para com a irmã mais nova, Caroline, outra vítima da tuberculose. Karl a convidara para uma viagem depois de uma visita a seus parentes holandeses — a tia Sophie e o marido, Lion Philips — em Zaltbommel. Caroline ficou muito animada, mas "a pobre criança se sentia tão fraca que o médico desaconselhou veementemente". Em sua carta, Sophie sugeria que, em defesa da "paz de espírito" de Caroline, Karl deveria explicar-lhe que fora impedido de seguir o plano original, e que esse plano deveria ser adiado para outra oportunidade.[5]

Sophie aproveitou ainda para repreendê-lo por sua indiferença ao resto da família.

> Tenho tanta curiosidade de um dia ver suas queridas crianças; a profundamente sensível Jenny e a bela e radiante Laurinha. [...] Dê um beijo a esses serezinhos adoráveis da parte da tia que ainda é para elas totalmente desconhecida. [...] Pois, por melhor e mais carinhosamente que você trate uma irmã, tudo o mais lhe parece es-

tranho, e acho, meu caro Karl, que você tentou superar, pelo argumento, a intimidade das relações de família (e daquelas ainda mais estreitas).

Sophie comentou que, em sua carta para Caroline, Jenny tinha cumprimentado Henriette por seu aniversário.

> Mas você, o próprio filho, por quem ela fez mais do que precisava [...] a pobre mãe sofredora [...] que vê morrendo sua filha mais amada, o anjo mais maravilhoso, apesar de todos os cuidados e dificuldades, você não só não a cumprimentou como a ignorou totalmente. [...] Tudo que eu queria era que você não negasse seu coração a esse ponto, e não ignorasse totalmente sua boa mãe e seus outros três irmãos.[6]

2. A "CRÍTICA" DA ECONOMIA POLÍTICA

Quando Karl chegou a Paris em novembro de 1843 e tentou falar com autores que pudessem vir a colaborar com os *Deutsch-Französische Jahrbücher*, um dos poucos que encontrou foi o escritor socialista Louis Blanc. Blanc prometeu-lhe um artigo e lhe permitiu usar seu endereço para cartas enviadas da Alemanha. Por intermédio de Blanc, Karl rapidamente se familiarizou com as análises radicais e socialistas francesas do livre mercado, da produção industrial e da economia moderna. Esses temas surgiram em grande parte de argumentos originalmente apresentados por Simonde de Sismondi em seu livro *Novos princípios de economia política*, de 1819. Sismondi firmara sua reputação em 1803 como seguidor de Adam Smith. Mas em *Novos princípios* ele sustentava que o advento da máquina tinha destruído a imagem benigna apresentada por Smith das relações entre concorrência, divisão do trabalho e extensão do mercado. Escrevendo no rescaldo das Guerras Napoleônicas, quando mercados europeus e até mesmo mundiais estavam saturados de produtos ingleses, Sismondi, em 1819, fez um "protesto contra a moderna organização da sociedade", e especialmente contra os economistas ingleses da escola ricardiana, que eram seus principais defensores.[7] Ele argumentava que, uma vez que a extensão das atividades de mercado ultrapassava as fronteiras nacionais, a "superprodução" se tornava propriedade permanente do sistema econômico. A superprodução era consequência da mecanização. "A Europa chegou a ponto de ter em todas as suas partes uma indústria e uma manufatura superiores às suas necessidades." A concorrência no mercado mundial foi intensificada porque em todos os países a produção agora superava o consumo.

A concorrência estava relacionada ao surgimento do que Sismondi foi um dos primeiros a chamar de "o proletariado". De acordo com Sismondi, o aumento da população, perceptível em toda a Europa ocidental no começo do século XIX, não poderia ser explicado pela proporção de Malthus entre população e meios de subsistência (sua famosa afirmação de que a população cresce "geometricamente", ao passo que o aumento dos meios de subsistência era apenas "aritmético"). O aumento da população era limitado não pela quantidade de alimentos, mas pela demanda por mão de obra. Dizia ele que o crescimento da população era consequência de uma queda na idade núbil, resultante do deslocamento de camponeses e artesãos por uma classe cada vez maior de trabalhadores diaristas. Na Inglaterra, onde essa classe tinha praticamente substituído os camponeses e artesãos, a mendicância adquiria proporções epidêmicas. Sem a perspectiva de herdar um pedaço de terra ou de se tornar um mestre artesão, membros dessa nova classe sem propriedades não viam razão para retardar o casamento. Eram exatamente iguais ao que os romanos chamavam de "proletários". "Os que não tinham propriedades, aparentemente em maior número que os outros, eram convocados a ter filhos: *ad prolem generandum*."[8] Essa classe representava um perigo para si e para as demais, "uma população miserável e sofredora" que seria sempre "inquieta e uma ameaça à ordem pública".

Blanc elaborou e dramatizou esse quadro; ele percebeu que a sociedade francesa estava em crise. De acordo com seu livro *A organização do trabalho*, de 1841, a revolução "burguesa" de 1789 tinha inaugurado uma "sociedade comercial" baseada no individualismo egoísta. A consequente concorrência do livre mercado foi um sistema de "extermínio" que causou o empobrecimento dos trabalhadores e a ruína de amplos setores da burguesia. A população cresceu, o artesão foi substituído pelo trabalhador qualificado, a oficina foi substituída pela fábrica, as grandes fábricas engoliram as pequenas, e a exploração intensificou-se em toda parte. Na Inglaterra, acreditava-se que economistas como Malthus e Ricardo tinham endossado um processo no qual esse abismo entre ricos e pobres havia sido levado ao extremo.

O retrato da França traçado por Blanc era reforçado pelos relatos enviados da Inglaterra por Friedrich Engels; e graças ao ensaio "Sobre a essência do dinheiro", de Moses Hess, já era possível descrever a situação em termos feuerbachianos: o trabalhador estava relacionado ao produto do seu trabalho como um "objeto estranho".[9] Karl já tinha se baseado em algumas ideias de Hess em seu ensaio "Sobre a questão judaica". Nos *Manuscritos econômico-filosóficos*, de 1844, ele ampliou ainda mais a mudança de Hess da consciência para a atividade. Hess tinha definido a vida como "a troca de atividade vital produtiva" envolvendo "o trabalho cooperativo conjunto de diferentes indivíduos". Em contraste com isso, no "mundo invertido" do dinheiro e da propriedade privada, essa "atividade-espécie" foi substituída pela satisfação "egoísta" de necessidades privadas; os atributos-espécie do homem tornaram-se simples meios de autopreservação individual. Karl baseou-se nessa mudança de perspectiva para adotar a "atividade vital consciente" como ponto de partida. Pois, como afirmava, "a alienação religiosa só ocorre no domínio da *consciência* [...] mas a alienação econômica é a da vida *real*".[10]

Não eram só os relatos de desenvolvimento social na Inglaterra e na França que impressionavam Karl no final de 1843. O que particularmente capturou sua imaginação foi a conexão apontada por Engels entre aqueles avanços e as alegações da economia política em seu "Esboço de uma crítica da economia política".[11] Karl recebeu um exemplar defeituoso desse manuscrito (mutilado pela polícia) naquele outono, mas depois publicou o texto integral nos *Jahrbücher*. Engels interpretava o surgimento da economia política como efeito da expansão do comércio, que avançara paralelamente ao desenvolvimento da religião e da teologia. Por isso é que Adam Smith foi chamado de "o Lutero econômico", uma vez que tinha proclamado as virtudes do livre-comércio. Mas isso foi substituir a "franqueza católica" do mercantilismo pela "hipocrisia protestante", trocar a rivalidade confessada pela amizade presumida. Assim como foi necessário derrubar o catolicismo, "também foi necessário derrubar o sistema mercantil com seus monopólios e estorvos ao comércio, para que as verdadeiras consequências da propriedade privada pudessem vir à luz" e "a luta da nossa época se tornasse uma luta humana universal". Smith tinha afirmado que um sistema de liberdade criaria vínculos globais de amizade. Mas a realidade do livre-comércio significava a extensão da exploração por todo o planeta, o início de uma concorrência cada vez mais acirrada entre os países e a expansão do sistema de fábricas, levando à dissolução da família.[12]

O que havia de insólito e notável no "Esboço" de Engels era a tentativa de desenvolver uma crítica sistemática das categorias da economia política. Engels estudou o debate sobre "valor" entre os economistas políticos e achou tudo aquilo "uma confusão". Enquanto os economistas ingleses relacionavam o valor ao custo de produção (a quantidade de trabalho agregada a uma mercadoria), os franceses, especialmente Jean-Baptiste Say, achavam que provinha da "serventia", a utilidade de uma mercadoria aos olhos do consumidor. Engels julgava ter resolvido a questão definindo valor como a relação entre custo de produção e utilidade, e preço como o efeito da relação recíproca entre custo de produção e concorrência. Partiu então para um ataque à lei da população de Malthus e à suposta alegação de Say ("Lei de Say") de que não poderia haver superprodução, chamando a atenção para a ocorrência periódica de crises. Afirmou também que essas flutuações contínuas dentro do sistema minavam qualquer base moral para a troca.[13]

Embora os alvos de Engels fossem mais sistemáticos do que os de Blanc, o tom do ataque era semelhante. A competição era responsável pela "mais profunda degradação da humanidade". Assim como Blanc compendiava a discussão dos socialistas franceses, Engels tinha por base a crítica econômica dos socialistas owenistas de Manchester.[14] Em particular, ele usou como ponto de partida a obra do conferencista socialista itinerante John Watts, cujo livro *Fatos e ficções dos economistas políticos*, de 1842, fundamentava a maioria dos seus argumentos.

A característica mais notável do ensaio de Engels — e nisso ele divergia dos owenistas — era combinar análise da economia política com o ataque de Proudhon à propriedade privada. A economia política, de acordo com Engels, pressupunha a propriedade privada, embora jamais questionasse a sua existência. Como "a ciência do enriquecimento nascida da inveja mútua e da ganância dos comerciantes", a economia política era basicamente a "elaboração das leis da propriedade privada". Mas, sem se dar conta disso, a economia política era um "elo na cadeia do progresso geral da humanidade". Pois, "dissolvendo todos os interesses particulares", a economia política preparava o caminho da "maior transformação" rumo à qual o século se encaminhava, "a reconciliação da humanidade com a natureza e consigo".[15]

Sem dúvida, foi essa equação entre economia política e a ideia de propriedade privada de Proudhon que inspirou Karl a empreender sua própria "crítica da economia política" nos primeiros meses de 1844: a economia política fornecia a *teoria* da sociedade civil, ou, como diria ele depois, sua "anatomia". Era a expressão teórica desse mundo alienado. Segundo o argumento desenvolvido por Karl nos *Manuscritos econômico-filosóficos* e em *A sagrada família*, a economia política confundia um mundo no qual o "homem" tinha alienado seus atributos humanos essenciais para o verdadeiro mundo do homem. Combinava num só todo "a vida produtiva do homem" e a "propensão a negociar, barganhar e trocar" de Adam Smith, sendo, portanto, incapaz de distinguir o homem-espécie do mundo alienado no qual ele agora tinha que atuar. Foi por isso que, poucos meses depois, Karl afirmou em *A sagrada família* que *O que é a propriedade?* tinha para a "economia política moderna" o mesmo significado que teve o famoso texto do abade Sieyès, *O que é o terceiro estado?*, de 1789, para a "política moderna".[16]

Nove cadernos escritos no primeiro semestre de 1844 mostravam o primeiro envolvimento de Karl com a economia política.[17] Ele tomou notas sobre o *Tratado de economia política* de Jean-Baptiste Say e seu *Curso completo de economia política prática*, textos básicos na França, bem como sobre *A riqueza das nações*, de Smith, *Princípios de economia política e tributação*, de Ricardo, e a história da economia política de McCulloch, juntamente com as obras dos economistas e filósofos Skarbek, Destutt de Tracy e Boisguilbert. Mas prestou pouca atenção aos detalhes de argumentação econômica contidos nesses textos. Say foi citado para confirmar a ideia de que "a propriedade privada" era "um fato cuja explicação não diz respeito à economia política, mas que forma a sua fundação", validando assim o argumento de Engels de que a economia política era "em essência [...] uma ciência de enriquecimento".[18] Havia extensas notas sobre Smith, mas nenhum comentário abrangente além da observação de que a discussão de Smith da relação entre troca e divisão do trabalho era falaciosa. Quanto a Ricardo, ele leu a tradução francesa da primeira edição junto com a nota anexada por McCulloch sobre a vida e a obra de Ricardo. Não tinha, portanto, conhecimento da mudança de ideia de Ricardo sobre a teoria do valor-trabalho ou do custo de produção que ele adotara inicialmente — isso apesar do fato de a edição das obras de Ricardo que ele tinha lido conter relevantes notas críticas de Say. Karl parece não ter percebido as críticas feitas a Ricardo nas décadas de 1810 e 1820, nem as revisões feitas por Ricardo em resposta — em particular, que a inclusão do capital no valor de uma mercadoria criava instabilidade nas relações entre valor e preço.[19] Embora ele viesse a fazer uma releitura mais atenta de Ricardo em 1850-1, nos anos 1840 ainda dependia inteiramente da dogmática reiteração feita por McCulloch do argumento de Ricardo na primeira edição dos *Princípios* em 1817. Karl dirigiu sua crítica não às ambiguidades da teoria de valor de Ricardo, mas à "inversão" que percebia na representação da sociedade feita pelos economistas: "A economia política, para dar maior precisão e consistência às suas leis, precisa descrever a realidade como acidental e a abstração como real".[20]

Da mesma forma, não houve um exame de *Elementos de economia política* de James Mill em seus próprios termos, só um ataque ao dinheiro como "o mediador alienado" das trocas humanas, e mais uma denúncia de abstração: "Vê-se como a economia política *estabelece* a forma *alienada* de relações sociais como *essencial* e *original*, correspondente à determinação humana".[21] As relações sociais envolvidas na troca eram "só aparência"; "nossa complementaridade recíproca" era, da mesma forma, "*só aparência*, útil para a rapina recíproca". Diferentemente disso, num mundo "humano", só se pode "trocar amor por amor". "Cada uma das tuas relações com o homem e a natureza precisa ser uma *expressão específica*, correspondente ao objeto da tua vontade, ou da tua *vida individual real*."[22]

As notas que forneceram a base para a "crítica" de Karl à economia política nos *Manuscritos econômico-filosóficos* constavam de três cadernos. O primeiro estava dividido em três colunas: salários, capital e renda. Em cada coluna havia transcrições ou paráfrases de Smith, Schulz, Ricardo e outros.[23] Em seguida vinha uma anotação sobre trabalho e alienação cruzando toda a página. O segundo caderno, apenas sete páginas, trata de trabalho e capital como antíteses, e ataca concepções romântico-feudais do proprietário de terras. O terceiro caderno contém discussões sobre propriedade privada, trabalho, comunismo e dialética hegeliana.

O desenvolvimento intelectual de Karl durante o período não pode ser reconstruído inteiramente a partir desses cadernos. Não mencionadas, mas discutidas nos *Manuscritos*, havia obras importantes como *O que é a propriedade?*, de Proudhon. Esta era notável não só pelo ataque à propriedade privada, mas também pela crítica à relação salarial e à remuneração de operários. Proudhon afirmava que o operário retinha o direito sobre o seu produto, mesmo depois de receber o salário, uma vez que o salário representava apenas uma pequena proporção do valor agregado apropriado pelo capitalista. Karl também achava que o capitalista era o único beneficiário da produção agregada tornada possível pela cooperação entre trabalhadores. Com isso ele tocava na questão central subjacente à crítica radical da economia política. De que maneira a troca aparentemente livre e igual entre capitalista e assalariado resultava num ganho desproporcional para o primeiro e, com isso, criava as bases da acumulação de capital? A troca entre capitalista e operário não era igual nem voluntária. Pela relação salarial, os produtores de valor eram roubados dos frutos do seu trabalho.

Num contexto francês, esses argumentos não eram particularmente originais. Proudhon partia de pressupostos que se tornaram generalizados em debates franceses e não se limitavam, de forma alguma, aos socialistas. Em 1836-7, Pellegrino Rossi, sucessor de Say no Collège de France, tinha criticado o tratamento dado ao trabalho nos escritos de Ricardo e McCulloch, como se o operário fosse um fator de produção como outro qualquer. A abordagem de Rossi foi, por sua vez, desenvolvida e elaborada por Eugène Buret em sua resposta ao tema de um concurso de ensaios proposto pela Académie des Sciences Morales et Politiques: "determinar a natureza e os sinais de pobreza em vários países" e "investigar as causas que a produzem". Ele ganhou o prêmio em 1840 e usou o dinheiro para visitar a Inglaterra. Escreveu sobre suas descobertas em *De la misère des classes laborieuses en Angleterre et en France* [Sobre a miséria das classes trabalhadoras na Inglaterra e na França], em que argumenta que o trabalho não é uma mercadoria, uma quantidade fixa que possa ser livremente disposta pelo trabalhador.[24] O trabalhador não está na posição do vendedor livre em relação ao patrão; o trabalho não pode ser acumulado nem poupado: "Trabalho é vida, e se a vida não é trocada todos os dias por alimento, logo perecerá. Para que a vida do homem seja uma mercadoria, seria necessário restaurar-se a escravidão". Já o capital estava "numa posição inteiramente diferente; se não for aplicado, apenas deixa de obter lucro, não é destruído".[25]

A obra de Buret era importante não só por suas descrições das condições dos operários na Inglaterra e na França, mas também pela ênfase que dava ao fato de que a mercadoria vendida pelo operário não era trabalho, e que a troca diária de "vida" por alimento envolvida no contrato salarial não era livre nem igual. Em substância, essa abordagem não era diferente da que Karl acabaria adotando em sua distinção entre "trabalho" e "força de trabalho" por volta de 1857-8. Mas essa não era a preocupação de Karl em 1844. No verão daquele ano, ele leu e anotou o primeiro volume do estudo de Buret, mas sem demonstrar interesse particular pela discussão crítica do contrato salarial desenvolvida por Rossi, Buret, Proudhon e outros nos anos 1830 e começo dos anos 1840.[26] Em 1844, a leitura que Marx fazia das obras de Ricardo, Buret, Proudhon e outros era governada, quase exclusivamente, pela busca de provas de pauperização. Os argumentos de Karl pretendiam estar baseados no que ele chamava de "análise totalmente empírica". Mas o que isso queria dizer foi indicado no fim das suas anotações sobre salários, capital e renda no primeiro caderno: "Na própria economia política, em suas próprias palavras, mostramos que o trabalhador é rebaixado a mercadoria, e mercadoria do tipo mais barato, e que a pobreza do trabalhador está em proporção inversa ao poder e extensão da sua produção".[27] Nesse contexto, mesmo a obra de Proudhon era insatisfatória. Era o melhor que poderia ser feito "do ponto de vista da economia política". Mas a ideia era "elevar-se acima do nível da economia política".[28]

Era essa a intenção da análise do "trabalho alienado" de Karl. Quanto maior o desenvolvimento da propriedade privada e da divisão do trabalho, mais o trabalho do produtor caía "na categoria de *trabalho* para ganhar a vida, até ter apenas este significado".[29] Em contraste com o cinismo dos economistas políticos, que não prestam a menor atenção à alienação do operário, Karl partia de um "fato econômico *real*: o trabalhador torna-se tanto mais pobre quanto mais riqueza produz". Esse "fato", afirmava Karl, significava que "o trabalhador está relacionado ao *produto do seu trabalho* como se fosse um objeto *estranho*". A crítica econômica do francês agora estava mesclada com uma inversão feuerbachiana.

A alienação estava relacionada não apenas ao produto do trabalho, mas também à atividade do próprio trabalho. A atividade do trabalhador era "uma atividade estranha, não pertencente a ele", uma "autoalienação". Em outras palavras, como na obra de Hess, o *"ser essencial"* do homem torna-se "um mero meio de sua existência". A *"vida da espécie"* torna-se "um meio de vida individual". O trabalho não é mais a satisfação de uma necessidade, mas "simplesmente um *meio* de satisfazer necessidades externas a ele" — necessidades animais para manter a existência física individual. Assim sendo, o homem se sente "livremente ativo em suas funções animais". O que era animal se tornou humano, e o que era humano se tornou animal.

Finalmente, o trabalho alienado significava não apenas a alienação do homem da sua natureza-espécie, mas também a alienação do homem do próprio homem. "O ser *estranho*, a quem o trabalho e o fruto do trabalho pertencem, [...] só pode ser *outro homem que não o trabalhador.*" Toda autoalienação do homem aparecia em sua relação com os outros homens. Seu trabalho pertencia a outro, portanto não era livre. Era o trabalho "de um homem estranho ao trabalho e que está do lado de fora dele", ou a relação com "um capitalista".[30]

Karl declarou, no que de início talvez tivesse sido pensado como um prefácio, que o objetivo do texto era, mais uma vez, ressaltar os defeitos do "teólogo crítico" — Bruno Bauer.[31] Mas, no decorrer de 1844, a intenção da obra deve ter mudado. Quando ele retomou o projeto em Bruxelas, o propósito declarado no contrato assinado com o editor de Darmstadt, Karl Leske, em 1º de fevereiro de 1845, era produzir uma obra em dois volumes intitulada *Crítica da política e da economia política*.[32] Esse contrato particular seria cancelado, mas a ideia dessa crítica continuaria a ser sua maior preocupação nos 25 anos seguintes. O subtítulo de *O capital* em 1867 ainda era "Crítica da economia política".

O objetivo original era construir uma "crítica positiva alemã da economia política" que fosse "positiva, humanista e naturalista". Seria baseada "nas descobertas de Feuerbach".[33] Isso significava estabelecer uma estreita ligação entre a imagem da economia de Karl e a imagem da religião de Feuerbach. Karl agora afirmava que quanto mais riqueza produzia, mais pobre o trabalhador ficava. "É a mesma coisa na religião. Quanto mais o homem coloca em Deus, menos guarda em si mesmo. O trabalhador coloca sua vida no objeto; mas agora sua vida já não pertence a ele, e sim ao objeto."[34] Essa conexão entre economia e religião era uma continuação do argumento que Karl apresentara no ensaio "Sobre a questão judaica", onde a doutrina religiosa cristã era comparada à prática econômica judaica. O argumento sobre rebaixamento espiritual combinado com a noção de capital como trabalho acumulado parece ter sido a origem do argumento posterior ligando a industrialização à pauperização material apresentada em *O capital* e, mais tarde, vigorosamente debatida por historiadores econômicos da década de 1920 até a de 1970.

Karl alegava que a economia política confundia um mundo no qual o homem tinha alienado seus atributos humanos essenciais com o verdadeiro mundo do homem. Na sociedade civil, onde o indivíduo aparecia como "uma totalidade de necessidades", e em que "cada um se torna um meio para o outro", esses atributos humanos só apareciam em disfarces alienígenas. Os padrões de comportamento observados e transformados em leis pelos economistas políticos eram padrões produzidos pela alienação. Karl não fazia nenhum reparo à exatidão dessas observações; nem fazia uma crítica econômica específica. Os defeitos da economia política não eram ocasionais, mas fundamentais. Desde o início, a economia política tratava a relação entre pessoas como uma relação entre proprietários. E seguia em frente como se a propriedade privada fosse atributo natural do homem, ou simples consequência da "propensão a negociar, barganhar e trocar" descrita por Adam Smith. Como resultado, a economia política era incapaz de distinguir "a vida produtiva" do homem da "total alienação ligada ao sistema do dinheiro".

A tarefa do crítico era revelar a realidade essencial do homem-espécie sepultada sob esse mundo invertido e traduzir o discurso alienado da economia política numa linguagem verdadeiramente *humana*.³⁵

Como Fourier em sua crítica da "civilização", as autênticas paixões humanas encontravam nela sua expressão, mas de uma forma distorcida e antissocial. Dessa maneira, o significado de propriedade privada fora da alienação era "a *existência de objetos essenciais* para o homem". A troca — ou escambo — era definida como "o ato social, o ato-espécie [...] dentro da *propriedade privada*", e portanto "o ato-espécie *alienado*", "o oposto da relação *social*". A divisão do trabalho se tornava "a expressão econômica do caráter social do trabalho dentro [...] da alienação". O dinheiro era "a alienada *capacidade da humanidade*". Num mundo "humano", a mistura e confusão de todas as qualidades naturais e humanas expressadas pelo dinheiro e pelo valor de troca seriam impossíveis.³⁶

Assim como Feuerbach tinha argumentado que a alienação é que produzira a religião, e não a religião que produzira a alienação, Karl sustentava que a alienação produzira a propriedade privada.³⁷ Não havia prova para respaldar essa afirmação, mas sem ela Karl não poderia ter chegado à sua conclusão apocalíptica: a de que a propriedade privada era o produto do trabalho alienado, um "segredo" só revelado quando a propriedade privada completou o seu domínio sobre o homem. Só quando a propriedade privada se tornou "um poder histórico mundial", e a maior parte da humanidade foi reduzida ao trabalho "abstrato", e tudo o mais foi reduzido a "ser quantitativo", é que a antítese entre propriedade e falta de propriedade foi transformada na antítese entre capital e trabalho, burguês e proletário.³⁸

Desse modo, a propriedade privada seria impulsionada rumo à autodestruição por seu próprio movimento econômico. Como escreveu Karl em *A sagrada família*, "o proletariado executa a sentença que a propriedade privada pronuncia contra si mesma ao produzir o proletariado".³⁹ Pois enquanto a propriedade privada avançava para atingir a "dominação mundial", a condição do proletariado ia se tornando cada vez mais "desumana". Essa polarização significava que num dos polos havia a sofisticação cada vez maior de apetites imaginários (os excessos dietéticos e sexuais dos ricos metropolitanos), enquanto no outro estavam a moenda e as batatas podres (referência ao castigo das casas de trabalho britânicas e à magra dieta dos pobres irlandeses).

Mas essa viagem do homem pelo vale da alienação não era inteiramente negativa. Em primeiro lugar, a propriedade privada o obrigou a tornar-se mais produtivo, a ponto de, com a ajuda da energia a vapor e das máquinas automáticas, ele agora se achar no limiar da abundância.[40] Em segundo lugar, a desumanização — que Engels capturaria mais graficamente em seu relato de 1844 sobre as favelas de Manchester — estava gerando a revolta proletária. Como consequência, a crise revolucionária era iminente.[41] Isso por sua vez traria o socialismo, pois "quando o proletariado é vitorioso, ele de modo algum se torna o lado absoluto da sociedade, pois só é vitorioso na medida em que abole a si mesmo e ao seu oposto".[42]

3. ENTRE OWEN E FEUERBACH: O COMUNISMO DE FRIEDRICH ENGELS

As questões levantadas por Feuerbach, que cresceram em importância na interpretação da economia política de Karl, foram reforçadas pelo encontro com Friedrich Engels e pelo desenvolvimento de sua estreita camaradagem política.[43] Já tinha havido um encontro breve entre eles, e não particularmente cordial, na redação do *Rheinische Zeitung*, em Colônia, em novembro de 1842. Depois disso, o respeito mútuo aumentou quando eles descobriram que um precisava da obra do outro. A amizade se firmou nos dez dias que passaram juntos em Paris entre 28 de agosto e 6 de setembro de 1844.

Friedrich Engels nasceu em 1820 em Barmen, Vestfália, como o filho mais velho de um fabricante de têxteis. Enquanto Karl tinha as qualificações de um classicista, advogado e filósofo com nível universitário, Engels possuía as habilidades tidas como requisitos do homem de negócios. Criado numa casa fortemente calvinista, Friedrich estudou no ginásio na vizinha cidade de Elberfeld, antes de ser mandado para Bremen para adquirir conhecimentos comerciais e contábeis adequados. Mas já na escola começou a desenvolver radicais ambições literárias. Diferentemente de Karl, suas primeiras atitudes políticas tinham sido muito influenciadas pelo movimento literário nacionalista liberal dos anos 1830. Ele tinha ido buscar seus primeiros heróis na mitologia teutônica; em Bremen, por exemplo, enaltecera a lenda de Siegfried como símbolo das corajosas virtudes da virilidade da Jovem Alemanha em sua luta contra a Alemanha mesquinha e servil dos príncipes.[44] Foi atraído pela Jovem Alemanha, particularmente pelos escritos de Ludwig Börne, judeu radical e exilado parisiense, cujas denúncias republicanas contra os príncipes e aristocratas alemães misturavam-se a uma polêmica contra as tendências francófonas do nacionalismo alemão.

Engels aproximou-se dos jovens hegelianos depois de ler em Bremen *A vida de Jesus*, de David Strauss, no final de 1839. Por esse motivo, escolheu Berlim, perto de Bruno Bauer e seu círculo, como o lugar onde faria seu serviço militar de um ano. O serviço militar era uma atividade que seu pai, um patriota, apoiaria de todo o coração, e portanto, pelo menos por um tempo, Engels escapou da empresa da família. Foi a sua primeira oportunidade de sair da cidade onde nasceu e saborear a vida numa cidade grande, livre da vigilância dos mais velhos. Mas a vida militar em tempos de paz tinha suas próprias formas de tédio, e Engels passava as horas de folga socializando nos cafés e tabernas frequentados pelos jovens hegelianos. Estes não só ofereciam uma diversão boêmia, mas também lhe davam uma chance de entrar em contato com o que ele chamava de "as ideias do século". Engels assistiu devidamente ao famoso curso de palestras berlinenses de Friedrich Schelling, o outrora companheiro e agora adversário conservador de Hegel, e poucas semanas depois de chegar, escrevendo sob o pseudônimo de "Frederick Oswald", publicou panfletos denunciando a "filosofia da revelação" de Schelling.

Quando conheceu Karl, Engels era impulsivo, intrépido e eclético. Não tinha nenhum contato com a universidade e nenhuma formação em filosofia; por isso, as desavenças entre os jovens hegelianos parecem não ter lhe causado nenhuma impressão. Até juntar forças com Karl em Paris, no verão de 1844, os escritos jornalísticos de Engels não indicavam nenhuma consciência do crescente racha entre os seguidores de Bauer e os de Feuerbach. O que via neles era uma investida comum contra o cristianismo, que levaria à substituição da teologia pela antropologia. Em política, também, Engels mal tinha sido tocado por Hegel. Diferentemente da maioria dos jovens hegelianos de Berlim, ele foi republicano e democrata revolucionário antes de tornar-se hegeliano. Em Berlim, ainda achava que poderia combinar a filosofia da história de Hegel com as opiniões políticas republicanas de Börne. Em 1842, num poema satírico sobre a demissão de Bruno Bauer do seu cargo universitário, escrito em parceria com Edgar, o irmão mais novo de Bruno, Engels referiu-se a si mesmo como o jacobino "Oswald, o *Montagnard*" [montanhês]: "Radical ele é, tingido na lã, e dia sim, dia não, toca a guilhotina/ Uma única e solitária melodia, e isto é uma cavatina". O entusiasmo pelo jacobinismo, juntamente com a veemente rejeição do constitucionalismo liberal *juste milieu* de

Luís Filipe na França, era sua maneira informal de expressar o prazer de chocar os respeitáveis. Outra maneira era participar dos excessos anticristãos dos "Livres".[45]

O contato de Engels com o caráter do jovem hegelianismo restringia-se, basicamente, ao debate sobre o cristianismo. Sua voz distinta desenvolveu-se não dentro dos círculos dos jovens hegelianos em Berlim, mas na Inglaterra, para onde foi mandado como representante da firma Ermen & Engels em Manchester, entre novembro de 1842 e agosto de 1844. Ali assistia regularmente a debates owenistas, tornando-se mais versado nos pressupostos filosóficos owenistas expressos na Sala de Ciências de Manchester do que na tradição filosófica do idealismo alemão.

Durante o verão de 1842, no auge da agitação cartista, Hess — o editor de assuntos internacionais do *Rheinische Zeitung* — prognosticou o advento final de uma "catástrofe iminente". Num encontro com Hess em Colônia a caminho da Inglaterra em novembro de 1842, Engels tinha sido convertido ao "comunismo". Pois a profecia de Hess parecia estar se tornando realidade, e poucos dias depois de chegar a Londres, Engels já estava escrevendo em termos igualmente catastróficos.[46] Num artigo escrito em 1843, Engels definiu sua mudança como uma consequência de discussões entre os jovens hegelianos. Declarou que em 1842 os jovens hegelianos eram "ateístas e republicanos", mas que, no outono daquele ano, "alguns do grupo denunciavam a insuficiência de mudança política, e declaravam ser de opinião que uma revolução *social* baseada na propriedade comum era o único estado de humanidade que estaria de acordo com seus princípios abstratos". Descreveu Hess como "o primeiro comunista do grupo".[47]

Durante a sua estada na Inglaterra, Engels continuou levando vida dupla. Era um homem de negócios no horário de trabalho, mas escrevia frequentemente para a imprensa radical inglesa e alemã e começou a coletar material para o seu livro *A situação da classe trabalhadora na Inglaterra*, que apareceu em 1845. Fora da vida de homem de negócios, desenvolveu uma relação com uma operária radical irlandesa, Mary Burns, e teve a oportunidade de conhecer alguns dos principais owenistas e cartistas de Manchester. Boa parte do interesse duradouro do seu livro vem desses encontros e das observações em primeira mão deles resultantes.

Como Hess, Engels acreditava que, em cada um dos três grandes países da Europa, os acontecimentos estavam levando à conclusão de que "uma completa revolução de arranjos sociais baseada na comunidade de propriedade" era uma "necessidade urgente e inevitável". Os ingleses tinham chegado a essa conclusão "praticamente", os franceses "politicamente" e os alemães "filosoficamente, raciocinando sobre os primeiros princípios". Engels ficou impressionado com as perspectivas práticas dos owenistas. No outono de 1843, escreveu que "em tudo que tenha efeito prático, sobre os *fatos* do estado atual da sociedade, achamos que os socialistas ingleses estão muito à nossa frente".[48] Mais ou menos na mesma época, ele escreveu "Esboço de uma crítica da economia política" — boa parte baseada, mais uma vez, em fontes owenistas. Nessa obra, Engels afirma que a propriedade privada era responsável pelas contradições da economia política, e que depois do triunfo iminente do livre-comércio ela lançaria a Inglaterra em sua crise social definitiva.[49]

Em ensaios subsequentes, publicados nos *Jahrbücher* e na *Vorwärts!*, Engels escreveu com mais detalhes sobre essa crise e suas causas históricas. Seu ponto de partida lembrava o do famoso ensaio de Thomas Carlyle, *Passado e presente*, de 1843: o individualismo estava dissolvendo todos os vínculos sociais. Depois da dissolução do feudalismo, a humanidade não devia mais "ser preservada pela força, por meios *políticos*, mas por *interesse pessoal*, ou seja, por meios *sociais*". "A abolição da servidão feudal tinha feito do 'pagamento em espécie a única relação entre os seres humanos'."[50] Os mercantilistas tinham reconhecido o antagonismo subjacente ao processo de comprar barato e vender caro. Mas Adam Smith louvara o comércio como "um elo de união e amizade".

A forma "hipócrita de abusar da moralidade com objetivos imorais" era "o orgulho do sistema de livre-comércio". Todos os monopólios menores eram abolidos "para que *um único* grande monopólio básico, a propriedade, possa funcionar mais livre e irrestritamente". Ao "dissolver as nacionalidades", o sistema econômico liberal tinha intensificado "ao máximo a inimizade entre os indivíduos, a guerra ignominiosa da competição"; "o comércio absorveu a indústria e com isso ficou onipotente". Através da industrialização e do sistema fabril, o último estágio foi alcançado: "a dissolução da família". "O que mais pode resultar da separação de interesses, como a que serve de base para o sistema de livre-comércio?" O dinheiro, "a alienada abstração vazia da propriedade", tornou-se dono do mundo. O homem tinha deixado de ser escravo de homens e se tornou escravo de *coisas*. "A desintegração da humanidade numa massa de átomos isolados que se repelem mutuamente significa, em si, a destruição de todos os interesses corporativos, nacionais e, na verdade, de quaisquer interesses particulares, e é o último passo necessário rumo à livre e espontânea associação de homens."[51]

O contexto geral da análise de Engels era o de uma crise final do cristianismo: "A ordem mundial cristã não pode ir mais longe do que isto". Sua descrição das raízes dessa crise baseava-se tanto em Bauer como em Feuerbach, sem muita discriminação. Seguindo Moses Hess, ele afirmava que a crise estava acontecendo na Inglaterra porque "só a Inglaterra tem uma história social. [...] Só aqui princípios foram transformados em interesses antes que pudessem influenciar a história". "A igualdade democrática", escreveu Engels em março de 1844, era uma "quimera". Mas a democracia rumo à qual se movia a Inglaterra

> não era a da Revolução Francesa, cujas antíteses eram a monarquia e o feudalismo, mas a democracia, cujas antíteses são a classe média e a propriedade. [...] A luta da democracia contra a aristocracia na Inglaterra é a luta do pobre contra o rico. A democracia rumo à qual se move a Inglaterra é uma democracia *social*.[52]

A origem da crise daquele momento remontava "à visão germano-cristã do mundo" cujo primeiro princípio era a "subjetividade abstrata". Depois da desintegração do feudalismo, essa ideia tinha culminado "no Estado cristão". Mais genericamente, tinha elevado o "interesseirismo", que era "subjetivo e egoísta", a "princípio geral", e a consequência disso foi a "fragmentação universal, a concentração de cada indivíduo em si mesmo", a hegemonia do interesse individual e do domínio da propriedade.[53]

O efeito mais importante do século XVIII para a Inglaterra foi a criação do proletariado pela Revolução Industrial. A convulsão social da Revolução Industrial e a expansão do comércio foram presságios da "agregação, da reunião da humanidade, tirando-a da fragmentação e do isolamento a que fora empurrada pelo cristianismo; foi o penúltimo passo rumo à autocompreensão e autolibertação da humanidade". Engels confiava no "progresso irresistível" da espécie humana ao longo da história, "sua sempre certa vitória sobre a insensatez do indivíduo". Assim escreveu ele em 1844: "O homem só precisa compreender a si mesmo" e "organizar o mundo de maneira verdadeiramente humana, de acordo com as demandas da sua própria natureza, para que resolva o enigma do nosso tempo".[54]

Depois de suas conversas com Karl em Paris, Engels mudou um pouco sua posição sobre a Inglaterra. Em *A situação da classe trabalhadora na Inglaterra*, que escreveu nos meses subsequentes, o centro de seu interesse não eram mais simplesmente a propriedade privada, o individualismo e a dissolução social. A esses tópicos ele somou uma ênfase especial ao papel redentor do proletariado, tema provavelmente desenvolvido a partir de uma leitura da descrição de Karl desse papel na introdução à sua "Crítica da filosofia do direito de Hegel", publicada nos *Jahrbücher*, e também de suas conversas com Karl em agosto de 1844. A história contada nesse livro tinha como fonte as categorias de Feuerbach. Partindo de um relato da bucólica inocência dos trabalhadores ingleses do ramo têxtil pré-industrial, Engels mostrou como a industrialização tinha arrastado esses trabalhadores para a corrente principal da história mundial e os reduzira, pouco a pouco, às horrendas condições animalescas destacadas com minúcia em sua descrição de Manchester. Mas a pauperização e a desumanização formavam o prelúdio essencial da recuperação da humanidade através da revolta proletária, começando pelos atos brutais de violência individual e culminando com o cartismo, o movimento trabalhista organizado e a revolução social.

Engels ainda se identificava com os owenistas, mas sua visão já se tornava mais marcadamente crítica da passividade política deles. No verão de 1844, ele ainda acreditava, como os owenistas, que "os males sociais não podem ser curados pela Carta do Povo". Já em 1845, em *A situação da classe trabalhadora na Inglaterra*, criticou os owenistas por desaprovarem o "ódio entre as classes" e por não perceberem "o elemento de progresso nessa dissolução da velha ordem social". Ele agora achava ingênua a ambição dos owenistas "de colocar o país num estado de comunismo de imediato, da noite para o dia, e não pela marcha inevitável do seu desenvolvimento político". Sustentava que eles deveriam "se dignar a voltar por um momento ao ponto de vista cartista"; isso talvez lhes permitisse conquistar "o elemento brutal" naquilo que, de outra forma, poderia ser "a guerra mais sangrenta dos pobres contra os ricos" já travada.[55]

Engels foi o primeiro a identificar as possibilidades revolucionárias da indústria moderna, a ressaltar o lugar do operário fabril e a dramatizar para socialistas alemães o caráter da moderna luta de classes industrial. Seu estudo sobre a Inglaterra ligava os estágios da formação da consciência de classe proletária a fases do desenvolvimento industrial. Seu interesse central pela fábrica movida a energia a vapor, em vez da oficina, também o levou a enfatizar a relação entre trabalhadores e meios de produção, em vez do produto isolado, e a descrever a relação entre as classes, em vez da competição entre indivíduos alienados; e esse relato impressionou Karl profundamente. Quase vinte anos depois, Karl escreveu para Engels:

"No que diz respeito às principais teses do seu livro [...] elas foram confirmadas até o último detalhe pelos acontecimentos posteriores a 1844".⁵⁶

O resultado do encontro de dez dias entre Engels e Karl em Paris foi um acordo para produzir um ataque conjunto a Bruno Bauer. Embora o panfleto que nasceu disso — *A sagrada família, ou a crítica da Crítica crítica: Contra Bruno Bauer e consortes* — aparecesse em fevereiro de 1845 assinado pelos dois, só cerca de dez páginas das suas mais de duzentas — uma pequena seção tratando da situação na Inglaterra — foram escritas por Engels. *A sagrada família* assumiu a forma de um prolongado ataque ao *Allgemeine Literatur-Zeitung*, periódico produzido entre o fim de 1843 e outubro de 1844 pelos irmãos Bauer e sua pequena claque de seguidores em Berlim.

A sagrada família começava com a declaração grandiloquente de que "o *humanismo real* não tem inimigo mais perigoso na Alemanha do que o *espiritualismo* ou o *idealismo especulativo*".⁵⁷ Sua extensão e seu nível de detalhamento eram excessivos. Georg Jung, um dos mais devotos admiradores de Karl em Colônia, cumprimentou-o pelo tratamento dado no panfleto a Proudhon e ao popular romancista Eugène Sue, mas achou "as muitas enumerações de trivialidades terrivelmente cansativas de início". "Só tenho um pedido a fazer", continuou ele, "não se deixe desviar novamente por outras obras." Recomendou-o a prosseguir sua obra sobre política e sobre economia política.⁵⁸ Engels, escrevendo de Barmen em março de 1845, assinalou o principal defeito do livro. "O supremo desdém" demonstrado pelo *Literatur-Zeitung* contrastava gritantemente com a extensão que lhe era dedicada. Além disso, a crítica à especulação e ao ser abstrato em geral seria incompreensível para um público mais amplo.⁵⁹

O livro não acrescentava muita coisa à crítica anterior de Karl à posição de Bauer. Mais interessante era a sua aplicação, no debate, de alguns temas encontrados no *Literatur-Zeitung*. Esses temas incluíam a Revolução Francesa, a economia política de Proudhon, *Os mistérios de Paris* de Eugène Sue e uma discussão do materialismo anglo-francês dos séculos XVII e XVIII. O cenário político ainda era aquele originalmente traçado por Hess e reiterado por Karl em seu ataque a Ruge em *O rei da Prússia e a reforma social*. Cada um dos três principais países europeus — a França, a Inglaterra e a Alemanha — buscaria seu próprio caminho para a emancipação. Assim sendo, no caso da França, contra a tentativa de Edgar Bauer de retratar Proudhon como moralista, Karl declarou que sua obra era "um manifesto científico do proletariado francês".⁶⁰

De novo em Barmen e escrevendo *A situação da classe trabalhadora na Inglaterra*, Engels seguia caminho parecido. Ele previu, com firmeza, que a Inglaterra estava destinada a viver uma revolução social apocalíptica; mas, na Alemanha, ainda tinha esperança de uma mudança pacífica iniciada pelos filósofos. Em março de 1845, ficou feliz de poder informar (erroneamente) aos leitores da revista owenista *New Moral World* sobre "o fato importantíssimo" de que "o dr. Feuerbach se declarou comunista" e que "o comunismo era na verdade apenas a *prática* do que ele tinha proclamado bem antes teoricamente".[61] Em discursos que pronunciou mais ou menos na mesma época para "os respeitáveis" de Barmen e Elberfeld, junto com Moses Hess, Engels também afirmava que a transição para o comunismo na Alemanha deveria ser pacífica. Plateias de classe média eram aconselhadas a abraçar o comunismo por prudência. Sua posição, advertiu ele, estava sendo enfraquecida pela polarização entre ricos e pobres, pelo impacto da concorrência e pelo caos resultante de crises comerciais periódicas. Como alternativa para a revolução, ressaltava os benefícios do planejamento e da introdução gradual da comunidade de bens. Enquanto isso, medidas positivas poderiam ser adotadas, como educação gratuita, a reorganização da assistência aos pobres e imposto de renda progressivo.[62]

4. RESPOSTA A STIRNER

Em outubro de 1844, Max Stirner publicou seu ataque ao humanismo de Feuerbach com o livro *O único e a sua propriedade*. Tanto Engels como Hess leram provas remetidas inicialmente pelo editor, Otto Wigand. A objeção básica de Stirner a essa forma de humanismo era o seu éthos quase religioso. A crítica da religião de Feuerbach tinha se concentrado na separação entre atributos humanos ("predicados") e indivíduos humanos ("sujeitos") — donde "a inversão de sujeito e predicado" — e sua remontagem como atributos de um Deus fictício. No entanto, como assinalava Stirner, o próprio Feuerbach não devolvia esses atributos alienados a indivíduos humanos, mas a outra criação igualmente fictícia, "homem" ou "ser-espécie". "Homem" continuava a ser apresentado aos indivíduos como sua "vocação" ou seu objetivo ético. "Homem" era, na verdade, apenas outra versão do Deus protestante; e esse ataque foi agravado pela admissão do próprio Feuerbach de que tinha tomado o termo "espécie" emprestado de Strauss, que o empregara como substituto dinâmico para o lugar de Cristo no cristianismo ortodoxo. Em lugar do humanismo de Feuerbach, Stirner defendia o primado do ego:

> Para o cristão, a história do mundo é o que há de mais elevado, porque é a história de Cristo ou do "homem"; para o egoísta, só a *sua* história tem valor, porque só quer desenvolver a *si próprio*, e não a ideia-humanidade, não o plano de Deus, não o propósito da Providência, não a liberdade e coisas do gênero. Ele não se vê como ferramenta da ideia ou como um recipiente de Deus, não reconhece nenhum chamado, não imagina que existe para o desenvolvimento da humanidade e que precisa contribuir para isso com seu bocadinho, mas se realiza a si mesmo, sem querer saber se a humanidade vai bem ou vai mal por causa disso.[63]

Engels e Hess discordavam a respeito do livro. A primeira reação de Engels foi favorável. Escrevendo de Barmen para Karl em novembro de 1844, ele comparou Stirner a Bentham: "Não devemos simplesmente deixá-lo de lado, mas usá-lo como a perfeita expressão da loucura atual e, *invertendo-o*, continuarmos nos baseando nele". Afirmava que isso, por ser tão parcial, imediatamente resultaria em "comunismo". "Em seu egoísmo, o coração humano" é "altruísta e abnegado"; "somos comunistas por egoísmo". "É por egoísmo que queremos ser *seres humanos*, e não meros indivíduos."[64]

Hess discordava com veemência. Chocava-o o fato de que leitores, desconhecendo os avanços dos jovens hegelianos, pudessem supor que "recentes filósofos alemães" — em particular Stirner — "têm publicado suas obras instigados por reacionários". Hess se apegava especialmente à afirmação de Stirner de que "como o indivíduo é a natureza inteira, é também a espécie inteira". A eliminação feita por Stirner das diferenças entre o homem particular e o homem-espécie não levava em conta o fato de que esse homem continuava "dividido"; e essa divisão só poderia ser resolvida pelo "socialismo". Em vez de achar "que só seremos alguma coisa pela união social com os homens, nossos próximos", a implicação da posição de Stirner, como a de Bauer, era que nossa miséria poderia ser expulsa, que o divisionismo do nosso isolamento social poderia ser posto de lado e que "poderíamos ser divinizados e humanizados pelo simples conhecimento teórico". Os socialistas propunham que "nos tornássemos *seres reais da espécie*", e que com isso criássemos uma sociedade na qual "todo mundo possa cultivar, exercer e aperfeiçoar suas qualidades humanas". Stirner não queria "saber nada *desse* homem real". Sua resposta era: "Eu, o egoísta, não desejo a sério o bem-estar da 'sociedade humana', não sacrifico coisa alguma por ela, só a utilizo; mas para poder usá-la completamente eu a transformo em propriedade minha e criatura minha; ou seja, eu a aniquilo e formo em seu lugar a *União dos Egoístas*".[65]

Karl certamente se sentiu atingido pelo ataque de Stirner à religiosidade da linguagem de Feuerbach sobre o "homem", e isso, portanto, exigia resposta.[66] Em Paris, em dezembro de 1844, ele escreveu para Börnstein, o editor, explicando que sua "resenha de Stirner" para a *Vorwärts!* não ficaria pronta para o próximo número, mas prometendo-a para a semana seguinte.[67] Sua reação ao livro de Stirner foi, evidentemente, mais próxima da reação de Hess. Pois Engels escreveu novamente de Barmen para Karl por volta de 20 de janeiro de 1845, dizendo-se arrependido da primeira impressão que o livro lhe causara. Declarou que agora estava totalmente de acordo com Karl e com Hess, que "depois de mudar várias vezes de ideia chegou à mesma conclusão que você".[68]

Como em sua polêmica com os Bauer em *A sagrada família*, a "resenha" que Karl fez do livro de Stirner era excessivamente longa e carecia de qualquer senso de proporção. O manuscrito tinha mais de trezentas páginas. A insistência de Jenny, de Engels, de Jung e de outros amigos era para que prosseguisse com sua *Crítica da política e da economia política*. Mas, apesar disso, a polêmica com Stirner parece ter ocupado a mente de Karl durante todo o primeiro semestre de 1845. No verão daquele ano, chegou até a inspirar planos, discutidos com Engels e Joseph Weydemeyer, de produzir um volume polêmico semelhante aos *Deutsch-Französische Jahrbücher* criticando a "filosofia alemã".[69] Em sua "resenha", como Hess, Karl se esquivou da principal tese de Stirner: o caráter moralista, normativo e quase religioso da retórica socialista. Mas a crítica de Stirner foi tacitamente aceita. Karl substituiu o tom normativo recorrendo à noção de luta de classes, ideia que era lugar-comum nos escritos políticos franceses desde a Revolução.[70] O "comunismo" foi reformulado. Não era mais "um *ideal* ao qual a realidade tem que se ajustar". Agora era "o movimento *real* que abole o atual estado das coisas".[71]

O ataque de Karl a Stirner, "São Max", era uma ampliação elefântica do argumento de Hess. A ênfase de Stirner na identidade do indivíduo e da espécie, de acordo com Karl, implicava que Stirner estava empenhado numa forma dissimulada de autodivinização. Quase tão aceitável quanto um *jeu d'esprit*, a polêmica satírica de Karl se tornava tola quando ia longe demais, especialmente quando era acompanhada de um pesado humor sobre santos e conselhos de igreja. Na verdade, Stirner, como ele mesmo respondeu aos críticos, não acreditava na realidade metafísica do divino. Nem foi afetado pela crítica de Karl de que o "ego" stirneriano era influenciado pelo meio social e cultural do qual ele fazia parte. Do ponto de vista de Stirner, tudo que importava era que o ego individual vivia de acordo com sua própria vontade.[72]

5. UMA CONCEPÇÃO MATERIALISTA DA HISTÓRIA?

Quarenta anos mais tarde, depois da morte de Karl, Engels lembrou, em seu ensaio "Sobre a história da Liga Comunista", de 1885, seu primeiro encontro mais prolongado com Karl em Paris no final de agosto de 1844.

> Quando visitei Marx em Paris no verão de 1844, nosso total acordo em todos os campos teóricos ficou evidente, e nossa obra conjunta data daquela época. Quando, na primavera de 1845, voltamos a nos encontrar em Bruxelas, Marx já tinha desenvolvido completamente a teoria materialista da história em suas principais características.[73]

Era um relato verdadeiramente enganoso. Karl e Engels concordavam em certos pontos de interesse no momento: por exemplo, a aceitação de Feuerbach, a adoção de uma agenda socialista em vez de republicana e, acima de tudo, a crença na importância central da economia política. A tendência de Engels a submeter-se à autoridade intelectual de Karl também abrandava algumas áreas de possível discórdia. Mas suas trajetórias intelectuais tinham sido diferentes, e as diferenças persistiram. A discordância entre Hess, Engels e Karl em suas reações a Stirner dá uma importante pista sobre diferenças mais profundas. No ano anterior, tanto Hess quanto Karl tinham enfatizado uma concepção da vida como "a troca de atividade produtiva vital" ou "atividade vital consciente". Não havia esse tipo de ênfase em Engels, cujo ponto de vista continuava mais próximo do dos owenistas, e que, portanto, pensava que, com uma mudança de circunstâncias, o amor-próprio stirneriano poderia assumir uma forma "comunista".

O apoio textual à segunda afirmação de Engels sobre a fundação de "uma concepção materialista da história" pode ter vindo de sua reinterpretação, em circunstâncias bem diferentes, das primeiras linhas de *A sagrada família*. Ele leu ali que "o *humanismo real* não tem inimigo mais perigoso na Alemanha do que o *espiritualismo* ou o *idealismo especulativo*, que usa 'autoconsciência' ou 'espírito' como substituto para *homem individual real*".⁷⁴ Engels continuava tendo uma compreensão superficial do idealismo.⁷⁵ Ele pode portanto não ter visto nenhuma razão para distinguir o desejo obsessivo e ligeiramente patricida de Karl de diferenciar-se de Bruno Bauer — seu antigo *Doktorvater* — e da tradição idealista em geral. A ampliação do relato de Engels em seu ensaio "Ludwig Feuerbach e o fim da filosofia clássica alemã" (1886) agravou esse erro. Ele explicou os conflitos filosóficos daquele período como uma batalha entre "dois grandes grupos opostos": "Os que afirmavam a primazia da mente sobre a natureza e, portanto, em última instância, assumiam a criação do mundo numa ou noutra forma [...] constituíam o grupo do idealismo. Os outros, que viam a natureza como primordial, pertencem às várias escolas de materialismo".⁷⁶ Essa batalha imaginária entre "idealismo" e "materialismo" era produto da combinação feita por Engels dos debates de meados dos anos 1840 com sua versão particular de um materialismo pós-darwiniano bem mais tardio, que tinha por premissa a primazia da natureza. Isso estava distante da substância dos debates dos jovens hegelianos da década de 1840.

Esses erros e mal-entendidos contidos no relato de Engels sobre o advento da "concepção materialista da história" foram amplificados na obra de Georgi Plekhanov (1856-1918), o chamado "pai do marxismo russo".⁷⁷ Ele apresentou a erudita tentativa de Karl de corrigir o relato de Bauer da filosofia do Iluminismo em *A sagrada família* como um endosso do materialismo anglo-francês dos séculos XVII e XVIII.⁷⁸

Os últimos passos para a invenção dessa nova tradição teórica foram dados no século XX. A teoria de Karl agora era chamada de "materialismo histórico". O processo foi concluído nos anos 1920 e 1930, com a publicação do que foi apresentado como a segunda composição conjunta de Karl e Engels, *A ideologia alemã*. Começou com a publicação em russo, por David Riazanov, de um único capítulo, "I. Feuerbach", em 1924.⁷⁹ Uma edição alemã desse "capítulo" apareceu em 1926, e depois disso — somados aos ensaios sobre Stirner e Bauer e um suposto segundo volume que tratava dos "profetas do verdadeiro socialismo" — esses manuscritos foram publicados, como um livro completo, em 1932. O que parecia ser o primeiro capítulo, intitulado "Feuerbach", logo ficou famoso, e foi reeditado inúmeras vezes como um suposto resumo do "marxismo", ou "materialismo histórico". Mas recentemente foi demonstrado que ele tinha sido "artificialmente" montado por Riazonov e seus sócios nos anos 1920. O objetivo da sua publicação durante os primeiros anos da União Soviética era completar a exposição do "marxismo" como sistema, juntando o que Karl em 1859 chamara de processo de "autoesclarecimento" à afirmação de Engels sobre o desenvolvimento por Karl da "concepção materialista da história" em 1885.[80]

De acordo com Engels, Karl desenvolveu essa nova "concepção materialista da história" entre o término de *A sagrada família*, no outono de 1844, e seu encontro com Engels em Bruxelas, na primavera de 1845. Durante aqueles meses, Karl nada publicou. A única peça de documentação relevante, que Engels descobriu quando examinava documentos datados daquele período, foi uma anotação de duas páginas nos cadernos de Karl, intitulada *"Ad* Feuerbach".[81]

Esse documento fazia referências ao materialismo em vários pontos. Mas seu principal objetivo era criticar a passividade da abordagem materialista; a passividade era "o maior defeito de todos os materialismos anteriores (incluindo o de Feuerbach)".[82] Uma crítica como essa não poderia ser interpretada como uma contribuição ao que Engels queria dizer com "concepção materialista da história". A suposta batalha entre "idealismo" e "materialismo" invocada por Engels era uma preocupação do final do século XIX. Durante os anos que passou em Paris e Bruxelas, a ambição de Karl — como a de todos os filósofos alemães do período pré-1848 — não era desenvolver uma "concepção materialista", mas construir um sistema filosófico que conciliasse materialismo e idealismo, e incorporasse a natureza e a mente sem atribuir primazia a nenhuma das duas.

Tanto nas "Teses" como em outros escritos de Karl da mesma época, Feuerbach foi criticado pela passividade inerente à sua associação de homem com sensualidade, e não com "atividade humana sensual *prática*". Segundo Karl, Feuerbach não via que o mundo sensual que ele invocava era "o produto da indústria e do estado da sociedade", e que "o sistema social" era modificado "em conformidade com as novas necessidades".[83] Como se verá, essa crítica provinha não tanto do "materialismo" como, principalmente, do legado do idealismo.[84] É importante também lembrar que Karl relutava em conceder muita coisa ao "idealismo", porque seu porta-estandarte mais óbvio era Bruno Bauer. O argumento de que o idealismo "não conhece a atividade sensual como tal" era impreciso.[85] Admitindo-se que a crítica tivesse alguma validade, ela se aplicava basicamente a Feuerbach, cuja concepção de atividade era muito circunscrita.

A área em que Karl se identificava com a posição materialista era o seu apoio à recusa de Feuerbach a aceitar que abstrações tivessem qualquer existência além do seu conteúdo empírico. Essa era a base da crença de Karl de que havia um paralelo entre alienação religiosa no domínio espiritual e alienação social no domínio da produção material. Mas isso não era fruto de uma recém-desenvolvida "concepção materialista" em 1845. O ataque à abstração já se tornara característica predominante do seu pensamento em 1843. Além disso, continuaria a ser tema importante e recorrente em toda a sua obra subsequente. Como atestaria sua bem conhecida seção sobre "o fetichismo da mercadoria" em *O capital*, continuou a ser um elemento central da sua "crítica da economia política".[86]

Em meados dos anos 1840, não era só essa crítica da abstração que servia de orientação para a crítica dos economistas, mas também a sua abordagem de todas as formas de pensamento. No final de 1846, em carta para Pavel Annenkov, por exemplo, Karl explicou sua crítica de Proudhon:

> Ele não consegue ver que as *categorias econômicas* não passam de *abstrações* dessas relações reais, e que só são verdadeiras na medida em que essas relações continuam existindo. Por isso cai no erro dos economistas burgueses, que veem essas categorias econômicas como leis eternas, e não como leis históricas, que só são leis para um dado desenvolvimento histórico, um desenvolvimento específico das forças produtivas.

Afirmou ainda que Proudhon não compreendia que "aqueles que produzem relações sociais em conformidade com sua produção material também produzem as *ideias*, *categorias*, ou seja, as expressões abstratas ideais dessas mesmas relações sociais".[87]

O pensamento estava igualmente presente vinte anos depois. Nos manuscritos econômicos de 1863, ele escreveu:

> O domínio do capitalista sobre o trabalhador é portanto o domínio do objeto sobre o humano, do trabalho morto sobre o trabalho vivo, do produto sobre o produtor. [...] Esta é exatamente *a mesma* relação na esfera da produção material, no processo social real da vida [...] que está representado pela *religião* na esfera ideológica: a inversão do sujeito em objeto e *vice-versa*.[88]

Por último, vale notar o contínuo entusiasmo de Karl por esse procedimento numa área de investigação um tanto diferente, sua agitação a respeito das origens empíricas concretas da linguagem da abstração na *Ciência da lógica* de Hegel:

> Mas o que diria o Velho Hegel se soubesse na outra vida que o *geral* [*das Allgemeine*] em alemão e nórdico significa apenas a terra comunal, e que o *particular*, o especial [*das Sondere, Besondere*], significa apenas a propriedade privada dividida a partir da terra comunal? Eis aí as categorias lógicas surgindo lindamente, afinal, do nosso "trato social".[89]

6. O LEGADO DO IDEALISMO: UMA NOVA VISÃO DO TRABALHO

Nos anos que passou em Bruxelas, Karl declarou pela primeira vez sua independência intelectual, não só em relação a Bauer e Ruge, mas também a Feuerbach. Esse é, portanto, um bom ponto para escolher o que havia de mais insólito e distinto na posição política e filosófica de Karl, justamente quando suas principais características começavam a assumir uma forma permanente.

O mais notável naqueles anos foi a mudança na sua visão do socialismo e do proletariado à luz de uma nova concepção do significado histórico do trabalho. O que inspirou essa nova concepção não foi seu suposto materialismo, mas uma apropriação particular dos pressupostos básicos do idealismo alemão. Isso fica claro quando a abordagem de Karl é comparada com as abordagens de outros radicais e socialistas daquela época. A atitude deles foi moldada por uma versão naturalista do materialismo. Seu ponto de partida, padrão na Inglaterra da época de Locke até Bentham, predominante entre os *philosophes* e *idéologues* na França e os seguidores de Espinosa na Alemanha, era o conceito do homem como ser natural. Isso significava que as ações humanas eram motivadas pela busca da felicidade e fuga da dor. Como criatura da natureza, o homem era definido basicamente por suas necessidades e seus impulsos. Ao longo do século XVIII e no começo do XIX, essa posição oferecia uma grata alternativa à ênfase do cristianismo ortodoxo no pecado original.

Não é de surpreender, portanto, que essa fosse também a hipótese básica das muitas variedades de socialismo que surgiram nas décadas de 1830 e 1840, e que foi explicitamente adotada pelos maiores agrupamentos socialistas, os seguidores de Owen na Inglaterra e de Cabet na França. Nessa abordagem, o homem era produto do meio, um consumidor governado por seus apetites e necessidades. Aperfeiçoando esse meio através de uma educação melhor e de um entendimento mais esclarecido de recompensa e castigo, seria possível transformar a natureza humana e aumentar a extensão da felicidade humana. Esse tinha sido também o ponto de partida de Karl em 1843, quando ele e Ruge planejaram os *Deutsch-Französische Jahrbücher* como uma revista dirigida "aos que pensam e aos que sofrem".

A inovação de Karl durante o ano de 1844 foi aplicar os insights do idealismo à compreensão do trabalho, recuperar sua ênfase na atividade e na posição do homem como produtor. Mais notável foi a conexão estabelecida nesses escritos entre duas áreas de discurso até então não relacionadas: de um lado, a discussão da questão social e a difícil situação do proletariado, e de outro, o significado transformador do mundo atribuído ao trabalho na *Fenomenologia do espírito*, de Hegel. Ao fazer essa ligação, Karl identificou o socialismo com a autoatividade humana tal como invocada na tradição idealista depois da revolução filosófica realizada por Kant.[90]

Kant e Fichte já tinham recusado a passividade da ideia do homem como ser natural. Mas Hegel, na *Fenomenologia*, partiu dessa herança idealista e a traduziu numa visão da história. De acordo com Karl, Hegel tinha compreendido "a autocriação do homem como um processo", e, ao fazê-lo, compreendeu a essência do trabalho, entendendo a criação do homem como "resultado do *próprio trabalho* do homem".[91] O homem, segundo Karl, não era meramente um "ser natural", mas "um ser natural humano", cujo ponto de origem não estava na natureza, mas na história. Diferentemente dos animais, o homem fez da sua atividade "o objeto da sua vontade". Era capaz de formar objetos de acordo com as leis da beleza. Dessa maneira, a história poderia ser vista como a humanização da natureza através da "atividade vital consciente" do homem e, ao mesmo tempo, a humanização do próprio homem através "da formação dos cinco sentidos". A história era o processo pelo qual o homem se tornava *Gattungswesen* ("ser-espécie") e a base da capacidade do homem de tratar a si mesmo como "um ser universal, e portanto livre", não determinado por suas necessidades particulares.[92]

A tradição idealista foi essencial para enfocar a capacidade dos sujeitos de resistir ou superar desejos ou necessidades naturais e submeter esses impulsos à análise racional. Já em 1786, Kant tinha reinterpretado o relato bíblico da Queda do Homem como uma parábola da fuga do homem da sua condição natural. Apesar do desejo de escapar

> da miséria da sua condição [...] entre ele e aquele imaginado lugar de felicidade, a razão inquieta se interpôs, impelindo o homem irresistivelmente a desenvolver as faculdades nele implantadas. [...] Ela o faria iniciar pacientemente a labuta que ele ainda odeia e perseguir as ninharias que despreza. [...] A saída do homem do paraíso [...] não foi senão a transição de uma condição inculta, meramente animal, para o estado de humanidade, da servidão do instinto para o controle racional — numa palavra, da tutela da natureza para o estado de liberdade.[93]

Essa capacidade de resistir a desejos naturais ou de submetê-los à análise racional era o que se queria dizer com o termo "espontaneidade" na tradição idealista. Espontaneidade significava autodeterminação interior; estava presente na filosofia alemã desde o tempo de Leibniz e ocupou o centro do palco na concepção kantiana de razão prática. Sua implicação política crucial era que os indivíduos podiam definir suas próprias ações não na busca do bem-estar e da felicidade, mas no estabelecimento da moralidade e do justo.[94] Uma das façanhas cruciais de Hegel na *Fenomenologia* foi mostrar que o conceito de justo poderia estender-se além da consciência do indivíduo, encarnando-se em instituições e nas relações interpessoais e formando a base do que ele chamava de *"vida ética"*.[95] Nos *Manuscritos econômico-filosóficos*, a invocação de Karl do homem que se faz pelo trabalho trazia essa versão da espontaneidade e da liberdade como atributos humanos. O trabalho era uma forma de atividade que implicava um processo contínuo de interação com a natureza, e não simplesmente impulsionado pela necessidade, pois, como enfatizavam os *Manuscritos*, também podia estar associado à liberdade, uma vez que o homem era capaz de moldar as coisas de acordo com as leis da beleza. O trabalho como atividade de indivíduos dirigidos por si mesmos era deliberado e teleológico (impulsionado pela consecução de um fim). A resistência a ser superada em qualquer processo de trabalho era natural — a operação de mecanismos casuais no mundo físico — ou histórica — o conflito que podia ocasionar com as relações sociais existentes. Nesse sentido, podia-se entender a história humana como o processo contínuo e cumulativo de interação entre teleologia e causalidade.

À luz dessa abordagem, a descrição do homem como ser passivo, como consumidor dependente da natureza para suprir suas necessidades, tornou-se a principal crítica de Karl ao socialismo contemporâneo. Por isso suas "Teses sobre Feuerbach", escritas no começo de 1845, eram uma crítica tanto do socialismo como do próprio Feuerbach. Isso certamente era verdade no caso da terceira tese, que afirmava "que a doutrina materialista relativa à mudança de circunstâncias e formas de educação esquece que as circunstâncias são mudadas pelos homens e que o educador precisa ele mesmo ser educado".[96] Isso explica também parte da objeção de Karl a Proudhon. Na opinião de Karl, a questão do trabalho não se limitava apenas a consumo ou salários. A ambição dos trabalhadores organizados não era simplesmente alcançar "mais felicidade" pela aquisição de bens materiais, mas mudar as relações de produção.

Segundo um relato de Karl de 1844, o "socialismo" como a transcendência da "autoalienação tinha seguido o mesmo caminho de desenvolvimento da própria autoalienação". Sua primeira emanação bruta tinha sido a extensão da categoria de trabalhador para todos os homens. Em sua forma mais bestial, tinha substituído o casamento (uma "forma de propriedade privada") pela "comunidade de mulheres" e pela prostituição geral. Esse tipo de comunismo era "a expressão lógica da propriedade privada". Era a "culminância da inveja" e "a negação abstrata de todo o mundo da cultura e da civilização", "a regressão à simplicidade natural do homem *pobre* e rude, que tem poucas necessidades e que não só não conseguiu ir além da propriedade privada como sequer chegou a alcançá-la". O comunismo desenvolvido iria além da "vileza da propriedade privada que quer se estabelecer como o sistema positivo de comunidade". O comunismo ainda precisava conseguir o "retorno do homem a si mesmo". O verdadeiro comunismo era

> a transcendência positiva da propriedade privada como autoalienação, e portanto como o completo retorno do homem a si mesmo como ser social (quer dizer, humano) — um retorno alcançado conscientemente e abrangendo toda a riqueza de desenvolvimento anterior. [...] Esse comunismo como naturalismo plenamente desenvolvido equivale a humanismo, e como humanismo plenamente desenvolvido equivale a naturalismo. [...] [É] o enigma da história solucionado.[97]

A ideia de que liberdade significava autoatividade, e que a capacidade de produzir era a característica "mais essencial" do homem, levou Karl a concluir em 1844 que o "trabalho alienado" constituía a base de todas as outras formas de alienação e, portanto, que "a totalidade da servidão humana" estava "envolvida na relação do trabalhador com a produção". Pois "trabalho alienado" era a inversão da "atividade vital consciente". O *ser essencial* do homem tornava-se simples meio para sua "existência". Karl nunca publicou suas reflexões de 1844 sobre "trabalho alienado". Mas seu pressuposto básico permanecia. Em termos kantianos, trabalho assalariado era uma forma de heteronomia, uma inversão da liberdade concebida como a autoatividade do produtor.

Contraste-se isso com "a concepção materialista da história", tal como Plekhanov a entendeu posteriormente. Em sua concepção, ao papel não apenas da política mas também das relações de produção era dada uma importância derivada e secundária. Em vez de cair num "dualismo" entre "economia" e "psicologia", afirmava Plekhanov, as duas coisas deveriam ser vistas como produto do "estado de forças produtivas", que ele, imitando Darwin, equiparava à "luta pela existência". "A luta pela existência cria a sua economia, e sobre a mesma base constrói também a sua psicologia. A própria economia é algo derivado, assim como a psicologia."[98] Karl Kautsky (1854-1938), editor de *Die Neue Zeit* e importante teórico marxista da Segunda Internacional, foi ainda mais longe. Suas ambições intelectuais eram sempre dominadas pela tentativa de descobrir leis de desenvolvimento científicas naturais universais, às quais homens, animais e vegetais estavam sujeitos. Em particular, empenhava-se em provar a universalidade dos "instintos sociais no mundo vegetal, animal e humano". Achava que esses instintos e impulsos orgânicos eram subjacentes ao que os filósofos definiam como ética. Segundo *A ética e a concepção materialista da história*, publicado em 1906, "o que para Kant parecia a criação de um mundo superior de espíritos é produto do mundo animal [...] um impulso animal, e nada mais, é a lei moral [...] a lei moral é da mesma natureza do instinto de reprodução".[99]

Essa forma de determinismo com base na natureza tinha pouca coisa em comum com as formas de crença e comportamento que Karl, seguindo Feuerbach, tinha definido como "abstração" ou "alienação". A abstração era produto da cultura, não da natureza, e surgia numa situação em que a autodeterminação assumia uma forma perversa. O homem se faz vítima de abstrações que ele mesmo criou e usa essas ideias falsas como base para novas criações. Dessa forma, o movimento teleológico, junto com a energia nele embutida, permanecia, mas se expressava, de um lado, no "Estado político" e, de outro, num mercado alimentado por interesses privados. Era por ser essa dinâmica o resultado da autodeterminação, e não da determinação natural, que o homem conservava a capacidade de libertar-se da estrutura institucional alienante que surgiu com o patriarcado, a propriedade privada e a religião.

7. REPENSAR A HISTÓRIA DA SOCIEDADE CIVIL

Durante sua temporada em Bruxelas em 1845 e 1846, Karl desenvolveu mais minuciosamente seus novos insights sobre o lugar do trabalho ou da "produção" na construção do homem por si mesmo. Isso significava transformar suas ideias sobre a sociedade civil de um agregado de permutadores fragmentados, cada qual movido por interesses pessoais, para uma relação entre produtores. Essa concepção deu uma nova base para a existência de classes. Para ajudar sua descrição do trabalho em 1844, Karl usou a descrição de Hegel de "teleologia externa" na *Ciência da lógica*.[100] Isso lhe permitiu distinguir três momentos no processo de trabalho: "o intuito subjetivo", "os meios" e o "intuito realizado". Quando contrastado com o ideal de *autonomia* (atividade deliberada livremente e decidida pelo eu, ou autoatividade livre), Karl pôde destacar as formas de *heteronomia* encarnadas na propriedade dos meios de produção ou na determinação de seu objetivo por outros.

No ano seguinte, 1845, Karl desenvolveu um segundo modelo, no qual a função do trabalho foi colocada dentro de um processo social e histórico total.[101] Nessa explicação, o processo e o intuito do trabalho foram apresentados como independentes da vontade dos trabalhadores. Isso tornou possível uma visão dinâmica da história escorada por uma teleologia pontuada por uma sucessão de etapas históricas. Em lugar do vagamente delineado surgimento de uma sociedade civil pós-clássica, da sociedade feudal à Revolução Francesa, ele enunciou uma sequência histórica de formas de propriedade mais precisa. Essa sequência histórica baseava-se nas pesquisas da Escola Histórica do Direito alemã, com as fases "tribal", "antiga/comunal" e "feudal".[102] "A forma de trato social determinada pela existência de forças produtivas em todas as etapas históricas anteriores, e que por sua vez as determina, é a *sociedade civil*."[103] Essa abordagem possibilitava formas de apresentar uma história do trabalho sistemática e cumulativa e de introduzir a ideia de modos de produção. Estes constituíam diferentes tipos de relacionamento entre trabalhadores, meios de produção e produto. A história, afirmava Karl, não é nada senão a sucessão das gerações separadas, cada uma das quais usando os materiais, os fundos de capital, as forças produtivas que recebeu de todas as gerações anteriores, e desse modo, de um lado, continua a atividade tradicional em circunstâncias totalmente mudadas e, de outro, modifica as velhas circunstâncias com uma atividade completamente mudada.[104]

Ao longo de 1845 e 1846, Karl conseguiu expressar mais sucintamente sua ideia da conexão entre relações sociais e desenvolvimento produtivo. No final de 1846, numa carta para o rico viajante e intelectual russo Pavel Annenkov, ele delineou a nova abordagem:

> Se você pressupõe determinadas etapas de desenvolvimento na produção, no comércio ou no consumo, terá uma forma correspondente de constituição social, uma organização correspondente, seja da família, dos Estados ou das classes — em resumo, uma sociedade civil correspondente. Se pressupõe esta ou aquela sociedade civil, você terá este ou aquele sistema político, que nada mais é do que a expressão oficial da sociedade civil [...].
> Desnecessário dizer que o homem não é livre para escolher *suas forças produtivas* — sobre as quais se baseia toda a sua história —, pois cada força produtiva é uma força adquirida, o produto da atividade anterior. Desse modo, as forças produtivas são o resultado da energia prática do homem, mas essa energia é por sua vez limitada pela condição na qual o homem é colocado pelas forças produtivas já adquiridas, pela forma de sociedade que existe antes dele, que ele não criou, que é produto das gerações precedentes [...].
> [Se não quiser] ser privado dos frutos da civilização, o homem é obrigado a mudar todas as suas formas sociais tradicionais tão logo o modo de comércio deixa de corresponder às forças produtivas adquiridas.[105]

Uma das mudanças sofridas pelo pensamento de Karl enquanto ele repensava a sociedade civil diz respeito ao lugar que agora atribuía à burguesia. A modernidade de Hegel era caracterizada pela tensão entre particularidade e universalidade, sociedade civil e Estado, como constitutivos necessários do espírito objetivo. Nos ensaios de Karl sobre a concretização de um Estado racional no *Rheinische Zeitung* em 1842, a parte desempenhada pelo interesse econômico individual e a propriedade privada era puramente negativa. Nos *Manuscritos econômico-filosófi-*

cos, da mesma forma, as dinâmicas da sociedade civil foram ignoradas, a não ser como parte de uma patologia de pauperização, que finalmente transformara a distinção entre propriedade e não propriedade no antagonismo entre burguesia e proletariado.[106] Mas em 1847, em *Miséria da filosofia*, havia uma avaliação bem mais positiva do desenvolvimento das forças de produção e da luta de classes como fundamentos do movimento da história para a frente:

> No momento em que a civilização começa, a produção começa a ser encontrada no antagonismo de ordens, Estados, classes e finalmente no antagonismo do trabalho acumulado e do trabalho imediato. Sem antagonismo não há progresso. Essa é a lei que a civilização tem seguido até os nossos dias. Até agora as forças produtivas foram desenvolvidas em virtude desse sistema de antagonismos de classe.[107]

Na época em que Karl redigiu o *Manifesto do Partido Comunista*, seu pensamento tinha dado uma volta completa. De defensora da propriedade privada, a "burguesia" se tornara herói épico da marcha da humanidade:

> Somente ela demonstrou o que a atividade humana é capaz de produzir. Erigiu maravilhas muito diferentes das pirâmides egípcias, dos aquedutos romanos e das catedrais góticas [...]. No lugar das antigas necessidades, antes atendidas por produtos nacionais, surgem outras, cuja satisfação demanda produtos de países e climas longínquos.[108]

A burguesia entrava na última fase da sua dominação. Não só tinha havido os primeiros casos de revolta proletária, mas houve também os primeiros sinais de que novos avanços de produção estavam sendo "inibidos" pela forma de propriedade burguesa.[109] Mas, nesse meio-tempo, que exemplo mais poderoso poderia haver de que "a autocriação do homem" era "o produto do *próprio trabalho do homem*"?[110]

Karl tinha desenvolvido uma visão pós-kantiana do papel do trabalho na história e sua capacidade de autoemancipação: uma visão baseada na razão, na espontaneidade e na liberdade. Mas sua adoção dessa visão era apenas parcial. Karl nada disse sobre os direitos do indivíduo à liberdade e à autodeterminação, e sua posição continuou sendo a que adotara em sua leitura da Declaração dos Direitos do Homem e do Cidadão de 1789. Os direitos do homem eram a expressão mal dissimulada da primazia da propriedade privada e do indivíduo burguês em relação ao Estado moderno. Do mesmo modo, embora atribuísse uma capacidade de autodeterminação ao proletariado como entidade coletiva, ele não estendeu essa capacidade de liberdade e autodeterminação à pluralidade de indivíduos da qual era formado.

Nesse sentido, a descrição de Karl do proletariado era uma mistura mal digerida de necessidade material com a causa da liberdade. Em *A sagrada família* ele escreveu que "o homem se perdeu no proletariado [...] mas ao mesmo tempo não só adquiriu consciência teórica dessa perda [...] como está sendo impulsionado diretamente para a revolta contra essa desumanidade".[111] Não se explica como essa "consciência teórica" foi adquirida. Em sua falta de propriedade privada e sua ausência de religião — que ele imaginava ser o caso em Paris —, o proletariado representava a realização iminente do ser-espécie, "o retorno do homem a si mesmo". Mas, como indivíduos, aos proletários não era atribuída nem espontaneidade, nem autodeterminação. Sua consciência comum nascia de uma situação compartilhada. Motivados pela necessidade, eram apresentados como "momentos" irrefletidos do todo. A necessidade os levaria à revolta, independentemente de qualquer convicção racional que pudessem ter adquirido. Como escreveu Karl em *A sagrada família*: "A questão não é o que este ou aquele proletário, ou mesmo todo o proletariado, no momento *considera* seu objetivo. A questão é *o que é o proletariado*, e o que, em conformidade com este *ser*, ele será historicamente forçado a fazer".[112] Vocações são imputadas a classes da mesma maneira que Feuerbach tinha definido o ser-espécie, ou "homem", como a vocação do indivíduo humano. A inexplicável mudança de *deveria ser* para *é* era outra faceta da incapacidade de Karl de dar resposta convincente à acusação de Stirner de que os argumentos de Feuerbach e seus seguidores eram moralistas e ainda se baseavam num conjunto de pressupostos oriundos da religião.

Como todos os filósofos da tradição pós-kantiana, Karl tinha reconhecido que o homem era tanto um ser natural, sujeito a necessidades e desejos naturais, como um sujeito racional, capaz de subjugar esses desejos à análise racional e de exercer a vontade de acordo com regras autoimpostas. Mas Karl não dotou seus proletários de individualidade. Eles eram coligados na presunção de interesses comuns e objetivos predeterminados. Qualquer manifestação aberrante de comportamento individual por um proletário em particular era atribuída à patologia da alienação.[113]

Não é de estranhar que a tentativa de Karl de equiparar o caminho universal para a emancipação humana com os desejos e as necessidades de determinada classe fosse um dos principais pontos de disputa de republicanos e socialistas entre os jovens hegelianos em meados dos anos 1840. A alienação, sustentava Ruge, não era uma condição que só afligia o proletariado. A ideia de Karl estava sujeita ao mesmo tipo de crítica que Bruno Bauer dirigira a Strauss e Feuerbach. O uso que fizeram de uma noção panteísta de imanência provinha da metafísica de Espinosa, antes que da autoconsciência, para explicar a substituição do cristianismo pelo humanismo ou pelo ser-espécie.[114] Na opinião de Bauer, isso significava invocar um ser-espécie imediatamente efetivo, universal, sem mostrar como tinha sido adotado, como operava, ou como foi internalizado pelo indivíduo. A noção de Karl de consciência de classe dos proletários era suscetível ao mesmo tipo de objeção. Mas, em seu caso, a fonte da sua posição parece não ter tido nenhuma afinidade particular com Espinosa. O obstáculo à aceitação de uma concepção kantiana do indivíduo para Karl parece ter sido resultado da sua antipatia por qualquer forma de individualismo, que ele associava à destruição da velha política e sua substituição pela distinção entre "homem" e "cidadão" introduzida pela sociedade civil. Não havia distinção entre o indivíduo e o cidadão na Constituição política de Aristóteles. A queda da pólis e a vinda do cristianismo tinham produzido o surgimento do indivíduo como ser à parte do cidadão na sociedade civil. A "questão social" e o advento do proletariado traziam a promessa do fim dessa divisão.

Os republicanos, apesar de frequentemente simpáticos às aflições da classe operária, eram céticos. A classe operária, dizia Bruno Bauer, estava "afundada na matéria".[115] Sua consciência era rudimentar e imediatista; lutaria por seus interesses particulares. Devido à falta de instrução e ao ambiente tacanho, estava em má posição para adotar a ideia da própria autodeterminação. Como poderia o proletariado encarnar a trajetória da humanidade toda? Em que sentido poderia o caráter repetitivo do trabalho proletário possibilitar a visão de emancipação atribuída a essa classe?

7. O enfoque da revolução: o problema com a Alemanha

I. UMA REVOLUÇÃO ALEMÃ?

O socialismo alemão nasceu no exílio. Seu acesso a apoio material ou institucional foi mínimo. O grupo em torno de Karl sobreviveu durante as revoluções de 1848 graças a uma nova visão, a um senso de possibilidade, que o manteve em pé. Nunca antes os radicais alemães, particularmente aqueles obrigados a exilar-se, tinham conseguido sustentar suas convicções, em face do que parecia ser a inflexível realidade religiosa, militar e real da Alemanha. Mas na crise iminente, agora era possível prever, a Alemanha seguiria a Inglaterra e a França no caminho da emancipação social.

A Inglaterra tinha vivido suas revoluções em 1640 e em 1688; a França em 1789 e novamente em 1830. No entanto, acontecimentos dramáticos desse tipo não tinham ocorrido na Alemanha desde a Reforma e a Guerra dos Camponeses do século XVI. Mas Karl e outros radicais alemães da década de 1840 desejavam saber se drásticas mudanças poderiam agora engolfar os estados da Confederação Alemã. Os radicais alemães esperavam que talvez sim, durante todo o período que ficaria conhecido como Vormärz (1815-48).[1] Com a contribuição alemã de novas maneiras de pensar para um mundo moderno, certamente isso agora seria igualado por uma transformação comparável de suas instituições políticas. A grande oportunidade surgida com as revoluções de 1830 passou ao largo da Alemanha. Por mais elevada e sublime que tivesse sido a contribuição do pensamento alemão para a modernidade, qualquer esperança de transformação política vacilava e tropeçava sempre que era forçada a confrontar a realidade de pessoas leais e tementes a Deus, fleumáticas e provincianas, sempre relutantes em representar dramas de revolução.

Claro, tinha havido mobilização popular — se não revolta popular — em 1813, mas infelizmente foi encabeçada pelo próprio rei da Prússia contra os franceses. Por esse motivo, sonhos de emancipação universal eram repetidamente perturbados pela necessidade de refletir sobre a persistente realidade de um povo provinciano. Cada vez mais os radicais se convenciam de que o seu país era de "filisteus".[2]

Na época de Kant, durante a Revolução Francesa de 1789, não havia necessidade premente de pensar no assunto. O endosso de Kant à tentativa francesa de construir uma Constituição com base na razão era amplamente partilhado por alemães instruídos, mas poucos achavam que uma convulsão semelhante pudesse ser exigida na Alemanha.[3] Além disso, com a Revolução degenerando na guerra e no terror, o poeta Schiller deu voz à reação predominante. Por um momento, escreveu ele em 1795, parecia ter havido "uma possibilidade física de instalar a lei no trono, de honrar finalmente o homem como um fim em si mesmo e fazer da verdadeira liberdade a base da associação política". Mas foi uma "esperança vã"; o resultado foi "um retorno ao estado selvagem", ou "à letargia total".[4]

O distanciamento do desenrolar dos acontecimentos na França foi reforçado pela experiência alemã da ocupação francesa da Renânia depois de 1792, rejeitada — quando não ativamente repelida — por todos, à exceção de uma minoria de entusiastas jacobinos na república de Mainz, que teve vida curta. Reações subsequentes ao domínio napoleônico foram mais ambíguas. Muito embora, em retrospecto, a abolição do feudalismo e a reforma do direito fossem altamente valiosas, o estilo autoritário do governo bonapartista contrabalançava o apoio a essas medidas.[5] Alguns, como o pai e o tio de Karl, trabalharam para o regime; outros, como o irmão de Hegel, se tornaram oficiais do Grande Exército; ou, como o pai de Jenny, serviram brevemente como funcionários públicos no estado napoleônico de Vestfália. Mas muitos jovens da intelligentsia abandonaram os sonhos políticos dos anos 1790. Naquelas circunstâncias, poucos discordavam do retrato da Alemanha pintado em 1807 por Madame de Staël como terra de poetas e pensadores. Ela citou "um dos seus escritores mais distintos", Jean Paul: *"L'Empire de la mer c'était aux Anglais, celui de la terre aux Français, et celui de l'air aux Allemands"* [O império do mar era para os ingleses, o da terra para os franceses e o do ar para os alemães].[6]

Depois de 1815, a crença progressiva numa associação entre o "alemão" e o "universal" foi enunciada, da forma mais vigorosa, por Hegel. Era um discurso que fazia sentido desde que a Prússia concordasse em seguir o programa de emancipação iniciado na "Era da Reforma". Mas na década de 1820 a abordagem de Hegel já estava sob pressão. As reformas que um dia pareceram iminentes — como a promessa de convocar uma assembleia representativa — não se materializaram. Em vez disso, o governo estabeleceu uma série de dietas provinciais, convocadas segundo o modelo dos estados tradicionais e sem qualquer poder de tributação. Da mesma forma, os Decretos de Carlsbad de 1819 tinham restringido com severidade a liberdade de imprensa, a liberdade de expressão e a liberdade de associação. Finalmente, as revoluções de 1830, que produziram Constituições liberais na França e na Bélgica e puseram fim à "Constituição protestante" na Grã-Bretanha, tinham apenas reforçado a atitude defensiva das autoridades políticas na Prússia e em outros estados alemães. Apavorada com uma imensa reunião democrática em Hambach, no Palatinado, em 1832, a Confederação Alemã, por solicitação do chanceler austríaco, Metternich, impôs uma censura e uma repressão política cada vez mais severas.[7]

A dificuldade de tentar reapresentar um futuro politicamente progressista para a Alemanha à luz desses acontecimentos ficou evidente no caso de Heinrich Heine. Junto com outros escritores radicais, ele foi obrigado a exilar-se em Paris na esteira das revoluções de 1830. Em sua *História da religião e da filosofia na Alemanha*, de 1834, Heine persistiu em tentar desenvolver o "notável paralelismo" de Hegel entre a filosofia alemã e a Revolução Francesa. Desse modo, Kant fez par com Robespierre, Fichte com Napoleão, Schelling com a França da Restauração e Hegel com a Revolução de 1830. Mas a essa altura Heine trabalhava sob o feitiço dos saint-simonianos em Paris, e por isso identificou a contribuição da Alemanha à emancipação humana não com espiritualidade — ou *Innerlichkeit* —, mas com "sensualismo", ou, em termos filosóficos, panteísmo. Segundo a narrativa de Heine, Lutero foi identificado com o "sensualismo" da vida diária. O legado de Lutero deu frutos no panteísmo de Espinosa, que por sua vez foi reapresentado na filosofia do jovem Schelling. Aqui, porém, a narrativa se perde. O panteísmo, conforme o argumento de Heine, tinha terminado sua revolução em filosofia e agora estava pronto para derramar-se na política e na vida diária. Por essa razão, a Alemanha estava às vésperas de sua própria revolução de 1789, mas uma em que "forças demoníacas" seriam liberadas e "uma peça" seria representada, "o que fará a Revolução Francesa parecer um idílio inofensivo". Apesar disso, a incômoda verdade tinha que ser enfrentada: a Alemanha deixou passar as revoluções de 1830, e o panteísmo, tanto em Schelling como em Goethe, produziu formas de conservadorismo. Depois disso, o pequeno tratado perde o ânimo com a admissão de Heine de um "efeito deprimente e paralisante em meus sentimentos", provocado por essa "apostasia panteísta".[8]

Como já foi visto, um impasse comparável ameaçava no rescaldo do último grande esforço para esboçar em termos hegelianos um caminho radicalmente progressista para a Alemanha no período do Vormärz: aquele delineado por Karl no *Rheinische Zeitung* e por Arnold Ruge nos *Deutsche Jahrbücher* em 1842. O projeto dos jovens hegelianos de provocar reforma trazendo à consciência os desejos reais do povo fracassou. Em 1843, o governo prussiano fechou o *Rheinische Zeitung* e o resto da imprensa de oposição, sem resistência significativa do povo.

Como continuar a ter fé nas capacidades democráticas e republicanas de um povo tão tímido e provinciano? A situação em 1843 apenas reiterava o que tinha sido dito sobre a timidez do povo alemão na década anterior. Na época das revoluções de 1830, Ludwig Börne — no exílio em Paris — tinha zombado do elogio de Hegel à Reforma e à *Innerlichkeit* alemã. Talvez justamente aquela espiritualidade protestante é que tenha produzido "um povo que, apesar do seu poder espiritual e da sua liberdade espiritual, não sabe se libertar de um censor que destrói esse poder e essa liberdade".[9] Börne disse ainda que a passividade do Hamlet de Shakespeare poderia ser atribuída ao tempo que ele passou estudando filosofia alemã na Universidade de Wittenberg. Mais adiante naquela década, outros começaram a fazer ataques análogos ao "princípio protestante" por sua associação com o individualismo e com a preocupação especificamente alemã com privacidade, segurança individual e uma relação provinciana com o mundo exterior. A essa condição os radicais chamavam desdenhosamente de *Spiessbürgerlichkeit* (sentimentalidade pequeno-burguesa).

Mas a esperança ressurgiu em 1844, ano em que o socialismo alemão nasceu. Depois da supressão da imprensa em 1843, o constitucionalismo — fé na possibilidade de reformar o Estado — declinou acentuadamente. O ensaio de Karl "Sobre a questão judaica" e sua introdução à "Crítica da filosofia do direito de Hegel", nos *Deutsch-Französische Jahrbücher*, foram influentes declarações de ceticismo sobre reforma política. Outras tiveram a mesma importância, notavelmente as "Teses preliminares para a reforma da filosofia", de Feuerbach, e o ensaio de Moses Hess sobre a "Filosofia da ação". O ensaio de Feuerbach mudou o foco da preocupação do "progresso do espírito" para a condição do "humano". O ensaio de Hess era particularmente notável, uma vez que atacava não apenas o constitucionalismo radical de Bruno Bauer, mas também o reformismo conservador de Lorenz von Stein, que afirmava que o socialismo poderia resolver o problema social dentro do Estado existente. O socialismo, afirmava Hess, não dizia respeito apenas às necessidades materiais do proletariado, mas à transformação de toda a sociedade. Além disso, em seu ensaio "Sobre a essência do dinheiro", Hess ampliou a concepção de abstração ou alienação de Feuerbach como problema que afligia indivíduos para uma noção de alienação como problema social, tão poderosamente presente nas relações econômicas quanto na crença religiosa.

De início, os radicais não esperavam assistir ao surgimento do socialismo na Alemanha no futuro imediato. Havia ansiedade entre os conservadores como efeito de um relatório do magistrado Johann Bluntschli, de Zurique, especificando as atividades "comunistas" de Wilhelm Weitling e dos radicalizados artesãos de fala alemã na Suíça. Mas Stein tinha argumentado que o advento do comunismo na Alemanha ainda estava longe, enquanto o ensaio de Karl nos *Deutsch-Französische Jahrbücher* saudava o iminente papel do proletariado e dava a entender que a mudança viria de fora. Sua última frase dizia: "O galo francês cantará ao amanhecer".

Por isso é que o levante dos tecelões silesianos em junho de 1844 foi saudado com tanta animação. O advento da revolta proletária numa parte pobre e remota da Prússia mostrava que a Alemanha tinha passado a fazer parte da corrente política dominante na Europa. Ao contrário do socialismo literário, o "levante" dos tecelões — graças em parte também ao noticiário exagerado a respeito — foi um acontecimento grande o suficiente para penetrar na consciência popular e até mesmo na mitologia nacional, inspirando poemas, canções e pinturas.[10]

Os acontecimentos na Silésia também levaram a Coroa a agir. No outono de 1844, o governo fundou a Associação para o Bem-Estar da Classe Trabalhadora, organização que permitia a formação de associações operárias locais (*Arbeitervereine*). Embora o governo visse essas associações como instituições beneficentes, as definições continuaram vagas, permitindo com isso que liberais, radicais e reformadores sociais tentassem moldá-las. Algumas, por exemplo, seguiam as práticas dos clubes de artesãos migrantes na Suíça e forneciam instalações para jantares comunais, o que levava a uma identificação superficial delas com o "comunismo".[11] Mas fosse qual fosse o caráter preciso de determinadas associações, o fato é que a preocupação com o socialismo e com a questão social adquiriu presença visível e institucional.

A reação aos acontecimentos silesianos também resultou na publicação de uma grande quantidade de periódicos radicais e socialistas, tratando da condição social e da posição do proletariado. Numerosos periódicos — como *Deutsches Bürgerbuch*, *Rheinische Jahrbücher*, *Westphälische Dampfboot* e *Gesellschaftsspiegel* — apareceram entre o final de 1844 e o começo de 1845. O mais importante deles, dando prosseguimento à tradição de radicalismo especificamente renano, era o *Trier'sche Zeitung*, que precedeu essa onda de literatura socialista. Depois do fechamento do *Rheinische Zeitung* em 1843, o *Trier'sche Zeitung* tornou-se a principal revista de oposição da Alemanha. Empregava autores socialistas e dedicava cada vez mais espaço à discussão de questões sociais. Em particular, tinha contratado Karl Grün, talentoso autor e jornalista, que logo passaria a ser visto como o maior rival de Karl na formulação de um socialismo adequado à Alemanha do Vormärz.

Como Karl, Grün tinha estudado em Bonn e Berlim. No final dos anos 1830, fugiu para a França a fim de escapar do serviço militar. Seu radicalismo vinha da admiração dos escritos da Jovem Alemanha, mais do que dos jovens hegelianos. Depois de retornar à Alemanha, trabalhou num jornal em Baden e em seguida mudou-se para a Renânia, onde foi convertido ao socialismo por Moses Hess. Em março de 1844, ele mesmo atribuiu seu socialismo à leitura da "Filosofia da ação", de Hess, e de dois ensaios de Karl, "Sobre a questão judaica" e a introdução à sua "Crítica da filosofia do direito de Hegel".[12]

Como Hess e Engels em 1845, Grün teve papel ativo na campanha para dar às associações de operários uma direção socialista. Contrariamente ao paternalismo do governo, Grün achava que essas sociedades poderiam servir como pontos de partida para a transformação da sociedade e, como outros inspirados por Feuerbach e Hess, defendia um enfoque anti-Estado e anticonstitucionalista. Só se a política fosse "dissolvida no socialismo" o homem poderia ter esperança de viver em harmonia com seu "ser-espécie". Para chegar a esse ponto, a propriedade privada teria que ser abolida, o trabalho reorganizado comunalmente, a educação e a cultura transformadas. No final de 1844, Grün sentiu-se alentado pelo fato de que "a questão do socialismo começa a infiltrar-se no noticiário da Alemanha também". Os jornais estavam "de repente dando voz a estes termos carregados: abolição do proletariado, organização do trabalho, estabelecimento de verdadeiras relações sociais [*Vergesellschaftung*]".[13]

Grün planejou lançar uma revista mensal, que tornaria o socialismo mais conhecido entre os trabalhadores, mas sua publicação foi impedida pelas autoridades da censura, e no outono de 1844 ele foi mais uma vez forçado a exilar-se em Paris. Ali publicou *O movimento social na França e na Bélgica*, outro ataque ao enfoque constitucionalista do socialismo de Stein. Enquanto o destino da França era a revolução política, na Alemanha, em 1845, ele compartilhava com Engels a crença de que o poder da filosofia de influenciar as coisas poderia transformar o país sem a necessidade de revolução. Como os owenistas na Grã-Bretanha, Grün combinava o socialismo com um interesse na educação e uma preocupação com a emancipação das mulheres.

Em 1845, havia pouco desacordo visível entre os principais socialistas alemães. A definição de socialismo, e decerto a trajetória para o socialismo, continuava relativamente vaga. O socialismo como doutrina era tanto cultural quanto econômico, uma preocupação com a humanidade, e não o projeto de qualquer classe em particular. No primeiro caso, esperava-se que atraísse a classe média, como Engels e Hess tentaram em seus discursos em Barmen e Elberfeld; depois disso, acreditava-se, as classes trabalhadoras viriam atrás.

Mas as divergências logo apareceram. O grupo em torno de Karl concentrava-se cada vez mais na sua crítica da economia política, e isso inevitavelmente dirigia as atenções para a questão trabalhista. Por esse motivo, em 1845, Moses Hess, que tinha originalmente atraído Grün para o socialismo, começou a criticá-lo por sua falta de interesse na economia política ou no proletariado. Hess tentou despertar o interesse dele pela obra de Karl, mas a essa altura Grün foi pouco receptivo. O que de fato o ocupou quando chegou a Paris foram seus encontros com Proudhon, que começaram em fins de 1844.

Para Karl, a relação de Grün com Proudhon representava uma séria ameaça ao seu projeto global desde que ele chegara a Paris no final de 1843 — a formação de uma aliança política e filosófica franco-alemã. Proudhon era essencial para o plano, por ser o proletário francês que atacou a propriedade privada. Em *A sagrada família*, Karl tinha considerado imperativo resgatar Proudhon da interpretação dos irmãos Bauer, na qual era apresentado como um místico e um "moralista" que acreditava na justiça. Karl, contrariamente, saudara-o como "um homem da massa", "plebeu e proletário".[14] Proudhon merecia aplausos por ter feito "a primeira investigação resoluta, implacável e ao mesmo tempo científica da base da economia política, a *propriedade privada*". Não que estivesse imune a críticas. Sua defesa dos salários iguais era pouco mais do que uma proposta de pagamento melhor para o escravo. Mas, ao contrário de outros, Proudhon levara a sério "a aparência humana das relações econômicas" e opunha-se fortemente à "sua realidade desumana". Tinha feito "tudo que a crítica da economia política, do ponto de vista da economia política, poderia fazer". Produzira "o manifesto científico do proletariado francês".[15] Por isso, ver agora a familiaridade de Proudhon com a filosofia alemã ser mediada por Karl Grün era uma novidade que Karl achava intolerável.

2. O "DITADOR DEMOCRATA"

Em fevereiro de 1846, Karl, Engels e um amigo belga, Philippe Gigot, abriram um Comitê de Correspondência Comunista em Bruxelas. Seu objetivo era estabelecer contatos com socialistas e comunistas alemães "sobre questões científicas", a fim de "supervisionar" a propaganda socialista e escritos políticos na Alemanha e manter socialistas alemães, franceses e ingleses em contato uns com os outros. Igualmente importante desde o início, porém — fosse isso declarado ou não —, era a ambição de eliminar visões rivais do socialismo.

No caso de Grün, a hostilidade de Karl era clara desde o começo de 1846. Em 18 de janeiro, ele escreveu para o jornal de Grün, o *Trier'sche Zeitung*, afirmando: "Eu *jamais* escrevi *uma única* linha para este jornal, cujas tendências filantrópico-burguesas, de forma alguma comunistas, me são inteiramente alheias".[16] Uma vez estabelecido o Comitê de Correspondência, Karl também escreveu a Proudhon convidando-o a participar, em nome do Comitê. "No que diz respeito à França, todos nós acreditamos que não poderia haver melhor correspondente do que o senhor." Mas não se conteve e acrescentou: "Tenho que lhe fazer uma denúncia contra o sr. Grün de Paris. O homem não passa de um vigarista literário, uma espécie de charlatão, que tenta traficar ideias modernas". Esse homem não só escrevia "*disparates ininteligíveis*" como também era "*um perigo*". "Cuidado com esse parasita."[17]

Também era preciso lidar com o artesão radical comunista Wilhelm Weitling, que passou por Bruxelas e se encontrou com o Comitê de Correspondência em 30 de março de 1846. Weitling era o mais conhecido representante do tipo de comunismo que se desenvolvera dentro das sociedades secretas de artesãos alemães migrantes em Paris, Londres, Suíça e outros lugares depois das revoluções de 1830. Ele tinha sido a figura mais importante nos primeiros anos da Liga dos Justos, fundada em Paris em 1836. A fundação da Liga tinha coincidido com o impacto de *Palavras de um crente*, do padre católico dissidente Félicité de Lamennais. Nos anos seguintes, o radicalismo cristão chegara ao auge. Segundo Lamennais, 1789 tinha anunciado o fim da pobreza, o advento da liberdade e da igualdade e a chegada iminente do paraíso terrestre prometido por Cristo. A visão de Lamennais era de renovação moral, mas nos escritos dos seus seguidores alemães isso foi transformado num agressivo argumento a favor da força física e do "comunismo" como o retorno a uma comunidade de bens. A recém-fundada Liga tinha discutido essas questões em 1837 e encarregado Weitling de informar sobre a sua viabilidade. O relatório que ele apresentou em 1839, *A humanidade como é e como deveria ser*, foi adotado como programa oficial da Liga; ali se propunha uma ordem social baseada na igualdade, no dever universal de trabalhar e numa economia centralizada. Desse modo, Weitling tornou-se o líder incontestável da Liga, até ser desafiado em 1843 por dissidentes da Suíça, inspirados pelo nacionalismo radical de Mazzini.

Depois disso, a carreira de Weitling parece ter entrado em declínio. Em resposta a críticas, ele primeiro tentou dar alicerce cristão a suas opiniões afirmando que "comunismo" e "comunhão" tinham a mesma raiz etimológica. Quando esse argumento foi refutado, tentou apresentar uma teoria puramente secular do comunismo, publicada como *As garantias da harmonia e da liberdade*, em 1842. Karl elogiou com entusiasmo essa obra em 1844, chamando-a de "essa *veemente* e brilhante estreia literária dos trabalhadores alemães".[18] Mas a Liga não se impressionou tanto, e Weitling, em resposta, voltou ao seu argumento cristão em *O evangelho de um pobre pecador*, de 1843. Sua prisão na Suíça interrompeu a publicação do livro. Quando foi solto, em setembro de 1844, a Liga em Londres lhe ofereceu recepção de herói, mas o livro nunca teve grande impacto.

Weitling ainda reteve alguns seguidores na Suíça, mas em Londres e Paris os interesses de muitos membros da Liga mudaram de alvo. Em Paris, sob a liderança do dr. Hermann Ewerbeck, a Liga inclinou-se para Cabet, e depois, em 1844-5, para os escritos de Grün. Em Londres, encabeçados por Karl Schapper, Heinrich Bauer e Joseph Moll, realizaram-se debates, nos quais os assentamentos comunistas de Cabet foram rejeitados. A teoria revista de Weitling também foi debatida em numerosas ocasiões, até ser finalmente rejeitada em janeiro de 1846. Em Londres havia um crescente apoio à abordagem pacífica e racionalista dos owenistas. A organização política de Weitling foi criticada como sendo "excessivamente militar". Da mesma forma, na questão da religião, não só o comunismo de base cristã foi rejeitado, como aumentou o apoio a um ateísmo owenista ou ao humanismo comunista de Moses Hess, no qual Deus era "a espécie humana ou a humanidade unida no amor".[19]

Pelo começo de 1846, portanto, as opiniões de Weitling tinham sido rejeitadas em sua maior parte, tanto em Londres como em Paris. Estava claro que entre os *Gelehrte* (os grupos de Bruxelas, vistos por muitos artesãos como uma panelinha supostamente instruída) a tolerância para com os modos proletários de Weitling se esgotara. Em 24 de março de 1846, Jenny escreveu para Karl: "Assim como, por vir da classe dos artesãos, ele é incapaz de qualquer coisa mais elevada do que aclamar bebedeiras em poesia popular, é incapaz também de qualquer coisa mais elevada do que malfadadas iniciativas, que são claramente temerárias e fracassam".[20]

Houve qualquer coisa de patético no encontro de Weitling com o Comitê de Correspondência em março de 1846. Weitling não parecia "um operário rancoroso, oprimido pelo fardo do trabalho". "[Era] um jovem bonito, louro, num sobretudo de corte meio afetado, com uma barba aparada de um jeito afetado. Mais parecia um caixeiro-viajante."[21] Apesar de ter sido convidado para fazer parte do Comitê de Correspondência, Karl e os outros o receberam com mau humor e má vontade. O encontro foi descrito memoravelmente pelo viajante russo Pavel Annenkov, que estava lá a convite de Karl.

Karl perguntou a Weitling: "Com que princípios fundamentais o senhor justifica sua atividade revolucionária e social?".

> [Weitling] explicou que não tinha intenção de criar novas teorias econômicas, mas fazer uso daquelas mais capazes, como a experiência na França tinha demonstrado, de abrir os olhos dos operários para o horror da sua situação e todas as injustiças que tinham se tornado, com relação a eles, refrões de governos e sociedades, para lhes ensinar a não confiar mais em promessas dessas últimas, e confiar apenas neles pró-

prios, organizando-se em comunas democráticas e comunistas. [...] Seu público agora era bem diferente daquele que costumava se aglomerar em torno da sua bancada de trabalho ou que lia seus jornais e panfletos sobre práticas econômicas contemporâneas, e, como consequência, ele tinha perdido tanto a facilidade de pensamento como de palavra.

Karl interrompeu com raiva dizendo que "o estímulo de esperanças irreais" levava apenas à ruína definitiva, e não à salvação "dos oprimidos". Isso poderia servir para o país de Annenkov, a Rússia, onde "associações de profetas insanos e seguidores insanos é tudo que se consegue reunir", mas não "num país civilizado como a Alemanha". Apesar desses ataques, Weitling continuou "lembrando as centenas de cartas e manifestações de gratidão que tinha recebido de todos os cantos da pátria". Ele alegou que

> sua obra modesta, preparatória, era mais importante talvez para a causa geral do que a crítica e as análises secretas de doutrinas feitas em isolamento, longe do mundo sofredor e das misérias do povo. Ao ouvir estas últimas palavras, Marx, no auge da fúria, deu um murro na mesa com tanta força que a lâmpada ressoou e balançou, e, levantando-se de um salto, disse: "A ignorância até agora não ajudou ninguém". [...] A reunião tinha acabado. Enquanto Marx andava de um lado para o outro da sala, extremamente zangado e irritado, aproveitei para me despedir dele e dos seus companheiros.[22]

Depois desse confronto, Karl insistiu na necessidade de passar o partido numa "peneira".[23] O que queria dizer com isso ficou claro dentro de poucas semanas, em 11 de maio de 1846, quando o Comitê de Correspondência emitiu uma "circular" contra um dos aliados de Weitling, Hermann Kriege. Kriege, que estava em Nova York e trabalhava como editor do jornal *Der Volks-Tribun*, foi acusado de pregar "emocionalismo fantástico" sob o nome de comunismo e de ser, portanto, "comprometedor, no mais alto grau, para o Partido Comunista, tanto na Europa como na América".[24]

É difícil, no entanto, acreditar que não houvesse algo mais nessa missiva de presunção tão grotesca. Em 1845, Kriege tinha sido um dos companheiros de Engels e Hess, quando eles pregavam o comunismo em Barmen e Elberfeld. Mais tarde, defendera o uso que Weitling fazia da religião: "Ele não quer abandonar a palavra 'Deus' como expressão de um efeito emotivo e o uso de Cristo como profeta do comunismo. Em outros sentidos, ele é, sem a menor dúvida, um perfeito revolucionário". Também levantou dúvidas sobre a extensão do radicalismo dos operários ingleses e franceses: "O único lugar onde agora vejo um movimento importante é a América do Norte". Suas palavras eram também as de um amante rejeitado:

> Eu lhe digo que foram as palavras finais do seu ensaio sobre a *Filosofia do direito* [de Hegel] que fizeram de mim um cativo do seu amor. Não foi a arte, a retórica ou a severa dialética, nem o forte sangue vital, que flui nesses parágrafos, o que me ligou a você, penetrou todo o meu ser, e por um longo tempo só tive filhos seus. [...] Eu o teria seguido aonde você quisesse. Vim para Bruxelas e encontrei em você a pessoa que eu já conhecia, mas não sabia que você não conhecia a mim e o meu amor por você, daí as minhas sandices, que depois se tornaram tão cansativas em algumas cartas.[25]

Na primavera de 1846, Weitling e seus seguidores puderam ser marginalizados sem grandes riscos. Em junho de 1845, Ewerbeck tinha informado sobre as dificuldades de Weitling para impor seu argumento em Londres, enquanto em 1846 o líder cartista Julian Harney escreveu para Engels dizendo que embora Weitling talvez tivesse amigos na Sociedade de Londres, certamente não eram a maioria. "S. [Schapper] é o homem que lidera, como deve ser."[26] Isso era importante, porque Karl e seu grupo só viriam a assumir a liderança dentro da Liga graças ao apoio de Karl Schapper e os membros de Londres.

A ameaça representada por Karl Grün era muito mais séria do que a de Weitling. Proudhon respondeu à carta de Karl e do Comitê de Correspondência com uma recusa educada mas firme. Também manifestou uma fundamentada discordância com o projeto deles: era contra o grupo vir a ser "os apóstolos de uma nova religião, mesmo que seja uma religião da lógica, ou uma religião da razão. [...] Não criem uma nova teologia como seu conterrâneo Lutero". Para empurrar a economia política na direção da "comunidade", queimar a propriedade numa chama suave era mais apropriado do que injetar-lhe nova força recorrendo a um "[Massacre da] Noite de São Bartolomeu dos donos de propriedade". Para Proudhon, essa parecia ser também "a disposição da classe trabalhadora na França". Assim como tinha sido incapaz de compreender as atitudes francesas para com a religião quando primeiro se aproximou dos socialistas com Arnold Ruge, Karl agora se mostrava incapaz de compreender a antipatia deles por outra revolução e por um Estado ao estilo jacobino. A ação revolucionária não era o caminho para realizar a reforma social. Quanto ao ataque de Karl a Grün, a quem acusava de "vender ideias socialistas", Proudhon respondeu que Grün tinha todo o direito de fazê-lo, uma vez que vivia no exílio com a mulher e dois filhos para sustentar. "De que outra forma você queria que ele conseguisse alguma coisa, a não ser com ideias modernas? [...] Devo o meu conhecimento dos seus escritos e dos de Engels e Feuerbach a Grün e Ewerbeck."[27]

Outros se apressaram a deixar registrado seu desacordo com o tom intolerante e imperioso das missivas do Comitê de Correspondência. O Comitê em Londres perguntou: "Vocês não estão sendo duros demais com Kriege? [...] Kriege ainda é jovem e pode aprender". Da mesma forma, o amigo de Karl na Vestfália, Joseph Weydemeyer, informou que havia "um desgosto generalizado pelo fato de você ter se envolvido novamente nessas polêmicas".[28] Hermann Ewerbeck, um dos líderes da Liga em Paris e por algum tempo íntimo colaborador de Grün, que tinha saudado Karl como um "Aristóteles do século XIX", não conseguia entender por que ele desejaria atacar Grün. Grün tinha feito um bom trabalho entre os marceneiros de Paris e levara trabalhadores ao Louvre vinte vezes para conhecer o museu.[29] Além de atuar como correspondente estrangeiro do *Trier'sche Zeitung*, dava palestras semanais sobre arte a artesãos parisienses.

Mais perturbador para Karl era o fato de Proudhon estar escrevendo sua própria crítica da economia política com a ativa assistência de Grün. Proudhon ficara fascinado com o que Grün disse sobre Feuerbach e queria incorporá-lo à sua crítica econômica, enquanto Grün, por sua vez, saudava Proudhon como "o Feuerbach francês". Grün tinha sido incumbido da tradução do *Sistema das contradições econômicas ou Filosofia da miséria*, de Proudhon, e anunciado sua publicação iminente na Alemanha em janeiro de 1846.[30] Segundo Ewerbeck, "Grün alardeia que ele e o dr. Mendelssohn vão transplantar a doutrina de Proudhon para a Alemanha".[31] O livro de Proudhon apareceu na França em outubro de 1846, enquanto a tradução de Grün para o alemão, juntamente com uma longa introdução, estava programada para maio de 1847.

A crítica da economia política de Proudhon baseava-se na alegação de que ela reforçava a desigualdade. Ele atacou a entrada da máquina na oficina. "A máquina ou a oficina, tendo degradado o trabalhador ao colocar um patrão acima dele, completa o seu processo de barateamento garantindo que ele caia da categoria do artesão para a do trabalhador manual." Depois de refletir sobre a generalização do fenômeno, ele também, como Karl, via uma analogia entre religião e economia: "Com a máquina e a oficina, o direito divino, ou seja, o princípio da autoridade, entra na economia política". "Capital, dominação, privilégio, monopólio, parceria, crédito, propriedade" eram "na linguagem econômica" o que de outra forma se chamava de "poder, autoridade, soberania, lei escrita, revelação, religião, finalmente Deus, a causa e o princípio de toda a nossa pobreza e de todos os nossos crimes, que, quanto mais tentamos definir, mais nos escapa".[32]

O tratado de Proudhon atacava a economia política como uma forma moderna de competição, que resultou numa nova forma de pobreza. Os meios empregados pelo trabalho para criar riqueza implicavam um antagonismo inerente que produzia pobreza. A economia política era "a afirmação e a organização da pobreza"; era "a falsa organização do trabalho", e isso criava o "pauperismo".[33] Grün afirmou ainda que o livro de Proudhon tinha finalmente conseguido a unificação do socialismo francês com a filosofia alemã, e que assinalava um passo adiante na noção de Lessing de *A educação da raça humana*.[34] O socialismo não era apenas uma solução limitada para as preocupações materiais do proletariado; desempenhava papel crucial na emancipação da humanidade.

A aliança de Grün com Proudhon ameaçava fundamentalmente a ideia de Karl de uma união franco-alemã. O Comitê de Bruxelas não teve mais êxito do que os *Deutsch-Französische Jahrbücher* em atrair a participação não alemã, não exilada. Não apenas Proudhon, mas também o líder cartista Julian Harney, de Londres, relutava em se envolver. Mesmo nas diásporas alemãs, a recepção foi ambígua. O único sucesso definitivo, resultado de uma sugestão de Harney, foi o contato estabelecido com o principal membro da Liga dos Justos em Londres, Karl Schapper. Ali se descobriu um terreno comum na rejeição do programa de Weitling. Com base nisso, foi criada uma filial do Comitê de Correspondência em Londres. Já em Paris, diferentemente, a alta reputação de Grün e sua popularidade entre os trabalhadores alemães constituíam um grande obstáculo para a expansão do Comitê de Correspondência, situação agravada pelo desenvolvimento da aliança de Grün com Proudhon.

O livro de Proudhon e sua tradução alemã também representavam um desafio mais pessoal. A reputação de Karl em toda a comunidade alemã exilada baseava-se na promessa da crítica da economia política que ele não tardaria a produzir.

Mas, com o passar do tempo, até mesmo seu editor, C. J. Leske, começou a ficar nervoso com relação ao caráter do livro prometido e à probabilidade de que fosse terminado. As provas dos cadernos de Karl sugerem que pouca coisa tinha sido acrescentada ao que ele escrevera em 1844. Ele acumulara material inglês numa viagem a Manchester no verão de 1845, mas não havia sinais da "versão revista do primeiro volume", que Karl alegava que estaria pronta no final de novembro de 1846.³⁵ O trabalho no projeto só foi retomado em setembro de 1846. Para Leske, a gota d'água foi o surgimento de um "forte concorrente" — o livro de Proudhon. Em 2 de fevereiro de 1847, portanto, Leske exigiu que o contrato fosse cancelado e o adiantamento devolvido.³⁶ Essa ameaça à posição de Karl ajuda a explicar por que, em contraste com a lentidão anterior com que redigia sua crítica econômica, ele se sentou para escrever um livro refutando Proudhon logo que o recebeu. Começou a trabalhar em *Miséria da filosofia* em dezembro de 1846 e terminou em junho de 1847.

Uma ansiedade sobre Grün e Proudhon como defensores de uma rota alternativa para o socialismo na França e na Alemanha dominou a política do grupo de Bruxelas pela maior parte de 1846 e 1847. Karl escreveu um ensaio polêmico atacando o livro de Grün, *O movimento social na França e na Bélgica*, que acabou sendo publicado na revista *Westphälische Dampfboot*.³⁷ Em agosto de 1846, Engels foi enviado a Paris para um encontro com membros da seção parisiense da Liga dos Justos, a fim de denunciar as ideias de Grün como "antiproletárias, filistinas e artesãs". Notícias sobre seus esforços para conquistar membros e voltá-los contra Grün dominaram suas cartas para Karl até dezembro. Sua campanha foi ajudada por uma disputa entre Grün e Ewerbeck ocorrida em abril do mesmo ano. Mas as vitórias não eram inquestionáveis. Ficava uma impressão de persistente confusão. Isso tudo sugere que a principal razão para os membros do grupo de Bruxelas se juntarem à Liga dos Justos era poder ficar em melhor situação para combater as ideias de Grün e Proudhon em Paris.

A história convencional da transformação da Liga, sua aceitação da doutrina marxista e sua troca de nome para Liga Comunista baseiam-se, em grande parte, na reconstrução dos acontecimentos feita por Engels em data posterior. Admitindo-se que esteja correta, isso foi possível porque a filial londrina da Liga, chefiada por Karl Schapper, Heinrich Bauer e Joseph Moll, temia a possibilidade de retorno aos dogmas de Weitling e estava, portanto, preparada para fazer aliança com o grupo de Bruxelas. Foi possível também porque Schapper, por motivos próprios, começou a pôr em dúvida a crença que partilhava com os owenistas de que uma transformação pacífica era viável. Em 1846, Schapper já via a revolução como inevitável. Depois de fazer referência a essa questão em resposta a uma carta de Marx, Schapper e o Comitê de Londres declararam que "nossa tarefa é esclarecer o povo e fazer propaganda em favor da comunidade de bens; vocês querem a mesma coisa, portanto vamos juntar nossas mãos e trabalhar com força conjunta por um futuro melhor".[38] Essa convergência de interesses foi reforçada pela criação de uma plataforma comum em apoio da revolta na Polônia, e ganhou forma institucional mais duradoura com a criação dos Democratas Fraternos.

Schapper e a Liga de Londres também foram responsáveis pela introdução de um novo tema que estava praticamente ausente nos escritos de Karl ou Engels. As discussões de 1845-6 foram notáveis pela insistência em que o comunismo permitisse, antes de mais nada, o livre autodesenvolvimento dos indivíduos. O comunismo de Weitling, como o de Cabet, embruteceria a humanidade; igualdade deveria significar oportunidades iguais, não consumo igual ou satisfação igual. O comunismo deveria andar de mãos dadas com a autorrealização individual. Foi provavelmente em decorrência da preocupação de Schapper com esse tema que o *Manifesto* falou de "uma associação na qual o livre desenvolvimento de cada um é a condição para o livre desenvolvimento de todos".[39]

Mas enquanto uma convergência satisfatória de posições parece ter sido estabelecida entre Londres e Bruxelas, nada que se comparasse a isso foi alcançado entre as filiais em Paris. Ewerbeck, o principal porta-voz da Liga em Paris, inclinara-se primeiro para Cabet e depois para Grün. Em seguida, aproximou-se mais do grupo de Bruxelas, mas era um aliado pouco confiável. Engels tinha sido enviado a Paris numa tentativa de contestar a reputação de Proudhon e a popularidade de Grün. Mas foi considerado arrogante e rude, enquanto os seguidores de Weitling alegavam que ele era membro de uma desagradável panelinha acadêmica que não dava a menor importância às opiniões dos trabalhadores comuns.[40] Ingressar na Liga e fazer avançar um novo programa de reformas fortaleceu a posição de Karl e do grupo de Bruxelas. Mas a profundidade da divisão e a força duradoura dos seguidores de Grün ficaram vigorosamente demonstradas na "circular" do Primeiro Congresso da Liga Comunista em 9 de junho de 1847: "Na própria Liga de Paris, não houve nenhum sinal de progresso, nem a mais tênue preocupação com o desenvolvimento do princípio ou com o movimento do proletariado, como ocorria em outras localidades da Liga".[41]

A julgar pelas cartas de Engels a Karl, parecia que os adversários de Bruxelas estavam sendo escorraçados de campo, e uma vez que os "Straubingers" fossem derrotados, o grupo em volta de Karl triunfaria. Mas outras fontes sugerem que esses triunfos podem ter sido vazios ou ilusórios, e que algumas vitórias de Engels foram obtidas com manipulação e fraude. Na conferência de junho de 1847, Engels só conseguiu ser nomeado delegado graças a um "truque presidencial" da parte do seu antigo amigo Stephan Born, que, em vez de incentivar uma discussão sobre as nomeações, pediu que levantassem as mãos aqueles que se opusessem a Engels. Como a maioria não levantou, Born declarou Engels eleito. Engels cumprimentou Born por sua "bela" manobra, mas o próprio Born mais tarde se envergonharia daquele ato.[42] Um pouco depois disso, Engels gabou-se de driblar uma maioria que apoiara o rascunho de Moses Hess daquilo que viria a ser o "Manifesto do Partido Comunista". Numa carta de 25-26 de outubro de 1847, ele confidenciou a Karl:

> *Que isso fique só entre nós*: preguei uma peça infernal no Mosi. Ele tinha terminado uma confissão de fé deliciosamente remendada. Na última sexta-feira no distrito, lidei com isso, ponto por ponto, e não estava nem na metade quando os rapazes se declararam *satisfaits*. *Sem qualquer oposição*, consegui que me confiassem a tarefa de redigir uma nova, a ser discutida na sexta-feira seguinte pelo distrito e enviada para Londres *sem que as comunidades soubessem*.[43]

No final de 1847, Engels conseguiu obter para si e para Marx a elaboração do "Credo" da Liga — ou "Manifesto" da Liga, como passou a ser chamado.[44]

O documento resultante,[45] que veio a ser o *Manifesto do Partido Comunista*, escrito por Karl em janeiro de 1848, não se destinava à posteridade, e nem sequer ao vasto mundo. Antes de tudo, dirigia-se apenas aos membros da Liga, e seu objetivo era vincular todas as filiais — especialmente as de Paris — a um único programa acordado. Mas no começo de 1848, apesar das manobras de Engels, o desafio representado pelos seguidores de Grün e Proudhon persistia. Foi por essa razão que, embora não tenha sido mencionada nos rascunhos anteriores de Hess e Engels, apareceu uma seção de quatro páginas sobre o que Karl chamava de socialismo "alemão" ou "verdadeiro", descrito pelo *Manifesto* como "literatura suja e debilitante".[46]

Com o advento da revolução na Alemanha em março de 1848, esse debate perdeu sua relevância imediata. Com questões constitucionais voltando a ocupar o primeiro plano, a posição antipolítica representada por Grün perdeu sua base lógica. Grün voltou a Trier em fevereiro de 1848 e tornou-se um dos membros mais importantes da Demokratische Verein zu Trier [Associação Democrática de Trier]. Depois da impressão de uma versão feita às pressas em Londres em fevereiro de 1848, o *Manifesto* foi engavetado. Karl e o "Comitê" do "Partido Comunista da Alemanha" — Schapper, Bauer, Moll, Engels e Wolff — divulgaram em 24 de março as "Demandas do Partido Comunista na Alemanha". A questão agora era saber se a revolução deveria ser executada por meio de um Estado republicano similar à República Francesa de 1792. A primeira demanda do "Partido Comunista" era que "toda a Alemanha seja declarada uma república una e indivisível".[47] O programa incluía ainda um banco estatal, a nacionalização do transporte, a tributação progressiva e o estabelecimento de Oficinas Nacionais (semelhantes às propostas em Paris por Louis Blanc). Grün, por sua vez, escrevendo no *Trier'sche Zeitung*, criticou a ênfase na centralização e na nacionalização; declarou que o resultado seria não a emancipação da classe operária, mas a substituição dos monopólios individuais por um "monopólio coletivo" do Estado, e o enfraquecimento da autodeterminação individual.[48]

Os ganhos obtidos com o ingresso na Liga foram limitados, e com a muito esperada chegada da revolução na Alemanha os benefícios de continuar operando dentro de um grupo ainda desunido foram se tornando duvidosos. Essa foi a provável razão para que, no final de 1848, Karl dissolvesse formalmente a Liga Comunista.

3. DENTRO DO "PARTIDO"

Poucos relatos subsistem da vida doméstica da família Marx em Bruxelas entre 1845 e 1848. Mas o pouco que existe sugere que durante aqueles anos o casamento de Karl e Jenny foi feliz. Joseph Weydemeyer, em carta à sua noiva, deu uma ideia de como era a vida social na casa em 1846:

> Marx, Weitling, o cunhado de Marx [Edgar von Westphalen] e eu passamos a noite inteira sentados jogando [cartas]. Weitling foi o primeiro a cansar-se. Marx e eu dormimos algumas horas num sofá, e o dia seguinte foi impagável, pois o passamos

à toa na companhia da mulher e do cunhado dele. Fomos a uma taverna de manhã cedo, depois pegamos o trem para Villeworde, um lugarzinho nas redondezas, onde almoçamos, e voltamos para casa no último trem, na maior alegria.[49]

Stefan Born descreveu uma visita que fez à casa dos Marx no outono de 1847: "Uma casinha extremamente modesta, quase se poderia dizer mal mobiliada, num subúrbio de Bruxelas". Ele ficou particularmente impressionado com Jenny,[50] comentando: "A vida inteira ela manifestou o interesse mais intenso em tudo que tivesse a ver com o marido e que o ocupasse. [...] Marx amava a mulher e ela retribuía sua paixão".[51] Durante aqueles anos, parece que ela esteve totalmente envolvida com a Associação Educacional dos Trabalhadores Alemães de Bruxelas, tanto quanto era permitido a uma mulher se envolver. No Ano-Novo de 1847, a associação organizou uma "Celebração Democrática e Fraternal" na Maison du Cygne da Grand-Place. Senhoras e mulheres jovens socializaram com trabalhadores mais velhos e aprendizes numa festa para 130 convidados. Segundo notícia da *Deutsche-Brüsseler-Zeitung*, depois dos discursos, uma orquestra de músicos amadores tocou e poemas foram recitados. "A sra. Marx não foi a última a dar aos presentes os benefícios dos seus talentos dramáticos, oferecendo com isso um exemplo notável e extremamente comovente de uma distinta senhora dedicada à educação do proletariado."

Em dezembro de 1846, Jenny deu à luz um filho, chamado Edgar em homenagem ao irmão, mas mais conhecido pelo apelido "Musch". Segundo Wilhelm Liebknecht, "ele era muito talentoso, porém já nasceu doente, um verdadeiro filho do infortúnio. Tinha belos olhos e uma cabeça promissora, que parecia pesada demais para o corpo fraco". Liebknecht achava que ele poderia ter sobrevivido "se tivesse paz e constante atenção e vivesse no campo ou à beira-mar". Mas "na emigração, perseguido de um lugar para outro, e em meio às dificuldades da vida em Londres", nem mesmo "a afeição paterna e os cuidados maternos mais dedicados" poderiam salvá-lo. Em 1853, Edgar contraiu "uma doença incurável" e morreu em 1855.[52]

Quanto aos seus companheiros alemães, Jenny diria mais tarde que no tempo que passaram na Bélgica, de 1845 a 1848, "a pequena colônia alemã vivia agradavelmente junta". Mas havia atritos evidentes, produzidos pela vida no exílio, primeiro em Paris, depois em Bruxelas, e ficaram mais agudos à medida que a estada em Bruxelas se prolongava. Não só esses alemães eram, em suas palavras, "uma colônia de indigentes", isolados dos canais normais de apoio local e familiar, mas também estavam tentando estabelecer uma forma distinta de identidade política.⁵³ O que começara como uma cooperativa informal em torno da *Vorwärts!* em Paris, e em alguns casos remontando à preparação dos *Deutsch-Französische Jahrbücher* no começo de 1844, agora tinha a aspiração de converter-se num "partido". O objetivo desse "partido", um agrupamento de uma dúzia de pessoas, no máximo, seria estabelecer sua ascendência sobre outros grupos e correntes de pensamento socialistas, tanto na Alemanha como na França. Era mais um capítulo da aliança franco-alemã tão estimada pelos radicais alemães nos anos anteriores a 1848. Era por isso que, pelo visto, se gastava tanto tempo com a crítica da filosofia alemã da época, projeto no qual não apenas Karl e Engels, mas também Hess e Joseph Weydemeyer, estiveram ativamente envolvidos por um tempo. Era também uma grande motivação por trás da planejada crítica de Karl à economia política. As ambições do grupo de Bruxelas foram apresentadas de forma muito clara numa reunião com Louis Blanc no outono de 1847. Engels escreveu para Karl: "Eu disse que você era o líder: *vous pouvez regarder M. Marx comme le chef de notre parti (c'est-à-dire de la fraction la plus avancée de la démocratie allemande, que je représentais vis-à-vis de lui) et son récent livre contre M. Proudhon comme notre programme*".⁵⁴

Como em outros agrupamentos socialistas durante esse período, os partidários tendiam a gravitar em torno de um líder admirado e até mesmo reverenciado — o "pai social" como Robert Owen, ou o fundador de *Icária*, Étienne Cabet. O estilo de administração desses líderes era autocrático e baseava-se na enunciação da doutrina. No caso de Owen, inspirava-se na visão de "um novo mundo moral"; no caso de Cabet, no detalhamento dos arranjos sociais da sua *Utopia* de Thomas More reescrita para o século XIX. No caso de Karl, seu status de líder incontestável foi concebido e expresso numa linguagem tornada familiar pelo jovem hegelianismo; baseava-se na premissa de sua "crítica da economia política". Havia também o vigoroso reforço da sua presença física, vividamente descrita pelo viajante russo Pavel Annenkov:

> Marx era um homem do tipo cheio de energia, força de vontade e invencível convicção — um tipo de homem extremamente notável também na aparência exterior. Com uma densa massa de cabelos negros na cabeça, as mãos peludas, trajando um sobretudo com botões atravessando o peito em diagonal, tinha a aparência de um

homem com direito e autoridade para impor respeito, fosse qual fosse o disfarce que usasse e fizesse o que fizesse. Todos os seus movimentos eram desajeitados, mas vigorosos e autoconfiantes, todos os seus modos iam de encontro aos costumes das relações sociais, mas eram orgulhosos e um tanto reservados; e sua voz estridente, com um quê de metálico, combinava maravilhosamente com os pronunciamentos radicais sobre coisas e pessoas que ele proferia. Marx tinha adquirido o hábito de só falar fazendo pronunciamentos sobre os quais pairava — é preciso acrescentar — certa nota aguda sobreposta a tudo que dizia. Essa nota expressava a firme convicção de que sua missão era controlar mentes, legislar sobre elas e conduzi-las em seu séquito. Diante de mim estava a figura encarnada do ditador democrático, tal como poderia ser pintada em nossa imaginação em momentos dedicados à fantasia."[55]

Fosse qual fosse a intenção, a aspiração de formar um "partido" era seriamente limitada por rivalidades pessoais e animosidades que dividiam o grupo. Embora a liderança de Karl jamais fosse contestada, iniciou-se um conflito entre os que lhe eram mais próximos, nesse caso Engels e Hess. Engels tinha sido protegido de Hess, e os dois continuaram amigos pelo menos até depois de chegarem a Bruxelas, em abril de 1845. Junto com Hess e Hermann Kriege, Engels tinha participado de uma campanha para levar o comunismo à classe média de Barmen e Elberfeld na primavera de 1845. Escrevendo de Barmen em 17 de março, ele descreveu para Karl a "cara triste" de seus pais ao saberem que ele tinha passado a noite anterior com Hess em Elberfeld, onde "ficamos falando sobre comunismo até duas horas da manhã".[56]

Já em Bruxelas, Engels e Hess tinham promovido Karl à posição de líder de "partido". Mas na primavera de 1846 as relações pessoais se deterioraram a tal ponto que Jenny Marx falou em "ruptura radical". Suas causas não eram muito claras. Um dos problemas era certamente a aberta antipatia de Jenny pela companheira de Engels, Mary Burns, e outro era o atrito produzido pela coabitação forçada dos Hess e dos Engels. Era uma situação que os amigos de Karl em Colônia, Heinrich Bürgers e Roland Daniels, observavam com divertido desdém. Certo de que a intenção do grupo de Bruxelas era produzir outro volume dos *Deutsch-Französische Jahrbücher*, Daniels escreveu: "Não consigo entender como é que você vai começar isso com as duas pessoas mencionadas". Ele e Bürgers tinham dado "boas risadas" lendo a descrição de Karl da infeliz situação em que ele e Jenny tinham sido obrigados a aceitar Engels, Hess e suas companheiras como sublocatários. Segundo Roland Daniels:

> O "sujeito alto" Engels, o *ami des prolétaires*, cuja companhia o manco Hess parece buscar porque é um imitador, ou por princípio — então a indomável proletária [a companheira de Engels de Manchester, Mary Burns] e a cansativa "sra." H.[57] —, rimos disso por uma semana. O *ami des prolétaires* por excelência chega mesmo a culpar — conheço muitos como ele — as boas roupas e coisas do gênero pelo "mal-estar da sociedade de hoje". "Se você não se tornar parecido com esses proletários, não entrará no reino dos céus."

A respeito de Hess, Daniels observou: "Você não escreve muito sobre H.; mas o chama muito apropriadamente de 'esponja'". Sobre as pretensões de Hess, ele escreveu: "Você só pode ter falado com ele do seu plano de fazer uma *análise* da filosofia do comunismo em mais uma tentativa de relançar os chamados *Deutsch-Französische Jahrbücher*. Imediatamente, escreveu ele: 'Nós deveremos fazer uma *análise* — para separar as ovelhas das cabras'". Não só a carta dele era "um tanto patriarcal", como dava a entender a partir dela "que você também quer fazer de Bruxelas o centro de decisão do comunismo, e de Hess seu sumo sacerdote".[58]

Numa carta para Karl do final de fevereiro de 1846, Bürgers também comentou "a absoluta impossibilidade de uma existência humana comunal entre esses elementos heterogêneos que de repente foram colocados juntos". Ele via aquilo como "uma segunda edição ampliada e aperfeiçoada" da breve experiência de coabitação de Karl com os Ruge e os Herwegh. O que o desgostava era

> a maneira covarde com que essas pessoas responsabilizam sua mulher pelo fato de o comportamento mal-educado delas não ser aplaudido. [...] Para não romperem com você, a quem precisam ter do lado deles, mas que jamais lhes diria a dura verdade, eles usam conhecidos métodos especulativos para fazer de você um marido fraco, que por enquanto, por amor à paz doméstica, cede aos ditames da arrogância aristocrática e é persuadido a uma injusta condenação de seus amigos plebeus.[59]

Sobre Engels, Bürgers comentou a Karl: "Se sua mulher não existisse, ele se convenceria de que você não hesitaria em reconhecer a situação das livres relações sexuais, e possivelmente o objeto do amor dele". "A propósito", prosseguiu ele, "você vê agora como uma nova situação na vida desestabiliza completamente tipos impetuosos, mas superficiais, como E., além de todos os limites." O juízo que Bürgers fazia de Hess era igualmente fulminante, mas por outras razões. Por causa do seu "espinosismo e hábitos mentais espiritualizantes", ele era "indiferente demais à miséria da nossa sociedade *em pequenas coisas* nas suas manifestações diárias e horárias para achar que vale a pena reagir com veemência contra esses acontecimentos vulgares". E acrescentou:

> Só vê o que suas preocupações intelectuais lhe permitem ver; é cego quando a realidade dos seus pensamentos assume um aspecto ameaçador. [...] Se alguém concorda com Hess na condenação geral da sociedade, isso lhe basta, quer o sujeito esteja agindo por polida hipocrisia, convicção ou percepção.[60]

Algumas dessas observações foram confirmadas por uma carta escrita mais ou menos na mesma época por Jenny, que estava tomando conta da mãe doente em Trier. Em 24 de março de 1846, ela escreveu para Karl: "Parece que assassinato e mutilação estão à solta entre vocês! Fico feliz que essa ruptura radical não tenha acontecido antes da minha partida. Boa parte teria sido atribuída às maquinações de uma mulher ambiciosa, Lady Macbeth [ou seja, a própria Jenny], e não sem razão". Ela reconheceu que por muito tempo vinha "exercendo *la petite critique*" (crítica miúda), mas duvidou da sugestão de que Mary fosse um raro exemplo de mulher "como deveria ser" (referência sarcástica ao livro *A humanidade como é e como deveria ser*, de Weitling). Pelo contrário, "há uma quantidade imensa de mulheres adoráveis, encantadoras e aptas, e elas estão espalhadas pelo mundo inteiro". Sobre Hess, ela concordava com os amigos de Colônia. Para o "rabino Rabuni", como ela o chamava, "todos os gatos são pardos". "Ele vê matizes rosados aparecerem na distante Polônia; esquece que a cor dessas rosas vermelho-escuras não é genuína." Homens como Hess eram na verdade "nada mais que ideólogos, que não têm carne e osso de verdade, mas apenas, por assim dizer, uma abstração disso".[61]

Como resultado do que tinha acontecido, Hess escreveu para Karl em 29 de maio de 1846, pedindo desculpas pelo tom da carta anterior. Porém, acrescentou: "Você tem o direito de estar irritado, *mas não Engels*; minha carta não se destinava a ele de forma alguma". E concluiu: "Com você pessoalmente eu ainda gostaria muito de estar envolvido; mas não quero ter nada a ver com o seu grupo".⁶² Depois disso, a situação piorou. Talvez por ser "um pacificador exagerado", como ele mesmo admitia, Hess logo tentou voltar aos bons termos com Engels, e em julho pediu sua ajuda para mandar clandestinamente Sybille, que não tinha passaporte, de Bruxelas para a França. Engels fez o que ele pediu, mas logo se queixou a Karl de que Sybille não dava a mínima para Hess e estava à procura de marido.⁶³

Desde que se juntara a Karl em Bruxelas, a atitude de Engels para com Hess foi ficando cada vez mais hostil. Talvez tivesse ciúme da influência intelectual de Hess sobre Karl, ou talvez quisesse vingar-se de todas as "molecagens" que a seu ver "eles fizeram com Mary" na época da "ruptura". Qualquer que fosse a razão, em 1846-7 Engels não perdeu a oportunidade para desmerecer, ridicularizar e finalmente humilhar Hess. Em julho referiu-se às suas "imbecilidades", e em setembro zombou da tentativa de Hess de "reatar relações"; em Paris, parece ter começado um caso com Sybille. Em outubro, Engels se referiu a Hess, que tinha voltado a Colônia porque estava sem dinheiro, como o membro de uma "escola confusa". Quando Hess finalmente chegou a Paris no começo de 1847, Engels se vangloriou para Karl de que quando "o digno sujeito veio ver-me [...] o tratamento que lhe dei foi tão frio e desdenhoso que não vai ter a menor vontade de voltar".⁶⁴

No começo de 1848, Hess acabou descobrindo que Engels tinha tido um caso com Sybille. Acusou-o de estupro e falou em desafiá-lo para um duelo. A atitude de Engels foi novamente de insensibilidade. Em 14 de janeiro, escreveu para Karl: "Diverti-me imensamente com essa coisa do Mosi, apesar de ficar irritado por isso ter vindo à luz. [...] Moses brandindo suas pistolas, exibindo seus chifres diante de toda Bruxelas. [...] Teria sido um luxo". A notícia da acusação de Hess "fez-me arrebentar de rir". Em julho de 1847, Engels acrescentou que Sybille, "essa jumenta de Balaão", lhe fez uma "declaração de amor", e "sua obsessão comigo é amor não correspondido, puro e simples".⁶⁵

Quanto a Engels, sua correspondência com Karl claramente corrobora a imagem de uma incongruente combinação de respeitosa subserviência a Karl como seu mediador político e luxuriosa busca de aventuras sexuais com mulheres de rua ou de fábrica. Em 1845, ele estava pronto para ir embora de Barmen, entre outras razões porque um caso de amor tinha acabado. Apesar de sua atitude protetora para com Mary Burns, quando ela chegou a Bruxelas na primavera de 1846, ele continuou atrás de encontros amorosos quando foi a Paris no final do ano. Em fins de 1846, escreveu para Karl dizendo que os informantes da chefatura de polícia, que o vinham seguindo, deviam ter adquirido "uma grande quantidade de ingressos para os *bals* Montesquieu, Valentino, Prado etc.", e que estava em débito com o intendente "por alguns deliciosos encontros com *grisettes* e por muitíssimos prazeres", uma vez que seu desejo era tirar proveito, dia e noite, do que Paris tinha a oferecer. Pois os dias que passou lá, afirmou ele, poderiam ser os últimos.[66] Em março de 1847, porém, ainda de Paris, escreveu para Karl: "É absolutamente essencial que você saia da *ennuyante* Bruxelas pelo menos uma vez e venha a Paris, e eu, da minha parte, tenho uma grande vontade de cair na farra com você". Em seu caso, "se não houvesse mulheres francesas, a vida não valeria a pena. *Mais tant qu'il y a grisettes* [mas enquanto houver operárias], tudo bem".[67]

4. CRÍTICA DE BRUXELAS DA ECONOMIA POLÍTICA

O que mantinha unido o heterogêneo grupo de Bruxelas era a fé na promessa de crítica da economia política a ser feita por Karl. Já em agosto de 1845, Jenny "aguardava ansiosa" a sua publicação, enquanto Ewerbeck indagava, com senso de urgência: "Quando é que o teu grande livro vai aparecer?".[68] Fora dos limites de um pequeno grupo de intelectuais radicais, Karl era desconhecido. Mas, dentro desse grupo, a fé em sua "grandeza" iminente era unânime. Georg Jung, em Colônia, seguidor convicto desde os tempos de Karl no *Rheinische Zeitung*, esperava o "livro sobre economia política e sobre política com a maior ansiedade". "Você precisa se tornar para a Alemanha inteira o que já é para os seus amigos. Com seu brilhante estilo de prosador, e a grande clareza de sua argumentação, você precisa afirmar-se aqui e tornar-se uma estrela de primeira grandeza."[69] As súplicas para que Karl desse prosseguimento ao livro, e não se deixasse distrair por outros projetos, continuaram até 1846. Joseph Weydemeyer insistia na importância de terminar logo o livro, uma vez que os relatos nos *Deutsch-Französische Jahrbücher* e em *A sagrada família* eram breves demais e não havia "nada para recomendar àqueles que desejam ler alguma coisa sensata e bem arrazoada sobre o comunismo".[70] Moses Hess escreveu que só estava lendo sobre economia e aguardava "o livro com a maior expectativa".[71]

A admiração do grupo de Bruxelas e dos amigos de Colônia não era de surpreender. Karl foi o primeiro radical alemão a demonstrar um conhecimento real da economia política e a desenvolver uma crítica estrutural em relação a ela. De

1845 a 1849, seus escritos, palestras e discursos apresentaram essa crítica de uma forma cada vez mais clara. Durante esse tempo, ele abandonou a abordagem feuerbachiana que tanto o impressionara em 1844 — a tradução do "econômico" no "humano" — e começou a desenvolver uma interpretação radical da economia política em seus próprios termos.[72] Enquanto em 1844 ele criticara Proudhon por não ter sido capaz de ir além de uma crítica da economia política, em 1846, diante do desafio do *Sistema das contradições econômicas*, do mesmo Proudhon, Karl adotou um novo ângulo. Em vez de estender-se sobre os supostos silêncios e contradições da economia política como ideologia, seu objetivo agora era demonstrar o conhecimento superior que tinha sobre as descobertas da própria economia política.

Em 1845, Karl ainda não tinha acrescentado nada aos seus manuscritos do ano anterior. Mas a viagem a Manchester com Engels no verão de 1845 deve ter reforçado seus conhecimentos de literatura econômica na Inglaterra, colocando-o em melhor posição para sugerir uma alternativa à abordagem de Proudhon. Isso lhe permitiu, em particular, distinguir entre o curso histórico do desenvolvimento econômico e sua representação nas obras de economia política. Como observava agora, referindo-se ao que antes atacara como "cinismo" de Ricardo, "o cinismo está nos fatos, e não nas palavras que expressam os fatos".[73]

Com base em sua interpretação de Ricardo, Karl atacou o ideal de Proudhon da determinação de valor pelo tempo de trabalho. Ressaltou que "a determinação de valor pelo tempo de trabalho — a fórmula que o sr. Proudhon nos dá como a fórmula regenerativa do futuro — é [...] meramente a expressão científica das relações econômicas da sociedade atual, como foi clara e precisamente demonstrado por Ricardo bem antes do sr. Proudhon".[74] Também pôde mostrar que a ideia de troca equivalente como aplicação igualitária da fórmula de Proudhon já tinha sido explorada nas décadas de 1820 e 1830 por "socialistas" ingleses, incluindo Thomas Hodgskin, William Thompson e John Francis Bray.[75] Finalmente, um conhecimento mais aprofundado dos desenvolvimentos da economia industrial na Grã-Bretanha o levou a dar atenção especial ao "sistema automático" de produção maquinal, descrito em *Filosofia das manufaturas*, de Andrew Ure.[76] Em vez de considerar a máquina uma simples negação da divisão do trabalho, como Proudhon o fez, "o sistema automático" prenunciava um novo estágio fabril no desenvolvimento da divisão do trabalho. Nele, como argumentaria mais tarde em *O capital*, a divisão do trabalho se dava não entre pessoas, mas entre máquinas, enquanto os operadores eram reduzidos à condição de simples maquinistas.

Em discursos e palestras depois de *Miséria da filosofia*, notavelmente numa série de palestras para a Associação Educacional dos Trabalhadores Alemães sobre "Trabalho assalariado e capital", no outono de 1847, e num discurso sobre "A questão do livre-câmbio" proferido na Association Démocratique em Bruxelas, em janeiro de 1848, Karl apresentou um relato crítico do crescimento "dos poderes produtivos do capital" — o desenvolvimento de uma economia industrial e suas relações com o comércio mundial.

Para os críticos radicais da economia política, a questão fundamental era por que uma troca entre o assalariado e o capitalista, que era ostensivamente livre e igual, beneficiava tão desproporcionalmente o capitalista à custa do assalariado. Como outros críticos da época, a resposta de Karl à questão ressaltava que o trabalho não era uma mercadoria como outra qualquer. Ele citava John Wade: "Como mercadoria vendável, o trabalho difere de outras mercadorias, em particular por sua *natureza evanescente*, pela impossibilidade de *acumulação* e pelo fato de que a *oferta* não pode ser aumentada ou reduzida tão facilmente como no caso de outros produtos".[77] O salário não era "a cota do trabalhador na mercadoria por ele produzida". Salários eram "parte de mercadorias já existentes com as quais o capitalista compra para si determinada quantidade de força de trabalho produtiva". O preço do trabalho era determinado pela concorrência e flutuava em torno da produção do trabalho. Esse preço nada tinha a ver com a contribuição dada pelo trabalho ao valor do produto; era determinado exclusivamente pelo custo de produção do trabalho (aquilo que, nos termos de Ricardo, é necessário para permitir que o trabalhador subsista e reproduza a sua espécie).

O capital consistia em "matérias-primas, instrumentos de trabalho e alimentos de todos os tipos empregados para criar novas matérias-primas, instrumentos de trabalho e alimentos. Tudo são criações do trabalho, produtos do trabalho, *trabalho acumulado*". O capital não era simplesmente uma agregação de bens físicos. Era também "uma relação social de produção", "uma *relação de produção burguesa*". Meios de subsistência, instrumentos de trabalho e matérias-primas são "utilizados para nova produção sob dadas condições sociais, em definidas relações sociais". É "este caráter social definido que transforma os produtos utilizados para a nova produção em *capital*"; e a mais importante dessas condições era a existência de uma classe que nada possuía além da capacidade de trabalho. "O capital não consiste em trabalho acumulado que serve ao trabalho vivo como meio de nova produção. Consiste no trabalho vivo servindo ao trabalho acumulado como meio de manter e multiplicar o valor de troca deste último."[78]

Isso, por sua vez, servia para explicar o processo de acumulação de capital.

> O trabalhador recebe meios de subsistência em troca do seu trabalho, mas o capitalista, em troca dos seus meios de subsistência, recebe trabalho, a atividade produtiva do trabalhador, a força criadora pela qual o trabalhador não apenas repõe o que consome, mas dá ao trabalho acumulado um valor maior do que tinha antes.

O trabalhador da algodoaria não produzia simplesmente têxteis de algodão, mas produzia capital: "O trabalho assalariado só pode ser trocado por capital, aumentando o capital, fortalecendo o poder do qual é escravo. *Portanto, o aumento do capital é o aumento do proletariado, ou seja, da classe trabalhadora*".[79]

O valor de troca do capital — lucro — aumentava na mesma proporção em que caía o valor de troca do trabalho — o salário diário —, e vice-versa. Havia um conflito de interesses entre trabalho e capital, porque se o capital se ampliava, os salários também deveriam crescer, mas não na mesma proporção, porque lucro e salários estavam em proporção inversa. "A condição indispensável para uma situação tolerável do trabalhador [é] *o crescimento mais rápido possível do capital produtivo*."[80] Mas o crescimento do capital produtivo significava "o crescimento do poder do trabalho acumulado sobre o trabalho vivo [...] da burguesia sobre a classe trabalhadora"; e isso poderia ser especificado de várias maneiras. Quando ampliado para incluir todo o mercado mundial, os resultados eram

> a ininterrupta divisão do trabalho, a aplicação de novos maquinários e o aperfeiçoamento de velhos maquinários de uma forma precipitada e numa escala cada vez mais gigantesca. [...] A maior *divisão do trabalho* permite a *um único* trabalhador fazer o trabalho de cinco, dez ou vinte. [...] O trabalho é *simplificado*. As *habilidades especiais* do trabalhador tornam-se inúteis. *Portanto, à medida que o trabalho fica mais insatisfatório, mais repulsivo, a competição aumenta e os salários diminuem*.[81]

Em suma,

> no curso do crescimento das forças produtivas, a parte do capital produtivo que é transformada em maquinário e matérias-primas, isto é, em capital como tal, aumen-

ta em desproporção com a parte destinada aos salários; em outras palavras, os trabalhadores têm que dividir entre si uma parte cada vez menor do capital produtivo em relação ao seu volume total.[82]

Muitas questões levantadas pelo desenvolvimento em escala mundial da sociedade comercial e da economia industrial foram identificadas com precisão no debate sobre o livre-câmbio. Que posição os socialistas e os comunistas deveriam adotar nesse caso? Para Karl, não poderia haver dúvida de que a situação do trabalhador pioraria com o advento do livre-câmbio, e em 1847 ele reiterou o argumento ao qual os livres-cambistas na Inglaterra costumavam evitar responder quando provocados pelos cartistas. Como escreveu Karl no *Northern Star* em setembro de 1847: "Aceitamos tudo que foi dito sobre as vantagens do livre-câmbio. As forças de produção vão aumentar, as taxas impostas ao país por tarifas de proteção vão desaparecer, todas as mercadorias serão vendidas a preços mais baixos". Mas também, de acordo com Ricardo, "o trabalho, sendo uma mercadoria, será igualmente vendido a preços mais baixos". Era preciso aceitar que, "sob a liberdade de comércio, toda a severidade das leis da economia política será aplicada contra as classes trabalhadoras". Mas isso não era motivo para aceitar o protecionismo, porque,

> pelo livre-câmbio, todas as leis econômicas, com suas contradições mais notáveis, atuarão em maior escala, sobre uma maior extensão territorial, sobre o território de toda a Terra; e porque da união de todas essas contradições num só grupo, onde elas estiverem frente a frente, resultará a luta que por sua vez levará à emancipação dos proletários.

Ou, como ele declarou poucos meses depois, em janeiro de 1848: "O sistema de livre-câmbio apressa a revolução social. Somente neste sentido revolucionário, senhores, sou a favor do livre-câmbio".[83]

A interpretação de Karl da lógica da economia política naqueles anos não chegava a constituir uma teoria nova. Apresentava um sumário excepcionalmente claro, embora seletivo, dos escritos críticos de Simonde de Sismondi, Louis Blanc, Pellegrino Rossi, Eugène Buret e Pierre-Joseph Proudhon; na Inglaterra, incorporava as obras de Bray, Thomas Hodgskin, McCulloch e James Mill. As interpretações eram parciais e, no caso dos economistas políticos dominantes, com frequência equivocadas ou distorcidas. Sua apresentação em 1844 de Adam Smith como apologista da pauperização continuava incorreta, enquanto no caso de Ricardo ele não levou em conta as ressalvas cruciais feitas pelo próprio Ricardo à sua teoria da determinação de valor por tempo de trabalho, depois da primeira edição de *Princípios de economia política e tributação*, em 1817. Mas, apesar de tudo, a descrição das pressões sobre o proletariado criadas pelo desenvolvimento de uma economia industrial e suas relações com o crescimento do comércio mundial capturava vigorosamente aspectos reais da trajetória do desenvolvimento econômico nas décadas de 1830 e 1840.

Bem menos feliz era a descrição de Karl no *Manifesto do Partido Comunista* de como essas evoluções se relacionavam com a política e a luta de classes. Apesar de altamente estilizado, o elenco de personagens presentes em seus escritos até 1845 — "o Estado cristão", "o filósofo", "o Estado racional", "o censor", "a sociedade civil", "o campesinato", "os alemães", "os filisteus" e até mesmo "o proletariado" — ainda tinha alguma relação com realidades locais. Mas quando Karl se mudou para a França e para a Bélgica, em textos que vão desde *A ideologia alemã* até o *Manifesto* o elenco foi substituído por novos personagens e processos — mais proeminentemente "o Estado moderno", "a luta de classes", "a burguesia" e "o proletariado". Apesar de supostamente universais, essas figuras eram mais abstratas e tinham menos poder explanatório do que aquelas que vieram substituir, sobretudo em relação à Alemanha.

No *Manifesto do Partido Comunista*, Karl combinou brilhantes esboços em miniatura do desenvolvimento do capitalismo moderno com uma descrição do conflito contemporâneo entre as classes como seu necessário desfecho. A palavra "burguesia" foi tirada do debate político na França durante os anos da Monarquia de Julho, e mais especificamente do vocabulário de jornalistas de oposição, em especial Louis Blanc. Blanc caracterizava "a história social da burguesia" como

> o interesse bancário enfeitiçando a indústria e o comércio; o crédito individual dando lucro ao forte e prejudicando o fraco; numa palavra, o reinado da competição tendendo inevitavelmente a destruir as pequenas fortunas e a enfraquecer os de padrão médio, e tudo isso com o objetivo de alcançar um verdadeiro feudalismo financeiro — uma oligarquia de banqueiros. [...] De 1815 a 1830, a burguesia tratou apenas de completar a sua dominação. Tirar proveito do sistema eletivo, tomar conta do poder parlamentar e torná-lo supremo depois de conquistá-lo: foi esse, durante quinze anos, o trabalho do liberalismo.[84]

Mas esse "burguês" já não era mais o homem de negócios glutão, caricaturado por Daumier, o sujeito rico e ocioso que vivia de suas *rentes*, ou o senhorio insensível, surdo às súplicas dos pobres inquilinos que ele jogava nas gélidas ruas de Paris. Também não era o símbolo máximo da ganância e da mediocridade egocêntricas retratado um pouco depois por Tocqueville.[85] As "classes médias", a "burguesia", a *"Mittelklasse"*, não eram mais apenas traduções locais das "classes possuidoras", como o foram para Engels em 1845.[86] Elas eram agora a personificação do capital.

No *Manifesto*, forças impessoais — a divisão do trabalho e a mão invisível — concebidas para funcionar na expansão das relações de troca e no progresso da sociedade comercial eram apresentadas como estágios na formação da fisionomia coletiva de uma classe, e, da mesma maneira, os corpulentos representantes das outrora discretas ordens intermediárias europeias eram dotados da energia demoníaca do próprio capital. Similarmente, os *proletários*, graças sobretudo ao retrato traçado por Friedrich Engels em *A situação da classe trabalhadora na Inglaterra*, combinavam o intransigente fervor sectário dos babouvistas revolucionários parisienses com o ativismo democrático dos cartistas de Lancashire.[87]

Essas classes já não lutavam por algo específico, como o "Estado cristão prussiano", o "Parlamento Reformado" ou a "Monarquia de Julho". A arena descrita agora era a do "Estado moderno". Mas essa noção, salvo em contraste com o feudalismo ou o Antigo Regime, revelou-se uma categoria vazia, e, ainda em 1875, em sua *Crítica do Programa de Gotha*, Karl continuava tentando provê-lo de um conteúdo correspondente. Ele criticava os sociais-democratas alemães por falarem vagamente do "Estado atual"; devido à sua diversidade empírica, o "Estado atual" era "uma ficção". Mas a sua própria suposição era que, apesar da sua "heterogênea diversidade de forma", os Estados modernos tinham, sim, pontos em comum: "Todos eles se erguem no solo da sociedade burguesa moderna", e "por isso compartilham certas características essenciais". Quais eram essas "características essenciais"? Karl não especificava, e como observou um crítico, toda essa passagem poderia ser chamada de "tautologia retumbante".[88] O próprio Karl parecia ciente do seu fracasso nessa área. Numa carta de 1862 ao seu admirador dr. Kugelmann, ele alegava ter chegado aos princípios fundamentais a partir dos quais até mesmo outras pessoas poderiam reconstruir seu sistema, "com exceção, talvez, das relações entre as várias formas de Estado e as várias estruturas econômicas da sociedade".[89]

Mesmo nessa época, levantaram-se dúvidas sobre o cenário social e político previsto pelo *Manifesto*. Harney, amigo cartista de Engels e editor do *Northern Star*, escreveu-lhe em 1846:

> Suas conjeturas sobre o pronto advento de uma revolução na Inglaterra, eu duvido muito. [...] Sua previsão de que conseguiremos a Carta no ano em curso, e a abolição da propriedade privada dentro de três anos, certamente não se realizará — na verdade, no tocante a esta última, embora possa vir e espero que venha, minha opinião é que nem você nem eu estaremos aqui para ver.[90]

Em 1845, de Londres, Hermann Kriege escreveu a Karl: "Meu querido Marx, onde estão esses trabalhadores ingleses que despertam tanto entusiasmo no Engels? Tive a oportunidade de me encontrar com os principais socialistas daqui, e lhe digo que são os filisteus mais desajeitados que alguém poderia encontrar".[91]

Depois dos tumultuosos conflitos de 1831 a 1834, havia também certo desânimo sobre a situação na França. Em 1846, Carl Bernays escreveu:

> Todos os dias minhas esperanças sobre a França diminuem um pouco. É incrível a rapidez com que o *juste milieu* ganhou credibilidade entre as classes mais baixas. O respeito pela propriedade nas classes mais baixas ainda é excessivo, bem maior do que na Alemanha e mesmo do que na Renânia. O que se viu em todas as revoltas operárias foi que a melhoria da situação dos trabalhadores só é buscada de maneira indireta, mediante aumentos salariais, e nunca de maneira direta. Esse desejo não só é totalmente contrário aos princípios comunistas, mas também aos instintos comunistas. O operário aparece, portanto, não como inimigo, mas como alguém que gosta de fazer acordos.

Bernays julgava mais provável uma *jacquerie* camponesa do que uma revolta dos operários.[92] Quanto à Alemanha, duvidava-se muito que a *Bürgertum* alemã conseguiria se comportar como a *bourgeoisie*. De acordo com Heinrich Bürgers escrevendo de Colônia:

> Voltei agora para o coração do pequeno-burguês alemão. Aproveitei a oportunidade para me familiarizar com o estado da sua consciência e da sua prática nos diversos círculos da sociedade alemã. Cheguei à conclusão de que ambas estão situadas a

uma distância colossal da *nossa* consciência, que tem como pressuposto o conhecimento da prática de todo o mundo civilizado, e com base nisso faz a sua crítica das condições existentes. Em parte alguma há sequer um princípio de entendimento das questões que nos levaram a transformá-las em tópicos de debate público. A burguesia alemã até agora não aprendeu de forma alguma a ser burguesa no sentido que lhe damos; continua ricamente infectada do filantropismo que ainda não prevê o conflito contra uma classe a ela subordinada. De todo o público fabril e comercial de Colônia, por exemplo, não há talvez dez indivíduos que possam ser chamados de burgueses inteligentes e determinados.[93]

5. O ADVENTO DA REVOLUÇÃO

Ao longo de 1847, os acontecimentos tomaram uma direção mais esperançosa. A agitação cartista, que perdera força depois de 1842, voltou a aparecer, quando as expectativas se concentraram em outra petição a ser apresentada ao Parlamento em 1848. Na Prússia, dificuldades financeiras forçaram a convocação dos estados para uma "Landtag Unida". Seus membros, vindos de todas as províncias prussianas e escolhidos de acordo com as tradicionais divisões de estado, se recusaram, no entanto, a sancionar uma nova forma de tributo, a não ser que o governo concordasse com uma reforma constitucional, depois do que a Landtag foi suspensa. Na França, da mesma maneira, houve um ressurgimento da agitação política em meados dos anos 1840. A oposição concentrou-se na estreiteza dos direitos de cidadania e tomou a forma de uma campanha de banquetes — tática destinada a contornar a proibição de reuniões políticas. A campanha, originalmente confinada às classes fundiárias, aos poucos foi atraindo o apoio de republicanos, de democratas e das classes trabalhadoras nas ruas. Em janeiro de 1848, Engels afirmou que o ano anterior certamente tinha sido "o mais tempestuoso que vivenciamos há muitíssimo tempo". Mencionou não apenas "uma Constituição e uma Dieta Unida na Prússia", mas "um despertar inesperadamente rápido da vida política e um armar-se contra a Áustria na Itália" e "uma guerra civil na Suíça", onde radicais dos cantões protestantes expulsaram os jesuítas e derrotaram os católicos. Também poderia ter ressaltado tomadas de posição inesperadamente liberais em direção à reforma da parte do novo papa, Pio IX, uma rebelião contra o domínio dos Bourbon em Nápoles e a vitória dos liberais nas eleições belgas.[94]

Em Bruxelas, Karl também se tornara mais ativo na política do dia a dia. O Comitê de Correspondência de Bruxelas transformou-se no ramo da Liga Comunista em Bruxelas. Depois disso, seguindo o exemplo de Londres, formou em Bruxelas a Associação Educacional dos Trabalhadores Alemães (Deutscher Arbeiterbildungsverein), organização legal projetada para atrair artesãos alemães residentes. Reuniões regulares eram realizadas duas vezes por semana. Às quartas-feiras havia palestras, incluindo "Trabalho assalariado e capital", de Karl; aos domingos havia atualizações semanais de notícias, a cargo de Wilhelm Wolff, amigo de Karl, seguidas de recitais de poesia, cantos e danças.

Karl se apresentava em público como representante da sua Associação Educacional dos Trabalhadores Alemães, e nessa condição começou a escrever para a *Deutsche-Brüsseler-Zeitung* em abril de 1847. A *Deutsche-Brüsseler-Zeitung* era uma revista editada por Adalbert von Bornstedt, que tinha sido muito ativo na publicação da *Vorwärts!* em Paris em 1844.[95] Tanto Heine como Freiligrath ainda achavam que Bornstedt era espião, e, como os arquivos prussianos confirmariam posteriormente, no final dos anos de 1830 Bornstedt tinha de fato produzido relatórios de espionagem. Mas em 1846, a crescente audácia de sua revista e a irritação demonstrada pelas autoridades prussianas sugeriam não só que Bornstedt tinha parado de espionar, como também se convertera, genuinamente, à causa radical. A *Deutsche-Brüsseler-Zeitung* era importante por ser lida por artesãos alemães que trabalhavam em Bruxelas. Por isso, Karl ficava feliz em pedir ao seu próprio círculo que escrevesse para a revista.

Durante o mesmo período, Karl também se envolveu ativamente com a Association Démocratique, organização proposta de início por Karl Schapper num encontro para homenagear Weitling em Londres, em setembro de 1844. Seu objetivo era unir democratas de todos os países. Em setembro de 1845, depois de uma reunião de mais de mil democratas de diferentes nacionalidades para comemorar o aniversário da Revolução Francesa, a ideia foi desenvolvida pelo líder cartista Julian Harney. Adquiriu forma institucional em 1846, com a criação da organização internacionalista Democratas Fraternais, e em 1847 um secretário foi designado para representar cada nacionalidade. Harney representava os ingleses, e Schapper os alemães; seu lema era o mesmo da Associação Educacional dos Trabalhadores Alemães: "Os homens são todos irmãos".

Na Bélgica, em 27 de setembro de 1847, Bornstedt fundou a Association Démocratique como a filial local da Democratas Fraternais. Esperava aproveitar-se da ausência temporária de Karl do país para assumir o controle da organização, mas Engels lhe puxou o tapete e garantiu o cargo de vice-presidente. Em novembro de 1847, Karl voltou e foi eleito representante alemão, enquanto seu representante belga era Lucien-Léopold Jottrand, destacado advogado liberal e editor de *Débat Social*.

A associação belga cresceu rapidamente, sobretudo nos acabrunhados distritos têxteis de Flandres. Em Ghent, numa reunião da qual Karl participou, uma filial de 3 mil membros, na maioria operários, foi formada. Os líderes democratas belgas, em particular Jottrand, inspiraram-se no exemplo do cartismo e pretendiam fundar uma organização parecida, capaz de exercer crescente pressão democrática de fora para dentro. Karl dedicava boa parte do seu tempo à associação, mas, sem que os belgas soubessem, também continuava a exercer suas responsabilidades na clandestina Liga Comunista. Dessa maneira, em 27 de novembro, ele fez uma viagem de dez dias a Londres, ostensivamente para representar a Association Démocratique numa reunião da Democratas Fraternais, mas também para participar da conferência para definir os estatutos da Liga Comunista. Karl estava quase sem dinheiro, e só conseguiu voltar para Bruxelas graças a um empréstimo feito por seu amigo russo Pavel Annenkov. Antes disso, ele tinha deixado a Bélgica para visitar os parentes e reivindicar parte da sua herança. Em janeiro, esteve envolvido tanto na direção política da Association Démocratique como na redação de uma versão final daquilo que viria a ser o *Manifesto do Partido Comunista*. O texto foi terminado em janeiro de 1848, sob pressão da Liga, que ameaçou suspender o acordo caso ele não cumprisse o prazo.

Os argumentos internos que levaram à necessidade de produzir o *Manifesto*, especialmente o objetivo de marginalizar Karl Grün e seus seguidores, já tinham sido discutidos entre os radicais alemães, mas não os estágios reais de sua preparação.[96] O *Manifesto* tinha o título inicial de "credo comunista", ou "confissão de fé comunista", e vinha sendo debatido desde junho de 1847. Friedrich Engels foi um intermediário essencial entre Londres e Bruxelas no processo de conceber um novo "credo". Como enviado do Comitê de Bruxelas, apresentou o "Projeto de confissão de fé comunista" no Primeiro Congresso da rebatizada Liga Comunista, em Londres, em junho de 1847. Em setembro, é quase certo que tenha contribuído para o primeiro e único número do jornal da Liga, *Die Kommunistische Zeit-*

schrift; e é provável que tenha sugerido a nova palavra de ordem da Liga, "Proletários de todos os países, unam-se!", em vez de "Os homens são todos irmãos".

Numa reunião da filial da Liga em Paris, em 22 de outubro de 1847, Engels propôs uma segunda redação do "credo", os chamados "Princípios do comunismo", que conseguiu impor em lugar da alternativa apresentada por Moses Hess.[97] Tanto Karl como Engels participaram do Segundo Congresso da Liga em Londres, entre 28 de novembro e 8 de dezembro de 1847. Nesse congresso, o rascunho de Engels parece ter sido aceito como base para uma versão final. Uma semana antes do congresso, Engels escreveu a Marx, fazendo um breve resumo dos "Princípios". Sugeriu que, "como certa quantidade de história precisa ser narrada", deveriam "abandonar a forma catequética e chamar o negócio de *Manifesto comunista*". Quanto ao congresso em si, assegurou a Karl: "DESTA VEZ DEVE SER TUDO EXATAMENTE COMO QUEREMOS".[98]

Depois do congresso, Karl e Engels passaram alguns dias em Londres e, em seguida, mais dez dias juntos em Bruxelas, antes de Engels retornar a Paris. Engels só voltou a Bruxelas em 29 de janeiro, ao passo que os originais do *Manifesto* foram entregues, aparentemente, antes de 1º de fevereiro. Apenas uma página das notas preparatórias subsiste, de um plano da segunda seção do texto, provavelmente datada de dezembro de 1847. Parece, portanto, que Karl escreveu sozinho a versão final, em janeiro de 1848.

A estrutura do *Manifesto* seguia de perto a estrutura dos "Princípios" de Engels. As duas primeiras seções históricas correspondem às perguntas 1 a 23 dos "Princípios". A terceira seção, sobre literatura comunista, desenvolve a pergunta 24 dos "Princípios"; a quarta seção, sobre comunistas e partidos de oposição, está relacionada à pergunta 25. No conteúdo, ou até mesmo na forma, o *Manifesto* não era uma obra original. Além de "Princípios do comunismo" e de *A situação da classe trabalhadora na Inglaterra*, ambos de Engels, e de outros textos mais curtos, Karl utilizou-se dos próprios escritos, particularmente dos então inéditos manuscritos de Paris de 1844 e de *Miséria da filosofia*. Boa parte das pílulas de história que aparecem no *Manifesto* — os argumentos sobre a transição da sociedade "feudal" para a "burguesa", sobre o crescimento do livre-câmbio e do mercado mundial, sobre a Revolução Industrial e o fim das "idílicas relações patriarcais" e sobre a formação do proletariado — já tinham sido expressas em 1844 nos escritos de Engels sobre a Inglaterra. O argumento histórico a favor do "comunismo" trazia no centro um relato mal disfarçado do que correspondia ao desenvolvimento social e econômico especificamente inglês. Karl também usou como base alguns manuscritos apresentados em conjunto para *A ideologia alemã* e outros artigos de Moses Hess. Desses escritos, Karl parafraseou propostas relevantes ou simplesmente afanou sentenças e frases.

O *Manifesto* ainda é — com razão — festejado como o mais memorável texto de Karl. Suas frases ressoaram na literatura e na imaginação política muito tempo depois do desaparecimento das circunstâncias que originalmente o trouxeram à luz. Intelectualmente, a força persuasiva do seu argumento — ou pelo menos da seção mais famosa, a primeira — resultou da combinação dos dois insights mais originais de Karl nos anos 1840. Em primeiro lugar, o desenvolvimento do legado do idealismo alemão: o homem não era apenas criatura ou produto da natureza, mas um ser cuja atividade produtiva transformou a natureza, tanto a sua quanto o mundo natural. Em segundo lugar, a isso se juntou sua elaboração da crítica econômica, anteriormente desenvolvida por autores ingleses e franceses, da emergência do capitalismo industrial e suas relações com o mercado mundial.

Partindo desses insights, Karl foi o primeiro a evocar os poderes aparentemente ilimitados da economia moderna e seu alcance verdadeiramente global. Foi o primeiro a mapear a assombrosa transformação produzida em menos de um século pelo surgimento de um mercado mundial e pelo desencadeamento das forças sem precedentes da indústria moderna. Também delineou o caráter interminavelmente rudimentar, incessantemente inquieto e inacabado do capitalismo moderno como fenômeno. Ressaltou sua tendência inerente a inventar novas necessidades e os meios de satisfazê-las; sua subversão de todas as práticas culturais e crenças herdadas; seu desrespeito a todos os limites, sejam sagrados ou seculares; sua desestabilização das hierarquias consagradas, sejam de governantes e governados, de homem e mulher ou de pais e filhos; sua transformação de qualquer coisa em objeto de venda.

Mas qualquer que tenha sido sua importância na definição da modernidade no último século e meio, julgada pelas circunstâncias de 1847 a 1849, a posição política adotada por Karl e seu círculo era de uma contradição inacreditável. Desde a batalha contra Weitling, Karl e seu grupo estavam comprometidos com a condenação de um insurrecionismo "primitivo", postura que não levava em conta as mudanças de circunstância. Mas também como resposta a Grün e seus partidários, era impossível aceitar a retirada da política associada a muitas formas de socialismo. Outra opção seria apenas representar as queixas particulares dos trabalhadores em nível local. Foi essa a opção de outro membro da Liga Comunista, um médico, Andreas Gottschalk, que depois viria a ser o líder dos trabalhadores de Colônia. Essa posição foi rejeitada por Karl e seus amigos com base no argumento de que ela dividiria trabalhadores e burgueses no assalto contra o regime feudal da Prússia. De outro lado, dada a crítica pública de Karl à economia política, já não era possível simplesmente unir-se ao flanco republicano democrático de um movimento constitucionalista liberal, como fizeram Ruge ou Heinzen. Desde 1843, Karl estava empenhado em denunciar a visão ilusória que, na sua opinião, animava a política dos democratas republicanos. A posição resultante, nascida dessas diversas críticas, era contraditória e politicamente insustentável. Significava apoiar os liberais, mas ressaltando, no mesmo fôlego, que a obtenção do êxito burguês-liberal deixaria o proletariado numa posição ainda pior do que antes. O comunismo dos *Gelehrten* (eruditos) implicava apoio à revolução burguesa, mas apenas como prelúdio de uma revolução proletária, na qual a burguesia seria derrubada. Isso era desempenhar um duplo papel contraditório, apoiando e subvertendo alianças políticas a um só tempo.

Como um dos líderes e porta-vozes da Association Démocratique, no Ano-Novo de 1847 Karl saudou publicamente a missão liberal da Bélgica em oposição ao absolutismo. Manifestou "vigorosamente" o quanto valorizava "os benefícios de uma Constituição liberal, de um país onde há liberdade de discussão, liberdade de associação e onde a semente humanitária pode frutificar para o bem da Europa".[99] Mas em 6 de fevereiro de 1848 Karl denunciou furiosamente a posição de Lucien Jottrand, o presidente da associação, que citou os Estados Unidos, a Suíça e a Inglaterra como exemplos de lugares onde o "sistema de governo estava em tolerável transição para um sistema mais perfeito".[100] Democratas belgas, afirmara Jottrand, não eram utopistas, mas queriam fazer uso do direito constitucional de associação a fim de obter para o povo o direito ao voto, redução dos impostos e distribuição mais equânime da carga tributária.

Karl preferiu interpretar o repúdio de Jottrand ao utopismo como um ataque ao comunismo alemão. Respondeu em tom beligerante, dizendo, em primeiro lugar, que o comunismo alemão não era utópico, mas baseado na experiência histórica, e em segundo lugar, que embora estivesse "atrasada em seu desenvolvimento político", a Alemanha era um país de mais de 40 milhões de habitantes que, quando preparada para a revolução, "não buscará o modelo para o seu movimento no radicalismo de pequenos países livres".[101] Seu conselho sobre livre-câmbio foi igualmente mordaz: "Precisamos admitir que nesse mesmo livre-câmbio toda a severidade das leis econômicas recairá sobre os trabalhadores". A liberdade apoiada pelos livres-cambistas não era "a liberdade de um indivíduo em relação a outro, mas a liberdade do capital para esmagar o trabalhador". Se ele apoiava o livre-câmbio era porque "o sistema de livre-câmbio apressa a revolução social".[102]

Questões políticas, sustentava ele, já se tornavam questões sociais. A Polônia da época da Revolta de Cracóvia em 1846 deveria ser cumprimentada por combinar demandas nacionais com a abolição do feudalismo. A solução para a questão nacional da Polônia só seria alcançada com a resolução de sua questão social. "Não é só a velha Polônia que está perdida. A velha Alemanha, a velha França, a velha Inglaterra, toda a velha sociedade está perdida." Mas isso não era perda "para aqueles que nada têm a perder na velha sociedade, e este é o caso da grande maioria em todos os países, no momento atual". A resposta era "o estabelecimento de uma nova sociedade, que não seja mais baseada em antagonismos de classes". Portanto, a questão crucial para a Polônia era "a vitória dos proletários ingleses contra a burguesia inglesa. [...] A Polônia terá que ser libertada não na Polônia, mas na Inglaterra".[103] Essa redução do político ao social estava, segundo ele, ocorrendo em toda parte. Algo semelhante ocorrera na Inglaterra, onde "em todas as questões, da Lei da Reforma às Leis dos Cereais", partidos políticos não tinham lutado por outra coisa além de "mudanças nos direitos de propriedade", ao passo que na Bélgica a luta do liberalismo contra o catolicismo foi "uma luta do capital industrial contra a grande propriedade fundiária".[104]

Engels expressou o argumento mais cruamente. Ele não conseguia "evitar um sorriso irônico" quando via "a terrível seriedade, o patético entusiasmo com que os burgueses lutam para alcançar seus objetivos".

> São tão míopes que acham que com o seu triunfo o mundo assumirá sua configuração final. Mas nada é mais claro do que o fato de estarem eles preparando, em todos os lugares, o caminho para *nós*, para os democratas e comunistas; de que no máximo conseguirão alguns anos de gozo conturbado, para em seguida serem derrubados de uma vez.

O grande desfecho que se avizinhava tinha sido provocado pela maquinaria e pela indústria moderna.

Na Inglaterra, como resultado da indústria moderna, da introdução das máquinas, todas as classes oprimidas estão se fundindo numa única e grande classe, com interesses comuns, a classe do proletariado. [...] Como consequência, no lado oposto, todas as classes opressoras se uniram da mesma forma numa só classe, a burguesia. A luta foi, portanto, simplificada, e dessa maneira será possível decidi-la com um único e pesado golpe.[105]

Essa postura da parte de Karl e do círculo de Bruxelas criou confusão entre seus aliados democratas e desconfiança e alarma entre seus adversários governamentais. Como Karl logo descobriria, essa não era uma forma sustentável de fazer política. Em Paris, em 23 de fevereiro de 1848, soldados abriram fogo durante uma manifestação pacífica. Na manhã seguinte, a cidade estava repleta de barricadas, e a demanda não era mais por reforma eleitoral, mas por uma república. Na mesma noite, o Palais Royal foi capturado pelos revoltosos. O rei fugiu e seu trono foi jogado numa fogueira. A República foi declarada e o Governo Provisório foi formado.

6. SAÍDA DE BRUXELAS

Em 26 de fevereiro, o trem de Paris trouxe para Bruxelas notícias da revolução. A bordo do trem viajava um conselheiro real, o conde de Hompesch, que viera advertir Leopoldo, rei da Bélgica, da gravidade da situação em Paris. O procurador de Hompesch era Lucien Jottrand, e então, na qualidade de presidente da Association Démocratique, Jottrand convocou imediatamente o Comitê Executivo, do qual Karl era membro, e foi decidido que uma reunião aberta seria realizada no dia seguinte, no Velho Tribunal, na Rue des Soeurs Noires.

De acordo com um relato escrito por Jenny uma década mais tarde, Karl ajudou a armar os trabalhadores em preparação para uma insurreição republicana. Esse ponto foi reiterado em 1934 numa cronologia comunista oficial — *Karl Marx: Chronik seines Lebens* [Karl Marx: Crônica de sua vida] — e repetido em muitos textos biográficos desde então. Não se sabe ao certo por que Jenny fez essa declaração, se foi resultado de uma confusão ou de um desejo inconsciente de apresentar uma versão mais heroica da saída deles da Bélgica. Mas os arquivos belgas contam uma história diferente, mostrando com clareza que Karl não esteve totalmente envolvido com nenhum preparativo de revolta.[106]

No encontro do Velho Tribunal em 27 de fevereiro, uma assembleia numerosa e entusiástica concordou com a proposta de Jottrand para que a Association Démocratique se reunisse todas as noites para pressionar o governo. Dois discursos foram submetidos a votação: o primeiro cumprimentava o novo Governo Provisório francês, o segundo expressava solidariedade ao grupo Democratas Fraternais. Outra resolução pressionando o governo a convocar artesãos e operários para suplementar a Guarda Municipal, predominantemente burguesa, foi assinada só pelos membros belgas do comitê. Karl foi meticuloso ao enfatizar que sua participação era apenas em apoio aos objetivos cosmopolitas da associação, honrando assim seu compromisso oficial de não se envolver na política belga.

O governo temia problemas, e em 26 de fevereiro já tinha intensificado as patrulhas policiais e mobilizado o Exército. Estava portanto bem preparado quando, no fim da reunião, os participantes mais jovens, levados pelo entusiasmo, perambularam pelas ruas gritando palavras de ordem como "Vive la République" e tentaram entrar na Grand-Place. Várias pessoas foram presas, incluindo companheiros de Karl, como Wilhelm Wolff, Philippe Gigot e Victor Tedesco, juntamente com outros membros da Associação Educacional dos Trabalhadores Alemães. Não chegou a ser a tentativa de insurreição que relatos subsequentes sugeriram. Foi um pequeno distúrbio de rua, e às 22h30 a calma tinha sido restabelecida. A resposta repressiva do governo continuou. O prefeito foi solicitado a proibir novos encontros públicos, e deu-se atenção especial à vigilância de estrangeiros, que passaram a ser controlados ou até mesmo expulsos do país. Novas prisões foram efetuadas, como a de um sapateiro chamado Dassy, que tinha gritado "Vive la République" e, segundo se dizia, estava de posse de um punhal pertencente a Bornstedt, e a de um outro sapateiro, Merkens, acusado de defender o uso da guilhotina.

A ansiedade do governo não era consequência das atividades da Association Démocratique de Bruxelas, mas daqueles republicanos belgas e refugiados em Paris. Um desses republicanos, Blervacq, recrutava membros para uma "Legião Belga", aceitando não apenas belgas, mas também franceses e alemães desempregados. Além disso, o processo era extraoficialmente incentivado pelo comissário de polícia republicano de Paris, Caussidière, que pagava com satisfação pela viagem de voluntários para a fronteira e era ajudado por *préfets* que tinham aberto arsenais em Lille e Valenciennes.

Nessas circunstâncias, as suspeitas de Charles de Bavay, do Tribunal de Apelação de Bruxelas, concentravam-se particularmente em Karl. Como um dos líderes da Associação Educacional dos Trabalhadores Alemães e ativo participante da Association Démocratique, Karl já era notado. Quando voltou de Londres em nome da associação em 13 de dezembro de 1847, o *Journal de Bruxelles* zombou do seu cosmopolitismo ativista, comparando-o com o do notório jacobino Anacharsis Cloots, dos Países Baixos. Ao saber da presença de Karl na reunião da associação em 27 de fevereiro e do subsequente comportamento desordeiro de trabalhadores alemães e belgas nas ruas da cidade, De Bavay convenceu-se de que Karl estava no centro de uma conspiração para organizar uma revolta.

O que atraiu especialmente a atenção de De Bavay tinham sido as recentes transações financeiras de Karl: através dos bons ofícios do seu cunhado, Wilhelm Schmalhausen, Karl finalmente conseguira arranjar 6 mil francos, parte de sua herança materna. De Bavay achava que a história da herança era só um disfarce para ocultar o financiamento, por Karl, do movimento republicano belga em Paris. Com base nisso, Baron Hody, chefe da Segurança Nacional, pediu ao ministro da Justiça que decretasse a expulsão de Karl por ter violado os termos da sua permissão de residência. O Conselho de Ministros aprovou a medida em 1º de março e o rei confirmou a ordem no dia seguinte. Em 3 de março, Karl foi informado de que teria que deixar a Bélgica dentro de 24 horas.

Por instigação de De Bavay, naquele dia, no Palais de Justice, foi aberta uma investigação sobre o comportamento do alemão proscrito. Ali se revelou que, poucos dias depois de receber a herança, Karl se mudara de volta com a família da residência na Rue d'Orléans para as instalações mais confortáveis do hotel Bois Sauvage. Provas foram coletadas com donos de restaurante, lojistas e um cocheiro para formar um dossiê. Descobriu-se que Karl tinha recebido a visita de numerosos estrangeiros, e um seleiro sugeriu que pessoas de outros países talvez estivessem tentando comprar coldres e boldriés. O cocheiro de uma estalagem local, a Vigilante, informou que Karl e dois outros membros da Association Démocratique estiveram num banco para adquirir 2100 francos em cédulas, reforçando, com isso, a crença das autoridades de que Karl se preparava para uma insurreição armada em Bruxelas, ou que estava dando assistência à mobilização de revolucionários belgas em Paris.

Enquanto o processo judicial prosseguia, Karl procurou três advogados no Tribunal de Apelação, incluindo Jottrand, que tentaram negociar com os ministros um adiamento da expulsão. Mas no mesmo dia, 3 de março, Karl recebeu do amigo Flocon, editor de *La Réforme* e agora ministro do Governo Provisório francês, uma carta rescindindo sua expulsão da França e convidando-o a voltar para Paris.

Segundo o relatório da Primeira Divisão de Polícia, na noite de 3 de março, depois de uma reunião no Tribunal de Bruxelas, vários indivíduos, na maioria estrangeiros, trocaram em voz alta palavras de "exaltado republicanismo", e em seguida se dirigiram ao Bois Sauvage por volta das onze horas da noite. Uma reunião foi realizada com membros da Associação Educacional dos Trabalhadores Alemães, e outra com o Comitê da Liga Comunista. Quando as reuniões terminaram, o inspetor de polícia Daxbeck entrou no Bois Sauvage e pediu a Karl que lhe entregasse os documentos nos quais estava trabalhando. Karl tentou resistir e, como resultado, foi preso — e mais tarde Jenny.

Essa versão oficial dos acontecimentos foi contestada poucos dias depois, apresentando-se um pedido para investigar a conduta da polícia. Uma nova sindicância foi realizada no Hôtel de Ville, em 11 de março, com a presença do prefeito e sete vereadores. Descobriu-se que o relatório original continha "erros graves". A batida feita por Daxbeck no Bois Sauvage não foi autorizada, e, de qualquer maneira, nada se encontrou de inapropriado. Os documentos apreendidos por Daxbeck revelaram que "a sociedade" da qual Karl era vice-presidente tinha sido dissolvida e transferida para Paris. As autoridades deduziram, inicialmente, que essa "sociedade" se referia à Association Démocratique, demonstrando com isso que desconheciam as funções paralelas de Karl na Liga Comunista.

Depois de preso, Karl foi mandado para Amigo, centro de detenção perto do Hôtel de Ville. Jenny saiu para consultar Jottrand sobre a situação de Karl. Nesse meio-tempo, Daxbeck retornou ao Hôtel de Ville e mandou prender Jenny quando ela voltasse alegando que não tinha documentos. Ela também foi levada para Amigo, onde um amigo belga, Gigot, que tentou intervir a favor dela, também estava preso. O mais constrangedor, do ponto de vista da nova sindicância, era que Jenny, "a irmã do governador da Pomerânia" (Ferdinand von Westphalen), tinha sido obrigada, por um breve momento, a conviver numa cela com três prostitutas. Os liberais da Bélgica ficaram indignados com o tratamento dispensado à família Marx, e Baron Hody pediu a demissão de Daxbeck, afirmando que a Bélgica era um país livre e que a polícia não tinha o direito de confiscar os documentos de Karl, mesmo quando ficou constatado que se referiam à Liga Comunista. Mas, apesar disso, De Bavay insistiu na suspeita sobre a ligação entre a herança de Karl e o financiamento da insurreição. Rastreou a passagem do boleto pela casa bancária de Fould e Oppenheim em Paris e, em sentido contrário, até o depósito original em Trier. Todas essas investigações confirmaram que os fundos tinham sido legitimamente transferidos da sra. Marx em Trier para o filho dela. Por fim, De Bavay se convenceu de que Karl não tinha financiado nenhuma revolta.

Karl chegou a Paris em 4 de março, não tendo armado nenhum operário belga. Escreveu para o editor de *La Réforme* protestando contra o tratamento dado à sua mulher. "Minha mulher, sob a acusação de *vagabondage*, foi levada para a prisão no Hôtel de Ville e trancafiada numa sala escura com prostitutas. [Seu] único crime consiste no fato de que, apesar de pertencer à aristocracia prussiana, compartilha as opiniões democráticas do marido."[107]

8. As revoluções de meados do século

I. PARIS OUTRA VEZ

Duas semanas depois da revolução de 22 a 24 de fevereiro, Karl chegou a Paris com a família, em 4 de março de 1848. Sinais da insurreição de fevereiro estavam em toda parte.[1] Segundo a romancista alemã Fanny Lewald,

> as pedras do calçamento estão meio soltas nas esquinas das ruas, e não calcadas com firmeza. Carroças de pão destroçadas e ônibus virados mostram onde ficavam as barricadas mais importantes. Quase todas as cercas de ferro (salvo os poucos centímetros que atestam que ali existiu uma cerca) foram derrubadas em volta de uma igreja. No Palais Royal — ou Palais National, como agora é chamado de acordo com a placa —, todos os vidros e molduras de janela foram quebrados. [...] Nos bulevares, as árvores estão caídas, os canos e colunas das fontes arrebentados. Nas Tulherias, cortinas brancas esfarrapadas flutuam nas janelas sem vidro; em cima de todas as portas, nas paredes do palácio, lê-se esta inscrição a giz ou carvão: "Hôpital des Invalides Civiles" (Hospital da Cidade).[2]

Durante sua estada em Paris — que seria breve —, Karl voltou a encontrar-se com aqueles que tinha conhecido em 1844, em particular os ligados ao *La Réforme*, o jornal republicano de esquerda e agora representado no Governo Provisório. Esteve em contato com Ledru-Rollin, recém-nomeado ministro do Interior do Governo Provisório, mas era mais próximo de Ferdinand Flocon, o editor do *La Réforme* que não tardaria a ser ministro da Agricultura. Flocon era um amigo que tinha convidado Karl para voltar de Bruxelas. Aparentemente, também ofereceu dinheiro a Karl para relançar o *Neue Rheinische Zeitung*, mas a oferta foi recusada.[3]

No começo de março, o grupo Democratas Fraternais também mandou uma delegação a Paris. A delegação, que estava ali para cumprimentar o novo Governo Provisório, incluía os cartistas Harney e Jones e representantes da Associação Educacional dos Trabalhadores Alemães, Schapper e Moll. A oportuna presença em Paris desses líderes da Liga Comunista de Londres e de Bruxelas tornou possível restabelecer um escritório central. Karl foi outra vez designado presidente, e Karl Schapper outra vez secretário.

Logo após os dias de fevereiro, a atmosfera em Paris ainda era de euforia. Esse espírito foi evocado pelo entusiasta revolucionário Dussardier em *A educação sentimental* de Flaubert.

> Vai tudo bem! O povo triunfa! Os operários e os burgueses se abraçam! Ah! Se soubessem o que eu vi! Que gente fantástica! Como é bonito! [...] A República está proclamada! Agora seremos felizes! Jornalistas que há pouco conversavam na minha frente diziam que vão libertar a Polônia e a Itália! Acabaram-se os reis, entendem? Toda a terra livre! Toda a terra livre![4]

Nessa atmosfera inebriante, na qual se acreditava que a revolução assolaria toda a Europa, não era difícil despertar o entusiasmo de exilados pela preparação de expedições que levariam a república para suas terras de origem. O Governo Provisório gostava de ver exilados políticos e trabalhadores estrangeiros voltarem para seus países e ajudava-os no trajeto até a fronteira, enquanto na Bélgica, ao contrário, Karl já tinha sido falsamente acusado de promover o envio de trabalhadores revolucionários belgas de Paris para Bruxelas. Ao chegar à França, ele soube que um plano semelhante estava em andamento entre os alemães em Paris. Numa grande reunião de artesãos e exilados, Karl descobriu que "democratas alemães e poloneses formaram uma legião para marchar e proclamar a república alemã"; democratas alemães e poloneses "marcharão juntos". Talvez se juntassem ao levante em Posen, e talvez até fossem à própria Rússia. Doações eram necessárias na forma de armas, munição, dinheiro e roupas. Os primeiros voluntários já tinham começado a exercitar-se no Campo de Marte. Seu plano era seguir via Odenwald, o lugar onde a Guerra dos Camponeses do século XVI tinha começado, e lançar ali uma insurreição.

Esse plano, que tinha sido concebido por Herwegh e Bornstedt, deparava com veemente oposição de socialistas e comunistas, que fizeram reuniões públicas para condenar qualquer tentativa de estabelecer uma república pela intervenção armada externa. Numa dessas reuniões, Karl fez um longo discurso, no qual condenou a legião, não tanto por seu romantismo ou ingenuidade, mas por interpretar mal o caráter da revolução em curso. De acordo com Sebastian Seiler, companheiro da Liga Comunista, Karl argumentou que

> a revolução de fevereiro deveria ser vista apenas como o início superficial do movimento europeu. Em pouco tempo a luta aberta irromperia em Paris entre o proletariado e a burguesia. [...] Do seu resultado dependerá a vitória ou a derrota da Europa revolucionária. Insistiu, portanto, para que os trabalhadores alemães ficassem em Paris e se preparassem, de antemão, para participar da luta armada.[5]

Como presidente da reconstituída Liga, Karl agora pôde romper com qualquer organização que apoiasse a legião de Herwegh e expulsar Bornstedt da Liga. Karl e seus aliados se retiraram das organizações democráticas e formaram sua própria União dos Trabalhadores Alemães, que até abril de 1848 atraíra quatrocentos membros.

Mas os planos foram alterados quando, em 19 e 20 de março, chegaram a Paris notícias de revoluções em Viena e Berlim. À luz desses acontecimentos, os líderes reconstituídos da Liga Comunista resolveram incentivar membros individuais a fazer sua própria viagem de volta para as cidades de origem e ali trabalhar para a formação de uma rede nacional de filiais com centro em Mainz. Os membros deveriam se preparar para uma revolução parecida com a de 1789. Como explicou Karl em resposta a Weitling num discurso para a Sociedade Democrática de Colônia no final de 1848: "Nós, alemães, só agora chegamos ao ponto que os franceses tinham atingido no ano de 1789".[6] Todos os membros da Liga deviam levar exemplares do *Manifesto do Partido Comunista* e das dezessete "Demandas do Partido Comunista na Alemanha", documento que, segundo se pensava, provavelmente teria grande apelo para camponeses e artesãos. Ao contrário de programas de reforma liberal em toda a Europa, essas "demandas" não faziam menção a direitos individuais, ou a liberdade de expressão, de associação e de imprensa, nem havia referência a julgamento pelo tribunal do júri.

O governo revolucionário francês deu ajuda à Legião Alemã que marchou de Paris em 1º de abril. Assistência semelhante foi oferecida a membros da Liga Comunista, que partiram de Paris no mesmo dia. Karl e sua família, juntamente com Engels e Ernst Dronke, saíram de Paris no começo de abril, seguindo primeiro para Mainz. Em 10 de abril, Jenny e as crianças mudaram-se para Trier, onde ficaram três meses com a mãe dela, até Karl conseguir sua autorização de residência. Karl mudou-se para Colônia.

2. A TRAJETÓRIA DAS REVOLUÇÕES

As revoluções de 1848 representaram um colapso espetacular da autoridade política na Europa ocidental e central: Paris em fevereiro, Viena e Berlim em março. Os governos foram apanhados de surpresa, alguns sendo derrubados e outros obrigados a passar por reformas. Por esse motivo, a maioria dos ganhos conquistados pelas forças de oposição — reformistas constitucionais, liberais, republicanos e socialistas — foi alcançada nas primeiras semanas, ou mesmo nos primeiros dias depois das vitórias das multidões. Posteriormente, num processo prolongado e às vezes precário, forças conservadoras retomaram a iniciativa e recuperaram o poder. As forças da ordem restabeleceram os regimes fraturados, mas de acordo com novas e desconhecidas linhas de ação.

Karl estava totalmente envolvido com as revoluções de meados do século, como participante e como observador crítico. Antes da emissão de uma ordem de deportação contra ele em 16 de maio de 1849, Karl passou treze meses em Colônia, como editor do jornal radical mais vendido da Renânia, o *Neue Rheinische Zeitung*, e um dos líderes da Sociedade Democrática de Colônia. Depois também se ocupou da direção da Associação dos Trabalhadores. De Colônia, seguiu para Frankfurt em 19 de maio e chegou de volta a Paris em 3 de junho. Dois meses mais tarde, foi informado de que teria que deixar Paris, o que fez em 24 de agosto, indo para Londres. Na Inglaterra, no rescaldo da revolução, entre janeiro de 1850 e março de 1852, escreveu dois textos importantes: *As lutas de classes na França* e *O 18 de brumário de Luís Bonaparte*. Essas obras foram tentativas de interpretar a sequência revolucionária dos acontecimentos à luz da sua nova concepção histórica de "luta de classes". "Formas de luta de classes", escreveu ele para Joseph Weydemeyer quando redigia *O 18 de brumário* em março de 1852, estavam relacionadas a "fases históricas no desenvolvimento da produção".[7] Essa convicção orientava sua atividade política como participante, e seus juízos subsequentes como filósofo e historiador. Até que ponto ela corresponde à observável sequência dos acontecimentos só pode ser avaliado à luz de um relato do que de fato ocorreu.

A possibilidade de uma crise se formando na Europa tornara-se patente em 1847. A agitação cartista começou na Inglaterra, e uma campanha para estender os direitos políticos teve início na França. Na Suíça, uma guerra civil resultou na vitória dos cantões liberais sobre os católicos, enquanto em Palermo o rei de Nápoles foi obrigado a outorgar uma Constituição. Na Prússia, o rei Frederico Guilherme teve que convocar uma Landtag Unida para autorizar um empréstimo dando ao Estado condições de construir ferrovias de importância estratégica. A prática contínua do governo de uma incongruente distinção por estados foi notada na época, inspirando comparações com a convocação dos Estados Gerais em 1789. Encabeçada por liberais renanos, a Landtag tentou condicionar sua autorização a reuniões regulares e à autoridade para aprovar impostos. Mas essa tentativa de caminhar na direção de um governo representativo foi recusada e a Landtag acabou suspensa.

A incômoda consciência de que as linguagens oficiais da hierarquia política ou social já não correspondiam a padrões de crença ou comportamento afetava tanto as classes dominantes como as classes subordinadas. Isso era especialmente verdadeiro nas cidades, onde cafés, tavernas e jornais ofereciam as últimas notícias sobre a vida política. Em 27 de janeiro de 1848, Tocqueville perguntou à Câmara dos Deputados da França: "Os senhores não têm um instinto intuitivo, incapaz de ser analisado, mas certo, que lhes diga que o solo mais uma vez treme na Europa? Não sentem os senhores — como devo dizê-lo — um vento revolucionário no ar?".[8] Apesar disso, ninguém esperava que a Revolução viesse exatamente quando veio.

Ela chegou três semanas depois e em Paris durou três dias — de 22 a 24 de fevereiro de 1848. Foi o desfecho imprevisto da campanha sufragista que ganhara ímpeto no ano anterior. O primeiro-ministro Guizot alcançou uma vitória substancial em 1846, mas com base numa noção de direitos de cidadania tão limitada que não revelava quase nada sobre o sentimento político em escala nacional. Legalistas não menos do que republicanos, e até mesmo a moderada "oposição dinástica" dentro da Assembleia Nacional, ficaram frustrados com a Monarquia de Julho (o arranjo constitucional que se seguira à Revolução de Julho de 1830). Assim sendo, iniciou-se uma campanha sufragista na Assembleia Nacional em 1847, com a proposta apresentada por Duvergier de Hauranne de criar 200 mil novos eleitores.[9] Como as manifestações políticas estavam proibidas desde meados da década de 1830, o apoio deveria ser expresso mediante uma série de banquetes pró-reforma realizados em toda a França. Jantar era um passatempo praticamente confinado às classes médias, enquanto multidões de operários apenas assistiam. A um banquete em Rouen compareceram 1800 convidados, e Flaubert registrou seu desagrado: "Que culinária! Que vinho! E que conversa! [...] Depois de passar nove horas diante de peru e leitão frios em companhia do meu serralheiro, que me dava contínuos tapinhas nas costas, e em todas as melhores partes, voltei para casa congelado até a medula".[10]

A campanha de banquetes gerou uma crescente agitação. A moderada "oposição dinástica" — assim chamada por ter aceitado a Monarquia de Julho — estava preparada apenas para sancionar um modesto programa de reformas. Ficou assustada com o plano promovido pelos radicais no começo de 1848 de realizar um banquete democrático no 12º Arrondissement de Paris, reduto democrático ao lado do Panthéon. Um plano alternativo foi apresentado, propondo um banquete perto da Champs-Élysées em 22 de fevereiro. O primeiro-ministro Guizot declarou a proposta ilegal, e com isso os líderes da oposição parlamentar desistiram. Mas o poeta Lamartine, famoso por sua recém-publicada *História dos girondinos* e por se afastar dos deputados conservadores e católicos da Assembleia Nacional, anunciou sua intenção de comparecer ao banquete, sozinho se necessário. Trabalhadores e estudantes também se recusaram a capitular. Na manhã de 22 de fevereiro, portanto, números consideráveis de manifestantes vindos dos subúrbios do leste de Paris e do Quartier Latin seguiram para a praça da Concórdia.

Ninguém esperava que as marchas e manifestações se transformassem numa revolução. Com a Guarda Nacional e a Guarda Municipal, o governo tinha ao seu dispor o triplo das Forças Armadas que comandara em 1830. Apesar disso, dentro de 48 horas Luís Filipe e seus ministros foram derrotados, e a Monarquia de Julho chegava ao fim. O erro crucial tinha sido depender da Guarda Nacional — os lojistas, artífices, professores, jornalistas e funcionários públicos, a chamada "pequena burguesia de uniforme". Entre 1831 e 1834, o regime se fiara nela como uma força armada, mas suas lealdades haviam-se tornado incertas. O editor de *Le Siècle* e um dos líderes da Guarda Nacional, Louis Parée, informou que havia considerável animosidade contra Guizot e que a sua legião gritava: "Abaixo o sistema! Viva a reforma!".

A maioria dos observadores esperava que a luta entre as multidões e o regime acabasse numa espécie de acordo entre o rei e os liberais. O que aconteceu durante o dia, no entanto, tornou impossível qualquer acordo. Uma longa e festiva coluna de participantes, adultos e crianças, marchou de Saint-Antoine até a Porte Saint-Denis, onde se misturou com um esquadrão de *cuirassiers*, no que foi visto como uma celebração de solidariedade entre burgueses e proletários. A coluna logo passou pela redação do *Le National*, o jornal da oposição republicana, onde seu editor, Armand Marrast, pronunciou um discurso. Ele exigiu a dissolução da Assembleia Nacional, reforma parlamentar e ação judicial contra ministros corruptos. Em seguida, os manifestantes seguiram pela Rue de la Paix até o Ministério das Relações Exteriores no Boulevard des Capucines, onde depararam inesperadamente com um bloqueio de duzentos soldados do 14º Regimento de Linha. Desnorteados pela densa fumaça das tochas dos manifestantes, os soldados sentiram-se ameaçados e começaram a atirar, de início por acidente e depois, tudo indicava, para valer. Quando a fumaça se dissipou, havia cinquenta manifestantes mortos e muitos outros feridos.

Na noite de 23 de fevereiro, a notícia do "Massacre do Boulevard des Capucines" rapidamente se espalhou, e 1500 barricadas foram erguidas na cidade. O rei incumbiu o marechal Bugeaud de restaurar a ordem — uma escolha provocadora e de mau gosto, uma vez que o marechal era odiado por ter suprimido brutalmente os tumultos de abril de 1834 em Paris. Bugeaud achou que os insurgentes estavam entrincheirados demais para serem expulsos. Abandonando a solução militar e partindo para uma solução política, Luís Filipe demitiu Guizot e nomeou Thiers, que exigiu que o líder de oposição Odilon Barrot fosse nomeado para o Ministério e que as tropas fossem retiradas da capital. Mas era tarde demais para aplacar as multidões. O rei abdicou em favor do neto de nove anos de idade e partiu para a Inglaterra.

Na rua já se falava numa república. O Palácio das Tulherias foi invadido, o trono real incendiado, e manifestantes tomaram conta da Assembleia Nacional. Numa câmara caótica, não era de surpreender que a regência proposta pela duquesa de Orléans não fosse adiante, e que a nomeação de membros de um governo provisório fosse transferida para o Hôtel de Ville. Ali, as posições se radicalizaram mais ainda. A pressão de uma vasta multidão reunida na frente do prédio — alimentada por furiosas lembranças de como a Revolução de 1830 tinha terminado prematuramente, com a instalação da Monarquia de Julho — assegurava que se abandonassem tentativas de deixar em aberto a futura forma de governo. A República foi declarada. Ao mesmo tempo, removeram a Câmara dos Pares, proclamaram a liberdade de associação e de imprensa, aboliram a escravidão nas colônias e extinguiram a prisão por dívida e a pena de morte por crimes políticos. Uma solução dos problemas trabalhistas foi proposta, com a designação de uma comissão encarregada de conduzir audiências no Palácio de Luxemburgo. Acima de tudo, em medidas de democratização imprevistas e de longo alcance, o sufrágio masculino universal foi proclamado e a filiação à Guarda Nacional foi aberta a todos.

Aos olhos dos partidários mais radicais, a recém-estabelecida República não era simplesmente a "República Democrática", mas a "República Democrática e Social". A pressão das ruas garantiu que o governo incluísse sete membros do jornal republicano liberal *Le National* e outros cinco de *La Réforme*, órgão social-democrata e mais radical. Do governo participavam também o socialista Louis Blanc e o trabalhador Albert.[11] Por último, em 25 de fevereiro, em resposta a uma nova manifestação diante do Hôtel de Ville, o Governo Provisório comprometeu-se a "garantir emprego para todos os cidadãos" e declarou que "os trabalhadores precisam se associar para colher os frutos do seu trabalho". Num aparente reconhecimento do "direito ao trabalho", e como forma de retirar trabalhadores desempregados das ruas, o novo governo sancionou em 26 de fevereiro a criação de "Oficinas Nacionais".

Os acontecimentos em Paris produziram grande vibração na Alemanha. Os berlinenses saíam às ruas em busca de notícias. Somando-se às vitórias liberais na Suíça e em Nápoles e à demissão de ministros conservadores na Saxônia, na Baviera, em Baden, Württemberg, Hannover e Hesse, a maré de reformas parecia inexorável. Houve manifestações em cidades renanas. Em Colônia, em 3 de março, enquanto deputados discutiam uma petição liberal cobrando liberdades civis e reforma constitucional, radicais invadiram a prefeitura exigindo o direito de voto para todos os homens adultos e a abolição do exército permanente. Em Berlim, em 9 de março, multidões invadiram também a Câmara Municipal e transformaram o local num comício de protesto. Nas "Tendas" do Tiergarten havia assembleias diárias com até 20 mil participantes, nas quais se discutiam mudanças constitucionais; artesãos e trabalhadores manifestavam seu descontentamento econômico e exigiam novas leis de proteção ao trabalho.[12]

A tensão aumentou em 13 de março, quando tropas foram levadas para a cidade e vários manifestantes foram mortos no recinto palaciano. As autoridades divergiam sobre a reação a ser adotada: fazer concessões, como propôs o general Pfuel, governador de Berlim, ou atacar os insurgentes, como insistia o príncipe Guilherme, irmão do rei.

Notícias de Viena decidiram a questão. Em 13 de março, uma grande manifestação de cidadãos, estudantes e artesãos foi realizada diante da Landhaus de Viena (lugar de reunião dos estados da Baixa Áustria) para exigir reformas e a demissão de Metternich, o veterano chanceler do Império. Ao longo de todo o dia, a manifestação não parou de crescer, e, como em Paris, soldados amedrontados reagiram com força excessiva. Mas a multidão não recuou, reagrupando-se em várias partes da cidade, particularmente nos decaídos bairros operários no entorno do centro. Os tumultos entraram pela noite, com empregados e funcionários sendo atacados e incêndios ocorrendo. Em resposta às demandas da Guarda Civil, Metternich renunciou e partiu para a Inglaterra. Em 15 de março, após dois dias de agitação revolucionária, o imperador aboliu a censura, reconheceu a Guarda Civil e prometeu convocar uma assembleia constituinte.

Depois desses acontecimentos, na manhã de 17 de março em Berlim também foram anunciadas a abolição da censura, a reconvocação da Landtag Unida e a conversão da Prússia num Estado constitucional. A cidade comemorou, e luzes decorativas foram encomendadas. Mas era tarde demais para abandonar o plano de realizar uma manifestação política na Praça do Palácio. A manifestação seria uma festa pelas concessões da Coroa. A multidão se reuniu, porém ficou incomodada com a presença de forças militares. Houve gritos para que os soldados saíssem e um início de pânico. Os soldados receberam ordem para deixar a praça, mas, enquanto os dragões avançavam, duas armas foram acidentalmente disparadas. A fúria cresceu dos dois lados, e a praça e seus arredores se transformaram em campo de batalha. Como em Paris, a multidão viu a morte de manifestantes como uma tática deliberada e, em resposta, ergueu barricadas por toda a cidade.[13]

Ao fim do primeiro dia, havia trezentos manifestantes e cem soldados mortos, mas ninguém controlava a cidade. O comandante militar Prittwitz e o príncipe herdeiro Guilherme propuseram que a cidade fosse evacuada, cercada e bombardeada. Mas, para consternação dos linhas-duras do Exército, o rei Frederico Guilherme resistiu à proposta, e ao meio-dia de 19 de março as tropas foram retiradas da cidade, deixando o rei nas mãos da Revolução. Naquela tarde, ele e a mulher foram obrigados a assistir a uma procissão de cadáveres de manifestantes atravessar a Praça do Palácio. Como sinal de respeito, teve de tirar o chapéu — humilhação inédita para um monarca prussiano. No mesmo dia, Frederico Guilherme divulgou "Uma fala ao meu povo e à nação alemã". Nela deu a entender que a Prússia comandaria um movimento de unificação nacional. Ao mesmo tempo, liberais prussianos se reuniram com outros para planejar um Parlamento nacional alemão. Enquanto isso, o rei percorria a cidade, Parando frequentemente para explicar suas ações e declarando-se orgulhoso de ser protegido por seus cidadãos.

Em 21 de março, de Colônia, onde Karl anteriormente editara o *Rheinische Zeitung*, o médico Roland Daniels, seu amigo, escreveu dizendo que o povo continuava dependendo de boatos para saber o que se passara em Berlim: "Tudo aqui se encontra num estado de agitação e tensão. Toda a população estaria inclinada a fazer alguma coisa, mas a incerteza a impede. [...] A população local se acha em tal situação que se a Câmara Municipal proclamasse a República, todo mundo concordaria".[14] Poucos dias depois, outro amigo de Karl, Georg Weerth, escreveu:

> Estive alguns dias em Colônia. Todo mundo está armado. Não se confia nas promessas de Berlim. O povo só se contentará com o voto universal, a irrestrita liberdade de imprensa e o direito à livre associação. Aos olhos do povo, a velha Landtag [a Landtag Unida] está morta. [...] O povo só aceitará uma nova Landtag que seja escolhida com base no voto universal. O mesmo se aplica à Assembleia Nacional de Frankfurt.[15]

A agitação era evidente quando, em 29 de março, Ludwig Camphausen, de Colônia, o principal líder da Landtag Unida em 1847, foi designado primeiro-ministro, e quando, em 1º de abril, a Landtag Unida promulgou uma lei prevendo eleições para uma Assembleia Nacional Constituinte da Prússia. As eleições seriam indiretas, mas baseadas no voto para todos os homens adultos.

3. COLÔNIA

Karl chegou a Colônia em 10 de abril de 1848. Em companhia de Engels, tinha passado dois dias em Mainz para ver Karl Wallau e Adolph Cluss, que foram enviados em março pela Liga Comunista para estabelecer uma Associação de Trabalhadores semelhante às de Londres e Bruxelas. A esperança era fazer de Mainz o centro de uma rede de associações na Alemanha chefiada por Wallau, natural de Mainz e presidente da Associação Educacional dos Trabalhadores Alemães de Bruxelas. Ele e Cluss eram cheios de energia e, quando Karl e Engels chegaram, já tinham formado ali uma Associação Educacional dos Trabalhadores e publicado um prospecto endereçado "A todos os trabalhadores da Alemanha! Irmãos e trabalhadores", recomendando a criação de associações de trabalhadores em todas as cidades, grandes e pequenas, com o objetivo de escolher candidatos para o iminente Parlamento alemão. Outros membros da Liga lançaram iniciativas semelhantes em outras partes: Stephan Born em Berlim, Wilhelm Wolff na Silésia, Karl Schapper em cidades ao longo do rio Meno e Ernst Dronke em Koblenz.

Mas os relatórios apresentados à Autoridade Central eram desanimadores. As associações já formadas se interessavam acima de tudo por questões locais. O apelo de Mainz havia sido praticamente ignorado. A primeira das dezessete "Demandas do Partido Comunista na Alemanha" afirmava que "a Alemanha inteira deve ser declarada uma república una e indivisível". Mas mesmo onde não encontrava ativa resistência, essa proclamação neojacobina não tinha ressonância. Antes da Revolução de Fevereiro, a tentativa de estabelecer uma uniformidade de atitudes entre as filiais da Liga em Londres, Bruxelas e Paris revelara-se uma fantasia. Mas artesãos nessas cidades pelo menos estavam cientes da variedade de posições políticas debatidas nas comunidades de exilados. Não era esse o caso na própria Alemanha. Salvo em alguns centros da Renânia onde a ocupação francesa de 1792 deixara uma impressão duradoura, não havia tradição republicana, nem memória histórica da república. Não só as preocupações locais dominavam, mas também — pelo menos entre os ofícios urbanos — as esperanças se concentravam no ressurgimento da regulamentação das guildas. No final de abril, estava claro que a tentativa da Liga de estabelecer uma rede nacional de associações de trabalhadores fracassara. Não é que os artesãos e os trabalhadores externos não tivessem queixas, ou que houvesse indícios de relutância em associar-se. Mas os ideais e aspirações que inspiravam as ações desses trabalhadores tinham pouco a ver com a concepção neojacobina de democracia da Liga.

Karl decidiu estabelecer-se em Colônia. Era uma cidade de 90 mil habitantes, com uma considerável população operária concentrada em indústrias portuárias e ribeirinhas em declínio, com índices de desemprego de 25%; em 1848, um terço da população vivia de assistência aos pobres. O estabelecimento de uma associação tinha sido iniciativa de Andreas Gottschalk, membro da Liga Comunista e médico local extraordinariamente popular entre os operários da cidade por seu trabalho com os desvalidos. Em 6 de abril ele colocou um aviso no *Kölnische Zeitung* anunciando que pretendia organizar com amigos um "Clube Democrático-Socialista". A reunião inaugural em 13 de abril foi um sucesso, com várias centenas de pessoas presentes, mas a identidade que queriam afirmar não era a de democratas ou de socialistas, e sim a de trabalhadores. Isso foi claramente manifestado em 23 de abril, na primeira edição do jornal da Associação, o *Zeitung des Arbeiter-Vereines zu Köln. Freiheit, Brüderlichkeit, Arbeit* [Jornal da Associação dos Trabalhadores de Colônia. Liberdade, Fraternidade, Trabalho]. Um breve relato da reunião inaugural declarava que o "Clube Democrático-Socialista não foi apoiado; a designação 'Sociedade Popular' também foi rejeitada; o nome 'Sociedade de Trabalhadores' foi universalmente aceito".[16]

Afinado com a política da Liga de devolver ativistas a suas cidades de origem, Gottschalk supôs que Karl seria designado para Trier, e Engels para Barmen. Ele era amigo íntimo de Moses Hess e lhe escrevera recomendando que não se envolvesse com a "legião" de Herwegh e fosse para Colônia.[17] Juntos eles poderiam reviver o *Rheinische Zeitung*, pensava Gottschalk. A publicação poderia ser relançada com base na venda de ações. A intenção da revista imaginada por Gottschalk e Hess era combinar um ponto de vista democrático com uma atenção especial "à questão social", concentrando-se mais em questões práticas do que teóricas. Em 7 de abril, junto com Fritz Anneke, um radical e ex-oficial do Exército, Hess publicou uma nota no *Kölnische Zeitung* pedindo apoio ao projeto. Mas um amigo de Karl, Heinrich Bürgers, também estava vendendo a ideia e escreveu a Karl convidando-o, mais uma vez, para ser editor. Não se sabe exatamente o que aconteceu quando Karl e Engels chegaram a Colônia, mas está claro que dois dias depois Karl era tido como futuro editor, ao passo que Gottschalk e Hess tinham sido postos de lado.

A Associação de Trabalhadores estabelecida por Gottschalk não correspondia à estrutura imaginada pela Liga. Enquanto a Liga tratava os operários como um grupo indiferenciado, os membros da Associação de Trabalhadores foram divididos em seções, por critérios de guilda e ofício. A organização por profissão andava de mãos dadas com o incentivo à manifestação dos ressentimentos dos operários: o destaque aos baixos salários, às disputas industriais e à denúncia dos maus empregadores. Diferentemente do compromisso da Liga com "uma república una e indivisível", Gottschalk apoiava um princípio federal e considerava a monarquia constitucional um objetivo mais realista. Eis o que ele escreveu a Hess em 26 de março: "O nome 'república' é altamente impopular, e o proletariado, pelo menos neste lugar, ainda não é forte o suficiente para agir com independência. Por ora, devemos nos contentar com o que já foi conquistado — uma monarquia de base cartista —, que, afinal de contas, é mais do que a Inglaterra tem".[18] O próprio nome "república", acrescentou, já basta para amedrontar a burguesia, que a equipara com "roubo, assassinato e uma invasão russa".[19] Em conformidade com essa posição, e contrariando a opinião democrática predominante, ele convenceu a Associação de Trabalhadores a não se opor ao retorno da Inglaterra do reacionário príncipe herdeiro Guilherme. Todas essas opiniões estavam de acordo com a importância secundária concedida a questões políticas na maioria das formas de socialismo na década de 1840. Gottschalk também rejeitava com veemência o princípio da eleição indireta, e por isso aconselhou seus seguidores a não votarem nas eleições para a Assembleia Nacional prussiana ou para o Parlamento de Frankfurt. Mas no verão de 1848, à medida que o conflito se intensificava, Gottschalk, como tantos outros próximos à posição do chamado "Verdadeiro Socialista", viu-se jogado de volta à batalha política, e em junho declarou seu apoio à República.

As prioridades da Associação de Trabalhadores entravam em choque com a concepção da Liga sobre a revolução na Alemanha. O grupo de Karl estava convencido de que a Alemanha em 1848 seguiria o caminho da França em 1789. Haveria uma fase inicial "burguesa" ou "liberal", em que as forças fundiárias e populares se concentrariam na derrubada das relações sociais "feudais". A isso se seguiria, então, uma "segunda" e radical revolução, encabeçada pelo "proletariado alemão, a pequena burguesia e os pequenos camponeses". Como em 1792-3, essa fase radical de revolução seria provocada pela guerra. É por isso que, fosse quanto ao status dos poloneses no Grão-Ducado de Posen, fosse quanto às reivindicações da minoria alemã em Schleswig, Karl e seus aliados situavam-se na ala mais beligerante do partido pró-guerra.

Isso também explicava por que, depois de chegarem a Colônia, Karl e Engels se juntaram à Sociedade Democrática, formada no começo de abril por um comitê integrado por dois velhos amigos e aliados políticos de Karl, Heinrich Bürgers e Karl D'Ester. Daquela época até a primavera de 1849, a Sociedade Democrática foi a casa política preferida de Karl. O *Neue Rheinische Zeitung*, cujo subtítulo era "Órgão da Democracia", fazia parte da mesma visão geral. O jornal não mencionava nem o comunismo nem a luta de classes. O que "Partido Democrático" queria dizer na Alemanha de 1848, como Engels explicaria mais tarde, era o compromisso com o voto direto e universal para os homens adultos, um único órgão legislativo e o reconhecimento do 18 de março (em Berlim) como a fundação da nova ordem.[20] Mas "democracia" para Karl e seus seguidores era mais um artifício do que um princípio fundamental. As demandas do "partido proletário" deveriam permanecer ocultas, mas de vez em quando escapavam espetacularmente do seu confinamento, como ficaria claro na reação de Karl e Engels à insurreição dos trabalhadores de Paris em junho de 1848.

Era impossível rivalizar com os devotados discípulos que Gottschalk reuniu à sua volta durante os anos em que atuou como médico em Colônia a partir de 1843. Na década de 1840, nas cidades da Europa ocidental, excluindo-se o serviço doméstico, o contato entre as classes fundiárias ou instruídas e as classes trabalhadoras ou os pobres era extremamente limitado. Por essa razão, o prestígio e a popularidade dos médicos que se dedicavam à vida dos pobres e estavam entre os poucos que tinham um conhecimento em primeira mão da vida dos trabalhadores eram de fato altíssimos. Mas Gottschalk era também um orador poderoso e um líder inteligente. Conduzia a Associação de Trabalhadores com pulso firme. Como disse um dos seus seguidores: "Ele falava e o silêncio reinava no grande espaço do Gürzenich [a maior sala de reuniões públicas daquela época]. [...] Ele comandava, e a plateia obedecia". O sucesso de sua associação era fenomenal. O número de membros saltou de 5 mil em maio para 7 mil em junho. Em comparação, o número de membros da Sociedade Democrática não passava de modestos setecentos.[21]

Nem é preciso dizer que a divisão entre os dois grupos era contraproducente. A campanha de Gottschalk pela abstenção das eleições reduziu a força dos representantes radicais em Berlim e Frankfurt, enquanto o resultado da rígida aplicação por Karl da sua noção de revolução democrática foi que o *Neue Rheinische Zeitung* praticamente ignorou os ressentimentos e as iniciativas dos trabalhadores em Colônia ao longo de 1848.

O desvio de Gottschalk da estratégia original da Liga e a incapacidade de Karl de contestar publicamente a posição de Gottschalk foram talvez as principais razões da decisão de dissolver a Liga Comunista. Numa reunião da filial da Liga em Colônia em 11 de maio, Karl contestou o desvio de Gottschalk da posição combinada da Liga. Em resposta, Gottschalk reiterou o argumento de que sua renúncia já tinha sido submetida, "uma vez que a transformação sofrida pelas condições atuais exigia também uma reformulação das regras da Liga, e, pelas regras existentes, sua liberdade pessoal estava em perigo".[22] A impossibilidade de manter a liderança da Liga, mesmo quando sua "Autoridade Central" estava localizada em Colônia, levou Karl a dissolvê-la no começo de junho. A justificativa que ofereceu foi que, uma vez que agora existia liberdade de imprensa, a estrutura e as atividades de uma sociedade secreta já não eram necessárias. Mas, apesar da sua abolição, em alguns lugares — especialmente Londres — a dúbia existência da Liga continuou, até que ela ressurgiu com desastrosas consequências nas etapas finais da Revolução.

4. O *NEUE RHEINISCHE ZEITUNG*

O primeiro número do *Neue Rheinische Zeitung* apareceu em 1º de junho de 1848. Levantar fundos para financiar o jornal mostrara-se inesperadamente difícil. As assinaturas não bastavam, por isso foi preciso vender ações. Mas a campanha para levantar os fundos necessários não foi bem-sucedida. Apesar de uma reunião pública de acionistas, até o final de maio apenas 13 mil táleres em ações, dos esperados 30 mil, tinham sido subscritos, e só 10% dessas ações tinham sido pagos. Engels foi a Wuppertal arrecadar fundos, mas, como era de esperar, nessa área protestante a resposta que obteve foi de desconfiança ou hostilidade. Ele advertiu que tudo estaria perdido se um exemplar das dezessete demandas comunistas se tornasse público naquele lugar. Também zombou da sugestão de Karl de que procurasse o próprio pai, que preferiria "nos varar com mil balas de chumbo" a "nos presentear com mil táleres".[23] Portanto, parecia impossível lançar o jornal antes do começo de julho. Mas Karl estava convencido do perigo iminente da volta da reação e insistia em que o jornal aparecesse no começo de junho.[24] Como resultado, apesar de uma enérgica campanha de circulação e de o próprio Karl ter possivelmente usado parte de sua herança, as finanças do jornal ainda continuavam precárias.[25]

À exceção de Heinrich Bürgers, a equipe editorial era formada inteiramente por membros da Liga que tinham voltado para a Alemanha com Karl — Ernst Dronke, Friedrich Engels, Georg Weerth, Ferdinand Wolff e Wilhelm Wolff.

Como em Bruxelas, Karl, na qualidade de editor-chefe, continuou a desempenhar suas funções de forma ditatorial. Engels cuidava da maior parte da cobertura de assuntos internacionais, enquanto Georg Weerth editava o mais ameno *feuilleton*, ou suplemento literário. Karl concentrava-se em política nacional e assuntos constitucionais. Apesar de sediado em Colônia, o jornal dedicava pouco espaço à cobertura local. Sua aspiração era funcionar como jornal de âmbito nacional, recorrendo à colaboração de distantes correspondentes e atraindo assinaturas de toda a Confederação Alemã. Como Karl declarou ao representar o jornal num processo em fevereiro de 1849: "Prefiro acompanhar os grandes acontecimentos do mundo, analisar o desenrolar da história, a me ocupar de chefes locais, da polícia, de juízes de instrução".[26] Além do editorial sobre a Alemanha, o primeiro número trazia notícias de Viena, Bélgica, Itália, República Francesa e Grã-Bretanha. Nos números seguintes, havia também artigos sobre Espanha, Suécia e Estados Unidos, e suplementos regulares representavam substanciais acréscimos à cobertura. O *Neue Rheinische Zeitung* jamais conseguiu competir com as 17 mil assinaturas do principal jornal da Renânia, o *Kölnische Zeitung*, mas com 5 mil assinantes se firmou como o mais importante jornal radical da Alemanha e fonte fidedigna de notícias políticas do exterior. Não é de estranhar que tenha sido um dos jornais formalmente elogiados pelo Primeiro Congresso Democrático Alemão de Frankfurt.

O jornal não dava destaque especial aos ressentimentos dos trabalhadores, além de ser escrito num estilo inacessível para quem não pertencesse a uma burguesia rica e instruída. No primeiro número, ao explicar por que surgia um mês antes, o jornal fazia uma referência misteriosa e não esclarecida às "leis de imprensa de setembro" de 1835 na França.[27] No terceiro número, o editorial de autoria de Karl, um texto em duas colunas atacando o gabinete de Camphausen, continha referências não apenas ao *Tristram Shandy* de Sterne, mas também ao *Ricardo III* de Shakespeare e ao *Fausto* de Goethe. O objetivo do artigo, dificilmente um tópico de controvérsia entre os radicais, era criticar a tentativa do primeiro-ministro Camphausen de estabelecer uma continuidade legal entre a velha "Landtag Unida" e o seu próprio gabinete sem mencionar a revolução que ocorreu entre os dois. Eis como Karl concluía seu artigo:

> Dessa maneira, um ganso é transformado em ovo e um ovo em ganso. Graças a cacarejos de salvar Capitólio, o país logo se dá conta, porém, de que os ovos dourados

de Leda, postos por ela na revolução, foram roubados. Nem mesmo o deputado *Milde* parece ser o brilhante e visível Castor, filho de Leda.[28]

Aparatos laboriosos como esse davam mais razões para o mal-estar da Associação de Trabalhadores com relação ao jornal de Karl. Segundo o *Zeitung des Arbeiter-Vereines zu Köln*, de Gottschalk, o jornal se aproveitava das condições de depressão econômica para formar uma força de trabalho "submissa" a baixo custo. O *Zeitung* atacou ainda o subtítulo do jornal — "Órgão da Democracia" —, tanto por ocultar desonestamente seus objetivos como por ser "um ato formal de supressão do proletariado, uma traição ao povo".

Em abril e maio, os radicais ainda achavam que o curso dos acontecimentos lhes era favorável. A Assembleia prussiana, que se reuniu em 22 de maio, era predominantemente liberal, ou liberal de esquerda. Tinha por objetivo reduzir o poder do monarca, subordinar o Exército à Constituição e eliminar muitos direitos senhoriais no interior. Sociedades democráticas e associações de trabalhadores foram estabelecidas em diversas áreas, sobretudo na Saxônia, em Berlim e partes da Renânia. Os radicais foram particularmente bem-sucedidos em Viena, onde em 11 de maio estudantes armados e operários tinham forçado o governo a estabelecer direitos de voto mais democráticos. Nas semanas seguintes, o imperador foi transferido para Innsbruck, enquanto o movimento revolucionário continuava em ascensão na cidade.

Em Colônia, a atmosfera era cada vez mais carregada, tanto por medo de um contragolpe reacionário — a razão declarada para o surgimento do *Neue Rheinische Zeitung* um mês antes —, como por um tenso clima de expectativa revolucionária, que cresceu ainda mais durante o Primeiro Congresso Democrático Alemão do Partido Democrático de Toda a Alemanha, realizado em Frankfurt de 14 a 17 de junho. Além dos aliados de Karl, como Schapper, Moll, Dronke, Cluss, Weydemeyer e Freiligrath, quem também compareceu ao congresso foi Gottschalk, que em seu retorno foi carregado em triunfo pelas ruas. A atmosfera em Colônia foi intensificada ainda pelo que se passara em Berlim, onde uma multidão, furiosa com a rejeição de uma moção apresentada por Julius Berend na Assembleia prussiana propondo o reconhecimento dos serviços daqueles que lutaram em 18 de março, exigiu armas e invadiu o arsenal de Berlim para consegui-las. Em Colônia, corria o boato de que delegados que retornavam de Frankfurt também exigiriam armas do exército local. Isso não ocorreu, mas em 17 de junho houve tumulto no Altenmarkt, onde a polícia foi escarnecida e atacada a pedradas, enquanto a Guarda Civil ali presente se mostrou fraca e ineficaz. Prospectos recomendavam aos "irmãos" que ficassem em alerta, pois a hora da libertação estava chegando. Notícias da tentativa de revolta comandada por Friedrich Hecker em Baden aumentaram ainda mais a tensão. O cabeçalho do seu manifesto dizia: "Pronunciem as grandes palavras: República Alemã! Estado Popular Alemão!". As forças armadas locais também suspeitavam da iminência de uma insurreição planejada.

Gottschalk voltou de Frankfurt decidido a unificar numa "Sociedade Republicana" as três organizações democráticas de Colônia: a Associação de Trabalhadores, a Sociedade Democrática e a Sociedade para Trabalhadores e Patrões. Dada a esmagadora superioridade numérica da Associação de Trabalhadores, porém, as duas sociedades menores resistiram. Em vez disso, em 24 de junho um comitê de seis membros — dois de cada sociedade — foi designado para funcionar como órgão de coordenação local e como Comitê Distrital Democrático para a Província do Reno. Karl atuaria com Karl Schneider II (análogo ao americano, Schneider Junior), o presidente da Sociedade Democrática, nesse comitê conjunto; ele foi colocado, portanto, numa posição privilegiada para dirigir o movimento democrático da Renânia.

No segundo semestre de junho, o momento de supremacia popular acabara. Frederico Guilherme IV não tinha abdicado. Não fugiu, como Luís Filipe tinha fugido, mas também não saiu da cidade com suas tropas para bombardeá-la e subjugá-la, como propusera seu irmão, o príncipe herdeiro Guilherme. Por ter ficado em Berlim sem proteção do Exército, salvou vidas e ganhou popularidade. Isso queria dizer que ele estava em posição muito mais forte para defender as prerrogativas monárquicas, tão ameaçadas em março.

A resposta do rei às propostas constitucionais, vindas tanto do gabinete de Camphausen como da Assembleia prussiana, foi uma recusa absoluta a admitir qualquer diminuição de soberania. Ele estava determinado a fazer com que a Constituição proposta continuasse especificando que o rei era o monarca "pela graça de Deus", e que a própria Constituição fosse vista não como uma lei imposta ao soberano pela vontade popular, mas como resultado de "um acordo" entre Frederico Guilherme e o povo. Em termos práticos, o rei reteria o controle exclusivo do Exército e da condução da política externa.

O início da repressão ficou evidente no fim de junho. Em 25 de junho, numa grande reunião geral da Associação de Trabalhadores no Gürzenich, 2 mil ativistas usando fitas vermelhas na lapela pediram para ouvir do seu presidente notícias sobre o progresso da Revolução. Apelos à insurreição e à proclamação de uma república foram feitos. Pressionado pelos seguidores, Gottschalk deu uma resposta cautelosa: era preciso esperar para ver o que aconteceria em Berlim e Frankfurt. No entanto, isso foi suficiente para sujeitá-lo a um processo, e em 3 de julho prenderam Gottschalk, Anneke e Esser, um dos principais militantes da associação. O julgamento foi conduzido com deliberada lentidão pelas autoridades judiciais durante todo o outono, para assegurar que a prisão deles se prolongasse. Finalmente foram julgados — e absolvidos — em 20 de dezembro.

Desde o seu lançamento em 1º de junho, o *Neue Rheinische Zeitung* estava decidido a fazer a situação política ultrapassar a fase constitucional liberal da Revolução o mais rápido possível. Isso era feito em primeiro lugar ridicularizando as atividades da Assembleia prussiana e do Parlamento de Frankfurt, e em segundo lugar ressaltando, quase diariamente, a suposta ameaça de contrarrevolução. A Assembleia de Frankfurt foi atacada no primeiro número do jornal por não ter declarado a soberania do povo alemão. De acordo com Engels, deveria também ter rascunhado uma Constituição "e a eliminação, por parte do regime existente na Alemanha, de tudo que contradissesse o princípio da soberania do povo".[29]

> Uma Assembleia Nacional Constituinte precisa, antes de mais nada, ser uma assembleia *ativa*, revolucionariamente ativa. A Assembleia de Frankfurt está empenhada em exercícios parlamentares escolares, e deixa aos governos a tarefa de agir. [...] É a primeira vez na história do mundo que a Assembleia Constituinte de um grande país realiza suas sessões numa cidade pequena. [...] A Assembleia entendia o povo alemão, em vez de inspirá-lo.[30]

Se a demanda definitiva fosse por "uma república alemã una e indivisível", a elaboração de uma Constituição em Berlim seria irrelevante. Mas simplesmente ignorar o conflito constitucional na Prússia teria sido contraproducente. Em vez disso, as atividades de Camphausen e da Assembleia Nacional Constituinte da Prússia foram cobertas pelo *Neue Rheinische Zeitung*, mas de forma totalmente negativa. A Assembleia foi denunciada como "a Assembleia do Acordo", em virtude de sua suposta preparação para agir segundo a formulação real, de que a Constituição seria resultado de um "acordo" (*Vereinbarung*) entre o rei e o povo. A

Assembleia foi atacada sobretudo por sua relutância em festejar os combatentes de 18 de março. Isso foi contraposto ao ataque ao arsenal pelo povo de Berlim. Afirmou-se que a negação da primeira revolução pela Assembleia seria logo desmentida pelo começo da segunda, prenunciada pelo ataque ao arsenal.[31] Quanto à preocupação do jornal com contrarrevolução e conspiração, sua manchete sobre a queda do gabinete de Camphausen em 21 de junho forneceu um bom exemplo. O jornal vinha prevendo "uma nova revolução ou um governo definitivamente reacionário", e também que "a tentativa de uma nova revolução fracassou". E prosseguiu, em negrito: "Um governo russófilo abrirá caminho para o tsar".[32] No mesmo período — de 19 a 26 de junho —, num esforço para atiçar paixões radicais, o *Neue Rheinische Zeitung* serializou prestativamente um relato do julgamento de Louis Capet — conhecido como Luís XVI — pela Convenção Revolucionária Francesa em janeiro de 1793.

5. O *NEUE RHEINISCHE ZEITUNG* E A INSURREIÇÃO DE JUNHO EM PARIS

Àquela altura, a atenção do jornal de Karl estava inteiramente presa ao que acontecia em Paris, onde o anúncio do iminente fechamento das Oficinas Nacionais levara a uma insurreição de mais de 40 mil trabalhadores afetados. Informados em 22 de junho de que seriam demitidos, no dia seguinte os trabalhadores se reuniram em massa na praça da Bastilha e em seguida voltaram para seus bairros a fim de erguer barricadas. Para enfrentar essa emergência, a "Comissão Executiva" (o governo) seguiu o precedente republicano derivado da Roma antiga. Conferiu poderes ditatoriais provisórios ao general Eugène Cavaignac, o ministro da Guerra republicano que tivera papel destacado na conquista da Argélia. Em 25 de junho, Cavaignac lançou uma contraofensiva, e no dia seguinte a última barricada foi recapturada. Na Inglaterra, o secretário do Conselho Privado, Charles Greville, registrou em seu diário:

> Embora a angústia e a fome fossem as causas principais desta grande luta, é extraordinário que não tenha havido saques e roubos; pelo contrário, isso estava rigorosamente proibido e ao que parece nem foi tentado. É o único exemplo, tanto quanto sei, que a história registra de uma batalha campal nas ruas de uma grande capital entre o exército regular e o poder civil armado, de um lado, e o populacho da cidade

militarmente armado e organizado, do outro, sem que ninguém saiba como este último foi armado e por quem era dirigido.³³

Desde que Karl saíra de Paris no início de abril, o clima político na França mudara muito. Ao longo de março e até o começo de abril, os partidários da Revolução estiveram em ascensão. Mas, à medida que os militantes afluíam para Paris, a esquerda ia assumindo formas mais provocadoras, especialmente em muitos clubes radicais. Em 17 de março, uma manifestação de 100 mil pessoas, encabeçada pelo antigo líder de sociedade secreta Auguste Blanqui, tinha assegurado o adiamento das eleições para a Assembleia Constituinte de 9 para 23 de abril, além da promessa (não cumprida) de que as tropas seriam aos poucos retiradas da cidade.

Em abril, as linhas divisórias ficaram mais visíveis. Em outra grande manifestação em 16 de abril, um plano — supostamente de autoria de Blanqui — para forçar uma alteração no equilíbrio de forças entre moderados e radicais dentro do Governo Provisório foi frustrado por outros líderes radicais. Entre estes estavam Barbès, Blanc e sobretudo Ledru-Rollin, o radical ministro do Interior, que convocou a Guarda Nacional e a Guarda Móvel para defender o Hôtel de Ville contra a possibilidade de um golpe radical. Como era esperado, a eleição para a Assembleia Constituinte em 23 de abril beneficiou mais os moderados do que a esquerda. O voto dos homens adultos produziu uma Assembleia que, em sua maior parte, não era nada simpática aos ideais de fevereiro: dos novecentos representantes, havia de 350 a quinhentos republicanos declarados. Os acontecimentos de fevereiro tinham pego de surpresa o interior da França; a mobilização política do apoio aos radicais nas zonas rurais mal havia começado. Não é de admirar que um número desproporcional de aristocratas, notáveis e sacerdotes tenha sido eleito. Os republicanos radicais conquistaram menos de 10% das cadeiras. Muito mais assentos foram obtidos pelos monarquistas, tanto orleanistas como legitimistas. O Governo Provisório foi substituído por uma "Comissão Executiva", mais conservadora, formada por cinco integrantes, da qual o socialista Blanc e o trabalhador Albert foram excluídos.

Mas ainda mais decisiva para determinar a sequência dos acontecimentos que levaram à Insurreição de Junho tinha sido a mudança de atitudes para com a esquerda como resultado da manifestação de 15 de maio. O objetivo declarado dessa marcha era pressionar a intervenção francesa em apoio dos democratas poloneses. De início, 30 mil pessoas se reuniram no Campo de Marte, mas à medida que o objetivo principal dos líderes da manifestação ia ficando claro, muitos escapuliram, e o número caiu para 2 mil quando a marcha chegou à Assembleia Constituinte. Ali, porém, com a conivência do comandante local da Guarda Nacional, manifestantes entraram à força nas câmaras da Assembleia, e em meio ao tumulto declararam a dissolução da Assembleia e a formação de um novo Governo Provisório. Nessa altura, unidades leais à Guarda Nacional e à Guarda Móvel tinham chegado, e os líderes radicais foram presos quando tentavam se dirigir ao Hôtel de Ville para instalar o novo governo.

Por qualquer critério, foram atos de estupidez, e desde então há suspeitas de que os radicais caíram numa armadilha preparada por agentes provocadores.[34] O resultado foi que uma grande parte dos potenciais seguidores da esquerda estava agora alienada, e sua liderança, segundo o termo usado por Maurice Agulhon, "decapitada".[35] A política de concessões adotada pela Comissão Executiva caiu em descrédito. O comando da Assembleia Constituinte passou para as mãos de uma coalizão de conservadores cada vez mais intransigentes, que aboliu a Comissão de Luxemburgo e começou a planejar o desmantelamento das Oficinas Nacionais.

Os moderados, assim como os radicais, tinham recebido bem as Oficinas Nacionais como uma maneira de tirar os desempregados das ruas. Sob a direção de Émile Thomas, as oficinas eram mantidas longe da influência dos radicais e das atividades dos seus clubes. Mas as atitudes mudaram quando Thomas foi removido, o direito de associação foi restringido e os clubes democráticos foram fechados. A essa altura, no começo de junho, ficava cada vez mais claro que as oficinas também estavam prestes a ser fechadas. Delegados das oficinas se reuniram com membros da dissolvida Comissão de Luxemburgo e protestaram contra o abandono das proclamações social-democratas da República de Fevereiro. Finalmente, depois de um debate em 20 de junho, uma diretiva da Assembleia ordenou a dissolução imediata das Oficinas Nacionais. Os membros mais jovens foram orientados a se alistar no Exército, enquanto os mais velhos seriam mandados para projetos rurais em províncias distantes. Manifestações contra o decreto foram inúteis, e na noite de 22 de junho uma multidão de 100 mil pessoas na frente do Hôtel de Ville decidiu resistir pela força das armas. A insurreição começou no dia seguinte.[36]

Os republicanos franceses condenaram a rebelião quase sem exceção. Para Flocon, amigo de Karl, a questão era apenas de recusa a obedecer uma autoridade republicana democraticamente eleita. Equivalia a uma tentativa de golpe de Estado. Cavaignac, o general que suprimiu os rebeldes, era um republicano dedicado, assim como o gabinete que escolheu para servir junto com ele até as eleições presidenciais de dezembro de 1848. Apesar de muitos jornais serem simpáticos às aflições dos trabalhadores, a imprensa democrática e republicana em toda a Europa foi igualmente severa a respeito da revolta.

Só o *Neue Rheinische Zeitung* — apesar de se dizer "Órgão da Democracia" — estava preparado para comemorar a insurreição como um triunfo dos trabalhadores. Em seu ensaio "A Revolução de Junho", de 28 de junho, Karl afirmou que "os trabalhadores de Paris" tinham sido *"esmagados"* por uma força superior, "mas não foram *subjugados"*. Esse "triunfo da força bruta" tinha sido "comprado" com "a destruição de todas as ilusões e desilusões da Revolução de Fevereiro". A "fraternidade" proclamada em fevereiro tinha encontrado "sua expressão verdadeira, não adulterada e prosaica na *guerra civil*, e civil em seu aspecto mais terrível, a guerra do trabalho contra o capital". A Revolução de Fevereiro tinha sido "a *bela* revolução, a revolução das simpatias universais". A Revolução de Junho foi "a revolução *feia*" porque "as frases cederam lugar à realidade, porque a república tinha descoberto a cabeça do monstro [capital] derrubando a coroa que a protegia e escondia". Essa foi a primeira "revolução" desde 1789 a atacar o "domínio de classe" e a *"ordem burguesa"*.[37]

Desde os tempos de Bruxelas, os escritos políticos de Karl sofriam de certa incoerência como resultado de sua tentativa de montar dois cavalos ao mesmo tempo — o democrático e o proletário-socialista, a revolução de agora e a revolução depois da próxima. O tratamento que ele deu à Insurreição de Junho foi um exemplo espetacular dessa atitude contraditória. O artigo expôs a posição democrática a todas as objeções que puderam ser feitas por Karl Grün e outros socialistas. Se os trabalhadores foram esmagados por uma república democrática baseada no voto masculino adulto, e se a democracia não oferecia solução para a questão social, então por que lutar para implantar uma república? Apesar de sua fúria — "só as mentes fracas e covardes são capazes de fazer essa pergunta" —, a tentativa de Karl de responder a essa objeção foi insatisfatória. Ele afirmou que "a melhor forma de Estado é aquela na qual essas contradições atingem um estágio de luta aberta durante a qual elas são resolvidas".[38] No entanto, os argumentos de democratas e republicanos não eram que a política democrática oferecia uma arena na qual a luta de classes pudesse ser travada até o fim, mas que, numa democracia, conflitos de interesses eram passíveis de soluções pacíficas e racionais.

Não é de estranhar que outros jornais da Renânia atacassem o *Neue Rheinische Zeitung* e ironizassem seu apoio à "democracia". Karl parece ter percebido que precisava corrigir sua posição se quisesse manter o papel de liderança na Sociedade Democrática. A ocasião surgiu quando, apesar da oposição de Karl, Weitling teve oportunidade de falar para a Sociedade Democrática em 22 de julho. Duas semanas depois, em 4 de agosto, Karl fez um discurso de réplica. Sua resposta à defesa de Weitling de uma ditadura virtuosa era que esse tipo de governo na Alemanha seria impraticável e totalmente inviável, "uma vez que o poder não pode ser conquistado por uma única classe". Ao contrário, "o poder governante, exatamente como o Governo Provisório em Paris, precisa consistir nos elementos mais heterogêneos". Num tom muito diferente do que empregara no artigo de junho, Karl afirmou que "o desprezo das várias camadas da população umas pelas outras, a recusa a fazer concessões e noções errôneas sobre as relações entre as classes levaram ao sangrento desfecho em Paris".[39]

Além de sua homenagem aos insurretos de junho em Paris, o *Neue Rheinische Zeitung* também atacou o aumento da repressão em Colônia no começo de julho. O jornal alegou que Gottschalk e Anneke foram presos para provocar um levante, que o Exército esmagou em seguida. A sra. Anneke afirmou que, no caso da "brutal prisão" do marido, uma empregada tinha sido maltratada e nenhuma queixa oficial poderia ser apresentada, pois os gendarmes não estavam acompanhados de um funcionário adequado. Essas alegações foram veementemente contestadas pelos oficiais de justiça, Zweiffel e Hecker, responsáveis pela condução do caso.

À luz das mudanças que levaram à reação do Estado prussiano, bem como o crescente número de casos — pessoais e políticos — que colocavam Karl contra as autoridades, não é de estranhar que em 3 de agosto de 1848 ele tenha sido informado que o pedido de restabelecimento de sua cidadania prussiana havia sido negado.[40]

6. A REVOLUÇÃO EM RETIRADA

A Revolução na Alemanha chegou ao fim nos três meses seguintes à crise de Schleswig-Holstein em setembro de 1848. A Assembleia prussiana perdeu a batalha para restabelecer uma monarquia constitucional. O Parlamento em Frankfurt foi humilhado e marginalizado, e tanto na França como no Império Habsburgo uma guinada decisiva para a direita estava em andamento.

Na França, no começo de julho, as Oficinas Nacionais foram desmontadas. A Assembleia entendia que a Insurreição de Junho tinha sido não apenas resultado do socialismo, mas também consequência de fevereiro. A Revolução criara liberdades demais. Por esse motivo, a Assembleia passou a apoiar medidas para regular os clubes e conter a imprensa. As restrições sobre horas de trabalho decretadas em fevereiro foram atenuadas, e "o direito ao trabalho" foi omitido na nova Constituição redigida pela Assembleia entre setembro e novembro. Nas eleições para a nova presidência executiva, criada pela Constituição, Cavaignac esperava vencer aliando-se aos orleanistas encabeçados por Thiers (o chamado "grupo da Rue de Poitiers"). Mas foi superado por Luís Napoleão, o sobrinho do antigo imperador, que agora apoiava decididamente um "partido da ordem", apelando não apenas para os orleanistas e Thiers, mas também para a Igreja, para o governo forte e para as lembranças do Primeiro Império.[41] Cavaignac também foi desafiado à esquerda por Ledru-Rollin, que se baseava no republicanismo social-democrata associado ao jornal *La Réforme*. Em novembro de 1848, ele e seus seguidores, associando-se ao republicanismo de 1792, ou La Montagne [A Montanha],[42] divulgaram um manifesto eleitoral, *La Solidarité républicaine*.

Os resultados da eleição presidencial de 10 de dezembro foram uma surpresa desagradável para a classe política. Cavaignac obteve 1,4 milhão de votos, enquanto Luís Napoleão Bonaparte, que Ledru-Rollin e Lamartine tentaram expulsar da Assembleia no verão anterior, recebeu mais de 5 milhões. Pela esquerda moderada, Ledru-Rollin recebeu 400 mil, ao passo que apenas 37 mil votaram no intransigente veterano de sociedades secretas, Raspail. A república agora parecia estar em perigo. O novo gabinete, formado por Bonaparte e pelos orleanistas da Rue de Poitiers, não tinha nenhum republicano, e seu líder estava empenhado em restaurar o trono imperial. O gabinete era chefiado pelo político orleanista Odilon Barrot e se definia como o "Partido da Ordem". Ensaiou uma ativa campanha de repressão contra o que chamava de crescimento da "ameaça vermelha", fossem eles os "démoc-socs" (democratas socialistas) de Ledru-Rollin, que vinham crescendo em regiões do interior da França, ou os remanescentes dos blanquistas em Paris.

As notícias da França eram deprimentes, mas não estava claro se lá a Revolução tinha finalmente acabado. Paris talvez tivesse ficado aturdida com a brutal sujeição da Insurreição de Junho, mas noutras partes da França o apoio aos "démoc-socs" estava crescendo. Já na Áustria e na Europa central, ao contrário, as esperanças iniciais de democracia em Viena e de independência na Itália e na Hungria deram lugar a uma assustadora sequência de reveses, na qual o aparentemente moribundo Império Habsburgo alcançou primeiro o triunfo militar e depois a renovação política.

Durante o verão, os exércitos dos Habsburgo foram os primeiros a alterar o equilíbrio de forças em favor da contrarrevolução. Em junho, um exército comandado pelo príncipe Windischgrätz derrotou os rebeldes tchecos em Praga. Em julho, um exército de croatas sob o comando do general Jellačić começou a expulsar os húngaros; em 25 de julho, o exército austríaco na Itália, sob o comando de Radetzky, derrotou definitivamente os piemonteses na Batalha de Custoza.

Os radicais foram ficando cada vez mais na defensiva. Como em Paris, o empenho das autoridades radicais de Viena em apoiar um programa de obras públicas atraiu para a cidade um grande número de desempregados. Mas os custos se tornaram insustentáveis politicamente e, em 23 de agosto, a Câmara Municipal foi obrigada a reduzir os salários, levando a confrontos entre trabalhadores e a classe média, como uma reminiscência de Paris em junho.

Sobre a questão do Império, havia também algumas divisões debilitantes entre radicais e nacionalistas. O esmagamento da rebelião em Praga foi em parte resultado da divisão entre alemães e tchecos na Boêmia. Enquanto democratas em Viena se identificavam com a Alemanha e mandavam representantes ao Parlamento de Frankfurt, líderes nacionais tchecos apoiavam um programa austro--eslavo fora das fronteiras alemãs, e em junho convocaram um Congresso Pan-Eslavo, apoiado também à esquerda por Bakunin. Esse congresso foi prejudicado por uma insurreição anti-Habsburgo da parte dos que apoiavam Frankfurt, e agravado ainda mais pelo assassinato da mulher de Windischgrätz. Ameaçada de destruição pelo exército de Windischgrätz, a insurreição entrou em colapso. Mas, depois disso, os líderes do movimento nacional tcheco e os democratas em Viena se voltaram uns contra os outros. Outras nacionalidades subordinadas do Império — croatas, sérvios, romenos e eslovacos — também passaram aos poucos a apoiar os Habsburgo contra a revolução em Viena e na Hungria.

O ato final da revolução vienense foi deflagrado pela notícia, em 5 de outubro, de que regimentos seriam despachados para se juntar ao exército croata de Jellačić e lutar contra os húngaros. Em 6 de outubro, a saída dessas tropas provocou a construção de barricadas e um levante em Viena. A corte mais uma vez fugiu da cidade, e deputados conservadores bateram em retirada. Um Comitê Revolucionário de Salvação Pública (que recebeu o nome em homenagem à sociedade jacobina que presidiu o Terror em 1793) assumiu o controle da cidade, mas seus excessos logo alienaram o povo. Além disso, os revolucionários não sabiam como agir para enfrentar os exércitos dos Habsburgo que se aproximavam. As esperanças se voltaram para os húngaros, mas quando essa ajuda foi disponibilizada, já era tarde demais. Assim, alastrou-se o pânico quando o exército de Jellačić se avizinhou pelo sudeste e o de Windischgrätz pelo norte. Finalmente, em 23 de outubro, Windischgrätz cercou a cidade com um exército de 60 mil homens e tomou-a no fim do mês. Um novo e mais decidido governo imperial foi formado, encabeçado pelo príncipe Felix von Schwarzenberg. O imperador, fraco de espírito, foi obrigado a abdicar, e expediu-se uma nova Constituição.

Paralelamente à derrota da república social-democrática na França e ao esmagamento da revolução em Viena, a partir de setembro o Parlamento alemão em Frankfurt sofreu uma série de derrotas parecidas. Em 21 de março de 1848, os liberais tinham ficado muito felizes quando o rei prussiano invocou a memória da luta contra Napoleão em 1813 e anunciou seu apoio à formação de um Parlamento geral alemão. Em 18 de maio, depois de constituído o pré-Parlamento, a Assembleia Nacional alemã iniciou suas atividades em Frankfurt. Mas dúvidas sobre seus poderes e seu status em relação aos estados alemães existentes estavam lá desde o começo. Enquanto nacionalistas liberais planejavam uma monarquia federal, presidida pela Prússia ou pela Áustria, e uma pequena minoria de ultrarradicais — como Karl — sonhava com uma república unitária, a Alemanha imaginada por Frederico Guilherme era uma espécie de restauração do Sacro Império Romano medieval. Incorporando tanto Berlim quanto Viena, não implicava uma concessão significativa de poder à Assembleia de Frankfurt.

Essas ambiguidades assumiram brutal clareza quando a Assembleia de Frankfurt foi obrigada a confrontar o problema da autoridade sobre a questão de Schleswig-Holstein. Em 21 de março, o governo dinamarquês anexou Schleswig, província fronteiriça com uma minoria substancial de habitantes germanófonos. Indignado pela anexação, que deparou com a resistência revolucionária da parte dos alemães do sul de Schleswig em 23 de abril, o exército prussiano — com o endosso da Confederação Alemã — marchou sobre Schleswig e expulsou os dinamarqueses. Os nacionalistas liberais em Frankfurt ficaram muito satisfeitos. Mas o tsar russo alarmou-se ao ver a Prússia agir em aparente aliança com nacionalistas revolucionários e ameaçou expedir tropas. Isso, por sua vez, despertou o governo britânico, temeroso de que a Rússia viesse a usar a questão de Schleswig-Holstein como pretexto para transformar a Dinamarca em protetorado russo e garantir o controle do acesso ao Báltico. Diante de intensa pressão diplomática, nos termos do Tratado de Malmö de 26 de agosto de 1848, os prussianos retiraram suas tropas, deixando o norte de Schleswig em mãos dinamarquesas.

Ao assinar o tratado, os prussianos não deram atenção alguma às opiniões do Parlamento de Frankfurt. Furiosos, em 5 de setembro os deputados votaram pela obstrução do tratado. Mas sem um exército, ou qualquer recurso constitucional que lhe permitisse impor suas decisões dentro da Confederação Alemã, o Parlamento nada podia fazer, e num humilhante retrocesso aprovou em 16 de setembro o armistício de Malmö. Boa parte do prestígio do Parlamento de Frankfurt se perdeu. A decisão causou consternação e provocou outra revolta em Baden. Em Frankfurt, uma reunião em massa insistiu em que os deputados radicais se separassem do Parlamento; dois deputados conservadores foram mortos e uma multidão tentou invadir a Assembleia.

A crise em Frankfurt por causa do Tratado de Malmö coincidiu com uma crise ministerial na Prússia em torno do controle do Exército. Um incidente em Schweidnitz, na Silésia, iniciado durante a intervenção do Exército numa disputa entre a Guarda Civil e o comandante militar local, resultou, em 3 de agosto, numa troca de tiros entre o Exército e a Guarda Civil, com a morte de catorze civis. A Prússia reagiu com indignação generalizada, o que deu origem a uma moção proposta em 3 de agosto por Julius Stein, o representante democrático de Breslau, e aceita pela Assembleia Nacional, instruindo o Exército a cooperar com as autoridades civis. Isso era inaceitável para o rei, pois ameaçava a noção de "acordo" que supostamente servia de base às relações entre o monarca e a Assembleia. O ministro-chefe, Hansemann, tentou adiar a entrada em vigor da moção, mas a Assembleia, respaldada na pressão popular fora do prédio, forçou a situação. Em 10 de setembro, Hansemann foi levado a renunciar; os liberais se sentiram pouco à vontade com a presença da multidão.

Em Colônia, a tensão entre soldados e civis assumiu outra forma. No dia seguinte à renúncia de Hansemann, soldados do 27º Regimento insultaram uma moça numa das praças da cidade e ela pediu proteção aos transeuntes. A hostilidade dos moradores contra os soldados provocou um motim de soldados bêbados, que desembainharam seus sabres e ficaram fora do controle dos oficiais. A ordem acabou sendo restabelecida pela Guarda Civil, mas a raiva na cidade continuou intensa. Uma reunião do Conselho, reforçada por uma multidão de manifestantes radicais, exigiu que o regimento fosse transferido e que a Guarda Civil patrulhasse a cidade.

A hostilidade entre renanos e soldados do leste do rio Elba — *"soldeska"*, vistos como estrangeiros e reacionários — era antiga. No entanto, a maioria achava que não havia nenhuma questão política maior por trás daquela insensata briga de bêbados. Apesar disso, quando a tensão em Berlim e Frankfurt atingiu o auge, e a possibilidade de radicalização da revolução parecia iminente, a esquerda farejou conspiração, reagindo com exagero. Companhias radicais na Guarda Civil e, seguindo seu exemplo, a Sociedade Democrática e a Associação de Trabalhadores propuseram a formação de um Comitê de Salvação Pública, e no dia seguinte prepararam a eleição pública dos seus integrantes. Membros do *Neue Rheinische Zeitung*, entre eles Karl, destacaram-se entre os eleitos. Mas a praça estava cheia apenas pela metade; outros destacamentos da Guarda Civil e outras sociedades fizeram objeção, e sete líderes da Sociedade Democrática renunciaram. Nos dias seguintes, o Comitê recuou, protestando contra a legalidade das suas intenções.

A crise ministerial em Berlim foi temporariamente resolvida pela formação do gabinete do general Pfuel em 20 de setembro. Mas, enquanto isso, a raiva provocada pelo Tratado de Malmö e a determinação de apoiar a recusa inicial da Assembleia de Frankfurt a endossar o tratado levaram a Associação de Trabalhadores a organizar um protesto em larga escala em Worringen, no Reno, quinze quilômetros ao norte de Colônia. O encontro atraiu de 5 mil a 10 mil pessoas, entre elas muitos camponeses recrutados nas aldeias vizinhas pela Associação de Trabalhadores. Na reunião houve uma declaração unânime a favor da *"República Vermelha* social-democrática" e um endosso do recém-formado Comitê de Salvação Pública. Engels foi eleito secretário e fez a reunião comprometer-se a apoiar a posição da Assembleia de Frankfurt na questão em torno de Schleswig-Holstein — eles ainda não sabiam que Frankfurt tinha recuado de sua decisão. Como "cidadãos imperiais reunidos", os presentes deveriam ignorar a posição prussiana e dedicar "seu destino e seu sangue" à batalha contra a Dinamarca. O discurso de Engels nesse encontro foi citado como a razão para a ordem de prisão emitida contra ele no final daquele mês. Karl não estava na reunião, e a rejeição do seu pedido de cidadania tinha sido confirmada em 12 de setembro, por isso a continuação de sua residência em Colônia ficava inteiramente a critério das autoridades.

Quando se soube que o Parlamento de Frankfurt tinha ratificado o Tratado de Malmö, Colônia ficou alvoroçada. Em 20 de setembro, uma reunião de protesto foi preparada pela Sociedade Democrática, pela Associação de Trabalhadores e pelo Comitê de Salvação Pública, esperando-se, além disso, que novas medidas fossem adotadas no Segundo Congresso Democrático Nacional, marcado para 25 de setembro. Numa tentativa de prevenir futuras atividades radicais, ordens de prisão foram emitidas em 23 de setembro contra Engels, Schapper, Moll, Wilhelm Wolff, Bürgers e outros. A reunião do Congresso Democrático foi cancelada, mas a atmosfera em Colônia no fim de setembro continuava extremamente tensa. Houve saques e tumultos, com janelas quebradas em muitas ruas; julgava-se um novo estágio da revolução iminente. A polícia e o Exército entraram para ocupar posições estratégicas na cidade. Radicais, incluindo Karl, discursaram em reuniões da Sociedade Democrática e da Associação de Trabalhadores, aconselhando os operários a não aceitarem provocações em ações prematuras, e que permanecessem disciplinados e aguardassem notícias dos acontecimentos em Berlim.

Apesar dessa advertência, uma reunião de trabalhadores foi realizada no Altenmarkt no fim da tarde de 23 de setembro. Ao ser informada de que soldados não demorariam a chegar, a multidão se dispersou às pressas, mas ao mesmo tempo começou a erguer barricadas e, ao anoitecer, mais de trinta estavam prontas. Quando, na manhã seguinte, os soldados finalmente avançaram contra as barricadas, não encontraram ninguém. Os defensores se cansaram de esperar durante a noite e foram embora. Passado esse anticlímax, alguma zombaria foi disparada contra o *Neue Rheinische Zeitung*, à qual Karl não pôde sequer responder, uma vez que em 26 de setembro a lei marcial entrou em vigor em Colônia e o jornal só voltou a aparecer em 12 de outubro.[43]

A crise de setembro foi temporariamente aliviada por Pfuel, que tentou cooperar com a Assembleia e ordenou que o Exército se ajustasse às exigências da Assembleia. Mas sua atitude enfureceu o rei e irritou o Exército. A situação foi ficando cada vez mais tensa quando o debate sobre a Constituição começou. A Assembleia se recusou a aceitar a insistência do rei na autoridade real "pela graça de Deus" e decidiu abolir títulos de nobreza. A pressão à esquerda pela multidão em Berlim aumentava, e foi reforçada no fim do mês quando uma minoria radical tomou conta da reunião do Congresso Democrático Nacional Alemão. Os que restaram no congresso fizeram uma declaração pela "república vermelha" e organizaram uma manifestação em massa destinada a obrigar a Assembleia a comprometer-se a ajudar a Viena sitiada — a moção Waldeck. Do outro lado, o rei ficou fortalecido quando o Exército voltou da Dinamarca sob o comando do general Wrangel, que desde 13 de setembro estava encarregado de todas as unidades militares em volta de Berlim. O confronto direto era inevitável.

Karl achava que os acontecimentos na França tinham determinado o curso dos eventos na Alemanha. Mas o que ocorreu na Áustria parece ter causado uma impressão maior em Frederico Guilherme e seu círculo, pois assim como o triunfo da multidão em Viena tinha levado Frederico Guilherme a fazer concessões em Berlim em março, a vitória da contrarrevolução dos Habsburgo em novembro incentivou o rei prussiano a recuperar o controle militar total em Berlim. Em 2 de novembro, o rei demitiu o moderado gabinete de Pfuel e instalou como ministro-chefe seu próprio tio, o conservador conde Frederico Guilherme de Brandemburgo. A Assembleia rejeitou Brandemburgo, mas ninguém deu a menor atenção a essa sua declaração. Em 9 de novembro, Brandemburgo anunciou que a Assembleia estava suspensa por três semanas e voltaria a reunir-se na cidade de Brandemburgo. Ao mesmo tempo, o general Wrangel e 13 mil soldados entraram novamente em Berlim, sem resistência significativa da Guarda Civil. Wrangel foi até o Gendarmenmarkt e determinou que a Assembleia se dispersasse de imediato. Em resposta, a Assembleia transferiu-se para uma galeria de tiro ao alvo e convocou uma resistência passiva. Em 14 de novembro, a lei marcial foi decretada em Berlim; a Guarda Civil debandou, os clubes políticos foram fechados e os jornais radicais foram proibidos. A reação de Karl no *Neue Rheinische Zeitung* em 12 de novembro foi convocar uma greve fiscal. Em 15 de novembro, o que restava de radical na Assembleia — por insistência de Karl D'Ester, amigo de Karl — decretou por unanimidade (226 a zero) que o gabinete de Brandemburgo não tinha autoridade para cobrar impostos, enquanto negasse à Assembleia o direito de reunir-se livremente em Berlim.

Parecia ser o momento que os radicais esperavam. O rei foi obrigado, pelo menos por enquanto, a deixar de lado a ideia da "Assembleia do Acordo" e voltar à posição de monarca absoluto, provocando a resistência indignada da Assembleia. Em Colônia, em 11 de novembro, uma grande reunião à qual compareceram trabalhadores, comerciantes e funcionários públicos aprovou uma resolução declarando que a Coroa não tinha o direito de suspender a Assembleia, declaração essa assinada em seguida por mais 7 mil pessoas. A Câmara Municipal foi convencida a endossá-la, assim como a Sociedade de Cidadãos de Colônia, entidade constitucionalista liberal. Uma delegação de Colônia foi enviada a Berlim para transmitir ao governo a opinião da cidade. Karl e Schneider II divulgaram uma proclamação em nome do Comitê Distrital Democrático, convocando todas as sociedades democráticas da Renânia a apoiar a recusa fiscal. Nesse meio-tempo, o *Neue Rheinische Zeitung* publicava quaisquer notícias ou rumores que chegassem ao seu conhecimento para exagerar a dimensão da resistência ao governo. Dizia-se que soldados estavam confraternizando com o povo, que a lei marcial tinha sido escarnecida em Berlim e que as províncias da Silésia e da Turíngia estavam em revolta. O decreto da Assembleia deveria entrar em vigor em 17 de novembro, e nesse dia o *Neue Rheinische Zeitung* deu como manchete o título "Chega de impostos!". Outra proclamação de Karl e Schneider II propunha a resistência à cobrança de impostos, a formação de uma milícia e a exigência de que todos os funcionários declarassem lealdade às ordens da Assembleia.

De início, a resposta à campanha para não pagar impostos foi promissora. As câmaras municipais sofreram forte pressão para aderir ao boicote fiscal. Cabines de pedágio foram destruídas em Bonn, Düsseldorf, Koblenz e outros lugares, enquanto gado e farinha de trigo entravam nas cidades sem pagar. Empreenderam-se esforços para mobilizar a Guarda Civil e a Landwehr [milícia nacional] em defesa da campanha. Mas a tentativa de reunir essa força numa praça em Colônia foi frustrada pelo Exército, e seu provável futuro comandante, Von Beust, teve que fugir. Em 23 e 24 de novembro, a resistência começou a perder ímpeto. Diferentemente da Grã-Bretanha ou dos Estados Unidos, a vinculação entre pagamento de impostos e representatividade política não tinha força histórica. Em Colônia, a Câmara Municipal estava preparada para protestar contra o golpe de Brandemburgo, mas não quis aderir à greve fiscal. Além disso, a Guarda Civil não estava em posição de impedir a cobrança de impostos na cidade. Por ser uma importante sede de guarnição militar, Colônia estava repleta de soldados, e, para completar, a Guarda Civil tinha sido desarmada em setembro.

Qual foi a resposta do *Neue Rheinische Zeitung* nessa fase decisiva da Revolução de 1848? Como vimos, Karl e seus amigos não só odiavam o tsarismo russo como temiam sua capacidade de intervir e esmagar movimentos progressistas na Europa central e na Europa oriental — e mesmo na Dinamarca. Para Karl e Engels, porém, o ódio à Rússia era um meio para alcançar um fim. Fosse a questão da assistência a ser dada aos rebeldes poloneses em Posen ou o apoio militar a ser oferecido aos alemães de Schleswig na Dinamarca, o objetivo era sempre provocar uma guerra contra a Rússia: "Só uma *guerra contra a Rússia* seria uma guerra da *Alemanha revolucionária*, uma guerra pela qual poderia livrar-se de seus pecados passados, [...] poderia tornar-se livre dentro de suas fronteiras levando a libertação àqueles que estão fora delas".[44]

Essa maneira de pensar foi inspirada por uma analogia com a primeira Revolução Francesa: a Alemanha em 1848 era uma réplica da França em 1789.[45] Mas o que fascinava particularmente Karl e seus colegas do *Neue Rheinische Zeitung* não era bem 1789, mas 1792-3, quando a guerra europeia radicalizou a Revolução. A guerra revolucionária tinha produzido a proclamação da República, a assembleia da Convenção, a execução do rei, a formação do Comitê de Salvação Nacional e a prática do Terror. No auge da crise de Malmö, em 13 de setembro de 1848, Karl escreveu:

> Se o governo continuar desse jeito, em pouco tempo teremos uma Convenção — não apenas para a Prússia, mas para toda a Alemanha —, uma Convenção que terá de utilizar-se de todos os recursos para lidar com a guerra civil em nossas vinte Vendeias e com a inevitável guerra contra a Rússia.[46]

O uso dessa analogia era perigosamente equivocado. Dava a entender que seria possível prever acontecimentos com base apenas no "desenvolvimento social", sem levar em conta as instituições e as forças políticas. Desconsiderava o fato de que, em 1789, o Estado francês estava falido, que estava indissoluvelmente ligado a uma Igreja em descrédito, que não podia contar com o Exército para controlar as forças populares, e que, em 1792, o monarca havia caído em desgraça e se tornara impotente por ter tentado fugir do país. Nada disso se aplicava ao rei prussiano, cujo controle do Exército e da burocracia permaneceu incontestável durante toda a crise de 1848.

Consta que, em 1815, Talleyrand teria dito que os Bourbon não tinham aprendido nada nem esquecido nada. Mas a julgar por 1848, era a esquerda, e não os líderes da reação, que continuava presa a uma fantasia antiquada sobre revolução, em vez de procurar se entender com as novas realidades. Como escrevera Engels para Karl entre 8 e 9 de março: "Se pelo menos Frederico Guilherme IV fincasse o pé! Então ganharíamos tudo, e em poucos meses teríamos a Revolução

Alemã. Se ele pelo menos se agarrasse aos seus moldes feudais! [...] Mas só o diabo sabe o que fará esse indivíduo caprichoso e louco".⁴⁷ Engels foi sábio o bastante para acrescentar uma nota de cautela. Pois as reações do rei e do seu círculo nada tinham de estúpido, e não apenas em março, mas durante todo o resto do ano. Em 12 de setembro, no auge da crise que se seguiu ao Tratado de Malmö e à saída de Hansemann, Karl escreveu: "Estamos diante de uma luta decisiva". Tudo dependia do tipo de governo que o rei viesse a escolher. Karl escreveu:

> Só há duas soluções para a crise. Ou um governo Waldeck, reconhecimento da autoridade da Assembleia Nacional alemã e reconhecimento da soberania popular; ou um governo Radowitz-Vincke, dissolução da Assembleia de Berlim, abolição das conquistas revolucionárias, um constitucionalismo de fachada ou mesmo a Dieta Unida.⁴⁸

Ali estava, enfim, o conflito que os radicais tanto esperavam: o conflito entre a Assembleia de Berlim, "atuando como Assembleia *Constituinte*, e a *Coroa*". Karl tinha certeza de que o rei, sobretudo depois que a Assembleia cedeu ao governo na questão do Tratado de Malmö, seguiria adiante com um governo de reação. Em 22 de setembro, ele escreveu:

> Finalmente aconteceu! O governo do príncipe da Prússia existe e a contrarrevolução pretende arriscar o golpe final decisivo. [...] Os Dons Quixotes da Pomerânia Oriental, esses velhos guerreiros e proprietários de terras sobrecarregados de dívidas, afinal terão a oportunidade de purificar suas lâminas enferrujadas no sangue dos agitadores.⁴⁹

Na verdade, porém, fosse como resultado de indecisão ou de bom discernimento, o rei adiou a decisão sobre o novo gabinete até que a paixão nacionalista se atenuasse um pouco, e então escolheu o conciliador general Pfuel para chefiar o governo.

A tentativa do *Neue Rheinische Zeitung* de tratar a luta política como "meramente manifestações de colisões sociais" produziu uma interpretação por demais tosca dos acontecimentos. O jornal considerava todos os gabinetes formados entre o de Camphausen no fim de março e o do golpe de Estado real em novembro como ferramentas conscientes ou inconscientes de reação. Assim como tinha previsto o advento de um atrasado governo "feudal" após a saída de Hansemann, Karl fez exatamente a mesma previsão depois da queda de Camphausen em 22 de junho: "Camphausen tem a honra de ter dado ao partido absolutista feudal seu chefe natural e a si mesmo um sucessor".[50]

O tratamento que ele deu à Assembleia prussiana padecia de um jeito igualmente desdenhoso de lidar com diferenças políticas. Em 14 de setembro, Karl afirmou que "desde o começo culpamos Camphausen por não ter agido de forma ditatorial, por não ter esmagado imediatamente e removido os restos das velhas instituições".[51] Sem dúvida era verdade que o gabinete liberal de Camphausen, temeroso das forças populares que o instalaram no cargo no fim de março, não batalhou por grandes reformas constitucionais no momento em que as forças monárquicas estavam mais fracas. Mas era ingenuidade do *Neue Rheinische Zeitung* imaginar que um gabinete liberal não levaria em conta também o perigo do radicalismo e a ira das ruas.

Os liberais viviam tão incomodados pelas memórias da Revolução Francesa quanto a esquerda. Para eles, a ameaça representada pelas forças populares nas ruas era ainda mais temível do que a resistência da Coroa. Se não fossem contidas, elas poderiam levar à violência descontrolada e ao domínio das massas incultas. Que essa crença era partilhada pela maior parte das classes médias de Berlim ficou claro num cortejo fúnebre em homenagem aos "caídos em março".

> [O evento] atraiu mais de 100 mil pessoas, mas na quase totalidade trabalhadores, operários e assalariados, ou para ser mais explícito, pessoas da mesma camada social dos próprios combatentes mortos nas barricadas. Cidadãos de classe média, do tipo predominante na Assembleia Nacional, primavam pela raridade.[52]

A intenção de Camphausen, de Hansemann e dos líderes da Landtag Unida nunca foi estabelecer uma república, mas chegar a uma monarquia constitucional. Seu objetivo era alcançar um meio-termo aceitável entre monarca e Parlamento com apoio da opinião pública — a opinião dos proprietários de terra e dos instruídos. A última coisa que queriam era ficar à mercê das paixões anárquicas das multidões.

O tom desdenhoso adotado por Karl e Engels sempre que se referiam à "Assembleia do Acordo" era outro exemplo da falta de discernimento político do *Neue Rheinische Zeitung*. O jornal não aceitava que a natureza interclasse de uma revolução "democrática" tornava necessário forjar alianças, mais do que recorrer ao escárnio e à condenação sempre que a Assembleia fosse mencionada. Essa atitude não permitia ver até que ponto persistia a luta entre a Coroa e a Assembleia. Essa luta era, mais imediatamente, pelo controle do Exército, mas, em última análise, era sobre a questão da soberania — se o rei estava em dívida com o povo ou se agia "pela graça de Deus".

Quando esse conflito atingiu uma fase aguda no fim de outubro, culminando em 2 de novembro com a demissão do gabinete de Pfuel, o *Neue Rheinische Zeitung* voltou a falar na necessidade de uma frente unida. Em 14 de novembro, Karl declarou que era "o dever da Província do Reno apressar-se para ajudar a Assembleia Nacional de Berlim com homens e armas".[53] O artigo reconhecia a recusa da Assembleia a ceder, bem como sua condenação de Brandemburgo por traição e a continuação das suas atividades numa galeria de tiro ao alvo depois de expulsa por Wrangel do teatro onde se havia reunido. Karl comparou aquele gesto ao uso de uma quadra de tênis pelo "terceiro estado" francês depois da sua expulsão em junho de 1789.[54] Dois dias antes, o jornal se mostrara incapaz de resistir à tentação de alfinetar a "burguesia": "A burguesia teria adorado juntar-se ao partido feudal e com ele escravizar o povo".[55]

Mas o que fazer agora? De acordo com o jornal, antes de declarar que "devemos nos recusar a pagar impostos", Karl repreendeu a Assembleia Nacional por não ter resistido a Wrangel e seus soldados:

> Por que não proclamou o *mise hors de la loi* [proscrito]? Por que não proscrevia os Wrangels? Por que nenhum deputado avançou no meio das baionetas de Wrangel para proscrevê-lo e dirigir-se aos soldados? Que a Assembleia Nacional de Berlim folheie o *Moniteur*, o *Moniteur* de 1789-95.

Mais uma vez, isso era uma referência às histrionices da revolução, e não à sua realidade. No caso do próprio Karl na Renânia, sempre que a questão da resistência física era mencionada, seus apelos eram para que "se comportem calmamente", e não reagir a qualquer provocação que os soldados pudessem cometer.[56]

Quanto aos próprios Brandemburgo e Wrangel, num espirituoso ataque, Karl ridicularizou-os, dizendo que eram "nada mais que bigodes", e *"os dois homens mais estúpidos* da monarquia".[57] Mas nesse caso ele também subestimou a habilidade dos líderes da reação. Karl acertava ao supor que o rei estava decidido a derrubar qualquer noção de soberania popular, mas errava ao imaginar que isso resultaria da encenação do grande confronto final com o qual Karl sonhava. Na verdade, o rei e seus conselheiros conseguiram apresentar uma solução que dividiu a oposição e conquistou apoio para a Coroa.

Em 9 de novembro, a Assembleia Nacional prussiana foi informada por decreto real que seria transferida de Berlim para Brandemburgo, onde voltaria a se reunir no prazo de três semanas. Mas muitos deputados, rejeitando o decreto, permaneceram em Berlim. Isso significava, porém, que o número de deputados presentes em Brandemburgo em 27 de novembro era baixo demais para haver quorum. Em 5 de dezembro, Brandemburgo foi incapaz de declarar a dissolução da Assembleia. No entanto, foi sensato em não fazer nenhum esforço para retornar às práticas prussianas não parlamentares dos anos pré-1848. Ele decretou uma nova Constituição e marcou eleições para uma assembleia bicameral no fim de janeiro de 1849. A nova Constituição era similar à anterior, incorporando algumas importantes demandas liberais. Mas ainda se baseava na soberania real, com o controle do Exército, da burocracia e da política externa nas mãos da Coroa. Essa nova Constituição foi uma iniciativa inteligente que dividiu com êxito a oposição, isolando a esquerda radical. Foi aprovada por todas as partes da Prússia, incluindo a Renânia. O *Neue Rheinische Zeitung* ficou quase sozinho em sua condenação indiscriminada. Apesar de terem dúvidas, muitos liberais acharam que era um meio-termo aceitável, e os católicos ficaram muito satisfeitos por seu esforço para agradar à Igreja.

Karl achava impossível aceitar que isso fosse o resultado da Revolução de 1848 na Prússia. Durante os meses de março a dezembro, ele vinha prevendo um golpe reacionário liderado pelos Junkers, golpe este que provocaria uma revolução social radical. Em novembro, depois da queda de Viena, atacando o que chamava de "a burguesia" na forma da Guarda Nacional, ele também alegou que "em toda parte" a "burguesia" tinha feito um acordo secreto com as forças da reação, e essa ideia o levou mais uma vez a utilizar o repertório da Revolução Francesa. Após referir-se aos acontecimentos de junho em Paris e aos eventos de outubro em Viena, ele continuou:

> O próprio canibalismo da contrarrevolução convencerá os países de que só existe *um meio* pelo qual os cruéis estertores da morte da velha sociedade e as sangrentas dores do parto da nova sociedade podem ser *abreviados*, simplificados e concentrados — e esse meio é o *terror revolucionário*.[58]

Em dezembro, no rescaldo do golpe de Brandemburgo, Karl reiterou o argumento num artigo mais longo, "A burguesia e a contrarrevolução". Afirmava ali que 1848 tinha mostrado "que uma *revolução puramente burguesa* e o estabelecimento do *domínio burguês* na forma de uma *monarquia constitucional* são impossíveis na Alemanha, e que só uma contrarrevolução feudal absolutista ou uma *revolução social republicana* são possíveis".⁵⁹

Mais uma vez, o quadro pintado por Karl era estático e anacrônico. Era verdade que uma forma pura de "domínio burguês" não tinha sido estabelecida. No entanto, o que tinha surgido no mundo era uma criação híbrida, uma forma de Estado representativo, mas uma forma na qual o Parlamento ainda não tinha controle sobre aspectos essenciais do Executivo, notavelmente o Exército e a política externa. Os acontecimentos na França sob Luís Napoleão se inclinavam na mesma direção. A crise da autoridade política tinha produzido uma renovada predileção pelo governo forte, porém não mais na sua configuração tradicional. As alternativas imaginadas por Karl deixavam de levar em conta o surgimento dessas novas formas políticas, que abrangiam, por mais demagogicamente que fosse, algum tipo de representação numa votação mais ampla.

Na Prússia histórica, a Constituição de Brandemburgo efetivamente pôs fim à Revolução. A segunda metade de novembro foi quando a Prússia chegou mais perto de uma insurreição, não apenas nas cidades, mas também no campo, sobretudo no distrito vinícola do vale do Mosela. Naquela altura, os democratas contavam com amplo apoio, e continuaram a ser o mais forte agrupamento no novo Parlamento eleito em 22 de janeiro de 1849. O lema "Chega de impostos!" continuou ocupando o alto da primeira página do *Neue Rheinische Zeitung* até 17 de dezembro, mas deixou de ter qualquer peso depois da última semana de novembro. Na Renânia, formas de oposição e surtos de rebelião entre camponeses e trabalhadores prosseguiram até a primavera. Porém isso não era suficiente para abalar o governo. Sem liderança de Berlim, Viena ou Frankfurt, as rebeliões continuavam localizadas e a oposição, fragmentada.

7. 1849 — OS ÚLTIMOS MESES

A fase final da Revolução ocorreu na primavera e no começo do verão de 1849. Em 27 de março, tendo trabalhado duramente para concluir o esboço de uma Constituição imperial, uma pequena maioria do Parlamento de Frankfurt votou pela aprovação de uma Constituição real e pelo oferecimento do trono imperial a Frederico Guilherme, tornando-o governante de toda a Alemanha. Aceitar uma oferta do Parlamento teria implicado o endosso da soberania popular. Só uma proposta das cabeças coroadas da Confederação Alemã seria aceitável. Depois de alguma demora, o rei rejeitou a coroa e recusou-se a ratificar a Constituição de Frankfurt. Além disso, em 26 de abril, dissolveu a nova Assembleia prussiana, que tinha aceitado a Constituição e ofereceu assistência militar a outros estados que apoiassem sua rejeição.

Na Renânia, a resposta foi dividida. Os católicos apoiaram com satisfação uma decisão que preservava a preexistente Confederação Alemã e o destacado lugar da Áustria dentro dela. Já nos distritos protestantes, tradicionalmente leais à Coroa prussiana, a resposta do rei foi recebida com incredulidade. Elberfeld, que ficava perto de onde Engels nascera e passara a infância, e Krefeld, centro de ofícios metalúrgicos, tornaram-se focos de resistência. Ao longo do Reno, realizaram-se reuniões de democratas e milicianos, e estima-se que de 10 mil a 15 mil participaram de alguma forma de resistência.[60] Mas os grupos eram mal armados, e em meados de maio a insurreição tinha perdido gás. No sul e no oeste, uma campanha militar para assegurar a ratificação da Constituição de Frankfurt prosseguiu. Mas não tinha chance nenhuma contra as forças prussianas e finalmente chegou ao fim em julho.

Para a esquerda radical, a crise era bem-vinda. Mas essa não era a crise que tanto desejavam. Como poderiam os republicanos envolver-se numa campanha para convencer Frederico Guilherme a aceitar a coroa imperial? Pelo menos os liberais, nas sociedades de cidadãos constitucionalistas liberais, tinham se sentido suficientemente incomodados para contestar as ações do governo real. A Câmara Municipal de Colônia protestou, alegando que o rei tinha agido contra a vontade do povo, enquanto a de Elberfeld nomeou um Comitê de Salvação Pública e mandou uma mensagem de apoio a Frankfurt. Karl e outros radicais tinham esperado que alguma forma de acordo fosse alcançada entre Frankfurt e Berlim. Desde a crise de Malmö, Frankfurt era pouco respeitada tanto pela direita como pela esquerda. A impotência da Assembleia tinha sido ressaltada em 9 de novembro pelo fuzilamento, por ordem do príncipe Windischgrätz, de Robert Blum, representante enviado a Frankfurt para negociar o fim do sítio de Viena. Blum era um radical natural de Colônia, e o *Neue Rheinische Zeitung* tinha produzido uma primeira página especial, com tarja negra, para assinalar o seu falecimento. Depois disso, o jornal tinha praticamente perdido o interesse por Frankfurt, relegando suas atividades à última página.

A recusa do rei e a dissolução da Assembleia tinham apanhado de surpresa Karl e os outros radicais. Isso ajuda a explicar por que, no momento em que a Assembleia prussiana endossou a Constituição imperial e exigiu a suspensão da lei marcial em Berlim, Karl estava ausente da cidade arrecadando fundos. Tardiamente, o *Neue Rheinische Zeitung* envolveu-se na resistência renana. Engels ofereceu seus préstimos para a revolta em Elberfeld, e em seguida combateu na Campanha pela Constituição Imperial Alemã, enquanto Karl, que se mantivera afastado do conflito, acabou por receber uma ordem de expulsão. Disseram-lhe que deixasse a Prússia em 16 de maio, e ele partiu após publicar o último número do *Neue Rheinische Zeitung* três dias depois. Essa edição final, de 19 de maio, foi impressa em vermelho. Sua última mensagem consistiu em recomendar a "emancipação da classe trabalhadora", mas manteve distância da campanha pela Constituição imperial e aconselhou os trabalhadores a não se envolverem em nenhuma tentativa de "putsch".

Entre a crise de Malmö em setembro de 1848 e janeiro de 1849, Karl dirigiu o *Neue Rheinische Zeitung* praticamente sozinho; da equipe original sobrou apenas Georg Weerth para ajudá-lo. Depois de Worringen e das reuniões de protesto em Colônia, ordens de prisão foram emitidas contra Schapper, Moll, Wilhelm Wolff, Bürgers, Engels, Dronke e outros. Moll foi para Londres, onde começou a fazer planos clandestinos para a ressurreição da Liga Comunista. Schapper foi solto em 15 de novembro e voltou para Colônia, onde deu apoio crucial a Karl no conflito com Gottschalk.

Engels primeiro voltou para a casa da família em Barmen, onde queimou documentos comprometedores, e em seguida partiu para Bruxelas. Depois de ser expulso da Bélgica, viajou a pé de Paris para Berna. No caminho, tirou folga da política e aproveitou a colheita de uvas na Borgonha. Ofereceu esboços das variadas espécies de graça feminina que o viajante poderia encontrar naquele itinerário, confessando que preferia "as borgonhesas bem lavadas, bem penteadas e elegantemente constituídas de Saint-Bris e Vermenton" às "mundanamente sujas, desgrenhadas e jovens búfalas molossas entre o Sena e o Loire". Não viu nenhum sinal do incipiente sentimento republicano que em certas áreas ligariam o campesinato ao programa social-democrata da Montanha no ano seguinte. Para ele, "o camponês na França, como na Alemanha, é um bárbaro no meio da civilização".[61]

Engels só voltou a Colônia em janeiro, já passado o perigo de ser preso. Sua função no círculo de Karl continuava tão controvertida quanto quatro anos antes. Ewerbeck, D'Ester e (como era de esperar) Hess ainda queriam afastá-lo da sua posição privilegiada. Mas estava claro que Karl não tinha intenção de abandonar um amigo tão prolífico e confiável. Como Ewerbeck comentou com Hess, Karl "é completamente doido por Engels, a quem não poupa elogios como excelente intelectualmente, moralmente e com relação ao caráter".[62]

Os problemas que o *Neue Rheinische Zeitung* enfrentava eram consideráveis, sem contar a partida compulsória de tantos membros do corpo editorial. Como resultado da imposição da lei marcial em Colônia em 26 de setembro, o problema de financiamento voltou a agravar-se. A lei marcial foi suspensa em 3 de outubro, mas o jornal só reapareceu em 12 de outubro. A incerteza sobre quanto tempo duraria a lei marcial coincidiu com o período reservado para as renovações trimestrais, o que levou a uma queda brusca no número de assinantes. Ao mesmo tempo, esperava-se que o recrutamento do poeta Freiligrath para a equipe editorial aumentasse a circulação.

Algum dinheiro também foi obtido na forma de "certificados de empréstimo", mas a resposta a essa promoção foi variada. Segundo Lassalle, que escrevia de Düsseldorf, "homens de opiniões decididamente radicais acusaram o citado jornal de perfídia e gostariam de ver outro órgão democrático surgir em seu lugar".[63] Em ocasiões anteriores, as viagens de Karl para arrecadar fundos tinham tido algum sucesso. No verão de 1848, ele viajou para Viena e Berlim e logo depois recebeu 2 mil táleres de Vladislav Koscielsky em agradecimento pelo apoio do jornal à causa polonesa. Em seus últimos meses, porém, obter fundos foi se tornando cada vez mais difícil. De 14 de abril a 9 de maio, Karl tentou arrecadar fundos em cidades da Vestfália e depois em Bremen e Hamburgo. Mas voltou trazendo só trezentos táleres, o suficiente apenas para quitar dívidas imediatas. E então o jornal foi obrigado a suspender a publicação.

Durante esse período, o radicalismo em Colônia foi enfraquecido mais uma vez pela inconveniente briga entre os seguidores de Gottschalk e o grupo de Karl. Gottschalk foi absolvido em 23 de dezembro de 1848 e, se as autoridades permitissem, teria saído do tribunal acompanhado pelas ruas por um cortejo triunfal à luz de tochas.[64] Em 16 de outubro de 1848, Karl foi nomeado presidente interino da Associação de Trabalhadores, na ausência de Gottschalk. Mas quando Gottschalk e Anneke foram soltos, Karl não devolveu o cargo. Sem chance de expulsar

Karl e seus seguidores da nova posição de controle dentro da associação, Gottschalk deixou Colônia, primeiro para cuidar da irmã doente em Bonn, e depois partiu para Bruxelas e Paris. Seus partidários continuaram cuidando do jornal da associação — o *Freiheit, Brüderlichkeit, Arbeit* [Liberdade, Fraternidade, Trabalho] — e estavam decididos a contestar a tomada do poder.

Inicialmente o conflito se concentrou numa questão política específica. Tendo dissolvido a Assembleia prussiana anterior, o gabinete de Brandemburgo em Berlim expediu uma nova Constituição e decretou eleições em 22 de janeiro de 1849 para uma nova Assembleia. Os democratas tinham que determinar se aceitavam uma Constituição concedida ao povo pelo rei como uma cortesia. Todos os cidadãos do sexo masculino, desde que não participassem do programa de assistência aos pobres, poderiam votar, mas as eleições eram indiretas e em duas etapas: os eleitores votariam para delegados, e estes por sua vez elegeriam os representantes. Karl e seu círculo fizeram campanha para os candidatos democratas Franz Raveaux e Schneider II. Na Associação dos Trabalhadores, porém, Anneke propôs que candidatos trabalhistas independentes se candidatassem; os democratas deveriam ser apoiados taticamente, só onde os candidatos trabalhistas não tivessem chance. Contra isso, Karl argumentou que era tarde demais para apresentar candidatos separados. No *Neue Rheinische Zeitung* de 21 de janeiro, ele declarou que para os

> trabalhadores e a pequena burguesia [seria] melhor sofrer na moderna sociedade burguesa, que com sua indústria cria os meios para a fundação de uma nova sociedade que vos libertará a todos, do que voltar a uma forma antiga de sociedade, que, a pretexto de salvar vossas classes, empurrará todo o país de volta à barbárie medieval.[65]

Quando vieram as eleições, os democratas de Colônia, que recusaram os termos da nova Constituição, saíram-se extraordinariamente bem. Mas não chegou a haver uma crise constitucional, uma vez que a Renânia teve menos votos do que outras partes da Prússia, onde a opinião era mais conservadora.

Os seguidores de Gottschalk denunciaram toda a estratégia. Wilhelm Prinz, então editor do *Freiheit, Brüderlichkeit, Arbeit*, atacou os candidatos democratas e, apesar de tentativas de discipliná-lo, atacou Karl diretamente. Em 25 de fevereiro de 1849, a batalha culminou numa denúncia não assinada, de autoria do próprio Gottschalk, da ligação estabelecida por Karl entre a posição democrática e a necessidade de uma revolução burguesa. Gottschalk atacou intelectuais, para quem "a fome dos pobres tem apenas um interesse científico-doutrinário", e escarneceu da estratégia política do *Neue Rheinische Zeitung*, segundo a qual a eclosão da revolução na Alemanha dependia da eclosão da revolução na França, e a eclosão da revolução na França se tornara dependente da eclosão da revolução na Inglaterra.

Àquela altura, o conflito tinha chegado a um ponto em que duas versões diferentes do jornal, com logos quase idênticos — o *Freiheit, Brüderlichkeit, Arbeit* e o *Freiheit, Arbeit* —, competiam para expressar a suposta posição da Associação dos Trabalhadores. Sob o comando de Karl Schapper, a Associação dos Trabalhadores passou por uma reorganização, marginalizando os seguidores de Gottschalk. Em vez dos 7 mil membros (ou talvez mais) do verão anterior, uma associação muito menor e mais rigorosamente organizada surgiu. A organização por profissão foi suspensa, os membros pagavam taxas, e uma abordagem muito mais pedagógica foi adotada. Agora os membros eram instruídos a estudar "Trabalho assalariado e capital", de Karl, e a ler sobre os temas discutidos nos editoriais do *Neue Rheinische Zeitung*. Apesar de tudo, o apoio a Gottschalk não diminuiu. Um mês depois do seu ataque a Karl, Gottschalk escreveu para Hess dizendo-se satisfeito porque seu ataque a Karl e Raveaux tinha causado "poderosa impressão", e um banquete no Gürzenich ficou lotado por causa da expectativa da presença de Gottschalk.[66]

Nos primeiros meses de 1849, o *Neue Rheinische Zeitung* ganhou o reforço da volta da maioria do antigo corpo editorial, principalmente como resultado da relutância dos júris da Renânia em apoiar ações judiciais das autoridades estatais de Berlim contra radicais. Os dois julgamentos envolvendo Karl beneficiaram-se dessa atitude. No primeiro julgamento, Karl utilizou-se magistralmente do Código Napoleônico para acusar os promotores de recorrerem às suposições extrajudiciais de um Estado absolutista.[67] No segundo, Karl apresentou ao júri a sua teoria da revolução burguesa na Prússia, a partir do contraste entre a ainda feudal Landtag Unida e a burguesa Assembleia Nacional. Com base nisso, sustentou que as leis que ele supostamente violara tinham deixado de existir havia muito tempo.[68]

O mais notável nos primeiros meses de 1849 era como Karl e seu grupo continuavam extraordinariamente otimistas, apesar da vitória de Bonaparte, da queda de Viena e do triunfo de Frederico Guilherme contra a Assembleia Nacional prussiana. Num artigo para o *Neue Rheinische Zeitung*, publicado no Dia do Ano-Novo de 1849, Karl declarou: "O índice dos assuntos para 1849 diz o seguinte: ascensão revolucionária da classe trabalhadora francesa, guerra mundial". Foi essa a profecia especulativa de que zombou Gottschalk: "a libertação da Europa" dependia do "bem-sucedido levante da classe trabalhadora francesa". Mas isso provavelmente seria "frustrado" pela burguesia inglesa. A derrubada dessa burguesia só seria alcançada com uma "guerra mundial"; "só quando os cartistas chefiarem o governo inglês, a revolução social passará da esfera da utopia para a da realidade".[69] Numa imagem usada repetidamente pelos dois amigos a partir de 1844, Engels também estava convencido da transformação revolucionária da Europa, logo que "o galo gaulês cantasse". Na Europa central e oriental, isso garantiria a vitória dos três povos que representavam a causa da revolução: os alemães, os poloneses e os magiares. Em contrapartida, os que pertenciam à causa da contrarrevolução — tchecos, morávios, eslovacos, croatas, rutenos, romenos, ilírios e sérvios — estavam "destinados a perecer em pouco tempo no vendaval revolucionário mundial". Engels esperava que "a próxima guerra mundial resultará no desaparecimento da face da terra não apenas das classes e dinastias reacionárias, mas também de povos reacionários inteiros".[70]

Ao longo das revoluções de meados do século, Karl se ateve, em termos formais, ao objetivo da revolução democrática. Mas, dentro desse contexto, as esperanças de uma progressão em toda a Europa rumo a uma segunda onda de revolução levaram Karl e seus amigos em 1849 a dar ênfase cada vez maior ao papel do proletariado, ao mesmo tempo que adotavam uma atitude depreciativa para com o papel dos democratas. Depois de concluir que a "monarquia constitucional" era "impossível" na Alemanha, Karl deu aos começos democráticos da própria revolução um tratamento cada vez mais desdenhoso.[71] Jamais houvera eventos "mais filantrópicos, humanos e fracos do que as revoluções de fevereiro e março".[72] Da mesma forma, o *Neue Rheinische Zeitung* distanciou-se do deputado democrático de Breslau, Julius Stein, que tentara submeter o Exército ao controle parlamentar. O jornal declarou que nunca havia "flertado com um partido parlamentarista" e que na luta contra o governo existente "nós nos aliamos até com os nossos inimigos".[73] Na mesma veia, o jornal denunciou a Associação de Março, que tinha sido fundada em Frankfurt em novembro de 1848 e adquirira mais de novecentas filiais. Dizia-se comprometido com o estabelecimento de uma monarquia constitucional e a defesa das conquistas da Revolução de Março, por todos os meios legais. Apegando-se tenazmente ao roteiro revolucionário francês, Karl comparou a associação com os "feuillants", os reformistas constitucionais liberais que se opuseram ao destronamento de Luís XVI e "tiveram que ser tirados do caminho antes da eclosão da verdadeira revolução"; eles eram "a *ferramenta inconsciente da contrarrevolução*".⁷⁴

Finalmente, em 14 de abril de 1849, Karl, Schapper, Anneke e Wilhelm Wolff anunciaram sua renúncia do Comitê Distrital Democrático em Colônia, propondo em vez disso uma união mais estreita das Associações dos Trabalhadores e exigindo que um Congresso das Associações dos Trabalhadores se reunisse em 6 de maio. Ao mesmo tempo, enviaram às Associações dos Trabalhadores com que entraram em contato exemplares de "Trabalho assalariado e capital" e os estatutos revisados da Associação dos Trabalhadores de Colônia.

Houve várias tentativas subsequentes de justificar esse abandono da Sociedade Democrática, indo desde a conveniência da fundação de um partido proletário naquela fase, passando pelo desapontamento de Karl com as atividades e aspirações da *Kleinbürger* (classe média baixa), até o seu desejo de juntar-se à recém-criada Fraternidade dos Trabalhadores (*Arbeiterverbrüderung*) criada por Stefan Born e ativa em Berlim naquela época.⁷⁵ Mas nenhuma dessas interpretações é especialmente convincente. Aquele foi um momento de protestos em larga escala da parte de constitucionalistas liberais e de democratas e socialistas contra a rejeição, pelo rei, do trono imperial e da Constituição, junto com outra dissolução da Assembleia Nacional prussiana e a imposição da lei marcial em Berlim. Dificilmente seria um momento auspicioso para planejar a formação de um partido proletário separado. Quanto ao desejo de vincular-se à Fraternidade dos Trabalhadores, de Born, não há razão para que essa medida impedisse Karl de continuar filiado à Associação Democrática. É mais provável que tenha sido uma atitude destinada a acalmar os seguidores de Gottschalk dentro da Associação dos Trabalhadores de Colônia.⁷⁶

Num sentido mais amplo, foi uma continuação da posição adotada por Karl em Bruxelas: a tentativa de apoiar a revolução democrática ou "burguesa" e ao mesmo tempo avançar rapidamente para o desenvolvimento de uma "revolução social republicana" lá na frente. Esse zigue-zague entre as duas hipóteses prosseguiu durante o período revolucionário. Em agosto de 1848, Karl tinha insistido contra Weitling que a revolução democrática contivesse necessariamente uma coalizão "dos elementos mais heterogêneos", tal qual o Governo Provisório francês de fevereiro.⁷⁷ Mas em abril de 1849, sua justificativa para deixar as "Associações Democráticas da Província do Reno" foi "a convicção de que, em vista dos elementos heterogêneos nas associações em questão, pouco se pode esperar delas que seja vantajoso para os interesses da classe trabalhadora ou para a grande massa do povo".[78] Em fevereiro, ele tinha apoiado os candidatos democratas; agora julgava urgente "unir firmemente os elementos heterogêneos". Da mesma forma, no aniversário da Revolução de Março em Berlim, o *Neue Rheinische Zeitung* repudiou o evento como "esse débil eco da revolução em Viena" e declarou que o aniversário a ser comemorado pelo jornal seria o de 25 de junho (o levante de Paris).[79] Mas em junho Karl viajou a Paris como representante do "Comitê Central Democrático" do Palatinado.[80]

Vista da perspectiva de outros democratas — os muitos que se registraram nas Associações de Março, por exemplo, ou os liberais e radicais que lutavam por uma monarquia constitucional —, a posição precisa de Karl e seus amigos, fosse na Sociedade Democrática ou na Associação dos Trabalhadores, era de interesse puramente acadêmico. O que Karl queria dizer com democracia, no contexto de uma revolução "burguesa", era a reencenação das atividades da república indivisível, da Convenção e do Comitê de Salvação Pública em 1793. Ainda em agosto de 1848, quando defendeu a necessidade de uma coalizão de "elementos heterogêneos", sua atitude para com supostos aliados continuava pouco generosa e até mesmo pouco cooperativa. Carl Schurz, que compareceu ao Congresso Democrático em Bonn, recordaria, muitos anos depois:

> A qualquer um que o contradissesse, ele tratava com desprezo absoluto; a qualquer argumentação de que não gostasse, respondia com cortante desdém pela incomensurável ignorância que a inspirara, ou com injuriosas calúnias sobre os motivos daquele que a apresentara. Lembro-me distintamente do sarcástico desdém com que pronunciava a palavra "burguês"; e como "burguês" — ou seja, como detestável exemplo da mais profunda degenerescência mental e moral — ele denunciava qualquer um que ousasse contestar sua opinião.[81]

Flaubert escreveu sobre a Revolução de Fevereiro de 1848 na França: "Apesar da legislação mais humana que já se viu, o fantasma de 1793 levantou sua cabeça, e cada sílaba da palavra 'república' vibrava como o golpe surdo da lâmina da guilhotina".[82]

Por mais que o Terror tenha deixado lembranças terríveis, na época ele teve justificativa e, consequentemente, apoio significativo. O Terror de 1793 não começou como um ato de vontade. Foi introduzido e justificado como uma relutante resposta a uma emergência de guerra — "*La patrie en danger*" —, uma vez que a França havia sido invadida e Vendeia estava mergulhada em revolta. Esse estado de coisas tinha apelado à sabedoria dos antigos — *Necessitas non habet legem* (A necessidade não conhece leis). Aqueles que praticaram o Terror não imaginavam que uma política de emergência pudesse ser deliberadamente inventada, independentemente de haver ou não emergência. Por tudo isso, não era apenas a "burguesia" que achava as constantes alusões às palavras de ordem de 1793 assustadoras ou mesmo maçantes.

Embora o *Neue Rheinische Zeitung* tenha tido êxito em estabelecer-se como a voz de uma forma distintamente cáustica de radicalismo em 1848, a sua compreensão dos acontecimentos — e portanto a qualidade do seu jornalismo — estava limitada pelo tom dogmático e por um conceito simplificado de política. A posição que ocupava num dos extremos do espectro político era marginal demais para ter muito impacto sobre o curso geral dos acontecimentos na segunda metade de 1848. Mas, até onde ia a sua capacidade de afetar a situação política, o impacto que causava era variado. Quando a oportunidade apareceu, o jornal tornou mais difícil o objetivo de assegurar uma frente unida. Quando enunciou a autêntica e generalizada hostilidade que havia contra o governo prussiano e a ocupação militar que o sustentava, ofereceu uma poderosa e intransigente expressão do sentimento popular na Renânia.

8. AS CONSEQUÊNCIAS

De Colônia, Karl e Engels seguiram para Baden e para o Palatinado, onde esperavam encontrar uma insurreição em andamento. Eles tinham esperança de convencer a esquerda em Frankfurt a convocar a assistência armada de Baden e do Palatinado. Mas os representantes de Frankfurt relutavam em assumir responsabilidade por uma insurreição armada, e as tropas em Baden e no Palatinado eram avessas a lutar fora das suas fronteiras. Por volta de 3 de junho, Karl seguiu para Paris, agora como representante credenciado do Comitê Distrital Democrático do Palatinado.

Paris era bem diferente da cidade que ele deixara catorze meses antes. A esperança de revolução cedera lugar ao medo de doença. Alexander Herzen anotou em suas *Memórias*:

O cólera assolava Paris; o ar pesado, o calor sem sol produzia uma fraqueza; a visão do povo assustado e infeliz e as filas de carros fúnebres que tentavam ultrapassar uns aos outros quando se aproximavam dos cemitérios — tudo isso correspondia ao que estava acontecendo. [...] As vítimas da pestilência caíam perto, ao lado da gente.

Apesar disso, Karl encontrou ao chegar muita animação entre os revolucionários diante do que lhes parecia um acontecimento iminente e transformador. Em maio de 1849, para agradar à Igreja, Bonaparte tinha mandado o Exército francês a Roma para expulsar Mazzini e os republicanos e restaurar o papa exilado. Na Assembleia Nacional, Ledru-Rollin denunciou Bonaparte e o Gabinete, afirmando que eles deveriam ser responsabilizados por violarem os termos da nova Constituição. Ele e o partido da Montanha convocaram uma manifestação pública, a ser realizada em 13 de junho. A esquerda esperava que esse protesto derrubasse o governo. Em 12 de junho, Sazonov, amigo de Herzen, foi vê-lo. "Estava muito exaltado: falou da eclosão popular que era iminente, da certeza de que teria êxito, da glória que esperava os que tomassem parte, e insistiu urgentemente comigo para que eu participasse da colheita dos louros."[83]

Quando amanheceu o dia 13 de junho, o governo estava bem preparado, e a reunião atraiu poucos participantes. Os soldados expulsaram das ruas os *Montagnards* [montanheses]; alguns dos seus deputados foram presos; Ledru-Rollin escondeu-se e fugiu para a Inglaterra. Mais tarde, Karl fingiu acreditar que o fracasso resultara das deficiências da *"petite bourgeoisie"*. É mais provável que, como sugeriu Maurice Agulhon, as multidões parisienses estivessem menos preocupadas com assuntos estrangeiros do que com questões de bem-estar econômico.[84]

Como consequência do fracasso de 13 de junho, o "Partido da Ordem" assumiu total controle da Assembleia Nacional e a escala da repressão aumentou. Alemães em Paris ficaram particularmente sujeitos às atenções da polícia, e foi apenas uma questão de tempo para descobrirem o endereço de Karl. Em 19 de julho, ele recebeu ordem para deixar Paris, com a opção de mudar-se para Morbiham, região costeira especialmente insalubre da Bretanha. Diante disso, preferiu atravessar o Canal da Mancha para a Inglaterra em 24 de agosto de 1849. Jenny e a família seguiram seus passos em 15 de setembro.

Durante o verão de 1849, os últimos bolsões de resistência revolucionária foram eliminados na Europa. Os húngaros renderam-se aos russos, enquanto exércitos prussianos destruíram os centros de resistência remanescentes na Confederação Alemã, mais espetacularmente a insurreição em Dresden entre 3 e 9 de maio. Mas, apesar desse rosário de derrotas, Karl e a esquerda continuavam animados. Como Herzen, Karl notou que Paris estava *"morne"* (triste) e que "o cólera se propaga poderosamente". Mas sua reação foi parecida com a de Sazonov, o amigo de Herzen: "Apesar de tudo", escreveu Karl em 7 de junho, "jamais a erupção do vulcão revolucionário foi mais iminente do que hoje em Paris".[85]

No final de julho, Karl continuava impávido. Escreveu para Freiligrath que "com cada medida reacionária" o governo francês "aliena mais um setor da população", ao passo que Cobden e "a atitude da burguesia inglesa para com o despotismo continental" ofereciam outra fonte de esperança.[86] Sua satisfação soava como um sádico caso de *Schadenfreude*. Mais ou menos na mesma época, ele escreveu para Weydemeyer dizendo que estava entre *"os satisfaits"*. "*Les choses marchent très bien* [as coisas vão indo muito bem], e a Waterloo sofrida pela democracia oficial talvez possa ser vista como vitória: 'governos pela graça de Deus' estão tomando para si a tarefa de vingar-se da burguesia em nosso nome e de castigá-los."[87] Duas semanas depois ele aguardava a expulsão da "panelinha Barrot-Dufaure" do gabinete francês, e "logo que isso aconteça pode-se esperar uma insurreição revolucionária". Na Inglaterra ele contava com uma aliança de cartistas e livres-cambistas: "Consequências desta campanha econômica contra feudalismo e Santa Aliança incalculáveis".[88]

Durante todo o período entre o início de 1849 e o verão de 1850, Karl esteve preocupado com a estratégia e as atividades da Liga Comunista. A Liga tinha sido dissolvida no verão de 1848, mas, quando as forças de reação levavam vantagem no outono e no inverno daquele ano, a pressão para restaurá-la cresceu. No Segundo Congresso Democrático em Berlim, Ewerbeck, o representante de Paris, se reunira com outros antigos membros e concordara em convocar um encontro em Berlim, durante o qual novos funcionários poderiam ser designados. A crise de dezembro em Berlim, provocada pela dissolução da Assembleia por Brandemburgo, impediu que a reunião se realizasse, mas providências para a reconstituição da Liga prosseguiram assim mesmo. A iniciativa foi levada adiante principalmente pela filial de Londres, onde membros antigos continuavam ativos, sobretudo Joseph Moll depois de fugir de Colônia, Heinrich Bauer e Johann Georg Eccarius. No começo de 1849, Karl Schapper tinha estabelecido uma filial em Colônia, e houve tentativas de convencer Karl e outros membros do *Neue Rheinische Zeitung* a se reincorporarem. Segundo um relato, uma reunião para discutir a questão foi realizada em Colônia no início de 1849, à qual compareceram Karl, Engels e Wilhelm Wolff, juntamente com Joseph Moll e outros membros. Karl continuava resistindo, pois considerava desnecessária a existência de uma sociedade secreta enquanto houvesse liberdade de expressão e liberdade de imprensa.[89] Mas em algum momento no fim da primavera — talvez por volta de 16 de abril, quando Karl deixou a Sociedade Democrática —, ele e Engels evidentemente voltaram a tomar parte.

Alguns comentaristas tratam a atividade política de Karl na Liga Comunista em 1849-50 como um lamentável lapso de discernimento político, causado "pelo colapso de suas incomensuráveis esperanças".[90] Faz mais sentido, porém, vincular seu comportamento não à psicologia, mas à inerente volatilidade da sua posição teórica. Sua tentativa de combinar política com uma noção preestabelecida de desenvolvimento produzia uma contínua impressão de zigue-zague, que desnorteava tanto amigos como inimigos. À luz da sua defesa do "terror revolucionário", de sua enfática rejeição da existência de qualquer "base legal" e da sua denúncia da revolução "burguesa" no fim de 1848, o que distinguia sua posição da de intransigentes insurrecionais como Willich?[91] O principal ponto de divergência era a insistência de Karl em dividir a revolução numa série de "etapas" distintas, no momento uma questão puramente acadêmica. Se Karl já não acreditava que uma "revolução burguesa" fosse possível na Alemanha, por que deveriam os trabalhadores aceitar sua subordinação a uma "pequena burguesia" democrática? Karl não estava preparado para reingressar no Comitê Central da Liga Comunista reconstituída, mas trabalhava ativamente para empurrar a posição da entidade para a esquerda. Isso é fortemente sugerido por sua colaboração com August von Willich durante o outono e o inverno, depois de chegar a Londres em agosto de 1849.

Willich era um ex-oficial de artilharia, pertencente a uma família aristocrática, e tinha perdido a patente por escrever ao rei em defesa do colega oficial Fritz Anneke, que declarara publicamente apoio ao socialismo. Tendo saído do Exército e se tornado carpinteiro, Willich ingressou na Liga Comunista de Colônia, onde conheceu Andreas Gottschalk, de quem se tornou amigo e com quem encabeçou uma manifestação que invadiu a Câmara Municipal de Colônia em 3 de março de 1848. Willich foi preso e solto em seguida, quando a Revolução de Março começou; por isso seguiu para Baden, onde participou de uma insurreição fracassada. Fez um apelo, por intermédio de Anneke, por ajuda financeira para aqueles que tinham tomado parte na insurreição. Karl e a Sociedade Democrática rejeitaram o apelo, que no entanto contava com o apoio de Gottschalk e da Associação dos Trabalhadores. Durante a campanha pela Constituição imperial, Engels tinha servido sob o seu comando, e quando Willich chegou a Londres no outono de 1849, levava uma forte recomendação de Engels. Como presidente da Autoridade Central, Karl propôs a cooptação para o comitê não apenas de Engels, mas também de Willich. Mais tarde, Schapper foi igualmente cooptado quando voltou da Alemanha. Ele também era a favor de uma posição insurrecional.

Willich não era, portanto, uma incógnita, e o fato de ser bem recebido por Karl sugere uma substancial convergência política. Há três pistas nesse sentido. A primeira foi o papel de Karl no que ficaria conhecido como Comitê Social-Democrata de Apoio aos Refugiados Alemães. Esse comitê foi formado pela Associação Educacional dos Trabalhadores Alemães na Great Windmill Street, número 30, o centro de um emaranhado de ruas adjacentes a Leicester Square e ao Soho. Em 1849, a associação tornou-se o destino de um grande número de exilados políticos alemães e refugiados que se dirigiram para Londres. Muitos estavam em dificuldades, sem emprego, longe da família e sem quaisquer outros contatos. Mas oferecer ajuda não era tão fácil, não só pela falta de dinheiro, mas também devido às ferozes discórdias políticas entre os próprios exilados e refugiados. Numa reunião geral da Associação Educacional dos Trabalhadores em 18 de setembro para discutir a situação dos refugiados, Karl foi eleito para um comitê encarregado de assistência beneficente. A colaboração entre comunistas e democratas era difícil, e essas divisões ficaram ainda mais agudas quando Engels e Willich ingressaram no comitê por iniciativa de Karl, e seu título foi mudado para Comitê Social-Democrata de Apoio aos Refugiados Alemães.

A segunda pista seria encontrada na direção seguida pela Autoridade Central da Liga Comunista. A autoridade também cooptou Engels, Willich e Schapper; e isso foi seguido por um esforço em 1850 para reativar filiais na Alemanha. O sapateiro Heinrich Bauer foi despachado numa viagem pelos centros alemães, e Karl mandou uma carta para o fabricante de charutos Peter Röser, recomendando-lhe que restabelecesse uma filial em Colônia e outras cidades renanas.

O terceiro e mais óbvio indício dessa emergente aliança foi dado pelos pronunciamentos da política da Liga. Neles se adotava um tom extraordinariamente agressivo para com os democratas. Durante as últimas semanas em Colônia, as divergências com os democratas tiveram pouca importância prática. Na Inglaterra, porém, Karl e seus aliados agiam como se os democratas tivessem sido os únicos responsáveis pelo fracasso da Revolução. A nova posição foi claramente enunciada no "Discurso para a Autoridade Central da Liga", de março de 1850, assinado por Karl, Engels, Willich e outros, e quase certamente redigido por Karl. Começava com uma crítica intransigente da posição adotada em 1848, afirmando que tinha sido um erro imaginar que a hora das sociedades secretas tinha passado e que, portanto, tinha sido um erro dissolver a Liga. Também tinha sido um erro não apresentar candidatos trabalhistas independentes nas eleições de janeiro e fevereiro de 1849. Como resultado, a classe trabalhadora agora estava sob domínio da pequena burguesia.[92]

No futuro, o proletariado na França e na Grã-Bretanha deveria engajar-se numa luta direta pelo poder do Estado. Na Alemanha, diferentemente, a revolução burguesa deveria ser completada e então substituída por uma segunda revolução, encabeçada pelo proletariado e pela pequena burguesia. Nessa segunda revolução, a pequena burguesia provavelmente triunfaria, mas enquanto

> o pequeno-burguês quer terminar a revolução o mais depressa possível, é nosso interesse e nossa tarefa tornar a revolução permanente [...] até que todas as classes mais ou menos possuidoras tenham sido tiradas à força da sua posição de domínio, o proletariado tenha conquistado o poder do Estado [e] a competição entre os trabalhadores no mundo inteiro tenha cessado.[93]

A visão do discurso tornou-se ainda mais surreal. "Juntamente com os novos governos oficiais [de democratas pequeno-burgueses], eles [os trabalhadores] devem imediatamente estabelecer seus próprios governos revolucionários de trabalhadores." Para tanto, teriam que estar armados. Se fossem vitoriosos, o governo revolucionário não distribuiria as terras feudais aos camponeses como propriedade gratuita. Essa terra continuaria sendo propriedade do Estado "e seria convertida em colônias de trabalhadores, cultivadas pelo proletariado rural associado". Os trabalhadores deveriam opor-se a uma república federal e lutar não apenas por "uma república alemã una e indivisível, mas também, dentro dessa república, pela mais determinada centralização de poder nas mãos da autoridade estatal". Se os democratas viessem a propor "tributação moderadamente progressiva, os trabalhadores deveriam insistir numa tributação com alíquotas que aumentassem tão abruptamente que o grande capital seria arruinado por ela". "O grito de guerra [dos trabalhadores] deve ser: a Revolução em Permanência."[94]

Esse discurso foi reforçado por outro em junho, ressaltando a necessidade de "uma forte organização secreta do partido revolucionário". Mais uma vez, fez-se um esforço extenuante para estabelecer claras linhas divisórias entre a Liga e os democratas "pequeno-burgueses", particularmente em Baden, no Palatinado e na Suíça. A situação em vários outros países foi inspecionada. Em relação à Inglaterra, aplaudiu-se a "ruptura" entre o "partido revolucionário independente dos trabalhadores" e "a facção mais conciliadora liderada por O'Connor". Afirmava-se também que "dos revolucionários franceses, o partido realmente proletário, encabeçado por Blanqui, juntou forças conosco". O discurso terminava com a predição de que "a eclosão de uma nova revolução já não deve estar muito distante".[95]

A referência às "sociedades secretas blanquistas" e a "tarefas importantes" confiadas aos membros da Liga "em preparação para a próxima Revolução Francesa" foi salientada pela participação da Liga na formação futura da Sociedade Universal de Comunistas Revolucionários. Essa sociedade dedicava-se à "queda de todas as classes privilegiadas" e à "submissão dessas classes à ditadura dos proletários pela manutenção da revolução em progresso contínuo até a conquista do comunismo, que será a forma final da Constituição da família humana".[96] Essa associação internacional de sociedades secretas foi possibilitada pelos contatos estabelecidos dentro dos Democratas Fraternos. A declaração era assinada pelos exilados blanquistas Vidil e Adam, por Julian Harney em nome dos cartistas e por Karl, Engels e Willich pela Liga Comunista.

Quando Karl começou a perceber que as perspectivas de revolução estavam perdendo ímpeto, sua ênfase anterior nas "etapas" voltou a aparecer. Já no começo do verão, rumores de disputas dentro da Autoridade Central tinham chegado ao conhecimento dos membros alemães da Liga. Segundo evidências apresentadas por Röser, com base numa carta de Karl em julho de 1850, Karl tinha feito uma série de palestras para a Associação dos Trabalhadores no inverno anterior, nelas afirmando que não havia perspectiva de comunismo por um bom número de anos, e que nesse meio-tempo a principal tarefa da Liga seriam a educação e a propaganda. A carta dizia ainda que Willich se opusera violentamente a essas ideias, insistindo em que a revolução vindoura seria comunista. Em agosto, Karl já ridicularizava abertamente os "devaneios comunistas" de Willich, enquanto os seguidores de Willich — a grande maioria da filial londrina — atacavam "jornalistas e homens semiletrados" para quem "os trabalhadores são zeros à esquerda". Numa reunião da Associação dos Trabalhadores, na qual Willich se demitiu do

Comitê de Refugiados, seguidores dos dois lados praticamente chegaram às vias de fato, enquanto numa reunião da Autoridade Central no fim de agosto Willich acusou Karl de mentir. Conrad Schramm, um dos maiores admiradores de Karl naquela época, desafiou Willich para um duelo, que foi travado na Bélgica e do qual Schramm saiu levemente ferido.[97]

Sabendo que a maioria dos membros da filial londrina da Liga Comunista apoiava Willich e que uma assembleia geral seria realizada em breve, em 15 de setembro Karl convocou às pressas uma reunião da Autoridade Central, onde tinha maioria. Esquecendo convenientemente suas intermináveis críticas a Camphausen por não demonstrar vontade revolucionária no verão de 1848, Karl declarou que, para a minoria da Autoridade Central (Willich e Schapper), a revolução tinha sido vista "não como o produto de realidades da situação, mas como resultado de um esforço de *vontade*". Em vez de dizer aos trabalhadores que "vocês têm quinze, vinte, cinquenta anos de guerra civil pela frente para alterar a situação e treinarem para o exercício do poder", a minoria dizia "temos que tomar o poder *já*". Karl e a maioria votaram para que a Autoridade Central fosse transferida de Londres para Colônia, e que as regras da Liga existentes se tornassem nulas e sem efeito. Schapper declarou essas propostas inconstitucionais, enquanto Willich e seu seguidor Lehmann abandonaram a reunião.[98] A ruptura tornou-se definitiva quando a minoria elegeu sua própria Autoridade Central. Karl "suspendeu por tempo indeterminado" sua seção londrina e a dissolveu em novembro de 1852. Há o perigo de dedicar-se atenção desproporcional às disputas escolásticas ocorridas dentro do que, naquela época, era um minúsculo agrupamento sectário, incapaz de compreender que o momento da revolução na verdade tinha passado e que sua visão do que havia acontecido fora irremediavelmente obscurecida pelo mito. Karl não poderia ser comparado com destacados líderes revolucionários de 1848 — Mazzini, Kossuth, Blanqui e outros. Era praticamente desconhecido fora de Colônia, e assim continuou durante os anos 1850 e 1860. Seus seguidores naquele período contavam-se no máximo às dezenas. Só na década de 1870, depois de sua notória defesa da Comuna de Paris e quando as pessoas começaram a ler *O capital*, nas edições alemã, francesa e russa, é que Karl começou a adquirir fama global.

O envolvimento de Karl com o comunismo insurrecional chegou ao fim no outono de 1850, mas não foi totalmente o fim de suas relações com a Liga Comunista.

Em maio de 1851, um alfaiate chamado Nothjung foi preso pela polícia saxã. Em seu poder foram encontrados documentos relativos à Liga em Colônia. Buscas policiais em Colônia revelaram mais documentos. Particularmente valiosas aos olhos da polícia eram cartas imoderadas enviadas por Willich aos comunistas de Colônia. A tendência da polícia prussiana era processar, como resultado de uma tentativa de assassinato contra Frederico Guilherme IV na primavera de 1850. Os temores governamentais de conspirações revolucionárias tornaram-se endêmicos, e em Londres, especialmente, um exército de espiões — a serviço dos estados alemães, dos austríacos, franceses, belgas, holandeses e dinamarqueses — dedicava-se com grande empenho a fornecer informações sobre a diáspora revolucionária e seus planos reais ou supostos. O minúsculo "partido Marx" era um alvo predileto.

No verão de 1851, onze dos seus membros estavam presos aguardando julgamento. As provas de intenção criminosa eram muito frágeis. Na grande maioria, os acusados rejeitaram o argumento de Willich e adotaram a posição de Peter Röser em seu interrogatório: diziam que o objetivo da Liga eram educação e propaganda. As autoridades temiam que a ação, no pé em que estava, não se sustentasse, e que provavelmente fosse rejeitada por um júri renano. Dessa maneira, entre fins de 1851 e o começo do julgamento, em 4 de outubro de 1852, a polícia forjou documentos para incriminar o "partido Marx". Em contrapartida, Karl dedicou-se com afinco à tarefa de desmascarar falsificações, estabelecendo comitês de defesa, escrevendo para jornais e arrecadando fundos. Jenny ofereceu indispensável assistência. No final de outubro, escreveu para Adolf Cluss em Washington:

> Um escritório completo foi instalado em nossa casa. Duas ou três pessoas escrevem, outras executam pequenas tarefas, outras catam *centavos* para que os escritores possam continuar existindo e demonstrem que o velho mundo da burocracia é culpado deste monstruoso escândalo. No meio disso tudo, minhas três felizes crianças cantam e assobiam, até serem duramente repreendidas pelo papai. Quanta confusão![99]

Como resultado desses esforços, quatro dos acusados foram absolvidos. Os demais cumpriram penas de prisão de três a seis anos. Karl escreveu um polêmico relato da ação judicial num panfleto, *Revelações sobre o processo contra os comunistas em Colônia*, publicado na Basileia em janeiro de 1853, mas praticamente todos os exemplares foram confiscados na divisa de Baden.

A outra preocupação de Karl em seus primeiros dezoito meses em Londres foi produzir uma nova versão do *Neue Rheinische Zeitung*. Relançar o jornal significava preservar seu "partido", sobretudo enquanto a revolução estivesse temporariamente em suspenso. Nessa época, o termo "partido" podia referir-se a uma entidade política — o "partido comunista", o "partido girondino", os *"whigs"* [liberais]. Mas também podia referir-se, e é nesse sentido que Karl o usava, a uma coisa mais íntima, um grupo de indivíduos da mesma opinião que trabalhavam juntos num jornal e tinham seguidores na sociedade em geral. Mais uma vez, provavelmente, a França serviu de modelo. Pois ali o republicanismo estava dividido entre os seguidores de *Le National* e os seguidores de *La Réforme*. Era assim também que Karl via os que trabalharam com ele nos *Deutsch-Französische Jahrbücher*, na *Vorwärts!* e no *Neue Rheinische Zeitung*. Por essa razão, sua mais alta prioridade em Londres era restabelecer o *Neue Rheinische Zeitung* de alguma forma.

Pouco antes de trocar Paris por Londres, Karl escreveu para Engels que "em Londres há uma perspectiva *positiva* de eu poder lançar um jornal alemão. Tenho *garantida* parte dos fundos".[100] Chegando a Londres, escreveu também para Freiligrath, usando o endereço de Peterson's Coffee House, Grosvenor Square, para dizer que havia "excelentes perspectivas de eu poder lançar uma revista mensal aqui", e em janeiro de 1850 ainda falava da transformação do periódico "em quinzenal e semanal, e, se as circunstâncias permitirem, novamente num jornal diário".[101] Por fim, em meados de novembro, e com a ajuda de Theodor Hagen, membro da Liga Comunista, fechou-se um acordo com um editor de Hamburgo, Schuberth, para a publicação de uma revista mensal, o *Neue Rheinische Zeitung — Politisch-Ökonomische Revue*.

Como em outras publicações organizadas por Karl, os arranjos administrativos e financeiros eram insatisfatórios. Planejou-se uma viagem de Conrad Schramm aos Estados Unidos com apoio financeiro dos cartistas e blanquistas em Londres para arrecadar fundos entre os simpatizantes. No entanto, nada disso aconteceu. A publicação deveria começar em 1º de janeiro, mas os originais não ficaram prontos e Karl adoeceu, por isso a publicação foi adiada para o início de março de 1850. Em maio, três números foram publicados, depois nada mais, até o último número duplo em novembro. As vendas eram fracas, e os colaboradores, poucos. Alguma ideia das frustrações em torno do projeto foi dada numa carta de Jenny para Weydemeyer em maio de 1850. Ela suplicava por dinheiro, qualquer dinheiro proveniente das vendas da *Revue*: "Estamos *morrendo de necessidade dele*".

Jenny repreendeu amigos em Colônia por não ajudarem em troca de todos os sacrifícios feitos por Karl pelo *"Rh.Ztg."*.

> O negócio foi totalmente arruinado pela maneira negligente e desleixada com que era dirigido, e ninguém poderia dizer o que prejudicou mais — as protelações dos livreiros, ou as dos conhecidos e daqueles que cuidavam dos negócios em Colônia, ou, mais uma vez, a atitude dos democratas em geral.[102]

O projeto terminou com Karl disposto a processar o editor e continuar produzindo a *Revue* a partir de Colônia ou da Suíça.

Mais uma vez, nada disso se concretizou. A *Revue* trouxe ensaios importantes, incluindo o relato de Engels sobre a "Campanha pela Constituição Imperial Alemã" e uma série de artigos de Karl intitulada "1848 a 1849", posteriormente publicada por Engels sob o título *As lutas de classes na França de 1848 a 1850*. Trouxe também um debate crítico sobre conspiração, especialmente interessante porque coincidiu com a participação de Karl, Engels e Willich na Sociedade Universal Blanquista de Comunistas Revolucionários. Mas o projeto estava condenado. A demanda pela revista era baixa, entre outras razões devido ao tratamento beligerante dado aos democratas. Em grandes setores da Alemanha, democratas e comunistas eram raros, e eles não viam razão alguma para não continuarem colaborando entre si. Um exemplo particularmente mal escolhido foi o ataque sarcástico de Karl ao discurso de Gottfried Kinkel perante um tribunal militar em Rastatt. Kinkel era um herói democrata que tinha lutado em Baden sob as ordens de Willich, e seu julgamento foi seguido pelo público com grande simpatia.[103]

Mais positiva foi a atenção que a *Revue* dedicou ao desenvolvimento econômico global. O folheto escrito em 15 de dezembro de 1849 declarava que a *Revue* ofereceria "uma investigação abrangente e científica das condições econômicas que servem de alicerce para todo o movimento político".[104] No último número, foi apresentada uma justificativa para o afastamento da *Revue* da política revolucionária da Liga Comunista. Depois de examinar a tendência econômica ascendente, que vinha ocorrendo desde 1848, a revista declarava:

> Com esta prosperidade geral, na qual as forças produtivas da sociedade burguesa se desenvolvem de maneira tão exuberante quanto possível dentro das relações burguesas, não se pode falar em revolução real. Essa revolução só é possível nos perío-

dos em que *estes dois fatores*, as *forças* produtivas *modernas* e as *formas burguesas de produção*, entram *em choque* umas com as outras. [...] *Uma nova revolução só é possível em consequência de uma nova crise. Ela é, porém, tão certa quanto essa crise.*[105]

Em junho de 1850, Karl conseguiu um ingresso para usar a biblioteca do British Museum. Foi o começo dos anos de estudo que culminaram na redação de *O capital*. Em 15 de novembro, Engels partiu para Manchester a fim de assumir um emprego na empresa do pai. Em 30 de julho, Karl tinha recebido uma carta muito amistosa de Charles Dana, editor do *New-York Daily Tribune*, que ele conhecera em Colônia. Dana convidou Karl a escrever para o jornal.[106] Em 17 de novembro de 1852, por sugestão de Karl, a Liga Comunista foi dissolvida. A vida de Karl entrava numa nova fase.

9. O SIGNIFICADO DE 1848

Em duas obras escritas em Londres, Karl tentou produzir uma interpretação das revoluções de meados do século, concentrando-se em particular na França. O texto "1848 a 1849", que posteriormente recebeu o novo título dado por Engels de *As lutas de classes na França de 1848 a 1850*, foi escrito entre janeiro e outubro de 1850 e publicado em sucessivos números do *Neue Rheinische Zeitung — Politisch-Ökonomische Revue*. O artigo seguinte, *O 18 de brumário de Luís Bonaparte*, foi escrito entre dezembro de 1851 e março de 1852.[107]

Enquanto compunha *O 18 de brumário*, Karl escreveu para Joseph Weydemeyer dizendo que *"a existência de classes"* estava ligada a *"certas fases históricas do desenvolvimento da produção"*.[108] Até que ponto essa abordagem corresponde, de fato, ao que aconteceu em 1848? Pela maior parte do século XX, a noção de "luta de classes" de Karl recebeu pouca atenção crítica. Era tratada como uma dramatização dos óbvios fatos socioeconômicos da industrialização. Mas nos últimos trinta anos tornou-se cada vez mais claro que não havia fatos econômicos evidentes por si mesmos, do tipo pressuposto nessa interpretação sócio-histórica.[109] Além disso, historiadores já não veem classe como a expressão de uma simples realidade socioeconômica, mas como uma forma de linguagem produzida discursivamente para criar identidade.[110] A consciência de classe, quando existia, era inseparável de uma pluralidade de formas em que era vivenciada e expressada. Não é surpreendente, portanto, descobrir que a linguagem de classe que Marx tentou adotar em 1845-6, a dos socialistas e republicanos franceses, tivesse premissas e aspirações totalmente diferentes daquelas que surgiram no debate teórico entre radicais alemães de 1843-4.

Subjacente à abordagem de classe de Karl estava a tentativa de fundir duas formas bem diferentes de discurso. De um lado havia o relato teleológico do lugar do trabalho na transformação do mundo, produto do desenvolvimento do movimento de jovens hegelianos na Alemanha. De outro, ele usava a linguagem da "burguesia" e do "proletariado" surgida em oposição republicana, socialista e até legitimista à monarquia "burguesa" de Luís Filipe na França.

A linguagem imputada por Karl à burguesia e ao proletariado era parte da tentativa de reformular sua posição filosófica à luz da crítica de Stirner ao humanismo feuerbachiano. O "comunismo", tal como ele e Engels o apresentavam entre 1845 e 1848, não expressava mais a concretização do "homem". Agora era "o movimento *real* que abole o atual estado de coisas", enquanto os comunistas, como dizia o *Manifesto*, "meramente expressam, em termos gerais, a verdadeira relação que nasce de uma luta de classes existente".[111]

Em seus primeiros escritos de 1843-4, Marx tinha ressaltado a alienação da atividade humana num mundo criado pela propriedade privada. A imagem que pintava do proletariado era a da *desumanização*, do homem bifurcado pela divisão pós-clássica entre o "Estado político" e um mercado alimentado por interesses privados. Pelos argumentos apresentados nos *Manuscritos econômico-filosóficos*, de 1844, ao produzir o proletariado, a propriedade privada produziu uma classe "impulsionada pela contradição entre sua *natureza* humana e sua condição de vida, que é a negação direta, resoluta e abrangente dessa natureza. [...] O proletariado é forçado, como proletariado, a abolir-se a si mesmo e, desse modo, seu oposto, a propriedade privada".[112]

Esse quadro, construído a partir da degradação produzida pela propriedade privada, era extrapolítico. A hostilidade de Karl ao Estado representativo moderno continuou, com a consequente indiferença ao significado do voto masculino adulto e à república democrática. Um descaso semelhante pelas formas políticas orientava o relato de Engels sobre a formação da classe proletária na Inglaterra. Numa análise do sistema político e jurídico da Inglaterra naquela época, ele tinha chegado à conclusão de que a Constituição não era "nada mais que uma grande mentira". A batalha cartista contra o Estado antidemocrático não era, portanto, uma batalha política, mas uma batalha social contra o domínio da propriedade: "A luta da democracia contra a aristocracia na Inglaterra é a luta dos pobres contra os ricos. A democracia para a qual a Inglaterra caminha é uma democracia *social*".[113]

Esse descaso pelas formas políticas e legais continuou, mas a partir de 1845 a terminologia mudou. Em lugar da propriedade privada, o proletariado agora travava uma luta de classes contra a "burguesia". Era um novo conceito do significado histórico do trabalho, combinado com o principal objetivo de Karl naqueles anos, a crítica da economia política. Essa abordagem foi originalmente inspirada na afirmação de Engels que a economia política era em grande parte "a elaboração da propriedade privada". Mas com a mudança de ênfase para a atividade humana e a transformação material do mundo, os termos dessa crítica também mudaram. O quadro não era mais de uma classe sofredora que precisava ser esclarecida pela filosofia, em face de uma propriedade privada como entidade impessoal. Uma crítica das relações entre trabalho e capital dentro da economia política combinava-se agora com o vocabulário político francês de burguês e proletário; e isso produziu uma extraordinária amplificação dos papéis ativos atribuídos a essas classes no *Manifesto do Partido Comunista*.

Como já foi dito mais acima (ver p. 258), o *Manifesto do Partido Comunista* libertou o retrato do burguês de suas limitações locais. Ele agora personificava as supostas capacidades políticas racionais da *classe moyenne* [classe média] de Guizot, bem como as propensões produtivas dos *industriels* [industriais] de Thierry, além do suposto dinamismo econômico do *cotton master* [dono de tecelagem] de Lancashire.[114] Da mesma forma, o proletário incorporava tanto a militância "comunista" dos seguidores parisienses de Blanqui ou Raspail quanto o conjunto de membros de um movimento de massa como o cartismo. Em suma, a crença de Guizot em que o regime de julho tinha anunciado o domínio dos cidadãos mais hábeis e racionais, a *classe moyenne*, denunciada pela oposição como o domínio da "burguesia", agora foi transmudada pela alquimia de Karl no destino sociológico global do próprio capitalismo, mesmo que ainda incorporasse apenas uma fração daquela classe — "os reis das Bolsas de Valores".[115] A imaginada trajetória política do "terceiro estado" francês foi fundida com a trajetória econômica do capital industrial inglês.

A tentativa de combinar essa visão histórica global com a história empírica do dia a dia explica a estranheza do relato da Revolução de 1848 em *As lutas de classes na França*. Apesar da abundância de detalhes descritivos, quase não há referências ao contexto político no qual as lutas ocorreram. Em particular, a promessa feita pela Revolução de Fevereiro, de que a "questão social" poderia ser resolvida pela "república democrática e social" com a sua dedicação ao "direito ao trabalho" e o reconhecimento do valor da "associação", mal foi mencionada.

Igualmente notável é a ausência de uma referência mais do que superficial ao contexto socioeconômico no qual a Revolução de Fevereiro ocorreu em origem. A análise socialista francesa da crise capitalista tinha se concentrado no fenômeno da superprodução. Isso fora originalmente ressaltado por Sismondi em reação à crise do pós-guerra de 1819.[116] O entendimento de Karl da crise econômica seguira essa linha de raciocínio. Mas a crise de meados do século não era desse tipo. Começou com a praga das batatas, com as fracas colheitas de trigo e com uma má colheita do algodão, que provocaram desemprego em massa em Lancashire. As más colheitas elevaram o preço do pão e reduziram a demanda por produtos industrializados, não apenas nas cidades mas também em grandes regiões da Europa setentrional, onde a produção do linho, como uma subindústria rural, em muitos lugares sofria um colapso terminal. Isso provocou a primeira grande leva migratória para os Estados Unidos de contingentes vindos da Irlanda, do sudoeste da Alemanha e, em grau menor, da França.[117] A crise dos anos 1840 não foi simplesmente uma combinação de depressão industrial e excepcional escassez. Representou um momento crucial mais mundano na história da economia da Europa ocidental. Deu início à desindustrialização do campo e à "pastoralização" de vastas áreas que até então conjugavam agricultura e indústria doméstica, muito embora não tenha diminuído, nem na Inglaterra nem em nenhuma outra parte, a importância da produção de pequenas oficinas nas cidades de médio porte.[118]

A ligação mais direta entre essa crise e as revoluções de 1848 foi a irrupção de desemprego em massa, exacerbada por uma escala de migração sem precedentes para as cidades. Esse pode não ter sido o fator primordial a produzir o colapso do regime da França em fevereiro de 1848. Mas certamente foi o fator primordial a provocar o estabelecimento dos Ateliers Nationaux (Oficinas Nacionais) em Paris e o debate político sobre o seu futuro.

O texto de Karl praticamente ignorava esse contexto econômico material, apesar de centrar-se na insurreição de Paris em junho de 1848, logo depois da decisão da Assembleia Nacional de fechar as Oficinas Nacionais. Os participantes foram liderados, na maior parte dos casos, pelos demitidos das oficinas. A Insurreição de Junho foi descrita por Karl como uma guerra de classes entre a burguesia e o proletariado: "A primeira grande batalha [...] travada entre as duas classes que dividem a sociedade moderna". Mas nem o proletariado nem a burguesia foram definidos, e a identidade deles, nos termos da concepção marxista de "relações de produção", permanecia pouco clara.[119] Referências ao proletariado de vez em quando remetiam de volta ao "povo", ao passo que referências à "burguesia" apareciam em toda parte, mas poderiam ser facilmente trocadas pelo termo "república". Na realidade, a executiva da República não era composta de patrões, industriais ou não; nem eram os insurgentes, de forma alguma, compostos exclusivamente de trabalhadores assalariados, uma vez que muitos empregadores menores também estavam envolvidos. De maneira mais flagrante, Karl rearranjou sua descrição dos combatentes sociais envolvidos na insurreição para ocultar o fato de que os envolvidos na sua supressão não eram nem mais nem menos "proletários" do que os próprios combatentes. Não havia nenhuma diferença social significativa que justificasse a distinção feita por Karl entre os insurgentes de junho (o proletariado) e a Guarda Móvel (o *Lumpenproletariat*).[120] Também é importante lembrar que a insurreição, embora claramente de maior significado, só mobilizou uma minoria das classes trabalhadoras parisienses, entre 40 mil e 50 mil num total de 200 mil ou 300 mil.[121]

Mais fundamentalmente, nenhum relato foi apresentado sobre o que primeiro provocou a resistência dos insurgentes — a ameaça de indigência que se seguiu ao fechamento das Oficinas Nacionais —, nem sobre o seu principal ressentimento político — a incapacidade da República de cumprir a promessa de "direito ao trabalho". O que causou a rebelião não foi a ação da classe patronal; foram as decisões de membros da Assembleia Nacional, motivadas por sua antipatia ao que temiam ser "comunismo".

Karl também não fez referência às dificuldades financeiras e organizacionais da República, em face da necessidade prática de assegurar meios para 150 mil trabalhadores desempregados, e ciente dos perigos representados por números imensos de homens desocupados e politicamente voláteis amontoados nas ruas. Durante os quatro meses de existência das Oficinas Nacionais, 90% de seus membros — 140 mil homens — continuaram sem emprego; os trabalhadores eram dispersados pela cidade para passar o tempo bebendo, indo atrás de mulheres ou jogando cartas até quatro horas da madrugada, quando podiam coletar "uma esmola humilhante". Se lhes dessem trabalho, afirmou um dos seus organizadores, "vocês vão ver, seus críticos vaidosos, se somos um bando de lazarones, que só querem saber de viver à custa de dinheiro público".[122] Como era de esperar, o fato de ter que sustentar um terço da força de trabalho parisiense sem qualquer resultado apreciável despertou ressentimento — e não apenas da "burguesia", mas também de grande parte da população trabalhadora de Paris.

Os insurgentes de junho não tinham líderes reconhecidos nacionalmente. Nem fizeram qualquer demanda além insistirem para que a República "democrática e social" honrasse a promessa feita na época da Revolução de Fevereiro. Karl não ofereceu um relato concreto dos precipitantes ou do caráter da batalha de junho. Em vez disso, enveredou por uma fantasia infundada sobre o proletariado parisiense: "Em lugar de suas demandas, exuberantes na forma mas mesquinhas e mesmo burguesas no conteúdo, cuja concessão pretendia arrancar da República de Fevereiro, apareceu o audacioso lema da luta revolucionária: Abaixo a burguesia! Pela ditadura da classe trabalhadora".[123]

Karl estava certo ao ver nos acontecimentos entre 1789 e 1848 uma série de lutas sociais e políticas de natureza potencialmente revolucionária. Foi um período excepcional na Inglaterra e na França porque, em ambos os países, organizações políticas e movimentos sociais, por vezes em escala nacional, tentaram pôr abaixo a ordem política existente, em nome de uma *verdadeira* república e de uma *verdadeira* Constituição, com base no voto masculino universal. Mas Karl entendeu mal tanto as causas como os remédios dessa fase excepcional de antagonismo político.

Na primeira metade do século XIX, tanto na Inglaterra como na França, a primeira aparição de movimentos e organizações que alegavam falar em nome da "classe trabalhadora" ou das "classes trabalhadoras" *não* foi resultado do avanço *econômico* do capitalismo industrial moderno. Foi, antes, o efeito *político* da demolição do Antigo Regime na França, e na Inglaterra, da mobilização política sem precedentes da população na esteira da Revolução Americana e da Revolução Francesa, das prolongadas guerras contra a França e da instabilidade econômica que se seguiu à derrota de Napoleão.

Durante aqueles anos, a "burguesia" ou as "classes médias" foram convocadas a adquirir existência política. As linguagens de classe, que se tornaram predominantes na França por volta de 1830 e na Inglaterra por volta de 1832, estavam estreitamente ligadas à necessidade de reformar a Constituição e o sistema político de maneira racional e secular, *sem* permitir uma abertura para a *soberania popular*, ainda muito temida por causa dos anos de Robespierre e do Terror. O que Karl e seu "partido" não compreendiam era que o caráter da política nesse período não foi só uma expressão da natureza de classe. Igualmente importante, sobretudo na justaposição de "burguês" e "proletário", ou classes "média" e "trabalhadora", era o fato de essas linguagens de classe serem um produto particular da política do Estado representativo.

O que criou a "luta" da "classe trabalhadora" e da "classe média" não foram as atividades ou a estratégia de uma fictícia "burguesia", mas a tentativa, por volta de 1830, de construir um sistema político baseado na *exclusão* política dos assalariados. Na Inglaterra, o voto era definido com base na posse de propriedade, e, consequentemente, os que ganhavam salário eram excluídos. A consciência de classe, fosse entre os cartistas na Inglaterra ou os "republicanos democratas e sociais" na França, não era, na maior parte, resultado da *desumanização* ou da proletarização, mas da exclusão política. Na realidade, a exploração era vista pelos líderes desses movimentos radicais de trabalhadores como consequência da exclusão. Devido à sua hostilidade à representação e ao "Estado político", Karl estava em má posição para compreender esses fatores políticos determinantes de ação da classe trabalhadora.

A forma de miopia política de Karl era amplamente compartilhada em 1848. Longe de estar à frente da época em sua concepção de classe, Karl dividia a percepção geral das classes fundiárias da Europa ocidental que, ao mesmo tempo que pretendiam simpatizar com os trabalhadores, eram incapazes de ouvir o discurso deles, fosse na Grã-Bretanha ou na França durante o período de 1830 a 1850.[124] À luz da distinção feita por Thomas Carlyle entre a "encarnação distraída e incoerente do cartismo" e "sua essência viva, o amargo descontentamento tornado feroz e louco", a tendência a minimizar o que os trabalhadores diziam era geral.[125] Observadores que tinham propriedades e instrução achavam difícil pensar nos trabalhadores ou nos proletários como qualquer coisa que não fosse bárbara, predatória e arrasadora. A questão foi apresentada claramente por Thomas Macaulay em seu discurso no Parlamento rejeitando a Petição Cartista de 1842. Aceitar a petição significaria conferir governo a uma classe que seria induzida a "cometer grandes e sistemáticas incursões contra a segurança da propriedade. [...] Como é possível que, segundo os princípios da natureza humana, se lhes derem poder, esse poder não venha a ser usado em toda a sua extensão?".[126] Um medo parecido foi expresso por Tocqueville, que, escrevendo sobre a Guarda Móvel, mesmo depois de ela ter lutado pela República contra a insurreição, disse o seguinte: "Seria preciso muito pouco para que eles se decidissem contra nós, em vez de a nosso favor. [...] Foram para a guerra como quem vai para um festival. Mas era fácil ver que amavam a guerra por si mesma, mais do que a causa pela qual lutavam".[127]

Uma combinação de lembranças do Terror, pesadelos góticos sobre as classes criminosas e perigosas e o "fantasma do comunismo" assombrava a imaginação política em 1848. Essa era uma das razões para as classes médias, tanto na França como na Alemanha, insistirem tanto em se manter dentro dos limites da legalidade. Karl só era diferente quando pensava no conflito de classes não como motivo de medo, mas como fonte de esperança. Esse medo profundo, de acordo com Daniel Stern, foi uma das principais razões para que a República de 1848 não se assentasse em alicerces verdadeiros:

> A principal causa é encontrada na ignorância do povo em que as classes letradas e opulentas continuaram a viver, e na falsa ideia que conceberam sobre as necessidades do proletariado. Incomodadas pela vaga consciência dos deveres que deixaram de cumprir nos dois últimos reinados, elas lhe atribuíam impiedosos ressentimentos e apetites insaciáveis. O fantasma de 1793 aparecia perante suas almas aflitas.[128]

Os ideais e aspirações das classes trabalhadoras em 1848 não eram misteriosos. Diziam respeito ao desejo de inclusão e associação política. Mas seu discurso não foi levado a sério. Ou foi ignorado, ou substituído por formas de discurso totalmente diferentes, produzidas pela ardente imaginação de escritores das classes fundiárias.

O fato de a exclusão e a falta de reconhecimento — mais do que a exploração — terem sido os principais fatores precipitantes dos sentimentos revolucionários dos povos em 1848 foi corroborado pela história subsequente da Europa ocidental. Com o voto masculino adulto e o sistema representativo estabelecidos na França depois da queda do Segundo Império e a retomada do discurso sobre Reforma na Inglaterra, as classes trabalhadoras foram progressivamente reincorporadas ao sistema político.[129] Dessa forma, o significado político e extraconstitucional da "luta de classes", tal como invocado pelo *Manifesto*, desvaneceu-se.

9. Londres

1. PRIMEIROS ANOS: "SOU TÃO ATORMENTADO COMO JÓ, EMBORA NÃO TÃO TEMENTE A DEUS"

A Dean Street, onde a família Marx morou, juntamente com a empregada, Lenchen, de 1850 a 1856, ficava no coração do Soho. Em 13 de maio de 1850, eles tinham ido morar em dois quartos na Dean Street, número 64, casa pertencente a um fabricante de rendas e ocupada por Heinrich Bauer, o tesoureiro do Comitê de Refugiados. No fim do ano, mudaram-se para o número 28 na mesma rua.

Numa Londres que se tornara "a grande cidade de refúgio para exilados de todos os países", o Soho era o centro preferido pelos alemães, particularmente os democratas, republicanos e socialistas. Enquanto os alemães sem qualificação profissional que trabalhavam em padarias moravam no East End, e os mais sofisticados frequentavam os salões de St. John's Wood, para os radicais — especialmente artesãos — o Soho, com sua Associação Educacional dos Trabalhadores Alemães na Great Windmill Street, era um óbvio ponto de atração. De acordo com o jornalista George Augustus Sala, era mais fácil encontrar esses alemães "nas vizinhanças de Oxford Street, perto de Leicester Square, ou no centro daquele labirinto de ruelas tortas entre Saint Martin's Lane e a Igreja de Santa Ana, no Soho".[1]

Em seu esquete satírico de "Herr Brutus Eselskopf" (cabeça de burro), taberneiro e nos bons tempos "general de brigada", Sala descreveu as maneiras e o modo de vida desses alemães. Eselskopf usava "um fez turco, com borlas azuis, e barba e bigode de prodigiosa magnitude". Sua "saleta de estar dos fundos" vivia "cheia, de manhã, à tarde e à noite, de estrangeiros sob nuvens políticas de variados graus de densidade, e numa nuvem de espessura uniforme e de forte tabaco, emitida em fumaças de múltiplas formas por cachimbos de formato excêntrico". Entre os fregueses que ficavam "junto à lareira lendo o *Allgemeine Zeitung* ou o *Ost-Deutsche Post*, e de vez em quando resmungavam invectivas contra as cabeças coroadas da Europa", Sala avistou "o valoroso republicano Spartacus Bursch, outrora ph.D. da Universidade de Heidelberg". Ele estava

> então sem soldo, mas com patente honorária, atrás de uma barricada formada por um ônibus, duas carretas de água e seis lajes de calçamento em Frankfurt. [...] Mais tarde de Paris, Republicano Vermelho, fabricante de palitos de fósforo, *affilié* de várias sociedades secretas, professor de química, empreiteiro de pavimentação de estradas, professor-assistente num internato [e] finalmente [...] criador de uma patente para extrair vinagre de chumbo branco, gerente de uma tabacaria, professor de esgrima, de ginástica rítmica e de literatura alemã; e ultimamente sem qualquer ofício ou profissão.

Os outros incluíam

> jovens advogados entusiasmados, zelosos filhos de boas famílias, oficiais patriotas, que se desfizeram de suas patentes sob os estandartes de déspotas para lutarem pela liberdade, literatos amantes da liberdade, jornalistas republicanos, operários socialistas [...] caçados de fronteira a fronteira no continente como cães raivosos.

Sala também fez referência aos intermináveis conflitos entre exilados moderados e intransigentes. Esses refugiados, ou pelo menos a grande maioria, eram os "inativos". Mas havia também

> os incandescentes, os refugiados rugidores, raivosos, turbulentos, inflamados; os

amadores em vitríolo, garrafas gasosas cheias de pólvora, e garrafas quebradas para cascos de cavalo; os atiradores de magníficos pianos de janelas do primeiro andar sobre cabeças de soldados, os decepadores de pés de dragão, os empaladores de artilheiros.

Esses já não eram bem-vindos na casa do sr. Eselskopf e se reuniam na pequena taberna em Whitechapel anteriormente conhecida como "Sanduíche de Presunto" (*Schinken und Brot*), agora rebatizada de "As Vísceras dos Tiranos".

O Soho dos anos 1850 era uma região superlotada, com uma média de catorze pessoas por casa, e particularmente insalubre, uma vez que o abastecimento de água em algumas partes era contaminado. Como disse Karl, era "um distrito excelente para o cólera" e foco de um surto isolado em Londres em 1854. "A RALÉ está coaxando à direita e à esquerda (numa média de três por casa na Broad Street), e 'víveres' são a melhor defesa contra a coisa bestial."²

Karl e Jenny não tinham planejado morar no Soho. Depois de penhorar sua prataria em Frankfurt, vender a mobília em Colônia e ser obrigada a deixar Paris, Jenny tinha chegado a Londres com três crianças e esperando uma quarta dentro de um mês. Ao desembarcar, foi recebida por um dos amigos do grupo do *Neue Rheinische Zeitung*, Georg Weerth, que a instalou numa pensão em Leiscester Square. Mas, como ela observou em sua autobiografia, "estava chegando a hora em que eu ia precisar de um teto sobre a minha cabeça", e eles tiveram, portanto, de procurar às pressas uma casa mais ampla que alugasse quartos em Chelsea. O bebê nasceu em 5 de novembro, "enquanto as pessoas gritavam lá fora 'Guy Fawkes para sempre!'" e "meninos pequenos e mascarados cavalgavam pelas ruas em burricos espertamente preparados. [...] Nós os chamávamos de Pequenos Fawkes, em homenagem ao grande conspirador".³

A família tinha ido para a Inglaterra na expectativa de passar pouco tempo. Eles esperavam que a revolução voltasse a ganhar impulso e que o grupo do *Neue Rheinische Zeitung* fosse remontado em Londres, pronto, nesse meio-tempo, para voltar para Colônia. Esse era o objetivo que sustentava o *Neue Rheinische Zeitung — Politisch-Ökonomische Revue*, estabelecido no começo de 1850. Mas o jornal foi perseguido por problemas desde o início. Jamais atraiu os leitores de que seu antecessor tinha desfrutado, e pelo fim do ano o projeto tinha naufragado.

A vacilante e morna circulação da *Revue* significava penúria antecipada para a família Marx. Sinais de desespero podiam ser encontrados numa furiosa carta enviada por Jenny em 20 de maio para Joseph Weydemeyer em Frankfurt. Depois de desculpar-se por não ter entrado em contato antes, ela declarou que "as circunstâncias" agora a "obrigavam" a pegar a caneta: "Eu lhe imploro que nos mande, *o mais breve possível, qualquer dinheiro que tenha vindo ou esteja vindo* da *Revue*. Estamos *morrendo de necessidade dele*".[4]

Como outros radicais, Karl e Jenny relutavam em reconhecer que a revolução tinha acabado. O fracasso da *Revue* era, portanto, atribuído às "protelações dos livreiros, ou dos [...] que cuidavam dos negócios em Colônia", mas especialmente à "atitude dos democratas em geral". Ela lembrava a Weydemeyer que embora seu marido não fosse "rebaixar-se passando a tigela democrática da mendicância", ele "tem o direito de esperar dos seus amigos", sobretudo em Colônia, "uma preocupação ativa e dinâmica por sua *Revue*, em particular aqueles que têm consciência dos sacrifícios que ele fez pelo *Rh.Ztg.*". Seu marido tinha sido "praticamente esmagado pelas preocupações mais banais da existência burguesa", enquanto ela, incapaz de contratar uma ama de leite, lutava para conviver com "dores terríveis no peito e nas costas" causadas por um bebê que estava "sempre adoentado e sofrendo dores severas dia e noite".[5]

Nessas circunstâncias, os custos de morar em Chelsea se mostraram insustentáveis e acabaram em despejo. Em 24 de março, como resultado da sua incapacidade de pagar cinco libras esterlinas em aluguéis atrasados, seus bens foram arrestados por dois oficiais de justiça.

> No dia seguinte, tivemos de deixar a casa; estava frio, úmido e nublado; meu marido saiu à procura de alojamento; quando mencionava as quatro crianças, ninguém queria nos aceitar. Finalmente um amigo veio em nosso socorro; nós pagamos e eu vendi às pressas todas as minhas camas para acertar as contas com farmácia, padeiros, açougueiros e leiteiros, que, assustados com o escândalo provocado pelos oficiais de justiça, de repente me assediaram com suas contas. As camas que vendi foram levadas para a calçada e postas numa carroça — e depois, o que acontece? Já passa muito do pôr do sol, a lei inglesa proíbe isso, o senhorio nos pressiona com a presença da polícia, declara que talvez tenhamos incluído coisas suas no meio das nossas, que estamos nos escafedendo e indo embora do país. Em menos de cinco minutos, uma multidão de duzentas ou trezentas pessoas fica parada, boquiaberta, na frente da nossa porta, toda a canalha de Chelsea. As camas vão para dentro de novo; só podem ser entregues ao comprador na manhã seguinte, depois da alvorada;

assim, com a venda de tudo que era nosso, tendo conseguido pagar cada centavo, me mudo com minhas pequenas crianças queridas para os dois pequenos quartos que agora ocupamos no Hotel Alemão, na Leicester Street, número 1, Leicester Square, onde nos oferecem uma recepção humana em troca de 5,10 libras esterlinas por semana.[6]

Mas sua estada ali não durou muito. Segundo Jenny, "uma manhã nosso digno anfitrião se recusou a nos servir o café da manhã, e fomos obrigados a procurar hospedagem em outro lugar".[7] Eles então se mudaram para o apartamento no Soho, na Dean Street, número 28, no qual viveram de dezembro de 1850 até 1856. Este foi animadamente descrito num relatório de espionagem em 1853. Havia dois cômodos:

> Um que dá para a rua é a sala de estar, e o quarto de dormir fica nos fundos. Em todo o apartamento não existe um único móvel sólido e limpo. Tudo está quebrado, esfarrapado e rasgado, com meia polegada de poeira a cobrir tudo, e a maior bagunça em toda parte. No meio da sala de estar há uma grande e antiquada mesa coberta de lona encerada, e nela ficam os seus [de Karl] manuscritos, livros e jornais, assim como os brinquedos das crianças, e os panos e farrapos da cesta de costuras da esposa, várias xícaras de beiço quebrado, facas, garfos, lâmpadas, um tinteiro, copos, cachimbos de barro holandeses, cinzas de tabaco — numa palavra, tudo uma barafunda, e na mesma mesa [...].[8]

Nos anos seguintes, o desequilíbrio entre renda e despesas que os levara a escolher um apartamento caro em Chelsea continuou. Em 6 de janeiro de 1851, Karl escreveu para Engels, pedindo-lhe que mandasse dinheiro na volta do correio. "Minha senhoria é MUITO POBRE, esta é a segunda semana que não recebe, e ela está me cobrando com terrível determinação." Engels lhe mandou uma libra esterlina. Não pôde lhe enviar o dinheiro todo, mas prometeu o resto para fevereiro.[9] Mais uma vez apertado por dívidas em março de 1851, ele pediu a Jenny que arranjasse dinheiro com a sogra, mas foi informado de que "o restante do *dinheiro de Jenny*" tinha sido mandado para o México com o irmão Edgar. Ele então escreveu para a própria mãe ameaçando mandar as contas para ela pagar. Mas ela lhe respondeu "cheia de indignação moral", dirigindo-se a ele "nos termos mais *insolentes*" e "declarando positivamente que protestará qualquer conta que eu lhe mande". Ele se queixava de não ter um tostão em casa, por isso "as contas dos comerciantes — açougueiro, padeiro etc. — vão se amontoando".[10] O problema parece ter sido temporariamente resolvido por vale postal mandado por Engels.[11] No fim de julho, Karl se queixou de que "há duas semanas não escrevo, porque o tempo que não passei na biblioteca, passei sendo empurrado para lá e para cá". O desconto de uma letra de câmbio para ele vinha sendo prometido e adiado mês a mês e finalmente foi recusado.[12] Em outubro, o tribunal do condado o pressionou a pagar as cinco libras esterlinas que lhe haviam sido emprestadas por Carl Göhringer, amigo de Willich. Engels lhe mandou duas libras esterlinas e advertiu que não havia nada a fazer além de quitar a dívida.[13]

Em 1852, apesar de ter começado a trabalhar para o *Tribune* e ter acrescentado um terceiro quarto ao apartamento, a situação parecia ainda mais desesperadora. Em 20 de fevereiro, Karl escreveu para Weydemeyer declarando que não poderia mandar o fascículo d'*O 18 de brumário* porque "por uma semana ou mais tenho sido tão assediado por problemas financeiros que não consegui fazer meus estudos na biblioteca, muito menos escrever artigos".[14] A situação piorou na semana seguinte. "Uma semana atrás, cheguei ao agradável ponto em que não consigo sair de casa por falta dos casacos que penhorei, e não posso mais comer carne por falta de crédito." Temia que, a certa altura, aquilo "estourasse em escândalo". A única esperança era de que o "indestrutível tio" de Jenny estava doente. "Se o malando morre agora, eu me safo desta enrascada."[15]

Talvez o fundo do poço tenha sido 14 de abril, com a morte da sua filhinha de um ano, Franziska. Para começar, ele não tinha ficado muito comovido com a chegada dela. Em 2 de abril de 1851, ele escrevera para Engels: "Minha mulher, ai de mim, deu à luz uma menina, e não um *garçon*. E, o que é pior, é muito adoentada".[16] Mas pareceu mais afetado ao escrever para Engels em 14 de abril de 1852: "Só umas duas linhas para lhe dizer que nossa filhinha morreu esta manhã, à uma e quinze". Engels escreveu a Weydemeyer informando que a filha mais nova de Karl tinha morrido, "já a segunda em Londres. Como pode imaginar, a mulher dele está muito abalada".[17] Jenny escreveu que "a pequena Franziska teve uma severa bronquite".

> Por três dias ela esteve entre a vida e a morte. Sofreu terrivelmente. Quando morreu, deixamos seu pequenino corpo sem vida no quarto dos fundos, fomos para o quarto da frente e fizemos nossas camas no chão. Nossas três crianças deitaram-se

ao nosso lado e choramos juntos pelo anjinho cujo corpo lívido e sem vida jazia no outro quarto. A morte da nossa amada filhinha ocorreu numa época das mais duras privações, nossos amigos alemães incapazes de nos ajudar naquele momento. [...] Com angústia no coração, fui correndo ver um imigrante estrangeiro que morava não muito longe e costumava aparecer, e lhe supliquei que nos ajudasse em nossa terrível necessidade. Ele imediatamente me deu duas libras com a mais amável simpatia. O dinheiro foi usado para pagar pelo caixão no qual minha filha agora descansa em paz.[18]

Em 8 de setembro do mesmo ano, Karl escreveu para Engels:

Sua carta nos pegou hoje num momento de grande agitação. [...] Minha mulher está doente. Jennyzinha está doente. Lenchen tem uma espécie de febre nervosa. Não pude nem posso chamar um médico, porque não tenho dinheiro para comprar remédio. Nos últimos oito ou dez dias tenho alimentado a FAMÍLIA apenas com pão e batatas, mas é duvidoso que eu consiga arranjar alguma coisa hoje. [...] Não escrevi nenhum artigo para Dana porque não tenho um CENTAVO.[19]

O padrão repetiu-se no ano seguinte. Em 27 de abril, Jenny escreveu para o "sr. Engels" contando-lhe que já tinha escrito "para Hagen em Bonn, para Georg Jung, para Cluss, para minha sogra, para minha irmã em Berlim. Cartas horríveis! E até agora nem uma só palavra de nenhum deles. [...] Não consigo descrever a situação por aqui". Ao longo de agosto e até outubro, houve repetidas queixas do péssimo estado da família, de que tudo tinha sido penhorado e de que "não há um tostão na casa".[20] Em 1854-5, tudo continuou na mesma. Em 1855, Karl escreveu para Moritz Elsner do *Neue Oder-Zeitung*, com sede em Breslau, desculpando-se por não ter escrito na semana anterior e explicando que tinha sido obrigado a sair de Londres para evitar o dr. Freund, médico de Jenny, que o vinha perseguindo para quitar despesas médicas ainda do ano anterior.[21] Ele primeiro tinha ido para a casa de Peter Imandt em Camberwell, e depois seguiu para Manchester, onde ficou com Engels até dezembro.

A má saúde crônica de Karl e Jenny era em grande parte resultado de morarem num apartamento superlotado e malcuidado, que ficava no meio de ruas estreitas e insalubres. Mas os hábitos de Karl só agravavam a situação:

Quando entramos no quarto de Karl, a fumaça do carvão e do tabaco fazia os olhos marejarem, tanto que por um instante tínhamos a impressão de estar às apalpadelas dentro de uma caverna, mas aos poucos, à medida que nos habituávamos ao nevoeiro, dava para ver alguns objetos, que se destacavam da névoa circundante. Tudo é sujo e coberto de pó, a tal ponto que sentar é um negócio muito arriscado.[22]

Numa família com predisposição hereditária para doenças tuberculares e respiratórias, os efeitos dessas condições eram devastadores. Três das crianças morreram na Dean Street, duas ainda bebês e uma antes dos dez anos.[23] Foi a morte causada por "convulsões" do doentio Guido, de um ano de idade, que, como disse Jenny a Weydemeyer, "desde que chegou ao mundo [...] nunca dormiu uma noite inteira", que levou a família a mudar-se do número 64 para o número 28 da Dean Street.[24] Mas não houve melhora significativa. Particularmente triste foi o caso do menino pequeno da casa, Edgar, de oito anos, ou "Musch", como era chamado. No início de 1854, ele apresentou "os primeiros sintomas da doença incurável que levaria à sua morte um ano depois".[25] Em março do ano seguinte, Karl informou a Engels que "Musch teve uma perigosa febre gástrica, de que ainda não se livrou (isso é o pior de tudo)".[26] Por duas semanas, o menino deu a impressão de estar melhorando. Em 16 de março, porém, Karl confessou que "não acredito que o bom Musch se recupere dessa doença. [...] Minha mulher mais uma vez totalmente ABATIDA".[27] Em 27 de março, Karl voltou a informar que tinha havido sinais de melhora, mas não conseguiu escrever mais do que algumas linhas: "Estou um bagaço, as longas vigílias noturnas, pois sou o enfermeiro de Musch".[28] Em 30 de março, já se conformara com o pior: "Ultimamente [...] a doença assumiu o caráter, hereditário na minha família, de uma tuberculose abdominal, e até o médico parece ter perdido a esperança".[29] O fim veio uma semana depois. "O pobre Musch não existe mais. Hoje, entre as duas e as seis horas, caiu no sono (literalmente) em meus braços."[30] Em suas memórias, Jenny escreveu: "Se pudéssemos ter abandonado o nosso pequeno e insalubre apartamento na época [1854] e levado a criança para o litoral, talvez a tivéssemos salvado. Mas o que está feito não pode ser desfeito".[31]

A propensão de Karl a doenças respiratórias e à condição tubercular tinha sido notada com clareza quando ele foi dispensado do serviço militar. De 1849 em diante, viveu afligido por problemas de fígado e vesícula. Como Jenny disse a Lassalle em abril de 1858, Karl era incapaz de escrever para ele naquele momento, porque "os problemas de fígado dos quais já vinha sofrendo na época — infelizmente voltavam sempre na primavera — pioraram tanto que tinha de tomar remédio com frequência".³² Quando finalmente conseguiu escrever para Lassalle, em 31 de maio, Karl lhe deu esta explicação:

> Tendo sido totalmente incapaz de escrever — não apenas NO SENTIDO LITERÁRIO, MAS LITERAL, DA PALAVRA — por várias semanas, e lutando em vão para me rebelar contra a doença. [...] Em si mesma, a doença não era perigosa — aumento do volume do fígado —, mas naquela ocasião os sintomas foram particularmente revoltantes; além disso, na minha família isso tem implicações desagradáveis, tendo sido o ponto de partida da doença que levou à morte do meu pai.³³

Os sintomas incluíam dores de cabeça, inflamação dos olhos, neuralgia, hemorroidas e dores reumáticas. Os hábitos irregulares de Karl pioravam as coisas. Assim dizia o relatório de espionagem de 1852:

> Ele leva a vida de um verdadeiro intelectual boêmio. Tomar banho, arrumar-se, trocar a roupa de baixo são coisas que raramente faz, e gosta de ficar bêbado. Embora passe dias e dias sem fazer nada, trabalha dia e noite com incansável resistência quando tem muito trabalho para fazer. Não tem hora certa para dormir e acordar. Frequentemente passa a noite acordado, e então se deita ao meio-dia no sofá, vestido da cabeça aos pés, e dorme até o começo da noite, sem dar a mínima para o que acontece à sua volta.

Os hábitos alimentares de Karl, levando em conta o problema hepático, também eram perniciosos. Segundo Blumenberg, ele gostava de pratos muito temperados, peixe defumado, caviar e pepino em conserva, junto com vinho do Mosela, cerveja e licores.³⁴

No final dos anos 1850, sua rotina de trabalho tornou-se mais regular, embora não mais saudável. Continuava a estudar ou escrever artigos para o *Tribune* durante o dia, enquanto à noite punha-se a escrever, exigindo excessivamente de si mesmo a partir de 1857 num esforço para redigir sua economia política em resposta ao advento de uma nova crise econômica. Em 18 de dezembro, disse a Engels: "Estou trabalhando imensamente, de regra até quatro horas da manhã". E para Ferdinand Lassalle, informou em 21 de dezembro:

Sou obrigado a desperdiçar [...] meus dias trabalhando para ganhar a vida. [Só] as noites permanecem livres para trabalho *real*, e isso é perturbado pela saúde fraca. [...] A atual crise comercial me obrigou a trabalhar seriamente no meu esboço de economia política e também a preparar alguma coisa sobre a crise atual.³⁵

Não é de surpreender que seu corpo não tenha conseguido resistir à tensão. No final de abril de 1858, escreveu para Engels:

Eu nunca tinha tido um *attaque* de fígado tão violento, e POR UM TEMPO houve o temor de que fosse esclerose do fígado. O médico queria que eu fizesse uma viagem, mas, *d'abord*, isso era incompatível com o ESTADO DAS FINANÇAS, e, em segundo lugar, eu esperava que com o passar do tempo pudesse voltar a trabalhar. A persistente urgência em arregaçar as mangas, combinada com a incapacidade de fazê-lo, ajudava a agravar a situação. [...] Sempre que me sento para escrever por umas duas horas, tenho que descansar por dois dias. Espero em Deus que esta situação chegue ao fim na semana que vem. Não poderia acontecer num momento mais impróprio. Obviamente exagerei nos meus trabalhos noturnos no último inverno.³⁶

Em 1859, Karl sofreu intermitentemente de problemas do fígado, e nos três primeiros meses de 1860 esteve doente o tempo todo. Por volta do Natal de 1860, tendo ajudado Lenchen a cuidar de Jenny que adoeceu de varíola, ele informou: "Na última quarta-feira, peguei um resfriado e uma tosse, acompanhados de uma dor aguda, de modo que não só tossir, mas virar minha carcaça de um lado para outro me causava DORES físicas". Diante de uma conta médica "de arrepiar os cabelos", ele resolveu tratar-se — "não fumar, ÓLEO DE RÍCINO, só beber limonada, comer pouco, nada de bebidas destiladas, ficar em casa". Mas dez dias depois mencionou uma "recaída", e voltou ao tratamento médico. O médico recomendou cavalgadas e uma "MUDANÇA DE ARES". "Escrever significa que tenho que me curvar, o que dói muito, por isso fico sempre adiando. Como vê, sou tão atormentado como Jó, embora não tão temente a Deus."³⁷

Em 1863, Karl contraiu carbúnculo nos pés, outro sintoma do problema de fígado. Em novembro daquele ano, Jenny Marx escreveu para Wilhelm Liebknecht em Berlim dizendo que por três semanas Karl tinha estado *"desesperadamente doente"*, com carbúnculo nas costas. Estava "doente há meses", achava terrivelmente difícil trabalhar, "fumava o dobro do que costuma fumar e tomava três vezes mais pílulas de vários tipos". Apareceu-lhe um furúnculo na bochecha, do qual se livrou com "os remédios caseiros de sempre". Quando este desapareceu, surgiu outro nas costas, que não pôde ser tratado com "compressas". "Finalmente, quando o inchaço estava do tamanho da minha mão fechada, e as costas deformadas, fui ao [dr.] Allen." Enquanto Lenchen segurava Karl, o médico "fez uma incisão bem profunda" da qual jorrou sangue. Então ele passou a aplicar compressas quentes, dia e noite, enquanto "ao mesmo tempo o médico mandou tomar de três a quatro taças de porto e meia garrafa de clarete diariamente, e quatro vezes mais comida do que o normal. O objetivo era restaurar as forças que ele perdeu". Lenchen também adoeceu de preocupação e esforço excessivo.[38] Karl suplementava esse tratamento acrescentando todos os dias um litro e meio da "mais forte cerveja escura London STOUT", e combatia a dor com grandes doses de ópio.[39]

A partir daí, os problemas do fígado não o deixaram mais. Em 30 de novembro de 1863, a mãe de Karl morreu, e ele se sentiu na obrigação de ir a Trier para tratar da herança. O dr. Allen lhe deu "duas enormes garrafas de remédio" para levar. Depois de resolver seus assuntos em Trier, foi ver o tio, Lion Philips, em Zaltbommel. "Meu tio, um esplêndido VELHO, me aplica as compressas e os cataplasmas com suas próprias mãos, enquanto minha encantadora e espirituosa prima, com olhos perigosamente negros, cuida de mim e me mima de forma exemplar."[40] Mas o problema não desapareceu, e o afligiria quase sem interrupção durante todo o ano de 1864. "Sentindo dores odiosas" e doente demais para viajar, ficou na casa de Philips até o fim de fevereiro.

As doenças de Jenny eram tanto físicas quanto psicológicas. Morar na Dean Street lhe causava repetidos acessos de bronquite, que a obrigavam, com frequência, a ficar de cama. Mas ela também tinha tendência ao que se chamava de "excitação nervosa". Suas moléstias eram produto tanto de depressão ou desespero quanto de males físicos. Os remédios, da mesma forma, geralmente envolviam o uso de álcool. Em 15 de julho de 1852, Karl informou a Engels que Jenny tinha uma tosse e estava perdendo peso. O médico, além de remédios, receitara "muita cerveja pórter".[41] Mas as coisas não melhoraram. Em 18 de setembro, Karl informou: "Fisicamente, minha mulher está pior do que antes, ou seja, debilidade total. Por ordem do médico, tem tomado uma colher de conhaque de hora em hora nos últimos três dias. Mas alguma melhora está havendo, tanto que hoje pelo menos se levantou".[42] Em 1854, Jenny voltou a ficar "muito indisposta", provavelmente por causa das vigílias noturnas e dos cuidados com o filho doente, Musch.

Nessa ocasião, ela se recusou a consultar o médico: "Está se automedicando — a pretexto de que, dois anos atrás, quando sentiu a mesma indisposição, os remédios de Freund a deixaram ainda pior".[43] No inverno de 1860, Jenny adoeceu de varíola, apesar de ter sido vacinada duas vezes, como escreveu Karl. "Há muitas semanas minha mulher se acha num estado excepcionalmente nervoso, devido aos nossos muitos PROBLEMAS, e por isso fica mais sujeita a PEGAR a doença contagiosa num ônibus, numa loja ou coisa parecida." Mais uma vez, parece que o álcool era o principal remédio. "O médico permitiu que minha mulher tome clarete em pequenas doses, pois está excessivamente fraca." No começo de dezembro, o médico cancelou o clarete e receitou porto.[44]

O "estado nervoso" de Jenny era uma preocupação constante. Em junho de 1850, Karl pediu desculpas a Weydemeyer pelas "cartas agitadas" que a mulher lhe escrevia. "Ela está cuidando do filho [Guido], e nossa situação aqui é tão extraordinariamente miserável que uma explosão de impaciência é perdoável."[45] Em novembro, depois que Guido morreu, Karl escreveu para Engels dizendo que "ela se encontra num estado de excitação e exaustão realmente perigoso".[46] Poucos meses mais tarde, em 31 de março, após o nascimento de outra filha, Franziska, Karl escreveu que, apesar de o parto ter sido fácil, "ela agora está doente, de cama, e as causas são domésticas [*bürgerlich*], e não físicas".[47]

Talvez isso se referisse à incômoda e potencialmente explosiva situação no apartamento da Dean Street e ao desgaste que isso representava nas relações entre Karl e Jenny. "No começo do verão de 1851", escreveu Jenny em seu "Breve esboço", "aconteceu uma coisa que não quero relatar aqui em detalhes, apesar de ter contribuído muito para aumentar as nossas preocupações, tanto pessoais como de outra natureza."[48] Tratava-se do nascimento do filho de Lenchen, Henry Frederick Demuth, depois conhecido como Freddy, em 23 de junho de 1851, na Dean Street, número 28.[49] Parece não haver dúvida de que o pai era Karl, embora ele não reconhecesse oficialmente. Os nascimentos de Freddy e Franziska ocorreram num intervalo de três meses. Dá para imaginar qual seria a atmosfera num minúsculo apartamento de dois quartos, ocupado por duas mulheres grávidas — ambas com filhos dele. Freddy foi entregue aos cuidados de uma babá, e logo em seguida criado em East London por pais adotivos da classe operária.[50]

Na correspondência que sobreviveu, não há referências óbvias a essa situação. A família foi levada a acreditar que o pai era Engels. Depois da morte de Engels, Laura, a filha de Karl, vasculhou cuidadosamente sua correspondência para remover qualquer material que pudesse ser prejudicial a Engels ou a Marx. Mas apareceriam alguns poucos comentários indiretos aludindo à situação. Mais ou menos quando Jenny deu à luz Franziska, Karl escreveu para Engels sobre um *"mystère"* que ele estava prestes a revelar, mas naquele momento foi chamado para ajudar a cuidar da mulher. Dois dias depois, declarou que não escreveria mais sobre o *mystère*, uma vez que ele iria vê-lo no fim do mês — "preciso sair daqui por uma semana".[51] A chegada do bebê de Lenchen, fosse qual fosse a versão dada para afastar as suspeitas, obviamente aumentou a tensão dentro de casa. No fim de julho, Karl escreveu para Engels, pedindo desculpas pelo lento progresso da sua economia política:

> Eu deveria ter concluído a parte da biblioteca há muito tempo. Mas tem havido muitas interrupções e perturbações, e em casa tudo está sempre em estado de emergência. Durante noites seguidas, fico irritado e furioso com um dilúvio de lágrimas. Assim não posso, claro, fazer muita coisa. Tenho pena de minha mulher. Ela fica com o fardo mais pesado e, *au fond*, tem razão. *Il faut que l'industrie soit plus productive que le mariage* [O trabalho deveria ser mais produtivo que o casamento]. Porém, você precisa lembrar que por natureza sou *très peu endurant* [não muito paciente] e até *quelque peu dur* [um pouco áspero], por isso de vez em quando perco a compostura.[52]

Dois dias depois, oprimido pela falta de recursos e pelas fofocas sobre o apartamento e as duas mães que lá viviam, Karl escreveu para Weydemeyer em resignado desespero. "Como pode imaginar, minhas circunstâncias são funestas. Minha mulher não vai aguentar se as coisas continuarem neste pé por mais tempo." E não eram só "as constantes preocupações", mas acima de tudo "as infâmias dos meus adversários [...] lançando suspeitas sobre o meu caráter". O que se dizia na rua era que Marx estava *"perdu"*, enquanto "minha mulher, que é adoentada e vive de manhã à noite presa aos cuidados domésticos mais desagradáveis, e cujo sistema nervoso está debilitado, não chega a ser reanimada pelas exalações da pestilenta cloaca democrática que diariamente lhe são servidas por mexeriqueiras".[53]

Jenny era uma mulher inteligente. É difícil acreditar que se deixasse enganar pela fórmula criada para salvar as aparências atribuindo a paternidade a Engels. Mas fosse qual fosse a argumentação, está claro que as relações entre Karl e Jenny continuaram basicamente sólidas e que a ajuda de Lenchen era vista como indispensável.[54] No caso de Karl, alguma ansiedade era revelada talvez no excessivo afã de tranquilizar, sugerido pelas efusivas e hiper-românticas imagens em algumas das suas cartas posteriores para Jenny.[55] No caso de Jenny, a tensão talvez viesse à tona em suas frequentes mudanças de humor e tendência a recolher-se na cama. Mas durante aqueles anos, ela parece ter compartilhado totalmente as ideias políticas do marido e aceitado inteiramente o direito dele de chefiar. Em particular, ela adorava atuar como secretária de Karl, passando a limpo sua caligrafia ilegível. Parece ter feito esse trabalho sobretudo a partir do julgamento por traição em Colônia. De início a função foi desempenhada por Wilhelm Pieper, admirador entusiasta mas incompetente de Karl. No entanto, logo Jenny assumiu esse papel de secretária. Em seu "Breve esboço", ela declarou que "a lembrança dos dias que passei em seu pequeno escritório copiando seus artigos garatujados é uma das melhores da minha vida".[56]

Quaisquer que fossem as tensões em casa, relatos existentes sugerem também uma vida familiar sólida e feliz. De acordo com "o espião prussiano", escrevendo em 1852, "como marido e pai, Marx, apesar do caráter bravio e temerário, é o mais delicado e meigo dos homens". Uma amizade particular desenvolveu-se entre a família Marx e Wilhelm Liebknecht e sua mulher.[57] Quando Jenny adoeceu de varíola, no outono de 1860, os Liebknecht tomaram conta das crianças. Wilhelm Liebknecht, em reminiscências posteriores, ofereceu um vívido relato das expedições dominicais da família a Hampstead Heath na época em que a família Marx morava no Soho.

> Aquelas caminhadas até Hampstead Heath! Se eu vivesse mil anos jamais as esqueceria. [...] As crianças falavam sobre elas a semana inteira, e mesmo os adultos, jovens e velhos as aguardavam com ansiedade. A viagem até lá era, por si, uma festa.
>
> A caminhada era assim. Eu geralmente ia na frente, com as duas meninas, divertindo-as com histórias ou acrobacias, ou colhendo flores, mais abundantes naquela época do que agora. Atrás de nós vinham alguns amigos e em seguida a parte principal: Marx e a mulher e um dos visitantes dominicais merecedor de especial consideração. Na retaguarda vinham Lenchen e os mais famintos do grupo, que a ajudavam a carregar a cesta.
>
> Quando chegávamos a Heath, nossa primeira providência era escolher o lugar para armar a tenda, avaliando o melhor local para a instalação dos serviços de chá e cerveja.

Depois que a comida e a bebida eram compartilhadas, os homens e as mulheres saíam à procura do lugar mais confortável para deitar ou sentar. Então, aqueles que não gostavam de tirar uma soneca puxavam os jornais de domingo comprados no caminho e conversavam sobre política. As crianças logo encontravam companheiros de brincadeiras e iam brincar de esconde-esconde entre os arbustos de tojo.[58]

2. AOS PÉS DAS COLINAS DE HAMPSTEAD

Em meados dos anos 1850, houve uma melhora na situação da família. Jenny anotou, com orgulho, que a partir de 1853 Karl passou a ter uma renda regular, que lhe vinha dos dois artigos semanais que escrevia para o *New-York Daily Tribune*. "Essa renda constante nos permitiu saldar nossas velhas dívidas até certo ponto e levar uma vida menos ansiosa. [...] O Natal daquele ano foi a primeira comemoração festiva que tivemos em Londres."[59]

Entre agosto de 1851 e setembro de 1852, Karl supostamente produziu um extenso relato da Revolução na Alemanha — dezoito artigos sobre "Revolução e contrarrevolução na Alemanha". Mas esses na verdade foram escritos por Engels.[60] Em 1852, Charles Dana pediu a Karl que escrevesse artigos jogando uma luz sobre "a próxima crise revolucionária". O primeiro artigo de Karl apareceu em agosto de 1852. Seu inglês ainda não era eficiente. Por isso, foi escrito em alemão e traduzido por Engels. Mas em fevereiro de 1853 Karl já sabia escrever em inglês. Dana ficou impressionado com os artigos e em 1853 aumentou o pagamento para Karl de uma libra para duas libras por artigo.

Dana exercia a prerrogativa de editor, ora incorporando artigos em editoriais, ora redigindo títulos e legendas para que os artigos estivessem de acordo com a linha editorial. Às vezes os artigos de Karl eram assinados, outras vezes não. Mas em 1855 ficou decidido que nenhuma de suas peças deveria ser assinada.

A demanda por artigos de Karl (e Engels) variava de acordo com o interesse americano pela Europa. Em 1853 e 1854, o *Tribune* publicou cerca de oitenta artigos seus. Isso correspondeu a uma renda de oitenta libras em 1853 e 160 libras em 1854. Embora o valor tenha caído em 1855-6 — com Dana publicando apenas quarenta artigos em 1855 e 24 em 1856 —, o déficit foi em grande parte compensado pelas cinquenta libras recebidas do *Neue Oder-Zeitung*. Mas em 1857 Dana concordou em pagar a Karl um artigo por semana, independentemente de ser ou não publicado.[61]

A outra via pela qual a sorte da família Marx melhorou foi a crescente prosperidade de Engels. Engels tinha começado em Manchester com um salário de cem libras por ano, mais uma mesada de duzentas libras "para despesas e diversão". Em meados dos anos 1850, foram-lhe concedidos, além disso, 5% de participação nos lucros, passando para 7,5% em 1860. Em 1856, sua participação nos lucros totalizou 408 libras, e em 1860 chegou a 978 libras. Com isso, seus rendimentos passavam das mil libras esterlinas por ano em 1860, ou mais de 110 mil libras esterlinas em valores atuais.[62] Em 1860, o pai de Engels morreu, o que possibilitou a Friedrich dispor mais livremente dos seus fundos. A família Marx podia portanto contar com o apoio cada vez mais regular e generoso proveniente da posição de Engels na empresa de fios de algodão de Ermen & Engels.

Finalmente, a família se beneficiou de dois legados em 1856. Em maio, Jenny recebeu uma herança de 150 libras de um tio nonagenário, e em setembro, depois que a mãe morreu em Trier, mais 120 libras.[63] Como resultado disso, em 29 de setembro de 1856 a família mudou-se da Dean Street para Grafton Terrace, número 9, Haverstock Hill, Kentish Town. Engels, que tinha ajudado a pagar por alguns móveis da casa, escreveu para Jenny: "Na verdade vocês estão no campo, aos pés das colinas de Hampstead [...] num distrito altamente romântico". A realidade era mais prosaica. Kentish Town, ainda semirrural nos anos 1840, graças ao desenvolvimento ferroviário foi rapidamente tomada por construções nas décadas de 1850 e 1860. Segundo Jenny, a nova casa era de acesso difícil: "Não havia nenhuma estrada boa até lá. Havia construções em toda parte. No caminho era preciso passar por montes de entulho e, em tempo chuvoso, o solo vermelho pegajoso agarrava-se às botas, e só depois de um cansativo esforço e com os pés pesados é que se conseguia chegar à nossa casa".[64]

Com oito pequenos cômodos em quatro pisos, Grafton Terrace era "uma morada principesca em comparação com os buracos onde moramos antes".[65] Mas apesar do aparente aumento de conforto e recursos, a doença, as dívidas e a penúria financeira logo voltaram. Em dezembro de 1856, Jenny adoeceu de novo. Karl informou que ela ainda "se automedicava continuamente" e que a casa era sempre uma "tal bagunça que para mim é difícil me instalar e escrever". Em janeiro de 1857, ele escreveu para Engels:

1. Retrato do jovem Karl estudante.

2. Retrato da jovem Jenny von Westphalen.

3. Karl Marx como editor do *Rheinische Zeitung* (1842-3).

4. Heine em Paris com Jenny e Karl, *c.* 1844.

5. Eleanor "Tussy" Marx em 1873, aos dezoito anos, em pose pré-rafaelita.

6. Jenny e Laura Marx, c. 1865.

7. Karl e Jenny, década de 1850.

8. Helena "Lenchen" Demuth, criada da família Marx e mãe de Freddy, em idade avançada.

9. Friedrich Engels em 1870.

10. Moses Hess em 1847.

11. Mikhail Bakunin.

12. Pierre-Joseph Proudhon.

13. Andreas Gottschalk, em retrato de Wilhelm Kleinenbroich, 1849.

14. Ferdinand Lassalle, *c.* 1860.

15. Dr. Eduard Gumpert, médico de Karl em Manchester.

16. Wilhelm Wolff, amigo e companheiro de Marx e Engels.

17. Vista de Trier no século XIX.

18. Folha de rosto do primeiro número dos *Deutsch-Französische Jahrbücher*, Paris, 1844.

19. Corpos dos abatidos durante os conflitos em fevereiro de 1848 são iluminados por tochas nas ruas de Paris.

20. Sessão da *Commission des Travailleurs* na primavera de 1848, no Palácio de Luxemburgo, Paris.

21. Barricada na Câmara Municipal de Colônia, 19 de março de 1848.

22. Ilustração mostra vítimas dos conflitos de ruas exibidas ao rei Frederico Guilherme IV da Prússia na Praça do Palácio em Berlim, em março de 1848.

23. Reunião cartista em Kennington Common, 10 de abril de 1848.

24. Cabeçalho da primeira edição do *Neue Rheinische Zeitung*, 1º de junho de 1848.

25. Barricada na Rue Saint-Maur-Popincourt após o ataque das tropas do general Lamoricière, segunda-feira, 26 de junho de 1848.

26. Insurgentes detidos em Paris, julho/agosto de 1848.

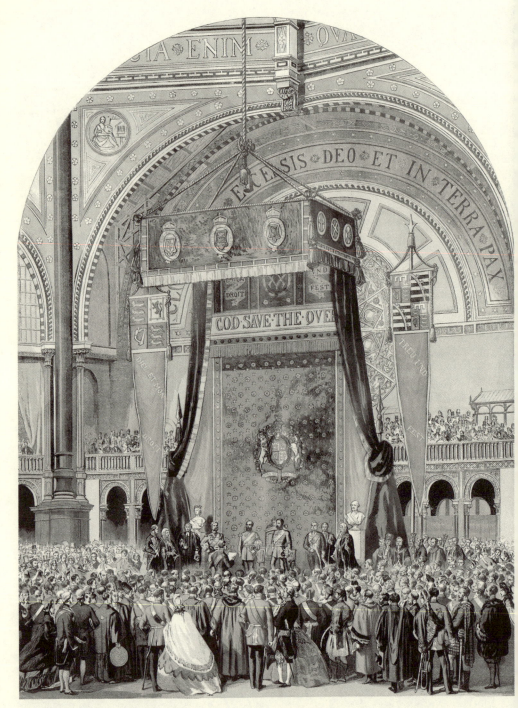
27. Abertura da Exposição Internacional em South Kensington, Londres, em 1862.

28. *Ramsgate Sands* (*Life at the Seaside*), de William Powell Frith, 1851-4.

29. *Guerra civil*, de Edouard Manet, 1871, mostrando o rescaldo da Comuna.

30. Pôster da Revolução Cultural Chinesa de 1971 comemorando o centenário da Comuna de Paris de 1871.

E aqui estou, sem qualquer perspectiva, e com encargos domésticos cada vez maiores, completamente encalhado numa casa na qual investi todo o dinheirinho que tinha, e onde é impossível ir sobrevivendo dia a dia, como fazíamos na Dean Street. Não tenho a menor ideia do que fazer, estando, na verdade, numa situação mais desesperadora do que cinco anos atrás. Achei que já tivesse chegado ao fundo do poço. *Mais non!* E o pior de tudo é que esta não é mais uma crise provisória. Não consigo ver como posso sair disto!⁶⁶

Jenny também não estava achando fácil adaptar-se à nova casa.

Demorou muito tempo para que eu me acostumasse à solidão total. [...] Com frequência sinto falta das longas caminhadas que eu estava acostumada a fazer pelas movimentadas ruas do East End, das reuniões, dos clubes, do nosso pub favorito e das conversas singelas que tanto me ajudavam a esquecer um pouco as preocupações da vida.⁶⁷

Mais para o final do ano, numa demonstração de desespero, Karl tinha mandado uma minuciosa carta para Engels discriminando sua renda e suas despesas. Queria mostrar que sua situação era "absolutamente insustentável". Afirmou que seu "pensamento abstrato" não era mais páreo para as "misérias domésticas", que a "baixeza geral acabou com os nervos de minha mulher"; o dr. Allen não tinha descartado "febre cerebral ou algo do gênero, a não ser que ela seja mandada para um balneário à beira-mar para uma boa temporada". Karl jurava que "da minha parte, não me importaria nem um pouco de morar em Whitechapel", contanto que pudesse ter paz para continuar seu trabalho, mesmo que isso significasse "um alojamento totalmente classe operária", livrar-se das empregadas e viver comendo batatas. Porém, em vista da "condição" de sua esposa, isso seria impossível. "A APARÊNCIA de RESPEITABILIDADE que até agora tem sido mantida foi a única maneira de evitar o colapso."⁶⁸ Engels fez tudo que pôde para evitar o desastre. Mas no fim do ano a situação voltou a piorar. Em 11 de dezembro de 1858, Karl se queixou de que "nesta casa as coisas PARECEM MAIS TRISTES E DESOLADAS DO QUE NUNCA". Jenny vivia perseguida por dívidas e "fazendo visitas à casa de penhores na cidade". E continuou: "Minha mulher tem toda razão quando diz que, depois de toda a *misère* que teve de passar, a revolução só viria piorar as coisas e lhe proporcionar o prazer de ver todos os farsantes daqui mais uma vez comemorar sua vitória sobre os de lá. As mulheres são assim".[69]

Embora nos anos 1860 as condições materiais tenham mudado para a família Marx e sua dependência para com os atavios da existência de classe média — escolas particulares, aulas de piano, roupas melhores, duas empregadas — tenha aumentado, a desproporção fundamental entre renda e despesas continuava. O começo dos anos 1860 foi difícil. Apesar de o apoio financeiro de Engels aumentar gradualmente, outras fontes de renda, mais independentes, minguaram. Em abril de 1857, Dana tinha pedido a Karl que escrevesse para a *New American Cyclopaedia*. Ele contava com Karl para "fornecer os artigos militares" a dois dólares por página, e ressaltou que verbetes sobre política, religião e filosofia não deveriam ter "nenhuma tendência partidária".[70] Com isso, a maior parte dos 67 verbetes publicados na *Cyclopaedia* foi escrita por Engels, que contribuiu com 51 itens. Não se sabe ao certo por que o acordo se desfez, mas nenhuma outra colaboração foi publicada depois de 1860.

As colaborações para o *Tribune* também acabaram. Em 1857, Dana tinha escrito para Karl dizendo que "assuntos europeus, chatos por si, cederam lugar na nossa atenção pelo interesse e importância superiores de acontecimentos neste país". No começo dos anos 1860, com o início da Guerra Civil Americana e a pressão do proprietário Horace Greeley para dispensar Karl, Dana pediu que a publicação dos artigos de Karl fosse suspensa por alguns meses. Finalmente, em março de 1862, Dana escreveu anunciando sua própria e iminente saída do *Tribune* e pediu a Karl que não mandasse mais novas colaborações.[71]

Os altos e baixos da vida de Jenny continuaram. Em dezembro de 1861, Karl informou a Engels que sua mulher estava "numa perigosa condição nervosa" e que por alguns dias o dr. Allen ficou "muito alarmado".[72] Dez dias depois, quando informou a Jenny de uma tentativa de negociar um empréstimo, isso provocou "uma espécie de acesso".[73] Ele disse a Engels que ainda não sabia "como vou superar esta crise". Em fins de fevereiro de 1862, a filha Jenny, de dezessete anos, doente e com idade suficiente "para sentir toda a tensão e também o estigma nas nossas circunstâncias", fez algumas consultas sobre como se tornar atriz. "Pensando bem", disse ele a Engels, "levar esta vida de cão não chega a VALER A PENA." Poucos meses depois, a situação praticamente não tinha mudado. A família aguardava a chegada de vinho mandado por Engels: "No mais, a casa está uma tristeza".[74] Um mês depois, Karl pediu desculpas por "expor assim a minha *misère*", mas "*que fai-*

re?". "Todo dia minha mulher me diz que preferia que ela e as crianças estivessem bem seguras em seus túmulos, e eu realmente não tenho como censurá-la, pois as humilhações, os tormentos e o alarido que somos obrigados a aguentar numa situação como esta são indescritíveis."[75] No final do ano, foi uma desgraça atrás da outra. Com credores exigindo pagamento, Jenny fez uma viagem a Paris atrás de dinheiro, mas ao chegar descobriu que o suposto benfeitor tinha acabado de sofrer um derrame. Durante a sua ausência, a irmã de Lenchen, Anna, que fora incorporada à casa como a segunda empregada, morreu de infarto. Em 7 de janeiro de 1863, Engels escreveu para dizer que sua companheira, Mary, tinha acabado de morrer. "A pobre moça me amava de todo o coração." Evidentemente, Karl estava preocupado demais para reagir à gravidade do acontecimento. Em 8 de janeiro, depois de uma referência superficial ao fato de como ela era "afável, espirituosa e apegada a você", ele continuou lamentando a própria "má sorte". Tudo estava penhorado; as crianças não podiam sair porque não tinham sapatos nem roupas. Pediu desculpas por estar absorto demais consigo mesmo, alegando que foi "um remédio homeopático", e tentou consolar Engels com o pensamento de que "em vez de Mary, não deveria ter sido minha mãe [a morrer], que de qualquer maneira padece de enfermidades físicas e teve a sua cota-parte de vida [...]?". Mas pensou melhor: "Veja só que ideias estranhas vêm à cabeça de 'homens civilizados' sob a pressão de certas circunstâncias".[76]

Engels ficou profundamente magoado com a "atitude fria" de Karl para com sua "desgraça". Até mesmo "seus amigos, incluindo seus conhecidos filisteus", "me deram provas de maior compreensão e amizade do que eu poderia esperar". Ele explicou a Karl que não estava em condições financeiras de "arranjar a soma bastante vultosa que você mencionou" e o aconselhou a sondar a possibilidade de obter empréstimos, seguro de vida ou uma limitada promissória que ele próprio estava preparado para assinar; fora isso, Karl poderia falar com o tio, Lion Philips, na Holanda.[77] Uns dez dias depois, Karl fez uma tentativa não muito convincente de justificar o seu comportamento, atribuindo-o a uma raiva momentânea pela mulher, e por sua recusa a reconhecer a impossibilidade de "manter falsas aparências" indefinidamente. Propôs uma declaração de falência: as duas meninas mais velhas poderiam ser governantas, Lenchen trabalharia noutro lugar, enquanto ele e Jenny iriam para uma "CASA DE HÓSPEDES MODELO NA CIDADE".[78] Talvez a intenção dessa carta fosse assustar, mais do que declarar um projeto. De qualquer maneira, Engels ficou aliviado por saber que, ao perder Mary, não tinha perdido também seu "mais antigo e melhor amigo". Mesmo assim, "eu lhe digo que aquela carta me atormentou durante uma semana inteira".⁷⁹

A partir de março de 1863, a pressão financeira sobre a família Marx foi aliviada graças aos esforços de Engels e Ernst Dronke, e, pela maior parte de agosto, Karl conseguiu que a família tirasse umas férias em Ramsgate. Em 30 de novembro, a mãe de Karl, Henriette, morreu. Ele pediu dinheiro a Engels para ir a Trier liquidar a propriedade, acrescentando o comentário um tanto críptico: "Eu mesmo já tive um pé na cova. Mas, nessas circunstâncias, eu, supostamente, era mais necessário do que minha mãe".⁸⁰ Incomodado mais uma vez por problemas de fígado, Karl ficou com o tio em Zaltbommel e só voltou a Londres no fim de fevereiro. Em maio de 1864, Wilhelm Wolff — "Lupus" —, amigo íntimo de Karl, morreu em Manchester, e Karl foi o principal beneficiário do seu testamento.⁸¹ Juntamente com o que herdou da mãe, Karl recebeu legados de aproximadamente 1500 libras esterlinas (170 mil libras esterlinas em termos atuais).

Mas mesmo com essa mudança de sorte, os hábitos da família Marx não mudaram. Ao voltar da Holanda, a família mudou-se antes do fim de março para Modena Villas, número 1, em Maitland Park. O aluguel por três anos custava 65 libras por ano, mais taxas de quatro a oito xelins: um aumento de 80% em relação às despesas de Grafton Terrace. Jenny gastou quinhentas libras com móveis e acessórios, incluindo uma "ROBUSTA FACA DE TRINCHAR" para Engels.⁸² Um ano depois, porém, o padrão costumeiro já voltara a se impor. Em 31 de julho de 1865, Karl escreveu para Engels, justificando seu prolongado silêncio:

> Há dois meses tenho vivido exclusivamente da loja de penhores, o que significa que uma fila de credores não para de bater à minha porta, tornando-se cada dia mais insuportável. Este FATO não será nenhuma surpresa para você, quando levar em conta que, primeiro, tenho sido incapaz de ganhar um CENTAVO esse tempo todo, e que, segundo, simplesmente saldar *as dívidas* e mobiliar a casa me custou umas quinhentas libras. [...] Eu mesmo acho incrível que o dinheiro tenha desaparecido.⁸³

Como explicar esse recorrente mergulho na pobreza? Os londrinos estavam acostumados a uma renda irregular e incerta. Henry Mayhew, nos anos 1850, concluiu que:

Dos 4,5 milhões de pessoas que têm dependido dos próprios esforços para assegurar sua subsistência e a de suas famílias, mal existe [...] trabalho suficiente para o emprego *regular* de metade dos nossos trabalhadores, de maneira que apenas 1,5 milhão estão plena e constantemente empregados, ao passo que outros 1,5 milhão estão empregados só metade do tempo, e os restantes 1,5 milhão estão totalmente desempregados, conseguindo um trabalho diário *ocasionalmente* pela substituição de alguns dos outros.[84]

E esse problema não estava relacionado exclusivamente ao trabalho manual e às classes trabalhadoras. Basta pensar no capitão Hawdon, ou Nemo, de *A casa abandonada*, de Dickens. O personagem era um ex-oficial do Exército que ganhava a vida fazendo trabalhos temporários como jurista.

Mas no caso da família Marx não se tratava de pobreza no sentido comum da palavra. Em 1862, a bem-intencionada sugestão de Lassalle de que uma das filhas de Karl trabalhasse para ganhar dinheiro com a condessa Von Hatzfeldt, sua companheira, foi recebida como um indizível desrespeito ao status social deles e provocou um dos mais repulsivos insultos racistas de Karl.[85] "Imagine só! Esse sujeito, sabendo do caso americano etc. [a perda dos rendimentos do *Tribune*], e portanto da situação de crise em que me encontro, teve a insolência de perguntar se eu cederia uma das minhas filhas *à la* Hatzfeldt como 'dama de companhia'." Uma das justificativas para o comportamento deles era de que isso seria determinado pela necessidade de garantir o futuro das filhas. Em julho de 1865, Karl admitiu: "É verdade que minha casa está acima dos meus meios, e que temos, além disso, vivido melhor este ano do que foi o caso antes. Mas é o único jeito de as meninas se estabelecerem socialmente, com vistas a assegurar o seu futuro". Ele achava que Engels concordaria com seu argumento de que "mesmo de um ponto de vista meramente financeiro, morar numa casa puramente proletária não seria apropriado nestas circunstâncias, embora não houvesse problema se fôssemos só minha mulher e eu, ou se as meninas fossem meninos".[86]

Pode-se pôr em dúvida este último argumento. Nunca houve qualquer plano de morar numa "casa puramente proletária". Quando Jenny chegou a Londres pela primeira vez, a família alugou um apartamento em Chelsea duas vezes mais caro do que o custo posterior de Grafton Terrace. Da mesma forma, em 1854, apesar das dívidas, gastou-se considerável montante com roupas novas para Jenny quando foi visitar a mãe, "uma vez que ela naturalmente não poderia chegar a

Trier parecendo uma maltrapilha".[87] Soube-se também à época da morte da meia-irmã de Lenchen, Marianne, que a família tinha tido duas empregadas nos cinco anos anteriores. E não era só Jenny que insistia em parecer que vivia — ou mesmo que vivesse de fato — um padrão de vida burguês. Segundo Werner Blumenberg, Karl gostava de dar às visitas, especialmente as estrangeiras, a impressão de viver em confortáveis circunstâncias burguesas.[88] Para os seus parentes holandeses, em particular o tio Lion Philips, ele fingia que, apesar de suas convicções políticas, não era avesso a apostar ocasionalmente no mercado de ações. No verão de 1864, em vez de admitir que recebera a herança de Wilhelm Wolff, ele dizia ter lucrado quatrocentas libras esterlinas com fundos americanos e ações inglesas.[89]

Mas, no caso de Karl, não era só a insistência numa distinção social e na necessidade de manter as aparências que explicava o seu comportamento. Havia também o respeito que lhe era devido no Soho, mesmo nos anos mais sombrios, como chefe de um "partido". David McLellan calculou que no ano anterior ao seu emprego no *Tribune*, Karl recebeu 150 libras em doações (o equivalente, estimou ele, à renda de uma família de classe média baixa), e esse montante incluía apenas somas especificamente mencionadas — provavelmente foi bem mais.[90] Doações e apoio não vinham apenas de Engels, mas dos amigos de Colônia, Daniels e Weerth, e de Lassalle, bem como de um dos primos de Jenny e, pelo menos quando ela morou em Chelsea, da mãe dela, Caroline.

O fim da Revolução de 1848 e a ausência de outra que eclodisse novamente deixaram Karl frustrado e furioso. Sua suscetibilidade era aguçada por um senso de notabilidade não reconhecida. Ficava irritado com as pretensões dos "Grandes Homens do Exílio" — Mazzini, Kossuth, Ledru-Rollin — e com as aclamações que estes recebiam, e irritado particularmente com seus compatriotas Gottfried Kinkel, Karl Heinzen ou Arnold Ruge, contra quem vertia sua bile. Depois de 1852, Karl se retirou de qualquer agrupamento organizado, mas "o partido", como ele o concebia, permaneceu, e continuaria a desempenhar seu papel privilegiado no drama histórico que se desenrolava. Mas "o partido" não significava a Liga Comunista. "A 'Liga', como a Société des Saisons [Sociedade das Estações] em Paris e uma centena de outras sociedades, foi apenas um episódio na história de um partido que brota naturalmente em toda parte do solo da sociedade moderna."[91] Era "o partido" no sentido histórico-mundial que permanecia. Em termos mais mundanos, era um grupo — composto provavelmente por não mais que dez ou vinte pessoas — unido pela deferência a Karl, por laços de amizade e solidariedade política e pelo afã de manter a família Marx financeiramente à tona.

3. BONAPARTE E O BONAPARTISMO

A Revolução tinha sido interrompida pela volta da prosperidade econômica. Esse foi o veredicto do derradeiro número do *Neue Rheinische Zeitung — Politisch--Ökonomische Revue*, que apareceu em novembro de 1850. Mas um ano depois, o que faltava explicar era por que a revolução na França tinha tido um fim tão grotesco. Seu ato final não consistiu na renovada polarização de forças opostas — de um proletariado parisiense, agora recuperado da derrota de junho, diante de um partido da ordem, agora controlando as forças combinadas de orleanistas, legitimistas e republicanos conservadores. Em vez disso, o que houve foi o triunfo de um impostor, Luís Napoleão, aparentemente capaz de planar por cima da previsível trajetória da luta de classes. O que precisava ser explicado, portanto, era "como a luta de classes na França criou as condições e as relações que tornaram possível que uma grotesca mediocridade desempenhasse papel de herói". Esse foi o tema da série de ensaios escritos entre dezembro de 1851 e março de 1852, explicando minuciosamente a sequência de eventos que levaram ao golpe de Estado de Bonaparte.

Como outros escritores da época, notavelmente Victor Hugo, Karl ficou impressionado com os ridículos aspectos do contraste entre o tio, Napoleão I, e o sobrinho, Luís Bonaparte. Para ressaltar o argumento, Engels sugeriu uma comparação entre o golpe de Bonaparte em 2 de dezembro de 1851 e a tomada do poder original por Bonaparte no "18 de brumário" de 1799. No dia seguinte ao golpe, ele escreveu para Karl, recordando a ideia de Hegel de que o Espírito Mundial fazia "tudo ser reencenado duas vezes: a primeira como grande tragédia e a segunda como farsa corrompida". Karl adotou a ideia, e daí vem o título do texto: *O 18 de brumário de Luís Bonaparte*.[92]

Esse era um documento mais bem-acabado e pensado do que *As lutas de classes na França*. A parte principal do texto consistia em um relato detalhado do conflito entre Bonaparte e a Assembleia Nacional. Bonaparte tinha sido eleito presidente da França, com base no voto masculino adulto universal, por maioria esmagadora, em 10 de dezembro de 1848. As duas formas sucessivas da Assembleia Nacional também tinham sido eleitas com base no voto masculino adulto universal. A primeira, a "Assembleia Nacional Constituinte", foi produto do período do estabelecimento da República, que se estendeu de 4 de maio de 1848 a 28 de maio de 1849. A segunda, a República Constitucional, ou "Assembleia Nacional Legislativa", cobriu o período de 28 de maio de 1849 a 2 de dezembro de 1851, o momento do golpe de Estado de Bonaparte.

As famosas frases iniciais de Karl em *O 18 de brumário*, que descrevem o contraste entre as histórias dos dois Napoleões como o contraste entre tragédia e farsa, prendem a atenção. Em outros sentidos, porém, o tratamento da crise de meados do século como forma de comédia era inapropriado. Deixava escapar o que havia de mais importante na sequência de eventos: acima de tudo, a emergência de uma forma insólita de política democrática que resultava da participação direta "do povo" (ou pelo menos dos homens adultos) no processo eleitoral. A criação de uma Constituição — com base não apenas no voto masculino adulto na eleição da Assembleia Nacional, mas também (seguindo o exemplo dos Estados Unidos) na eleição de um executivo presidencial independente — mudou completamente a forma e o conteúdo da política francesa. No lugar da "república burguesa" prevista pela classe política, um eleitorado inexperiente escolheu um forasteiro, cujos poder e legitimidade não dependiam da Assembleia Nacional, mas diretamente do voto. Além disso, os novos arranjos constitucionais desenvolvidos pela Assembleia exigiam que o presidente servisse um mandato de quatro anos, não podendo se candidatar à reeleição quando o mandato atual terminasse.

Bonaparte foi muito habilidoso na exploração das possibilidades de sua nova posição. A República de Fevereiro tinha sido vivida pela França conservadora como um choque assustador; sua retórica social-democrata parecia justificar todos os temores sobre o fantasma do comunismo que tinham sido interminavelmente repisados durante a Monarquia de Julho e aparentemente confirmados pela Insurreição de Junho em Paris. As eleições de maio de 1848 produziram uma Assembleia moderada em geral, mas dividida entre legitimistas, orleanistas e republicanos conservadores. Como ressaltou Karl, foi só a existência da "república parlamentar" que permitiu aos partidários das casas reais rivais se misturar ao "Partido da Ordem". No entanto, a situação continuava instável. Quando a ameaça da esquerda social-democrata — La Montagne [A Montanha] — parecia iminente, a pressão por unidade dentro do Partido da Ordem cresceu. Quando diminuiu, o partido retomou a tendência de dividir-se nas partes que o compunham. Para o mundo exterior, essas tensões e rivalidades pareciam cansativas ou perigosas. O Partido da Ordem na Assembleia Nacional também perdeu apoio ao impor restrições substanciais ao direito de votar.⁹³

Como presidente, Bonaparte tinha acesso privilegiado tanto ao Exército como a um grande número de funcionários do governo central e local, que haviam aumentado sob a monarquia absolutista e sob Napoleão. Além disso, ele dispunha tanto de um considerável poder executivo como de amplo espaço ideológico para manobras. A inovação de Bonaparte foi aceitar a soberania popular e restaurar o voto universal — até então o pesadelo de todos os conservadores —, mas situá-los dentro de uma base estrutural fortemente conservadora e nacionalista. Passando por cima da Assembleia Nacional, ele apelava a todas as classes — tanto às classes médias e ao campesinato, exigindo ordem e tranquilidade, quanto às classes trabalhadoras, por meio da restauração do voto universal e da vaga promessa de tratar da questão social.⁹⁴ Era inteiramente nova a ideia de que não apenas o governo representativo mas também a democracia política seriam apropriados para as políticas populistas da direita. Entre outras razões, foi por isso que 1848, longe de significar repetição farsesca ou cômica, representou uma tremenda novidade na política do século XIX.

A hostilidade de Karl à democracia política e ao voto universal não foi, de forma alguma, atenuada pela experiência de 1848. Em *As lutas de classes na França*, ele se mostrou muito contente porque "o voto universal não tem o poder mágico que os republicanos da velha escolha lhe atribuíam". Seu único grande mérito tinha sido "desencadear a luta de classes", ou tirar das classes médias "suas ilusões" e de todos os setores da "classe exploradora" sua "máscara enganosa".⁹⁵ Essa posição não mudou em *O 18 de brumário*. Depois de se referir ao "Santo Graal do Voto Universal", ele afirmou que

> o voto universal parece ter sobrevivido apenas por um momento a fim de que, por iniciativa própria, possa fazer sua última vontade e seu testamento perante os olhos de todo o mundo e declarar em nome do próprio povo: tudo que nasce está apto a ser derrubado, porque não tem valor.⁹⁶

Em vez da opinião dos democratas, de que todo o período da Assembleia Constituinte e da Assembleia Legislativa poderia ser considerado "uma simples luta entre republicanos e monarquistas", Karl tentou apresentar a sequência de eventos como resultado da luta de classes ou das relações contraditórias entre forças e relações de produção. Os resultados foram variados. Olhando com mais atenção, Karl afirmou que "a aparência superficial, que oculta a *luta de classes* e a fisionomia peculiar desse período, desaparece". O exemplo mais claro era o conflito entre os legitimistas e os orleanistas. O que separava a "flor-de-lis e a tricolor" não eram

> os chamados princípios, mas as suas condições materiais de existência; dois diferentes tipos de propriedade; era o velho contraste entre a cidade e o campo, a rivalidade entre capital e propriedade fundiária. [...] Das diferentes formas de propriedade, das condições sociais de existência, surge toda uma superestrutura de diferentes, e distintamente formados, sentimentos, ilusões, modos de pensar e visões da vida. A classe inteira os cria e forma a partir de seus alicerces materiais e das correspondentes relações sociais.[97]

Não chegava a ser uma afirmação especialmente controvertida, pois, como o próprio Karl reconhecia, a descrição das relações entre burguesia e aristocracia como uma forma da luta de classes entre a cidade e o campo era comum entre os historiadores desde as obras de Guizot, Thierry e Thiers, entre outros, na década de 1820.[98] Mas por que um setor da burguesia apoiaria uma república e não um partido dinástico? Karl não tinha nenhuma interpretação "materialista" a oferecer, apenas uma tautologia: "Não era uma facção da burguesia unida por grandes interesses comuns e isolada por específicas condições de produção. Era uma camarilha de escritores, advogados, oficiais e funcionários burgueses de mentalidade republicana".[99] O proletariado não foi discutido, uma vez que aparentemente tinha sido posto fora de ação pela repressão à Insurreição de Junho. No caso dos democratas e republicanos "pequeno-burgueses", alegava-se que esse grupo não queria "impor um interesse de classe egoísta", mas tendia a associar as condições especiais da sua própria emancipação com as condições gerais para a emancipação da sociedade. Sua principal preocupação era harmonizar os interesses do trabalho e do capital. Dentro do termo "pequena burguesia", categorias profissionais muito distintas eram agrupadas — de um lado escritores democratas, de outro lojistas, por exemplo. Mas numa brava tentativa de sugerir e explicar sua posição compartilhada, Karl afirmava: "Em instrução e posição individual, eles podem estar tão distantes [...] como o céu e a terra. O que os torna representativos da pequena burguesia é o fato de que, em sua cabeça, não vão além dos limites que esta última ultrapassa na vida".[100] Finalmente, no caso da própria burguesia, a dificuldade — sugeria-se — era de que ela já não poderia ocultar o seu domínio debaixo de uma coroa, como o fizera durante a Monarquia de Julho. A Revolução criou a forma na qual o domínio burguês, combinado dentro do Partido da Ordem, foi claramente revelado.

> A Revolução tinha primeiro criado a forma na qual o domínio da classe burguesa recebia sua mais ampla, mais geral e definitiva expressão, e poderia portanto ser derrubada, sem conseguir mais se levantar. [...] Por entusiasmo por sua bolsa, ela [a burguesia] rebelou-se contra seus próprios políticos e homens de letras.[101]

Ao tentar explicar por que a França parecia ter escapado do "despotismo de uma classe para se colocar novamente sob o despotismo de um indivíduo, e, o que é mais, sob a autoridade de um indivíduo sem autoridade", Karl apontou com precisão dois supostos grupos sociais.[102] O primeiro era o campesinato, sobre o qual Karl afirmou que "a identidade dos seus interesses não produz vínculo comunitário, nem nacional". Eram como batatas "num saco de batatas".

> [Eram] incapazes de impor seus interesses de classe por conta própria. [...] Não podem representar a si mesmos, têm que ser representados. Seu representante deve, ao mesmo tempo, aparecer como seu patrão, como uma autoridade, como um poder governamental ilimitado que os protege contra outras classes. [...] A influência política dos camponeses com pequenas propriedades, portanto, encontra sua expressão final no Poder Executivo, que subordina a própria sociedade.[103]

Esse inventivo relato sociológico omitia, em primeiro lugar, o fato de que a vitória eleitoral de Bonaparte em 1848 se deveu tanto a Paris e outras cidades como ao campo.[104] Em segundo lugar, numa importante restrição, Karl admitiu que "a dinastia Bonaparte representa não o camponês revolucionário, mas sim o conservador"; não "o esclarecimento, mas a superstição do camponês".[105] Ele dificilmente poderia fazer outra coisa numa situação em que uma importante rebelião contra o golpe de Estado de Bonaparte em 1851 foi predominantemente uma rebelião de camponeses e das pequenas cidades da França.

Na narrativa de Karl, o outro grande promotor da causa bonapartista foi o chamado lumpemproletariado (*Lumpenproletariat*). Era uma afirmação muito característica de sua época. Na primeira metade do século XIX, as preocupações com o tamanho e o anonimato das cidades grandes tomaram a forma de um medo frequentemente expresso da incerteza e das fronteiras invisíveis entre pobreza e criminalidade; ou, na linguagem da época, entre *la classe laborieuse* e *la classe dangereuse*. Nos anos 1840, essas preocupações tinham produzido um grande e popular gênero literário, que ia do *Oliver Twist*, de Dickens, a *Os mistérios de Paris*, de Eugène Sue, e *London Labour and the London Poor* [Londres do trabalho e os pobres de Londres], de Henry Mayhew.

Karl parece ter concordado com esse mito urbano, e sua descrição dos componentes dessa "classe" era típica:

> Ao lado de decadentes *roués* com duvidosos meios de subsistência e de duvidosa origem, ao lado de arruinados e aventurosos rebentos da burguesia, havia vagabundos, soldados exonerados, presidiários soltos, escravos fugidos das galés, trapaceiros, charlatães, *lazzaroni*, batedores de carteira, vigaristas, jogadores, *maquereaus*, proxenetas, carregadores, *literati*, tocadores de realejo, trapeiros, amoladores de faca, funileiros, mendigos — em suma, toda a massa indefinida, desintegrada, jogada de um lado para outro, que os franceses chamam de *la bohème*.[106]

Como outros, Karl achava que esse grupo era capaz de conspiração. Em seu relato, o lumpemproletariado de Paris era organizado em "seções secretas" e estava a mando de Bonaparte:

> Esse Bonaparte, que se constitui, ele mesmo, chefe do *Lumpenproletariat*,[107] que ali sozinho redescobre em termos de massa os interesses que busca pessoalmente, que reconhece nessa escória, nesse resto, nesse refugo de todas as classes a única classe sobre a qual pode se alicerçar incondicionalmente, é o verdadeiro Bonaparte.[108]

Naquilo que tinha de reflexo de uma realidade social, esse melodrama se referia à extensão da marginalização e do subemprego encontrados não apenas entre os trabalhadores pobres, mas em todas as classes, desde a progênie ilegítima da aristocracia, passando pelos militares exonerados e banqueiros falidos, até Joe, o órfão varredor de travessia descrito em *A casa abandonada*, de Dickens. Um quadro semelhante foi evocado por Mayhew em sua descrição das docas de Londres nos anos 1850:

Aqueles que não conseguem sobreviver da profissão que aprenderam podem achar ali um meio de subsistência sem necessidade de qualquer treinamento. Por essa razão, encontramos homens de todas as vocações trabalhando nas docas. São decaídos mestres-açougueiros, mestres-padeiros, donos de pub, merceeiros, soldados idosos, marinheiros idosos, refugiados poloneses, cavalheiros arruinados, ajudantes de advogado demitidos, funcionários públicos suspensos, mendigos, pensionistas, criados, ladrões — na realidade, qualquer um que queira comprar um pão e esteja disposto a trabalhar para isso.[109]

Mas não havia nenhuma semelhança óbvia entre os 10 mil "velhacos" ou os membros da chamada "Sociedade de 10 de Dezembro", descritos em *O 18 de brumário*, e a Guarda Móvel, também supostamente lúmpen, descrita em *As lutas de classes na França*. Sem dúvida os partidários de Bonaparte incluíam sua cota de aventureiros de diferentes tipos, mas chamar de "classe" essa variedade de indivíduos era implausível.

Por causa da insistência de Karl em descrever a vitória de Bonaparte em termos de classe, a questão principal parece lhe ter escapado. Como o próprio Karl se deu conta, "Bonaparte gostaria de aparecer como o benfeitor patriarcal de todas as classes". Ele conseguiu se apresentar como amigo da classe média e também como protetor dos camponeses contra a ameaça da burguesia. Ao restaurar o voto masculino adulto, que o Partido da Ordem na Assembleia Nacional tinha abolido, Bonaparte pôde se apresentar também como amigo da classe trabalhadora. Praticou o que mais tarde se chamaria de populismo. Não foi tanto o "entusiasmo por sua bolsa", mas o medo generalizado da anarquia e a ameaça de triunfo socialista nas eleições de 1852 que lhe permitiram apelar para todas as classes como amigo da ordem e forte governo executivo.

Tanto no começo como no fim d'*O 18 de brumário*, Karl baseou-se em Benjamin Constant para colocar Bonaparte numa moldura maior. Constant tinha escrito nas duas primeiras décadas do século XIX sobre a Revolução de 1789-1814, que "se vestia alternadamente de República Romana e de Império Romano". Karl tomou por base a crítica de Constant à confusão dos jacobinos entre liberdade antiga e liberdade moderna. Com a sociedade comercial moderna, dizia Constant, veio uma correspondente teoria de liberdade. O comércio e a paz tinham substituído o recurso antigo ao saque, à escravidão e à guerra. Como era possível, então, que os imperativos supostamente pacíficos da sociedade comercial — "*doux commerce"*, como a chamavam seus admiradores no século XVIII — pudessem lançar um déspota e um guerreiro como Napoleão? Constant declarava que "a prolongada prática do despotismo hoje é impossível", que o despotismo, como a usurpação e a conquista, era "um anacronismo".[110]

Karl não atacou Luís Bonaparte por seu papel guerreiro, como o fizera Constant, uma vez que o imperador não tinha nenhuma reputação militar a ser defendida. Mas ao enfatizar seu relativo distanciamento das principais classes da sociedade civil e suas relações com o Exército e os camponeses, Karl fez o mesmo que Constant, acusando-o de "anacronismo". "O que se vê: *todas as 'idées napoléoniennes' são ideias da pequena propriedade pouco desenvolvida no frescor da juventude*; para a pequena propriedade que sobreviveu aos seus dias, elas são um absurdo. São apenas alucinações de suas agonias."[111]

Apesar de agora esperar que o retorno da revolução dependesse do ciclo comercial, a nota de otimismo apocalíptico continuava:

> A paródia de império era necessária para libertar as massas da nação francesa do peso da tradição para solucionar, de forma pura, a oposição entre poder estatal e sociedade. Com o progressivo enfraquecimento da pequena propriedade, a estrutura estatal construída sobre ela entra em colapso.[112]

"A revolução é meticulosa", consolava-se ele.

> Ainda está passando pelo purgatório. Faz o seu trabalho metodicamente. [...] Primeiro aperfeiçoou o poder parlamentar, para poder derrubá-lo. Agora está aperfeiçoando o *poder executivo*, [reduzindo-o] à sua expressão mais pura [...] para concentrar todas as suas forças de destruição contra ele. E quando tiver terminado essa segunda metade do trabalho preliminar, a Europa dará um pulo na cadeira para exclamar, exultante: "Bem cavado, velha toupeira!".[113]

Como em *As lutas de classes na França*, a característica mais saliente da nova concepção de história de Karl era a recusa a conceder espaço independente para as preocupações políticas do povo. O voto universal era tratado como uma forma de ilusão semelhante à noção de igualdade de trocas na economia ou à aparente naturalização das categorias econômicas no que mais tarde seria chamado de "o fetichismo da mercadoria". A ilusão de democracia política era mais um sintoma do poder alienante da sociedade comercial. Mas sua recusa a pensar no sufrágio universal como outra coisa que não fosse um sintoma patológico impunha sérias limitações ao seu entendimento da sequência de acontecimentos. Isso o levou a subestimar a maneira pela qual a questão do voto empurrou a revolução em direções diferentes de qualquer coisa havida em 1789 ou 1830.

Como resultado, sua interpretação da sequência de eventos que culminaram na adoção do sufrágio universal, a esmagadora maioria eleitoral de Bonaparte e, finalmente, seu golpe de Estado, era caprichosa e perversa. Karl dizia que esses acontecimentos significaram o amadurecimento do "partido da insurreição", transformado num "partido realmente revolucionário", e que o estabelecimento do Segundo Império não foi uma derrota da burguesia, mas uma nova forma de dominação burguesa. No entanto, ele tinha pouco a dizer sobre aquilo que seria sua consequência mais óbvia: que, como resultado da demanda política pelo voto masculino adulto universal na França em 1848, e novamente na Alemanha na década de 1860, tanto os liberais como os partidos da ordem mais tradicionais se viram derrotados não por democratas radicais à esquerda, mas pelas manobras demagógicas de líderes dissidentes pós-legitimistas à direita — Bonaparte e Bismarck.

Se Karl esperava que *O 18 de brumário* despertasse grande atenção entre os exilados radicais alemães em Londres e Nova York, teve uma decepção. O texto foi programado para aparecer originalmente como uma série de artigos no *Die Revolution*, um novo semanário fundado em Nova York por Joseph Weydemeyer, amigo de Karl. Mas o jornal fechou depois de dois números, e o artigo de Karl chegou tarde demais para ser incluído. Weydemeyer publicou a obra como o primeiro número de outra publicação "não periódica", também chamada *Die Revolution*, em maio de 1852. Mas, para desolação de Karl, ele entendeu mal o título, dando o nome de *O 18 de brumário de Luís Napoleão*, sendo que no texto todo Karl se referia enfaticamente apenas a "Luís Bonaparte", como forma da sua intenção de negar a Bonaparte a legitimidade conferida pelo nome de "Napoleão". Weydemeyer não teve como recolher a edição. Pouquíssimos exemplares chegaram à Europa, por isso o texto permaneceu praticamente desconhecido. A primeira edição acessível só apareceu em 1869.[114]

Talvez isso ajude a explicar o tom amargo e sarcástico de *Os grandes homens do exílio*, seu ensaio seguinte, escrito a quatro mãos com Engels, parte em Londres e parte em Manchester, de maio a junho de 1852. Se o texto abria com um divertido ataque aos democratas alemães exilados, a amargura subjacente logo vinha à tona. Começava com um relato satírico de Gottfried Kinkel, poeta e pastor, cuja busca sentimental do "autêntico ser interior" e de uma verdadeira parceira era expressa em termos de "Heinrich von Ofterdingen" e sua busca da "flor azul".[115] Graças à sua temível esposa Joanna, Kinkel tinha sido solto da sua prisão prussiana depois de ser capturado em Rastatt, no fim da campanha de Baden. Uma vez em Londres, foi recebido como herói e tratado como celebridade pela sociedade londrina, sendo até convidado para conhecer Dickens. Era apresentado ora como o "Cristo Democrata", ora como o "Lamartine alemão".

Nessa primeira parte, o tom continuava leve, mas depois o ataque se tornava rude e excessivo.[116] Eis a descrição de Gustav Struve, um dos líderes da revolta de Baden em 1848-9: "Ao ver pela primeira vez sua aparência coriácea, seus olhos protuberantes de expressão maliciosa e estúpida, o brilho fosco de sua calva e seus traços meio eslavos, meio calmucos, não há como duvidarmos de que estamos na presença de um homem pouco comum".[117] Mas um tratamento ainda pior foi reservado para o antigo mentor dos dois, Arnold Ruge, descrito como "o guarda suíço da filosofia alemã":

> Os conhecidos dele em Paris tinham o hábito de resumir seus traços eslavo-pomerânios com o termo "fuça de doninha". [...] É nessa vala que as contradições da filosofia, da democracia e das frases de efeito em geral se misturam estranhamente; este homem é, além de tudo, dotado de todos os vícios, de qualidades mesquinhas e triviais, com a manha e a estupidez, a avareza e a falta de jeito, o servilismo e a arrogância, a deslealdade e a cordialidade do servo emancipado, do camponês: filisteu e ideólogo, ateu e adorador de palavras de ordem, burro absoluto e absoluto filósofo tudo num só — esse é Arnold Ruge, como Hegel o previu em 1806.[118]

Assim como *O 18 de brumário*, o ensaio *Os grandes homens do exílio* deveria aparecer originalmente no *Die Revolution* de Weydemeyer. Quando o jornal fechou, foi preciso bater a outras portas. Em julho de 1852, o coronel Bangya, exilado húngaro e amigo íntimo de Kossuth, de quem Karl se tornara amigo, prometeu publicá-lo na Alemanha e pagar 25 libras pelos direitos. Bangya não cumpriu a promessa, e descobriu-se que era um espião a serviço das polícias austríaca, francesa e prussiana. O ensaio só foi publicado no século XX.[119]

4. O *NEW-YORK DAILY TRIBUNE* E O JORNALISMO DOS ANOS 1850

Se se pode dizer que Karl "ganhava a vida" nos anos seguintes a 1852, foi como correspondente europeu do *New-York Daily Tribune*. Calcula-se que o *Tribune* tenha publicado 487 artigos de Karl, 350 escritos por ele de próprio punho, 125 por Engels e doze a quatro mãos. Isso é bem mais do que ele escreveu para o *Neue Rheinische Zeitung* ou suas colaborações na década de 1850 para a revista cartista de Ernest Jones, *People's Paper*, ou para o *Free Press*, jornal do turcófilo David Urquhart. Só em 1855, com seus 220 artigos ou mais para o *Neue Oder-Zeitung*, ele superou brevemente a sua produtividade no *Tribune*. O trabalho no *Tribune* foi excepcional também por ter durado tanto tempo: a primeira colaboração foi em agosto de 1852, e a última foi no início de 1862, quase dez anos depois. O trabalho para o *Tribune* era importante não apenas por ser uma fonte de renda. Nos longos anos posteriores a 1848, foi uma maneira de lidar com novos acontecimentos mundiais. Como escreveu Jenny depois de ter se afastado da azáfama e da vitalidade do Soho: "Felizmente ainda tenho o artigo do *Tribune* para copiar duas vezes por semana, e isso me mantém em contato com o que se passa no mundo".[120]

Em 1850, o editor do *Tribune*, Charles Dana, que ficara impressionado com Karl quando o conheceu em Colônia em 1848, convidou-o para ser correspondente. Anteriormente, com Nathaniel Hawthorne, Emerson e outros, Dana tinha sido membro de um falanstério fourierista em Brook Farm em 1842. Depois que o fogo destruiu o falanstério em 1846, Dana se tornou jornalista sob a égide de Horace Greeley, e em 1848, como correspondente europeu, assistiu à Insurreição de Junho em Paris e a episódios revolucionários em Berlim. Como resultado do interesse americano pelas revoluções europeias, a circulação do *Tribune* tinha disparado, e na década de 1850 atingiu os 200 mil exemplares, na época a maior do mundo. Sob a direção de Dana, o jornal manteve o interesse pelo fourierismo, opondo-se à escravidão e à pena de morte, ao mesmo tempo que defendia o protecionismo e o proibicionismo.

Tantos artigos num período tão grande sugerem que, apesar de algumas óbvias divergências políticas, as colaborações de Karl eram apreciadas pelo *Tribune*, a tal ponto que, em certos anos, até um terço de tudo que ele produziu foi publicado no *Tribune* como artigo de fundo. Uma importante medida do valor de Karl para o *Tribune* foi dada por Dana. Em março de 1860, Karl lhe pediu que escrevesse uma carta de recomendação em apoio a suas alegações no caso contra o cientista e partidário do bonapartismo Carl Vogt. Dana rasgou elogios ao trabalho de Karl:

> Quase nove anos atrás eu contratei o senhor para escrever para o *New-York Tribune*, e o contrato continua até hoje. O senhor tem escrito para nós constantemente, sem uma única semana de interrupção, tanto quanto me lembro, e é não apenas um dos nossos colaboradores mais altamente apreciados, mas também um dos colaboradores mais bem pagos do jornal.

Mas o que torna a carta de Dana particularmente interessante é que o elogio que ele fez a Karl não foi irrestrito:

> O único defeito que encontrei no senhor é que, de vez em quando, adota um diapasão de sentimento excessivamente alemão para um jornal americano. Tem sido assim com relação à Rússia e à França. Em questões relacionadas tanto ao tsarismo como ao bonapartismo, às vezes me pareceu que o senhor manifestou interesse demais, e ansiedade demais, pela unificação e independência da Alemanha.[121]

Dana percebeu corretamente que havia uma dimensão obsessiva na discussão de Karl sobre "tsarismo e bonapartismo" no *Tribune*, e essa dimensão era ainda mais forte em seus outros escritos do período. Muitos revolucionários em 1848 conclamavam uma guerra total contra a Rússia, porque isso tinha mais probabilidade de estimular as energias revolucionárias do povo. A Rússia, por sua vez, estava totalmente empenhada em preservar o acordo do Congresso de Viena de 1815 e, em nome dele, dedicava-se ativamente a fomentar a contrarrevolução em 1848-9. Tinha revertido a intervenção prussiana em Schleswig-Holstein e Posen; os revolucionários, com toda razão, concentravam-se no fato de que o rei prussiano era cunhado do tsar. A Rússia tinha respaldado o falido Império Austríaco intervindo maciçamente contra a revolução na Hungria no verão de 1849. Uma posição eslavófila também começara a ganhar terreno na esquerda, atraindo em particular os consternados com a desalentadora história da revolução no Ocidente. Karl, junto com outros revolucionários, tinha reagido ferozmente contra esse fenômeno e denunciado as iniciativas pan-eslavistas de Bakunin, Herzen e Bruno Bauer.[122]

Entre as classes políticas da Grã-Bretanha e da França, havia também uma preocupação com a Rússia, não tanto como protetora da contrarrevolução europeia, mas antes como potência militar expansionista, com intenções no débil Império Otomano e ambição de controlar o acesso ao mar Negro. Na primavera de 1853, essas tensões culminaram na Guerra da Crimeia entre a Rússia e os otomanos, que eram apoiados pelos britânicos e franceses.

Na Grã-Bretanha, a visceral russofobia de Karl encontrou expressão local nas teorias conspiratórias do romântico dissidente e parlamentar conservador David Urquhart. Urquhart, que antes combatera pela independência grega e agora era ardoroso entusiasta dos otomanos, tinha movido durante anos uma campanha infatigável contra a política externa de lorde Palmerston. No começo de 1853, Karl foi atraído pelos escritos de Urquhart depois que Engels chamou a sua atenção para "o parlamentar maluco, que denuncia Palmerston como empregado da Rússia".[123] No outono de 1853, numa série de oito artigos sobre Palmerston, Karl tinha endossado boa parte da política de Urquhart. "Com quem está em dívida o tsar por ocupar Constantinopla com suas tropas, e por transferir, em virtude do Tratado de Unkiar-Skelessi, a sede suprema do Império Otomano de Constantinopla para São Petersburgo? Com ninguém menos que o Muito Honorável Henry John, Visconde Palmerston."[124] Em dezembro de 1853, depois da renúncia de Palmerston, Karl declarou que, como resultado das revelações de Urquhart, tanto em seus discursos em reuniões antirrussas quanto em publicações, Palmerston "foi descoberto".[125] A essa altura, o *Free Press* de Urquhart tinha publicado 15 mil exemplares do panfleto *Palmerston e a Rússia*, de Karl, enquanto o *Sheffield Free Press*, outra publicação de Urquhart, reeditou numerosos escritos de Karl sobre o mesmo tema.

No tocante à conexão entre a Grã-Bretanha e a Rússia, Karl gostava de apresentar-se como um investigador imparcial, que não compartilhava a obsessão de Urquhart. "Os escritos de Urquhart sobre a Rússia e contra Palmerston tinham me interessado, não convencido", afirmou. No entanto, se sua posição inicial era essa, deixou de ser. Para verificar as alegações de Urquhart, "empreendi a laboriosa análise dos *Debates parlamentares de Hansard* e dos Relatórios Diplomáticos Anuais de 1807 a 1850". Isso talvez teria "demonstrado o envolvimento de Palmerston com o Gabinete de São Petersburgo em relação aos seus negócios com a Polônia, a Turquia, a Circássia etc.".[126] Mesmo o fato de que a Grã-Bretanha estava então supostamente em guerra contra a Rússia não diminuía a sua crença nesse conluio. Pois a Guerra da Crimeia era só aparência. Toda a diplomacia inglesa de 1830 a 1854 poderia ser reduzida a um único princípio: "Evitar a guerra com a

Rússia a qualquer custo". "A guerra com a Rússia", declarou Karl no fim de 1854, "certamente não começou."[127]

Dois anos depois, em 1856-7, ele examinou no British Museum documentos diplomáticos que remontavam ao começo do século XVIII. Ali descobriu "uma colaboração secreta contínua entre os gabinetes de Londres e São Petersburgo", a partir da época de Pedro, o Grande, "que unia a habilidade política de um escravo mongol à orgulhosa aspiração de um senhor mongol, a quem Gengis Khan tinha por testamento legado sua conquista do mundo".[128] Como introdução, publicou *Revelações da história diplomática do século XVIII*.

Na década de 1850, assim como o temor das ambições expansionistas da Rússia tsarista era comum entre a classe política britânica, o aventureirismo de Napoleão III provocava ansiedade; e nos dois casos essas preocupações eram amplamente endossadas pela opinião pública. A suspeita sobre as intenções russas com relação ao Império Otomano foi suficiente para deflagrar a Guerra da Crimeia, de 1853 a 1856, enquanto a hostilidade contra Napoleão III causou a queda do governo de Palmerston em 1858, quando, instigado pelos franceses, ele tentou aprovar um projeto de lei limitando o direito de asilo, na esteira da tentativa de um nacionalista revolucionário, Felice Orsini, de utilizar um explosivo de fabricação britânica para assassinar o imperador francês.

Como no caso de seus escritos sobre a Rússia, havia, com relação a Bonaparte, uma dimensão extra nessa hostilidade alimentada pela tristeza e pelo desapontamento com as derrotas em 1848 e 1851. Bonaparte era sempre descrito por Karl e por outros como um aventureiro, um jogador, e isso levava a contínuas conjeturas sobre seu passo seguinte, supostamente desesperado. A partir da época do golpe de Bonaparte em 1851 e ao longo da década de 1850, a esperança mais imediata era de que a dependência de Bonaparte do apoio do Exército, provavelmente em aliança com a Rússia, o impelisse a uma aventura militar, que talvez deflagrasse uma guerra europeia. Contra quem ele combateria era uma questão secundária. Poderia tentar agradar aos católicos franceses, como o fizera ao lançar a expedição a Roma para reconduzir o papa. Poderia tentar vingar a humilhação de Waterloo, o que sugeria um conflito com a Inglaterra. Ou poderia tentar defender "o princípio da nacionalidade", com isso fomentando uma guerra com a Áustria por causa da Itália. O objetivo principal era fortalecer seu apoio dentro do Exército. Como Engels escreveu para Karl poucas semanas depois do golpe: "Que o bom Luís Napoleão tem que ir à guerra, é claro como o dia, e, se puder chegar a um entendimento com a Rússia, provavelmente comprará uma briga com a Inglaterra".[129] Nos anos sombrios de reação, entre 1848 e o começo da guerra italiana de 1859, o que alimentava as esperanças revolucionárias remanescentes de Karl, Engels e o "partido" era a possibilidade de uma guerra europeia, ou a perspectiva de uma crise econômica mundial.

Em fevereiro de 1856, Karl conjeturou sobre as dificuldades econômicas de Bonaparte; afirmou que "pela primeira vez na história, o povo francês mostrou-se indiferente ao seu velho passatempo, a 'glória'". Isso significava "que a época do bonapartismo já teve o seu apogeu".[130] Mas em junho daquele ano ele teve que admitir que, por enquanto, Bonaparte resolvera seu problema. Seu golpe baseara-se

> em duas pretensões diametralmente opostas: de um lado, proclamar que sua missão era salvar a *bourgeoisie* e "a ordem material" da anarquia vermelha a ser liberada em maio de 1852 [na eleição]; de outro lado, salvar o povo trabalhador do despotismo da classe média concentrada na Assembleia Nacional.

Agora ele tinha descoberto um meio de satisfazer simultaneamente a essas duas demandas contraditórias. O êxito dos métodos inovadores imaginados pelos antigos saint-simonianos envolvidos com o Crédit Mobilier tinha levado à crença, naquele momento, de que "todo antagonismo de classes precisa desaparecer antes da criação da riqueza universal por algum plano de crédito ultramoderno".[131]

Em 1858, Karl voltou a conjeturar sobre o fim iminente do regime bonapartista, uma vez que a prosperidade que lhe servia de base tinha sido desgastada pela crise comercial de 1856-7. Só "outra aventura militar" poderia adiar "o fim da sua estranha, perversa e perniciosa carreira". Em toda parte, no verão de 1858, acreditava-se que a guerra não tardaria. "Luís Napoleão não tem outra forma de escapar à destruição rápida."[132] Com Bonaparte mais precário do que nunca, e ainda mais dependente do apoio do Exército, Karl afirmou no início de 1859 que "seu último trunfo num perigo extremo é uma guerra, e uma guerra pela reconquista da margem esquerda do Reno". Seria sua última jogada numa guerra que começaria na Itália.[133]

Visões ainda mais sinistras de uma Europa dividida entre a Rússia e a França foram evocadas em *Herr Vogt* (a ser tratado na próxima seção) e outros escritos de Karl da década de 1860. "A fronteira natural do Império Eslavo", de acordo com *Herr Vogt*, abrangeria a Boêmia e a Morávia.[134] Além disso, à luz de um suposto tratado secreto em Breslau em outubro de 1859, as relações entre a Rússia e a França tinham adquirido uma "intimidade mais ostentosa". Como consequência, depois de tomar Savoia, Bonaparte ameaçava a Suíça, lançando insinuações sobre uma inevitável "correção das fronteiras renanas".[135] Não é de admirar que, diante de versões ainda mais extravagantes dessas conjeturas, Dana tenha devolvido catorze ou quinze artigos (de autoria de Engels) sobre o pan-eslavismo no primeiro semestre de 1856.[136] Porém, enquanto em questões de bonapartismo e pan-eslavismo Dana claramente desconfiasse da tendência de Karl e de outros radicais europeus a ultrapassar os limites, em outras áreas havia notável sintonia.

Em sua cobertura da política inglesa, Karl baseava-se nos relatórios de discursos parlamentares em Hansard e no jornal *The Times*. Sobre a situação da economia, recorria à revista *The Economist*, amplificado por fofocas dos setores financeiros de Manchester oferecidas por Engels, ao passo que, com relação ao desenvolvimento da indústria fabril e às condições dos trabalhadores, consultava os informes dos inspetores de fábrica e as investigações médicas da revista *The Lancet*. Quando iniciou uma série que exigia conhecimentos de um contexto histórico mais amplo, como foi o caso dos artigos sobre Russell, Palmerston, Espanha, Índia e o comércio do ópio, Karl vasculhava tudo que encontrasse no British Museum. Também lia atentamente uma grande variedade de jornais. Além do *Times*, recorria com frequência ao liberal *The Examiner*, ao pró-Disraeli *The Press* e ao cartista *People's Paper*. Como resultado disso, seus artigos para o *Tribune* sobre política britânica, desenvolvimento industrial e comércio mundial eram bem escritos e bem informados — provocando pródigos elogios de John Bright e da Câmara dos Comuns.[137]

Como era de esperar, sua escolha dos temas de cobertura era parecida com a do resto da imprensa. Nas eleições de 1852 na Grã-Bretanha, a exemplo de outros colunistas, Karl achava que a batalha política travada por dois partidos aristocráticos mal conseguia disfarçar o fato de que os dois partidos só conseguiriam sobreviver agradando às classes médias urbanas. Da mesma forma, a ideia de que Napoleão III era uma paródia do tio aparecia amplamente na imprensa inglesa. Desconfiava-se dele como alguém que, para facilitar o próprio avanço, não hesitava em violar a Constituição. A preocupação com os métodos de Bonaparte em meados dos anos 1850 levou à suspeita de que as ambições e táticas de Palmerston lembravam as do imperador francês. Como Bonaparte, Palmerston, de 1855 a 1858, passando por cima de uma assembleia eleita, apelava diretamente à nação.

Além disso, a Rebelião Indiana lhe deu uma boa desculpa para aumentar ainda mais os seus poderes clientelistas, tanto civil como militarmente. Em 1857, todo mundo, de Gladstone ao cartista Ernest Jones, acreditava que a eleição daquele ano poderia ser vista como um golpe de Estado, pelo qual a Inglaterra se tornaria uma ditadura palmerstoniana, e o Parlamento, uma ferramenta da sua vontade.[138]

Karl chegou à Inglaterra sabendo bem pouco sobre o sistema de classes inglês, além do que tinha lido em Guizot e Engels.[139] Aos poucos foi desenvolvendo um entendimento mais sutil da política britânica com a ajuda dos discursos parlamentares e dos escritos de Benjamin Disraeli, bem como do *People's Paper*, de Ernest Jones. Considerava Disraeli "o membro mais capaz" da Câmara dos Comuns e acompanhava o seu desdenhoso tratamento dos *whigs* e sua "Constituição veneziana", segundo ele patrícia demais para continuar mantendo sob controle as aspirações mais democráticas das classes médias do norte da Inglaterra. Adotou também a sarcástica descrição feita por Disraeli dos livres-cambistas seguidores de Cobden e Bright, a quem chamava de a "Escola de Manchester".

De outro lado, a partir de Ernest Jones, no *People's Paper*, Karl desenvolveu o que achava que era a forma emergente da luta de classes industrial. Em 1852, informou o seguinte:

> Enquanto os *tories*, os *whigs*, os *peelites* [...] pertencem mais ou menos ao passado, os livres-cambistas (os homens da Escola de Manchester, os reformistas parlamentares e financeiros) são os *representantes oficiais da sociedade inglesa moderna*, os representantes daquela Inglaterra que governa o mercado do mundo. Representam o partido da *bourgeoisie* consciente de si mesma, do capital industrial empenhado em tornar disponível seu poder social também como poder político, e em erradicar os derradeiros vestígios arrogantes da sociedade feudal. [...] Por livre-comércio eles querem dizer o movimento sem restrições do capital, liberto de todos os grilhões nacionais ou religiosos.[140]

O "crescimento incomparável" do comércio e da manufatura nos anos seguintes parece ter reforçado essa conclusão. Em relação ao desenvolvimento social da Grã-Bretanha, Karl sentiu que podia reiterar, quase palavra por palavra, sua descrição do desenvolvimento da indústria moderna no *Manifesto do Partido Comunista*:

Em nenhum outro país as estações intermediárias entre o milionário que comanda inteiros exércitos industriais e o escravo assalariado que satisfaz apenas as necessidades básicas foram removidas tão gradualmente do solo. Aqui não existem mais, como nos países continentais, vastas classes de camponeses e artesãos quase igualmente dependentes de suas propriedades e do seu trabalho. Um divórcio completo entre propriedade e trabalho foi efetuado na Grã-Bretanha. Em nenhum outro país, portanto, a guerra entre as duas classes, que constitui a sociedade moderna, assumiu dimensões tão colossais e características tão distintas e palpáveis.[141]

Em contraste com revoluções do passado, Karl teve a satisfação de afirmar: "As chamadas revoluções de 1848 foram apenas incidentes medíocres. [...] O vapor, a eletricidade e a máquina de fiar automática foram revolucionários de um caráter muito mais perigoso até do que Barbès, Raspail e Blanqui".[142]

Karl gostava também de demonstrar que a brutalidade impessoal da Grã-Bretanha do laissez-faire era tão visível no campo como nas cidades. De particular interesse para os leitores norte-americanos eram os despejos, que estavam forçando muitos escoceses e irlandeses a deixar a terra e atravessar o Atlântico. Diferentemente do continente, onde os carrascos "são seres tangíveis e enforcáveis", na Inglaterra

> atua um déspota invisível, intangível e silencioso, condenando indivíduos, em casos extremos, à mais cruel das mortes, e expulsando, em seu trabalho silencioso e diário, raças e classes inteiras de homens do solo dos seus antepassados, como o anjo com a espada flamejante que expulsou Adão do paraíso. Nesta última forma, o trabalho do invisível déspota social se chama *emigração forçada*, e na primeira forma é chamado de *inanição*.[143]

Além disso, a atividade desse "déspota silencioso" foi plenamente autorizada pelos ensinamentos da economia política:

> Comece pauperizando os habitantes de um país, e quando não houver mais lucro a ser extraído deles, quando tiverem se tornado um fardo para a receita, expulse-os, e calcule a sua renda líquida! Esta é a doutrina formulada por Ricardo em sua célebre obra *Princípios de economia política e tributação*.[144]

Essa sociedade emergente não era apenas desalmada, mas construída sobre o contraste entre a riqueza inaudita e a pobreza ilimitada, na qual "uma questão de 1 milhão de indigentes nos asilos de pobres é tão inseparável da prosperidade britânica como a existência de 18 milhões a 20 milhões em ouro no Banco da Inglaterra".[145] Isso foi impulsionado por um ciclo comercial, que primeiro entraria "na fase de *agitação*, para então passar às fases de superespeculação e convulsão". Em 1852, Karl previu que a crise assumiria um caráter muito mais perigoso do que em 1847. Os efeitos da "superprodução industrial" atingiriam "os distritos *manufatureiros*" e lembrariam "a inigualável estagnação de 1838-42".[146] Mas o advento dessa crise foi aparentemente interrompido pela descoberta de ouro na Califórnia e na Austrália.

Em maio de 1853, Karl mais uma vez advertiu sobre a extensão sem precedentes das fábricas na Inglaterra. Na França, toda a maquinaria do Estado tinha sido transformada num negócio de compra e venda imediata de ações, enquanto a Áustria estava à beira da falência.[147] Dois anos mais tarde, Karl advertiu novamente sobre "*a crise no comércio e na indústria*, que desde setembro passado se torna mais violenta e mais universal a cada dia". As primeiras casas a colapsar foram as de fiação de algodão, seguidas pelos armadores e pelos atacadistas da Austrália e da Califórnia; depois foram as casas chinesas e finalmente as indianas. "Mais alguns meses e a crise dos distritos fabris chegará às profundidades de 1842." E então "o movimento político", que esteve "adormecido nos últimos seis anos", voltaria.[148]

Em 1856, Karl percebeu uma crise monetária similar à de 1847, mas movimentando-se do Oriente para o Ocidente, e não do Ocidente para o Oriente. O que todos "os políticos clarividentes" temiam agora era "uma edição ampliada não apenas da crise de 1847, mas também das revoluções de 1848":

> A ansiedade das classes altas na Europa é tão intensa quanto o seu desapontamento. [...] Mira-as diretamente nos olhos uma falência geral que elas sabem ser coincidente com o dia de liquidação da grande loja de penhores de Paris. [...] Em 1848, os movimentos que mais imediatamente produziram a Revolução foram de caráter meramente político, como os banquetes de reforma na França, a Guerra de Sonderbund na Suíça, o debate da Landtag Unida em Berlim, os casamentos espanhóis, as contendas sobre Schleswig-Holstein etc.; e quando seus soldados, os trabalhadores de Paris, proclamaram o caráter social da Revolução de 1848, seus generais ficaram

tão surpresos quanto o resto do mundo. Agora, pelo contrário, uma revolução social é geralmente compreendida, mesmo antes de a revolução política ser proclamada; e uma revolução social produzida não por conspirações subterrâneas de sociedades secretas entre as classes trabalhadoras, mas pelos estratagemas públicos dos Crédits Mobiliers das classes dominantes. Dessa maneira, a ansiedade das classes altas da Europa é agravada pela convicção de que suas próprias vitórias contra a revolução apenas contribuíram para fornecer em 1857 as condições materiais das tendências ideais de 1848.[149]

Para o *Tribune*, tudo isso era mais que oportuno. As políticas de Dana e de Horace Greeley, o proprietário do *Tribune*, eram protecionistas. Eles argumentavam que o livre-comércio, defendido pelos ingleses — especialmente depois da Revogação das Leis dos Cereais —, era a ferramenta que permitia à Inglaterra dominar o comércio mundial e, por meio da imposição do padrão-ouro, atuar como banqueiro do mundo. A base econômica do protecionismo do *Tribune* foi enunciada com mais clareza pelo economista americano Henry Carey, que, como o pai, um bem-sucedido publisher da Filadélfia, tinha desenvolvido o argumento de Alexander Hamilton a favor da proteção das indústrias incipientes em face da superioridade comercial britânica. Carey atacava o padrão-ouro e defendia uma política monetária fiscal barata. Ele denunciava o livre-comércio como inibidor do desenvolvimento econômico nacional. O livre-comércio promovia uma divisão internacional do trabalho que privilegiava o status da Grã-Bretanha como a oficina do mundo, ao mesmo tempo que forçava outros países a se especializar na agricultura. Os efeitos sociais do livre-comércio também eram apontados como prejudiciais. O livre-comércio aprofundava o abismo entre riqueza e pobreza e não beneficiava o trabalhador inglês. Carey sustentava que a escravidão das fábricas na Grã-Bretanha fortalecia e perpetuava a escravidão das plantations nos Estados Unidos. De acordo com Carey,

> de um ano para o outro, viu-se o pequeno proprietário passar à condição de trabalhador não qualificado, e o mecânico ou artesão que era um pequeno empregador passar a receber salário, e assim a tendência de toda a população era cada vez mais dividir-se em duas grandes classes, separadas por um abismo intransponível, o muito rico e o muito pobre, o senhor e o escravo.[150]

Se essas foram as políticas que definiram a linha editorial do *Tribune* e o emergente Partido Republicano dos Estados Unidos nos anos 1850, não é difícil compreender por que Karl era tido como um correspondente europeu tão valioso. A ênfase de Karl no caráter anacrônico dos partidos políticos britânicos, nas causas industriais e no fracasso do livre-câmbio, fosse para remover crises ou para melhorar as condições de vida dos trabalhadores, vinha da sua concepção das bases "econômicas" da "sociedade burguesa". Já aos olhos do *Tribune*, esses eram acima de tudo os efeitos do livre-câmbio. No entanto, por mais diferentes que fossem as supostas causas da posição da Grã-Bretanha, a descrição de Karl da condição da "sociedade inglesa moderna" convergia estreitamente com a descrição do *Tribune* das consequências do livre-câmbio.

A decisão de Dana de recrutar Karl como correspondente europeu baseou-se também em sua simpatia pessoal e na familiaridade com as revoluções europeias de 1848 e o interesse pelo socialismo. Ele era um ex-fourierista cujas simpatias políticas eram claras. Na primeira das cartas ainda existentes que escreveu para Karl em julho de 1850, Dana declarou que, apesar de não poder "prever nenhuma explosão imediata do grande vulcão [...] o jogo ainda não acabou, graças a Deus".[151] Em 1852, quando a publicação das "Cartas sobre a Alemanha" (escritas, sem que Dana soubesse, por Engels) chegava ao fim, Dana aceitou com satisfação a proposta de Karl de escrever sobre "questões atuais inglesas".[152]

De outro lado, quando começou seu primeiro artigo de próprio punho para o *Tribune* no início de agosto de 1852, Karl parecia ter apenas uma vaga noção da orientação política do jornal. Numa carta para Engels, disse que não sabia se Dana poderia ou não se ofender com seu ataque aos *whigs* na Grã-Bretanha, levando em conta o apoio do *Tribune* a candidatos *"whigs"* nas próximas eleições americanas.[153] Três dias depois, foi acometido por novas ansiedades. O que dizer de outros colaboradores europeus do *Tribune*, como seus velhos inimigos Heinzen, Ruge e Bruno Bauer? "E o que é ainda mais lamentável, vejo, pelo *Times* de hoje, que o *Daily Tribune* é protecionista. Portanto, É TUDO MUITO AGOURENTO."[154] Nos anos anteriores a 1848, Karl tinha dado um endosso paradoxal ao livre-câmbio como a forma mais desenvolvida da sociedade burguesa, que a conduzia pelo caminho da revolução, enquanto em 1845, num ensaio não publicado, tinha ridicularizado a posição protecionista de Friedrich List em *Sistema nacional de economia política*, em grande parte por achar que a época do Estado-nação já tinha passado.[155]

Engels tentou tranquilizar. Não havia necessidade de preocupar-se com outros colaboradores europeus. A presença deles devia-se ao desejo do *Tribune* de garantir um "caráter versátil". E acrescentou:

> Quanto ao protecionismo, não faz mal. Os *whigs* americanos são todos protecionistas industriais, mas isso não implica, de forma alguma, que pertençam à aristocracia fundiária. Tipo Derby. Nem são eles tão estúpidos que não saibam, tão bem quanto List, que o LIVRE-CÂMBIO convém à indústria inglesa mais do que qualquer outra coisa. A propósito, eu poderia, num aperto, inserir uma palavra aqui e outra ali nesse sentido sobre LIVRES-CAMBISTAS, que você pode riscar se não for do seu agrado. Mas não há mesmo necessidade disso.[156]

Karl prestou atenção na carta de Engels. Num dos primeiros artigos que mandou para o *Tribune*, os "livres-cambistas" foram tratados como representantes "dessa Inglaterra que governa o mercado do mundo".[157] Mas o verdadeiro significado disso só ocorreu a Karl em junho seguinte, depois que Henry Carey lhe mandou um exemplar de seu *Slavery at Home and Abroad* [Escravidão nos Estados Unidos e no exterior], que citava Karl repetidamente como "novo escritor inglês", ou correspondente do *Tribune*. Nesse livro, segundo escreveu Karl em carta para Engels, "todos os males são atribuídos ao efeito centralizador da grande indústria. Mas esse efeito centralizador é, por sua vez, culpa da Inglaterra, que fez de si mesma a OFICINA do mundo e forçou todos os outros países a retornar à agricultura rude, divorciada da manufatura". Dessa maneira, essa "ULTRA LIVRE-CAMBISTA acabou defendendo *tarifas protetoras*". Ele notou também, com irritação, que o *Tribune* estava "elogiando exageradamente o valor do livro de Carey, se é que vale alguma coisa", e concluiu que tanto Carey como o *Tribune* podiam ser identificados: "Sob o disfarce de um anti-industrialismo socialista filantrópico-sismondiano, eles representam o protecionista, isto é, a burguesia industrial dos Estados Unidos". Era por essa razão que "o *Tribune*, apesar de todos os seus 'ismos' e floreios socialistas, consegue ser o PRINCIPAL DIÁRIO dos Estados Unidos".[158]

Apesar de sua irritação com Carey, nada sugere que em artigos posteriores Karl tenha se esforçado para distinguir sua abordagem da dos protecionistas republicanos dos Estados Unidos. A rigor, o oposto é que parece verdadeiro, pois seus artigos passaram a fazer mais referências ao "livre-câmbio" do que à "sociedade burguesa". De forma parecida, suas discussões sobre a crise comercial faziam referências frequentes e explícitas à deficiência das interpretações livre-cambistas e monetaristas das flutuações da economia. Em 9 de setembro de 1853, ele chamou a atenção para as falácias da Lei da Carta Patente do Banco de 1844, de Peel, sustentando que a lei agravaria a severidade da crise iminente.[159] Em 1855, argumentou que a crise no comércio e na indústria tinha "calado a boca desses superficiais livres-cambistas que durante anos pregaram que desde a Revogação das Leis dos Cereais, em 1846, mercados saturados eram uma impossibilidade". Além disso, a "saturação" tinha ficado mais aguda com a tentativa de se desfazer de produtos em novos mercados não europeus em desenvolvimento:

> Índia e China, apesar de já saturadas, continuaram a ser usadas como vias de escoamento — bem como a Califórnia e a Austrália. Os fabricantes ingleses, quando já não podiam vender seus produtos no mercado interno, ou prefeririam não fazê-lo a ter que baixar os preços, recorriam ao expediente absurdo de consigná-los no exterior, especialmente na Índia, China, Austrália e Califórnia.[160]

Em 1857, depois da suspensão da Lei da Carta Patente do Banco como resultado de sua incapacidade de aliviar a crise comercial, Karl mais uma vez observou: "Dizem-nos que o livre-câmbio britânico mudará tudo isso. Mas se nada mais ficar provado, pelo menos está claro que os doutores do livre-cambismo não passam de charlatães".[161] Num editorial de agosto de 1858, repetiu seu ataque à abordagem monetarista: "A ideia de que bancos ampliaram de maneira indevida a circulação da moeda, produzindo com isso uma inflação dos preços a ser violentamente reajustada por um colapso final, [é] um método reles demais de explicar a contento todas as crises".[162] Mais uma vez, declarou ele, a verdadeira raiz da crise estava na superprodução industrial.

Essa análise era da maior importância para a campanha eleitoral republicana de 1857 nos Estados Unidos. Por isso não surpreende que Dana tenha decidido que o *Tribune* deveria continuar utilizando os serviços de Karl, apesar da "ruína sem precedentes que agora impregna o sistema comercial neste país", o que "obriga todos nós a reduzir custos" e dispensar os demais correspondentes estrangeiros. Ele insistiu com Karl para que restringisse seus artigos "aos tópicos mais importantes, como a Guerra Indiana e a explosão comercial que, a meu ver, ocorrerá na Inglaterra bem como no continente".[163]

Na prática, uma área em que poderia ter havido um choque entre a posição de Karl e a do *Tribune* era o tratamento dado à Ásia. Pois enquanto o *Tribune* acreditava que a Índia, como os Estados Unidos, era vítima de um sistema mundial de livre-comércio criado pelos britânicos, Karl considerava a ruptura da Índia tradicional pelos ingleses um acontecimento histórico inevitável. Em junho de 1853, Karl cumprimentou Engels por seu artigo sobre a Suíça, segundo ele "um violento e direto golpe contra os 'EDITORIAIS' (anticentralização etc.) do *Tribune* e o homem *deles*, Carey". E acrescentou:

> Continuei minha campanha clandestina em meu primeiro artigo sobre a Índia, no qual a destruição das indústrias nativas da Inglaterra é descrita como *revolucionária*. Eles hão de achar isso muito CHOCANTE. A propósito, toda a administração da Índia pelos britânicos foi detestável, e continua assim ainda hoje.[164]

Os escritos de Marx sobre a Índia na década de 1850 repetiam, em grande parte, a crítica do Império Britânico encontrada no radicalismo inglês da primeira metade do século XIX.[165] A administração imperial e a Companhia das Índias Orientais foram severamente criticadas como uma forma de "velha corrupção", mas a colonização em termos sociais e econômicos era em geral considerada progressista. Em seu primeiro artigo sobre a Índia, em junho de 1853, Karl declarava que a Companhia das Índias Orientais tivera sua origem num acordo entre a monarquia constitucional e o "interesse monetário monopolizador" depois da Revolução de 1688. Originalmente, seus tesouros foram adquiridos menos pelo comércio do que pela "exploração direta", e fortunas colossais foram extorquidas e transmitidas para a Inglaterra. Depois da Guerra dos Sete Anos, a "oligarquia absorveu todo o poder [da Companhia] que conseguiu assumir sem incorrer em responsabilidade".[166] Na Índia, sob a Companhia das Índias Orientais, havia "um déficit financeiro permanente, um excesso regular de provisões de guerras e nenhuma provisão de obras públicas, um abominável sistema de tributação e um não menos abominável estado de justiça e de direito".[167] O próprio órgão de administração repartia anualmente cargos no valor de quase 400 mil libras esterlinas nas classes altas da Grã-Bretanha. Era também servido por uma grande e extremamente lenta burocracia. Como Karl resumiu a situação: "A oligarquia envolve a Índia em guerras para dar emprego aos seus filhos mais jovens; a 'dinheirocracia' a entrega a quem pagar mais; e uma burocracia subordinada paralisa sua administração e perpetua seus abusos como condição vital de sua própria perpetuação".[168]

Mas, apesar de tudo, a presença britânica na Índia e as incursões britânicas noutras partes da Ásia eram vistas, no fim das contas, como progressistas. Karl herdou de escritores da primeira metade do século XIX — tão diversos como James Mill, Hegel e Jean-Baptiste Say — uma imagem da Ásia como imóvel e sem história. Seus escritos das décadas de 1850 e 1860 reproduziam essas imagens de passiva imobilidade do mundo extraeuropeu. Em seu primeiro artigo sobre a Índia para o *Tribune* no começo de junho de 1853, ele escreveu:

> Por mais que o aspecto político do passado da Índia pareça ter mudado, sua condição social permaneceu inalterada desde a mais remota antiguidade. [...] A sociedade indiana não tem história nenhuma, pelo menos história conhecida. O que chamamos de sua história é apenas a história de sucessivos intrusos, que fundaram seus impérios sobre a base passiva dessa sociedade que não resiste nem muda.[169]

Ao longo de toda a década seguinte, sua visão dos impérios asiáticos não mudou em essência. Em 1862, ele descreveu a China como "esse fóssil vivo" e explicou que "os impérios orientais demonstram constante imobilidade em sua subestrutura social, com incessante mudança de pessoas e clãs que assumem o controle da superestrutura política".[170] Em consonância com seus predecessores racionalistas e iluministas, Karl manifestava aversão pelas fantasias orientalistas daquilo que Heine chamou de "escola romântica":

> Não podemos esquecer que essas idílicas comunidades de aldeia, por mais inofensivas que pareçam, sempre foram a base sólida do despotismo oriental, e que elas restringem a mente humana dentro dos limites mais estreitos possíveis, fazendo dela o instrumento sem resistência da superstição, escravizando-a em regras tradicionais, privando-a de toda grandeza e de todas as energias históricas.

Não só essas pequenas comunidades estavam "contaminadas" por castas e escravidão, mas, como observou Karl, seguindo Hegel, a religião da Índia era "ao mesmo tempo uma religião de exuberância sensualista e [...] de ascetismo autotorturante". Acima de tudo, essas comunidades "subjugavam o homem a circunstâncias externas, em vez de elevá-lo à condição de soberano das circunstâncias". Essa "adoração animalizante da natureza" explicava a adoração de "Hanuman, o macaco, e Sabala, a vaca".[171] A única questão real a ser resolvida era como conciliar o caráter supostamente "imutável" do "despotismo oriental" com a noção de Karl do desenvolvimento histórico como uma sequência progressista de "modos de produção". Em 1853, incentivado por Engels, Karl achou que o caráter imutável da Ásia poderia ser explicado, em primeiro lugar, por "deixar ao governo central a tarefa de cuidar das grandes obras públicas", especialmente irrigação, e, em segundo lugar, por "um sistema de aldeias" baseado na "união doméstica de ocupações agrícolas e manufatureiras" aglomeradas em pequenos centros.[172] No final dos anos 1850, ele passou a enfatizar a ausência de propriedade privada na terra como sua característica crucial. Em 1857-8, com base em suas pesquisas sobre "formações econômicas pré-capitalistas", Karl sentiu-se confiante o suficiente para escrever sobre um modo de produção "asiático" como o primeiro estágio no "desenvolvimento econômico da sociedade".[173]

Que papel, nesse caso, seria desempenhado pelo mundo extraeuropeu na revolução, que resultaria da intrusão, de alcance cada vez maior, do capitalismo global? Ou, como Marx via a questão em 1853, "pode a humanidade cumprir o seu destino sem uma revolução fundamental na situação social da Ásia?".[174] Marx concordava com os escritores da década de 1820 que a mudança na Ásia deveria vir de fora. No *Manifesto do Partido Comunista*, ele deposita sua confiança firmemente na "burguesia", cujos "preços baixos" das "mercadorias são a pesada artilharia com a qual ela derruba todas as muralhas chinesas; [...] ela força os países, sob pena de extinção, a adotarem o modo burguês de produção; ela os obriga a introduzir em seu meio o que chama de civilização".[175] Foi esse o pensamento que ele desenvolveu num dos seus artigos sobre a Índia para o *Tribune* em 1853. O antiquíssimo "sistema de aldeias" baseado na "união doméstica de ocupações agrícolas e manufatureiras" estava sendo "dissolvido", "não tanto pela brutal interferência do coletor de impostos britânico e do soldado britânico, mas por obra do vapor inglês e do livre-comércio inglês". O domínio britânico trazia as vantagens da unidade política, da ciência europeia, de um exército ao estilo europeu, de uma imprensa livre, de servidores civis treinados pelos britânicos, da abolição do velho sistema de propriedade comunal da terra e de uma travessia mais curta entre a Índia e a Inglaterra. Se a revolução dependia da transformação social da Ásia, a Inglaterra "era a ferramenta inconsciente da história para causar essa revolução".[176]

O pensamento de Karl não foi profundamente afetado pela Rebelião Indiana — a que Dana chamava de "Guerra Indiana". A revolta na Índia não começou com os ryots, que foram "torturados, desonrados e desnudados pelos britânicos", mas com os "cipaios, vestidos, alimentados, afagados, engordados e mimados por eles". Karl comparou, portanto, a Revolta dos Cipaios com a da nobreza francesa contra a monarquia às vésperas da queda do Antigo Regime.[177] Seus relatos detinham-se particularmente nas crueldades infligidas pelos dois lados e nos detalhes da luta. Foi só depois de um discurso de Disraeli que ele teve condição de reconhecer que a insurreição talvez não fosse apenas um "motim militar", mas "uma revolta nacional".[178] Sua atitude para com a Rebelião Taiping era ainda mais distante e mal informada. Coadunava-se perfeitamente com a sua crença de que "os impérios orientais demonstram constante imobilidade em sua subestrutura social, com incessante mudança de pessoas e clãs que assumem o controle da superestrutura política". Quanto aos rebeldes,

> eles não têm consciência de nenhuma outra tarefa além de mudar a dinastia. Não têm palavras de ordem. [...] Parecem não ter outra vocação que não seja, em oposição à estagnação política, produzir destruição em formas grotescamente detestáveis, destruição sem qualquer núcleo de nova construção.[179]

Em suas primeiras colaborações para o *Tribune* entre 1852 e 1854, Karl aceitou o fato de que as revoluções de 1848 tinham acabado. Mas continuava seguro de que, na Grã-Bretanha, a moderna luta de classes entre a "burguesia" e "a porção politicamente ativa da classe trabalhadora britânica" era iminente. Era a luta entre a "Escola de Manchester" e os cartistas. Naquele momento, a importância central dessa luta era obscurecida pelas batalhas partidárias em Westminster. Mas "os *tories*, os *whigs*, os *peelites*", todos eles pertenciam "mais ou menos ao passado". "Os *representantes oficiais da sociedade inglesa moderna*" eram os livres-cambistas, os homens da "Escola de Manchester", "liderados pela porção mais ativa e enérgica da burguesia inglesa — os *industriais*". E eles se enfrentavam com os cartistas, para quem o

> voto universal é o equivalente ao poder político para a classe trabalhadora da Inglaterra, onde o proletariado forma a grande maioria da população, onde, numa grande embora subterrânea guerra civil, ele adquiriu clara consciência da sua posição como classe e onde mesmo os distritos rurais não conhecem mais camponeses, apenas proprietários de terra, capitalistas industriais (fazendeiros) e trabalhadores contratados.[180]

Para os representantes da "Escola de Manchester", desde sua vitória em 1846 com a Revogação das Leis dos Cereais, "a aristocracia" era "o opositor que desaparece", e a "classe trabalhadora" era "o inimigo que surge". Por enquanto, como Karl admitia, eles preferiam contemporizar com o "opositor que desaparece".

> Mas a necessidade histórica e os *tories* os empurram para a frente. Não podem deixar de cumprir a sua missão, fazendo em pedaços a velha Inglaterra, a Inglaterra do passado; e no exato momento em que conquistarem o domínio político exclusivo, em que o domínio político e a supremacia econômica estiverem nas mesmas mãos, em que, portanto, a luta contra o capital não mais se distinga da luta contra o governo existente, nesse exato momento começará a *revolução social da Inglaterra*.[181]

No ano seguinte, houve um movimento grevista em larga escala nos distritos industriais. Em 1853, Karl escreveu em seu inglês ainda empolado: "As falsas pretensões da parte dos senhores e as tolas ilusões da parte dos homens minguaram. A guerra entre essas duas classes se tornou absoluta, sem disfarce, abertamente confessada e claramente entendida". A questão não era mais sobre *salários*, mas sobre *quem manda*: "Os liberais de Manchester, então, finalmente jogaram fora a pele de leão. O que eles querem é domínio para o capital e escravidão para o trabalho".[182] Em setembro daquele ano, Karl ficou muito animado com o pânico na Bolsa de Valores de Londres, esperando que, se a depressão subsequente fosse longa, a atividade do povo trabalhador "logo será transferida para o *campo político*".[183] Em 1854, Karl demonstrava otimismo com um renascimento cartista. Por iniciativa do líder cartista, Ernest Jones, um "Parlamento Trabalhista" se reuniu em Manchester e a isso se seguiu, no verão, um dos ciclos de palestras de Jones pelos distritos industriais, atraindo grandes multidões.

Em 1855, a depressão assomou. Em março, Karl previu que mais alguns meses depois "a crise nos distritos industriais alcançará a profundidade de 1842". Uma vez que os efeitos dessa crise começassem a ser sentidos entre as classes trabalhadoras,

> o movimento político que esteve mais ou menos adormecido entre essas classes nos últimos seis anos, deixando atrás de si apenas os quadros para uma nova agitação, brotará novamente. O conflito entre o proletariado industrial e a burguesia se reacenderá, ao mesmo tempo que o conflito entre a burguesia e a aristocracia atinge o

seu clímax. Então a máscara, que até agora ocultou dos estrangeiros os traços reais da fisionomia política da Grã-Bretanha, cairá.[184]

Mais tarde, ainda naquele verão, deixou-se levar pelo entusiasmo pela manifestação em massa a que assistiu no Hyde Park — que aumentou de 50 mil para 200 mil pessoas — contra o projeto de lei, proposto pelos evangélicos, para proibir o comércio aos domingos. Foi, segundo Karl, a maior manifestação ocorrida em Londres desde a morte do rei George IV em 1830: "Nós a assistimos do começo ao fim e achamos que não é exagero dizer que a *Revolução Inglesa começou ontem no Hyde Park*".[185]

A década de 1850 foi o período em que a fé de Karl no desenrolar global do "sistema burguês de produção" alcançou seu ponto máximo. "Os devastadores efeitos da indústria inglesa" em relação à Índia eram "os resultados orgânicos de todo o sistema de produção tal como está constituído. [...] A indústria e o comércio burgueses criam essas condições materiais de um novo mundo da mesma forma que as revoluções geológicas criaram a superfície da terra".[186]

> Há um grande fato, característico deste nosso século XIX, um fato que nenhuma facção ousa negar. De um lado, começaram a adquirir existência forças industriais e científicas que nenhuma época da história humana anterior jamais suspeitou. De outro lado, existem sistemas de declínio que superam de longe os horrores registrados dos últimos tempos do Império Romano.

No entanto:

> Da nossa parte, não entendemos mal o espírito sagaz que continua a marcar todas essas condições. [...] As modernas forças da sociedade [...] só querem ser dominadas por homens modernos — e assim são os homens trabalhadores. Eles são uma invenção dos tempos modernos tanto quanto a própria maquinaria. Nos sinais que desorientam a classe média, a aristocracia e os pobres profetas do retrocesso, reconhecemos o nosso bravo amigo, Robin Goodfellow, a velha toupeira que pode trabalhar tão rapidamente na terra, esse louvável pioneiro — a Revolução. Os trabalhadores ingleses são os filhos primogênitos da indústria moderna. Certamente não serão os últimos a ajudarem a revolução social produzida por essa indústria, uma revolução que significa a emancipação da sua própria classe no mundo inteiro, que é tão universal quanto o domínio do capital e a escravidão dos salários.

O momento da redenção social era iminente. Na Idade Média tinha existido na Alemanha um tribunal secreto chamado *Vehmgericht* para vingar as malfeitorias da classe dominante; eles punham uma cruz vermelha em todas as casas condenadas pelo *Vehm*: "Todas as casas da Europa agora estão marcadas com a misteriosa cruz vermelha. A história é o juiz — e seu carrasco, o proletariado".[187]

Por mais surreal que pareça essa visão extraordinária, ela era produto do espírito inquieto que por quase uma década fervera por baixo da calma artificial produzida pelo enterro da Revolução de 1848. Não poderia haver dúvida de que os anos 1850 tinham inaugurado uma nova era na economia. A excepcional energia do crescimento econômico que se estabeleceu não só na Grã-Bretanha, mas também em importantes regiões industriais do continente, não era mais estorvada por obstáculos institucionais e pela autoridade política reacionária. Nenhum país poderia se dar ao luxo de não ter ferrovias e as novas formas de empreendimento que as acompanhavam.

Mas os acontecimentos políticos subterrâneos que vieram à luz no fim da década não eram aqueles que os revolucionários dos anos 1840 tinham previsto. Quando a crise comercial chegou, não tinha nenhuma semelhança com 1842. O cartismo não voltou. Os líderes da "Escola de Manchester", Cobden e Bright, foram derrotados na eleição de 1857. Os *tories* abandonaram o protecionismo e se redefiniram sob o comando de Disraeli como partido tanto urbano quanto rural. Os *whigs* e os *peelites* não desapareceram simplesmente, mas, junto com parlamentares irlandeses e os remanescentes da "Escola de Manchester", formaram o Partido Liberal em 1859. Até mesmo Ernest Jones, o editor do *People's Paper* e único amigo e aliado de Karl no movimento cartista, juntou-se a radicais de classe média em 1857. A partir de 1858, os escritos de Karl no *Tribune* tinham pouco a dizer sobre a política da classe operária inglesa. Baseavam-se principalmente nas atividades parlamentares ou se concentravam em notíciais europeias. No final dos anos 1850, Karl era cada vez mais uma figura isolada, mesmo entre seus amigos alemães do "partido". O esforço de continuar mantendo uma frente comum começava a mostrar seus efeitos.

5. A GUERRA ITALIANA E O FIM DO "PARTIDO"

Depois do julgamento dos comunistas de Colônia e da dissolução da Liga Comunista em 1852, seguidos pela ruptura da facção Willich-Schapper num confuso clima de acusações e revelações de intrigas de espionagem, a atividade política entre os revolucionários alemães exilados em Londres foi suspensa. Em 1853, nem democratas nem socialistas acreditavam mais na iminência de uma revolução. O número de membros de clubes políticos radicais despencou, enquanto o fluxo de emigração para os Estados Unidos ou para a Austrália aumentava.

Como era de prever, a mudança no clima político afetou também o "partido" de Karl. O grupo de irmãos que um dia se reunira em torno dele — em alguns casos desde os tempos da *Vorwärts!* e de Paris em 1844 — ficou cada vez mais desfalcado, tanto por razões políticas como por motivos pessoais. Dos amigos de Karl em Colônia, o médico Roland Daniels, que tinha sido preso em 1851 e depois absolvido no julgamento dos comunistas em 1852, voltou da prisão fatalmente doente de tuberculose e morreu em 1855. Conrad Schramm, que sobrevivera milagrosamente a um duelo com Willich em nome de Karl em 1850, morreu de tuberculose em Jersey, em 1858. George Weerth, que atuara como editor do suplemento literário no *Neue Rheinische Zeitung* em 1848-9, tornou-se viajante de uma firma comercial alemã e morreu de "febre da selva" em Havana em 1856.

Heinrich Bürgers, outro amigo de Karl em Colônia, ficou seis anos preso. Isso, segundo Karl, teve "um efeito muito moderador sobre ele", e nos anos 1860 ele gravitou em torno da Nationalverein (a Associação Nacional, liberal e pró-prussiana) e do Partido do Progresso.[188] Wilhelm Pieper, uma espécie de secretário de Karl no começo dos anos 1850, era visto cada vez mais como maçante. Ele passou o Natal de 1857 com a família Marx. Karl informou que "ele chegou em estado de remorso alcoólico e estava mais INSÍPIDO e CHATO do que nunca".[189] De acordo com Jenny, escrevendo para Louise Weydemeyer poucos anos depois, Pieper se tornara mestre-escola em Bremen, "foi perdendo posição e virou desleixado e frívolo". Como Bürgers, ele ingressara na Associação Nacional. Peter Immand saíra de Camberwell para trabalhar na Escócia, enquanto Ferdinand Wolff, "Wolff Vermelho", tornou-se professor num "lugar miserável qualquer", casou, teve três filhos e "virou filisteu *aussi*".[190] "O pequeno" Ernst Dronke, como Karl e Jenny o chamavam desdenhosamente, abriu um negócio em Glasgow. Por volta de 1865, segundo Jenny, tornara-se "um filisteu absoluto, fanfarrão e repulsivo".[191] Já quando Conrad Schramm morreu no começo de 1858, Engels tinha lamentado: "Nossa velha guarda está encolhendo rapidamente neste longo período de paz!".[192]

Quando o interesse político despertou novamente em 1858, com o advento do que o rei prussiano declarou uma "nova era", o debate político já não era determinado pela discussão entre exilados.[193] As diferenças políticas entre os alemães em Londres agora eram influenciadas pela discussão pública na Alemanha. A questão social já não predominava. A política não era mais definida pela suposta iminência da revolução, mas por questões sobre liderança prussiana e o futuro da Alemanha. Concepções rivais de unificação nacional por sua vez moldavam diferentes reações às novas guerras e aos conflitos engendrados pelo aventureirismo oportunista de Napoleão III, aos temores da expansão russa e, mais genericamente, à "Questão Oriental" e ao futuro do Império Otomano. Diante desse cenário, não é de surpreender que a ideia de Karl de "partido" não sobrevivesse à pressão dos eventos.

O teste importante veio em 1859 com a guerra italiana. A despeito de uma luta de vinte anos, o movimento nacional italiano achou impossível desalojar os austríacos que ocupavam a Lombardia e Veneza. Assistência de fora era necessária e muito provavelmente viria da França. Em 1858, Cavour, o primeiro-ministro do Piemonte, assinou um tratado com Bonaparte, comprometendo ambos os países a guerrear contra a Áustria. A Áustria estava numa posição de fraqueza e isolamento. Tinha alienado a Prússia no Tratado de Olmutz em 1850 ao reconstituir a Confederação Alemã e forçar a retirada de tropas prussianas de Schleswig-Holstein, e afastara a Rússia ao ficar contra ela na Guerra da Crimeia de 1853-6.

Mas para os radicais, particularmente na Alemanha, a ajuda do imperador francês à Itália era tida como problemática. Era crença comum que Bonaparte tinha desígnios na Renânia, e contava com o apoio da Rússia contra a Áustria. A França sob Bonaparte já interviera na Itália em 1849, àquela altura para agradar aos católicos franceses, reconduzindo o papa a Roma e acabando com a República Romana de Mazzini. Entre os alemães, havia uma divisão: a maioria achava que se deveria apoiar a Áustria em sua oposição às ambições expansionistas da França, e uma influente minoria, incluindo Bismarck, julgava que a Prússia deveria aproveitar a guerra para acelerar a exclusão da Áustria da Confederação Alemã. Os austríacos, dispostos a obter apoio dentro da Alemanha, tiravam proveito do medo dos desígnios expansionistas franceses apelando para as lembranças da ocupação da Renânia pelo primeiro Napoleão e pelos revolucionários franceses. Com esse objetivo, cunharam o lema de que o Reno precisava ser defendido ao longo do Pó — ou, mais claramente, que o domínio austríaco no norte da Itália era uma preocupação nacional vital para a Alemanha —, e com isso conseguiram influenciar a opinião pública na Alemanha a favor da Áustria contra a ameaça da França.

No começo de 1859, Engels interveio com um panfleto intitulado *O Pó e o Reno*. Ele afirmava que embora a Áustria não reivindicasse a Lombardia e Veneza, militarmente a ocupação austríaca no norte da Itália era essencial para a segurança da Alemanha. O mais importante era combater a ameaça bonapartista, uma vez que, argumentava Engels, a verdadeira ambição de Napoleão era estabelecer a fronteira francesa no Reno, e com isso recuperar a glória que a França tinha perdido no Congresso de Viena. Karl achou o panfleto "EXTRAORDINARIAMENTE ASTUTO", embora admitisse que "o lado político" era "terrivelmente difícil".[194]

Lassalle discordava. Num panfleto intitulado *A guerra italiana e a missão da Prússia*, ponderou que a guerra italiana não representava ameaça para a Alemanha, que a guerra entre a França e a Alemanha era indesejável e que a democracia deveria opor-se a ela. O apoio alemão à posição austríaca na Itália era um erro. Isso fortaleceria a posição da Áustria na Lombardia e em Veneza; da mesma forma, se a Alemanha atacasse a França, a posição de Napoleão na França seria fortalecida.

Karl reagiu com raiva. "O panfleto de Lassalle é um ENORME DISPARATE. A publicação do seu panfleto 'anônimo' o deixou com inveja", disse ele a Engels. "Precisamos insistir agora absolutamente na disciplina partidária."[195] Em novembro de 1859, Karl tentou corrigir Lassalle sobre Bonaparte e a Itália:

> Até onde posso ver, a guerra italiana fortaleceu temporariamente a posição de Bonaparte na França; traiu a revolução italiana jogando-a nas mãos dos doutrinários piemonteses e seus capangas; tornou a Prússia excepcionalmente popular com o *vulgus* liberal em virtude da sua política haugwitziana; aumentou a influência da Rússia na Alemanha; e finalmente propagou desmoralização de um tipo inédito — a mais repulsiva combinação de bonapartismo e baboseiras sobre nacionalidades.[196]

Mas chega de Risorgimento!,[197] Karl prosseguiu, repreendendo Lassalle do ponto de vista do "partido". "Ou ninguém fala em nome do partido sem antes consultar os demais, ou todo mundo tem o direito de apresentar suas opiniões sem dar a mínima importância aos demais." Polêmicas públicas, insistiu ele, não beneficiarão de forma alguma um partido tão pequeno, "que, espero, compense em vigor o que lhe falta em números".[198] Mas Lassalle não reviu sua posição.

A questão do significado de "partido" surgiu novamente em 1860, dessa vez concernente à resposta que Karl tentou enunciar em relação a Carl Vogt.[199] O caso Vogt surgiu de divergências entre os exilados em Londres. A maioria estava preparada para aceitar os líderes prussianos na Alemanha, pelo menos até o conflito constitucional de 1861-2. Essa foi a posição adotada por Gottfried Kinkel, fundador do *Hermann*, o mais bem-sucedido jornal de língua alemã em Londres. O *Hermann*, sob a direção de Kinkel, alinhou-se com a Nationalverein. Mas em julho de 1859 a redação do *Hermann* mudou de mãos, e o jornal passou a adotar uma posição fortemente pró-austríaca. Nesse sentido, deu apoio a Karl Blind, que se associara a Struve em 1848. Blind foi inspirado por Mazzini; tinha atacado o pan-eslavismo e apoiado uma posição republicana e antiprussiana na Alemanha. Também escreveu um forte ataque ao bonapartismo e suas ambições expansionistas. Estava convencido de que a discussão pública era influenciada por agentes bonapartistas, em particular Carl Vogt, professor de geologia e zoologia na Universidade de Genebra.

A renovação do interesse político em 1858-9 encontrou expressão não apenas no crescimento da liberal Nationalverein, mas também no ressurgimento da Communistischer Arbeiter-Bildungsverein (CABV), ou Associação Educacional dos Trabalhadores Comunistas. A maioria dos membros era formada por seguidores de Weitling ou Cabet e por antigos membros da facção Willich-Schapper. Mas havia também partidários de Karl, notavelmente Wilhelm Liebknecht, formado em filosofia em Giessen e ex-ativista da Liga Comunista, e os alfaiates Johann Georg Eccarius e Friedrich Lessner.[200] Liebknecht tornara-se importante na organização; fornecia uma pesquisa política semanal e era diretor da filial de West End. Um dos resultados do renovado interesse político da associação foi a fundação em 1859 de um rival radical do *Hermann*, o jornal *Das Volk*, cujo primeiro número apareceu em 7 de maio.

Karl não era membro da associação, e ficou irritado com Liebknecht por permitir que Edgar, irmão de Bruno Bauer, fosse aceito. Apesar disso, estava ansioso para restabelecer sua reputação política. No outono de 1859, deu "palestras privadas" de economia política nas dependências da CABV para "vinte ou trinta homens escolhidos". A primeira parte da sua *Contribuição à crítica da economia política* tinha acabado de aparecer na Alemanha, mas ele estava conformado com as vendas medíocres, pois, como disse a Lassalle, a obra tinha sido "totalmente ignorada" pelos críticos.[201] Também tinha posto suas esperanças no impacto a ser causado por *O Pó e o Reno*, de Engels, como resposta aos "cães de democratas e da canalha liberal [...] aparvalhados pelo terrível período de paz".[202] A maior esperança de Karl era de que o renascimento da associação e o lançamento de *Das Volk* criassem uma oportunidade de restabelecer a hegemonia política do "partido". Por essa razão, desde o início ele deu ajuda secreta ao jornal. Seus esforços para assumir o controle da política do jornal não deram certo, mas quando sua ambição se tornou conhecida, gerou ressentimento generalizado dentro da CABV, que se recusou a continuar tendo qualquer ligação com o jornal. Seguiu-se uma queda brusca no número de leitores, e apesar de consideráveis esforços de Karl e Engels para salvá-lo, o jornal fechou em agosto.

As colaborações de Karl para *Das Volk* diziam respeito sobretudo à questão de combater Bonaparte. Seu interesse pela guerra italiana praticamente se limitava a esse assunto. Ele repetiu sua opinião de que Bonaparte tinha uma aliança secreta com a Rússia e que o seu envolvimento nas guerras da Crimeia e da Itália foi ditado pelo fato de que "a guerra é a condição para que ele preserve o trono".[203] Chegou mesmo a conjeturar que "o sr. Bonaparte não poderia chefiar suas hordas pretorianas em qualquer empreendimento que pudesse ser mais popular na França, e em grande parte do continente da Europa, do que uma invasão da Inglaterra". E concluiu que "o sr. Bonaparte é o tipo de homem capaz de apostar tudo na invasão. Ele deve jogar *va banque* [ganhar ou perder tudo]; e cedo ou tarde é o que fará".[204] O envolvimento de Karl nos assuntos de *Das Volk* é importante porque levou ao seu conflito jurídico e político com Carl Vogt, uma batalha que preocupou Karl desde o verão de 1859 até dezembro de 1860, quando publicou seu polêmico *Herr Vogt*, de trezentas páginas.

Em *Herr Vogt*, Karl contava que numa reunião pública em 9 de maio de 1859, providenciada por David Urquhart para discutir a guerra italiana, ele tinha sido abordado por Karl Blind — ex-membro da Liga Comunista, convertido em mazziniano —, que lhe disse suspeitar que Carl Vogt trabalhava para Bonaparte. Vogt tinha pertencido à ala radical da Assembleia Nacional de Frankfurt em 1848-9, e de tal maneira se destacara que foi escolhido como um dos cinco "regentes imperiais" quando da dissolução do Parlamento. Desenvolvera uma forte posição antiaustríaca e, mais recentemente, afirmava que o apoio de Bonaparte era necessário para destruir a hegemonia austríaca e abrir caminho para um bem-sucedido desenvolvimento liberal e nacional na Alemanha.

Carl Vogt foi um dos mais famosos especialistas em ciências naturais da sua época. Foi aluno do famoso químico Liebig e tornou-se professor de geologia, fisiologia e zoologia da Universidade de Genebra. No começo da carreira, adquiriu fama com suas investigações do mecanismo da apoptose — morte celular programada —, que identificou em seus estudos do desenvolvimento de girinos de sapo. Foi reconhecido por Darwin como um dos mais importantes defensores da teoria da evolução em *A descendência do homem*.[205] No fim da carreira, desenvolveu uma variante da teoria evolucionária, intitulada "poligenismo". Em sua abordagem, a existência de raças diferentes era atribuída ao fato de que cada raça tinha evoluído a partir de um tipo diferente de símio. Isso significava que a "raça branca" pertencia a uma espécie diferente do "negro".

Politicamente, o que mais atraía suspeita era o panfleto de autoria de Vogt, *Estudos sobre a situação atual da Europa*, de 1859. O objetivo dessa obra era tranquilizar a opinião pública alemã, assegurando que a atitude de Bonaparte para com a questão italiana respeitava plenamente "a unidade e a nacionalidade alemãs" e deveria inspirar "a maior sensação de segurança na Alemanha". Mas algumas das frases usadas pareciam traduções diretas da propaganda bonapartista francesa. Como escreveu Karl, "seus *Studien* não passam de *compilação* em alemão de artigos do *Moniteur*".[206] Num artigo anônimo para o *Free Press* de Urquhart, Blind levantou suspeitas sobre Vogt sem de fato citá-lo pelo nome, o que fez num prospecto anônimo, *Zur Warnung* [Um aviso].

Tendo ouvido de Karl os rumores, Liebknecht e o editor de *Das Volk*, Elard Biscamp, reeditaram as alegações no jornal, afirmando, além do mais, terem provas de que Vogt tentara subornar um democrata de Baden em nome da França. Em resposta, Vogt processou judicialmente não *Das Volk*, mas o pró-austríaco *Allgemeine Zeitung*, de Augsburgo, que noticiou as alegações. Os editores do *Allgemeine Zeitung* interpelaram *Das Volk* em busca de evidências para respaldar as alegações. *Das Volk* interpelou Karl, e Karl interpelou Karl Blind. Blind, porém, negou ser autor de *Zur Warnung*. Com isso, ficou parecendo que Karl é que tinha dado origem à história. Karl, reiteradamente, tentou convencer Blind a admitir a autoria do prospecto, mas ele se recusou.

A partir desse ponto, a história fica ainda mais complicada. Na gráfica que publicava o jornal *Das Volk*, Liebknecht encontrou as provas originais do *Zur Warnung*, com correções feitas à mão por Blind. Isso acabaria levando à admissão de que o autor do *Zur Warnung* era um amigo de Blind, Karl Schaible. Com isso, portanto, Karl pôde refutar a acusação de ser ele o responsável pela alegação original. Mas, nesse meio-tempo, em dezembro de 1859, Vogt tinha publicado sua própria e longa autodefesa, *Minha ação contra o* Allgemeine Zeitung, na qual atribuía a perseguição não a Blind, mas à "rede de intrigas tecida pelos comunistas de

Londres". Como observou Karl, Vogt tinha espertamente manipulado as provas para dar a impressão de que se tratava de uma disputa entre liberais e comunistas. Disse ele a Lassalle: "É muita esperteza de Vogt me transformar na fonte da denúncia. [...] O sr. Vogt sabia que os democratas vulgares da Alemanha me veem como sua *bête noire*".[207]

Os biógrafos costumam tratar a longa defesa apresentada por Karl em seu livro *Herr Vogt* como exemplo da sua incapacidade de distinguir o importante do trivial, ou como uma infeliz distração d'*O capital*, que ele supostamente estaria preparando ao mesmo tempo. Mas, levando em conta a gravidade das acusações de Vogt, essa acusação parece desarrazoada. Vogt afirmou que comunistas em Londres enviaram apelos a trabalhadores no resto da Europa, que, ao responderem, se identificavam; em seguida, eram chantageados ou caíam nas mãos da polícia. Essa atividade inescrupulosa tinha, segundo se dizia, começado na Suíça. Seus membros originais estavam vinculados à tentativa de um putsch republicano de Gustav Struve em setembro de 1848. Forçados a irem para a Suíça depois da derrota da campanha pela constituição imperial, eles formaram uma ou mais gangues, a "Schwefelbande" ["bando do enxofre"] e os "Bürstenheimer" ["agitadores"] (ou talvez esses dois nomes designassem a mesma organização). Então mudaram-se para Londres, onde passaram a agir num dos comitês de refugiados. Vogt não atentou para o racha dentro da Liga Comunista entre a facção de Marx e a facção de Willich-Schapper. Ambas, de acordo com Vogt, eram ramos da Schwefelbande.

Com o redespertar da atividade política em 1858-9 e a fundação de *Das Volk*, dizia-se que a Schwefelbande voltara a agir e tinha a intenção de "despedaçar o partido democrático". Vogt alegou ser voz corrente que a gangue agora era dirigida por Karl, Liebknecht e Biscamp, o editor de *Das Volk*. De início, Vogt tinha achado que eles eram ferramentas inconscientes da reação. Mas então

> me convenci de que o fazem deliberadamente, de que as pessoas mencionadas são, conscientemente, instrumentos da reação, de que mantêm a mais estreita ligação com ela. [...] Qualquer pessoa que venha a lidar politicamente com Marx e seus camaradas cedo ou tarde cairá nas mãos da polícia.

Está claro que as acusações centrais — de chantagem e traição — eram absurdas. Em resposta, Karl apresentou sua própria versão da história da Liga Comunista, começando por suas atividades antes de 1848. Mas, apesar dos seus esforços, no rescaldo de 1848 era praticamente impossível oferecer um relato claro e sincero da atividade comunista que servisse de alternativa para a mistura de mentiras, meias verdades e fatos genuínos apresentada por Vogt. Era uma época em que rumores extravagantes e fantasias insurrecionais encontravam facilmente quem neles acreditasse em círculos de exilados, e em que qualquer organização, qualquer agrupamento, era vulnerável às atividades de espiões e agentes provocadores. Edgar Bauer, que se tornara espião dinamarquês, alegava que a emigração e a polícia política alemãs eram "dois galhos da mesma árvore".[208] Essa atividade de espiões e agentes duplos atingiu o seu ápice no período que desembocou nos julgamentos de traição em 1852 em Colônia e na fabricação de provas forjadas para dar consistência à acusação. Essa atividade produziu profundo desgaste particularmente na credibilidade da facção Willich-Schapper, com as ações de agentes da polícia — como Cherval, Gipperich, Hirsch e Fleury — comprometendo seriamente a reputação de Willich. Mas Karl estava implicado também, tendo sido maldosamente incentivado a escrever *Os grandes homens do exílio* por ordem do agente secreto "Coronel Bangya".

À luz dessa história um tanto nebulosa, talvez não seja de surpreender que a própria interpretação dada por Karl ao exílio nos anos 1850 fosse incomumente suave:

> À exceção de umas poucas pessoas, não se pode censurar a emigração por nada pior do que o cultivo de ilusões mais ou menos justificadas pelas circunstâncias da época, ou a perpetração de maluquices nascidas necessariamente da extraordinária situação em que inesperadamente se encontrou.[209]

No restante do livro, Karl recapitulou sua crença numa aliança funesta entre bonapartismo e pan-eslavismo, e que os argumentos dessa aliança podiam ser encontrados nos *Estudos sobre a situação atual da Europa*, de Vogt. Resumiu também a interpretação de Bonaparte que propusera em *O 18 de brumário* e as alegações feitas em *Revelações da história diplomática do século XVIII*, de que tinha havido "contínua colaboração secreta entre os gabinetes de Londres e São Petersburgo" desde a época de Pedro, o Grande — um conjunto de teorias conspiratórias paralelas às de Vogt, mas muito mais grandiosas. Segundo Karl, "o pan-eslavista russo" Vogt apoiou o estabelecimento da "fronteira natural" de um império eslavo e, em favor dessa ambição, tinha sugerido que "a Rússia anexe a Áustria, Salzburgo, a Estíria e as partes alemãs da Caríntia". Em relação ao bonapartismo, Karl explicou por que era necessário que Napoleão encenasse uma guerra limitada na Itália, em resposta ao estado precário da economia francesa e como maneira de reforçar a vacilante lealdade do Exército. Descreveu então, em detalhes, os desígnios de Bonaparte na Suíça, em seguida à anexação de Savoia.[210]

Depois de ler *Herr Vogt*, Engels escreveu para Karl: "Esta é, está claro, a melhor obra polêmica que você já escreveu; é mais simples no estilo do que o Bonaparte [*O 18 de brumário*], e não obstante tão eficaz quanto, onde é preciso".[211] Liebknecht também colocou *Herr Vogt* ao lado d'*O capital* e d'*O 18 de brumário* numa "Trindade", cada qual "a unidade de uma grande personalidade expressando-se de forma diferente sobre diferentes tópicos".[212] Edgar Bauer foi mais comedido. Também achou que Karl tinha refutado as alegações de Vogt contra ele. Mas, apesar de ter apresentado argumentos plausíveis contra Vogt com base em seus escritos, não conseguiu demonstrar que Vogt era um agente bonapartista e não foi capaz de fazer mais do que repetir a alegação original de Blind.[213]

Na avaliação do próprio Karl, a batalha contra Vogt era "crucial para a própria *justificação histórica* do partido e sua subsequente posição na Alemanha".[214] Mas a disputa com Vogt e a disputa mais ampla sobre o papel de Bonaparte na Itália tinham demonstrado, quando muito, a crescente irrelevância do "partido" no final da década de 1850 e início de uma "nova era". O caso Vogt começou como uma disputa entre democratas, com as alegações de Vogt contra Blind. A questão não dizia respeito à revolução ou ao proletariado, mas ao significado das ações de Bonaparte na Itália diante da perspectiva de unificação nacional na Alemanha. Não era uma questão que jogava socialistas contra democratas. Era uma questão que dividia socialistas, assim como dividia democratas. A incapacidade de chegar a um acordo sobre a posição do "partido" em relação à Itália ficou clara nas diferentes abordagens de Engels e Lassalle.

A relevância cada vez menor do "partido" também ficou clara quando Karl tentou recrutar o apoio do poeta Freiligrath na batalha jurídica em torno de Vogt. Embora gostasse de reiterar sua amizade íntima com Karl e afirmar, como ele, a sua contínua dedicação à *"classe la plus laborieuse et la plus misérable"*[215] de Saint-Simon, Freiligrath recusou-se a ser arrastado para a batalha com Vogt como se fosse uma questão do "partido". Respondeu a Karl: "Quando, em fins de 1852, a Liga foi dissolvida em consequência do julgamento de Colônia, rompi todos os laços que me ligavam ao partido como tal". Freiligrath tinha sido "um poeta da Revolução e do proletariado" bem antes de ingressar na Liga ou no conselho editorial do *Neue Rheinische Zeitung*. Como poeta, precisava de liberdade, mas o partido era "uma espécie de jaula". Por fim, outra consideração tinha reforçado a sua determinação de jamais lamentar a distância que mantinha do partido: era a associação deste com elementos falsos e ignóbeis — como Tellering, Bangya, Fleury etc. — que, apesar de todas as precauções, conseguiram se impor. Freiligrath ficava muito feliz sempre que se dava conta do sentimento de limpeza produzido pelo fato de não pertencer a uma organização que pudesse colocá-lo novamente em contato com elementos dessa laia.[216]

As atividades de Freiligrath nos anos 1850 demonstravam bem as forças que levaram à ruptura do "partido" na segunda metade daquela década. Apesar de suas convicções radicais, a poesia e a cultura literária alemã aproximaram Freiligrath mais estreitamente do afluente círculo literário do aspirante a poeta Gottfried Kinkel e de sua talentosa mulher compositora, Joanna, no rico bairro de St. John's Wood. Em 1858, o recém-fundado jornal democrata radical londrino *Die Neue Zeit*, dirigido a um público operário radical, publicou um artigo anônimo de Karl ridicularizando a proposta de Kinkel de ler poesia alemã para um seleto grupo que passeava pelos lagos ingleses. O *Hermann*, semanário nacional-liberal de Kinkel, estava preparado para minimizar a política republicana e democrática em favor de uma unificação nacional encabeçada pela Prússia. No verão de 1858, Kinkel também voltou a aparecer para fazer leituras de suas poesias na Associação Educacional dos Trabalhadores, ao que Karl chamou de "Renascimento de Kinkel".

No outono de 1858, Joanna Kinkel caiu de uma janela e morreu. Para o funeral, Freiligrath compôs um poema, louvando sua fé na liberdade, no amor e na poesia e saudando-a como mártir tombada no campo de batalha do exílio. Karl ficou indignado com a apostasia de Freiligrath, a quem privadamente chamava de "o gordo filisteu", por ter participado do funeral "melodramático" organizado por Gottfried pela morte da "ASQUEROSA e cáustica megera".[217] E ficou ofendido novamente no ano seguinte, quando as atenções de quase todos os alemães de Londres se voltaram para o Festival Schiller a ser realizado no Crystal Palace.[218] Como poetas, Kinkel e Freiligrath eram os membros mais destacados do comitê encarregado dos preparativos. Karl ficou furioso com Freiligrath por não ter insistido para que seus "amigos do partido" fossem convidados para o comitê ("mesmo sabendo perfeitamente bem que eu não iria"). O *Hermann*, de Kinkel, deu ampla publicidade ao acontecimento, do qual praticamente toda a comunidade alemã em Londres participou.

A carta de Freiligrath sobre o caso Vogt poucos meses depois forçou Karl a abandonar a conveniente ambiguidade atribuída à sua noção de "partido" nos anos 1850. Percebendo que não poderia se dar ao luxo de afastar Freiligrath, sua resposta foi conciliadora. Karl explicou que "partido", para ele, não significava a Liga Comunista nem o *Neue Rheinische Zeitung*, mas "partido no lato sensu histórico".[219]

APÊNDICE: FREDERICK DEMUTH

É improvável que Frederick Demuth, "Freddy", tenha sido presença constante enquanto Karl estava vivo. Mas consta que se tornou visitante regular da família, uma vez que Lenchen se tornou governanta de Engels após a morte de Karl em 1883. Nessa altura, Freddy era um hábil instalador e membro ativo da filial da Sociedade dos Engenheiros Unidos em King's Cross. As filhas de Karl certamente o conheciam e se sentiam em dívida com ele. A história corrente na família era de que Frederick era filho de Engels. Mas, se isso fosse verdade, as filhas achavam lamentável a maneira como Engels o tratava. Por ocasião da morte de Lenchen em 1890, Eleanor Marx escreveu para a irmã, Laura:

> Freddy comportou-se admiravelmente em todos os sentidos, e a irritação de Engels com ele é tão injusta quanto compreensível. Imagino que nenhum de nós gostaria de encontrar nosso passado em carne e osso. Sei que sempre que vejo Freddy tenho uma sensação de culpa e injustiça.[220]

Mas poucos dias antes da morte de Engels, em agosto de 1895, Eleanor soube por meio de Samuel Moore, amigo de Engels, que o pai de Freddy na verdade era Karl. Ele revelou esse fato para desmentir o boato de que Engels tinha rejeitado o filho. É provável que Laura já soubesse, ou tivesse fortes suspeitas. Mas Eleanor ficou chocada e aborrecida. Procurou Engels para confirmar a história. Engels estava morrendo de câncer no esôfago e fraco demais para falar, mas anotou o fato numa lousa. Contou a Moore: "Tussy [Eleanor] quer fazer do pai um ídolo".[221]

Detalhes sobre essa cena junto ao leito de morte vieram à luz como resultado da descoberta em 1962, por Werner Blumenberg em Amsterdam, de uma carta escrita em 2 de agosto de 1898 por Louise Freyburger para August Bebel. Freyburger, que tinha sido mulher de Karl Kautsky, foi governanta de Engels de 1890 até sua morte em 1895. Mesmo aceitando a paternidade de Karl, Yvonne Kapp, em sua biografia de Eleanor Marx, atacou com veemência a credibilidade da carta de Freyburger. Alegando que tinha sido escrita "numa veia da mais alta fantasia", demonstrou a improbabilidade de várias afirmações contidas na carta.[222] Levando em conta que só existia uma cópia datilografada da carta, e que a sua descoberta forneceu munição anticomunista no auge da Guerra Fria, alguns, como Terrell Carver, achavam que se tratava de um documento falsificado, "possivelmente por agentes nazistas".[223] Em meu verbete sobre Engels em *The Dictionary of National Biography*, também aceito essa interpretação, que mais recentemente teve continuidade no estudo de Paul Thomas.[224]

Agora acredito que, apesar de a carta de Freyburger conter muitas afirmações implausíveis, essas afirmações resultam de lembranças deturpadas do que ela poderia ter ouvido de Engels, e não são inverdades intencionais. Quanto à ideia de que o documento era uma falsificação, provas atestando que vários importantes sociais-democratas alemães dos anos 1890 tinham consciência da paternidade de Freddy foram reunidas por David Riazanov, mas sepultadas em arquivos comunistas soviéticos depois que Riazanov foi expurgado. Essas provas vieram à luz depois da queda do comunismo na década de 1990. Disso tudo, soube-se também que o próprio Freddy, que era ferramenteiro e morreu em 1929, sabia que Karl era seu pai.[225]

10. A *Crítica da economia política*

1. *ESBOÇOS DA CRÍTICA DA ECONOMIA POLÍTICA*, DE KARL, EM 1857-8: OS CHAMADOS *GRUNDRISSE*[1]

Em 1857, diante da perspectiva de uma crise econômica global e da possibilidade de outro período de revolução, Karl finalmente juntou os componentes da "crítica da economia política", sobre a qual ele começara a se debruçar em Paris em 1844. "Estou trabalhando como um doido a noite toda e todas as noites, cotejando meus estudos econômicos", informou a Engels, "para que eu pelo menos tenha os esboços com clareza antes do *déluge*."[2] Como escreveu para Lassalle em fevereiro de 1858, vinha "trabalhando nos últimos estágios havia alguns meses" e estava "finalmente pronto para começar a trabalhar depois de quinze anos de estudos". Queria publicar a obra em fascículos sem quaisquer "prazos de fechamento definidos", e esperava que Lassalle o ajudasse a encontrar "alguém em Berlim" preparado para realizar essa forma de publicação. Como Karl descreveu a obra para Lassalle:

A obra de que me ocupo atualmente é uma *Crítica da economia política* ou, SE QUISER, uma denúncia crítica do sistema da economia burguesa. É ao mesmo tempo uma imputação e, pela mesma razão, uma crítica do sistema [...].

O conjunto é dividido em seis livros: 1. "Do capital" (contém alguns CAPÍTULOS introdutórios); 2. "Da propriedade da terra"; 3. "Do trabalho assalariado"; 4. "Do Estado"; 5. "Comércio internacional"; 6. "Mercado mundial". Não posso, é claro, evitar todas as considerações críticas de outros economistas, em particular uma polêmica contra Ricardo, visto que ele, *qua* burguês, não pode deixar de cometer erros crassos *mesmo de um ponto de vista estritamente econômico*. Mas, de modo geral, a crítica e a história da economia política e do socialismo serão o tema de outra obra, e, finalmente, o breve *esboço histórico* do desenvolvimento de categorias e relações econômicas ainda de uma terceira.[3]

A história narrada naquilo que ficou conhecido posteriormente como *Grundrisse* era a da perda e da recuperação históricas pelo homem da sua "natureza social" ou "humana". Essa natureza ficou escondida sob a forma externa e abstrata que assumiu na sociedade civil. A tentativa de narrar esse acontecimento tomou a forma de "uma crítica da economia política", porque as categorias econômicas — comércio, concorrência, capital, dinheiro etc. — eram "apenas as expressões teóricas, as abstrações, das relações sociais de produção".[4]

Mas o trabalho de Karl não transcorreu sem percalços. Alguns meses depois, desculpando-se pela demora em mandar o manuscrito, ele explicou a Lassalle que o atraso fora causado por doença; além disso, tinha que prosseguir com seu "trabalho 'pão com manteiga'" jornalístico. Não era que precisasse fazer mais pesquisa — "o material está à mão e minha única preocupação é a forma". Mas, acrescentou, "o estilo de tudo que escrevo parece contaminado por problemas de fígado"; e estava decidido a evitar que "o produto de quinze anos de pesquisa, ou seja, os melhores anos da minha vida", fosse "estragado por motivos médicos". Além disso, acrescentou, reafirmando sua condição de chefe do "partido": "Nele uma importante visão das relações sociais é cientificamente apresentada pela primeira vez. Por isso é meu dever para com o partido que não seja desfigurado pelo tipo de estilo difícil, desajeitado, próprio de um fígado desordenado".[5]

A exposição dos argumentos de Karl nos *Grundrisse* era desajeitada e desconexa. A apresentação era caótica. Ele não seguiu os planos que expusera a Lassalle, e não havia nenhum sinal dos últimos três livros. O manuscrito consistia em mais de oitocentas páginas: uma introdução não concluída e dois capítulos, o primeiro sobre "Dinheiro", num total de 120 páginas, e o segundo sobre "Capital", com 690 páginas. A maior parte do texto estava relacionada à primeira parte, sobre "Capital", e foi subdividida em três subseções: "O processo de produção do capital", "O processo de circulação do capital" e "O capital dando frutos. Juro. Lucro. (Custos de produção etc.)". Temas importantes se acotovelavam com preocupações surgidas dos acontecimentos de 1848, ou do jornalismo do *New-York Daily Tribune*. Embora o texto estivesse repleto de questões intelectuais não resolvidas, é um equívoco interpretar essa desorganização sob uma luz inteiramente negativa. Em parte, foi o resultado de um período de intensa criatividade marcado por desesperadas tentativas de anotar pensamentos que pertencem mais apropriadamente a estágios bem posteriores do argumento do que aos tópicos a serem cobertos, supostamente, no volume inicial. Como escreveu Jenny para o "sr. Engels", em abril de 1858:

> A bile e o fígado [de Karl] se acham em estado de rebelião. [...] A piora da sua saúde se deve em grande parte à angústia e à agitação mentais que agora, é claro, depois da conclusão do contrato com o editor, são maiores do que nunca, e aumentam a cada dia, uma vez que ele acha totalmente impossível terminar a obra.[6]

Seis semanas depois, o próprio Karl escreveu perguntando se Engels poderia escrever alguma coisa genérica sobre as forças britânicas na Índia para o *Tribune*.

> Pois reler o meu manuscrito me tomará quase toda a semana. A parte odiosa disso é que o meu manuscrito (que impresso vai dar um volume robusto) é uma verdadeira miscelânea, boa parte destinada a seções muito posteriores. De modo que devo preparar em breve um índice mostrando em que caderno e em que página encontrar o material que eu quero que você veja primeiro.[7]

2. 1844-57: O DESENVOLVIMENTO DA CRÍTICA DA ECONOMIA POLÍTICA DE KARL

Em 1844, quando Karl começou a criticar os economistas políticos, não tinha havido nenhuma crítica interna ou enfrentamento minucioso da economia política, e não havia nada que pudesse ser descrito como uma contradição específica da moderna "economia burguesa". A única realidade descrita era a da propriedade privada, cujo efeito fora tornar o homem dependente da competição e transformar o trabalhador em mercadoria cuja criação ou destruição dependia de alterações na demanda. Karl seguiu Proudhon ao sustentar que onde existia propriedade privada os objetos custavam mais do que valiam, e os produtos eram vendidos acima do seu verdadeiro valor. A troca, como afirmava Engels, era resultado de "trapaça mútua", e sua única lei era a "oportunidade". O contraste geral era entre as misérias atribuíveis à propriedade privada e a verdadeira destinação do "homem". O "homem" aqui delineado não era o homem empírico invocado pela economia política, mas o homem tal como era em essência: "um ser natural humano", cujo significado estava não em seus primórdios naturais, mas em sua destinação histórica.

Da mesma forma, as "forças" e "relações" de produção mencionadas nos escritos de Karl em 1845 e 1846 não estavam ligadas ao funcionamento interno de nenhum sistema econômico específico. Embora a terminologia possa ter sido nova, as ideias em si não eram originais. Ideias que vinculavam a propriedade privada a níveis mais altos de produtividade, ou que sugeriam uma afinidade entre formas de produção e formas de governo, já eram encontradas no século XVII: por exemplo, em contrastes entre a propriedade fundiária europeia e as práticas nômades de caça e coleta de tribos americanas, ou entre os regimes da Europa, baseados na propriedade, e o "despotismo oriental".[8]

Só em *Miséria da filosofia* é que Karl começou a concentrar-se na "economia burguesa", e mesmo então apenas de maneira superficial.[9] Empenhado numa denúncia de Proudhon, Karl baseou-se em *Princípios de economia política e tributação*, de Ricardo, para apresentar uma teoria alternativa de valor.[10] Proudhon tinha contestado o pressuposto ricardiano da equivalência de valores e preços na troca, para ele mera idealização. O maior problema da economia burguesa era o fato de os produtos não serem vendidos pelo seu valor. Para remediar essa deficiência, Proudhon propôs várias medidas, incluindo a abolição do dinheiro, que ele via como o principal obstáculo para o estabelecimento de relações de troca verdadeiras e justas.

Karl respondeu com uma defesa de Ricardo: "A determinação de valor por tempo de trabalho — a fórmula que o sr. Proudhon nos dá como fórmula regeneradora do futuro" — era "meramente a expressão científica das relações econômicas da sociedade atual". Então, com base em suas leituras de economistas políticos ingleses, Karl afirmou que os objetivos práticos de Proudhon eram parecidos com os de John Francis Bray e outros, propostos vinte anos antes. Aqueles socialistas owenistas tinham acreditado que os problemas de deflação e restrição de crédito poderiam ser resolvidos pela introdução de um sistema de notas de trabalho para substituir o dinheiro.[11] Além desses argumentos, não tinha havido um exame sustentado da teoria econômica de Ricardo. Em *Miséria da filosofia*, Karl tinha simplesmente tratado a obra de Ricardo como a "conclusão" da ciência da economia política em seu momento de triunfo, a expressão de uma época, agora deixada para trás.

Estabelecido em Londres em 1850-1, na esteira das revoluções, Karl retomou seus estudos econômicos e voltou a consultar Ricardo.[12] Começou a achar que a concepção ricardiana de valor poderia ser empregada tanto para dar uma medida da riqueza burguesa como para explicar que a "economia burguesa" — ou o que ele, cada vez com mais frequência, chamava de "capital" ou "forma de valor" — impulsionava as forças de produção. Isso reforçava a ênfase que ele agora dava ao poder e à centralidade do desenvolvimento das forças produtivas. Em 1847, ele afirmara que as "forças produtivas" tinham sido impulsionadas por um "sistema de antagonismos de classe", especialmente o antagonismo entre "trabalho acumulado e trabalho imediato" (capital e trabalho).[13] Mas em seus escritos até (e incluindo) *As lutas de classes na França*, as forças produtivas desempenhavam um papel relativamente modesto e indeterminado no pensamento de Karl. No começo dos anos 1850, porém, ele não poderia deixar de perceber o poder e o dinamismo no crescimento acelerado e generalizado das forças produtivas e no retorno à prosperidade que tinham destruído a revolução na Europa. Agora punha suas esperanças no caráter cíclico do crescimento das forças produtivas. O desenvolvimento volátil da indústria moderna associado à máquina a vapor e ao sistema fabril vinha acompanhado de crises periódicas de superprodução. Isso logo causaria novas ondas de desemprego, o ressurgimento do movimento operário e o retorno da revolução.

Karl tentou empregar o conceito de valor de Ricardo na elaboração de uma teoria bem distante de qualquer coisa que já tivesse preocupado o próprio Ricardo. A teoria de Ricardo relacionava o valor ao tempo de trabalho socialmente necessário, e pretendia ser válida apenas como um todo; ele fazia restrições à sua validade. Sua noção de valor não era para ser genericamente aplicável. Tinha um objetivo limitado: tornar possível um relato de distribuição cambiante, uma vez que fatores de complicação, como a heterogeneidade de produtos, fossem eliminados.

Ao contrário do próprio Ricardo, Karl via o valor segundo Ricardo apenas como "riqueza burguesa em sua forma mais abstrata".[14] Ele queria tornar o valor do trabalho mensurável e aplicável ao empreendimento individual. Queria que isso explicasse a fonte do trabalho não pago e mostrasse por que um sistema que repousava ostensivamente na troca igual e justa era capaz de, consistentemente, render um superávit para uma das partes da troca. Se, como acreditava, a fonte da desigualdade não fosse descoberta no processo de troca, mas no processo de produção, uma atenção especial dada às horas trabalhadas em termos de valor, em contraste com o número hipotético de horas necessárias para que o trabalhador subsistisse e se reproduzisse, proporcionaria uma forma de fundamentar o argumento.

Em 1857, Karl reuniu num só argumento numerosas proposições de fontes anteriormente não relacionadas. Da literatura econômica radical francesa dos anos 1830 e 1840, adotou a ideia de que o trabalhador vendia não o trabalho, mas a capacidade de trabalhar, sua "força de trabalho". A ideia já se encontrava em Buret e Proudhon. Ele agora tentava ligar esse insight com a sua interpretação de Ricardo, segundo a qual o valor de uma mercadoria era determinado pelo tempo de trabalho socialmente necessário, e o valor do trabalho era o necessário para sustentar e reproduzir o trabalhador. Também juntou a crença, popular entre radicais e socialistas, de que o trabalho era a única fonte de riqueza ("a teoria do valor-trabalho"), e que, portanto, o lucro só pode vir do trabalho vivo.

A abordagem de Karl oferecia uma nova forma de demonstrar o caráter explorador do capital. Ao comprar força de trabalho, a capacidade de trabalho do trabalhador, o capitalista era incentivado a aumentar o valor criado pelo trabalho além do necessário para sustentar e reproduzir o trabalhador (a teoria do salário de subsistência de Ricardo); em outras palavras, extrair "mais-valia" dos trabalhadores. Isso era feito estendendo-se a jornada de trabalho, o que Karl chamava de "mais-valia absoluta". Mas com a crescente utilização de máquinas e energia a vapor, a ênfase foi deslocada para o aumento da produtividade do trabalhador durante cada hora de trabalho, com máquinas determinando a velocidade com que os trabalhadores eram obrigados a trabalhar. Isso foi chamado de "mais-valia relativa".

Segundo Marx, a grande vantagem da teoria do valor era tornar possível o desenvolvimento de uma teoria da crise que fosse específica da "economia burguesa". Em vez de referências gerais a propriedade privada, polarização e pauperização, essa teoria apontava para contradições específicas da indústria e do capital modernos; e era particularmente relevante como resposta à opinião pública burguesa, que ainda aceitava a popular abordagem malthusiana, que atribuía problemas de pobreza e desemprego à superpopulação e à falta de autocontrole do trabalhador:

> Uma vez que a condição de produção baseada no capital é que o trabalhador produza uma quantidade cada vez maior de trabalho excedente, segue-se que uma quantidade cada vez maior de *trabalho necessário* é liberada. As chances de ele afundar na indigência, portanto, aumentam. O desenvolvimento de trabalho excedente implica o de população excedente.[15]

Com o desenvolvimento da indústria moderna e o aumento crescente de investimento em maquinaria para economizar trabalho, a tendência era acentuada de dois modos. Primeiro, a produtividade — e consequentemente a intensidade — de exploração do trabalhador era aumentada. Como revelara a interpretação de Karl das obras de Andrew Ure e Charles Babbage, a maior produtividade não era simplesmente uma questão de tecnologia da máquina; envolvia também a reorganização da divisão do trabalho e do espaço fabril de tal maneira que o trabalho já não era dividido entre trabalhadores, mas entre máquinas e maquinistas.[16] Segundo, o número de trabalhadores dos quais a mais-valia podia ser extraída estava diminuindo; ou, para colocar nos termos empregados por Karl, a proporção entre "capital constante" (capital fixo investido) e "capital variável" (trabalho assalariado) aumentava. Como, na opinião de Karl, o lucro só podia vir do trabalho vivo, isso significava que a taxa de lucro estava caindo.

> A *taxa de lucro* depende da proporção entre a parte do capital trocada por trabalho vivo e a parte dele que existe na forma de matéria-prima e meios de produção. Portanto, quando a porção trocada por trabalho vivo declina, há um declínio correspondente na taxa de lucro. No mesmo grau, portanto, em que o capital como capital absorve mais espaço no processo de produção relativamente ao trabalho imediato, quer dizer, quanto maior o aumento em mais-valia relativa — no valor criando poder de capital —, mais *a taxa de lucro declina*.[17]

"Em todos os sentidos", escreveu Karl, "esta é a lei mais importante da economia política moderna, e a mais essencial para a compreensão das relações mais complexas"; e ela jamais tinha sido compreendida, muito menos "formulada conscientemente".[18] Pois o que ela provava, na sua opinião, era que existia um mecanismo inerente, dentro do próprio capital, que era gerador de crise.

Diante dessa ameaça, o capital "tentaria qualquer coisa para compensar a pequenez da proporção que a mais-valia mantém, se expressada como lucro, com o 'capital investido'". O resultado seria que

O MAIS ALTO DESENVOLVIMENTO DA FORÇA PRODUTIVA JUNTO COM A MAIOR EXPANSÃO DA RIQUEZA EXISTENTE COINCIDIRÃO COM A DEPRECIAÇÃO DO CAPITAL, A DEGRADAÇÃO DO TRABALHADOR E A MAIS COMPLETA EXAUSTÃO DE SUAS FORÇAS VITAIS.

Essas contradições, afirmava ele, levariam a

EXPLOSÕES, CATACLISMOS, CRISES.

A sobrevivência do capital poderia ser assegurada por uma

SUSPENSÃO MOMENTÂNEA DO TRABALHO

e

ANIQUILAÇÃO DE UMA GRANDE PORÇÃO DE CAPITAL. [...] APESAR DISSO, ESSAS CATÁSTROFES QUE OCORREM REGULARMENTE LEVAM À SUA REPETIÇÃO NUMA ESCALA MAIOR, E FINALMENTE À SUA VIOLENTA DESTRUIÇÃO.[19]

A adoção dessa teoria do valor combinava-se com uma descrição do desenvolvimento humano, apresentado como a relação cambiante entre matéria e forma. "Matéria" consistia em pessoas ou coisas. "Forma" consistia nas conexões particulares feitas entre pessoas e coisas, juntamente com as concepções de mundo disso resultantes. A vantagem dessa terminologia sobre a mais frequentemente usada expressão "forças e relações de produção" era ressaltar a ideia de que o valor e a produção de mercadorias constituíam uma *forma* social. A certa altura do desenvolvimento humano, a primazia de uma forma social particular tinha sido progressivamente sobreposta às relações entre as sociedades e dentro delas. Ajudada pelo crescimento das relações monetárias, a simples troca de produtos úteis tinha aos poucos cedido a vez à troca de mercadorias como encarnações de valor de troca. Dessa maneira, o crescimento subsequente das forças produtivas ocorrera sob os auspícios do que Karl chamava de "forma-valor": atividade econômica definida como maximização do valor de troca.

A história subsequente, portanto, foi o desenvolvimento de um duplo processo de produção material e de valorização. No início, o processo de produção material e o processo de valorização tinham sido relativamente distintos. No entanto,

> pela incorporação do trabalho ao capital, o capital se torna processo de produção, mas inicialmente processo *material* de produção; processo de produção em geral, de modo que o processo de produção de capital não é distinto do processo material de produção em geral. Sua definição de forma é completamente extinta.[20]

Isso queria dizer que o capital era *"essa unidade de produção e valorização* não *imediatamente*, mas apenas como processo vinculado a certas condições".[21]

3. AS ORIGENS DE UMA FORMA SOCIAL

Por que e como essa forma social surge? No início de *A riqueza das nações*, Adam Smith declarou que a divisão do trabalho era "a consequência necessária, apesar de muito lenta e gradual, de certa propensão da natureza humana; [...] a propensão a intercambiar, permutar e trocar uma coisa por outra".[22] Hipóteses semelhantes eram feitas em manuais de economia política popular, que Karl atacou no começo da sua introdução aos *Grundrisse*. Nos manuais, imagina-se que a vida econômica tenha começado como em *Robinson Crusoé*, com

> um caçador e pescador individual e isolado. [...] Eles viam esse indivíduo não como resultado histórico, mas como ponto de partida da história; não como algo evoluindo ao longo da história, mas dado por natureza, porque para eles esse indivíduo era o indivíduo natural, de acordo com a ideia que tinham da natureza humana.[23]

Karl chamou a atenção para o absurdo de acreditar que a propriedade privada e o indivíduo fossem tidos como pontos de partida históricos apropriados em relatos de economia política:

> Só no século XVIII, na "sociedade burguesa", é que as várias formas do nexo social confrontam o indivíduo como meramente um meio para alcançar seus fins particulares, como necessidade externa. [...] A produção de um indivíduo isolado fora da sociedade é tão ridícula como o desenvolvimento da linguagem sem indivíduos que vivem *juntos* e falam uns com os outros.[24]

A fim de determinar o capital ou a sociedade comercial não simplesmente como expressões da natureza humana, era preciso mostrá-los como produtos de uma forma social particular. Os *Grundrisse* delinearam uma complexa história para demonstrar que a "forma-valor" era produto de certo estágio do desenvolvimento produtivo e estava destinada a ser substituída quando um estágio superior fosse atingido. A descrição alternativa de Karl partia da suposição de um mundo de sociabilidade aborígine que tinha sido desfeito, mas também impulsionado numa trajetória particular de desenvolvimento, pela incursão da propriedade privada e pelo desenvolvimento das relações de troca. O homem tornou-se "individualizado somente através do processo da história". Originalmente, era um

> ser-espécie, um ser tribal, um animal de rebanho. [...] Quanto mais para trás andamos na história, mais o indivíduo, e consequentemente também o indivíduo produtor, parece dependente de um todo maior. De início, ainda é, de maneira bem natural, parte da família, e da família ampliada em tribo; depois é parte de uma comunidade, de uma das diferentes formas de comunidade nascidas do conflito e da fusão de tribos.[25]

A troca foi um grande agente de individualização. Tornou "a existência de rebanho [...] supérflua" e a dissolveu. Se, como Karl sustentava, "a terra é a grande oficina, o arsenal que fornece tanto os meios como o material de trabalho", então

> o que requer explicação não é a *união* de seres humanos vivos e ativos com as condições naturais e inorgânicas de sua troca de matéria com a natureza, e portanto sua

apropriação da natureza. Isso também, claro, não resulta de um processo histórico. O que precisamos explicar é a *separação* entre essas condições inorgânicas de existência humana e este ser ativo, uma separação que só é postulada em sua forma completa na relação entre trabalho assalariado e capital.[26]

Em termos históricos, a forma encontrada com maior frequência nos primeiros tempos era a propriedade comum, tal como prevaleceu, por exemplo, entre os indianos, eslavos e celtas antigos. Mas mesmo onde a terra não era propriedade comum, o indivíduo não era proprietário no sentido moderno. "Um indivíduo isolado não seria mais capaz de ter propriedade na terra do que de falar." Sua relação com as condições objetivas de trabalho era "mediada pelo fato de ser um membro da comunidade".[27]

Com o tempo, o aumento da população e os primórdios do comércio destruíram essas condições. O sistema comunal deteriorou-se e morreu, junto com as relações de propriedade em que se baseava. Mas o processo foi gradual.

> Mesmo onde a terra se torna propriedade privada, ela só é valor de troca num sentido restrito. O valor de troca se origina no produto natural isolado separado da terra e individualizado por meio de indústria (ou simples apropriação). Este é também o estágio em que o trabalho individual aparece pela primeira vez.[28]

A troca não surge inicialmente dentro das comunidades, mas em suas fronteiras. Povos mercantis como os judeus e os lombardos eram "os intermúndios do mundo antigo" e podiam coexistir com comunidades antigas sem as destruir. Mas, no fim, o impacto do comércio nas comunidades foi "sujeitar a produção ao valor de troca e forçar o valor de uso imediato cada vez mais para o fundo do quadro, fazendo a subsistência depender mais da venda do produto do que do seu uso imediato".[29]

A velocidade com que isso acontecia nem sempre era a mesma. Na Ásia, o sistema comunal foi o mais duradouro, e ainda existia, em parte devido às comunicações precárias, em parte porque se baseava na união autossustentável de manufatura e agricultura em nível de aldeia. Nessas condições, o indivíduo não se tornava independente da comuna. Na Roma antiga, diferentemente, e em outros Estados menores em guerra, a continuação da comuna dependia da "reprodução de todos os seus membros como camponeses autossuficientes", cujo tempo excedente pertencia à comunidade, "ao trabalho de guerra etc.". Em áreas acostumadas à produção comunal, onde ser conquistado na guerra significava que o produtor era capturado junto com a terra, sistemas de escravidão e servidão foram estabelecidos. "Escravidão e servidão são, portanto, apenas novos desenvolvimentos da propriedade baseada no tribalismo."[30] Essas condições eram

> o resultado de um restrito estágio histórico do desenvolvimento das forças produtivas, tanto da riqueza quanto do modo de produzi-la. [...] O objetivo da comunidade e do indivíduo — bem como as condições de produção — era a reprodução dessas condições específicas de produção e de indivíduos, tanto um a um quanto em seus grupos e relações sociais — como os portadores vivos dessas condições.[31]

A história antiga era "a história de cidades, mas cidades baseadas na propriedade da terra e na agricultura". A história "asiática" era uma "espécie de união indiferente de cidade e campo"; as cidades realmente grandes eram apenas "acampamentos reais", "excrescência artificial da verdadeira estrutura econômica". Uma terceira forma de desenvolvimento surgiu na Idade Média, o "período germânico" de Hegel. Começou com "a terra como local de história", e seu desenvolvimento posterior deu-se então "por meio da contradição entre cidade e campo". A história moderna era "a urbanização do campo, não como nos tempos antigos, a ruralização da cidade".[32]

As origens da moderna sociedade burguesa eram explicadas em termos da ruptura das formas comunais em face do desenvolvimento das forças de produção e do surgimento da forma-valor. Tentava-se contar uma dupla história: de um lado, o desenvolvimento das capacidades essenciais do homem (indústria, forças de produção); de outro, a sequência de relações sociais que pontuavam a expansão do capital e da forma-valor.

Em seu manuscrito, Karl observou na primeira seção — onde valor de troca, dinheiro e preço são analisados — que "mercadorias sempre aparecem como já existindo" e expressam "características de produção social", ainda que seu papel determinante não esteja explícito.[33] Como resultado, na versão publicada da obra, *Contribuição à crítica da economia política*, que apareceu em 1859, Karl preferiu começar pela mercadoria, e manteve esse ponto de partida na publicação de *O capital* em 1867. A mercadoria foi escolhida por representar tanto um objeto concreto e útil, um "valor de uso", quanto um componente abstrato de um sistema econômico baseado na propriedade privada, um "valor de troca".³⁴

A partir da mercadoria era possível rastrear o surgimento do dinheiro. Diferentemente da mercadoria, o dinheiro como valor de troca abstrato não tinha nenhuma conexão com a forma natural da mercadoria. Se o valor de troca representava as relações sociais exteriorizadas do homem, o dinheiro personificava essa relação em sua forma mais abstrata; era uma pura abstração de "qualidades sociais universais". Karl foi obrigado a modificar a condenação incondicional do dinheiro que fizera em 1844. Em algumas de suas formas — como medida de valor ou como meio de troca —, o dinheiro tinha coexistido com comunidades antigas. Consequentemente, não era o dinheiro como tal, mas o dinheiro em sua "terceira determinação", como valor de troca abstrato, e seu papel como uma relação social externalizada na sociedade civil, que era incompatível com a existência de comunidades primitivas pré-capitalistas. A "comunidade da Antiguidade" tinha sido destroçada pelo "desenvolvimento do dinheiro em sua terceira dimensão".³⁵ O efeito disso foi a dissolução de tribos, clãs e antigas comunidades camponesas.

Nessa forma, o dinheiro permitiu o surgimento do capital. Seu surgimento deveria ser rastreado na transição entre dois ciclos. Ao primeiro ciclo, no qual o dinheiro funcionava apenas como meio de troca — M-D-M (mercadoria-dinheiro-mercadoria) — e que não pressupunha a existência de capital, Karl chamou "circulação simples". Mas o valor de troca apareceu no ciclo seguinte, D-M-D (dinheiro-mercadoria-dinheiro), que Karl considerava característico do capital comercial. Porém sua presença na periferia da sociedade e seu emprego pelos lombardos ou pelos judeus não envolviam a produção de mercadorias e pelo menos em seus estágios iniciais — não interromperam o funcionamento de comunidades antigas.

Os efeitos moralmente corruptores do dinheiro em sua terceira dimensão foram condenados de forma tão veemente em 1857 quanto o haviam sido em 1844:

> A permutabilidade de todos os produtos, atividades e relações por uma terceira e *objetiva* entidade, que pode, por sua vez, ser trocada por tudo, *sem distinção* — em outras palavras, o desenvolvimento de valores de troca (e de relações monetárias) é idêntico à venalidade geral, à corrupção. A prostituição geral aparece como uma

fase necessária. [...] Equiparar o incomensurável, como Shakespeare apropriadamente concebia o dinheiro.[36]

Mas a função do dinheiro agora estava ligada de forma mais comedida ao modelo mais amplo de desenvolvimento econômico. Embora fosse verdade que "a pré-história do desenvolvimento da moderna sociedade industrial" começou "com uma ganância geral por dinheiro da parte de indivíduos e Estados", esse apetite também tinha trazido inovação. A busca do ouro criara novas necessidades e levara à descoberta de remotas partes do mundo. Além disso, diferentemente de Roma, onde o dinheiro era acumulado por pilhagem e a riqueza dos indivíduos era fortuita, o dinheiro "como elemento desenvolvido" agora pressupunha a presença de trabalho assalariado. Apontava para a presença da "precondição elementar da sociedade burguesa", o trabalho assalariado e o capital como "formas diferentes de valor de troca desenvolvido e de dinheiro como a sua encarnação".[37]

Isso teve particular importância no campo, onde a propagação de relações monetárias e a formação do capital moderno foram assinaladas pela transformação do senhor feudal no recipiente de renda em dinheiro. Essa transição não poderia ter acontecido simplesmente pelo movimento de valores de troca no processo de circulação. Tornou-se possível graças à "dissolução da velha forma de propriedade fundiária". Os vassalos foram dispensados e, como notou Adam Smith, o senhor pôde trocar seu cereal e seu gado por valores de uso importados. A agricultura foi convertida em "agronomia industrial", enquanto caseiros, servos, vilões, enfiteutas e lavradores "necessariamente" se tornaram "trabalhadores diaristas, trabalhadores assalariados". Portanto, o *trabalhador assalariado* em sua totalidade" foi criado pela ação do capital sobre a propriedade fundiária.[38]

Em seu relato, Karl fazia distinção entre "a acumulação originária [ou 'primitiva'] de capital" e a acumulação de grandes concentrações de recursos por meios não econômicos a partir do processo regular de circulação. Investimentos em novas formas de manufatura e a comercialização da agricultura foram viabilizados pela disponibilidade de concentrações de riqueza monetária, adquirida através da usura, do comércio, da urbanização e do desenvolvimento de finanças governamentais, juntamente com os cercamentos (*enclosures*) e a apropriação de propriedades da Igreja.[39] Ao mesmo tempo, na Inglaterra, por meio de legislação salarial e de outras medidas coercitivas, a Casa de Tudor tinha forçado as pessoas expulsas da terra — mendigos e "vagabundos robustos" — a irem para o trabalho assalariado.

Uma vez separados da terra, aqueles que originalmente tinham combinado a posse de pequenas propriedades com fiação e tecelagem como atividades auxiliares ficaram cada vez mais dependentes da produção doméstica e da venda desses produtos. O envolvimento num sistema de relações monetárias, dominado por comerciantes e situado fora das cidades, e portanto fora também do controle das guildas, levou a um endividamento cada vez maior e, por fim, à perda da posse dos seus instrumentos de trabalho. Finalmente, evaporou-se até mesmo a ilusão de que esses trabalhadores eram produtores independentes vendendo produtos. A última etapa consistiu em transferir o trabalho feito em casa para grandes oficinas e, então, para fábricas. O que tinha começado ostensivamente como uma forma de troca acabou como trabalho assalariado num sistema baseado na "separação total de trabalho e propriedade".[40]

O capital agora incluía não apenas a troca de valores, mas também a produção de valores de troca, e isso implicava o desenvolvimento de um processo de trabalho vinculando capital e trabalho assalariado. Também produzia um ciclo com uma dinâmica interna própria. Por ora, no ponto de partida:

> A *produção* que cria e que postula valores de troca [...] *pressupõe circulação como momento desenvolvido* e aparece como processo constante propondo circulação e continuamente retornando da circulação para si mesmo, a fim de voltar a propor. Como consequência, o movimento que propõe valores de troca agora aparece numa forma muito mais complexa, não sendo mais apenas o movimento das trocas de valores pressupostas, ou o movimento que as propõe formalmente como preços, mas o movimento que simultaneamente cria e produz valores de troca como sua própria premissa.[41]

Este ciclo autossustentado de produção e circulação invadiu a propriedade fundiária — tema previsto para o Livro III de Karl. Também ampliou e estendeu a esfera do trabalho assalariado — tema previsto para o Livro IV.

Embora os exemplos históricos de Karl fossem tirados quase totalmente da Inglaterra, sua intenção era de que a Inglaterra entrasse apenas como ilustração do desenvolvimento de um sistema orgânico global, um sistema no qual cada entidade seguia a outra por uma trajetória predeterminada de desenvolvimento: ou, nas palavras de Karl, "a anatomia do homem é a chave da anatomia do macaco".[42] Cada circuito de capital implicava a volta ao ponto de partida; o capital portanto criava as condições sociais para sua contínua reprodução e expansão através da crescente subversão de formas pré-capitalistas, fosse a produção camponesa ou artesanal, e cada vez mais instalava em seu lugar a produção continuamente renovada de capitalistas e trabalhadores assalariados. Dessa maneira, o destino global do capital era "conquistar a terra inteira para seu mercado". Por meio de ciclos de crescente universalidade, o sentido da mercadoria simples no começo estava vinculado ao desenvolvimento do mercado mundial no final. Mas, como outros organismos, o capital em sua totalidade era caracterizado por um ciclo vital, o que significava que sua conquista global final marcaria ao mesmo tempo o começo da sua dissolução.

4. ENTRE HEGEL E FEUERBACH

A mistura de elementos juntados para escorar sua primeira "crítica da economia política" em grande escala foi produto do encontro crítico de Karl com aqueles que haviam influenciado mais profundamente a sua formação filosófica: Hegel e Feuerbach. Fica claro que, ao tentar organizar o seu material, Karl recorreu em primeiro lugar a Hegel. Em certos pontos dos *Grundrisse*, Karl procurou aplicar a organização dialética de conceitos de Hegel.[43] Mas também nunca perdeu de vista que seria necessário "corrigir a maneira idealista de apresentação, que faz tudo parecer uma questão meramente de definição de conceitos e da dialética desses conceitos".[44] Karl permaneceu fiel ao insight original decorrente da sua interpretação da *Fenomenologia* de Hegel em 1844: que a essência do trabalho deveria ser entendida como a criação do homem como "resultado do *próprio trabalho* do homem".[45] Mas, em 1857, essa ênfase inicial no homem como produtor tinha sido transformada numa concepção mais bem fundamentada do desenvolvimento histórico das forças de produção.

Ao tentar visualizar esse padrão global de desenvolvimento produtivo, Karl foi atraído também pela imagem circular que encontrou na *Ciência da lógica* de Hegel. Numa carta para Engels de janeiro de 1858, ele declarou: "De grande utilidade para mim em relação ao *método* de tratamento foi a *Ciência da lógica* de Hegel, na qual eu tinha dado outra olhada por MERO ACIDENTE, pois Freiligrath encontrara e me dera de presente vários volumes de Hegel, originalmente de propriedade de Bakunin".[46] Em sua *Ciência da lógica*, Hegel tinha concebido o desenvolvimento do pensamento como um processo circular, ou melhor, como uma espiral de conceitos de crescente universalidade. Nos *Grundrisse*, Karl apresentou, de maneira similar, o crescimento da forma-valor como uma série de ciclos, ou uma grande espiral abrangendo mais e mais formas universais de interação humana. Desse modo, ao expor o desenvolvimento da simples circulação de capital, Karl observou que "valor de troca proposto como unidade de mercadoria e dinheiro é *capital*, e este propor-se a si mesmo aparece como circulação de capital. (Mas esta é uma linha espiral, uma curva que se expande, não um simples círculo.)".[47] Assim, a trajetória circular da mercadoria ia do mais simples dos começos até o seu apogeu no mercado mundial.

Mesmo assim, a dialética presente nos *Grundrisse* não era a de Hegel. Tanto em Hegel como nos *Grundrisse*, é apresentada uma relação entre forma e matéria ou conteúdo (o texto dos *Grundrisse* se refere indistintamente a *Stoff*, *Inhalt* ou *Materie*). Essa relação começa como uma relação de aparente exterioridade e indiferença, mas se esconde e acaba se revelando como uma relação de interdependência recíproca. No pensamento de Hegel, essa contradição, encarnada na exterioridade de forma e matéria, era superada logo que as relações internas eram reveladas, e ficava claro que a matéria continha a forma encerrada dentro dela. Nos *Grundrisse*, a relação entre valor de uso e valor de troca era semelhantemente apresentada como a imanência de uma dentro da outra. Mas enquanto Hegel via essa relação de contradição e exterioridade como uma relação que terminava em união e síntese, nos *Grundrisse* a forma e a matéria continuavam separadas e irredutíveis entre si. Uma era subordinada à outra, e sua relação continuava a ser de hierarquia, na qual o momento dominante era desempenhado pela produção.

Em outras palavras, a forma-valor — relações econômicas — era determinada unilateralmente pelo movimento de forças produtivas contido no processo de trabalho. Na introdução aos *Grundrisse*, Karl declarou sua objeção a Hegel: "Nada é mais simples para um hegeliano do que postular produção e consumo como idênticos". Produção, distribuição, troca e consumo não eram idênticos; eram todos "elementos de uma totalidade, diferenças dentro da unidade". Mas a produção era "o momento dominante, tanto com relação a si mesmo na determinação contraditória de produção como em relação a outros momentos".[48] Distinguindo sua própria abordagem da de Hegel mais adiante no manuscrito, Karl escreveu:

Considerada *especulativamente*, a dissolução de uma forma definida de consciência seria suficiente para destruir uma época inteira. Na realidade, essa barreira à consciência corresponde a um *grau definido de desenvolvimento das forças produtivas materiais* e, portanto, da riqueza.[49]

Na introdução, o "ponto de partida" de Karl — "indivíduos produzindo numa sociedade — por conseguinte a produção socialmente determinada por indivíduos" — também definia sua oposição à economia política convencional.[50] Para ele, o maior defeito dela era ser a hipótese da prioridade da circulação e das relações de troca. Essa era a sua principal objeção à economia política francesa. Ele zombava do que os radicais franceses julgavam ser a promessa original da Revolução Francesa: que a cidadania igual levaria à troca igual. Alguns, como Frédéric Bastiat, sustentavam que, com o advento do livre-câmbio, essa promessa estava se realizando. Mas o alvo principal de Karl era Proudhon, que, junto com outros socialistas, contestava que as trocas continuavam desiguais e que o processo de troca tinha sido distorcido pelos bancos. É por isso que as primeiras 25 páginas dos *Grundrisse* (capítulo 1) foram totalmente dedicadas a uma crítica às propostas de reforma bancária apresentadas pelo proudhoniano Alfred Darimon.[51] A aceitação da afirmação ricardiana de que os produtos não são trocados pelo seu valor obrigava Karl não apenas a desenvolver sua concepção do primado da produção sobre a troca e a circulação, mas também a explicar por que a aparência superficial era enganadora.

Essa associação de capital com igualdade e liberdade era compreensível. A sociedade burguesa não era estorvada pelas explícitas relações de hierarquia e subordinação encontradas no feudalismo ou na escravidão. A execução do trabalho era precedida por um contrato livremente firmado entre o trabalhador e o capitalista, que estavam um diante do outro em condições de aparente igualdade. Além disso, as mercadorias então produzidas eram vendidas num mercado governado pela livre concorrência. Na sociedade burguesa, o trabalhador também aparecia diante do capitalista como consumidor; "ele se torna um dos inúmeros centros de circulação, nos quais seu caráter específico de trabalhador é extinto".[52] A legitimidade do capital se apoiava nesses fatos. O sistema de trocas do mercado representava a face pública da sociedade burguesa; a sociedade parecia formada por permutadores. Como diria Karl mais tarde em *O capital*, era "um verdadeiro éden dos direitos inatos do homem. Ali reinam unicamente Liberdade, Igualdade, Propriedade e Bentham".[53]

Mas se as trocas eram iguais, como se deu então a acumulação de capital? Troca igual implicava o princípio de identidade, ou de não contradição. Sem contradição, não poderia haver movimento. O simples movimento dos valores de troca jamais poderia produzir capital; *"a circulação [...] não contém em si o princípio da autorrenovação"*.⁵⁴ A solução de Karl era que a circulação, vista como "isso que está imediatamente presente na superfície da sociedade burguesa", era "pura aparência", era *"a imagem de um processo que ocorria atrás dela"*.⁵⁵ Esse processo começava quando o comércio tomava o controle da produção, e quando o comerciante se tornava produtor e o produtor se tornava comerciante. Isso tinha sido documentado por Karl em seu relato da transformação da economia rural inglesa, da expropriação da terra, do surgimento do sistema de subcontratação e, como resultado, do desenvolvimento de uma relação entre trabalho assalariado e capital, baseada na "ausência de propriedade dos trabalhadores".⁵⁶ O quadro da troca pintado por Proudhon e outros socialistas era um anacronismo. Significava aplicar as relações jurídicas e de propriedade correspondentes à troca simples às relações de um estágio mais alto de valor de troca.⁵⁷ Os socialistas tinham sido enganados pela aparência da superfície. Era verdade que "uma troca de equivalentes ocorre". No entanto,

> é meramente a camada superficial de [um sistema] de produção que repousa na apropriação de trabalho alheio *sem troca*, mas sob o *disfarce de troca*. Esse sistema de trocas tem como base o *capital*. Se o examinarmos isoladamente do capital, tal como ele se apresenta na superfície, como sistema *independente*, ficamos sujeitos a uma mera *ilusão*, embora *necessária*.⁵⁸

A referência às características ilusórias da troca permitiu a Karl reafirmar um argumento que ele tinha esboçado pela primeira vez em 1844. Era que o efeito da ascendência do capital como forma social era semelhante ao surgimento da religião. Essa abordagem foi inspirada originalmente por seu encontro com Feuerbach em 1843-4. Durante seus anos em Bruxelas, em 1846-7, Karl tinha criticado Feuerbach pela passividade da sua imagem do homem, mas não se distanciara da ideia de abstração ou alienação de Feuerbach. Na crítica de Feuerbach à religião e à filosofia, emoções ou pensamentos (conceitos) humanos eram projetados em Deus, ou, por extensão, em seres impessoais igualmente fictícios, agora dotados de movimento e atuação independentes. Sob o domínio do capital e da forma-valor, uma evacuação análoga de atuação humana tinha ocorrido na conduta diária da vida econômica. Assim como na religião, já não parecia que o homem tinha criado Deus, mas que Deus tinha criado o homem. Então, na vida econômica, os humanos já não se viam a si mesmos como autores de suas relações sociais, e sim como criaturas de forças econômicas impessoais dotadas de vontade e poder independentes. Na sociedade burguesa,

> a dependência mútua absoluta dos indivíduos, que são indiferentes uns aos outros, constitui sua conexão social. Essa conexão social é expressa em *valor de troca*. [...] A atividade, seja qual for sua forma individual de manifestação, e o produto da atividade, seja qual for a sua natureza particular, são *valores de troca*, quer dizer, alguma coisa geral em que toda individualidade, toda particularidade, é negada e extinta.

Essas condições sobrepunham às relações sociais uma "ilusão objetiva", e em particular um processo de inversão ou abstração análogo ao discutido por Feuerbach em sua análise do cristianismo ou Hegel:

> A troca geral de atividades e produtos, que se tornou condição de vida para cada indivíduo, sua conexão mútua, parece, aos próprios indivíduos, alheia, independente, como uma coisa. Em valor de troca, a relação social de pessoas é transformada numa atitude social de coisas; a capacidade pessoal numa capacidade de coisas.[59]

O capital como "trabalho objetificado" continuou a ser apresentado como um funesto monstro Frankenstein: "O produto do trabalho, trabalho objetificado, é dotado de alma própria pelo próprio trabalho vivo e se estabelece como poder alienígena confrontando seu criador".[60]

Como a face visível da sociedade, atrás da qual o processo de produção avança, a troca ou a circulação representavam a fronteira ou o limite do capital como forma social. O valor só podia ser "realizado" num ato de troca, e o dinheiro era o meio dessa troca. Mas não havia garantia de que essas trocas ocorressem. A superprodução ou a desproporcionalidade entre setores poderiam facilmente interromper o processo. O capital era a "unidade dinâmica de produção e circulação".[61] A circulação era "um processo essencial do capital", uma vez que "o processo de produção não pode ser recomeçado enquanto a mercadoria não for transformada em dinheiro". Dessa forma, a *continuidade ininterrupta* desse processo, a transição sem obstáculos e fluida de valor de uma forma para outra, ou de uma fase do processo para outra, aparece como condição básica para a produção baseada no capital em grau muito maior do que para todas as formas anteriores de produção.[62]

A continuidade desse processo dependia do acaso, ainda que essa imprevisibilidade fosse, a um ponto cada vez maior, reduzida pela operação de crédito. Com a extensão do crédito, porém, vieram o excesso de negociação, a especulação e a superprodução. As forças que impulsionavam o capital eram também as que o impulsionavam para a sua destruição:

> A universalidade pela qual o capital incessantemente luta depara com barreiras na natureza do próprio capital, barreiras que em certo estágio do seu desenvolvimento permitirão que seja reconhecido, ele próprio, como a maior de todas as barreiras no caminho dessa tendência, e portanto conduzirão à sua transcendência através de si mesmo.[63]

O que ficava cada vez mais claro era que "há um limite, não inerente à produção em geral, mas à produção fundada no capital".[64]

Os sinais de crise iminente estavam em toda parte e eram visíveis em seus efeitos sobre o trabalhador: "A atividade do trabalhador, restringida a uma mera abstração de atividade, é determinada e governada em todos os sentidos pelo movimento da maquinaria, e não vice-versa". Mas longe de diminuir a intensidade do trabalho, a pressão imposta pela taxa de lucro em queda sobre trabalhadores empregados significava que "a mais desenvolvida maquinaria agora leva o trabalhador a trabalhar mais tempo do que o selvagem trabalha, ou do que o fazia o próprio trabalhador quando usava os implementos mais simples e rudimentares".[65] Aproximava-se o ponto em que "a relação de capital torna-se uma barreira para as forças produtivas do trabalho". Uma vez atingido esse ponto, o trabalho assalariado "entra na mesma relação com o desenvolvimento da riqueza social e as forças produtivas que tinham o sistema de guildas, servidão ou a escravidão, e é, como grilhão, necessariamente descartado".[66]

Nos *Grundrisse*, não havia praticamente nada que indicasse o que poderiam conter os prometidos "livros" sobre o Estado, o comércio internacional e o mercado mundial. Menções ao trabalho assalariado também eram esparsas e não específicas. Para o trabalho, o reconhecimento dos produtos como seus, e sua consciência de que estar separado das condições da sua realização é impróprio e imposto pela força, é uma enorme consciência, ela mesma o produto do modo de produção baseado no capital; e SEU DOBRE DE FINADOS, tanto quanto a consciência do escravo de que não pode ser *propriedade de outro*, sua consciência de ser uma pessoa, reduziu a escravidão a uma prolongada existência artificial, e tornou impossível para ela continuar a fornecer a base de produção.[67]

A iminência do fim do trabalho assalariado era indicada pela direção tomada pelas forças produtivas. Como sugerira Robert Owen, "desde a introdução geral de mecanismos inanimados nas fábricas britânicas, o homem, com raras exceções, tem sido tratado como uma máquina secundária e inferior". O trabalhador agora ficava "à margem do processo de produção, em vez de ser o seu principal agente".[68]

Esse novo alicerce de produção criado pela indústria de larga escala sugeria uma possível fuga da "miserável fundação" atual fornecida pelo *"roubo de tempo de trabalho alheio, que é a base da riqueza atual"*. Uma vez que o trabalho em sua forma imediata deixasse de ser "a grande fonte de riqueza", isso significava que o *"trabalho excedente das massas"* deixaria de ser "a condição para o desenvolvimento da riqueza geral, assim como o *não trabalho de uns poucos"* deixaria de ser "a condição para o desenvolvimento dos poderes gerais da mente humana". Então a produção baseada no valor de troca entraria em colapso, e o processo de produção material imediata seria "despojado de sua forma de indigência e antagonismo".[69] Nessas condições, o homem alcançaria a "compreensão da sua própria história como *processo* e o conhecimento da natureza (também disponível como controle prático da natureza) como seu corpo real".[70] O trabalho se tornaria prazeroso, uma vez que já não seria *"trabalho externamente imposto, forçado"*.[71]

Nesse contexto é que Karl refletiu sobre seu próprio humanismo neoclássico e seu amor por Shakespeare. "Com relação à arte", como era possível que houvesse "certos períodos de florescimento" que de forma alguma "correspondiam ao desenvolvimento geral da sociedade, ou, portanto, à base material, o esqueleto, por assim dizer, da sua organização"? Havia uma resposta óbvia. A arte e a poesia épica gregas pressupunham a mitologia grega; e toda mitologia "subjuga, domina e molda as forças da natureza na imaginação e por meio da imaginação; e desaparece, portanto, quando o domínio real sobre essas forças é estabelecido". Mas a verdadeira dificuldade, admitia Karl, era que "elas ainda nos dão prazer estético e são, em certo sentido, vistas como padrão e modelo inatingível". Aqui ele se viu obrigado a recuar para uma mitologia antiquada sobre "a infância do homem". Nem todas as mitologias eram atraentes. Havia "crianças malcriadas e crianças precoces". Mas os gregos eram "crianças normais" e, portanto, "o encanto que sua arte tem para nós" não está em conflito com "o estágio imaturo de sociedade no qual ela se originou". E acaso a "ingenuidade" e a "veracidade" da criança não dão prazer ao adulto?[72]

Em outra passagem, porém, ele adotou uma posição mais decididamente modernista. Fez um contraste entre "a velha visão [...] que parece muito enaltecida", na qual "o homem aparece sempre, por mais estritamente nacional, religiosa ou política que seja a determinação, como o fim da produção", com "o mundo moderno, no qual a produção é o fim do homem, e a riqueza é o fim da produção". Na realidade, entretanto,

> se a estreita forma burguesa for retirada, o que é a riqueza senão a universalidade das necessidades, capacidades, alegrias, forças produtivas do indivíduo etc., produzidas em troca universal; o que é ela senão o pleno desenvolvimento do controle humano sobre as forças da natureza — sobre as forças da chamada Natureza, assim como as da sua própria natureza?[73]

A relação entre homem e natureza mudaria. A humanização da natureza sonhada em 1844 se tornaria realidade. Pela primeira vez, a natureza seria "puramente um objeto para o homem, nada mais do que uma questão de utilidade". Deixaria de "ser reconhecida como um poder em si mesma".[74]

5. A PRODUÇÃO E SUAS LIMITAÇÕES

Num ensaio intitulado "Bastiat e Carey", destinado a ser incluído nos *Grundrisse*, Karl escreveu com desdém sobre os avanços na economia política nos anos posteriores a Ricardo ou Sismondi.[75] Desde a década de 1820, a literatura econômica tinha resultado em "compêndios ecléticos e sincréticos", como a obra de John Stuart Mill, ou em "minuciosa elaboração de ramificações particulares", como a *História dos preços*, de Thomas Tooke.[76] Era "totalmente derivativa". Em contraste com isso, a diferença da posição de Karl vinha da prioridade que ele atribuía à atividade produtiva. Isso lhe permitiu construir uma forma de socialismo que designava um papel político ativo aos produtores. Eles não eram mais as vítimas da história, ou "a classe sofredora", oprimida pela força e pela fraude. Também não eram — como se tornariam na era pós-Darwin — seres naturais empenhados em se elevarem acima de suas origens simiescas e seus instintos inferiores, ou se reunindo instintivamente em manadas na luta competitiva da natureza.

Mas a atenção que dava à produção não se mostrara um guia adequado para um pleno entendimento da economia, nem para a construção de uma política defensável baseada nela. Outras formas de radicalismo e socialismo revelavam-se mais flexíveis. Na Inglaterra, prestava-se mais atenção nas desigualdades de distribuição e na dominação política da classe dos proprietários. O objetivo da Associação para Reforma da Posse da Terra e da Liga da Terra e do Trabalho, de Mill, ambas fundadas em 1869, era contestar essa dominação.[77] Na França, os saint-simonianos tinham contestado mais amplamente o direito de herança. Entre os socialistas, os partidários de Owen e Proudhon ressaltavam as deficiências da circulação, um sistema baseado em "comprar barato e vender caro". Sugeriam medidas variadas, que iam da produção cooperativa a uma moeda alternativa baseada na troca de horas de trabalho, ou, em versões mais moderadas e reformistas, a plena legalização dos sindicatos trabalhistas, uma expansão do crédito ou a reforma dos bancos.

A política dos produtores, de outro lado, dava particular ênfase à derrubada ou captura do Estado. Inspirada originalmente pela política dos jacobinos, seu objetivo era recriar a sociedade e o Estado à sua própria imagem, e estava preparada para empregar meios violentos ou autoritários na busca desse fim. Tal abordagem, no caso de Karl, era perceptível em sua compreensão da natureza do trabalho e no que se passava dentro da fábrica. Essa ênfase era partilhada com protecionistas norte-americanos e reformistas fabris, que ressaltavam as consequências internas do livre-câmbio e faziam campanha para restringir o trabalho infantil e limitar as horas de trabalho. Mas a ênfase na produção corria o risco de substituir uma meia verdade — atenção exclusiva à troca — por outra. Os trabalhadores não eram apenas produtores, mas também consumidores, e, ainda mais importante, a aspiração dos trabalhadores era tornarem-se cidadãos. Essa tinha sido a inspiração oferecida pela Revolução Americana e pela Revolução Francesa. Por esse motivo, para além dos confins do socialismo, a exclusão da participação ativa no Estado — cartismo, republicanismo, radicalismo — era na prática um credo ativador mais potente do que a exploração, uma experiência bem mais inconstante.

Quando Karl formulou pela primeira vez sua abordagem, em meados dos anos 1840, sua grande força tinha sido a atenção dada ao poder e ao dinamismo da economia burguesa. Sua intervenção ocorreu num momento em que movimentos radicais e socialistas entravam numa fase de derrota ou incerteza. O cartismo declinava, e os primeiros sistemas socialistas — owenismo, fourierismo e icarianismo — estavam em crise. O fracasso das visões utópicas mais grandiosas de comunidade cooperativa na Europa e nos Estados Unidos tornara-se claro para todos. Mas esse não foi o fim da história.

No final da década de 1850, uma nova política tinha começado a surgir, na qual as ideias radicais e socialistas dos anos 1840 reapareceram numa forma mais modesta e prática. Ideais de cooperação tinham sido reformulados; o sindicalismo se expandia e buscava uma base legal mais firme. Liberais e radicais tinham começado a colaborar em movimentos sufragistas reformistas, e havia sinais da renovação de um movimento feminista que aparecera primeiramente na Grã-Bretanha e na França na década de 1830. Talvez não seja de surpreender que, em comparação com textos anteriores, os *Grundrisse* tivessem tão pouco a dizer sobre movimentos da classe trabalhadora. Tratava-se de avanços que Karl fazia o possível para ignorar.

O desdém de Karl por avanços na economia política também parece ter sido inoportuno, especialmente quando se levam em conta os defeitos dos seus próprios argumentos centrais nos *Grundrisse*. Sua abordagem baseava-se em grande medida em sua interpretação da teoria do valor-trabalho de Ricardo, em primeiro lugar porque pretendia provar a realidade da exploração dos trabalhadores por trás da suposta igualdade de trocas, e em segundo lugar porque dizia ter identificado uma forma de crise peculiar ao que começara a chamar de "modo de produção capitalista": a queda da taxa de lucro. O argumento de Karl tinha duas falhas fundamentais, que ele jamais conseguiu corrigir. Nos *Grundrisse*, seu tratamento do problema do valor era obscuro. No primeiro volume d'*O capital*, ele evitou os aspectos mais difíceis do assunto limitando-se a discutir a produção, enquanto seus relutantes esforços para atacar o problema nos inéditos segundo e terceiro volumes não tiveram êxito. Em vista do extraordinário volume de literatura e da intensidade do debate erudito que em seguida vieram a cercar a noção de valor, vale a pena recordar as origens da questão.

A confusão sobre a questão do valor não começou com Karl, remontando ao debate original em torno da receptividade ao argumento de Ricardo na primeira edição de seus *Princípios de economia política e tributação*, de 1817. Segundo Ricardo, o valor de troca de uma mercadoria era o seu poder de troca em comparação com outras mercadorias, e era medido pelo número de mercadorias pelo qual a mercadoria podia ser trocada em condições de equilíbrio. Valor de troca era uma magnitude relativa. O que estava por baixo do valor de troca de uma mercadoria era o seu valor. Valor era a magnitude absoluta que jazia por debaixo das relatividades do preço de equilíbrio. Ricardo sugeriu que a magnitude de valor era determinada pelo tempo de trabalho socialmente necessário. De acordo com seu argumento, quando as taxas de lucro e os salários eram uniformes, as mercadorias eram vendidas pelos seus preços naturais, seu valor de troca dependendo das quantidades de trabalho nelas investidas. Mas isso já não se aplicava quando as mercadorias eram produzidas com volumes desiguais de capital fixo e capital circulante. Onde isso acontecia, os preços relativos dessas mercadorias variavam "em proporção com a quantidade e durabilidade do capital fixo empregado".

No período seguinte à publicação de *Princípios*, Ricardo ficou lisonjeado com a atenção recebida por seu livro. Parece ter ficado bastante relaxado com relação ao prestígio atribuído aos seus argumentos e desatento às interpretações particulares de suas hipóteses. Isso foi especialmente verdade no caso da sua reação à crítica elogiosa dos *Princípios* escrita em 1818 por um dos seus admiradores, J. R. McCulloch. Na crítica de McCulloch, as restrições de Ricardo aos próprios argumentos foram ignoradas.

A primeira tendência de Ricardo foi, no entanto, louvar o ensaio de McCulloch. Mas quando seu amigo Hutches Trower mencionou a omissão das restrições, Ricardo reconheceu a "inexatidão do crítico".[78] Isso é importante porque McCulloch se ateve à sua versão inicial da teoria na "Memória" que fez parte do prefácio da edição francesa dos *Princípios*, surgida em 1835. Foi nessa edição que Karl leu Ricardo pela primeira vez. Nessa "Memória", McCulloch afirmava que "o princípio fundamental mantido pelo sr. Ricardo nesta grande obra é que o valor de troca, ou o valor relativo das mercadorias, quando comparadas umas com as outras, depende exclusivamente *das quantidades de trabalho necessariamente exigidas para produzi-las*".[79] McCulloch rejeitou a opinião de Adam Smith de que esses princípios só se aplicavam "nos primeiros e mais rudes estágios da sociedade" e afirmou que Ricardo tinha demonstrado que o mesmo princípio ainda continuava válido.

Quando voltou aos seus estudos econômicos em 1850-1, Karl leu a terceira edição dos *Princípios* em inglês, de 1821. Mas mesmo nesse estágio não mostrou nenhum interesse pelas restrições de Ricardo. Só nos *Grundrisse* ele finalmente citou a passagem pertinente dos *Princípios*: "O princípio de que as quantidades relativas de trabalho contidas nas mercadorias determinam o seu valor fica significativamente alterado pela aplicação de maquinaria e outro capital fixo e durável".[80] Mas não tratou o assunto como uma contestação significativa à sua abordagem. Observou que "isso nada tem a ver com determinação de valor; entra na categoria de preço".[81] Mais tarde, em *O capital*, a resposta de Karl às restrições de Ricardo foi que a questão não dizia respeito a desvio de valor em relação ao tempo de trabalho socialmente necessário, mas ao de preço de equilíbrio em relação ao valor. Porém, ele já tinha definido valor como tempo de trabalho socialmente necessário. Em outras palavras, admitira o argumento de Ricardo sem parecer fazê-lo.

Grande parte do problema vinha da confusão feita por Karl entre duas teses oriundas de formas bem distintas de discurso. A primeira tese era a tentativa de Ricardo de que tempo de trabalho socialmente necessário determinava preço de equilíbrio — tese que Ricardo ficou muito satisfeito de atenuar significativamente ao levar em conta variações em períodos de produção. A segunda tese — parecida na forma mas na verdade sem relação alguma — era a afirmação politicamente carregada de que só trabalho criava valor, e por essa razão resistia à atenuação.[82]

A tese original tinha surgido de uma questão sobre como operavam os mercados. Se as mercadorias não eram trocadas umas pelas outras aleatoriamente, mas em proporções definidas no tempo e no espaço, o que então explicava os preços de equilíbrio? Em 1867, em *O capital*, Karl arbitrariamente descartou a relativa desejabilidade ou utilidade das mercadorias, o que chamava de seus "valores de uso". Valores de uso constituíam "a substância de toda riqueza, seja qual for a forma social dessa riqueza".[83] Porém, na forma social particular constituída pelo "modo de produção capitalista", valores de uso eram também "depositários materiais de valor de troca". Valores de uso eram de qualidades diferentes, mas como valores de troca eles eram "meramente quantidades diferentes". Se, portanto, o valor de uso fosse posto de lado, era fácil para Karl selecionar a sua solução pré-escolhida, de que "uma propriedade comum restante" era a de "serem produtos de trabalho". O trabalho, portanto, devia ser a substância criadora de valor. A "magnitude desse valor" era medida pela "quantidade de substância criadora de valor, o trabalho, contida no artigo".[84]

O problema dessa forma de raciocinar era que a questão original postulada — as relatividades de preço de equilíbrio na comercialização — tinha desaparecido. Na comercialização, ainda que se assumisse que todas as mercadorias eram produto do trabalho, de forma alguma se seguia que o tempo de trabalho socialmente necessário era o único fator determinante de preço de equilíbrio.

Havia também outra complicação. A teoria de Ricardo provinha da magnitude do valor do tempo de trabalho socialmente necessário e pressupunha que essa magnitude fosse determinada por tempo de trabalho *atualmente* necessário. Num sentido estrito, isso significava que o tempo de trabalho socialmente necessário no passado não tinha mais nenhuma relação com o valor atual. Essa posição contradizia a ideia encontrada no discurso radical que afirmava que trabalho, e só trabalho, criava valor, independentemente de tempo e lugar. Numa tentativa de superar a restrição de Ricardo — a de que, graças a divergências em períodos de produção, preços de equilíbrio *nem sempre* eram determinados por tempo de trabalho socialmente necessário —, Karl passou de uma posição para a outra sem uma consciência consistente da sua incompatibilidade.

Nos *Grundrisse*, a fixação de Karl na produção o levou a identificar a troca como apenas uma das propriedades da mercadoria, que era um produto do trabalho, que era "trabalho objetificado". Na abordagem de Karl, assim como na discussão original de Adam Smith, o valor de uma mercadoria era conhecido antes de ela ser submetida à troca. Mas Smith achava que essa situação só existira na sociedade primitiva. Karl tentou transformá-la em processo objetivo válido no presente. Isso, entretanto, ignorava o fato de que, na comercialização, mercadorias só tinham um valor relativo, um valor relativo a outras mercadorias. Na abordagem de Karl, o valor aparecia primeiro como quantidade individual, como a objetificação de uma quantidade determinante de trabalho. Isso não era deduzido da lei do valor, mas precedia sua expressão como expressão relativa na lei do valor. A abordagem de Karl fazia mais sentido não numa sociedade comercial, mas numa sociedade feudal. A exploração do servo era evidente. O que ele produzia não ficava consigo, mas ia para seu superior feudal. Na sociedade comercial, não havia processo comparável, uma vez que o produto não era dividido entre o capitalista e o trabalhador. Pertencia totalmente ao capitalista, mas então tinha que ser comercializado.[85]

Finalmente — e, o mais extraordinário, levando em conta o artigo de fé em que se transformaria depois para os seguidores de Marx —, o que dizer da pedra angular "do modo de produção capitalista", a própria "mais-valia"? De acordo com os *Grundrisse*:

> Se [...] só metade de um dia de trabalho é necessária para manter o trabalhador vivo por um dia inteiro de trabalho, uma mais-valia do produto é o resultado automático, porque o capitalista pagou no preço [do trabalho] apenas metade de um dia de trabalho e recebeu um dia inteiro, objetificado no produto; portanto trocou *nada* pela segunda metade do dia de trabalho. Não é uma troca, mas um processo no qual ele obtém sem trocar *tempo de trabalho objetificado*, quer dizer, *valor*, o que, exclusivamente, faz dele um capitalista. Metade do dia de trabalho não custa *nada* ao capital; ele portanto recebe um valor pelo qual não deu nenhum equivalente. E o aumento de valores só pode ocorrer porque um valor além do equivalente é obtido, consequentemente *criado*.[86]

Se... Se? A ideia de mais-valia, por mais plausível que possa ter parecido na época, era nada mais do que um exercício não fundamentado de especulação, um único parágrafo num manuscrito de oitocentas páginas.

6. "BOM PARA QUÊ?"[87] A *CRÍTICA DA ECONOMIA POLÍTICA*, DE 1859

No início de 1858, Lassalle ofereceu-se para tentar encontrar um editor em Berlim para os *Grundrisse* (ou *Esboços da crítica da economia política*), de Karl. Mas a tentativa de Karl de publicar suas descobertas em *Contribuição à crítica da economia política*, Parte I, em 1859, foi pouco menos que um desastre. Sua queixa do fígado, como Jenny disse a Engels, foi agravada por "angústia e agitação mental", mas especialmente porque "ele acha totalmente impossível terminar a obra".[88] No verão de 1858, suas finanças mais uma vez atingiram um ponto de aparente crise terminal, evitada apenas pelos resgates de Engels. A penúria da família Marx entrou pelo ano seguinte. Em janeiro de 1859, "o malfadado manuscrito" estava pronto, mas não podia ser despachado, "pois não tenho um centavo para o correio ou seguro".[89] A própria Jenny se tornou uma "pilha de nervos", assombrada "pelo fantasma da catástrofe final e inevitável". O médico da família não excluía a hipótese de "febre cerebral", a não ser que fosse mandada para um balneário à beira-mar "para uma boa temporada".[90]

Não bastasse isso, a autoridade política de Karl em Londres também estava sob crescente ameaça. Edgar Bauer chegou a Londres em 1858, nomeado editor do jornal *Die Neue Zeit*, e em seguida trabalhou na revista *Hermann*, de Gottfried Kinkel. Bauer foi apresentado à Associação Educacional dos Trabalhadores por Wilhelm Liebknecht. "Cuidado com ele!", advertiu Karl. O "filisteu" Freiligrath escreveu um poema comovente sobre a morte da sra. Kinkel.

> Muito simpático da parte de Freiligrath dar a partida para um renascimento de Kinkel na Alemanha. [...] Toda a canalha achava que nós dois estávamos acabados — mais ainda agora, quando o sr. Palhaço "Edgar Bauer" nos "suplantou" "aos olhos dos trabalhadores", como diz Gottfried Kinkel para todo mundo na City.[91]

Quando Karl começou a pensar numa forma de publicar sua *Crítica da economia política*, buscou primeiramente a ajuda de Lassalle para encontrar um editor em Berlim. Esperava "publicar toda a obra em fascículos sem quaisquer prazos de fechamento definidos", e assim encontrar um editor com mais facilidade.[92] Três semanas depois, escreveu para Lassalle propondo um plano, idêntico ao adotado posteriormente nos três volumes publicados de *O capital*:

> Sejam quais forem as circunstâncias, o primeiro fascículo teria de constituir um todo relativo e, como lança os alicerces de tudo que vem depois, dificilmente poderia ser feito em cinco ou seis folhas. Mas isso é uma coisa que vou descobrir quando terminá-lo. Contém: 1. Valor; 2. Moeda; 3. Capital em geral (o processo de produção do capital; o processo de sua circulação; a união dos dois, ou capital e lucro; juro). Isso constitui por si um panfleto.[93]

Em março de 1858, Lassalle conseguiu convencer o editor berlinense Franz Duncker a aceitar a ideia de Karl de publicar a obra em fascículos.[94] A intenção era que o primeiro ficasse pronto pelo fim de maio.

Em 2 de abril, Karl escreveu para Engels delineando o plano do primeiro fascículo, "Capital em geral", que seria composto de três partes: (I) valor; (II) dinheiro; (III) capital. Quando, após resumir com razoável detalhe seu plano para "valor" e "dinheiro", chegou à terceira seção, sobre "capital", informou a Engels que essa era "realmente a parte mais importante do primeiro fascículo", e era uma parte sobre a qual precisava especialmente da opinião de Engels, "mas hoje não posso escrever mais. Meu problema biliar me dificulta manejar a pena". Prometeu-a "para a próxima vez".[95]

A resposta de Engels em 9 de abril dá sinais de alarme. Ele elogiou a divisão em seis livros e "o desenvolvimento da questão monetária"; mas "o estudo do seu RESUMO da primeira metade do fascículo me preocupou muito; É SEM DÚVIDA UM RESUMO MUITO RESUMIDO". Disse que esperava "ter uma ideia melhor da INTENÇÃO GERAL quando eu tiver a última parte do capital em geral", e acreditava que "o abstrato tom dialético de sua sinopse desaparecerá, claro, no desenvolvimento".[96]

Mas abril se foi e nada mais veio, e em 29 de abril Karl escreveu para explicar o silêncio. Com a doença, não podia escrever, mesmo no sentido físico — ele ditava para Jenny os artigos do *Tribune*. Tanto o dr. Allen como a família de Karl achavam que ele deveria ser mandado para Manchester, onde deveria "abandonar todo ESFORÇO INTELECTUAL POR ALGUM TEMPO e fazer cavalgadas como principal terapia". Esperava que Lassalle pudesse explicar o atraso para Duncker.[97]

Karl retornou a Londres dizendo-se "totalmente restabelecido". No entanto, fosse devido aos persistentes problemas de saúde, ao lamentável estado de nervos da mulher ou às próprias aflições financeiras, não produziu nada durante o verão. Voltou a escrever em agosto, e no fim de novembro informou a Engels que Jenny estava "copiando o manuscrito", que era "altamente improvável que saísse antes do fim deste mês". Explicou que a primeira seção era mais longa porque os dois capítulos iniciais agora começavam com "A mercadoria", que não existia no rascunho, ao passo que a segunda, "Dinheiro ou circulação simples", ele tinha tratado com mais vagar. Mas não fez nenhuma menção ao crucial terceiro capítulo sobre "Capital".[98]

Não se sabe ao certo se ele estava enganando os outros ou — mais provavelmente — a si mesmo sobre a realidade ou probabilidade do terceiro capítulo. Pouco mais de duas semanas antes, quando escrevera a Lassalle explicando a demora para mandar o manuscrito e pedindo-lhe que pusesse Duncker a par da situação, tinha acrescentado:

> Há outra circunstância que, no entanto, você não deve mencionar a ele até a chegada do manuscrito. A primeira seção, "Capital em geral", provavelmente chegará a dois *fascículos*, pois descobri, ao desenvolvê-la, que aqui, no ponto onde o aspecto mais abstrato da economia política deve ser discutido, uma concisão excessiva tornaria a coisa toda indigesta para o público.

Em outras palavras, o terceiro capítulo, sobre "Capital", não estaria lá. Mas, confusamente, acrescentou ele: "Este segundo fascículo precisa sair *ao mesmo tempo* que o primeiro. Isso é exigido pela coerência intrínseca, e o efeito geral depende disso".[99]

Finalmente, numa carta para Engels em meados de janeiro de 1859, Karl divulgou os conteúdos do manuscrito que estava mandando para Duncker:

> O manuscrito chega a APROXIMADAMENTE doze folhas impressas (três fascículos) e — não fique muito impressionado com isso —, embora intitulados "Capital em geral", esses fascículos não contêm *nada* ainda sobre o assunto do capital, mas só os dois capítulos: 1. A mercadoria; 2. Dinheiro ou circulação simples.[100]

O livro intitulava-se *Zur Kritik der politischen Oekonomie* (Contribuição à crítica da economia política) e foi publicado em Berlim, numa edição de mil exemplares, em junho de 1859. No prefácio, Karl anunciou o plano para o seu estudo do "sistema da economia burguesa". Era organizado sob seis títulos e dividido em duas partes: a primeira dizia respeito "às condições econômicas de existência das três grandes classes em que a sociedade burguesa moderna está dividida" — "*capital, propriedade fundiária, trabalho assalariado*"; a segunda examinava suas interconexões em relação ao "*Estado, ao comércio exterior* e ao *mercado mundial*". A primeira parte do primeiro livro, "Capital", seria dividida em três capítulos: (I) a mercadoria; (II) dinheiro ou circulação simples; (III) capital em geral. Mas aquele estudo só trataria dos dois primeiros tópicos. O livro era relativamente curto — cerca de 130 páginas — e poderia ser lido como o primeiro rascunho dos futuros capítulos iniciais de *O capital* em 1867. Essa divisão tripartite do livro foi seguida em todos os planos e anúncios subsequentes de *O capital* e serviu de base para a publicação póstuma, por Engels, do segundo e do terceiro volumes d'*O capital* em 1885 e 1894.

Em termos gerais, o primeiro capítulo da *Crítica* de 1859 analisava mercadoria, valor de uso, valor de troca e tempo de trabalho de uma maneira já abordada nos *Grundrisse*, mas sem os detalhes ali encontrados. Era uma exposição a ser repetida de forma mais sistemática no primeiro volume d'*O capital*. O capítulo era seguido por "Resenha histórica da análise da mercadoria", começando com escritores do século XVII como Petty e Boisguilbert e terminando com Smith e Ricardo. O segundo capítulo, "Dinheiro ou circulação simples", examinava o valor de troca de mercadorias na forma de um equivalente geral e, como medida dessa equivalência, preço. O preço representava a relação entre mercadorias tal como expressada dentro da forma-valor, enquanto sua "forma real" em circulação consistia em seu valor de uso. Seguia-se uma discussão mais minuciosa das várias funções do dinheiro — como medida de valor e como meio de troca — juntamente com seções sobre meios de pagamento, acumulação, moedas, metais preciosos e outros itens. Não havia discussão do desenvolvimento subsequente das relações de troca. Como no primeiro capítulo, uma seção de encerramento apresentava um relato histórico de formas de dinheiro pertencente à sequência de circulação simples descrita nos *Grundrisse*, M-D-M (mercadoria-dinheiro-mercadoria). Era onde o livro terminava. Não havia sumário ou arrazoado final.

Sem a terceira parte sobre "Capital em geral", que Engels achava indispensável para uma ideia melhor do "argumento central", era um livro muito estranho. Mais estranho, porém, era Karl permanecer insensível aos defeitos do livro e sua contínua fantasia sobre a importância dele. Fosse por doença, por penúria ou pelo lamentável estado das relações familiares, as opiniões de Karl nessa época eram cada vez mais desordenadas, talvez até mesmo com um toque de alucinação, com alterações de humor que iam da euforia irreal, passando por incontrolável paranoia, até fantasias de vingança. Em sua carta a Engels, ele afirmava que a omissão do capítulo sobre "capital" era uma "boa" coisa, em primeiro lugar porque "se a coisa é um sucesso, o terceiro capítulo sobre capital pode vir logo", e, em segundo lugar, porque a restritiva cobertura do livro impediria os "vira-latas" de confinarem "suas críticas somente à injúria tendenciosa [...] e, como a coisa toda tem um ar EXCEPCIONALMENTE sério e científico", afirmava ele, "toda a canalha mais tarde será obrigada a levar minhas opiniões sobre capital MUITO A SÉRIO".[101]

Duas semanas depois, ele manifestou opinião parecida numa carta para Weydemeyer em Milwaukee. Desculpando-se pela demora de um ano para responder à carta anterior de Weydemeyer, Karl mencionou o problema do fígado e o fato de estar "assoberbado de trabalho". Mas "agora vamos ao que realmente importa", continuou ele. Descreveu o conteúdo de sua *Crítica* e acrescentou: "Você compreenderá os motivos *políticos* que me levaram a segurar o terceiro capítulo sobre 'Capital' até que eu me estabeleça de novo".[102]

A esperança de Karl era de "obter uma vitória científica para o nosso partido". Como nos *Grundrisse*, uma de suas maiores ambições com o texto publicado parece ter sido desferir outro golpe fatal contra seu maior antagonista dos anos 1840,

Proudhon. "O socialismo proudhoniano agora em VOGA na França", informou a Weydemeyer, "está demolido até os alicerces."¹⁰³ Na mesma veia, em fins de 1859, quando tentava convencer o relutante Engels a fazer a crítica do livro, pediu-lhe que enfatizasse que o livro "extirpa as raízes e os galhos do proudhonianismo".¹⁰⁴

A essa altura, Karl começava a se dar conta de que o livro não alcançara o reconhecimento que esperava. Wilhelm Liebknecht, aliado regular na política dos exilados em Londres e amigo da família, que vivia a poucos metros de distância, declarou que "nenhum livro jamais o *desapontara* tanto", enquanto Biscamp, o editor de *Das Volk,* não conseguiu descobrir qual era o argumento do livro.¹⁰⁵ A reação do próprio Karl foi adotar novamente uma visão conspiratória dos problemas do livro. Começou com a demora de Duncker a receber os originais, o que Karl suspeitava ser obra do notório oficial de polícia prussiano Wilhelm Stieber. Mas isso se agravou quando Duncker resolveu publicar a obra de Lassalle antes da *Crítica,* levando um bom tempo para anunciar o livro de Karl. Karl ficou furioso, e apesar de ter sido Lassalle quem garantiu a publicação da *Crítica,* apressou-se a culpá-lo pelo atraso: "Não vou me esquecer da malandragem do judeuzinho".¹⁰⁶

Engels, que sempre mostrava o seu pior lado quando suspeitava que um rival quisesse dividir as atenções com Karl, atribuiu os motivos mais obscuros a Lassalle, que além disso tivera a temeridade de adotar outro ponto de vista na questão da guerra na Itália. Escrevendo por ocasião da Paz de Villafranca, que pusera fim à guerra italiana de 1859, Engels afirmou que, salvo os russos e os revolucionários, todos tinham ficado desacreditados, mas que "Sua Excelência Ephraim Arftul [Lassalle] é o mais desacreditado de todos". Karl concordou. Poucos dias depois, escreveu para Engels pedindo-lhe que fizesse a crítica do livro, pois isso "daria o tom para os correspondentes aqui", barrando a possibilidade de uma crítica de Biscamp, "além de ajudar a frustrar o plano de Lassalle de me MATAR".¹⁰⁷

Engels, lealmente, atendeu o pedido de Karl, mas com óbvia sensação de desconforto. Em 3 de agosto, escreveu ele: "Por falta de prática, estou tão desacostumado a esse tipo de escrito que sua mulher vai achar muita graça da minha inabilidade. Se puder dar uma melhorada, faça isso". Também queria que houvesse "alguns exemplos convincentes do ponto de vista materialista".¹⁰⁸ Esforços para promover a *Crítica* não deveriam ser poupados. Engels recomendou-lhe que tomasse todas as providências para assegurar os direitos de tradução, e Karl perguntou a Dana se podia conseguir "um ianque" para uma edição inglesa.¹⁰⁹ Karl continuou convencido do futuro do livro até o outono. Alegava que depois da publicação do prefácio em *Das Volk*, o livro tinha sido comentado por jornais alemães nos Estados Unidos, da Nova Inglaterra à Califórnia; e repetiu esse argumento para Lassalle ainda em novembro, afirmando que o primeiro fascículo fora bastante discutido de Nova York a New Orleans. Porém, com relação à Alemanha, como acabou admitindo para Lassalle, "eu esperava ser atacado ou criticado, mas não totalmente ignorado, o que, além do mais, afetará seriamente as vendas".[110]

Hoje a única lembrança que resta da *Crítica* é o prefácio, cinco páginas apresentando um estranho livro ao qual falta o último capítulo e que não traz uma conclusão. O prefácio foi mandado para Duncker em 23 de fevereiro de 1859. Karl reeditou uma versão dele em *Das Volk*, e Engels a ele se referiu em sua resenha não terminada, que apareceu posteriormente na mesma revista. Mas, pelo resto do século XIX, o prefácio parece não ter provocado muitos comentários.[111] Já no século XX, porém, enquanto o livro era ignorado, o prefácio, ou mais precisamente um longo parágrafo do prefácio, adquiriu status canônico. Eis o início do trecho fundamental:

> Na produção social de sua existência, os homens inevitavelmente estabelecem relações definidas, que são independentes da sua vontade, isto é, relações de produção adequadas para determinada etapa do desenvolvimento de suas forças materiais de produção. A totalidade dessas relações de produção constitui a estrutura econômica da sociedade, o alicerce real de onde surge uma superestrutura jurídica e política e ao qual correspondem formas definidas de consciência social. O modo de produção da vida material condiciona o processo geral da vida social, política e intelectual. Não é a consciência dos homens que determina sua existência, mas sua existência social que determina sua consciência. Em certo estágio de desenvolvimento, as forças produtivas materiais da sociedade entram em conflito com as relações de produção existentes ou — o que simplesmente expressa as mesmas coisas em termos jurídicos — com as relações de propriedade dentro de cuja estrutura até então operavam. De formas de desenvolvimento das forças produtivas, essas relações se transformam em seus obstáculos. Começa então uma era de revolução social.[112]

Essa passagem veio a ser considerada uma declaração magistral dos princípios que mais tarde seriam chamados de "materialismo histórico." Da mesma forma, havia entre os comentaristas uma tendência a separar temas como alienação ou "o fetichismo da mercadoria", considerados relíquias da filosofia da juventude de Karl, das formulações de 1859, tiradas do anúncio de sua teoria "madura" e "científica" da história. Mas essas interpretações não levavam em conta as circunstâncias em que o texto foi composto, nem a combinação particular de presenças e ausências que influenciaram a linguagem do famoso trecho. Quando lido em conexão com os *Grundrisse*, o argumento fica mais claro.

Nos *Grundrisse*, Karl tinha acompanhado o surgimento e o desenvolvimento da "forma-valor". No começo da história, a propriedade comum e formas comunais caracterizavam as relações sociais entre seres humanos. Mas o comércio e o aumento da população levaram à propagação das relações de troca e a um processo de individualização. Sistemas comunais desmoronaram, e as relações entre comunidades e entre indivíduos dentro das comunidades foram cada vez mais submetidas à dominação do valor de troca.

Essa história foi concebida em termos de uma complexa interação dialética entre matéria e forma, entre processos de produção material e "valorização". O capital, ou a forma-valor, era uma forma social que veio ao mundo como resultado do desenvolvimento produtivo humano. Essa dominação da forma-valor propagou-se primeiro pelo sistema de circulação, e em seguida começou a invadir o processo de trabalho e os sistemas de produção. À medida que se espalhava, ia engolfando seres humanos e levando à perda do senso humano de controle. Velhos sistemas de escravidão ou feudalismo, em que as relações sociais eram concebidas em termos de hierarquia e subordinação, deram lugar a um sistema no qual os produtos eram vendidos num livre mercado e os salários eram resultado de um contrato livremente firmado entre senhores e homens. O que surgiu disso foi uma sociedade baseada na universalidade da troca privada. A dependência não era mais entre pessoa e pessoa, mas para com um sistema percebido como alheio e em nenhum sentido produto dos esforços de indivíduos associados. Se a liberdade e a igualdade associadas à troca formavam a "face pública da sociedade", a troca em si era apenas uma "aparência", a imagem de um "processo que ocorria atrás dela". Era uma sociedade na qual os humanos concebiam a si mesmos como criaturas de forças econômicas, e as relações entre pessoas pareciam ter sido substituídas pelas relações entre coisas.

O problema do prefácio de 1859 era que, na ausência do capítulo sobre capital, Karl tentou apresentar o livro sem mencionar a forma-valor. Com isso, a complexa relação dialética entre matéria e forma foi substituída por uma relação grosseira e mecânica de determinação entre base e superestrutura. As ilusões de consciência em relação à liberdade e à igualdade de troca ou a subjugação de pessoas a forças econômicas, que Karl considerava comparáveis às produzidas pela religião, foram reduzidas à "determinação de consciência por ser social". A atividade e a criatividade humanas representadas pelo termo "forças de produção" foram combinadas com suas coexistentes relações sociais de produção dentro da expressão "modo de produção". A história era composta de uma sucessão de modos de produção, tornados familiares pela obra da Escola Histórica Alemã e, num sentido mais amplo, por toda a tradição da lei natural a partir do século XVII.[113] Por sua vez, "o modo de produção da vida material" condicionaria "o processo geral da vida social, política e intelectual".

Nos *Grundrisse*, a fronteira entre liberdade e necessidade definida pela divisão do trabalho estaria retrocedendo, enquanto a invenção e a produtividade humanas avançavam. O avanço produtivo possibilitado pelo advento da energia a vapor e pelas máquinas significava que o trabalho excedente das massas deixaria de ser a condição de riqueza geral e do não trabalho de uns poucos. No futuro, "o roubo do trabalho alheio", base da riqueza atual, chegaria ao fim, e o trabalho ficaria livre do trabalho forçado externamente imposto.

No prefácio, Karl declarou que "as relações burguesas de produção" eram "a última forma antagônica do processo social de produção". Mas não havia menção ao capital como modo de produção, à luta entre as classes ou ao trabalho excessivo envolvido na extração da mais-valia. Também não havia nenhuma referência à política ou ao Estado. Assim situado, o sentido de uma "forma antagônica" continuava abstrato e vago.

É possível que a linguagem do prefácio devesse alguma coisa a Engels. Karl tinha estado com Engels em Manchester em maio de 1858, e é provável que Engels tenha enfatizado as formas pelas quais a Alemanha tinha perdido todo o interesse por Hegel, caminhando agora para uma forma de materialismo inspirada pelas ciências naturais. Em sua crítica para *Das Volk*, Engels afirmou que "enquanto o hegelianismo aos poucos caía no sono [...] a Alemanha aplicava-se com extraordinária energia às ciências naturais", a par de um "novo materialismo", inspirado em particular pela química e pela fisiologia. "O fundamento essencial da economia política alemã" era "*a concepção materialista da história*, cujas principais características" foram "rapidamente delineadas no 'Prefácio'".

Supostamente, essa concepção materialista tinha sido combinada com êxito com a dialética de Hegel. Karl, dizia ele, era o único que podia realizar o trabalho de extrair da lógica hegeliana o núcleo contendo as verdadeiras descobertas de Hegel nesse campo e estabelecer o método dialético despojado de suas roupagens idealistas, na forma simples na qual se torna o único método correto de desenvolvimento do pensamento.[114]

Até que ponto Karl levou em conta as opiniões de Engels sobre o modo de apresentação das suas ideias no prefácio continua a ser objeto de conjeturas. O novo clima intelectual já tinha começado a tornar seu uso de Hegel mais cauteloso, especialmente quando ele se dirigia a uma nova geração pós-1848. Mas não houve alteração fundamental no modo de pensar de Karl entre 1857 e 1859. Mesmo dentro do parágrafo de 1859, ele tivera o cuidado de distinguir entre

a transformação material das condições econômicas de produção, que podem ser determinadas com uma precisão de ciência natural, e as formas jurídicas, políticas, religiosas, artísticas ou filosóficas — em resumo, ideológicas, nas quais os homens se tornam conscientes desse conflito e o combatem.[115]

A história ainda era o processo pelo qual o ser social essencial do homem se realizaria, uma vez que "a estreita forma burguesa" fosse "descascada". Mas tinha ficado cada vez mais claro que a aparente simplicidade da trajetória histórico-mundial, que levara da desagregação da sociabilidade original do homem à sua restauração no fim do processo, não era tão direta quanto à primeira vista parecia. Por isso é que Karl agora gastara oito anos no que equivaleria a uma tentativa de reformular o terceiro capítulo ausente — "Capital em geral".

7. ESCREVER *O CAPITAL*

Em agosto de 1861, Karl retomou o trabalho sobre a terceira seção de "Capital em geral", no ponto em que a *Crítica* de 1859 tinha parado. Ele trabalhou no segundo rascunho do texto inteiro até março de 1863. O manuscrito começava com um capítulo sobre "A transformação do dinheiro em capital", que explicava mais minuciosamente como o trabalho se tornava "objetificado" em mercadorias. Como nos *Grundrisse*, Karl fazia distinção entre a produção material e o processo de valorização. Mas agora conseguiu apresentar um quadro mais preciso.

Primeiro definiu os componentes universais e elementares do "processo de trabalho", encontrado em qualquer modo de produção, e em seguida examinou sua apropriação particular pelo capital, depois que o dinheiro se torna capital ao ser trocado por capacidade de trabalho vivo. Segundo Karl, o capital assume o controle não apenas do "processo de trabalho em geral", mas dos "reais processos de trabalho específicos", tais como os encontra "na tecnologia existente" e na forma em que se desenvolveram, "tendo como base as relações de produção não capitalistas". Ele chama esse processo de "subsunção" (ou subordinação) do trabalho ao capital.[116]

Utilizando a noção de subsunção, tornou-se possível descrever os estágios progressivos pelos quais o capital foi capaz de assumir o controle do processo de trabalho e exercer pressão sobre a produtividade do trabalho assalariado. Historicamente, isso era descrito em termos de transição da subsunção "formal" à subsunção "real" do trabalho ao capital. Ele descreveu três estágios históricos no aumento da produtividade do trabalho: a cooperação, a divisão do trabalho e a maquinaria. A cooperação, o meio mais antigo de aumentar a produtividade do trabalho, era encontrada tanto entre os antigos como entre os modernos. A divisão do trabalho, de outro lado, era mais específica do estabelecimento do capital e do surgimento da sociedade civil. Pois a divisão do trabalho pressupunha a subsunção formal do trabalho ao capital e a difusão universal da produção de mercadorias. O terceiro estágio, a maquinaria, correspondia ao pleno desenvolvimento do modo de produção capitalista e ao crescimento da subsunção "real" do trabalho ao capital.

A "subsunção formal" também descrevia as condições em que a definição ricardiana de valor era aplicável. "As leis gerais formuladas a respeito da mercadoria, ou seja, de que o valor da mercadoria é determinado pelo tempo de trabalho socialmente necessário nela contido, foram percebidas pela primeira vez com o desenvolvimento da produção capitalista, quer dizer, do capital."[117] "O capitalista tomará providências para que o trabalhador realmente trabalhe, trabalhe todo o tempo exigido, e gaste *apenas o tempo de trabalho necessário*, ou seja, faça a quantidade normal de trabalho num tempo determinado". Nesse estágio, o capital só subsumia o processo de trabalho "*formalmente*, sem fazer quaisquer mudanças em seu caráter tecnológico específico". Mas ao longo do seu desenvolvimento, o capital veio "não apenas formalmente [para] subsumir o processo de trabalho, mas [para] transformá-lo, [para] dar ao próprio modo de produção uma nova forma, e com isso criar o modo de produção a ele peculiar".[118] Essa foi a subsunção "real" do trabalho ao capital, que abrangia a produção fabril e a tecnologia das máquinas.

A subsunção formal foi acompanhada por grandes mudanças sociais. A natureza da "compulsão" ao trabalho alterou-se. Trabalhador e capitalista agora se encontravam formalmente "como donos de mercadorias, como vendedor e comprador e, portanto, como pessoas formalmente livres". Na manufatura urbana, houve um importante deslocamento na hierarquia de mestre, trabalhador e aprendiz de guilda, em favor de uma relação entre capitalista e assalariado. "A forma de dominação e subordinação" já não era "política ou socialmente fixa". Particularmente importante foi a mudança de forma ocorrida na agricultura, em que "antigos servos ou escravos" foram transformados em trabalhadores assalariados livres. Mas a mesma transição no caso de "camponeses [formalmente] autossustentáveis" ou agricultores significava que uma "relação de dominação e de subordinação" seguiu-se "à perda de uma *independência* anterior".[119]

Mas, de longe, a maior parte do manuscrito era dedicada a uma história crítica da economia política: "Teorias da mais-valia". Enquanto os capítulos sobre "A transformação do dinheiro em capital" e sobre "Mais-valia absoluta" e "Mais-valia relativa" somavam umas 350 páginas, os cadernos de rascunho dedicados à história da economia política passavam de 1200 páginas. Como nos *Grundrisse*, a principal linha de distinção era aquela entre os pontos de referência originais no desenvolvimento da economia política como ciência — terminando com insights associados a Smith, Ricardo e Sismondi —, que Karl definia como "clássicos", e os posteriores, definidos como "vulgares". Afirmava-se que, depois da década de 1820, a economia política se tornara evasiva e apologética. Essa mudança teria sido resultado de uma incapacidade de resolver problemas crescentes sobre o reconhecimento e a definição de mais-valia num período em que o desenvolvimento das forças produtivas levava a um antagonismo de classes cada vez mais acirrado. Os classificados como representantes da economia política "vulgar" incluíam não apenas propagandistas do livre-câmbio como Bastiat, mas também teóricos substanciais como Jean-Baptiste Say, John Stuart Mill, John McCulloch e William Nassau Senior. Karl pretendia que a pesquisa histórica fornecesse o volume final da sua crítica da economia política, que acabaria sendo publicada como *Teorias da mais-valia* em três volumes, entre 1905 e 1910, por Karl Kautsky.[120]

Voltar a trabalhar no "Capital em geral" foi muito difícil. Em abril de 1862, o progresso era "muito lento", e durante todo o verão Karl continuou em estado de depressão, chegando a pensar se não seria o caso de tentar fazer outra coisa na vida; no outono daquele ano, candidatou-se a um emprego como funcionário de estrada de ferro. Além das preocupações domésticas e de sérios problemas financeiros, havia também o temor de que Lassalle, que tinha passado três semanas com a família Marx em julho, usasse algumas ideias de Karl para preparar uma crítica da economia política de sua própria autoria.[121] Talvez fosse por essas razões que ele passava a maior parte do tempo trabalhando em sua história das ideias econômicas, em vez de desenvolver seu próprio trabalho teórico. A doença também se tornava cada vez mais incômoda, impedindo qualquer trabalho criativo durante a primavera de 1863.

Apesar disso, no fim de 1862, Karl escreveu para seu admirador dr. Kugelmann em Hannover dizendo que a segunda parte do livro de 1859 estava concluída, "salvo por uma cópia passada a limpo e um acabamento final. [...] É uma sequela da Parte I, mas aparecerá autonomamente sob o título de *O capital*, com *Contribuição à crítica da economia política* meramente como subtítulo".[122] Ele tinha preparado um plano para uma nova versão da primeira e da terceira seções de "Capital em geral", mais ou menos na mesma época, o que sugeria que a ordem de exposição obedeceria em grande parte à do segundo rascunho.[123] A despeito disso, em julho de 1863, Karl embarcou numa nova versão geral.

A única parte desse terceiro rascunho que sobreviveu foi "Capítulo 6. Resultados do processo de produção direta". Mas esse capítulo tinha particular importância, uma vez que se destinava a sintetizar e concluir o relato anterior sobre produção e levar a "O processo de circulação do capital". O capítulo começava ressaltando a centralidade da "mercadoria" para a produção capitalista. "Circulação de mercadorias" e "circulação de dinheiro" eram "os *pressupostos, o ponto de partida da formação do capital* e do modo de produção capitalista". O modo de produção capitalista tinha sido o primeiro "a fazer da mercadoria a forma universal de todos os produtos".[124]

O relato da transição de formas pré-capitalistas para a subsunção "formal" acrescentava mais alguns detalhes ao que tinha sido escrito no segundo rascunho. Uma de suas principais características era a ênfase no aumento da escala de produção. O que contava como um máximo de aprendizes e trabalhadores na produção artesanal "mal chega a formar um mínimo para a relação de capital". Dava-se atenção também ao efeito da subsunção nas ocupações domésticas e rurais, originariamente realizadas para atender as necessidades da família, mas aos poucos "transformadas em independentes ramos capitalistas de trabalho".[125]

Reiterando um tema que encontrara pela primeira vez nos anos 1840, Karl declarou que a capacidade de o "trabalho objetificado converter-se a si mesmo em *capital*, isto é, converter os meios de produção em meios de comando sobre o trabalho vivo e de exploração do trabalho vivo", aparecia na produção capitalista como "uma característica inerente dos meios de produção" que era "inseparável deles como uma *qualidade* que lhes cabe *como coisas*. [...] A forma social assumida pelo trabalho em dinheiro se expressa como as *qualidades de uma coisa*". Nessa perspectiva,

> o capitalista funciona apenas como capital *personificado* [...] da mesma maneira que o trabalhador funciona como a personificação do *trabalho*. [...] Com isso, o domínio do capitalista sobre o trabalhador é [...] o domínio do objeto sobre o humano, do trabalho morto sobre o trabalho vivo, do produto sobre o produtor.

Isso, afirmava ele, era "exatamente *a mesma* relação na esfera da produção material, no processo da vida social real — pois este é o processo de produção — tal como é representado pela *religião* na esfera ideológica, a inversão do sujeito no objeto e *vice-versa*".[126]

"Historicamente", alegava Karl, foi necessário "passar por essa forma antagônica, assim como o homem teve que primeiro moldar suas forças espirituais numa forma religiosa, como poderes independentes dele". Essa "inversão" aparecia "no ponto de entrada, necessária para impor, à custa da maioria, a criação da riqueza como tal, ou seja, os implacáveis poderes produtivos do trabalho social, capazes de formar a base material de uma sociedade humana livre". Visto em relação a esse "processo de alienação", o trabalhador ficava "mais alto do que o capitalista desde o princípio". Pois o capitalista está "arraigado nesse processo de alienação, e nele encontra sua absoluta satisfação, enquanto o trabalhador, como vítima sua, se coloca desde o princípio numa relação de rebelião para com ele e o percebe como um processo de escravização".[127]

Assim como a produção da mais-valia absoluta podia ser vista como a expressão material da subsunção formal, a produção da mais-valia relativa podia ser vista como a expressão material da subsunção real do trabalho ao capital. Enquanto essa transição era efetuada, ocorria uma "revolução completa e constante, contínua e repetida, no próprio modo de produção, na produtividade do trabalho e na relação entre capitalista e trabalhador". No modo de produção capitalista, agora totalmente pronto para funcionar,

> novos ramos de negócios são constantemente criados, e neles o capital pode mais uma vez funcionar em pequena escala e passar novamente pelos diferentes desenvolvimentos delineados até que esses novos ramos de negócios sejam também conduzidos numa escala social. É um processo constante. Ao mesmo tempo, a *produção capitalista* tende a conquistar *todos os ramos da indústria* de que ainda não assumiu o controle, onde ainda existe apenas *subsunção formal*. Uma vez que toma conta da agricultura, da indústria de mineração, da fabricação dos principais materiais para roupas etc., o capital se aproveita sem hesitar das outras esferas onde a subsunção ainda é somente *formal*, ou até mesmo onde ainda existem artesãos independentes.[128]

Em suma, "uma completa revolução econômica estava ocorrendo". E aqui o cenário voltava a ser o do *Manifesto do Partido Comunista*.

> O capital não apenas produz capital, produz uma crescente massa de trabalhadores, o único material que lhe permite funcionar como capital adicional. Consequentemente, não só o trabalho produz as condições de trabalho numa escala cada vez maior como *capital*, em oposição a si mesmo; o capital, por sua vez, produz numa escala cada vez maior os *trabalhadores assalariados produtivos* de que necessita. [...] A produção capitalista não é apenas a reprodução da relação, é sua reprodução numa escala cada vez maior. [...] Junto com o modo de produção capitalista, a grande quantidade de riqueza confrontando o trabalhador aumenta, como *riqueza que manda nele*, como *capital*, e o mundo da riqueza se expande em relação ao trabalhador como um mundo alienante e dominador. [...] As *privações* do trabalhador e a *abundância* do capital correspondem-se entre si, mantêm o passo.

Mas a revolução criou as condições reais para um novo modo de produção, "suplantando a forma antagônica do modo de produção capitalista" e lançando as bases "para um processo de vida social recém-moldado".[129]

O objetivo do capítulo 6 era sintetizar os resultados do estudo do processo de produção do capital e também oferecer uma transição para o estudo do processo de circulação, a ser analisado na segunda parte do livro. Na visão que Karl tinha da totalidade da obra ainda em outubro de 1866, o texto trataria tanto da produção como da circulação num único volume. Numa carta para o dr. Kugelmann, ele apresentou o seguinte plano:

> A obra toda está dividida nas seguintes partes:
> Livro I. O processo de produção do capital.
> Livro II. O processo de circulação do capital.
> Livro III. A estrutura do processo como um todo.
> Livro IV. Da história da teoria.[130]

O sumário proposto para o capítulo 6 baseava-se em rascunhos anteriores. Os capítulos sobre a "A transformação do dinheiro em capital", sobre "Mais-valia absoluta e relativa" e sobre "A acumulação de capital" estavam mais estreitamente ligados à análise da subsunção, que agora incorporava seus efeitos na agricultura, suas relações com a "alienação" dos produtores e a discussão de suas relações com o trabalho produtivo e improdutivo. As excursões históricas, que tinham ocupado parte substancial da *Crítica* de 1859, seriam transferidas para um volume separado.

Em vários pontos, Karl mencionou a relação entre produção e circulação. A circulação de mercadorias e a circulação de dinheiro eram "os *pressupostos, o ponto de partida da formação do capital* e do modo de produção capitalista"; "mercadorias são os elementos da produção capitalista e são seus produtos, são as formas nas quais o capital reaparece no fim do processo de produção".[131] Como nos *Grundrisse*, a análise da expansão do capital através do processo de circulação concentrava-se em sua forma circular: "O que aparece primeiro como seu elemento é posteriormente revelado como sendo seu próprio produto. [...] A mercadoria, tal como emerge da produção capitalista, é determinada diferentemente da mercadoria, como era, como o elemento, o pressuposto, da produção capitalista".[132]

A produção capitalista tinha aniquilado as bases originais da produção de mercadorias, que eram a produção independente e a troca entre donos de mercadorias, ou a troca de equivalentes. Essa foi a origem da associação entre capital, liberdade e igualdade. Mas já não se aplicava. Uma transição tinha ocorrido da "circulação simples" (a conversão de mercadorias em dinheiro e sua reconversão em mercadorias) para uma situação na qual ao mesmo tempo "elas são o próprio capital, valorizado, prenhe de mais-valia".[133]

A constante transformação de mais-valia novamente em capital criava novo capital e novos assalariados. Portanto, o crescimento do capital e o crescimento do proletariado estavam interligados. À medida que as relações econômicas adquiriam um caráter cada vez mais capitalista, a relação entre trabalhador e capitalista era reproduzida numa escala cada vez mais ampla, incorporando mais e mais ramos de produção. Dessa maneira, a escala do modo de produção capitalista atingia proporções globais. O capital agora se aproximava do seu ponto culminante, mas também um ponto terminal do excesso de alcance em sua crescente dominação do mercado mundial.

Depois de completar o capítulo 6 no verão de 1864, Karl voltou ao rascunho geral da obra, ao plano que apresentaria ao dr. Kugelmann em 1866. Começou a escrever o Livro III, "Formas de todo o processo". Este foi concebido como um volume mais simples e descritivo, discriminando as várias formas de capital — lucro, juro, renda da terra — que podiam ser entendidas como rebentos da mais-valia. O projeto geral dos Livros I, II e III deveria prosseguir do abstrato para o concreto, em consonância com suas ideias de método expostas na introdução aos *Grundrisse* em 1857. O "Livro I: O processo de produção do capital" estabeleceria o esqueleto de conceitos abstratos necessários para demonstrar "as leis de movimento" do capital. O Livro III analisaria esses desenvolvimentos em termos concretos e empíricos. O Livro II, sobre "Circulação", ligaria o início e o fim da análise, introduzindo as dimensões de tempo e espaço na descrição abstrata do desenvolvimento e da expansão do capital que tinham sido postulados no Livro I.

Em 1865, um rascunho quase final da primeira parte do Livro III estava pronto. Vinha seguido por uma série de notas e fragmentos, pois Karl interrompeu o trabalho no Livro III para preparar um rascunho do Livro II. A maior parte da redação do inconcluso Livro III foi completada antes daquele ano e publicada por Engels, em forma mais ou menos inalterada, em 1894. Discutia a conversão da mais-valia em lucro e tentava explicar a discrepância entre preços e valores argumentando que o valor constituía o centro de gravidade em torno do qual flutuavam os preços. O volume reiterava, também, a concepção de Karl da queda da taxa de lucro.

A edição do terceiro volume publicada por Engels em 1894 logo deparou com uma crítica fundamental, notavelmente de Eugen von Böhm-Bawerk.[134] A solução para o problema da conversão da mais-valia em lucro foi considerada precipitada e superficial. Trinta anos antes, porém, o problema que mais parecia preocupar Karl era o de ligar a produção do capital à sua suposta circulação e reprodução ampliada. Foi por isso que deixou para rascunhá-lo no fim.

Como nos *Grundrisse*, o ponto de partida da descrição da circulação no rascunho do segundo volume foi o da progressão circular ou em espiral do capital, que com seu próprio ímpeto dissolvia formas econômicas anteriores e produzia trabalhadores e capitalistas numa escala cada vez maior. O objetivo particular da análise era ligar o surgimento da produção de mercadorias no Livro I com a transição da forma feudal ou de outras formas pré-capitalistas de propriedade fundiária para a renda da terra capitalista no Livro III. Mas como estabelecer uma ligação necessária entre a descrição abstrata da reprodução ampliada do capital e a real expansão histórica de relações capitalistas? A versão do segundo volume que Engels publicou em 1885 apresentava os escritos de Karl sobre essa questão como uma série de capítulos consecutivos. Mas o próprio material sugeria repetidas tentativas de rascunhar uma solução satisfatória para o mesmo problema. A discussão de circulação e reprodução ampliada nunca foi além das abstrações. Karl escreveu oito rascunhos da seção sobre circulação entre 1865 e 1880, o que sugere que ele não desistira de encontrar uma solução para o problema. Mas o fato de não ter encontrado uma solução quando preparava *O capital* para publicação ajuda a explicar a forma peculiar do primeiro volume da obra, quando apareceu em 1867.

8. O VOLUME PUBLICADO DE *O CAPITAL*, 1867

O capital: crítica da economia política foi publicado em 1867. Não era a obra em três volumes que Karl visualizara em sua carta ao dr. Kugelmann ainda em outubro de 1866, mas um único volume intitulado "O processo de produção do capital". Em março de 1863, com a ajuda de Wilhelm Strohn, ex-membro da Liga Comunista e visitante regular de Hamburgo, Karl tinha conseguido firmar um contrato com Meissner, um editor de livros didáticos e livros médicos de Hamburgo.[135] O prazo original tinha sido marcado para maio de 1865, mas em julho Karl escreveu para Engels dizendo que ainda faltava escrever três capítulos para completar a parte teórica:

> Não consigo mandar nada enquanto não tiver tudo na minha frente. SEJAM QUAIS FOREM OS DEFEITOS QUE TENHAM, a vantagem dos meus escritos é que formam um todo

artístico, o que só consigo com a prática de jamais publicar nada enquanto não os tiver na minha frente EM SUA TOTALIDADE.¹³⁶

Em resposta, Engels tinha evidentemente zombado da "futura obra de arte", mas em agosto Karl ainda se apegava à ideia de publicar em simultâneo a obra inteira.¹³⁷ No começo de fevereiro de 1866 ele mudou de ideia. Engels escreveu aconselhando Karl a

> desistir de trabalhar a noite toda, por um tempo, e levar uma vida mais normal. [...] Se o seu cérebro não estiver TININDO para a parte teórica, dê-lhe então um pouco de descanso das teorias mais elevadas. [...] Você não pode arranjar as coisas de tal maneira que pelo menos o primeiro volume seja despachado para publicação antes, e o segundo alguns meses depois?

Poucos dias depois, Karl concordou em "mandar o primeiro volume para Meissner logo que fique pronto".¹³⁸ À luz do estado físico de Karl, foi uma decisão sensata. Em 26 de fevereiro, Jenny escreveu para o dr. Kugelmann:

> Por quatro semanas agora, meu pobre marido tem estado muito abatido novamente com sua velha, desagradável e perigosa queixa. [...] No começo de janeiro, ele tinha começado a preparar seu livro inteiro para publicação, e estava avançando maravilhosamente rápido com a cópia, com o manuscrito crescendo de modo impressionante. Karl sentia-se no melhor "HUMOR", muito feliz de finalmente ter avançado tanto, quando um carbúnculo irrompeu de repente, logo seguido por mais dois. O último foi especialmente ruim e obstinado, e além disso ficava num lugar tão incômodo que o impedia de andar ou mesmo mexer-se. Esta manhã, sangrou com mais força, o que lhe trouxe algum alívio. Dois dias atrás, começamos o tratamento com arsênico, do qual Karl espera um bom efeito. É realmente terrível para ele ser interrompido mais uma vez no término do seu livro, e em seu delírio à noite ele não para de falar sobre os vários capítulos que lhe passam o tempo todo pela cabeça.¹³⁹

A doença era bastante real e ameaçadora. O que não estava claro era se a doença era causa ou consequência de suas dificuldades para completar o livro. Pois, como suas próprias observações sugeriam, os mais ferozes ataques da doença pareciam ocorrer sempre que ele era obrigado a encontrar "a teoria mais elevada".

Evidentemente, a decisão de protelar a publicação dos dois volumes subsequentes foi benéfica. Até novembro de 1866, ele tinha mandado a primeira fornada de manuscritos para o editor, e até o fim de março de 1867 todo o primeiro volume estava terminado. Em meados de abril, Karl tomou o navio para Hamburgo, e depois de passar três ou quatro dias cuidando de correções e revisões de último minuto, seguiu para a casa do dr. Kugelmann em Hannover, onde ficou até 14 de maio. As primeiras provas só começaram a chegar em 5 de maio. Dez dias depois, ele teve que voltar para a Inglaterra, e as últimas provas foram enviadas somente no fim de agosto. O livro foi publicado no fim de setembro.

O capital continha oito partes:

I. Mercadoria e dinheiro, pp. 1-156.
II. A transformação do dinheiro em capital, pp. 157-86.
III. A produção da mais-valia absoluta, pp. 187-316.
IV. A produção da mais-valia relativa, pp. 317-508.
V. A produção da mais-valia absoluta e relativa, pp. 509-34.
VI. Salários, pp. 535-63.
VII. A acumulação de capital, pp. 564-703.
VIII. A chamada acumulação primitiva, pp. 704-61.

Essas partes eram versões reformuladas do material encontrado nos *Grundrisse* e no segundo rascunho de 1861-3, mas com substanciais acréscimos de material empírico, não usado antes. Houve também mudanças significativas feitas entre o volume publicado e o que restou do terceiro rascunho (o material que foi resumido no "Capítulo 6").

A parte de abertura, sobre "Mercadoria e dinheiro", começava com a mercadoria. Primeiro fazia uma distinção entre valor de uso e valor de troca — distinção essa que remontava a Aristóteles —, e então explicava como uma única mercadoria, durante a troca, podia se tornar equivalente a todas as demais mercadorias; em outras palavras, desempenhar a função do dinheiro. Argumentava-se que dinheiro e mercadoria na forma de valor de troca descreviam um círculo lógico, cuja conclusão era também um retorno ao ponto de partida. Na "forma-valor", valores de uso apareciam como representações abstratas de valor de troca universal. Como reflexão particular e distorcida de relações sociais subjacentes, a relação de valor era também responsável pela ilusão objetiva, transmitida pela noção de

Karl do "fetichismo da mercadoria", no qual as relações entre pessoas apareciam como relações entre coisas.

Engels levantou questões sobre a obscuridade do argumento na primeira parte do livro a respeito da "forma do valor" para uma geração pós-hegeliana. "O *populus*, mesmo os especialistas, simplesmente não está mais acostumado a essa maneira de pensar, e é preciso torná-la tão fácil para eles quanto possível."[140] Karl reconheceu que o primeiro capítulo era "da maior dificuldade", e respondendo a Engels e a Kugelmann, que tinha levantado uma questão parecida, ele produziu um apêndice sobre a "forma-valor" destinado a ajudar "o leitor não dialético".[141] Mas é duvidoso que esse apêndice tenha ajudado muito, uma vez que foi eliminado em edições posteriores. Boa parte da dificuldade poderia ter sido evitada se o argumento simplesmente começasse pela troca. Mas, para Karl, o objetivo de começar com "a mercadoria" era avançar para além da sua abordagem original, em que o valor de troca na forma dinheiro tinha sido o agente corrosivo responsável pela destruição de comunidades antigas. Isso, por sua vez, estava ligado à sua noção da transição de "M-D-M" (mercadoria-dinheiro-mercadoria) para "D-M-D" (dinheiro-mercadoria-dinheiro). Mas agora a destruição de comunidades antigas mal foi mencionada. Em vez disso, ele esperava inferir o surgimento da "forma-valor" por um processo de dedução. Isso demonstraria que o dinheiro como tal não foi o agente responsável pelo desenvolvimento dos valores de troca e pela produção de mercadorias; qualquer outra mercadoria poderia ter desempenhado a função do equivalente universal.

Karl fez pouco esforço para tratar das dificuldades relativas à teoria de tempo de trabalho socialmente necessário. Considerou apenas a crítica segundo a qual "algumas pessoas podem achar que se o valor de uma mercadoria é determinado pela quantidade de trabalho nela contida, quanto mais ocioso e não qualificado o trabalhador, mais valiosa seria a sua mercadoria, porque mais tempo seria exigido para a sua produção".[142] Rejeitou sumariamente essa objeção, declarando que o trabalho em questão era "trabalho humano homogêneo", e que a teoria se referia a "uma massa homogênea de força de trabalho humano, embora composta de inúmeras unidades individuais". "Todo o mistério da forma de valor", afirmava ele, estava oculto na equação "20 jardas de linho = 1 casaco". Uma vez removido esse mistério, ficava claro que "não é a troca de mercadorias que regula a magnitude do seu valor; mas, ao contrário, é a magnitude do seu valor que controla suas proporções de troca".[143]

Mas persistia o problema de que as "reflexões do homem sobre as formas de vida social" não avançavam na mesma velocidade que o desenvolvimento histórico. Elas começavam *"post festum"* (depois do fato). A reflexão teve início no ponto em que "os caracteres que carimbam produtos como mercadorias, e cujo estabelecimento é uma preliminar necessária para a circulação de mercadorias, já adquiriram a estabilidade de formas naturais de vida social conscientes de si mesmas". Portanto, apesar da descoberta do fator determinante por baixo da magnitude de valor, a prática e a crença diárias continuavam as de sempre. Pois "essa forma final de dinheiro do mundo das mercadorias" ocultava em vez de revelar "o caráter social do trabalho privado e as relações sociais entre os produtores individuais". Essas formas de ocultação ou inversão eram características das "categorias da economia burguesa", que consiste em "formas semelhantes". Eram "formas de pensamento expressando com validade social as condições e relações de um modo de produção definido e historicamente determinado, isto é, a produção de mercadorias". Mas "todo o mistério das mercadorias, toda a mágica e a necromancia que cercam os produtos do trabalho desde que assumem a forma de mercadorias, desaparecem [...] assim que chegamos a outras formas de produção".[144]

A segunda parte, sobre "A transformação do dinheiro em capital", examinava de que modo a mais-valia era extraída do trabalhador no processo de produção e em seguida transformada em capital em circulação. Esse argumento seguia rascunhos anteriores, compostos a partir dos *Grundrisse*, ao apresentar a distinção entre a venda do trabalho e a venda da força de trabalho como a solução para o enigma sobre como um processo de trocas iguais podia resultar em desigualdade. No fim da Parte II, tanto o enigma quanto a sua solução eram revelados com um floreio retórico habilmente inventado, como se ninguém antes tivesse pensado na resposta:

> O homem rico, que ainda é apenas um capitalista embrionário, tem que comprar suas mercadorias pelo seu valor, vendê-las pelo seu valor e, no entanto, no fim do processo, tem que retirar da circulação mais valor do que colocou lá no começo. Sua transformação num capitalista completo precisa ocorrer dentro da esfera da circulação e fora dela. São essas as condições do problema. *Hic Rhodus, hic salta!* [Aqui está Rodes, salta aqui!][145]

Mas, como nos rascunhos anteriores, uma vez que a possibilidade de extração de mais-valia na produção foi estabelecida, a divisão do dia de trabalho em períodos de trabalho necessário e trabalho excedente — a suposta taxa de mais-valia — era simplesmente presumida.

A mudança que causaria maior impacto na compreensão de *O capital* foi a decisão de não incluir a discussão da circulação e da reprodução ampliada no volume publicado. Nos *Grundrisse*, o capital tinha sido definido como a unidade dinâmica de produção e circulação. No primeiro volume, entretanto, uma "análise minuciosa" foi reservada para o volume seguinte; até lá, ficava simplesmente subentendido "que o capital circula em sua maneira normal".[146] Essa decisão não foi apenas produto de incapacidade de concluir o texto a tempo. Foi também um jeito de evitar questões propostas pela abordagem adotada com relação à circulação e à reprodução ampliada do capital nos *Grundrisse*. A ausência dessa discussão deixou questões essenciais sem resposta. Em que sentido, por exemplo, o capital era um fenômeno global? Qual era a ligação entre "o processo de produção capitalista" e a proclamada iminência de uma crise capitalista? Ideias sobre a queda da taxa de lucro e a relação entre crise capitalista global e circuitos cada vez mais amplos de capital ficaram para um volume subsequente e acabaram não sendo publicadas durante a vida de Karl.

Os efeitos dessa mudança foram particularmente visíveis nas Partes III e IV do volume publicado. Na Parte III, sobre "A produção da mais-valia absoluta", manteve-se a distinção entre o processo de produção e o processo de valorização, mas a "subsunção" do trabalho ao capital, que tivera papel tão destacado no segundo rascunho, foi praticamente eliminada. Da mesma forma, na parte em que se contrastam a mais-valia "absoluta" e a mais-valia "relativa", havia apenas uma breve menção à transição da "subsunção formal" para a "subsunção real", ao passo que quase todas as outras referências à "subsunção" desapareceram. Com isso, deixou-se de apresentar a distinção entre os três métodos de aumento da produtividade do trabalho — cooperação, divisão do trabalho e maquinaria — como estágios progressivos da subsunção do trabalho ao capital.

Nas versões anteriores da obra, o que impulsionava a narrativa era o avanço da "forma-valor". Sua propagação e seu desenvolvimento eram apresentados como responsáveis pela destruição de comunidades antigas. Sua trajetória havia sido descrita como aquela em que o desenvolvimento histórico e o crescimento da forma-valor faziam parte de um mesmo processo. O desenvolvimento geral era mostrado sob o aspecto de uma complexa dialética entre matéria e forma, entre atividade humana e suas consequências involuntárias. Os seres humanos entraram num processo — inicialmente de troca e depois de produção — que aos poucos veio a dominar suas atividades e suas relações uns com os outros. E eles acabaram se vendo como vítimas de um processo em que as relações entre pessoas eram parecidas com as relações entre coisas. Como resultado, foram aos poucos perdendo o senso de sua própria atuação como criadores da situação com a qual defrontavam: "o produto do trabalho, trabalho objetificado, foi dotado de alma própria" e estabeleceu-se como "um poder alienígena confrontando seu criador".[147] O "fetichismo da mercadoria" era um produto da "forma-valor".

Junto com o desejo de evitar problemas criados pela circulação, houve também um notável recuo da imagem do capital como progressão contínua e irresistível, como organismo que se desenvolvia desde quando surgiu nos tempos antigos até o triunfo global no mercado mundial, seguido por seu colapso e dissolução. Assim como havia agora uma tentativa de apresentar o valor como dedução lógica, e não como desenvolvimento orgânico, capítulos subsequentes foram postos lado a lado na forma de um arranjo classificatório, e não de uma sequência evolutiva. Portanto, embora houvesse uma lógica histórica subjacente ao arranjo do livro, ela não foi explicitada. Parece que a intenção no volume publicado foi evitar um arranjo do material que pudesse ser identificado muito facilmente com um esquema hegeliano.

Isso talvez explique por que, ao contrário dos rascunhos anteriores de *O capital*, não havia uma descrição geral da destruição de comunidades antigas pelo processo de "subsunção". Na versão final, o único exemplo dessa destruição foi reservado para a explicitamente histórica Parte VIII — "A chamada acumulação primitiva" —, que discutia a expropriação de camponeses e produtores independentes na Grã-Bretanha do século XV ao XIX. No entanto, do modo como o processo estava descrito em *O capital*, essas comunidades foram destruídas não pelo capital, mas pela ação consciente de autoridades reais. Da mesma forma, a emancipação dos servos na Rússia, que Karl via originalmente como outro exemplo do impacto corrosivo do capital em comunidades agrárias tradicionais, logo também seria revelada, no subsequente debate russo sobre o assunto, como produto da força política.

Nesse novo arranjo do material, sobreviveram fragmentos do projeto original. Mas agora, sem o apoio de análise histórica ou filosófica, esses fragmentos pareciam meras afirmações dogmáticas. Assim, afirmava-se, sem mais elaboração, que "logo que a produção capitalista consegue ficar em pé, ela não só mantém essa separação [entre trabalho e meios de produção], mas a reproduz em escala constantemente ampliada".¹⁴⁸ Da mesma forma, sobre a expansão global do capital, declarava-se no prefácio que

> intrinsecamente não é uma questão de maior ou menor grau do desenvolvimento de antagonismos sociais que surgem das leis naturais de produção capitalista. É uma questão dessas próprias leis, dessas tendências abrindo caminho e operando com férrea necessidade. O país mais desenvolvido industrialmente apenas mostra, para os menos desenvolvidos, a imagem do seu próprio futuro.¹⁴⁹

Havia também, no texto precedente, pouca coisa que justificasse a famosa peroração no fim do livro, na qual "soa o dobre de finados da propriedade privada" e "os expropriadores são expropriados".¹⁵⁰ Em vez disso, havia apenas uma reiteração de temas presentes no *Manifesto do Partido Comunista* e nos *Grundrisse*. Finalmente, o efeito da remoção das sequências evolutivas foi o enfraquecimento de um senso da dialética de forma e matéria. Embora houvesse uma referência à "revolta da classe trabalhadora", o quadro geral do fim do capital era o da conjunção de processos pessoais e inevitáveis, separados das ações de agentes humanos.

A diferença de posição entre a versão publicada de *O capital* e seus rascunhos anteriores foi acentuada ainda mais no "Posfácio da segunda edição alemã", que Karl escreveu em 1873.¹⁵¹ O texto cita, com aparente aprovação, uma crítica russa de *O capital* de 1872. De acordo com essa resenha, o que importava na obra era "a lei dos fenômenos de cuja investigação ele se ocupa" e, ainda mais, "a lei de sua variação, do seu desenvolvimento, ou seja, da sua transição de uma forma para outra". Essa lei demonstrava "tanto a necessidade da ordem atual como a necessidade de outra ordem para a qual a primeira inevitavelmente conduzirá"; e tanto fazia "se os homens são conscientes ou inconscientes dela". Segundo o crítico, "Marx trata o movimento social como um processo de história natural, governado por leis, não apenas independentes da vontade, da consciência e da inteligência humanas, mas, pelo contrário, determinando essa vontade, essa consciência e essa inteligência". Na história da civilização, "estar consciente" desempenhou "papel secundário. Ou seja, não é a ideia, mas o fenômeno material que pode lhe servir de ponto de partida". "Organismos sociais diferem entre si tão fundamentalmente quanto plantas e animais." "O valor científico" dessa investigação está "na revelação das leis especiais que regulam a origem, a existência, o desenvolvimento e a morte de determinado organismo social e sua substituição por outro, superior". "Que outra coisa ele está descrevendo", escreveu Karl, "senão o método dialético?"[152]

A mudança de abordagem de Karl foi inicialmente determinada pela necessidade de partir do projeto original para a publicação de um único volume, tratando apenas do "processo de produção do capital". Porém ao escolher adiar a discussão do processo de circulação e expansão global do capital, é provável que ele tenha sido motivado não apenas pela incapacidade de cumprir prazos improváveis, mas também pela consciência crescente do quanto o clima intelectual tinha mudado desde a década de 1840. Na preparação do volume único, ele eliminou, na medida do possível, os conceitos destinados a preencher a lacuna entre produção, circulação e expansão do capital, em parte por causa daquelas áreas em que o desvio filosófico do conceito original era mais óbvio. Em 1867, a redução do alcance de sua teoria talvez lhe parecesse uma infeliz necessidade. Mas em 1872 ele parecia aceitar o volume único como declaração suficiente da totalidade de sua teoria.

Isso também é sugerido pelo novo lugar destinado à noção de "subsunção", que teve posição de destaque até o penúltimo rascunho de *O capital*, e então foi praticamente abandonada. A ideia de "subsunção" tinha aparecido originalmente nas filosofias de Schelling e Hegel. Em sua tentativa de aproximar o Estado moderno da sociedade comercial, Hegel, em seus primeiros escritos, tinha contrastado a "vida ética" com a natureza inorgânica como componentes de um organismo. Os atributos de sua concepção posterior de Estado eram também os de um "organismo". Esses atributos foram expostos com mais clareza na seção sobre o "ser vivo", no primeiro livro de sua *Enciclopédia das ciências filosóficas*, a *Ciência da lógica*. "O ser vivo", escreveu Hegel, era o "silogismo cujos momentos são, em si, sistemas e silogismos", ou "o processo de concluir consigo mesmo, que tem três processos". O primeiro e mais relevante processo era "do ser vivo dentro de si mesmo"; "nesse processo ele se separa de si mesmo e faz da sua corporeidade o seu objeto, ou sua natureza inorgânica". Além disso, Hegel — como Schelling — citava o poeta e biólogo Albrecht von Haller, ao dividir esse processo "do ser vivo dentro de si mesmo" nas formas de "sensibilidade, irritabilidade e reprodução".

> Como sensibilidade, o ser vivo é imediatamente uma simples relação consigo mesmo, a alma que está presente em toda parte do seu corpo, de modo que a exterioridade mútua das partes do corpo não tem nenhuma verdade para ele. Como irritabi-

lidade, o ser vivo aparece dividido dentro de si mesmo, e, como reprodução, está constantemente restabelecendo-se a partir da distinção interna dos seus membros e órgãos. É apenas como este processo que constantemente se renova que o ser vivo existe.[153]

Ou, como Hegel formulou na primeira versão de sua *Filosofia do direito*, "um organismo vivo é o começo e o fim porque tem a si mesmo como produto de sua atividade".[154]

Por mais remoto que esse relato do "ser vivo" possa parecer à primeira vista, na verdade ele forneceu o molde para a imagem de Hegel do Estado. Era produto da conjetura filosófica que tinha acompanhado o fascínio protorromântico do fim do século XVIII com o desenvolvimento das ciências da vida. O Estado era um organismo que abrangia uma relação entre o particular e o universal, o inorgânico e o orgânico, a sociedade civil e o Estado, o econômico e o político. A "subsunção" era o meio pelo qual o particular se relacionava com o universal, pela renovação constante do processo de incorporar um no outro.[155] Em rascunhos anteriores, a partir dos *Grundrisse*, Karl tentara adaptar essa abordagem aos seus próprios objetivos.

A remoção efetiva da "subsunção" tornou *O capital* uma obra muito mais descritiva, baseando-se mais em dados estatísticos e empíricos do que em progressão dialética. A dialética original entre matéria e forma tinha preservado uma noção de ação humana, ainda que os resultados da sua atividade a confrontassem numa forma alienígena. Em contraste, fazer do "ideal [...] nada mais do que o mundo material refletido pela mente humana e traduzido em formas de pensamento" era fazer da fala uma reflexão da ação, e da ação, fosse "consciente ou inconsciente", o produto da necessidade.[156] A ambiguidade dessas formulações abriu caminho para uma volta à ideia do homem como ser natural governado pelo impulso e pelos ditames da natureza, e para um avanço rumo à ideia convencional de "marxismo" no século XX.

Não se sabe ao certo por que Karl aceitou essa interpretação da sua obra. Mas é possível que tenha ficado impressionado com o argumento de Engels de que uma nova geração saberia muito pouco de Hegel e seria provavelmente incapaz de compreender — e muito menos aceitar — as premissas originais do raciocínio dialético. Em seu posfácio da edição alemã de 1873, percebe-se que, apesar de prestar tributo à grandeza de Hegel como pensador, Karl fazia um esforço para se distanciar da filosofia de Hegel. Nesse sentido, alegou que "meu método dialético é não só diferente do hegeliano, mas seu oposto direto", e reconheceu apenas que tinha, de vez em quando, "flertado com os modos de expressão que lhe são peculiares".¹⁵⁷

9. *O CAPITAL* E A ESCRITA DA HISTÓRIA

Concentrar-se apenas no status filosófico e em problemas que cercam *O capital* é perder suas qualidades mais distintas e duradouras. Dois terços do livro são dedicados a uma apresentação de base factual do desenvolvimento e do estado atual das relações entre capital e trabalho, sobretudo na Inglaterra. A precondição para o surgimento do modo de produção capitalista foi "a expropriação do produtor agrícola, do camponês do solo". Essa foi "a base de todo o processo". A Inglaterra foi escolhida porque, "enquanto a história dessa expropriação, em diferentes países, assume diferentes aspectos, e permeia suas várias fases em diferentes ordens de sucessão, e em diferentes períodos, [...] apenas na Inglaterra, que tomamos como exemplo, ela tem sua forma clássica".¹⁵⁸

A Parte VII, sobre "A acumulação de capital", oferecia um relato minucioso da condição dos trabalhadores assalariados em setores da economia britânica na década de 1860. Descrevia as condições na agricultura e em ramos da indústria. A extraordinária abundância de estatísticas, relatórios oficiais e reportagens de imprensa, a partir dos quais Karl compôs o panorama geral, continua a impressionar. Foi feito amplo uso dos relatórios de inspetores de fábrica, autoridades municipais de saúde pública e comissões de inquérito governamentais. O material foi utilizado para demonstrar numerosas facetas dessa economia, desde pressões para prolongar a jornada de trabalho ou aumentar o ritmo de trabalho, até o vasto emprego de mão de obra infantil. Karl examinou não apenas a indústria têxtil do algodão, onde as batalhas em torno das horas de trabalho tinham sido travadas com mais ferocidade, mas também a produção de trajes militares, cerâmica, fabricação de lã, panificação, tingimento e branqueamento. Foi dada atenção especial a alimentação, moradia e saúde de trabalhadores da agricultura. O desenvolvimento capitalista tinha não só aumentado a proporção de capital "constante" para capital "variável", mas, ao fazê-lo, quebrara muitos pequenos capitalistas e produzira o crescimento de um "exército de reserva de mão de obra" que ora estava empregado, ora desempregado, dependendo das flutuações no ciclo comercial.¹⁵⁹

Longe das complexidades do valor e da queda da taxa de lucro, nessa parte Karl chegou bem perto de uma avaliação concreta da perspectiva de crise e revolta. Ficou particularmente impressionado com o desenvolvimento da agricultura, em que a produtividade crescente combinada com a miséria dos trabalhadores rurais provocava um êxodo cada vez maior para as cidades: "A dispersão de trabalhadores rurais por grandes áreas quebra o seu poder de resistência, enquanto a concentração aumenta o dos operários urbanos".[160]

A parte final, sobre "A chamada acumulação primitiva", apresentava um relato histórico do desenvolvimento de uma economia capitalista na Grã-Bretanha, da dissolução das relações feudais no fim do século XIV até o seu triunfo em meados do período vitoriano. Demonstrava-se a ambiguidade da noção de "liberdade" no caso do camponês ou artesão da primeira modernidade, liberto da servidão, mas também livre no sentido de ser privado de qualquer acesso independente aos meios de produção. Nada possuindo, portanto, exceto sua força de trabalho, esses camponeses e artesãos outrora independentes eram constantemente obrigados a vender sua força de trabalho para sobreviver. Investigava-se como a separação do trabalho dos meios de produção era mantida e reforçada pelo processo de acumulação primitiva:

> A espoliação da propriedade da Igreja, a fraudulenta alienação dos domínios do Estado, o roubo das terras comuns, a usurpação da propriedade feudal e de clã e sua transformação na propriedade privada moderna, em circunstâncias de temerário terrorismo, foram alguns dos muitos métodos idílicos de acumulação primitiva. Conquistaram o campo para a agricultura capitalista, transformaram o solo em parte integrante do capital e criaram para as indústrias urbanas o necessário suprimento de um proletariado "livre" e proscrito.[161]

Mais uma vez, a narrativa era enriquecida por uma impressionante ostentação de fontes, que se estendiam de Holinshed, Thomas More e Francis Bacon a Richard Price, William Cobbett, Thomas Macaulay e James Thorold Rogers.

Se *O capital* se tornou um marco no pensamento do século XIX, não foi por ter identificado as "leis do movimento" do capital. Karl não produziu uma descrição definitiva nem do começo do modo de produção capitalista, nem do seu suposto fim. Fez algumas críticas convincentes a dogmas específicos da economia política. Zombou da defesa de Nassau Senior de "última hora" contra os advogados da limitação das horas de fábrica, da concepção de um "fundo de salários" e da ideia de Malthus de superpopulação, que ele mostrou estar relacionada a meios de produção, e não a meios de subsistência.¹⁶² Mas não foi capaz de produzir uma crítica imanente da economia política em sua totalidade. Da mesma forma, embora tenha produzido um poderoso retrato da miséria e desgraça do trabalho infantil, das degradantes condições dos trabalhadores rurais e da precariedade de alimentação e moradia de uma grande proporção de trabalhadores ingleses, não conseguiu estabelecer uma ligação lógica convincente entre o avanço da produção capitalista e a pauperização dos produtores.

O êxito de Karl foi precisamente na área pela qual ele parecia ter menos consideração: naquela em que tinha desenvolvido todo um trabalho a partir de seus escritos e pesquisas para o *New-York Daily Tribune* e para várias palestras que realizou a partir do fim da década de 1840. Conseguiu vincular a análise crítica da economia capitalista atual às suas raízes históricas de longo prazo. O primeiro plano da produção o levou a revelar tensões desconhecidas dentro da oficina ou da fábrica automática modernas. Com sua determinação em rastrear o progresso da economia capitalista em sua totalidade, e em particular as consequências de novas forças de produção, Karl se tornou um dos principais fundadores — se bem que involuntário — de uma nova e importante área de investigação histórica: o estudo sistemático de história social e econômica.¹⁶³ Ele inaugurou o debate — que continua até hoje — sobre os marcos econômicos e sociais centrais da história moderna.

Qualquer análise da crítica da economia política de Karl que simplesmente tratasse do volume resultante como uma derrota intelectual seria injusta também com a reformulação das suas esperanças e expectativas por volta de 1867. Embora fosse incapaz de admiti-lo, a abordagem inicial tinha fracassado. Ele não conseguira sustentar sua apresentação original do capital como um organismo cuja espiral de crescimento contínua e irresistível, partindo de começos modestos na Antiguidade até a supremacia global, logo depararia com um colapso em escala planetária. O exame do desenvolvimento global das relações capitalistas na Grã-Bretanha mostrou que o desenvolvimento econômico tinha sido decisivamente ajudado pela intervenção política durante o período de "acumulação primitiva". Mas, pela mesma razão, o que esse exame dava a entender era que o triunfo da produção capitalista em áreas fora da Europa ocidental poderia ser enfrentado e evitado.

Mais perto de casa, as mudanças feitas na sequência de capítulos antes da publicação também poderiam ser vistas como uma resposta à nova situação política na Inglaterra depois de 1864. O crescimento das sociedades comerciais, a fundação da Internacional, o êxito do movimento fabril, a força cada vez maior da produção e, acima de tudo, a crescente agitação popular em favor da reforma (política) permitiram a Karl imaginar formas novas e talvez não violentas de precipitar mudanças revolucionárias. Na década de 1850, a imaginação de uma crise global pairando no horizonte tinha sido abstrata e remota. Imagens de mudança revolucionária ainda decorriam, quase totalmente, da grande Revolução na França. Mas em meados dos anos 1860, em lugar da substituição peremptória de uma classe por outra, como tinha ocorrido na França em 1792-3, outra visão de transição tinha começado a tomar forma. Nessa visão, a mudança poderia ser imaginada não como uma rápida sucessão de *journées* revolucionárias, mas como um processo cumulativo composto por acontecimentos tanto políticos como sociais, num período de tempo muito mais longo. Nesse sentido, a transição do capital para o domínio dos "produtores associados" poderia ser mais parecida com a transição do feudalismo para o domínio do capital entre os séculos XIV e XIX. Entre outras razões, foi para incentivar essa comparação que, em 1867, no lugar do relato especulativo dos *Grundrisse* sobre a destruição de comunidades antigas pela forma-valor, Karl preferiu colocar, como capítulo final, a mais memorável e longa história, medieval e já moderna, da "chamada acumulação primitiva" de capital.

11. *O capital*, democracia social e a Internacional

PARTE I

1. ACERTAR AS CONTAS COM A NOVA ERA

Depois dos fracassos de 1848 e do triunfo da reação em toda a Europa durante os anos 1850, a década seguinte assistiu não apenas ao renascimento das esperanças democráticas, mas também a alguns ganhos democráticos reais. Em 1862-3, desenvolveu-se na Alemanha um movimento operário independente, e na França viu-se o início de uma velada oposição de trabalhadores a Bonaparte. Na Inglaterra, houve três acontecimentos de particular importância. Sem eles, a Associação Internacional dos Trabalhadores (AIT) nunca teria existido, menos ainda com o impacto que teve. O primeiro foi a resposta popular ao transnacionalismo republicano na forma de identificação com as emocionantes e heroicas lutas nacionais na Itália, na Polônia e em outros países contra as autocracias dos Habsburgo, dos Bourbon e dos russos.[1] O segundo, igualmente importante, foi o crescimento do apoio popular à abolição da escravatura e à causa do Norte na Guerra Civil Americana. O fato de os trabalhadores da indústria do algodão de Lancashire estarem preparados para aguentar o desemprego da resultante "fome do algodão" sem abandonar a causa abolicionista ajudou a convencer muita gente das classes fundiárias de que os trabalhadores tinham direito à plena cidadania e contribuiu para o sucesso da agitação em favor de reformas políticas em 1867. Mas nenhuma dessas campanhas teria causado grande impacto sem o terceiro e fundamental acontecimento: a transformação na capacidade e na presença política dos sindicatos trabalhistas.

Karl demorou a perceber a importância desses acontecimentos. Até 1863, parece ter se fixado na ideia de uma retomada de 1848. Mas quando começou a compreender e a aceitar a nova forma de atividade política, ficou animado com as novas oportunidades que se abriam. Os anos entre 1864 a 1869 foram os mais frutíferos e bem-sucedidos da vida de Karl. Nesse período, contribuiu de forma permanente para o entendimento da história e da anatomia do capitalismo, bem como para o desenvolvimento do movimento trabalhista europeu. *O capital* foi publicado em 1867, enquanto seu trabalho mais duradouro e valioso no Conselho Geral da AIT ocorreu nos anos anteriores à Guerra Franco-Prussiana de 1870-1. Essas realizações transcenderam o estreito mundo dos grupos de exilados e da política sectária, sendo reconhecidas além do seu círculo imediato. Foi nesses anos também que Karl começou a familiarizar-se com uma gama de radicais britânicos em primeira mão — owenistas, positivistas, pacifistas, ex-cartistas, feministas, sindicalistas, nacionalistas irlandeses, entre outros.

A participação na AIT e a publicação de *O capital* tinham sido precedidas por quatro ou cinco anos de ansiedade e frustrações. Karl não se saíra bem como teórico nem como líder político. Como teórico, as esperanças exageradas que investira em sua *Contribuição à crítica da economia política* em 1859 tinham se mostrado totalmente irrealistas. Houve mais interesse em seu polêmico livro *Herr Vogt*. Mas, como meio de afirmar a solidariedade de um grupo, aquele livro foi malsucedido. As reações variadas a *Herr Vogt* ressaltaram o que já se tornara óbvio nas divergências sobre a Itália. O "partido", como Karl ainda gostava de imaginá-lo, já não existia mais.

Uma área em que deixou a sua marca foi o jornalismo — profissão que ele às vezes fingia desprezar. O maior público para os escritos de Karl no fim dos anos 1850 tinha sido formado pelos leitores de língua inglesa do *New-York Daily Tribune*. O *Tribune* também fornecera uma tábua de salvação para a família Marx. Tinha sido a coisa mais parecida com uma renda real que Karl conhecera, e para Jenny uma fonte de considerável orgulho. Mas com o início da Guerra Civil Americana, a demanda do *Tribune* por suas colaborações despencou. Em fevereiro de 1861, seu trabalho foi reduzido a um artigo por semana, e em 1862 foi interrompido de vez.

Foi naqueles anos também que os problemas de saúde de Karl se agravaram. O notável não é que ele não tenha terminado *O capital*, mas que tenha conseguido publicar uma versão de algum tipo. Pelo visto, a ansiedade provocada pela tentativa de redigir sua crítica da economia política é que parece ter sido particularmente responsável por sua doença. Em novembro de 1863, quando Karl tinha ficado "preso ao sofá" por furúnculos e carbúnculos, Jenny escreveu para o "sr. Engels": "O senhor bem pode imaginar como esta questão o deprime. Parece que o maldito livro nunca será terminado. Oprime-nos a todos como um pesadelo. Se pelo menos esse LEVIATÃ fosse lançado!".[2] Os altos e baixos da sua saúde no ano seguinte foram característicos. Depois da convalescença de Karl na casa do tio em Zaltbommel de dezembro de 1863 ao fim de fevereiro de 1864, seu estado de saúde melhorou. Ele e a família se mudaram para Modena Villas, Maitland Park, Haverstock Hill, mas em junho e julho voltou a adoecer. Estando "totalmente incapaz de trabalhar", leu livros de anatomia e fisiologia.[3] No fim de julho e começo de agosto, juntamente com as filhas, tentou recuperar-se em Ramsgate. Mas as doenças continuaram até o inverno. Em 4 de novembro, Karl informou a Engels que tudo ia bem até dois dias antes, quando outro carbúnculo apareceu. "Se a coisa não sumir logo e outros aparecerem, pretendo usar o remédio de arsênico de Gumpert desta vez." Em 14 de novembro, Karl informou que apesar de o carbúnculo estar "sumindo", ele teve de permanecer na cama por quase uma semana. Dois dias depois, Engels respondeu dizendo que lhe agradava saber da sua melhora. "Esperemos que seja o último. Mas tome o arsênico." Em 2 de dezembro, ele informou que outro carbúnculo começava a aparecer no quadril. Estava com medo de que o médico local, que não aprovara o tratamento com arsênico, lhe passasse "a mais terrível descompostura" por tentar automedicar-se em sua ausência.[4]

As atividades políticas do começo dos anos 1860 também foram frustrantes. Os acontecimentos da década anterior não tinham correspondido às expectativas de Karl. A depressão econômica em escala mundial em 1857-8 não provocara uma nova sequência de revoluções. Na França, o Estado policial bonapartista lograra asfixiar a expressão pública de oposição. Incentivado por um excepcional crescimento econômico, Bonaparte conseguira fortalecer o apoio ao seu regime, particularmente no interior. Num plebiscito em 1870, ele obteve 7,4 milhões de votos, contra uma oposição de 1,6 milhão de votos.

Em Paris, mudanças na cidade fizeram as chances de revolução parecerem cada vez mais remotas. Durante as décadas de 1850 e 1860, a população quase dobrou. Trabalhadores migrantes, atraídos por um espetacular crescimento na construção civil, amontoaram-se nos novos subúrbios industriais ou no dilapidado e superlotado centro. As autoridades estavam bem cientes dos perigos de uma vasta cidade nova, com um quarto dos habitantes classificados como "indigentes". A partir de 1853, o imperador, com ajuda do seu prefeito de Paris, o barão de Haussmann, reconstruiu a maior parte da Paris central. A substituição de muitas ruas estreitas e comprimidas da parte antiga por amplos bulevares, com cafés, bares e lojas de departamento bem iluminados, reduziu a possibilidade de erguer barricadas e organizar insurreições. As melhorias paralelas de saneamento e transporte público combateram o cólera e aceleraram a atividade econômica.

As manifestações de oposição em Paris ficaram ainda mais limitadas com uma nova estrutura administrativa: a cidade não tinha prefeito, e as vinte câmaras municipais eram nomeadas, em vez de eleitas. Além disso, a oposição estava dividida. Apesar desses obstáculos, no entanto, a ameaça ao regime não desapareceu de todo. A polícia armazenava informações sobre 170 mil parisienses potencialmente subversivos, enquanto um agrupamento menor, porém mais visível, continuava a identificar-se com as políticas revolucionárias do aprisionado Auguste Blanqui.[5]

Isso não chegava a consolar Karl. Apesar de todos os esforços que fez nos anos 1840 para tornar suas opiniões conhecidas dos franceses, sua obra não foi lida. *Miséria da filosofia*, sua crítica a Proudhon, publicada na França e especialmente escrita em francês, continuava desconhecida até mesmo de ativistas políticos. Da mesma forma, seus escritos de 1848 sobre *As lutas de classes na França* e *O 18 de Brumário* ainda não haviam sido traduzidos.

Karl achava que a dependência do imperador para com os militares acabaria provocando a sua queda. E foi isso mesmo que acabou acontecendo, mas não antes de a França ser atraída para uma guerra com a Prússia no verão de 1870. Enquanto isso, a partir de 1859, o regime adotou uma série de estratagemas para seguir adiante com a repressão direta no começo dos anos 1850. Num esforço para criar uma imagem mais liberal do império, Bonaparte cortejou os trabalhadores como contrapeso à oposição liberal. Decretou uma anistia em 1859, legalizou greves em 1864 e abrandou a censura à imprensa no fim da década de 1860.

Como parte dessa tática, Bonaparte patrocinou a visita de uma delegação eleita de trabalhadores franceses à Exposição Internacional de Londres em 1862. A reunião dessa delegação com trabalhadores em Londres mostrou ter real significado nos acontecimentos que levaram à formação da AIT em 1864. Mas isso só ficava claro quando se olhava para trás. Na época, como era de esperar, o apoio de Bonaparte a uma delegação de trabalhadores foi visto pelos radicais com considerável desconfiança.

Na Inglaterra, apesar — ou por causa — do desenvolvimento em larga escala da indústria e do comércio, o cartismo, como movimento de massa, desvaneceu. Karl teve dificuldade para se adaptar ao novo ambiente político. O Partido Tory tinha abandonado o protecionismo, mas a depressão de 1857 não trouxera de volta o cartismo, nem resultara num triunfo dos membros radicais da "Escola de Manchester". Pelo contrário, na eleição geral de 1857, os ex-líderes da Liga Contra as Leis dos Cereais, Cobden e Bright, perderam suas cadeiras, e em 1859 se juntaram aos *whigs*, aos *peelites* e aos parlamentares irlandeses para fundar o Partido Liberal. Em vez da simplicidade radical de uma luta entre a burguesia da "Escola de Manchester" e os radicais proletários do movimento cartista, o reconstituído Partido Liberal incorporou uma nova aliança entre as classes média e trabalhadora.[6]

O impacto dessas mudanças ficou evidente na trajetória política de um amigo de Karl, o antigo líder cartista Ernest Jones.[7] No começo dos anos 1850, Jones tentou em vão dar vida nova ao movimento cartista. Usando o *People's Paper* (jornal para o qual Karl escreveu vários artigos), ele tinha realizado circuitos de palestras no norte da Inglaterra e disputado sem êxito numerosas eleições. Mas em 1857 Jones abandonou essa estratégia. Rompeu com a maioria dos líderes cartistas remanescentes, e em fevereiro de 1858 convocou uma conferência sobre reforma parlamentar no St. Martin's Hall em Londres, para a qual convidou uma grande variedade de "reformistas", desde o veterano socialista Robert Owen até os líderes do radicalismo de classe média, como John Bright e J. A. Roebuck.

Aparentemente alheio ao fracasso de todas as tentativas anteriores de Jones de reanimar o cartismo, Karl ainda insistia em que "o asno deve começar *formando* um partido, e com esse objetivo precisa ir aos distritos industriais. Então o radical burguês virá procurá-lo em busca de um acordo".[8] Apesar de continuar considerando Jones "um homem honesto", Karl achava que o seu novo papel era "inane".

Ainda resistindo à ideia de que o cartismo tinha desaparecido, persistia na crença de que o ressurgimento de um partido proletário semelhante ao da década de 1840 era só uma questão de tempo. Em abril de 1863, esteve numa reunião sindical presidida por John Bright: "Os trabalhadores *falaram muito bem*, sem vestígio de retórica burguesa, ou sem fazer o mínimo esforço para esconder sua oposição aos capitalistas (que, por falar nisso, foram atacados também por papai Bright)". Não sabia ao certo "quando é que os trabalhadores ingleses vão se livrar do que parece ser uma doença contagiosa burguesa". Mas tendo mais uma vez consultado *A situação da classe trabalhadora na Inglaterra*, o livro publicado por Engels em 1884, Karl disse com confiança ao amigo: "No que diz respeito às principais teses do seu livro, elas acabaram sendo confirmadas nos mínimos detalhes pelos acontecimentos subsequentes a 1844".[9] Engels não pensava assim. A seu ver, uma nova edição do livro naquela altura seria inapropriada: "Não é um momento adequado [...] agora que a energia revolucionária do proletariado inglês praticamente se desvaneceu e o proletariado inglês declarou estar totalmente de acordo com a dominância da burguesia".[10]

2. LASSALLE E O FIM DO "PARTIDO"

Na Alemanha, a "nova era" abriu novamente oportunidades políticas, depois de uma década de reação. Para Karl, porém, o desfecho mais uma vez foi frustrante e desanimador. No começo dos anos 1860, surgiu uma política independente da classe trabalhadora, e ela se desenvolveu não como resultado do "partido" de Karl, mas a despeito dele.

Como Karl, muitos dos mais ativos revolucionários da Alemanha em 1848 tinham saído do país para os Estados Unidos, Inglaterra ou Suíça. Na própria Alemanha, os primeiros escritos de Karl eram na maior parte desconhecidos, ou foram esquecidos. No máximo, algumas centenas de veteranos de 1848 estavam bem familiarizados com o *Manifesto do Partido Comunista*. Só quando foi reeditado em 1872, como resultado de um capricho jurídico, é que o *Manifesto* se tornou mais conhecido.[11]

Karl tinha ficado furioso não só com a linha política independente adotada por Lassalle com relação à Itália — "ninguém fala em nome do partido sem antes consultar os demais" —, mas também com a sua recusa a entrar na linha a respeito de Vogt.¹² Durante essa disputa, ele se tornara cada vez mais autoritário, referindo-se em termos não específicos ao suposto mau comportamento de Lassalle. Embora negasse qualquer envolvimento pessoal na acusação, escreveu sobre os motivos para "desconfiar" de Lassalle, fazendo menção a uma infundada carta de Baltimore denunciando Lassalle: "As alegações oficiais contra você", acrescentou, "estão nos arquivos da Liga, que não estão comigo, nem eu estou autorizado a usá-los".¹³ Lassalle reagiu com raiva. Que virtude Karl apregoava ao dissociar-se dessa "impostura" claramente absurda? Para Lassalle, era apenas uma prova da tendência de Karl a acreditar, sem hesitação, no pior que se dizia das pessoas, ao mesmo tempo que considerava uma virtude, nesse caso específico, não dar crédito à alegação.¹⁴

O comportamento de Karl foi particularmente perverso, uma vez que, no fim dos anos 1850, Lassalle era seu único contato político importante na Alemanha. Lassalle havia sido membro da Liga Comunista em 1848 e tivera a sorte de escapar apenas com uma branda sentença de prisão depois de recomendar aos cidadãos de Düsseldorf que se preparassem para a resistência armada em resposta à dissolução da Assembleia Nacional pelo governo prussiano. Ficou famoso na década de 1850 por sua defesa jurídica da condessa Sophie von Hatzfeldt em prolongadas ações de divórcio, que terminaram em 1854, deixando Lassalle com uma confortável renda anual de 5 mil táleres.

Se o próprio Karl um dia sonhara com o destino de grande poeta, grande crítico ou líder nato, em Lassalle ele encontrou alguém à altura. Lassalle não só desejava legar uma contribuição substancial para a teoria jurídica, mas também ser reconhecido como erudito clássico, dramaturgo e líder político. Um dos seus muitos projetos era a ambição de produzir sua própria crítica da economia política, projeto esse que Karl achava profundamente ameaçador.¹⁵ Como seguidor de Hegel e ativista radical com "um desejo de alcançar uma construção especulativa das coisas", Lassalle era admirador confesso de Karl. Nem mesmo sua companheira, Sophie von Hatzfeldt, segundo dizia, igualava-se a ele. Karl era seu "último amigo masculino".

> A condessa, por mais excelente que seja essa mulher em todos os sentidos e por mais infinitamente valiosa que seja a sua amizade, é, no entanto, como mulher, incapaz de seguir todos os mistérios do pensamento de um homem com uma compreensão verdadeiramente criativa.¹⁶

A escala extraordinária da ambição de Lassalle, sua inquietação e concepção inconsciente de si mesmo como veículo de uma providência mais alta foram claramente expressas numa das cartas que escreveu para Karl em março de 1859. Nessa época, Lassalle andava às voltas com uma obra sobre filosofia pré-socrática. A carta explicava que, no fim do período que dedicara ao seu estudo em dois volumes, *A filosofia de Heráclito*,[17] uma força inesperada o impelira a compor um drama. A história dizia respeito a Franz von Sickingen, cavaleiro imperial, defensor de Lutero e herói nacional do começo do século XVI:

> Você vai se espantar quando vir que lhe mandei uma peça. Quase tão espantado quanto eu mesmo, quando tive a ideia de escrever uma peça, ou na verdade quando a ideia me veio. Pois a sensação que tenho sobre o que aconteceu não é de uma decisão tomada livremente, da minha parte, para produzir alguma coisa, mas de uma força que tomou conta de mim e à qual fui totalmente incapaz de resistir.[18]

Como outros que tinham vivido a experiência de 1848 e ficaram frustrados com o contraste, tornado célebre por Hegel, entre o "cinza da teoria" e a intensidade da vida — "essas coisas práticas que hoje dão cor à nossa face" —, Lassalle achava difícil concentrar-se exclusivamente em Heráclito:

> Oh, com que frequência, quando uma associação de ideias me tira daquele mundo de ideias, no qual tenho por força que ruminar, e traz para as nossas ardentes questões contemporâneas, para as grandes questões do momento, que mesmo quando exteriormente parecem em repouso continuam a ferver dentro de mim com um calor de ebulição — com que frequência pulo da minha escrivaninha e jogo fora a minha pena. É como se todo o meu sangue estivesse desperto, e só depois de lutar comigo por meia hora ou mais recupero o controle de mim mesmo e mais uma vez me obrigo a voltar para a cadeira e dedicar-me à intensa concentração exigida por essa obra.

Isso aconteceu uma noite quando Lassalle, para se distrair do *Heráclito*, examinava obras da Idade Média, da Reforma e sobretudo as obras de Ulrich von Hutten. Ele acabava de folhear "um drama moderno extraordinariamente miserável" quando lhe veio a ideia de que uma peça precisava ser escrita, não sobre Hutten, outra figura do mundo da "pura teoria", mas sobre Franz von Sickingen, "o grande herói dramático". "E mal acabara de ter essa ideia quando, como se tivesse tido uma intuição de todo o plano já delineado e no mesmo instante, uma força irresistível me ordenou: 'Você precisa realizá-la também'." Agora ele poderia "escrever muito mais com o coração". Admitiu para Karl que considerava a peça "muito boa", mas nunca mais escreveria outra: "Esta me foi infligida lá do alto, como uma ordem fatídica, e nada mais".[19]

Ao longo de 1860, a disputa sobre a Itália foi provisoriamente resolvida. Lassalle ainda esperava que fosse possível trabalhar com Karl, e Karl queria a ajuda de Lassalle para tratar com o editor da sua *Contribuição à crítica da economia política*. Pelo resto do ano, a correspondência foi amistosa. Lassalle observou que os acontecimentos tinham demonstrado que a sua interpretação da Itália estava certa. Karl reiterou a sua posição, mas afirmando que o passado não lhe interessava mais, e que o mais importante agora era que *"nós* precisamos chegar a um acordo sobre um programa". Além disso, Karl agradeceu a Lassalle pelo elogio ao seu livro sobre economia política.[20] Fora isso, os dois trocaram bilhetes sobre as enfermidades de Karl, a varíola de Jenny e a gota de Lassalle.

Em 11 de março de 1860, Lassalle mais uma vez indagou se Karl e Engels considerariam a possibilidade de voltar para a Prússia quando o velho rei morresse e uma anistia fosse decretada.[21] Um ano depois, o velho rei, Frederico Guilherme IV, então incapacitado e demente, por fim morreu. Foi sucedido pelo irmão, Guilherme I, que logo decretou uma anistia política. Em 1861, Lassalle reiterou o convite e propôs o restabelecimento do *Neue Rheinische Zeitung*. A condessa estava disposta a investir de 20 mil a 30 mil táleres na publicação, que seria editada conjuntamente por Karl e Lassalle, e com Engels também, se Karl fizesse questão.

Karl não estava muito interessado em voltar para a Prússia. Como disse a Engels: "Eu me agarraria, nas circunstâncias atuais, até mesmo a esse fiapo de possibilidade, mas a maré na Alemanha ainda não subiu o bastante para suportar o nosso barco. A coisa seria um fracasso já no começo".[22] A ser verdade isso, a perda dos rendimentos provenientes do *Tribune* era alarmante. Era, como disse a Lassalle, uma "crise financeira". Ele decidiu, portanto, que depois de visitar o tio Lion Philips em Zaltbommel, "para pôr em ordem seus assuntos financeiros", iria a Berlim, "para discutir com você, pessoalmente, a possibilidade de empreendimentos político-literários conjuntos".[23] Também aproveitou a oportunidade para conseguir com Lassalle um empréstimo de vinte libras esterlinas, prometendo pagar a nota promissória da Holanda antes da data de vencimento, ou, em último caso, "levá-la para Berlim pessoalmente".²⁴

Entre 16 de março e 13 de abril de 1861, Karl ficou com Lassalle em Berlim. Fez um relato minucioso dessa estada à sua prima holandesa, Antoinette Philips. De Lassalle, recebeu "uma acolhida muito amistosa" e foi imediatamente apresentado à condessa Von Hatzfeldt, "que, como logo me dei conta, janta todos os dias na casa dele às quatro horas da tarde e passa as noites com ele". Karl fez um relato detalhado, e não muito lisonjeiro, da aparência física dela, mas reconheceu que se tratava de "uma senhora muito distinta, não uma sabichona, de grande intelecto natural, muita vivacidade, profundamente interessada no movimento revolucionário, e de um *laissez aller* aristocrático muito superior aos trejeitos pedantes das *femmes d'esprit* profissionais".²⁵

A possibilidade de trabalhar com Lassalle num jornal dependia da possibilidade de Karl recuperar a cidadania prussiana. Tendo aberto mão da sua cidadania voluntariamente, Karl não estava coberto pelos termos da anistia. Lassalle interferiu com vigor em seu nome junto às mais altas autoridades governamentais e, enquanto as negociações prosseguiam, fez o possível, junto com a condessa, para mostrar a Karl o melhor que a cidade tinha a oferecer. Mas Karl não ficou nem um pouco impressionado:

> Na terça-feira à noite, Lassalle e a condessa me levaram a um teatro berlinense onde estava passando uma comédia berlinense, cheia de autoglorificação prussiana. Tudo muito desagradável. Na quarta-feira à noite, fui forçado por eles a comparecer à apresentação de um balé na Ópera. Ficamos numa área reservada ao lado — *horribile dictu* — do "camarote" do rei. Esse balé é típico de Berlim. Ele forma, não como em Paris ou em Londres, um *entrejeu*, ou a conclusão de uma ópera, mas absorve a noite toda. [...] É, na verdade, mortalmente... maçante.

Além disso, Karl foi o convidado de honra de um jantar que incluía o general Von Pfuel, o historiador Hofrath Förster e Ludmilla Assing, a sobrinha de Varnhagen von Ense e editora da correspondência de Varnhagen.²⁶ O relato de Karl sobre a srta. Assing, que se sentou ao lado dele, foi gratuitamente sórdido:

> Essa senhorita, que realmente me inundou com a sua bondade, é a criatura mais feia que já vi na vida, uma desagradável fisionomia judaica, um nariz agudo e saliente,

eternamente sorrindo e arreganhando os lábios, sempre falando em tom de prosa poética, constantemente tentando dizer qualquer coisa de extraordinário, demonstrando falso entusiasmo e cuspindo na plateia durante os transes dos seus êxtases.

Mas houve momentos de verdadeira recreação. Ele fez uma visita a um velho amigo dos tempos de estudante, o orientalista Friedrich Köppen. "Saí para farrear com ele duas vezes, e para mim foi um verdadeiro prazer."[27] Sua intenção era ficar em Berlim até receber a resposta oficial ao pedido de naturalização.[28]

Mas Karl precisou ir embora antes de qualquer decisão ser tomada. Deixou Berlim em 14 de abril e voltou para Londres passando pela Renânia, onde ficou dois dias em Trier com a mãe, que cancelou algumas velhas dívidas suas.[29] Dali seguiu para Zaltbommel, onde a herança do tio lhe rendeu 150 libras em espécie para pagar contas que venciam no começo de maio. Dinheiro era, evidentemente, sua maior preocupação. De volta a Londres, escreveu para Lassalle dizendo que "as condições nos Estados Unidos" — ou seja, suas perspectivas de emprego — provavelmente significariam que "ainda que o negócio do jornal não dê em nada, eu talvez me mude para Berlim por mais ou menos um semestre". Só dependia do resultado do pedido de naturalização. Mas, mesmo assim, preferiria continuar em Londres: "Londres, NÃO POSSO NEGAR, tem para mim um fascínio enorme, embora, de certa forma, eu leve uma vida de eremita nesse lugar gigantesco".[30]

Em 18 de junho, Karl soube pela condessa Von Hatzfeldt que seu pedido de naturalização tinha sido negado. Desde o início, o projeto todo tinha sofrido de um ar de irrealidade. Engels, cuja atitude para com Lassalle fora muito mais negativa desde o início, não tinha a menor intenção de largar seu emprego em Manchester. Significaria sofrer "severo prejuízo financeiro" e "cair nas garras do direito consuetudinário prussiano". Além disso, achava que as circunstâncias "ainda não eram propícias para lançar um jornal".[31]

Jenny, por sua vez, ficou horrorizada com a ideia. No começo de abril, tinha escrito para Engels, assegurando-lhe que, apesar dos rumores que circulavam na imprensa, "jamais ocorreu a Karl que a família pudesse se mudar para ir estabelecer-se em Berlim". Era verdade que Karl estava interessado na "renaturalização", mas ela própria confessava que não entendia por quê. Também não se sentia nem um pouco atraída pela perspectiva de lançar um jornal. "Que negócio arriscado para Karl — um jornal diário, e além disso no próprio terreno da condessa!" Jenny sentia "pouca saudade da pátria, da 'querida', amada, leal Alemanha", e "para as meninas!", "a ideia de deixar o país do seu precioso Shakespeare as assusta muito; viraram inglesas até a medula, e se agarram como lapas ao solo da Inglaterra".[32]

A atitude de Karl era mais ambígua. Em 11 de junho, escreveu para Lassalle declarando que, independentemente de a nacionalidade lhe ser ou não concedida, ainda estava pensando em ir a Berlim com a família, usando passaporte estrangeiro, para passar o inverno. Também incentivou Lassalle dando uma resposta laudatória à sua última obra, um estudo em dois volumes sobre direito de herança.[33] Talvez ainda achasse que uma crise na Prússia lhe permitiria encontrar uma nova fonte de renda e recuperar alguma coisa da proeminência política de que desfrutara em 1848. Durante a estada em Berlim, tinha assistido, no setor de imprensa, a uma reunião da Segunda Câmara Prussiana. Com raras exceções, como tinha contado a Engels, foi uma "aglomeração de pigmeus". Mas a situação política em Berlim não era de todo sem esperança: nos "círculos burgueses" havia descontentamento com a isenção de impostos de proprietários de terras e a posição dos militares.[34] Como disse a Antoinette Philips:

> A situação aqui é desfavorável para os poderes constituídos. O erário prussiano opera com déficit, e todos os velhos partidos se acham em movimento de dissolução. A Câmara dos Deputados terá que ser reeleita durante esta temporada, e há a maior probabilidade de que, durante esse processo de reconstituição, um grande movimento tome conta do país.

Achava também que "este pode, como meu amigo Lassalle pensa, ser o momento apropriado para lançar um jornal aqui na capital prussiana. [...] Ainda não cheguei a uma resolução firme", concluiu Karl.[35] Apesar da carta da condessa, em julho ele ainda acreditava que seu "assunto berlinense" "não teve um desenlace definitivo", e que no ano seguinte lhe seria possível viajar com o passaporte que tinha, embora depois disso "as coisas talvez estejam tão alteradas na Prússia que eu nem queira mais a permissão deles".[36]

Essas esperanças eram quase certamente produto de suas preocupações financeiras. Confiável ou não, Lassalle era não apenas o seu aliado político mais importante na Alemanha, mas também um dos poucos em situação de poder ajudá-lo financeiramente. Por isso o tom apavorado de sua carta para Lassalle em abril de 1862. Apesar da promessa de rápido reembolso que remontava aos meses anteriores à sua visita a Berlim em 1861, ele ainda não conseguira encontrar as dez libras devidas, e um novo desastre se abateu sobre ele. O *Tribune* finalmente demitira todos os correspondentes estrangeiros:

> Portanto, estou agora num vácuo total. Não tenho a menor intenção de aborrecê-lo com histórias de aflição; é mesmo de admirar que eu ainda não tenha *enlouquecido*. Se menciono esta desagradável confusão, é simplesmente para que um desentendimento com você não venha somar-se às minhas outras desgraças.[37]

Nos meses seguintes, o desespero financeiro de Karl persistiu. Jenny desejava que ela e as filhas estivessem mortas e enterradas. A lacuna deixada pelo *Tribune* foi preenchida em parte por artigos para o jornal vienense *Die Presse*, mas o dinheiro era pouco, e menos de uma em cada três colaborações suas era publicada. Divergências políticas puseram fim ao acordo, e seu último artigo foi publicado em novembro.

A situação ficou ainda pior quando Lassalle anunciou sua intenção de permanecer com eles quando fosse visitar a Exposição Internacional em South Kensington no verão de 1862.[38] Depois de ter sido tão regiamente tratado em Berlim no ano anterior, Karl não poderia, de forma alguma, comprometer sua reputação deixando de retribuir. Sua resposta a Lassalle foi acolhedora. Politicamente, declarou ele, "somos, de fato, um número muito pequeno — e nisso está a nossa força"; em termos sociais, porém, sem querer revelou o isolamento da família em seu novo ambiente suburbano: "Vai ser muito bom tê-los conosco. Minha família ficará muito feliz, para não falar de mim mesmo, pois raramente vemos um 'ser humano' agora que meus conhecidos ingleses, alemães e franceses moram todos *fora* de Londres".[39] As meninas, particularmente, não viam a hora de encontrar Lassalle, depois dos belos casacos que ele tinha mandado de Berlim como presente, enquanto Jenny se disse deliciada com a impressão que as novas roupas das meninas causariam aos "filisteus do bairro, e nos dariam respeito e crédito".[40]

Mas hospedar Lassalle provocou uma tensão quase insuportável na vida da família, tanto financeira como psicologicamente. Lassalle chegou em 9 de julho e propôs ficar várias semanas. "Para manter certas *dehors* [aparências] diante do sujeito, minha mulher teve de penhorar tudo que não estivesse pregado ou parafusado."[41] Mas Karl já tinha escrito a Lassalle contando da perda da renda americana, por isso era difícil esconder a verdadeira situação da família. A bem-intencionada resposta de Lassalle provocou ressentimento. Karl escreveu, indignado, dizendo que Lassalle tinha tido "a insolência de perguntar se eu cederia uma das minhas filhas *à la* Hatzfeldt como 'dama de companhia'". "O sujeito me fez perder tempo, e, mais ainda, o idiota sugeriu que, como não estou envolvido com meu 'negócio' no momento, mas simplesmente com um 'trabalho teórico', eu bem que poderia matar o tempo com ele." Empolgado com o assunto, Karl mergulhou fundo para ir buscar o que ele imaginava ser a pior forma de ofensa racista: "Agora está bem claro para mim — como o formato da sua cabeça e o modo como seu cabelo cresce bem o atestam — que ele descende dos negros que acompanharam Moisés na fuga do Egito. [...] A inconveniência do sujeito também é coisa de negro".[42] Em sua *mémoire*, a descrição de Jenny está repleta de sarcasmo: "A coroa de louros estava fresca em sua testa olímpica e sua cabeça ambrosiana, ou melhor, em seu cabelo duro e espetado de negro". Mas ela deixou uma descrição memorável da presença dele na casa:

> Como nas asas do vento, ele atravessava nossos cômodos, perorando tão alto, gesticulando e erguendo a voz a tal ponto que nossos vizinhos ficaram assustados com os gritos terríveis e quiseram saber o que era aquilo. Era a luta íntima do "grande" homem explodindo em estridentes discórdias.[43]

A sordidez da atitude de Karl e Jenny para com Lassalle em 1862 foi sem dúvida inflamada por seus apuros financeiros. Como Karl admitiu: "Se eu não estivesse nesta terrível situação, aborrecido pela maneira como esse *parvenu* ostentava a sua riqueza, ele teria me divertido imensamente".[44] Karl achou também que Lassalle tinha mudado desde que o vira em Berlim. Ficara "totalmente pirado", e Karl achava intolerável ter que suportar sua "incessante tagarelice numa voz de falsete, os gestos estéticos teatrais, o tom dogmático". E ficou muito irritado com o fato de Lassalle, que tinha "alegremente perdido outros 5 mil táleres numa especulação imprudente", "preferir jogar o dinheiro no ralo a emprestá-lo a um amigo".[45]

Quando, no fim da sua visita, Karl falou com Lassalle dos seus desesperados apuros financeiros, Lassalle lhe emprestou quinze libras, adiantando-lhe também sessenta libras, desde que Engels fosse o fiador. Karl pegou as sessenta libras de Lassalle, mas reagiu indignado quando Lassalle insistiu em receber uma garantia por escrito de Engels, e não fez os arranjos indispensáveis para assegurar o pagamento. Lassalle manifestou sua irritação e, além disso, criticou Karl por não lhe ter enviado um exemplar do *Sistema de economia política* de Wilhelm Roscher, como havia prometido.⁴⁶ Em resposta, Karl admitiu que o "rancor" de Lassalle era justificado e apresentou um vago pedido de desculpas por seu comportamento. Mas imediatamente repreendeu Lassalle por não levar em conta o seu estado de espírito, como um homem "dentro de um barril de pólvora" que "teria preferido explodir os próprios miolos". Apesar de tudo, esperava que sua velha amizade "continuasse sem problemas".⁴⁷ Depois disso, no entanto, a correspondência pessoal entre eles foi interrompida.

Havia mais coisas envolvidas nessa ruptura de relações do que a teatralidade de Lassalle ou os lamentáveis transtornos financeiros de Karl. Foi só quando esteve com Karl em Londres no verão de 1862 que Lassalle se deu conta da distância que o separava de Karl, tanto em política como em filosofia. O que trouxe suas divergências à luz do dia foi a nova situação na Prússia. No inverno de 1861, Lassalle tinha ido à Itália, onde tentou convencer Garibaldi a lançar um ataque contra os austríacos. Esperava que isso talvez provocasse uma situação revolucionária na Alemanha. O projeto fracassou. Mas em dezembro de 1861, na eleição para a Assembleia prussiana, o Partido Constitucional foi derrotado pelos progressistas. O conflito entre o governo e a Assembleia por causa de impostos e do papel dos militares atingiu uma fase crítica.

Lassalle achava que os progressistas eram tímidos demais para criar uma situação revolucionária. Eles definiam o conflito como um embate entre força e direito, mas não tinham plano de agir. Segundo Lassalle, só num Estado democrático poderia haver uma reivindicação de direito. Numa palestra quase acadêmica, Lassalle afirmou que se deveria prestar atenção não na Constituição de papel, mas na Constituição real — as relações de poder —, e março de 1848 tinha mostrado que o poder da nação era maior que o do governo e o do Exército.⁴⁸ Na prática, isso significava que a Assembleia deveria desafiar o governo suspendendo a sessão indefinidamente. Na primavera de 1862, ele foi mais longe. Definiu o sistema de votação de três classes existente na Prússia como um regime burguês dependente do livre-câmbio e da tributação indireta. Mas, afirmava, a Revolução Francesa tinha inaugurado uma nova época, na qual a classe trabalhadora era convocada para formar a sociedade sobre uma nova base. Disse ainda que a verdadeira tarefa do Estado não era, como acreditava a burguesia, atuar como um vigia noturno, mas formar a unidade de indivíduos num todo moral.⁴⁹

Como Karl, Lassalle tinha sido inspirado originalmente por Hegel. Mas era sete anos mais novo que Karl e tinha, portanto, perdido grande parte das controvérsias radicais travadas em torno da concepção hegeliana de Estado em meados da década de 1840. Na prática, isso queria dizer que ele não acreditava, como Karl, que o Estado fosse criatura da sociedade civil. Como na *Filosofia do direito* de Hegel, Lassalle pensava que a sociedade civil estava subordinada ao Estado como um todo social, político e espiritual maior. O objetivo crucial, portanto, era transformar o caráter do Estado e, assim, aperfeiçoar a sociedade. A melhoria fundamental na situação dos trabalhadores não viria pela prática da autoajuda, como propunham liberais como Shulze von Delitzsch, nem mesmo pela ação dos sindicatos. A melhoria fundamental só poderia vir por meio da atividade de um Estado transformado, construído com base no voto universal e capaz de substituir os caprichos do mercado pela produção cooperativa patrocinada pelo Estado.

Foi só depois da temporada que Lassalle passou com a família Marx em julho de 1862 que a profundidade de suas divergências ficou clara. Num nível, o programa de Lassalle representava um sumário da social-democracia radical, tal como tinha existido em 1848. Karl recordaria mais tarde que seu programa vinculava a demanda de Buchez por associações de produtores patrocinadas pelo Estado, demanda francesa que remontava a 1834, ao clamor cartista pelo voto adulto masculino. Mas isso era ignorar as implicações particulares desse programa na Prússia. Como indicou Karl, ao enfatizar a "praticidade" do seu programa, o "Estado" se tornou "o Estado prussiano". Segundo Karl, ele tinha "provado" para Lassalle que a "intervenção *socialista* direta por um Estado *prussiano* era um absurdo".[50] Isso significaria, como escreveu posteriormente para Johann Baptist von Schweitzer, que Lassalle seria obrigado a fazer concessões à monarquia prussiana, à reação prussiana (o "partido feudal") e até mesmo "ao clero".[51] Segundo Karl, "tudo isso eu previ para Lassalle, quando ele veio a Londres em 1862, e exigiu que eu me colocasse, com ele, à frente do novo movimento". Mas, como disse a um dos seus seguidores, o dr. Kugelmann, "logo que se convenceu em Londres (no fim de 1862) que não poderia jogar essa partida *comigo*, resolveu começar a agir como ditador dos trabalhadores *contra* mim e o velho partido".[52]

Em maio de 1863, graças à inspirada campanha de Lassalle, nasceu um partido dos trabalhadores independente, a Associação Geral dos Trabalhadores Alemães (Allgemeiner Deutscher Arbeiterverein, ou ADAV). Karl e Engels reiteraram a posição que tinham adotado em 1848. Num ensaio sobre "A questão militar prussiana", Engels afirmou que o conflito constitucional entre os liberais e o governo, agora chefiado por Bismarck, era apenas outra expressão da luta entre o feudalismo aristocrático e o liberalismo burguês. A ADAV deveria jogar os liberais contra o governo, e só se voltar contra as forças burguesas quando o feudalismo fosse finalmente derrotado.⁵³

Já Lassalle, ao contrário, adotou uma estratégia antiliberal, que se concentrava na relutância dos liberais a desafiar o governo e em sua recusa a apoiar a concessão do direito de voto aos trabalhadores manuais. O voto adulto masculino, a principal demanda da nova associação, enfraquecia os objetivos do movimento constitucional liberal, mas também sugeria a perturbadora possibilidade de uma aliança implícita entre a Coroa e os trabalhadores contra a classe média. Karl assistiu ao êxito de Lassalle com um misto de admiração, irritação e desconfiança. Liebknecht informou a Karl sobre a vaidade de Lassalle e o perigo de chegar perto demais dele.⁵⁴ Karl concordava com a cautela de Liebknecht: "Embora consideremos diplomático dar a Lassalle total rédea livre por enquanto, não podemos, de forma alguma, nos identificarmos com ele".⁵⁵

A atitude de Karl em relação a Lassalle oscilava entre a paranoia e a admiração relutante. Mas quando, no começo de setembro de 1864, Freiligrath chegou para lhe contar da morte de Lassalle, vítima de peritonite em consequência de um duelo, ele ficou profundamente chocado. Por mais mesquinhos que tivessem sido alguns comentários de Karl sobre Lassalle, ele admitiu a Engels que "nos últimos dias meus pensamentos têm se ocupado terrivelmente da desgraça de Lassalle". Ele era "inimigo de nossos inimigos. [...] É difícil acreditar que uma pessoa tão ruidosa, TURBULENTA, INCONVENIENTE esteja morta", acrescentou, dizendo-se arrependido de que suas relações tivessem sido "problemáticas nos últimos anos", embora "a culpa fosse dele".⁵⁶ Em sua carta de pêsames a Sophie von Hatzfeldt, Karl lamentou que tivesse perdido o contato com Lassalle, e diplomaticamente atribuiu esse afastamento aos efeitos da sua doença, "que durou mais de um ano e da qual só me livrei poucos dias atrás".⁵⁷

Mas a desconfiança não desapareceu. As relações iniciais com Johann von Schweitzer, editor do periódico *Der Sozial-Demokrat* e sucessor efetivo de Lassalle, foram cordiais. A revista publicou uma tradução do discurso inaugural de Karl na Associação Internacional dos Trabalhadores e um obituário de Proudhon. No fim de janeiro de 1865, porém, Karl e Engels achavam que suas suspeitas mais profundas tinham se confirmado. Com base num relato de Liebknecht, de que Lassalle tinha planejado para respaldar a anexação de Schleswig-Holstein por Bismarck em troca da introdução do sufrágio universal, Karl escreveu: "Agora sabemos que

Izzy [Lassalle] planejou uma permuta do partido dos trabalhadores para Bismarck". Poucas semanas depois, ele e Engels desistiram de colaborar para o *Sozial-Demokrat* e redigiram uma carta denunciando o "socialismo governamental da realeza prussiana".[58] Schweitzer respondeu que, embora tivesse a maior satisfação de seguir Karl em questões teóricas, não estava disposto a aceitar suas instruções em assuntos práticos.[59]

A ruptura com Lassalle e seu novo partido, seguida da morte súbita de Lassalle, aumentou o senso de isolamento de Karl, reforçado também pela consciência de que a geração de 1848 estava passando. "Nossas fileiras estão sendo continuamente desfalcadas", lamentou Karl, "e não há reforços à vista."[60]

3. TRANSNACIONALISMO E A NOVA POLÍTICA DOS ANOS 1860

A relutância em abandonar suas esperanças originais levou Karl, de início, a subestimar a importância das novas formas de movimento social e político que surgiram a partir da década de 1860. Foi só quando concordou em participar da Associação Internacional dos Trabalhadores que ele teve plena consciência não apenas de que, após dez ou quinze anos de dormência, a vida política voltara a despertar na Grã-Bretanha, na Europa e na América do Norte, mas também de que seu caráter e suas ambições eram significativamente diferentes dos de 1848.

A manifestação mais claramente visível do novo clima político dos anos 1860 estava no apoio generalizado e entusiástico às lutas dos povos oprimidos por liberdade e independência contra os antigos regimes da Europa, especialmente Rússia e Áustria. Remontando, como causa, ao alvorecer do século XIX, esse dedicado republicanismo transnacional, inspirado pela ideia de sacrifício e de um éthos heroico, permaneceria como a mais séria alternativa ao transnacionalismo com base em classes delineado na visão de Karl da "Internacional".

As origens do transnacionalismo como faceta da política radical datavam da época da transformação do sistema europeu de Estado durante a Revolução Francesa e as Guerras Napoleônicas. O mais importante tinha sido a maneira como Napoleão espalhara a premissa de revolução por toda a Europa. Como resultado, os Estados começaram a ser imaginados não mais em termos dinásticos, mas como nações reais ou potenciais. Os exércitos de Napoleão tinham sido responsáveis pela transmissão de um ideal transnacional em que a criação da república como encarnação de um povo livre e democrático era o destino de todas as nações. Como observara Madame de Staël, Napoleão era "o Robespierre a cavalo".

A força duradoura desse éthos republicano depois de 1815 ficou clara nas tentativas de conspiração e revolta dirigidas contra a Europa restaurada da Santa Aliança. A rebelião contra o domínio espanhol resultou na formação de repúblicas em toda a América Latina, enquanto a batalha dos gregos para se tornarem independentes dos otomanos triunfou em 1832. Na década de 1820, houve também tentativas de derrubar regimes legitimistas na Espanha, em Nápoles, no Piemonte e na Rússia. Na França e na Itália, a Carbonária, uma sociedade secreta empenhada em derrubar os Bourbon e o Congresso de Viena, envolveu-se em numerosos complôs, sendo que o mais famoso deles, o dos "Quatro Sargentos de La Rochelle" em 1822, estimulou o jovem Auguste Blanqui a dedicar o resto da vida à luta revolucionária.[61]

Muitos líderes dessas primeiras tramas e conspirações tinham servido no Grande Exército de Napoleão, não apenas na França e na Espanha, mas também na Polônia, onde o levante de novembro de 1830 foi encabeçado por veteranos napoleônicos. Enquanto complôs e revoltas iam falhando sucessivamente, mais e mais grupos de ativistas eram forçados a emigrar. O número de exilados políticos começou a crescer. Estabelecidos principalmente nas capitais, quase sempre sem emprego estável e mal ganhando para sobreviver, esses exilados formavam grupos inconstantes e imprevisíveis, muitos deles dispostos a lutar pela república onde quer que a batalha fosse travada. Na época da Revolução de Julho de 1830, calculava-se que mais de 5 mil refugiados políticos viviam em Paris. O crítico radical da passividade alemã Ludwig Börne, chegando a Paris logo depois da Revolução, notou a presença de "ingleses, gente da Holanda, espanhóis, portugueses, indianos, poloneses, gregos, americanos, até mesmo negros, menos alemães", que "lutaram pela liberdade na França, que é certamente a liberdade de todos os povos".[62] Foi com esses ativistas que Godefroi Cavaignac conseguiu formar seu "batalhão sagrado" de seiscentos homens para lutar pela implantação de uma república belga em 1830.

Nas duas décadas seguintes a 1830, o republicanismo um tanto rudimentar dos anos 1820 foi reformulado por Mazzini e outros, que lhe deram diversas formas de transnacionalismo visando ao estabelecimento de uma Europa de repúblicas livres. No caso de Mazzini, a luta pela república foi concebida como um movimento providencial por uma "Santa Aliança dos Povos".[63] A ênfase era no voluntarismo. Mesmo entre aqueles que não compartilhavam da concepção sacra de Mazzini sobre "os deveres do homem", a implantação da república estava associada a um ato de vontade. O objetivo declarado de Mazzini era organizar "não o pensamento, mas a ação". A ação, por sua vez, era identificada com a prática ativa da virtude. Segundo o juramento feito pelos membros da Jovem Itália de Mazzini, "a virtude consiste em ação e sacrifício".[64]

Em 1848, o entusiasmo pela república já havia se espalhado entre os 7 mil alemães residentes em Paris, uma miscelânea de exilados políticos e artesãos migrantes. Desse grupo, o poeta republicano Georg Herwegh, ex-amigo de Karl, formou uma desorganizada legião de voluntários para atravessar o Reno em Estrasburgo, participar da revolta em Baden e proclamar a República Alemã. Mas, como Karl alertou na época, a expedição foi um desastre, e a legião foi posta para correr em seu primeiro confronto com as tropas de Württemberg no fim de abril.[65]

Na própria Alemanha, o republicanismo teve pouco impacto em 1848.[66] A imagem heroica da república estava mais associada aos poloneses, húngaros e italianos. O exemplo mais impressionante foi a República Romana, declarada depois que o papa Pio IX teve de fugir de Roma em fevereiro de 1849. Era governada por um "Triunvirato" que incluía Mazzini, mas logo sofreu ataques das potências católicas da Europa, em resposta a um apelo do papa, dos austríacos no norte e dos napolitanos no sul. O mais chocante foi a força de invasão despachada pela França — supostamente uma república irmã. A República Romana era apoiada por muitos voluntários da Itália e de outros países, mas por fim, apesar da resistência organizada por Garibaldi, sucumbiu às tropas francesas.

Nos anos 1850, a carreira de Garibaldi como herói transnacional prosseguiu. Após um curto período como capitão do mar, incluindo uma famosa visita a Tyneside em 1854, envolveu-se ativamente na Segunda Guerra de Independência Italiana em 1859. Em abril de 1860, houve insurreições em Messina e Palermo. Garibaldi e seus "mil" voluntários desembarcaram na Sicília, e depois de numerosas batalhas acirradas conseguiram incorporar Nápoles e a Sicília ao novo reino da Itália. Embora se sentisse obrigado a transigir com seu ideal republicano, reconhecendo o monarca piemontês, Garibaldi em muitos sentidos encarnava o ideal transnacional e heroico da república, tal como se desenvolvera a partir dos primeiros anos do século XIX. Combateu não apenas na Itália e na América do Sul, mas também, dez anos depois, pela República Francesa, quando, juntamente com uma força de franco-atiradores nos Vosges, organizou uma resistência contra os prussianos após a derrota de Bonaparte na Guerra Franco-Prussiana. Como escreveu em sua *Autobiografia*:

> O homem que defende o próprio país, ou que ataca o país de outros, é apenas um soldado — piedoso na primeira hipótese, injusto na segunda; mas [...] o homem que, tornando-se cosmopolita, adota o segundo como seu país e coloca sua espada e seu sangue à disposição de todos os povos que lutam contra a tirania, é mais do que um soldado: é um herói.[67]

Na Grã-Bretanha, as proezas heroicas dos "Mil" empolgaram a imaginação popular, e a partir de 1863 o entusiasmo por acontecimentos políticos na Europa e no mundo em geral atingiu níveis inéditos. Karl continuava desconfiado ou hostil em relação às lutas nacionais ou transnacionais, exceto onde ajudavam a promover sua própria noção de revolução. Revoltas na Polônia e na Irlanda poderiam contribuir para desestabilizar a Rússia e a Grã-Bretanha, mas ele não dava importância a rebeliões republicanas na Itália, na Espanha e em outras terras eslavas, especialmente quando defendidas, mais adiante naquela década, por um exilado siberiano de volta à ativa, Mikhail Bakunin.

Essa desconfiança não encontrava eco no sentimento popular. Na sequência de 1848, inspirados pela presença em Londres de líderes exilados de países oprimidos como Mazzini ou Kossuth, republicanos, democratas, socialistas e muitos liberais achavam que o radicalismo e o transnacionalismo tinham sido feitos um para o outro.[68] Quando, na primavera de 1864, Garibaldi, o herói do Risorgimento, visitou Londres, meio milhão de pessoas saiu às ruas para recebê-lo, e uma imensa procissão sindical o escoltou até a City. A resposta a Garibaldi foi a expressão de um recrudescimento do interesse pela política e um sentimento de solidariedade com os países subjugados. Garibaldi foi festejado não apenas como líder de um país, mas também como "homem do povo", e esse apoio logo se transformou em campanha, quando ficou claro que o "governo aristocrático" tinha tramado para impedir que ele fosse às províncias.[69] Essa acusação foi uma das causas da campanha para reformar o direito de voto, movimento que adquiriu força total com a fundação da Liga da Reforma em 1865.

O crescimento do sentimento progressista em 1863 foi também uma resposta à proclamação da abolição da escravatura pelo presidente Abraham Lincoln nos Estados Unidos no começo daquele ano.[70] Em reação à suspeita de que em círculos ministeriais, aristocráticos e empresariais talvez houvesse apoio à escravocrata Confederação sulista, formou-se um movimento, sob a liderança de John Bright, para apoiar o Norte democrático. Líderes sindicalistas mais uma vez se destacaram nesse movimento, como tinha acontecido na campanha para dar as boas-vindas a Garibaldi. Karl alegaria posteriormente que "uma reunião monstruosa" em St. James's Hall, presidida por Bright, tinha "impedido que Palmerston declarasse *guerra aos Estados Unidos*, o que quase chegou a fazer". Na casa dos Marx, a filha caçula de Karl, Eleanor, de dez anos, escreveu para Lincoln, nomeando-se a si mesma sua conselheira política.[71]

Nos primeiros meses de 1863, houve um levante na Polônia contra o domínio russo. Entre os radicais, a revolta redespertou a preocupação com as dificuldades da Polônia, que remontavam à revolta de 1830 e às declarações dos Democratas Fraternos nos anos anteriores a 1848. Em combinação com a popularidade do Risorgimento e o entusiasmo por Lincoln, a revolta polonesa intensificou ainda mais as preocupações transnacionais de trabalhadores politicamente envolvidos e radicais de classe média, tanto na Inglaterra como na França.

Como resultado dos acontecimentos na Polônia, a visita — de início inócua e com apoio oficial — de operários franceses à Exposição Internacional de 1862 em Londres deu frutos de uma espécie inesperada. Ao chegar, a delegação francesa foi convidada para um chá pelo comitê do *Working Man*, uma publicação associada ao movimento cooperativista. Realizado sob os auspícios de Shaftesbury e Palmerston, o encontro deveria a princípio ter caráter cultural e filantrópico. Mas, sem que os patronos soubessem, incluiu trabalhadores e refugiados políticos radicais franceses — Tolain, Fribourg, Talandier e Bocquet — que viriam a ser membros ativos da Internacional. Do lado inglês, a reunião contou com G. E. Harris e Charles Murray, seguidores da política feminista-cartista de Bronterre O'Brien. No encontro, um dos refugiados franceses, Bocquet, propôs que "seja formado um comitê correspondente em Londres para trocar ideias com os trabalhadores da França".[72] Em 1862, não havia razão para supor que alguma coisa de importância política pudesse surgir em decorrência dessa proposta.

Mas o significado desse comitê foi transformado pela explosão da revolta polonesa contra o domínio tsarista no começo de 1863. Graças à correspondência entre trabalhadores ingleses e franceses, uma grande manifestação de apoio aos poloneses foi realizada em St. James's Hall em 22 de julho de 1863. Estava presente uma delegação de cinco membros do Comitê Polonês dos Trabalhadores de

Paris. No dia seguinte, trabalhadores ingleses e franceses se reuniram no Bell Inn e combinaram iniciar uma campanha conjunta em favor da Polônia. Em 5 de agosto, isso resultou na fundação da Liga Nacional para a Independência da Polônia, bem como num discurso para os trabalhadores franceses redigido por George Odger, presidente do Conselho Sindical de Londres. Esse discurso sugeria "uma reunião de representantes da França, Itália, Alemanha, Polônia, Inglaterra e todos os países onde exista vontade de cooperar para o bem da humanidade".

A Liga Nacional representou um momento importante no ressurgimento de um movimento independente de trabalhadores politicamente engajados. Como parte da campanha, uma delegação de trabalhadores de Tower Hamlets se reuniu com Palmerston e lhe recomendou que, se necessário, fosse à guerra contra a Rússia em apoio à "nacionalidade oprimida" na Polônia. Da mesma forma, numa reunião em julho, George Odger declarou que "se o governo não se mexesse nesse assunto, caberia ao povo trabalhador do país exigir que ele tomasse parte ativa na questão".[73] A Liga Nacional contava com o apoio de antigos cartistas, líderes sindicais e ativistas radicais de classe média, incluindo John Stuart Mill e Frederic Harrison.

O tema da cooperação transnacional voltou à tona em abril de 1864 numa reunião do Comitê Garibaldi dos Trabalhadores Ingleses, cujos membros se sobrepunham aos da Liga Nacional, incluindo também uma delegação de trabalhadores franceses. Naquela reunião se propôs que um "congresso de trabalhadores continentais e ingleses" fosse realizado em Londres, e em 27 de agosto anunciaram na *Beehive*, a revista do Conselho Sindical de Londres, que um encontro internacional se realizaria em 28 de setembro. Essa foi a primeira reunião do que viria a ser a Associação Internacional dos Trabalhadores. Em 19 de setembro, Karl foi convidado para a reunião por um representante da Alemanha. Pediram-lhe ainda que escolhesse um trabalhador alemão, e ele apresentou um velho aliado e antigo membro da Liga Comunista, o alfaiate Johann Georg Eccarius.

Uma concorrida reunião teve lugar em St. Martin's Hall, Long Acre, com a presença de uma delegação de Paris encabeçada por um gravador, Henri Tolain. Karl foi um dos eleitos para compor o Conselho Geral. Mas fosse por problemas de saúde ou preocupação com sua própria obra, Karl levou algumas semanas para finalmente compreender a importância potencial da Associação. Tendo sido eleito para o Conselho Geral e também designado para o subcomitê responsável pela preparação de uma "declaração de princípios" e das regras provisórias, ele foi incapaz de comparecer à reunião seguinte do Conselho Geral ou às primeiras duas reuniões do subcomitê. Só quando Eccarius o advertiu que era perigoso continuar adiando sua aparição, citando Tito Lívio, "um caso de *periculum in mora*" (perigo na demora), é que Karl foi ao subcomitê.

No começo de novembro, porém, ele escreveu para Engels com entusiasmo sobre o que tinha acontecido. A reunião de 28 de setembro estava *"apinhada"*. De acordo com Karl, aquilo era um indício de que "está acontecendo agora, evidentemente, um ressurgimento das classes trabalhadoras", e, acrescentou, "sei que nessa ocasião 'pessoas que realmente importam' estavam aparecendo, vindo tanto de Londres como de Paris, e eu portanto resolvi abandonar minha regra de praxe de RECUSAR ESSES CONVITES DESSA NATUREZA".[74]

4. AS ASSOCIAÇÕES SINDICAIS E A ASSOCIAÇÃO INTERNACIONAL DOS TRABALHADORES

As "pessoas que realmente importam" eram os sindicalistas. O que distinguia a Associação Internacional dos Trabalhadores (AIT) de associações internacionais anteriores, como a Democratas Fraternos, era a presença e a participação dos líderes das associações sindicais mais importantes de Londres. A localização da Internacional em Londres nos anos 1860 não foi resultado da concentração de exilados políticos que viviam na cidade — embora esse fato fizesse de Londres a escolha mais óbvia. Também não foi simplesmente pela reputação liberal da Grã-Bretanha. Na realidade, foi consequência de um recrudescimento de novas formas de sindicalismo observado em Londres no fim da década de 1850. A formação da AIT resultou das crescentes ambições das novas associações sindicais londrinas, elas próprias uma resposta ao rápido aumento na produção verificado na Grã-Bretanha e em outros países depois de 1848.

Entre 1850 e 1890, a produção industrial mundial cresceu quatro vezes, e o comércio mundial, seis vezes.[75] Os aspectos mais visíveis desse aumento estavam no crescimento das ferrovias, da navegação a vapor, das minas de carvão e das cidades fabris. Mas mudanças notáveis também ocorreram nas capitais, cujo rápido florescimento foi assinalado pela expansão imobiliária das décadas de 1850 e 1860. Kentish Town, onde a família Marx fixou residência, foi uma das novas áreas de urbanização surgidas nesse período de construções.

O crescimento acelerado foi acompanhado por mudanças ainda mais extraordinárias na produção de bens de consumo. Em roupas, calçados e mobílias, bem como na construção civil, houve uma revolução tecnológica nos anos 1850. A invenção da máquina de costura em 1846 e da serra de fita em 1858, juntamente com a adoção de corte e costura em massa a partir de 1850, formou a base para a decolagem de uma indústria de confecções em larga escala. A aplicação da máquina de costura para coser sapatos em 1857 desfez o gargalo de produção imposto pela costura de sapatos à mão. Ao mesmo tempo, o uso da energia a vapor em serrarias, assistido pela introdução de máquinas de trabalhar a madeira no fim dos anos 1840, acelerou enormemente a produção de móveis. No setor de construção civil, a fabricação mecanizada de tijolos, a serralharia automática e outras inovações agilizaram igualmente o ritmo de produção.[76]

As tensões geradas por essas mudanças no ritmo do trabalho e a concomitante perda do controle dos empregos atingiram um ponto crítico no setor de construção civil em Londres em 1859. Naquele ano, os trabalhadores da construção civil metropolitana exigiram uma jornada de trabalho de no máximo nove horas por dia. Em resposta, os patrões exigiram que os trabalhadores assinassem um "documento" repudiando as associações sindicais. A recusa dos homens a obedecer levou a uma paralisação de empregadores que durou seis meses e afetou 24 mil pedreiros, marceneiros e serventes de obras. Os trabalhadores em greve fizeram um apelo em todo o país por apoio financeiro; em resposta, representantes de outras profissões em Londres organizaram um apoio nacional. A luta terminou em empate. Os trabalhadores retiraram a exigência da jornada de nove horas e os patrões desistiram do seu "documento".

Uma das razões de os trabalhadores da construção civil terem sobrevivido à greve dos empregadores sem capitular foi o substancial apoio financeiro (3 mil libras) recebido da Sociedade dos Engenheiros Unidos (Amalgamated Society of Engineers, ASE). Esta foi outra conquista insólita da era pós-cartista. A Sociedade dos Engenheiros Unidos, fundada em 1850, representava uma nova forma de sindicalismo. Em lugar das práticas tradicionais de pequenas e localizadas associações sindicais, a ASE estabeleceu uma organização nacional com 21 mil membros. Dispunha de uma organização financeira centralmente constituída e conduzia as disputas em conformidade com regras estritas e aprovadas nacionalmente. Os outros sindicalistas londrinos reformaram suas próprias associações sindicais seguindo o pioneirismo dos engenheiros. Enquanto George Howell reorganizou a

Operative Bricklayers' Society (Sociedade Sindical dos Pedreiros), Randall Cremer e Robert Applegarth transformaram a Sociedade dos Carpinteiros Unidos num sindicato "amalgamado" de base nacional, cujo número de afiliados subiu de 949 em 1862 para 10 475 em 1871, com 207 filiais. Esses "sindicatos de novo modelo" conseguiam oferecer mais benefícios aos membros. Seu poder de barganha aumentou imensamente, tanto pelo tamanho como pela eficácia organizacional.[77] Era por isso que, nas palavras de Karl, seus líderes eram "pessoas que realmente importam".

A experiência das greves levou os líderes das associações sindicais de Londres a concluírem que novas e mais coordenadas formas de organização trabalhista se tornavam necessárias. Em 1860, os representantes das categorias de trabalhadores de Londres formaram uma entidade permanente, o Conselho Sindical de Londres (London Trades Council). Seus membros incluíam uma nova geração de líderes sindicalistas — George Howell dos Pedreiros, Georg Odger dos Sapateiros de West London, Randall Cremer dos Carpinteiros e, pouco depois, Robert Applegarth, também dos Carpinteiros. Esses homens, que Sidney e Beatrice Webb chamariam de "A Junta", logo se tornariam figuras de proa nas agitações sobre a Guerra Civil Americana, a Itália e a Polônia.[78] Eles incentivaram a formação de conselhos sindicais em outras cidades, e em 1868 fundaram o Congresso de Sindicatos (Trades Union Congress) com a ambição de promover os objetivos políticos e sociais dos trabalhadores. Isso foi explicitado em 1861 na declaração dos objetivos do Conselho Sindical de Londres: "Zelar pelos interesses gerais dos trabalhadores, tanto políticos como sociais, dentro e fora do Parlamento; usar sua influência em apoio de qualquer medida que possa beneficiar os sindicatos".[79]

O Conselho podia recomendar assistência para determinadas greves, convocar delegados e fazer pronunciamentos em questões de interesse público. Seu primeiro secretário foi George Howell, entre 1861 e 1862, e ele foi sucedido por George Odger, que permaneceu no cargo até 1871.

Os líderes sindicais é que de fato estabeleceram a AIT. Foi o "Discurso para as Classes Trabalhadoras", redigido por Odger e assinado também por Cremer e outros, que levou à fundação da Internacional. No "Discurso", publicado na revista *Beehive* em 5 de dezembro de 1863, declarava-se:

> A fraternidade entre os povos é altamente necessária para a causa dos trabalhadores, pois descobrimos que sempre que procuramos melhorar nossa condição social pela

redução das horas de labuta, ou pelo aumento do preço do trabalho, nossos patrões ameaçam trazer franceses, belgas e outros para executarem as nossas tarefas por salários mais baixos.

Esse tinha sido o resultado da falta de "comunicação regular e sistemática entre as classes industriosas de todos os países, que esperamos ver rapidamente efetuada".[80]

Da mesma forma, foi a carta aberta de George Odger aos sindicalistas, fazendo-lhes um apelo para que movessem uma campanha em favor do sufrágio, que levou à formação da Associação do Sufrágio Masculino e do Voto por Cédula, precursora da Liga Reformista.

Os criadores da AIT não faziam uma distinção muito clara entre objetivos econômicos e políticos. Eram tão inspirados por movimentos republicanos transnacionais como outros radicais. Portanto, seu "primeiro esforço unido" seria "pela independência da Polônia". Para Howell, Garibaldi era "um ídolo", enquanto Howell e Cremer foram amigos de Mazzini no começo da década de 1860. Na reunião de fundação da Internacional, Odger adotou um tom igualmente mazziniano. Os trabalhadores deveriam liderar uma campanha por uma política externa baseada na moralidade e na justiça e encabeçar uma aliança de povos subjugados — italianos, húngaros e poloneses — contra a Áustria e a Rússia.[81] Nacionalmente, "a emancipação das massas do povo será o principal objetivo da seção inglesa". Esse foi o objetivo alcançado com a Lei de Reforma de 1867.[82]

Na esfera econômica, o objetivo da Associação era igualmente generoso. Não se tratava apenas de combater o uso dos trabalhadores continentais como fura-greves: um novo fenômeno resultante da expansão comercial e da crescente facilidade de transporte entre a Grã-Bretanha e o continente.[83] Os líderes de associações sindicais viam a prática de furar greves como sintoma de uma profunda disparidade entre as condições dos trabalhadores na Grã-Bretanha e na Europa. Portanto, o principal objetivo da AIT, tal como foi concebida pelos líderes das associações sindicais inglesas, era exportar os benefícios da legislação social britânica (limitação das horas de trabalho, restrição do emprego juvenil) e as conquistas do novo modelo "amalgamado" de sindicalismo para os outros países da Europa e do mundo.[84]

A AIT era heterogênea do ponto de vista organizacional e diversa do ponto de vista ideológico. Era governada por um Conselho Geral, formado majoritariamente por ingleses — 27 de um total de 34.⁸⁵ De outro lado, cada seção nacional, exceto a inglesa, era representada no Conselho Geral; Karl e Eccarius representariam a Alemanha. A Associação publicou um "Discurso Inaugural" e suas "Regras Provisórias" em novembro de 1864. Sua intenção geral era promover a fraternidade e o fim da guerra.⁸⁶ Mas a Associação era, e continuou sendo, uma instituição frágil. Ao contrário dos rumores que circulavam na época, ela praticamente não tinha recursos, e a certa altura foi expulsa de suas instalações por atraso no pagamento do aluguel. Além disso, o número de afiliados era hipotético. Segundo George Howell,

> todo o sistema de "afiliação", quer dizer, de ingresso numa entidade ou sociedade, consistia simplesmente num vago acordo com certas afirmações não definidas por uma resolução formal, sendo a principal delas a necessidade urgente de uma associação que abrangesse os trabalhadores de todos os países.

Portanto, embora se dissesse que o Conselho tinha obtido 18 mil adesões, o número real de membros pagantes na Inglaterra não passava de quinhentos. Havia mais na França, na Bélgica e na Suíça, "mas em nenhum país os números chegavam a ser formidáveis".⁸⁷ O Conselho Geral reunia-se semanalmente na Greek Street no Soho, e sua principal função era aceitar a afiliação de novas sucursais, fossem elas de indivíduos ou associações. A outra tarefa do Conselho era preparar congressos anuais, que votariam questões de política. Karl desempenhava papel central na preparação da agenda de cada congresso, mas só esteve presente num deles, o Congresso de Haia, em 1872.

Num encontro preliminar em Londres, em setembro de 1865, a tarefa consistiu em preparar a agenda do primeiro congresso, a ser realizado em Genebra, em setembro de 1866. O principal assunto ali surgido, e em Genebra também, foi a Polônia. Os franceses e os belgas não achavam a questão da Polônia relevante para uma conferência "econômica"; nem gostavam muito da ideia de uma condenação específica da tirania russa; se a resolução viesse mesmo a ser admitida, deveria, contudo, ser dirigida às tiranias em geral. A questão foi resolvida com uma emenda de contemporização.

Em Genebra, como era de esperar, os sessenta delegados provinham basicamente da França e da Suíça. No entanto, apesar de alguma oposição francesa à intervenção estatal, o congresso aprovou numerosas resoluções em consonância com os objetivos dos sindicalistas ingleses, mais notavelmente a demanda pela jornada de oito horas diárias e restrições ao trabalho juvenil. Uma demanda francesa, expressa por Tolain, de que só trabalhadores deveriam ser admitidos no congresso como delegados foi rejeitada pelo sindicalista inglês Randall Cremer, mas outra moção recomendando a proibição de trabalho feminino foi aprovada.

Em setembro de 1867, um segundo congresso foi realizado, agora em Lausanne. Mais uma vez, houve larga presença francesa, muito embora, como no ano anterior, delegados franceses tivessem sido hostilizados pelas autoridades. Na Inglaterra, a atenção dos integrantes do Conselho Geral foi desviada pela agitação em torno da Lei de Reforma, enquanto o próprio Karl estava mais preocupado com a publicação de *O capital*. Mas isso não diminuiu o amplo interesse internacional pelo congresso em 1867. A combinação da luta pela Reforma na Inglaterra com uma série de importantes greves na Europa — operários do bronze em Paris, construtores em Genebra, operários da seda na Basileia — intensificou o aumento das atenções internacionais sobre as aspirações das classes trabalhadoras. As atividades do congresso em Lausanne foram noticiadas no *Times* e reproduzidas pelo resto da imprensa europeia. O editorial do *Times* declarava: "Será nada menos do que um mundo novo, nós realmente acreditamos, quando ingleses e estrangeiros conseguirem trabalhar juntos". Mais 33 associações sindicais afiliaram-se à Internacional, e na primavera de 1868 o número chegou a 120.

Dois temas dominaram o congresso. O primeiro foi o da propriedade social. Propostas sobre a responsabilidade do Estado pela educação e pela propriedade das ferrovias foram apresentadas por delegados belgas, mas rejeitadas ou emendadas pelos franceses. A questão da propriedade da terra, se deveria ser baseada no direito de propriedade dos camponeses ou socializada, foi outro tópico de franceses e belgas adiado para o congresso seguinte.

A segunda questão levantada em Lausanne foi a relação entre a Internacional e a Liga da Paz e da Liberdade, cujo congresso de fundação foi realizado na vizinha Genebra. A Liga contava com o apoio de John Stuart Mill, Victor Hugo, Giuseppe Garibaldi, Louis Blanc, Alexander Herzen, Mikhail Bakunin, entre outros. Ao todo, 6 mil partidários compareceram ao congresso, e 10 mil pessoas em toda a Europa também tinham assinado uma petição promovendo seus objetivos. A Liga tinha alterado a data inicial do seu congresso para que os delegados de Lausanne também pudessem comparecer. Em 13 de agosto de 1867, numa reunião do Conselho Geral, Karl afirmou que apesar de ser desejável que o maior número de delegados participasse do Congresso da Paz na qualidade de indivíduos [...], seria insensato tomarem parte oficialmente, como representantes da Associação Internacional. O Congresso Internacional dos Trabalhadores era, em si, um Congresso da Paz, pois a união das classes trabalhadoras dos diferentes países, em última análise, tornaria impossíveis as guerras internacionais.[88]

Em Lausanne, a maioria dos delegados foi favorável à cooperação com a Liga, mas acrescentou uma moção proposta por Tolain de que a guerra só poderia ser impedida por um novo sistema social baseado numa justa distribuição de riqueza. Isso não diminuiu o entusiasmo da Liga, que aceitou a emenda com muita satisfação. No entanto, nenhuma outra medida foi tomada.

O Congresso de Bruxelas, em 1868, atraiu 91 delegados, com doze da Grã-Bretanha e outros da Espanha, da Itália e da Alemanha. Havia uma grande delegação da Bélgica, e o congresso começou com uma resolução belga. Foi inspirada pela malfadada expedição imperial de Bonaparte ao México, e declarava que a raiz das guerras deveria ser buscada no sistema econômico, no qual o que se deflagrava era uma guerra entre produtores — na realidade, uma guerra civil. Uma declaração de guerra deveria, então, ser contestada com uma greve geral. Houve um entendimento comum sobre a necessidade de ajudar as greves, desde que justificadas. Os sindicatos deveriam ser apoiados não apenas por si mesmos, mas como "um meio para alcançar uma ideia mais elevada — a da cooperação". Prestou-se tributo ao recém-publicado *O capital*, de Karl, e sua análise foi usada numa discussão sobre maquinaria encabeçada por Eccarius. Mas apesar da numerosa delegação inglesa, observou-se que, "na Inglaterra, o instável estado da política, a dissolução dos velhos partidos e a preparação para a próxima campanha eleitoral absorveram muitos dos nossos mais ativos membros e, em certa medida, atrasaram nossa propaganda".[89] Propostas sobre crédito sem juros e educação estatal foram devolvidas para mais discussões. Uma resolução controversa defendendo a propriedade coletiva da terra, das ferrovias, das minas e das florestas foi aprovada, mas por poucos votos: nove a favor, quatro contra e quinze abstenções.

O congresso final, antes da eclosão da Guerra Franco-Prussiana, foi realizado na Basileia, em setembro de 1869. Compôs-se de 78 delegados, incluindo uma delegação de doze homens do recém-formado Partido Social-Democrata de Eisenach, Alemanha, liderado por Wilhelm Liebknecht. Na Grã-Bretanha, com o êxito da reforma e indícios animadores de melhora na situação jurídica dos sindicatos, o interesse pela Internacional continuou a cair, e no Relatório Anual o país mal foi mencionado. Na Basileia, diferentemente de Bruxelas, o compromisso com a propriedade pública da terra foi reafirmado com vigor. Mas as condições sob as quais a terra deveria ser mantida continuavam sendo objeto de controvérsia. As opiniões divergiam também sobre propostas apoiadas pelos ingleses de educação estatal compulsória, secular e inspecionada. Bakunin reapresentou a demanda, de origem saint-simoniana, pela abolição da herança, mas não conseguiu assegurar a maioria de dois terços exigida.[90] O congresso seguinte estava planejado para Paris, mas duas semanas antes da data prevista Bonaparte declarou guerra à Prússia, e o congresso foi cancelado.

A primeira narrativa histórica da Internacional foi escrita por Edward Beesly, professor positivista da University College, de Londres, que presidira a reunião de fundação da Internacional em 1864. Ele declarou que um "relato dos princípios políticos e econômicos defendidos pela Internacional" tinha "pouca importância diante do trabalho prático feito pela associação".

Cinco meses depois do Congresso de Genebra, no início de fevereiro de 1867, 5 mil operários do bronze parisienses foram impedidos pelos patrões de entrar em seus locais de trabalho. Um apelo foi dirigido ao Conselho Geral, que por sua vez transmitiu o pedido de ajuda para as associações afiliadas, e isso tudo produziu um número suficiente de promessas de apoio para levar os patrões à derrota. Nos anos seguintes, a Associação ajudou a resistência às paralisações de empregadores e apoiou numerosas greves, notavelmente as dos encadernadores e alfaiates londrinos. Na primavera de 1868, "empreiteiros" genebrinos impediram a entrada de seus operários por se recusarem a renunciar à sua ligação com a Internacional. Mas a ajuda estrangeira de importantes associações sindicais forçou os empreiteiros a desistir de sua exigência e a fazer concessões em salários e horas de trabalho. Isso resultou num grande fortalecimento da reputação da Internacional na Suíça. Em 1868 e 1869, dizia-se que "uma guerra industrial assola a Europa".[91] A maioria desses conflitos na verdade nada tinha a ver com a Internacional, mas assim mesmo ficou associada a ela na imaginação popular.

No fim da década de 1860, disputas industriais diretamente ligadas à Internacional começaram a incluir trabalhadores da indústria, sobretudo tecelões e fiandeiros em Rouen e distritos têxteis normandos.[92] Mas as lutas da Internacional ocorreram, na maior parte, em oficinas ou em canteiros de obras, e estavam relacionadas ao temor de artesãos qualificados de que a importação de mão de obra mais barata da Europa se tornasse norma. Um exemplo característico do seu êxito nesse setor dizia respeito aos fabricantes de cestos de Bermondsey:

> Durante a disputa dos fabricantes de cesto londrinos, em 1867, chegaram informações de que seis belgas estavam trabalhando debaixo dos arcos da ferrovia na Blue Anchor Lane, em Bermondsey. Ali eram mantidos estritamente isolados de qualquer contato com o público externo, como uma menina sequestrada num convento. Usando algum tipo de estratagema, um flamengo do Conselho conseguiu uma entrevista, e ao serem informados da natureza da sua ocupação, os homens entraram em greve e voltaram para casa. Justamente no momento em que iam embarcar, chegou outro navio com uma nova remessa. Os recém-chegados foram imediatamente contatados; eles também repudiaram o trabalho e voltaram para casa, prometendo esforçar-se para que não houvesse mais remessas.[93]

Por mais limitados que fossem o alcance econômico e a eficácia da Associação Internacional, seu impacto e seu legado foram muito mais amplos. A maior proeza da AIT foi forjar e espalhar pela Europa e pelas Américas uma nova e duradoura linguagem de democracia social. O socialismo europeu foi uma invenção dos anos 1860. Termos como "solidariedade", "greve", "assembleia" ou "sindicato" foram adotados em países onde seu uso era até então desconhecido. Radicais e sindicalistas britânicos eram vistos como modelos a serem seguidos em toda a Europa. Alguns de seus líderes — George Odger, Benjamin Lucraft, George Howell — eram considerados porta-estandartes de ideias de participação política que se costumava chamar de *cartistas*. A imagem dos novos sindicatos britânicos como entidades estabelecidas e bem financiadas contrastava fortemente com a situação dos sindicatos na França, fragmentados em diferentes regiões e carentes de direitos sindicais reconhecidos ou protegidos. Finalmente, o êxito da Liga da Reforma em pressionar pela aprovação da Lei de Reforma de 1867 foi interpretado como uma demonstração de que a emancipação política poderia ser conquistada com "pressão de fora".

5. OS OBJETIVOS DA INTERNACIONAL: O "DISCURSO INAUGURAL"

Quando Karl se envolveu com a Internacional, suas opiniões políticas eram praticamente desconhecidas, uma vez que ele tinha desempenhado papel secundário ou inexistente no surgimento das novas políticas dos anos 1860. Além disso, como seu próprio relato deixava claro, a oportunidade de desempenhar um papel tão central em chamar a atenção para a condição das classes trabalhadoras e formular as intenções da Associação Internacional apareceu mais ou menos por acaso. Karl fora designado para um subcomitê incumbido de produzir uma "declaração de princípios e regras provisórias". Os rascunhos preliminares da "declaração" tinham sido preparados por um fabricante owenista, John Weston, e os esboços das regras foram elaborados pelo secretário de Mazzini, o "major" Luigi Wolff.

Weston, segundo Karl, redigira "um programa repleto da mais extrema confusão e de fôlego indescritível"; as regras de Wolff tinham sido surrupiadas diretamente dos estatutos das Associações de Trabalhadores Italianos, que, na realidade, de acordo com Karl, eram sociedades de ajuda mútua. Karl esteve ausente nas duas primeiras reuniões do subcomitê; durante esse período, uma reformulação tinha sido preparada por um refugiado republicano francês nascido em Jersey, Victor Le Lubez. Na sessão seguinte, à qual Karl finalmente conseguiu comparecer, a nova redação foi lida para todo o comitê. Karl ficou "chocado". "[É] um preâmbulo horrorosamente abarrotado de lugares-comuns, muito mal escrito e totalmente primário, com a pretensão de ser uma declaração de princípios, com Mazzini aparecendo o tempo todo debaixo de uma fina crosta dos mais irrealistas fragmentos de socialismo francês." Ele reagiu com igual desdém às regras de inspiração italiana, que, na sua opinião, se referiam "a alguma coisa totalmente impossível, uma espécie de governo central de classes trabalhadoras *europeias* (com Mazzini como pano de fundo, claro)".

Segundo seu próprio relato, Karl "protestou brandamente", e, como resultado, os rascunhos foram devolvidos ao subcomitê para mais correções, mas com instruções para que os "sentimentos" expressos na declaração de Le Lubez fossem mantidos. Dois dias depois, em 20 de outubro, uma reunião do subcomitê na casa de Karl entrou pela noite e foi até uma hora da manhã, mas só conseguiram reformular uma das quarenta regras. Cremer encerrou a reunião na esperança de que um documento reformulado pudesse ser preparado pelo subcomitê em 27 de outubro. Os "documentos" foram "legados" a Karl para uma leitura cuidadosa.[94]

Para acatar os "sentimentos" de Le Lubez, ao mesmo tempo que os separava da sua base mazziniana, Karl substituiu a "Declaração de Princípios" por um "Discurso Inaugural" que narrava a evolução das classes trabalhadoras desde meados dos anos 1840. Ali se declarava que, apesar do rápido crescimento da economia mundial, a miséria das massas trabalhadoras não tinha diminuído entre 1848 e 1864. Baseando-se em Relatórios Parlamentares de Saúde Pública, ele chamava a atenção para os salários praticamente de fome existentes em grupos de trabalhadores tão diferentes como agricultores, tecelões de sedas e meias, costureiras, entre outros.[95] Também citou comunicados do ministro da Fazenda, William Gladstone, de que entre 1853 e 1861 a renda tributável do país crescera 20%. "Esse aumento inebriante de riqueza e poder", acrescentara Gladstone, estava "quase inteiramente confinado às classes de proprietários."[96] Em todas as partes da Grã-Bretanha e da Europa, de acordo com o "Discurso Inaugural", "a grande massa das classes trabalhadoras afundava cada vez mais, pelo menos à mesma proporção com que as classes acima dela subiam na escala social". Apenas uma "minoria teve seus salários aumentados um pouco". Ao contrário das promessas de industrialização e livre-câmbio, parecia que

> nenhum aperfeiçoamento da maquinaria, nenhuma aplicação da ciência à produção, nenhuma invencionice de comunicação, nenhuma nova colônia, nenhuma emigração, nenhuma abertura de mercados, nenhum livre-comércio, nem todas essas coisas somadas acabarão com a miséria das massas laboriosas.[97]

Mas a situação não era irremediável. O período também tinha "características compensadoras". Em primeiro lugar, houve o êxito da Lei das Dez Horas (limitando as jornadas de trabalho nas fábricas). "[É] a primeira vez em que à luz do dia a economia política da classe média sucumbiu à economia política da classe trabalhadora." Em segundo lugar, havia o movimento cooperativo, "uma vitória ainda maior da economia política do trabalho sobre a economia política da propriedade".

Claro, "os senhores da terra e os senhores do capital" sempre usarão "seus privilégios políticos" para defender "seus monopólios econômicos". Como o primeiro-ministro, lorde Palmerston, tinha "escarnecido" ao derrotar os defensores da Lei dos Direitos dos Arrendatários Irlandeses, "a Câmara dos Comuns" era "uma casa de proprietários fundiários". Por essa razão, "conquistar poder político tinha [...] se tornado o grande dever das classes trabalhadoras". Sua "concordância fraterna" também era necessária para combater a política externa das classes dominantes na busca de desígnios criminosos, fosse pela preservação da escravidão transatlântica ou pelo apoio à "heroica Polônia" contra "essa bárbara potência, cuja cabeça está em São Petersburgo e cujas mãos estão em todos os gabinetes da Europa". Nessa fase, um argumento mazziniano foi acrescentado. Em política externa, o objetivo era "estimular as simples leis da moralidade e da justiça, que devem governar as relações entre indivíduos, como as regras supremas do intercurso entre países". Mas a frase final repetia as palavras do *Manifesto*: "Proletários de todos os países, unam-se!".[98]

A estratégia adotada nas "Regras Provisórias" foram as mesmas do "Discurso Inaugural". Fizeram-se concessões ao ponto de vista mazziniano, mas "colocadas de tal maneira que não possam causar nenhum dano". Membros da Associação Internacional deveriam "reconhecer a verdade, a justiça e a moralidade como base de sua conduta nas relações entre si e com todos os homens, independentemente de cor, credo ou nacionalidade". Mas o mais importante de tudo era que "a emancipação das classes trabalhadoras seja conquistada pelas próprias classes trabalhadoras". Karl ficou também muito satisfeito de ter conseguido pôr em primeiro plano a tirania russa e referir-se a "países" em vez de "nacionalidades". Lamentou ter sido incapaz de empregar "a velha ousadia de linguagem" e ser obrigado a "conceber a coisa de tal maneira que nossa opinião aparecesse numa forma ACEITÁVEL da perspectiva atual do movimento dos trabalhadores".[99]

Mas, na verdade, essa era uma grande parte da força do documento. Ele não só conceitualizava a emancipação das classes trabalhadoras como projeto global e enunciava uma comunidade transnacional de interesses dos trabalhadores, como o fazia numa linguagem com a qual os trabalhadores politicamente conscientes da época eram capazes de identificar-se. Da mesma forma, a discussão da situação dos trabalhadores nos quinze anos anteriores teve o cuidado de refletir aquilo que sindicalistas como Howell e Applegarth consideravam seu próprio modo de compreender o período. Também tratava de noções convencionais de justiça e respeitabilidade ressaltando que o que estava em discussão não era "a merecida pobreza da indolência", mas "a pobreza da população trabalhadora".

Com uma ou duas pequenas emendas, a reformulação de Karl dos rascunhos de Weston, Wolff e Le Lubez foi aceita por unanimidade pelo Conselho Geral. De acordo com Edward Beesly, "o 'Discurso' assim divulgado é provavelmente a mais impressionante e vigorosa declaração da causa do trabalhador contra a classe média já comprimida numa dúzia de pequenas páginas".[100] O que impressionou particularmente os seus contemporâneos foi a utilização de fontes oficiais e o confinamento das suas alegações ao fato histórico. Como disse o secretário da Liga da Reforma, George Howell, com compreensível exagero, "um Gladstone ou um Bright poderiam aceitá-lo com a consciência tranquila".[101]

6. *O CAPITAL* E A POLÍTICA DOS ANOS 1860

Foi com a formulação dessa nova linguagem social-democrata em meados da década de 1860 que Karl deu a sua maior contribuição à Internacional, tanto na definição dos objetivos da Associação como no diagnóstico global da situação dos trabalhadores. Aqueles foram também os anos — entre 1863 e 1867 — em que Karl escreveu *O capital*. Os pronunciamentos constantes no "Discurso Inaugural" e nas "Regras" da Internacional estavam estreitamente ligados à análise que ele então desenvolvia em seu livro. Mas antes que essa proximidade possa ser plenamente reconhecida, é preciso desmontar a interpretação, padrão no século XX, da teoria da revolução de Karl.

A turbulenta história do século XX, de 1917 até a década de 1970, criou uma associação quase indelével entre Karl e a linguagem "marxista" de revolução. O "marxismo" foi identificado com a violenta derrubada do capitalismo e com o papel de liderança do partido revolucionário. Líderes de partidos revolucionários construíam suas estratégias em cima daquilo que julgavam ser a interpretação correta de um pequeno número de textos marxistas prescritos. Dava-se ênfase particular ao *Manifesto do Partido Comunista*, ao prefácio de 1859 da *Contribuição à crítica da economia política*, ao texto de *A guerra civil na França* e à *Crítica do Programa de Gotha*. Significativamente, essa lista canônica não fazia mais que uma respeitosa menção às obras de Karl durante o período de sua maior realização, os anos entre 1864 e 1869. Esse período incluía a publicação de *O capital* e a formulação dos objetivos da Associação Internacional dos Trabalhadores.

As associações feitas no século XX obscureceram a concepção de Karl de mudança revolucionária durante os anos 1860. O que o animava não era a expectativa de um evento apocalíptico, um revolucionário dia do juízo final, em que "soe o dobre de finados da propriedade privada" e "os expropriadores sejam expropriados".[102] Na verdade, sua hipótese de trabalho era que o processo de transição do modo de produção capitalista para a sociedade de produtores associados já tinha começado.

A existência dessa hipótese tinha sido ofuscada pela incapacidade de Karl de publicar *O capital* como uma obra só em 1867. O atraso na publicação do segundo volume nunca foi contemplado. Em 7 de maio de 1867, Karl escreveu para Engels dizendo que Meissner, seu editor, queria o segundo volume o mais tardar até o fim do outono:

> Tenho pois que arregaçar as mangas e trabalhar a sério o mais cedo possível, pois muito material novo relacionado especialmente aos capítulos sobre crédito e propriedade da terra foi disponibilizado depois que o manuscrito estava pronto. O terceiro volume deve ser concluído durante o inverno, para que eu esteja livre da *opus* inteira na próxima primavera.[103]

Para Engels era "óbvio" que, depois de terminar o primeiro volume, "você tire seis semanas para descansar". Mas em agosto seguinte, tendo "lido a coisa até o fim", ele achava "definitivamente" que "o segundo volume também é *indispensável*, e quanto mais cedo você terminá-lo, melhor".[104]

No entanto, como se sabe, os manuscritos do volume não terminado só foram publicados por Engels em 1885 e 1894, entre vinte e trinta anos depois da composição original. Além disso, as introduções de Engels, que diziam respeito a preocupações das décadas de 1880 e 1890 — o suposto plágio de Karl da economia política de Rodbertus e a solução sugerida por Engels para o problema de relacionar mais-valia a lucro —, amorteceram qualquer conexão que possa ter havido com a intenção política original do livro. Em particular, a publicação póstuma embotou qualquer senso de imediata conexão entre o "Discurso Inaugural" e as alusões à transição da sociedade burguesa para a sociedade de produtores associados existentes na parte não publicada de *O capital*.[105]

A característica mais distinta da concepção de revolução de Karl nos anos 1860 era o fato de estar centrada não no acontecimento, mas no processo. Foi por essa razão que no prefácio de 1867 a *O capital* ele pôde escrever sobre a realidade do "processo de revolução" na Inglaterra.[106] O quadro de mudança revolucionária ali apresentado não era o de revolução como acontecimento teatral — a queda da Bastilha, a invasão do Palácio de Inverno. Revolução bem-sucedida queria dizer a ratificação política de mudanças em curso, ou já ocorridas, na sociedade civil.

Quanto maior a extensão dessas mudanças sociais anteriores, menor a probabilidade de o processo de transformação política vir acompanhado de violência.

Por essa razão, Karl achava que os trabalhadores da Inglaterra poderiam, "por meios pacíficos", conquistar "a supremacia política a fim de estabelecer a nova organização de trabalho".[107] Em janeiro de 1867, num discurso em apoio da independência polonesa, ele sugeriu que a luta entre trabalhadores e capitalistas talvez fosse "menos feroz e sanguinária do que as lutas entre o senhor feudal e o capitalista o foram na Inglaterra e na França. Esperamos que sim".[108] A imagem não era a da violenta tomada de poder associada ao comunismo do século XX, mas a de um processo social-democrático movido por "pressão de fora".[109] Foi nesse mesmo espírito que Karl concluiu o capítulo sobre "A jornada de trabalho" em *O capital*: "Em vez do pomposo catálogo dos 'inalienáveis direitos do homem' [de 1789], veio a modesta Magna Carta de uma jornada de trabalho limitada por lei. […] *Quantum mutatus ab illo!*".[110]

A imagem da transição do capitalismo para o socialismo era análoga à do feudalismo para o capitalismo. A descrição do surgimento e da ascensão do modo de produção capitalista em *O capital* mostrava que mudanças cruciais no desenvolvimento da sociedade civil precederam tanto a realização de um Estado burguês como os triunfos tecnológicos da Revolução Industrial. Em consonância com essa visão orgânica do desenvolvimento dos modos de produção, Karl afirmava que "a estrutura econômica da sociedade capitalista" tinha se "originado na estrutura econômica da sociedade feudal" e que "a dissolução desta última" tinha "liberado os elementos da primeira".[111] Na época do feudalismo,

> o capital financeiro formado por meio da usura e do comércio foi impedido de tornar-se capital industrial, no campo pela disposição feudal, nas cidades pela organização de guildas. Esses grilhões desapareceram com a dissolução da sociedade feudal, com a expropriação e o despejo parcial da população do campo.

Acontecimentos globais ajudaram mais ainda o desenvolvimento capitalista:

> A descoberta de ouro e prata na América, a extirpação, a escravização e o sepultamento em minas das populações aborígines, o início da conquista e do saque das Índias Orientais, a transformação da África numa reserva para a caça comercial de peles negras, assinalaram a rósea alvorada da produção capitalista. Essas idílicas atividades são os momentos principais da acumulação primitiva.[112]

Anunciada pelos movimentos comunais em cidades da Idade Média tardia, libertando corporações urbanas de estruturas feudais, juntamente com a expansão do comércio internacional e a descoberta de novos continentes, a sociedade civil tinha desenvolvido novas formas de produção de mercadorias. Assistidos entre os séculos XV e XVIII pela "expropriação da população agrícola da terra", novos arranjos legais e institucionais tornaram possível a acumulação de capital. Esse processo de mudança social encontrou ratificação política e legal na "revolução burguesa" de 1688, que removeu as restrições que ainda vigoravam sobre a herança de propriedade.[113]

Exemplos paralelos da transição da propriedade burguesa para a dos "produtores associados" estavam presentes no quadro dos anos 1860 apresentado por Karl. No terceiro e não publicado volume de *O capital*, ele escreveu sobre a transformação das empresas de sociedade anônima: "A empresa de sociedade anônima é uma transição para a conversão de todas as funções no processo de reprodução que ainda continuam ligadas à propriedade capitalista em meras funções de produtores associados, em funções sociais".[114] Isso, acrescentava ele, "é a abolição do modo de produção capitalista dentro do próprio modo de produção capitalista, e consequentemente uma contradição que se dissolve a si mesma, que *prima facie* representa uma mera fase de transição para uma nova forma de produção".[115] Mas o mais impressionante desses exemplos foi o desenvolvimento de fábricas cooperativas

> que representam dentro da velha forma os primeiros rebentos da nova. [...] A antítese entre capital e trabalho é superada dentro deles, ainda que de início apenas fazendo dos trabalhadores associados seu próprio capitalista, ou seja, possibilitando-lhes usar os meios de produção para empregar seus próprios trabalhadores.

Esses exemplos mostravam como "um novo modo de produção naturalmente surge de um velho, quando o desenvolvimento de forças materiais de produção e das formas correspondentes de produção social alcançaram determinado estágio".[116]

No "Discurso Inaugural", Karl desenvolveu a mesma ideia, mas com mais agudeza política. As fábricas cooperativas, "mais pela ação do que por argumentos", tinham mostrado que a produção em larga escala, e segundo os ditames da ciência moderna, pode ser executada sem a existência de uma classe de senhores empregando uma classe de operários; que para dar frutos, os meios de trabalho não precisam ser monopolizados como uma forma de domínio e de extorsão do próprio homem trabalhador.

Isso demonstrava que "como o trabalho escravo, como o trabalho servil, a mão de obra contratada é apenas uma forma transitória e inferior, fadada a desaparecer diante do trabalho associado que maneja suas ferramentas com mão disposta, mente ágil e coração satisfeito". O advento da produção cooperativa realizada pelo trabalho associado tinha sido a questão central não apenas no desenvolvimento do owenismo na Inglaterra, mas também no núcleo racional de planos para a emancipação do trabalho em 1848: "Na Inglaterra, as sementes do sistema cooperativo foram disseminadas por Robert Owen; os experimentos dos trabalhadores tentados no continente foram, de fato, o resultado prático das teorias não inventadas mas ruidosamente proclamadas em 1848".[117]

7. CRIAR A POLÍTICA DE UMA CLASSE: A OBRA DE KARL NO CONSELHO GERAL

Karl participava regularmente das reuniões semanais do Conselho Geral e ali desempenhava um papel de liderança intelectual. Unicamente posicionado para atuar como mediador entre correntes de pensamento britânicas e europeias, ele conseguia dar forma e sentido ao desenvolvimento de eventos dentro e fora do país. Conseguia também preparar respostas coerentes aos acontecimentos. Não é de surpreender, portanto, que nos anos anteriores à Guerra Franco-Prussiana seus serviços no Conselho fossem altamente apreciados. Seu valor foi assinalado no Congresso de Genebra pelo sindicalista Randall Cremer falando contra uma moção francesa que declarava que só trabalhadores deveriam se qualificar como delegados a congressos da Internacional. Cremer salientou que o movimento na Grã-Bretanha tinha uma grande dívida para com os membros do Conselho que não eram trabalhadores manuais. "Entre esses membros, eu menciono apenas um, o cidadão Marx, que dedicou toda a sua vida ao triunfo das classes trabalhadoras."[118] Os contemporâneos ficavam particularmente impressionados com a sua erudição econômica e estatística. Segundo Edward Beesly, enquanto o elemento prático inglês impede que isso se fragmente em teorias econômicas e políticas, os membros estrangeiros, em cujas mãos a correspondência continental está necessariamente depositada, são homens de grande capacidade e conhecimento, que se dedicam à Internacional desde a sua fundação. A ninguém se deve mais o êxito da Associação do que ao dr. Karl Marx, que, em seus conhecimentos da história e das estatísticas do movimento industrial em todas as partes da Europa, imagino eu que não tenha rival.[119]

A autoridade intelectual de Karl nessa área foi demonstrada num debate que se estendeu no Conselho Geral durante a primavera e o verão de 1865, deflagrado por uma "proposição do cidadão Weston" sobre salários. Weston pôs em dúvida a validade dos sindicatos, uma vez que os salários mais altos resultavam apenas em preços mais altos; só as cooperativas de produtores poderiam melhorar o padrão de vida dos trabalhadores. Baseando-se no trabalho que desenvolvia então em *O capital*, Karl argumentou, ao longo de duas reuniões, que aumentos salariais poderiam provocar uma queda na taxa de lucros, mas deixariam inalterado o valor das mercadorias. A tendência geral da produção, porém, era reduzir os salários. Os sindicatos eram valiosos porque, ainda que só temporariamente, neutralizavam as quedas nas taxas salariais e limitavam a jornada de trabalho. Mas, acima de tudo, o valor dos sindicatos estava "em organizar a classe trabalhadora como classe". Em geral fracassavam por "aceitarem as atuais relações entre capital e trabalho como permanentes em vez de trabalharem para a sua abolição".[120] Em resposta a Weston, Randall Cremer, então secretário-geral do Conselho, opinou que "o cidadão Marx tinha dado duas ou três ilustrações práticas, ou melhor, fatos, que destruíram completamente as posições declaradas pelo cidadão Weston".[121]

No Conselho Geral, a estratégia de Karl era alinhar-se o máximo possível com as posições dos novos líderes sindicais. A Associação, como escreveu ele para o dr. Kugelmann no fim de novembro de 1864, era "importante porque os líderes dos sindicatos de Londres a ela pertencem".[122] Mais de um ano depois, suas opiniões continuavam inalteradas: "Tivemos êxito em atrair para o movimento a única organização de trabalhadores realmente grande, o 'SINDICATO' inglês, que até então se preocupava *exclusivamente* com a questão salarial".[123] As suposições do século XX sobre a centralidade do partido obscureceram o fato de que essa não era de forma alguma a suposição de Karl nos anos 1860. Sua confiança nos méritos de um partido como veículo de revolução tinha sido minada pelos acontecimentos dos quinze anos anteriores. A esperança de que o cartismo pudesse ser reanimado teve finalmente que ser abandonada, enquanto os seus esforços para preservar o próprio "partido" no exílio tinham sido destruídos pelo aparecimento do que ele chamava de "socialismo governamental", sob Lassalle e Schweitzer na Alemanha. Durante a década de 1860, Karl depositou sua fé nos sindicatos como meio de formação e consolidação de identidade e atividade de classe. Em Hannover, em 1869, Karl disse a uma delegação de metalúrgicos lassalleanos:

> Todos os partidos políticos, sejam quais forem, sem exceção, só inspiram as massas de trabalhadores temporariamente. Já os sindicatos prendem a atenção dos trabalhadores de uma vez por todas; só eles são capazes de verdadeiramente representar um grupo de trabalhadores e de funcionar como bastião contra o poder do capital.

Os sindicatos, acrescentou, eram "escolas de socialismo". Nos sindicatos, os trabalhadores formavam-se como socialistas, uma vez que "ali, diariamente, a luta contra o capital é travada diante dos seus olhos".[124]

Escrevendo para o dr. Kugelmann no começo de 1865, depois de explicar por que agora lhe era impossível participar da política prussiana, ele disse: "Prefiro minha agitação aqui, por meio da 'Associação Internacional', umas cem vezes. O efeito sobre o proletariado *inglês* é direto e da maior importância".[125] Empurrar a Associação Internacional na direção de uma agenda socialista convencional não era sua grande preocupação. Como ressaltaria posteriormente, o Conselho Geral não tinha sido "responsável" pela decisão do Congresso de Bruxelas de 1868 de exigir a nacionalização de minas, ferrovias e florestas. Essa iniciativa partira dos delegados de Bruxelas. Como explicou ao dr. Kugelmann, em relação ao programa do Congresso de Genebra de 1866, seu objetivo era, antes, confiná-lo a "pontos que permitam acordo direto e combinação de esforços pelos trabalhadores e deem sustento direto e ímpeto aos requisitos da luta de classes e à organização dos trabalhadores numa classe".[126] A ambição de afastar-se de questões que pudessem provocar lutas políticas internas ficou clara nas "Instruções para os Delegados ao Conselho Geral Provisório", que ele redigiu para o Congresso de Genebra. Concentravam-se em pesquisas estatísticas sobre as condições de trabalho, a limitação da jornada de trabalho, trabalho juvenil e infantil, cooperativas de produtores e sindicatos. Sobre questões controversas referentes a crédito internacional ou religião, ele recomendava que a "iniciativa seja deixada para os franceses".[127]

Para tornar a formação de classe uma prioridade e evitar brigas sectárias que pudessem servir de distração, Karl estava preparado para fazer quaisquer concessões necessárias. Sua disposição de incorporar formulações mazzinianas no "Discurso Inaugural" foi um bom exemplo dessa atitude. Outro foi a sua prontidão, em face da oposição liberal e não conformista, para aceitar a remoção do seu protegido, Johann Georg Eccarius, da direção editorial do jornal *The Commonwealth*, por um breve tempo a publicação oficial da Internacional. Em janeiro de 1866, Karl tinha esperança de que a designação de Eccarius ajudasse a conter a influência dos financiadores liberais e não conformistas do jornal. Mas em março, enquanto Karl estava fora, em Margate, numa prolongada viagem de cura, o Comitê de Supervisão Editorial demitiu Eccarius. Fosse qual fosse a rejeição, Karl achava que "um bom entendimento com os ingleses tem que ser, é claro, mais importante para nós do que satisfazer a ambição mais ou menos justificada de Eccarius".[128] Em questões internacionais, ele também tentava não se envolver em disputas intrapartidárias. Fez o maior esforço para permanecer neutro nas contendas entre republicanos e proudhonianos na França e entre os partidos de Lassalle e Eisenach na Alemanha.

Nos primeiros anos da Internacional, houve acordo prático entre Karl e os sindicalistas ingleses nas principais questões, tanto no Conselho Geral como nos congressos anuais. Em particular, na Conferência de Londres em 1865 e nos Congressos de Genebra e Lausanne em 1866 e 1867, houve consenso em oposição a várias posições francesas. Estas incluíam a recusa em condenar ações russas na Polônia (segundo os franceses, isso não dizia respeito a uma associação "econômica"), indiferença ao sindicalismo (o objetivo não deveria ser incentivar greves, mas remover de uma vez o sistema salarial), oposição à jornada de oito horas ou à educação estatal (isso implicaria aprovação da interferência estatal na liberdade de contrato) e a demanda francesa pela exclusão das mulheres da força de trabalho.

O êxito da abordagem de Karl, em particular sobre questões em que a posição inglesa era contestada de fora, o levou a uma identificação cada vez mais entusiástica com a Associação. No começo de 1865, agora referindo-se a si mesmo como parte do Conselho Geral, ele informou ao dr. Kugelmann: "Estamos AGITANDO a QUESTÃO DO SUFRÁGIO GERAL aqui".[129] Mais ou menos na mesma época, escreveu para Engels sobre a configuração da Liga da Reforma: *"Toda a liderança está em nossas mãos"*.[130] A grande conquista da Associação Internacional foi ter criado na Liga da Reforma um movimento que transformaria a política europeia:

A LIGA DA REFORMA É OBRA NOSSA. [...] OS TRABALHADORES SÃO TODOS MEMBROS DO NOSSO CONSELHO. [...] FRUSTRAMOS todas as tentativas da classe média de INDUZIR A ERRO A CLASSE TRABALHADORA. [...] Se conseguirmos reeletrificar o MOVIMENTO POLÍTICO da CLASSE TRABALHADORA INGLESA, nossa ASSOCIAÇÃO já terá feito mais pela classe trabalhadora europeia, SEM CRIAR UMA CELEUMA, do que seria possível DE QUALQUER OUTRA FORMA. E há perspectivas de êxito.[131]

No começo de 1866, sua confiança na capacidade de o Conselho Geral canalizar a atividade dos trabalhadores na direção certa continuava intacta. Em janeiro de 1866, informou ao dr. Kugelmann: "A sociedade inglesa que nós fundamos para alcançar o SUFRÁGIO UNIVERSAL (metade do seu Comitê Central consiste em membros — trabalhadores — do nosso Comitê Central) realizou uma reunião gigantesca algumas semanas atrás, na qual só os trabalhadores falaram".[132] Naquela época, Karl gostava de imaginar que desempenhava uma função de controle: resultado, afirmava ele, "de *agir* nos bastidores e se retrair em público". Via isso como um contraste com o hábito "dos democratas" de "se elogiarem exageradamente em público e NÃO FAZEREM NADA".[133] Em 9 de outubro de 1866, Karl informou ao dr. Kugelmann que "o movimento de reforma aqui, que foi criado pelo nosso Comitê Central (*quorum magna pars fui* [no qual tive papel importante]), agora assumiu dimensões enormes e irresistíveis".[134] Em 13 de outubro, ele anunciou que o Conselho Sindical de Londres estava pensando em nomear-se como a seção britânica da Internacional. "Se o fizer", confidenciou a Kugelmann, "o controle da classe trabalhadora aqui passará, EM CERTO SENTIDO, para nossas mãos, e poderemos dar ao movimento um bom 'EMPURRÃO'."[135]

No verão de 1867, Karl estava preocupado demais com a publicação de *O capital* para prestar muita atenção em acontecimentos de política nacional. Ele continuava otimista. No caso da Inglaterra, ainda confiava que a "pressão de fora" poderia resultar numa transformação revolucionária, e que essa revolução não precisava ser violenta. Em setembro de 1867, escreveu para Engels:

Quando a próxima revolução vier, e isso provavelmente se dará antes do que parece, *nós* (quer dizer, você e eu) teremos este poderoso MOTOR à nossa disposição. COMPARE COM ISSO OS RESULTADOS DAS OPERAÇÕES DE MAZZINI ETC. NOS ÚLTIMOS TRINTA ANOS! E além disso sem dinheiro! E com as intrigas dos proudhonianos em Paris, de Mazzini na

Itália, e dos ciumentos Odger, Cremer e Potter em Londres, com o Schulze-Delitzsch e os lassalleanos na Alemanha! Temos motivos para estar bem satisfeitos.[136]

Êxitos iniciais levaram Karl a superestimar a importância da AIT na política radical inglesa e sua própria importância dentro da Associação. Mas começara a perceber que, devido à crescente preocupação com o voto e à necessidade paralela de defender a legalidade das ações dos sindicatos em disputas industriais, os líderes sindicais agora dedicavam a maior parte do tempo à Liga da Reforma e a fazer lobby no Parlamento. Sua participação no Conselho Geral tinha diminuído. Em outubro de 1866, Karl alegou que era obrigado a conduzir sozinho a Associação.[137]

Além disso, a partir de 1866-7, ele achava cada vez mais difícil manter uma posição ecumênica. Posições diferentes surgiam dentro do Conselho, em particular no que dizia respeito à campanha pela reforma política e à reaparição de um movimento pela independência republicana na Irlanda. Os dois assuntos levantavam questões sobre o papel político da AIT e, dentro dela, dos líderes sindicais mais importantes. Deveria a Associação buscar manter uma posição independente? Ou deveria procurar trabalhar junto com outras forças progressistas aliadas ao Partido Liberal, agora sob a liderança carismática do sr. Gladstone?[138]

8. A SEGUNDA LEI DE REFORMA E A REBELIÃO NA IRLANDA

O prefácio de *O capital* foi escrito em julho de 1867, pouco antes do fim de um ano de crescente agitação política sobre a questão do sufrágio masculino adulto. A campanha pela reforma tinha sido empreendida pela Liga da Reforma, organização radical, predominantemente operária, apoiada por sindicatos e pela Internacional. No seu auge, tinha mais de seiscentas filiais. A campanha começara em 1865 e prosseguira juntamente com um modesto Projeto de Lei de Reforma apresentado ao Parlamento pelo governo liberal de Russell e Gladstone. Mas o interesse popular pela questão só ganhou força depois da queda desse governo, substituído em junho de 1866 pelo gabinete conservador de Derby e Disraeli. No mês seguinte, uma série de reuniões de dimensões cada vez maiores pela Reforma na Trafalgar Square culminou na decisão de realizar uma manifestação no Hyde Park — propriedade da Coroa britânica e até então basicamente reservada às corridas de cavalo da aristocracia de Rotten Row. Apesar de a reunião ter sido proibida e o parque contar com a proteção da Polícia Metropolitana e das Forças Armadas, a multidão derrubou as grades, invadiu o Hyde Park e, durante três dias, travou pequenas escaramuças com as forças da lei e da ordem. Finalmente, a Liga teve um encontro com o secretário do Interior, Spencer Walpole, e ofereceu-se para desocupar o parque, com a condição de que a polícia e os militares saíssem. O secretário do Interior aceitou a proposta e, segundo consta, chorou de gratidão. Esse supostamente vergonhoso recuo do governo aumentou muito o poder e o prestígio da Liga.

No entanto, por mais cômica que a recusa de Walpole de usar o poderio militar parecesse à primeira vista — Karl o chamou de "salgueiro-chorão" —, isso na verdade era um sinal de força, e não de fraqueza, do Estado inglês. Como observou o positivista Frederic Harrison:

> Um sistema burocrático centralizado dá uma grande força de resistência à mão que comanda o Executivo. O nosso Executivo não tem a quem recorrer. [...] Uns poucos casacos vermelhos podem ser convocados para suprimir uma revolta qualquer; mas a primeira gota de sangue do povo derramada pelas tropas numa causa realmente popular, como todo mundo sabe, deixa os britânicos terrivelmente zangados [...].
>
> O fato é que o nosso organismo político, do tipo constitucional, tinha por base uma teoria totalmente diferente daquela da força. As classes dominantes nunca pretenderam recorrer à força. Julgavam-se capazes de manter a supremacia pelo poder social e pela habilidade de operar a máquina. Governos autônomos locais, representação do povo, liberdade civil, foram a demanda geral, até que finalmente o tom da vida pública inglesa impregnou-se de ideias de governar por consentimento, e não por força. [...] A mínima sugestão de força deixa as classes dominantes numa posição de uma falsidade atroz, despertando contra elas todos os nobres sentimentos de liberdade nos quais elas baseiam seu próprio direito de governar.[139]

Esse era também o sentimento que impedia os líderes da Liga da Reforma de abusar da vantagem que tinham. Numa reunião de parlamentares radicais e líderes da Liga da Reforma, John Stuart Mill recomendou à Liga que não ocupasse o parque e "produzisse uma colisão com as Forças Armadas", enquanto John Bright, na época encabeçando uma série de manifestações pró-Reforma em Glasgow, Leeds, Birmingham e Manchester, alertou para a possibilidade de novas manifestações em Londres atraírem voluntários armados: isso "deixaria a paz nacional num solo ardendo em fogo vulcânico".[140]

Não se sabe ao certo como Karl esperava que a situação existente evoluísse. Ele tinha perfeita consciência de que a Grã-Bretanha não era a França. Em abril de 1866, escrevendo de Margate, queixara-se a Engels de que

> a maldita natureza tradicional de todos os movimentos ingleses manifesta-se mais uma vez no MOVIMENTO DE REFORMA. As mesmas PARTES que semanas atrás foram rejeitadas com a maior indignação pelo partido do povo — rejeitaram até um ultimato de Bright sobre o HOUSEHOLD SUFFRAGE [direito de voto dos chefes de família] — agora são tratadas como prêmios pelos quais vale a pena brigar. E por quê? Porque os *tories* estão fazendo um clamor.

Mas ele ficou muito animado com o desenrolar dos acontecimentos durante o verão. Em 7 de julho, informou, muito satisfeito, que "as manifestações dos trabalhadores em Londres são fabulosas em comparação com qualquer coisa vista na Inglaterra desde 1849, e são obra exclusiva da INTERNACIONAL. O sr. Lucraft, por exemplo, o capitão na Trafalgar Square, é UM DOS QUE ESTÃO NO NOSSO CONSELHO". Karl não sabia direito o que pensar da maneira como Walpole tinha lidado com a Liga no caso do Hyde Park: "O governo quase provoca uma sublevação por aqui". Mas acrescentou: "Vosso inglês precisa antes de tudo de uma educação revolucionária". Se os militares tivessem tido que "intervir, em vez de simplesmente desfilar, [...] então o negócio teria sido muito animado". "Uma coisa é certa: esses ingleses teimosos [...] não conseguirão nada sem um confronto realmente sangrento com os que estão no poder."[141]

As possibilidades continuavam em aberto. No entanto, desde o início da agitação, Karl fora levado a dar-se conta de que as prioridades dos principais sindicalistas no Conselho Geral não eram as mesmas que as suas. Na época do caso das grades do Hyde Park, ele lamentara que os líderes do movimento de Reforma não tivessem "o BRIO dos velhos cartistas".[142] O fato de não ter conseguido instalar Eccarius na direção editorial do *Commonwealth* mostrou que sua hostilidade à participação de radicais de classe média na Associação não era compartilhada por todos. Também não estava nem um pouco claro se os líderes da Liga da Reforma insistiriam mesmo em sua própria demanda original pelo "sufrágio masculino adulto" em vez de aceitarem algum tipo de sufrágio de chefe de família, que permitisse um acordo com os liberais radicais. No fim de agosto de 1866, Karl se queixou a Johann Philipp Becker, um dos mais ativos partidários da Internacional em Genebra, de que "Cremer e Odger nos *traíram* na Liga da Reforma, na qual chegaram a um *acordo com os burgueses* contra a nossa vontade".¹⁴³

Se houve alguma possibilidade séria de crise política na Inglaterra, na primavera de 1867 ela já estava passando.¹⁴⁴ Tinha sido arrefecida pelo próprio Parlamento. Nos primeiros meses de 1866, as moderadas propostas de reforma de Russell e Gladstone haviam sido contestadas tanto pelos *tories* como pelos chamados adulamitas entre as fileiras liberais. Ao assumir, a administração conservadora de Derby e Disraeli não tinha nenhum plano inicial de reforma. Mas no inverno de 1866-7, num cenário de depressão econômica e retorno do cólera, com manifestações pela Reforma prosseguindo na mesma intensidade e os perigos de uma revolta na Irlanda, as prioridades do governo mudaram fundamentalmente.¹⁴⁵ Como disse Disraeli, "poderíamos dar um passo capaz de destruir a agitação atual e extinguir Gladstone e companhia".¹⁴⁶

Em janeiro de 1867, Disraeli apresentou propostas de reforma e, fosse como resultado de uma mudança nos cálculos do partido ou de contínua pressão de fora, estava preparado para aceitar emendas cada vez mais radicais ao projeto de lei. Isso culminou na emenda de Hodgkinson, que ampliava o sufrágio do chefe de família para incluir uma grande população urbana de inquilinos. Era uma concessão com a qual poucos mal sonhavam meses antes, e até Ernest Jones estava ansioso para convencer Karl de que o projeto emendado merecia apoio. O resultado foi um direito de voto quatro vezes mais amplo do que se pretendia de início, ou, nas palavras de Jonathan Parry, "a revolução mais involuntária da história da política britânica".¹⁴⁷

Uma das razões para os dois lados quererem resolver a questão da reforma era a crescente preocupação com as indefinições na Irlanda.¹⁴⁸ A Irmandade Republicana Irlandesa — ou os fenianos, como eram conhecidos popularmente — surgiu entre os expatriados irlandeses nos Estados Unidos. Começaram planejando uma insurreição em 1865, esperando contar com o reforço dos veteranos da Guerra Civil Americana. Os fenianos coletaram cerca de 6 mil armas de fogo e afirmavam ter o apoio de 50 mil voluntários. Mas em setembro daquele ano o governo fechou o jornal feniano *The Irish People* e prendeu a maioria de seus líderes. Apesar disso, os fenianos tentaram lançar uma insurreição no começo de 1867. Proclamaram uma república baseada no voto universal (masculino), na desapropriação das terras da oligarquia fundiária dominante, na liberdade religiosa e na separação entre Igreja e Estado. Houve uma malsucedida insurreição no condado de Kerry, seguida por fracassadas revoltas em Cork, Limerick e Dublin. De forma ainda mais ameaçadora, os organizadores esperavam contar com o apoio dos irlandeses que moravam na Inglaterra. Seus planos incluíam a captura de armas em Chester Castle e a apropriação de ligações ferroviárias e marítimas com Dublin. Mas a sublevação foi mal planejada e enfraquecida por informantes.

Em 18 de setembro de 1867, a viatura que transportava dois líderes presos para o tribunal de Manchester foi atacada por fenianos armados. Os prisioneiros fugiram e um policial foi morto na briga. Um julgamento em novembro resultou na execução de três dos fenianos envolvidos no dia 23. Em 13 de dezembro, uma bomba destinada a ajudar na fuga de líderes fenianos da prisão de Clerkenwell resultou em doze mortos e 120 feridos. Nesse caso, não é de admirar que boa parte do apoio aos fenianos tenha evaporado. Como escreveu Karl para Engels:

> Esta última façanha feniana em Clerkenwell é uma grande maluquice. As massas londrinas, que têm demonstrado grande simpatia pela Irlanda, ficarão furiosas com isso e serão empurradas para os braços do partido do governo. Não se pode esperar que proletários londrinos se deixem arrebentar em benefício de emissários fenianos. Conspirações melodramáticas secretas desse tipo estão, em geral, fadadas ao fracasso.[149]

A agitação na Irlanda e a violência feniana em Manchester e Clerkenwell transformaram o caráter do debate político. Mesmo deixando de lado o fenianismo, o descontentamento na classe média irlandesa tinha levado à formação da Associação Nacional, que exigia a separação da Igreja irlandesa (anglicana), direitos de arrendatários à terra e a fundação de uma universidade católica. Apesar de profundamente perturbado pela atividade dos fenianos, foi a essas demandas que Gladstone respondeu explicitamente na eleição geral de 1868. Sua iniciativa de tirar o status oficial da Igreja não só atendeu a uma grande reclamação dos católicos na Irlanda, mas também ganhou o apoio entusiástico de dissidentes ingleses. Durante o inverno de 1867-8, o debate foi dominado pela questão da Irlanda e pela proposta de Gladstone de separar a Igreja irlandesa. Como informou Karl ao dr. Kugelmann em abril de 1868:

A questão irlandesa predomina aqui neste momento. Naturalmente, tem sido explorada por Gladstone e companheiros apenas para assumir o leme mais uma vez e, em particular, para ter um PREGÃO ELEITORAL nas próximas eleições, que serão baseadas no SUFRÁGIO DO CHEFE DE FAMÍLIA.¹⁵⁰

Como o resto do país, a família de Karl não ficou imune à discussão da questão da Irlanda. Na casa de Engels, o compromisso com a causa irlandesa vinha de longa data, e o entusiasmo pelos fenianos foi imediato. Lizzie Burns sempre foi partidária veemente da independência. O próprio Engels também estava havia muito tempo profundamente envolvido, e no inverno de 1869-70 daria início a um ambicioso mas jamais concluído projeto de escrever uma história da Irlanda.¹⁵¹ Cinco dias depois do resgate armado feniano em Manchester, ele levou o companheiro de Laura Marx, Paul Lafargue, para lhe mostrar o arco ferroviário "onde a grande batalha feniana de libertação foi travada. [...] O negócio foi organizado e executado à perfeição", escreveu ele para o dr. Kugelmann, mas infelizmente "os cabeças foram capturados".¹⁵²

Karl precisava ser mais cauteloso. Tinha procurado, "por todos os meios ao meu dispor, incitar os ingleses a se manifestarem a favor do FENIANISMO", e com certeza não ficaria "totalmente mudo". "Mas em nenhuma circunstância quero que os camaradas, ao criticarem meu livro, se limitem à declaração de que sou um demagogo."¹⁵³ A execução de três dos fenianos envolvidos na tentativa de resgate em Manchester foi recebida como uma tragédia pelas duas famílias. "Jenny está de preto desde a execução em Manchester", escreveu Karl, "e usa sua cruz polonesa numa fita verde." "Nem preciso lhe contar", respondeu Engels no dia seguinte, "que preto e verde são as cores dominantes na minha casa também."¹⁵⁴

Sentimentos de indignação com as sentenças contra os fenianos foram compartilhados pelo Conselho Geral da Internacional. Em sua reunião para discutir o fenianismo em 19 de novembro de 1867, o tom foi dado por Hermann Jung, um relojoeiro suíço. Ele afirmou que, mesmo sem ser "adepto de movimentos de força física, [...] os irlandeses não tinham outra maneira de causar uma boa impressão". A Liga da Reforma conseguira muita coisa pela "força moral", mas foi apenas

> sob a ameaça de que se poderia recorrer à força física que, por ocasião das reuniões no Hyde Park, o governo cedeu. [...] Garibaldi é tido como grande patriota; e ne-

nhuma vida foi sacrificada nos movimentos de Garibaldi? Os irlandeses têm o mesmo direito à revolta que têm os italianos. [...] (Ruidosos vivas.).¹⁵⁵

Em reuniões da Liga da Reforma, as emoções também transbordaram. Odger chegou a declarar que, se tivesse nascido irlandês, também seria feniano.¹⁵⁶

Karl chegou tarde para a reunião do Conselho Geral de 19 de novembro. Ainda sofria de febre, e ficou aliviado por não ter que falar, uma vez que a imprensa estava presente. Preparou um discurso para a reunião seguinte, em 26 de novembro, mas, na ocasião, cedeu a vez, com prazer, para que outro membro falasse, Peter Fox; o tratamento dado pelo governo aos irlandeses deveria ser condenado antes e acima de tudo, achava ele, pelos membros ingleses do Conselho, e não apenas pelos membros europeus. Depois disso, devido a recorrentes ataques de doença, Karl não teve que assistir a reuniões do Conselho de janeiro até o verão de 1868. O discurso que preparara para o Conselho foi proferido mais discretamente em 16 de dezembro à Associação Educacional dos Trabalhadores Alemães.¹⁵⁷

Sem dúvida, como já tinha indicado, estava temeroso de que suas opiniões sobre a Irlanda desviassem as atenções da publicação de *O capital*. Mas sua cautela tinha outras razões. A opinião que desenvolvera sobre a Irlanda fazia parte também de uma revisão mais básica da sua concepção das possibilidades da política britânica em sua totalidade. Sobre a Irlanda, transmitiu a essência da sua nova abordagem em duas cartas para Engels em novembro. No dia 2, referiu-se ao uso da força como método para "expulsar milhares de suas casas", incluindo "agricultores arrendatários bem de vida", e ao confisco de suas "melhorias e de seus investimentos de capital". "Em nenhum outro país europeu", escreveu Karl, "a dominação estrangeira assumiu essa forma de expropriação direta dos nativos." E concluiu, dizendo: "Já acreditei que a separação da Irlanda da Inglaterra seria impossível. Agora a considero inevitável, embora uma Federação possa vir depois da separação".¹⁵⁸ Em outra carta para Engels em 30 de novembro, ele desenvolveu o argumento. Afirmou que, desde 1846, o conteúdo econômico e o objetivo político da dominação inglesa tinham "entrado numa fase inteiramente nova". A Irlanda perdera o monopólio do mercado de cereal inglês. Como consequência, tinha trocado lavouras por pastagens. Isso significou a "desocupação das propriedades da Irlanda" e o êxodo dos irlandeses "causado por ovelhas, porcos e bois". Por essas razões, ele acreditava que o "fenianismo é caracterizado por tendências socialistas (no sentido negativo, como dirigido contra a APROPRIAÇÃO do SOLO) e como um MOVIMENTO DAS CLASSES MAIS BAIXAS". Os operários ingleses, concluiu, deveriam declarar apoio à Revogação da União (moção contra a união dos parlamentos inglês e irlandês em 1801). O que os irlandeses precisavam era de "governo autônomo e independência", "revolução agrária" e tarifas de proteção contra a Inglaterra.[159]

Essa nova visão da Irlanda caminhava lado a lado com o desvanecimento das esperanças que Karl alimentara inicialmente sobre a Liga da Reforma e o sindicalismo londrino. Em abril de 1868, ele escreveu para o dr. Kugelmann dizendo que *"no momento*, essa mudança de situação é prejudicial para o partido dos operários, porque os intriguistas entre os operários, como Odger, Potter etc., que querem entrar no próximo Parlamento, acharam uma nova desculpa para se aliar aos liberais burgueses".[160] Irritava-o particularmente o entusiasmo deles por Gladstone, um homem que tinha recusado clemência aos insurgentes fenianos e que, ainda em 1862, declarara apoio a Jefferson Davis e à causa confederada.

As chances de atividade política independente da parte dos trabalhadores foram reduzidas ainda mais durante a eleição de 1868. A Liga da Reforma não apresentou candidatos próprios. Não só não dispunha de recursos financeiros como havia pouco apoio popular para tais iniciativas. Uma aliança entre liberais e trabalhistas ia firmemente ganhando força. Como afirmou Beesly, "nenhum trabalhador votaria contra homens como o sr. Bright, o sr. Mill ou o sr. Gladstone, quaisquer que fossem as promessas feitas pelos candidatos adversários".[161] Além disso, a campanha para separar a Igreja irlandesa era popular; o próprio Karl achava que, "a longo prazo", ela beneficiaria a classe trabalhadora.

> A derrubada da Igreja oficial na Irlanda significaria sua queda na Inglaterra, e as duas seriam seguidas (na sua queda) pelo LANDLORDISMO [sistema de propriedade de terras arrendáveis], primeiro na Irlanda e depois na Inglaterra. E sempre achei que a revolução social tem de ser feita *a sério* a partir do solo, isto é, da propriedade fundiária.[162]

Em 1869, a questão da Irlanda voltou à tona novamente, com a aparição de um movimento de base irlandesa que fazia campanha pela anistia dos líderes fenianos presos em 1867. Conseguiram um triunfo especial com a vitória do aprisionado Jeremiah O'Donovan Rossa na eleição suplementar de 1869 em Tipperary. Por um breve momento, o fenianismo empolgou a imaginação não apenas de ativistas, mas também de irlandeses moderados que desejavam apoiar a campanha de anistia e de uma ampla variedade de simpatizantes na Inglaterra, incluindo desde a família Marx até o cardeal Newman. Em setembro, "Tussy" [Eleanor] percorreu a Irlanda com Engels e Lizzy Burns, e, no começo do ano seguinte, sua irmã Jenny, usando o pseudônimo J. Williams, escreveu uma série de artigos de solidariedade sobre os fenianos para *La Marseillaise*. Em outubro, ela escreveu para o dr. Kugelmann descrevendo uma manifestação em favor da libertação dos presos fenianos:

> Como Tussy voltou da Irlanda como uma irlandesa mais convicta do que nunca, ela não sossegou enquanto não convenceu Moor, Mamãe e eu a irmos com ela ao Hyde Park. [...] Esse parque [...] era um oceano de homens, mulheres e crianças, e mesmo as árvores tinham habitantes até nos galhos mais altos.[163]

Karl esperava usar a campanha pela anistia para desferir um ataque frontal a Gladstone. Agora julgava imperativo mudar a atitude da classe trabalhadora inglesa para com a Irlanda, mas para que isso acontecesse seria preciso que a paixão dos sindicalistas pelos liberais fosse contestada. Em 16 de novembro, ele abriu um debate no Conselho Geral sobre "a atitude do gabinete britânico na questão da anistia irlandesa". Falou durante uma hora e quinze minutos. Em sua resposta às demandas irlandesas pela "libertação dos patriotas irlandeses presos", sustentou Karl, "o sr. Gladstone deliberadamente insulta a nação irlandesa". Em apoio de sua resolução, Karl afirmou que "durante a eleição, Gladstone justificou a insurreição feniana e disse que quase todos os países se revoltariam em situação parecida". Também contrastou o apoio de Gladstone à "Rebelião de Donos de Escravos Americanos" com a sua pregação de "obediência passiva" ao povo irlandês.[164] Na reunião seguinte do Conselho, em 23 de novembro, Odger, em defesa de Gladstone, perguntou se não seria "impolítico" utilizar uma linguagem tão dura, quando o objetivo era conseguir a libertação dos presos. Thomas Mottershead, do sindicato dos tecelões, não só rejeitou qualquer demanda pela independência irlandesa, com base no argumento de que a Irlanda era necessária como defesa contra a França, como também defendeu com veemência a biografia política de Gladstone. Por fim, Odger sugeriu que a resolução poderia ser aprovada por unanimidade, desde que a palavra "deliberadamente" fosse omitida.[165]

"Ataquei o Gladstone", escreveu Karl para o dr. Kugelmann em 29 de novembro. A intenção da resolução apresentada por ele, explicou, naturalmente tinha outros motivos além de falar alto e decididamente em nome dos oprimidos irlandeses. [...] Estou cada vez mais convencido [de que] o negócio agora é martelar essa convicção nos ouvidos da classe trabalhadora — a de que eles jamais conseguirão realizar algo de decisivo aqui na Inglaterra enquanto não separarem definitivamente a sua atitude para com a Irlanda da atitude das classes dominantes, e não só fazerem causa comum com os irlandeses, mas até mesmo tomarem a iniciativa de dissolver a União.[166]

Mas o fato é que Karl não pôde participar da reunião de 7 de dezembro, na qual deveria abrir a discussão sobre a Irlanda e a classe trabalhadora inglesa. "Minha família não me permitiu ir nesta NEBLINA e no MEU ESTADO DE SAÚDE ATUAL."[167]

Não só a resolução de Karl sobre a Irlanda e a classe trabalhadora inglesa não foi discutida naquela ocasião, como também o assunto não voltou a ser discutido. O Conselho Geral apoiava as demandas irlandesas por independência, mas não estava preparado para ir além. Sindicalistas como Odger reviram sua posição no que dizia respeito ao endosso do uso da força pelos fenianos. Relutavam também em participar de um ataque incondicional a Gladstone, especialmente porque apoiavam o seu Projeto de Lei da Igreja e também o Projeto de Lei de Terras, que dominavam o programa legislativo do governo.[168] Além disso, em 1870, a projeção do fenianismo diminuiu. Em sua maioria, os próprios fenianos abandonaram a política da rebelião armada, e em 1874 passaram a apoiar uma campanha parlamentar pelo governo autônomo.

Ao longo dos anos 1870, o Conselho Geral preferiu deixar o assunto de lado. O único indício que sugere algum envolvimento foi uma "circular" supostamente enviada pelo Conselho Geral para "o Conselho Federal da Suíça Romântica", com o propósito aparente de responder a um ataque à sua conduta constitucional que saiu no *Egalité*, jornal de Genebra simpático a Bakunin.

O principal objetivo da circular era contestar a proposta de separar o Conselho Geral do Conselho Federal, que atuaria como a filial inglesa da Associação. Em defesa da posição do Conselho Geral, a circular desenvolveu uma ambiciosa análise especulativa da queda do Império Britânico e do mercado mundial. Ali se declarava que, embora a revolução pudesse começar na França, "só a Inglaterra serve de alavanca para uma séria revolução *econômica*". Tratava-se de um país cuja população era em sua maioria formada por trabalhadores assalariados, e onde a luta de classes e a organização da classe trabalhadora pelos sindicatos "alcançaram certo grau de maturidade e universalidade". A Inglaterra dominava o mercado mundial; era o centro mundial do landlordismo e do capitalismo. Seu ponto fraco era a Irlanda.

A principal preocupação da Associação era "promover a revolução social na Inglaterra. Nesse sentido, um grande golpe deve ser desferido na Irlanda". O poder do landlordismo inglês dependia bastante da propriedade absenteísta da terra irlandesa, enquanto a burguesia inglesa fortalecia o seu poder forçando a imigração de trabalhadores pobres irlandeses. Isso dividiu o proletariado da Grã-Bretanha em dois campos hostis:

> O trabalhador inglês comum odeia o trabalhador irlandês como um rival que reduz os salários e o PADRÃO DE VIDA. Sente por ele antipatias nacionais e religiosas. Enxerga-o, de certa forma, como os BRANCOS POBRES dos estados sulistas da América do Norte enxergavam os escravos negros.

Promovendo-se a independência irlandesa e destruindo-se o poder do landlordismo, tornava-se possível o colapso da classe dominante. Portanto, era imperativo levar a classe trabalhadora inglesa rumo à moção de Revogação da União. Para tanto, era uma *"precondição da emancipação da classe trabalhadora inglesa* transformar a atual *união forçada* (ou seja, a escravização da Irlanda) numa *confederação igual e livre*, se possível, e numa *separação completa*, se necessário".

Escrita em francês e classificada de documento "confidencial", a circular escapou das cautelas elementares que normalmente cercam os documentos oficiais. Fossem quais fossem os méritos de sua interpretação das relações entre a classe trabalhadora inglesa e a Irlanda, a discussão sobre como esse objetivo político poderia ser alcançado resultou num desinibido voo de fantasia, mais fácil de ser encontrado em correspondência particular. Não se deveria confiar a revolução aos ingleses:

> O Conselho Geral, achando-se agora na *feliz* posição de *ter a mão diretamente nessa grande alavanca da revolução proletária*, que loucura, poderíamos dizer talvez até que crime, deixar essa alavanca cair somente em mãos inglesas! [...] Os ingleses têm todo o *material* necessário para a revolução social. O que lhes falta é o *espírito de generalização e ardor revolucionário*.

Isso poderia ser fornecido pelo Conselho Geral, capaz de "acelerar o movimento verdadeiramente revolucionário neste país, e consequentemente *em qualquer lugar*".[169] A circular dava a entender que era produto do Conselho Geral. No começo da circular, declarava-se: "Em sua reunião extraordinária de 1º de janeiro de 1870, o Conselho Geral resolveu [...]". Mas não há evidências de que essa reunião tenha sido realizada.[170] Também não é provável que os membros do Conselho Geral aprovassem esse documento.

Na abordagem de Karl, fazia-se de conta que as complexidades da situação irlandesa não existiam. Sua análise baseava-se na premissa irreal de que divisões religiosas e sectárias logo desapareceriam. Numa carta para o dr. Kugelmann em 1868, ele escreveu que uma vez removida a Igreja irlandesa, "os arrendatários protestantes da província do Ulster farão causa comum com os arrendatários católicos e seu movimento em outras três províncias da Irlanda, visto que até agora o LANDLORDISMO conseguiu explorar esse antagonismo *religioso*".[171] Ao longo de 1870, Karl persistiu nessa interpretação da Irlanda como chave para o advento da revolução social, primeiro na Inglaterra e depois, por extensão, no mundo. Em março de 1870, escreveu para Lafargue:

> Para acelerar o desenvolvimento social na Europa, é preciso insistir na catástrofe da Inglaterra oficial. Para tanto, é preciso atacá-la na Irlanda. É o seu ponto mais fraco. Com a Irlanda perdida, o "Império" britânico desaparece, e a guerra de classes na Inglaterra, até agora sonolenta e crônica, assumirá formas agudas. Mas a Inglaterra é a metrópole do landlordismo e do capitalismo do mundo inteiro.[172]

Entretanto, sem novos indícios da "pressão de fora", que dera alguma substância às esperanças de 1866-7, a análise parecia abstrata e doutrinária.

O foco na Irlanda era, em parte, resultado da frustração sobre a falta de novos acontecimentos decisivos na Inglaterra, somada ao desapontamento com a relutância dos sindicatos em avançar além de suas posições iniciais. Até 1871, Karl era uma figura respeitada, apesar de isolada, no Conselho Geral. Fora as tradições autóctones de radicalismo, havia os mazzinianos, mas não havia marxistas. Havia também comtianos: intelectuais, como Mill, que lutavam com Comte, ou se tornaram positivistas comtianos, como Edward Beesly e Frederic Harrison. Karl ganhou notoriedade depois da Comuna de Paris e da publicação de *A guerra civil na França*, em 1871. Mas não havia interesse mais amplo pelas ideias marxistas até o aparecimento de *O capital* em francês, a partir do fim dos anos 1870. É provável, como diria posteriormente George Howell, que pouco se soubesse de suas ideias mais amplas, além das questões práticas de interesse da Associação. As opiniões de Karl e as dos sindicalistas do Conselho Geral convergiam em alguns pontos importantes — a limitação da jornada de trabalho nas fábricas e do trabalho juvenil, a educação secular e a propriedade da terra. Mas a linguagem de classe enunciada pelos sindicalistas ingleses diferia substancialmente daquela imaginada por Karl.

Karl, e Engels antes dele, entendia essa linguagem apenas pela metade, da maneira como era enunciada no radicalismo e no cartismo. Enquanto Karl concebia classe como um fenômeno puramente social, para os radicais ingleses a classe era inseparável da opressão política resultante de uma Constituição desequilibrada. Socialmente, havia bons e maus empregadores; quanto à hostilidade contra os empregadores, se é que havia, era política — seu conluio num Estado dominado pela aristocracia fundiária. Os sindicalistas preferiam colaborar com os que apoiavam a reforma, com os "liberais avançados", como Mill. Os sindicalistas aprovavam a arbitragem, sempre que possível, só apoiando greves quando necessárias. As formas mais viscerais de hostilidade de classe, quando havia, eram dirigidas contra a aristocracia fundiária. A posição deles era baseada não no trabalho, mas na conquista. A reforma agrária, fosse na forma de abolição da primogenitura recomendada pela Associação da Reforma da Posse da Terra, de Mill, ou na da propriedade pública da terra, tal como defendida pela Liga da Terra e do Trabalho, já fazia parte, havia muito tempo, da tradição radical.

Os líderes sindicais com quem Karl tinha que tratar na Internacional — George Odger, George Howell, Randall Cremer, Robert Applegarth, Thomas Mottershead, John Hales, entre outros — pertenciam a determinada geração. Sua atitude diante do conflito industrial tinha sido influenciada pelo clima político da década de 1850. O momento decisivo foi a grande onda grevista de 1853--4: em particular, a greve em Preston, acontecimento de importância suficiente para inspirar Dickens a escrever *Tempos difíceis*. A onda de greves tinha marcado o primeiro ressurgimento da atividade de massa da classe trabalhadora depois de 1848. Mas tentativas de relacionar esse movimento ao cartismo falharam. Tanto a imprensa radical como sua contrapartida endinheirada falavam da luta em novos termos. Falavam da harmonia ou do conflito de interesses entre "capital" e "trabalho", uma nova retórica econômica bem distinta daquela da agitação cartista de 1837 a 1842.[173] Foi o primeiro passo no processo pelo qual as classes trabalhadoras vieram a ser reconhecidas como legítimas negociadoras dentro do Estado. A imprensa endinheirada pela primeira vez se referia à classe trabalhadora como o "quarto estado", com legítimos interesses e reivindicações.[174]

A nova atitude para com as relações industriais era produto da mudança do clima político depois da morte do cartismo em 1848. Após a drástica reestruturação sofrida nas décadas de 1830 e 1840, o Estado abriu mão do papel saliente que desempenhara no mercado de trabalho. O conflito entre "capital" e "trabalho" já não tinha conotações políticas imediatas. O cartismo havia sido uma luta não contra o sistema de salários como tal, mas contra seus abusos, incentivados e facilitados por um Estado corrupto. A mudança de postura do Estado nas décadas de 1850 e 1860 foi acompanhada por novas atitudes da parte das classes trabalhadoras.

Enquanto devotava atenção ao que acontecia na economia inglesa entre 1850 e 1870, Karl mal notou a mudança de caráter do Estado e do sistema político. Em 1844, Engels tinha subestimado seriamente a importância dos "direitos de nascença" na Inglaterra, e Karl não questionou a posição de Engels. Como 1848 tinha indicado, a liberdade de imprensa e a liberdade de associação não eram características legitimadoras desimportantes do sistema político inglês numa época em que não existiam em nenhuma outra parte da Europa.

Nos vinte anos seguintes, a legitimidade moral do Estado e do sistema político aumentou substancialmente. Os excessos da "velha corrupção" foram reduzidos; os não conformistas conseguiram abrir uma brecha no monopólio anglicano de empregos públicos e educação superior; a jornada de trabalho foi restringida; fundos sindicais passaram a ser legalmente protegidos; as greves foram mais toleradas; e, em 1867, uma proporção significativa das classes trabalhadoras adquiriu o direito de voto. As diferenças de clima político entre a Grã-Bretanha e o continente foram ressaltadas por Robert Applegarth, o líder da Sociedade de Carpinteiros e Marceneiros Unidos, que comentou no Congresso da Internacional de 1869 na Basileia: "Felizmente, na Inglaterra não precisamos rastejar por buracos e cantos para que um policial não nos veja".[175]

PARTE II

9. A GUERRA FRANCO-PRUSSIANA

O Congresso da Internacional de 1870 deveria ser realizado em Paris, mas foi transferido para Mainz por causa da persistente perseguição à Associação na França. Em 19 de julho de 1870, porém, duas semanas antes da data marcada, a França declarou guerra à Prússia, e o congresso foi cancelado. A guerra era produto de ambição dinástica combinada com incitação nacionalista. Temores franceses de um cerco tinham sido despertados pelo apoio de Bismarck a uma reivindicação dos Hohenzollern ao trono da Espanha. A intenção de Bismarck ao estimular um ânimo belicoso na França (mas sem iniciar ele próprio a guerra) era aproximar a Alemanha meridional da Confederação da Alemanha do Norte, dominada pela Prússia. Os Hohenzollern tinham renunciado à reivindicação. Mas a opinião pública francesa ficara inflamada com a afronta à França desferida pelo rei prussiano durante a retirada da reivindicação (o famoso telegrama de Ems). Em vista da trivialidade da razão apresentada para a guerra e da reputação de aventureirismo militar de Bonaparte, de início as simpatias penderam para os prussianos; supostamente, eles tinham sido forçados a travar uma guerra defensiva. Como disse Jenny, a filha de Karl, em carta ao dr. Kugelmann:

> Ainda não nos recuperamos da nossa surpresa e indignação com essa mudança de situação. [...] Em vez de lutarem pela destruição do Império, o povo francês está se sacrificando para o seu engrandecimento. Esse ressurgimento do chauvinismo no século XIX é, verdadeiramente, uma farsa terrível.[176]

O apoio inicial de Karl aos prussianos foi enfático:

> Os franceses mereciam uma boa surra. Se os prussianos ganharem, então a centralização do PODER ESTATAL será benéfica para a centralização da classe trabalhadora alemã. Com o predomínio alemão, o centro de gravidade do movimento operário europeu ocidental será transferido da França para a Alemanha.

A partir de 1866, acrescentou ele, a classe trabalhadora alemã tinha sido "superior à francesa tanto em teoria como em organização". A vitória prussiana asseguraria "o predomínio da *nossa* teoria sobre a de Proudhon". Ele achava também que a derrota de Bonaparte provavelmente provocaria uma revolução na França, ao passo que uma derrota alemã "serviria apenas para prolongar a presente situação por vinte anos".[177]

Em 23 de julho de 1870, Karl foi autorizado pelo Conselho Geral a redigir um "Discurso" sobre a guerra. Bonaparte, declarava o "Discurso", estava envolvido numa guerra puramente "dinástica", que seria "o dobre de finados do Segundo Império". Os alemães, por sua vez, travavam uma "guerra de defesa". Seria desastroso se a classe trabalhadora alemã viesse "a permitir que a guerra atual perdesse o seu caráter estritamente defensivo", mas "os princípios da Internacional" estavam "por demais arraigados entre as classes trabalhadoras alemãs para que se tema esse triste desfecho". Em contraste com a "velha sociedade, suas misérias econômicas e seu delírio político", concluía o "Discurso", uma "nova sociedade" estava brotando, cujo "governo internacional" seria a *Paz* e o *Trabalho*.[178] Na Grã-Bretanha, o "Discurso" foi muito bem recebido. Na reunião do Conselho Geral de 2 de agosto, relatou-se que John Stuart Mill teria ficado "muito satisfeito com o discurso. Não havia uma palavra que não devesse estar lá; e não poderia ter sido escrito com menos palavras".[179]

A mobilização francesa foi lenta, e a superioridade militar alemã logo se impôs. Já na primeira semana de agosto, ficou claro até mesmo para Karl, que não entendia "coisa alguma de questões militares", que os franceses estavam condenados à derrota. "Raramente uma campanha foi conduzida de modo mais estúpido, mais sem planejamento, mais medíocre, do que esta campanha." Mas as esperanças sobre a influência refreadora do movimento dos trabalhadores foram logo frustradas. Engels fez uma avaliação mais sombria desde o começo: "Luís Bonaparte percebe que calculou muito mal". A campanha não poderia terminar bem para ele. Qualquer esperança de uma "guerra falsa" da parte dos prussianos seria perda de tempo. "*On ira au fond*" ("Lutaremos até o fim").[180] As demandas prussianas logo deixaram isso bem claro — o pagamento de uma indenização de 5 milhões de francos e a perda da Alsácia e a maior parte da Lorena.

Karl atribuiu essa mudança de ambição à "camarilha prussiana" e aos "patriotas de cerveja do sul da Alemanha". Também via com grande clareza que "o apetite pela Alsácia e pela Lorena [...] seria o maior infortúnio para a Europa e acima de tudo para a Alemanha".[181] A guerra, como Karl previra, também pôs fim ao Segundo Império. Em 2 de setembro, Bonaparte, com um exército de 120 mil homens, rendeu-se em Sedan. Em 4 de setembro, o Corps Législatif declarou o fim do Império, enquanto um grupo de deputados republicanos proclamava a República. Bonaparte foi responsabilizado pela guerra, mas as demandas de Bismarck continuavam valendo. A guerra agora significava a defesa da nação e da República.

Em resposta ao que tinha acontecido, o Conselho Geral divulgou em 9 de setembro um "Segundo Discurso", também redigido por Karl. Nessa mensagem, a mudança da Alemanha para uma "política de conquista" foi atribuída à classe média liberal alemã, "com seus professores, seus capitalistas, seus vereadores e seus escritores", irresoluta desde 1846 em sua luta pela liberdade civil, mas agora "imensamente feliz por dominar a cena europeia como o leão rugidor do patriotismo alemão". Os argumentos militares alemães para anexação, as chamadas "garantias materiais", foram escarnecidos. A França teria de se tornar "o instrumento *declarado* de engrandecimento russo, ou, depois de um breve descanso", preparar-se para outra guerra, "não uma dessas guerras 'localizadas' modernas, mas uma *guerra de raças* — uma guerra contra as raças eslava e românica combinadas".[182]

Numa carta que escreveu para Friedrich Sorge na mesma época, Karl foi mais explícito: "O que os asnos prussianos não percebem é que esta guerra atual está levando, inevitavelmente também, a uma guerra entre a Alemanha e a Rússia, assim como a guerra de 1866 levou a uma guerra entre a Prússia e a França". O "melhor resultado" dessa guerra seria o fim da "Prússia", uma vez que o "prussianismo" só poderia existir "em aliança com a — e em submissão à — Rússia". Em segundo lugar, essa guerra atuaria como "a parteira da inevitável revolução social na Rússia".[183]

O "Segundo Discurso" ainda fazia uma saudação ao "advento da República na França", ao mesmo tempo que advertia que o novo governo francês, composto de orleanistas e republicanos de classe média, poderia servir de mero "recurso provisório" no caminho para a restauração orleanista. Mas os "trabalhadores franceses" não deveriam tentar perturbar a nova administração: "Qualquer tentativa de perturbar o novo governo na crise atual, quando o inimigo está quase batendo às portas de Paris, seria uma tolice desesperada". Isso parecia um perigo real, em vista da crescente probabilidade de uma derrota francesa. Mesmo antes da queda de Bonaparte em Sedan, o Exército francês se mostrara desanimado. Após uma série de derrotas em agosto, um cerco prussiano de Paris parecia inevitável. A nomeação do conservador Louis-Jules Trochu como governador militar da região de Paris e a recusa a trazer de volta o Exército francês sob o comando de Bazaine para defender a capital fizeram acreditar que a principal preocupação do imperador não era proteger Paris, mas conter a agitação civil na cidade.

Com o fim do Império e exércitos prussianos avançando rumo a Paris, a única força séria que restou para defender a capital foi a Guarda Nacional, que estava armada e de posse de canhões para serem usados na defesa da cidade. Ao contrário dos exércitos imperiais e da Guarda Móvel de 15 mil homens de Trochu, a Guarda Nacional tinha se tornado cada vez mais bem organizada durante a guerra. Tornara-se também uma força militantemente republicana. Crescera para 134 batalhões, num total de 170 mil a 200 mil homens, e durante a primeira semana de setembro, com o acréscimo de novos batalhões, esse número subiu para 340 mil. Os homens da Guarda Nacional elegiam os comandantes de companhia. Eram predominantemente trabalhadores e homens das classes médias baixas, desconhecidos fora dos seus *quartiers* particulares, e ganhavam 1,50 franco por dia, com o pagamento de extras para mulheres e filhos. Esse soldo era de importância crucial, uma vez que, com o fim das atividades econômicas dos tempos de paz, os parisienses mais pobres tinham se tornado cada vez mais dependentes dos seus *"trente sous"* diários para sustentar a família.

Os alemães decidiram não bombardear a cidade, mas subjugá-la pela fome. O sítio começou em 18 de setembro de 1870 e durou até o armistício, em 28 de janeiro de 1871. Os parisienses esperavam ser socorridos pelo exército de Bazaine em Metz. Mas em 31 de outubro Metz caiu e o exército de 150 mil homens se rendeu. Ao mesmo tempo, parecia que tentativas de negociar um armistício com os prussianos estavam sendo conduzidas pelo veterano conservador Adolphe Thiers. Agora parecia que a aceitação da derrota pelos parisienses era apenas uma questão de tempo.

Mas não era assim que os parisienses interpretavam a situação. Os parisienses votavam contra Bonaparte desde 1863 e ressentiam-se do fato de lhes ter sido negado um governo municipal autônomo. O crescimento acelerado de construções de Haussmann resultara numa migração fenomenal para a cidade, deixando alarmados os moradores mais ricos. Operários da construção civil agora constituíam 20% da população urbana, num cenário econômico cada vez mais instável. Uma recessão econômica em 1867-8 tinha sido seguida por uma onda de greves em 1869-70, resultando na quebradeira de um grande número de pequenos patrões.

A população trabalhadora era republicana e anticlerical. A aliança de Bonaparte com a Igreja católica era particularmente antipatizada. Depois de 1848, não só a Igreja tinha bloqueado a unificação italiana apegando-se às suas possessões temporais com ajuda francesa; também promovera oficialmente os acontecimentos ditos milagrosos de Lourdes, e em seu "Sílabo dos Erros" de 1864 rejeitara peremptoriamente qualquer concessão ao liberalismo e ao Iluminismo.[184] Em Paris, essa guinada reacionária da Igreja tinha sido contrabalançada pelo crescimento de um secularismo radical e militante enunciado por uma geração de estudantes, inspirados no ateísmo de Proudhon, no positivismo de Auguste Comte e na crítica religiosa de Renan, juntamente com os argumentos de darwinistas e outros materialistas naturais.

Mas, pelo menos até o armistício com a Prússia, o clima em Paris não era de revolução. Quando Metz caiu, uma tentativa blanquista de derrubar o governo fracassou por falta de apoio, e logo depois o governo fortaleceu sua posição realizando um plebiscito, em que saiu vencedor por grande maioria (221 374 votos contra 53 585). O governo realizou também eleições municipais, nas quais os revolucionários foram manifestamente derrotados, mesmo tendo conquistado importante ponto de apoio em alguns distritos operários.

Dentro de Paris, isolada do resto do mundo pelo cerco, a confiança em que a cidade superaria a situação e romperia as linhas inimigas para uma vitória final continuava forte. Entre os radicais, o cerco tinha produzido uma nova linguagem de patriotismo revolucionário, na qual cada vez mais se apelava à Comuna. Era uma referência à "Comuna revolucionária" de Paris de agosto de 1792, um momento em que a França sitiada, numa excepcional explosão de patriotismo, tinha partido para a vitória. Essa Comuna presidira o momento decisivo da Revolução. Derrubara a monarquia, transformara a defesa nacional introduzindo o serviço militar obrigatório universal (*levée en masse*) e provocara a morte de suspeitos de serem inimigos da Revolução nos Massacres de Setembro. A potência do termo "Comuna" vinha do fato de ele concentrar numa só palavra a ideia de defesa nacional, de democracia local e de revolução. Essa linguagem alimentava a crença de que cidadãos republicanos dedicados eram capazes de derrotar os desmoralizados exércitos da monarquia. Líderes revolucionários e comandantes da Guarda Nacional expressavam "quase diariamente em discursos, poemas, panfletos, cartazes e artigos sua total determinação de buscar *la résistance à outrance* [a resistência extrema], de morrer antes de se entregar, de organizar uma *sortie torrentielle* [saída torrencial]".[185]

Em 30 de novembro, uma investida de 60 mil homens, cuja intenção era juntar-se ao Exército do Loire, não conseguiu romper as linhas alemãs e sofreu 10 mil baixas. Em janeiro de 1871, Bismarck tentou fazer a cidade entregar-se com bombardeios, mas sem êxito. Em resposta, Trochu, finalmente cedendo aos argumentos de patriotas republicanos, utilizou unidades de combate da Guarda Nacional numa investida para atacar o quartel-general prussiano em Versalhes. Mas o ataque de 90 mil soldados franceses, incluindo 42 mil da Guarda Nacional, logo foi contido, deixando 4 mil mortos ou feridos. Humilhados e furiosos, batalhões radicais da Guarda Nacional insistiram em continuar resistindo. Mas o governo, apoiado pela maioria da população fora de Paris, passou a buscar um armistício, que foi firmado em 28 de janeiro de 1871.

Paris suportou em vão um cerco de quatro meses. O governo foi responsabilizado pela derrota. Em 8 de fevereiro, realizou-se uma eleição nacional para aprovar os termos de paz. Conservadores apoiados por eleitores rurais fizeram campanha pela paz. Republicanos de áreas urbanas, e acima de tudo Paris, queriam a continuação da guerra. O resultado foi uma Assembleia Nacional formada por quatrocentos conservadores, na maior parte monarquistas, e 150 republicanos. A resistência parisiense a essa Assembleia, dominada por *les ruraux* (a gente do campo), era intensa. O fanatismo e a hostilidade dos interioranos à República, dizia-se, eram alimentados pela Igreja através do confessionário.

Acontecimentos subsequentes ameaçaram ainda mais o prestígio e a posição de Paris. O Governo de Defesa Nacional, republicano moderado, foi substituído por um novo governo conservador nomeado pela Assembleia Nacional e chefiado por Adolphe Thiers. Em 10 de março, a Assembleia Nacional foi transferida de Bordeaux, não para Paris, mas para Versalhes, onde poderia ficar a uma distância segura do "populacho". A própria Assembleia decidiu escalonar o pagamento de letras de câmbio comerciais, medida que deixou alarmados os pequenos comerciantes, especialmente em Paris. Temia-se que a medida fosse seguida por uma legislação para obrigar o pagamento de aluguéis atrasados e acabar com os *trente sous* diários pagos para a Guarda Nacional. Suspeitava-se que a Assembleia Nacional tomaria providências para restaurar a monarquia, logo que fosse possível.

Em 1º de março, os prussianos realizaram um desfile da vitória na Champs-Élysées. Em resposta à vergonha e à ameaça representadas pelos soldados prussianos dentro dos muros da cidade, a Guarda Nacional restabeleceu-se como Federação Republicana para resistir ao desarmamento e preparar-se para continuar a guerra. Realizou grandes manifestações patrióticas e republicanas, a partir de 24 de fevereiro — aniversário do início da Revolução de 1848. Começou também a coletar fuzis e munição para evitar que caíssem nas mãos dos alemães. Finalmente, transferiu de trezentos a quatrocentos canhões (que alegava pertencerem ao povo de Paris, e não ao governo) para longe de parques de artilharia oficiais e para o alto das colinas de Montmartre, Belleville e Paris oriental.

A hostilidade contra Paris revelada pelas medidas da Assembleia Nacional atrapalhou as tentativas do governo de negociar a entrega dos canhões. Mas a entrega era essencial, pois enquanto a Guarda Nacional continuasse de posse de suficientes meios de defesa, o controle governamental da cidade não poderia ser efetivado. Para resolver o impasse, Thiers decidiu tomar as armas de surpresa. Antes do amanhecer de 18 de março, tropas regulares foram despachadas para escalar os altos de Montmartre e recuperar os canhões. Mas milhares de homens da Guarda Nacional, juntamente com mulheres e crianças, apareceram para impedir. Impossibilitados de avançar, os soldados ignoraram as ordens dos oficiais para dispersar os manifestantes à força, e então confraternizaram com a multidão. Dois generais impopulares, um deles designado para comandar a Guarda Nacional e o outro tido como responsável por dar a ordem para que as tropas atirassem contra os manifestantes, foram levados dali e fuzilados. Barricadas foram erguidas por toda a cidade. Paris estava fora de controle. O governo e o alto-comando do Exército retiraram-se com todas as tropas disponíveis para Versalhes. Paris ficou nas mãos da Guarda Nacional, cujo Comitê Central da Federação Republicana se estabeleceu como governante de facto de Paris no Hôtel de Ville.

10. A COMUNA E A GUERRA CIVIL NA FRANÇA

É impossível compreender a Comuna a não ser como produto das circunstâncias, praticamente únicas, resultantes do cerco e da guerra. Imaginar uma cidade mundial de repente forçada ou habilitada a construir sua própria forma de direito e de governo a partir do zero era algo inédito e inimitável. Foi também uma liberdade criada pela tragédia. A Comuna terminou num dos mais notórios massacres do século XIX. Isso aconteceu em boa parte porque os dois lados estavam armados e porque a matança era vista como um ato de guerra. O ressentimento produzido pela polarização de posições nos meses seguintes ao colapso do

Império baseava-se num antagonismo muito mais antigo. A Federação Republicana aumentou o seu apoio com comemorações de 24 de fevereiro de 1848 e a fundação da República Democrática e Social. Versalhes e a França rural, por outro lado, eram, em sua maioria, velhos defensores de Bonaparte, que chegara ao poder na votação presidencial de dezembro de 1848 como líder do país contra a Paris revolucionária, e reafirmara triunfalmente o seu mandato no plebiscito de 1870.

Nos dias seguintes a 18 de março, havia relutância em empregar o termo "Comuna". A súbita e completa evacuação de Paris pelo governo causou perplexidade. O Comitê Central da Guarda Nacional não mostrava grande vontade de apegar-se ao poder que lhe caíra no colo. Na imprensa e na Guarda Nacional, esperava-se que um acordo fosse alcançado com o governo. A melhor maneira de consegui-lo, no entendimento dos prefeitos locais, dos deputados parisienses da Assembleia Nacional e do próprio Comitê Central, era realizar eleições para uma câmara municipal que pudesse negociar um arranjo.

As eleições foram realizadas em 26 de março. Mas o plano produziu efeitos contrários ao que se esperava: o governo de Versalhes anunciou que não reconheceria a legitimidade da votação, o que levou muitos conservadores a deixar a cidade ou boicotar as eleições. Como resultado, o apoio eleitoral à esquerda republicana radical aumentou imensamente. A nova câmara, formada por 73 radicais e apenas dezenove moderados, adotou de imediato o nome "Comuna de Paris". O que tinha começado como uma defesa da Guarda Nacional transformou-se numa revolução. Como disse Benoît Malon, "jamais uma revolução surpreendeu tanto os revolucionários".[186] As eleições, destinadas a abrir caminho para negociações, resultaram numa confrontação ainda mais violenta. A verdade é que, desde o começo, não se tinha uma ideia muito clara do tipo de acordo que poderia ser alcançado. Demandas por autonomia municipal e pelo reconhecimento da República pela Assembleia Nacional equivaliam à demanda por um Estado dentro do Estado. Thiers insistia em afirmar que a Comuna não tinha legitimidade, e portanto não havia nada a negociar. Aos *communards* só restava depor as armas e se render.

Vendo-se inesperadamente no governo, a Comuna produziu com atraso "Uma Declaração para o Povo Francês" em 19 de abril, apresentando o "Programa de Paris". As demandas incluíam "o reconhecimento e a consolidação da República" e a extensão da "autonomia absoluta da Comuna" a todas as localidades da França. A França se tornaria uma federação de comunas, cada qual com controle absoluto sobre a economia, a administração, a segurança e a educação. Seria a inauguração de

> uma nova era de política experimental, positiva e científica. [...] É o fim do velho mundo governamental dominado pelo clero, de militarismo, de burocracia, exploração, fraude de mercado, monopólios, privilégios, ao qual o proletariado deve a sua servidão, e a pátria o seu sofrimento e os seus desastres.[187]

Qualquer possibilidade que ainda houvesse de negociar com Versalhes desapareceu com as primeiras escaramuças militares nos subúrbios ocidentais de Paris em 2 de abril. As tropas de Thiers travaram combates com uma concentração de homens da Guarda Nacional em Courbevoie e alcançaram uma vitória. Trinta *communards* foram feitos prisioneiros e sentenciados a execução sumária. Em resposta, a Comuna reuniu 20 mil homens e despachou quatro colunas na direção de Versalhes, uma delas sob o comando de Gustave Flourens, amigo de Jenny. Um coronel que viu os homens da Guarda Nacional saírem de Paris para Versalhes notou a desordem: cada um carregava salsicha, pão e um litro de vinho. Alguns já bêbados cantavam, enquanto comerciantes espertos penetravam nas fileiras para lhes vender aguardente.[188]

Os líderes da Comuna tinham assegurado aos homens da Guarda Nacional que os soldados de Versalhes se recusariam a lutar, que apontariam seus fuzis para o chão, como tinham feito em 18 de março. Mas não foi bem assim. A investida deparou com incessantes bombardeios, e só uma coluna teve algum êxito, mas mesmo essa foi obrigada a recuar por falta de apoio. Flourens, comandante capaz e cheio de energia, foi capturado e brutalmente morto por um gendarme. Outros comandantes que tinham capitulado também foram mortos, apesar de indícios iniciais de que seriam poupados. Em 4 de abril, as tropas de Versalhes lançaram um contra-ataque, tomando várias posições defensivas em volta da cidade. A Comuna tinha perdido cerca de 3 mil combatentes, mortos ou capturados. Mas, ainda assim, o estado de espírito dentro da cidade bem fortificada continuava otimista.

A tarefa de improvisar um novo sistema de governo em poucos dias deixou muitas questões não resolvidas, em particular as jurisdições das autoridades e a divisão de funções. O Comitê Central da Guarda Nacional supostamente entregou o poder aos eleitos para a câmara executiva da Comuna em 26 de março. Mas, na realidade, o Comitê Central não só continuou existindo por toda a subsequente duração da Comuna como exercia autoridade independente, na qualidade de "guardião da revolução". Esse é apenas um dos muitos exemplos de situações em que a sobreposição de autoridades prejudicava a eficiência do conjunto. A Câmara da Comuna reunia-se quase todos os dias no Hôtel de Ville, mas sua autoridade era limitada pelas *mairies* [prefeituras] de cada um dos *arrondissements* [distritos]. Em vez de uma distinção convencional entre Legislativo e Executivo, a Comuna estabeleceu "comissões" executivas, chefiadas por "delegados". Essas "comissões" se reuniam duas vezes por dia no Hôtel de Ville. Mas a consequência dessa distribuição democrática de responsabilidade era a incessante convocação de longas e quase sempre improdutivas reuniões, nas quais se perdia muito tempo discutindo questões irrelevantes.

Fazer cumprir decisões também era um problema. A Câmara dependia da boa vontade de prefeitos, vice-prefeitos, policiais e membros da Guarda Nacional em cada *arrondissement*. Embora muitos desses funcionários colaborassem, alguns eram indiferentes ou criavam dificuldades. Apesar dos obstáculos, a Comuna contava com o apoio da grande maioria e conseguia atuar com eficácia no interesse da gente comum de Paris. A Comuna proibiu o despejo de inquilinos incapazes de pagar aluguéis atrasados, reescalonou pagamentos de dívidas ao longo de três anos (e não em três meses como decretado pela Assembleia Nacional) e suspendeu a venda de artigos para quitação de dívidas em lojas de penhores municipais. Proibiu também o trabalho noturno nas padarias — medida vista por alguns como "socialista", mas, na verdade, pouco mais radical do que a limitação da jornada de trabalho nas fábricas imposta por parlamentos ingleses. Finalmente, graças a um empréstimo negociado com o Banco da França, a Comuna conseguiu manter o pagamento dos *trente sous* diários para os homens da Guarda Nacional.

A maioria dos *communards* era formada por trabalhadores qualificados em indústrias artesanais de pequena escala bem estabelecidas, junto com pequenos empregadores, empregados de escritório, mulheres (ativas como *ambulancières* e *cantinières*) e estudantes radicais. Eram "proletários" de acordo com o uso do termo pelos franceses daquela época: precisavam trabalhar para subsistir. A distinção política mais saliente não era entre "burguesia" e "proletariado", mas entre "produtores" e "desocupados". Como declaravam os jornais republicanos e revolucionários em 1871, "enquanto o Segundo Império fomentava o ódio" entre "nossos bravos proletários" e "nossos bons burgueses", na República "o povo e a burguesia trabalhadora são uma coisa só". A parte da burguesia que não fazia parte do povo era formada por aqueles que tinham se aproveitado do sistema político corrupto do Segundo Império, especuladores e exploradores do povo.

Acima de tudo, os *communards* eram defensores da República Democrática e Social. A Revolução de 1789 tinha emancipado a burguesia, e a de 1848 pretendera emancipar o proletariado. O inimigo tinha sido o Estado, especialmente o Estado autoritário do Segundo Império — o soldado, "o policial acreditado sob juramento", o coletor de impostos, o funcionário que não prestava contas e o "magistrado indemissível".[189] O ideal era a "federação". O poder político seria devolvido para as comunidades democráticas; a exploração seria abolida colocando-se a produção nas mãos de cooperativas de trabalhadores. Mas ainda haveria lugar para os pequenos senhores e patrões de Paris, parte importante do apoio à Comuna.

Esses ideais estavam antes de mais nada associados ao nome de Proudhon, que segundo o pintor Gustave Courbet era "o Cristo" do socialismo *communard*. Mas seria um erro demarcar com muita nitidez os supostos limites entre as diversas formas de republicanismo, mutualismo e socialismo que apareceram na década de 1860. Os líderes da Comuna, sobretudo os que tinham se tornado politicamente engajados nos três ou quatro anos anteriores à guerra, eram ecléticos em suas crenças. Dos 79 membros da Câmara da Comuna, 25 eram maçons, 34 pertenciam à Internacional e 43 eram ou tinham sido membros do Comitê Central da Guarda Nacional.[190] No fim dos anos 1860, embora o nome de Proudhon fosse reverenciado por muitos ativistas, a maioria dos líderes se opunha ao seu conceito de exclusão do trabalho feminino fora de casa, assim como à sua rejeição a greves e à sua recusa a reconhecer a eficiência da revolução política. Típico era o éthos da filial parisiense da Internacional, que nos anos que precederam a guerra tinha se tornado uma mescla de ideias socialistas, sindicais e cooperativistas. Mas um ponto comum de acordo era a declaração constante do preâmbulo dos estatutos da Internacional, de que "a emancipação dos trabalhadores deve ser obra dos próprios trabalhadores". Com base nisso, depositava-se fé em organizações controladas por trabalhadores (cooperativas, *chambres syndicales*), juntamente com a oposição geral ao Estado centralizado e autoritário.[191]

No fim da década de 1860, tinha havido convergência entre os diferentes grupos (mutualistas, coletivistas, comunistas antiautoritários e até mesmo blanquistas). Mas no decorrer de abril de 1871, a posição cada vez mais periclitante da Comuna produziu um racha entre jacobinos e blanquistas, de um lado, e entre federalistas, socialistas democráticos e proudhonianos, de outro. Em 2 de abril, Versalhes começou a bombardear Paris, e a partir de então os bombardeios recrudesceram. No fim de abril, a situação militar ficou mais desesperadora. Depois do fracasso de Cluseret em sua tentativa de reorganizar a Guarda Nacional, propôs-se a criação de um Comitê de Salvação Pública: mais uma vez, outra tentativa de replicar as conquistas de 1793. Embora a maioria da Comuna tenha apoiado (por 34 a 28) essa proposta jacobino-blanquista, a minoria de federalistas, secularistas e ativistas de classe média a denunciaram como ditatorial e, depois de 15 de maio, deixaram de comparecer às reuniões da Comuna. Mais uma vez, porém, o curso dos acontecimentos lembrava aos *communards* que 1871 não era 1793, e pouco mais de uma semana depois o Comitê precisou ser substituído.

O motivo que levara Thiers a tirar tão espetacularmente as forças governamentais de Paris foi o fato de ter percebido que não dispunha de meios suficientes para esmagar a insurreição. Mais de 300 mil soldados e oficiais que se renderam em Sedan e Metz estavam internados em propriedades alemãs. No começo de abril, as tropas à disposição de Versalhes somavam 55 mil homens, mas Thiers calculava que pelo menos 100 mil seriam necessários para retomar Paris. Nesse meio-tempo, só lhe restava intimidar setores da cidade com bombardeios e recuperar alguns importantes postos avançados fora dos muros. Só depois de 10 de maio e da assinatura do Tratado de Frankfurt com a Prússia é que o Exército francês derrotado pôde voltar. Suas tropas deveriam formar um quarto dos 130 mil homens que Thiers empregou no assalto final contra a cidade.

Nesse ínterim, durante as dez semanas de existência da Comuna, a maioria dos parisienses desfrutou de uma sensação irreal de liberdade. A mudança mais visível na vida diária dizia respeito ao lugar da religião. O sistema de ensino foi secularizado, e peças teatrais antirreligiosas eram encenadas nas ruas. Formaram-se clubes de mulheres, e as próprias mulheres passaram a ser tratadas como *citoyennes*, em vez de *madames*. Tocava-se muita música, incluindo imensos concertos nas Tulherias e recitais públicos de poesia para ajudar os feridos. A atmosfera nas ruas foi comentada com desagrado por Goncourt: "Não dá para imaginar o sofrimento causado pelo despotismo exercido nas ruas por gente da ralé disfarçada de soldado". Mas apesar de as classes trabalhadoras de Belleville e Montmartre "baixarem" sobre a cidade em ocasiões festivas, e apesar de queixas quanto ao comportamento de membros bêbados da Guarda Nacional, o padrão geral de conduta parece ter sido bom, até mesmo cerimonioso. Os concertos eram decorosos: bastava de Offenbach. E não havia mais crimes de rua: em vez disso, uma cultura de autoaperfeiçoamento e sério controle de prostitutas.

A cidade foi perdida na noite de 22 para 23 de maio. As tropas de Versalhes invadiram pelo sudoeste, através dos baluartes abandonados pela Guarda Nacional. A Comuna convocou um levante em massa, mas a resposta foi pífia. A maioria só estava preparada para defender ruas dos próprios bairros, e de modo geral recuava depois que alguns tiros eram disparados. Os *communards* atearam fogo em edifícios públicos e tentaram livrar-se de armas, uniformes e qualquer outro material incriminador. Mas logo foram engolfados no massacre coletivo que acompanhou o episódio conhecido como Semana Sangrenta. Os soldados eram geralmente camponeses ignorantes que tinham ouvido dos seus oficiais que os *communards* eram insurgentes ilegais e criminosos. Dessa forma, muitos foram levados a acreditar que poderiam matar insurgentes capturados com a bênção de seus oficiais. Qualquer pessoa detida que portasse armas, ou que fosse suspeita de estar combatendo, era fuzilada na hora, assim como as chamadas *pétroleuses* (mulheres suspeitas de incendiar casas). Do lado dos *communards*, os poucos episódios de massacre foram de responsabilidade dos blanquistas. Darboy, o arcebispo de Paris, foi preso, e depois de fracassadas tentativas de trocá-lo pelo capturado Blanqui, ele e outros três foram executados em 24 de maio. No dia seguinte, houve um massacre de padres dominicanos, e no dia 26 cinquenta reféns em Belleville foram mortos, também por iniciativa dos blanquistas. Comparado a isso, porém, estima-se que de 1500 a 4 mil combatentes *communards* tenham sido executados.[192] Outros 40 mil foram detidos e transportados para a Nova Caledônia.

No Conselho Geral da Internacional, a Comuna foi discutida pela primeira vez em 21 de março, quando Engels e um sapateiro francês, Auguste Serraillier, tentaram corrigir deturpações na imprensa sobre a batalha pelos canhões.[193] Depois disso, ficou cada vez mais claro que o Conselho precisava divulgar uma declaração pública sobre a situação. Mas a dificuldade, como o presidente Hermann Jung explicou em 18 de abril, era que "na falta de comunicações diretas de Paris, tudo que tínhamos eram notícias falsas de jornal".[194] Karl concordou: só uma resolução geral era possível; uma mensagem seria divulgada posteriormente. Em particular, ele era pessimista quanto às chances de sobrevivência da Comuna. Numa carta para Kugelmann em 12 de abril, afirmara que erros cruciais tinham sido cometidos já no início. O Comitê Central entregara o poder à Comuna antes da hora e perdera um tempo precioso elegendo seus membros. Karl recriminava os *communards* por sua "decência" e achava que "deveriam ter marchado para Versalhes imediatamente".[195]

Na reunião do Conselho Geral em 25 de abril, Karl continuou a se queixar da ausência de cartas e jornais atualizados, e uma semana depois, em 2 de maio, esteve ausente. Engels anunciou que o *Discurso* ainda não estava pronto, e que Karl fora aconselhado a sair da cidade por motivos de saúde. Sua ausência estendeu-se de 9 a 16 de maio, e no dia 23 ele reapareceu. Temia que "o fim" estivesse "próximo", mas informou que o *Discurso* deveria estar pronto na semana seguinte. Finalmente, em 30 de maio, Karl concluiu o *Discurso* e o leu para o Conselho. Foi adotado por unanimidade. Mas àquela altura a Comuna não existia mais.

A guerra civil na França, panfleto de mais ou menos quarenta páginas, foi redigido com algum cuidado. Além da versão publicada, ainda sobrevivem dois rascunhos. Foi dividido em quatro seções. A primeira trazia um retrato do governo de Thiers, apresentado como uma galeria de vilões, uma infame cabala que supostamente conduzia a guerra contra a Alemanha, mas na verdade envolvida numa conspiração para acabar com a classe trabalhadora de Paris. Thiers é descrito como "esse gnomo monstruoso", durante cinquenta anos "a mais consumada expressão" da "corrupção de classe" da burguesia francesa. Igualmente aviltante era o retrato de Jules Favre, o ministro do Exterior responsável pelo tratado de paz com a Alemanha e pela cruzada contra a Internacional. Outros ministros descritos incluíam Ernest Picard, das Finanças, apresentado como *confrère* muito próximo do irmão Arthur, ladrão condenado e vigarista financeiro.

De acordo com a seção seguinte, que examinava as circunstâncias imediatamente anteriores à Comuna, a batalha de Versalhes contra Paris fora não apenas estimulada por ódio, mas também alimentada por corrupção. O governo republicano tinha negociado um empréstimo de 2 bilhões de francos. Desse montante, segundo os jornais, ministros receberiam 300 milhões de francos de comissão, mas somente se a resistência em Paris fosse esmagada.[196] Karl afirmava que a mentirosa alegação de Thiers de que a artilharia de Paris era propriedade estatal ofereceu o pretexto necessário para restabelecer o controle da cidade.

Na terceira parte do panfleto, tentava-se descrever o caráter político da Comuna. A Comuna não teria sido uma reação contra o poder do Estado em geral, mas contra o Estado francês, que nascera "dos dias da monarquia absoluta, servindo à incipiente sociedade de classe média como poderosa arma em sua luta contra o feudalismo". Era óbvio que "uma maquinaria estatal já pronta" desse tipo não poderia simplesmente ser tomada pela classe trabalhadora e "utilizada para alcançar seus próprios objetivos". Dessa forma, "o poder centralizado do Estado, com seus órgãos presentes em toda parte, exército permanente, polícia, burocracia, clero e magistratura", foi removido.[197] O exército permanente foi transformado num exército do povo; o Legislativo e o Executivo foram fundidos; esse órgão seria eleito por sufrágio universal, e seus membros receberiam salários de trabalhador para serem "responsáveis e revogáveis em curto prazo". A Igreja seria separada do Estado; a instrução passaria a ser gratuita e não mais sujeita a interferências do clero. Os juízes e magistrados seriam eleitos pelo povo.

Seria um erro tratar essa lista como uma descrição factual da estrutura constitucional da Comuna, ou de suas atividades diárias. Não era um relato do que a Comuna foi, mas do que poderia ter sido. As discrepâncias entre fato e suposta intenção ficavam bem claras pelo uso, no texto, do modo subjuntivo.[198] Na realidade, delegados e funcionários não recebiam salários de trabalhador, nem juízes e magistrados eram eleitos pelo povo. Nem era intenção registrada de nenhum dos seus verdadeiros participantes que a Comuna "servisse como alavanca para extirpar os alicerces econômicos da existência de classes e, consequentemente, da dominação de classe".[199]

A lista era em parte uma descrição real da Comuna, em parte uma projeção imaginária das mudanças que poderiam acompanhar a transição para o governo de produtores associados, no qual "todo homem se torna um trabalhador, e o trabalho produtivo deixa de ser atributo de classe".[200] Quanto às medidas "sociais" identificadas com a Comuna (por exemplo, a bastante citada proibição de trabalho noturno para padeiros), essas, como escreveu Karl num dos rascunhos, eram do tipo adotado por qualquer governo sitiado, e estavam "confinadas principalmente à defesa militar de Paris e ao seu *aprovisionamento*".[201]

As páginas finais completavam o relato de Karl da "conspiração da classe dominante para acabar com a Revolução, por meio de uma guerra civil executada sob patrocínio do invasor estrangeiro". O texto terminava com "a entrada dos pretorianos de MacMahon pelo portão de Saint-Cloud" e "a carnificina de Paris" que se seguiu. Narrava as dificuldades encontradas por Thiers no interior ao tentar formar uma Guarda Nacional provinciana contra Paris e os frustrantes resultados das novas eleições para a Assembleia Nacional. Finalmente, descrevia a "indizível infâmia" de Thiers, um "Sila" moderno, cuja "gloriosa civilização" precisava antes de qualquer coisa "livrar-se das pilhas de cadáveres que produziu quando a batalha já tinha terminado".[202]

A guerra civil na França não só foi escrito *em* inglês, mas *para* os ingleses. Trata-se do esforço mais notável de Karl para se expressar em termos coloquiais. Tradutores sérios do fim do século XIX devem ter quebrado a cabeça tentando encontrar o significado exato de *"ticket-of-leave men"* [presos autorizados a saírem da cadeia com uma espécie de certificado de liberdade condicional], *"gentlemen's gentlemen"* [criados de quarto], *"parson-power"* [poder do pároco], *"natural superiors"* [superiores naturais], *"shoddy men"* [norte-americanos que enriqueceram na Guerra Civil fabricando uniformes militares com algodão de qualidade inferior], e devem ter se perguntado quem seria "Joe Miller" [ator inglês do século XVIII). Se tivessem mergulhado nos rascunhos, ficariam intrigados também com o significado de *"turtle-soup guzzling aldermen"* [vereadores empanturrados de sopa de tartaruga], de *"circumlocution office"* [departamento de circunlóquios, ou de evasivas], *"the upper ten thousand"* [os 10 mil de cima], *"servants's hall"* [refeitório dos empregados] ou "Billingsgate" [mercado de peixes de Londres].

A ambição não era apenas capturar as cadências da fala popular, mas também justapor, em termos morais, a Paris de Versalhes e o Império contra a Paris da Comuna. A Paris imperial era apresentada como a *outra* imoral da Inglaterra vitoriana. Karl talvez tivesse uma antipatia especial por Jules Favre, como um dos republicanos "burgueses" responsáveis pela supressão da Revolta de Junho em 1848, mas no texto ele era exposto publicamente por "viver em concubinato com a mulher de um bêbado residente em Argel" e por garantir uma herança para os filhos desse adultério. Thiers era igualmente impugnado por captar as boas graças de Luís Filipe, "bancando o espião ministerial", enquanto "o carcereiro-*accoucheur* [parteiro] da duquesa de Berry", Jules Ferry, como prefeito de Paris, teria "feito fortuna à custa da fome". A Paris desses homens era uma "Paris fantasma".

> A Paris dos bulevares, homens e mulheres — a Paris rica, capitalista, dourada, ociosa, agora atulhando com seus lacaios, seus fura-greves, sua *bohème* literária e suas *cocottes* em Versalhes, Saint-Denis, Rueil e Saint-Germain; considerando a guerra civil apenas um passatempo agradável, assistindo à batalha por seus telescópios, contando os estampidos de canhão e jurando, pela própria honra e pela honra de suas prostitutas, que o espetáculo era muito melhor do que os representados em Porte Saint-Martin. Os homens que caíam estavam realmente mortos; os gritos dos feridos eram para valer; e, além disso, tudo era intensamente histórico.[203]

Mas, com o advento da Comuna, enquanto as *cocottes* seguiam o cheiro dos seus protetores — "os homens fugitivos da família, da religião e, acima de tudo, da propriedade" —, apareceram, no lugar delas, "as verdadeiras mulheres de Paris [...] heroicas, nobres e dedicadas, como as mulheres da Antiguidade".[204]

Desde quando o Império caiu, Karl temia que uma tentativa insensata fosse feita para derrubar a República recém-estabelecida. Em 6 de setembro, ele observou que toda a filial francesa da Internacional de Londres estava de saída para Paris, "para cometer todo tipo de asneira em nome da Internacional". Eles pretendiam "derrubar o Governo Provisório" e "estabelecer uma *commune de Paris*".[205] Em Lyon, Bakunin e seus partidários tentaram coisa parecida. Descrevendo o episódio numa carta para Edward Beesly, Karl disse que em Lyon, de início, "tudo deu certo", e uma república foi proclamada ali antes de Paris. Mas então "os asnos Bakunin e Cluseret" tinham chegado e "estragado tudo".

> O Hôtel de Ville foi capturado — por um breve período —, e os mais estúpidos decretos sobre a *abolition de l'état* [abolição do Estado] e bobagens do gênero foram baixados. Você entende que o simples fato de um russo — apresentado pelos jornais de classe média como agente de Bismarck — fingindo impor-se como líder de um *Comité du Salut de la France* [Comitê de Salvação da França] já era suficiente para provocar uma mudança na opinião pública.[206]

A Comuna real resultara de um acidente — "a presença dos prussianos nas portas de Paris" —, um "'acidente' decisivamente adverso", que deixara a Paris "a alternativa de topar a briga ou sucumbir sem lutar". As perspectivas da cidade pareciam pouco promissoras, e numa carta escrita para Viena poucos dias depois Karl tinha dito que o rumo tomado "destruíra quaisquer perspectivas de êxito". O melhor que se poderia esperar era uma paz honrosa entre Paris e Versalhes.[207] Mas um mês depois o tom tinha mudado. Agora ele afirmava que, fossem quais fossem os resultados imediatos, "a luta da classe trabalhadora contra a classe capitalista e seu Estado" tinha "entrado numa nova fase", e que "um novo ponto de partida de importância histórica mundial tinha sido conquistado".[208] O que teria provocado essa mudança de opinião?

Não foi o conteúdo social da insurreição. A Comuna nunca passou de um acontecimento puramente político. Foi gerada tanto pelos temores e pela raiva de lojistas e pequenos patrões, ameaçados pela retomada do pagamento das dívidas, como por trabalhadores.²⁰⁹ Além disso, através da atuação da União Republicana, esses grupos foram igualmente ativos na liderança do movimento. Embora *A guerra civil na França* alegasse que a Comuna foi "essencialmente um governo da classe trabalhadora, resultado da luta da classe produtora contra a classe apropriadora", isso só era verdade no sentido não marxista de que, tanto na Inglaterra como na França, a distinção básica não era entre trabalhadores e patrões, mas entre produtores e desocupados.²¹⁰ Tratava-se das "classes trabalhadoras" nesse sentido lato, cujo objetivo, como em 1848, era dar realidade à República Democrática e Social. Isso o próprio Karl reconhecia. Como ele escreveu para o socialista holandês Domela Nieuwenhuis em 1881:

> A maior parte da Comuna não era, em sentido algum, socialista, nem poderia ter sido. [...] Um governo socialista não chega ao poder num país sem que as condições estejam tão desenvolvidas que ele possa, de imediato, tomar as medidas necessárias para intimidar suficientemente a massa da burguesia para ganhar tempo — o primeiro *desideratum* — para ação permanente.²¹¹

O que animava Karl na Comuna era "a sua própria existência". Essa foi a sua "grande medida social".²¹² Em termos práticos, era uma revolução não apenas *para* as massas trabalhadoras, mas também uma revolução *pelas* massas trabalhadoras. Como explicou ele no "primeiro rascunho":

> Que a revolução é feita em nome *das* e confessadamente *para* as massas populares, ou seja, as massas que produzem, é uma característica que esta Revolução tem em comum com todas as revoluções que a precederam. A nova característica é que o povo, depois da primeira revolta, não se desarmou e colocou o poder nas mãos dos charlatães republicanos das classes dominantes, que pela constituição da Comuna eles tomaram nas próprias mãos o gerenciamento da sua Revolução e descobriram, ao mesmo tempo, em caso de êxito, os meios de mantê-la nas mãos do próprio povo, substituindo a maquinaria estatal, a maquinaria governamental das classes dominantes, por uma maquinaria governamental própria.²¹³

A Comuna animou Karl por oferecer uma demonstração inesperada daquele que tinha sido o ponto de partida de sua crítica política: a prioridade, que já atribuíra em 1843-4, à atividade autônoma como característica definidora da história humana. A teoria da história de Karl tinha partido do que ele considerava a maior conquista de Hegel na *Fenomenologia do espírito*: ter compreendido "a autocriação do homem como um processo". O homem não era meramente um ser natural, mas "um ser natural humano", cujo ponto de origem não era a natureza, mas a história; um ser capaz de fazer de sua atividade "o objeto da sua vontade". Mas Hegel também tinha obscurecido a força desse entendimento afastando-se de uma visão da pólis, na qual os poderes humanos encontravam plena expressão, em favor de uma concepção do Estado moderno baseada na divisão entre Estado e sociedade civil. Foi para contestar essa divisão que Karl se aventurou a compor sua primeira obra de crítica política em grande escala, a *Crítica da filosofia do direito de Hegel*, em 1843.

A situação irreal criada pela retirada temporária do Exército, da polícia, da burocracia, do clero e do Judiciário de Paris em 1871 permitiu a Karl voltar ao seu ponto de partida e imaginar um regime no qual a distinção entre Estado e sociedade civil tinha desaparecido. Particularmente emocionante era o fato de a Comuna não ter surgido por falta de alternativa: veio ao mundo por ação própria. Como disse ele no "primeiro rascunho":

> Quaisquer que tenham sido os méritos das providências particulares tomadas pela Comuna, sua principal medida foi a própria organização, improvisada com o inimigo estrangeiro numa porta e o inimigo de classe na outra, provando com a própria vida a sua vitalidade, confirmando sua tese pela ação.

Nessa situação, foi possível conceber a abolição da distinção entre o Legislativo e o Executivo, com a função antes desempenhada pelo Parlamento sendo exercida por um organismo de trabalho democraticamente eleito, realizando suas funções de maneira econômica e eficiente com salários de trabalhador. Ele desenvolveu esta ideia:

> A Comuna — a reabsorção do poder do Estado pela sociedade, como suas próprias forças vitais, e não como forças que a controlam e subjugam, pelas próprias massas populares, formando a sua própria força em vez da força organizada da sua supressão — a forma política da sua emancipação social, em vez da força artificial (apropriada pelos seus opressores; a própria força delas oposta a elas e organizada contra elas) da sociedade empunhada por seus inimigos para a sua opressão. A forma era simples, como todas as boas coisas.[214]

O caráter da Comuna também lhe permitiu fazer uma distinta contribuição ao debate pós-1848 sobre a forma de sociedade e de regime a ser alcançada no futuro. Ele não reiterou as formulações do *Manifesto do Partido Comunista*, que poderiam facilmente se assemelhar às formas de Estado associadas ao Segundo Império. Nem reproduziu o parlamentarismo, que, no caso do Reichstag de Bismarck, pelo menos, manteve a subordinação de um Legislativo fraco a um Executivo todo-poderoso.[215] Karl fez um grande esforço para acolher os ideais federalistas adotados pelos líderes da Comuna:

> Num cru esboço de organização nacional, que a Comuna não teve tempo de desenvolver, declara-se manifestamente que a Comuna seria a forma política até mesmo da menor das aldeias rurais. [...] As comunas rurais de cada distrito administrariam seus negócios de rotina por meio de uma assembleia de delegados na cidade principal, e essas assembleias distritais por sua vez deveriam enviar deputados à Delegação Nacional em Paris, cada delegado sendo substituível a qualquer momento e comprometido com o *mandat impératif* (instruções formais) de seus eleitores.[216]

Mas teve também o cuidado de ressaltar que

> as poucas porém importantes funções que ainda restariam para um governo central não deveriam ser suprimidas, como tem sido divulgado de má-fé, mas exercidas por agentes comunais, por isso mesmo rigorosamente responsáveis. A unidade da nação não seria rompida, mas, muito pelo contrário, organizada por uma Constituição comunal.[217]

Como nos seus escritos dos anos 1860, Karl se apressou a assinalar que a transição para uma situação em que "sociedades cooperativas unidas" "regulariam a produção nacional de acordo com um plano comum" — que ele chamava de "comunismo possível" — seria um processo demorado. "A classe trabalhadora não esperava milagres da Comuna." Não tinha "utopias já prontas para introduzir".

> Eles sabiam que para conseguir a sua emancipação, e com ela essa forma mais elevada para a qual a sociedade atual se inclina irresistivelmente como efeito de suas pró-

prias ações econômicas, teriam que passar por longas lutas, por uma série de processos históricos, transformando as circunstâncias e os homens.[218]

Em termos editoriais, *A guerra civil na França* foi um grande sucesso. Saíram três edições em dois meses, sendo que a segunda vendeu 8 mil exemplares.[219] De repente, Karl se tornou uma pessoa famosa. Como escreveu para o dr. Kugelmann em 18 de junho: "O *Discurso* está fazendo um tremendo barulho, e tenho a honra de ser no momento o homem mais caluniado e mais ameaçado de Londres, o que faz bem depois de tediosos vinte anos de idílio no meio do mato".[220] Sua fama — melhor dizendo, sua notoriedade — era anterior à publicação do *Discurso*. Em 19 de março, um dia depois de iniciada a Comuna, um jornal de direita versalhês, o *Journal de Paris*, tinha dado a notícia de uma suposta carta mandada por Karl — "o Doutor Vermelho" — para os membros da Internacional em Paris instruindo-os a deflagrar uma insurreição. Karl achava que essa mentira tinha sido obra de Wilhelm Stieber, chefe da polícia política prussiana, conselheiro alemão de Versalhes e, vinte anos antes, principal testemunha de acusação no julgamento de comunistas em Colônia.

Essa alegação foi repercutida pela maior parte da imprensa continental e britânica. Mas vinha acompanhada de tétricos enfeites. Na reportagem do *Times*, a Internacional foi confundida com a "Aliança" de Bakunin e citada como partidária da abolição da religião e do casamento.[221] Em contraste, a imprensa bonapartista achava que o verdadeiro autor da Comuna era Bismarck, e Karl seu agente. Em 2 de abril, *Le Soir* anunciou que Karl Marx, um dos principais líderes da Internacional, tinha sido secretário do conde Bismarck em 1857 e que continuava trabalhando para ele. Mas o governo de Versalhes preferia a versão de Stieber. Em 6 de junho, o ministro do Exterior de Versalhes, Jules Favre, distribuiu uma circular para os governos estrangeiros, declarando que a Comuna era obra da Internacional e fazendo um apelo a todos os governos para colaborarem na sua supressão. Depois disso, a história foi orquestrada de várias maneiras diferentes pelos governos francês, austríaco e alemão.

À luz dessas alegações, quando a autoria de Karl foi tornada pública em 20 de junho, algumas das formulações mais vulneráveis e questionáveis do *Discurso* sofreram um ataque coordenado. O ponto mais frágil era a referência no fim do *Discurso* às relações entre a Comuna e a Internacional. Ali se declarava: "Onde quer que a luta de classes, em qualquer forma e condição, alcance alguma consistência, é natural que membros da nossa Associação estejam em primeiro plano".[222] Nos rascunhos anteriores, a reivindicação do papel da Internacional era ainda maior, e foi perpetuada por Engels. Mas, na realidade, o papel dos membros da Internacional foi apenas marginal — a eficiência da polícia bonapartista resultara no fechamento da sucursal parisiense da Internacional em 1869; e como Karl tentara repetidamente ressaltar, a Internacional não era uma sociedade secreta com uma hierarquia de comando.[223] No entanto, diante das afirmações de Favre e da hostilidade de quase toda a imprensa, foi praticamente impossível refutar a noção da Comuna como uma conspiração da Internacional. Karl fez a seguinte observação ao dr. Kugelmann: "A imprensa diária e o telégrafo, que num momento espalham suas invenções pelo mundo inteiro, fabricam mais mitos num único dia (e o rebanho burguês acredita neles ajudando a propagá-los) do que antes se produzia em um século".[224]

O segundo ponto em que o *Discurso* ficou particularmente sujeito a ataques foi a sua maneira de tratar a violência dos *communards*. Diante das centenas ou talvez milhares de pessoas fuziladas pelas tropas de Versalhes, os comentaristas hostis provavelmente exageraram ao dar tanta importância às atrocidades dos *communards*. Mas a defesa de Karl das ações dos *communards* nesse caso foi inepta. Num trecho sobre o conflito em torno dos canhões em 18 de março e o fuzilamento dos generais Thomas e Lecomte que se verificou logo em seguida, Karl fez uma defesa singularmente implausível dessas mortes extrajudiciais. A rigor, a Comuna não era responsável, ou então "o Comitê Central e os trabalhadores de Paris foram tão responsáveis pela morte de Clément Thomas e Lecomte como o foi a princesa de Gales pelo destino das pessoas que morreram esmagadas no dia da sua entrada em Londres".[225] Da mesma forma, como a execução do arcebispo Darboy veio depois da recusa de Versalhes a trocá-lo pelo revolucionário veterano Auguste Blanqui, o *Discurso* afirmava que "o verdadeiro assassino do arcebispo Darboy é Thiers".[226] Não há menção ao fuzilamento de outros padres. Na mesma linha, respaldou-se o recurso aos incêndios como se fosse apenas uma necessária questão de defesa. O que quer que se pense desses argumentos, o fato é que não convenceram. Teria sido preferível pedir desculpas pelas ações indefensáveis, possibilitando o redirecionamento do exame atento para a matança muito mais ampla e indiscriminada cometida por Versalhes.

Positivistas como Frederic Harrison e Edward Beesly tentaram bravamente defender a Comuna. Houve também trabalhadores que simpatizaram com os *communards*, "não estritamente por razões comunistas", mas porque "eles se julgavam perfeitos patriotas e verdadeiros republicanos" que apoiavam o objetivo da Internacional de garantir "a fusão de interesses das classes trabalhadoras no mundo inteiro".[227] Mas esses eram minoria. Mesmo entre os radicais, a questão provocou divisões. Para citar apenas os nomes mais destacados, a Comuna foi atacada por Tolain, Mazzini, Holyoake e Bradlaugh. Num irascível debate na reunião do Conselho Geral de 20 de junho, George Odger, um dos mais proeminentes sindicalistas fundadores da Internacional, disse que não estava presente quando o *Discurso* foi lido, e que o texto deveria ter sido submetido a todos aqueles que o assinariam. Depois que Karl lhe lembrou quais eram as regras em vigor, Odger respondeu que "ele não aceitaria ditames, se os satélites do dr. Marx quisessem até podiam, mas ele não". Odger declarou que não estava disposto a renunciar, mas como "não há razão no Conselho", era o que ia fazer. Como destacado ativista republicano, ele identificava a causa republicana com o governo orleanista de Favre e Thiers. Em segundo lugar, como afirmou em outra ocasião, o principal objetivo da Internacional era promover a paz e salários mais altos na Europa. Outro membro importante do Conselho Geral, Benjamin Lucraft, marceneiro e membro da London School Board, também renunciou. Referindo-se ao *Discurso* na reunião de 20 de junho, declarou: "Havia muita coisa nele a que ele também fazia objeção. A Internacional defendia arruaceiros que ele abominava, arruaceiros que não pertenciam à Internacional, ele não sancionaria assassinato e incêndio criminoso".[228]

A guerra civil na França não conseguiu deter a maré hostil da opinião pública. Mais de vinte anos depois, Eleanor, filha de Karl, recordou vivamente o clima de então: "A condição de fúria perfeitamente frenética de toda a classe média contra a Comuna". Tão forte era a animosidade contra a Comuna e contra os refugiados *communards* que uma tentativa de reservar um salão para marcar seu primeiro aniversário foi cancelada pelo proprietário.

> [Ele] preferiu devolver o depósito e pagar uma multa por quebra de contrato a permitir um conjunto de "arruaceiros" como aqueles em seu altamente conceituado salão. [...] O mais triste de tudo [foi] o fato de que na Inglaterra os trabalhadores também, com raras exceções (assim como houve algumas exceções na classe média entre os comtistas), foram tão amargamente hostis à Comuna como seus exploradores.[229]

11. A BATALHA PELA FEDERAÇÃO E O FIM DA INTERNACIONAL

Na Inglaterra, o governo não tomou nenhuma medida contra os refugiados *communards*. Mas a hostilidade à Comuna era generalizada. Entre os radicais, essa hostilidade foi ressaltada pela renúncia de importantes membros do Conselho Geral e pela ausência de manifestações em apoio à Comuna. Seis meses depois da Comuna, Jenny, irmã de Eleanor, que ajudava refugiados *communards*, informou sobre a miserável situação deles em Londres:

> Os empregadores não querem saber deles. Os homens que conseguem empregos com nomes emprestados são demitidos logo que se descobre quem são.
> Como os refugiados não conseguem emprego, dá para imaginar as dificuldades a que estão reduzidos. Seus sofrimentos vão além do que se poderia descrever — estão literalmente morrendo de fome nas ruas desta grande cidade — a cidade que levou o princípio do *chacun pour soi* [cada um por si] à máxima perfeição. Não é de admirar que os ingleses, que consideram os casos de inanição parte integrante da sua própria e gloriosa constituição, [...] não fiquem muito impressionados com a miséria anônima de estrangeiros pelos quais não têm nenhum vestígio de simpatia.[230]

Em contraste com isso, para republicanos e socialistas da Espanha e da Itália, e também para os da Suíça e da Bélgica, o desafio da Comuna a um dos regimes mais centralizados e policiados da Europa pós-1848 foi uma fonte de inspiração. A Europa imaginada pelos *communards* era uma Europa de federações, libertada do peso opressivo da polícia e da burocracia. A República proposta por Paris tinha pressuposto

> a autonomia absoluta da Comuna estendida a todas as localidades da França, assegurando a cada uma delas a integralidade dos seus direitos. [...] A autonomia da Comuna, limitada apenas pelo igual direito à autonomia de todas as demais comunas participantes do contrato, cuja associação garantiria a unidade francesa.[231]

À primeira vista, *A guerra civil na França* parecia dar apoio total à posição federalista: "A Comuna seria a forma política até mesmo da menor das aldeias rurais". Assim supunha James Guillaume, aliado de Bakunin e líder dos artesãos domésticos do Jura: "Marx parecia ter abandonado seu próprio programa para dar apoio a ideias federalistas".²³² Mas Karl não só teve o cuidado de preservar a existência de um "governo central", como também, em seu relato sobre o governo da França comunal, evitou cautelosamente usar o termo "federação".²³³

O ideal de federação tinha sido enunciado, da maneira mais influente, nos últimos escritos de Proudhon, em especial em *De la capacité politique des classes ouvrières* [A capacidade política das classes trabalhadoras], de 1865.²³⁴ Em sua obra, Proudhon tinha qualificado a posição "mutualista" por ele apresentada em *Ideia geral da revolução no século XIX*: livre crédito, drástica redução das funções do Estado francês e sua substituição final por contratos econômicos e acordos sociais. A experiência do Segundo Império o levou a concluir que Constituições democráticas e voto universal eram preferíveis a decretos arbitrários e privação de direitos eleitorais; e no futuro imediato, pelo menos, um Estado federal era a solução mais viável. Em seus últimos escritos, Proudhon tinha defendido também, em protesto contra o regime bonapartista, a abstenção eleitoral. Os trabalhadores deveriam formar suas próprias cooperativas e sociedades de ajuda mútua, alcançar a predominância — fosse na oficina, na fábrica ou na fazenda — e, por fim, substituir o sistema político e econômico existente por uma federação econômica própria. Mas seus seguidores em Paris, apesar de ainda inspirados por sua visão mais ampla, discordavam do argumento sobre abstenção eleitoral, achando que a autoemancipação da classe trabalhadora significava sua participação ativa no processo eleitoral.²³⁵

Nos primeiros congressos da Internacional, quase um terço dos presentes era, em termos gerais, formado por seguidores de Proudhon. Mas já em 1867, no Congresso de Lausanne, iniciaram-se as divisões nas fileiras proudhonianas. A estrita posição proudhoniana representada por Tolain (contrária à legislação social, antissindicalista e oposta ao engajamento político) foi contestada por um agrupamento em torno de um encadernador parisiense, Eugène Varlin, e um compositor belga convertido em médico, César de Paepe.²³⁶ Os líderes desse grupo, embora ainda concordando com ideais "mutualistas", tinham passado a adotar aquilo que De Paepe foi um dos primeiros a chamar de "coletivismo", a propriedade coletiva dos meios de produção e o endosso dos sindicatos.²³⁷ Embora Varlin continuasse a concordar com Tolain em que as greves eram economicamente contraproducentes, agora sustentava que elas podiam, ao mesmo tempo, reforçar a solidariedade entre os trabalhadores e fornecer meios de protesto moral.²³⁸

A estrita posição proudhoniana associada a Tolain e seus seguidores foi derrotada no Congresso da Basileia em 1869. As resoluções coletivistas, apresentadas anteriormente em Bruxelas, foram aprovadas por maioria esmagadora, junto com uma moção exigindo a imediata coletivização social da terra. As resoluções tiveram o cuidado de especificar propriedade "social" ou "pública", e não "propriedade estatal". A vitória do grupo francês e belga em torno de Varlin e De Paepe contra Tolain e seus seguidores foi amplificada pela ativa defesa de Bakunin, com mais uma dezena de seguidores. Durante o debate, Bakunin tinha emergido como um dos principais expoentes do coletivismo no congresso. Tolain e Fribourg queixaram-se de que os aliados de Bakunin e Karl no Congresso Geral tinham tomado o controle dos mutualistas de Paris e produzido um triunfo do "comunismo russo-alemão".[239]

No entanto, embora a rejeição do congresso à hostilidade de Proudhon ao engajamento político e ao sindicalismo marcasse um importante avanço, o envolvimento de Bakunin apresentava uma ameaça diferente, e em última análise mais sinistra, à visão de Karl da Internacional. No fim de 1861, Bakunin tinha fugido da Sibéria depois de passar doze anos na prisão por ordem do tsar. Primeiro conseguiu ir a San Francisco, nos Estados Unidos, e depois à Europa, onde chegou à casa de Herzen em Londres no começo de 1862. Herzen escreveu em seu diário:

> Em nosso trabalho, em nossa loja fechada de dois, um novo elemento tinha entrado, ou melhor, um velho elemento, talvez uma sombra erguida dos anos 1840 e, acima de tudo, de 1848. Bakunin era exatamente o mesmo; só envelhecera fisicamente; o espírito era tão jovem e cheio de entusiasmo como nos dias das discussões que varavam a noite com Khomyakov em Moscou. Era a mesma a devoção a uma ideia, a mesma a capacidade de se deixar levar por ela, e de ver em tudo a realização dos seus desejos e ideais, e ainda mais preparado devido a cada experiência, a cada sacrifício, sentindo que já não lhe restava tanto tempo de vida, e que, portanto, precisava andar depressa e não perder uma única oportunidade. [...] As fantasias e os ideais que carregava dentro de si ao ser preso em Königstein em 1849 ele os havia preservado, e os transportara, na íntegra, através do Japão e da Califórnia em 1861. Até sua linguagem fazia lembrar os melhores artigos de *La Réforme* e de *La Vraie République*, os fantásticos discursos em *La Constituante* e no clube de Blanqui. O espírito das facções daquele período, sua exclusividade, suas simpatias e antipatias pessoais, acima de tudo sua fé na segunda vinda da revolução — estava tudo lá.[240]

Mikhail Bakunin, quatro anos mais velho do que Karl, vinha de uma família aristocrática russa. Inicialmente foi oficial de artilharia; tornou-se um entusiasta de Hegel em meados da década de 1830 e foi estudar em Berlim em 1840. Em Berlim, frequentou círculos hegelianos de esquerda e ficou amigo íntimo de Arnold Ruge. Hegel foi e continuou sendo uma influência formadora do seu pensamento. Entre os seus contemporâneos russos, Bakunin tinha fama de possuir "em grau superlativo uma facilidade para a dialética, tão essencial para quem deseja infundir vida a fórmulas lógicas abstratas e delas tirar conclusões aplicáveis à vida".[241] Como outros nos anos 1840, ele foi profundamente influenciado pela crítica de Feuerbach à religião como fonte da alienação humana. A verdadeira liberdade deveria ser encontrada no Estado orgânico de Hegel, como a formação de uma comunidade ética inclusiva, mas não "o Estado tutelar" da Prússia, muito menos a opressiva autocracia russa de Nicolau I. Em seu ensaio "A reação na Alemanha", de 1842, ele defendeu uma "religião da democracia", uma tradução secular do ideal cristão de fraternidade de autoria do socialista francês Pierre Leroux.

O segundo momento importante na formação do pensamento político de Bakunin foi sua experiência de 1848. O entusiasmo pela revolução democrática na primavera de 1848 deu lugar à desilusão do outono. Ele acabou associando a burguesia à política reacionária, exemplificada pelos anais do Parlamento de Frankfurt, que mostravam que a democracia em si era insuficiente. Em 1849, Bakunin passou a apoiar uma segunda revolução popular para estabelecer uma "república vermelha". Na insurreição de Dresden, lutou nas barricadas ao lado de Richard Wagner. Foi capturado e preso, primeiro em Königstein, na Saxônia, e depois transferido para a Rússia.

Antes disso, porém, no verão de 1848, Bakunin participou do primeiro Congresso Eslavo em Praga. O eslavofilismo conservador, que louvava o passado russo antes das reformas de Pedro, o Grande, sofreu uma guinada radical diante dos fracassos de 1848. Com base nas observações de August von Haxthausen em seus *Estudos do interior da Rússia*, de 1846, argumentava-se que a comuna camponesa na Rússia tinha uma moralidade natural e era inerentemente "socialista" em suas pretensões. Diante do fracasso da revolução no Ocidente, as esperanças de mudança revolucionária passaram a repousar cada vez mais na Rússia. O endosso de uma versão radical da posição eslavófila trazia consigo a crença na autossuficiência da comuna camponesa e a rejeição da atividade centralizadora do poder estatal tsarista inaugurado por Pedro, o Grande. No caso de Bakunin, uma concepção hegeliana esquerdista da natureza orgânica do Estado era atribuída à comuna camponesa. Essas eram as raízes russas do federalismo de Bakunin.[242]

De volta à Europa em 1861-2, tendo perdido mais de uma década do seu desenvolvimento intelectual e político, Bakunin, como observou Herzen, recomeçou exatamente de onde havia parado em 1849. Seu objetivo era preparar-se de corpo e alma para uma insurreição polonesa. Como ele mesmo escreveu para Herzen de San Francisco, em sua viagem de volta para a Europa em outubro de 1861: "Assim que chegar, vou começar a trabalhar; devo trabalhar com você na questão eslavo-polonesa, que tem sido minha *idée fixe* desde 1846 e foi, na prática, minha especialidade em 1848 e 1849".[243] Em 1862, ainda achava que o socialismo natural dos eslavos continha mais promessas do que o dos franceses ou alemães, ou do que o comunismo utópico das classes trabalhadoras. Mas o fracasso da revolta polonesa no verão de 1863 o levou a rever sua posição. Rompeu com o pan-eslavismo e pôs-se a criticar a comuna camponesa como uma instituição patriarcal baseada na injustiça e na desigualdade. Em *Cartas de um democrata*, de 1864, suas esperanças voltaram a se concentrar na Europa, ao passo que, em seu pensamento político, ele retornava à sua crítica hegeliana do Estado "tutelar", com a religião como alicerce. Seu programa concluía com uma visão utópica da abolição do direito de herança, casamentos livres, direitos iguais para as mulheres e a criação de filhos pela sociedade. Mas a abolição do Estado "tutelar" não implicava a abolição da política. As províncias seriam constituídas por comunas, e o país seria formado por províncias, enquanto os países se juntariam numa federação internacional voluntária. Em 1865, ele escreveu em termos mais práticos, contrastando a moralidade oficial de base religiosa imposta por Napoleão III e outros países europeus com a "liberdade real" existente na Grã-Bretanha e nos Estados Unidos, e citando os Estados Unidos como possível modelo de governo federal.

Essas posições foram desenvolvidas em seu *Catecismo revolucionário*, de 1866. Ele exigia "a dissolução radical do Estado centralizado, tutelar e autoritário, juntamente com as instituições militares, burocráticas, governamentais, administrativas, judiciais e civis".[244] Em textos anteriores, tinha enaltecido a "democracia real" como um sentimento fundamental que vinha de "dentro das pessoas". Agora acrescentava o trabalho não apenas como o principal elemento de dignidade humana, mas também como a base da solidariedade que anteriormente identificara com a comuna camponesa. Um ano depois, num texto em que explicava suas divergências com os pan-eslavistas, declarou que estes associavam a emancipação eslávica com a expansão do Império tsarista, enquanto ele a associava com a sua destruição. E acrescentou que havia outra "grande diferença": "Eles são unitários a qualquer custo, sempre preferindo a ordem pública à liberdade, ao passo que eu sou anarquista, e prefiro a liberdade à ordem pública, ou melhor, para não reconhecer assim tão facilmente a causa dos meus inimigos, sou federalista da cabeça aos pés".²⁴⁵

Bakunin, tanto pelo físico como pela personalidade, era uma figura carismática, conforme atestado por tantos contemporâneos seus. Tinha 1,95 metro de altura e era imensamente forte. Como ativista irreprimível, cujas expectativas políticas tinham sido formadas nos anos anteriores a 1848, Bakunin foi um dos últimos representantes do republicanismo transnacional que acompanhou o desenvolvimento da Europa entre a era de Napoleão e a Guerra Franco-Prussiana. Mas a experiência de 1848 e as inadequações do pan-eslavismo o convenceram de que repúblicas, Constituições democráticas, governos representativos ou libertação nacional não bastavam. A revolução social era o único meio pelo qual os povos oprimidos da Europa poderiam alcançar a emancipação. Nem era preciso dizer, como ele ressaltou em 1864, que a liberdade da Europa exigia a destruição dos despotismos militares da Áustria, da Prússia e da Rússia. Mas ficara claro também que a unificação nacional não trazia consigo, necessariamente, a libertação social ou política. No começo de 1864, Bakunin foi morar na Itália, onde a desilusão — particularmente no sul — com a liberalização comercial e com a tributação piemontesa tinha avançado rapidamente. Na Itália, foi um dos primeiros a responder a esse desencanto criticando a ideia de Mazzini da república política moderada.²⁴⁶

Em 1867, tendo se mudado da Itália para a Suíça, ele assistiu ao congresso inaugural da Liga da Paz e da Liberdade, sediado em Genebra. Nessa altura, já era famoso em toda a Europa. Quando se levantou para falar,

> o grito passou de boca em boca: "Bakunin!". Garibaldi, que estava em sua cadeira, se levantou, andou alguns passos e o abraçou. [...] Esse encontro solene de dois velhos e experientes guerreiros da revolução produziu uma impressão de assombro. [...] Todo mundo se levantou e houve uma prolongada e entusiástica salva de palmas.²⁴⁷

Bakunin pronunciou um vibrante discurso em defesa do internacionalismo, do socialismo, do antiestatismo e do federalismo, e no ano seguinte tentou convencer a Liga a adotar um programa socialista e a vincular-se à Internacional, a cuja sucursal de Genebra acabava de aderir. Na segunda conferência, realizada em Berna em 1868, quando tentou abrir um debate sobre a "equalização das classes", Bakunin foi acusado de "comunismo". Em resposta, ele sustentou que a defesa da "propriedade coletiva", juntamente com o congresso dos "trabalhadores" em Bruxelas, não era "comunismo", mas "coletivismo":

> Odeio o comunismo, porque é a negação da liberdade. [...] Não sou comunista porque o comunismo concentra e faz todos os poderes da sociedade serem absorvidos pelo Estado. [...] O que eu quero é a abolição do Estado. [...] O que eu quero é a organização da sociedade e da propriedade coletiva ou social de baixo para cima, através da livre associação, e não de cima para baixo, por meio de qualquer tipo de autoridade.[248]

Rejeitado pela Liga, Bakunin fundou com seus seguidores a Aliança Internacional da Democracia Socialista. Desde o início, a Aliança considerava-se uma filial da Internacional, comprometendo-se a aceitar suas regras e seus estatutos. Em dezembro de 1868, apresentou um pedido formal de filiação. O pedido foi recusado com base no argumento (redigido por Karl) de que o Conselho Geral não aceitava "filiais da Internacional" porque "a presença de um segundo organismo internacional trabalhando dentro e fora da Internacional" seria "o caminho mais infalível para a sua desorganização".[249]

Em fevereiro de 1869, a Aliança fez uma segunda e bem-sucedida proposta de filiação. Concordou em dissolver-se como "organismo internacional", com suas sucursais na Suíça, na Espanha e na Itália inscrevendo-se na condição de seções individuais. Em outras palavras, permitiu-se uma espécie de dupla filiação, concessão perigosa por causa da ambição de Bakunin, manifestada desde 1864, de formar uma sociedade secreta. Uma organização desse tipo, ocupando espaço dentro de sociedades maiores e de base mais ampla, poderia acelerar o ritmo das mudanças. O que se precisava, como explicou Bakunin em 1872, era de

> uma sociedade secreta no coração da Internacional, para lhe dar uma organização revolucionária, para transformá-la, e a todas as massas populares existentes fora dela, num poder suficientemente organizado para destruir a reação político-clerical-burguesa e as instituições econômicas, jurídicas, religiosas e políticas do Estado.[250]

É improvável que esse plano jamais tenha passado de fantasia. Mas inegáveis eram o poder e a influência crescentes da visão revolucionária de federalismo e coletivismo de Bakunin dentro da Internacional. Um sexto do Congresso da Basileia era formado pela delegação de Bakunin; além disso, Bakunin conseguira derrotar o Conselho Geral na questão da herança, mesmo não tendo sido pela maioria regimental de dois terços.

Mais genericamente, depois de 1867, na Inglaterra e na Alemanha, o número de membros e a participação na Internacional permaneceram estáticos ou entraram em declínio, ao passo que, em outros países, jornais e revistas de Genebra, Le Locle, Lyon, Nápoles e Barcelona divulgavam as ideias de Bakunin. No começo de 1870, 2 mil membros tinham ingressado na Internacional em Madri; em junho, 150 seções de 36 regiões formaram uma federação regional e adotaram um programa bakuninista na Espanha.[251] Seu apelo não se confinava ao que Engels chamava de regiões camponesas "atrasadas", e era forte também na França e na Bélgica industrializada. A Guerra Franco-Prussiana e seu rescaldo, que desestabilizaram relações na França e em países vizinhos, levaram a um grande aumento do apoio a Bakunin na Espanha, onde foi um dos fatores responsáveis por uma grande onda de greves em 1871. Seu impacto também se fez sentir na Itália, onde a condenação da Comuna por Mazzini foi vigorosamente combatida por Bakunin e Garibaldi.

O apelo do federalismo e do coletivismo de Bakunin na Europa meridional não causava surpresa em regiões onde a liberdade de expressão e de associação era ausente, onde não havia organizações trabalhistas e onde, portanto, a propaganda aberta não era tolerada. Nessas áreas, como talvez fosse de esperar, os carbonários, os maçons e outras sociedades secretas eram tidos como mais eficientes. Mas o apelo de Bakunin não se limitava ao sul não industrializado e supostamente atrasado. A causa do federalismo era expressão da arraigada hostilidade em toda a Europa aos Estados militarizados e não democráticos que tinham aparecido depois que as revoluções de 1848 foram sufocadas.

Havia pouca simpatia compreensiva da parte de Karl por esses desdobramentos. Para ele, o motivo original que justificava o envolvimento com os assuntos da Internacional era a possibilidade de atuar, numa função vital em relação à classe trabalhadora inglesa, no único país em que a transição para uma sociedade de produtores associados parecia uma possibilidade real. O que acontecia na Espanha ou na Itália era de interesse apenas secundário.

Em 1864, quando voltou a se encontrar com Bakunin pela primeira vez desde 1848, Karl ficou impressionado: "Devo dizer que gostei muito dele, bem mais do que antigamente. [...] Uma das poucas pessoas que, dezesseis anos depois, descobri que tinham andado para a frente, e não para trás". Poucos meses mais tarde, eles também concordaram que era preciso combater a tentativa de Mazzini de controlar a Internacional.[252] Mas quando Bakunin trocou a Itália por Genebra e ingressou na Liga da Paz e da Liberdade, a desconfiança de Karl — que remontava a 1848 — voltou.[253] A paz e o desarmamento deixariam a Europa à mercê dos exércitos russos. Portanto, escreveu ele para Engels, "o Congresso da Paz em Genebra foi, claro, uma fabricação dos russos, sendo por isso que despacharam seu BEM USADO AGENTE, Bakunin".[254] No caso da Aliança, Bakunin tentara lisonjas e manifestações de que era "discípulo" de Karl e só agora entendia "como você estava certo ao seguir e convidar todos nós a seguirmos a grande rota da revolução econômica".[255] Mas Karl não se abalou. Mandou o Regimento da Aliança para Engels com o seguinte comentário: "O sr. Bakunin é condescendente o bastante para querer colocar o movimento dos trabalhadores sob liderança *russa*".[256]

Nas áreas em que a mensagem federalista e coletivista de Bakunin encontrara resposta, e com isso um aumento do apoio à Internacional, ela foi simplesmente escarnecida. A mudança no caráter político da Europa no fim dos anos 1860 passou despercebida por Karl. Referindo-se a um documento produzido por membros da Aliança, Karl ironizou:

> Seu programa "revolucionário" teve mais efeito em algumas semanas na Itália, Espanha etc. do que o da Associação Internacional dos Trabalhadores em anos. Se rejeitarmos seu "programa revolucionário", vamos [produzir] uma *separação* entre os países com um *movimento "revolucionário" de trabalhadores* (essa lista inclui a *França*, onde eles têm um total de dois correspondentes, *Suíça* (!), *Itália* — onde os trabalhadores, fora aqueles que nos pertencem, são apenas um rabicho de Mazzini — e *Espanha*, onde há mais padres do que operários) e aqueles com um *desenvolvimento mais gradual* da classe trabalhadora (em outras palavras, Inglaterra, Alemanha, Estados Unidos e Bélgica) [...].
>
> Os suíços representarem o tipo revolucionário é realmente engraçado.[257]

Mas não havia como ignorar o problema proposto por Bakunin. O crescimento da Internacional nessas novas áreas provavelmente levaria a uma maioria bakuniniana no congresso seguinte, e isso poderia significar o abandono de uma estratégia baseada no crescimento social-democrata na Inglaterra e em outras regiões avançadas da Europa ocidental. Além disso, o problema estava ficando agudo, porque o interesse pela Internacional sofria uma queda entre os líderes dos sindicatos e do operariado ingleses.

Depois que o Conselho Geral permitiu o ingresso de seções individuais da Aliança, a seção de Genebra tentou aderir. Mas a tentativa foi bloqueada pela já existente Federação de Genebra, que se mostrou hostil e rejeitou o pedido. Por essa razão, no Congresso da Basileia, Bakunin votou a favor de ampliar os poderes do Conselho Geral, incluindo a prerrogativa de aprovar ou rejeitar a admissão de novas seções. O Conselho Geral poderia, então, invalidar o veto da Federação.

Mas quando a questão foi submetida a uma decisão, a atitude do Conselho Geral já havia mudado. Ao pressionar o Congresso da Basileia a votar pela abolição da herança, Bakunin tinha conseguido rejeitar por maioria a posição de Karl. Foi o começo da batalha que lançou Bakunin contra Karl e seus aliados. Logo depois da Basileia, Liebknecht denunciou Bakunin como eslavófilo e inimigo da Internacional, enquanto Moses Hess descreveu o conflito entre Bakunin e o Conselho Geral como uma contenda entre civilização e barbárie. Bakunin retrucou com um ataque aos judeus alemães. Ele agora previa uma "luta de vida ou morte" com Karl e seus partidários. No fim de 1869, Bakunin deixou Genebra. Mas o jornal pró-bakuninista de Genebra, *L'Égalité*, continuou a atacar o Conselho Geral, o que Karl atribuiu à "insolência" de Bakunin, especialmente o modo como ele e seus "cossacos" bancavam os "guardiães do verdadeiro proletarianismo". Estimulado por Karl, o Conselho Geral explorou o ataque, e em março de 1870 distribuiu uma circular entre as seções alemãs denunciando Bakunin como "esse perigosíssimo conspirador".

Na primavera de 1870, a seção de Genebra da Aliança de Bakunin mais uma vez solicitou admissão no Conselho Federal local genebrino, a Fédération Romande. Em conformidade com as regras da Internacional, a solicitação foi deferida no congresso anual da Fédération em Chaux-les-Fonds, mas por uma maioria de apenas três votos. Isso levou a minoria antibakuniniana a separar-se e realizar sua própria conferência. Cada qual agora alegava ser o verdadeiro representante da Fédération Romande. Mas em junho de 1870 o Conselho Geral decidiu a favor da minoria antibakuniniana. Decretou que a maioria deveria adotar outro nome, numa clara violação dos seus poderes constitucionais.

Os bakuninistas genebrinos mudaram de nome para Federação do Jura naquele verão. Mas a federação suíça e outras federações reagiram indignadas a essa ação despótica do Conselho Geral, especialmente porque em março ele tinha admitido outra seção russa genebrina, organizada pelo aliado de Karl e líder dos antibakuninistas russos, Nicholas Utin. O apoio ao federalismo e a Bakunin — ou, pelo menos, a hostilidade às atividades arbitrárias do Conselho Geral — aumentou, sobretudo entre as seções "latinas" da Espanha, da Itália, do sul da França e da Suíça. Diante dessa onda de resistência, Karl planejou realizar o congresso seguinte em Mainz, longe das pressões. Mas a guerra interrompeu seus planos.

A guerra civil na França, de Karl, foi uma tentativa de aproximar os partidários do federalismo da posição do Conselho Geral. Mas teve o efeito involuntário de acentuar ainda mais o declínio da participação inglesa na Internacional. No verão de 1871, a "apatia" política entre as classes trabalhadoras inglesas tornara-se óbvia. Numa reunião do Conselho Geral em 8 de agosto, Engels desabafou sua frustração:

> As classes trabalhadoras da Inglaterra comportaram-se de forma miserável. Apesar de os homens de Paris terem arriscado suas vidas, os trabalhadores da Inglaterra não fizeram nenhum esforço, fosse para simpatizar com eles, fosse para socorrê-los. Não havia vida política dentro deles.[258]

Em 25 de julho de 1871, numa tentativa de impedir que a organização caísse em poder de uma maioria bakuniniana, Engels recomendou a convocação de uma "conferência privada da Associação" em Londres para o fim do verão, enquanto Karl especificava que ela "se limitaria a questões de organização e de política".[259] A conferência foi realizada num pub na Tottenham Court Road em meados de setembro. Não apareceu ninguém da Alemanha. Havia dois representantes da Inglaterra, alguns refugiados *communards* da França, dois ex-partidários de Bakunin da Suíça (incluindo Utin) e uma delegação de seis homens da Bélgica. A Federação do Jura não foi convidada, com base no argumento capcioso de que não renunciara ao título de Fédération Romande.

A conferência tentou transformar a Associação Internacional de fórum de debate em partido político. Resoluções foram tomadas, vinculando todas as seções. A ação política, originalmente um "meio de alcançar a emancipação social", agora era compulsória, uma vez que na atividade militante da classe trabalhadora "seu movimento econômico e sua ação política estavam indissoluvelmente unidos". Essa ação deveria ser desenvolvida "pacificamente sempre que possível, e pela força das armas quando necessário".[260] O Conselho Geral estava autorizado a escolher a data e o local do congresso seguinte, e os novos poderes concedidos ao Conselho Geral na Basileia para filiar ou desligar seções da Internacional foram usados para negar a filiação de bakuninistas na Suíça, equiparando-se a decisão do congresso à opinião do Conselho Geral. Com esse subterfúgio, o bakuninismo foi transformado em heresia. Karl também tentou, mas sem êxito, associar Bakunin com as atividades criminosas de Nechaev. E tentou obter a condenação da Aliança, mas foi advertido de que não havia necessidade, uma vez que a Aliança já se dissolvera. Nos dois casos, foi a delegação belga, chefiada por De Paepe, que desempenhou papel moderador. No geral, Karl considerou a conferência um grande sucesso. Escreveu para Jenny dizendo que "foi trabalho duro [...] mas se fez mais do que em todos os congressos anteriores juntos, porque não havia uma plateia para justificar a encenação de comédias retóricas".[261]

Mas os federalistas tinham bons motivos para considerar essa conferência uma armadilha para enquadrá-los. Em novembro de 1871, a Federação do Jura convocou um congresso em Sonvilliers e divulgou uma circular para todas as demais federações exigindo que outro congresso fosse chamado, uma vez que a reunião de Londres era inválida. Aquela reunião tinha arrogado a si poderes inconstitucionais, e suas decisões não eram representativas.[262] As regras da Internacional não permitiam "conferências secretas" como a de Londres. A Associação Internacional dos Trabalhadores tinha sido constituída como "uma federação livre, de seções autônomas", e não como uma organização hierárquica e autoritária, composta de seções disciplinadas sob controle do Conselho Geral. O Conselho Geral deveria retornar à sua finalidade original, que era atuar como "um simples escritório de correspondência e estatística". A circular terminava perguntando: "Como pode uma sociedade livre e igual nascer de uma organização autoritária?".

Nominalmente escrita a mando do Conselho Geral, a resposta de Karl, redigida a quatro mãos com Engels, apareceu em março de 1872 e foi chamada de "Les Prétendues scissions dans l'Internationale" [Divisões fictícias na Internacional]). Esse documento pretendia traçar a história dos "persistentes esforços de certos intrometidos para deliberadamente estabelecer confusão entre a Internacional e uma sociedade que a ela tem sido hostil desde a sua criação". Essa sociedade (a Aliança) tinha sido "engendrada pelo russo Mikhail Bakunin", cuja ambição, afirmava-se, era usá-la como seu instrumento e substituir o Conselho Geral por sua ditadura pessoal.²⁶³ Mais uma vez, os autores tentavam desacreditar Bakunin, revelando que dois partidários seus eram espiões bonapartistas e vinculando-o às atividades criminosas de Nechaev.

Sergei Nechaev era filho de um sacerdote de aldeia. Tornou-se notório especialmente por duas razões.²⁶⁴ Primeiro, tinha tentado fundar uma sociedade secreta revolucionária na Rússia, formada por grupos de cinco pessoas cuja única ligação uns com os outros era o próprio Nechaev. Em Moscou, um estudante chamado Ivanov, pertencente a um desses grupos, tinha contestado a autoridade de Nechaev. Diante disso, para reprimir qualquer possibilidade de amotinação, e para unir o grupo tornando-o coletivamente cúmplice de um crime comum, Nechaev preparou o assassinato de Ivanov, a pretexto de que ele pretendia denunciar o grupo às autoridades. Foi esse homicídio, cometido em 21 de novembro de 1869, que forneceu o enredo do romance *Os demônios*, de Dostoiévski.

Em segundo lugar, em janeiro de 1870, Nechaev tinha encontrado Bakunin em Locarno, trabalhando na tradução de *O capital* para o russo. Perpetuamente sem dinheiro, Bakunin tinha assinado um contrato para traduzir o livro por 1200 rublos, tendo recebido trezentos rublos de adiantamento. Mas logo se cansou da tarefa e ficou feliz quando Nechaev prometeu convencer o editor a liberá-lo do contrato. Em seguida, Nechaev exigiu que o editor deixasse Bakunin em paz, com a ameaça, feita em nome do comitê secreto de Justiça Popular, de que haveria desagradáveis consequências se ele insistisse em exigir a devolução do dinheiro adiantado. Sabedor talvez do que tinha acontecido com Ivanov, o editor aquiesceu.

Durante algum tempo, no fim dos anos 1860, Bakunin andou claramente fascinado pelo retrato revolucionário que Nechaev pintava de si mesmo. Mas não há provas, nem nenhuma probabilidade, de que Bakunin estivesse envolvido nos crimes de Nechaev, ou que sequer soubesse deles. Dessa maneira, as repetidas referências feitas por Karl à fundação por Bakunin e Nechaev de uma "sociedade secreta entre os estudantes" na Rússia não passavam de calúnias infundadas.²⁶⁵

A grande fraqueza dessa contracircular era que ela não respondia à principal acusação feita em Sonvilliers: a de que o Conselho Geral em 1871 tinha arrogado a si certos poderes *não* cobertos por suas próprias "regras" originais.²⁶⁶ Como resultado, a iniciativa "organizacional" de Engels, longe de apaziguar os adversários federalistas, aprofundou as divisões dentro da Associação Internacional.

O congresso seguinte tinha sido marcado para o período de 1º a 7 de setembro de 1872 em Haia. Era um lugar que Bakunin acharia difícil, senão impossível, de chegar. Além disso, a seleção dos delegados ao congresso estaria a cargo dos aliados de Karl. Em carta para César de Paepe, Karl fez uma estimativa das forças dispostas contra e a favor dele:

> Inglaterra, Estados Unidos, Alemanha, Dinamarca, Holanda, Áustria, a maior parte dos grupos franceses, os italianos do Norte, da Sicília e de Roma, a ampla maioria dos suíços românicos e dos russos na Rússia (diferentemente de certos russos fora do país ligados a Bakunin) estão afinados com o Conselho Geral.
>
> De outro lado, haverá a Federação do Jura na Suíça (em outras palavras, os homens da Aliança que se escondem atrás desse nome), Nápoles, possivelmente Espanha, parte da Bélgica e certos grupos de refugiados franceses [...] e esses formarão o time adversário.[267]

Pouco antes do congresso, Karl recomendou ao dr. Kugelmann que comparecesse, alegando que era "questão de vida ou morte" para a Internacional, e que a intenção era preservá-la contra "elementos desagregadores".[268] Os dois lados competiam para mandar delegados, mas os partidários de Bakunin privaram-se desnecessariamente de um apoio vital quando os italianos, indignados com as afirmações feitas em "Les Prétendues scissions", resolveram boicotar Haia e realizar um congresso rival em Neuchâtel.

No congresso, depois de uma verificação minuciosa das credenciais dos delegados, particularmente os potenciais partidários de Bakunin, Karl conseguiu apoio da maioria desde o início e não hesitou em tirar partido dessa vantagem. O congresso derrotou a proposta de Bakunin para que o Conselho Geral se tornasse apenas um escritório central de correspondência e coleta de estatísticas. Conseguiu também incorporar as decisões da Conferência de Londres ao regimento da Associação. Além disso, uma comissão de inquérito presidida por Theodor Cuno, amigo de Engels, descobriu que Bakunin era o chefe de uma organização secreta e recomendou que ele e Guillaume fossem expulsos. Karl, ansioso para prejudicar ainda mais a reputação de Bakunin, produziu uma carta que supostamente implicava Bakunin na intimidação do seu editor.

Por fim, Engels, respaldado por Karl, Charles Longuet e outros, apresentou a inesperada proposta de que o Conselho Geral fosse transferido para Nova York. Primeiro houve um silêncio, depois confusão, particularmente entre os alemães e os blanquistas franceses, que até aquele momento tinham apoiado com satisfação a batalha contra Bakunin. Mas a proposta foi aprovada por uma margem apertada de votos, de 26 contra 23, com nove abstenções. A justificativa era de que se a proposta não fosse aprovada, a Associação Internacional teria acabado nas mãos dos blanquistas ou dos bakuninistas, transformando-se numa desacreditada organização conspiratória, sem maior importância social ou política.

Um ano depois, em *Estatismo e anarquia*, Bakunin apresentou sua própria descrição do conflito que engolfara a Internacional. Seu livro expressava com vigor o choque produzido na Europa pelas vitoriosas guerras de Bismarck contra a Dinamarca, a Áustria e a França, e pela proclamação do novo Império Alemão na Galeria dos Espelhos de Versalhes. Desde os tempos de Luís XIV, e estendendo-se pelas Guerras Napoleônicas, a França sempre foi vista como o Estado mais poderoso da Europa continental. *Estatismo e anarquia* detinha-se no "despedaçamento da supremacia histórica do Estado francês" e em sua substituição pela "ainda mais odiosa e perniciosa supremacia do pangermanismo de base estatal".[269] Sua análise de 1848 na Alemanha prefigurava, em certo sentido, o livro *1848: The Revolution of the Intellectuals*, de Lewis Namier.[270] Ressaltava o caráter erudito da Assembleia de Frankfurt, seu injusto tratamento dos poloneses e dos tchecos e a incapacidade, tanto de Frankfurt como do Parlamento prussiano, de enfrentar o Estado. Isso era notável, de acordo com Bakunin, porque o desejo que prevalecia "na consciência ou no instinto de cada alemão" era "o desejo de expandir ao máximo as fronteiras do Império Alemão".[271]

"A propagação dessa ideia germânica", de acordo com Bakunin, era também "agora a principal aspiração de Marx, que [...] tentou resumir dentro da Internacional, em benefício próprio, as proezas e vitórias do príncipe Bismarck".[272] Bakunin não mencionou a centralidade da Inglaterra na teoria de Karl ou seu trabalho no Conselho Geral. Não fez nenhuma referência ao lugar atribuído ao federalismo em *A guerra civil na França*, e em vez disso equiparou a abordagem de Karl unicamente à do *Manifesto do Partido Comunista*. Reconheceu os talentos de Karl como teórico e concordou com sua crítica a Proudhon. Mas os alemães não eram capazes de fazer revoluções. Faltava-lhes "caráter". Não partiam da vida para o pensamento, mas, como o próprio Hegel, do pensamento para a vida. Nem mesmo a "escola dos materialistas ou realistas", como Karl ou o materialista natural Ludwig Büchner, "pôde ou pode se libertar da influência do pensamento abstrato e metafísico".[273]

O pensamento de Karl foi grosseiramente conectado ao de Lassalle. Não só os dois eram defensores da democracia representativa, como a base da prática de Lassalle era a teoria de Karl. O ponto fundamental do programa de Lassalle era "a libertação (imaginária) do proletariado *exclusivamente por meio do Estado*". Isso foi o que Lassalle tirou da "teoria comunista criada por Marx". Também sugeria que Karl era "discípulo direto de (Louis) Blanc" e portanto (incorretamente), como Lassalle e Blanc antes dele, defendia a disponibilização de "crédito ilimitado" para "associações operárias de produtores e consumidores".[274]

Teoricamente, *Estatismo e anarquia* era muito tênue, consistindo basicamente em afirmações em vez de provas bem fundamentadas. Ali se dizia que "a paixão pela revolução social" só seria saciada quando o poder de coerção do Estado, último bastião dos interesses burgueses, entrasse em colapso. Pois qualquer Estado implicava "dominação, consequentemente escravidão":

> É por isso que somos inimigos do Estado. [...] Nenhum Estado, por mais democráticas que sejam as suas formas, [...] é capaz de dar ao povo aquilo de que o povo precisa: a livre organização dos seus próprios interesses, de baixo para cima, sem qualquer interferência, tutela ou coerção de cima. É assim porque nenhum Estado, nem mesmo o mais republicano e democrático, nem mesmo o Estado pseudopopular contemplado por Marx, representa em essência outra coisa que não seja o governo das massas de cima para baixo, por uma minoria instruída, portanto privilegiada, que supostamente compreende os interesses reais do povo melhor que o próprio povo.[275]

Mais adiante, pergunta-se no livro: se o proletariado fosse a classe dominante, quem governaria? Bakunin conjeturava que, se fosse uma questão de "níveis culturais", poderia ser a "turba camponesa", mas se a questão fosse examinada de um ponto de vista nacional, poderiam ser os eslavos. Finalmente, havia também a questão levantada por uma frase do *Manifesto do Partido Comunista*: "O proletariado erguido à posição de classe dominante". "[Iria] o proletariado inteiro chefiar o governo? Todos os 40 milhões seriam membros do governo?" A resposta de Karl (e de outros) de que "haveria governo do povo por um pequeno número de representantes eleitos pelo povo" era uma mentira atrás da qual o "despotismo da minoria governante" estava "escondido", a expressão de uma "fingida vontade popular".[276]

Não é de surpreender que Bakunin também atacasse o caráter de Karl:

Um homem nervoso, alguns dizem até o ponto da covardia, ele é extremamente ambicioso e convencido, briguento, intolerante e absoluto, como Jeová, o Senhor dos seus ancestrais, e, como ele, vingativo até o ponto da loucura. Não há mentira ou calúnia que não invente e espalhe contra qualquer um que tenha o azar de despertar o seu ciúme — ou seu ódio, o que dá no mesmo. Não há intriga, por mais sórdida, na qual hesite em se envolver, se em sua opinião (quase sempre equivocada) ela venha a servir para fortalecer a sua posição e sua influência, ou aumentar o seu poder. Nesse sentido, é um homem político dos pés à cabeça.[277]

Mas, como "homem político", que sonhava em liderar a Internacional, Karl era descrito como um Lassalle fracassado. Apesar de forte em teoria, "perdia todo o significado e toda a força na arena pública". Segundo Bakunin, "ele o provou na infeliz campanha para estabelecer sua ditadura na Internacional e, através da Internacional, em todo o movimento revolucionário da Europa e da América". Assim como na Basileia, a "integridade" do programa da Internacional foi defendida contra os alemães e sua tentativa de introduzir "políticas burguesas nela", por isso em 1872 "Marx sofreu uma derrota completa e merecida". Foi assim, de acordo com Bakunin, que o cisma dentro da Internacional começou.[278]

Karl redigiu notas e comentários sobre o livro de Bakunin entre abril de 1874 e janeiro de 1875. Essas notas eram tomadas diretamente em russo, ou traduzidas para o alemão. Sua principal crítica dizia respeito à incapacidade de Bakunin de compreender que "uma revolução radical está estreitamente ligada a condições históricas de desenvolvimento econômico; são as suas premissas". Bakunin, afirmava ele, "não entende absolutamente nada de revolução social, apenas de sua retórica política". Portanto, imaginava "que a *revolução radical* é igualmente possível em todas as formações (sociais)". Em comum com outros representantes românticos da tradição transnacional radical, Bakunin achava que "a força de vontade, e não as condições econômicas", era "a base da sua revolução social".[279]

Karl também reagiu à sua crítica do princípio representativo. Em resposta à pergunta de Bakunin sobre se "o proletariado inteiro chefiaria o governo", Karl disse: "Num sindicato, para citar um exemplo, o sindicato inteiro faz parte do seu Comitê Executivo?". Da mesma forma, em resposta à pergunta sobre se 40 milhões de alemães poderiam governar, Karl afirmou: "Certamente! Pois o sistema começa pelo governo autônomo das comunidades". Explicou ainda que só quando o proletariado fosse vitorioso em sua luta para "abolir seu próprio caráter de trabalho assalariado", "a distribuição de funções gerais" se tornaria "uma questão de rotina, que não implica dominação", e as eleições "perderiam o caráter político atual".²⁸⁰ Nessa situação, a atribuição de funções, como numa cooperativa fabril, seria feita simplesmente de acordo com a conveniência; e todas as "fantasias [de Bakunin] sobre dominação evaporariam". Ecoando suas polêmicas de trinta anos antes, Karl observou: "O sr. Bakunin apenas traduziu a anarquia de Proudhon e Stirner para o idioma bárbaro dos tártaros".²⁸¹

Tanto Bakunin como Karl apresentaram o que supunham ser críticas ao "parlamentarismo". Mas nenhum dos dois teve êxito em propor uma alternativa convincente. A maior dificuldade da crítica de Bakunin ao princípio representativo, bem como sua concepção de poder "de baixo para cima", era o problema de corporificá-lo numa forma institucional estável e duradoura. Por essa razão, a crença no federalismo, tão forte no fim dos anos 1860, desvaneceu-se ao longo da década seguinte. Foi substituída pela crescente atração dos partidos social-democratas, aderindo aos princípios representativos.

A tentativa de Karl de fazer uma síntese de Estado e sociedade civil em *A guerra civil na França* assumiu a forma de uma assembleia eleita, formada com base em princípios democráticos e representativos. Uma vez que o proletariado triunfasse, afirmava ele, haveria uma "distribuição geral de funções, designadas como numa cooperativa fabril, de acordo com a conveniência". Essa imagem de representantes escolhidos com base em aptidões particulares, da mesma forma que um patrão procura os melhores operários para realizar determinada tarefa, era recorrente nos escritos de Karl desde a década de 1840. O que faltava nessa concepção era um espaço social e político em que a pluralidade — não apenas de funções, mas também de opiniões — pudesse expressar-se. Nesse sentido, ela ficava exposta a uma interpretação autoritarista. O desafio do socialismo nos anos posteriores a 1848 era, como afirmou John Stuart Mill, "unir a maior liberdade de ação individual a uma posse igual por todos das matérias-primas do globo e uma participação igual nos benefícios do trabalho conjunto".²⁸² Sobre essa questão, Karl não tinha nada a dizer.

É difícil fazer um julgamento justo do comportamento de Karl em relação a Bakunin nos anos seguintes ao Congresso da Basileia. A tentativa operística de Bakunin de revolução em Lyon no outono de 1870 e sua predileção por sociedades secretas eram duas boas razões para que se desconfiasse dele. Além disso, por mais apropriadas que fossem essas organizações em áreas onde não havia liberdade de associação, os estatutos da Internacional a comprometiam com a organização e a propaganda abertas. De outro lado, estava claro que a convocação da conferência secreta em Londres no outono de 1871 e sua promulgação de novas regras e novos objetivos violaram os estatutos originais, os quais a Conferência de Londres não tinha autoridade constitucional para emendar.

A principal razão política para levar a Associação Internacional a um fim tão precipitado e inglório no Congresso de Haia foi que Karl já não podia buscar nenhum apoio significativo entre os líderes sindicais ingleses no Conselho Geral. Substituir esses sindicalistas por refugiados franceses não fortaleceu nem um pouco a Internacional como instituição representativa. O medo de Karl era de que a Associação se tornasse uma simples seita, afastada da política inglesa e despedaçada por uma esotérica luta entre blanquistas e bakuninistas. Dois anos antes, no começo de 1870, sua confiança nas potencialidades da Associação Internacional tinha sido forte. Ao tentar mobilizar as seções continentais da Internacional contra as queixas bakuninistas do jornal *L'Égalité*, ele achara imprescindível manter a representação inglesa nas mãos do Conselho Geral. A Inglaterra, afirmava Karl, era o único país onde

> a grande maioria da população consiste em trabalhadores assalariados e onde a luta de classes e a organização da classe trabalhadora pelos sindicatos alcançaram certo grau de maturidade e universalidade. [...] Os ingleses têm todas as condições materiais para a revolução social. O que lhes falta é o espírito de generalização e ardor revolucionário.[283]

Por esse motivo, era vital manter a representação inglesa nas mãos do Conselho Geral.

Apesar disso, menos de dois anos depois ele tinha abandonado essa ideia, e na Conferência de Londres em 1871 não fez nenhuma objeção à separação do Conselho Federal Inglês do Conselho Geral. No início daquele ano, Karl tinha acreditado que o governo de Gladstone cairia e que outro período de crise era iminente. Esse otimismo baseava-se em suas esperanças de um conflito com a Rússia. Pelo Tratado de Paris, que pôs fim à Guerra da Crimeia em 1856, o mar Negro deveria tornar-se área desmilitarizada, não aberta a navios de guerra russos. Mas durante a Guerra Franco-Prussiana, a Rússia, com a conivência da Prússia, aproveitou-se da prostração da França para remilitarizar o mar Negro. As classes médias de Londres, tendo à frente o *Pall Mall Gazette*, ficaram irritadas com a violação do tratado e exigiam guerra. Gladstone tinha sido membro do governo liberal que em 1854 declarara guerra à Rússia. Ele não tinha a menor intenção de ir à guerra contra a Rússia, especialmente na ausência de aliados europeus. Mas não poderia ignorar a violação do tratado. A indecisão do governo foi interpretada por muita gente como uma humilhação nacional, que não teria acontecido nos tempos de Palmerston. Aparentemente, o governo liberal era incapaz de defender os interesses nacionais. Karl estava certo quanto ao fato de que a incapacidade de Gladstone de forçar os russos a recuarem foi um dos fatores de sua derrota na eleição de 1874. Mas isso não trouxe as classes trabalhadoras para as ruas, e muito menos precipitou uma crise social do tipo imaginado por Karl.

As classes trabalhadoras, como Engels reclamava, tinham permanecido teimosamente "apáticas". Não só não se envolveram na agitação em torno da Rússia, como também não ofereceram praticamente apoio algum à Comuna de Paris. Na época da Conferência de Londres, em setembro de 1871, Karl teve uma explosão de raiva contra aqueles que antes considerava aliados:

> Os sindicatos [...] são uma aristocrática minoria — os trabalhadores pobres não podem pertencer a eles; a grande massa trabalhadora que o desenvolvimento econômico vem expulsando do campo para as cidades todos os dias — está há muito tempo fora dos sindicatos — e as massas mais miseráveis jamais pertenceram a eles; o mesmo é verdade com relação aos trabalhadores nascidos no East End de Londres; um em cada dez pertence a um sindicato — camponeses, trabalhadores diaristas não qualificados nunca pertenceram às sociedades sindicais.

Em tom desafiador, acrescentou: "Os sindicatos não podem fazer nada sozinhos — continuarão sendo minoria —, não têm poder sobre a massa de proletários — ao passo que a Internacional trabalha diretamente sobre esses homens".[284]

No Congresso de Haia em 1872, sua raiva não foi menos imoderada. Uniu forças com o jornalista conservador dissidente Maltman Barry, que de alguma forma conseguiu ser designado para representar uma seção de fala alemã em Chicago. Quando o sindicalista e ex-cartista inglês Thomas Mottershead, muito sensatamente, pôs em dúvida as credenciais de Barry como representante da classe trabalhadora inglesa, Karl reagiu com um discurso violento e afrontoso. Se Barry não era "um líder reconhecido das classes trabalhadoras inglesas, [...] isso era uma honra, pois quase todos os líderes reconhecidos das classes trabalhadoras inglesas se venderam a Gladstone, Morley, Dilke e outros".²⁸⁵ Seis anos depois, seu ressentimento contra "os Gladstone, Bright, Mundella, Morley e toda a quadrilha de donos de fábricas" persistia. Em 11 de fevereiro de 1878, Karl escreveu para Liebknecht:

> A classe trabalhadora inglesa foi ficando gradativamente descrente de si mesma, como resultado do período de corrupção posterior a 1848, e finalmente chegou a ponto de ser nada mais do que um apêndice do grande Partido Liberal, ou seja, dos seus *opressores*, os capitalistas. Sua direção passou totalmente para as mãos dos venais líderes sindicalistas e agitadores profissionais.²⁸⁶

Muito melhor, portanto, não acabar com a Internacional — ou pelo menos o envolvimento dele com ela. No último dia do Congresso de Haia, o relato de Barry explicou por que o Conselho Geral precisava mudar-se de Londres:

> O tempo e o esforço mental exigidos de Marx pelos assuntos da Internacional, quando somados ao trabalho de traduzir as várias edições do seu grande livro e à supervisão geral da Associação, revelaram-se exaustivos e prejudiciais para a sua saúde. Neste último ano, mais ou menos, depois da adesão ao Conselho Geral de numerosos ingleses "representativos", isso sobrecarregou todos os esforços dele (e estes às vezes falharam) para restringir o Conselho ao seu trabalho legítimo.²⁸⁷

Para o próprio Karl, o fim da Internacional veio como uma libertação. Três meses antes do Congresso de Haia, Karl escreveu para De Paepe: "Mal posso esperar pelo próximo Congresso. Seria o fim da minha escravidão. Depois disso voltarei a ser um homem livre; não aceitarei mais nenhuma função administrativa, seja para o Conselho Geral ou para o Conselho Federal Britânico".²⁸⁸ Durante todo o período em que a Internacional tentara se envolver com a Guerra Franco-Prussiana e com a Comuna, Karl continuou afligido pela saúde precária. Em 17 de agosto de 1870, queixou-se a Engels: "Não dormi um pingo pela quarta noite seguida por causa do reumatismo, e todo esse tempo fantasias sobre Paris etc. me passavam pela cabeça. Esta noite vou mandar preparar a poção de Gumpert para dormir".²⁸⁹ Em 21 de janeiro de 1871, ele escreveu para o seu aliado Sigfrid Meyer em Nova York: "Novamente minha saúde tem sido abominável por meses a fio, mas quem pode ligar para isso numa época de acontecimentos históricos de tão magna importância!".[290] A doença o impediu de comparecer ao Conselho Geral durante a Comuna e retardou a conclusão de *A guerra civil na França*. Mas em 13 de junho ele pôde dizer às filhas que "depois de uma doença de seis semanas, estou bem novamente, tanto quanto possível nas circunstâncias atuais".[291]

Com a Comuna vieram outras preocupações, agora ligadas à família. Em 1º de maio, Jenny e Eleanor foram a Bordeaux para ajudar Laura, cujo terceiro filho tinha nascido em fevereiro e adoecera perigosamente. O marido de Laura, Paul Lafargue, retornara de Paris com "plenos poderes" para organizar um exército revolucionário em Bordeaux. Mas com a destruição da Comuna por Versalhes, Paul se tornou um homem procurado, e então a família foi para Bagnères-de-Luchon, remota cidadezinha nos Pireneus, onde fizeram o possível para passarem despercebidos. Em 13 de junho, Karl escreveu uma carta cifrada advertindo Paul sobre sua prisão iminente. A carta aconselhava a família a mudar-se para um clima melhor, do lado espanhol dos Pirineus, e advertia que a saúde de Paul em particular "se deteriorará, e talvez corra grande perigo, se ele continuar hesitando em seguir os conselhos médicos".[292] Paul ficou mais seis semanas em Luchon por causa da doença da criança. Mas em 26 de julho a criança morreu, e logo depois Paul cruzou a fronteira para a Espanha. Em 6 de agosto, as três irmãs e o filho pequeno de Laura, Schnappy, foram visitá-lo. Em seguida, Jenny e Eleanor voltaram para a Inglaterra, mas foram detidas na fronteira francesa, sendo interrogadas e submetidas a revista. A situação de Jenny era especialmente perigosa, porque ela levava uma carta de Gustave Flourens, o *communard* assassinado. Felizmente, no posto policial ela conseguiu esconder a carta, e as duas irmãs voltaram para casa em 26 de agosto.[293]

Em outros sentidos, Karl continuava surpreendentemente animado no verão de 1871. Adorou o escândalo criado por *A guerra civil na França*, saboreando a reputação de "o homem mais caluniado e ameaçado de Londres". No fim de julho, seu estado de espírito ainda era otimista. Escreveu para o dr. Kugelmann: "O trabalho para a Internacional é imenso, e além do mais Londres foi invadida por refugiados, dos quais temos que cuidar. Além disso, sou invadido por outras pessoas — jornalistas e gente de todo tipo — que querem ver o 'MONSTRO' com os próprios olhos".[294]

Havia também um pouco de saudável descanso a ser obtido à beira-mar, longe da fuliginosa e nevoenta cidade. Karl gostava muito de Brighton, mas seu balneário favorito era Ramsgate. Engels descreveu Ramsgate para a mãe como o mais importante balneário que conheço, extremamente informal, praia muito linda e firme logo aos pés dos íngremes penhascos brancos; a praia é repleta de falsos trovadores negros, prestidigitadores, engolidores de fogo, teatros de marionete e bobagens do gênero. O lugar não é muito famoso, mas é barato e tranquilo. O banho é muito bom.[295]

No verão de 1870, apesar do reumatismo e da insônia, Karl escreveu o seguinte sobre Ramsgate: "A família está se divertindo regiamente. Tussy e Jennychen nunca saem do mar e estão acumulando uma boa reserva de saúde".[296]

Essa disposição otimista durou até a Conferência de Londres, que Engels tinha organizado para a segunda quinzena de setembro. Mas no outono e no inverno seguintes ficou cada vez mais claro que as vitórias alcançadas em Londres eram bastante vazias. Os seguidores de Bakunin não reconheceram a derrota. O próprio Bakunin contra-atacou com a acusação de que o Conselho Geral era dominado pelo "pangermanismo (ou bismarckismo)". Seus partidários estavam publicando um jornal em Genebra e tentando formar uma seção francesa em Londres e uma seção alemã em Nova York.[297] Uma tensão paralela se desenvolvia entre o Conselho Geral e o Conselho Federal Inglês. Antigos aliados, como Johann Georg Eccarius e John Hales, tornavam-se adversários intransigentes.

Diante desses desdobramentos, o tom de Karl ficava mais desgastado, e ele se queixava cada vez mais de excesso de trabalho. Para Liebknecht, Karl reclamou que ele e Engels estavam "assoberbados de trabalho da Internacional", e que nenhum esforço fora feito para garantir a presença de delegados alemães à Conferência, com isso dando crédito aos rumores disseminados de que "Marx perdeu influência até mesmo na Alemanha!".[298] Em 24 de novembro, escreveu para César de Paepe, referindo-se publicamente, pela primeira vez, à possibilidade de renunciar, meio de brincadeira, como resposta à acusação de "pangermanismo".[299] Na primavera de 1872, "sobrecarregado de trabalho", a ponto de ser incapaz de escrever para Laura ou para o "querido Schnappy", explicou a Paul Lafargue que "de fato a Internacional toma demais o meu tempo, e, não fosse pela convicção de que minha presença no Conselho ainda é necessária neste período de contenda, eu teria saído há muito tempo".[300] Transferir o Conselho Geral para Nova York era o meio de conseguir esse afastamento, e isso só foi anunciado no próprio Congresso de Haia. Mas em fins de maio Karl já podia declarar, tanto para seu tradutor russo, Nicolai Danielson, como para De Paepe, que sua saída da Associação era iminente, e que sua "escravidão" chegaria ao fim.

Em 1872, a Associação Internacional era muito diferente da organização fundada oito anos antes. Mas o mundo em que ela operava também o era. As convulsões constitucionais da década de 1860 tinham chegado ao fim. Muita gente do grupo de republicanos transnacionais que lutaram pela Comuna tinha morrido em combate. A campanha guerrilheira de Garibaldi em nome da República Francesa tivera que ser abandonada. A era das barricadas acabara. Não foram de grande utilidade na resistência ao devastador ataque dos soldados de Versalhes, alguns recém-equipados com metralhadoras. Com a queda da Comuna, o legado republicano transnacional chegara ao fim.

O transnacionalismo tinha perdido grande parte do sentido quando a formação de Estados deixou de ser sinônimo da ambição de estabelecer repúblicas. O nacionalismo e o republicanismo agora andavam separados. Os Estados-nações formados na Itália e na Alemanha trouxeram consigo monarquias hereditárias e aristocracias poderosas. O livre-câmbio também começara a ser contestado, culminando na Alemanha com uma tarifa protetora, aliando terra e indústria num antiliberal "casamento do ferro com o centeio". A consolidação dos Estados tinha começado também a impactar mais diretamente a vida diária dos cidadãos, fosse na forma da educação elementar ou do serviço militar obrigatório. Inversamente, a base econômica da solidariedade sindical através das fronteiras encolheu ante a depressão.

Na Inglaterra, o clima político também havia mudado. De acordo com *The Way We Live Now*, uma mal-humorada descrição da Inglaterra de 1872 de autoria de Anthony Trollope, a autoconfiança e a liberalidade da época de Palmerston tinham desaparecido. As "honrosas" tradições do campo foram submergidas num mundo dominado pelas sórdidas maquinações das finanças internacionais. Aventureiros cosmopolitas de origem desconhecida — uma plutocracia personificada por Augustus Melmotte — dominavam a sociedade londrina.

As prioridades de Karl também já não eram as mesmas. Em meados da década de 1860, ele esperava que os dois volumes de *O capital* aparecessem juntos. Mas inúmeras dificuldades, tanto práticas como teóricas, estorvaram o projeto. Certamente, seu trabalho para a Internacional tinha ocupado uma grande proporção do seu tempo. Mas parecia também que a própria natureza do projeto sofrera uma alteração significativa entre 1867 e 1872. Embora ele ainda declarasse que "precisava, afinal de contas, terminar *Das Kapital*", não houve menção ao segundo volume. Em parte, isso aconteceu porque o argumento, tal como concebido originalmente, já não poderia ser sustentado, mas também porque suas ideias sobre o caráter global do capitalismo estavam mudando. Talvez o desenvolvimento do capitalismo na Europa ocidental fosse um caso especial. Talvez sua expansão pelo resto do mundo pudesse ser evitada. Esse pelo menos parecia ser o pensamento que governava o crescente interesse de Karl pelo que poderia acontecer na Rússia e noutras partes do mundo ainda pré-capitalista.

12. De volta ao futuro

I. O SEGUNDO VOLUME DE *O CAPITAL*[1]

Com o fim do movimento de reforma política na Grã-Bretanha e a consolidação de uma aliança entre liberais e líderes sindicais, a pressão para publicar o segundo volume de *O capital* cessou. Os problemas irlandeses acabaram ficando para trás. A resposta à publicação do primeiro volume da obra foi morosa, e a única reação realmente entusiástica veio da Rússia, dos seguidores de Nikolai Tchernichevski, que não estavam tão interessados na crise no Ocidente. Na França, depois do desastre da Comuna, na tradução francesa de *O capital*, Karl quis suavizar as arestas de sua *Crítica da economia política* baseada na Inglaterra. Não menos importante, para ele também foi um alívio poder adiar a publicação do segundo volume, uma vez que os problemas intelectuais que o impediram originalmente de apresentar a obra inteira só tinham aumentado.

Em 1870, Karl conseguiu reformular quase metade do manuscrito do que se tornaria o segundo volume de *O capital*, mas o tratamento continuou confinado a abstrações, e depois disso pouco foi acrescentado, além de revisões de menor importância.[2] Em novembro de 1871, Meissner, seu editor de Hamburgo, informou-lhe que o primeiro volume estava quase esgotado e pediu-lhe que preparasse uma segunda edição, mais barata. Desse momento até 1873, foi o que Karl fez, gastando a maior parte de seu tempo na preparação de uma segunda edição refundida, que incluía uma tentativa de simplificar a argumentação do primeiro capítulo. Em 1872, admiradores em São Petersburgo começaram a trabalhar numa edição russa. A tradução foi iniciada por Hermann Lopatin e concluída por Nicolai Danielson, e fez grande sucesso. Ao mesmo tempo, Karl assinou contrato com Maurice Lachâtre para produzir uma edição francesa, a ser lançada em fascículos. Dessa forma, Karl achava que seria "mais acessível à classe trabalhadora", e "para mim essa consideração pesa mais do que qualquer outra".[3] A tarefa coube a Joseph Roy, o tradutor de Feuerbach, e Karl inicialmente escreveu para a filha afirmando que o considerava "um homem perfeitamente adequado para o que pretendo fazer". Mas o processo foi lento demais; Roy teve que trabalhar a partir dos originais da segunda edição alemã escritos à mão por Karl, e Karl achou que muitos trechos eram insatisfatórios. Em maio de 1872, escreveu para o tradutor russo, Nicolai Danielson, dizendo que

> apesar de a edição francesa (a tradução é do sr. Roy, o tradutor de Feuerbach) ter sido preparada por um grande especialista em ambas as línguas, a tradução muitas vezes é literal demais. Vi-me portanto obrigado a reescrever passagens inteiras em francês, para torná-las palatáveis para o público francês. Será muito mais fácil, posteriormente, traduzir o livro do francês para o inglês e para as línguas românicas.[4]

Karl gastou muito tempo nos dois anos seguintes reescrevendo passagens para a tradução francesa, que só começou a aparecer em 1875. A lentidão para corrigir a tradução, somada às tarefas deixadas pela remoção da Internacional para Nova York, causaria atrasos na publicação da edição francesa. Mas esses problemas foram agravados na primavera de 1873 por um sério colapso na saúde de Karl.

A ansiedade em torno da saúde de Karl veio a público no fim de junho daquele ano, quando Maltman Barry, conservador radical e partidário de Karl, informou no *Standard* que Karl estava gravemente doente. Engels teve que tranquilizar o dr. Kugelmann, admirador de Karl, que leu a notícia no *Frankfurter Zeitung*, afirmando que havia certo exagero. Apesar disso, a situação parecia bastante séria. Como explicou Engels,

> de tempos em tempos, mas cada vez mais nos últimos anos, Marx tem sofrido de insônia, o que ele sempre tentou minimizar com todo tipo de razões nada convin-

centes, como por exemplo uma persistente tosse na garganta. [...] Ele não conseguia parar de trabalhar em excesso, até que finalmente uma grande pressão no alto da cabeça e a insônia se tornaram insuportáveis, quando nem mesmo as mais fortes doses de hidrato de cloral faziam efeito.⁵

Era um frustrante retorno da doença crônica depois de um período em que ele parecia a caminho da recuperação. Ainda em abril de 1871, Engels tinha tentado convencer Kugelmann de que a situação de Karl não deveria ser vista "sob uma luz tão completamente triste". No que dizia respeito à insônia, à tosse e ao fígado, escreveu Engels naquela ocasião, "você há de compreender que não existe cura rápida para uma doença que, pelo que sei, tem sido mais ou menos permanente nos últimos 26 anos". Mas para ele era motivo de esperança saber que a fonte da tosse de Karl estava "só na laringe", e não nos pulmões.

Engels estava otimista em 1871 por achar que Karl estava mudando seu modo de vida. Apesar de a animação provocada pela guerra e pela Comuna continuar, escreveu Engels, "ele desistiu de trabalhar nas questões teóricas difíceis e está vivendo de modo bastante racional". Até tinha passado a fazer caminhadas de uma hora e meia, duas horas, "sem que eu o force", e às vezes não "bebe uma gota de cerveja durante semanas". Uma caminhada para Hampstead via Highgate, acrescentou, "tem mais ou menos 1,5 milha alemã e envolve subir e descer várias colinas íngremes. E lá no alto há mais ozônio do que em Hannover inteira".⁶

Parece claro que o que provocava as crises de dor de cabeça, insônia e doenças do fígado não era tanto a falta de exercício físico, mas a necessidade de enfrentar dificuldades teóricas.⁷ Como escreveu Karl para Friedrich Sorge em 4 de agosto de 1874, "aquela maldita reclamação do fígado avançou tanto que fui positivamente incapaz de continuar a revisão da tradução francesa (que na verdade equivale quase a reescrever tudo)".⁸ E em 12 de agosto, escrevendo para Nicolai Danielson, acrescentou:

> Há meses que sofro severamente, e por algum tempo me achei mesmo num perigoso estado doentio, consequência do excesso de trabalho. Minha cabeça foi afetada tão seriamente que dava medo de um ataque paralítico, e até agora não consigo trabalhar mais do que poucas horas.⁹

A maioria dos relatos simplesmente aceita que a doença é que impediu Karl de concluir a obra de sua vida. Não se pode negar que, em sua última década de vida, Karl passou muito tempo atrás de cura para seus problemas de saúde. Mas o que isso deixa de fora é o pesadelo provocado pelo desejo de Karl de demonstrar a verdade de uma teoria que, sem as escoras hegelianas que usou nos anos 1850, era impossível de provar.

Nos *Grundrisse*, na década de 1850, Karl tinha apresentado a ideia da "queda da taxa de lucro" em termos relativamente simplistas. Mas quando tentou formular a teoria completa em 1864-5 (os manuscritos usados por Engels para a edição do terceiro volume de *O capital* em 1894), dúvidas já se acumulavam em sua cabeça. O supostamente simples funcionamento dessa "lei" estava agora tão cercado de "tendências contrárias" que não se via com clareza como poderia exercer qualquer efeito terminal. Tudo que se podia afirmar era que "a lei e suas tendências contrárias [...] geravam superprodução, crises especulativas e capital excedente, juntamente com população excedente".[10] Também estava claro que os processos de circulação e reprodução ampliada, que Karl originalmente imaginara numa forma parecida com os movimentos circulares e em espiral encontrados na *Ciência da lógica* de Hegel, não podiam mais ser empregados sem fundamentação. Ele também não tivera êxito em remodelar e inserir esses movimentos numa narrativa empírica.

Esse fracasso dizia respeito, essencialmente, à pergunta que os primeiros leitores sérios de *O capital* se faziam. *O capital* era a enunciação de uma teoria universal de desenvolvimento que afetaria todos os países ou era um relato histórico cuja relevância estava confinada basicamente à Grã-Bretanha e à Europa ocidental?[11] Karl não conseguiu encontrar um modo de reiterar sua posição teórica original, mas resistia igualmente a qualquer admissão franca e direta de que mudara de ideia. Por essa razão, as furtivas mudanças de posição que ele fez tiveram de ser desenterradas a partir das restrições encontradas no texto da segunda edição alemã ou da tradução francesa.

Karl ficava aliviado quando conseguia evitar ou adiar o máximo possível discussões explícitas dessas questões. Mas elas teriam de ser enfrentadas quando o segundo volume saísse. Além disso, com o passar do tempo, o problema se agravava. Quando *O capital* estava sendo originalmente composto nos anos 1860, talvez bastasse indicar as maneiras pelas quais o modo de produção capitalista já vinha sendo substituído e confiar num momento político iminente, que, por um breve período, em meados daquela década, parecia estar germinando. Mas esse momento tinha passado definitivamente, e uma grande pressão teria portanto de ser exercida sobre alguma grandiosa contradição estrutural no funcionamento geral do modo de produção capitalista. Ao longo dos anos 1870, ele preferiu dedicar seu tempo revisando o texto do primeiro volume, ou ajudando Eleanor na tradução de *História da Comuna de 1871*, de Lissagaray. Sem dúvida as doenças eram genuínas, mas está claro também que elas forneciam um pretexto protetor para adiar o dia do juízo final.

É o que sugere também a irritação de Karl sempre que lhe perguntavam francamente sobre o conteúdo do segundo volume, como aconteceu com seu mais persistente admirador, o dr. Kugelmann. Karl tinha passado uns dias com o dr. Kugelmann em Hannover quando preparava a publicação do primeiro volume em 1867. A filha de Kugelmann, Franziska, dizia que seu pai considerava Karl "cem anos à frente do seu tempo". Por isso, sua impaciência para ver o que havia no segundo volume era compreensível. Karl reagia cada vez mais defensivamente. Em maio de 1874, por exemplo, depois de agradecer a Kugelmann e sua família pelo interesse no progresso da obra, ele acrescentou:

> Mas você comete uma injustiça contra mim se atribui minha incapacidade de escrever a qualquer outra causa que não seja um incerto estado de saúde, que interrompe meu trabalho continuamente, depois me incita a compensar o tempo perdido deixando de lado todas as outras obrigações (incluindo cartas), e finalmente deixa a gente sem humor, sem inclinação para qualquer atividade.

Karl estava ansioso para ver Kugelmann em Carlsbad, onde seu médico, Gumpert, de Manchester, lhe recomendara que buscasse cura. Mas antes disso, sobre o assunto do livro, escreveu o seguinte: "Embora eu não conseguisse escrever, elaborei com esforço muito material importante para o segundo volume. Mas não posso iniciar sua composição final enquanto a edição francesa não estiver completa e minha saúde totalmente recuperada".[12]

Mais adiante, naquele verão, Kugelmann chamou Karl e Eleanor para se juntarem à sua família no Hotel Germania em Carlsbad. Mas as férias não foram um sucesso. Karl achava "insuportável" a maneira como Kugelmann "derrama incessantemente solenes e prolixas baboseiras com sua voz profunda", e ficava exasperado com "esse arquipedante" que vive criticando a mulher por "não compreender sua natureza faustiana, com sua aspiração a uma visão de mundo mais elevada". Mais prosaicamente, Eleanor ficou chocada com a maneira como Gertrude Kugelmann era repreendida a cada minuto pelo marido, como uma mulher sem dinheiro que não tinha gratidão por toda a *Wohltaten* (bondade) dele para com ela. Segundo o relato de Eleanor, Karl se tornou "o ouvinte involuntário de uma cena abominável (pois os quartos são separados apenas por uma porta)" e foi obrigado a pedir para passar para o andar de cima.[13]

Não há motivo para duvidar desse relato. Mas havia também outro lado da história, de particular interesse porque tem a ver com a curiosidade de Kugelmann pelo progresso de *O capital*. Recordando suas férias quando tinha dezessete anos, Franziska Kugelmann escreveu em 1926 que, durante uma longa caminhada, Karl e Kugelmann tinham discutido de um jeito "que nunca amenizava". Kugelmann tinha tentado convencê-lo a evitar toda propaganda política e terminar o terceiro livro de *O capital* antes de qualquer outra coisa.[14]

Um ano depois, em outubro de 1875, Engels escreveu para Wilhelm Bracke dizendo que Karl tinha voltado de Carlsbad "um homem totalmente diferente, forte, revigorado, animado e saudável, e logo estará em condições de voltar a trabalhar para valer".[15] No ano seguinte, Engels informou ao dr. Kugelmann que "o trabalho no segundo volume vai recomeçar dentro de poucos dias".[16] Em 1878, Karl escreveu para Danielson, seu tradutor russo, prometendo-lhe o manuscrito do segundo volume logo que ficasse pronto, mas avisando que "isso dificilmente acontecerá antes do fim de 1879".[17] Em abril de 1879, porém, as leis antissocialistas de Bismarck deram a Karl uma razão oficial para adiar o trabalho por tempo indeterminado: "Tenho que lhe contar (*cela est tout à fait confidentiel* [isto é estritamente confidencial]) que fui informado da Alemanha que meu segundo volume *não poderá ser publicado* enquanto o regime atual mantiver sua severidade".[18] De vez em quando, Karl fazia uma tentativa de voltar ao segundo volume. Em julho de 1878, começou a passar o manuscrito a limpo, mas depois de sete páginas desistiu, e parece nunca mais ter retomado a tarefa.

Nos últimos sete anos de vida, Karl foi ficando cada vez mais reservado sobre suas preocupações intelectuais. Parou de falar com Engels sobre seu trabalho, apesar de o amigo ter se mudado para Londres e morar bem perto. Em 1883, logo depois da morte de Karl, Engels descobriu com espanto que pouquíssimo trabalho tinha sido feito com relação ao segundo volume. No fim de agosto daquele ano, escreveu para August Bebel: "Logo que estiver de volta, devo começar a trabalhar a sério no segundo volume, e isso é uma tarefa imensa. Ao lado das partes completamente terminadas, há outras apenas esboçadas, sendo a coisa toda um *brouillon* [esboço], com exceção, talvez, de dois capítulos". Engels queixou-se ainda da confusa mistura de citações e da caligrafia de Karl, "que certamente não poderia ser decifrada por mais ninguém, a não ser por mim, e assim mesmo com dificuldade". E também formulou a pergunta óbvia: "Você deve se perguntar por que eu, logo eu, não fui informado sobre até onde a coisa tinha ido. É muito simples: se eu soubesse, eu o teria importunado dia e noite até que tudo estivesse terminado e impresso. E Marx sabia disso melhor do que ninguém".[19]

2. OS ÊXITOS E FRACASSOS DE UMA FAMÍLIA

Em 1874, o envolvimento de Karl na liquidação da Internacional terminou. Mais ou menos na mesma época, Engels informou que já não havia motivo de preocupação com os refugiados franceses da Comuna: "Já estamos quase livres deles".[20] A casa dos Marx já não era um refúgio ou um ponto de encontro para exilados radicais. Em 1875, a família se mudou para uma casa menor, na Maitland Road, número 41, em Kentish Town. Os domingos ainda eram os dias em que a família gostava de receber os amigos.

Karl ficava quase sempre em seu estúdio. A vida era mais sossegada, menos repleta de tensão política. A mudança foi um grande alívio para Jenny. Três anos antes, numa carta para Liebknecht e esposa, ela tinha manifestado sua admiração pela "fortaleza de espírito, tato e habilidade" que demonstraram resistindo ao clamor público por terem rejeitado a Guerra Franco-Prussiana e reconhecido a Comuna de Paris. Ela aproveitou para descrever também sua própria experiência e expressar suas frustrações de mulher politicamente engajada:

> Em todas essas lutas, nós, mulheres, ficamos com a parte mais difícil, porque é a menor. Um homem se fortalece em sua luta contra o mundo exterior e revigora-se com a visão do inimigo, ainda que seja uma legião. Nós continuamos sentadas em casa, cerzindo meias. Isso não ajuda nem um pouco a dissipar nossos temores, e as pequenas e desgastantes preocupações diárias esgotam lenta mas seguramente nosso espírito. Digo isso com base em trinta anos de experiência, e com certeza posso dizer que não ando desanimando à toa. Mas já estou velha demais para espe-

rar muita coisa, e os recentes e terríveis acontecimentos acabaram com a minha paz de espírito.

A Comuna de Paris tinha exercido uma tensão colossal na vida deles:

> Você não imagina o que tivemos que aguentar aqui em Londres desde a queda da Comuna. Toda essa miséria inominável, esse sofrimento sem fim! E ainda por cima o quase intolerável trabalho em benefício da Internacional.

Ela se ressentia muito do destino que Karl teve que suportar. Ao abafar as brigas entre as seções e mantendo-as separadas, Karl poupou a Internacional do ridículo, ficando fora do centro das atenções, e, em consequência, a "turba guardou silêncio".

> Mas agora que os inimigos o arrastaram para a claridade do dia, puseram seu nome na linha de frente das atenções, todo o bando uniu forças, e a polícia e os democratas, todos uivam juntos o mesmo refrão sobre sua "natureza despótica, sua ânsia de autoridade e sua ambição"! Como teria sido melhor, e como ele teria sido mais feliz, se tivesse continuado trabalhando sossegadamente e desenvolvido a teoria da luta para aqueles que estão em luta.[21]

Com essa tensão toda deixada para trás, Jenny conseguiu encontrar a própria voz. Sua paixão era o teatro, com particular entusiasmo por Henry Irving e suas produções de *Hamlet* em outubro de 1874 e *Macbeth* em setembro de 1875. Suas resenhas e numerosos artigos menores apareceram no *Frankfurter Zeitung* a partir de 1875. Seu interesse por drama expressava-se também através do Dogberry, um clube de leitura de Shakespeare, cuja subscrição assegurava lugar na primeira fila nas noites de estreia de Irving. Com frequência o clube se reunia na casa dos Marx, onde membros participavam da leitura de peças. De vez em quando, Karl e Engels também tomavam parte.

Embora as relações entre Jenny e Engels permanecessem estranhas, como sugeriam os termos formais que continuavam usando quando se dirigiam um ao outro, desenvolveu-se uma improvável amizade entre Jenny e a analfabeta Lizzie Burns, depois da mudança da família de Engels para Londres. A saúde de Lizzie começou a piorar — ela morreu de um tumor em 1878 —, e a principal solução encontrada por Engels era submetê-la, o máximo possível, aos ares marinhos e a lugares diferentes. Jenny sugeriu que ela e Lizzie fossem juntas passar uns dias à beira-mar em 1873, e em 1875 foram a Shanklin, na Ilha de Wight, e de lá seguiram para Ramsgate. Todas as manhãs, Engels levava as duas mulheres para o bar da estação ferroviária, onde lhes oferecia pequenas doses de vinho do porto, antes de deixá-las sozinhas o resto do dia.[22]

Em 1877, a saúde de Jenny começou a deteriorar-se. Ela foi a Manchester, ficou com um amigo de Engels, Sam Moore, e consultou o dr. Gumpert, que diagnosticou um carcinoma. No inverno de 1878-9, sua saúde piorou. Mas talvez porque se sentisse mais realizada nesse período, seus relatos nos últimos anos ressaltam sua capacidade de zombar de si mesma, "seu espírito luminoso e seu grande coração".[23]

As relações entre Jenny e as filhas, particularmente Eleanor, parecem ter sido intensas, mas intermitentes. A maior parte da administração diária da casa tinha sido transferida para Lenchen. Jenny se incomodava com o fato de que todos os seus genros, reais ou possíveis, eram franceses, e também de que, como resultado do radicalismo estudantil dos últimos anos do império de Napoleão III, seguido pela guerra e pela Comuna, havia muitas fontes de conflitos potenciais entre eles. Laura casara com Paul Lafargue em abril de 1868. Jenny (a filha) ficou noiva de Charles Longuet em março de 1872 e casou em 9 de outubro. Em carta para Liebknecht em maio de 1872, a mãe tinha admitido:

> Não consigo ver essa união sem grande inquietação, e preferiria que a escolha de Jenny tivesse caído (para variar) sobre um inglês ou alemão, e não num francês, que, claro, tem todas as encantadoras qualidades do seu país, mas não está livre das suas fraquezas e insuficiências. [...] Não posso deixar de temer que, sendo uma mulher política, Jenny estará exposta a todas as ansiedades e a todos os tormentos inseparáveis disso.[24]

Apesar de tudo, escreveu ela, "ele é um homem muito talentoso, bom, honesto e decente". Ela achava ainda que "a harmonia de opiniões e convicções do jovem casal (ou seja, a inexistência de filiações religiosas) é certamente uma garantia de felicidade futura".[25] Engels também o achava "um companheiro muito agradável".[26]

Longuet tinha sido colega de escola de Lafargue, apesar de três anos mais velho. Nascido em Caen em 1839, numa conservadora família burguesa de proprietários de terras, tornara-se ativo na sucursal francesa da Internacional, editando o seu jornal estudantil antibonapartista, *La Rive Gauche*, e em 1866 passou oito meses na cadeia. Traduziu para o francês o "Discurso Inaugural" feito por Karl para a Associação Internacional dos Trabalhadores, bem como seu *A guerra civil na França*. Na Comuna, serviu como membro do Comitê de Trabalho e editor do jornal oficial, escapando por pouco da onda de repressão que veio em seguida. Chegando a Londres como refugiado sem um tostão no bolso, não teve êxito em sua tentativa de dar aulas particulares em Oxford, mas em 1874 foi nomeado professor assistente de francês no King's College, Universidade de Londres. Jenny, apesar da gravidez, trabalhou como governanta da família Manning em 1873, e anunciava aulas de canto e elocução. Sua saúde sempre foi precária, e o primeiro filho morreu em 1874. Mas nos anos subsequentes ela teve mais cinco crianças, a última mal tendo completado um ano de idade quando ela morreu em 1883, aos 38 anos.

Durante os anos de exílio em Londres, as relações entre a família Marx e Paul e Laura Lafargue eram fonte de ansiedade. Mas nesse caso o ônus quase sempre sobrava para Engels. Nos primeiros anos do seu casamento em Paris, Laura dera à luz três filhos, mas só Étienne ("Schnaps") viveu até os três anos de idade; os outros dois morreram no primeiro ano. Apesar de adquirir relevantes qualificações médicas, Paul se recusava a trabalhar como médico. Para grande desapontamento de Karl e Jenny, uma vez na Inglaterra, depois de suas atividades em Bordeaux para a Comuna e na Espanha para a Internacional, Paul se dedicou a uma série de projetos comerciais, que davam errado em grande parte devido à sua impaciência e desatenção aos detalhes. Entre várias sociedades, ele tentou fundar um negócio de fotolitografia, usando novas técnicas. Jenny comentou numa carta para Sorge em 1877 que ele deveria ter se limitado à carreira médica: "Seu negócio de impressão pelo *procédé* Gillot não vai muito bem". Houve alguma melhora. Mas "Lafargue, que sempre vê tudo com óculos cor-de-rosa, vive agora na esperança de um grande TRABALHO".[27] Nem é preciso dizer que mais uma vez o empreendimento fracassou, e eles foram salvos por Engels. O próprio Engels, dois anos antes — talvez pensando em Lafargue —, tinha voltado suas críticas contra os refugiados franceses:

> Os refugiados franceses estão num caos absoluto. Desentenderam-se uns com os outros e com todo mundo por *motivos muito pessoais*, quase sempre por questões de

dinheiro, e agora estamos quase livres deles. Todos querem viver sem fazer qualquer trabalho real; têm a cabeça repleta de invenções imaginárias, que renderiam milhões se pelo menos aparecesse alguém que ajudasse a explorar suas descobertas; uma questão apenas de algumas libras. Mas qualquer um que seja ingênuo o suficiente para acreditar na palavra deles ficará sem seu dinheiro e, de quebra, ainda será denunciado como burguês.[28]

Sem filhos e particularmente complacente com os membros da família Marx, Engels nunca recusava seus pedidos, que persistiram até o fim da sua vida. Entre 1874 e 1880, Engels atendeu quase quarenta pedidos de Lafargue, que ficavam cada vez mais frequentes com o passar dos anos.[29] Mas até Engels de vez em quando se surpreendia com a sua inconveniência. "Como é que eu posso aconselhá-lo sobre negócios", escreveu para Lafargue em 1880, "se você deixa para me dar todas as informações depois?"[30]

Se houve uma crise na família Marx nos anos posteriores à Internacional, essa foi ocasionada não pelas duas filhas mais velhas, mas pela mais nova. Também parece claro que foi essa crise de família, mais do que simples excesso de trabalho, que motivou as dores de cabeça e a insônia de Karl, juntamente com sua perene doença hepática, na primavera de 1873. A crise dizia respeito às ambições e aos desejos da filha mais nova de Karl, Eleanor, ou "Tussy", de dezoito anos, e à determinação dos pais de se oporem a isso. Quaisquer que fossem suas reservas aos casamentos de Laura e Jenny, os pais Marx não tinham dificultado ativamente essas uniões.

No caso de Tussy, a atitude deles foi diferente. Na primavera de 1872, ela ficou noiva de Prosper-Olivier Lissagaray, outro exilado francês que morava em Londres. Lissagaray era um jornalista radical e ardoroso partidário da república democrática e social. Já com 33 anos de idade, era famoso como combatente heroico na Comuna de Paris e pela personalidade exagerada. Não era, porém, filiado a nenhum partido, nem via razão para se filiar. Essa pode ter sido uma das razões da profunda antipatia que ele e Paul Lafargue sentiam um pelo outro.[31] Eleanor queixava-se a Jenny Longuet de que quando os Lafargue coincidentemente visitavam a casa dos Marx ao mesmo tempo que Lissagaray, os Lafargue se recusavam a apertar-lhe a mão.[32] Tanto Karl como Jenny desaprovavam a união. Jenny evitava referir-se a Lissagaray em sua correspondência, enquanto Karl, com uma única exceção, só o mencionava em relação à sua *História da Comuna de 1871*.

Na primavera de 1873, Karl e Eleanor passaram três semanas em Brighton. Quando Karl voltou para Londres, Eleanor ficou em Brighton e, com a ajuda de Arnold Ruge, velho adversário de Karl que agora morava lá, conseguiu um emprego num "seminário" para jovens senhoras dirigido pela sra. Hall. Jenny Marx temia que Eleanor não fosse forte o bastante para o "trabalho monótono e árduo de um internato", pois era fraca do peito, tinha dores nas costas e um apetite "miserável". Nesse meio-tempo, Karl, a conselho de Engels, tinha ido a Manchester consultar o dr. Gumpert. O médico diagnosticou seu problema como "certo alongamento do fígado", e sugeriu uma visita a Carlsbad como a melhor cura.

Enquanto Karl estava em Manchester, Jenny foi a Brighton e descobriu que Lissagaray tinha visitado Eleanor lá. Decidiu não contar nada a Karl. De Manchester, Karl escreveu para Eleanor e Lissagaray. Não se sabe o que ele disse, pois muitas dessas cartas foram destruídas. Mas numa carta para Engels, Karl concluiu que "por ora, o sr. L. terá que remediar a situação da melhor forma possível".[33] Enquanto isso, Engels mostrou a carta de Karl a Eleanor para Jenny Marx. Ficou claro que, em relação ao destino de Eleanor, Karl e Jenny não estavam sendo muito francos um com o outro. Karl dizia que "o pior de tudo é que, para o bem da menina, eu tenho que agir com a maior ponderação e cautela". De outro lado, a sra. Marx chocou a sra. Hall propondo que Eleanor deixasse o emprego de professora no meio do período escolar e acompanhasse Lenchen à Alemanha numa visita à irmã moribunda.

Eleanor resistiu à pressão e continuou em Brighton até o fim do período. Mas em setembro estava de volta a Londres, e em novembro pai e filha viajaram juntos para um tratamento de três semanas no que Jenny descreveu como uma "aristocrática Harrogate alemã". A receita para Eleanor foi repouso total e o uso da "água de Kissingen", e Karl deveria fazer exercícios vigorosos. Como Gumpert tinha proibido qualquer trabalho, ele enchia as horas de inatividade jogando xadrez com Tussy e lendo o livro de Sainte-Beuve sobre Chateaubriand, "autor de quem jamais gostei".[34]

No ano seguinte, toda a tensão voltou. Em 19 de janeiro de 1874, enquanto fazia pouco de "minha doença ocasional", Karl informou a Kugelmann que os carbúnculos tinham reaparecido.[35] Isso, junto com o retorno das dores de cabeça e da insônia, o obrigou a passar outras três semanas em Ramsgate em abril e maio.[36] Ao mesmo tempo, o desejo de Eleanor de ver Lissagaray continuava forte como sempre. Em 23 de março de 1874, ela escreveu ao pai pedindo permissão para ver "L." novamente. "Quando eu estava muito doente em Brighton (durante uma semana desmaiava duas ou três vezes por dia), L. ia me ver, e cada vez me deixava mais forte e feliz; e mais capaz de aguentar o pesado fardo que carregava nos ombros."[37] Em julho de 1874, Tussy voltou a adoecer gravemente por três semanas, e quem cuidou dela foi Elizabeth Garret Anderson, a primeira mulher habilitada como médica na Grã-Bretanha. Em 14 de agosto, Karl informou que ela estava se sentindo "bem melhor; o apetite está aumentando em PROPORÇÃO geométrica". Mas acrescentou: "É o traço característico desses achaques femininos, nos quais a histeria desempenha uma parte; é preciso fingir que não notamos que a inválida está vivendo novamente de sustento terreno. Isso também se torna desnecessário quando a recuperação é completa".[38]

Uma visita a Carlsbad foi providenciada, precedida por complicados preparativos, incluindo uma tentativa (sem êxito) de Karl de adquirir nacionalidade britânica. Assim sendo, de meados de agosto até 21 de setembro, ele e Tussy se hospedaram no Hotel Germania, em Carlsbad. A estadia foi prejudicada pelas desavenças entre Karl e o dr. Kugelmann, mas ele gostou muito de Carlsbad e repetiu a viagem no ano seguinte, para passar lá um mês sozinho. Nessa ocasião, teve a sorte de conhecer um aristocrata e historiador russo, Maxim Kovalevsky. Kovalevsky morava em Londres, e depois disso manteve-se em contato constante com Karl. Em 1876, Karl esteve mais uma vez em Carlsbad, com Eleanor. A viagem foi marcada por uma série de contratempos, em particular uma noite passada involuntariamente em Nuremberg, que estava superlotada, não apenas devido a uma convenção de moleiros e padeiros, mas também por causa da presença de "pessoas do mundo inteiro, a caminho do Festival de Idiotas do músico estatal Wagner em Bayreuth". Ele informou que "Tussychen" tinha passado mal na viagem, mas se recuperava a olhos vistos.[39]

Em 1877, a opção foi por Neuenahr, um balneário mais barato na Floresta Negra. Como Karl explicou a Engels: "Minha mulher, você sabe, padece de sérias perturbações digestivas, e como de qualquer forma preciso levar Tussy, que teve outro miserável ataque, minha mulher ficaria muito chateada se não viesse conosco".[40] Ao chegar, ele e a esposa ficaram aos cuidados do dr. Schmitz, que tranquilizou Karl afirmando que ele já não sofria de fígado aumentado: "O aparelho digestivo está um tanto desarranjado. Mas o verdadeiro problema é de natureza nervosa". Jenny foi obrigada a tomar remédio antes que "seu problema piorasse", ao passo que "o apetite de Tussychen está melhorando, no caso dela sempre o melhor sinal".[41]

Quando o declínio da mãe se tornou evidente, no verão de 1881, Tussy entrou em colapso novamente. Sozinha em Londres, já que Karl tinha levado a esposa doente para visitar os netos na casa dos Longuet em Argenteuil, Tussy, além de não conseguir dormir, parou de comer. A situação ficou tão desesperadora que Dollie Maitland, amiga dela, chamou Karl de volta da França. Karl informou a Jenny Longuet em Argenteuil que Tussy estava "pálida e magra, pois há semanas não come praticamente nada". Seu "sistema nervoso" está "totalmente abatido; e por causa disso, insônia contínua, mãos trêmulas, convulsões nevrálgicas do rosto etc.".[42] A morte iminente da mãe provocara-lhe um colapso nervoso. Tinha 27 anos, duvidava que fosse capaz de seguir a carreira de atriz, e ficara sem um companheiro, uma vez que Lissagaray tinha voltado para a França depois da anistia de 1880. Como escreveria mais tarde à amiga Olive Schreiner, esse momento decisivo de sua vida finalmente a levou a romper um noivado que, depois de "longos e miseráveis anos", se tornara um fardo. O noivado a distanciara do pai, e a possibilidade de que a mãe morresse achando-a "dura e cruel" dava-lhe um sentimento de culpa. Sua tristeza mesclava-se à raiva de pensar que a mãe jamais adivinhara que "para poupar tristeza a ela e ao pai, sacrifiquei os melhores e mais doces anos da minha vida".[43]

Um mês depois da morte de Jenny Marx, Karl e Tussy foram descansar em Ventnor. Mas a visita não foi exitosa. Karl escreveu para Laura:

> Minha companheira (que isso fique *rigorosamente só entre nós dois*) não come quase nada; sofre seriamente de tiques nervosos; lê e escreve o dia inteiro. [...] É muito taciturna e DE FATO parece que só atura ficar comigo por um sentimento de dever, como uma mártir que se sacrifica a si mesma.[44]

Muitos aspectos dessa triste saga continuam obscuros, uma vez que boa parte da correspondência pertinente foi destruída. Por que os pais Marx tinham uma opinião tão desfavorável sobre Lissagaray? Seria apenas por causa da idade dele? Isso explicaria a proibição de Karl em 1873, quando Tussy tinha apenas dezoito anos, mas não explicaria por que a proibição aparentemente continuou e (mas na verdade não sabemos direito) parece ter sido aceita por Eleanor.

Diferenças políticas também não oferecem uma solução. Karl não se sentia à vontade com nenhum dos genros. Em novembro de 1882, exclamou: "Longuet é o último proudhoniano e Lafargue o último bakuninista. *Que le diable les emporte!* [Que o diabo os carregue!]".⁴⁵ Longuet jamais abandonou seu proudhonianismo, mas o suplementou com ideias "marxistas". Na década de 1880, quando voltou para a França depois da anistia, juntou-se ao amigo Clemenceau e os dois trabalharam juntos na publicação republicana radical *La Justice*. Consciente da força e do conservadorismo do campesinato na França — graças aos seus antecedentes familiares —, seu socialismo foi ficando cada vez mais moderado, e ele acabou rejeitando a ideia de um partido dos trabalhadores independente.

Lafargue parecia muito mais afinado com Karl em suas ideias; era declaradamente "marxista".⁴⁶ Mas a mistura de materialismo antirreligioso da margem esquerda do Sena com o *Manifesto do Partido Comunista* e o *Anti-Dühring* de Engels só era parecida com a abordagem de Karl no nome. Como escreveu Engels para Bernstein em 1882, o "marxismo" na França era "um produto totalmente peculiar". Foi nesse contexto que Karl certa vez disse a Lafargue: "Se há uma coisa certa, é que eu mesmo não sou marxista".⁴⁷

De outro lado, Karl não só admirava o livro de Lissagaray sobre a Comuna, como passou boa parte de 1877 e 1878 ajudando Tussy a traduzi-lo para o inglês e supervisionando sua tradução e publicação na Alemanha. Tussy aparentemente consentiu nessa apropriação de sua relação e, na tradução inglesa, declarou que não queria "alterar a obra de forma alguma", uma vez que "tinha sido inteiramente revista e corrigida por meu pai. Quero que fique do jeito que ele a conheceu".⁴⁸

Fossem quais fossem as intenções originais de Lissagaray, ele, como Tussy, cedeu às pressões de Karl, e, ao voltar para a França em 1880, a relação terminou. Eleanor não só era incapaz de enfrentar o pai, mas continuou sendo sua admiradora incondicional. Por isso é que para ela foi tão perturbador saber que Freddy Demuth era filho não reconhecido de Karl. Eleanor não queria acreditar nisso e achou que Engels estivesse mentindo. Mas o moribundo Engels sustentou o que disse. Ela ficou arrasada e chorou desesperadamente. Engels virou-se para o amigo Sam More e disse: "Tussy quer transformar o pai em ídolo".⁴⁹

3. O ADVENTO DA SOCIAL-DEMOCRACIA NA ALEMANHA

Durante a década de 1870, a reputação intelectual de Karl como autor de *O capital* não parou de crescer. O argumento de que o capital se baseava na compra e venda da força de trabalho esclarecia como a igualdade de troca ressaltada pelos apologistas da sociedade comercial era, apesar de tudo, compatível com a exploração de trabalhadores assalariados e com o aumento da desigualdade. *O capital* apresentava uma análise realista porém sóbria do conflito dentro da fábrica, bem como uma descrição horrenda da situação do trabalhador em diferentes indústrias. Era respaldado por um relato bem documentado do desenvolvimento histórico do modo de produção capitalista. Parecia que finalmente a condenação socialista das condições econômicas predominantes baseava-se em algo mais do que a simples denúncia moral ou a especulação utópica; ela agora se fundamentava na análise econômica e na previsão histórica. Na Alemanha, a primeira edição vendeu bem; uma segunda apareceu em 1872, e uma terceira foi preparada para 1883. As edições francesa e russa apareceram primeiro em 1872 e depois em 1875. A edição russa, com uma tiragem de 3 mil exemplares, vendeu excepcionalmente bem. Segundo Karl, foi "um sucesso extraordinário", e ele esperava que saísse uma segunda edição em 1873.[50]

Poucos, porém, se sentiam atraídos pela política de Karl. Sua fixação original nas atividades da Convenção Revolucionária de 1792-3 pertencia às décadas anteriores a 1848. Ele ainda sonhava com uma batalha maniqueísta entre emancipação e reação que engolfasse toda a Europa; nessa guerra, um dos grandes países, forçado para a esquerda numa guerra com a Rússia, se enredaria num processo de tumulto revolucionário e iniciaria o processo de emancipação. Até o fim dos anos 1870, ele continuava a ter esperança numa guerra europeia. Em agosto de 1874, escreveu para Friedrich Sorge em Hoboken: "São tais as condições gerais europeias que cada vez mais promovem uma *guerra geral europeia*. Talvez tenhamos que passar por ela antes que possa haver qualquer pensamento de uma atividade aberta decisiva da parte da classe trabalhadora europeia".[51] Os outros únicos agrupamentos políticos ainda empenhados em repetir as lutas políticas da Revolução Francesa eram os blanquistas, muitos dos quais viviam exilados em Londres. Mas depois que a República Francesa concedeu anistia a ex-*communards* em 1880, o apoio à sua posição entrou em precipitado declínio.[52] Ativistas revolucionários mais jovens já não se sentiam atraídos pela ideia de um Estado centralizado, por mais revolucionário que fosse. O que os atraía, em vez disso, eram visões comunais, federais ou antiestatais de socialismo associadas a Proudhon ou Bakunin.

Na década de 1870, a reputação de Karl como analista do capital convivia incomodamente com a sua notoriedade de defensor do que era visto como uma forma de política ultrapassada e inaceitável. Apesar dos seus esclarecimentos subsequentes, ele ficou com a fama adquirida de suposto "chefe" da Internacional e instigador da Comuna. Mas essa fama tinha um preço. Henry Hyndman lembrava que em 1880

> não seria demais dizer que Marx era praticamente desconhecido do público inglês, a não ser como um perigoso e até mesmo desesperado defensor da revolução, cuja organização da "Internacional" tinha sido uma das causas da horrível Comuna de Paris, um grande choque para todas as pessoas decentes, que pensavam nela com horror.[53]

Em seu livro *England for All* [Inglaterra para todos], Hyndman, que tinha lido *O capital* em francês e adotara sua descrição do sofrimento do povo trabalhador "no nosso atual sistema capitalista e de senhorio", não se referiu a Karl pelo nome. Preferiu mencionar "a obra de um grande pensador e escritor original que, tenho certeza, logo estará acessível à maioria dos meus compatriotas".[54] Da mesma forma, na França, em 1880, quando Paul Lafargue, genro de Karl, junto com Jules Guesde, tomou Karl como base para o preâmbulo do programa de fundação da Fédération du Parti des Travailleurs Socialistes, Guesde pediu a Benoît Malon que assumisse a responsabilidade por sua autoria.[55]

Em *O 18 de brumário*, Karl tinha rejeitado as revoluções de 1848 como "comédia", não mais a verdadeira revolução burguesa do passado e ainda não a revolução proletária do futuro. Ele as via como uma reprise farsesca do passado. Portanto, custou a reconhecer que 1848 tinha mudado o caráter da participação política popular na Europa continental. Via com desconfiança as demandas pelo voto masculino adulto e demonstrava pouca consciência da sua capacidade de mobilizar novos tipos de engajamento político. Esse era outro aspecto da sua dificuldade para conceder qualquer independência à esfera política, exceto onde havia uma população majoritariamente operária. Ele ainda se inclinava a rejeitar o sufrágio universal como uma ilusão comparável à — ou mesmo produzida pela — noção da igualdade de troca na economia.

Morar em Londres, escrever para o *New-York Daily Tribune* e interagir com sindicalistas britânicos na Associação Internacional dos Trabalhadores tinham levado Karl a rever sua posição, especialmente com relação à Inglaterra depois de 1867. Numa entrevista publicada num jornal americano em 1871, Karl declarou que o sufrágio universal poderia permitir aos operários ingleses alcançar o poder político sem uma revolução violenta.⁵⁶ Da mesma forma, na conclusão do Congresso da Internacional em Haia em setembro de 1872, Karl declarou:

> Sabemos que as instituições, os costumes e as tradições nos diferentes países precisam ser levados em conta; e não negamos a existência de países como Estados Unidos e Inglaterra — e, se eu conhecesse melhor vossas instituições, acrescentaria a Holanda —, onde os trabalhadores podem atingir os seus objetivos por meios pacíficos.

Mas isso não se aplicava à "maioria dos países do continente", pois ali "é a força que deve alavancar a nossa revolução, e é à força que teremos de recorrer por algum tempo para estabelecer o domínio dos trabalhadores".⁵⁷

Depois da "comédia" de 1848, Karl seguira com desconfiança os acontecimentos políticos na Europa central e meridional no fim da década de 1850. Ele rejeitara o Risorgimento italiano e tinha muitas dúvidas sobre o início da "nova era" na Alemanha. Mas a "nova era" indicava como 1848 tinha alterado as expectativas políticas. Na Alemanha, seu ponto de partida não foi nem uma sociedade secreta surgida no exílio, como a Liga dos Justos, nem um partido revolucionário claramente definido, como a Liga Comunista. Em vez disso, um novo movimento tinha surgido a partir das Associações Educacionais dos Trabalhadores (Arbeiterbildungsvereine), que floresceram em 1848 e foram ressuscitadas depois de 1858, juntamente com várias organizações liberais e democráticas, que iam da Associação Nacional (Nationalverein) ao Partido Popular Alemão (Deutsche Volkspartei).

A Associação Nacional, liberal e pró-prussiana, tinha contado com a adesão dessas Associações de Trabalhadores. Mas não estava preparada para ceder a demandas por representação política. Em resposta a essa recusa, Ferdinand Lassalle recomendou às Associações Educacionais dos Trabalhadores em 1862-3 que rejeitassem a colaboração com partidos liberais e mesmo democráticos e, em vez disso, formassem um partido próprio: a Associação Geral dos Trabalhadores Alemães (Allgemeiner Deutscher Arbeiterverein), o primeiro partido dos trabalhadores independente da Europa.

Fora da Prússia, e particularmente no sul da Alemanha, a maioria das associações sentia uma afinidade mais forte com o Partido Popular Alemão, em sua oposição à unificação alemã sob domínio prussiano, e pressionava por um Estado federal e democrático. Formaram a União das Associações Educacionais dos Trabalhadores Alemães (Verband Deutscher Arbeitervereine), que continuou estreitamente aliada ao Partido Popular. Em 1868, no entanto, Wilhelm Liebknecht e August Bebel recomendaram à União que se afiliasse à Associação Internacional dos Trabalhadores. Isso levou a uma ruptura com o Partido Popular e à formação do Partido Social-Democrata dos Trabalhadores (Sozialdemokratische Arbeiterpartei) em Eisenach em 1869. No fim da década de 1860, portanto, havia dois partidos dos trabalhadores rivais — o de Lassalle e o de Eisenach —, ambos de orientação socialista. Esses partidos compartilhavam os princípios liberais e democráticos de 1848, incluindo o governo parlamentarista, o sufrágio universal, uma milícia popular, a livre associação e a separação entre Igreja e Estado. Uma indicação dessa mudança foi o desaparecimento da palavra "comunismo" e sua substituição pelos termos "socialismo" e "social-democracia".

Lassalle era sete anos mais novo que Karl, e a experiência formadora da sua visão política tinham sido as revoluções alemãs de 1848, durante as quais passara seis meses na prisão. Enquanto Karl zombava da Revolução de Fevereiro, Lassalle proclamava 24 de fevereiro de 1848 a aurora de uma nova época histórica.[58] Afirmava que tinha havido três épocas na história do mundo, cada uma governada por uma ideia dominante, expressa em todos os arranjos sociais e políticos do período, e encarnada numa classe ou num Estado particular. Na Idade Média, a ideia da posse da propriedade fundiária tinha sido a precondição do domínio feudal, e isso impregnara todas as suas instituições. Essa época findou em 1789, substituída pela supremacia da propriedade burguesa e pelo domínio do capital.

Se 1789 tinha sido a revolução do "terceiro estado", 1848 foi a revolução do "quarto estado". O "terceiro estado" tinha afirmado que representava as reivindicações da humanidade, mas na verdade representava as ambições políticas da burguesia, que a livre concorrência e o "Estado guarda-noturno" satisfaziam. Qualquer reivindicação de universalidade feita pela nobreza feudal ou pelo "terceiro estado" era contestada por seu interesse próprio secional. Já as reivindicações dos trabalhadores eram universais. Lassalle baseou-se no *Manifesto do Partido Comunista* (para aborrecimento de Karl): os proletários, diferentemente das classes mais altas, não tinham privilégios particulares a defender. Mas o que isso significava não era tanto que eles "nada mais têm a perder com a revolução do que seus grilhões", mas que os trabalhadores encarnavam um princípio moral e material. As preocupações dos trabalhadores eram as preocupações da humanidade.

Por isso é que o princípio fundamental que sustentava a formação de um partido dos trabalhadores independente era a demanda por voto adulto masculino *universal*, acompanhado por eleições diretas e secretas.

As alegações de Lassalle pela formação de um partido dos trabalhadores independente eram alimentadas por sua desconfiança da classe média liberal. As classes médias tinham traído o "quarto estado" em 1848; em 1862, na batalha constitucional pelo controle das Forças Armadas, elas mais uma vez se mostraram incapazes de dobrar o poder do regime absolutista prussiano. Apesar das recomendações de economistas políticos e reformadores sociais como Friedrich Bastiat e Hermann Schulze-Delitzsch, os argumentos econômicos e políticos a favor de uma aliança liberal de classe média eram fracos. Os interesses dos trabalhadores não eram idênticos aos dos patrões. Ajudados por bancos de poupança, cooperativas de consumo e sociedades de previdência, indivíduos poderiam beneficiar-se do esforço pessoal, mas isso não era verdade para as classes trabalhadoras em sua totalidade. Pois, num nível coletivo, os esforços dos trabalhadores para melhorar de vida seriam sempre frustrados pelo que Lassalle chamava de "lei férrea dos salários" — argumento tirado de Ricardo no sentido de que os salários nunca podem ir muito além da sobrevivência.

Essa era outra razão que explicava por que nada menos que o sufrágio universal seria suficiente; e ele poderia ter êxito, se fosse exigido por uma campanha vigorosa e de larga escala, como a movida pela Liga Contra as Leis dos Cereais na Inglaterra. Uma vez alcançado esse objetivo, um Estado baseado no sufrágio universal e dependente do apoio da classe trabalhadora poderia abrir caminho para a emancipação dos trabalhadores, implementada por cooperativas de produtores com respaldo estatal. Esse Estado acabaria com a distinção entre patrões e empregados e abriria caminho para a educação universal e para o florescimento cultural. O sufrágio *universal* seria o meio de fazer esse Estado vir ao mundo. Qualquer coisa menos que isso seria "mentira", uma forma de "pseudoconstitucionalismo, na qual o Estado declarava-se a si mesmo Estado constitucional, mas na realidade continuava sendo um Estado absolutista".[59] Lassalle foi eleito líder da Associação Geral dos Trabalhadores Alemães por um período de cinco anos, e o partido recrutou 4600 membros, mas em agosto de 1864 ele foi mortalmente ferido num duelo.

Qualquer que fosse a complexidade dos seus sentimentos de animosidade contra Lassalle (mistura de apreensão, inveja e desprezo), Karl não poderia deixar de reconhecer as realizações dele. Em 1868, ele escreveu para o sucessor de Lassalle, Johann Baptist von Schweitzer, dizendo que a associação lassalleana foi "formada num período de reação", e que "depois de quinze anos de sono, Lassalle — e isso continuará sendo o serviço imortal que prestou — reavivou o movimento dos trabalhadores na Alemanha". Mas aproveitou para criticar a ruptura com Schulze-Delitzsch, a defesa de cooperativas ajudadas pelo Estado, a confusão entre "o Estado" e o Estado prussiano existente e a adoção da demanda cartista pelo sufrágio universal.[60]

O partido de Eisenach era mais aceitável, tanto por ser resolutamente antiprussiano como porque um dos seus líderes era Wilhelm Liebknecht, amigo londrino da família de Karl desde os anos 1850. Mas mesmo em Londres ele não era um aliado político totalmente confiável. Em 1865, Engels queixou-se a Karl de que "Liebknecht simplesmente não consegue deixar de dizer o que não deve" sempre que agia por conta própria. Mas reconhecia que "resmungar não vai ajudar nada", uma vez que "no momento ele é o único elo confiável que temos na Alemanha".[61]

Em outras palavras, durante as décadas de 1860 e 1870, os contatos alemães de Karl eram poucos, e sua influência no desenvolvimento interno de qualquer desses partidos era mínima. O partido de Eisenach afiliara-se à Associação Internacional dos Trabalhadores depois de romper com o Partido Popular da Saxônia em 1868. Mas isso não afetou seu contínuo compromisso com os ideais do *Volksstaat* (Estado popular). Tanto os lassalleanos como os eisenachianos achavam que a emancipação dos trabalhadores seria ocasionada pela democratização do Estado, e que isso seria alcançado por meio da urna eleitoral. Da mesma forma, embora os partidários de Eisenach não estivessem comprometidos com a "lei férrea dos salários" de Lassalle, ambos os partidos eram a favor de cooperativas com respaldo estatal.

O grande desentendimento se dava entre partidários e adversários de um Reich bismarckiano dominado pela Prússia. O apoio lassalleano à política nacional de Bismarck era contestado pela política radicalmente antiprussiana dos eisenachianos. A discussão chegou a um ponto incontornável durante a Guerra Franco-Prussiana de 1870-1. Era uma guerra de defesa nacional? No Reichstag da Confederação da Alemanha do Norte, Schweitzer (dos lassalleanos) e Fritzsche (dos eisenachianos) votaram a favor do empréstimo de guerra, enquanto Liebknecht e Bebel, o futuro líder do Partido Social-Democrata, se abstiveram.

O próprio desenrolar da guerra, porém, ocasionou uma gradual diminuição da hostilidade entre os dois grupos e ajudou a preparar o terreno para a unificação deles em Gotha cinco anos depois. A verdade é que, independentemente de suas posições iniciais, após a derrota e a abdicação de Napoleão III e a proposta de anexação da Alsácia e da Lorena, tanto os eisenachianos como o lassalleanos se voltaram contra a guerra.

Os dois grupos declararam também sua solidariedade à Comuna de Paris em 18 de março de 1871. Nessa situação, por um breve momento eles coincidiram com Karl, que, apesar de suas reservas, na qualidade de secretário da Associação Internacional dos Trabalhadores, declarou que a Comuna era "a forma, finalmente descoberta, que servirá para organizar a emancipação do trabalho".[62] No fim de maio de 1871, reagindo à semana de massacres que acompanhou a supressão da revolta parisiense, August Bebel expressou no Reischstag sua solidariedade aos *communards* e declarou que "antes que muitas décadas se passem, o grito de guerra do proletariado parisiense — 'Guerra aos palácios, paz nas choupanas, morte à pobreza e à ociosidade!' — será o grito de guerra de todo o proletariado europeu".[63] Como resultado do apoio socialista à Comuna, ampliou-se a distância entre os sociais-democratas e os liberais no novo Reich. Imagens lúgubres dos excessos da Comuna chocaram as classes proprietárias e foram exploradas por Bismarck para fortalecer sua aliança com os liberais nacionalistas. Mas a solidariedade à Comuna no momento da sua supressão — por mais chocante que fosse para as classes proprietárias — não afetou de imediato a estratégia do socialismo alemão dentro do país. A questão da unificação entre os dois partidos foi levantada pelos lassaleanos em 1872. Mas a discrepância entre eles no tocante à questão nacional e ao papel do Estado continuava grande demais. Como escreveu Bebel, no entanto, "o que não sucedeu como resultado de negociações amistosas foi alcançado, finalmente, pela perseguição".[64]

O estabelecimento do Reich bismarckiano tornou-se então *fait accompli*. A escala da repressão contra socialistas, fossem lassalleanos ou eisenachianos, aumentou muito, e as esperanças lassalleanas de um socialismo de Estado diminuíram na mesma medida. Os atritos potenciais entre os dois grupos foram reduzidos mais ainda com a renúncia de Schweitzer, sucessor de Lassalle como presidente da Associação Geral dos Trabalhadores Alemães. Finalmente, com a depressão econômica que se instalou a partir de 1873, a pressão por mais ação coordenada em greves e mais agitação por moradia intensificou-se entre os filiados. Como resultado, foi possível aos dois grupos se juntarem num só programa, em Gotha, em maio de 1875.

Karl reagiu com fúria ao acordo, que lhe parecia uma abjeta rendição aos lassalleanos. Era verdade que passagens cruciais do programa não tinham sido resolvidas com clareza, ou eram expressas de maneira ambígua — embora isso se devesse mais a Liebknecht do que aos próprios lassalleanos. Karl criticou a frouxa formulação de uma teoria do valor-trabalho, atacou o uso de "trabalho" em vez de "força de trabalho" e questionou a ambiguidade do uso do termo "Estado livre" e a designação de classes não proletárias como "uma massa reacionária". Também reiterou suas objeções às familiares panaceias lassalleanas: cooperativas de produtores com ajuda estatal, a "lei férrea" dos salários e a ausência de menções aos sindicatos. Escreveu para Wilhelm Bracke dizendo que uma vez terminado o Congresso da União das Associações Educacionais dos Trabalhadores Alemães, ele e Engels iriam se "separar inteiramente" do "programa de princípios" e não teriam "nada a ver com ele".[65]

Eram objeções razoáveis. No entanto, num sentido político mais amplo, não confrontavam a intenção do exercício, que já não era enunciar a doutrina de uma seita revolucionária como a Liga Comunista, mas construir um programa eleitoral viável para um partido social-democrata parlamentar com base nas massas. Karl não fez nenhuma tentativa de compreender as aspirações da social-democracia pós-1848 na Europa. Em vez disso, rejeitou a discussão da "velha ladainha democrática que todos conhecem — sufrágio universal, legislação direta, direitos populares, uma milícia do povo etc." como se, no Reich bismarckiano, essas demandas "já tivessem sido implementadas".

Finalmente, em vez de discutir a transformação democrática do Estado, ele deu um salto à frente para um hipotético período de transição revolucionária entre a sociedade capitalista e a sociedade comunista, no qual "o Estado não pode ser outra coisa senão *a ditadura revolucionária do proletariado*".[66] Mais tarde, Engels tentou igualmente redefinir a república democrática como uma "forma específica de ditadura do proletariado", proposta que também sugeria uma ambição bem distante dos ideais social-democratas ou das realidades políticas das décadas de 1860 e 1870.[67] Não é de surpreender que tanto as críticas severas como as ameaças de sair fossem ignoradas.[68]

4. A ESTRANHA GÊNESE DO "MARXISMO" EUROPEU

Nada poderia ressaltar com mais força a marginalidade das ideias de Karl sobre política e partido na nova configuração social-democrática da década de 1870. No entanto, apenas dez anos depois o discurso dominante dos líderes do Partido Social-Democrata se tornaria uma forma de "marxismo". Além disso, entre o fim dos anos 1870 e o começo dos anos 1890, brotaram em todos os grandes países europeus grupos e partidos embrionários que tomavam como modelo o Partido Social-Democrata da Alemanha e se identificavam com as ideias do "marxismo": o Partido Operário Francês (Parti Ouvrier Français) em 1879, o Grupo da Libertação do Trabalho na Rússia em 1883, a Federação Social-Democrata na Inglaterra em 1884, o Partido Operário Belga (Parti Ouvrier Belge) em 1885, o Partido Social-Democrata da Áustria e da Suíça em 1888 e o Partido Socialista Italiano em 1892. Em 1888, Engels alegou, com compreensível exagero, que "a visão marxista do mundo encontrou adeptos muito além das fronteiras da Alemanha e da Europa, e em todas as línguas literárias do mundo".[69] Como explicar essa notável mudança?

A razão mais óbvia para a fundação de partidos social-democratas ao estilo alemão em outros países era o desejo de reproduzir o surpreendente êxito eleitoral do Partido Social-Democrata da Alemanha. Na eleição de 1871 para o Reichstag, 124 mil eleitores votaram nos dois partidos socialistas. Em 1877, o partido unido recebeu 493 mil votos. Em 1881, sob o impacto da repressão bismarckiana, os votos caíram para 312 mil. Mas em 1884 subiram novamente, para 550 mil. Em 1887, chegaram a 763 mil, e em 1890, a 1,429 milhão.

Esse ganho parecia ainda mais notável quando eram levadas em conta as mudanças ocorridas no Reich alemão entre meados dos anos 1870 e os anos 1880. No fim da década de 1870, nenhuma das duas estratégias cogitadas originalmente pelo Partido Social-Democrata deu resultado. A visão de Lassalle de um caminho para o sufrágio universal e a abolição da "lei férrea", baseada na oposição aos liberais burgueses e à aliança tática com a monarquia e a aristocracia, perdeu vigor. Bismarck chegou a flertar brevemente com a ideia em 1863, como uma maneira da escapar da crise constitucional. Mas perdeu o interesse depois do triunfo prussiano contra a Áustria na Batalha de Sadowa em 1866, e após a Comuna de 1871 isso se tornou impensável. O discurso de Bebel, diria Bismarck posteriormente, alertara-o sobre os perigos do socialismo e a necessidade de leis antissocialistas para combater a social-democracia, ao mesmo tempo como perigo social e ameaça ao Estado.

A estratégia do partido de Eisenach parecera mais promissora. Bismarck fundou o Segundo Reich em aliança com a fração mais poderosa da burguesia liberal, os liberais nacionalistas. Ele tivera o cuidado de garantir que a Constituição política do Império não alteraria nenhum dos mecanismos essenciais do absolutismo, incluindo o controle do Exército e da burocracia pela Coroa, a ausência de responsabilidade ministerial perante o Reichstag, a restrição do sufrágio às três classes na Prússia e a dominação prussiana do sistema federal por intermédio do Bundestag. Mas incorporou também aos seus fundamentos econômicos todas as grandes demandas dos liberais: antes de mais nada, livre-câmbio com liberdade de movimento, o fim das leis da usura e a abolição de regulamentos das guildas e da regulamentação estatal de sociedades por ações.

Os liberais se opunham ao sufrágio universal, mas sua identificação com a *Kulturkampf* de Bismarck (o ataque legislativo aos católicos alemães) encontrava apoio entre muitos sociais-democratas. Em especial, os sociais-democratas podiam identificar-se com a promoção da educação secular, a centralização e o racionalismo contra o clericalismo, o particularismo, o ultramontanismo e a superstição "medieval". Os próprios liberais ainda esperavam que uma aliança com Bismarck contra os *Reichsfeinde* (inimigos do Reich) pudesse resultar num Estado constitucional. Era também essa esperança que justificava o compromisso dos sociais-democratas com o *Freistaat* (Estado livre) no Programa de Gotha.

Quaisquer que fossem as bases existentes para essas expectativas, os acontecimentos do fim da década de 1870 acabaram com as esperanças de mudança constitucional até a Primeira Guerra Mundial. Desses, os mais importantes foram os efeitos políticos e econômicos da Grande Depressão de 1873 a 1896. Após o crescimento acelerado do começo dos anos 1870, veio a espetacular crise de 1873. Houve uma queda drástica nos preços por atacado, em carvão, aço e têxteis de algodão. A situação piorou com a anexação da Alsácia e da Lorena, e assim, nessas indústrias, as primeiras sociedades protecionistas surgiram em 1873-4.

Em 1876, porém, a queda dos preços atingiu também a agricultura. O cereal barato dos Estados Unidos começou a inundar a Inglaterra, privando os produtores prussianos do seu tradicional mercado de exportação. Ao mesmo tempo, cereal barato da Rússia e da Hungria começou a invadir o mercado nacional. Para horror dos agricultores, nem as más colheitas em 1875 e 1876 bastaram para conter a contínua queda dos preços na agricultura, que trazia atrás de si uma onda de falências. O protecionismo agora ganhava adeptos no Cinturão do Cereal prussiano, e foram estabelecidos os termos para as tarifas de 1879, com base no célebre "casamento do ferro com o centeio": o que alguns historiadores chamam de "a segunda fundação do Império".

Esses acontecimentos repercutiam muito além da esfera da economia. O abandono do livre-câmbio causou o fim da aliança liberal. A base social do liberalismo já tinha sido fraturada pela distância entre os valores e estilo de vida da classe média tradicional (professores, pequenos comerciantes, funcionários subalternos) e os de uma nova elite industrial espetacularmente rica, desejosa de ser assimilada pela classe dominante. A consolidação de um novo bloco político conservador, extraído do Exército, do funcionalismo, dos proprietários e dos industriais, foi bastante reforçada pelo susto da Comuna de Paris e pelo medo do crescente movimento dos trabalhadores. Bismarck vivia perturbado particularmente pela "ameaça vermelha". Já no começo da década de 1870, tentara mudar as leis de imprensa e o código penal para facilitar a perseguição aos socialistas. Em 1878, usando como pretexto duas tentativas de assassinato do imperador, dissolveu o Reichstag, travou uma campanha antissocialista e fez aprovar uma lei antissocialista que pôs o Partido Social-Democrata efetivamente fora da lei.[70]

Uma vez convencido de que a ameaça da aliança católica franco-austríaca tinha sido eliminada pelo advento da anticlerical Terceira República na França, o governo suspendeu a campanha anticatólica. Os parâmetros básicos da nova direção tomada pelo governo incluíam proteção tarifária contra a Inglaterra e o Leste Europeu, a introdução de medidas de seguridade social, uma aliança com a Áustria, a reaproximação com o papa e a aceitação do Partido Católico de Centro (o outro grande partido de massa, além do Partido Social-Democrata). O liberalismo nunca se recuperou de 1879. Um Estado autoritário abertamente conservador tinha nascido, e nele, um caminho constitucional para o poder estava permanentemente bloqueado para liberais, democratas e socialistas.

Nas novas circunstâncias, as esperanças de uma luta constitucional por um *Volksstaat* ou um *Freistaat*, ainda que remotas, tornaram-se totalmente irrealistas. Para o Partido Social-Democrata, o reconhecimento do Reich de Bismarck estava fora de cogitação. De outro lado, uma estratégia de ativismo extraconstitucional ou revolucionário serviria apenas para provocar absoluta repressão. Foram essas as circunstâncias em que uma forma de "marxismo" veio oferecer uma solução oportuna para os problemas do partido.

O momento decisivo pode ser situado quando o polêmico *A revolução da ciência segundo o sr. Eugen Dühring*, de Engels, popularmente conhecido como *Anti-Dühring*, apareceu em 1878. Dühring tinha sido um popular *Privatdozent* (professor não titular) da Universidade de Berlim, mas acabou demitido por causa de uma disputa com a instituição. Ele tinha muitos seguidores entre os jovens socialistas, incluindo Eduard Bernstein, Johann Most e, por um momento, August Bebel. Seu caso tinha despertado simpatia especial, uma vez que ficara cego no trabalho. Dühring escreveu muito sobre filosofia, e em economia era adepto dos argumentos protecionistas de List e Carey. Karl tinha achado sua resenha — crítica mas respeitosa — sobre *O capital* "muito decente"; foi "o primeiro especialista que disse alguma coisa".[71] Mas Dühring aceitava o ideal de "Estado livre", rejeitava o princípio darwiniano da luta pela existência e, a exemplo de Carey, acreditava na harmonia final dos interesses do capital e do trabalho.

O ataque de Engels a Dühring, lançado a pedido de Liebknecht, inicialmente encontrou considerável resistência entre os sociais-democratas. A Conferência do Partido Social-Democrata em Gotha, em maio de 1877, tentou proibir a serialização do livro de Engels na *Vorwärts!*, a revista do partido. Mas uma indicação do quanto o clima político tinha mudado em poucos anos foi o impacto que ele causou subsequentemente. Segundo David Riazanov, *Anti-Dühring*

> marcou época na história do marxismo. Foi nesse livro que a geração mais jovem, que começou suas atividades na segunda metade dos anos 1870, aprendeu o que era socialismo científico, quais eram suas premissas filosóficas, qual era o seu método. [...] Todos os jovens marxistas que entraram na arena pública no começo dos anos 1880 — Bernstein, Kautsky, Plekhanov — são crias desse livro.[72]

Ou, nas palavras de Karl Kautsky: "A julgar pela influência que *Anti-Dühring* teve em mim, nenhum outro livro contribuiu tanto para a compreensão do marxismo. *O capital* de Marx é a obra mais poderosa, certamente. Mas foi só graças a *Anti-Dühring* que aprendemos a decifrar e ler direito *O capital*".[73]

Os argumentos de Engels foram destilados em três capítulos, com os pormenores da polêmica contra Dühring removidos, e publicados sob o título de *Do socialismo utópico ao socialismo científico*. O texto apareceu em francês em 1880, seguido por uma edição alemã em 1882. Depois disso, esse panfleto acabou se tornando a fonte mais popular para a compreensão do "marxismo" pelos vinte anos seguintes.

Anti-Dühring teve êxito em boa parte porque transformou o "marxismo" numa *Weltanschauung*, uma concepção de mundo, mas não menos porque atendia também a necessidade de uma nova estratégia do Partido Social-Democrata no fim dos anos 1870. *Anti-Dühring* conseguiu preservar uma visão do colapso revolucionário do Reich bismarckiano, junto com o desmantelamento do seu Estado repressivo, e ao mesmo tempo manter esses desdobramentos longe da atuação do partido. Em vez disso, esses desdobramentos eram apresentados como parte do desenvolvimento do capitalismo cada vez mais afligido por crises, tal como observado pelo "socialismo científico". Essa "ciência", de acordo com Engels, baseava-se em "duas grandes descobertas" de Karl Marx: a "concepção materialista da história" e a "mais-valia" como "o segredo do modo de produção capitalista".[74] Analisado nesses termos, "o socialismo não era mais uma descoberta acidental deste ou daquele cérebro privilegiado, mas o resultado inevitável da luta entre duas classes desenvolvidas historicamente — o proletariado e a burguesia".[75]

Segundo Engels, a análise desenvolvida em *O capital* revelara como a "moderna indústria de larga escala" tinha "trazido à luz, de um lado, um proletariado" que "pela primeira vez na história" poderia exigir a abolição da sociedade de classes e se achava numa posição em que "precisava levar a cabo a sua demanda"; e de outro lado

> a burguesia, uma classe que tinha o monopólio de todos os instrumentos de produção e meios de subsistência, mas que em cada período de boom especulativo e em cada crash que se segue mostra que já não é capaz de domar as forças produtivas, cujo crescimento fugiu do seu controle; uma classe sob cuja liderança a sociedade se precipita para a ruína como uma locomotiva com a válvula de segurança emperrada, que o maquinista é fraco demais para acionar.

A queda do Reich e de outros Estados repressivos da Europa viria não como resultado das atividades deste ou daquele partido subversivo, mas porque as forças produtivas criadas pelo modo de produção capitalista entraram em "gritante contradição" com esse mesmo modo de produção: "A tal ponto que, se a sociedade moderna não quiser perecer, é preciso que ocorra uma revolução no modo de produção".[76]

Engels ofereceu também uma crítica oportuna da "insuficiência científica final" da ambição de criar "um Estado popular livre".[77] A burguesia, pela transformação das forças produtivas, tinha substituído os meios de produção do indivíduo por meios sociais de produção manejáveis apenas por "uma coletividade de homens". Na realidade, os meios de produção já tinham começado a ser socializados a tal ponto que o Estado começara a apossar-se das "grandes instituições para relacionamento e comunicação — os correios, os telégrafos, as ferrovias".[78] Dessa forma, a burguesia, tendo transformado "a grande maioria da população em proletários", estava, ela própria, "mostrando o caminho para realizar a revolução". Como resultado, *"o proletariado toma o poder político e começa transformando os meios de produção em propriedade do Estado"*.[79] Mas

> o primeiro ato pelo qual o Estado realmente passa a representar toda a sociedade — apossar-se dos meios de produção em nome da sociedade — é ao mesmo tempo seu último ato independente como Estado. A interferência do Estado nas relações sociais se torna supérflua, num domínio após o outro, e extingue-se naturalmente; o governo das pessoas é substituído pela administração das coisas e pela direção dos processos de produção.

O Estado, proclamou Engels, não é "abolido". *"Ele se extingue."* Ou, em traduções anteriores, *"murcha até sumir"*.[80]

O impacto dos argumentos de Engels foi claro no caso de August Bebel, o principal líder do Partido Social-Democrata. Na primeira edição de seu popular livro *A mulher e o socialismo*, de 1879, Bebel ainda usa a ideia de *Volksstaat*. Mas na edição de 1883 ele a substituiu pela descrição da doutrina de Engels sobre o "murchar até sumir" do Estado. Mais notável foi a mudança no modo de imaginar a própria revolução. Uma maneira de remover a atmosfera de ameaça que cercava a palavra era associá-la ao gradualismo e à subtração da violência. Essa foi a abordagem cada vez mais usada por Liebknecht. O outro jeito foi o partido desenvolver uma concepção mais "passiva" do seu papel na eventualidade de uma revolução. Um notável exemplo dessa crença aparecia num relatório de membros radicais do Partido Social-Democrata sobre a Conferência de Copenhague em 1883. O relatório começava declarando sua lealdade aos "princípios do grande mestre, Marx". Isso significava que "não somos um partido parlamentar [...] mas também não somos fazedores de revoluções [...] somos um partido revolucionário [...] porém a maneira como ela será alcançada não depende de nós".[81]

Bebel achava também que o capitalismo entraria em colapso em consequência de suas próprias contradições internas. A função do partido era esclarecer as massas sobre a inevitabilidade do colapso. Quando esse momento chegasse, o partido precisava estar pronto para intervir e assumir a tarefa de reconstrução social. Aparentemente, ele não pensava que uma violenta luta de classes viria em seguida, pois, quando ocorresse a catástrofe, as classes dominantes sucumbiriam a uma espécie de "estado hipnótico", submetendo-se a tudo quase sem resistir.[82] Essa visão de crise revolucionária estava inscrita também no novo programa do partido, o Programa de Erfurt, redigido por Karl Kautsky em 1891. Na primeira parte, uma descrição marxista do capitalismo é apresentada:

> O número de proletários fica cada vez maior, o exército de trabalhadores excedentes cresce excepcionalmente, o contraste entre exploradores e explorados torna-se ainda mais nítido, e a luta de classes entre a burguesia e o proletariado que divide a sociedade moderna em dois campos hostis e é característica comum de todos os países industrializados torna-se cada vez mais veemente.[83]

Essa luta da classe trabalhadora contra a exploração capitalista era uma "luta política"; não poderia ser combatida "sem direitos políticos". O que se seguia na segunda parte do programa era, consequentemente, uma reiteração das demandas políticas já constantes do Programa de Eisenach e do Programa de Gotha.

O "marxismo" dos anos 1880 não era simplesmente uma descrição da luta de classes e do fim do modo burguês de produção. Em *Anti-Dühring*, Engels apresentou uma visão abrangente da natureza e da existência:

> Na natureza, em meio à turbulência de incontáveis mudanças, as leis dialéticas de movimento que abrem caminho à força são as mesmas que na história governam a aparente imprevisibilidade dos acontecimentos; as mesmas leis que, similarmente, formam o fio que atravessa a história da evolução do pensamento humano e gradualmente afloram à consciência dos homens pensantes.[84]

Agora a natureza era a "prova da dialética", e essa prova tinha que ser fornecida pela "ciência moderna".⁸⁵ A descoberta de Karl nas ciências humanas tinha sido espelhada pela descoberta de Charles Darwin na ciência da natureza. Em seu discurso no túmulo de Karl em março de 1883, Engels declarou:

> Charles Darwin descobriu a lei do desenvolvimento da natureza orgânica no nosso planeta. Marx é o descobridor da lei fundamental segundo a qual a história humana se move e se desenvolve por si mesma, uma lei tão simples e evidente que sua mera enunciação é quase suficiente para que se concorde com ela.⁸⁶

A fronteira entre humanidade e animalidade foi alterada. Em 1844, Karl tinha partido da distinção entre o "ser natural" e o "ser natural humano"; diferentemente de um puro "ser natural", o homem tinha uma história. Mas, em *Anti-Dühring*, o homem estava sujeito como a natureza à luta darwiniana, que só chegaria ao fim com o desaparecimento da sociedade de classes: "A luta pela existência individual desaparece. Então, pela primeira vez, o homem, em certo sentido, é finalmente isolado do resto do reino animal e emerge de condições meramente animais para condições realmente humanas".⁸⁷

A fusão entre as teorias marxista e darwiniana foi promovida ainda mais enfaticamente por Karl Kautsky. Ele editava o jornal *Die Neue Zeit*, fundado em 1883 em Paris como a publicação teórica do partido, e de 1889 até 1914 continuou a ser o mais importante jornal da Segunda Internacional. Baseando-se nos escritos de Thomas Buckle, Kautsky acreditava que a história poderia tornar-se uma ciência semelhante às ciências do mundo natural. Dos escritos de Darwin ele deduziu que o homem era "um animal social" e que os instintos sociais eram a base da solidariedade grupal, fosse de grupos, classes ou países. A isso juntou a hipótese de que a história era a história da luta de classes, e que todos os Estados eram Estados de classes, governados pela "classe econômica dominante". Nos escritos de Kautsky não havia nenhuma possibilidade de separação das leis da natureza. O socialismo era justamente a criação de um novo sistema social segundo essas leis, a partir da sua premissa de que o instinto social se tornara mais e mais concentrado no movimento das classes oprimidas. Pois, como Kautsky formularia posteriormente, instintos e impulsos orgânicos estão por baixo daquilo que os filósofos definem como ética. "O que para Kant parecia a criação de um mundo espiritual mais elevado é produto do mundo animal. [...] Um impulso animal é a lei moral, nada mais que isso. [...] A lei moral é da mesma natureza do instinto de reprodução."⁸⁸

5. O LUGAR DE KARL NO APARECIMENTO DO "MARXISMO"

Até que ponto a teoria de Karl foi responsável por aquilo que ficou conhecido como "marxismo" nos anos 1880 e depois? Até que ponto o "marxismo" foi produto conjunto de Karl e Engels nos anos seguintes a 1867? A contribuição de Karl foi substancial, mas foi apenas uma das bases sobre as quais se erigiu a nova doutrina. Em 1867, e mesmo no prefácio de *Contribuição à crítica da economia política*, de 1859, Karl parecia mais aberto a uma visão bem mais determinista do homem do que fora evidente até então; e essa visão parecia ter sido reforçada pela significativa declaração teórica com a qual ele estava preparado para se associar no posfácio da segunda edição alemã de *O capital* em 1873.⁸⁹

Karl publicou pouca coisa nos anos 1870. Depois da campanha de Gladstone contra as atrocidades búlgaras de 1875-6 e do período que precedeu a Guerra Russo-Turca, Karl, com a ajuda de Maltman Barry, fez alguns ataques anônimos na imprensa conservadora contra a política russa de Gladstone. Em 1877, aparentemente aprovou a totalidade do *Anti-Dühring*, que Engels leu para ele e para o qual até colaborou com um erudito capítulo, criticando a *Kritische Geschichte der Nationalökonomie* [História crítica da economia política] de Dühring.⁹⁰

Isso quer dizer que na última década da vida de Karl houve uma efetiva convergência das visões de Karl e Engels? Não completamente. Os indícios sugerem que, com a saúde debilitada e a energia reduzida, Karl estava disposto a deixar Engels agir em seu nome. Ao mesmo tempo, a incapacidade de Karl de encontrar soluções satisfatórias para os problemas levantados pelo segundo volume de *O capital* resultou numa crescente, apesar de inconfessada, divergência entre seus interesses.

Karl já não falava muito sobre sua obra com Engels, mas manifestar discordância durante aqueles anos teria sido cada vez mais difícil. Incapaz de produzir o jornalismo do tipo outrora encomendado pelo *New-York Daily Tribune* e sem expectativas de receber outras heranças, sua família tornou-se cada vez mais dependente da generosidade de Engels. E essa dependência não se limitava ao próprio Karl: Engels cuidava também das meninas, especialmente Laura, como já foi descrito. Poucos indícios da tensão causada por essa dependência subsistem, sobretudo porque Laura examinou cuidadosamente a correspondência dos pais depois da morte deles, para eliminar qualquer referência a Engels que pudesse ser danosa. Mas algumas insinuações sobrevivem. Não há razão, por exemplo, para duvidar do testemunho deixado por Hyndman, que visitava Karl e sua família com bastante regularidade em 1880-1:

> Marx devia, para usar a frase comum, "consideráveis favores pecuniários" a Engels. Nisso, a sra. Marx não aguentava nem pensar. Não que ela não reconhecesse os serviços prestados por Engels ao marido, mas é que ela ressentia e lamentava a influência dele sobre o grande amigo. Ela mais de uma vez se referiu a ele, em conversas com minha mulher, como "o gênio do mal" de Marx, e seu maior desejo era libertar o marido de qualquer dependência para com esse hábil e leal, mas não muito simpático, coadjutor.[91]

Em três questões pelo menos, é possível discernir uma diferença significativa entre os pressupostos do recém-desenvolvido "marxismo" dos anos 1880 e as opiniões do próprio Karl. A primeira delas diz respeito às ideias de Karl sobre o colapso do capitalismo. A partir da década de 1880 até as de 1920 e 1930, havia uma suposição generalizada entre os socialistas da Segunda Internacional, e especialmente Bebel, de que o capitalismo chegaria ao fim não tanto em consequência da revolta da classe trabalhadora e de uma "época de revolução", mas como resultado de um fracasso econômico sistêmico. Essas ideias do *Anti-Dühring* e de Bebel foram reiteradas no Programa de Erfurt de 1891, que declarava que "as forças produtivas escaparam do controle da sociedade atual" e que "a luta de classes entre a burguesia e o proletariado" tornava-se "cada vez mais veemente".[92] O que havia na teoria de Karl que autorizasse essa ideia de colapso? O primeiro volume d'*O capital* foi decepcionante, nada oferecendo que sugerisse quando e como o capital cairia, exceto um trecho excessivamente literário que mencionava "a negação da negação" e a "expropriação dos expropriadores". Bebel, assim como outros, esperava um verdadeiro desenlace no segundo volume. Após a morte de Karl, Engels, editando a obra, fez o que pôde para manter Bebel na maior expectativa. Em abril de 1885, escreveu para Bebel:

> Já foram impressas 25 folhas (das 38) do Livro II de *O capital*. O Livro III está sendo preparado. É extraordinariamente brilhante. Essa completa inversão de toda a econo-

mia anterior é verdadeiramente espantosa. Nossa teoria é, dessa maneira, apresentada pela primeira vez com uma base inatacável, e nós mesmos estamos habilitados a sustentar nossa posição com sucesso contra quem quer que seja. Diretamente parece, os filisteus do partido receberão outro golpe que os fará pensar bastante. Pois isso trará novamente questões econômicas gerais para a linha de frente da controvérsia.[93]

Engels evidentemente ficou frustrado com a ausência no manuscrito (que não era tocado desde 1864) de qualquer frase de efeito do tipo que o partido queria. O lugar onde isso poderia ser procurado era o capítulo final de "A lei da tendência de queda da taxa de lucro". Nos *Grundrisse* e noutros escritos dos anos 1850, esse tinha sido o ponto focal da expectativa de Karl da aproximação da morte do capitalismo. Mas nos manuscritos do terceiro volume, embora Karl relacionasse os vários fatores que poderiam levar à queda da taxa de lucro, em cada caso havia complicados fatores contrários que não produziam nenhum resultado final claro. O máximo que Karl conseguiu reunir foi um conjunto de circunstâncias antagônicas, nas quais o capital poderia ser *"erschüttert"* (estremecido). Engels era, de modo geral, um editor escrupuloso e até tímido, mas nesse caso substituiu a palavra por *"zusammengebracht"* (colapsado).[94] Aqui está a origem do que ficou conhecido, entre os anos 1890 e 1930, como *Zusammenbruchstheorie*.

A segunda área na qual havia apreciável divergência entre as opiniões de Karl e as de Engels dizia respeito ao significado de Darwin. No túmulo de Karl em 1883, Engels esforçou-se para associar a obra de Karl à de Darwin. Proclamou que "assim como Charles Darwin descobriu a lei do desenvolvimento da natureza orgânica, Marx descobriu a lei de desenvolvimento da história humana".[95] E o notório companheiro de Eleanor Marx, Edward Aveling, chegou a inventar a história de que Karl queria dedicar *O capital* a Darwin.[96]

Esse argumento era forçado. A objeção de Karl a Darwin é que ele via o progresso como "puramente acidental".[97] Darwin não acreditava que a história tivesse qualquer significado ou direção unilinear: "Não acredito em nenhuma lei fixa de desenvolvimento".[98] Karl, por sua vez, sustentava que o homem não era simplesmente criatura do meio, como os owenistas e depois os "marxistas" acreditavam. O ponto de origem do homem como "ser natural *humano*" era a história, e a história era "um ato de origem conscientemente autotranscendente, [...] a verdadeira história natural do homem".[99] A história era o processo de humanização da natureza por meio da "atividade vital consciente" do homem.[100]

Não há nenhum indício de que Karl tenha renunciado a essa visão. Embora admiradores viessem a achar que Karl tinha começado exatamente de onde Darwin parou, o próprio Karl não aceitava a continuidade fundamental entre história natural e história humana, como argumentavam os darwinistas. Karl achava que o livro de Darwin "convém aos meus objetivos por oferecer uma base na ciência natural para a luta de classes histórica".[101] Mas a teoria de Darwin não podia comportar a crença de Karl de que a primeira forma de sociedade humana precedeu a propriedade privada e o patriarcado, e, portanto, a luta de classes também. A luta de classes e a competição não eram resultados de uma necessidade impulsionada pela natureza, mas consequências do processo de construção da história do homem em circunstâncias estranhas. O homem continuava sendo não apenas um "ser natural", mas um "ser natural *humano*", cujo engajamento na luta social era produto de instituições sociais e culturais distintamente fabricadas pelo homem. A luta de classes e a competição não deviam, portanto, ser vistas como consequência da inerente animalidade dos humanos, mas da heteronomia, a influência sobre o seu comportamento de forças extrínsecas. Foram a propriedade privada e o patriarcado, reforçados pela religião, que reduziram o homem à condição animal, da qual a luta de classes e a competição eram a expressão.

Como outros, é claro, Karl reconhecia a importância de Darwin. Diante do entusiasmo de Engels, dificilmente poderia ter outra atitude. Mas seu reconhecimento era um tanto ambíguo e insincero. Impressionavam-no, acima de tudo, as similaridades entre a descrição darwiniana do reino animal e o mundo de luta competitiva retratado por Malthus e outros economistas políticos.[102] Além disso, sempre que surgia uma oportunidade, Karl aproveitava para depreciar a estima em que Darwin era tido; por exemplo, em 1864, descobriu "uma obra muito importante" de Pierre Trémaux, *Origem e transformação do homem e outros seres*. Recomendou-a a Engels como "um avanço *muito significativo* em relação a Darwin".[103] Engels rejeitou-a nos termos mais contundentes: "Não vale nada, pura teorização contrariando todos os fatos".[104] Mas Karl não ficou totalmente convencido, e mesmo depois de receber as críticas de Engels, escreveu para o seu admirador dr. Kugelmann, recomendando o livro de Trémaux, que, apesar dos defeitos, era "um avanço em relação a Darwin".[105]

6. A COMUNIDADE ALDEÃ: UM FANTASMA DO SÉCULO XIX

Karl tinha respeito pela obra de Darwin, mas não se comovia. O que o animava — e essa era a terceira área em que os interesses e suposições de Karl divergiam dos do "marxismo" dos anos 1880 — era a nova pesquisa das décadas de 1850 e 1860 sobre a história do homem, tal como aparecia não na biologia, mas na antropologia, na filosofia e na pré-história global. Esses interesses vieram à tona na esteira da publicação do primeiro volume de *O capital*, em 1867.

No *Manifesto do Partido Comunista*, Karl tinha depositado sua confiança firmemente na "burguesia", que obrigava "todos os países, sob pena de extinção, a adotarem o modo burguês de produção".[106] No caso da Índia, ele tinha aplaudido o que achava que seria o efeito da energia a vapor e do livre-câmbio na dissolução do antiquíssimo "sistema de aldeias" baseado na "união de agricultura e manufatura doméstica".[107]

Com base nisso, em 1859 ele atacara a "visão absurdamente tendenciosa" de que "a propriedade comunal *primitiva* é um fenômeno especificamente eslavo, ou mesmo exclusivamente russo". Ressaltou que essas formas poderiam ser encontradas também "entre romanos, teutões e celtas", e que ainda sobreviviam, de maneira desintegrada, na Índia. A passagem foi repetida, quase palavra por palavra, e com os mesmos exemplos, na primeira edição de *O capital*.[108] Como escreveu Karl para Engels em 1868, as instituições aldeãs russas, longe de serem únicas, eram vestígios de um modo de produção outrora existente na Europa e também na Ásia. "Todo esse negócio, *até nos mínimos detalhes*, é absolutamente idêntico ao *primitivo* sistema comunal *alemão*." Mas ele prosseguiu, especificamente para alinhar "o caso russo" com "parte dos sistemas comunais indianos", destacando em particular "o caráter *não democrático*, mas *patriarcal*, da liderança da comuna", e "a *responsabilidade coletiva* pelos impostos devidos ao Estado".[109]

O alvo de Karl era a teoria eslavófila que identificava o espírito eslavo com a Igreja, as tradições populares e as *obshchina* (instituições comunais de propriedade na aldeia russa). Particularmente alarmante para Karl era o fato de que essa teoria parecia ter sido aceita não apenas por românticos e nacionalistas conservadores, mas também por liberais e socialistas, o que explica o seu acesso de raiva contra Herzen no fim da primeira edição alemã d'*O capital*. Herzen foi acusado de profetizar o rejuvenescimento da Europa pelo "cnute" e pela "mistura forçada com o sangue dos calmucos". E acrescentou: "Esse beletrista descobriu o comunismo 'russo' não dentro da Rússia, mas na obra de Haxthausen, um conselheiro do governo prussiano".[110]

A partir de meados dos anos 1870, porém, houve uma notável mudança na perspectiva geral de Karl, acompanhada de mudanças sutis mas perceptíveis no caráter de sua teoria como um todo. Isso parece ter resultado de uma combinação de dificuldades, tanto conceituais como práticas. As mudanças teóricas já foram discutidas. Os problemas teóricos com que tinha deparado podem ser detectados comparando-se o caráter inegavelmente inacabado do volume publicado em 1867 com os vários planos e rascunhos manuscritos que o precederam.

A inclusão de "circulação" teria exigido uma discussão da expansão das relações capitalistas no mundo inteiro, o que Karl chamava de "reprodução ampliada", e esse processo era supostamente distinto da "acumulação primitiva" (as origens do capitalismo). Como, então, a "reprodução ampliada" "dissolveu" modos anteriores de produção, e como reformulou sociedades preexistentes ao estilo capitalista? Em particular, como se verificou a subordinação da agricultura ao capital? Esse tópico seria desenvolvido no que Karl chamava de "a gênese da renda capitalista da terra", o principal tema do segundo volume d'*O capital*. Além do mais, assim como a Inglaterra tinha fornecido a base para a discussão da produção capitalista, estava planejado que a Rússia, particularmente depois da Emancipação dos Servos em 1861, forneceria a base para a discussão da gênese da "renda capitalista da terra".[111]

Mas esses planos não se concretizaram. O volume de 1867 d'*O capital* não incluía a planejada análise da circulação. Em vez disso, terminava com a "acumulação primitiva", um relato histórico da "expropriação da população agrícola da terra" por meio dos cercamentos e da "cruel legislação" na Grã-Bretanha da era medieval e do começo da era moderna.[112] Portanto, a pergunta se impunha: a história britânica deveria ser vista como parte de um processo global universal em que a propriedade comunal se extinguiu? Muitos leitores da primeira edição de *O capital* certamente presumiam que sim. Mas o próprio Karl tinha começado a se distanciar dessa posição. Exemplos em que a produção comunal camponesa foi "dissolvida" num processo puramente econômico tinham se mostrado muito difíceis de encontrar. Por outro lado, pesquisas sobre a história da posse da terra sugeriam que a propriedade comunal camponesa era muito mais resistente do que se supunha, e em algumas áreas havia sobrevivido até tempos recentes. A propriedade comunal camponesa, ao que parece, não se "dissolveu" simplesmente em face das relações de troca capitalistas; em vez disso, como na Grã-Bretanha, foi aniquilada pela força ou por formas destrutivas de tributação criadas pelo Estado.

Se assim fosse, isso sugeria a necessidade de uma abordagem diferente da questão da sobrevivência da comuna camponesa na Rússia e do efeito que teve sobre ela a emancipação dos servos pelo governo russo em 1861. Também sugeria a necessidade de examinar a história da comuna camponesa ou da comunidade de aldeias em outros lugares, especialmente a suposta universalidade da sua existência como forma social primitiva. Por essa razão, Karl interessou-se pela obra de Georg von Maurer no ano seguinte à publicação do primeiro volume d'*O capital*. A obra de Maurer foi uma das mais importantes contribuições para um debate que tinha começado na segunda metade do século XVIII na Alemanha, espalhara-se para outros países do norte da Europa depois de 1815 e, na década de 1860, por intermédio da obra de Henry Maine, se estendera ao sistema de aldeias na Ásia.

A comunidade aldeã era uma ideia alemã, que em suas formas no século XIX estava associada ao que se chamava de *Mark* teutônico. Remontava aos escritos do patriota conservador do século XVIII Justus Möser, que em sua famosa história de Osnabruque afirmou que o sistema agrário em sua Vestfália natal, um modelo de fazendas isoladas, "ainda era como nos tempos antigos", querendo dizer nos tempos de César e Tácito.[113] No relato de Möser, esse período inicial foi "uma época 'áurea' de fazendeiros alemães livres, associados uns aos outros para fins de autogoverno sob um magistrado eleito", arranjo esse que durou até a época de Carlos Magno.[114] Cada herdade separada, afirmava Möser, tinha um proprietário particular, mas o

> uso comum da floresta, da pastagem, da charneca ou da montanha, onde ninguém podia cercar o seu quinhão, uniu primeiro alguns desses homens nesta nossa parte do mundo. Chamamos essas reservas comuns de *Marks*; e talvez as primeiras tribos a se estabelecerem em comunidades isoladas fossem membros de uma associação de *Marks* (*Markgenossen*).[115]

A divisão do campo em *Marken*, afirmava-se, era ditada pela natureza; *Mark* era, portanto, a mais antiga forma de associação da Vestfália.

Na Alemanha da Restauração de 1815, recém-saída da derrota final de Napoleão e decidida a extirpar ideias jacobinas da esfera pública, a atração dessa combinação patriótica conservadora de liberdade, democracia e Antiguidade era irresistível. Os supostos costumes do *Mark* foram logo incorporados à história do direito e estendidos da Vestfália para o resto da Alemanha. Karl Friedrich Eichhorn, historiador do direito gravemente ferido como voluntário na Batalha de Leipzig em 1813, tomou a dianteira. A publicação de *Zeitschrift für geschichtliche Rechtswissenschaft* [Revista de História da Jurisprudência], que Eichhorn fundou junto com Karl von Savigny e outros destacados representantes da Escola Histórica do Direito alemã, pretendia ser em parte uma celebração patriótica da expulsão e derrota dos franceses. Em 1815, ele declarou ser fato "conhecido e provado" que, "de acordo com ideias alemãs, todo direito procede do conjunto total dos cidadãos, por meio do qual eles preservam sua vida, sua honra e sua propriedade".[116]

Mas o *Mark* poderia ser colocado também num ambiente mais liberal e cosmopolita. Partindo da sua afirmação de que a família indo-europeia de línguas continha afinidades não só de palavras e formas gramaticais, mas também de mitologia e cultura, Jacob Grimm passou a tratar do *Mark* alemão antigo. O *Mark* identificava-se com o que outrora tinha sido um tipo muito difundido de comunidade popular europeia: a unidade aldeã original, tanto patriarcal como democrática, na qual a posse e o cultivo da terra eram comuns e os elementos do Estado se formaram.[117]

Não demorou muito para que a comunidade aldeã antiga fosse descoberta em outros países além da Alemanha. Em 1849, John Mitchell Kemble, o tradutor de *Beowulf*, que tinha estudado com Jacob Grimm, apresentou *Mark* à historiografia inglesa. Em seu estudo em dois volumes *The Saxons in England*, Kemble definiu-o como a "base original sobre a qual repousa toda a sociedade teutônica".[118] Ele tinha sido levado para a Inglaterra na época das invasões dos anglos, saxões e jutos.

Historiadores importantes de meados do período vitoriano logo adotaram a ideia. Segundo o bispo Stubbs, as liberdades teutônicas do *Mark* formaram "o regime primitivo da pátria comum". Ele desenvolveria esse tema em 1866, quando, como professor régio de Oxford, deu sua aula magna sobre "História constitucional de Tácito a Henrique II".[119] Edward Freeman, entusiasta das tradições democráticas da "raça ariana", expressou a ideia com característica extravagância. Comemorando a antiga vitória alemã contra os romanos na Batalha da Floresta de Teutoburgo, proclamou que Armínio, o líder alemão, foi apenas "o primeiro de uma lista que continua até Hampden e Washington".[120] Segundo Freeman, sinais do antigo costume teutônico eram visíveis em toda parte, e não menos no "que é indubitavelmente um traço do *comitatus* teutônico, o *fagging* [costume de obrigar os alunos mais jovens a servirem os mais antigos] nas nossas escolas públicas".[121] Como na Alemanha, boa parte da atração exercida por essa tradição de liberdades teutônicas — que, nas palavras de J. R. Green, remontam desde Westminster até as "minúsculas assembleias em que os homens da aldeia se reuniam para ordenar a vida da aldeia e a indústria da aldeia" — vinha do contraste com as ideias absolutistas de advogados romanos ou com as abstrações revolucionárias de jacobinos e socialistas.[122]

Os historiadores ingleses estavam mais interessados em provas sobre antiga liberdade e governo democrático do que na forma da posse e do cultivo da terra no *Mark*. Mas nessa área havia uma crescente identificação do *Mark* com a propriedade comunal. Já na obra posterior de Eichhorn, a propriedade privada em terra cultivável, característica saliente da concepção original de Möser, estava restrita ao direito de usufruto, que era regulado pela comunidade.[123] A ênfase dada por Möser às unidades individuais e à propriedade privada em seu relato das origens da propriedade fundiária tinha sido contestada em numerosos quadrantes nas décadas de 1820 e 1830. Em 1821, um estudo dinamarquês de autoria de Olufsen criticava a imagem apresentada por Möser com base em divisões de campo existentes. Em 1835, Georg Hanssen tinha sustentado que a propriedade individual da terra não existira entre as tribos germânicas. Ele desenvolveu seus argumentos com base num estudo de 1831, de autoria de J. Schwarz, sobre as comunidades domésticas (*Gehöferschaften*) do distrito de Hunsrück em Trier, alegando que eram vestígios do antigo sistema comunal que outrora existiu entre as tribos germânicas.[124]

A abordagem de Hanssen era muito parecida com a adotada em 1829 por August von Haxthausen em *Über die Agrarverfassung in den Fürstenthümern Paderborn und Corvey* [Da Constituição agrária dos principados de Paderborn e Corvey].[125] Seu estudo do sistema de campos comuns (*Gewannflur*) dessa região descrevia-o como relíquia de uma comunidade agrária que remontava ao tempo de Carlos Magno "e recuava até os tempos míticos", originalmente com alocação igual de herdades entre companheiros (*Genossen*) e redistribuição periódica da terra. Haxthausen foi homenageado pelo governo prussiano por sua obra, e depois disso descobriu o — ou melhor, projetou o mesmo sistema básico no — caráter da *mir* (comunidade camponesa) russa. Esta, segundo ele, era um legado de uma época pré-agrícola, cujas raízes recuavam no tempo para além da colonização da terra com usufruto comum (*Gemeindeweise*) até a mais antiga comunidade familiar patriarcal com uso comunal das campinas.[126]

Essa mudança de perspectiva por sua vez ajudou a inspirar a obra de Georg von Maurer, que tinha sido um dos principais conselheiros no estabelecimento do reino grego independente, com um membro da família bávara Wittelsbach como seu primeiro rei. Seu livro mais citado era *Einleitung zur Geschichte der Mark-, Hof-, Dorf- und Stadt-Verfassung und der öffentlichen Gewalt* [Introdução à história da Constituição do *Mark*, da herdade, da aldeia e da cidade e do poder público], que apareceu em 1854.[127] Contestando Möser, Maurer afirmava que "o primeiro cultivo da terra na Alemanha não foi obra de indivíduos, mas de famílias e tribos inteiras". Inicialmente nômades, "um pouco como [tribos] na África dos dias atuais", as tribos germânicas andavam de um lado para outro, só se fixando permanentemente quando paravam de ser atacadas, retendo elementos de sua estrutura tribal, como até hoje se verifica nas comunidades camponesas do Dithmarsch em Schleswig-Holstein.[128] Maurer também citou "exemplos de antigos costumes agrícolas teutônicos e formas antigas de propriedade da terra" existentes "nas partes mais atrasadas da Alemanha".[129] Seus seguidores diziam que "o *Mark*, na maior parte da Alemanha, deixou sua marca claramente na lei da posse da terra, nos costumes agrícolas e na distribuição territorial da propriedade fundiária".[130]

Na década de 1860, a credibilidade do *Mark* teutônico como ponto de partida universal de uma cultura indo-europeia compartilhada foi reforçada mais ainda por alegações feitas em nome do chamado "método comparativo", uma extensão da nova ciência de "filologia comparativa" aparecida no século XIX. Nascida da descoberta de que as línguas germânicas eram relacionadas ao grego, ao latim e ao sânscrito, a filologia comparativa deduziu que uma relação genética poderia ser estabelecida entre elas, abrindo a possibilidade de reconstruir a forma original de onde essas variantes de desenvolveram. Isso, por sua vez, permitiu situar o âmbito das sociedades indo-europeias dentro de uma sequência de desenvolvimento. O exemplo mais arrojado da aplicação dessa abordagem estava nos escritos de Sir Henry Maine, especialmente *Ancient Law*, de 1861. Segundo Maine,

> pegamos alguns fatos, ideias e costumes contemporâneos e deduzimos a forma passada a partir desses fatos, ideias e costumes, não apenas dos registros históricos

dessa forma passada, mas de exemplos dela que ainda não desapareceram do mundo e ainda podem ser encontrados nele.¹³¹

Para confirmar esse argumento, Maine citava a viagem de campo de Freeman — "caça democrática aos fósseis", como disse John Burrow — à Suíça em 1863-4.¹³² Freeman tinha descoberto que a comunidade *Mark* de Kemble, notavelmente o solene "*Ding*, ou conselho" do "*GĐ*, ou condado", no qual "três vezes por ano os homens do *Mark* se reuniam espontaneamente", era um dos "fragmentos da sociedade teutônica, organizada de acordo com seu modelo primitivo, [...] uma instituição *política* arcaica que sobreviveu até os nossos dias" e ainda estava viva e ativa, e podia ser encontrada nos "cantões florestais da Suíça".¹³³ Maine queria enfatizar que os escritores europeus "obviamente não estavam cientes de como fenômenos orientais confirmavam seu relato do primitivo grupo teutônico de cultivo, e poderiam ser usados para estendê-lo". As causas que tinham transformado o *Mark* no solar feudal no Ocidente praticamente não tiveram impacto na "comunidade aldeã indiana", que, portanto, continuava a ser "uma instituição viva, e não morta".¹³⁴

Maine não compartilhava nem um pouco da nostalgia do passado teutônico celebrada pelos historiadores ingleses. Em *Ancient Law* ele mostra a transição da sociedade antiga para a moderna como um "movimento das sociedades progressistas, [...] um movimento *do status para o contrato*".¹³⁵ Maine via a comunidade aldeã como o inverso do individualismo moderno, um sombrio alerta sobre o que a renovada ameaça do comunismo e a tirania do costume poderiam pressagiar. O Estado territorial moderno, baseado na propriedade privada, nas leis escritas, na liberdade individual e na inovação econômica era contrastado com uma comunidade arcaica, estática e subordinada a costumes, baseada na propriedade coletiva e no status atribuído por parentesco.

O *Mark* teutônico estava apenas um passo à frente da condição aborígine da humanidade, na qual grupos corporativos governados por patriarcas despóticos tinham ocupado a terra. Era originalmente uma assembleia de coproprietários, de famílias ligadas umas às outras por laços de parentesco, reais ou imaginários. A existência histórica dessa comunidade podia ser deduzida do caráter do solar feudal que a sucedeu. Pois o solar tinha "marcas características e curiosamente persistentes" que podiam ser rastreadas "retroativamente até uma forma social anterior, uma sociedade de homens democrática ou, em vez disso, aristocraticamente governada, na qual os arrendatários livres ainda não tinham senhor".¹³⁶

Maine considerava a substituição da comunidade do *Mark* pelo solar feudal um fenômeno positivo. Pois a modernidade só poderia ser alcançada mediante a diferenciação social acarretada pela desintegração do *Mark*. Nesse processo, uma família de cultivadores tornou-se dominante; a propriedade comum das terras agrícolas foi transformada em glebas feudais por meio da delimitação das terras públicas; os aldeões livres se tornaram servos feudais; a assembleia aldeã se transformou no tribunal senhorial. Como resultado, o status atribuído conferido por parentesco ou consanguinidade foi substituído por posses feudais registradas em contratos. O indivíduo, fosse como senhor ou arrendatário, libertou-se progressivamente de leis consuetudinárias e formas arcaicas de propriedade coletiva. Esse afrouxamento dos vínculos sociais é que tornou possível o crescimento da liberdade individual e da inovação econômica.

Assim como a Escola Histórica do Direito era tida como importante para combater propostas racionalistas de codificação jurídica na Alemanha na esteira das Guerras Napoleônicas, Maine concebeu sua *Ancient Law* como uma aguda resposta a maquinações benthamistas de racionalização jurídica na Índia após o Grande Motim.[137] Maine achava que a ideia de Bentham, que via o direito como o comando do soberano, ignorava a teimosa existência de costumes antigos no interior da Índia. Atacava a presunção de que uma ordem social perfeita poderia desenvolver-se gradualmente a partir da simples consideração do estado natural. Associava essa ideia com Bentham e Rousseau. Era uma ideia de "ordem social que ignorava totalmente a condição real do mundo e não tinha a menor semelhança com ela". Maine propunha que, em vez disso, se aplicasse "o método histórico de investigação" para estabelecer "os rudimentos do estado social".[138]

Em sua investigação, Maine considerava a obra de Maurer de importância fundamental. "Por muitos anos, tem havido provas suficientes para justificar a afirmativa de que as mais antigas formas verificáveis de propriedade da terra eram formas de propriedade coletiva", escreveu ele em *Village-Communities in the East and West*. No mundo ocidental, as únicas "formas de propriedade coletiva que sobreviveram, e que são passíveis de observação real, só existiam, segundo se acreditava, em países habitados pela raça eslava". Só depois que Maurer publicou uma série de obras, prosseguiu Maine, é "que a estreita relação de semelhança entre a história dos primórdios da propriedade teutônica e os fatos do desfrute proprietário na Alemanha da nossa própria época foi plenamente estabelecida".[139] Além disso, Erwin Nasse tinha registrado descobertas semelhantes "relativas a claros e abundantes vestígios de propriedade coletiva teutônica a serem rastreados na Inglaterra".[140] Em 1875, portanto, Maine sentiu-se seguro o bastante para afirmar que

> a propriedade coletiva do solo por grupos de homens unidos de fato por consanguinidade, ou que acreditavam ou supunham estar assim unidos, tem agora o direito de assumir o seu posto como fenômeno primitivo comprovado, outrora caracterizando universalmente as comunidades da humanidade entre cuja civilização e a nossa existe alguma conexão ou analogia distinta.[141]

Como Maine, Karl ficou impressionado com a importância da obra de Maurer. Em 14 de março de 1868, ele escreveu para Engels falando em estudar os escritos de Maurer. "Os livros do velho Maurer (de 1854 e 1856 etc.) são escritos com verdadeira erudição alemã." Maurer era louvado por refutar completamente "a ideia idiota de fidalguia rural vestfaliana", associada a Möser, segundo a qual

> os alemães se estabeleceram cada qual por si e só depois é que formaram aldeias, distritos etc. [...] É interessante, neste momento, que a maneira *russa* de redistribuir a terra a certos intervalos (na Alemanha anualmente, no começo) tenha persistido em algumas partes da Alemanha até o século XVIII e mesmo até o XIX.

Nessa carta, as referências de Karl a Maurer ainda eram ofuscadas por antigos acertos de contas. Sem que Maurer soubesse, seus estudos simplesmente ofereciam mais uma prova da "opinião que apresentei", de que "as formas asiáticas ou indianas de propriedade marcam, em toda parte, o começo na Europa". Da mesma forma, no tocante à velha irritação de Karl contra as afirmações de Herzen e Haxthausen sobre a comuna camponesa na Rússia, a obra de Maurer confirmava a posição de Karl.[142] "Para os russos, desaparece o último vestígio DE ORIGINALIDADE mesmo NESSE PARTICULAR."[143]

Karl voltou a escrever para Engels dez dias depois, em 25 de março, com mais ideias sobre Maurer, dessa vez de um tipo mais revelador e abrangente. A carta trazia uma nova avaliação da obra de Maurer:

> Seus livros são extremamente significativos. Não só a época primitiva, mas também todo o desenvolvimento posterior [...] ganha caráter inteiramente novo. [...] A his-

tória da humanidade é como a paleontologia. Devido a CERTA CEGUEIRA DE JULGAMENTO, nem mesmo as melhores cabeças conseguem enxergar, em princípio, o que está diante do seu nariz. Depois, quando chega a hora, ficamos surpresos de que em toda parte haja traços do que não conseguimos enxergar.

Após admitir que "estamos todos muitíssimo presos nas garras dessa CEGUEIRA DE JULGAMENTO", ele citou o exemplo de Hunsrück: "Em *minha própria* vizinhança, no *Hunsrück*, o velho sistema alemão sobreviveu até os últimos anos. Agora lembro que meu pai me falava sobre ele do *ponto de vista do advogado*". Então, tendo criticado Grimm por traduzir mal as passagens pertinentes de Tácito por influência de Möser, Karl declarou que "essas aldeias primitivas alemãs, na forma descrita [por Tácito], ainda existem aqui e ali na Dinamarca". A Escandinávia se tornaria "tão importante para a jurisprudência e a economia alemãs quanto para a mitologia alemã. [...] Só partindo dali conseguiremos mais uma vez decifrar o nosso passado".[144]

Essa carta não foi caso único e isolado. Treze anos depois, num dos rascunhos de sua resposta a Vera Zasulich sobre o futuro da comuna camponesa na Rússia, Karl explicou detalhadamente suas implicações. A comuna antiga, conjeturou ele, "desapareceu em meio às incessantes guerras, externas e internas; provavelmente teve morte violenta. Quando as tribos germânicas conquistaram a Itália, a Espanha, a Gália etc., a comuna do tipo arcaico já não existia". Mas, acrescentou, "sua *viabilidade natural* é demonstrada por dois fatos". Em primeiro lugar, houve "exemplos esporádicos que sobreviveram a todas as vicissitudes da Idade Média e foram preservados até os dias atuais em meu país natal", e especificamente Trier. Em segundo lugar, Karl apresentou sua própria versão de filologia comparativa e do "método comparativo". Pois, "e isso é o mais importante", essa forma social anterior

> imprimiu suas características tão efetivamente na comuna que a substituiu — uma comuna na qual a terra cultivável se tornou propriedade privada, ao passo que as florestas, as pastagens, as terras públicas etc. continuaram de propriedade comunal — que Maurer, ao analisar essa comuna de formação secundária, pôde reconstruir o protótipo arcaico.

Por último, como todos os demais admiradores do *Mark* teutônico, Karl reiterou a conexão dele com a tradição de liberdade e democracia remontando aos tempos antigos: "Graças aos traços característicos" tomados de empréstimo do "protótipo arcaico", "a nova comuna introduzida pelos povos germânicos em todos os países que invadiram foi o único centro de liberdade e vida popular durante toda a Idade Média".¹⁴⁵

Diferentemente do apego de Karl ao comunismo, ou da sua ambição de fundir Estado e sociedade civil, o entusiasmo por Maurer e a comunidade aldeã primitiva era parte de um desenvolvimento predominante ocorrido na cultura alemã e anglo-saxônica, cujo auge se deu nas décadas de 1860 e 1870. Em meados do século XIX, estudiosos, políticos e escritores deram importância a questões sobre a existência histórica e o caráter social da comunidade aldeã antiga pelas mais diversas razões. No caso de Karl, a grande preocupação dos seus últimos anos estava ligada à tentativa de descobrir outro ponto de partida, menos vulnerável, para defender sua visão da história e da natureza humana.

As cartas de Karl de março de 1868 podem ser vistas como um momento crucial. Por que ele considerava os livros de Maurer "extremamente significativos"? É verdade que Maurer tinha endossado o comunismo da comunidade popular alemã antiga, mas basicamente no espírito de Grimm e dos historiadores constitucionais ingleses. O próprio Maurer escreveu que o conhecimento da história de um povo e de suas instituições era indispensável para aqueles que lideravam Estados: "Pois quem conduz um Estado precisa conhecer acima de tudo o terreno onde vai operar; [...] não apenas as propriedades físicas da terra, mas também, e principalmente, suas propriedades espirituais, portanto seus alicerces históricos". Pois o que significava afastar-se do passado — romper inteiramente com ele — era revelado pelo "abismo" que tinha diante de si "um grande Estado vizinho do outro lado do Reno".¹⁴⁶

Como pretenso poeta, Karl já havia sido tocado por esse tipo de romantismo. Depois de 1838, porém, mudou para o antirromantismo de Hegel, e aceitou a sátira da *Escola romântica*, de Heine, e a polêmica antirromântica dos *Hallische Jahrbücher*, de Ruge. Os escritos de Karl do início dos anos 1840 até a publicação de *O capital* em 1867 eram resolutamente modernistas e antirromânticos no tom. Tinham as mesmas características da sua crítica à economia política e de sua identificação do socialismo com um futuro pós-capitalista, que seria anunciado por uma revolta da classe trabalhadora industrial. Mas na carta de 1868 ele modificou esse julgamento: "A primeira reação à Revolução Francesa e ao Iluminismo a ela ligado foi, naturalmente, achar que tudo era medieval, romântico, e nem mesmo gente como Grimm está imune a isso". Mas acrescentou:

> A segunda reação a ela é olhar para além da Idade Média, para a época primitiva de todos os povos — e isso corresponde à tendência socialista, muito embora esses homens cultos não façam ideia de sua conexão com ela. E então ficam surpresos de descobrir o mais novo no mais antigo, e mesmo IGUALITÁRIOS ATÉ CERTO PONTO, o que teria feito Proudhon estremecer.[147]

Num contexto em que hipóteses anteriores sobre a substituição da agricultura comunal ou de outras formas tradicionais não funcionavam, argumentos sobre a viabilidade e longevidade da comunidade aldeã — incluindo os encontrados na obra de Maurer — pareciam atraentes. Começando por Maurer, não era difícil entender que o recente entusiasmo de Karl pela descoberta do "mais novo no mais antigo" pudesse encontrar reforço no argumento político em apoio da *mir* russa: a propriedade comunal e a periódica redistribuição da terra na comunidade aldeã russa.

Foi nesse espírito — como a redescoberta por Freeman do *Mark* nos cantões florestais suíços e a descrição de Maine da "comunidade aldeã indiana", "uma instituição viva, e não morta" — que a *mir* ofereceu mais um exemplo de regeneração futura baseado em vestígios do passado comunal arcaico. As afirmações de Haxthausen eram parecidas. Ele admitira que em 1500 anos, com o advento da agricultura, do cristianismo, do conceito europeu de monarquia e da civilização moderna, a Rússia tinha adquirido "um organismo político" quase idêntico aos "outros povos agrícolas da Europa". Mas acrescentou que "os princípios fundamentais da sociedade nômade original ainda estão patentes no caráter, nos costumes e em toda a história dos grandes russos".[148]

Até meados da década de 1870, Karl achava difícil reconhecer qualquer valor na obra de Haxthausen. Mas quando o argumento foi radicalmente reformulado por Nikolai Tchernichevski a partir de uma perspectiva socialista, sem homilias ao tsar e à Igreja russa, Karl o achou irresistível. Tchernichevski tinha sustentado em 1858 que a propriedade privada era apenas um estágio intermediário no desenvolvimento das relações de propriedade, que o estágio final implicaria o retorno à produção comunal, e que nesse ínterim, portanto, tudo deveria ser feito para garantir a sobrevivência da comuna camponesa existente.

Ao que parece, o elogio de Karl a Maurer e o começo do seu interesse pelo debate russo sobre a comuna camponesa se desenvolveram por volta de 1868. Karl ficou sabendo da existência de Tchernichevski em 1867, por intermédio de N. A. Serno-Solovevich, um dos seus admiradores baseados em Genebra. Suas reflexões sobre Maurer foram escritas em março de 1868. Primeiramente, Karl foi procurado em setembro daquele ano por Nicolai Danielson, o líder de um grupo de entusiastas de Tchernichevski em São Petersburgo e futuro tradutor de *O capital* para o russo.[149]

Nos escritos de Karl dos anos 1850 e 1860, essa forma de propriedade comunal aparecia como inseparável do governo despótico. Não havia em parte alguma nenhum indício de que a cultura ou a política dessas regiões contivessem — mesmo de forma camuflada — algum germe de um futuro diferente. Ao contrário, o que se destacava mais nitidamente era o aprisionamento dessas formas num passado irracional e despótico. Como escreveu Karl sobre "o antigo modo de produção asiático e outros antigos modos de produção" em *O capital*:

> Esses antigos organismos sociais de produção são, quando comparados com a sociedade burguesa, extremamente simples e transparentes. Mas ou são encontrados no imaturo desenvolvimento da individualidade do homem, que ainda não rompeu o cordão umbilical que o liga a seus companheiros humanos numa comunidade tribal primitiva, ou em relações diretas de submissão.[150]

Se nas sociedades asiáticas e outras sociedades pré-capitalistas a propriedade comunal andava junto com o despotismo ou a "dominação e servidão", ela claramente não tinha lugar num futuro comunista.[151]

Mas depois de 1870, Karl afastou a hipótese de que a propriedade comunal e o governo despótico andavam necessariamente de mãos dadas. A mudança era mais óbvia nas referências à Rússia. Em 1881, Vera Zasulich, do grupo de Plekhanov em Genebra, pediu a Karl que esclarecesse sua posição sobre a comuna aldeã russa.[152] Depois da emancipação dos servos em 1861, perguntou ela, a comuna desapareceria inevitavelmente à medida que o capitalismo russo se desenvolvesse? Ou será que, antes de o desenvolvimento capitalista tornar-se inexorável, a comuna poderia vir a ser "o ponto de partida direto" ou "o elemento de regeneração na sociedade russa"? Em resposta, Karl admitiu que o "isolamento", mesmo que não fosse "uma característica imanente", era uma fraqueza da comuna que, "onde quer que ela fosse encontrada, levou ao surgimento de um despotismo mais ou menos centralizado controlando as comunas". Mas, apesar disso, ele agora argumentava que "é um obstáculo que poderia ser facilmente eliminado", que seria "fácil livrar-se dele [...] logo que os grilhões do governo fossem descartados", ou mesmo que ele "desaparecia em meio ao tumulto geral da sociedade russa".[153]

Mais uma vez, essa sua reavaliação da comuna aldeã remontava à obra de Nikolai Tchernichevski, especialmente um ensaio sobre a propriedade comunitária da terra na Rússia e sua resenha de Haxthausen. Tchernichevski argumentava que o misticismo eslavo era um sintoma do atraso do país. Mais adiante, porém, declarou que esse atraso agora poderia ser uma vantagem. "O desenvolvimento de certos fenômenos sociais em países atrasados, graças às influências do país adiantado, pula um estágio intermediário e passa diretamente de um estágio inferior para um estágio mais elevado."[154] Se isso estivesse correto, acreditava Tchernichevski, seria possível para a Rússia ir direto da comuna aldeã para o socialismo.

Karl aceitou o argumento de Tchernichevski. Em 1873, na segunda edição alemã de *O capital*, ele eliminou a referência depreciativa a Herzen e, em seu lugar, introduziu um candente tributo a Tchernichevski, "o grande erudito e crítico russo".[155] A aceitação dessa afirmação significava também abandonar os termos universais em que Karl originalmente formulara seu próprio argumento em *O capital*. A partir da primeira edição em 1867, uma frase em particular se destacava. Dizia — com ponto de exclamação, para dar ênfase — que "o país mais desenvolvido industrialmente apenas mostra, para o menos desenvolvido, a imagem do seu próprio futuro!". Nos anos 1870, Karl se afastou sorrateiramente dessa afirmação. Na segunda edição alemã de 1873, o ponto de exclamação foi removido, e na tradução francesa de 1875 o capítulo sobre "O segredo da acumulação primitiva" foi corrigido para dar a entender que a história da expulsão do campesinato inglês da terra aplicava-se apenas à trajetória seguida pela Europa ocidental. Isso permitiu a Karl, dois anos depois, dissociar-se da ideia de que a descrição em *O capital* do processo de "acumulação primitiva" se aplica necessariamente à Rússia.[156]

Com essa mudança veio também o endosso da política do populismo. Quer dizer, Karl agora concordava que, em seguida à emancipação dos servos em 1861, uma revolução socialista deveria ser realizada antes que o desenvolvimento capitalista no interior destruísse a comuna aldeã. Num dos rascunhos da carta para

Vera Zasulich em 1881, Karl declarou que "para salvar a comuna russa, uma revolução russa é necessária", e ainda argumentou que

> se a revolução vier no momento oportuno, se ela concentrar suas forças de maneira a dar carta branca à comuna rural, esta última logo se desenvolverá como elemento de regeneração na sociedade russa e elemento de superioridade em relação aos países escravizados pelo sistema capitalista.[157]

Ao mesmo tempo, Karl repudiava com veemência aqueles que acreditavam, entre seus seguidores social-democratas, que a revolução socialista só seria possível na esteira do desenvolvimento capitalista. Em outro rascunho da carta para Zasulich, supostamente referindo-se a outros membros do grupo de Plekhanov, Karl escreveu: "Os 'marxistas' russos de quem você fala me são totalmente desconhecidos. Os russos têm 'opiniões diametralmente opostas'".[158]

A visão de Karl da comunidade aldeã na década de 1870 implicava mais do que uma mudança de posição para com a Rússia.[159] Veio junto com outras mudanças, tanto políticas como teóricas. Politicamente, a possibilidade de revolução anticapitalista nos países industrializados tornava-se remota. Isso ficou claro no rescaldo da Guerra Franco-Prussiana, na derrota da Comuna de Paris e no crescimento de movimentos operários moderados e de orientação constitucional na Europa ocidental e na América do Norte. De outro lado, o futuro da Rússia tsarista parecia cada vez mais incerto. Isso foi particularmente verdade no começo da Guerra Russo-Turca em 1877, quando, embriagado pela perspectiva de uma derrota russa e de uma consequente revolução, Karl, muito animado, escreveu para Sorge em setembro de 1877: "Esta crise é um *novo momento crucial* na história da Europa. [...] Desta vez a revolução começará no Leste, até agora o bastião inexpugnável e o exército de reserva da contrarrevolução".[160] Mas, nessa guerra, os russos foram vitoriosos.

Mais genericamente, Karl também começara a adotar uma atitude diferente para com o império e o destino do mundo extraeuropeu. Em 1853, Karl tinha confidenciado a Engels que estava movendo uma campanha "clandestina" contra a linha editorial do *New-York Daily Tribune*, que ele descreveu como o "anti-industrialismo socialista-filantrópico-sismondiano" dos "protecionistas, isto é, da burguesia industrial da América". Tinha, portanto, saudado como "revolucionária" a "destruição pela Inglaterra das indústrias nativas" da Índia.[161] No fim dos anos

1870, porém, Karl já não aplaudia a destruição de estruturas sociais tradicionais e muitas vezes comunais por negociantes e colonizadores europeus. A grande diferença entre a Rússia e a Índia ou a China era que "ela não é vítima de um conquistador estrangeiro, como as Índias Orientais, nem leva uma vida isolada do mundo moderno".[162] Karl agora parecia acreditar que, como na Rússia, estruturas comunais primitivas, quando entregues à própria sorte, eram resistentes o bastante para sobreviver no mundo moderno e, em circunstâncias políticas favoráveis, podiam até mesmo desenvolver-se.

Na Índia, na China e na África, países tinham sido impedidos de se desenvolver pela colonização europeia. Karl concordava com boa parte do relato do impacto da colonização sobre as formas comunais de propriedade proposto por seu amigo Maxim Kovalevsky, particularmente no caso da conquista francesa da Argélia. Para enfatizar a análise de Kovalevsky, Karl notou que "na medida em que a lei não europeia e estrangeira é 'vantajosa' para eles, os europeus a reconhecem, como aqui eles não apenas reconhecem a lei muçulmana — imediatamente! —, mas a 'entendem mal' em proveito próprio, como aqui".[163] Da mesma forma, no caso das Índias Orientais, não era verdade, como Maine dizia, que a destruição das comunas foi resultado das "forças espontâneas das leis econômicas". "Todo mundo, salvo Sir Henry Maine e outros da sua laia, percebe que a supressão da propriedade comunal da terra ali não foi outra coisa senão um ato de vandalismo inglês, empurrando os povos nativos não para a frente, mas para trás."[164]

A decepção política foi agravada por dificuldades teóricas. A crítica da economia política de Karl tinha resultado num relato inconclusivo da crise capitalista. Da mesma forma, não havia nada em sua teoria que explicasse as diferentes políticas de diferentes Estados capitalistas.[165] A saúde debilitada sem dúvida era em parte responsável. Mas não impediu o aparecimento de outros interesses, notavelmente suas pesquisas russas e uma preocupação cada vez maior com os primórdios da história do homem.[166] O caráter desses interesses também sugeria um distanciamento de suas perspectivas anteriores. Referências à sociedade burguesa, tão abrangentes nos anos 1850, tornaram-se superficiais e depreciativas. A comuna rural russa poderia contornar o modo de produção capitalista, afirmava Karl, porque era capaz de apropriar-se das "conquistas positivas sem passar por todas as suas temerosas desventuras". Mas as "conquistas" mencionadas eram puramente tecnológicas — a indústria da engenharia, máquinas a vapor, ferrovias, o "mecanismo de troca".[167] Não havia menção às mudanças na produtividade e na divisão do trabalho que essa tecnologia pressupunha. A produção capitalista era "meramente a mais recente" de uma sucessão de revoluções econômicas e evoluções que tinham ocorrido desde "a morte da propriedade comunal". Apesar de resultar num "maravilhoso desenvolvimento das forças produtivas sociais", "ela revelou ao mundo inteiro, exceto os enceguecidos pelo egoísmo, sua natureza puramente transitória".[168]

Em sentido contrário, o antepassado comunal do comunismo era dotado de uma *"viabilidade natural"*. Sobrevivera em alguns lugares, como a área em redor de Trier, e "imprimira suas próprias características [...] na comuna que tomou seu lugar". Portanto, como já foi dito (ver p. 610), Maurer, o historiador da Alemanha antiga, quando "analisando essa comuna de formação secundária, conseguiu reconstruir o protótipo arcaico".[169] "A vitalidade das comunidades primitivas", afirmava Karl, "era incomparavelmente maior do que a das sociedades semítica, grega, romana etc., e a fortiori do que as sociedades capitalistas modernas."[170] Ou, como observou ele referindo-se à obra do antropólogo norte-americano Lewis Henry Morgan, tanto sobre as gentes gregas como sobre o caráter dos iroqueses, "inequivocamente [...] o selvagem dá uma espreitada".[171] Karl sentiu-se inspirado pela descrição de Morgan das gentes como a forma de comunidade primitiva que precedeu o patriarcado, a propriedade privada, as classes e o Estado. Morgan deduziu a existência das gentes tanto a partir de suas pesquisas contemporâneas sobre as tribos da América do Norte, especialmente os iroqueses, como dos seus estudos clássicos sobre Grécia e Roma.[172]

Animado com o novo mundo que a pré-história revelara, Karl agora tinha uma visão que abrangia não "meramente" a sociedade burguesa, mas toda a trajetória da "civilização" desde o desaparecimento da comunidade primitiva. É notável que ele acabasse concordando com o socialista "utópico" francês Charles Fourier em que "a época da civilização é caracterizada pela monogamia e pela propriedade privada da terra" e que "a família moderna continha dentro de si em miniatura todos os antagonismos que posteriormente se espalhariam pela sociedade e seu Estado".[173] "A mais antiga de todas", notou ele, a comunidade primitiva continha "a existência da horda com promiscuidade; nada de família; aí só o matriarcado pode ter tido algum papel".[174]

Um dos traços mais interessantes do novo foco dado por Karl à durabilidade e "viabilidade" da comunidade aldeã arcaica era a maneira pela qual ela induzia à reafirmação da concepção de natureza humana tão eloquentemente exposta por ele em 1843 e 1844 durante sua temporada em Paris. Essa concepção não tinha sido descartada, como muitos comentários fazem supor, como a indesejada obra de imaturidade do "jovem Marx". Mas tinha ficado praticamente invisível durante os vinte anos transcorridos dos seus escritos parisienses de 1844 até a publicação do primeiro volume de *O capital* em 1867, enquanto Karl se concentrava no caráter alienado da interação humana sob o domínio da propriedade privada e das relações de troca. Se fosse verdade, como Karl tinha afirmado em 1844, que a natureza social do homem só poderia ser expressada de forma alienada uma vez que as relações humanas fossem invertidas pelo advento da propriedade privada, então — *inversamente* — as formas comunais arcaicas, da era que antecedeu a propriedade privada, expressavam o verdadeiro caráter da natureza humana em sua forma espontânea e pré-alienada.[175] É por isso que os escritos posteriores e os cadernos de Karl contêm numerosos pronunciamentos relativamente diretos sobre natureza humana e atributos humanos.

Isso explica também por que Karl ficou tão irritado com Sir Henry Maine — "o asno", ou "estúpido John Bull", agora designado o representante supremo da "civilização" — e com a civilização inglesa em particular. A sociedade comunista arcaica não deveria, de forma alguma, ser equiparada ao despotismo patriarcal primitivo. Maine foi acusado de não perceber a linhagem feminina na "sociedade gentílica" e de transportar "sua família 'patriarcal' romana para o princípio de tudo".[176] Karl se familiarizara com *Mother-Right* [O matriarcado], de Bachofen (1861), reforçado por *Primitive Marriage* [O casamento primitivo], de McLennan (1865), e *A sociedade antiga*, de Morgan (1877).[177] Maine só conseguia entender o primitivo como "o despotismo de grupos sobre os membros que os compunham".[178] Não percebia, como Karl, que a comunidade primitiva tinha precedido a submissão das mulheres e incorporado a "igualdade econômica e social". O parentesco e a propriedade privada da terra — a esfera política como tal — surgiram da dissolução gradual "da propriedade tribal e do organismo coletivo tribal".[179] Maine não compreendia que o Estado era "uma excrescência da sociedade". Assim como só tinha aparecido em certo estágio de desenvolvimento social, voltaria a desaparecer quando chegasse a outro estágio ainda a ser alcançado: "Primeiro, a separação da individualidade das cadeias originariamente não despóticas (como supõe o estúpido Maine), mas dos vínculos satisfatórios e reconfortantes do grupo, da comuna primitiva — e em seguida a propagação desigual da individualidade".[180] "A civilização", entretanto, agora se aproximava do fim. O capitalismo agora vivia uma "crise", que só terminaria com a sua "eliminação" e com "o retorno das sociedades modernas para o tipo 'arcaico' de propriedade comunal".[181]

As prementes embora não declaradas expectativas políticas de Karl já não dependiam inteiramente do ponto em que as classes trabalhadoras industriais e urbanas da Europa ocidental pudessem forçar uma revolução contra a sociedade burguesa; nem os franceses, nem os britânicos, nem os alemães demonstravam qualquer intenção de se lançarem numa agressiva trajetória de luta de classes.[182] A atenção de Karl voltava-se, em vez disso, para o ponto em que primitivos sistemas comunais de cultivo pudessem ser substituídos por uma transição para a propriedade privada. Na resposta que finalmente enviou para Vera Zasulich sobre o futuro da comuna camponesa na Rússia, Karl ressaltou que "a base de todo o desenvolvimento", *"a expropriação do produtor agrícola"*, em parte nenhuma foi "conseguida de forma radical [...] exceto na Inglaterra", e que "a 'inevitabilidade histórica' desse processo está *expressamente* limitada aos *países da Europa ocidental*". Na Europa ocidental, *"a propriedade privada*, baseada no trabalho pessoal", estava sendo suplantada pelo "trabalho assalariado": em outras palavras, uma forma de propriedade privada estava sendo substituída por outra. Mas ressaltou Karl: "No caso dos camponeses russos, *sua propriedade comunal* teria, pelo contrário, que ser *transformada em propriedade privada*".[183]

7. O FIM DE UMA VIDA

Os últimos três anos de vida de Karl foram turvados não só por sua incurável bronquite, mas também pela morte da mulher e da filha mais velha, Jenny Longuet. Foi um período inteiramente dominado por ansiedades sobre saúde, tanto a dele como a de vários membros da família. A partir de 1879, ficou claro que a sra. Marx sofria de câncer no fígado. Karl levou-a para ver o dr. Gumpert em Manchester, mas não havia mais quase nada a fazer, e em junho de 1881 não havia dúvida de que ela estava morrendo. De vez em quando conseguia ir ao teatro, e em julho Karl levou-a a Eastbourne, onde ela passou três semanas perambulando de cadeira de rodas à beira-mar. Além disso, a vida ficara bem mais solitária sem a presença dos netos, depois que a família Longuet voltou para Argenteuil, na França, em fevereiro de 1881. Ao mesmo tempo, Eleanor foi acometida de depressão aguda, enquanto Jenny Longuet tinha prolongados acessos de asma.

O outono e o inverno daquele ano foram especialmente cruéis. A bronquite de Karl agravou-se de tal maneira que ele não conseguia levantar-se da cama, nem mesmo para ver a mulher no quarto ao lado. Eleanor e Lenchen tomavam conta dos dois, mas as dores de Jenny intensificaram-se. Ela viveu seus últimos dias ajudada pela morfina, e morreu dormindo em 2 de dezembro de 1881. Karl ficou arrasado com a perda, mas estava doente demais para assistir ao enterro. Como observou Engels, "o Mouro morreu também" (apelido de Karl na família).

Em 1882, houve uma ligeira melhora no estado de saúde de Karl. Ele conseguiu por um breve período tratar de questões políticas e concordou em escrever com Engels um curto prefácio para a edição russa do *Manifesto do Partido Comunista* no começo de 1882. O prefácio continha uma ambígua formulação que dissimulava o tamanho de suas divergências sobre a comuna camponesa russa: "Se a Revolução Russa vier a ser um sinal para uma revolta proletária no Ocidente, de forma que as duas se complementem, o atual sistema russo de propriedade comum da terra pode servir de ponto de partida para uma evolução comunista".[184]

Depois disso, ele e Eleanor foram a Ventnor, na Ilha de Wight. Mas a estada trouxe pouco alívio. A tosse de Karl não parava, e Eleanor continuava à beira de um colapso nervoso, ligado ao fim de sua relação com Lissagaray e também ao desespero por causa da falta de sucesso no palco. A amiga Dolly Maitland acorreu para ajudar, mas isso irritou Karl, que não conseguia compreender qual era o problema da filha, nem por que ela precisava pedir ajuda a uma amiga. De volta a Londres, como nenhuma das outras filhas naquele momento pôde acomodá-lo, Karl foi convencido a passar dez semanas em Argel. Mas a tentativa de escapar do inverno europeu foi um fracasso. Argel estava úmida e fria: "Congelei até os ossos. [...] Desembarquei em Argel em 20 de fevereiro. [...] Fevereiro frio, quando não úmido também. Peguei os três dias mais frios do mencionado mês passado [...] sem dormir, sem apetite, uma tosse forte".[185]

De Argel, Karl viajou para Monte Carlo, mas ainda padecendo de bronquite e pleurisia. Em junho, foi passar três meses com Jenny em Argenteuil. Embora fosse agradável ver os netos, não era um lugar repousante. Jenny esperava um filho, e o marido estava mal-humorado e recusava-se a ajudar. Em setembro, Karl conseguiu convencer Laura a acompanhá-lo a Vevey, na Suíça. Ali ele a incentivou a empreender a tradução inglesa de *O capital* e prometeu dar-lhe os arquivos da Internacional para que ela escrevesse sua história. Em outubro, Karl retornou para casa em Londres, onde não apenas Lenchen e Eleanor, mas também o filho de Jenny Longuet, Johnny, estavam à mão para ajudar se fosse preciso. Mais uma vez Karl partiu para Ventnor, mas sozinho.

A própria Jenny não estava bem. A partir de abril de 1882, desenvolveu um câncer de bexiga. Com quatro filhos, um marido ressentido e pouco cooperativo e uma sogra que a culpava pelas dívidas da família, Jenny teve um declínio rápido. Quando os Lafargue foram vê-la no começo de janeiro de 1883, encontraram-na "afundada num torpor interrompido por pesadelos e sonhos fantásticos".[186] Ela começou a delirar e morreu em 11 de janeiro de 1883, aos 38 anos.

Para Karl, cujos pensamentos no último ano tinham sido tomados por lembranças da mulher, a morte da "filha que ele mais amava" foi um golpe insuportável.[187] Com bronquite crônica e confinado ao seu quarto pelo frio intenso, pela neve e por um desolado vento de nordeste, não conseguia ler mais do que um ocasional romance ligeiro de Paul de Kock. Era tratado com o amoroso cuidado de sempre por Lenchen, mas seu estado de saúde piorou. Karl desenvolveu uma úlcera pulmonar, e em 14 de março de 1883 morreu de hemorragia.

Epílogo

O interesse pelos temas históricos e filosóficos que preocuparam Karl em seus últimos anos não sobreviveu por muito tempo à sua morte. Da mesma forma, os estudos acadêmicos para fundamentar os argumentos em favor da comunidade aldeã arcaica e a política que os acompanhava também não chegaram ao século xx.

No período posterior à Revolução Francesa e às Guerras Napoleônicas, os franceses demonstraram pouca simpatia por alegações sobre a origem teutônica da liberdade. Sua preferência não era pelos aristocráticos e militaristas francos, mas pelos aplicados e trabalhadores gauleses, os ancestrais do "terceiro estado". Guizot, em seus *Ensaios sobre a história da França*, de 1823, não fez nenhuma referência ao *Mark*, mas discorreu longamente sobre a aversão dos francos ao trabalho e sobre o seu gosto pela bebida e pelos jogos.[1] Como era de esperar, o desenrolar da Guerra Franco-Prussiana tornou essa hostilidade ainda mais aguda, levando a um amplo e vigoroso ataque às credenciais acadêmicas de Maurer por Fustel de Coulanges em 1889.[2]

O ataque de Fustel de Coulanges foi devastador. A teoria do *Mark* não encontrava apoio algum nas obras de César ou Tácito. Sem a menor justificativa, Maurer tinha dado à palavra *"ager"* o sentido de *ager publicus*, embora a palavra *"publicus"* não apareça no texto de Tácito. O termo *"Mark"* no direito alemão primitivo significava apenas "fronteira" (*terminus* em latim) e geralmente se referia a propriedade privada, especialmente vilas. Na realidade, o direito alemão primitivo fundava-se no pressuposto da propriedade privada da terra, exercido por indivíduos ou famílias, mas nunca por grandes grupos. A única evidência de distribuição periódica da terra era fornecida por um erro estúpido de um copista. O termo "público" referia-se a um direito consuetudinário de uso, pelos arrendatários, de terra pertencente a um senhor. Não há nenhuma prova de que esses arrendatários algum dia fossem *condôminos* da terra. Também não havia nenhuma evidência da existência de assembleias ou tribunais do *Mark*. Em vez disso, os primeiros códigos legais alemães sugeriam uma terra em grande medida ocupada por grandes propriedades e cultivada por escravos ou arrendatários semisservis.

Provas sobre a Inglaterra reunidas por Frederic Seebohm, William Ashley e Paul Vinogradoff apontavam para a mesma direção.[3] Em 1883, *The English Village Community*, de Seebohm, demonstrou a difusão uniforme do sistema senhorial pela maior parte da Inglaterra. Ele afirmava que as origens do solar feudal não estariam na desintegração da comunidade livre do *Mark*, mas na vila lavrada por mão de obra escrava do Império Romano tardio. Os invasores anglo-saxões ou já tinham adotado o sistema romano de propriedades, ou adotaram o que encontraram ao chegar. A obra de Seebohm efetivamente demoliu a existência do *Mark*. Nos anos 1870, o economista Alfred Marshall tentou aproveitar e desenvolver a imagem descrita por Maine da aldeia "ariana" original e da comunidade teutônica do *Mark* como pontos de partida de uma filosofia da história que acompanhasse seus *Princípios de economia*. Sua intenção era descrever o progresso da comunidade subjugada aos costumes até a inovação moderna da liberdade individual. Mas depois de ler a demonstração de Seebohm de que as comunidades aldeãs "não eram em última análise 'livres' e proprietárias da terra", ele relegou o que restou da seção histórica à condição de apêndice e eliminou qualquer menção ao *Mark*.[4]

Outra evidência apresentada por Fustel de Coulanges solapou as alegações de existência do *Mark* na Suíça, na Sérvia e na Escócia.[5] Ficou demonstrado que até mesmo a prova, tão estimada por Karl, da sobrevivência de arranjos de propriedade comunal, as *Gehöferschaften* de Trier e Hunsrück, eram um tipo de arranjo comunal posteriormente imposto ao povo, e senhorial em suas origens.[6] Finalmente, as credenciais históricas da *mir* russa também foram invalidadas. Chicherin demonstrou que a existência da *mir* remontava apenas a 1592, e que ela foi instituída por "um ato despótico de governo" — por um ucasse do tsar Fedor Ivanovitch.

Como Fustel de Coulanges reconheceu em 1889, "a questão ainda é calorosamente debatida", mas, a julgar pelas provas até então reunidas, a *mir* só surgiu no período feudal, e "longe de ser propriedade coletiva, a *mir* era servidão coletiva".[7]

A vida política da nova concepção de Karl não se mostrou menos breve. Ele não tinha sido exemplarmente franco ao tornar pública essa mudança de posição depois de publicar o primeiro volume de *O capital*. Por isso não era de surpreender que a maioria dos seus seguidores continuasse a associar Karl à visão modernizante do *Manifesto do Partido Comunista*. Eles também foram incentivados a fazê-lo por Engels, que nunca teve grande entusiasmo pelo interesse tardio de Karl na comunidade aldeã. Em 1882, Engels criticara em Maurer o "hábito de citar, indiscriminadamente e lado a lado, provas documentais e exemplos de todo e qualquer período".[8] Em 1894, ele questionou também o mérito de Tchernichevski ao estimular "uma fé no poder milagroso da comuna camponesa de provocar um renascimento social". O fato era que a comuna russa tinha existido por centenas de anos "sem jamais produzir por si mesma o ímpeto para o desenvolvimento de uma forma mais elevada de propriedade comum; não mais do que no caso do sistema do *Mark* alemão, dos clãs celtas, das comunas indianas e de outras comunas com instituições primitivas, comunistas".[9] Foi com satisfação que Engels entregou todo o material russo de Karl ao amigo Lavrov; além disso, não fez nenhum esforço para integrar as últimas ideias de Karl quando editava o segundo e o terceiro volumes de *O capital*. Também não fez objeção quando, nos anos 1890, Plekhanov, Struve e Lênin, seguidor deles, descreveram o marxismo russo como uma batalha entre o "materialismo histórico" e o "narodismo", a crença romântica na singularidade da Rússia e de sua comuna camponesa; portanto, como uma reprise de batalhas anteriores entre partidários da ocidentalização e eslavófilos. Isso, efetivamente, assegurava que as ideias de Karl fossem esquecidas no lugar onde o significado da comuna camponesa era uma questão política de interesse imediato.

Engels continuou hostil às investidas românticas na *obshchina*. Negava que antigas crenças comunais tivessem muita relação com as instituições coletivas modernas. Em 1894, publicou uma nova edição do ataque que lançara vinte anos antes ao populista e bakuninista Petr Tkatchev. Para efeitos externos, o ensaio tinha sido escrito para "todos os russos interessados no futuro econômico do seu país". Ressaltava que, na Rússia, "os poucos milhares de pessoas" conscientes da "sociedade capitalista ocidental, com todos os seus irreconciliáveis antagonismos e conflitos", não moravam em comunas, ao passo que os 50 milhões aproximadamente que ainda vivem com a propriedade comum da terra [...] não têm a menor ideia de nada disso. [...] São tão alheios e antipáticos àqueles poucos milhares quanto os proletários ingleses de 1800 a 1840 [o eram] com relação aos planos inventados por Robert Owen para a salvação deles.

E, enfatizava Engels, a maioria dos empregados na fábrica de Owen em New Lanark também era

constituída por pessoas criadas em conformidade com as instituições e os costumes de uma decadente sociedade gentílica comunista, o clã céltico-escocês. [...] Mas em parte alguma [Owen] chega a sugerir que eles demonstraram grande apreço por suas ideias. [...] É uma impossibilidade histórica que um estágio de desenvolvimento inferior resolva os enigmas e conflitos que só aparecem, e só poderiam aparecer, num estágio bem mais adiantado.[10]

Houve ainda razões mais profundas para que a posição de Karl no debate sobre a comunidade aldeã não sobrevivesse até o século XX — e, a rigor, já começasse a parecer antiquada à época de sua morte, em 1883. Karl pertencia a uma geração de escritores cujas obras sobre a transição da sociedade antiga para a moderna foram anteriores ao impacto de Darwin. Maine, Bachofen, Morgan, McLennan e Karl nasceram entre 1818 e 1827. Todos eram advogados, para quem o estudo de sociedades anteriores ou primitivas não era um ramo da história natural, mas dos estudos jurídicos — dos quais, no século XIX, a economia política era geralmente considerada parte integrante. As instituições sobre as quais eles se debruçavam — a propriedade privada, o Estado, o casamento e a família — eram também basicamente jurídicas. Eles não eram nem escritores de viagens, nem antropólogos sociais no sentido atual, ainda que Morgan tenha feito contatos com os iroqueses e Maine viesse a fazer parte da Administração Indígena. Suas fontes eram principalmente clássicas ou bíblicas. Baseavam-se sobretudo no Pentateuco, no direito romano e na mitologia grega — do despotismo patriarcal de Abraão, passando pelos Dez Mandamentos e pela Lei das Doze Tábuas, a Prometeu e os delitos dos deuses do Olimpo, ou ao Rapto das Sabinas e às Forcas Caudinas. Para eles era fundamental uma equação entre história, desenvolvimento e progresso, fosse "de status para contrato", da propriedade privada para o fim da "pré-história humana" ou da *"societas"* para a *"civitas"*. Cada qual à sua maneira, todos acreditavam que a história era uma ferramenta de medição do progresso, um movimento progressivo de estágios inferiores para estágios superiores de desenvolvimento, fosse de formas de propriedade, de modos de produção, de tipos de parentesco ou casamento, de costume ou direito. O chamado "método comparativo" era empregado de diferentes maneiras para ajudar a compor essas sequências de desenvolvimento.

O norte-americano Lewis Henry Morgan, que Karl saudou em seus últimos escritos por profetizar "o renascimento, numa forma mais elevada, da liberdade, igualdade e fraternidade das gentes da Antiguidade", era um bom exemplo dessa combinação de formação jurídica e inspiração clássica.[11] Estudou direito em Rochester, Nova York, e ficou fascinado com as práticas dos vizinhos iroqueses, a quem defendeu em várias disputas de terras. Embora não fosse cristão praticante, Morgan compartilhava muitos valores da congregação calvinista liberal local, encabeçada pelo reverendo J. S. McIlvaine, seu amigo íntimo. Embora McIlvaine e seus fiéis aceitassem a evolução, para eles só compreensível como manifestação de um plano divino, não conseguiam aceitar a ideia de Darwin sobre a mutabilidade das espécies — para muitos o inaceitável núcleo "materialista" do darwinismo.[12]

Morgan compartilhou essa posição e, em seu estudo *The American Beaver and His Works*, tentou demonstrar a superioridade da ideia de Cuvier sobre a criação separada de espécies fixas.[13] As espécies mudavam no sentido embriológico em que os girinos se transformavam em rãs, ou a longo prazo ao realizar seu potencial. Morgan também investiu muito tempo classificando casamento, parentesco e grupos linguísticos, em apoio à ideia de que, além das línguas indo-europeias e semíticas, existiam também as "turanianas", um grupo constituído por povos nômades, incluindo desde os finlandeses até os tâmeis.[14] Como outros da sua geração, combinava o conhecimento etnográfico especializado das tribos norte-americanas com um modelo histórico baseado em conhecimentos clássicos, em seu caso a *História da Grécia*, de George Grote.[15] Já em 1851, Morgan acreditava que havia uma forte semelhança entre as instituições políticas dos iroqueses e as das tribos da Grécia antiga. Na verdade, as práticas democráticas das gentes gregas e as dos iroqueses não pareciam diferentes daquelas associadas ao *Mark* indo-europeu. Para Morgan, todo o processo de desenvolvimento de um "bárbaro a partir de um selvagem, de um homem civilizado a partir de um bárbaro" era "parte do plano da Suprema Inteligência".[16]

Por mais implausível que pareça à primeira vista, vale a pena chamar a atenção para uma afinidade de posição entre a abordagem de Morgan e a de Karl. Karl, é claro, não teria admitido nenhuma noção de "Suprema Inteligência", mas, como Morgan, não estava muito satisfeito com a ideia de Darwin de que o "progresso" fosse puramente "acidental". E também como Morgan, Karl tinha a mais alta consideração por Cuvier. Cuvier era um "grande geólogo e, para um naturalista, um crítico literário-histórico excepcional". Karl gostava quando Cuvier zombava das ideias dos "alemães adoradores da natureza" sobre a mutabilidade das espécies, mas admitia, com relutância, que no fim das contas os darwinistas estavam certos.[17] Ele também talvez se perguntasse qual seria a situação da sua própria teoria, se a concepção dos darwinistas estivesse correta. Mas não cabe nenhuma dúvida sobre o seu entusiasmo pelas descobertas de Morgan em *A sociedade antiga*.

Para ressaltar o abismo intelectual entre a geração de Karl e a que viria a dominar o movimento socialista *marxista* nas décadas de 1880 e 1890, basta citar um dos mais destacados membros do grupo Emancipação do Trabalho, Georgi Plekhanov, e sua obra teórica mais conhecida, *Em defesa do materialismo: o desenvolvimento da concepção monista da história*, publicada em 1895. Segundo esse estudo, longe de humanizar a natureza com sua atividade, a capacidade do homem de "fabricar ferramentas" deveria ser vista como "*magnitude constante*", "enquanto as condições externas para o uso dessa capacidade na prática precisam ser vistas como magnitude constantemente variável".[18] Em outras palavras, a variável crucial não era a atividade humana, mas o ambiente externo. Para resumir sua teoria:

> Darwin teve êxito em resolver o problema de explicar o surgimento das espécies vegetais e animais na luta pela existência. Marx teve êxito em resolver o problema de explicar o surgimento dos diferentes tipos de organização social na luta dos homens pela existência. Logicamente, a investigação de Marx começa exatamente onde a investigação de Darwin termina.[19]

Uma geração formada na biologia evolucionária não poderia habitar os sonhos de uma geração formada na literatura clássica, na mitologia antiga e na filosofia idealista radical. A natureza já não era o passivo e repetitivo "corpo inorgânico do homem". Tornara-se agora o agente ativamente ameaçador e perturbador, forçando o homem, a cada passo, a adaptar as condições da luta pela existência às demandas sempre mutáveis do ambiente externo. Na nova linguagem do socialismo do século XX, os sonhos daqueles cujo pensamento tinha sido formado na década anterior a 1848 se tornaram, num grau cada vez maior, incompreensíveis.

Finalmente, uma história sugestiva: no *Marx-Engels Archiv*, publicado em Frankfurt em 1928, o pioneiro estudioso de Marx e primeiro editor do *Marx-Engels-Gesamtausgabe*, David Riazanov (que viria a desaparecer nos expurgos stalinistas), informou que em 1911, ao examinar os documentos de Paul Lafargue, genro de Karl, encontrou vários rascunhos, repletos de acréscimos e rasuras, de uma carta escrita em francês por Karl em 8 de março de 1881.[20] Era uma resposta a uma carta de 16 de fevereiro de Vera Zasulich, do grupo russo Emancipação do Trabalho exilado em Genebra.[21] Como os rascunhos anteriores descobertos em 1911, a carta que Karl finalmente enviou a Zasulich sobre a questão da comuna era positiva. Que impacto teve?

Riazanov escreveu a membros sobreviventes do grupo especificamente para perguntar se alguma resposta de Karl tinha sido recebida. Plekhanov, Zasulich e talvez Axelrod responderam negativamente; apesar disso, como o próprio Riazanov recordava, ele tinha passado um tempo em Genebra em 1883 e ouvira alguma coisa sobre esse diálogo, e até mesmo rumores sobre um confronto pessoal entre Plekhanov, que teria negado a propriedade comunal, e Karl, que a teria defendido.[22] Em 1923, a carta desaparecida de Karl surgiu entre os documentos de Axelrod. Mas, de acordo com Riazanov, os editores foram incapazes de descobrir "as verdadeiras razões dessa carta de Marx, sobre um assunto tão apaixonadamente provocativo para os círculos revolucionários, ter caído no esquecimento". Como observou Riazanov:

> Vimos que Plekhanov e até mesmo a destinatária, Zasulich, também se esqueceram completamente da carta. É preciso reconhecer que esse lapso de memória, sobretudo em vista do interesse particular que essa carta teria despertado, é muito estranho e provavelmente serviria, aos psicólogos tradicionais, como interessantíssimo exemplo das extraordinárias deficiências do mecanismo da nossa memória.[23]

Não temos como saber por que em 1923 os antigos líderes do grupo Emancipação do Trabalho *esqueceram* a carta que Karl escreveu em 1881 recomendando que apoiassem a comunidade aldeã, em vez de seguir a estratégia "marxista", supostamente ortodoxa, de construir um movimento social-democrata de trabalhadores de base urbana. Mas isso apenas reforça a ideia de que o Marx construído no século xx tem uma semelhança apenas fortuita com o Marx que realmente viveu no século xix.

Notas

PRÓLOGO: O SURGIMENTO DE UM ÍCONE, 1883-1920 [pp. 21-5]

1. Eugen von Böhm-Bawerk, *Karl Marx and the Close of His System: A Criticism*. Trad. de Alice M. Macdonald. Londres: T. Fisher Unwin, 1898.

2. Para um relato sobre o desenvolvimento do debate revisionista, ver H. e J. M. Tudor (Orgs.), *Marxism and Social Democracy: The Revisionist Debate 1896-1898* (Cambridge: Cambridge University Press, 1998). Para o ataque de Bernstein à "teoria do colapso", ver especialmente pp. 159-73.

3. Werner Blumenberg, *Portrait of Marx: An Illustrated Biography*, trad. de Douglas Scott (Nova York: Herder & Herder, 1972), p. 2; August Bebel e Eduard Bernstein (Orgs.), *Der Briefwechsel zwischen F. Engels und K. Marx*, 4 vols. (Stuttgart: Dietz, 1913); "August Bebel to Karl Kautsky, 7 February 1913", in K. Kautsky Jr. (Org.), *August Bebels Briefwechsel mit Karl Kautsky* (Assen: Van Gorcum, 1971), pp. 278-9.

4. Isaiah Berlin, *Karl Marx: His Life and Environment*. Oxford: Oxford University Press, 4. ed., 1978 [1939], pp. 4 e 14.

I. PAIS E FILHOS: AS AMBIGUIDADES DE SE TORNAR PRUSSIANO [pp. 27-51]

1. Ver Michael Rowe, *From Reich to State: The Rhineland in the Revolutionary Age, 1780--1830*. Cambridge: Cambridge University Press, 2003, pp. 158-9 e 188.

2. Heinz Monz, *Karl Marx und Trier: Verhältnisse, Beziehungen, Einflüsse*. Trier: Neu, 1964, pp. 38-9.

3. Id., *Karl Marx: Grundlagen der Entwicklung zu Leben und Werk* (Trier: Neu, 1973), pp. 221-32; também Jan Gielkens, *Karl Marx und seine niederländischen Verwandten: Eine kommentierte Quellenedition*, Schriften aus dem Karl-Marx-Haus, Trier, n. 50, 1999.

4. Timothy Tackett, *Becoming a Revolutionary: The Deputies of the French National Assembly and the Emergence of a Revolutionary Culture (1789-1790)*. Princeton: Princeton University Press, 1996, p. 120.

5. Keith Michael Baker, "Fixing the French Constitution", in *Inventing the French Revolution: Essays on French Political Culture in the Eighteenth Century*. Cambridge: Cambridge University Press, 1990, p. 303.

6. Ibid., p. 265.

7. Ibid., p. 305.

8. Ver François Delpech, "La Révolution et l'Empire", in B. Blumenkranz (Org.), *Histoire des Juifs en France*. Toulouse: E. Privat, 1972, pp. 265-304.

9. Rowe, *From Reich to State*, pp. 21-3.

10. R. Liberles, "From *Toleration* to *Verbesserung*: German and English Debates on the Jews in the Eighteenth Century", *Central European History*, v. 22, n. 1, 1989, pp. 1-32.

11. Ver David Sorkin, *The Transformation of German Jewry 1780-1840* (Oxford: Oxford University Press, 1987), pp. 25-7; Christopher Clark, *Iron Kingdom: The Rise and Downfall of Prussia, 1600-1947* (Londres: Allen Lane, 2006), pp. 331-8.

12. Sobre a concepção de Grégoire sobre regeneração, ver Alyssa Goldstein Sepinwall, *The Abbé Grégoire and the French Revolution: The Making of Modern Universalism* (Berkeley: University of California Press, 2005), pp. 56-136. Em 1769, Lavater havia tentado converter Mendelssohn ao cristianismo enviando-lhe a obra protoevolucionária de Charles Bonnet, *Palingénésie Philosophique* [Palingenesia filosófica] e incitando-o a refutar o argumento de Bonnet ou converter-se.

13. Sobre a família de Karl, ver Jonathan Sperber, *Karl Marx: A Nineteenth-Century Life* (Nova York: Liveright, 2013), cap. 1, pp. 5-25.

14. Delpech, "La Révolution et l'Empire", pp. 282-5.

15. Ver Rowe, *From Reich to State*, parte 2.

16. Citado em John McManners, *The French Revolution and the Church*. Londres: SPCK, 1969, p. 142.

17. Delpech, "La Révolution et l'Empire", p. 287; ver também Robert Anchel, *Napoléon et les Juifs* (Paris: PUF, 1928), pp. 62-75.

18. Ver Albert Rauch, "Der Grosse Sanhedrin zu Paris und sein Einfluss auf die jüdische Familie Marx in Trier", in Richard Laufner e Albert Rauch (Orgs.), *Die Familie Marx und die Trierer Judenschaft*, Schriften aus dem Karl-Marx-Haus, Trier, 1975, n. 14, pp. 18-22; Anchel, *Napoléon et les Juifs*, pp. 187-226; Delpech, "La Révolution et l'Empire", pp. 286-301.

19. Heinz Monz, "Der Religionswechsel der Familie Heinrich Marx", in Monz, *Karl Marx: Grundlagen*, cap. 19, pp. 239-40.

20. Laufner e Rauch, "Vorbemerkung", in *Die Familie Marx und die Trierer Judenschaft*.

21. Rowe, *From Reich to State*, pp. 253-4.

22. Clark, *Iron Kingdom*, p. 311.

23. Hagen Schulze, *The Course of German Nationalism: From Frederick the Great to Bismarck*,

1763-1867 (Cambridge: Cambridge University Press, 1991), pp. 48-56; ver também Clark, *Iron Kingdom*, cap. 11.

24. Monz, *Karl Marx: Grundlagen*, pp. 245-8.

25. Ibid., p. 247.

26. Ibid., p. 248.

27. Wilhelm Liebknecht, *Karl Marx: Biographical Memoirs* (Londres: Journeyman, 1975 [1901]), pp. 13-4; "Eleanor Marx to Wilhelm Liebknecht", in David McLellan (org.), *Karl Marx: Interviews and Recollections* (Londres: Macmillan, 1981), p. 163.

28. "Heinrich Marx para Karl Marx", 12 ago. 1837, *Karl Marx/ Friedrich Engels Collected Works* (doravante *MECW*), 50 v., Moscou, Londres e Nova York, 1975-2005, v. 1, p. 674.

29. "Edgar von Westphalen to Friedrich Engels", 15 jun. 1883, *International Institute of Social History Amsterdam, Karl Marx/ Friedrich Engels Papers*, Inv., nr. L 6312-6319 [L IX 233-40].

Para Lessing situando o cristianismo como um estágio na educação progressiva da humanidade, ver "The Education of the Human Race", in H. B. Nisbet (Org.), *Lessing: Philosophical and Theological Writings* (Cambridge: Cambridge University Press, 2005), pp. 217-40; para Kant, ver "Religion within the Boundaries of Mere Reason", in I. Kant, *Religion within the Boundaries of Mere Reason and Other Writings*, org. de Allen Wood e George di Giovanni (Cambridge: Cambridge University Press, 1998), pp. 31-191.

30. "Heinrich Marx para Karl Marx", 18 nov. 1835, *MECW*, v. 1, p. 647.

31. Monz, *Karl Marx: Grundlagen*, p. 252.

32. "Heinrich Marx to Henriette Marx", 12-14 ago. 1837, *Karl Marx-Friedrich Engels Historisch--Kritische Gesamtausgabe* (doravante *MEGA*), Berlim, 1927-35, III, i, p. 313.

33. Ver Monz, *Karl Marx: Grundlagen*, cap. 4; Rowe, *From Reich to State*, p. 274.

34. Karl Marx, "Proceedings of the Sixth Rhine Province Assembly. Third Article. Debates on the Law on Thefts of Wood" (1842), *MECW*, v. 1, pp. 224-63; Jonathan Sperber, *Rhineland Radicals: The Democratic Movement and the Revolution of 1848-1849* (Princeton: Princeton University Press, 1991), p. 77.

35. Ver Monz, *Karl Marx: Grundlagen*, p. 52.

36. Estados eram ordens sociais amplas numa sociedade concebida hierarquicamente, e eram a forma padrão de representação antes de 1789. Embora continuassem a ser favorecidos por conservadores ao longo do século XIX, sua legitimidade foi radicalmente questionada na Revolução Francesa, quando o "terceiro estado" foi declarado como a "nação", e os outros dois estados, o clero e a nobreza, foram abolidos.

37. Rowe, *From Reich to State*, pp. 270-1.

38. H. Heine, *Ludwig Börne: Recollections of a Revolutionist*. Trad. de Thomas S. Egan. Londres: Newman, 1881, p. 51.

39. Rowe, *From Reich to State*, pp. 276-8.

40. Discurso citado em Monz, *Karl Marx und Trier*, p. 88.

41. Monz, *Karl Marx: Grundlagen*, p. 135.

42. Ibid., pp. 135-6.

43. "Heinrich Marx to Karl Marx", 18-29 nov. 1835, *MECW*, v. 1, pp. 647-8.

44. "Heinrich Marx to Karl Marx", 2 mar. 1837, *MECW*, v. 1, pp. 672-3.

45. McLellan (Org.), *Karl Marx: Interviews and Recollections*, p. 163.

46. Rowe, *From Reich to State*, pp. 247-9; Sperber, *Rhineland Radicals*, pp. 47-9.

2. O ADVOGADO, O POETA E O AMANTE [pp. 52-76]

1. Franz Mehring, *Karl Marx: The Story of His Life*. Trad. de Edward Fitzgerald. Londres: John Lane, 1936, p. 2. (A edição alemã original surgiu em Berlim em 1918.)
2. Citado em Jan Gielkens, *Karl Marx und seine niederländischen Verwandten: Eine kommentierte Quellenedition, Schriften aus dem Karl-Marx-Haus*, Trier, n. 50, 1999, p. 33.
3. Heinz Monz, *Karl Marx: Grundlagen der Entwicklung zu Leben und Werk*. Trier: Neu, 1973, p. 251.
4. "Karl Marx to Friedrich Engels", 30 abr. 1868, *MECW*, v. 43, p. 24.
5. "Henriette Marx to Karl Marx", início de 1836, *MECW*, v. 1, p. 652.
6. "Henriette Marx to Henriette van Anrooji", 18 nov. 1851; citado em Gielkens, *Karl Marx*, p. 143.
7. "Henriette Marx to Sophie Philips", 14 abr. 1853; Gielkens, *Karl Marx*, p. 154.
8. "Henriette Marx to Karl Marx", 29 nov. 1836, *MECW*, v. 1, pp. 648-9.
9. "Heinrich and Henriette Marx to Karl Marx", início de 1836, *MECW*, v. 1, pp. 651-2.
10. "Henriette Marx to Karl Marx", 16 set. 1837, *MECW*, v. 1, p. 683; ibid., 10 fev. 1838, p. 693.
11. Sobre Hermann, que era aprendiz de um mercador de Amsterdam, Heinrich escreveu: "De seu trabalho árduo, eu espero muito; da sua inteligência, bem menos". "Heinrich Marx to Karl Marx", 9 nov. 1836, *MECW*, v. 1, p. 663.
12. Ibid., 12 ago. 1837, p. 674.
13. "Jenny Westphalen to Karl Marx", 11-18 ago. 1844, *MEGA*, III, i, p. 441.
14. Citado em Monz, *Karl Marx: Grundlagen*, p. 235.
15. Ver, por exemplo, Mehring, *Karl Marx*, p. 5.
16. Karl Marx, "Reflections of a Young Man on the Choice of a Profession", ensaio no Ginásio de Trier, ago. 1835, *MECW*, v. 1, p. 7.
17. "Heinrich Marx to Karl Marx", início de 1836, *MECW*, v. 1, p. 650.
18. Ibid., maio/jun. 1836, p. 654.
19. "Karl Marx to Heinrich Marx", 10-11 nov. 1837, *MECW*, v. 1, p. 18.
20. "Henriette Marx to Karl Marx", 15-16 fev. 1838, *MEGA*, II, i, p. 330.
21. Monz, *Karl Marx: Grundlagen*, p. 233.
22. Nada comparável era esperado do irmão mais novo de Karl, Hermann, nascido em 12 de agosto de 1819. Em 1836, segundo seu pai, Hermann foi a Bruxelas para ser treinado como mercador. Seu pai escreveu: "De seu trabalho árduo, eu espero muito; da sua inteligência, bem menos". Ele morreu em Trier em 1842 de tuberculose. Ver Monz, *Karl Marx: Grundlagen*, pp. 233-4.
23. Institut Marksizma-Leninzma, *Reminiscences of Marx and Engels*. Moscou: Foreign Languages Publishing House, 1957, p. 251. Segundo relato de Eleanor, as irmãs arcaram com seu tratamento, pois gostavam das histórias que ele lhes contava em retribuição.
24. "Heinrich Marx to Karl Marx", 28 dez. 1836, *MECW*, v. 1, p. 664.
25. Ibid., 9 nov. 1836, p. 661; ibid., 12 ago. 1837, p. 675.
26. Monz, *Karl Marx: Grundlagen*, pp. 297-319.
27. "Karl Marx to Friedrich Engels", 17 set. 1878, *MECW*, v. 45, p. 322.
28. Ver Monz, *Karl Marx: Grundlagen*, pp. 147, 153 e 161-2.
29. Sobre o Festival de Hambach, ver capítulo 1, p. 47.

30. Em 1835, as obras de diversos escritores, inclusive Heinrich Heine, Ludwig Börne e Karl Gutzkow, foram banidas por instigação de Metternich devido à alegada associação dos autores à Jovem Alemanha, um ramo da sociedade secreta revolucionária mazziniana Jovem Europa. Na verdade, a Confederação Alemã havia confundido dois grupos distintos que compartilhavam o mesmo nome (embora seja questionável se Metternich seria realmente tão ingênuo). A "Jovem Alemanha" literária nunca foi mais do que uma descontraída associação de escritores, unidos por empreitadas jornalísticas comuns e pela defesa de uma concepção literária e política similar. Sua aliança, de todo modo, existiu apenas entre 1833 e 1835. A perseguição rompeu rapidamente as ligações entre eles, e o movimento terminou numa névoa de mútua recriminação, apostasia e vingança, com um indigno ataque de Heine à memória de Börne.

Apesar disso, Metternich não estava errado ao farejar na Jovem Alemanha uma erupção nada bem-vinda sobre a superfície até então plácida da literatura germânica do século XIX. Pois a Jovem Alemanha era claramente uma resposta literária às revoluções de 1830, bem como um ataque explícito ao conservadorismo medievalista do movimento romântico e ao distanciamento político de Goethe e do classicismo alemão. Tanto Friedrich Engels como Jenny von Westphalen ficaram momentaneamente entusiasmados pela Jovem Alemanha.

31. Sobre as tensões políticas e sociais em Trier após as revoluções de 1830, ver capítulo 1, pp. 46-9.

32. "Certificate of Maturity for Pupil of the Gymnasium in Trier", *MECW*, v. 1, pp. 643-4; Monz, *Karl Marx: Grundlagen*, p. 314.

33. Marx, "Reflections of a Young Man on the Choice of a Profession", pp. 3-9.

34. "Johann Hugo Wyttenbach to Karl Marx", ago. 1835, *MECW*, v. 1, p. 733.

35. As verbas governamentais prussianas para a faculdade de teologia protestante na Universidade de Bonn eram o dobro das verbas para a católica, embora aceitasse bem menos alunos. Ver Michael Rowe, *From Reich to State: The Rhineland in the Revolutionary Age, 1780-1830*. Cambridge: Cambridge University Press, 2003, p. 251.

36. Tendo já sido simpatizante dos franceses, Joseph Görres, um proeminente publicista católico, foi demitido como diretor de educação em Koblenz e escreveu um influente ataque ao governo burocrático prussiano na Renânia em *Deutschland und die Revolution* (Koblenz, 1819). Ernst Moritz Arndt era um nacionalista declarado. Em 1814, havia sido secretário do ex-primeiro-ministro prussiano, Von Stein, na época em que este foi chefe da Administração Central Interaliada na Renânia. Nomeado professor de história em Bonn, Arndt atacou a polícia. Em 1819, foi suspenso por alegados vínculos com os ativistas subversivos das *Burschenschaften* (associações estudantis), e reabilitado somente em 1840, pelo novo rei da Prússia, Frederico Guilherme IV.

37. "Bruno Bauer to Karl Marx", 1 mar. 1840, *MEGA*, III, i, p. 340.

38. "Certificate of Release from Bonn University", *MECW*, v. 1, p. 658; *MEGA*, III, i, p. 727; "Heinrich Marx to Karl Marx", maio/jun. 1836, *MECW*, v. 1, p. 653; ibid.; ibid.

39. "Certificate of Release", *MECW*, v. 1, pp. 657-8; dois dos cursos no período letivo de verão não puderam ser avaliados devido à morte súbita do professor.

40. Ver David Lindenfeld, *The Practical Imagination: The German Sciences of State in the Nineteenth Century*. Chicago: Chicago University Press, 1997, pp. 11-7, 60-4, 70-80 e 90-1.

41. "Heinrich Marx to Karl Marx", início de 1836, *MECW*, v. 1, p. 650.

42. Sob o chanceler Hardenberg no começo dos anos 1820, havia se chegado a um acordo de

que não se levantariam novos impostos, exceto com o consentimento de uma assembleia representativa. Isso significava que, apesar do grande aumento da população prussiana, os números empregados na administração permaneceram estáticos. Ver Lenore O'Boyle, "The Problem of an Excess of Educated Men in Western Europe, 1800-1850", *Journal of Modern History*, v. 42 (1970), pp. 471-95; Reinhart Koselleck, "Staat und Gesellschaft in Preußen 1815-1848", in H.-U. Wehler (Org.), *Moderne deutsche Sozialgeschichte*, 2. ed. (Colônia: Kiepenheuer & Witsch, 1968), pp. 55-85; Reinhart Koselleck, "Staat und Gesellschaft in Preußen 1815-1848", in Werner Conze (Org.), *Staat und Gesellschaft im deutschen Vormärz 1815-1848* (Stuttgart: E. Klett, 1962, [Industrielle Welt, v. 1]).

43. "Karl Marx to Heinrich Marx", 10-11 nov. 1837, *MECW*, v. 1, p. 20.

44. Institut Marksizma-Leninzma, *Reminiscences of Marx and Engels*, p. 130; Wilhelm Liebknecht, *Karl Marx: Biographical Memoirs* (Londres: Journeyman, 1975 [1901], p. 14).

45. "Heinrich Marx to Karl Marx", 18 nov. 1835, *MECW*, v. 1, p. 647.

46. Ibid. Em novembro de 1837, Karl queimou seus antigos trabalhos poéticos. Uma seleção de seus poemas de amor foi publicada em 1977: ver R. Lettau e L. Ferlinghetti (Orgs.), *Love Poems of Karl Marx* (San Francisco: City Lights, 1977).

47. "Heinrich Marx to Karl Marx", início de 1836, *MECW*, v. 1, pp. 650-1.

48. "Karl Marx to Heinrich Marx", 10-11 nov. 1837, *MECW*, v. 1, p. 11.

49. Ver *MECW*, v. 1, pp. 22-4 e pp. 517-616.

50. Ver especialmente S. S. Prawer, *Karl Marx and World Literature* (Oxford: Clarendon, 1976); Mikhail Lifshitz, *The Philosophy of Art of Karl Marx* (Londres: Pluto, 1973 [Moscou, 1933]); P. Demetz, *Marx, Engels and the Poets: Origins of Marxist Literary Criticism* (Chicago: University of Chicago Press, 1967 [Stuttgart, 1959]).

51. Uma exceção, especialmente significativa na Renânia, foi o ataque à herança e à primogenitura encontrado em *Escorpião e Félix*, cap. 29. "O direito de primogenitura", declarava ele, "é o lavatório da aristocracia" (*MECW*, v. 1, pp. 624-5).

52. Demetz, *Marx, Engels and the Poets*, p. 50.

53. "Feelings", citado em Prawer, *Karl Marx and World Literature*, p. 12.

54. "Concluding Sonnet to Jenny", citado em Lifshitz, *Philosophy of Art*, p. 16.

55. "Human Pride", *MECW*, v. 1, p. 586.

56. "Sir (G)luck's *Armide*", *MECW*, v. 1, p. 540.

57. "Epigrams", *MECW*, v. 1, pp. 576-7 e 579.

58. *Scorpion and Felix*, *MECW*, v. 1, pp. 624-5 e 628.

59. *Oulanem*, *MECW*, v. 1, pp. 593, 600 e 606.

60. Ibid., p. 599.

61. Demetz, *Marx, Engels and the Poets*, pp. 55-6; ver também Nicholas Saul, "Aesthetic Humanism (1790-1830)", in Helen Watanabe-O'Kelly (Org.), *The Cambridge History of German Literature* (Cambridge: Cambridge University Press, 1997), pp. 248-50.

62. *Oulanem*, *MECW*, v. 1, p. 601.

63. Ibid.

64. "Heinrich Marx to Karl Marx", 28 dez. 1836, *MECW*, v. 1, p. 666.

65. "Karl Marx to Heinrich Marx", 10-11 nov. 1837, *MECW*, v. 1, pp. 17-9.

66. "Heinrich Marx to Karl Marx", 16 set. 1837, *MECW*, v. 1, p. 680.

67. "Karl Marx to Heinrich Marx", 10-11 nov. 1837, *MECW*, v. 1, p. 18. A citação provém do ciclo de poesia de Heine *O mar do norte*.

68. *MEGA*, I, i (2), pp. 92-6. A coletânea é tirada em grande parte não da coletânea mais famosa do período, *Des Knaben Wunderhorn* [A trompa mágica do menino], de Arnim e Brentano, mas de uma coletânea menos alterada e retrabalhada de Erlach, Kretschmer e Zuccalmaglio. Também é interessante que Marx tenha incluído um item usado por Byron em *Childe Harold's Pilgrimage*. Ver Prawer, *Karl Marx and World Literature*, p. 20.

69. Monz, *Karl Marx: Grundlagen*, p. 324. Sobre a história familiar dos Westphalen, ver Boris Nicolaievsky e Otto Maenchen-Helfen, *Karl Marx: Man and Fighter*, trad. de G. David e E. Mosbacher (Londres: Allen Lane, 1973 [1933]), pp. 23-7.

70. O termo "Westphalia" era enganoso. Westphalia [Vestfália] refere-se à região da Alemanha situada entre os rios Reno e Weser, e ao norte e sul do rio Ruhr. O Reino da Vestália, por outro lado, foi criado em 1807 fundindo os territórios cedidos pela Prússia na Paz de Tilsit. Estes incluíam a região a oeste do rio Elba e partes de Brunswick, Hannover e Hesse.

71. O Estado tinha uma Constituição escrita, julgamentos por júri e direitos iguais perante a lei, e uma administração central ao estilo francês. Em 1808, foi o primeiro Estado alemão a conceder direitos iguais aos judeus.

72. Monz, *Karl Marx: Grundlagen*, pp. 325-7.

73. Ver Heinz Monz, "Politische Anschauung und gesellschaftliche Stellung von Johann Ludwig von Westphalen", *Schriften aus dem Karl-Marx-Haus*, Trier, n. 9: *Zur Persönlichkeit von Marx' Schwiegervater Johann Ludwig von Westphalen*, 1973, pp. 5-19. É significativo que ele insistisse com o sobrinho para queimar a carta depois de lê-la.

74. Konrad von Krosigk, "Ludwig von Westphalen und seine Kinder: Bruchstücke familiärer Überlieferungen", *Schriften aus dem Karl-Marx-Haus*, Trier, n. 9: *Zur Persönlichkeit von Marx' Schwiegervater*, p. 47.

75. O testemunho de Lutz Graf Schwerin von Krosigk, citado em Monz, *Karl Marx: Grundlagen*, p. 345.

76. "Karl Marx to Friedrich Engels", 15 dez. 1863, *MECW*, v. 41, p. 499.

77. Carta de Ferdinand a seu sogro, 10 abr. 1831, citado em Monz, *Karl Marx: Grundlagen*, p. 344.

78. Testemunho de Lutz Graf Schwerin von Krosigk, p. 345.

79. Ibid.

80. Von Krosigk, "Ludwig von Westphalen und seine Kinder", pp. 71-2.

81. "Karl Marx to Friedrich Engels", 16 ago. 1865, *MECW*, v. 42, pp. 180-1.

82. O *Oxford English Dictionary*, em sua versão digital, dá a seguinte definição para "Auscultator": "Título antigamente dado na Alemanha a um advogado jovem que tenha passado em seu primeiro concurso público e que, em vista disso, é empregado pelo governo, mas sem salário e sem nomeação fixa (agora chamado *Referendar*)". "Ausser Diensten" significa "em aposentadoria".

83. "Jenny von Westphalen to Friedrich Engels", 23-24 dez. 1859, *MECW*, v. 40, pp. 574-5. O conflito foi agravado pelo fato de Jenny suspeitar que isso integrasse um plano para roubar sua parte da família Westphalen mediante uma antecipação de herança.

84. "Eleanor Marx-Aveling to Wilhelm Liebknecht", 15 abr. 1896, citado em Monz, *Karl Marx: Grundlagen*, p. 342.

3. BERLIM E O IMINENTE CREPÚSCULO DOS DEUSES [pp. 77-105]

1. Ernst Dronke (1822-91), de Koblenz, estudou em Bonn, Marburgo e Berlim. Em 1847, como resultado de seu livro sobre Berlim, foi condenado a dois anos de reclusão. Conseguiu escapar para Bruxelas, onde se tornou próximo de Engels e Marx, juntando-se a eles na Liga Comunista. Em 1848, acompanhou-os até Colônia, onde desempenhou papel proeminente na equipe editorial que produziu o *Neue Rheinische Zeitung*. Participou do levante de 1849 e em seguida fugiu, primeiro para a Suíça e depois para a Inglaterra, onde passou o resto da vida. Em 1852, retirou-se da política e tornou-se agente para uma companhia de mineração de cobre.

2. Ernst Dronke, *Berlin* (Darmstadt: Neuwied Luchterhand, 1974 [Frankfurt: J. Rütten, 1846]), p. 67; Friedrich Sass, *Berlin in seiner neuesten Zeit und Entwicklung* (Leipzig: Koffka, 1846), pp. 12 e 134; ver também Robert J. Hellman, *Berlin, the Red Room and White Beer: The "Free" Hegelian Radicals in the 1840s* (Washington, DC: Three Continents, 1990), pp. 5-25.

3. Henry Vizetelly, *Berlin under the New Empire: Its Institutions, Inhabitants, Industry, Monuments, Museums, Social Life, Manners, and Amusements*. 2 v. Londres: Tinsley, 1879, v. 1, pp. 14-6 (citado em Hellman, *Berlin*, p. 22).

4. Edgar Bauer, *Bruno Bauer und seine Gegner*. Berlim: Jonas, 1842, pp. 80-1 (citado em Hellman, *Berlin*, p. 14).

5. Vizetelly, *Berlin*, v. 2, p. 314; Hellman, *Berlin*, p. 9.

6. Como resultado da derrota em Jena e Auerstedt, a Prússia perdeu metade do seu território e foi obrigada a pagar uma vultosa indenização. Para conseguir pagá-la, o Estado foi compelido a passar por um radical processo de racionalização, e isso trouxe para o primeiro plano reformadores ansiosos por implementar um programa baseado nos ideais do Iluminismo. A servidão foi abolida, monopólios de guildas removidos, os sistemas militar e educacional transformados, os judeus receberam uma emancipação parcial e o governo municipal foi reorganizado numa base representativa. As reformas foram realizadas sob a direção de Von Stein (1807-10) e subsequentemente por Von Hardenberg (1810-22). O período de reformas chegou ao fim em 1819 com uma reação conservadora realçada pelos Decretos de Carlsbad.

7. Berlim e outras universidades prussianas beneficiaram-se da notável expansão dos recursos educacionais durante a "Era da Reforma" (1807-22). Entre 1816 e 1846, a proporção de crianças entre seis e catorze anos frequentando a escola cresceu de 61% para 82%. A quantidade de escolas de ensino elementar aumentou em 108%, a de ensino médio em 73% e a de universidades em 40%. Constatou-se também uma extraordinária expansão de mobilidade social. Na década de 1830, por exemplo, estimava-se que um terço dos alunos matriculados em Halle era de filhos de camponeses, artesãos e funcionários de escalão mais baixo. Ver John R. Gillis, *The Prussian Bureaucracy in Crisis, 1840-1860: Origins of an Administrative Ethos* (Stanford: Stanford University Press, 1971).

8. Eduard Meyen, *Hallische Jahrbücher für deutsche Wissenschaft und Kunst*. Leipzig: Otto Wigand, n. 193, 12 ago. 1840, p. 1542 (citado em Hellman, *Berlin*, p. 10).

9. "Karl Marx to Heinrich Marx", 10-11 nov. 1837, *MECW*, v. 1, pp. 10-21. As citações seguintes são da mesma fonte.

10. Ele acabou por preencher 168 cadernos, fornecendo aos estudiosos vindouros um valioso guia para seu desenvolvimento intelectual e suas fontes.

11. "Heinrich Marx to Karl Marx", 28 dez. 1836, *MECW*, v. 1, p. 664; ibid., 12 ago. 1837, p. 674; ibid., 16 set. 1837, pp. 682-3; ibid., 17 nov. 1837, p. 684; ibid., 9 dez. 1837, p. 689.

12. Ibid., 28 dez. 1836, pp. 664-5 e 666; ibid., 3 fev. 1837, p. 668.

13. Ibid., 28 dez. 1836, p. 664; ibid., 2 mar. 1837, pp. 670-1.

14. Ibid., pp. 675 e 691.

15. Ibid., p. 688.

16. Ibid., pp. 680, 690 e 692.

17. Ibid., pp. 674, 678, 691-4.

18. Dronke, *Berlin*, pp. 19 e 21.

19. Hellman, *Berlin*, pp. 11 e 18-22.

20. A Escola Histórica do Direito alemã ganhou notoriedade como parte da reação conservadora à linguagem universal dos direitos do homem associada à Revolução Francesa. Ela se originara em Göttingen antes de 1789 como resposta às estilizadas semi-histórias do direito romano, que assumiam que a propriedade privada compartilhava um traço comum com a natureza e a história humanas. Depois de 1815, este tornou-se um tópico central no debate sobre a elaboração de um código legal uniforme na Confederação Alemã. Savigny atacava a ideia (racionalista e iluminista) de um código universal e defendia, em vez disso, um caminho pacífico e não político para a emancipação camponesa do feudalismo. Gans, em contraste, considerava que a validade da lei derivava da sua coerência como sistema de relações e obrigações. Em 1838, ele atacou a visão de Savigny, defendendo a codificação como meio de reforçar a universalidade da lei de marginalizar o papel discricionário desempenhado por uma elite professoral conservadora.

21. Stralow agora é grafado como "Stralau". Trata-se de uma faixa de terra entre o rio Spree e o lago Rummelsburger. Desde 1920 tem sido parte da Grande Berlim, mas na metade do século XIX era uma aldeia separada, que em 1855 contava com 143 habitantes.

22. A preocupação de Hegel era a mente consciente. Ele não tinha tempo para sugestões simbólicas ou poéticas do Absoluto supostamente possibilitadas pela ideia de Schelling da "intuição intelectual". Talvez fosse essa a razão por que Karl se viu inicialmente repelido pela "grotesca e acidentada melodia". Em anos posteriores, Hegel também veio a considerar que a arte era de importância subordinada. Ela não era mais capaz de retratar a liberdade ou o divino, como um dia tinha sido quando a arte grega, por meio dos deuses, havia produzido uma visão única da liberdade humana. Com o advento de Jesus, um homem em vez de um deus mítico, a religião suplantou a arte, enquanto no período moderno, com o crescimento da liberdade e das instituições racionais, as pinturas holandesas da vida burguesa e da domesticidade eram "a maior verdade da qual a arte é capaz".

23. Na medida em que termos como "idealismo" e "materialismo" se impingiam à visão da laicidade educada no século XVIII e início do XIX, o materialismo, ao menos na tradição anglo-francesa, estava associado a diversas formas de naturalismo, basicamente com a noção de que o homem era um animal que perseguia o prazer e evitava a dor, e portanto devia procurar criar um ambiente no qual as possibilidades de felicidade fossem maximizadas. Esta era a posição buscada por Helvetius, Bentham e os seguidores do socialismo oweniano. E era particularmente importante como uma réplica à ênfase cristã evangélica no pecado original. Seu inconveniente era a passividade de sua concepção do homem como criatura governada por instintos e interesse. De outro lado, o idealismo no sentido mais amplo enfatizava a capacidade do homem mediante o emprego da

razão para resistir às paixões e aos impulsos instintivos. Em Kant, um emprego ético da razão podia se fazer universal por meio do uso de uma injunção ética imposta a cada indivíduo — o imperativo categórico ("age como se a máxima de tua ação devesse tornar-se, através da tua vontade, uma lei universal"). Em Hegel, o avanço da ética racional era acompanhado de uma noção de progresso histórico, no qual injunções éticas se tornam progressivamente institucionalizadas em sistemas de lei e religião, possibilitando assim concepções cada vez mais adequadas de "vida ética". Para o desenvolvimento do idealismo de Kant, ver a discussão nas pp. 93 ss. Para uma discussão mais detalhada da concretização dessas diferentes posições nas respectivas abordagens teóricas de Marx e Engels em meados da década de 1840, ver capítulo 6, intertítulo 5, "Uma concepção materialista da história?".

24. Friedrich Karl von Savigny, *The History of the Roman Law in the Middle Ages*. Trad. de E. Cathcart. Edimburgo: A. Black, 1829, pp. vi e xv.

25. Id., *Von Savigny's Treatise on Possession, or The Jus Possessionis of the Civil Law*. Trad. de Erskine Perry. Londres: Sweet, 1848, p. 3.

26. Savigny, *Roman Law*, p. xii.

27. A posição de Herder derivava originalmente de J. G. Hamann, que atacara a concepção de razão de Kant em 1783. A razão, argumentava ele, não tinha existência autônoma, exceto na medida em que fosse incorporada na linguagem e na ação. A razão, portanto, não podia ser tratada como se existisse além das restrições de tempo e espaço. A razão tinha uma história, e esta era corporificada em língua e cultura. Línguas e culturas mudavam com o tempo e diferiam através do espaço. Assim, a razão não podia ser tratada como um critério formal de juízo, e sim como algo a ser corporificado numa forma mais ou menos desenvolvida no espírito de um povo particular. Em contraste com Savigny, porém, Herder também acreditava que comunidades nacionais existiam lado a lado numa harmonia preexistente, e nesse sentido ele voltava o olhar para trás, para o racionalismo de Leibniz. Ver Frederick Beiser, *The Fate of Reason: German Philosophy from Kant to Fichte* (Cambridge, Massachusetts: Harvard University Press, 1987).

28. Friedrich Karl von Savigny, *Of the Vocation of Our Age for Legislation and Jurisprudence*. Trad. de Abraham Hayward. Londres: Littlewood & Co., 1828, p. 24.

29. Savigny, *Roman Law*, p. xiv.

30. Com frequência, presume-se que Gans deve ter exercido um impacto considerável sobre o jovem Karl. A base para essa premissa é de que, nos primeiros anos da década de 1830, quando visitou Paris, Gans interessou-se pela pobreza moderna e pela "questão social" e escreveu sobre os saint-simonianos. Mas isso é contestado. Ainda que seja verdade que Gans foi um dos primeiros a produzir uma leitura progressiva de Hegel e tenha editado a publicação póstuma tanto da *Filosofia do direito* quanto da *Filosofia da história*, a trajetória de seu pensamento foi bastante distinta da dos principais jovens hegelianos. Ao mesmo tempo que era simpático à crítica saint-simoniana da competição, Gans era hostil às ideias saint-simonianas sobre religião e à noção de Enfantin da "reabilitação da carne". Ele contestava a premissa saint-simoniana da primazia da sociedade sobre o Estado. Quando combinada com o lema saint-simoniano "a cada um segundo suas capacidades", Gans considerava haver um risco real de criar uma nova "escravidão de vigilância". Embora seja muito provável que Karl respeitasse Gans como contrapeso para os argumentos de Savigny, mesmo nos seus primeiros anos em Berlim não há nenhuma referência a Gans nas cartas ou nos escritos de Karl; e há poucos traços inequívocos da influência de suas ideias. Já em 1942-3, fica claro que (se Gans

estivesse vivo) havia uma ampla divergência entre as ideias de Gans e as de Karl. Karl criticava a *Filosofia do direito* de Hegel precisamente com base na primazia da sociedade sobre o Estado. Ele emendou a fórmula saint-simoniana "a cada um segundo suas capacidades" para "a cada um segundo suas necessidades", e usou ambas em *Miséria da filosofia* (1847) e bem mais tarde na *Crítica do Programa de Gotha* (1875). Mas essa mudança de terminologia, embora importante sob outros aspectos, não teria tornado óbvia a objeção de Gans às implicações autoritárias da proposta saint-simoniana. Sobre a crítica de Gans ao saint-simonismo, ver Myriam Bienenstock, "Between Hegel and Marx: Eduard Gans on the 'Social Question'", in Douglas Moggach (Org.), *Politics, Religion and Art: Hegelian Debates* (Evanston, Illinois: Northwestern University Press, 2011), pp. 164-79.

31. O termo "partido do movimento" era corrente nas décadas de 1830 e 1840. É particularmente útil porque captura o fato de que na época não havia uma distinção clara entre liberais, radicais, republicanos e, em certa medida, até mesmo socialistas. Sobre a participação de Gans como membro dos Amigos da Polônia, ver Auguste Cornu, *Karl Marx et Friedrich Engels: Leur vie et leur oeuvre* (Paris: PUF, 1955), v. 1, p. 87.

32. Saint-Simon (1760-1825), frequentemente considerado um dos fundadores do socialismo, julgava que a Revolução Francesa tinha fracassado porque falhara em "combinar os interesses dos homens [...] ao abrir um caminho comum ao interesse particular e ao geral". Este era o caminho da ciência. Ele também concordava com críticos conservadores da Revolução no sentido de que esta não fora capaz de estabelecer uma nova forma de *pouvoir spirituel* (poder espiritual) capaz de tirar o lugar da Igreja católica. A religião era essencial, uma vez que era a fonte última de uma lei que podia unir uma comunidade. Em seus primeiros escritos, Saint-Simon acreditava que o cristianismo não conseguia mais desempenhar esse papel por ser cientificamente obsoleto. Ele propôs, então, "a religião de Newton". Mas com o retorno da monarquia francesa depois de 1815, modificou seu argumento, e no seu último trabalho importante, *O novo cristianismo*, argumentava que a religião cristã podia se conciliar com a ciência, reduzindo-se a duas premissas: que todos os homens devem se tratar como irmãos e que todos devem se preocupar com a melhora da sorte da classe mais pobre e mais numerosa. Depois de sua morte, em 1825, seus seguidores se organizaram em um grupo coletivo, e em 1829 produziram *A doutrina de Saint-Simon*, com a ambição de estabelecer uma igreja saint-simoniana. Isso causou um impacto sensacional sobre os intelectuais europeus e, teoricamente, foi uma das fontes definidoras de todo o pensamento sobre a "questão social" após 1830.

33. A discussão da "questão social" tornou-se corrente na Europa ocidental no começo dos anos 1840. Originou-se nos debates que ocorreram na esteira da Revolução de 1830 na França e da Lei da Reforma de 1832 na Grã-Bretanha. A participação proeminente de trabalhadores nas barricadas de Paris nos três dias que levaram à abdicação de Carlos X, bem como na crise da Reforma na Grã-Bretanha, levantou a questão tanto do seu continuado status constitucional de subordinados quanto das novas formas de pobreza que os afligiam. Na Alemanha, a discussão foi ainda mais complicada pela dificuldade de inserir os novos trabalhadores urbanos e migrantes rurais nas categorias oficiais da sociedade organizada em estados. Sismondi, em *Novos princípios de economia política*, de 1819, introduzira o termo "proletariado" para descrever esse novo fenômeno. Hegel, em *Filosofia do direito*, havia se referido a esse novo agrupamento como *das Pöbel* (a turba). Gans originalmente aceitara essa terminologia, mas, à luz de suas visitas à França e à Inglaterra, acabou por adotar o termo "proletariado". Ver Norbert Waszek, "Eduard Gans on Poverty and on the

Constitutional Debate", in D. Moggach (Org.), *The New Hegelians: Politics and Philosophy in the Hegelian School* (Nova York: Cambridge University Press, 2006), pp. 24-50.

34. A respeito da posição de Gans sobre a história e a filosofia do direito, ver Michael H. Hoffheimer, *Eduard Gans and the Hegelian Philosophy of Law* (Dordrecht: Kluwer, 1995).

35. Savigny, *Of the Vocation*, pp. iv, 9, 18, 20 e 22.

36. Ver Hoffheimer, *Gans*, pp. 35 e 46. É importante observar, porém, que a posição de Savigny era de um "reformista conservador" e não de um franco reacionário. Sobre a mudança gradual das relações feudais para interesses possessórios no campo, ele argumentava que o direito romano podia ser adaptado a novas situações. A seu ver, uma reforma gradual das relações de propriedade no campo deveria ser conduzida por conhecimento legal, e não pela legislação. Ver James Q. Whitman, *The Legacy of Roman Law in the German Romantic Era: Historical Vision and Legal Change* (Princeton: Princeton University Press, 1990), pp. 183-5.

37. Ver Hoffheimer, *Gans*, pp. 42-6.

38. Ibid., pp. 19-21.

39. Ver Donald Kelley, "The Metaphysics of Law: An Essay on the Very Young Marx", *American Historical Review*, v. 83, n. 2 (1978), pp. 350-67; Warren Breckman, *Marx, the Young Hegelians, and the Origins of Radical Social Theory: Dethroning the Self* (Cambridge: Cambridge University Press, 1999), p. 261.

40. *MECW*, v. 1, p. 679.

41. Dentro da administração estatal, as reformas políticas uma vez julgadas iminentes, assim como a promessa de convocar uma assembleia representativa, não foram realizadas. Um dos conselheiros mais próximos do rei, o pregador huguenote Jean Pierre Ancillon, estava convencido de que convocar tal assembleia deflagraria uma sequência de acontecimentos que replicaria as ações da Assembleia Nacional Francesa de 1789 e resultaria na abolição da monarquia. Em vez disso, o governo estabeleceu uma série de Dietas provinciais, convocadas segundo as linhas dos Estados tradicionais e a quem foi negado qualquer poder sobre taxação. Ver Christopher Clark, *Iron Kingdom: The Rise and Downfall of Prussia, 1600-1947* (Londres: Allen Lane, 2006, pp. 402-3).

42. G. W. F. Hegel, *Elements of the Philosophy of Right*, org. de A. W. Wood (Cambridge: Cambridge University Press, 1991 [1821]), p. 20. Para uma declaração menos cautelosa de sua filosofia política ante os Decretos de Carlsbad, ver G. W. F. Hegel, *Lectures on Natural Right and Political Science: The First Philosophy of Right*, trad. de J. Michael Stewart e Peter C. Hodgson (Berkeley: University of California Press, 1995). A posição de Hegel permaneceu ambivalente. Tendo escutado suas palestras sobre a *Filosofia do direito* e ficado chocado com sua notória alegação sobre a identidade do "racional" e do "real", Heine levantou-se e foi lhe pedir para explicar o significado dessa afirmação. Hegel teria sorrido furtivamente e dito com calma: "Também pode ser expresso assim: tudo que é racional precisa existir". Ver G. Nicolin, *Hegel in Berichten seiner Zeitgenossen* (Hamburgo: F. Meiner, 1970), p. 235.

43. Na análise de Kant na primeira *Crítica*, as intuições sensoriais humanas tornavam-se representações de objetos da natureza quando combinadas com formas conceituais não intuitivas (categorias de pensamento). Essas representações assumiam a forma de juízos, que eram estruturados por regras seguidas por todos os agentes racionais. Objetos dos quais podíamos nos tornar conscientes tinham de ser objetos da experiência possível; precisavam ter uma existência no espaço e no

tempo. Isso excluía entidades não sensíveis tais como Deus ou a alma imortal, uma vez que estas não podiam ser formas de qualquer intuição possível.

44. A teoria da autonomia moral de Kant requeria que nos submetêssemos apenas às leis que nós próprios fizemos. Moralidade, a *lei moral*, era articulada na forma de um imperativo categórico por meio do qual somente aplicamos aos outros aquilo que aplicaríamos a nós mesmos como um ato de legislação universal. O problema criado por essa posição era: se como seres naturais o nosso comportamento é determinado apenas pelos nossos interesses (a busca da "felicidade"), como a moralidade encontraria um lugar?

45. Immanuel Kant, *Religion within the Boundaries of Mere Reason and Other Writings*, org. de Allen Wood e George di Giovanni. Cambridge: Cambridge University Press, 1998, pp. 105-12.

46. O objetivo final era introduzido como uma extensão da lei moral, provocada pela "característica natural do homem de que, por todos seus atos, ele deve conceber uma finalidade além e acima da lei". Ver W. Jaeschke, *Reason in Religion: The Foundations of Hegel's Philosophy of Religion*, trad. de J. Michael Stewart e Peter C. Hodgson (Berkeley: University of California Press, 1990), p. 80; ver também pp. 72-3 e 76-7.

47. Ibid., p. 82.

48. Essa era a posição adotada pelo sucessor imediato de Kant, Fichte. Como resultado, em 1798 ele foi acusado de ateísmo. Ver Yolanda Estes (Org.) e Curtis Bowman (Org. e trad.), *J. G. Fichte and the Atheism Dispute (1798-1800)* (Farnham: Ashgate, 2010).

49. Hölderlin foi um poeta e filósofo responsável por algumas das primeiras formulações da ideia do "Absoluto". Schelling foi o mais precoce e prolífico pioneiro do idealismo pós-kantiano. Depois de Tübingen, ele partiu para Jena, onde se tornou um dos luminares do famoso círculo de escritores românticos, que incluía os irmãos Schlegel e Schleiermacher. Em 1800, convidou Hegel para juntar-se a ele e, durante alguns anos, editaram em parceria uma revista de filosofia. Essa amizade chegou ao fim em 1807 com a publicação da *Fenomenologia do espírito* de Hegel, em que este criticava fortemente a concepção intuicional de Schelling referente ao Absoluto. Nos anos 1830 e 1840, radicais se mantinham profundamente admirados ante o jovial panteísmo de Schelling e sua filosofia da natureza, mas muito críticos do seu retorno a uma forma de cristianismo e da sua renúncia de sua filosofia passada.

50. Em seu livro *Die Erziehung des Menschengeschlechts* [A educação do gênero humano], de 1780, Lessing incorporou a história revelada do cristianismo num capítulo dentro da história maior sobre o progresso da humanidade rumo a um estado de perfeição moral. Ver H. B. Nisbet (Org.), *Lessing: Philosophical and Theological Writings* (Cambridge: Cambridge University Press, 2005), pp. 217-40. Como Kant, Lessing aguardava o advento de uma nova e mais esclarecida forma de religião, na qual a moralidade não estivesse mais vinculada a cálculos prudenciais sobre vida após a morte. A concepção de Rousseau de "religião civil" foi desenvolvida em seu *Do contrato social*. Ver J.-J. Rousseau, *The Social Contract and Other Later Political Writings*, org. de Victor Gourevitch (Cambridge: Cambridge University Press, 1997), pp. 150-1; sobre a concepção de Hegel de harmonia ética na Grécia antiga, ver G. W. F. Hegel, *Phenomenology of Spirit*, trad. de A. V. Miller (Oxford: Clarendon, 1979), §§ 699-704.

51. "The Earliest System-Programme of German Idealism" (Berna, 1796), H. S. Harris, *Hegel's Development: Toward the Sunlight, 1770-1801*. Oxford: Clarendon, 1972, pp. 511-2.

52. Autoconsciência não significava estar cônscio individualmente de si mesmo, mas a con-

junção das consciências particular e universal no desenvolvimento do espírito. Para o uso do termo por Marx e Bruno Bauer, ver capítulo 4, pp. 114-5.

53. Hegel insistia em que essa concepção do Absoluto era diferente da "substância" de Espinosa, *Deus sive Natura* (Deus ou Natureza). Quer imaginada em termos mecânicos, quer, seguindo Herder, em termos orgânicos, a substância de Espinosa, diferentemente do Deus cristão, não era uma pessoa ou um sujeito. O Deus de Hegel, em contraste, era no nível da religião uma pessoa, e no nível filosófico o "Conceito". Ao contrário da noção de substância de Espinosa, portanto, o Absoluto de Hegel não era algo subjacente ao mundo fenomenal, mas o sistema conceitual nele embutido. Esse sistema conceitual não era estático; desenvolvia-se com o progresso do conhecimento e do desenvolvimento humanos. Por essa razão, o Absoluto de Hegel alegava ser um avanço de "substância" para "sujeito".

54. Ver Warren Breckman, "Ludwig Feuerbach and the Political Theology of Restoration", *History of Political Thought*, v. 13, n. 3, 1992, pp. 437-62; e também Breckman, *Marx, the Young Hegelians*, caps. 2 e 3.

55. A concepção de mundo de Hegel começava com o pensamento (lógica). A refutação de Schelling foi considerada a primeira proclamação daquilo que veio a se tornar a asserção existencialista proclamada por Jean-Paul Sartre de que a "existência precede a essência". Ou, como argumentava Kierkegaard, Schelling havia localizado na passagem original do nada para o ser a incapacidade de "todos os sistemas puramente racionais" de incluir "o empírico, o existente, o real".

56. Ver Breckman, "Ludwig Feuerbach", pp. 445-51.

57. O livro de Strauss foi um ponto de virada, não só na história intelectual prussiana, mas na história da Europa do século XIX. Seu impacto sobre a crença cristã foi tão portentoso quanto o provocado por *A origem das espécies* de Darwin mais tarde. Em 1846, apareceu uma versão inglesa em três volumes, traduzida por Mary Ann Evans (posteriormente mais conhecida como George Eliot). Segundo o conde de Shaftesbury, o reformador social evangélico, este livro foi "o livro mais pestilento já vomitado pela goela do inferno".

58. A ideia dos Evangelhos como estruturas míticas compostas criadas por uma tradição posterior a partir de histórias pertencentes a épocas e circunstâncias diferentes não devia nada a Hegel, e na verdade estava mais próxima das obras iniciais de Schelling.

59. Clark, *Iron Kingdom*, pp. 419-22.

60. O pai de Karl, Heinrich, fez sua última tentativa numa intervenção pública no rascunho de um pequeno artigo defendendo a ação do Estado em relação à Igreja. Seu argumento era que de as ações tomadas pela Coroa eram uma questão política, e não legal. Qualquer governante, quando confrontado por uma ameaça séria à segurança do reino, agiria além da lei, e isso nada a tinha a ver com a diferença entre formas constitucionais e absolutistas de governo. Confrontado por uma ameaça análoga, um ministro inglês não teria hesitado em agir de maneira similar. Karl mais tarde editou o manuscrito. Ver "Entwurf einer Broschüre über den Kölner Kirchenstreit zur Verteidigung der Haltung des Königs von Preußen", *MEGA*, I, i (2), 1927, pp. 231-3.

61. Ver Hegel, *Elements of the Philosophy of Right*, § 270, pp. 290-304.

62. Arnold Ruge (1802-80) foi um ativista na associação estudantil (*Burschenschaft*) no início da década de 1820, motivo que o levou a ser preso por seis anos. Na década de 1830, lecionou como *Privatdozent* (professor não titular) na Universidade de Halle, onde em 1837 estabeleceu os *Hallische Jahrbücher*, e em seguida, de 1841 a 1843, editou os *Deutsche Jahrbücher*, uma vez que a censura o ha-

via forçado a mudar-se para a Saxônia. Com o fechamento forçado de seu jornal em 1843 por ordem do governo prussiano, mudou-se para Paris. Rompeu com Marx por causa da questão do socialismo. Em 1848, foi membro radical da Assembleia de Frankfurt, e depois disso permaneceu no exílio na Inglaterra, instalando-se em Brighton. Em anos tardios, porém, foi forte apoiador da unificação bismarckiana da Alemanha.

63. Para um relato do desenvolvimento político dos *Hallische Jahrbücher* por volta do fim dos anos 1830, ver especialmente James D. White, *Karl Marx and the Intellectual Origins of Dialectical Materialism* (Basingstoke: Macmillan, 1996), cap. 3.

64. O pietismo foi um movimento de reforma germânico dentro do luteranismo, particularmente forte nos séculos XVII e XVIII. Tinha afinidades com o metodismo na Inglaterra do século XVIII.

65. Sobre Köppen, ver especialmente Helmut Hirsch, "Karl Friedrich Köppen: Der intimste Berliner Freund Marxens", *International Review of Social History*, v. 1, 1936, pp. 311-70; ver também Hellman, *Berlin*, pp. 121-31.

66. Karl Friedrich Köppen, "Friedrich der Grosse und seine Widersacher. Eine Jubelschrift", in Heinz Pepperle (Org.), *Ausgewählte Schriften in zwei Bänden*. Berlim: Akademie Verlag, 2003, v. 1, pp. 156-7.

67. Friedrich von Schlegel, *Kritische Friedrich-Schlegel-Ausgabe*. Munique: F. Schöningh, 1961, v. 6, pp. 252-3 (citado em White, *Karl Marx*, pp. 122-3).

68. Karl Marx, tese de doutorado: "Difference between the Democritean and Epicurean Philosophy of Nature", mar. 1841, *MECW*, v. 1, p. 30. As filosofias epicurista, estoica e cética representavam "os músculos nervosos e o sistema intestinal do antigo organismo cuja unidade natural e imediata condicionava a beleza e a moralidade da Antiguidade, e que se desintegrou com a decadência desta última": ibid., p. 735.

69. Ibid., pp. 30 e 52-3.

70. Ibid., p. 106.

71. Karl Marx, "Notebooks on Epicurean Philosophy", *MECW*, v. 1, pp. 491-2.

72. Marx, tese de doutorado, p. 86.

73. Ibid., pp. 29, 52, 58 e 71.

74. Ibid., pp. 50-2, 70-3; Marx, "Notebooks on Epicurean Philosophy", p. 414.

75. Marx, tese de doutorado, pp. 66-7, 70, 30 e 73.

76. G. W. F. Hegel, *Lectures on the History of Philosophy*. Lincoln: University of Nebraska Press, 1995, v. 2, p. 234.

77. Marx, tese de doutorado, pp. 45, 51 e 62.

78. Ibid., pp. 73-6 e 417-8; sobre o desafio representado por Schelling e Stahl, ver Breckman, "Ludwig Feuerbach", pp. 438-42.

79. Marx, tese de doutorado, pp. 85-6; Marx, "Notebooks on Epicurean Philosophy", p. 498.

4. RECONSTRUÇÃO DA PÓLIS: A RAZÃO ENFRENTA O ESTADO CRISTÃO [pp. 106-43]

1. "Jenny von Westphalen to Karl Marx", 24 jun. 1838, *MEGA*, III, i, pp. 332-3.
2. "Henriette Marx to Karl Marx", 29 maio 1840, *MEGA*, III, i, pp. 347-8.

3. "Sophie Marx to Karl Marx", mar. 1841, *MEGA*, III, i, p. 351.
4. "Bruno Bauer to Karl Marx", 12 abr. 1841, *MEGA*, III, i, pp. 358-9.
5. "Karl Friedrich Köppen to Karl Marx", 3 jun. 1841, *MEGA*, III, i, p. 361.
6. "Bruno Bauer to Karl Marx", início de abril de 1841, *MEGA*, III, i, p. 356.
7. A morte dela, acrescida da morte de Ludwig, pôs a família sob severa pressão financeira; como resultado, Jenny e sua mãe mudaram-se durante algum tempo para Kreuznach.
8. "Karl Marx to Arnold Ruge", 9 jul. 1842, *MECW*, v. 1, p. 389. Em meio a esses problemas, a irmã de Karl, Sophie, se casou (12 de julho de 1842). Ela fora próxima de Jenny e atuara como uma espécie de intermediária e também se manteve próxima de sua mãe, a quem mais tarde descreveu como "pequena, delicada e muito inteligente". A mudança de Sophie para Maastricht em meio a esses problemas da família pode ter piorado o conflito. Ver Jan Gielkens, *Karl Marx und seine niederländischen Verwandten: Eine kommentierte Quellenedition, Schriften aus dem Karl-Marx-Haus*, Trier, n. 50, 1999, p. 33.
9. "Karl Marx to Arnold Ruge", 25 jan. 1843, *MECW*, v. 1, p. 397.
10. Ver Gielkens, *Karl Marx*, pp. 36-7. A única concessão que ela estava preparada a fazer era possibilitar a Marx pagar suas dívidas antigas. Em 1861, ele relatou a Lassalle que uma visita a Trier havia lhe dado a possibilidade de destruir alguns comprovantes de dívidas. Mas canais de comunicação, mesmo que distantes, continuavam a existir. Henriette viveu a última parte de sua vida na rua Fleisch com Emilie Conradi (irmã de Karl) e sua família. Parece que, pelas condolências que Eleanor recebeu por ocasião da morte de seu pai, a família de Emilie manteve contato regular com a de Karl. Ver Heinz Monz, *Karl Marx: Grundlagen der Entwicklung zu Leben und Werk* (Trier: Neu, 1973), p. 237.
11. "Karl Marx to Ferdinand Lassalle", 8 maio 1861, *MECW*, v. 41, p. 283.
12. Preocupado com suas atribulações financeiras, Karl expressou apenas as mais superficiais condolências a Friedrich Engels pela morte de sua companheira, Mary Burns, antes de seguir adiante para queixar-se da sua necessidade de dinheiro. Mas, numa bizarra tentativa de comiseração, acrescentou: "Em vez de Mary, não deveria ter sido a minha mãe, que, em todo caso, é vítima de enfermidades físicas e já teve a sua cota de vida [...]? Você pode ver que noções estranhas entram na cabeça de 'homens civilizados' sob a pressão de certas circunstâncias". "Karl Marx to Friedrich Engels", 8 jan. 1863, *MECW*, v. 41, pp. 442-3.
13. "Jenny von Westphalen to Karl Marx", [1839], *MECW*, v. 1, pp. 697-8.
14. "Jenny von Westphalen to Karl Marx", 13 set. 1841, *MEGA*, III, i, p. 368.
15. Ibid., depois de 10 de maio de 1838, p. 331.
16. "Jenny von Westphalen to Karl Marx", [1839], *MECW*, v. 1, pp. 696-7.
17. Ibid., p. 696.
18. "Jenny von Westphalen to Karl Marx", 13 set. 1841, *MEGA*, III, i, p. 366.
19. "Jenny von Westphalen to Karl Marx", [1839], *MECW*, v. 1, p. 698.
20. Ibid., 10 ago., pp. 707-8.
21. Ibid., p. 708.
22. "Bruno Bauer to Karl Marx", 11 dez. 1839, *MEGA*, III, i, pp. 335-6; 1 mar. 1840, *MEGA*, III, i, p. 341.
23. Ibid., 12 abr. 1841, pp. 357-8.
24. A Universidade de Jena reteve grande prestígio intelectual após sua associação com Goe-

the, Schiller, Fichte e os primeiros românticos. Mas continuava pequena e tinha pouco financiamento, e portanto estava interessada em honorários como método de complementar sua receita. Segundo seus estatutos de 1829, aqueles que pretendessem perseguir uma carreira docente na universidade ou num *Gymnasium* (ensino secundário preparatório) eram submetidos a um exame individual pelo corpo docente reunido e a uma dissertação redigida em latim, enquanto aqueles que aspirassem ao laurel mais elevado, o de *Magister der freyen Künste* (mestre de artes liberais), passavam também por um exame público. Mas se esse status mais elevado não fosse requerido, era possível para o candidato ser examinado in absentia, contanto que enviasse, junto com a dissertação, um curriculum vitae detalhado mencionando cursos universitários que já frequentara e certificados de competência em latim e de bom comportamento, além de um pagamento de doze luíses de ouro. A despeito de frequentes críticas das autoridades prussianas, os parâmetros em seu estado vizinho, Saxe-Weimar-Eisenach, permaneceram altos. Nos anos anteriores a Marx, Robert Schumann assegurou uma qualificação doutoral por meios similares. A segunda e mais elevada qualificação necessária para um emprego acadêmico, a *Habilitation*, Marx pretendia obter em Bonn. Ver Erhard Lange, *Die Promotion von Karl Marx, Jena 1841. Eine Quellenedition* (Berlim: Dietz, 1983), pp. 185 ss.; Joachim Bauer et al., *"Ich präsentiere Ihnen Herrn Carl Heinrich Marx aus Trier..."*, Kabinettausstellung an der Friedrich-Schiller-Universität Jena, 13-19 abr. 2011 (item da exposicão).

25. Karl Marx, tese de doutorado: "Difference between the Democritean and Epicurean Philosophy of Nature", mar. 1841, *MECW*, v. 1, p. 30.

26. Integrante do círculo romântico dos primeiros tempos e amigo de Friedrich Schlegel, em 1810 Friedrich Schleiermacher tornou-se professor de teologia na recém-fundada Universidade de Berlim e ali permaneceu até sua morte em 1834. Era politicamente liberal, e sua ideia teológica básica era de que a religião não podia ser apreendida por meio da razão. O que importava não era credo, escritura ou racionalização filosófica, mas sentimentos. O sentimento religioso era o senso da dependência absoluta de Deus, comunicada por intermédio de Jesus para a Igreja. O antagonismo entre Hegel e Schleiermacher já era evidente após o assassinato de Kotzebue e a perseguição dos "demagogos" em 1819. Mas tornou-se irremediável pela introdução de Hegel ao livro *Die Religion im inneren Verhältnisse zur Wissenschaft* [A religião e sua íntima relação com a ciência], de Hinrichs, em 1822. Quanto à associação da religião com o sentimento de dependência absoluta — uma posição que todos associavam a Schleiermacher, Hegel observou com sarcasmo que isso significaria que um cachorro constituiria o melhor cristão; mais ainda, que "um cachorro tem até mesmo sentimentos de salvação, quando sua fome é saciada por um osso". O próprio Schleiermacher ficou profundamente ofendido, e seus amigos nunca perdoaram Hegel por esse insulto. Ver Terry Pinkard, *Hegel: A Biography* (Cambridge: Cambridge University Press, 2000), pp. 500-2. Nas décadas de 1830 e 1840, havia uma considerável e às vezes mordaz rivalidade entre os seguidores de Hegel e os de Schleiermacher. Para Bauer, portanto, foi um infortúnio quando se transferiu de Berlim para Bonn em 1839, já que Bonn era um reduto dos apoiadores de Schleiermacher, que não tinham intenção nenhuma de lhe conceder estabilidade acadêmica ali.

27. Citado em John E. Toews, *Hegelianism: The Path toward Dialectical Humanism, 1805--1841* (Cambridge: Cambridge University Press, 1980), pp. 292-3.

28. Bruno Bauer, *The Trumpet of the Last Judgement against Hegel the Atheist and Anti-Christ: An Ultimatum*. Trad. de Lawrence Stepelevich. Lewiston: Edwin Mellen, 1989 [1841], pp. 189-90.

29. Bauer foi obrigado a vender sua biblioteca e vivenciar a humilhação de que de pedir à esposa de Hegel uma remuneração pelo seu trabalho editorial em *Vorlesungen über die Philosophie der Religion* [Lições sobre a filosofia da religião]. A frustração o induziu a queimar sua correspondência com Altenstein e Schulze; e em 1840, quando Frederico Guilherme III morreu, Bauer foi forçado a aceitar que suas chances de emprego acadêmico remunerado tinham terminado. Toews, *Hegelianism*, pp. 308-9; Douglas Moggach, *The Philosophy and Politics of Bruno Bauer* (Cambridge: Cambridge University Press, 2003), p. 63.

30. Ver especialmente Moggach, *Bruno Bauer*, cap. 3.

31. Sobre Frederico Guilherme IV, ver David E. Barclay, *Frederick Wilhelm IV and the Prussian Monarchy 1840-1861* (Oxford: Clarendon, 1995).

32. Carta 22, *Briefwechsel zwischen Bruno Bauer und Edgar Bauer während den Jahren 1839-1842 aus Bonn und Berlin* (Charlottenburg: Egbert Bauer, 1844), citado em Gustav Mayer, "Die Anfänge des politischen Radikalismus im vormärzlichen Preussen", in id., *Radikalismus, Sozialismus und bürgerliche Demokratie* (Frankfurt: Suhrkamp, 1969), p. 20.

33. Também é verdade que, como seguidor de Schleiermacher, ele não tinha motivo para continuar a política de Altenstein. Ver Moggach, *Bruno Bauer*, pp. 80-2 e 234.

34. Mayer, *Radikalismus*, pp. 54-6.

35. "Bruno Bauer to Karl Marx", 11 dez. 1839, *MEGA*, III, i, p. 336; ibid., 1 mar. 1840, p. 341; ibid., 5 abr. 1840, pp. 345-6; ibid., 31 mar. 1841, p. 354.

36. Ibid., 28 mar. 1841, p. 353.

37. Ibid., 31 mar. 1841, p. 354.

38. "Bruno Bauer to Arnold Ruge", 6 dez. 1841, in A. Ruge, *Arnold Ruges Briefwechsel und Tagebuchblätter aus den Jahren 1825-1880*, org. de Paul Nerrlich. Berlim: Weidmann, 1886, v. 1, p. 239.

39. Bauer, *Trumpet*, p. 62.

40. Ibid., pp. 61, 94 e 114.

41. Moggach, *Bruno Bauer*, pp. 114-5 e 107-12.

42. Bauer, *Trumpet*, pp. 136-7 e 140.

43. Karl Marx, "Comments on the Latest Prussian Censorship Instruction", jan./fev. 1842, *MECW*, v. 1, pp. 116-7.

44. "Karl Marx to Arnold Ruge", 10 fev. 1842, *MECW*, v. 1, p. 381; "Arnold Ruge to Karl Marx", 25 fev. 1842, *MEGA*, III, i, p. 370.

45. "Karl Marx to Arnold Ruge", 5 mar. 1842, *MECW*, v. 1, p. 382.

46. Ibid., 27 abr. 1842, p. 387.

47. Para as notas de Karl em preparação para seu "Tratado", ver *MEGA*, I, ii, pp. 114-8.

48. Ver o livro de versos que Karl enviou a seu pai em 1837, que incluía "a primeira elegia da *Tristia* de Ovídio livremente traduzida", *MECW*, v. 1, pp. 548-57; Loers havia escrito um tratado sobre Ovídio.

49. Karl Marx, *Economic Manuscripts of 1857-58 (Grundrisse)*, *MECW*, v. 28, pp. 47-8.

50. Bauer, *Trumpet*, pp. 155-6.

51. Johann Winckelmann (1717-68) foi um pioneiro historiador da arte e arqueólogo que, em seu *Geschichte der Kunst des Alterthums* [História da arte antiga], pela primeira vez distinguiu claramente entre arte grega, greco-romana e romana junto com egípcia e etrusca. A arte era tratada

como expressão de uma civilização particular (seu clima, liberdade, ofício). Sua obra foi decisiva para o surgimento do movimento neoclássico no fim do século XVIII e sua adulação da arte e civilização da Grécia antiga. Seus admiradores incluíam Lessing, Goethe, Herder e Heine.

52. Para a remodelação radical da posição de Hegel por parte de Bauer, ver Margaret Rose, *Marx's Lost Aesthetic: Karl Marx and the Visual Arts* (Cambridge: Cambridge University Press, 1984), pp. 59-60.

53. Bauer, *Trumpet*, p. 157.

54. Carl Friedrich von Rumohr, *Italienische Forschungen* (Berlim: Nicolaische Buchhandlung, 1827), p. 124, citado em Mikhail Lifshitz, *The Philosophy of Art of Karl Marx* (Londres: Pluto, 1973 [Moscou, 1933]), p. 35.

55. Ver Charles de Brosses, *Du culte des dieux fétiches* (Paris, 1760); citações de De Brosses em Lifshitz, *Philosophy of Art*, pp. 36-8. Charles de Brosses (1709-77) nasceu em Dijon e foi amigo do naturalista Buffon. De Brosses escreveu numerosos ensaios sobre história antiga, filologia e linguística, alguns dos quais foram usados por Diderot e D'Alembert na *Encyclopédie*. Sua obra de 1760 forneceu uma teoria materialista das origens da religião baseada numa comparação entre a religião do Egito antigo e a religião corrente na região do Níger.

56. Ver Rose, *Lost Aesthetic*, pp. 65-8.

57. J. J. Grund, *Die Malerei der Griechen* (Dresden, 1810), v. 1, p. 15, citado em Lifshitz, *Philosophy of Art*, p. 37.

58. Ver Rose, *Lost Aesthetic*, pp. 1-34.

59. Em sua tese, Karl descrevia a tentativa de Gassendi de conciliar catolicismo com a filosofia pagã de Epicuro "como se alguém tivesse tentado envolver um hábito de freira cristã em torno do corpo luxuriante da grega Laís": Marx, "Introdução" da tese de doutorado, p. 29; e ver S. S. Prawer, *Karl Marx and World Literature* (Oxford: Clarendon, 1976), pp. 30-1.

60. "Karl Marx to Arnold Ruge", 20 mar. 1842, *MECW*, v. 1, pp. 385-6.

61. Ibid., p. 386. No começo de abril, Karl tentou mudar-se para Colônia, já que considerava a proximidade dos professores de Bonn "intolerável": ibid., p. 385. Mas achou a atmosfera muito dispersiva e regressou a Bonn.

62. "Bruno Bauer to Edgar Bauer", in *Briefwechsel zwischen Bruno Bauer und Edgar Bauer*, p. 192.

63. *The Catholic World*, v. 6, n. 34, 1868, p. 504.

64. Daniel O'Connell (1775-1847) era frequentemente conhecido como "o Libertador" ou "o Emancipador". Participou da campanha pela Emancipação Católica — o direito dos católicos de ter assento no Parlamento de Westminster — e pela rejeição do Ato da União, que associava a Grã-Bretanha e a Irlanda. Devido à situação de crise na Irlanda, a Emancipação Católica foi concedida em 1829, pondo assim um fim à "constituição protestante". Não era difícil traçar possíveis paralelos com a confrontação entre a Renânia católica e a Prússia protestante.

65. Para detalhes do conflito, ver capítulo 3, pp. 99-100.

66. Friedrich List (1789-1846) foi um dos principais economistas alemães do século XIX. Em *Das nationale System der politischen Ökonomie* [Sistema nacional de economia política], de 1841, ele elaborou uma estratégia de desenvolvimento da economia nacional baseada na proteção de indústrias nascentes em oposição à economia política "cosmopolita" de Adam Smith. Karl escreveu, mas não publicou, um artigo sobre o livro de List por volta de 1845.

67. A respeito da discussão entre membros do governo sobre como lidar com o *Rheinische Zeitung*, ver Mayer, *Radikalismus*, pp. 35-52.

68. "Karl Marx to Arnold Ruge", 27 abr. 1842, *MECW*, v. 1, p. 387.

69. Ibid., 5 mar. 1842, pp. 382-3. O termo *"res publica"* significa literalmente "coisa pública" e originou-se em referência à República da Roma antiga.

70. Essa é uma questão fundamental nas regiões florestais mais pobres em torno do Mosela e do Hunsrück.

71. Karl Marx, "Debates on Freedom of the Press", 12 maio 1842, *MECW*, v. 1, p. 154.

72. Id., "The Leading Article in No. 179 of *Kölnische Zeitung*", 14 jul. 1842, *MECW*, v. 1, p. 195.

73. Mas o processo foi parcial e emperrado, especialmente nos anos depois da "Era da Reforma". A experiência do pai de Karl, Heinrich, e do seu professor de direito em Berlim, Eduard Gans, mostra o quanto o processo podia ser contraditório no caso do direito e da academia.

74. Ver capítulo 1, pp. 44-5.

75. Karl Ludwig von Haller (1768-1854) foi um jurista suíço de Berna e autor de *Restauration der Staatswissenschaften* [Restauração da ciência do Estado], um tratado intransigentemente contrarrevolucionário. Por essa razão, foi um dos principais alvos da *Filosofia do direito* de Hegel. Seu livro também foi queimado no Festival de Hambach de maio de 1832.

76. Segundo Warren Breckman, durante essa época, a Prússia caracterizava-se não tanto por seus "vestígios feudais" quanto por "sua extrema fragmentação social", e isso era racionalizado por uma filosofia que Breckman chamava de "personalismo" e "atomismo". Ver Warren Breckman, *Marx, the Young Hegelians, and the Origins of Radical Social Theory: Dethroning the Self* (Cambridge: Cambridge University Press, 1999), cap. 7.

77. Essa era a tese de Marx em seu artigo "Comments on the Latest Prussian Censorship Instruction", pp. 109-31.

78. Marx, "Leading Article in No. 179 of the *Kölnische Zeitung*", 10 jul. 1842, *MECW*, v. 1, p. 189.

79. Id., "Debates on the Freedom of the Press", 10 maio 1842, *MECW*, v. 1, pp. 145 e 151.

80. Id. "Proceedings of the Sixth Rhine Province Assembly. Third Article. Debates on the Law on Thefts of Wood", 3 nov. 1842, *MECW*, v. 1, p. 262.

81. "Karl Marx to Arnold Ruge", 20 mar. 1842, *MECW*, v. 1, p. 384.

82. Marx, "Debates on the Law on Thefts of Wood", 25 out. 1842, *MECW*, v. 1, p. 231.

83. Ibid., 3 nov. 1842, p. 262.

84. Gustav Hugo (1764-1844) era professor de direito em Göttingen no eleitorado anglófilo de Hannover. Na década de 1780, em reação contra o tratamento estilizado da história do direito romano, Hugo lançou uma tradução e um comentário do capítulo sobre direito romano no *Declínio e queda do Império Romano* de Gibbon. Em lugar do seu tratamento como um corpus de lei imutável em Heineccius e outros comentários jurídicos, Gibbon mostrava como a lei havia se adaptado às mudanças na sociedade romana.

85. Karl Marx, "The Philosophical Manifesto of the Historical School of Law", 9 ago. 1842, *MECW*, v. 1, pp. 204 e 206.

86. Ibid., p. 209.

87. Marx, "Leading Article in No. 179 of the *Kölnische Zeitung*", pp. 199, 192-3; "Debates on Freedom of the Press", p. 155.

88. "Debates on Freedom of the Press", pp. 155 e 162.

89. Id., "Leading Article in No. 179 of the *Kölnische Zeitung*", p. 202.

90. Id., "On the Commissions of the Estates in Prussia", 20 dez. 1842, *MECW*, v. 1, p. 299.

91. Ibid., 31 dez. 1842, p. 306.

92. Ibid.

93. Ver capítulo 6, nota 11.

94. O termo "sociedade civil" existia antes de Hegel, mas naquela altura referia-se à sociedade como um todo. Para a redefinição que Hegel fez do termo, ver Manfred Riedel, *Between Tradition and Revolution: The Hegelian Transformation of Political Philosophy* (Cambridge: Cambridge University Press, 1984), cap. 7.

95. Ao longo do início do período moderno, a visão de Aristóteles sobreviveu no presumido contraste entre a virtude política corporificada no proprietário de terras independente em oposição ao interesse próprio propenso a moldar as buscas do sujeito comum; e ainda estava presente na distinção implícita entre homem e cidadão na declaração de direitos da Revolução Francesa em 1789.

96. Breckman, *Marx, the Young Hegelians*, pp. 204-5.

97. Karl Marx, "Renard's Letter to Oberpräsident von Schaper", 17 nov. 1842, *MECW*, v. 1, pp. 282-6.

98. "Karl Marx to Arnold Ruge", 9 jul. 1842, *MECW*, v. 1, p. 391.

99. Ibid., 30 nov. 1842, pp. 393-4.

100. "Karl Marx to Dagobert Oppenheim", 25 ago. 1842, *MECW*, v. 1, p. 392.

101. Marx, "Debates on the Law on Thefts of Wood", p. 262.

102. "Karl Marx to Dagobert Oppenheim", 25 ago. 1842, *MECW*, v. 1, p. 392.

103. "Karl Marx to Arnold Ruge", 9 jul. 1842, *MECW*, v. 1, p. 390.

104. "Georg Herwegh to the *Rheinische Zeitung*", 22 nov. 1842, *MEGA*, III, i, p. 379. Herwegh era o mais radical dos poetas populares da época, especialmente por conta de seu *Gedichte eines Lebendigen* [Poemas de um homem vivo].

105. "Karl Marx to Arnold Ruge", 30 nov. 1842, *MECW*, v. 1, p. 381.

106. Ruge também se queixou de relatos de brigas e bebedeiras envolvendo os "Livres". Chamou o caso todo de "calamidade", o que poderia comprometer Bauer e sua causa: ibid., 4 dez. 1842, pp. 381-3.

107. "Bruno Bauer to Karl Marx", 13 dez. 1842, *MEGA*, III, i, p. 386.

108. A moderação da posição de Strauss a partir de 1835 significava que ela podia acomodar concepções transcendentes, tanto de Deus como da humanidade.

109. "Bruno Bauer to Karl Marx", 16 mar. 1842, *MEGA*, III, i, p. 371; "Karl Marx to Arnold Ruge", 20 mar. 1842, *MECW*, v. 1, p. 383.

110. "The Insolently Threatened Yet Miraculously Rescued Bible or: the Triumph of Faith", 1842, *MECW*, v. 2, pp. 313-52.

111. "Karl Marx to Arnold Ruge", 30 nov. 1842, *MECW*, v. 1, p. 394.

112. Ver Boris Nicolaievsky e Otto Maenchen-Helfen, *Karl Marx: Man and Fighter*. Trad. de G. David e E. Mosbacher. Londres: Allen Lane, 1973 [1933], pp. 62-4.

113. Mayer, *Radikalismus*, pp. 50-2.

114. "Karl Marx to Arnold Ruge", 25 jan. 1843, *MECW*, v. 1, pp. 397-8.

5. A ALIANÇA ENTRE OS QUE PENSAM E OS QUE SOFREM: PARIS, 1844 [pp. 144-90]

1. Para uma definição de "comunismo" durante os anos da Monarquia de Julho, ver pp. 157--61.

2. Georg Herwegh (1817-75) nasceu em Stuttgart e ingressou na Universidade de Tübingen como estudante de teologia, transferindo-se logo para direito e então para jornalismo. Chamado para o serviço militar, insubordinou-se e foi obrigado a fugir para a Suíça. Em Zurique, em 1841--3, publicou *Gedichte eines Lebendigen* [Poemas de um homem vivo], combinando estilo popular com sentimento revolucionário. Tornou-se ídolo entre a juventude radical dos anos 1840. Sua viagem pela Alemanha em 1842 atraiu muita atenção e culminou numa audiência com o rei da Prússia. Em 1848, em Paris, foi um dos líderes da romanticamente concebida e desastrosamente amadora Legião Alemã, que tinha por objetivo entrar marchando no Odenwald e proclamar a República Alemã (ver capítulo 8, pp. 273-4). Em 1842, ele se casara com Emma Siegmund, filha de um comerciante judeu de Berlim, mas em 1848, tendo abandonado a Legião Alemã, enamorou-se da esposa de Herzen, Natalie. (Ver E. H. Carr, *The Romantic Exiles: A Nineteenth-Century Portrait Gallery*. Londres: Victor Gollancz, 1933.) Mais tarde, apoiou e escreveu canções para o Partido Social-Democrata da Alemanha, dedicando-se também à tradução de peças de Shakespeare.

3. "Karl Marx to Arnold Ruge", 25 jan. 1843, *MECW*, v. 1, p. 397; ibid., 13 mar. 1843, p. 399. Os "parentes aristocráticos pietistas" de Jenny claramente se referiam a seu irmão, Ferdinand, e a suas irmãs. A identidade dos "padres e outros inimigos meus" não foi descoberta, mas está claro que a família não havia abandonado definitivamente a tentativa de atrair Karl de volta para uma forma de vida mais segura. Em Kreuznach, ele recebeu a visita de Esser, amigo do seu pai e um *Revisionsrat* (funcionário do Estado), com a oferta de um trabalho no governo. Ver Boris Nicolaievsky e Otto Maenchen-Helfen, *Karl Marx: Man and Fighter*, trad. de G. David e E. Mosbacher (Londres: Allen Lane, 1973 [1933]), p. 71.

4. Ver Heinz Monz, *Karl Marx: Grundlagen der Entwicklung zu Leben und Werk* (Trier: Neu, 1973), p. 349. Jenny queixava-se de que Bettina lhe roubara a companhia de seu noivo para vagar pela área desde a manhã até tarde da noite, e isso apesar de ela e Karl não terem se visto por seis meses.

5. Jenny Marx, "A Short Sketch of an Eventful Life", in Institut Marksizma-Leninzma, *Reminiscences of Marx and Engels*. Moscou: Foreign Languages Publishing House, 1957, p. 19.

6. "Arnold Ruge to Karl Marx", 1 fev. 1843, *MEGA*, III, i, pp. 390-1.

7. A *Anekdota zur neuesten deutschen Philosophie und Publicistik* [Anedota sobre as novíssimas filosofia e publicística alemãs] foi publicada em dois volumes. A coletânea também incluía o ensaio não assinado de Karl sobre a instrução de censura e, além disso, contribuições de todos os principais jovens hegelianos: Bruno Bauer, Köppen, Nauwerck e o próprio Ruge.

8. Ludwig Feuerbach, *The Essence of Christianity* [*Das Wesen des Christentums*]. Trad. de Marian Evans (mais tarde chamada George Eliot). Londres: J. Chapman, 1854.

9. Ludwig Feuerbach, "Preliminary Theses on the Reform of Philosophy", in *The Fiery Brook: Selected Writings of Ludwig Feuerbach*. Trad. e intr. de Zawar Hanfi. Nova York: Doubleday, 1972, p. 157.

10. Ver Ludwig Feuerbach, *Sämmtliche Werke* (Leipzig: Otto Wigand, 1846), v. 2, pp. 280 e 304. Em alemão, lê-se *"entäussert und entfremdet"* — termos cujos significados eram frequentemente questionados nos debates sobre "alienação" no século xx.

11. Arnold Ruge, "Hegel's *Philosophy of Right* and the Politics of our Times", in Lawrence S. Stepelevich (Org.), *The Young Hegelians: An Anthology*. Cambridge: Cambridge University Press, 1983, pp. 211-36.

12. Ruge, "Hegel's *Philosophy of Right"*, pp. 215 e 223-4. Numa imagem que recorda a crítica de Heine da complacência política de Goethe, Ruge zomba do "repouso olímpico" de Hegel, que por sua vez recordava o relato de Deus criando o mundo no Gênesis: "Ele olhou para tudo que a razão fizera, e era bom".

13. Ibid., pp. 211-36.

14. "Karl Marx to Arnold Ruge", 13 mar. 1843, *MECW*, v. 1, p. 400.

15. Esse foi um dos aspectos mais duradouros da dívida de Karl a Feuerbach. Não foi somente empregado na seção sobre o "fetichismo da mercadoria" em *O capital*, mas também discutido nas cartas de Karl sobre Maurer e na interpretação do "marco" em 1868. Ver "Karl Marx to Friedrich Engels", 25 mar. 1868, *MECW*, v. 42, pp. 558-9.

16. Feuerbach, "Preliminary Theses", p. 154.

17. Karl Marx, "Contribution to the Critique of Hegel's Philosophy of Law", 1843, *MECW*, v. 3, pp. 21-2. A tradução de *"Recht"* em *MECW* é "lei" em vez de "direito". Ambas são possíveis, mas o uso padrão é "direito".

18. Ibid., pp. 29, 61 e 75.

19. Ibid., pp. 14, 39 e 10. A *Ciência da lógica* de Hegel, que surgiu entre 1812 e 1816, é indiscutivelmente mais bem compreendida como uma tentativa de ampliar o que Kant propusera na sua "dedução transcendental das categorias" que fez na *Crítica da razão pura*. Esta consistia numa tentativa de deduzir uma lista daqueles conceitos não empíricos, as categorias, que ele acreditava serem pressupostos de todos os conhecedores finitos, discursivos, como nós mesmos. Se essas categorias devem ser entendidas como ontológicas (a estrutura do ser), como em Aristóteles, ou como reveladoras da estrutura necessária do pensamento, como em Kant, é uma questão de disputa entre filósofos. Para uma discussão extensa, ver a introdução de George di Giovanni em G. W. F. Hegel, *The Science of Logic*, trad. e org. de George di Giovanni (Cambridge: Cambridge University Press, 2010), pp. xi-lxii; ver também *Stanford Encyclopaedia of Philosophy*, 2015: Disponível em: <http://plato.stanford.edu/>.

20. Karl Marx, "Afterword to the Second German Edition", 24 jan. 1873, in *Capital*, v. 1, *MECW*, v. 35, p. 19.

21. Id., "Contribution to the Critique of Hegel's Philosophy of Law", pp. 63, 33, 49, 31.

22. Ibid., pp. 32 e 79-80.

23. Ibid., p. 29.

24. Ibid., pp. 32 e 110-1.

25. Ibid., p. 31.
26. Ibid., pp. 42, 50, 98, 108, 106 e 45.
27. Ibid., pp. 115-6.
28. Ibid., pp. 117-9.
29. Ibid., p. 121.
30. "Karl Marx to Arnold Ruge", 13 mar. 1843, *MECW*, v. 1, p. 400.
31. Karl Marx, "On the Jewish Question", 1844, *MECW*, v. 3, pp. 154, 151 e 156.
32. Ibid., pp. 155, 152 e 158.
33. Ibid., pp. 163 e 164.
34. Ibid., p. 168.

35. O republicanismo também ganhou algum apoio entre as organizações dos trabalhadores da seda em Lyon, onde a luta entre os mercadores e os *canuts* — os tecelões (tanto mestres como trabalhadores qualificados) — culminou em greves insurrecionais em 1831 e 1834.

36. Os seguidores de Cabet eram chamados de "icarianos", conforme o romance *Viagem à Icária*, e eram o maior agrupamento de "comunistas" na França. Em novembro de 1847, Cabet anunciou a migração dos icarianos para a Terra Prometida (perto do rio Vermelho no Texas), e em fevereiro de 1848 um destacamento avançado partiu da França, mas a comunidade acabou em desordem no fim do mesmo ano. Outras filiais, porém, foram formadas em Nauvoo, Illinois, Cheltenham, St. Louis, Corning, Iowa, e em outros lugares. Para a história dos icarianos na França nos anos 1840, ver Christopher H. Johnson, *Utopian Communism in France: Cabet and the Icarians, 1839-1851* (Ithaca: Cornell University Press, 1974).

37. Thomas Carlyle, *Chartism*. Londres: James Fraser, 1839, cap. 1.

38. Ver as contribuições anônimas de Friedrich Engels, "The Internal Crises", 9-10 dez. 1842, *MECW*, v. 2, p. 374.

39. Johann Caspar Bluntschli, *Die Kommunisten in der Schweiz nach den bei Weitling vorgefundenen Papieren* [Os comunistas na Suíça, segundo documentos encontrados com Weitling]. Glashütten: Auvermann, 1973 [Zurique: Druck von Orell, Füssli, und Comp., 1843], p. 5.

40. Sobre Stein e a reação ao seu livro, ver Diana Siclovan, "Lorenz Stein and German Socialism, 1835-1872" (tese de doutorado, Universidade de Cambridge, 2014); ver também David Lindenfeld, *The Practical Imagination: The German Sciences of State in the Nineteenth Century* (Chicago: Chicago University Press, 1997); Keith Tribe, *Governing Economy: The Reformation of German Economic Discourse 1750-1840* (Cambridge: Cambridge University Press, 1988).

41. Moses Hess, "Sozialismus und Kommunismus" (1843), in Wolfgang Mönke (Org.), *Moses Hess: Philosophische und sozialistische Schriften 1837-1850. Eine Auswahl*. Vaduz: Topos, 1980, pp. 197--210.

42. O significado histórico do livro de Stein tem sido geralmente mal compreendido. Stein tem sido descrito como um "sociólogo" pioneiro, e às vezes se sugere que Karl possa ter adquirido sua concepção de proletariado a partir do livro de Stein. Isso é extremamente improvável, dada a atitude cada vez mais hostil de Karl em relação ao "Estado político". É muito mais provável que ele partilhasse da hostilidade expressada por Hess.

43. Moses Hess, "Die europäische Triarchie", in Mönke (Org.), *Philosophische und sozialistische Schriften*, pp. 159-60.

44. Karl Marx, "Communism and the *Augsburg Allgemeine Zeitung*", 15 out. 1842, *MECW*, v. 1, pp. 220-1.

45. Ibid.

46. Feuerbach, "Preliminary Theses", p. 165.

47. "Karl Marx to Ludwig Feuerbach", 3 out. 1843, *MECW*, v. 3, p. 349.

48. Moses Hess, "The Philosophy of the Act" (1843), in Albert Fried e Ronald Sanders (Orgs.), *Socialist Thought: A Documentary History*. Edimburgo: Edinburgh University Press, 1964, pp. 261, 264 e 266.

49. "Karl Marx to Arnold Ruge", 13 mar. 1843, *MECW*, v. 1, pp. 398-9.

50. "Jenny von Westphalen to Karl Marx", mar. 1843, *MECW*, v. 1, p. 728.

51. "Arnold Ruge to Karl Marx", 11 ago. 1843, *MEGA*, III, i, pp. 409-10.

52. "Letters from the *Deutsch-Französische Jahrbücher*", mar./set. 1843, *MECW*, v. 3, pp. 133-4.

53. "Arnold Ruge to Karl Marx", mar. 1843, *MEGA*, III, i, pp. 402-5.

54. Ibid.

55. No século XIX, o termo "filisteu" (originalmente os inimigos bíblicos dos israelitas) foi reformulado por Matthew Arnold para designar "pessoas ignorantes, malcomportadas, carentes de cultura ou apreciação artística, apenas preocupadas com valores materialistas". Seu uso moderno inicial deriva do alemão, *der Philister*, e começou com confrontos entre togados e não togados na Universidade de Jena em 1689.

56. "Letters from the *Deutsch-Französische Jahrbücher*", mar./set. 1843, *MECW*, v. 3, pp. 134, 137, 140-1.

57. Ibid., pp. 141, 143-4.

58. Para detalhes da força de trabalho parisiense nos anos 1840, ver Mark Traugott, *Armies of the Poor: Determinants of Working-Class Participation in the Parisian Insurrection of June 1848* (Princeton: Princeton University Press, 1985), cap. 1; para detalhes da população alemã migrante em Paris, ver Jacques Grandjonc, *Marx et les Communistes allemands à Paris, Vorwärts 1844: Contribution a l'étude de la naissance du Marxisme* (Paris: F. Maspero, 1974), pp. 9-18.

59. "Letters from the *Deutsch-Französische Jahrbücher*", mar./set. 1843, *MECW*, v. 3, p. 142.

60. Arnold Ruge, *Zwei Jahre in Paris: Studien und Erinnerungen*. Leipzig: W. Jurany, 1846, parte 1, pp. 48-9.

61. *Le Globe* foi fundado em 1824, passou para a oposição liberal em 1828 e se tornou a voz oficial dos saint-simonianos em 1830. Foi o mais famoso jornal francês por volta da época da Revolução de 1830.

62. P. Leroux, "De l'Individualisme et du Socialisme", *Revue Encyclopédique*, v. 60, pp. 94--117, Paris, out. 1833, reimpresso em David Owen Evans, *Le Socialisme romantique: Pierre Leroux et ses contemporains* (Paris: M. Rivière, 1948), pp. 223-38.

63. Ver Edward Berenson, *Populist Religion and Left-Wing Politics in France, 1830-1852*. Princeton: Princeton University Press, 1984.

64. Ruge era admirador de Louis Blanc e estava preparando uma edição de sua *A história dos dez anos*; ver Lucien Calvié, "Ruge and Marx: Democracy, Nationalism and Revolution in Left Hegelian Debates", in Douglas Moggach (Org.), *Politics, Religion and Art: Hegelian Debates* (Evanston, Illinois: Northwestern University Press, 2011), pp. 301-20. Karl, por outro lado, intrigou um de seus admiradores em Colônia, Georg Jung, ao expressar sua desaprovação de Blanc. Talvez tenha se

ofendido com a referência de Blanc a Ruge como "mestre" de Karl na *Revue Indépendante*. Ver "Georg Jung to Karl Marx", 31 jul. 1844, *MEGA*, III, i, p. 438.

65. Hess, "Philosophy of the Act", pp. 262-4.

66. Ruge, *Zwei Jahre in Paris*, pp. 137-8.

67. Apesar de seu entusiasmo por Feuerbach, Karl nunca foi receptivo a tentativas de conceber o humanismo em termos religiosos. Assim, sua atitude em relação à religião aproximou-o mais de Bauer do que de Feuerbach.

68. "Arnold Ruge", in McLellan (Org.), *Karl Marx: Interviews and Recollections*, p. 9.

69. F. Engels, "Progress of Social Reform on the Continent", *New Moral World*, 4 nov. 1843, *MECW*, v. 3, p. 399. Citando o relato de uma visita a um clube comunista parisiense quase um ano depois, ele escreveu que membros do clube, em reação a tentativas de persuadi-los dos méritos de Feuerbach, haviam declarado que a questão de Deus era um assunto secundário, que "para todos os intentos práticos [eles] concordavam conosco, e disseram: *'Enfin, l'Athéisme, c'est votre religion'* [Enfim, o ateísmo é vossa religião]": F. Engels, "Continental Socialism", 20 set. 1844, *MECW*, v. 4, p. 213.

70. Ver Marcel Herwegh (Org.), *Briefe von und an Georg Herwegh*. 2. ed. Munique: A. Langen, 1898, p. 328.

71. "Ludwig Feuerbach to Karl Marx", 6-25 out. 1843, *MEGA*, III, i, pp. 416-7.

72. M. Hess, "Über das Geldwesen", in Mönke (Org.), *Philosophische und sozialistische Schriften*, pp. 331-45.

73. Marx, "On the Jewish Question", p. 174.

74. Hostilizar judeus era comum entre os socialistas franceses nos anos 1840. Fourier e Proudhon suspeitavam que o endividamento e o pauperismo tinham piorado com a emancipação dos judeus durante a Revolução Francesa. Queixas acerca do poder financeiro dos judeus, apesar de sua emancipação incompleta, eram frequentes, e foram objeto de um comentário tanto de Karl como de Bruno Bauer. Essa forma de antissemitismo socialista chegou ao auge na obra de Alphonse Toussenel, *Les Juifs, rois de l'époque: Histoire de la féodalité financière* (Paris: G. de Gonet, 1845). Toussenel foi numa ocasião editor da principal publicação fourierista, *La Démocratie pacifique*, e esse livro atacava com exatamente a mesma ferocidade os ingleses, os holandeses e os genebrinos: "Pois aquele que diz judeu, diz protestante". O ataque foi dirigido aos centros das altas finanças, que Toussenel comparava com uma congregação de vampiros. Após 1848, ele aplicou o fourierismo ao mundo animal. Em sua obra mais famosa, *Le Monde des oiseaux* [O mundo dos pássaros], desenvolveu a teoria de que "os pássaros são os precursores e os reveladores da harmonia"; ver Sarane Alexandrian, *Le Socialisme romantique* (Paris: Seuil, 1979), pp. 226-35.

75. Marx, "On the Jewish Question", p. 172.

76. Ibid., p. 173.

77. Ibid., p. 174.

78. Karl Marx, "Introduction" a "Contribution to the Critique of Hegel's Philosophy of Law", 1844, *MECW*, v. 3, pp. 175-6, 178 e 182.

79. Ibid., pp. 176, 178-9 e 185.

80. Ibid., pp. 186-7.

81. Ibid., pp. 183 e 187; a distinção entre "coração" e "cabeça" vem das "Preliminary Theses" de Feuerbach, p. 165.

82. A. Ruge, *Arnold Ruges Briefwechsel und Tagebuchblätter aus den Jahren 1825-1880*. Org. de P. Nerrlich. Berlim: Weidmann, 1886, p. 350.

83. Anônimo, "Berichte über Heines Verhältnis zu Marx" ("Informes sobre o relacionamento de Heine e Marx"), *Die Neue Zeit*, XIV, parte 1 (1895-6). O autor foi provavelmente Mehring ou Kautsky: ver McLellan (Org.), *Karl Marx: Interviews and Recollections*, p. 10.

84. Ibid.

85. Ruge, *Arnold Ruges Briefwechsel und Tagebuchblätter*, p. 343, citado em McLellan (Org.), *Karl Marx: Interviews and Recollections*, p. 8.

86. Id., *Zwei Jahre in Paris*, pp. 138-40.

87. Id., *Arnold Ruges Briefwechsel und Tagebuchblätter*, p. 346.

88. "Karl Marx to Ludwig Feuerbach", 11 ago. 1844, *MECW*, v. 3, p. 354.

89. Para um relato da *Vorwärts!* e a relação de Karl com o periódico, ver Grandjonc, *Marx et les Communistes allemands*.

90. Adalbert von Bornstedt (1807-51) era filho de uma família militar. Em 1831 juntou-se à comunidade de exilados em Paris e tomou parte na conquista da Argélia, onde foi gravemente ferido. Em Paris, trabalhou como editor ou jornalista em diversas publicações, notavelmente a *Vorwärts!*. Mas foi expulso da França em 1845. De Paris foi para Bruxelas, onde em 1846 fundou o *Deutsche Brüsseler Zeitung*. Em 1848, regressou a Paris, onde foi um dos líderes da Legião Alemã junto com Georg Herwegh.

Heinrich Börnstein (1805-92) nasceu em Lemberg (hoje Lviv, Ucrânia). Após estudos dispersos em Lemberg e Viena, virou ator itinerante na Alemanha junto com sua esposa, e depois tornou-se um bem-sucedido empresário teatral. Em 1842, tentou levar a Paris uma companhia alemã de ópera; em seguida gerenciou uma companhia de italiana. Foi amigo de Franz Liszt, Alexandre Dumas e Giacomo Meyerbeer. Em 1844-5, publicou a *Vorwärts!*, cuja grande intenção original era ser uma revista cultural, mas foi fechada pelas autoridades no começo de 1845. Foi correspondente do *New York Tribune* e em 1848 ajudou a organizar a Legião Alemã de Herwegh. Partiu para os Estados Unidos em 1849, onde atuou como jornalista em St. Louis, sendo um proeminente apoiador de Lincoln, e, durante a Guerra Civil Americana, foi cônsul dos Estados Unidos em Bremen.

91. Heinrich Börnstein, *Fünfundsiebzig Jahre in der Alten und Neuen Welt. Memoiren eines Unbedeutenden*, citado em Boris Nicolaievsky e Otto Maenchen-Helfen, *Karl Marx: Man and Fighter*, trad. de G. David e E. Mosbacher (Londres: Allen Lane, 1973 [1933]), p. 89.

92. Ver Ruge, *Zwei Jahre in Paris*, pp. 142-6.

93. "Jenny Marx to Karl Marx", c. 21 jun. 1844, *MECW*, v. 3, pp. 574-5 e 577-8.

94. Ibid., pp. 574-7.

95. Após a insurreição de Paris e a captura das Tulherias em 10 de agosto de 1792, a Assembleia Legislativa decidiu eleger a Convenção, que faria o esboço de uma Constituição com base na abolição da monarquia. A Convenção reuniu-se de 21 de setembro de 1792 até 26 de outubro de 1795. Foi um período que incluiu revolta na Vendeia, defesa organizada das fronteiras nacionais e "terror" no interior. O governo revolucionário esteve nas mãos do Comitê de Salvação Pública.

96. Philippe-Joseph-Benjamin Buchez e Pierre-Célestin Roux-Lavergne, *Histoire parlementaire de la Révolution française*, 40 v. Paris: Libraire Paulin, 1833-8. Esse era o relato predominante da esquerda sobre os acontecimentos revolucionários durante o período. Foi também uma das principais

fontes de Thomas Carlyle para seu *The French Revolution* (Londres: James Fraser, 1837). Ver François Furet, *Marx et la Révolution française* (Paris: Flammarion, 1986), cap. 1.

97. Esses manuscritos são discutidos no próximo capítulo.

98. Essa obra, completada no fim de novembro, foi publicada como *A sagrada família, ou a crítica da Crítica crítica: Contra Bruno Bauer e consortes*. Excetuando umas poucas páginas, tudo foi escrito por Karl. Os motivos da continuada preocupação de Karl com Bauer são discutidos no próximo capítulo.

99. Para um relato dos acontecimentos na Silésia, ver Christina von Hodenberg, *Aufstand der Weber: die Revolte von 1844 und ihr Aufstieg zum Mythos* (Bonn: Dietz, 1997).

100. *Vorwärts!*, n. 54, 6 jul. 1844, e n. 55, 10 jul. 1844. O curso de Heine sobre Deus, rei e nação era uma inversão do lema nacional prussiano da guerra patriótica de 1813: "Com Deus pelo rei e pela pátria"; ver Grandjonc, *Marx et les Communistes allemands*, pp. 44-8 e 131-5.

101. "A Prussian", "The King of Prussia and Social Reform", *Vorwärts!*, n. 60, 27 jul. 1844.

102. "Jenny Marx to Karl Marx", 4-10 ago. 1844, *MECW*, v. 3, p. 580.

103. "Moses Hess to Karl Marx", 3 jul. 1844, *MEGA*, III, i, p. 434.

104. "Karl Marx to Ludwig Feuerbach", 11 ago. 1844, *MECW*, v. 3, p. 355.

105. Karl Marx, "Critical Marginal Notes on the Article 'The King of Prussia and Social Reform. By a Prussian'", *Vorwärts!*, n. 63, 7 ago. 1844, *MECW*, v. 3, pp. 189-206.

106. "Karl Marx to Arnold Ruge", 13 mar. 1843, *MECW*, v. 1, p. 400.

107. Marx, "On the Jewish Question", pp. 173-4.

108. "Karl Marx to Friedrich Engels", 7 mar. 1861, *MECW*, v. 41, p. 282; "Karl Marx to Antoinette Philips", 24 mar. 1861, *MECW*, v. 41, p. 271.

109. "Karl Marx to Jenny Longuet", 7 dez. 1881, *MECW*, v. 46, pp. 157-8.

6. EXÍLIO EM BRUXELAS, 1845-8 [pp. 191-227]

1. "Jenny Marx to Karl Marx", *MEGA*, I, v, p. 449.

2. Heinrich Bürgers, "Erinnerungen an Ferdinand Freiligrath", *Vossische Zeitung*, 1876, citado em Boris Nicolaievsky e Otto Maenchen-Helfen, *Karl Marx: Man and Fighter*. Trad. de G. David e E. Mosbacher. Londres: Allen Lane, 1973 [1933], p. 105.

3. Jenny Marx, "A Short Sketch of an Eventful Life", in Institut Marksizma-Leninzma, *Reminiscences of Marx and Engels* (Moscou: Foreign Languages Publishing House, 1957), p. 222; "Jenny Marx to Karl Marx", 24 ago. 1845, *MECW*, v. 38, p. 528.

4. "Jenny Marx to Karl Marx", 24 ago. 1845, *MECW*, v. 38, pp. 527-8. *O único e a sua propriedade*, de Max Stirner, que viria a substituir dever ou vocação pela busca do desejo individual, era claramente um tópico de gracejos domésticos. Sobre o livro de Stirner e a resposta crítica de Hess, Engels e Karl, ver pp. 211-4.

5. Caroline morreu em 13 de janeiro de 1847.

6. "Sophie Schmalhausen to Karl Marx", 25 set. 1846, *MEGA*, III, ii, pp. 311-2.

7. Para a discussão entre Say e Sismondi sobre globalização e a "revolução industrial" nos anos 1820, ver Gareth Stedman Jones, *An End to Poverty?: A Historical Debate* (Londres: Profile, 2004), cap. 4.

8. J.-C.-L. Simonde de Sismondi, *Nouveaux Principes d'économie politique, ou de la richesse dans ses rapports avec la population*. 2 v. Paris: Chez Delaunay, 1819, v. 2, p. 262.

9. Ver M. Hess, "Über das Geldwesen", in Wolfgang Mönke (Org.), *Moses Hess: Philosophische und sozialistische Schriften 1837-1850. Eine Auswahl*. Vaduz: Topos, 1980, pp. 329-48.

10. Karl Marx, *Economic and Philosophical Manuscripts of 1844, MECW*, v. 4, p. 297.

11. O termo "economia política" foi usado pela primeira vez em 1615. "Economia" derivava do grego *oikos*, significando algo referente à casa, ao lar, e *nomos* significa regra, lei. O termo "economia política" inicialmente explorava o paralelo entre administrar uma casa e administrar uma unidade política (do grego *polis*, cidade) ou um Estado. A partir do fim do século XVIII, seguindo Adam Smith, o termo passou a se referir em particular às leis ou regularidades pertencentes a uma sociedade comercial. Críticos da primeira metade do século XIX, como Engels, opunham-se à teoria da natureza humana que supostamente subjaz à análise predominante da sociedade comercial.

12. Friedrich Engels, "Outlines of a Critique of Political Economy", *MECW*, v. 3, p. 421.

13. Ibid., pp. 434 e 436-7.

14. Robert Owen (1771-1858) foi o fundador e pioneiro na Grã-Bretanha do que veio a ser chamado "socialismo", na primeira metade do século XIX. Ele ficou famoso pelas reformas esclarecidas e inovadoras que introduziu na administração de um moinho têxtil que tinha em copropriedade com David Dale em New Lanark, nos arredores de Glasgow. Em particular, reduziu a jornada de trabalho na fábrica, ofereceu novas formas de educação para as crianças ali empregadas e transformou o saneamento e a habitação dos empregados. Em 1817, em resposta à depressão econômica e ao desemprego do pós-guerra, propôs o estabelecimento de "aldeias de cooperação", as quais ele também acreditava que inaugurariam a transição para o milênio. Na década de 1820, gastou a maior parte de sua fortuna estabelecendo a comunidade de New Harmony em Indiana, nos Estados Unidos. O projeto fracassou. Mas nesse meio-tempo havia se desenvolvido um movimento em apoio a seus princípios, ganhando amplo respaldo entre artesãos e setores da classe média. No começo dos anos 1830, o movimento foi pioneiro no desenvolvimento das relações de trabalho, no sindicalismo profissional e na produção cooperativa. Entre 1839 e 1845, fez uma tentativa final, porém sem sucesso, de estabelecer uma comunidade socialista em Queenwood Farm, em Hampshire.

Muito da prática owenista baseava-se na teoria ambiental do comportamento humano. Ele admirava a visão otimista de desenvolvimento associada a William Godwin e defendia sua abordagem contra os ataques feitos por Malthus. Em cidades importantes, os owenistas estabeleceram "Salões de Ciência" com serviços dominicais seculares. Palestras demonstrando o progresso científico, frequentadas por Engels, eram ministradas regularmente em Manchester, incluindo uma demonstração das possibilidades de química do solo apresentada por Justus Liebig. Os owenistas atacavam o endosso da competição associada à economia política. Eles desenvolveram uma crítica sistemática da economia política articulada por John Watts, mas também se estruturavam sobre as críticas associadas a Thomas Hodgskin, William Thompson e John Francis Bray.

15. Engels, "Outlines of a Critique of Political Economy", pp. 420-4.

16. Friedrich Engels e Karl Marx, *The Holy Family, or, Critique of Critical Criticism against Bruno Bauer and Company, MECW*, v. 4, p. 31. Sieyès atacou as categorias empregadas na convocação dos Estados Gerais em 1789. Ele propunha a abolição dos dois primeiros estados — o clero e a nobreza —, ao mesmo tempo que redefinia o "terceiro estado" como "a nação", uma vez que a "nação" era composta daqueles que trabalhavam.

17. Karl Marx, *MEGA*, IV, ii, pp. 301-480. Para uma descrição e análise do caráter do envolvimento de Karl com esses textos econômicos, tenho grande dívida com Keith Tribe, "Karl Marx's 'Critique of Political Economy': A Critique", in *The Economy of the Word: Language, History and Economics* (Oxford: Oxford University Press, 2015), cap. 6.

18. Id., *MEGA*, IV, ii, pp. 318-9. Essas reflexões foram escritas em alemão; as notas foram tomadas em francês.

19. Para o debate sobre Ricardo e suas próprias mudanças em reação a ele no tocante à teoria do valor-trabalho, *ver Terry Peach, Interpreting Ricardo* (Cambridge: Cambridge University Press, 1993), caps. 1, 4 e 5.

20. Marx, *MEGA*, IV, ii, p. 405; e ver Tribe, *Economy of the Word*, p. 263.

21. Ibid., p. 453; Karl Marx, "Comments on James Mill, *Élémens d'économie politique*", *MECW*, v. 3, p. 217. Mas notar que *MECW* enganosamente traduz *fixiert* como "define" em vez de "fixa".

22. Marx, "Comments on James Mill", p. 219.

23. Em *MECW* (v. 3, pp. 235-70) e outras edições dos *Manuscritos econômico-filosóficos*, as colunas que tratam de salários, capital e aluguel são erroneamente apresentadas como capítulos consecutivos. A incorreção desse arranjo foi pela primeira vez apontada em Margaret Fay, "The Influence of Adam Smith on Marx's Theory of Alienation", *Science and Society*, v. 47, n. 2 (verão 1983), pp. 129-51; para a complexa história da publicação dos manuscritos, ver Jürgen Rojahn, "Marxismus — Marx — Geschichtswissenschaft. Der Fall der sog. 'Ökonomisch-philosophischen Manuskripte aus dem Jahre 1844'", *International Review of Social History*, v. 28, n.1 (abr. 1983), pp. 2-49.

24. Ver Tribe, *Economy of the Word*, pp. 192-3. Antoine-Eugène Buret (1810-42) foi um seguidor de Simonde de Sismondi, o primeiro a ressaltar as implicações nacionais e internacionais da industrialização e proletarização nos anos que se seguiram a 1815. Seu estudo sobre as classes trabalhadoras na Inglaterra e na França (2 v., 1840) foi o primeiro a abordar com destaque temas desenvolvidos por Engels em seu estudo das classes trabalhadoras na Inglaterra em 1844. Seu trabalho teórico voltará a ser discutido no capítulo 10, *"A Crítica da economia política".*

25. Eugène Buret, *De la misère des classes laborieuses en Angleterre et en France*. Paris: Paulin, 1840, v. 1, pp. 49-50. Citado em Tribe, *Economy of the Word*, p. 193.

26. Marx, *MEGA*, IV, ii, pp. 551-79. Como ressalta Keith Tribe, as primeiras cem páginas de Buret foram gastas examinando abordagens ao contrato de trabalho, mas em quase trinta páginas de notas, essas questões mereciam menos que uma. Ver Tribe, *Economy of the Word*, 2015, cap. 6.

27. Id., *Economic and Philosophical Manuscripts of 1844*, p. 270.

28. Engels e Marx, *The Holy Family*, p. 31; Marx, *Economic and Philosophical Manuscripts of 1844*, p. 241.

29. Marx, "Comments on James Mill", p. 220.

30. Id., *Economic and Philosophical Manuscripts of 1844*, pp. 275-6, 278 e 280.

31. O que é chamado de "Prefácio" e impresso no início do que os editores do século XX chamaram de *Economic and Philosophical Manuscripts of 1844* (*MECW*, v. 3, pp. 231-4) originalmente aparecia sem título no terceiro caderno. No entanto, é razoável acreditar que, no fim do verão de 1844, Karl estivesse começando a pensar nesse trabalho como um livro. Ele anuncia nessa passagem (p. 232) que, "em contraste com o *teólogo crítico* do nosso tempo" (Bruno Bauer), ele pretendia que o "capítulo de encerramento deste trabalho" pudesse conter "uma discussão crítica da *dialética hege-*

liana e da filosofia como um todo". O que continua incerto é se os cadernos eram rascunhos desse livro ou simplesmente anotações preparatórias. Ver Tribe, *Economy of the Word*, pp. 216-7.

32. O título em alemão era *Kritik der Politik und Nationalökonomie*. Para detalhes, ver *MECW*, v. 4, p. 675. Karl recebeu um adiantamento de 3 mil francos, a segunda metade a ser paga quando o volume fosse impresso. Em março de 1846, porém, preocupado com a probabilidade de censura, Leske sugeriu a Karl encontrar outro editor, e se encontrasse um, que devolvesse o adiantamento. O contrato com Leske foi cancelado em fevereiro de 1847, mas o adiantamento nunca foi devolvido.

33. Marx, *Economic and Philosophical Manuscripts of 1844*, pp. 231-4.

34. Ibid., p. 272. A origem desse motivo havia de ser encontrada na tradução luterana do termo "Entäusserung". Karl escreveu que "o ser humano tinha de estar reduzido a esta miséria absoluta para poder produzir sua riqueza interior para o mundo externo" (ibid., p. 300). Seu uso original provinha da tradução luterana da Epístola de São Paulo aos Filipenses (2,6-9), na qual Jesus, "embora fosse na forma de Deus, não pretendeu ter igualdade com Deus, mas esvaziou-se a si mesmo [*sich geäussert*], tomando a forma de um servo, tendo nascido na semelhança dos homens. E sendo encontrado na forma de homem, humilhou-se e se fez obediente até a morte, mesmo a morte na cruz". Ver Georges Cottier, *L'Athéisme du jeune Marx: Ses origins hégéliennes* (Paris: Vrin, 1969).

35. Marx, *Economic and Philosophical Manuscripts of 1844*, pp. 317, 217, 276 e 307.

36. Ibid., pp. 322 e 219.

37. Sobre as dificuldades envolvendo este argumento, ver Gareth Stedman Jones, "Introduction", *Karl Marx and Friedrich Engels: The Communist Manifesto* (Londres: Penguin, 2002), pp. 120-39.

38. Marx, *Economic and Philosophical Manuscripts of 1844*, pp. 303 e 293-4.

39. Engels e Marx, *The Holy Family*, p. 36.

40. Este era o significado do que Engels, seguindo comentaristas franceses como Jean-Basptiste Say e Adolphe Blaqui, chamava de "a revolução industrial"; ver Gareth Stedman Jones, "National Bankruptcy and Social Revolution: European Observers on Britain, 1813-1844", in Donald Winch e Patrick K. O'Brien (Orgs.), *The Political Economy of British Historical Experience, 1688-1914* (Oxford: Oxford University Press, 2002), pp. 61-92; Stedman Jones, *An End to Poverty?*, pp. 133-99.

Prosseguindo a partir do debate entre Say e Sismondi na década de 1820, um crescente número de críticos sociais, inclusive Robert Owen, Charles Fourier, Thomas Carlyle, Moses Hess e o próprio Engels, todos, de diferentes maneiras, apontaram que as velhas condições de fome e penúria haviam dado lugar a uma nova forma de crise. Era o que Fourier chamava de "crise pletórica", a crise da "superprodução". Para os comunistas, isso se tornou um sinal da discordância entre as novas possibilidades de abundância e as antiquadas formas de posse de propriedade. Durante as décadas de 1820 e 1830, pela primeira vez, contemporâneos também tomaram consciência da relação entre a produção industrial e o ciclo comercial. O investimento na produção industrial e em maquinário automatizado criava a possibilidade de crises de sobrecapacidade. As crises comerciais de 1825, 1837 e 1842 foram acompanhadas pela notável presença de grandes quantidades de bens não vendidos. Ver R. C. O. Matthews, *A Study in Trade-Cycle History: Economic Fluctuations in Great Britain 1833-1842* (Cambridge: Cambridge University Press, 1954).

41. Friedrich Engels, *The Condition of the Working Class in England: From Personal Observation and Authentic Sources*, *MECW*, v. 4, pp. 295-584.

42. Engels e Marx, *The Holy Family*, p. 36.

43. Sobre a vida de Engels, ver Tristram Hunt, *The Frock-Coated Communist: The Revolutionary Life*

of Friedrich Engels (Londres: Allen Lane, 2009); ver também o relato ainda clássico de Gustav Mayer, *Friedrich Engels: Eine Biographie*, 2 v. (Berlim: Dietz, 1970 [1919, 1932]).

44. F. Oswald, "Siegfried's Home Town", dez. 1840, *MECW*, v. 2, pp. 132-6. Durante esse período, Engels usou o pseudônimo "Frederick Oswald".

45. Os *Freien* (os "Livres") eram um grupo que se reuniu em torno de Bruno Bauer depois do seu regresso a Berlim em 1842. Frequentavam cafés específicos, levavam o argumento anticristão a extremos e eram associados ao estilo de vida boêmio. O grupo incluía Max Stirner e o irmão de Bruno, Edgar.

46. Id., "Über eine in England bevorstehende Katastrophe", *Rheinische Zeitung*, n. 177, 26 jun. 1842, in W. Mönke (Org.), *Moses Hess: Philosophische und sozialistische Schriften 1837-1850. Eine Auswahl* (Vaduz: Topos, 1980), pp. 183-5; Friedrich Engels, "The Internal Crises", *Rheinische Zeitung*, n. 343, 9 dez. 1842, *MECW*, v. 2, pp. 370-2.

47. Id., "The Progress of Social Reform on the Continent", out./nov. 1843, *MECW*, v. 3, p. 406.

48. Ibid., pp. 393, 407.

49. Id., "Outlines of a Critique of Political Economy", pp. 418-44.

50. Id., "The Condition of England: The Eighteenth Century", *MECW*, v. 3, pp. 475-6.

51. Engels, "Outlines of a Critique of Political Economy", pp. 423 e 424; Engels, "The Condition of England: The Eighteenth Century", pp. 476 e 485.

52. Friedrich Engels, "The Condition of England: The English Constitution", *MECW*, v. 3, p. 513.

53. Id., "The Condition of England: The Eighteenth Century", pp. 475-6.

54. Ibid., p. 464; Friedrich Engels, "The Condition of England: *Past and Present* by Thomas Carlyle", *MECW*, v. 3, p. 487.

55. Engels, *The Condition of the Working Class in England*, p. 526.

56. "Karl Marx to Friedrich Engels", 18 abr. 1863, *MECW*, v. 41, pp. 468-9. Ele continuava: "Reler o seu livro me deixou tristemente cônscio das mudanças forjadas pela idade. Com que entusiasmo e paixão, com que arrojo de visão e ausência de todas as aprendidas ou científicas reservas o assunto ainda é atacado nestas páginas!".

57. Engels e Marx, *The Holy Family*, p. 7.

Eugène Sue (1804-57) foi um dos romancistas mais populares do século XIX, mais famoso por *Les Mystères de Paris* [Os mistérios de Paris], publicado como série semanal em 1842-3. Sue era inspirado pela escrita socialista e iluminava o lado obscuro da vida urbana. O romance era construído sobre o contraste entre a vida elevada da nobreza e dos ricos e a áspera existência da classe inferior. O simpatizante cartista e editor G. W. M. Reynolds lançou uma versão em inglês: *The Mysteries of London*. Sue deu sequência aos *Mystères* com outro sucesso global, *Le Juif errant* [O judeu errante], que surgiu em dez volumes entre 1844 e 1845.

58. "Georg Jung to Karl Marx", 18 mar. 1845, *MEGA*, III, i, pp. 458-9.

59. "Friedrich Engels to Karl Marx", 17 mar. 1845, *MECW*, v. 38, p. 28.

60. Engels e Marx, *The Holy Family*, p. 41.

61. Friedrich Engels, "The Rapid Progress of Communism in Germany", *MECW*, v. 4, p. 235.

62. Id., "Speeches in Elberfeld", *MECW*, v. 4, pp. 243-65.

63. Max Stirner, *The Ego and Its Own*. Org. de David Leopold. Cambridge: Cambridge University Press, 1995 [1845], p. 323.

64. "Friedrich Engels to Karl Marx", 19 nov. 1844, *MECW*, v. 38, pp. 11-2.

65. Moses Hess, "The Recent Philosophers" (1845), in Lawrence S. Stepelevich (Org.), *The Young Hegelians: An Anthology*. Cambridge: Cambridge University Press, 1983, pp. 359-60 e 373.

66. Em 1844, ele escrevera nos *Deutsch-Französische Jahrbücher* que "a crítica da religião" terminava com "o ensino de que o *homem é o ser mais elevado para o homem*, e consequentemente com o *imperativo categórico de derrubar todas as relações* nas quais o homem é um ser degradado, escravizado, desamparado, desprezível". Karl Marx, "Introduction" a "Contribution to the Critique of Hegel's Philosophy of Law", 1844, *MECW*, v. 3, p. 182.

67. "Karl Marx to Heinrich Börnstein", fim de dezembro de 1844, *MECW*, v. 38, p. 14; ver Jacques Grandjonc, *Marx et les Communistes allemands à Paris, Vorwärts 1844: Contribution à l'étude de la naissance du Marxisme* (Paris: F. Maspero, 1974), p. 94.

68. "Friedrich Engels to Karl Marx", *c.* 20 jan. 1845, *MECW*, v. 38, p. 16. Moses Hess já havia escrito para Karl observando seu consenso crítico em 17 de janeiro de 1845; ver *MEGA*, III, i, p. 450.

69. Jenny Marx, "Short Sketch", p. 222.

70. Já em 1801, por exemplo, Louis-Sébastien Mercier, em seu *Néologie, ou Vocabulaire de mots nouveaux* (Paris: Moussard), havia observado com referência aos "proletários": "Ai de uma nação dividida em duas classes necessariamente inimigas, a dos donos das propriedades e a dos proletários". Citado em Pierre Rosanvallon, *Le Sacre du citoyen: Histoire du suffrage universel en France* (Paris: Gallimard, 1992), p. 257. O próprio Karl não fez nenhuma alegação de originalidade ao restaurar as noções de classe e luta de classes. Conforme escreveu para Joseph Weydemeyer em 1852, "muito antes de mim, historiadores burgueses haviam descrito o desenvolvimento histórico da luta entre as classes, assim como os economistas burgueses a sua anatomia econômica". Sua alegação por originalidade era "mostrar que a *existência de classes* é meramente vinculada a *certas fases históricas no desenvolvimento da produção*". "Karl Marx to Joseph Weydemeyer", 5 mar. 1852, *MECW*, v. 39, p. 62.

71. Karl Marx, "Development of the Productive Forces as a Material Premise of Communism", 1845-7, *MECW*, v. 5, p. 49. No passado essa passagem era tida como parte do que se chamava *A ideologia alemã*. Mas hoje há fortes razões para duvidar da existência de tal texto. Ver abaixo, nota 80.

72. Ver Frederick Beiser, "Max Stirner and the End of Classical German Philosophy", in Douglas Moggach (Org.), *Politics, Religion and Art: Hegelian Debates* (Evanston, Illinois: Northwestern University Press, 2011), pp. 281-301. Stirner, é claro, não respondeu diretamente às críticas de Karl, porque a polêmica de Karl nunca foi publicada.

73. Friedrich Engels, "On the History of the Communist League", out. 1885, *MECW*, v. 26, p. 318.

74. Engels e Marx, *The Holy Family*, p. 7.

75. As insuficiências teóricas de Engels não passaram despercebidas na época. Segundo um companheiro de Karl em Colônia, Heinrich Bürgers, a "aversão de Engels à filosofia e à especulação deriva muito menos de uma compreensão da natureza delas do que do desconforto que produziram em sua mente não muito perseverante". Bürgers alegava que ele provavelmente resolveu proteger-

-se desse desconforto no futuro pelo "exorcismo do desdém" e propondo-se a uma tarefa descritiva. "Heinrich Bürgers to Karl Marx", fev. 1846, *MEGA*, III, i, pp. 506-7.

76. Friedrich Engels, "Ludwig Feuerbach and the End of Classical German Philosophy", 25 fev. 1886, *MECW*, v. 26, p. 366.

77. G. Plekhanov [N. Beltov], *The Development of the Monist View of History*. Moscou: Foreign Languages Publishing House, 1956 [1895], cap. 1.

78. "Erudita" porque Karl usou sua pesquisa de doutorado ("A diferença entre as filosofias da natureza em Demócrito e Epicuro") para questionar os achados de Bruno Bauer.

79. Sobre David Riazanov, ver "Epílogo", nota 20, p. 725.

80. Ver Terrell Carver, "The German Ideology Never Took Place", *History of Political Thought*, v. 31 (primavera 2010), pp. 107-27; ver também Terrell Carver e Daniel Blank, *A Political History of the Editions of Marx and Engels's "German Ideology Manuscripts"* (Londres: Palgrave Macmillan, 2014). A chamada *A ideologia alemã*, conforme foi publicada em 1932, consiste em um sortimento de manuscritos não editados ou parcialmente editados, alguns dos quais tinham originalmente a intenção de publicação em algum outro lugar. Muito das partes dos primeiros tempos foi escrito ou transcrito por Karl ou Engels; alguns dos ensaios posteriores ("volume dois") foram originalmente compostos ou transcritos por Joseph Weydemeyer ou Moses Hess. Por essas razões, evitei citar quaisquer referências de forma que implique que tal livro ou texto integral tenha existido como *A ideologia alemã*.

81. Estes foram publicados por Engels como apêndice para a edição de 1888 do seu ensaio. Ele fez várias alterações editoriais e lhe conferiu o título mais portentoso de "Teses sobre Feuerbach".

82. Karl Marx, "*Ad* Feuerbach", *MECW*, v. 5, p. 3.

83. Ibid., pp. 39-40.

84. Nem todas as observações feitas por Karl eram acuradas. Enquanto uma crítica da associação de "sensibilidade" com passividade era justificada, criticar a visão do homem de Feuerbach como a de "uma abstração inerente a cada indivíduo único" em vez de parte de um "conjunto de relações sociais" — um ponto outrora muito insistido por Louis Althusser — faz pouco sentido, dado que uma das principais alegações de Feuerbach era ter substituído "o ego solitário" como ponto de partida na filosofia pela "unidade do Eu e Tu".

A propósito, também é bastante errado inferir, a partir das críticas de Karl, que Feuerbach fosse, em algum sentido, apolítico. Feuerbach declarou que "na região da filosofia prática" ele permanecia um idealista. Seu modelo de república não era o da Grécia antiga, mas uma versão germânica dos Estados Unidos. E também se manteve engajado em política ao longo de toda sua vida, desde sua associação na juventude com as *Burschenschaften* até sua participação como membro do Congresso Democrático em junho de 1848. Ver David Leopold, *The Young Karl Marx: German Philosophy, Modern Politics and Human Flourishing* (Cambridge: Cambridge University Press, 2007), pp. 203-18.

85. Marx, "*Ad* Feuerbach", p. 3.

86. Id., "The Fetishism of Commodities and the Secret Thereof", in *Capital*, v. 1, *MECW*, v. 35, pp. 81-94; sobre abstração, ver também p. 222.

87. "Karl Marx to Pavel Annenkov", 28 dez. 1846, *MECW*, v. 38, pp. 100 e 102.

88. Karl Marx, "Direct Results of the Production Process", *MECW*, v. 34, p. 398.

89. "Karl Marx to Friedrich Engels", 25 mar. 1868, *MECW*, v. 42, p. 558.

90. Na ênfase da relação de Karl com a tradição idealista, estou em profunda dívida com as percepções de Douglas Moggach e sua ideia de "perfeccionismo pós-kantiano". Ver D. Moggach, "Post-Kantian Perfectionism", in D. Moggach (Org.), *Politics, Religion and Art*, pp. 179-203; e para a relação de Marx com essa tradição, ver em particular o ensaio de Douglas Moggach, "German Idealism and Marx", in John Walker (Org.), *The Impact of Idealism: The Legacy of Post-Kantian German Thought*, v. 2: *Historical, Social and Political Thought* (Cambridge: Cambridge University Press, 2013).

91. Karl Marx, "Critique of the Hegelian Dialectic and Philosophy as a Whole", *MECW*, v. 3, pp. 332-3. Hegel chegara a essa posição em seus anos em Jena (1800-7). Em suas palestras de 1803 em diante, ele inverteu a prioridade clássica de atividade (*praxis*) sobre trabalho (*poiesis*); o trabalho não era mais apresentado como um componente subordinado de filosofia prática, confinado à "relatividade de uma classe trabalhadora", mas agora se tornava um momento central na constituição do "Espírito". O comportamento prático não se restringia mais ao conceito de interação com outros ou, como em Kant e em Fichte, aos processos interiores de subjetividade moral com sua sensibilidade como objeto. Para Hegel, essa interação entre o eu e o não eu era agora estendida por meio de um novo conceito de trabalho para incorporar a totalidade da luta da humanidade com a natureza. Assim, trabalho e desenvolvimento foram reunidos numa história transcendental da consciência; a atividade foi objetificada no trabalho. Ver Manfred Riedel, *Between Tradition and Revolution: The Hegelian Transformation of Political Philosophy* (Cambridge: Cambridge University Press, 1984), caps. 1 e 5.

92. Karl Marx, "Estranged Labour", *MECW*, v. 3, p. 280.

93. Immanuel Kant, "Conjectural Beginning of Human History" (1786), in Lewis White Beck (Org.), *Kant: On History*. Indianápolis: Bobbs-Merril, 1980, pp. 59-60.

94. Conforme Karl escreveu na sua versão inicial de *O capital*, os chamados *Grundrisse*: "O trabalho obtém sua medida a partir de fora, por meio do objetivo a ser atingido e dos obstáculos a serem superados para atingi-lo. Mas Adam Smith não tem a mais vaga ideia de que essa superação de obstáculos é em si mesma uma atividade libertadora — e que, além do mais, os objetivos externos ficam despidos da aparência de urgências naturais meramente externas, e colocam-se como objetivos que o próprio indivíduo se coloca —, portanto como autorrealização, objetificações do sujeito, e portanto liberdade real". Karl Marx, *Economic Manuscripts of 1857-58 (Grundrisse)*, *MECW*, v. 28, p. 530.

95. "Vida ética" é uma tradução imperfeita do alemão *Sittlichkeit*, porque a palavra alemã não só se refere a moralidade, mas a costume. A palavra alemã "Sitte" significa costume. Logo, *Sittlichkeit* refere-se a um modo de conduta habitualmente praticado por um grupo social tal como uma nação, uma classe ou uma família, e encarado como norma de comportamento decente. Ver Michael Inwood, *A Hegel Dictionary* (Oxford: Blackwell, 1992), pp. 91-3.

96. Marx, "*Ad* Feuerbach", p. 4.

97. Ibid., pp. 294-7.

98. Plekhanov, *Development of the Monist View*, p. 166.

99. Karl Kautsky, *Ethics and the Materialist Conception of History*. Chicago: C. H. Kerr & Company, 1914 [1906], pp. 96-7 e 102.

100. G. W. F. Hegel, *The Science of Logic*, trad. e org. de George di Giovanni (Cambridge:

Cambridge University Press, 2010), pp. 657-69. A aplicação que Karl faz do tratamento de Hegel de "teleologia externa" para uma análise do processo de trabalho nos *Manuscritos econômico-filosóficos* foi argumentada por Douglas Moggach em "German Idealism", pp. 19-21.

101. Moggach, "German Idealism", pp. 21-3.

102. Karl Marx, "Production and Intercourse: Division of Labour", *MECW*, v. 5, pp. 33-4. Com exceção do "modo de produção asiático", essa lista era muito semelhante àquela empregada por Karl em 1859 em seu prefácio à *Contribuição à crítica da economia política* (*A Contribution to the Critique of Political Economy*, *MECW*, v. 29, p. 263). Para o uso dos estudos históricos e legais da Escola Histórica do Direito alemã — Savigny, Niebuhr, Hugo e Pfister —, ver Stedman Jones (Org.), *Communist Manifesto*, pp. 153-7. Ver também N. Levine, "The German Historical School of Law and the Origins of Historical Materialism", *Journal of the History of Ideas*, v. 48, n. 3 (jul./set. 1987), pp. 431-51.

103. Karl Marx, *MECW*, v. 5, p. 50.

104. Ibid., p. 50.

105. "Karl Marx to Pavel Annenkov", 28 dez. 1846, *MECW*, v. 38, pp. 96-7.

106. Em *Miséria da filosofia*, Karl repreende Proudhon por tentar aplicar mecanicamente categorias hegelianas. "Uma vez que [a razão] tenha conseguido se impor como tese, essa tese, esse pensamento, em oposição a si mesmo, divide-se em dois pensamentos contraditórios — o positivo e o negativo. [...] A luta entre esses dois elementos antagônicos compreendidos na antítese constitui o movimento dialético." Karl Marx, *The Poverty of Philosophy*, *MECW*, v. 6, p. 164. Isso sugere a inspiração dialética da própria abordagem de Karl nos *Manuscritos econômico-filosóficos*, em que trabalho como propriedade e não propriedade evolui para um antagonismo entre burguesia e proletariado.

107. Marx, *Poverty of Philosophy*, p. 132.

108. Stedman Jones (Org.), *Communist Manifesto*, pp. 222-3.

109. Ibid., p. 226.

110. Marx, "Critique of the Hegelian Dialectic", pp. 332-3.

111. Engels e Marx, *The Holy Family*, p. 37.

112. Ibid.

113. Os primeiros encontros de Karl com trabalhadores de carne e osso, mais precisamente "*Handwerker* [artesãos] comunistas", ocorreram depois que ele chegou a Paris em outubro de 1843. Ele presenciou reuniões de trabalhadores e ficou claramente animado. Nos chamados *Manuscritos econômico-filosóficos*, de 1844, escreveu: "A fraternidade do homem não é uma expressão vazia, mas uma realidade, e a nobreza do homem brilha a partir de seus corpos extenuados pela labuta" (*MEGA*, I, ii, p. 289; *MECW*, v. 3, p. 313). Mas seu relato não foi além de generalidade estilizada; não transmitia a sensação de intimidade com os trabalhadores que Henry Mayhew eternizou em *London Labour and the London Poor* entre 1848 e 1851. O único trabalhador com quem Karl travou um conhecimento menos superficial foi o alfaiate Wilhelm Weitling. Depois de elogiá-lo prodigamente na *Vorwärts!* em agosto de 1844 — como parte da "brilhante estreia literária dos trabalhadores alemães" (*MECW*, v. 3, p. 201) —, logo ficou exasperado com ele, e em março de 1846, em Bruxelas, denunciou com raiva sua aproximação — ver capítulo 7, pp. 237-8.

114. Douglas Moggach, *The Philosophy and Politics of Bruno Bauer*. Cambridge: Cambridge University Press, 2003, pp. 44-5.

115. Ibid.

7. O ENFOQUE DA REVOLUÇÃO: O PROBLEMA COM A ALEMANHA [pp. 228-71]

1. *Vormärz* significa literalmente "antes de março", isto é, antes da Revolução de Março de 1848 na Confederação Alemã (que incluía o Império Austríaco e a Alemanha de hoje). O período do *Vormärz* refere-se aos anos entre 1815 e 1848, uma época dominada pela restauração conservadora que se seguiu à derrota de Napoleão. Durante esse período, os estados da Confederação Alemã resistiram à reforma liberal e conseguiram evitar as sublevações revolucionárias ocorridas na França e na Bélgica em 1830. Políticas de repressão interna foram acompanhadas por uma política externa fortemente antirrevolucionária comandada por Metternich, o chanceler do Império Austríaco.

2. Para um estudo de impressionante amplitude sobre o assunto, ver Warren Breckman, "Diagnosing the 'German Misery': Radicalism and the Problem of National Character, 1830 to 1848", in David E. Barclay e Eric D. Weitz (Orgs.), *Between Reform and Revolution: German Socialism and Communism from 1840 to 1990* (Nova York: Berghahn, 1998), pp. 33-61. Ver também Dieter Langewiesche, "Revolution in Germany: Constitutional State — Nation State — Social Reform", in D. Dowe, H.-G. Haupt, D. Langewiesche e J. Sperber (Orgs.), *Europe in 1848: Revolution and Reform* (Nova York: Berghahn, 2001), cap. 5.

3. I. Kant, "On the Common Saying: 'This May Be True in Theory, but it Does Not Apply in Practice'" [1793], in Hans Reiss (Org.), *Kant's Political Writings* (Cambridge: Cambridge University Press, 1970), pp. 61-93; ver também Jacques Droz, *L'Allemagne et la Révolution française* (Paris: PUF, 1949).

4. Elizabeth M. Wilkinson e L. A. Willoughby (Orgs.), *F. Schiller: On the Aesthetic Education of Man, in a Series of Letters*. Oxford: Clarendon, 1982, p. 25.

5. Ver Michael Rowe, *From Reich to State: The Rhineland in the Revolutionary Age 1780-1830*. Cambridge: Cambridge University Press, 2003.

6. Madame de Staël, *De l'Allemagne* (Paris: Firmin Didot Frères, 1860), p. 18. Sobre o afastamento da política entre os primeiros românticos, ver Frederick C. Beiser, *The Romantic Imperative: The Concept of Early German Romanticism* (Cambridge, Massachusetts: Harvard University Press, 2003).

7. Sobre o caráter do sentimento nacionalista democrático no período do *Vormärz*, ver Hagen Schulze, *The Course of German Nationalism: From Frederick the Great to Bismarck, 1763-1867* (Cambridge: Cambridge University Press, 1991).

8. Heinrich Heine, *On the History of Religion and Philosophy in Germany and Other Writings*, org. de Terry Pinkard (Cambridge: Cambridge University Press, 2007), pp. 111 e 116; ver também Harold Mah, "The French Revolution and the Problem of German Modernity: Hegel, Heine and Marx", *New German Critique*, n. 50 (primavera-verão 1990), pp. 3-20.

9. Citado em Breckman, "Diagnosing the 'German Misery'", p. 39. Ludwig Börne, um escritor democrata e judeu assimilado, foi para o exílio em Paris na mesma época que Heine. Foi um dos heróis do jovem Friedrich Engels, especialmente por causa do seu ataque ao nacionalismo germâni-

co antifrancês de Wolfgang Menzel, em seu *Menzel der Franzosenfresser* [Menzel, o devorador de franceses], de 1837. Heine discordou seriamente dele e o denunciou após sua morte em *Ludwig Börne: Eine Denkschrift* [Ludwig Börne: uma reflexão] (1840), um livro que Engels considerava "desprezível".

10. Ver Christina von Hodenberg, *Aufstand der Weber: die Revolte von 1844 und ihr Aufstieg zum Mythos*. Bonn: Dietz, 1997, parte 3.

11. É importante fugir das conotações do século XX da palavra "comunismo". Segundo Stefan Born, um dos organizadores da Fraternidade dos Trabalhadores (*Arbeiterverbrüderung*) em Berlim em 1848, e associado de Karl no período de 1845 a 1848, "comunismo e comunistas não eram palavras obrigatórias. Na verdade, as pessoas mal falavam nelas". Na extremidade esquerda do espectro, a linha entre comunismo e democracia ficava bastante borrada. Stefan Born, *Erinnerungen eines Achtundvierzigers* (Leipzig: G. H. Meyer, 1898), p. 72.

12. Karl Grün, *Ausgewählte Schriften*. 2 v. Org. de Manuela Köppe. Berlim: Akademie Verlag, 2005, v. 1, p. 100.

13. Ver Diana Siclovan, "The Project of *Vergesellschaftung*, 1843-1851", dissertação de mestrado em filosofia, Universidade de Cambridge, 2010, p. 21.

14. Ver Pierre Haubtmann, *Proudhon, Marx et la pensée allemande*. Grenoble: Presses Universitaires de Grenoble, 1981, pp. 70-3.

15. Ibid., pp. 32-3 e 41.

16. Karl Marx, "Statement", 18 jan. 1846, *MECW*, v. 6, p. 34.

17. "Karl Marx to Pierre-Joseph Proudhon", 5 maio 1846, *MECW*, v. 38, pp. 39-40.

18. Karl Marx, "Critical Marginal Notes on the Article 'The King of Prussia and Social Reform. By a Prussian'", *Vorwärts!*, n. 60, 7 ago. 1844, *MECW*, v. 3, p. 201.

19. Sobre as mudanças de posição dentro da Liga dos Justos de Londres, ver Christine Lattek, *Revolutionary Refugees: German Socialism in Britain, 1840-1860* (Londres: Routledge, 2006), cap. 2. Sobre o humanismo comunista de Hess, ver Moses Hess, "A Communist *Credo*: Questions and Answers", in *Moses Hess: The Holy History of Mankind and Other Writings*, org. e trad. de Shlomo Avineri (Cambridge: Cambridge University Press, 2004), pp. 116-27.

20. "Jenny Marx to Karl Marx", 24 mar. 1846, *MEGA*, III, i, p. 518.

21. Citado em Boris Nicolaievsky e Otto Maenchen-Helfen, *Karl Marx: Man and Fighter*. Trad. de G. David e E. Mosbacher. Londres: Allen Lane, 1973 [1933], p. 125.

22. Pavel V. Annenkov, *The Extraordinary Decade: Literary Memoirs*. Org. de Arthur P. Mendel. Ann Arbor: University of Michigan Press, 1968, pp. 169-71.

23. "Wilhelm Weitling to Moses Hess", 31 mar. 1846, in Edmund Silberner (Org.), *Moses Hess: Briefwechsel*. Haia: Mouton, 1959, p. 151.

24. "Karl Marx and Friedrich Engels, Circular against Kriege", 11 maio 1846, *MECW*, v. 6, p. 35. Na época não havia Partido Comunista.

25. "Hermann Kriege to Karl Marx", 9 jun. 1845, *MEGA*, III, i, pp. 470-2.

26. "Hermann Ewerbeck to Karl Marx", jun. 1845, *MEGA*, III, i, p. 477; "George Julian Harney to Friedrich Engels", 30 mar. 1846, *MECW*, v. 38, p. 537.

27. "P.-J. Proudhon to Karl Marx", 17 maio 1846, *MEGA*, III, ii, pp. 203-5.

28. "Communist Correspondence Committee in London to Karl Marx", 6 jun. 1846, *MEGA*, III, ii, p. 223; "Joseph Weydemeyer to Karl Marx", 14 maio 1846, *MEGA*, III, ii, p. 193.

29. "Hermann Ewerbeck to Karl Marx", 15 maio 1846, *MEGA*, III, ii, pp. 202-3.
30. Ver Siclovan, *"Vergesellschaftung"*, pp. 42-3.
31. "Hermann Ewerbeck to Karl Marx", 31 ago. 1845, *MEGA*, III, i, pp. 482-3.
32. Pierre-Joseph Proudhon, *Système des contradictions économiques, ou Philosophie de la misère*. 2 v. Paris: Guillaumin, 1846, v. 1, pp. 164 e 166.
33. Citado em Keith Tribe, *The Economy of the Word: Language, History and Economics*. Oxford: Oxford University Press, 2015, p. 227.
34. Karl Grün, "Einführung", in *Ausgewählte Schriften*, v. 1, p. 508; ver também Siclovan, *"Vergesellschaftung"*, pp. 42-3.
35. "Karl Marx to C. J. Leske", 1 ago. 1846, *MECW*, v. 38, p. 51.
36. "C. J. Leske to Karl Marx", 2 fev. 1847, *MEGA*, III, ii, p. 329.
37. Karl Marx, "Karl Grün: *Die Soziale Bewegung in Frankreich und Belgien*, Darmstadt 1845", or "The Historiography of True Socialism", *MECW*, v. 5, pp. 484-530. A maior parte desse ensaio é ocupada com um recital de alegados plágios e traduções de má qualidade cometidos por Grün em relação aos relatos do socialismo encontrado em Lorenz von Stein e Louis Reybaud. O ponto mais interessante era a diferença estabelecida por Karl entre as consequências da adoção por Grün e Proudhon do "consumo" como ponto de partida em contraste com sua própria insistência na primazia da produção: ibid., pp. 516-9.
38. "Karl Schapper to Karl Marx", 6 jun. 1846, in *Der Bund der Kommunisten*. Berlim: Dietz, 1983, v. 1, p. 348.
39. Gareth Stedman Jones (Org.), *Karl Marx and Friedrich Engels: The Communist Manifesto*. Londres: Penguin, 2002, p. 244. [Ed. bras.: *Manifesto do Partido Comunista*. Trad. de Sergio Tellaroli. São Paulo: Penguin Classics Companhia das Letras, 2012.]
40. Dentro dos círculos radicais e socialistas, essa visão parece ter sido amplamente mantida. O líder cartista Julian Harney escreveu para Engels: "Ouvi dizer que *vocês* [as personalidades literárias de Bruxelas] *haviam* formado uma sociedade confinada a vocês mesmos, na qual não admitiam nenhum trabalhador". Isso já era algo conhecido e "tem estimulado o preconceito entre homens bons". "George Julian Harney to Friedrich Engels", 30 mar. 1846, *MEGA*, III, i, p. 526.
41. "A Circular of the First Congress of the Communist League to the League Members", 9 jun. 1847, *MECW*, v. 6, p. 590.
42. Born, *Erinnerungen*, p. 49.
43. "Friedrich Engels to Karl Marx", 25 out. 1847, *MECW*, v. 18, pp. 138-9.
44. Para o caráter geral do argumento de Karl no *Manifesto do Partido Comunista*, ver o relato mais detalhado da elaboração do *Manifesto* e sua pré-história em Stedman Jones (Org.), *Communist Manifesto*, pp. 3-185.
45. Uma discussão mais completa do *Manifesto* é fornecida no próximo capítulo.
46. Stedman Jones (Org.), *Communist Manifesto*, pp. 248-51.
47. "Demands of the Communist Party in Germany", 21-24 mar. 1848, *MECW*, v. 7, p. 3.
48. Ver Siclovan, *"Vergesellschaftung"*, pp. 50-1.
49. "Joseph Weydemeyer to His Fiancée", 2 fev. 1846, citado em Nicolaievsky e Maenchen--Helfen, *Karl Marx*, pp. 140-1.
50. *Deutsche-Brüsseler-Zeitung*, 6 jan. 1848, citado em Luc Somerhausen, *L'Humanisme agissant de Karl Marx* (Paris: Richard-Masse, 1946), p. 157.

51. Born, *Erinnerungen*, p. 68.

52. Wilhelm Liebknecht, "Reminiscences of Karl Marx", in David McLellan (Org.), *Karl Marx: Interviews and Recollections* (Londres: Macmillan, 1981), p. 115; Jenny Marx, "A Short Sketch of an Eventful Life", in Institut Marksizma-Leninzma, *Reminiscences of Marx and Engels* (Moscou: Foreign Languages Publishing House, 1957), p. 229.

53. Jenny Marx, "Short Sketch", p. 222.

54. Talvez Engels tenha recorrido ao francês para transmitir mais exatamente o status que atribuiu a si mesmo nessa conversa: "Considerem o sr. Marx como o chefe de nosso partido (ou seja, da parcela mais avançada da democracia alemã, a qual ele e eu representávamos) e seu recente livro contra o sr. Proudhon como o nosso programa". "Friedrich Engels to Karl Marx", 25-26 out. 1847, *MECW*, v. 38, p. 143.

55. Annenkov, *Extraordinary Decade*, pp. 167-8.

56. "Friedrich Engels to Karl Marx", 17 mar. 1845, *MECW*, v. 38, p. 29.

57. "Sra." H. era a companheira de Hess, Sybille. O uso sarcástico das aspas referia-se ao fato de não serem casados. Segundo relatórios da polícia de Colônia, Sybille, nascida Pesch, era uma ex-prostituta que se tornara costureira, a quem Hess resgatou como ato de caridade. Talvez por isso Engels a tenha mencionado numa linguagem tão insultuosa. Para um relato desse caso em relação às atividades de Engels nos anos 1840, ver Tristram Hunt, *The Frock-Coated Communist: The Revolutionary Life of Friedrich Engels* (Londres: Allen Lane, 2009), pp. 143-6 passim.

58. "Roland Daniels to Karl Marx", 7 mar. 1846, *MEGA*, III, i, pp. 513-4.

59. "Heinrich Bürgers to Karl Marx", fim de fevereiro de 1846, *MEGA*, III, i, pp. 506-7.

60. Ibid.

61. "Jenny Marx to Karl Marx", 24 mar. 1846, *MECW*, v. 38, pp. 529-32. Ao escrever que "todos os gatos são da mesma cor", Jenny estava aludindo à famosa repreensão de Hegel contra a concepção do "Absoluto" de Schelling no prefácio à *Fenomenologia* como "a noite em que todas as vacas são negras".

62. "Moses Hess to Karl Marx", 29 maio 1846, *MEGA*, III, i, p. 211.

63. "Friedrich Engels to Karl Marx", 19 ago. 1846, *MECW*, v. 38, p. 56.

64. "Friedrich Engels to Karl Marx", 27 jul. 1846, *MECW*, v. 38, p. 46; "Engels to the Correspondence Committee", 16 set. 1846, *MECW*, v. 38, p. 65; ibid., 23 out. 1846, p. 81; "Friedrich Engels to Karl Marx", 15 jan. 1847, *MECW*, v. 38, p. 108.

65. "Friedrich Engels to Karl Marx", 14 jan. 1848, *MECW*, v. 38, p. 153.

66. "Friedrich Engels to Karl Marx", nov./dez. 1846, *MECW*, v. 38, p. 91.

67. Ibid., 9 mar. 1847, p. 115.

68. "Jenny Marx to Karl Marx", depois de 24 de agosto de 1845, *MECW*, v. 38, p. 529; "Hermann Ewerbeck to Karl Marx", 31 out. 1845, *MEGA*, III, i, pp. 489-90.

69. "Georg Jung to Karl Marx", 18 mar. 1845, *MEGA*, III, i, pp. 458-9.

70. "Joseph Weydemeyer to Karl Marx", 30 abr. 1846, *MEGA*, III, i, p. 532.

71. "Moses Hess to Karl Marx", 28 jul. 1846, in Silberner (Org.), *Moses Hess: Briefwechsel*, p. 165.

72. Arquivado e modificado, mas não abandonado. Ele continuou a considerar o "econômico" como uma distorção do "humano" e assumir que "abstração" era o meio pelo qual a humanida-

de se sujeitava a metas inumanas. Esses temas reaparecem de forma explícita nos *Esboços da crítica da economia política* (os chamados *Grundrisse*), de 1857-8.

73. Karl Marx, *The Poverty of Philosophy*, MECW, v. 6, p. 125.

74. Ibid., p. 138.

75. Sobre essas teorias, que geralmente pouco correspondiam às teorias de Ricardo, ver Gareth Stedman Jones, "Rethinking Chartism", in *Languages of Class: Studies in English Working Class History, 1832-1982* (Cambridge: Cambridge University Press, 1983), pp. 128-45.

76. Marx, *Poverty of Philosophy*, pp. 189-90.

77. Karl Marx, "Wages", MECW, v. 6, p. 419. Essas eram anotações feitas para as palestras que ele deu para a Associação Educacional dos Trabalhadores Alemães no outono de 1847.

78. Karl Marx, "Wage Labour and Capital", MECW, v. 9, pp. 212-3. A intenção de Karl de publicar suas palestras de 1847 foi interrompida pela irrupção da revolução. A maioria delas foi publicada no *Neue Rheinische Zeitung* em 1849.

79. Ibid., p. 214.

80. Ibid., pp. 219-20.

81. Ibid., pp. 215 e 225-6.

82. Marx, "Wages", p. 432.

83. "From our German Correspondent [Karl Marx], the Free Trade Congress at Brussels", set. 1847, MECW, v. 6, p. 290; Karl Marx, "Speech on the Question of Free Trade", 9 jan. 1848, MECW, v. 6, p. 465.

84. Louis Blanc, *The History of Ten Years, 1830-1840*. 2 v. Londres: Chapman and Hall, 1845, v. 1, pp. 27 e 33.

85. Alexis de Tocqueville, *Recollections*. Org. de J. P. Mayer e A. P. Kerr. Trad. de G. Lawrence. Londres: Macdonald, 1970, pp. 52 e 92.

86. Friedrich Engels, *The Condition of the Working Class in England: From Personal Observation and Authentic Sources*, MECW, v. 4, p. 304. Para comparações internacionais, ver M. Riedel, "Bürger, Staatsbürger, Bürgertum", in O. Brunner, W. Conze e R. Koselleck (Orgs.), *Geschichtliche Grundbegriffe: Historisches Lexikon zur politisch-sozialen Sprache in Deutschland* (Stuttgart: Klett-Cotta, 1972), v. 1, pp. 672-725; R. Koselleck, U. Spree e W. Steinmetz, "Drei bürgerliche Welten? Zur vergleichenden Semantik der bürgerlichen Gesellschaft in Deutschland, England und Frankreich", in Hans-Jürgen Puhle (Org.), *Bürger in der Gesellschaft der Neuzeit: Wirtschaft, Politik, Kultur* (Göttingen: Vandenhoeck & Ruprecht, 1991), pp. 14-58; Reinhart Koselleck e Klaus Schreiner, *Bürgerschaft: Rezeption und Innovation der Begrifflichkeit vom Hohen Mittelalter bis ins 19. Jahrhundert* (Stuttgart: Klett-Cotta, 1994); Jürgen Kocka, "Das europäische Muster und der deutsche Fall", in Jürgen Kocka (Org.), *Bürgertum im 19. Jahrhundert: Deutschland im europäischen Vergleich*, 3 v. (Göttingen: Vandenhoeck & Ruprecht, 1995), v. 1, pp. 9-75; Pamela M. Pilbeam, *The Middle Classes in Europe 1789-1914: France, Germany, Italy and Russia* (Basingstoke: Macmillan Education, 1990).

87. Ver Engels, *The Condition of the Working Class in England*, pp. 295-596.

88. Ver John M. Maguire, *Marx's Theory of Politics*. Cambridge: Cambridge University Press, 1978, p. 203.

89. "Karl Marx to Ludwig Kugelmann", 28 dez. 1862, MECW, v. 41, p. 435; e ver minha discussão em "The Young Hegelians, Marx and Engels", in Gareth Stedman Jones e Gregory Claeys

(Orgs.), *The Cambridge History of Nineteenth-Century Political Thought* (Cambridge: Cambridge University Press, 2011), pp. 579-85.

90. "George Julian Harney to Friedrich Engels", 30 mar. 1846, *MEGA*, III, i, p. 523.

91. "Hermann Kriege to Karl Marx", 9 jun. 1845, *MEGA*, III, i, p. 470.

92. "Carl Bernays to Karl Marx", 7 abr. 1846, *MEGA*, III, i, p. 529.

93. "Heinrich Burgers to Karl Marx", 30 ago. 1847, *MEGA*, III, ii, p. 351.

94. Friedrich Engels, "The Movements of 1847", *Deutsche-Brüsseler-Zeitung*, 23 jan. 1848, *MECW*, v. 6, pp. 521-9.

95. Para uma biografia de Von Bornstedt, ver nota 90 do capítulo 5.

96. Ver este capítulo, pp. 243-5.

97. Ver este capítulo, pp. 233-45.

98. "Friedrich Engels to Karl Marx", 23-24 nov. 1847, *MECW*, v. 38, pp. 146-9.

99. "New Year's Eve Celebration", 31 dez. 1847, *Deutsche-Brüsseler-Zeitung*, *MECW*, v. 6, p. 639.

100. *Le Débat social*, 6 fev. 1848, citado em Somerhausen, *L'Humanisme agissant*, pp. 172-4.

101. Karl Marx, "The *Débat social* of 6 February on the Democratic Association", *MECW*, v. 6, pp. 536-9.

102. Id., "Speech on the Question of Free Trade", pp. 463 e 465.

103. Id., "Speech on Poland", 29 nov. 1847, *MECW*, v. 6, pp. 388-9.

104. Id., "On the Polish Question", 22 fev. 1848, *MECW*, v. 6, p. 546.

105. Friedrich Engels, "Speech on Poland", 29 nov. 1847, *MECW*, v. 6, p. 389.

106. Somerhausen, *L'Humanisme agissant*, pp. 183-200.

107. Karl Marx, "Letter to the Editor of *La Réforme*", 6 mar. 1848, *MECW*, v. 6, p. 565.

8. AS REVOLUÇÕES DE MEADOS DO SÉCULO [pp. 272-336]

1. Sobre os acontecimentos da Revolução de Fevereiro em Paris, ver mais adiante no texto.

2. Hanna Ballin Lewis (Org.), *A Year of Revolutions: Fanny Lewald's Recollections of 1848*. Oxford: Berghahn, 1997, p. 41.

3. Nessa época, Engels acreditava que Ledru-Rollin e Flocon e "os homens da *Réforme* [...] são comunistas sem saber". "Friedrich Engels to Emil Blank", 28 mar. 1848, *MECW*, v. 38, p. 168. Numa carta ao seu advogado em 1860, prestando contas da sua carreira política em resposta às acusações de Karl Vogt, Karl escreveu: "Flocon ofereceu-se para ajudar a mim e Engels a financiar a fundação do *N. Rh. Z.* Nós recusamos porque, como *alemães*, não queríamos tomar subsídios de um *governo francês*, mesmo que *amigavelmente*". "Karl Marx to J. M. Weber", 3 mar. 1860, *MECW*, v. 41, p. 102.

4. Gustave Flaubert, *A Sentimental Education*. Org. e trad. de Douglas Parmée. Oxford: Oxford University Press, 1989, p. 317. [Trechos da ed. bras.: *A educação sentimental*. Trad. de Rosa Freire d'Aguiar. São Paulo: Penguin Classics Companhia das Letras, 2017. p. 375.]

5. Sebastian Seiler, *Das Komplott vom 13 Juni 1849, oder der letzte Sieg der Bourgeoisie in Frankreich*. Hamburgo: Joffman und Campe, 1850, p. 21. Citado em Boris Nicolaievsky e Otto Maenchen-Hel-

fen, *Karl Marx: Man and Fighter*. Trad. de G. David e E. Mosbacher. Londres: Allen Lane, 1973 [1933], p. 160.

6. "Report of the Speeches made by Marx and Engels at the General Meeting of the Democratic Committee in Cologne on 4 August 1848", *MECW*, v. 7, p. 556.

7. "Karl Marx to Joseph Weydemeyer", 5 mar. 1852, *MECW*, v. 39, p. 62.

8. Alexis de Tocqueville, *Recollections*. Org. de J. P. Mayer e A. P. Kerr. Trad. de G. Lawrence. Londres: Macdonald, 1970, p. 18.

9. O sufrágio sob o regime de julho era extremamente estrito: 166 mil em 1831 e 241 mil em 1846. Mas a proposta de estender o sufrágio era insignificante em comparação com o sufrágio masculino universal decretado pela Revolução de Fevereiro. Um total de 8,221 milhões de homens adultos tiveram o direito de votar na eleição para a Assembleia Constituinte em 23 de abril de 1848.

10. Citado em Georges Duveau, *1848: The Making of a Revolution*. Londres: Routledge & Kegan Paul, 1967, p. 8.

11. Habitualmente descrito como "o trabalhador Albert", ressaltando a novidade de um governo que incluía um trabalhador, seu nome real era Alexandre Martin. Ele era líder de uma sociedade secreta, mecânico e um dos membros da Comissão de Luxemburgo (estabelecida para discutir soluções para a questão do trabalho), e foi eleito membro da Assembleia Nacional. Acabou comprometido por sua participação no golpe de 15 de maio e foi preso.

12. Christopher Clark, *Iron Kingdom: The Rise and Downfall of Prussia 1600-1947*. Londres: Allen Lane, 2006, p. 469.

13. Os riscos de uma compreensão errada ou reação exagerada por parte das forças da ordem quando confrontadas por multidões urbanas, bem como a alta fatalidade presente nas batalhas de rua na França, Áustria e Alemanha, apontavam para os perigos de deixar questões cruciais de controle de multidões nas mãos de um exército armado. Na Grã-Bretanha, em contraste, existia uma força policial civil desde os anos 1820.

14. "Roland Daniels to Karl Marx", 21 mar. 1848, *MEGA*, III, ii, pp. 403-4. Segundo Daniels, "somente banqueiros e comerciantes recebem boletins informativos particulares, e Camphausen declarou anteontem no conselho municipal que não podia divulgar detalhes de seus boletins, uma vez que despertariam demasiada inquietação entre o povo".

15. "Georg Weerth to Karl Marx", 25 mar. 1848, *MEGA*, III, ii, p. 414.

16. Ver Oscar J. Hammen, *The Red '48ers: Karl Marx and Friedrich Engels*. Nova York: Scribner, 1969, p. 218.

17. "Andreas Gottschalk to Hess", 26 mar. 1848, in Edmund Silberner (Org.), *Moses Hess: Briefwechsel*. Haia: Mouton, 1959, pp. 175-6.

18. "Gottschalk to Hess", in Silberner (Org.), *Moses Hess: Briefwechsel*, p. 175; e ver Karl Stommel, "Der Armenarzt, Dr. Andreas Gottschalk, der erste Kölner Arbeiterführer, 1848", *Annalen des Historischen Vereins für den Niederrhein*, 166 (dez. 1964), p. 81.

19. Escrevendo de Colônia em março, George Weerth, amigo de Karl, exprimira o mesmo pensamento. "Embora tudo que se consiga aqui seja bastante democrático, as pessoas não obstante estremecem à menção da palavra 'república'." Em contraste, porém, observou também que para os lados de Koblenz e do Alto Reno "dizem que a opinião é favorável a uma república". "Georg Weerth to Karl Marx", 25 mar. 1848, *MEGA*, III, ii, p. 414.

20. Friedrich Engels, "Revolution and Counter-Revolution in Germany", ago. 1851/mar.

1853, *MECW*, v. 11, p. 37. Essa coletânea de ensaios foi originalmente escrita para o *New-York Daily Tribune*, sob o nome de Karl.

21. Stommel, "Der Armenarzt", pp. 84 e 91.

22. "Minutes of the Meeting of the Cologne Community of the Communist League", 11 maio 1848, *MECW*, v. 7, p. 542.

23. "Friedrich Engels to Karl Marx", 25 abr. 1848, *MECW*, v. 38, p. 173.

24. Ver anúncio editorial, *Neue Rheinische Zeitung* (doravante abreviado *NRhZ*), 1 jun. 1848, n. 1, p. 1.

25. Permanece em dúvida quanto da sua própria herança Karl investiu no jornal. Relatos correntes afirmam que ele pôs a quantia toda de 6 mil táleres. Mas, para uma avaliação mais qualificada, ver Hammen, *The Red '48ers*, p. 269.

26. "The First Trial of the *Neue Rheinische Zeitung*", discurso de Karl Marx, 7 fev. 1849, *MECW*, v. 8, p. 316. Ver também mais adiante no texto, p. 314.

27. "Statement of the Editorial Board", 1 jun. 1848, *MECW*, v. 7, p. 15.

28. (Karl Marx) "Camphausen's Statement at the Session of 30 May", *NRhZ*, n. 3, 2 jun. 1848, p. 2, *MECW*, v. 7, p. 33.

29. Friedrich Engels, "The Assembly at Frankfurt", *NRhZ*, n. 1, 1 jun. 1848, *MECW*, v. 7, p. 16.

30. Karl Marx, "The Programmes of the Radical-Democratic Party and of the Left at Frankfurt", *NRhZ*, n. 7, 7 jun. 1848, *MECW*, v. 7, pp. 49 e 50.

31. "Deutschland", *NRhZ*, n. 18, 18 jun. 1848, *MECW*, v. 7, p. 89.

32. "The Downfall of the Camphausen Government", *NRhZ*, suplemento n. 22, 22 jun. 1848, *MECW*, v. 7, p. 106. Não há motivo para crer que o governo de Auerswald-Hansemann que se seguiu à queda de Camphausen fosse mais pró-Rússia que seu predecessor. Mas os radicais alemães tinham muita razão para desconfiar das intenções russas, especialmente porque o tsar era casado com a irmã de Frederico Guilherme.

33. Charles Greville, *The Greville Memoirs. Second Part: A Journal of the Reign of Queen Victoria from 1837 to 1852* (Londres: Longmans, Green and Co., 1885), v. 3, pp. 202-3. Mark Traugott argumenta que o fator responsável pelo caráter disciplinado do levante foi o uso da forma semimilitar de hierarquia e organização desenvolvida dentro das Oficinas Nacionais. Ver Mark Traugott, *Armies of the Poor: Determinants of Working-Class Participation in the Parisian Insurrection of June 1848* (Princeton: Princeton University Press, 1985), especialmente caps. 5 e 6.

34. Ver Henri Guillemin, *La Première Résurrection de la République: 24 février 1848* (Paris: Gallimard, 1967), pp. 346-7. Aloysius Huber, que declarou dissolvida a Assembleia Nacional, era um agente secreto.

35. Maurice Agulhon, *1848, ou L'Apprentissage de la République, 1848-1852*. Paris: Seuil, 1973, p. 64.

36. Aproximadamente quinhentos insurgentes e mil soldados e homens da guarda perderam a vida no confronto. Em seguida, mais 3 mil insurgentes foram caçados na cidade e mortos a sangue-frio, 12 mil foram detidos e cerca de 4500 deles foram presos ou deportados para campos de trabalho na Argélia. Peter N. Stearns, *The Revolutions of 1848* (Londres: Weidenfeld & Nicholson, 1974), p. 92.

37. Karl Marx, "The June Revolution", *NRhZ*, n. 29, 29 jun. 1848, *MECW*, v. 7, pp. 144 e 147-8.

38. Ibid., p. 149.

39. "Report of the Speeches made by Marx and Engels at the General Meeting of the Democratic Society in Cologne on 4 August 1848", pp. 556-7.

40. Para a tentativa de Karl de contestar essa decisão, ver "The Conflict between Marx and Prussian Citizenship", *NRhZ*, n. 94, 5 set. 1848, *MECW*, v. 7, pp. 407-10.

41. Luís Napoleão Bonaparte (1808-73), sobrinho de Napoleão, acreditava-se destinado a restabelecer as glórias do Primeiro Império. Criado em grande parte na Suíça, em 1836 e 1840 fez duas tentativas malsucedidas de tomar o poder. Os princípios do bonapartismo, conforme ele os entendia, baseavam-se em duas ideias: sufrágio universal masculino e primazia do interesse nacional. Enquanto estava na prisão, escreveu seu livro mais famoso, *L'Extinction du pauperisme* (1844), saudando as virtudes da classe trabalhadora francesa e propondo várias reformas guiadas pelas ideias de associação, educação e disciplina. Em 1846, fugiu da cadeia e viveu em Londres até o verão de 1848. Sua popularidade não se baseava apenas em seu nome. Seu programa combinava um forte compromisso com a ordem, a família e a Igreja, junto com ideias supostamente progressistas sobre a questão social. A medida da sua atração revelou-se na eleição presidencial de dezembro de 1848, na qual obteve 5572834 votos, ou 74,2% dos votos lançados. A política de Bonaparte, que invocava o exército e a nação e recorria a ideias tanto da direita como da esquerda, foi um fenômeno novo. Inaugurou o que veio a ser chamado de populismo, combinando democracia com governo autoritário. E desconcertou radicais e socialistas, encontrando importantes imitadores na direita pós-legitimista.

42. La Montagne [A Montanha] referia-se àqueles que se sentavam nos bancos altos à esquerda da cadeira de comando na recém-eleita Convenção de 1792. Seguindo-se à queda da monarquia e à declaração da república, a questão que inicialmente separou os montanheses (*montagnards*) dos girondinos (*girondins*) foi a sorte de Luís XVI. Foi a pressão dos montanheses que resultou no julgamento e na execução do rei.

43. A lei marcial foi suspensa em 3 de outubro, mas dificuldades financeiras impediram o jornal de retomar sua publicação até 12 de outubro.

44. "German Foreign Policy and the Latest Events in Prague", *NRhZ*, n. 42, 12 jul. 1848, *MECW*, v. 7, p. 212.

45. "Com respeito a desenvolvimento social, nós, alemães, só agora chegamos ao ponto que os franceses já haviam alcançado no ano de 1789." "Report of the Speeches made by Marx and Engels at the General Meeting of the Democratic Society in Cologne on 4 August 1848", p. 556.

46. Karl Marx, "The Crisis and the Counter-Revolution", *NRhZ*, n. 102, 14 set. 1848, *MECW*, v. 7, p. 432. A Vendeia, no oeste da França, era a área na qual teve lugar a rebelião mais séria contra a Revolução por ocasião da convocação de 300 mil homens pela Convenção em 1793.

47. "Friedrich Engels to Karl Marx", 8-9 mar. 1848, *MECW*, v. 38, p. 160.

48. Karl Marx, "The Crisis and the Counter-Revolution", *NRhZ*, n. 101, 13 set. 1848, *MECW*, v. 7, p. 428.

49. Id., "The Government of the Counter-Revolution", *NRhZ*, n. 110, 23 set. 1848, *MECW*, v. 7, p. 448.

50. Id., "The Downfall of the Camphausen Government", *NRhZ*, n. 23, 23 jun. 1848, *MECW*, v. 7, p. 107.

51. Id., "The Crisis and the Counter-Revolution", *NRhZ*, n. 102, 14 set. 1848, *MECW*, v. 7, p. 431.

52. Clark, *Iron Kingdom*, p. 479.

53. Karl Marx, "The Counter-Revolution in Berlin", *NRhZ*, n. 142, 14 nov. 1848, *MECW*, v. 8, p. 19.

54. Após a convocação dos Estados Gerais por parte do governo francês (em falência) em maio de 1789, houve frequentes disputas entre os dois primeiros estados (clero e nobreza) e o "terceiro estado" (cidadãos comuns), particularmente para decidir se a votação deveria ser por ordem ou por cabeça. Em 17 de junho, o "terceiro estado" decidiu romper com os Estados Gerais e redigir sua própria Constituição. Como resultado, em 20 de junho, os cidadãos foram impedidos de entrar em seu local de reuniões. Dirigiram-se então para uma quadra de tênis próxima, autodenominaram-se Assembleia Nacional e resolveram não se dispersar até terem estabelecido uma nova Constituição para a França.

55. Karl Marx, "The Counter-Revolution in Berlin", *NRhZ*, n. 141, 12 nov. 1848, *MECW*, v. 8, p. 15.

56. Em relação à campanha para a recusa de impostos, num "Apelo" enviado em nome do "Comitê Distrital Democrático Renano" e assinado por Karl Marx, Karl Schapper e Schneider II em 18 de novembro de 1848, declarava-se que era preciso "resistir em toda parte e de toda maneira" àquela "coleta forçada" de impostos. E também intimava que "uma milícia popular precisa ser organizada em todo lugar" ("Appeal", 18 nov. 1848, *MECW*, v. 8, p. 41). Mas três dias depois o mesmo comitê apelou para que "se conduzam calmamente". Ver "'Appeal' Sent Out to 'Democrats of the Rhine Province' in the Name of 'Karl Marx, Karl Schapper and Schneider II'", *NRhZ*, n. 148, 21 nov. 1848, *MECW*, v. 8, p. 46.

57. Karl Marx, "The Counter-Revolution in Berlin", *NRhZ*, n. 141, 12 nov. 1848, *MECW*, v. 8, p. 17.

58. Id., "The Victory of the Counter-Revolution in Vienna", *NRhZ*, n. 136, 7 nov. 1848, *MECW*, v. 7.

59. Id., "The Bourgeoisie and the Counter-Revolution", *NRhZ*, n. 183, 31 dez. 1848, *MECW*, v. 8, p. 178.

60. Jonathan Sperber, *Rhineland Radicals: The Democratic Movement and the Revolution of 1848--1849*. Princeton: Princeton University Press, 1991, p. 383.

61. Friedrich Engels, "From Paris to Berne", não publicado durante sua vida, *MECW*, v. 7, pp. 519 e 528-9.

62. "August Ewerbeck to Moses Hess", 14 nov. 1848, in Silberner (Org.), *Moses Hess: Briefwechsel*, p. 209.

63. Citado em Hammen, *The Red '48ers*, p. 316.

64. Stommel, "Der Armenarzt", p. 99.

65. Karl Marx, "Montesquieu LVI", *NRhZ*, n. 202, 22 jan. 1849, *MECW*, v. 8, p. 266. Nesse ensaio, de uma vez por todas, em vez de reiterar interminavelmente sua denúncia da "burguesia", Karl estava preparado, como os cartistas na Inglaterra e os "démoc-socs" (democratas socialistas) na França, a distinguir entre seus diferentes componentes sociais e políticos. Além dos "setores comercial e industrial da burguesia" que "se lançam nos braços da contrarrevolução por medo da revolução", havia também "magnatas financeiros, grandes credores do Estado, banqueiros e investidores, cuja riqueza aumenta proporcionalmente à pobreza do povo, e, finalmente, homens cujos negócios dependem da velha estrutura política": ibid., p. 267.

66. "Gottschalk to Hess", 22 mar. 1849, in Silberner (Org.), *Moses Hess: Briefwechsel*, pp. 216-7.

67. "The First Trial of the *Neue Rheinische Zeitung*", discurso de Karl Marx, 7 fev. 1849, *MECW*, v. 8, pp. 304-17.

68. "The Trial of the Rhenish District Committee of Democrats", discurso de Karl Marx, 8 fev. 1849, *MECW*, v. 8, pp. 323-39.

69. Karl Marx, "The Revolutionary Movement", *NRhZ*, n. 184, 1 jan. 1849, *MECW*, v. 8, pp. 214-5.

70. Friedrich Engels, "The Magyar Struggle", *NRhZ*, n. 194, 13 jan. 1849, *MECW*, v. 8, pp. 230 e 238.

71. Id., "Bourgeoisie and the Counter-Revolution", p. 178.

72. Id., "Revolutionary Movement", p. 213.

73. Id., "Stein", *NRhZ*, n. 225, 18 fev. 1849, *MECW*, v. 8, p. 390.

74. Id., "The Frankfurt March Association and the *Neue Rheinische Zeitung*", *NRhZ*, n. 248, 17 mar. 1848, *MECW*, v. 9, pp. 84-5.

75. Dieter Dowe, *Aktion und Organisation: Arbeiterbewegung, sozialistische und kommunistische Bewegung in der preussischen Rheinprovinz 1820-1852*. Hannover: Verlag für Literatur und Zeitgeschehen, 1970, pp. 221-4.

76. Sperber, *Rhineland Radicals*, pp. 351-3.

77. "Report of the Speeches Made by Marx and Engels at the General Meeting of the Democratic Society in Cologne on 4 August 1848", pp. 556-7.

78. "Report on the Convocation of the Congress of Workers' Associations", *NRhZ*, n. 282, 26 abr. 1849, *MECW*, v. 9, p. 502.

79. "The 18th of March", *NRhZ*, n. 249, 18 mar. 1849, *MECW*, v. 9, p. 108.

80. "Karl Marx to Friedrich Engels", 7 jun. 1849, *MECW*, v. 38, p. 200.

81. David McLellan (Org.), *Karl Marx: Interviews and Recollections*. Londres: Macmillan, 1981, p. 15.

82. Flaubert, *Sentimental Education*, p. 322 [ed. bras., p. 381].

83. Alexander Herzen, *My Past and Thoughts: The Memoirs of Alexander Herzen*. Trad. de C. Garnett. Nova York: A. A. Knopf, 1968, v. 2, pp. 671-2.

84. Karl Marx, *The Class Struggles in France, 1848 to 1850*, *MECW*, v. 10, p. 106. A verdade é que, dado seu papel ambivalente em fevereiro e junho de 1848, Ledru-Rollin não era inteiramente confiável como líder popular em Paris. Ver Agulhon, *1848*, pp. 93-5.

85. "Karl Marx to Friedrich Engels", 7 jun. 1849, *MECW*, v. 38, p. 199.

86. "Karl Marx to Ferdinand Freiligrath", 31 jul. 1849, *MECW*, v. 38, pp. 205-6.

87. "Karl Marx to Joseph Weydemeyer", fim de julho de 1849, *MECW*, v. 38, p. 209.

88. "Karl Marx to Friedrich Engels", 17 ago. 1849, *MECW*, v. 38, p. 211.

89. Isso se baseia no testemunho do fabricante de charutos Peter Röser, que era membro da Liga Comunista em Colônia. Mas seu testemunho deve ser tratado com alguma cautela, uma vez que foi fornecido numa investigação policial, e Röser tinha todo o incentivo para ressaltar a ênfase de Karl em educação e propaganda em vez de ação revolucionária. Ver Nicolaievsky e Maenchen--Helfen, *Karl Marx*, pp. 414-7 (apêndice III).

90. Nicolaievsky e Maenchen-Helfen, *Karl Marx*, p. 223.

91. Marx, "Victory of the Counter-Revolution in Vienna", p. 506; Id., "Bourgeoisie and the Counter-Revolution", pp. 154 e 178.

92. Karl Marx e Friedrich Engels, "Address of the Central Authority to the League", mar. 1850, *MECW*, v. 10, p. 277.

93. Ibid., p. 281.

94. Ibid., pp. 283-7.

95. Karl Marx e Friedrich Engels, "Address of the Central Authority to the League", jun. 1850, *MECW*, v. 10, pp. 371-2 e 377. Ao contrário do discurso de março, vem se questionando a autoria de seu discurso de junho. Ver Christine Lattek, *Revolutionary Refugees: German Socialism in Britain, 1840--1860* (Londres: Routledge, 2006), p. 60.

96. "Universal Society of Revolutionary Communists", meados de abril de 1850, *MECW*, v. 10, p. 614.

97. Ver a carta de Friedrich Engels e a declaração de Henryk Miskowsky (a segunda de Schramm) em Karl Marx, "The Knight of the Noble Consciousness" (um panfleto atacando Willich), 28 nov. 1853, *MECW*, v. 12, pp. 489-96. Há um vívido relato do duelo em Francis Wheen, *Karl Marx* (Londres: Fourth Estate, 1999), pp. 164-5.

98. "Meeting of the Central Authority", 15 set. 1850, *MECW*, v. 10, pp. 625-30. As posições adotadas por Willich e Schapper têm sido frequentemente tratadas como uma só. Isso não é verdade, já que, ao contrário de Willich, Schapper em geral era muito cauteloso em relação a políticas insurrecionais. A principal preocupação de Schapper na reunião da Autoridade Central era tentar mediar entre os dois lados. Porém, mais importante ainda, considerava ele, era a necessidade de manter a Associação dos Trabalhadores unida. Ver Lattek, *Revolutionary Refugees*, pp. 72-80.

99. "Jenny Marx to Adolf Cluss", 30 out. 1852, *MECW*, v. 39, p. 578.

100. "Karl Marx to Friedrich Engels", 23 ago. 1849, *MECW*, v. 38, p. 213.

101. "Karl Marx to Ferdinand Freiligrath", 5 set. 1849, *MECW*, v. 38, p. 216; "Karl Marx to Ferdinand Freiligrath", 11 jan. 1850, *MECW*, v. 38, p. 224.

102. "Jenny Marx to Joseph Weydemeyer", 20 maio 1850, *MECW*, v. 38, p. 555. A vida familiar de Karl durante esses primeiros anos em Londres é discutida no capítulo 9.

103. Karl Marx e Friedrich Engels, "Gottfried Kinkel", *NRhZ — Politisch-Ökonomische Revue*, n. 4, 1850, *MECW*, v. 10, pp. 345-7; e ver Lattek, *Revolutionary Refugees*, pp. 59-60.

104. "Announcement of the *Neue Rheinische Zeitung. Politisch-Ökonomische Revue*", 15 dez. 1849, *MECW*, v. 10, p. 5.

105. Karl Marx e Friedrich Engels, "Review, May to October 1850", *MECW*, v. 10, p. 510.

106. McLellan (Org.), *Karl Marx: Interviews and Recollections*, p. 25.

107. Esse texto é discutido em detalhe no capítulo 9.

108. "Karl Marx to Joseph Weydemeyer", 5 mar. 1852, *MECW*, v. 39, p. 62.

109. Ver E. A. Wrigley, *Continuity, Chance and Change: The Character of the Industrial Revolution in England* (Cambridge: Cambridge University Press, 1988); Roderick Floud e Paul Johnson (Orgs.), *The Cambridge Economic History of Modern Britain*, v. 1: *Industrialisation, 1700-1860* (Cambridge: Cambridge University Press, 2004).

110. Ver Gareth Stedman Jones, *Languages of Class: Studies in English Working Class History, 1832-1982*. Cambridge: Cambridge University Press, 1983, pp. 1-25 e 90-179.

111. Karl Marx, "The German Ideology", *MECW*, v. 5, p. 49; Gareth Stedman Jones (Org.), *Karl Marx and Friedrich Engels: The Communist Manifesto* (Londres: Penguin, 2002), p. 235.
112. Karl Marx, *Economic and Philosophical Manuscripts of 1844*, *MECW*, v. 3, p. 241.
113. Friedrich Engels, "The Condition of England: The English Constitution", mar. 1844, *MECW*, v. 3, pp. 512-3.
114. Para a discussão das imagens contrastantes de *industriels* ou *classe moyenne*, ver Shirley M. Gruner, *Economic Materialism and Social Moralism: A Study in the History of Ideas in France from the Latter Part of the 18th Century to the Middle of the 19th Century* (Haia: Mouton, 1973), parte 3; Sarah Maza, *The Myth of the French Bourgeoisie: An Essay on the Social Imaginary, 1750-1850* (Cambridge, Massachusetts: Harvard University Press, 2003).
115. Sobre a confiança inicial de Guizot nas reputadas capacidades racionais da *classe moyenne*, ver Pierre Rosanvallon, *Le Moment Guizot* (Paris: Gallimard, 1985).
116. Ver J.-C.-L. Simonde de Sismondi, *Nouveaux Principes d'économie politique, ou de la richesse dans ses rapports avec la population*, 2 v. (Paris: Chez Delaunay, 1819). A superprodução era vista como o resultado da mecanização e do crescimento de um mercado mundial. Ver Gareth Stedman Jones, *An End to Poverty?: A Historical Debate* (Londres: Profile, 2004), cap. 4.
117. Gareth Stedman Jones, "The Mid-Century Crisis and the 1848 Revolutions: A Critical Comment", *Theory and Society*, v. 12, n. 4, jul. 1983; Mark Traugott, *Armies of the Poor: Determinants of Working-Class Participation in the Parisian Insurrection of June 1848* (Princeton: Princeton University Press, 1985), cap. 1.
118. Ver Peter Kriedte, Hans Medick e Jürgen Schlumbohn, *Industrialisierung vor der Industrialisierung: Gewerbliche Warenproduktion auf dem Land in der Formationsperiode des Kapitalismus*. Göttingen: Vandenhoeck & Ruprecht, 1977, especialmente cap. 6.
119. Marx, *Class Struggles in France*, p. 66.
120. A Guarda Móvel era uma força especial cuja existência foi criada pela República, tanto como forma de emprego quanto como uma proteção para o regime. Era composta de jovens trabalhadores desempregados, exatamente dos mesmos estratos sociais que os trabalhadores nas Oficinas Nacionais. *Lumpen* significa "trapo", ou "trapos e farrapos". "Lumpenproletariat", o proletariado catador de trapos, era um termo pejorativo referindo-se à *classe dangereuse*, uma classe semicriminosa, composta da ralé e dos mendigos. Para o uso do termo por volta de 1850, ver a discussão do capítulo 9 sobre o ensaio *O 18 de brumário de Luís Bonaparte*, de Karl, e a discussão do bonapartismo (pp. 359-68 em diante).
121. Citado em Traugott, *Armies of the Poor*, p. 30.
122. Ibid., pp. 150-1.
123. Marx, *Class Struggles in France*, p. 69.
124. No caso de Engels, ver Gareth Stedman Jones, "Voir sans entendre: Engels, Manchester et l'observation sociale en 1844", *Genèses*, v. 22 (1996), pp. 4-17.
125. Thomas Carlyle, *Chartism*. Londres: James Fraser, 1839, cap. 1.
126. *Hansard*, 3ª série, v. 63, 3 maio 1842.
127. Tocqueville, *Recollections*, p. 199.
128. Daniel Stern, *Histoire de la Révolution de 1848* (Paris: André Balland, 1985 [1850-2]), p. 241. "Daniel Stern" era o pseudônimo literário da condessa D'Agoult. Nascida de uma família aristocrática franco-alemã, perdeu sua casta ao fugir com o compositor Franz Liszt, com quem viveu por

alguns anos. Deserdada por Liszt, sustentou-se como jornalista, assinando "Daniel Stern". Sua *Histoire* é geralmente considerada um dos melhores relatos da Revolução em Paris em 1848.

129. Inversamente, a contínua exclusão ou discriminação contra as classes trabalhadoras mediante o sufrágio de três classes fornecia um importante motivo para os trabalhadores da Alemanha se manterem uma classe à parte.

9. LONDRES [pp. 337-400]

1. G. A. Sala, *Gaslight and Daylight with Some London Scenes They Shine Upon* (Londres: Chapman & Hall, 1859), pp. 88-91. Sobre o caráter político da "emigração" alemã, ver também a descrição de Karl em 1852: "Essa mistura de ex-membros do Parlamento de Frankfurt, da Assembleia Nacional de Berlim e da Câmara dos Deputados, de cavalheiros da campanha de Baden, gigantes oriundos da comédia da Constituição Imperial, escritores sem público, tagarelas vindos de clubes e congressos democráticos, jornalistas de décima segunda categoria e assim por diante" (Karl Marx e Friedrich Engels, *The Great Men of the Exile*, MECW, v. 11, p. 259). Para um relato mais geral dos exilados e refugiados alemães de 1848, ver Rosemary Ashton, *Little Germany: Exile and Asylum in Victorian England* (Oxford: Oxford University Press, 1986); e para um relato focado especificamente nas organizações e nos agrupamentos socialistas revolucionários, ver Christine Lattek, *Revolutionary Refugees: German Socialism in Britain, 1840-1860* (Londres: Routledge, 2006).

2. "Karl Marx to Friedrich Engels", 13 set. 1854, *MECW*, v. 39, p. 481.

3. Jenny Marx, "A Short Sketch of an Eventful Life", in Institut Marksizma-Leninzma, *Reminiscences of Marx and Engels*. Moscou: Foreign Languages Publishing House, 1957, p. 225.

4. "Jenny Marx to Joseph Weydemeyer", 20 maio 1850, *MECW*, v. 38, p. 555.

5. Ibid., pp. 555-6.

6. Ibid., p. 557. Essa *"moonlight flit"* [fuga noturna] era um jeito bem conhecido de fugir do pagamento de aluguéis atrasados. Uma das mais celebradas canções de Marie Lloyd, a famosa cantora de espetáculos de variedades — "My Old Man (Said Follow the Van)" —, contava a história de uma dessas escapadas.

7. Jenny Marx, "Short Sketch", p. 226.

8. "Prussian Spy", in Institut Marksizma-Leninzma, *Reminiscences of Marx and Engels*, p. 35.

9. "Karl Marx to Friedrich Engels", 6 jan. 1851, *MECW*, v. 38, p. 257; "Friedrich Engels to Karl Marx", 8 jan. 1851, *MECW*, v. 38, p. 263.

10. "Karl Marx to Friedrich Engels", 31 mar. 1851, *MECW*, v. 38, pp. 323-4.

11. Ibid., 2 abr. 1851, p. 325; "Friedrich Engels to Karl Marx", 15 abr. 1851, *MECW*, v. 38, p. 335; ibid., 6 maio 1851, p. 346.

12. "Karl Marx to Friedrich Engels", 31 jul. 1851, *MECW*, v. 38, p. 397.

13. "Friedrich Engels to Karl Marx", 15 out. 1851, *MECW*, v. 38, p. 477.

14. "Karl Marx to Joseph Weydemeyer", 20 fev. 1852, *MECW*, v. 39, p. 40.

15. "Karl Marx to Friedrich Engels", 27 fev. 1852, *MECW*, v. 39, p. 50.

16. Ibid., 2 abr. 1851, v. 38, p. 326.

17. Ibid., 14 abr. 1852, v. 39, p. 78; "Friedrich Engels to Joseph Weydemeyer", 16 abr. 1852, *MECW*, v. 39, p. 79.

18. Jenny Marx, "Short Sketch", p. 228.

19. "Karl Marx to Friedrich Engels", 8 set. 1852, *MECW*, v. 39, p. 181.

20. "Jenny Marx to Friedrich Engels", 27 abr. 1853, *MECW*, v. 39, p. 581; "Karl Marx to Friedrich Engels", 8 out. 1853, *MECW*, v. 39, p. 385.

21. "Karl Marx to Moritz Elsner", 11 set. 1855, *MECW*, v. 39, p. 550. Conta-se que o dr. Freund foi à falência com dívidas de 3 mil libras esterlinas. Em 1858, Karl escreveu para Engels: "Conta-se que o dr. Freund está tão por baixo na sua sorte que teria abordado pessoas na rua pedindo um xelim": "Karl Marx to Friedrich Engels", 29 nov. 1858, *MECW*, v. 40, p. 357.

22. "Prussian Spy", in D. McLellan (Org.), *Karl Marx: Interviews and Recollections*. Londres: Macmillan, 1981, p. 36.

23. Jenny, a filha mais velha, sobreviveu até a idade adulta e casou-se com Charles Longuet, mas morreu de tuberculose em 1883, aos 38 anos.

24. "Jenny Marx to Joseph Weydemeyer", 20 maio 1850, *MECW*, v. 38, p. 556.

25. Jenny Marx, "Short Sketch", p. 229.

26. "Karl Marx to Friedrich Engels", 3 mar. 1855, *MECW*, v. 39, p. 524.

27. Ibid., 16 mar. 1855, p. 528.

28. Ibid., 27 mar. 1855, p. 529.

29. Ibid., 30 mar. 1855, p. 529.

30. Ibid., 6 abr. 1855, p. 530.

31. Jenny Marx, "Short Sketch", p. 229.

32. "Jenny Marx to Ferdinand Lassalle", 9 abr. 1858, *MECW*, v. 40, p. 570.

33. "Karl Marx to Ferdinand Lassalle", 31 maio 1858, *MECW*, v. 40, p. 315.

34. "Prussian Spy", p. 35. Werner Blumenberg, *Portrait of Marx: An Illustrated Biography*, trad. de Douglas Scott (Nova York: Herder & Herder, 1972), pp. 112-3.

35. "Karl Marx to Friedrich Engels", 18 dez. 1857, *MECW*, v. 40, p. 224; "Karl Marx to Ferdinand Lassalle", 21 dez. 1857, *MECW*, v. 40, p. 226.

36. "Karl Marx to Friedrich Engels", 29 abr. 1858, *MECW*, v. 40, pp. 309-10.

37. "Karl Marx to Friedrich Engels", 8 jan. 1861, *MECW*, v. 41, p. 243; ibid., 18 jan. 1861, p. 247.

38. "Jenny Marx to Wilhelm Liebknecht", c. 24 nov. 1863, *MECW*, v. 41, p. 587.

39. "Karl Marx to Friedrich Engels", 4 dez. 1863, *MECW*, v. 41, p. 497. Segundo Yvonne Kapp, a doença de fígado de Karl e seus carbúnculos poderiam estar relacionados com uma infecção estafilocócica generalizada que não poderia ter sido diagnosticada como tal até o fim da década de 1880. Ambas as moléstias eram agravadas pelo álcool. Yvonne Kapp, *Eleanor Marx*, 2 v. (Londres: Lawrence & Wishart, 1972), v. 1, p. 49.

40. "Karl Marx to Friedrich Engels", 27 dez. 1863, *MECW*, v. 41, p. 503.

41. Ibid., 15 jul. 1852, v. 39, p. 131.

42. Ibid., 18 set. 1852, p. 186.

43. Ibid., 3 jun. 1854, p. 457.

44. Ibid., 23 nov. 1860, v. 41, p. 216; ibid., 12 dez. 1860, p. 228.

45. "Karl Marx to Joseph Weydemeyer", 17 jun. 1850, *MECW*, v. 38, p. 238.
46. "Karl Marx to Friedrich Engels", 23 nov. 1850, *MECW*, v. 38, p. 242.
47. Ibid., 31 mar. 1851, p. 324.
48. Jenny Marx, "Short Sketch", p. 227.
49. Helena Demuth (1820-90) era a governanta e criada de Jenny e Karl. Nascida de pais camponeses no Sarre, quando adolescente foi adotada pela família Von Westphalen para trabalhar como empregada doméstica. Depois que Karl e Jenny se casaram e se mudaram para Bruxelas, Helena foi mandada pela mãe de Jenny, Caroline, para ajudar, em abril de 1845. Permaneceu com a família Marx todo o tempo até a morte de Karl em 1883, e durante alguns anos, no começo da década de 1860, recebera a companhia de sua irmã (ver pp. 354 e 356). Após a morte de Karl, mudou-se para a casa de Engels até sua própria morte, devida ao câncer, em 1890. Parecia ser considerada por todos os membros das famílias Marx e Engels como uma integrante indispensável da família. De acordo com os desejos de Jenny, foi enterrada no túmulo da família Marx.
50. Ver o apêndice a este capítulo, pp. 399-400.
51. "Karl Marx to Friedrich Engels", 31 mar. 1851, *MECW*, v. 38, p. 324; ibid., 2 abr. 1851, p. 325. Karl ficou com Engels em Manchester entre os dias 17 e 26 de abril. Quando se referia à sexualidade ou aos aspectos fisiológicos das mulheres, Karl frequentemente utilizava o francês.
52. Ibid., 31 jul. 1851, p. 398.
53. "Karl Marx to Joseph Weydemeyer", 2 ago. 1851, *MECW*, v. 38, pp. 402-3.
54. Numa carta a Louise Weydemeyer em 1861, Jenny escreveu: "Na esfera doméstica, 'Lenchen' ainda continua sendo minha fiel e zelosa companheira. Pergunte ao seu querido marido sobre ela, e ele lhe dirá que tesouro ela tem sido para mim. Por dezesseis anos ela tem enfrentado tormentas e tempestades conosco". "Jenny Marx to Louise Weydemeyer", 11 mar. 1861, *MECW*, v. 41, p. 572.
55. Ver, por exemplo, a carta enviada a ela quando estava visitando sua mãe enferma em Trier. A carta concluía declarando que o amor, "não o do homem feuerbachiano, não o do metabolismo moleschottiano, não o amor pelo proletariado, mas o amor por uma pessoa meiga e especialmente por você, transforma um homem de volta em homem": "Karl Marx to Jenny Marx", 21 jun. 1856, *MECW*, v. 40, p. 55. Segundo o contestado testemunho de Louise Freyburger, para Marx "o medo de um divórcio da sua esposa, que era terrivelmente ciumenta, estava sempre presente". Ver o apêndice a este capítulo, pp. 399-400.
56. Jenny Marx, "Short Sketch", p. 228.
57. Mas Karl não confiava totalmente em Liebknecht, porque este permanecera na Communistischer Arbeiter-Bildungsverein (Associação Educacional dos Trabalhadores Comunistas), apesar do fato de a facção dominante dentro dela ser agora a de Willich e Schapper.
58. Wilhelm Liebknecht, *Karl Marx: Biographical Memoirs*. Londres: Journeyman, 1975 [1901].
59. Jenny Marx, "Short Sketch", p. 229.
60. A autoria de Engels não se tornou conhecida até o início do século xx. Eleanor Marx atribuíra esses artigos a seu pai na coletânea que fez dos artigos dele, *The Eastern Question*, publicada em Londres em 1897. Ver Chushichi Tsuzuki, *The Life of Eleanor Marx, 1855-1898: A Socialist Tragedy* (Oxford: Clarendon, 1967), pp. 269-70.

61. Ver David McLellan, *Karl Marx: His Life and Thought*. Londres: Macmillan, 1973, pp. 286-7.

62. Tristram Hunt, *The Frock-Coated Communist: The Revolutionary Life of Friedrich Engels*. Londres: Allen Lane, 2009, pp. 193-4.

63. Ver McLellan, *Karl Marx: His Life and Thought*, pp. 264-5 e 277-8.

64. Jenny Marx, "Short Sketch", pp. 229-30.

65. "Jenny Marx to Louise Weydemeyer", 11 mar. 1861, *MECW*, v. 41, p. 570.

66. "Karl Marx to Friedrich Engels", 2 dez. 1856 e 20 jan. 1857, *MECW*, v. 40, pp. 85 e 94.

67. Jenny Marx, "Short Sketch", p. 230.

68. "Karl Marx to Friedrich Engels", 15 jul. 1858, *MECW*, v. 40, pp. 328-31.

69. Ibid., p. 360.

70. "Charles Dana to Karl Marx", 6 abr. 1857, *MEGA*, III, viii, p. 384. Engels forneceu o lote inicial de artigos militares, deixando Karl com a embaraçosa tarefa de "enrolar" Dana até Engels se recuperar: ver "Karl Marx to Friedrich Engels", 11 jul. 1857, *MECW*, v. 40, p. 145. Ele fingiu que o grosso das contribuições havia "se perdido". Ver ibid., 26 ago. 1857, pp. 159-60.

71. "Charles Dana to Karl Marx", 6 abr. 1857, *MEGA*, III, viii, p. 384. "Charles Dana to Jenny Marx", 28 mar. 1862, *MEGA*, III, xii, p. 47. Dana explicou que "isso é o que fazem, simplesmente pela impossibilidade de abrir espaço para eles no jornal, toda coluna sendo requerida para notícias domésticas relativas à guerra". Ver também "Friedrich Engels to Karl Marx", 5 maio 1862, *MECW*, v. 41, p. 359.

72. "Karl Marx to Friedrich Engels", 9 dez. 1861, *MECW*, v. 41, p. 333.

73. Ibid., 19 dez. 1861, p. 335.

74. Ibid., 26 fev. 1862, pp. 340-1; ibid., 19 maio 1862, p. 365.

75. Ibid., 18 jun. 1862, p. 380.

76. "Friedrich Engels to Karl Marx", 7 jan. 1863, *MECW*, v. 41, p. 441; "Karl Marx to Friedrich Engels", 8 jan. 1863, *MECW*, v. 41, pp. 442-3.

77. "Friedrich Engels to Karl Marx", 13 jan. 1863, *MECW*, v. 41, pp. 443-4.

78. "Karl Marx to Friedrich Engels", 24 jan. 1863, *MECW*, v. 41, pp. 445-6.

79. "Friedrich Engels to Karl Marx", 26 jan. 1863, *MECW*, v. 41, p. 447.

80. "Karl Marx to Friedrich Engels", 2 dez. 1863, *MECW*, v. 41, p. 495.

81. Sobre o caráter e a vida de Wolff em Manchester, ver Ashton, *Little Germany*, pp. 117-21.

82. "Karl Marx to Friedrich Engels", 4 jul. 1864, *MECW*, v. 41, p. 546.

83. Ibid., 31 jul. 1865, v. 42, p. 172.

84. Henry Mayhew, *London Labour and the London Poor* (Londres: Griffin, Bohn, and Company, 1861), v. 2, p. 323; e ver Gareth Stedman Jones, *Outcast London: A Study in the Relationship between Classes in Victorian Society* (Oxford: Clarendon, 1971 [Londres: Verso, 2013, 4. ed.]), parte 1.

85. "Karl Marx to Friedrich Engels", 30 jul. 1862, *MECW*, v. 41, p. 389. Karl o chamava de "Negro Judeu" por causa da maneira como seu cabelo crescia, e especulava se ele seria descendente dos negros que acompanharam a fuga de Moisés do Egito. "A importunidade do sujeito também é típica de negro": ibid., p. 390.

86. Ibid., 31 jul. 1865, v. 42, pp. 172-3.

87. Ibid., 22 jul. 1854, v. 39, p. 469.

88. Blumenberg, *Portrait of Marx*, p. 121.

89. "Karl Marx to Lion Philips", 25 jun. 1864, *MECW*, v. 41, p. 543.
90. McLellan, *Karl Marx: His Life and Thought*, pp. 264-6.
91. "Karl Marx to Ferdinand Freiligrath", 29 fev. 1860, *MECW*, v. 41, p. 82.
92. "Friedrich Engels to Karl Marx", 3 dez. 1851, *MECW*, v. 38, p. 505.
93. Após derrotas nas eleições parciais de março de 1850, os conservadores temeram perder o apoio das massas. Desse modo, introduziram uma nova lei eleitoral, em maio de 1850, que removia das listas um terço dos eleitores mais pobres, com proporção muito maior em cidades grandes e centros industriais. Em Paris, o eleitorado foi reduzido de 225 192 para 80 894. Citado em Roger Price, *The French Second Empire: An Anatomy of Political Power* (Cambridge: Cambridge University Press, 2001), p. 20.
94. Em seu livro *Idées Napoléoniennes*, de 1839, Bonaparte escreveu sobre uma "ideia social" em lugar da guerra. Em *L'Extinction du pauperisme*, de 1844, ele advogava uma reforma social.
95. Karl Marx, *The Class Struggles in France, 1848 to 1850*, *MECW*, v. 10, p. 65.
96. Id., *The Eighteenth Brumaire of Louis Bonaparte*, 1852, *MECW*, v. 11, p. 108. Na crítica da literatura sobre o golpe de Estado do *People's Paper*, Karl fez Eccarius escrever: "A democracia francesa não deve ser confundida com a inglesa. Na França, ela representa os pequenos proprietários e locatários, porém menos suas vontades reais do que seus desejos imaginários. Na Inglaterra, a democracia aplica-se diretamente ao movimento da classe trabalhadora". Ver "A Review of the Literature on the *Coup d'État*", *MECW*, v. 11, p. 598.
97. Id., *Eighteenth Brumaire*, pp. 127-8.
98. Mais genericamente, a abordagem de Karl da história moderna francesa fora moldada pelos historiadores franceses do período de 1815 a 1830, sobretudo o prolífico historiador e orleanista ministro-chefe François Guizot. Para explicar o desenvolvimento da revolução na França e seu deslocamento do governo semifeudal para uma nova sociedade comercial baseada em talento e riqueza monetária, esses historiadores tinham empregado um modelo inglês. Eles haviam traçado um paralelo histórico entre 1640, Cromwell e 1688, de um lado, e 1789, Napoleão e 1830, de outro. Em ambos os casos, essas sequências de revolução podiam ser apresentadas como conflitos entre terra e capital móvel, ou entre feudalismo e sociedade comercial. Tal abordagem tinha funcionado bem para os historiadores da Restauração. Mas oferecia pouca orientação para distinguir entre uma facção política e outra em 1848.
99. Marx, *Eighteenth Brumaire*, pp. 112-3.
100. Ibid., p. 130.
101. Ibid., pp. 182-3.
102. Ibid., p. 185.
103. Ibid., pp. 187-8.
104. Na eleição presidencial de 10 de dezembro de 1848, Bonaparte ganhou 58% dos votos, e em Lyon, 62%. Seu apoio era mais alto em *quartiers* populares, onde havia muita evidência de apoio bonapartista até mesmo durante os dias de junho. Ver Price, *French Second Empire*, p. 18.
105. Marx, *Eighteenth Brumaire*, p. 188. As atitudes políticas dos camponeses diferiam fortemente conforme a região. Nas regiões do Maciço Central, Alpes, Rhône-Saône, Alsácia e nos bolsões através do Midi, o apoio era predominantemente para os "démoc-socs".

106. Ibid., p. 149.
107. Ibid.
108. Ibid.
109. Mayhew, *London Labour and the London Poor*, v. 3, p. 301.
110. Benjamin Constant, *The Spirit of Conquest and Usurpation and Their Relation to European Civilization* (1814), in B. Fontana (Org. e trad.), *Constant: Political Writings* (Cambridge: Cambridge University Press, 1988), pp. 54, 101 e 105.
111. Marx, *Eighteenth Brumaire*, p. 193.
112. Ibid.
113. Ibid., p. 185. Karl gostava particularmente dessa metáfora shakespeariana. A ideia da "velha toupeira" foi tirada de *Hamlet*, Ato 1, Cena 5.
114. Na Inglaterra, Karl e Engels tentaram divulgar o texto por meio de um artigo de crítica do alfaiate londrino Johann Georg Eccarius, seguidor de Karl e ex-membro da Liga Comunista. Ver "A Review of the Literature on the *Coup d'État*", que apareceu no jornal cartista *People's Paper*, entre setembro e dezembro de 1852 (*MECW*, v. 11, pp. 592-620). A crítica segue de perto os argumentos d'*O 18 de brumário* e foi clara e meticulosamente subeditada pelo próprio Karl.
115. Heinrich von Ofterdingen era um poeta e menestrel quase ficcional mencionado no épico do século XIII *Der Sängerkrieg* [O concurso de menestréis]. A lenda foi incorporada numa novela romântica inacabada de Novalis em 1799-1800 e publicada por Ludwig Tieck em 1801. É um conto simbólico, no qual poesia e vida tornam-se uma só. No primeiro capítulo o herói conta um sonho, a visão de uma flor azul, que Heinrich acaba apanhando. No século XIX, a flor azul tornou-se o símbolo dos anseios românticos de unir novamente o mundo onírico e o mundo real. O nome foi usado em *Tannhäuser* de Richard Wagner. Sobre a breve vida de Novalis, ver o romance de Penelope Fitzgerald, *A flor azul*, de 1997.
116. O tratamento de Kinkel pode ter sido comparativamente brando porque o ataque anterior que haviam feito no *Neue Rheinische Zeitung — Politisch-Ökonomische Revue* (n. 4, abr. 1850) caiu muito mal até mesmo entre seus apoiadores. Ver "Gottfried Kinkel", *MECW*, v. 10, pp. 345-7.
117. Karl Marx e Friedrich Engels, *The Great Men of the Exile*, *MECW*, v. 11, p. 261.
118. Ibid., pp. 265, 267-8.
119. McLellan, *Karl Marx: His Life and Thought*, p. 287.
120. Jenny Marx, "Short Sketch", p. 230.
121. "Charles Dana to Karl Marx", 8 mar. 1860, *MEGA*, III, ix, p. 362.
122. O pan-eslavismo, assim como o nacionalismo alemão e o italiano, originou-se como resposta cultural e política ao desafio à Europa dinástica resultante da Revolução Francesa e das Guerras Napoleônicas. O primeiro Congresso Pan-Eslavo ocorreu em Praga em junho de 1848, depois que os tchecos se recusaram a enviar representantes para a Assembleia de Frankfurt, acreditando que os interesses dos eslavos eram distintos. Em parte por decepção com os resultados das revoluções na Europa ocidental, a ideia atraiu durante alguns anos o apoio de Herzen e Bakunin. Mas simpatizantes liberais e socialistas sempre tinham de ser cuidadosos para distinguir sua posição das versões conservadoras tsaristas da ideia. Algumas das denúncias mais apopléticas do movimento foram escritas por Engels no *Neue Rheinische Zeitung*.

123. "Friedrich Engels to Karl Marx", 10 mar. 1853, *MECW*, v. 39, pp. 284-5.

124. Id., "Lord Palmerston — Fourth Article", *People's Paper*, 12 nov. 1853, *MECW*, v. 12, pp. 372-3.

125. Id., "Palmerston's Resignation", 16 dez. 1853, *MECW*, v. 12, p. 545.

126. Id., *Herr Vogt*, 1860, *MECW*, v. 17, p. 117.

127. Id., "In Retrospect", 29 dez. 1854, *MECW*, v. 13, p. 556.

128. Id., *Herr Vogt*, p. 117; Id., *Revelations of the Diplomatic History of the 18th Century*, *MECW*, v. 15, p. 87.

129. "Friedrich Engels to Karl Marx", 22 jan. 1852, *MECW*, v. 39, pp. 11-2.

130. Karl Marx, "The American Difficulty — Affairs of France", *MECW*, v. 14, p. 604.

131. Id., "The French Crédit Mobilier", 24 jun. 1856, *MECW*, v. 15, pp. 14-5.

132. Id., "The Attempt on the Life of Bonaparte", 5 fev. 1858, *MECW*, v. 15, p. 458; Id., "Political Parties in England — Situation in Europe", 11 jun. 1858, *MECW*, v. 15, p. 569.

133. Id., "The Money Panic in Europe", 1 fev. 1859, *MECW*, v. 16, p. 164. Em relação a Bonaparte e a Itália, Dana escreveu a Karl em 1860: "Eu tinha tão pouca confiança quanto você na sinceridade do imperador francês, e acreditava tão pouco quanto você que se esperava ver nele a liberdade italiana; mas não pensei que a Alemanha tivesse tal base para alarme quanto você pensava que ela tinha, em comum com outros patriotas alemães" ("Charles Dana to Karl Marx", 8 mar. 1860, *MEGA*, III, x, p. 362).

134. Marx, *Herr Vogt*, p. 150.

135. Id., "Preparations for Napoleon's Coming War on the Rhine", 2 maio 1860, *MECW*, v. 17, p. 377.

136. "Charles Dana to Karl Marx", 26 jun. 1856, *MEGA*, III, viii, p. 281. O sabor dessas peças pode ser inferido de um artigo de Engels sobre "Alemanha e pan-eslavismo" publicado no *Neue Oder-Zeitung* (21 abr. 1855): "O pan-eslavismo agora evoluiu de um credo para um programa político com 800 mil baionetas a seu serviço. Ele deixa a Europa com apenas uma alternativa: subjugação pelos eslavos, ou a destruição permanente do centro de sua força ofensiva — a Rússia" (*MECW*, v. 14, p. 157).

137. Para o discurso de John Bright em relação a "taxas sobre o conhecimento", isto é, o selo e certificado de anúncio em jornais, ver Karl Marx, "The Turkish War Question — The *New-York Tribune* in the House of Commons — The Government of India", 5 jul. 1853, *MECW*, v. 12, pp. 175-6.

138. Ver Miles Taylor, "The English Face of Karl Marx, 1852-1862", *Journal of Victorian Culture*, n. 1 e 2 (1996), n. 2. Achei especialmente esclarecedor esse ensaio, que contém um exame detalhado da relação de Karl com a política e a imprensa inglesas, em particular sua cobertura no *Tribune*.

139. Por exemplo, inicialmente, com base no que ouviu de Harney, ele assumiu que havia uma difundida hostilidade republicana à monarquia entre as classes médias. Ver Karl Marx, "The Chartists", *People's Paper*, 10 ago. 1852, *MECW*, v. 11, p. 334.

140. Ibid., 25 ago. 1852, p. 333.

141. Karl Marx, "Letter to the Labour Parliament", 9 mar. 1854, *MECW*, v. 13, p. 57.

142. Id., "Speech at the Anniversary of *The People's Paper*", *People's Paper*, 14 abr. 1856, MECW, v. 14, p. 655.

143. Id., "Parliamentary Debates — The Clergy against Socialism — Starvation", *New-York Daily Tribune*, 25 fev. 1853, MECW, v. 11, p. 527.

144. Id., "Forced Emigration", 4 mar. 1853, MECW, v. 11, p. 529.

145. Id., "Pauperism and Free Trade — The Approaching Commercial Crisis", 15 out. 1852, MECW, v. 11, pp. 359-60.

146. Ibid., p. 361.

147. Karl Marx, "Revolution in China and in Europe", 20-21 maio 1853, MECW, v. 12, pp. 99-100.

148. Id., "The British Constitution", 2 mar. 1855, MECW, v. 14, pp. 54-6.

149. Id., "The Monetary Crisis in Europe", 3 out. 1856, MECW, v. 15, pp. 113-4.

150. Henry Charles Carey, *The Slave Trade, Domestic and Foreign: Why It Exists, and How It May be Extinguished*. Londres: Sampson Low, Son & Co., 1853, p. 214.

151. "Charles Dana to Karl Marx", 15 jul. 1850, MEGA, III, iii, p. 591.

152. Ibid., 20 abr. 1852, v, p. 327.

153. "Karl Marx to Friedrich Engels", 2 ago. 1852, MECW, v. 39, p. 145. A pouca familiaridade de Karl com o *Tribune* é menos surpreendente do que poderia parecer. O jornal não era acessível em Londres, exceto para assinantes particulares, e Karl foi obrigado a pedir a Weydemeyer em Nova York que arranjasse uma série de números atrasados.

154. "Karl Marx to Friedrich Engels", 5 ago. 1852, MECW, v. 39, p. 146.

155. Karl Marx, "Draft of an Article on Friedrich List's Book, *Das Nationale System der politischen Ökonomie*", MECW, v. 4, pp. 265-95.

156. "Friedrich Engels to Karl Marx", 6 ago. 1852, MECW, v. 39, p. 147.

157. Marx, "The Chartists", p. 333.

158. "Karl Marx to Friedrich Engels", 14 jun. 1853, MECW, v. 39, pp. 345-6. Isso era subestimar ou ignorar a extensão na qual o protecionismo não era simplesmente uma posição associada com a "burguesia industrial". Era também de interesse para o republicanismo do trabalhismo norte-americano na época. Ver Adam Tuchinsky, *Horace Greeley's New-York Tribune: Civil War-Era Socialism and the Crisis of Free Labor* (Ithaca: Cornell University Press, 2009). Ver também Alex Gourevitch, *From Slavery to the Cooperative Commonwealth: Labor and Republican Liberty in the Nineteenth Century* (Cambridge: Cambridge University Press, 2015). A posição adotada em relação ao protecionismo no *Tribune* constituía um componente importante da posiçao de solo livre e trabalho livre defendida por republicanos radicais norte-americanos. Nos *Grundrisse*, Karl trata do caráter a-histórico do contraste de Carey entre o desenvolvimento harmonioso de relações burguesas nos Estados Unidos e o efeito desfigurador da emergência de relações burguesas de produção a partir das relações antagônicas do feudalismo na Inglaterra e sua projeção sobre o resto do mundo por meio de seu domínio do mercado mundial. Mas também o elogia como "o único economista original entre os norte-americanos" e reconhece "o valor científico de suas pesquisas": Karl Marx, "Bastiat and Carey", in *Economic Manuscripts of 1857-58 (Grundrisse)*, MECW, v. 28, pp. 5-11. A afinidade entre a imagem marxiana do mercado mundial e a dos protecionistas ficou evidente na única visão simpática sobre *O capital*, ressaltada por Karl, quando o livro surgiu. Foi escrita pelo acadêmico berlinense

Eugen Dühring, que era discípulo de Carey (ver pp. 591-2). Nos anos 1870, a análise social protecionista de Dühring era popular entre sociais-democratas alemães, numa época em que a indústria alemã enfrentava crescente concorrência dos Estados Unidos. É possível supor que parte do propósito do *Anti-Dühring* de Engels era sufocar o apelo da abordagem de Dühring com uma elaboração grandiosa do "socialismo científico".

159. Karl Marx, "The Vienna Note — The United States and Europe — Letters from Shumla — Peel's Bank Act", 9 set. 1853, *MECW*, v. 12, pp. 296-7.

160. Karl Marx, "The Crisis in England", 2 mar. 1855, *MECW*, v. 14, pp. 60-1.

161. Id., "The British Revulsion", 13 nov. 1857, *MECW*, v. 15, p. 387.

162. Id., "Commercial Crises and Currency in Britain", 10 ago. 1858, *MECW*, v. 16, p. 8.

163. "Charles Dana to Karl Marx", 13 out. 1857, *MEGA*, III, viii, p. 496.

164. "Karl Marx to Friedrich Engels", 14 jun. 1853, *MECW*, v. 39, p. 346.

165. Para um estudo mais detalhado dos escritos de Marx sobre o império e o mundo extraeuropeu, ver Gareth Stedman Jones, "Radicalism and the Extra-European World: The Case of Karl Marx", in Duncan Bell (Org.), *Victorian Visions of Global Order: Empire and International Relations in Nineteenth-Century Political Thought* (Cambridge: Cambridge University Press, 2007), pp. 186-214; ver também Kevin. B. Anderson, *Marx at the Margins: On Nationalism, Ethnicity, and Non-Western Societies* (Chicago: University of Chicago Press, 2010).

166. Karl Marx, "The East India Company — Its History and Results", 24 jun. 1853, *MECW*, v. 12, pp. 149, 151 e 154.

167. Id., "The Turkish War Question — The *New-York Tribune* in the House of Commons — The Government of India", p. 178.

168. Ibid., pp. 181 e 184.

169. Karl Marx, "The British Rule in India", 10 jun. 1853, *MECW*, v. 12, p. 128; Id., "The Future Results of British Rule in India", 22 jul. 1853, *MECW*, v. 12, p. 217.

170. Id., "Chinese Affairs", 7 jul. 1862, *MECW*, v. 19, p. 216.

171. Id., "British Rule in India", pp. 125-6 e 132.

172. Ibid., p. 128.

173. "Em linhas gerais, os modos de produção asiático, antigo, feudal e moderno burguês podem ser designados como épocas marcando o progresso no desenvolvimento econômico da sociedade": Karl Marx, "Preface" de *A Contribution to the Critique of Political Economy*, *MECW*, v. 29, p. 263. Entretanto, a busca por características comuns compartilhadas por sociedades e Estados alegadamente definidos por esse modo de produção acabou se revelando infrutífera; e é notável que, depois de 1859, Marx jamais tenha outra vez se referido explicitamente a esse conceito.

174. Marx, "British Rule in India", p. 132.

175. Gareth Stedman Jones (Org.), *Karl Marx and Friedrich Engels: The Communist Manifesto*. Londres: Penguin, 2002, p. 224.

176. Marx, "British Rule in India", pp. 131-2.

177. Id., "The Indian Revolt", 16 set. 1857, *MECW*, v. 15, p. 353.

178. Id., "The Indian Question", 14 ago. 1857, *MECW*, v. 15, p. 313.

179. Id., "Chinese Affairs", p. 216.

180. Id., "Chartists", pp. 333 e 335.

181. Ibid.

182. Karl Marx, "War — Strikes — Dearth", 1º nov. 1853, *MECW*, v. 12, p. 437.

183. Id., "Panic on the London Stock Exchange — Strikes", 27 set. 1853, *MECW*, v. 12, p. 334.

184. Id., "British Constitution", pp. 55-6.

185. Id., "Anti-Church Movement — Demonstration in Hyde Park", 25 jun. 1855, *MECW*, v. 14, p. 303.

186. Id., "Future Results of British Rule in India", p. 222.

187. Id., "Speech at the Anniversary of *The People's Paper*", pp. 655-6.

188. "Karl Marx to Ferdinand Lassalle", 15 set. 1860, *MECW*, v. 41, p. 194.

189. "Karl Marx to Friedrich Engels", 7 jan. 1858, *MECW*, v. 40, p. 242.

190. "Jenny Marx to Louise Weydemeyer", 16 mar. 1861, *MECW*, v. 41, p. 576.

191. Ibid., p. 575.

192. "Friedrich Engels to Karl Marx", 25 jan. 1858, *MECW*, v. 40, p. 253. Para um relato das vidas subsequentes do círculo de Karl, ver Ashton, *Little Germany*, pp. 112-28.

193. Em outubro de 1858, Guilherme, o príncipe herdeiro da Prússia, tornou-se regente em nome de seu pai enfermo, Frederico Guilherme IV. Em 1848, ele ficara conhecido por defender a retirada real de Berlim, seguida de bombardeio e reconquista militar da cidade. No fim dos anos 1840, a influência de sua consorte Augusta e um breve período de exílio na Inglaterra levaram-no a modificar sua posição. Ele proclamou uma "nova era" no liberalismo e nomeou um ministério contendo tanto liberais quanto conservadores linhas-duras. Para o clima político modificado entre os exilados alemães em Londres, ver Lattek, *Revolutionary Refugees*, caps. 7 e 8.

194. "Karl Marx to Friedrich Engels", 10 mar. 1859, *MECW*, v. 40, p. 400.

195. Ibid., 18 maio 1859, *MECW*, v. 40, pp. 435-6.

196. "Karl Marx to Ferdinand Lassalle", 22 nov. 1859, *MECW*, v. 40, p. 537.

197. Risorgimento [Ressurgimento] foi o nome dado ao processo de unificação italiana, resultado de um movimento político e social visando consolidar os vários diferentes estados da península Itálica num único estado (ou reino) da Itália. O processo teve início em 1815, após a queda de Napoleão e o Congresso de Viena, e terminou em 1871, quando Roma se tornou a capital do Reino da Itália.

198. "Karl Marx to Ferdinand Lassalle", 22 nov. 1859, *MECW*, v. 40, p. 538.

199. Para um excelente relato desse complicado episódio, ver Lattek, *Revolutionary Refugees*, cap. 8.

200. Wilhelm Liebknecht, junto com August Bebel, líder do Partido Social-Democrata da Alemanha, foi criado em Giessen e estudou filosofia, teologia e filologia nas universidades de Giessen, Berlim e Marburgo. Depois de se meter em confusão como estudante radical, Liebknecht decidiu migrar para os Estados Unidos, mas foi desviado de seus planos por um convite para lecionar numa escola progressista na Suíça, onde se tornou jornalista e reportou a guerra civil de 1847 para o *Mannheimer Abendzeitung*. Em 1848, foi a Paris e juntou-se à Legião Alemã de Herwegh, sendo preso em Baden. Libertado numa ação de massas, participou da Campanha para a Constituição Fe-

deral em Baden como auxiliar de Gustav Struve. Escapou para a Suíça, onde conheceu Engels, e então, depois de ser expulso da Suíça, fugiu para Londres, onde ele e sua família viveram de 1850 a 1862, quando uma anistia para participantes da Revolução de 1848 lhe possibilitou retornar à Alemanha. Tornara-se membro da Liga Comunista, e ele e sua esposa estreitaram laços com a família Marx, cuidando de suas crianças quando Jenny Marx adoeceu de varíola em 1860. Apesar disso, Karl não confiava totalmente em Liebknecht, por causa de sua mentalidade independente. Em face da desaprovação de Karl, ele havia aderido à Associação Educacional dos Trabalhadores Comunistas (Communistischer Arbeiter-Bildungsverein — (CABV) após a cisão de 1860, mantendo seu "direito de servir o partido da maneira que parecesse mais apropriada para mim". Liebknecht havia considerado "tática maluca para um partido de homens que trabalhavam isolar-se acima dos trabalhadores num castelo teórico no ar; sem homens que trabalhem, não existe partido de trabalhadores, e devemos aceitar os trabalhadores tal como os encontramos". Ver Liebknecht, *Karl Marx: Biographical Memoirs*, p. 72.

201. "Karl Marx to Ferdinand Lassalle", 6 nov. 1859, *MECW*, v. 40, p. 518.

202. "Karl Marx to Friedrich Engels", 12 fev. 1859, *MECW*, v. 40, p. 393.

203. Karl Marx, "The French Disarmament", *Das Volk*, 30 jul. 1859, *MECW*, v. 16, p. 443.

204. Id., "Invasion!", *Das Volk*, 30 jul. 1859, *MECW*, v. 16, p. 441.

205. Charles Darwin, *The Descent of Man*. 2 v. Londres: J. Murray, 1871, v. 1, pp. 1, 4 e 230.

206. Marx, *Herr Vogt*, p. 134.

207. "Karl Marx to Ferdinand Lassalle", 14 nov. 1859, *MECW*, v. 40, p. 525.

208. Citado em Lattek, *Revolutionary Refugees*, p. 211.

209. Marx, *Herr Vogt*, p. 26.

210. Ibid., pp. 117, 152 e 178.

211. "Friedrich Engels to Karl Marx", 19 dez. 1860, *MECW*, v. 41, p. 231.

212. Liebknecht, *Karl Marx: Biographical Memoirs*, p. 75.

213. Ver Lattek, *Revolutionary Refugees*, p. 212; Marx, *Herr Vogt*, p. 117. Após a queda do Segundo Império, em 1871, o governo republicano francês publicou documentos mostrando que, em agosto de 1859, Vogt recebera 40 mil francos do fundo privado do imperador. Ver Boris Nicolaievsky e Otto Maenchen-Helfen, *Karl Marx: Man and Fighter*, trad. de G. David e E. Mosbacher (Londres: Allen Lane, 1973 [1933]), p. 266.

214. "Karl Marx to Ferdinand Freiligrath", 23 fev. 1860, *MECW*, v. 41, p. 54.

215. Um dos principais lemas saint-simonianos, adotado de *O novo cristianismo* (1825) de Saint-Simon, era "a mais rápida melhoria do quinhão moral, físico e intelectual da classe mais pobre e mais numerosa".

216. "Ferdinand Freiligrath to Karl Marx", 28 fev. 1860, *MEGA*, III, x, p. 320. Eduard von Müller-Tellering, advogado e democrata, trabalhava em Viena para o *Neue Rheinische Zeitung*. O tom geral de seus artigos era antieslavo e antissemita. Após a revolução, ele migrou primeiro para a Inglaterra e depois para os Estados Unidos. Criticava Marx e seu partido na imprensa. Charles Fleury (cujo verdadeiro nome era Carl Krause) era um comerciante londrino, espião prussiano e agente de polícia.

217. "Karl Marx to Friedrich Engels", 11 dez. 1858, *MECW*, v. 40, p. 359.
218. Sobre a política do Festival de Schiller, ver Lattek, *Revolutionary Refugees*, pp. 215-7.
219. "Karl Marx to Ferdinand Freiligrath", 29 fev. 1860, *MECW*, v. 41, p. 87.
220. Kapp, *Eleanor Marx*, v. 1, p. 291.
221. Ibid., pp. 289-97.
222. Ibid.
223. Terrell Carver, *Friedrich Engels: His Life and Thought*. Basingstoke: Macmillan, 1991, pp. 164-5.
224. Paul Thomas, *Karl Marx*. Londres: Reaktion, 2012, pp. 120-2.
225. Heinrich Gemkow e Rolf Hecker, "Unbekannte Documente über Marx' Sohn Friedrich Demuth", *Beiträge zur Geschichte der Arbeiterbewegung*, n. 4, 1994, pp. 43-59. Para avaliações correntes da evidência, ver Francis Wheen, *Karl Marx* (Londres: Fourth Estate, 1999), pp. 170-7; Jonathan Sperber, *Karl Marx: A Nineteenth-Century Life* (Nova York: Liveright, 2013), pp. 262-3.

10. A CRÍTICA DA ECONOMIA POLÍTICA [pp. 401-59]

1. O termo "Grundrisse" significa "esboços" ou "rascunhos".
2. "Karl Marx to Friedrich Engels", 8 dez. 1857, *MECW*, v. 40, p. 217.
3. "Karl Marx to Ferdinand Lassalle", 22 fev. 1858, *MECW*, v. 40, pp. 270-1; ibid., p. 27.
4. Karl Marx, *Foundations of the Critique of Political Economy, Grundrisse*, *MECW*, passim.
5. Ibid., 12 nov. 1858, p. 354.
6. "Jenny Marx to Friedrich Engels", 9 abr. 1858, *MECW*, v. 40, p. 569.
7. "Karl Marx to Friedrich Engels", 31 maio 1858, *MECW*, v. 40, p. 318.
8. Ver a comparação de Locke entre a posição do trabalhador jornaleiro na Inglaterra e a das tribos norte-americanas, citada em Gareth Stedman Jones, *An End to Poverty?: A Historical Debate* (Londres: Profile, 2004), pp. 11-2; e ver Istvan Hont, "An Introduction", in *Jealousy of Trade: International Competition and the Nation-State in Historical Perspective* (Cambridge, Massachusetts: Harvard University Press, 2005). Sobre "despotismo oriental", ver François Bernier, *Voyages contenant la description des états du Grand Mogol* (Paris, 1830). O que mais tarde foi percebido como estagnação de regimes "orientais" era atribuído particularmente à falta de instituições intermediárias entre governante e súdito, além de uma correspondente falta de reconhecimento legal adequado da propriedade privada.
9. Preferi seguir a terminologia própria de Karl — "economia burguesa" ou "sociedade burguesa" —, uma vez que esses termos retêm a ambiguidade do alemão — *bürgerliche Gesellschaft*, que pode significar sociedade "burguesa" ou "civil", e foi o termo empregado por Hegel na *Filosofia do direito* para descrever o que é traduzido em inglês como "*civil society*" (em português, "sociedade civil"). A separação feita por Hegel entre sociedade civil e Estado havia sido o foco inicial da crítica de Karl em 1843. "Capitalismo" — em alemão, *Kapitalismus* — era um neologismo que veio a existir por volta de 1900, sendo associado a Georg Simmel.
10. David Ricardo, *The Principles of Political Economy and Taxation* (Londres: John Murray,

1817). Ricardo argumentava que os preços relativos eram determinados pela quantidade de tempo de trabalho neles incorporado.

11. Karl Marx, *The Poverty of Philosophy*, MECW, v. 6, pp. 138-44.

12. As anotações de Karl sobre Ricardo em 1850-1 podem ser encontradas em: *MEGA*, IV, vii, pp. 316-28 (sobretudo referentes a dinheiro); *MEGA*, IV, viii, pp. 17, 40, 190-9, 326-32, 350-73, 381-96, 402-5 e 409-26 (isso envolveu uma releitura substancial de *The Principles of Political Economy and Taxation* com excertos principalmente sobre valor, aluguel e salários, maquinário); *MEGA*, IV, ix, pp. 159-63 (sobre o baixo preço do cereal e proteção agrícola). Keith Tribe observa que a maneira como Marx avança e retrocede em suas anotações sugere que "ele esteja buscando material para uma linha de pensamento que ele já formou": Keith Tribe, "Karl Marx's 'Critique of Political Economy': A Critique", in *The Economy of the Word: Language, History and Economics* (Oxford: Oxford University Press, 2015), p. 208.

13. Marx, *Poverty of Philosophy*, p. 132.

14. "Karl Marx to Friedrich Engels", 2 abr. 1858, *MECW*, v. 40, p. 298.

15. Karl Marx, *Economic Manuscripts of 1857-58 (Grundrisse)*, MECW, v. 28, p. 523.

16. Andrew Ure, *The Philosophy of Manufactures: or, An Exposition of the Scientific, Moral and Commercial Economy of the Factory System of Great Britain* (Londres: Charles Knight, 1835); Charles Babbage, *On the Economy of Machinery and Manufactures* (Londres: Charles Knight, 1832).

17. Marx, *Economic Manuscripts of 1857-58*, p. 131.

18. Ibid., p. 133.

19. Ibid., p. 134 (em maiúsculas no texto original).

20. Ibid., v. 28, p. 230.

21. Ibid., p. 334.

22. Adam Smith, *An Inquiry into the Nature and Causes of the Wealth of Nations*. Org. de Edwin Cannan. Chicago: University of Chicago Press, 1976 [1776], livro 1, cap. 11, p. 17.

23. Marx, "Introduction" a *Economic Manuscripts of 1857-58*, pp. 17-8.

24. Ibid., p. 18.

25. Ibid.

26. Marx, *Economic Manuscripts of 1857-58*, pp. 413 e 420.

27. Ibid., pp. 409-10.

28. Ibid., v. 29, p. 126.

29. Ibid., p. 233.

30. Ibid., v. 28, pp. 410 e 417.

31. Ibid., p. 465.

32. "Entre os povos germânicos, onde os chefes de família individuais se estabeleciam em florestas, separados por longas distâncias, a comuna existe até mesmo de forma *exterior* meramente em virtude das reuniões periódicas de seus membros, embora a unidade deles *em si mesma* se manifeste em descendência, língua, história e passado comuns etc." (ibid., p. 407). Nesse ponto, Karl reitera a interpretação dos primórdios da história alemã encontrada em Justus Möser. Mas nos últimos anos da década de 1860, depois de ler a obra de Maurer, ele mudou sua posição de maneira bastante drástica. Ver capítulo 12.

33. Nas palavras de Karl, embora a determinação da forma (mercadoria) fosse simples, elas "*não eram apresentadas*" nessa determinação. Ibid., p. 160.

34. A escolha da "mercadoria" como ponto de partida da sua análise tanto em 1859 como em 1867 foi uma maneira prática de decidir como começaria seu relato em 1857-8. Se as ideias eram originalmente as articulações de formas de atividade encontradas no trabalho da prática cotidiana, deveria a exposição ser ordenada conforme um encadeamento de conceitos, segundo sua importância na sociedade burguesa ou de acordo com sua sequência histórica de aparecimento? Na "Introdução", embora o pensar derive de problemas empíricos concretos, tais como aqueles concernentes a Estados e populações no século XVII, começar a partir de relações gerais abstratas, tais como divisão do trabalho, dinheiro, valor etc., como era o costume no século seguinte, era "obviamente o método científico correto". Marx, "Introduction" a *Economic Manuscripts of 1857-58*, pp. 37-8.

35. Marx, *Economic Manuscripts of 1857-58*, p. 158.

36. Ibid., pp. 99-100.

37. Ibid., pp. 156-8.

38. Ibid., pp. 430-4.

39. Ibid., pp. 185, 206-7, 431 e 433.

40. Ibid., pp. 433-4.

41. Ibid., pp. 186-7.

42. Marx, "Introduction" a *Economic Manuscripts of 1857-58*, p. 42. Isso aliás enfatiza a proximidade de Karl com Hegel em vez de Darwin. Os darwinistas seguramente inverteram a afirmação: a anatomia do macaco é a chave para a anatomia do homem.

43. Ver, por exemplo, sua organização conceitual de capital segundo "generalidade", "particularidade" e "singularidade". Marx, *Economic Manuscripts of 1857-58*, pp. 205-6.

44. Ibid., p. 89.

45. Karl Marx, "Critique of the Hegelian Dialectic and Philosophy as a Whole", *MECW*, v. 3, pp. 332-3.

46. "Karl Marx to Friedrich Engels", 16 jan. 1858, *MECW*, v. 40, p. 249.

47. Marx, *Economic Manuscripts of 1857-58*, p. 197.

48. Ibid., pp. 31 e 36.

49. Ibid., p. 464.

50. Ibid., p. 17.

51. Alfred Darimon, *De la réforme des banques* (Paris: Guillaumin, 1856); Marx, *Economic Manuscripts of 1857-58*, pp. 51-78.

52. Ibid., p. 349.

53. Karl Marx, *Capital*, v. 1: *A Critique of Political Economy*, 1867, *MECW*, v. 35, p. 186.

54. Id., *Economic Manuscripts of 1857-58*, p. 185.

55. Ibid., p. 186.

56. Ibid., p. 438; ibid., v. 29, p. 233.

57. Ibid., v. 28, p. 245.

58. Ibid., p. 433.

59. Ibid., p. 94.

60. Ibid., pp. 381-2.
61. Ibid., pp. 131-3; ibid., v. 29, p. 8.
62. Ibid., v. 28, p. 459.
63. Ibid., p. 337.
64. Ibid., p. 342.
65. Ibid., v. 29, pp. 82-3 e 94.
66. Ibid., p. 133.
67. Ibid., v. 28, pp. 390-1.
68. Ibid., v. 29, pp. 91 e 97.
69. Ibid., p. 91.
70. Ibid., v. 28, p. 466.
71. Embora ele reconhecesse que um "trabalho realmente livre, por exemplo, a composição musical, é também o mais odiosamente difícil, exigindo esforço extremamente intensivo" (ibid., p. 530).
72. Marx, "Introduction" a *Economic Manuscripts of 1857-58*, pp. 46-8. Mas ele não conseguiu apresentar uma explicação análoga da relação entre direito civil romano e produção moderna. Ibid., p. 46.
73. Marx, *Economic Manuscripts of 1857-58*, v. 28, p. 411.
74. Ibid., p. 337.
75. A importância de Carey foi um tanto maior do que estava implícito na discussão nos *Grundrisse*. Ver capítulo 9.
76. *Princípios de economia política* de John Stuart Mill, primeira edição em 1848, foi o tratado econômico mais influente da época. Era notável particularmente pelo seu argumento de que a discussão política deve dizer respeito à distribuição e não à produção, e pelo seu tratamento crítico porém simpático do socialismo. Thomas Tooke (1774-1858) ficou famoso por sua obra *História dos preços*, lançada em seis volumes entre 1838 e 1857. Traçava-se ali a história financeira e comercial da Grã-Bretanha entre 1793 e 1856. Originalmente simpatizante do bulionismo e da teoria da moeda — o pensamento subjacente à Lei da Carta Patente do Banco, de Sir Robert Peel, de 1844 —, ele veio a apoiar a pronta conversibilidade do papel-moeda em caso de demanda.
77. O objetivo da Associação para Reforma da Posse da Terra era abolir a primogenitura e o impedimento de se desfazer de terras. A Liga da Terra e do Trabalho, cujo objetivo era conseguir a nacionalização da terra, estava intimamente ligada à Internacional.
78. Terry Peach, *Interpreting Ricardo*. Cambridge: Cambridge University Press, 1993, pp. 173-4.
79. David Ricardo, *Des Principes de l'économie politique et de l'impôt* (Paris: J. P. Aillaud, 1835), pp. 17-9, citado em Tribe, *Economy of the Word*, cap. 6, pp. 25 e 28. Essa edição incluía uma tradução de *Memoir of the Life and Writings of David Ricardo, Esq. M.P.*, de McCulloch, lançada originalmente em Londres em 1825.
80. Marx, *Economic Manuscripts of 1857-58*, MECW, v. 28, p. 483.
81. Ibid., p. 484.
82. Para uma análise esclarecedora sobre o assunto, ver G. A. Cohen, "The Labour Theory of Value and the Concept of Exploitation", in id., *History, Labour and Freedom: Themes from Marx* (Ox-

ford: Oxford University Press, 1988), pp. 209-39. Para uma análise contemporânea do século XIX sobre o assunto, ver Anton Menger, *The Right to the Whole Produce of Labour: The Origin and Development of the Theory of Labour's Claim to the Whole Product of Industry*, trad. de M. E. Tanner (Londres: Macmillan, 1899 [1886]).

Menger acreditava, ao contrário de seu rival alemão Rodbertus, que repetira os pensamentos dos socialistas franceses, dos saint-simonianos e de Proudhon, que "Marx está completamente sob a influência dos primeiros socialistas ingleses, e mais particularmente de William Thompson. Sem levar em conta as fórmulas matemáticas pelas quais Marx mais obscurece do que elucida seu argumento, toda a teoria da mais-valia, sua concepção, seu nome e estimativas de seu valor são tomados emprestados, em tudo que é essencial, dos escritos de Thompson" (Menger, *The Right to the Whole Produce of Labour*, p. 101).

83. Marx, *Capital*, v. 1, p. 46.

84. Ibid., p. 48.

85. Conforme observou Gerry Cohen: "Se algo é o *paradigma* de exploração para Marx, é a exploração do servo feudal, que, segundo Marx, não produz valor, uma vez que seu produto não vai para o mercado e portanto não é mercadoria" (Cohen, *History, Labour and Freedom*, p. 231).

86. Marx, *Economic Manuscripts of 1857-58*, *MECW*, v. 28, pp. 249-50. Tampouco a questão foi abordada em maior profundidade n'*O capital*. Ver capítulo 11.

87. "Karl Marx to Friedrich Engels", 22 jul. 1859, *MECW*, v. 40, p. 473. O comentário original em francês, "*À quoi bon?*", era atribuído por Karl a Elard Biscamp, o editor do jornal *Das Volk*, fundado como órgão oficial da Associação Educacional dos Trabalhadores Alemães. Biscamp era um jornalista republicano radical, inicialmente ligado a Kinkel, bem como a Ruge. Ver Christine Lattek, *Revolutionary Refugees: German Socialism in Britain, 1840-1860* (Londres: Routledge, 2006), pp. 203-6. O jornal funcionou de 7 de maio a 20 de agosto de 1859, e em suas últimas seis semanas esteve sob controle de Karl.

88. "Jenny Marx to Friedrich Engels", 9 abr. 1858, *MECW*, v. 40, p. 569.

89. "Karl Marx to Friedrich Engels", 21 jan. 1859, *MECW*, v. 40, p. 369.

90. Ibid., 15 jul. 1858, p. 328.

91. Ibid., 11, 16 e 17 dez. 1858, 21 jan. 1859, pp. 359, 361, 363 e 369.

92. "Karl Marx to Ferdinand Lassalle", 22 fev. 1858, *MECW*, v. 40, p. 270.

93. Ibid., 11 mar. 1858, p. 287.

94. "Karl Marx to Friedrich Engels", 29 mar. 1858, *MECW*, v. 40, p. 295.

95. Ibid., 2 abr. 1858, pp. 303-4.

96. "Friedrich Engels to Karl Marx", 9 abr. 1858, *MECW*, v. 40, p. 304.

97. "Karl Marx to Ferdinand Lassalle", 31 maio 1858, *MECW*, v. 40, p. 315.

98. "Karl Marx to Friedrich Engels", 29 nov. 1858, *MECW*, v. 40, p. 358.

99. "Karl Marx to Ferdinand Lassalle", 12 nov. 1858, *MECW*, v. 40, pp. 354-5.

100. "Karl Marx to Friedrich Engels", 13-15 jan. 1859, *MECW*, v. 40, p. 368 (destaque no original).

101. Ibid.

102. "Karl Marx to Joseph Weydemeyer", 1 fev. 1859, *MECW*, v. 40, p. 376.

103. Ibid., p. 377.
104. "Karl Marx to Friedrich Engels", 22 jul. 1859, *MECW*, v. 40, p. 473.
105. Ibid., p. 473.
106. Ibid., 25 maio 1859, p. 450.
107. "Friedrich Engels to Karl Marx", 15 jul. 1859, *MECW*, v. 40, p. 465; "Karl Marx to Friedrich Engels", 19 jul. 1859, *MECW*, v. 40, p. 471.
108. "Friedrich Engels to Karl Marx", 3 ago. 1859, *MECW*, v. 40, p. 478.
109. Ibid., 14 fev. 1859, *MECW*, v. 40, p. 386; "Karl Marx to Friedrich Engels", 22 fev. 1859, *MECW*, v. 40, p. 389.
110. "Karl Marx to Ferdinand Lassalle", 6 nov. 1859, *MECW*, v. 40, p. 518.
111. Não foi mencionado em Albert Schäffle, *Quintessence of Socialism*, de 1874; tampouco em Edward Aveling, *The Student's Marx*, de 1892.
112. Karl Marx, "Preface" de *A Contribution to the Critique of Political Economy*, 1859, *MECW*, v. 29, p. 263.
113. Sobre a importância da Escola Histórica do Direito e sua relevância para a obra de Karl, ver Gareth Stedman Jones (Org.), *Karl Marx and Friedrich Engels: The Communist Manifesto* (Londres: Penguin, 2002), pp. 148-61.
114. Friedrich Engels, "Karl Marx, A Contribution to the Critique of Political Economy", *MECW*, v. 16, pp. 469, 473 e 474-5.
115. Marx, "Preface" de *Contribution to the Critique*, p. 263.
116. Karl Marx, *Economic Manuscripts of 1861-63 (A Contribution to the Critique of Political Economy: Third Chapter)*, *MECW*, v. 30, p. 93.
117. Ibid., p. 313.
118. Ibid., pp. 92-3.
119. Ibid., pp. 95-6.
120. Kautsky reorganizou a ordem em que as teorias foram discutidas. O manuscrito original e não editado foi publicado em 1977 como parte da *Marx-Engels-Gesamtausgabe* (MEGA). As traduções que apareceram nos volumes 30, 31 e 33 das *Marx-Engels Collected Works* (MECW) foram tiradas da edição MEGA.
121. Sobre Lassalle, ver capítulo 11, pp. 465-77.
122. "Karl Marx to Ludwig Kugelmann", 28 dez. 1862, *MECW*, v. 41, p. 435. Kugelmann travara contato com Marx por intermédio de Freiligrath.
123. O plano pode ser encontrado na seção de conclusão de *Theories of Surplus Value*, MEGA, xi, iii.v, pp. 1861-2.
124. Karl Marx, "Chapter Six. Results of the Direct Production Process", *MECW*, v. 34, pp. 359 e 362.
125. Ibid., pp. 427 e 431.
126. Ibid., p. 398.
127. Ibid., p. 399.
128. Ibid., pp. 429, 439-40.
129. Ibid., pp. 463 e 460.

130. "Karl Marx to Ludwig Kugelmann", 13 out. 1866, *MECW*, v. 42, p. 328.

131. Marx, "Chapter Six. Results of the Direct Production Process", pp. 362 e 375.

132. Ibid., pp. 362-3.

133. Ibid., p. 384.

134. Eugen von Böhm-Bawerk, *Karl Marx and the Close of His System: A Criticism*. Trad. de Alice M. Macdonald. Londres: T. Fisher Unwin, 1898.

135. Ver David McLellan, *Karl Marx: His Life and Thought*. Londres: Macmillan, 1973, pp. 337-8.

136. "Karl Marx to Friedrich Engels", 31 jul. 1865, *MECW*, v. 42, p. 173.

137. Ibid., 5 ago. 1865, p. 175.

138. "Friedrich Engels to Karl Marx", 10 fev. 1866, *MECW*, v. 42, p. 226; "Karl Marx to Friedrich Engels", 13 fev. 1866, *MECW*, v. 42, p. 228.

139. "Jenny Marx to Ludwig Kugelmann", 26 fev. 1866, *MECW*, v. 42, pp. 573-4.

140. "Friedrich Engels to Karl Marx", 22 jun. 1867, *MECW*, v. 42, p. 382.

141. "Karl Marx to Friedrich Engels", 27 jun. 1867, *MECW*, v. 42, pp. 390-1; "Karl Marx to Ludwig Kugelmann", 13 jul. 1867, *MECW*, v. 42, p. 396; Marx, "Preface to the First German Edition", in *Capital*, v. 1, p. 7. O apêndice foi publicado na primeira edição. Ver Karl Marx, "Anhang zu Kapital I, 1. Die Werthform", in *Das Kapital*, v. 1: *Kritik der politischen Oekonomie* (Hildesheim: Gerstenberg, 1980), pp. 764-84 — este é um fac-símile da primeira edição alemã (Hamburgo: Otto Meissner, 1867).

142. Marx, *Capital*, v. 1, p. 49.

143. Ibid., pp. 58 e 74.

144. Ibid., pp. 86-7.

145. Ibid., pp. 176-7. A citação é de uma das fábulas de Esopo — uma resposta a alguém que alegava ter dado certa vez um imenso salto em Rodes.

146. Ibid., parte 7, p. 564.

147. Marx, *Economic Manuscripts of 1857-58*, *MECW*, v. 28, pp. 381-2.

148. Id., *Capital*, v. 1, p. 705.

149. Id., "Preface to the First German Edition", in *Capital*, v. 1, p. 9.

150. Id., *Capital*, v. 1, p. 750.

151. Id., "Afterword to the Second German Edition", 1873, in *Capital*, v. 1, pp. 12-20.

152. Ibid., pp. 18-9.

153. G. W. F. Hegel, *The Encyclopaedia: Logic*. Trad. de T. F. Geraets, W. A. Suchting e H. S. Harris. Indianápolis: Hackett, 1991, §§ 217-8, p. 292.

154. Id., *Lectures on Natural Right and Political Science: The First Philosophy of Right*. Trad. de J. Michael Stewart e Peter C. Hodgson. Berkeley: University of California Press, 1995, § 123, p. 222.

155. Hegel usa a noção de "subsunção" em relação ao seu argumento pela identidade de sujeito e predicado. "Subsunção [...] é somente a *aplicação* do universal a um particular ou singular *sob* ele apresentado de acordo com uma representação indeterminada, uma de qualidade inferior." G. W. F. Hegel, *The Science of Logic*, trad. e org. de George di Giovanni (Cambridge: Cambridge University Press, 2010), p. 555.

156. Marx, "Afterword to the Second German Edition", in *Capital*, v. 1, p. 19.
157. Ibid.
158. Marx, *Capital*, v. 1, p. 707.
159. Ibid., pp. 623-34. O termo "exército de reserva de mão de obra" foi usado pela primeira vez pelos cartistas.
160. Ibid., p. 507.
161. Ibid., p. 723.
162. Em *Letters on the Factory Act*, de 1837, Nassau Senior alegava que todo o lucro líquido era derivado da última hora do dia de trabalho, baseado na errônea premissa de que o período de rotatividade era invariável. A doutrina do fundo de salários assumia que a quantia de capital disponível num dado ano para pagar salários não sofria mudanças. Portanto, se a população mudasse, o mesmo aconteceria com os salários dos trabalhadores. Se a população aumentasse, mas a quantia de dinheiro disponível para pagar salários permanecesse a mesma, os trabalhadores poderiam ganhar menos.
163. Um dos efeitos imediatos do impacto provocado pela obra de Karl foi seu papel central em iniciar um debate sobre as origens e a natureza da Revolução Industrial na Grã-Bretanha. Foi como resultado de ter lido *O capital* na tradução francesa que Arnold Toynbee inspirou-se para começar a trabalhar naquilo que foi postumamente publicado como *Lectures on the Industrial Revolution in England* (Londres: Rivingtons, 1884). Sobre a formação intelectual de Toynbee, ver Alon Kadish, *Apostle Arnold: The Life and Death of Arnold Toynbee, 1852-1883* (Durham, NC: Duke University Press, 1986).

II. *O CAPITAL*, DEMOCRACIA SOCIAL E A INTERNACIONAL [pp. 460-565]

1. Usei o termo "transnacional" seguindo o uso de Marcel van der Linden em seu *Transnational Labour History: Explorations* (Aldershot: Ashgate, 2003, col. Studies in Labour History), cap. 2, como um termo precedente à consolidação dos novos Estados-nações na Europa a partir dos anos 1870.
2. "Jenny Marx to Friedrich Engels", começo de novembro de 1863, *MECW*, v. 41, p. 585.
3. "Karl Marx to Friedrich Engels", 4 jul. 1864, *MECW*, v. 41, p. 546.
4. Ibid., 4 nov. 1864, v. 42, p. 12; ibid., 14 nov. 1864, p. 22; "Friedrich Engels to Karl Marx", 16 nov. 1864, *MECW*, v. 42, p. 23; "Karl Marx to Friedrich Engels", 2 dez. 1864, *MECW*, v. 42, p. 51.
5. A suposta semelhança entre a posição blanquista e a posição defendida por Karl era mais imaginária do que real. Os blanquistas estavam mais preocupados com as divisões de 1792-3 entre os hebertistas e os robespierristas do que com a concepção de Karl de luta de classes moderna. O único contato conhecido entre Karl e Blanqui ocorreu em 1864, quando, a pedido de Blanqui, seu seguidor dr. Watteau enviou a Karl um exemplar do livro de Gustave Tridon, *Les Hébertistes* (Paris, 1864). Ver Alan B. Spitzer, *The Revolutionary Theorie of Louis Auguste Blanqui* (Nova York: Columbia University Press, 1957), pp. 114-5.
6. Sobre o declínio do cartismo, ver Margot C. Finn, *After Chartism: Class and Nation in English*

Radical Politics, 1848-1874 (Cambridge: Cambridge University Press, 1993); Miles Taylor, *The Decline of British Radicalism 1847-1860* (Oxford: Clarendon, 1995); Jonathan Parry, *The Rise and Fall of Liberal Government in Victorian Britain* (New Haven: Yale University Press, 1993), parte 3.

7. Sobre as mudanças de política de Ernest Jones, ver Miles Taylor, *Ernest Jones, Chartism and the Romance of Politics 1819-1869* (Oxford: Oxford University Press, 2003), pp. 137-210.

8. "Karl Marx to Friedrich Engels", 24 nov. 1857, *MECW*, v. 40, p. 210.

9. Ibid., 9 abr. 1863, v. 41, p. 468.

10. "Friedrich Engels to Karl Marx", 8 abr. 1863, *MECW*, v. 41, p. 465.

11. Seu reaparecimento foi possibilitado por causa de seu uso pela promotoria no julgamento dos líderes social-democratas Wilhelm Liebknecht e August Bebel, por sua oposição "traidora" à guerra da Prússia com a França. A promotoria alegou que sua traição havia sido alimentada pela afirmação do *Manifesto do Partido Comunista* de que "os trabalhadores não têm país". No entanto, a essa altura, o *Manifesto* não era mais visto, nem mesmo pelos seus autores, como polêmica política contemporânea, mas mais como um "documento histórico". Foi apenas no século XX, como resultado da Revolução Russa de 1917 e da fundação do Comintern, que os pronunciamentos do *Manifesto* adquiriram uma atualidade que nunca haviam possuído no século anterior.

12. "Karl Marx to Ferdinand Lassalle", 22 nov. 1859, *MECW*, v. 40, p. 538.

13. Ibid., 23 fev. 1860, v. 41, pp. 58-9. O boato sugeria que Lassalle tinha traído os trabalhadores de Düsseldorf e que havia defraudado fundos. Essa desconfiança foi endossada por Engels, que parecia temer Lassalle, tanto por ele ter mentalidade independente como por recear que seu charme pudesse seduzir Karl.

14. "Ferdinand Lassalle to Friedrich Engels and Karl Marx", 26-29 fev. 1860, *MEGA*, III, IX, p. 162.

15. Karl era obcecado pelo medo de que Lassalle plagiasse o seu trabalho. Mas a abordagem de Lassalle era bem distinta. Seu pensamento econômico aproveitava o trabalho de Karl, mas o combinava com a concepção hegeliana de Estado, uma defesa de base francesa de cooperativas sustentadas pelo Estado e um ceticismo acerca da ação sindical, derivado daquilo que ele interpretava como a "lei férrea de salários" de Ricardo. Lassalle também aproveitava a tradição prussiana de *Staatswissenschaft*, particularmente os escritos de Johann Karl Rodbertus, pela sua descrição do capitalismo como um severo sistema explorador. Ver David Lindenfeld, *The Practical Imagination: The German Sciences of State in the Nineteenth Century* (Chicago: Chicago University Press, 1997), pp. 186-7.

16. "Ferdinand Lassalle to Karl Marx", 6 mar. 1859, *MEGA*, III, IX, pp. 336-8.

17. Ferdinand Lassalle, *Die Philosophie Herakleitos des Dunkeln von Ephesos*. Berlim: F. Duncker, 1858.

18. "Ferdinand Lassalle to Karl Marx", 6 mar. 1859, *MEGA*, III, IX, pp. 336-8.

19. Ibid.

20. Ibid., 11 set. 1860, *MEGA*, III, XI, p. 147; "Karl Marx to Ferdinand Lassalle", 15 set. 1860, *MECW*, v. 41, p. 193.

21. "Ferdinand Lassalle to Karl Marx", 11 mar. 1860, *MEGA*, III, X, p. 372.

22. "Karl Marx to Friedrich Engels", 29 jan. 1861, *MECW*, v. 41, p. 252.

23. "Karl Marx to Ferdinand Lassalle", 15 fev. 1861, *MECW*, v. 41, p. 263; ibid., 7 mar. 1861, pp. 267-8.

24. Ibid., 15 fev. 1861, p. 263.

25. "Karl Marx to Antoinette Philips", 24 mar. 1861, *MECW*, v. 41, pp. 269-72.

26. Pfuel foi primeiro-ministro da Prússia em 1848 e o responsável pela severa repressão da revolta em Posen. Desde então, porém, havia se radicalizado. Segundo Karl, Pfuel tinha agora 82 anos, mas era "ainda lúcido e se tornara muito radical. Aliás, havia caído em desgraça e é classificado na corte junto com jacobinos, ateístas etc.". "Karl Marx to Friedrich Engels", 7 maio 1861, *MECW*, v. 41, p. 280.

27. Ibid., 10 maio 1861, pp. 286-7.

28. "Karl Marx to Antoinette Phillips", 24 mar. 1861, *MECW*, v. 41, pp. 271-2.

29. "Karl Marx to Ferdinand Lassalle", 8 maio 1861, *MECW*, v. 41, p. 283. Por uma vez, ele se referiu a ela em termos generosos: "A velha [...] me intrigou por seu espírito excessivamente sutil e sua inabalável equanimidade".

30. Ibid., pp. 283-4.

31. Ibid., 29 maio 1861, p. 291.

32. "Jenny Marx to Friedrich Engels", começo de abril de 1861, *MECW*, v. 41, p. 579.

33. Ferdinand Lassalle, *Die Theorie der erworbenen Rechte und der Collision der Gesetze: unter besonderer Berücksichtigung des Römischen, Französischen und Preussischen Rechts* (Leipzig: Brochaus, 1861); "Karl Marx to Ferdinand Lassalle", 11 jun. 1861, *MECW*, v. 41, pp. 293-4.

34. "Karl Marx to Friedrich Engels", 10 maio 1861, *MECW*, v. 41, p. 289; ibid., 7 maio 1861, p. 280.

35. "Karl Marx to Antoinette Philips", 24 mar. 1861, *MECW*, v. 41, pp. 271-2.

36. Ibid., 17 jul. 1861, p. 313.

37. "Karl Marx to Ferdinand Lassalle", 28 abr. 1862, *MECW*, v. 41, p. 356.

38. A Exposição Internacional, feira comercial na qual foram representados 36 países, foi instalada no terreno que abriga hoje o Museu de Ciência e o Museu de História Natural em South Kensington. Ocorreu de 1º de maio a 1º de novembro de 1862. Terminada a mostra, a estrutura de ferro e vidro foi desmontada, e grande parte do material foi reutilizada na construção do Alexandra Palace.

39. "Karl Marx to Ferdinand Lassalle", 16 jun. 1862, *MECW*, v. 41, p. 379.

40. "Jenny Marx to Ferdinand Lassalle", 5 maio 1861, in Ferdinand Lassalle, *Nachgelassene Briefe und Schriften*, 3 v., org. de Gustav Mayer (Stuttgart: Deutsche Verlags-Anstalt, 1921-25), v. 3, pp. 358-9.

41. "Karl Marx to Friedrich Engels", 30 jul. 1862, *MECW*, v. 41, p. 389.

42. Ibid., p. 390.

43. Jenny Marx, "A Short Sketch of an Eventful Life", in Institut Marksizma-Leninzma, *Reminiscences of Marx and Engels*. Moscou: Foreign Languages Publishing House, 1957.

44. "Karl Marx to Friedrich Engels", 30 jul. 1862, *MECW*, v. 41, p. 390.

45. Ibid., p. 389.

46. "Ferdinand Lassalle to Karl Marx", 6 nov. 1862, *MEGA*, III, xii, p. 264.

47. "Karl Marx to Ferdinand Lassalle", 7 nov. 1862, *MECW*, v. 41, pp. 424-5.

48. Ferdinand Lassalle, "Über Verfassungswesen", abr. 1862, in *Reden und Schriften: Aus der Arbeiteragitation 1862-1864*, org. de F. Jenaczek. Munique: Deutscher Taschenbuch Verlag, 1970, p. 80.

49. Édouard Bernstein, *Ferdinand Lassalle: Le Réformateur social*. Paris: Rivière, 1913, p. 121.

50. "Karl Marx to Dr. Kugelmann", 23 fev. 1865, *MECW*, v. 42, p. 101.

51. "Karl Marx to Johann von Schweitzer", 13 out. 1868, *MECW*, v. 43, p. 133.

52. "Karl Marx to Dr. Kugelmann", 23 fev. 1865, *MECW*, v. 42, p. 102.

53. Friedrich Engels, "The Prussian Military Question and the German Workers' Party", fev. 1865, *MECW*, v. 20, pp. 77-9; e ver Roger Morgan, *The German Social Democrats and the First International, 1864-1872* (Cambridge: Cambridge University Press, 1965), pp. 1-12.

54. "Karl Liebknecht to Karl Marx", 3 jun. 1864, in Georg Eckert (Org.), *Wilhelm Liebknecht: Briefwechsel mit Karl Marx und Friedrich Engels*. Haia: Mouton, 1963, pp. 33-4.

55. "Karl Marx to Friedrich Engels", 7 jun. 1864, *MECW*, v. 41, p. 537.

56. "Karl Marx to Sophie von Hatzfeldt", 12 set. 1864, *MECW*, v. 41, p. 563.

57. Ibid., p. 560.

58. "Karl Marx to Friedrich Engels", 30 jan. 1865, *MECW*, v. 42, p. 71; ibid., 18 fev. 1865, p. 97.

59. "Johann von Schweitzer to Karl Marx", 11 fev. 1865, *MEGA*, III, xiii, p. 229. Em 1867, porém, suas diferenças haviam se estreitado, à luz da aliança de Bismarck com os liberais.

60. "Karl Marx to Friedrich Engels", 7 set. 1864, *MECW*, v. 41, p. 561.

61. Alan B. Spitzer, *Old Hatreds and Young Hopes: The French Carbonari against the Bourbon Restoration*. Cambridge, Massachusetts: Harvard University Press, 1971, caps. 2 e 3.

62. Ludwig Börne, *Lettres écrites de Paris pendant les années 1830 et 1831*. Trad. de F. Guiran. Paris: Paulin, 1832, p. 19.

63. Sobre a base religiosa do anticlericalismo de Mazzini e sua proximidade com as tradições inglesas de "divergência racional", ver Eugenio Biagini, "Mazzini and Anticlericalism: The English Exile", in C. A. Bayly e E. F. Biagini (Orgs.), *Giuseppe Mazzini and the Globalisation of Democratic Nationalism 1830-1920*, Proceedings of the British Academy, n. 152 (Oxford: Oxford University Press, 2008), pp. 145-66.

64. Ver Karma Nabulsi, "Patriotism and Internationalism in the 'Oath of Allegiance' to Young Europe", *European Journal of Political Theory*, 5/1 (jan. 2006), pp. 61-70; Karma Nabulsi, *Traditions of War: Occupation, Resistance, and the Law* (Oxford. Oxford University Press, 1999), pp. 177-241; Stefano Recchia e Nadia Urbinati (Orgs.), *A Cosmopolitanism of Nations: Giuseppe Mazzini's Writings on Democracy, Nation Building, and International Relations* (Princeton: Princeton University Press, 2009).

65. As consequências dessa debacle são memoravelmente descritas em E. H. Carr, *The Romantic Exiles: A Nineteenth-Century Portrait Gallery* (Londres: Victor Gollancz, 1933).

66. Dieter Langewiesche, "Revolution in Germany: Constitutional State — Nation State — Social Reform", in D. Dowe, H.-G. Haupt, D. Langewiesche e J. Sperber (Orgs.), *Europe in 1848: Revolution and Reform* (Nova York: Berghahn, 2001), pp. 120-43.

67. Giuseppe Garibaldi, *An Autobiography*, trad. de William Robson (Londres: Routledge, Warne and Routledge, 1861), p. 37. Garibaldi extraiu seu nacionalismo republicano e cosmopolita

de uma mistura das ideias da Jovem Itália de Mazzini com o evangelho global propagado em *A doutrina de Saint-Simon*. Sua posição sobre a república não era estável. Depois de 1860, ele se afastou de uma solução monárquica e piemontesa para a Itália, tornando-se cada vez mais anticlerical e socialista. Ver Lucy Riall, *Garibaldi: Invention of a Hero* (New Haven: Yale University Press, 2007), p. 2.

68. Opiniões negativas do papel desempenhado pelo nacionalismo no século xx levaram a negligenciar suas dimensões transnacionais do século xix e a subestimar sua importância como parte do sentimento republicano e socialista. Durante os anos 1860, à parte Karl e seus amigos, o único grupo radical que adotou uma atitude hostil em relação à política de nações súditas foi o de Cobden, Bright e a "Escola de Manchester". Ver Finn, *After Chartism*, cap. 1; Derek Beales, "Garibaldi in England: The Politics of Italian Enthusiasm", in John A. Davis e Paul Ginsborg (Orgs.), *Society and Politics in the Age of the Risorgimento: Essays in Honour of Denis Mack Smith* (Cambridge: Cambridge University Press, 1991), pp. 184-216.

69. Finn, *After Chartism*, pp. 217-24.

70. Duncan A. Campbell, *English Public Opinion and the American Civil War*. Londres: Royal Historical Society; Boydell, 2003.

71. "Karl Marx to Joseph Weydemeyer", 29 nov. 1864, MECW, v. 42, p. 44; Yvonne Kapp, *Eleanor Marx*, 2 v. (Londres: Lawrence & Wishart, 1972), v. 1, p. 34.

72. Henry Collins e Chimen Abramsky, *Karl Marx and the British Labour Movement: Years of the First International* (Londres: Macmillan, 1965), p. 24. Sobre os o'brienistas, ver Stan Shipley, *Club Life and Socialism in mid-Victorian London*, History Workshop Pamphlets, n. 5, Oxford, 1973.

73. Citado em Finn, *After Chartism*, p. 214.

74. "Karl Marx to Friedrich Engels", 4 nov. 1864, MECW, v. 42, pp. 16-7.

75. Ver Van der Linden, *Transnational Labour History*, cap. 1.

76. Ver Peter Hall, *The Industries of London since 1861* (Londres: Hutchinson University Library, 1962); Gareth Stedman Jones, *Outcast London: A Study in the Relationship between Classes in Victorian Society* (Oxford: Clarendon, 1971 [Londres: Verso, 2013, 4. ed.]), parte 1.

77. Sobre a importância dos novos sindicatos "amalgamados", ver Thomas Jones, "George Odger, Robert Applegarth, and the First International Working Men's Association", dissertação de mestrado não publicada, King's College de Londres, 2007; Alastair Reid, *United We Stand: A History of Britain's Trade Unions* (Londres: Penguin, 2005), pp. 95-101.

78. Sidney e Beatrice Webb, *The History of Trade Unionism*. Londres: Longmans, Green and Co., 1902, caps. 4 e 5.

79. "Rules of the London Trades Council", citado em F. M. Leventhal, *Respectable Radical: George Howell and Victorian Working Class Politics* (Londres: Weidenfeld and Nicolson, 1971), p. 37.

80. Citado em George Howell, "The History of the International Association", *Nineteenth Century*, v. 4, jul. 1878, p. 24.

81. Collins e Abramsky, *Karl Marx and the British Labour Movement*, pp. 18 e 35. Para grande aborrecimento de Mazzini, porém, a admiração de suas noções de dever e a "união de trabalho e capital" não impediram uma entusiasmada recepção pelo Conselho Geral da Internacional do "Discurso Inaugural" e uma dose de sentimento mazziniano com apelo específico de classe aos "proletários". Ver mais adiante no texto, pp. 491-5.

82. Howell, "History of the International Association", p. 25.

83. Compare o conforto e a rapidez de uma viagem de trem a vapor com as dificuldades do século XVIII das viagens entre Londres e Paris descritas em *Um conto de duas cidades*, de Dickens.

84. A escala e a extensão da ambição cosmopolita dos líderes das associações sindicais inglesas, tanto sociais como políticas, foram ressaltadas em Jones, "George Odger, Robert Applegarth". Sua dissertação fornece um corretivo para interpretações anteriores, que tendiam a classificar os pontos de vista de sindicalistas do comércio ingleses como limitados, ignorantes ou necessitados da orientação teórica de Karl.

85. David McLellan, *Karl Marx: His Life and Thought* (Londres: Macmillan, 1973), p. 363. A minoria consistia em três franceses, dois italianos e dois alemães.

86. Edward Spencer Beesly, "The International Working Men's Association", *Fortnightly Review*, 1 nov. 1870, reimpresso em *MEGA*, I, xxi, p. 1069.

87. Howell, "History of the International Association", p. 31. Segundo Howell, "sua enorme força era uma ficção existente apenas na cabeça daqueles que haviam ficado aterrorizados com a crença de seu vasto poder e recursos, com ramificações em toda parte do mundo, e agentes pagos prontos para qualquer emergência".

88. "Meeting of the General Council of the International Working Men's Association", 20 ago. 1867, *MEGA*, I, xx, p. 587. Sua preocupação específica era de que o desarmamento no resto da Europa "deixasse a Rússia sozinha na posse dos meios de fazer guerra ao resto da Europa" (ibid., p. 586).

89. "The Fourth Annual Report of the General Council", 1868, *MEGA*, I, xxi, p. 86.

90. Sobre Bakunin, ver mais adiante no texto, pp. 541-59.

91. Beesly, "International Working Men's Association", p. 1078; ibid.

92. Julian P. W. Archer, *The First International in France 1864-1872: Its Origins, Theories and Impact*. Lanham, MD: University Press of America, 1997, pp. 96-7.

93. Beesly, "International Working Men's Association", p. 1072; Van der Linden, *Transnational Labour History*, cap. 1.

94. "Karl Marx to Friedrich Engels", 4 nov. 1864, *MECW*, v. 42, pp. 16-9.

95. Essa parte do "Discurso" baseia-se extensivamente nas fontes que ele vinha pesquisando na mesma época para a seção 5 do capítulo 25 do primeiro volume de *O capital*, "Illustrations of the General Law of Capitalist Accumulation", *MECW*, v. 35, pp. 642-703.

96. O anúncio de Gladstone foi menos duro do que o "Discurso Inaugural" o fazia parecer. Pois Gladstone também alegou que "o aumento" era "de benefício indireto para o trabalhador" e que "a condição média do trabalhador britânico [...] havia melhorado durante os últimos vinte anos num grau reconhecidamente extraordinário". Uma controvérsia futura questionava se Karl fora culpado de citação errônea. O ataque foi feito primeiro em 1872 por Lujo Brentano, um apoiador da Escola Histórica Alemã de Economia, e o assunto foi levantado novamente em 1883, numa discussão entre um cientista de Cambridge e entusiasta da divisão de lucros, William Sedley Taylor, e a filha de Karl, Eleanor.

97. Karl Marx, "Address of the International Working Men's Association" ("Inaugural Address"), out. 1864, *MEGA*, I, xx, pp. 8-9.

98. Ibid., pp. 4-12.

99. Ibid.; "Karl Marx to Friedrich Engels", 4 nov. 1864, *MECW*, v. 42, p. 18.

100. Beesly, "International Working Men's Association", p. 1068.

101. Citado em Leventhal, *Respectable Radical*, p. 53.

102. Karl Marx, *Capital*, v. 1, p. 750. Esse famoso arroubo de retórica, enunciado em crípticas frases hegelianas, trazia pouca relação com o resto do volume. Estava no lugar do que poderia ter sido uma conclusão mais substantiva, se Karl tivesse conseguido publicar a obra completa em 1867.

103. "Karl Marx to Friedrich Engels", 7 maio 1867, *MECW*, v. 42, p. 371.

104. "Friedrich Engels to Karl Marx", 29 jan. 1867, 15 ago. 1867, *MECW*, v. 42, pp. 344 e 402.

105. A importância dessas passagens foi ressaltada em Shlomo Avineri, *The Social and Political Thought of Karl Marx* (Cambridge: Cambridge University Press, 1968), pp. 176-82.

106. Na primeira edição de 1867, é dito: "In England ist der Umwälzungsprozess mit Händen greifbar": Karl Marx, "Vorwort", in *Das Kapital*, v. 1: *Kritik der politischen Oekonomie* (Hildesheim: Gerstenberg, 1980), p. xi — este é um fac-símile da primeira edição alemã (Hamburgo: Otto Meissner, 1867). A tradução lançada vinte anos depois por Samuel Moore e Edward Aveling dizia: "In England the progress of social disintegration is palpable": *Capital*, v. 1: *A Critique of Political Economy*, *MECW*, v. 35, p. 9. Esta perde a urgência do senso de insurreição do texto original.

107. Karl Marx, "Speech at the Hague Congress of the International", 18 set. 1872, in H. Gerth (Org.), *The First International: Minutes of the Hague Congress of 1872* (Madison: University of Wisconsin Press, 1958), p. 236.

108. Id., "Speech at the Polish Meeting", 22 jan. 1867, *MECW*, v. 20, pp. 200-1.

109. Ele atribuiu "a limitação da jornada de trabalho" a "interferências legislativas", mas isso jamais teria acontecido "sem a contínua pressão de fora exercida pelos trabalhadores". Karl Marx, "Draft for Value, Price and Profit", *MEGA*, I, xx, p. 184.

110. Marx, *Capital*, v. 1, pp. 306-7. A citação latina provém da *Eneida* de Virgílio: "Que grande mudança desde aquela época!".

111. Ibid., p. 706.

112. Ibid., p. 739.

113. "Karl Marx to Ferdinand Lassalle", 11 jun. 1861, *MECW*, v. 41, p. 294.

114. Karl Marx, *Capital*, v. 3: *The Process of Capitalist Production as a Whole*, *MECW*, v. 37, pp. 434-5.

115. Ibid., p. 436.

116. Ibid., p. 438.

117. Marx, "Address of the International Working Men's Association", p. 10.

118. Citado em Collins e Abramsky, *Karl Marx and the British Labour Movement*, p. 123.

119. Beesly, "International Working Men's Association", p. 1078.

120. Karl resumiu seu argumento em "Notes for the Report on Value, Price and Profit", *MECW*, v. 20, p. 338. Foi publicado postumamente em 1898 por Edward Aveling e Eleanor Marx como *Value, Price and Profit*. Ver *MECW*, v. 20, pp. 101-49.

121. "Central Council Meeting", 20 jun. 1865, *MEGA*, I, xx, p. 334.

122. "Karl Marx to Dr. Kugelmann", 29 nov. 1864, *MECW*, v. 42, p. 45.

123. Ibid., 15 jan. 1866, p. 221.

124. Karl Marx, "Marx über Gewerksgenossenschaften", *MEGA*, I, xxi, p. 906; e ver pp. 2141--3. A descrição do encontro por quatro metalúrgicos foi originalmente escrita por um deles, Johann Hamann, numa publicação sindical, *Allgemeine Deutsche Metallarbeiterschaft*, e depois reimpressa no *Volksstaat*. A importância dessa discussão, que sempre foi omitida em edições anteriores das *Marx--Engels Works*, foi ressaltada por Jürgen Herres, editor da *MEGA* de 2009 (I, xxi), que cobre o período de setembro de 1867 a março de 1871. Ver a publicação da Conferência de Paris no 150º Aniversário da Internacional (*150 Years Ago: The First International*, Paris, 19-20 jun. 2014, Brill, no prelo).

125. "Karl Marx to Dr. Kugelmann", 23 fev. 1865, *MECW*, v. 42, p. 105.

126. Ibid., 9 out. 1866, p. 326.

127. Karl Marx, "Instructions for the Delegates of the Provisional General Council: The Different Questions", ago. 1866, *MECW*, v. 20, pp. 185-94.

128. "Karl Marx to Friedrich Engels", 2 abr. 1866, *MECW*, v. 42, p. 253. Esses simpatizantes incluíam Thomas Hughes, socialista cristão, colaborador e autor de *Tom Brown's Schooldays*, e Edward Miall, editor do *Nonconformist*.

129. "Karl Marx to Dr. Kugelmann", 23 fev. 1865, *MECW*, v. 42, p. 105.

130. "Karl Marx to Friedrich Engels", 25 fev. 1865, *MECW*, v. 42, p. 108.

131. Ibid., 1 maio 1865, p. 150.

132. "Karl Marx to Dr. Kugelmann", 15 jan. 1866, *MECW*, v. 42, p. 221.

133. "Karl Marx to Friedrich Engels", 7 jul. 1866, *MECW*, v. 42, pp. 289-90.

134. "Karl Marx to Dr. Kugelmann", 9 out. 1866, *MECW*, v. 42, p. 327.

135. Ibid., 13 out. 1866, pp. 328-9.

136. "Karl Marx to Friedrich Engels", 11 set. 1867, *MECW*, v. 42, p. 424.

137. "Karl Marx to Dr. Kugelmann", 13 out. 1866, *MECW*, v. 42, p. 328.

138. Deve ser lembrado que Max Weber construiu seu conceito de carisma tendo Gladstone em mente.

139. Frederic Harrison, "The Transit of Power", *Fortnightly Review*, abr. 1868, pp. 384-5.

140. Citado em Royden Harrison, *Before the Socialists: Studies in Labour and Politics 1861--1881* (Londres: Routledge and Kegan Paul, 1965), pp. 86-7.

141. "Karl Marx to Friedrich Engels", 2 abr. 1866, *MECW*, v. 42, p. 253; ibid., 27 jul. 1866, p. 300.

142. "Karl Marx to Friedrich Engels", 2 abr. 1866, *MECW*, v. 42, p. 253.

143. "Karl Marx to Johann Philipp Becker", 31 ago. 1866, *MECW*, v. 42, p. 314.

144. Em 6 de maio de 1867, houve outro momento de exaltação, com uma manifestação de mais de 100 mil pessoas reunidas no parque, apesar da proibição governamental, e Walpole foi obrigado a renunciar. Mas isso parece ter sido rapidamente esquecido. Karl estava fora do país nessa época, e não houve menção do evento na sua correspondência. Ver Harrison, *Before the Socialists*, pp. 97-9.

145. Ver ibid., pp. 78-137.

146. W. F. Moneypenny e G. E. Buckle, *The Life of Benjamin Disraeli, Earl of Beaconsfield*. 2 v. Londres: John Murray, 1929, v. 2, p. 274.

147. Parry, *Rise and Fall of Liberal Government*, p. 216.

148. Sobre o contexto do surgimento do fenianismo, ver R. F. Foster, *Modern Ireland: 1600--1972* (Londres: Allen Lane, 1988), cap. 16.

149. "Karl Marx to Friedrich Engels", 14 dez. 1867, *MECW*, v. 42, p. 501.

150. "Karl Marx to Dr. Kugelmann", 6 abr. 1868, *MECW*, v. 43, p. 3.

151. Ver suas notas preparatórias, *MECW*, v. 21, pp. 212-317.

152. "Friedrich Engels to Laura Marx", 23 set. 1867, *MECW*, v. 42, p. 431; "Friedrich Engels to Dr. Kugelmann", 12 out. 1867, *MECW*, v. 42, p. 444.

153. "Karl Marx to Friedrich Engels", 2 nov. 1867, *MECW*, v. 42, p. 460; ibid., 28 nov. 1867, p. 478.

154. Ibid., p. 479; "Friedrich Engels to Karl Marx", 29 nov. 1867, *MECW*, v. 42, p. 483.

155. "Meeting of the General Council and of Members and Friends of the Association", 19 nov. 1867, *MEGA*, I, xxi, p. 526.

156. Citado em Harrison, *Before the Socialists*, p. 141.

157. Compare o "Draft of a Speech on the 'Fenian Question' for the Meeting of the General Council of the International Working Men's Association", de Marx, de 26 de novembro de 1867, e o "Entwurf des Vortrags über den Fenianismus im Deutschen Arbeiterbildungsverein London am 16. Dezember 1867", *MEGA*, I, xxi, pp. 15-32.

158. "Karl Marx to Friedrich Engels", 2 nov. 1867, *MECW*, v. 42, pp. 460-1.

159. Ibid., 30 nov. 1867, pp. 486-7.

160. "Karl Marx to Dr. Kugelmann", 6 abr. 1868, *MECW*, v. 43, p. 3.

161. E. S. Beesly, 1867, citado em Harrison, *Before the Socialists*, p. 143.

162. "Karl Marx to Dr. Kugelmann", 6 abr. 1868, *MECW*, v. 43, p. 4.

163. "Jenny Marx to Dr. Kugelmann", 30 out. 1869, *MECW*, v. 43, p. 546.

164. "Meeting of the General Council", 16 nov. 1869, *MEGA*, I, xxi, pp. 727-30.

165. Ibid., 23 nov. 1869, pp. 728-9 e 731-4.

166. "Karl Marx to Dr. Kugelmann", 29 nov. 1869, *MECW*, v. 43, p. 390.

167. "Karl Marx to Friedrich Engels", 10 dez. 1869, *MECW*, v. 43, p. 397.

168. Collins e Abramsky, *Karl Marx and the British Labour Movement*, p. 169.

169. "The General Council to the Federal Council of Romance Switzerland", 1 jan. 1870, *MECW*, v. 21, pp. 84-91.

170. Karl Marx, "Circulaire du Conseil Général de l'Association Internationale des Travailleurs au Conseil Fédéral de la Suisse Romande du 1er janvier 1870", *Entstehung und Überlieferung*, *MEGA*, I, xxi, pp. 1465-70.

171. "Karl Marx to Dr. Kugelmann", 10 abr. 1868, *MECW*, v. 43, p. 4. Apontando para a eleição de O'Donovan Rossa no ano seguinte, Jenny lançou uma hipótese semelhante: "O fanatismo religioso está morrendo de morte natural, a hostilidade de católicos e protestantes está no fim, há uma cisão no campo de Orange, e orangistas, ribonistas e fenianos estão se unindo contra seu inimigo comum, o governo britânico. Consequentemente, a influência dos padres está desaparecendo; o movimento irlandês não está mais nas mãos deles". "Jenny Marx to Dr. Kugelmann", 27 dez. 1869, *MECW*, v. 43, p. 549.

172. "Karl Marx to Laura and Paul Lafargue", 5 mar. 1870, *MECW*, v. 43, p. 449.

173. Os grevistas e seus porta-vozes justificavam com frequência cada vez maior as suas exigências na linguagem de oferta e demanda, fornecida pela economia política popular. De

maneira significativa, também, o Estado se manteve discretamente em segundo plano. Na medida do possível, evitou usar tropas e efetuar prisões. Não houve julgamentos espetaculares nem deportações de sindicalistas, como houvera no caso dos "Mártires de Tolpuddle" vinte anos antes, e nada de ameaças expressivas para enrijecer a legislação antigreve. Além disso, o pequeno ponto de apoio ganho pelos operários têxteis grevistas de Lancashire em 1853-4 havia crescido no fim da década, levando a elaborados procedimentos de barganha entre patrões e operários em toda a região algodoeira e aos primórdios de formas de arbitragem na indústria de malharia de Nottingham.

174. Para referências, ver Gareth Stedman Jones, "Some Notes on Karl Marx and the English Labour Movement", *History Workshop*, v. 18 (outono 1984), pp. 124-37.

175. "Report of the Fourth Annual Congress of the International Working Men's Association", p. 18, citado em Collins e Abramsky, *Karl Marx and the British Labour Movement*, p. 98.

176. "Jenny Marx to Ludwig Kugelmann", 17 jul. 1870, *MECW*, v. 43, p. 563.

177. "Karl Marx to Friedrich Engels", 20 jul. 1870, *MECW*, v. 44, pp. 3-4 e 13; "Karl Marx to Paul and Laura Lafargue", 28 jul. 1870, *MECW*, v. 44, p. 14.

178. "First Address of the General Council of the International Working Men's Association on the Franco-Prussian War", 23 jul. 1870, *MECW*, v. 22, pp. 3-8.

179. "Meeting of the General Council", 2 ago. 1870, *MEGA*, I, xxi, p. 814. A ênfase na paz era especialmente apreciada. A Peace Society bancou a impressão de 30 mil cópias do *"Discurso"*.

180. "Friedrich Engels to Karl Marx", 22 jul. 1870, *MECW*, v. 44, p. 6.

181. "Karl Marx to Friedrich Engels", 17 ago. 1870, *MECW*, v. 44, p. 51.

182. "Second Address on the Franco-Prussian War", 9 set. 1870, *MECW*, v. 22, pp. 264 e 267.

183. "Karl Marx to Friedrich Sorge", 1 set. 1870, *MECW*, v. 44, p. 57.

184. Ver Christopher Clark, "From 1848 to Christian Democracy", in Ira Katznelson e Gareth Stedman Jones (Orgs.), *Religion and the Political Imagination* (Cambridge: Cambridge University Press, 2010), pp. 190-213.

185. Robert Tombs, *The Paris Commune 1871*. Londres: Longman, 1999, p. 57.

186. Citado em John Merriman, *Massacre: The Life and Death of the Paris Commune of 1871* (New Haven: Yale University Press, 2014), p. 45.

187. Tombs, *Paris Commune*, apêndice 1, pp. 219 e 78-9.

188. Ver Merriman, *Massacre*, p. 63.

189. Citado em Tombs, *Paris Commune*, p. 117.

190. Ibid., pp. 114-5.

191. K. Steven Vincent, *Between Marxism and Anarchism: Benoît Malon and French Reformist Socialism*. Berkeley: University of California Press, 1992, pp. 14-6.

192. Alegações do século XIX sobre o número de mortos, variando de 10 mil a 40 mil, são exageradas. Estimativas atuais baseiam-se nos registros dos necrotérios e em outras fontes oficiais. Ver Robert Tombs, "How Bloody was *La Semaine sanglante of 1871*?", *Historical Journal*, v. 55, n. 3 (2012), pp. 679-704.

193. "Meeting of the General Council", 21 mar. 1871, *MEGA*, I, xxii, pp. 522-3.

194. "Meeting of the General Council", 18 abr. 1871, *MEGA*, I, xxii, p. 537.

195. "Karl Marx to Dr. Kugelmann", 12 abr. 1871, *MECW*, v. 44, p. 132. Esse julgamento era semelhante ao apresentado por Engels no Conselho Geral em 11 de abril, mas não levava em conta o fato de que, na primeira semana que antecedeu as eleições de 26 de março, a Guarda Nacional continuava com esperanças de que fosse possível negociar com Versalhes. Além disso, dado o fracasso em todas as suas saídas anteriores da cidade, não fica absolutamente claro que os parisienses teriam tido êxito em tomar Versalhes.

196. Karl Marx, *The Civil War in France: Address of the General Council of the International Working Men's Association*, MECW, v. 22, p. 320.

197. Ibid., p. 328. Seria mais acurado dizer que essas instituições haviam se retirado junto com a retirada do governo para Versalhes. Argumentava-se também que "depois de toda revolução marcando uma fase de progresso na luta de classes, o caráter puramente repressivo do poder do Estado" mostrava-se "em relevo mais e mais atrevido". Apresentado como alegação empírica, isso era passível de discussão. Mas apresentado como parte de uma tendência de trajetória acompanhando o desenvolvimento da indústria moderna, estava errado. O poder do Estado na Terceira República era menos repressivo do que havia sido sob o Segundo Império. Por essa razão, o argumento de que o Império de Bonaparte era "a única forma de governo possível numa época em que a burguesia já havia perdido, e a classe trabalhadora ainda não havia adquirido a faculdade de governar uma nação" (ibid., p. 330), também se mostrava infundado.

198. Esse ponto está bem argumentado em Avineri, *Social and Political Thought*, pp. 241-2.

199. Marx, *Civil War in France*, pp. 334-5.

200. Ibid.

201. Karl Marx, "First Draft of *The Civil War in France*", *MECW*, v. 22, p. 499.

202. Marx, *Civil War in France*, pp. 348 e 353.

203. Ibid., pp. 342-3.

204. Ibid., p. 341.

205. "Karl Marx to Friedrich Engels", 6 set. 1870, *MECW*, v. 44, pp. 64-5.

206. "Karl Marx to Edward Beesly", 19 out. 1870, *MECW*, v. 44, pp. 88-9.

207. Isso foi relatado pelo socialista austríaco (que virou agente de polícia) Heinrich Oberwinder em suas *Mémoires*, de 1887. Citado em Boris Nicolaievsky e Otto Maenchen-Helfen, *Karl Marx: Man and Fighter*, trad. de G. David e E. Mosbacher (Londres: Allen Lane, 1973 [1933]), p. 347.

208. "Karl Marx to Dr. Kugelmann", 17 abr. 1871, *MECW*, v. 44, pp. 136-7.

209. Durante o sítio, Thiers tinha autorizado uma moratória do pagamento de contas e aluguéis até 13 de março, mas recusou-se a renová-la. Entre 13 e 18 de março, 150 mil reivindicações de pagamento de aluguéis e contas deram entrada. A Comuna renovou a moratória. Ver Avineri, *Social and Political Thought*, p. 247.

210. Marx, *Civil War in France*, p. 337. Em seu "First Draft", ele escreveu: "Pela primeira vez, a classe *moyenne* [média] mesquinha agrupou-se abertamente em torno da Revolução dos trabalhadores e a proclamou o único meio para sua própria emancipação e a da França. Ela forma com eles o grosso da Guarda Nacional, senta com eles na Comuna e intercede por eles na União Republicana" (Marx, "First Draft", p. 496).

211. Marx, "First Draft", p. 496.

212. Id., *Civil War in France*, p. 339.
213. Id., "First Draft", p. 498.
214. Ibid., p. 487.
215. Ele considerava que "o império, e o imperialismo, com seu mero arremedo de Parlamento, é o *régime* que agora floresce na maioria dos grandes Estados militares do continente". Karl Marx, "Second Draft of *The Civil War in France*", *MECW*, v. 22, p. 533.
216. Marx, *Civil War in France*, p. 332.
217. Ibid.
218. Ibid., p. 335. Ver também "First Draft", em que a transição para o trabalho associado é comparada ao "longo processo de desenvolvimento de novas condições" que havia resultado na transição da escravidão para a servidão, e da servidão para o trabalho livre. "A classe trabalhadora sabe que precisa passar por diferentes fases de luta de classes. Sabe que a substituição das condições econômicas do trabalho escravo pelas condições do trabalho livre e associado só pode ser resultado da progressiva ação do tempo." Marx, "First Draft", p. 491.
219. McLellan, *Karl Marx: His Life and Thought*, p. 400.
220. "Karl Marx to Dr. Kugelmann", 18 jun. 1871, *MECW*, v. 44, p. 158.
221. Collins e Abramsky, *Karl Marx and the British Labour Movement*, pp. 211 e 215.
222. Marx, *Civil War in France*, p. 355.
223. "Cidadão Marx" contou ao Conselho Geral que "a imprensa inglesa agia como polícia e cães de caça para Thiers. [...] A imprensa conhecia muito bem os objetivos e princípios da Internacional [...] e ainda assim fez circular reportagens alegando que a Associação incluía a fraternidade feniana, os carbonários, que deixaram de existir em 1830, a Marianne, que deixou de existir em 1854, e outras sociedades secretas". "Meeting of the General Council", 6 jun. 1871, *MEGA*, I, xxii, p. 560.
224. "Karl Marx to Dr. Kugelmann", 27 jul. 1871, *MECW*, v. 44, p. 177.
225. Marx, *Civil War in France*, p. 324.
226. Ibid., p. 352.
227. Thomas Wright, *Our New Masters*. Londres: Strahan, 1873, pp. 194-9
228. "Meeting of the General Council", 20 jun. 1871, *MEGA*, I, xxii, pp. 565-6.
229. "Eleanor Marx to the Aberdeen Socialist Society", 17 mar. 1893, citado em Kapp, *Eleanor Marx*, pp. 134-6.
230. "Jenny Marx to Ludwig and Gertrud Kugelmann", 21-22 dez. 1871, *MECW*, v. 44, p. 566. Numa veia mais engraçada, ela também comentou sobre os esforços do seu pai para ajudar. Ele não só precisara "brigar com todos os governos das classes dominantes", mas "na barganha ele tem tido combates corpo a corpo com 'rotundas e arrogantes' senhorias, que o atacam porque este ou aquele *communeux* não pagou seu aluguel. Assim que ele se perde nos seus *abstrakten Gedanken* [pensamentos abstratos], entra correndo a sra. Smith ou a sra. Brown. Se apenas o *Figaro* soubesse disso — que folhetim teria oferecido aos seus leitores!". Ibid.
231. "Declaration to the French People", in Tombs, *Paris Commune*, pp. 217-8.
232. James Guillaume, *L'Internationale: Documents et souvenirs (1864-1878)*. Paris: Société Nouvelle de Librairie et d'Édition, 1905, v. 1, parte 2, p. 192.
233. A única referência era crítica e histórica. A "Constituição comunal", argumentava ele,

"havia sido confundida com uma tentativa de se fragmentar numa federação de pequenos estados, conforme sonhado por Montesquieu e os girondinos". Marx, *Civil War in France*, p. 333.

234. Daí a hostilidade de Karl em relação à palavra. Menos de um ano antes, ele confidenciara a Engels que esperava por uma vitória da Prússia na guerra, porque a "centralização do PODER DO ESTADO" seria "benéfica para a centralização da classe trabalhadora alemã" e "também significaria o predomínio da *nossa* teoria sobre a de Proudhon". "Karl Marx to Friedrich Engels", 20 jul. 1870, *MECW*, v. 44, pp. 3-4.

235. Archer, *First International in France*, p. 43.

236. César de Paepe (1841-90) era um médico que se graduara na Universidade Livre de Bruxelas. Depois de inicialmente se alinhar com a Federação do Jura na cisão de 1872 na Internacional, veio a apoiar a necessidade de um Estado social-democrata para provisão de serviços sociais, em especial um serviço público de saúde. Em 1877, ajudou a estabelecer o jornal *Le Socialisme Progressif*, que enfatizava o papel dos sindicatos e uma forma evolucionária de socialismo. Sobre a importância de suas atividades na Primeira Internacional, ver William Whitham, "César de Paepe and the Politics of Collective Property", dissertação de mestrado, Universidade de Cambridge, 2015.

237. Paul Thomas, *Karl Marx and the Anarchists*. Londres: Routledge & Kegan Paul, 1980, p. 278.

238. William Whitham, "Anarchism and Federalism in the International Working Men's Association 1864-1877", monografia de bacharelado, Universidade de Harvard, 2014, pp. 48-9; Archer, *First International in France*, p. 196.

239. Whitham, "Anarchism and Federalism", p. 29; G. M. Stekloff, *History of the First International* (Londres: M. Lawrence, 1928), pp. 141-2.

240. Alexander Herzen, *My Past and Thoughts: The Memoirs of Alexander Herzen*, trad. de C. Garnett (Nova York: A. A. Knopf, 1968), v. 3, pp. 1351-2. Aleksey Khomyakov era famoso entre a intelligentsia de Moscou na década de 1840 pelo seu ceticismo acerca da Europa ocidental e sua reabilitação da história e cultura bizantinas. Ver Pavel V. Annenkov, *The Extraordinary Decade: Literary Memoirs*, org. de Arthur P. Mendel (Ann Arbor: University of Michigan Press, 1968 [1881]), pp. 92-101.

241. Annenkov, *Extraordinary Decade*, p. 21.

242. Na minha abordagem de Bakunin, tenho grande dívida com a pesquisa e os achados de Diana Siclovan. Ela enfatiza a importância duradoura das crenças pré-1848 de Bakunin, reafirmadas, mas não fundamentalmente alteradas, na década de 1860. Ver Diana Siclovan, "Mikhail Bakunin and the Modern Republic 1840-1867", dissertação de mestrado em História, Universidade de Cambridge, 2009.

243. Herzen, *My Past and Thoughts*, v. 3, p. 1351.

244. Mikhail Bakunin, *Le Catéchisme révolutionnaire*, mar. 1866, citado em Siclovan, "Mikhail Bakunin and the Modern Republic", p. 44.

245. Id., "La Question slave", ago. 1867, p. 3, citado em Siclovan, "Mikhail Bakunin and the Modern Republic", p. 44. Conforme mostra essa passagem, "anarquista" não era um termo ao qual se devesse dar muito peso durante esse período. Pois "anarquista", nos escritos de Bakunin, significava simplesmente "federalista", ou, em outras partes, "socialista".

246. Ver Whitham, "Anarchism and Federalism".

247. Vyrubov, citado por E. H. Carr em *Michael Bakunin* (Londres: Macmillan, 1975 [1937]), p. 343; James Joll, *The Anarchists* (Londres: Eyre & Spottiswoode, 1964), p. 98.

248. Citado em Thomas, *Marx and the Anarchists*, pp. 303-4.

249. Ibid., p. 306.

250. Texto de uma carta escrita por Bakunin em 1872, citado em ibid., p. 305.

251. Ibid., pp. 318-9.

252. "Karl Marx to Friedrich Engels", 4 nov. 1864, *MECW*, v. 42, pp. 18-9; ibid., 11 abr. 1865, p. 140.

253. Ver *Neue Rheinische Zeitung*, 5 jul. 1848. Essas alegações foram retiradas quando George Sand interveio e declarou que elas não tinham nenhuma base.

254. "Karl Marx to Friedrich Engels", 4 out. 1867, *MECW*, v. 42, p. 434.

255. "Mikhail Bakunin to Karl Marx", 22 dez. 1868, in Guillaume, *L'Internationale*, v. 1, pp. 103 e 170-9.

256. "Karl Marx to Friedrich Engels", 15 dez. 1868, *MECW*, v. 43, p. 190.

257. "Karl Marx to Friedrich Engels", 14 mar. 1869, *MECW*, v. 43, p. 240.

258. "Meeting of the General Council", 8 ago. 1871, *MEGA*, I, xxii, p. 591.

259. "Meeting of the General Council", 25 jul. e 15 ago. 1871, *MEGA*, I, xxii, pp. 582 e 594.

260. Ibid.

261. "Karl Marx to Jenny Marx", 23 set. 1871, *MECW*, v. 44, p. 220.

262. Para um relato em primeira mão dos procedimentos em Sonvilliers, ver Guillaume, *L'Internationale*, 1907, v. 2, parte 4, pp. 232-44.

263. Karl Marx and Friedrich Engels, "Fictitious Splits in the International", 5 mar. 1872, *MECW*, v. 23, p. 89.

264. Para um relato convincente da relação de Bakunin com Nechaev, e de maneira mais geral as relações entre exilados após 1848, ver Carr, *Romantic Exiles*, cap. 14.

265. Ver, por exemplo, Marx e Engels, "Fictitious Splits in the International", p. 89.

266. Ibid., pp. 79-123. O panfleto fracassou em silenciar oponentes. Na Itália, Carlo Cafiero acusou seus autores de "lavar roupa suja em público", enquanto Bakunin considerava que o "sr. Marx" empregara sua "arma habitual, uma pilha de sujeira". Ver Thomas, *Marx and the Anarchists*, pp. 324-5.

267. "Karl Marx to César de Paepe", 24 nov. 1871, *MECW*, v. 44, pp. 263-4.

268. "Karl Marx to Dr. Kugelmann", 29 jul. 1872, *MECW*, v. 44, p. 413.

269. Mikhail Bakunin, *Statism and Anarchy*. Org. e trad. de Marshall Shatz. Cambridge: Cambridge University Press, 1990 [1873], p. 3.

270. L. B. Namier, *1848: The Revolution of the Intellectuals*. Londres: Oxford Unversity Press, 1971 [1944].

271. Bakunin, *Statism and Anarchy*, p. 194.

272. Ibid.

273. Ibid., pp. 130-1 e 140.

274. Ibid., pp. 181, 180, 142 e 176.

275. Ibid., pp. 177-8 e 23-4.
276. Ibid., pp. 23-4 e 177-8.
277. Ibid., p. 141.
278. Ibid., pp. 177, 182 e 189.
279. Karl Marx, "Notes on Bakunin's *Statehood and Anarchy*", abril de 1874 a janeiro de 1875, *MECW*, v. 24, p. 518.
280. Ibid., p. 519.
281. Ibid., pp. 520-1.
282. John Stuart Mill, *Autobiography*. Londres: Longmans, Green, Reader & Dyer, 1873, p. 694.
283. "General Council to the Federal Council", pp. 86-8.
284. "(On Trade Unions) Minutes of London Conference of the International", 20 set. 1871, *MECW*, v. 22, p. 614.
285. Gerth (Org.), *First International*, p. 262. Mas ele adotou uma linha muito mais dura sobre a exclusão da "Seção Doze", o único momento de encontro possível entre a Internacional e os representantes do feminismo norte-americano. Karl a considerava uma organização "erguida basicamente para aumentar as chances da sra. Victoria Woodhull" e propagar "aquelas doutrinas queridas para seu partido, tais como amor livre, espiritualismo etc.". Ele alegava que era "composto exclusivamente de falsos reformadores, charlatães da classe média e políticos interesseiros". Ibid., p. 264.
286. "Karl Marx to Wilhelm Liebknecht", 11 fev. 1878, *MECW*, v. 45, p. 299.
287. Gerth (Org.), *First International*, p. 285.
288. "Karl Marx to César de Paepe", 28 maio 1872, *MECW*, v. 44, p. 387.
289. "Karl Marx to Friedrich Engels", 17 ago. 1870, *MECW*, v. 44, p. 51.
290. "Karl Marx to Sigfrid Meyer", 21 jan. 1871, *MECW*, v. 44, p. 102.
291. "Karl Marx to his Daughters Jenny, Laura and Eleanor", 13 jun. 1871, *MECW*, v. 44, p. 153.
292. Ibid.
293. Para um relato completo das experiências das irmãs nos Pirineus, ver Kapp, *Eleanor Marx*, v. 1, pp. 126-32.
294. "Karl Marx to Ludwig Kugelmann", 27 jul. 1871, *MECW*, v. 44, p. 176.
295. "Friedrich Engels to Elizabeth Engels", 21 out. 1871, *MECW*, v. 44, p. 229.
296. "Karl Marx to Friedrich Engels", 15 ago. 1870, *MECW*, v. 44, p. 45.
297. "Karl Marx to Frederick Bolte", 23 nov. 1871, *MECW*, v. 44, p. 256.
298. "Karl Marx to Karl Liebknecht", 17 nov. 1871, *MECW*, v. 44, pp. 247-8.
299. "Karl Marx to César de Paepe", 24 nov. 1871, *MECW*, v. 44, p. 263.
300. "Karl Marx to Paul Lafargue", 21 mar. 1872, *MECW*, v. 44, p. 347.

12. DE VOLTA AO FUTURO [pp. 566-621]

1. O conceito de Karl para o segundo volume de *O capital* englobava tanto o Livro II, sobre "O processo de circulação do capital", como o Livro III, sobre "O processo de produção capitalista como um todo". Um terceiro volume deveria tratar da história da teoria econômica. Engels publicou

postumamente o Livro II e o Livro III como volumes separados, enquanto Kautsky publicou o putativo terceiro volume como *Teorias da mais-valia*.

2. Ver Engels, "Preface to the First German Edition of *Capital*, Book II: *The Process of Circulation of Capital*", *MECW*, v. 36, pp. 6-9. Segundo Eleanor Marx, Engels "deveria fazer alguma coisa" com o material para o Livro II. Ibid., pp. 9-10.

3. "Karl Marx to Maurice Lachâtre", 18 mar. 1872, *MECW*, v. 44, p. 344.

4. "Karl Marx to Laura Lafargue", 28 fev. 1872, *MECW*, v. 44, p. 327; "Karl Marx to Nikolai Danielson", 28 maio 1872, *MECW*, v. 44, p. 385. Karl não só fez mudanças estilísticas para tornar o livro mais fácil de ler em francês, mas também tentou torná-lo mais atraente politicamente fazendo pequenas mas significativas modificações em seu retrato do capitalismo, da fábrica e da natureza do trabalho. Ver Julia Catherine Nicholls, "French Revolutionary Thought after the Paris Commune, 1871-1885", tese de doutorado, Queen Mary University of London, 2015, cap. 3.

5. "Friedrich Engels to Ludwig Kugelmann", 1 jul. 1873, *MECW*, v. 44, pp. 515-6.

6. Ibid., 28 abr. 1871, pp. 142-3. Kugelmann vivia em Hannover.

7. As tensões também foram geradas pelo fracasso tanto de Karl como de Jenny em reconhecer o envolvimento de Eleanor ("Tussy") com o *communard* francês Lissagaray.

8. "Karl Marx to Friedrich Sorge", 4 ago. 1874, *MECW*, v. 45, p. 28. Friedrich Sorge (1828--1906) participou da Revolução na Alemanha em 1848 e depois migrou, indo primeiro para a Suíça, depois para a Bélgica e finalmente para os Estados Unidos, em 1852. Foi o organizador da seção norte-americana da Internacional.

9. "Karl Marx to Nikolai Danielson", 12 ago. 1874, *MECW*, v. 44, p. 522.

10. Karl Marx, *Capital*, v. 3: *The Process of Capitalist Production as a Whole*, *MECW*, v. 37, p. 240.

11. Essa questão é discutida mais adiante neste capítulo nos intertítulos 5 e 6. A teoria do desenvolvimento universal está claramente implícita no "Preface to the First German Edition of *Capital*", p. 9.

12. "Karl Marx to Ludwig Kugelmann", 18 maio 1874, *MECW*, v. 45, p. 17.

13. "Karl Marx to Friedrich Engels", 18 set. 1874, *MECW*, v. 45, p. 46; "Eleanor Marx to Jenny Longuet", 5 set. 1874, citado em Olga Meier (Org.), *The Daughters of Karl Marx: Family Correspondence 1866-1898* (Harmondsworth: Penguin, 1982), p. 117.

14. Essa passagem de Franziska Kugelmann (*Reminiscences*, 1926) é reproduzida em David McLellan (Org.), *Karl Marx: Interviews and Recollections* (Londres: Macmillan, 1981), pp. 286-7. Marx aparentemente não podia tolerar essa postura "exageradamente zelosa num homem muito mais jovem que ele e [a] tomava como uma usurpação da sua liberdade".

15. "Friedrich Engels to Wilhelm Bracke", 11 out. 1875, *MECW*, v. 45, p. 96.

16. "Friedrich Engels to Ludwig Kugelmann", 20 out. 1876, *MECW*, v. 45, p. 162.

17. "Karl Marx to Nikolai Danielson", 15 nov. 1878, *MECW*, v. 45, p. 343.

18. "Karl Marx to Nikolai Danielson", 10 abr. 1879, *MECW*, v. 45, p. 354.

19. "Friedrich Engels to August Bebel", 30 ago. 1883, *MECW*, v. 47, p. 53.

20. "Friedrich Engels to Friedrich Sorge", 12 set. 1874, *MECW*, v. 45, p. 44. Estima-se que no seu auge houvesse cerca de mil a 1200 refugiados franceses.

21. "Jenny Marx to Karl Liebknecht", 26 maio 1872, *MECW*, v. 44, p. 580.

22. Yvonne Kapp, *Eleanor Marx*, 2 v. (Londres: Lawrence & Wishart, 1972), v. 1, p. 184. Esse livro continua sendo o estudo definitivo da vida da família Marx. Mas ver também a desafiadora biografia recente de Rachel Holmes, *Eleanor Marx: A Life* (Londres: Bloomsburry, 2014).

23. Ibid., p. 217.

24. "Jenny Marx to Wilhelm Liebknecht", 26 maio 1872, *MECW*, v. 44, p. 581.

25. Ibid.

26. "Friedrich Engels to Laura Lafargue", 11 mar. 1872, *MECW*, v. 44, p. 339.

27. "Jenny Marx to Friedrich Sorge", 20-21 jan. 1877, *MECW*, v. 45, pp. 447-8.

28. "Friedrich Engels to Friedrich Sorge", 12-17 set. 1874, *MECW*, v. 45, p. 44.

29. Ver Leslie Derfler, *Paul Lafargue and the Founding of French Marxism 1842-1882* (Cambridge, Massachusetts: Harvard University Press, 1991), pp. 154-5; ver também *Correspondence of Friedrich Engels and Paul and Laura Lafargue*, 3 v. (Moscou: Foreign Languages Publishing House, 1959-60).

30. "Friedrich Engels to Paul Lafargue", 12 set. 1880, *MECW*, v. 46, p. 32.

31. Lafargue mais tarde escreveu: "O manifesto da guerra civil elaborado por Marx para o Conselho Geral investia a Comuna de um caráter socialista que ela certamente não possuiu durante sua efêmera existência. Os refugiados comunistas consequentemente levaram a si mesmos bastante a sério como representantes de um socialismo do qual não sabiam uma única letra". Paul Lafargue, "Socialism in France from 1876 to 1896", *Fortnightly Review*, set. 1897, citado em Chushichi Tsuzuki, *The Life of Eleanor Marx, 1855-1898: A Socialist Tragedy* (Oxford: Clarendon, 1967), pp. 33-4.

32. "Eleanor Marx to Jenny Longuet", 7 nov. 1872, in Meier (Org.), *Daughters of Karl Marx*, p. 113. Parece também que depois disso Eleanor e Laura pararam de se falar.

33. "Karl Marx to Friedrich Engels", 23 maio 1873, *MECW*, v. 44, p. 496.

34. Ibid., 30 nov. 1873, pp. 342-3.

35. "Karl Marx to Ludwig Kugelmann", 19 jan. 1874, *MECW*, v. 45, p. 3.

36. Ibid., 18 maio 1874, p. 17.

37. Arquivos Bottigelli, citado em Kapp, *Eleanor Marx*, v. 1, pp. 153-4.

38. "Karl Marx to Friedrich Engels", 14 ago. 1874, *MECW*, v. 45, p. 34. Ver também Holmes, *Eleanor Marx: A Life*, pp. 119-24. Os sintomas de Eleanor pareciam similares aos de anorexia nervosa, analisada plenamente pela primeira vez como condição médica no estudo de Sir William Gull, *Anorexia nervosa*, em 1873. Mas foi só na década de 1930 que os médicos começaram a compreender que distúrbios alimentares eram em parte psicológicos e emocionais, em vez de totalmente físicos.

39. Ibid., 19 ago. 1876, p. 136.

40. Ibid., 23 jul. 1877, p. 245.

41. Ibid., 17 ago. 1877, p. 268.

42. "Karl Marx to Jenny Longuet", 18 ago. 1881, *MECW*, v. 46, p. 134.

43. "Eleanor Marx to Olive Schreiner", 16 jun. 1884, citado em Kapp, *Eleanor Marx*, v. 1, p. 221.

44. "Karl Marx to Laura Lafargue", 4 jan. 1882, *MECW*, v. 46, p. 169.

45. "Karl Marx to Friedrich Engels", 11 nov. 1882, *MECW*, v. 46, p. 375.

46. Derfler, *Paul Lafargue*, pp. 158-9.

47. "Friedrich Engels to Eduard Bernstein", 2-3 nov. 1882, *MECW*, v. 46, p. 356.

48. Eleanor Marx, "Introduction" a *History of the Commune of 1871 from the French of Lissagaray*. Nova York: International Publishing Company, 1898.

49. Citado em Werner Blumenberg, *Portrait of Marx: An Illustrated Biography*, trad. de Douglas Scott (Nova York: Herder & Herder, 1972), p. 123.

50. "Karl Marx to Maurice Lachâtre", 12 out. 1872, *MECW*, v. 44, p. 438.

51. "Karl Marx to Friedrich Sorge", 4 ago. 1874, *MECW*, v. 45, p. 30.

52. Patrick Hutton, *The Cult of the Revolutionary Tradition: The Blanquists in French Politics, 1864-1893*. Berkeley: University of California Press, 1981, caps. 5 e 7.

53. Henry Mayers Hyndman, *The Record of an Adventurous Life*. Londres: Macmillan, 1911, p. 272.

54. Ibid., p. 285. O livro de Hyndman foi escrito para a radical Federação Democrática, que ele fundou em 1881. Em 1884, a federação mudou seu nome para Federação Social-Democrata, a primeira organização política explicitamente socialista na Grã-Bretanha.

55. Guesde precisou refutar alegações de que ele e seus colegas estavam "submetendo-se à vontade de um homem que vivia em Londres fora de qualquer controle partidário". Ver Boris Nicolaievsky e Otto Maenchen-Helfen, *Karl Marx: Man and Fighter*, trad. de G. David e E. Mosbacher (Londres: Allen Lane, 1973 [1933]), p. 402. Faziam-se também frequentes alusões às origens prussianas de Karl. Ver "Karl Marx to Friedrich Engels", 30 out. 1882, *MECW*, v. 46, p. 339.

56. *Woodhull and Claflin's Weekly*, 12 ago. 1871; e ver Shlomo Avineri, *The Social and Political Thought of Karl Marx* (Cambridge: Cambridge University Press, 1968), pp. 202-20.

57. Karl Marx, "On the Hague Congress: A Correspondent's Report of a Speech Made at a Meeting in Amsterdam on September 8 1872", *MECW*, v. 23, p. 255.

58. Ferdinand Lassalle, "Arbeiterprogramm", in *Reden und Schriften: Aus der Arbeiteragitation 1862-1864*. Org. de Friedrich Jenaczek. Munique: Deutscher Taschenbuch Verlag, 1970, p. 48.

59. Lassalle, "Was Nun?", in *Reden und Schriften*, pp. 104 e 110.

60. "Karl Marx to Johann Baptist von Schweitzer", 13 out. 1868, *MECW*, v. 43, pp. 132-3.

61. "Friedrich Engels to Karl Marx", 7 ago. 1865, *MECW*, v. 42, p. 178.

62. Karl Marx, *The Civil War in France*, *MECW*, v. 22, p. 334.

63. Citado em Susanne Miller e Heinrich Potthoff, *A History of German Social Democracy from 1848 to the Present*. Leamington Spa: Berg, 1986, p. 31.

64. August Bebel, *My Life*. Londres: T. Fisher Unwin, 1912, p. 278.

65. "Karl Marx to Wilhelm Bracke", 5 maio 1875, *MECW*, v. 24, p. 77.

66. Karl Marx, "Marginal Notes on the Programme of the German Workers' Party", 1875, *MECW*, v. 24, p. 95. "Ditadura do proletariado" foi uma expressão muito empregada pelos comunistas do século XX. Lênin declarou-a "a própria essência do ensinamento de Marx", e ela se tornou a principal justificativa para o Estado de partido único. Mas o uso feito por Marx dessa expressão era muito infrequente — na verdade ele fez apenas duas referências públicas ao termo, ambas em 1850 — e estava relacionado principalmente com a questão da soberania. Isso é ilustrado da melhor forma pelo uso que Marx fez da noção de ditadura no *Neue Rheinische Zeitung* em 1848: "Desde o início censuramos Camphausen [o primeiro-ministro liberal] por não agir de maneira ditatorial, por não destruir e eliminar os remanescentes das velhas instituições" (*Neue Rheinische Zeitung*, 14 set. 1848

[n. 102], *MECW*, v. 7, p. 431). A situação à qual ele se referia foi a criada pelo levante de 18 de março em Berlim, que forçou a monarquia a convocar uma nova Assembleia prussiana eleita com base no sufrágio masculino universal. O enfoque agora era definir se a soberania pertencia à Assembleia ou continuava com a monarquia, ainda se apoiando no direito divino e no inalterado apoio material do Exército e da burocracia. Em setembro de 1848, isso gerou uma crise ministerial: o gabinete renunciou depois de ser instruído pela Assembleia a refrear os ataques do Exército contra as milícias constituídas pelo povo. Os ministros protestaram dizendo que se tratava de uma incursão do Legislativo no campo das prerrogativas executivas e uma violação do princípio constitucional da separação de poderes. Mas Karl, na sua atividade jornalística, protestou, afirmando que estavam "ainda em terreno revolucionário, e fingir que já alcançamos um estágio de uma monarquia constitucional estabelecida e constituída apenas conduz a colisões. Toda condição provisória do estado seguinte a uma revolução", prosseguia ele, "requer uma ditadura e uma ditadura enérgica em relação a isso".

Karl tinha plena ciência das escolhas postuladas por essa situação extralegal porque tinha estudado a história da Convenção de 1792. O conflito que o ministério de Camphausen enfrentava não era diferente daquele dos primeiros anos da Revolução Francesa, especialmente a discussão do "veto suspensivo", o poder reservado ao rei apesar da eleição da Assembleia Nacional. Mas, no caso da França, o problema foi resolvido pelo próprio rei. Em junho de 1791, com dois anos de Revolução, Luís XVI tentou fugir, tendo renegado todas as medidas decretadas pela Assembleia Nacional desde a queda da Bastilha. Uma vez tendo a monarquia perdido poder e legitimidade, a soberania do povo não era mais contestada. A ação da multidão resultou em massacre de prisioneiros, declaração da República, julgamento e execução do monarca e convocação da Convenção para estabelecer uma nova Constituição. Numa carta privada (publicada por Engels somente em 1891, após a morte de Karl) objetando a ideia do Programa de Gotha de um Estado popular (*Volksstaat*), Karl continuava a fazer o mesmo uso de 1848: "Entre a sociedade capitalista e a comunista reside um período de transformação revolucionária de uma na outra. E a isso corresponde também um período de transição política, na qual o Estado não pode ser nada senão a ditadura revolucionária do proletariado".

67. Friedrich Engels, "A Critique of the Draft Social-Democratic Programme of 1891", *MECW*, v. 27, p. 227; e ver Vernon Lidtke, "German Socialism and Social Democracy 1860-1900", em Gareth Stedman Jones e Gregory Claeys (Orgs.), *The Cambridge History of Nineteenth-Century Political Thought* (Cambridge: Cambridge University Press, 2011), pp. 804-5.

68. Conforme observou Bebel, o programa de fato "deixava muito a desejar", mas "ainda assim era tudo que podia ser conseguido na época". E continuava: "Ver-se-á que não é uma questão fácil satisfazer os dois velhos cavalheiros em Londres. O que realmente foi uma jogada tática inteligente da nossa parte e o resultado de um cálculo prudente que eles encararam como mera fraqueza". Bebel, *My Life*, pp. 286-7.

69. Friedrich Engels, "Preface" a *Ludwig Feuerbach and the End of Classical German Philosophy*, 21 fev. 1888, *MECW*, v. 26, pp. 519-20.

70. Paradoxalmente, as leis antissocialistas aumentaram a importância do partido como organização eleitoral. Enquanto funcionários da liderança tiveram de transferir jornais ou revistas para o exterior, os sociais-democratas ainda puderam permanecer nas eleições locais, estaduais e para o Reichstag.

71. "Karl Marx to Friedrich Engels", 8 jan. 1868, *MECW*, v. 42, p. 513; "Karl Marx to Ludwig Kugelmann", 6 mar. 1846, *MECW*, v. 42, p. 544.

72. David Riazanov, *Karl Marx and Friedrich Engels: An Introduction to Their Lives and Work*. Londres: Monthly Review, 1973 [1927], p. 210.

73. Benedikt Kautsky (Org.), *Friedrich Engels' Briefwechsel mit Karl Kautsky*. Viena: Danubia, 1955, p. 477.

74. Friedrich Engels, *Herr Eugen Dühring's Revolution in Science*, *MECW*, v. 25, p. 27.

75. Id., *Socialism: Utopian and Scientific*, *MECW*, v. 24, p. 304.

76. Engels, *Herr Eugen Dühring*, pp. 145-6.

77. Ibid., p. 268.

78. Ibid., p. 265.

79. Ibid., p. 267.

80. Ibid., p. 268. Conforme destacou Shlomo Avineri, havia uma diferença considerável entre a ideia de *"Absterben des Staates"* de Engels, uma ideia biológica, e o uso feito por Karl do termo *"Aufhebung des Staates"*, um termo hegeliano que implicava a abolição e a transcendência da distinção entre Estado e sociedade civil. Isso não significava que o Estado largaria uma função depois da outra, mas que "o poder público perderia seu caráter político". A escolha de pessoas para realizar funções particulares não seria diferente da escolha de um artesão para executar uma tarefa específica, como fazer um par de sapatos. Ver Avineri, *Social and Political Thought*, pp. 202-20. A ideia de que "o governo de pessoas" seria substituído pela "administração de coisas" era de origem saint-simoniana.

81. Citado em Lidtke, "German Socialism and Social Democracy", p. 799.

82. "August Bebel to Friedrich Engels", 28 mar. 1881, in Werner Blumenberg (Org.), *August Bebels Briefwechsel mit Friedrich Engels*. Haia: Mouton, 1965, p. 106.

83. "Programme of the Social Democratic Party of Germany, Erfurt 1891", in Miller e Potthoff, *History of German Social Democracy*, p. 240.

84. Friedrich Engels, "Second Preface to *Herr Dühring*", 23 set. 1885, *MECW*, v. 25, p. 11.

85. Ibid., p. 23.

86. Friedrich Engels, "Draft of a Speech at the Graveside of Karl Marx", 14-17 mar. 1883, *MECW*, v. 24, p. 463.

87. Engels, *Herr Eugen Dühring*, p. 270.

88. Karl Kautsky, *Ethics and the Materialist Conception of History* (Chicago: C. H. Kerr & Company, 1914 [1906]), pp. 96-7 e 102. A "concepção materialista da história" propiciou a compreensão das "leis do desenvolvimento e dos movimentos do organismo social, suas forças e seus órgãos" (ibid., p. 201).

89. Karl Marx, "Afterword to the Second German Edition", in *Capital*, v. 1: *A Critique of Political Economy*, *MECW*, v. 35, pp. 18-9. Entre outras alegações citadas com aprovação nessa passagem, afirmava-se: "Marx trata o movimento social como um processo de história natural, governado por leis não só independentes da vontade, consciência e inteligência humanas, e sim ao contrário, determinando essa vontade, consciência e inteligência. [...] Isso quer dizer que não a ideia, mas somente o fenômeno material pode servir como seu ponto de partida".

90. Engels, *Herr Eugen Dühring*, parte 2, cap. 10, *MECW*, v. 25, pp. 211-44. Exceto por criticar

seu tratamento dos gregos, Karl estava basicamente preocupado em defender o ponto de vista dele sobre a importância de William Petty e zombar dos argumentos de David Hume.

91. Hyndman, *Record of an Adventurous Life*, p. 279.

92. "Programme of the Social Democratic Party of Germany, Erfurt 1891", p. 240.

93. "Friedrich Engels to August Bebel", 4 abr. 1885, *MECW*, v. 47, p. 271.

94. Marx, *Capital*, v. 3, p. 245.

95. Friedrich Engels, "Karl Marx's Funeral", *MECW*, v. 24, p. 467.

96. A alegação originou-se de um arquivamento errado nos acervos domésticos da família em Down de uma das cartas escritas por Darwin. A carta que recusava polidamente uma dedicatória foi escrita não para Karl, mas para Edward Aveling (companheiro de Eleanor Marx). Karl de fato enviou um exemplar da segunda edição (de 1873) de *O capital* para Darwin, provavelmente instado por Engels.

97. "Karl Marx to Friedrich Engels", 7 ago. 1866, *MECW*, v. 42, p. 304.

98. Charles Darwin, *The Descent of Man*. 2 v. Londres: J. Murray, 1871, v. 1, pp. 96-7.

99. Karl Marx, *Economic and Philosophical Manuscripts of 1844*, *MECW*, v. 3, p. 337.

100. Ibid., pp. 275-6.

101. "Karl Marx to Friedrich Engels", 18 jan. 1861, *MECW*, v. 41, pp. 246-7.

102. Ibid., 18 jun. 1862, p. 381.

103. Ibid., 7 ago. 1866, *MECW*, v. 42, pp. 304-5.

104. "Friedrich Engels to Karl Marx", 2 out. 1866, *MECW*, v. 42, p. 320; e ver também ibid., 5 out. 1866, pp. 323-4.

105. "Karl Marx to Dr. Kugelmann", 9 out. 1866, *MECW*, v. 42, p. 327.

106. Gareth Stedman Jones (Org.), *Karl Marx and Friedrich Engels: The Communist Manifesto*. Londres: Penguin, 2002, p. 224.

107. Karl Marx, "The British Rule in India", 10 jun. 1853, *MECW*, v. 12, p. 128.

108. Karl Marx, *A Contribution to the Critique of Political Economy*, 1859, *MECW*, v. 29, p. 275; Karl Marx, *Capital*, v. 1: *A Critique of Political Economy*, *MECW*, v. 35, p. 88.

109. "Karl Marx to Friedrich Engels", 7 nov. 1868, *MECW*, v. 35, p. 9.

110. Karl Marx, *Das Kapital*, v. 1: *Kritik der politischen Oekonomie* (Hildesheim: Gerstenberg, 1980), p. 763 — este é um fac-símile da primeira edição alemã (Hamburgo: Otto Meissner, 1867). Mesmo em 1870, quando começou a ler em russo, suas atitudes em relação à visão populista da comuna aldeã russa continuaram as mesmas. Numa nota crítica adicionada ao seu comentário de "Reforma camponesa e a propriedade comunal da terra" de Flerovskii, Karl escreveu: "De todo esse lixo se deduz que a propriedade comunal russa é compatível com a barbárie russa, mas não com a civilização burguesa". Citado em H. Wada, "Marx and Revolutionary Russia", in Teodor Shanin (Org.), *Late Marx and the Russian Road* (Londres: Routledge & Kegan Paul, 1983), p. 45.

111. Para uma análise detalhada das mudanças que ocorreram nas sucessivas versões e nos planos de sua crítica da economia política, ver James D. White, *Karl Marx and the Intellectual Origins of Dialectical Materialism* (Basingstoke: Macmillan, 1996), cap. 4.

112. Karl Marx, "The So-Called Primitive Accumulation", in *Capital*, v. 1, parte 8, *MECW*, v. 35, pp. 704-61.

113. Justus Möser, *Osnabrückische Geschichte*, 2. ed. (Berlim: Nicolai, 1780), v. 1, p. 10. E para

um levantamento das teorias alemãs e francesas dos séculos XVIII e XIX sobre os primórdios da propriedade de terras, ver Alfons Dopsch, *The Economic and Social Foundations of European Civilization* (Londres: Kegan Paul, Trench, Trubner & Co., 1937 [Viena, 1923-4]), cap. 1.

114. Justus Möser, "Preface" a *Osnabrückische Geschichte*. Osnabrück: Schmid, 1768, pp. ix-x.

115. Id., *Osnabrückische Geschichte*, 2. ed., v. 1, p. 13.

116. K. F. Eichhorn, "Über den Ursprung der städtischen Verfassung in Deutschland", *Zeitschrift für geschichtliche Rechtswissenschaft*, 1 (1815), p. 172, citado em Dopsch, *Economic and Social Foundations*, p. 7.

117. Ver Adam Kuper, *The Invention of Primitive Society: Transformations of an Illusion*. Londres: Routledge, 1988, p. 22.

118. John Mitchell Kemble, *The Saxons in England: A History of the English Commonwealth till the Period of the Norman Conquest*. Londres: Longman, Brown, Green & Longmans, 1849, v. 1, pp. 53-4.

119. William Stubbs, *The Constitutional History of England, in Its Origins and Development*, 3 v. (Oxford: Clarendon, 1874), v. 1, p. 11; J. W. Burrow, *A Liberal Descent: Victorian Historians and the English Past* (Cambridge: Cambridge University Press, 1981), p. 110.

120. Edward A. Freeman, *The Chief Periods of European History: Six Lectures Read in the University of Oxford in Trinity Term, 1885*. Londres: Macmillan, 1886, p. 64.

121. Citado em Burrow, *Liberal Descent*, p. 176, n. 106.

122. John Richard Green, *A Short History of the English People, with Maps and Tables*. Londres: Macmillan, 1874, p. 4.

123. A mudança de posição foi registrada nas sucessivas edições do *Deutsche Staats- und Rechtsgeschichte*, de Eichhorn. Dopsch alegava que o estudo de Eichhorn, que passou por muitas edições, tornou-se pouco a pouco a história padrão do direito germânico, e que "sua teoria do Mark estava destinada a se tornar a pedra angular de toda a história constitucional e legal daquele país". Dopsch, *Economic and Social Foundations*, p. 8.

124. Sobre os achados de Olufsen e Hanssen, ver Hans-Peter Harstick, *Karl Marx und die zeitgenössische Verfassungsgeschichtschreibung* (Münster, 1974), pp. XXXVIII-XLII.

125. August von Haxthausen, *Über die Agrarverfassung in den Fürstenthümern Paderborn und Corvey und deren Conflicte in der gegenwärtigen Zeit: nebst Vorschlägen, die den Grund und Boden belastenden Rechte und Verbindlichkeiten daselbst aufzulösen* (Berlim: Reimer, 1829). Haxthausen era da nobreza católica da Vestfália e um entusiasta do paternalismo aristocrático e da teoria "orgânica" da sociedade, do tipo defendido por Adam Müller. Era crítico da disseminação das relações mercantis na área rural. Nos anos 1830, seu trabalho foi grandemente admirado pelo príncipe herdeiro, Frederico Guilherme, que instou o ministro da Justiça a prover-lhe apoio para reportar as relações agrárias nas províncias prussianas. Seu trabalho foi fortemente criticado nas províncias ocidentais, sobretudo na Renânia, onde foi acusado de ignorar a lei. O ministro do Interior, Von Schuckmann, considerou seu trabalho principalmente como propaganda, respaldada por pouco mais que episódios anedóticos. O ministro retirou o apoio a seu trabalho em 1842.

Como a recepção ao seu trabalho tornava-se cada vez mais indiferente na Prússia, ele desviou sua atenção para uma alegadamente primitiva constituição agrária eslava que, ao que parecia, replicava padrões ainda existentes nas áreas mais remotas da Alemanha, inclusive as terras altas de Trier (embora, conforme ele admitiu, suas alegações se baseassem apenas em rumores). Ver August von Haxthausen, *Überden Ursprung und die Grundlagen der Verfassung in den ehemals slavischen Ländern Deutschlands, im Allgemeinen und des Herzogthums Pommern im Besondern: eine Einladungsschrift zur Erörterung und litterarischen Besprechung* (Berlim: Krause, 1842).

Por força desses achados, foi convidado pelo governo imperial russo a viajar pelo país e reportar a situação do campesinato. Ele fez a viagem no inverno de 1843-4. Sem saber russo, foi assistido por um intérprete; permaneceu principalmente nas cidades, em especial Moscou, onde os intelectuais eslavófilos russos previsivelmente aceitaram suas alegações. Publicou os dois primeiros volumes de *Studien über die inneren Zustände, das Volksleben und insbesondere die ländlichen Einrichtungen Russlands* em 1846, com um volume final em 1852. O livro foi traduzido para o francês, inglês e russo. Apesar de suas fantasiosas premissas e de sua frágil base factual, o estudo logo foi aceito não só por eslavófilos, mas também pela intelligentsia radical, especialmente por Alexander Herzen e Nikolai Tchernichevski. Ver Tracy Dennison e A. W. Carus, "The Invention of the Russian Rural Commune: Haxthausen and the Evidence", *Historical Journal*, v. 46, n. 3 (set. 2003), pp. 561-82.

126. Harstick, *Karl Marx und die zeitgenössische Verfassungsgeschichtschreibung*, pp. xxxviii-xlii.

127. Georg Ludwig von Maurer, *Einleitung zur Geschichte der Mark-, Hof-, Dorf- und Stadtverfassung und der öffentlichen Gewalt*. Viena: Brand, 1896 [1854].

128. Dithmarsch, a nordeste de Hamburgo, possuía alto grau de autonomia. Era famosa por seus diques e pela recuperação de terras tragadas pelo mar, e também pela resistência ao feudalismo e pelo seu estabelecimento como república camponesa independente no século XV.

129. Maurer, *Mark-, Hof-, Dorf- und Stadtverfassung*, pp. 1-6.

130. Henry Sumner Maine, *Village-Communities in the East and West: Six Lectures Delivered at Oxford*. Londres: J. Murray, 1871, p. 11.

131. Maine, *Village-Communities*, pp. 6-7.

132. Burrow, *Liberal Descent*, p. 169.

133. Kemble, *Saxons in England*, v. 1, p. 74; Maine, *Village-Communities*, p. 9.

134. Ibid., p. 12.

135. Henry Sumner Maine, *Ancient Law: Its Connection with the Early History of Society and Its Relation to Modern Ideas*. Londres: J. Murray, 1861, p. 170.

136. Id., "The Decay of Feudal Property in France and England", *Fortnightly Review*, v. 21 (série nova), abr. 1877, pp. 465 e 467.

137. Ver Kuper, *Invention of Primitive Society*, pp. 29-32; Karuna Mantena, *Alibis of Empire: Henry Maine and the Ends of Liberal Imperialism* (Princeton: Princeton University Press, 2010), pp. 98-107.

138. Maine, *Ancient Law*, pp. 89 e 120.

139. Id., *Village-Communities*, pp. 76-7.

140. Erwin Nasse, *On the Agricultural Community of the Middle Ages, and Inclosures of the Sixteenth Century in England*. Trad. de H. A. Ouvry. Londres: Macmillan, 1871.

141. Henry Sumner Maine, *Lectures on the Early History of Institutions*. Londres: J. Murray, 1875, pp. 1-2.

142. Os trabalhos nos quais Herzen desenvolveu sua posição foram *S togo berega* [Da outra

margem], escrito em 1848 e 1849, a primeira edição alemã tendo surgido em 1855, e *Le Peuple russe et le socialisme: Lettre à Jules Michelet* [O povo russo e o socialismo: Carta a Jules Michelet], escrito em francês e publicado em 1851.

143. "Karl Marx to Friedrich Engels", 14 mar. 1868, *MECW*, v. 42, p. 547.

144. Ibid., 25 mar. 1868, pp. 557-8.

145. Karl Marx, rascunhos da carta para Vera Zasulich, "First Draft", fev./mar. 1881, *MECW*, v. 24, p. 350. Vera Zasulich, em nome dos membros da Repartição Negra, escrevera a Karl em 16 de fevereiro de 1881 perguntando sobre o futuro da comuna aldeã. Karl escreveu quatro rascunhos, finalmente enviando uma resposta em 8 de março de 1881.

146. Maurer, *Mark-, Hof-, Dorf- und Stadtverfassung*, pp. xxxvii-xxxviii.

147. "Karl Marx to Friedrich Engels", 25 mar. 1868, *MECW*, v. 42, p. 557.

148. August von Haxthausen, *Studies on the Interior of Russia*. Org. de S. Frederick Starr. Chicago: University of Chicago Press, 1972, p. 281.

149. White, *Karl Marx*, p. 224.

150. Marx, *Capital*, v. 1, p. 90. O que é traduzido como "relações diretas de submissão", no original em alemão lê-se *"unmittelbaren Herrschafts- und Knechtschafts-verhältnissen"*, termos que, de forma padrão, referiam-se a senhorio e sujeição. Ver Marx, *Das Kapital*, v. 1, p. 40. Isso sugeriria que Karl incluiu a servidão russa na sua lista de "antigos modos de produção asiáticos e outros modos antigos".

151. Mesmo em 1870, quando começou a ler em russo, suas atitudes em relação à visão populista da comuna aldeã russa continuaram as mesmas. Numa nota crítica adicionada ao seu comentário de "Reforma camponesa e a propriedade comunal da terra" de Flerovskii, Karl escreveu: "De todo esse lixo se deduz que a propriedade comunal russa é compatível com a barbárie russa, mas não com a civilização burguesa". Citado em H. Wada, "Marx and Revolutionary Russia", p. 45.

152. Georgi Plekhanov (1856-1918) foi fundador do movimento social-democrata na Rússia. Originalmente um ativo populista, voltou-se contra as táticas terroristas do populismo e formou um grupo dissidente, Chernyi Peredel (Repartição Negra). Em 1880, foi forçado a deixar a Rússia e passou os 37 anos seguintes no exílio em Genebra. Foi ali, após um período de estudo em 1882-3, que ele se declarou "marxista". Em setembro de 1883, Plekhanov juntou-se a Axelrod, Lev Dutsch, Vasily Ignatov e Vera Zasulich para fundar o primeiro grupo político marxista russo, o grupo Emancipação do Trabalho. Entre os atraídos para o grupo estavam Peter Struve, Julius Martov e Vladimir Ulianov (Lênin).

Vera Zasulich (1849-1919), originalmente simpatizante de Bakunin e conhecida de Nechaev, em 1878 baleou e feriu gravemente o coronel Fiódor Trépov, governador de São Petersburgo. Absolvida no julgamento, ela fugiu para Genebra, onde foi cofundadora do grupo Emancipação do Trabalho.

153. Marx, rascunhos da carta a Vera Zasulich, fev./mar. 1881, pp. 353-4, 363 e 368.

154. Citado em Wada, "Marx and Revolutionary Russia", p. 48. Esse ensaio é inestimável no seu meticuloso rastreamento da mudança de posição de Karl sobre a Rússia nos anos 1870.

155. Marx, "Afterword to the Second German Edition", in *Capital*, v. 1, p. 15. Em contraste, Engels não estava preparado para abandonar a associação da comuna aldeã com o despotismo. Em seu *Anti-Dühring*, ele afirma: "Onde as antigas comunidades têm continuado a existir, elas formaram por milhares de anos a base para a mais cruel forma de Estado, o despotismo oriental, da Índia até a

Rússia. Foi apenas onde essas comunidades se dissolveram que os povos fizeram progresso por si próprios" (Engels, *Herr Eugen Dühring*, p. 168).

156. Karl fez o rascunho mas não enviou uma carta para Nicolai Mikhailovsky, o editor do *Otechestvenniye Zapiski*. Mikhailovsky descreveu *O capital* como uma "teoria histórico-filosófica do progresso universal" que argumentava que todo país passaria pelo mesmo processo de expropriação camponesa como o vivenciado pela Inglaterra, e assumiu que a atitude de Karl em relação ao populismo era sintetizada pela sua denúncia de Herzen. Karl referiu-se a ele na edição francesa de 1875 e em seu elogio a Tchernichevski, implicando que compartilhava a análise dos populistas. Ver Wada, "Marx and Revolutionary Russia", pp. 57-60. Para a carta, ver *MECW*, v. 24, pp. 196-201.

157. Marx, rascunhos da carta a Vera Zasulich, "First Draft", pp. 357 e 360.

158. Ibid., "Second Draft", p. 361. Mas não se deve esquecer que esse rascunho de carta nunca foi enviado.

159. No século XX, a história da mudança de opinião de Karl sobre a revolução na Rússia — e de se "pular um estágio" — geralmente era tratada como uma resposta particular à situação russa e ao interesse russo em *O capital*. E era de particular interesse, uma vez que o "marxismo" na Rússia do fim do século XIX estava associado com a rejeição da posição populista. Isso era verdade tanto para Plekhanov (o chamado "pai do marxismo russo") e seu grupo Emancipação do Trabalho com base em Genebra, como para Lênin, cujo livro *O desenvolvimento do capitalismo na Rússia* surgiu em 1899.

160. "Karl Marx to Friedrich Adolf Sorge", 17 set. 1877, *MECW*, v. 45, p. 278.

161. "Karl Marx to Friedrich Engels", 14 jun. 1853, *MECW*, v. 24, p. 352.

162. Marx, rascunhos da carta a Vera Zasulich, "First Draft", p. 352.

163. Karl Marx, "Excerpts from M. M. Kovalevsky, *Obš innoe Zemlevladenie. Pri iny, khod i posledstvija ego razloženija*, Part One, Moscow 1879", in Lawrence Krader, *The Asiatic Mode of Production: Sources, Development and Critique in the Writings of Karl Marx*. Assen: Van Gorcum, 1975, p. 406.

164. Marx, rascunhos da carta a Vera Zasulich, "First Draft" e "Third Draft", pp. 359 e 365.

165. Como Karl escreveu a Kugelmann a respeito de sua abordagem teórica em 1862, "com a base assim fornecida", seu argumento "poderia ser facilmente seguido por outros [...] com exceção, talvez, da relação entre as várias formas de Estado e as várias estruturas econômicas da sociedade". "Karl Marx to Ludwig Kugelmann", 28 dez. 1862, *MECW*, v. 41, p. 435.

166. Ver Donald Kelley, "The Science of Anthropology: An Essay on the Very Old Marx", *Journal of the History of Ideas*, v. 45 (1984), pp. 245-63.

167. Marx, rascunhos da carta a Vera Zasulich, "First Draft", p. 349.

168. Ibid., "Second Draft", pp. 361-2.

169. Ibid., "First Draft", p. 360.

170. Ibid., pp. 358-9.

171. O comentário de Karl no original diz: "*Dch. d. Grecian gens gukt d. Wilde (Iroquois z.B.) aber auch unverkennbar durch*". Karl Marx, "Excerpts from Lewis Henry Morgan, *Ancient Society*", in Lawrence Krader (Org.), *The Ethnological Notebooks of Karl Marx* (Assen: Van Gorcum, 1974), p. 198.

172. Lewis Henry Morgan, *Ancient Society, or, Researches in the Lines of Human Progress from Savagery through Barbarism to Civilisation*. Londres: Macmillan, 1877.

173. Marx, "Excerpts from Lewis Henry Morgan", in Krader (Org.), *Ethnological Notebooks*, p.

120. Para a teoria de Fourier, ver Gareth Stedman Jones e Ian Patterson (Orgs.), *Charles Fourier: The Theory of the Four Movements* (Cambridge: Cambridge University Press, 1996), pp. 56-74.

174. Marx, "Excerpts from Lewis Henry Morgan", in Krader (Org.), *Ethnological Notebooks*, p. 102. Aqui havia um claro contraste a ser encontrado com a abordagem de Darwin. A única intervenção direta de Darwin no debate sobre sociedade primitiva foi discordar de McLennan acerca da "promiscuidade" da "horda", e argumentar que o ciúme sexual entre selvagens levara desde o início à inculcação da castidade feminina como uma virtude, e portanto ao estabelecimento de relações sexuais ordeiras: Darwin, *Descent of Man*, v. 1, pp. 96-7.

175. Para a posição que adotara em 1844, ver especialmente *Economic and Philosophical Manuscripts of 1844*, MECW, v. 3, pp. 229-349.

176. Karl Marx, "Excerpts from Henry Sumner Maine, *Lectures on the Early History of Institutions*", in Krader (Org.), *Ethnological Notebooks*, p. 324.

177. Johann Jakob Bachofen, *Das Mutterrecht* (Stuttgart: Krais & Hoffmann, 1861); John Ferguson McLennan, *Primitive Marriage: An Inquiry into the Origin of the Form of Capture in Marriage Ceremonies* (Edimburgo: Adam & Charles Black, 1865); Morgan, *Ancient Society*.

178. Marx, "Excerpts from Henry Sumner Maine", in Krader (Org.), *Ethnological Notebooks*, p. 326.

179. Ibid., p. 292.

180. Ibid., p. 329.

181. Marx, rascunhos da carta para Vera Zasulich, "First Draft", p. 350. Karl cita o argumento de Morgan, "um escritor americano bastante livre de qualquer suspeita de tendências revolucionárias", de que "'o novo sistema' rumo ao qual a sociedade moderna tende 'será um REFLORESCIMENTO EM FORMA SUPERIOR de um tipo social arcaico'. Então não devemos nos permitir ficar alarmados com a palavra 'arcaico'".

182. Até porque o período da "Grande Depressão" foi também um período no qual os assalariados vivenciaram um crescimento substancial no seu padrão de vida. Segundo Karl Borchardt, entre 1880 e 1895, os trabalhadores alemães experimentaram o maior aumento real em seus salários no século XIX.

183. "Karl Marx to Vera Zasulich", 8 mar. 1881, *MECW*, v. 46, p. 71. Esta foi essencialmente igual ao quarto rascunho desta carta: ver *MECW*, v. 24, pp. 370-1. Para exploração adicional deste tema, ver Gareth Stedman Jones, "Radicalism and the Extra-European World: The Case of Karl Marx", in Duncan Bell (Org.), *Victorian Visions of Global Order: Empire and International Relations in Nineteenth-Century Political Thought* (Cambridge: Cambridge University Press, 1997), pp. 186-214.

184. Karl Marx e Friedrich Engels, "Preface to the Russian Edition of 1882", in Stedman Jones (Org.), *Communist Manifesto*, p. 196.

185. "Karl Marx to Friedrich Engels", 1 mar. 1882, *MECW*, v. 46, p. 213.

186. David McLellan, *Karl Marx: His Life and Thought*. Londres: Macmillan, 1973, p. 450.

187. Eleanor Marx, "Illness and Death of Marx", in McLellan (Org.), *Karl Marx: Interviews and Recollections*, p. 128.

EPÍLOGO [pp. 622-9]

1. François Guizot, *Essais sur l'histoire de France pour servir de complément aux observations sur l'histoire de France de l'Abbé Mably*. Paris: J. L. J. Brière, 1823, p. 111.

2. Fustel de Coulanges, *Le Problème des origines de la propriété foncière* (Bruxelas: Alfred Vromant et Cie, 1889); uma tradução inglesa surgiu logo depois. Ver Fustel de Coulanges, *The Origin of Property in Land*, trad. de Margaret Ashley, com um capítulo introdutório sobre a herdade inglesa de W. J. Ashley (Londres: Swan Sonnenschein, 1891).

3. Frederic Seebohm, *The English Village Community — Examined in Its Relations to the Manorial and Tribal Systems and the Common or Open Field System of Husbandry: An Essay in Economic History* (Londres: Longmans, Green & Co., 1883); Ashley, "Introductory Essay", in De Coulanges, *Origin of Property in Land*; Paul Vinogradoff, *Villainage in England: Essays in English Medieval History* (Oxford: Clarendon, 1968 [1892]).

4. Simon J. Cook, "The Making of the English: English History, British Identity, Aryan Villages, 1870-1914", *Journal of the History of Ideas*, v. 75, n.4 (out. 2014), pp. 629-49; e para um estudo mais geral da formação inicial de Marshall, ver Simon J. Cook, *The Intellectual Foundations of Alfred Marshall's Economic Science: A Rounded Globe of Knowledge* (Cambridge: Cambridge University Press, 2009).

5. De Coulanges, *Origin of Property in Land*, pp. 122 e 127.

6. Ver Karl Lamprecht, *Deutsches Wirtschaftsleben im Mittelalter*, 4 v. (Leipzig: A. Dürr, 1885-6), v. 1, pp. 451 ss.; A. Dopsch, *The Economic and Social Foundations of European Civilization* (Londres: Kegan Paul, Trench, Trubner & Co., 1937 [Viena, 1923-4]), p. 27.

7. De Coulanges, *Origin of Property in Land*, pp. 110-1.

8. "Friedrich Engels to Karl Marx", 15 dez. 1882, *MECW*, v. 46, p. 400. Essa carta contém uma demolição bastante abrangente da abordagem de Maurer.

9. Friedrich Engels, "Afterword" (1894) de "On Social Relations in Russia", 1875, *MECW*, v. 27, pp. 424 e 431. Esse foi um posfácio para a reedição de um ataque de Engels a Petr Tkatchev, um seguidor de Herzen, Haxthausen e Bakunin.

10. Ibid., pp. 425-6.

11. Lewis Henry Morgan, *Ancient Society, or, Researches in the Lines of Human Progress from Savagery through Barbarism to Civilisation*. Org. de Eleanor Burke Leacock. Cleveland: World Pub. Co., 1963 [1877], p. 462.

12. Sobre McIlvaine e sua congregação calvinista liberal, ver Adam Kuper, *The Invention of Primitive Society: Transformations of an Illusion* (Londres: Routledge, 1988), pp. 43-6.

13. Lewis Henry Morgan, *The American Beaver and His Works*. Filadélfia: J. B. Lippincott & Co., 1868.

14. Kuper, *Invention of Primitive Society*, pp. 51-8.

15. George Grote, *History of Greece*. 3. ed. Londres: John Murray, 1851.

16. Morgan, *Ancient Society*, p. 554.

17. "Karl Marx to Friedrich Engels", 7 ago. 1866, *MECW*, v. 42, p. 304; ibid., 3 out. 1866, p. 322.

18. G. Plekhanov [N. Beltov], *The Development of the Monist View of History*. Moscou: Foreign Languages Publishing House, 1956 [1895], pp. 129-30.

19. Ibid., p. 218.

20. David Riazanov (Org.), *Marx-Engels Archiv: Zeitschrift des Marx-Engels-Instituts in Moskau* (Frankfurt: Marx-Engels Archiv Verlagsgesellschaft, 1928), v. 1, pp. 309-45. Todos os estudos sérios sobre Marx têm uma enorme dívida com o trabalho pioneiro de coletar e editar os escritos e a correspondência de Marx realizado por David Riazanov. O primeiro volume das *Marx-Engels-Gesamtausgabe* começou em 1927, e desde 1991 tem sido continuado pela Berlin-Brandenburgische Akademie der Wissenschaften.

Crítico declarado de Stálin, Riazanov recusou-se a abrir mão de princípios acadêmicos. Foi demitido do Instituto Marx-Engels, que fundou em Moscou em 1921, e foi baleado em Moscou em 1938. Para um relato das realizações e da carreira acadêmica de Riazanov, ver Jonathan Beecher e Valerii N. Formichev, "French Socialism in Lenin's and Stalin's Moscow: David Riazanov and the French Archive of the Marx-Engels Institute", *Journal of Modern History*, v. 78, n. 1 (mar. 2006), pp. 119-43.

21. Conforme discutido anteriormente, em que Karl havia considerado que a comuna aldeã russa poderia prover um ponto de partida direto ou um elemento de regeneração na sociedade russa. Ver também a carta de Vera Zasulich para Karl Marx de 16 de fevereiro de 1881. "Essa questão é uma questão de vida e morte, na minha opinião, especialmente para o nosso partido socialista. Mesmo o destino pessoal dos nossos revolucionários socialistas dependerá da maneira como você decida responder": "Vera Zasulich to Karl Marx", 16 fev. 1881, *Marx-Engels Archiv*, v. 1, p. 316.

22. Ibid., p. 309. Segundo os boatos que circulavam em Genebra na época e por diversos anos seguintes, alegava-se em 1879 que Karl chegara mesmo a se oferecer para redigir um panfleto sobre a questão.

23. A carta foi esquecida tão completamente que Axelrod, por exemplo, que estava na Romênia no inverno de 1880-1 (tempo necessário a ser considerado para o recebimento da carta), não se lembrava de nada da carta que Vera Zasulich recebera, nem de alguma conversa sobre essa carta, que ela sem dúvida ocasionou — e tampouco nenhuma outra coisa relacionada a ela. Ibid., p. 310.

Referências bibliográficas

As citações às obras de Marx e Engels foram extraídas das seguintes edições:

EDIÇÕES ACADÊMICAS

Karl Marx-Friedrich Engels Historisch-Kritische Gesamtausgabe (MEGA). Berlim, 1927-35.
Karl Marx, Friedrich Engels Gesamtausgabe. Berlim, 1977-

EDIÇÕES COMERCIAIS

Karl Marx e Friedrich Engels, Werke (MEW). Berlim, 1956-90, 43 v.
Karl Marx and Friedrich Engels Collected Works (MECW). Moscou, Londres e Nova York, 1975--2005, 50 v.

A história dos arquivos Marx-Engels e de sua publicação no século XX não deixa de ser tortuosa. Por ocasião da morte de Marx em 1883, seus papéis foram legados a Engels, que por sua vez os transmitiu para as filhas de Marx — primeiro para Eleanor, até sua morte em 1898, depois para Laura Lafargue, até sua morte em 1910. Em 1895, Engels legou seus próprios documentos ao Partido Social-Democrata Alemão (SPD), com August Bebel e Eduard Bernstein atuando como depositários. Depois de 1910, o volume de documentos de Marx foi acrescido aos de Engels e depositado nos arquivos do Partido Social-Democrata em Berlim.

A ideia de publicar os trabalhos de Marx (e possivelmente os de Engels) foi discutida numa reunião de austro-marxistas em 1910. A proposta malogrou. Mas após a Revolução Russa a ideia foi assumida por David Riazanov em Moscou na década de 1920, e ele ganhou permissão para copiar os papéis em Berlim. Planejou então a publicação original da *Historisch-Kritische Gesamtausgabe* (*MEGA*), uma edição de 42 volumes a ser publicada em Frankfurt e Berlim. Doze volumes foram publicados entre 1927 e 1941, mas a colaboração entre o SPD e Moscou já havia terminado em 1928, depois que o comunismo soviético entrou numa fase de ultraesquerda. A tomada do poder por Hitler e a escalada do terror stalinista na década de 1930 resultaram na execução de Riazanov e no encerramento do projeto. Os papéis de Marx e Engels foram levados para a Holanda, e durante a Segunda Guerra Mundial, para a Inglaterra. Haviam sido vendidos para uma companhia de seguros holandesa, que os doou ao Instituto Internacional de História Social (IISH) em Amsterdam.

Depois da morte de Stálin em 1956, um interesse renovado na continuação do projeto *MEGA* foi manifestado pelos Institutos de Marxismo-Leninismo (Institut Marksizma-Leninzma) de Moscou e Berlim. A colaboração com o Instituto de Amsterdam era necessária, uma vez que dois terços do material de arquivo eram mantidos naquela cidade, e o restante em Moscou. Mas isso era impossível, já que o Partido Comunista insistia em ter o controle político do projeto. Não obstante, acabou surgindo efetivamente uma forma de cooperação mais modesta e extraoficial e, entre 1972 e 1991, dela resultaram 36 volumes.

Apesar desse início pouco promissor, grande parte do saber que acompanhava a publicação desses volumes era de alta qualidade e adquiriu status de autoridade. Mas a publicação de cada volume continuava a ser concebida pelo arcabouço marxista-leninista. Isso significa que toda a série *MEGA* anterior aos anos 1990 deve ser tratada com cautela. Não só havia omissões politicamente inspiradas, mas em algumas instâncias importantes — os *Manuscritos econômico-filosóficos* ou *A ideologia alemã*, por exemplo — os volumes publicados sofriam de distorção na organização, na intenção e no status dos textos.

A *Marx-Engels-Werke* (*MEW*) foi publicada em 43 volumes em Berlim entre 1956 e 1990, com intenção de atingir uma gama de leitores mais ampla. Da mesma forma, as *Karl Marx and Friedrich Engels Collected Works* (*MECW*), publicadas em Moscou, Londres e Nova York entre 1975 e 2005 em cinquenta volumes, eram dirigidas a um público leigo. Mas uma vez que essas edições também foram publicadas sob controle editorial do Partido Comunista, sua confiabilidade é tão limitada quanto a da *MEGA*.

Seguindo-se à queda do Muro de Berlim e ao fechamento dos Institutos de Marxismo-Leninismo em Berlim e Moscou em 1990, a continuidade da publicação foi confiada à recém-estabelecida Internationale Marx-Engels Stiftung em Amsterdam. Por algum tempo, o futuro do projeto permaneceu em dúvida devido à falta de verba. Mas, a partir de 1993, grupos apoiados pelo Instituto de Amsterdam, pela Karl-Marx-Haus em Trier e pelo Conselho Europeu de Pesquisa ficaram encarregados da produção de volumes específicos. Na própria Alemanha, como resultado de uma decisão do chanceler alemão Helmut Kohl, o apoio financeiro para a produção da *MEGA* foi provido sob os auspícios da Berlin-Brandenburgische Akademie der Wissenschaften.

A conclusão do projeto está prevista para 2025, um século depois de ter sido concebido. Dos 114 volumes planejados, 62 foram produzidos até agora.

OUTROS DOCUMENTOS PRIMÁRIOS

Karl Marx, *Das Kapital: Kritik der politischen Ökonomie*. Hildesheim: Gerstenberg, 1980 [Hamburgo: Meissner, 1867 (Urausgabe, 1. ed.)].

_____, *Grundrisse: Foundations of the Critique of Political Economy (Rough Draft)*. Trad. de Martin Nicolaus. Londres: Allen Lane; New Left Review, 1973.

H. Gerth (Org.), *The First International: Minutes of the Hague Congress of 1872*. Madison, Wisconsin: University of Wisconsin Press, 1958.

Deutsch-Französische Jahrbücher. Editores: Arnold Ruge e Karl Marx. Leipzig: Philipp Reclam, jun. 1973 [1844].

Vorwärts! Parise Signale aus Kunst, Wissenschaft, Theater, Musik und geselligen Leben. Publicado por Heinrich Börnstein com a colaboração de L. F. C. Bernays, A. Ruge, H. Heine, K. Marx e F. Engels, 1844-5 [Leipzig: Zentralantiquariat der Deutschen Demokratischen Republik, 1975 (reimp.)].

Neue Rheinische Zeitung, Organ der Demokratie, 2 v., 1848-9. Editor-chefe: Karl Marx; editores: Heinrich Bürgers, Ernst Dronke, Friedrich Engels, Ferdinand Freiligrath, Georg Weerth, Ferdinand Wolff e Wilhelm Wolff. [Glashütten: Auvermann, 1973.]

FONTES PRIMÁRIAS

ANNENKOV, Pavel V. *The Extraordinary Decade: Literary Memoirs*. Org. de Arthur P. Mendel. Ann Arbor: University of Michigan Press, 1968 [1881].

BABBAGE, Charles. *On the Economy of Machinery and Manufactures*. Londres: Charles Knight, 1832.

BACHOFEN, Johann Jakob. *Das Mutterrecht*. Stuttgart: Krais & Hoffman, 1861.

BAKUNIN, Michael. *Statism and Anarchy*. Trad. e org. de Marshall S. Shatz. Cambridge: Cambridge University Press, 1990 [1873].

BAUER, Bruno. *Briefwechsel zwischen Bruno Bauer und Edgar Bauer während der Jahre 1839-1842 aus Bonn und Berlin*. Charlottenburg: Egbert Bauer, 1844.

_____. *The Trumpet of the Last Judgement against Hegel the Atheist and Anti-Christ: An Ultimatum*. Trad. de Lawrence Stepelevich. Lewiston, NY: Edwin Mcllen, 1989 [1841].

BAUER, Edgar. *Bruno Bauer und seine Gegner*. Berlim: Jonas, 1842.

BEBEL, August. *My Life*. Londres: T. F. Unwin, 1912.

BEBEL, August; BERNSTEIN, Eduard (Orgs.). *Der Briefwechsel zwischen F. Engels und K. Marx*. Stuttgart: Dietz, 1913, 4 v.

BERNIER, François. *Voyages contenant la description des États du Grand Mogol*. Paris: Imprimé aux frais du gouvernement, 1830.

BLANC, Louis. *The History of Ten Years 1830-1840*. Londres: Chapman & Hall, 1844-5, 2 v.

_____. *Révolution Française: Histoire de dix ans, 1830-1840*. Paris: Pagnerre, 1841-4, 5 v.

BLUMENBERG, Werner (Org.). *August Bebels Briefwechsel mit Friedrich Engels*. Haia: Mouton, 1965.

BLUNTSCHLI, Johann Caspar (Org.). *Die Kommunisten in der Schweiz nach den bei Weitling vorgefundenen Papieren* [Os comunistas na Suíça, segundo documentos encontrados com Weitling]. Zurique: Druck von Orell, Füssli, und Comp., 1843 [Glashütten: Auvermann, 1972 (reimp.)].

BÖHM-BAWERK, Eugen von. *Karl Marx and the Close of His System: A Criticism*. Trad. de Alice M. Macdonald, prefácio de James Bonar. Londres: T. Fisher Unwin, 1898.

_____. *Zum Abschluss des Marxschen Systems*. Berlim: Haering, 1896.

BORN, Stefan. *Erinnerungen eines Achtundvierzigers*. Leipzig: G. H. Meyer, 1898.

BÖRNE, Ludwig. *Lettres écrites de Paris pendant les années 1830 et 1831*. Trad. de F. Guiran. Paris: Paulin, 1832.

BÖRNSTEIN, Heinrich. *Fünfundsiebzig Jahre in der alten und neuen Welt: Memoiren eines Unbedeutenden*. Leipzig: Otto Wigand, 1884, 2 v.

BUCHEZ, Philippe Joseph B.; ROUX-LAVERGNE, Pierre Célestin M. *Histoire parlementaire de la Révolution française*. Paris: Paulin, 1833-8, 40 v.

BURET, Eugène. *De la misère des classes laborieuses en Angleterre et en France*. Paris: Paulin, 1840.

CAREY, Henry Charles. *The Slave Trade, Domestic and Foreign: Why It Exists, and How It May Be Extinguished*. Londres: Sampson Low, Son & Co., 1853.

CARLYLE, Thomas. *Chartism*. Londres: James Fraser, 1839.

_____. *The French Revolution: A History*. Londres: James Fraser, 1837.

COULANGES, Fustel de. *The Origin of Property in Land*. Trad. de Margaret Ashley, com um capítulo introdutório sobre a herdade inglesa de W. J. Ashley. Londres: Swan Sonnenschein, 1891.

_____. *Le Problème des origines de la propriété foncière*. Bruxelas: Alfred Vromant, 1889.

DARIMON, Alfred. *De la réforme des banques*. Paris: Guillaumin, 1856.

DARWIN, Charles. *The Descent of Man*. Londres: J. Murray, 1871, 2 v.

DE STAËL, Madame. *De l'Allemagne*. Paris: Firmin Didot Frères, 1860.

DRONKE, Ernst. *Berlin*. Darmstadt: Neuwied Luchterhand, 1974 [Frankfurt: J. Rütten, 1846].

ENGELS, Friedrich; LAFARGUE, Paul; LAFARGUE, Laura. *Correspondence of Friedrich Engels and Paul and Laura Lafargue*. Moscou: Foreign Languages Publishing House, 1959-60, 3 v.

ENGELS, Friedrich; KAUTSKY, Karl. *Friedrich Engels' Briefwechsel mit Karl Kautsky*. Viena: Danubia, 1955.

FEUERBACH, Ludwig. *The Essence of Christianity* [*Das Wesen des Christentums*]. Trad. de Marian Evans. Londres: J. Chapman, 1854.

_____. *Sämmtliche Werke*. Leipzig: Otto Wigand, 1846.

FLAUBERT, Gustave. *A Sentimental Education*. Org. e trad. de Douglas Parmée. Oxford: Oxford University Press, 1989. [Ed. bras.: *A educação sentimental*. Trad. de Rosa Freire d'Aguiar. São Paulo: Penguin Classics Companhia das Letras, 2017.]

FREEMAN, Edward A. *Chief Periods of European History: Six Lectures Read in the University of Oxford in Trinity Term, 1885*. Londres: Macmillan, 1886.

GARIBALDI, Giuseppe. *Autobiography of Giuseppe Garibaldi*. Trad. de Alice Werner. Londres: W. Smith & Innes, 1889.

GREEN, John Richard. *A Short History of the English People with Maps and Tables*. Londres: Macmillan, 1874.

GREVILLE, Charles. *The Greville Memoirs. Second Part: A Journal of the Reign of Queen Victoria from 1837 to 1852*. Londres: Longmans, 1885, v. 3.

GROTE, George. *History of Greece*. 3. ed. Londres: John Murray, 1851.

GRÜN, Karl. *Ausgewählte Schriften in Zwei Bänden*. Org. de Manuela Köppe. Berlim: Akademie Verlag, 2005.

GUILLAUME, James. *L'Internationale: Documents et souvenirs (1864-1878)*. Paris: Société Nouvelle de Librairie et d'Édition, 1905, v. 1 e 2.

GUIZOT, François. *Essais sur l'histoire de France, pour servir de complément aux Observations sur l'histoire de France de l'Abbé Mably*. Paris: J. L. J. Brière, 1823.

HAXTHAUSEN, August von. *Studies on the Interior of Russia*. Org. de S. Frederick Starr. Chicago: University of Chicago Press, 1972.

_____. *Über die Agrarverfassung in den Fürstenthümern Paderborn und Corvey und deren Conflicte in der gegenwärtigen Zeit nebst Vorschlägen, die den Grund und Boden belastenden Rechte und Verbindlichkeiten daselbst aufzulösen*. Berlim: Reimer, 1829.

_____. *Über den Ursprung und die Grundlagen der Verfassung in den ehemals slavischen Ländern Deutschlands im Allgemeinen und des Herzogthums Pommern im Besondern*. Berlim: Krause, 1842.

HEGEL, G. W. F. *Elements of the Philosophy of Right*. Org. de A. W. Wood. Cambridge: Cambridge University Press, 1991 [1821].

_____. *The Encyclopaedia: Logic*. Trad. de T. F. Garaets, W. F. Suchting e H. S. Harris. Indianápolis: Hackett, 1991.

_____. *Lectures on the History of Philosophy*. Trad. de E. S. Haldane e Frances H. Simson. Lincoln: University of Nebraska Press, 1995, 3 v.

_____. *Lectures on Natural Right and Political Science: The First Philosophy of Right*. Org. de J. Michael Stewart e Peter C. Hodgson. Berkeley: University of California Press, 1996.

_____. *Phenomenology of Spirit*. Trad. de A. V. Miller. Oxford: Clarendon, 1979.

_____. *The Science of Logic*. Trad. e org. de George di Giovanni. Cambridge: Cambridge University Press, 2010.

HEINE, Heinrich. *Ludwig Börne: Recollections of a Revolutionist*. Trad. de Thomas S. Egan. Londres: Newman, 1881.

_____. *On the History of Religion and Philosophy in Germany and Other Writings*. Org. de T. Pinkard. Cambridge: Cambridge University Press, 2007.

HERWEGH, Marcel (Org.). *Briefe von und an Georg Herwegh*. 2. ed. Munique: A. Langen, 1898.

HERZEN, Alexander. *My Past and Thoughts: Memoirs of Alexander Herzen*. Nova York: A. A. Knopf, 1968, v. 2.

_____. *My Past and Thoughts: Memoirs of Alexander Herzen*. Londres: Chatto & Windus, 1968, v. 3.

HESS, Moses. *Briefwechsel*. Org. de Edmund Silberner. Haia: Mouton, 1959.

_____. *The Holy History of Mankind and Other Writings*. Org. de Shlomo Avineri. Cambridge: Cambridge University Press, 2004.

HUNDT, Martin (Org.). *Der Bund der Kommunisten 1836-1852*. Berlim: Akademie-Verlag Dietz, 1988.

HYNDMAN, Henry Myers. *The Record of an Adventurous Life*. Londres: Macmillan, 1911.

INSTITUT MARKSIZMA-LENINZMA. *Reminiscences of Marx and Engels*. Moscou: Foreign Languages Publishing House, 1957.

KANT, Immanuel. *Kant's Political Writings*. Org. de Hans Reiss. Cambridge: Cambridge University Press, 1970.

_____. *On History*. Org. de Lewis White Beck. Indianápolis: Bobbs-Merrill, 1980.

_____. *Religion within the Boundaries of Mere Reason and Other Writings*. Org. de Allen G. Wood e George di Giovanni. Cambridge: Cambridge University Press, 1998 [1793].

KAUTSKY, Karl. *Ethics and the Materialist Conception of History*. Chicago: C. H. Kerr & Company, 1914 [1906].

KAUTSKY JR., Karl (Org.). *August Bebels' Briefwechsel mit Karl Kautsky*. Assen: Van Gorcum, 1971.

KEMBLE, John Mitchell. *Saxons in England: A History of the English Commonwealth till the Period of the Norman Conquest*. Londres: Longman, Brown, Green & Longmans, 1849.

KÖPPEN, Karl Friedrich. *Ausgewählte Schriften in zwei Bänden*. Org. de Heinz H. Pepperle. Berlim: Akademie Verlag, 2003, v. 1.

LAMPRECHT, Karl. *Deutsches Wirtschaftsleben im Mittelalter*. Leipzig: A. Dürr, 1885-6, 4 v.

LASSALLE, Ferdinand. *Nachgelassene Briefe und Schriften*. Org. de Gustav Meyer. Stuttgart: Deutsche Verlags-Anstalt, 1921-5, 3 v.

_____. *Die Philosophie Herakleitos des Dunkeln von Ephesos*. Berlim: F. Duncker, 1858.

_____. *Reden und Schriften: Aus der Arbeiteragitation 1862-1864*. Org. de Friedrich Jenaczek. Munique: Deutscher Taschenbuch Verlag, 1970.

_____. *Die Theorie der erworbenen Rechte und der Collision der Gesetz: unter besonderer Berücksichtigung des römischen, französischen und preussischen Rechts*. Leipzig: Brochaus, 1861.

LIEBKNECHT, Wilhelm. *Karl Marx: Biographical Memoirs*. Londres: Journeyman, 1975 [1901].

_____. *Wilhelm Liebknecht: Briefwechsel mit Karl Marx und Friedrich Engels*. Org. de Georg Eckert. Haia: Mouton, 1963.

MAINE, Henry Sumner. *Ancient Law: Its Connection with the Early History of Society and Its Relation to Modern Ideas*. Londres: J. Murray, 1895 [1861].

_____. *Lectures on the Early History of Institutions*. Londres: J. Murray, 1875.

_____. *Village-Communities in the East and West: Six Lectures Delivered at Oxford*. Londres: J. Murray, 1871.

MARX, Eleanor. *History of the Commune of 1871 from the French of Lissagaray*. Nova York: International Publishing Company, 1898.

MARX, Karl. *Love Poems of Karl Marx*. Org. de Reinhard Lettau e Lawrence Ferlinghetti. San Francisco: City Lights, 1977.

_____. *Value, Price and Profit*. Org. de E. Aveling. Londres: Sonnenschein, 1898.

MARX-ENGELS-LENIN INSTITUTE. *Karl Marx: Chronik seines Lebens in Einzeldaten. Zusammengestellt vom Marx-Engels-Lenin-Institut Moskau*. Moscou: Auvermann, 1971 [1931].

MAURER, Georg Ludwig von. *Einleitung zur Geschichte der Mark-, Hof-, Dorfund Stadtverfassung und der öffentlichen Gewalt*. Viena: Brand, 1896.

MAYER, Gustav. *Friedrich Engels: Eine Biographie*. Berlim: Dietz, 1970 [1919, 1932], 2 v. (reimp.).

_____. *Radikalismus, Sozialismus und bürgerliche Demokratie*. Frankfurt: Suhrkamp, 1969.

MAZZINI, Giuseppe. *A Cosmopolitanism of Nations: Giuseppe Mazzini's Writings on Democracy, Nation Building, and International Relations*. Org. de Stefano Recchia e Nadia Urbinati. Princeton: Princeton University Press, 2009.

MCLENNAN, John Ferguson. *Primitive Marriage: An Enquiry into the Origin of the Form of Capture in Marriage Ceremonies*. Edimburgo: Black, 1865.

MEIER, Olga (Org.). *The Daughters of Karl Marx: Family Correspondence 1866-1898*. Londres: Deutsch, 1982.

MENGER, Anton. *The Right to the Whole Produce of Labour: The Origin and Development of the Theory of*

Labour's Claim to the Whole Product of Industry. Trad. de M. E. Tanner. Londres: Macmillan, 1889 [1886].

MERCIER, Louis Sébastien. *Néologie ou Vocabulaire de mots nouveaux.* Paris: Moussard, 1803.

MEYEN, Eduard. *Hallische Jahrbücher für deutsche Wissenschaft und Kunst.* Leipzig: Otto Wigand, n. 193, 12 ago. 1840.

MONEYPENNY, William Flavelle; BUCKLE, George Earle. *The Life of Benjamin Disraeli, Earl of Beaconsfield.* Londres: John Murray, 1929, 2 v.

MÖNKE, Wolfgang (Org.). *Moses Hess: Philosophische und Sozialistische Schriften 1837-1850.* Vaduz: Topos, 1980.

MONZ, Heinz. *Karl Marx: Grundlagen der Entwicklung zu Leben und Werk.* Trier: Neu, 1973.

_____. *Karl Marx und Trier: Verhältnisse, Beziehungen, Einflüsse.* Trier: Neu, 1964.

_____. *Zur Persönlichkeit von Marx' Schwiegervater Johann Ludwig von Westphalen, Schriften aus dem Karl-Marx-Haus,* Trier, n. 9, 1973.

MORGAN, Lewis H. *The American Beaver and His Works.* Filadélfia: J. B. Lippincott & Co., 1868.

_____. *Ancient Society, or Researches in the Lines of Human Progress from Savagery through Barbarism to Civilization.* Org. de Eleanor Burke Leacock. Cleveland: World Publishing Company, 1963 [1877].

MÖSER, Justus. *Osnabrückische Geschichte.* 2. ed. Berlim: Nicolai, 1780.

NASSE, Erwin. *On the Agricultural Community of the Middle Ages, and Inclosures of the Sixteenth Century in England.* Trad. de H. A. Ouvry. Londres: Macmillan, 1871.

PLEKHANOV, G. (N. Beltov). *The Development of the Monist View of History.* Moscou: Foreign Languages Publishing House, 1956 [1895].

RIAZANOV, David. *Karl Marx and Friedrich Engels: An Introduction to Their Lives and Work.* Londres: Monthly Review, 1973 [1927].

_____ (Org.). *Marx-Engels-Archiv: Zeitschrift des Marx-Engels-Instituts in Moskau.* Frankfurt: Marx-Engels-Archiv Verlags-Gesellschaft, 1928.

RICARDO, David. *Des Principes de l'économie politique et de l'impôt.* Paris: J. P. Aillaud, 1835.

_____. *The Principles of Political Economy and Taxation.* Londres: John Murray, 1817.

ROUSSEAU, J.-J. *The Social Contract and Other Later Political Writings.* Org. de Victor Gourevitch. Cambridge: Cambridge University Press, 1997.

RUGE, Arnold. *Arnold Ruges Briefwechsel und Tagebuchblätter aus den Jahren 1825-1880.* Org. de Paul Nerrlich. Berlim: Weidmann, 1886.

_____. *Zwei Jahre in Paris: Studien und Erinnerungen.* Leipzig: W. Jurany, 1846, 2 v.

RUMOHR, Carl Friedrich von. *Italienische Forschungen.* Berlim: Nicolai'sche Buchhandlung, 1827.

SASS, Friedrich. *Berlin in seiner neuesten Zeit und Entwicklung.* Leipzig: Koffka, 1846.

SAVIGNY, Friedrich Karl von. *The History of the Roman Law in the Middle Ages.* Trad. de E. Cathcart. Edimburgo: A. Black, 1829.

_____. *Of the Vocation of Our Age for Legislation and Jurisprudence.* Trad. de Abraham Hayward. Londres: Littlewood & Co., 1828.

_____. *Von Savigny's Treatise on Possession or the Jus Possessionis of the Civil Law.* Trad. de Erskine Perry. Londres: Sweet, 1848.

SCHLEGEL, Friedrich von. *Kritische-Friedrich-Schlegel-Ausgabe.* Munique: F. Schöningh, 1961, v. 6.

SEEBOHM, Frederic. *The English Village Community — Examined in Its Relation to the Manorial and Tribal*

Systems and the Common or Open Field System of Husbandry — An Essay in Economic History. Londres: Longman, Green & Co., 1883.

SEILER, Sebastian. *Das Komplott vom 13. Juni 1849, oder der letzte Sieg der Bourgeoisie in Frankreich*. Hamburgo: Joffman und Campe, 1850.

SISMONDI, J.-C.-L. Simonde de. *Nouveaux Principes d'économie politique, ou, De la richesse dans ses rapports avec la population*. Paris: Chez Delaunay, 1819, 2 v.

SMITH, Adam. *An Inquiry into the Nature and Causes of the Wealth of Nations*. Org. de Edwin Cannan. Chicago: University of Chicago Press, 1976 [1776].

STEIN, Lorenz von. *Der Socialismus und Communismus des heutigen Frankreichs: ein Beitrag zur Zeitgeschichte*. 2. ed. Leipzig: Otto Wigand, 1848.

STEKLOFF, G. M. *History of the First International*. Londres: M. Lawrence, 1928.

STERN, Daniel. *Histoire de la Révolution de 1848*. Paris: André Balland, 1985 [1850-2].

STIRNER, Max. *The Ego and Its Own*. Org. de David Leopold. Cambridge: Cambridge University Press, 1995 [1845].

STUBBS, William. *Constitutional History of England, in Its Origins and Development*. Oxford: Clarendon, 1875, 3 v.

TOCQUEVILLE, Alexis de. *Recollections*. Org. de J. P. Mayer e A. P. Kerr. Trad. de G. Lawrence. Londres: Macdonald, 1970.

TOUSSENEL, Alphonse. *Les Juifs, rois de l'époque: Histoire de la féodalité financière*. Paris: G. de Gonet, 1845.

TOYNBEE, Arnold. *Lectures on the Industrial Revolution in England*. Londres: Rivingtons, 1884.

URE, Andrew. *The Philosophy of Manufactures; or, an Exposition of the Scientific, Moral and Commercial Economy of the Factory System of Great Britain*. Londres: Charles Knight, 1835.

VINOGRADOFF, Paul. *Villainage in England: Essays in English Medieval History*. Oxford: Clarendon, 1968 [1892].

VIZETELLY, Henry. *Berlin under the New Empire: Its Institutions, Inhabitants, Industry, Monuments, Museums, Social Life, Manners, and Amusements*. Londres: Tinsley, 1879.

WEBB, Sidney; WEBB, Beatrice. *A History of Trade Unionism*. Londres: Longmans, 1902.

WRIGHT, Thomas. *Our New Masters*. Londres: Strahan & Co., 1873.

FONTES SECUNDÁRIAS

AGULHON, Maurice. *1848, ou L'Apprentissage de la République, 1848-1852*. Paris: Seuil, 1973.

ALEXANDRIAN, Sarane. *Le Socialisme Romantique*. Paris: Seuil, 1979.

ANCHEL, Robert. *Napoléon et les Juifs*. Paris: PUF, 1928.

ANDERSON, Kevin B. *Marx at the Margins: On Nationalism, Ethnicity, and Non-Western Societies*. Chicago: University of Chicago Press, 2010.

ARCHER, Julian P. W. *The First International in France 1864-1872: Its Origins, Theories and Impact*. Lanham, MD: University Press of America, 1997.

ASHTON, Rosemary. *Little Germany: Exile and Asylum in Victorian England*. Oxford: Oxford University Press, 1986.

AVINERI, Shlomo. *The Social and Political Thought of Karl Marx*. Cambridge: Cambridge University Press, 1968.

BAKER, Keith. "Fixing the French Constitution". In: _____. *Inventing the French Revolution: Essays on French Political Culture in the Eighteenth Century*. Cambridge: Cambridge University Press, 1990.

BARCLAY, David E. *Frederick William IV and the Prussian Monarchy 1840-1861*. Oxford: Clarendon, 1995.

BARCLAY, David E.; WEITZ, Eric D. (Orgs.). *Between Reform and Revolution: German Socialism and Communism from 1840 to 1990*. Nova York: Berghahn, 1998.

BAYLY, C. A.; BIAGINI, E. S. (Orgs.). *Giuseppe Mazzini and the Globalisation of Democratic Nationalism 1830-1920*. Londres: Proceedings of the British Academy (n. 152), 2008.

BEISER, Frederick C. *The Fate of Reason: German Philosophy from Kant to Fichte*. Cambridge, Massachusetts: Harvard University Press, 1987.

_____. *The Romantic Imperative: The Concept of Early German Romanticism*. Cambridge, Massachusetts: Harvard University Press, 2003.

BEECHER, Jonathan. *Victor Considérant and the Rise and Fall of French Romantic Socialism*. Berkeley: University of California Press, 2001.

BELL, Duncan (Org.). *Victorian Visions of Global Order: Empire and International Relations in Nineteenth--Century Political Thought*. Cambridge: Cambridge University Press, 1997.

BERENSON, Edward. *Populist Religion and Left-Wing Politics in France, 1830-1852*. Princeton: Princeton University Press, 1984.

BERLIN, Isaiah. *Karl Marx: His Life and Environment*. 4. ed. Oxford: Oxford University Press, 1978 [1939].

BERNSTEIN, Édouard. *Ferdinand Lassalle: Le Réformateur social*. Paris: M. Rivière, 1913.

BLUMENBERG, Werner. *Portrait of Marx: An Illustrated Biography*. Trad. de Douglas Scott. Nova York: Herder & Herder, 1972.

BLUMENKRANZ, B. (Org.). *Histoire des Juifs en France*. Toulouse: E. Privat, 1972.

BRECKMAN, Warren. *Marx, the Young Hegelians, and the Origins of Radical Social Theory: Dethroning the Self*. Cambridge: Cambridge University Press, 1999.

BRUNNER, Otto; CONZE, Werner; KOSELLECK, Reinhart (Orgs.). *Geschichtliche Grundbegriffe: Historisches Lexikon sur Politisch-Sozialen Sprache in Deutschland*. Stuttgart: Klett-Cotta, 1972-97, 8 v. (v. 1).

BURROW, J. W. *A Liberal Descent: Victorian Historians and the English Past*. Cambridge: Cambridge University Press, 1981.

BUSH, M. L. (Org.). *Social Orders and Social Classes in Europe since 1500: Studies in Social Stratification*. Londres: Longman, 1992.

CAMPBELL, Duncan A. *English Public Opinion and the American Civil War*. Londres: Royal Historical Society; Boydell, 2003.

CARR, Edward Hallet. *Michael Bakunin*. Londres: Macmillan, 1975 [1937].

_____. *The Romantic Exiles: A Nineteenth-Century Portrait Gallery*. Londres: V. Gollancz, 1933.

CARVER, Terrell; BLANK, Daniel. *Marx and Engels's "German Ideology" Manuscripts: Presentation and Analysis of the "Feuerbach Chapter"*. Nova York: Palgrave Macmillan, 2014.

CLAEYS, Gregory. *Imperial Sceptics: British Critics of Empire, 1850-1920*. Cambridge: Cambridge University Press, 2010.

CLARK, Christopher. *Iron Kingdom: The Rise and Downfall of Prussia, 1600-1947*. Londres: Allen Lane, 2006.

COHEN, G. A. *History, Labour and Freedom: Themes from Marx*. Oxford: Oxford University Press, 1988.

COLLINS, Henry; ABRAMSKY, Chimen. *Karl Marx and the British Labour Movement: Years of the First International*. Londres: Macmillan, 1965.

CONZE, Werner (Org.). *Staat und Gesellschaft im deutschen Vormärz 1815-1848*. Stuttgart: E. Klett, 1962 (Industrielle Welt, v. 1).

COOK, Simon J. *The Intellectual Foundations of Alfred Marshall's Economic Science: A Rounded Globe of Knowledge*. Cambridge: Cambridge University Press, 2009.

CORNU, Auguste. *Karl Marx et Friedrich Engels: Leur vie et leur oeuvre*. Paris: PUF, 1955, v. 1.

COTTIER, Georges. *L'Athéisme du jeune Marx: Ses Origines hégéliennes*. Paris: Vrin, 1969.

DAUMARD, Adeline. *Les Bourgeois et la bourgeoisie en France depuis 1815*. Paris: Flammarion, 1987.

DAVIS, John A.; GINSBORG, Paul (Orgs.). *Society and Politics in the Age of the Risorgimento: Essays in Honour of Denis Mack Smith*. Cambridge: Cambridge University Press, 1991.

DEMETZ, Peter. *Marx, Engels and the Poets: Origins of Marxist Literary Criticism*. Chicago: University of Chicago Press, 1967.

DERFLER, Leslie. *Paul Lafargue and the Founding of French Marxism 1842-1882*. Cambridge, Massachussets: Harvard University Press, 1991.

DOPSCH, Alfons. *The Economic and Social Foundations of European Civilisation*. Londres: Kegan Paul, 1937 [1923-4].

D'HONDT, Jacques. *De Hegel à Marx*. Paris: PUF, 1972.

DOWE, Dieter. *Aktion und Organisation: Arbeiterbewegung, Sozialistische und Kommunistische Bewegung in der Preussischen Rheinprovinz 1820-1852*. Hannover: Verlag für Literatur und Zeitgeschehen, 1970.

DOWE, Dieter; HAUPT, Heinz-Gerhard; LANGEWIESCHE, Dieter; SPERBER, Jonathan (Orgs.). *Europe in 1848: Revolution and Reform*. Nova York: Berghahn, 2001.

DRAPER, Hal. *"The Dictatorship of the Proletariat" from Marx to Lenin*. Nova York: Monthly Review, 1987.

DROZ, Jacques. *L'Allemagne et la Révolution française*. Paris: PUF, 1949.

DUVEAU, Georges. *1848: The Making of a Revolution*. Londres: Routledge & Kegan Paul, 1967.

ELSTER, John. *Making Sense of Marx*. Cambridge: Cambridge University Press, 1985.

EVANS, David Owen. *Le Socialisme Romantique: Pierre Leroux et ses contemporains*. Paris: M. Rivière, 1948.

FINN, Margot C. *After Chartism: Class and Nation in English Radical Politics, 1848-1874*. Cambridge: Cambridge University Press, 1993.

FLOUD, Roderick; JOHNSON, Paul (Orgs.). *The Cambridge Economic History of Modern Britain*, v. 1: *Industrialisation, 1700-1860*. Cambridge: Cambridge University Press, 2004.

FOSTER, Robert Fitzroy. *Modern Ireland 1600-1972*. Londres: Allen Lane, 1988.

FRIED, Albert; SANDERS, Ronald (Orgs.). *Socialist Thought: A Documentary History*. Edimburgo: Edinburgh University Press, 1964.

FURET, François. *Marx et La Révolution française*. Paris: Flammarion, 1986.

GABRIEL, Mary. *Love and Capital: Karl and Jenny Marx and the Birth of a Revolution*. Boston: Little Brown, 2011. [Ed. bras.: *Amor & capital: A saga familiar de Karl Marx e a história de uma revolução*. Trad. de Alexandre Barbosa de Souza. Rio de Janeiro: Zahar: 2013.]

GIELKENS, Jan. *Karl Marx und seine niederländischen Verwandten: Eine kommentierte Quellenedition, Schriften aus dem Karl-Marx-Haus*, Trier, n. 50, 1999.

GILLIS, John R. *The Prussian Bureaucracy in Crisis, 1840-1860: Origins of an Administrative Ethos*. Stanford: Stanford University Press, 1971.

GOUREVITCH, Alex. *From Slavery to the Cooperative Commonwealth: Labour and Republican Liberty in the Nineteenth Century*. Cambridge: Cambridge University Press, 2015.

GRANDJONC, Jacques. *Marx et les Communistes allemands à Paris, Vorwärts 1844: Contribution a l'étude de la naissance du Marxisme*. Paris: F. Maspero, 1974.

GRUNER, Shirley M. *Economic Materialism and Social Moralism: A Study in the History of Ideas in France from the Latter Part of the 18th Century to the Middle of the 19th Century*. Haia: Mouton, 1973.

GUILLEMIN, Henri. *La Première Résurrection de la République: 24 février 1848*. Paris: Gallimard, 1967.

HALL, Peter. *The Industries of London since 1861*. Londres: Hutchinson University Library, 1961.

HAMMEN, Oscar J. *The Red '48ers: Karl Marx and Friedrich Engels*. Nova York: Scribner, 1969.

HANFI, Zawar (Org.). *The Fiery Brook: Selected Writings of Ludwig Feuerbach*. Nova York: Doubleday, 1972.

HARRIS, Henry Silton. *Hegel's Development: Toward the Sunlight, 1770-1801*. Oxford: Clarendon, 1972.

HARRISON, Royden. *Before the Socialists: Studies in Labour and Politics 1861-1881*. Londres: Routledge & Kegan Paul, 1965.

HARSTICK, Hans-Peter. *Karl Marx und die Zeitgenössische Verfassungsgeschichtschreibung*. Münster: [s.n.], 1974.

HAUBTMANN, Pierre. *Proudhon, Marx et la pensée allemande*. Grenoble: Presses Universitaires de Grenoble, 1981.

HEALEY, Edna. *Wives of Fame: Mary Livingstone, Jenny Marx, Emma Darwin*. Londres: Sidgwick & Jackson, 1986.

HELLMAN, Robert J. *Berlin, the Red Room and White Beer: The "Free" Hegelian Radicals in the 1840s*. Washington: Three Continents, 2006.

HODENBERG, Christina von. *Aufstand der Weber: die Revolte von 1844 und ihr Aufstieg zum Mythos*. Bonn: Dietz, 1997.

HOFFHEIMER, Michael H. *Eduard Gans and the Hegelian Philosophy of Law*. Dordrecht: Kluwer Academic, 1995.

HOLMES, Rachel. *Eleanor Marx: A Life*. Londres: Bloomsbury, 2014.

HONT, Istvan. *Jealousy of Trade: International Competition and the Nation-State in Historical Perspective*. Cambridge, Massachusetts: Harvard University Press, 2005.

HUNT, Richard N. *The Political Ideas of Marx and Engels*. Londres: Macmillan, 1974 e 1984, 2 v.

HUNT, Tristram. *The Frock-Coated Communist: The Revolutionary Life of Friedrich Engels*. Londres: Allen Lane, 2009.

HUTTON, Patrick. *The Cult of the Revolutionary Tradition: The Blanquists in French Politics, 1864-1893*. Berkeley: University of California Press, 1981.

INWOOD, Michael. *A Hegel Dictionary*. Oxford: Blackwell, 1992.

JAESCHKE, W. *Reason in Religion: The Foundations of Hegel's Philosophy of Religion*. Trad. de J. Michael Stewart e Peter C. Hodgson. Berkeley: University of California Press, 1990.

JOHNSON, Christopher H. *Utopian Communism in France, 1839-1851*. Ithaca, NY: Cornell University Press, 1974.

JOLL, James. *The Anarchists*. Londres: Eyre & Spottiswoode, 1964.

JONES, Thomas. "George Odger, Robert Applegarth, and the First International Working Men's Association". Londres: King's College, dissertação de mestrado, 2007.

KADISH, Alon. *Apostle Arnold: The Life and Death of Arnold Toynbebe, 1852-1883*. Durham, NC: Duke University Press, 1986.

KANT, Immanuel. *Religion within the Boundaries of Mere Reason and Other Writings*. Org. de Allen Wood e George di Giovanni. Cambridge: Cambridge University Press, 1998.

KAPP, Yvonne. *Eleanor Marx*. Londres: Lawrence & Wishart, 1972, 2 v.

KATZNELSON, Ira; STEDMAN JONES, Gareth (Orgs.). *Religion and the Political Imagination*. Cambridge: Cambridge University Press, 2010.

KOCKA, Jürgen (Org.). *Bürgertum im 19. Jahrhundert: Deutschland im europäischen Vergleich*. Göttingen: Vandenhoeck & Ruprecht, 1995, 3 v.

KOSELLECK, Reinhart; SCHREINER, Klaus. *Bürgerschaft: Rezeption und Innovation der Begrifflichkeit vom Hohen Mittelalter bis ins 19. Jahrhundert*. Stuttgart: Kletta-Cotta, 1994.

KRADER, Lawrence. *The Asiatic Mode of Production: Sources, Development and Critique in the Writings of Karl Marx*. Assen: Van Gorcum, 1975.

KRIEDTE, Peter; MEDICK, Hans; SCHLUMBOHN, Jürgen. *Industrialisierung vor der Industrialisierung: Gewerbliche Warenproduktion auf dem Land in der Formationsperiode des Kapitalismus*. Göttingen: Vandenhoeck & Ruprecht, 1977.

KUPER, Adam. *The Invention of Primitive Society: Transformations of an Illusion*. Londres: Routledge, 1988.

LANGE, Erhard. *Die Promotion von Karl Marx: Jena 1841. Eine Quellenedition*. Berlim: Dietz, 1983.

LATTEK, Christine. *Revolutionary Refugees: German Socialism in Britain, 1840-1860*. Londres: Routledge, 2006.

LAUFNER, Richard. "Die Familie Marx und die Trierer Judenschaft", *Schriften aus dem Karl-Marx-Haus*, Trier, n. 14, 1975.

LEOPOLD, David. *The Young Karl Marx: German Philosophy, Modern Politics and Human Flourishing*. Cambridge: Cambridge University Press, 2007.

LEVENTHAL, F. M. *Respectable Radical: George Howell and Victorian Working-Class Politics*. Londres: Weidenfeld & Nicolson, 1971.

LEWIS, Hanna Ballin (Org.). *A Year of Revolutions: Fanny Lewald's Recollections of 1848*. Providence, RI: Berghahn, 1997.

LIFSHITZ, Mikhail. *The Philosophy of Art of Karl Marx*. Trad. de Ralph B. Winn. Londres: Pluto, 1973 [Moscou, 1933].

LINDENFELD, David. *The Practical Imagination: The German Sciences of State in the Nineteenth Century*. Chicago: Chicago University Press, 1997.

LIDTKE, Vernon. *The Outlawed Party: Social Democracy in Germany, 1878-1890*. Princeton: Princeton University Press, 1966.

LÖWY, Michael. *The Theory of Revolution in the Young Marx*. Leiden: Brill, 2003. [Ed. bras.: *A teoria da revolução no jovem Marx*. Trad. de Anderson Gonçalves. São Paulo: Boitempo, 2012.]

MAGUIRE, John M. *Marx's Theory of Politics*. Cambridge: Cambridge University Press, 1978.

MANTENA, Karuna. *Alibis of Empire: Henry Maine and the Ends of Liberal Imperialism*. Princeton: Princeton University Press, 2010.

MASTELLONE, Salvo. *Mazzini and Marx: Thoughts upon Democracy in Europe*. Londres: Praeger, 2003.

MATTHEWS, R. C. O. *A Study in Trade-Cycle History: Economic Fluctuations in Great Britain 1833--1842*. Cambridge: Cambridge University Press, 1954.

MAZA, Sarah. *The Myth of the French Bourgeoisie: An Essay on the Social Imaginary, 1750-1850*. Cambridge, Massachusetts: Harvard University Press, 2003.

MCLELLAN, David. *Karl Marx: His Life and Thought*. Londres: Macmillan, 1973.

_____ (Org.). *Karl Marx: Interviews and Recollections*. Londres: Barnes & Noble, 1981.

MCMANNERS, John. *The French Revolution and the Church*. Londres: SPCK, 1969.

MEIER, Olga (Org.). *The Daughters of Karl Marx: Family Correspondence 1866-1898*. Harmondsworth: Penguin, 1982.

MEHRING, Franz. *Karl Marx: The Story of His Life*. Trad. de Edward Fitzgerald. Londres: John Lane, 1936 [1918].

MERRIMAN, John M. *The Life and Death of the Paris Commune of 1871*. New Haven: Yale University Press, 2014.

MILLER, Susanne; POTHOFF, Heinrich. *A History of German Social Democracy from 1848 to the Present*. Leamington Spa: Berg, 1986.

MOGGACH, Douglas. *The Philosophy and Politics of Bruno Bauer*. Cambridge: Cambridge University Press, 2003.

_____ (Org.). *The New Hegelians: Politics and Philosophy in the Hegelian School*. Nova York: Cambridge University Press, 2006.

_____ (Org.). *Politics, Religion and Art: Hegelian Debates*. Evanston, Illinois: Northwestern University Press, 2011.

MORGAN, Roger. *The German Social Democrats and the First International, 1864-1872*. Cambridge: Cambridge University Press, 1965.

NABULSI, Karma. *Traditions of War, Occupation, Resistance, and the Law*. Oxford: Oxford University Press, 1998.

NAMIER, Lewis Bernstein. *1848: The Revolution of the Intellectuals*. Londres: Oxford University Press, 1971 [1944].

NICHOLLS, Julia Catherine. "French Revolutionary Thought after the Paris Commune, 1871-1885". Londres: Queen Mary University, tese de doutorado, 2015.

NICOLAEVSKY, Boris; MÖNKE, Otto. *Karl Marx, Man and Fighter*. Trad. de G. David e E. Mosbacher. Londres: Allen Lane, 1973 [1933].

NICOLIN, Günther. *Hegel in Berichten seiner Zeitgenossen*. Hamburgo: F. Meiner, 1970.

NISBET, H. B. (Org.). *Lessing: Philosophical and Theological Writings*. Cambridge: Cambridge University Press, 2005.

PARRY, Jonathan. *The Rise and Fall of Liberal Government in Victorian Britain*. New Haven: Yale University Press, 1993.

PEACH, Terry. *Interpreting Ricardo*. Cambridge: Cambridge University Press, 1993.

PILBEAM, Pamela M. *The Middle Classes in Europe 1789-1914: France, Germany, Italy and Russia*. Basingstoke: Macmillan Education, 1990.

PINKARD, Terry. *Hegel: A Biography*. Cambridge: Cambridge University Press, 2000.

PRAWER, Siegbert Salomon. *Karl Marx and World Literature*. Oxford: Clarendon, 1976.

PUHLE, H. J. (Org.). *Bürger in der Gesellschaft der Neuzeit*. Göttingen: Vanhoeck & Ruprecht, 1991.

REID, Alastair. *United We Stand: A History of Britain's Trade Unions*. Londres: Penguin, 2005.

RIALL, Lucy. *Garibaldi, Invention of a Hero*. New Haven: Yale University Press, 2007.

RIEDEL, Manfred. *Between Tradition and Revolution: The Hegelian Transformation of Political Philosophy*. Cambridge: Cambridge University Press, 1984.

ROSANVALLON, Pierre. *Le Moment Guizot*. Paris: Gallimard, 1985.

_____. *Le Sacré du Citoyen: Histoire du Suffrage Universel in France*. Paris: Gallimard, 1992.

ROSDOLSKY, Roman. *The Making of Marx's "Capital"*. Londres: Pluto, 1977.

ROSE, Margaret. *Marx's Lost Aesthetic: Karl Marx and the Visual Arts*. Cambridge: Cambridge University Press, 1984.

ROWE, Michael. *From Reich to State: The Rhineland in the Revolutionary Age, 1780-1830*. Cambridge: Cambridge University Press, 2003.

RUBEL, Maximilien. *Karl Marx devant le Bonapartisme*. Paris: Mouton, 1960.

_____. *Marx: Life and Works*. Londres: Macmillan, 1980.

SASSOON, Donald. *One Hundred Years of Socialism: The Western European Left in the Twentieth Century*. Londres: I. B. Tauris, 1996.

SCHULZE, Hagen. *The Course of German Nationalism: From Frederick the Great to Bismarck, 1763--1837*. Cambridge: Cambridge University Press, 1991.

SEPINWALL, Alyssa Goldstein. *The Abbé Grégoire and the French Revolution: The Making of Modern Universalism*. Berkeley: University of California Press, 2005.

SHANIN, Teodor (Org.). *The Late Marx and the Russian Road*. Londres: Routledge & Kegan Paul, 1983.

SICLOVAN, Diana. "Lorenz Stein and German Socialism, 1835-1872". Universidade de Cambridge, tese de doutorado, 2014.

_____. "The Project of *Vergesellschaftung*, 1843-1851". Universidade de Cambridge, dissertação de mestrado, 2010.

_____. "Mikhail Bakunin and the Modern Republic 1840-1867". Universidade de Cambridge, monografia em História, 2009.

SOMERHAUSEN, Luc. *L'Humanisme agissant de Karl Marx*. Paris: Richard-Masse, 1946.

SORKIN, David. *The Transformation of German Jewry 1780-1840*. Oxford: Oxford University Press, 1987.

SPERBER, Jonathan. *Rhineland Radicals: The Democratic Movement and the Revolution of 1848--1849*. Princeton: Princeton University Press, 1991.

_____. *Karl Marx: A Nineteenth Century Life*. Nova York: Liveright, 2013.

SPITZER, Alan Barrie. *Old Hatreds and Young Hopes: The French Carbonari against the Bourbon Restoration*. Cambridge, Massachusetts: Harvard University Press, 1971.

_____. *The Revolutionary Theories of Louis Auguste Blanqui*. Nova York: Columbia University Press, 1957.

STEARNS, Peter N. *The Revolutions of 1848*. Londres: Weidenfeld & Nicolson, 1974.

STEDMAN JONES, Gareth. *An End to Poverty?: A Historical Debate*. Londres: Profile, 2004.

_____. *Languages of Class*. Cambridge: Cambridge University Press, 1983.

_____. *Outcast London: A Study in the Relationship between Classes in Victorian Society*. Oxford: Clarendon, 1971 [Londres: Verso, 2013, 4. ed.].

_____ (Org.). *Karl Marx and Friedrich Engels: The Communist Manifesto*. Londres: Penguin, 2002. [Ed. bras.: *Manifesto do Partido Comunista*. Trad. de Sergio Tellaroli. São Paulo: Penguin Classics Companhia das Letras, 2012.]

STEDMAN JONES, Gareth; CLAEYS, Gregory (Orgs.). *The Cambridge History of Nineteenth-Century Political Thought*. Cambridge: Cambridge University Press, 2011.

STEDMAN JONES, Gareth; PATTERSON, Ian (Orgs.). *Charles Fourier: The Theory of the Four Movements*. Cambridge: Cambridge University Press, 1996.

STEPELEVICH, Lawrence S. (Org.). *The Young Hegelians: An Anthology*. Cambridge: Cambridge University Press, 1983.

SWEEZY, Paul M. *The Theory of Capitalist Development: Principles of Marxian Political Economy*. Nova York: Monthly Review, 1968.

TACKETT, Timothy. *Becoming a Revolutionary: The Deputies of the French National Assembly and the Emergence of a Revolutionary Culture (1789-1790)*. Princeton: Princeton University Press, 1996.

TAYLOR, Miles. *The Decline of British Radicalism 1847-1860*. Oxford: Clarendon, 1995.

_____. *Ernest Jones, Chartism and the Romance of Politics 1819-1869*. Oxford: Oxford University Press, 2003.

THOMAS, Paul. *Karl Marx and the Anarchists*. Londres: Routledge & Kegan Paul, 1980.

TOEWS, John E. *Hegelianism: The Path toward Dialectical Humanism, 1805-1841*. Cambridge: Cambridge University Press, 1980.

TOMBS, Robert. *The Paris Commune 1871*. Londres: Longman, 1999.

TRAUGOTT, Mark. *Armies of the Poor: Determinants of Working-Class Participation in the Parisian Insurrection of June 1848*. Princeton: Princeton University Press, 1985.

TSUZUKI, Chushichi. *The Life of Eleanor Marx, 1855-1898: A Socialist Tragedy*. Oxford: Clarendon, 1967.

TRIBE, Keith. *The Economy of the Word: Language, History and Economics*. Oxford: Oxford University Press, 2015.

_____. *Governing Economy: The Reformation of German Economic Discourse 1750-1840*. Cambridge: Cambridge University Press, 1988.

TUCHINSKY, Adam. *Horace Greeley's New-York Tribune: Civil War Era Socialism and the Crisis of Free Labour*. Ithaca, NY: Cornell University Press, 2009.

TUDOR, Henry; TUDOR, J. M. (Orgs.). *Marxism and Social Democracy: The Revisionist Debate 1896--1898*. Cambridge: Cambridge University Press, 1998.

VAN DER LINDEN, Maurice. *Transnational Labour History: Explorations*. Aldershot: Ashgate, 2003. (Studies in Labour History).

VINCENT, K. Steven. *Between Marxism and Anarchism: Benoît Malon and French Reformist Socialism*. Berkeley: University of California Press, 1992.

WALKER, John (Org.). *The Impact of Idealism: The Legacy of Post-Kantian German Thought*, v. 2: *Historical, Social and Political Thought*. Cambridge: Cambridge University Press, 2013.

WATANABE-O'KELLY, Helen. *The Cambridge History of German Literature*. Cambridge: Cambridge University Press, 1997.

WEHLER, Hans-Ulrich (Org.). *Moderne deutsche Sozialgeschichte*. Colônia: Kiepenheuer & Witsch, 1973.

WHEEN, Francis. *Karl Marx*. Londres: Fourth Estate, 1999.

WHITE, James D. *Karl Marx and the Intellectual Origins of Dialectical Materialism*. Londres: Macmillan, 1996.

WHITHAM, William P. "César De Paepe and the Politics of Collective Property". Universidade de Cambridge, dissertação de mestrado, 2015.

WHITHAM, William P. "Anarchism and Federalism in the International Working Men's Association 1864-
-1877". Cambridge, Massachusetts: Universidade Harvard, monografia de bacharelado, 2014.
WHITMAN, James Q. *The Legacy of Roman Law in the German Romantic Era: Historical Vision and Legal Change*. Princeton: Princeton University Press, 1990.
WILKINSON, Elizabeth M.; WILLOUGHBY, L. A. (Orgs.). *F. Schiller: On the Aesthetic Education of Man, in a Series of Letters*. Oxford: Clarendon, 1982.
WINCH, Donald; O'BRIEN, Patrick K. (Orgs.). *The Political Economy of British Historical Experience, 1688-
-1914*. Oxford: Oxford University Press, 2002.
WOLFF, Horst-Peter. *Eduard Gumpert (1834-1893): Ein deutscher Arzt in Manchester*. Liebenwalde: Selbstverlag, 2015.
WRIGLEY, E. A. *Continuity, Chance and Change: The Character of the Industrial Revolution in England*. Cambridge: Cambridge University Press, 1988.

PERIÓDICOS E PUBLICAÇÕES ACADÊMICAS

BEECHER, Jonathan; FORMICHEV, Valerii N. "French Socialism in Lenin's and Stalin's Moscow: David Riazanov and the French Archive of the Marx-Engels Institute". *Journal of Modern History*, v. 78, n. 1, mar. 2006, pp. 119-43.
BRECKMAN, Warren. "Ludwig Feuerbach and the Political Theology of Restoration". *History of Political Thought*, v. 13, n. 3, 1992, pp. 437-62.
CARVER, Terrell. "The German Ideology Never Took Place". *History of Political Thought*, v. 31, primavera 2010, pp. 107-27.
COOK, Simon J. "The Making of the English: English History, British Identity, Aryan Villages, 1870-
-1914". *Journal of the History of Ideas*, v. 75, n. 4, out. 2014, pp. 629-49.
DENNISON, Tracy; CARUS, A. W. "The Invention of the Russian Rural Commune: Haxthausen and the Evidence". *Historical Journal*, v. 46, n. 3, set. 2003.
EICHHORN, Karl Friedrich. "Über den Ursprung der städtischen Verfassung in Deutschland". *Zeitschrift für geschichtliche Rechtswissenschaft*, v. 1, 1815.
FAY, Margaret. "The Influence of Adam Smith on Marx's Theory of Alienation". *Science and Society*, v. 47, n. 2, verão 1983, pp. 129-51.
GRUNER, Shirley. "The Revolution of July 1830 and the Expression 'Bourgeoisie'". *Historical Journal*, v. 11, n. 3, 1968, pp. 462-71.
HARRISON, Frederic. "The Transit of Power". *Fortnightly Review*. Londres: Chapman & Hall, abr. 1868.
HIRSCH, Helmut. "Karl Friedrich Köppen: Der intimste Berliner Freund Marxens". *International Review of Social History*, v. 1, 1936.
HOWELL, George. "The History of the International Association". *Nineteenth Century*, v. 4, jul. 1878, pp. 19-39.
KELLEY, Donald. "The Metaphysics of Law: An Essay on the Very Young Marx". *American Historical Review*, v. 83, n. 2, 1978, pp. 350-67.
_____. "The Science of Anthropology: An Essay on the Very Old Marx". *Journal of the History of Ideas*, v. 4, n. 2, 1984, pp. 245-63.

LEVINE, Norman. "The German Historical School of Law and the Origins of Historical Materialism". *Journal of the History of Ideas*, 48, 1987, pp. 431-51.

LIBERLES, Robert. "From *Toleration* to *Verbesserung*: German and English Debates on the Jews in the Eighteenth Century". *Central European History*, v. 22, n. 1, 1989.

LIDTKE, Vernon. "German Socialism and Social Democracy 1860-1900". In: STEDMAN JONES, Gareth; CLAEYS, Gregory (Orgs.). *Cambridge History of Nineteenth Century Political Thought*. Cambridge: Cambridge University Press, 2011.

MAH, Harold. "The French Revolution and the Problem of German Modernity: Hegel, Heine, and Marx". *New German Critique*, n. 50, primavera-verão 1990.

MAINE, Henry Sumner. "The Decay of Feudal Property in France and England". *Fortnightly Review*, v. 21, abr. 1877.

NABULSI, Karma. "Patriotism and Internationalism in the 'Oath of Allegiance' to 'Young Europe'". *European Journal of Political Theory*, v. 5, n. 61, jan. 2006, pp. 61-70.

O'BOYLE, Leonore. "The Problem of an Excess of Educated Men in Western Europe, 1800-1850". *Journal of Modern History*, v. 42, 1970, pp. 471-95.

ROJAHN, Jürgen. "Marxismus — Marx — Geschichtswissenschaft. Der Fall der sog. 'Ökonomisch-philosophischen Manuskripte aus dem Jahre 1844'". *International Review of Social History*, v. 28, n. 1, abr. 1983, pp. 2-49.

SHIPLEY, Stan. *Club Life and Socialism in mid-Victorian London*. History Workshop Pamphlets, n. 5, Oxford, 1973.

STOMMEL, Karl. "Der Armenarzt, Dr. Andreas Gottschalk, der erste Kölner Arbeiterführer, 1848". *Annalen des Historischen Vereins für den Niederrhein*, 166, Colônia, 1964.

STEDMAN JONES, Gareth. "The Mid-Century Crisis and the 1848 Revolutions". *Theory and Society*, v. 12, n. 4, jul. 1983.

_____. "Some Notes on Karl Marx and the English Labour Movement". *History Workshop*, n. 18, outono 1984.

_____. "Voir sans entendre: Engels, Manchester et l'observation sociale en 1844". *Genèses*, v. 22, n. 1, 1996, pp. 4-17.

TOMBS, Robert. "How Bloody was *La Semaine sanglante* of 1871?". *Historical Journal*, v. 55, n. 3, 2012, pp. 679-704.

Índice remissivo

Aachen (Alemanha), 34, 47
abolição da escravatura (EUA), 460, 480
abstração, conceito de Feuerbach de, 149-54, 173, 182, 217, 222, 232, 419, 420, 664
ADAV *ver* Associação Geral dos Trabalhadores Alemães (Allgemeiner Deutscher Arbeiterverein, ADAV)
África, 22, 125, 497, 606, 616
África do Sul, 22, 53
Agoult, Marie, condessa d' ("Daniel Stern"), 177, 336, 679-80
agricultura, 38, 45, 135, 332, 378, 380, 411-2, 414, 440, 443-4, 456-7, 590-1, 601-2, 612
Agulhon, Maurice, 293, 319, 674, 677
Albert, "o trabalhador" (Alexandre Martin), 279, 292
Alemanha: Assembleia Nacional de Frankfurt, 128, 281, 393; Associação Nacional (Nationalverein), 389, 508, 583; Associações Educacionais dos Trabalhadores (Arbeiterbildungsvereine), 583; e comunismo, 161, 164, 232, 265; e o *Mark* teutônico, 603-7, 622-3; e revolução, 228, 232-3, 244; e socialismo, 162, 228, 232-5, 244, 583-95; medieval, 64, 126; nascimento da, 40-1; "nova era", 583; Revolução de 1848, 279-91, 295, 298-318; *ver também* Prússia
Aliança Internacional da Democracia Socialista, 538, 547, 549-50, 552
alienação, do homem de sua natureza social, 174, 188, 217, 222, 226, 232, 442, 444, 544
Allgemeine Literatur-Zeitung (periódico), 183, 210
Allgemeine Zeitung (jornal), 338, 394
Altenstein, Karl von, 91, 99, 113-4, 118, 648
Alton, Eduard d', 124
América do Norte, 21, 153, 239, 477, 514, 615, 617
América Latina, 22, 478
"Amigos da Polônia", 88, 641
Anderson, Elizabeth Garret, 578
Anekdota (periódico), 123-4, 148
Anneke, Fritz, 283, 290, 295, 312-3, 316, 321
Annenkov, Pavel, 217, 224, 237-8, 247, 262, 664, 666, 668, 670, 710
Anrooij, Henriette von (nascida Philips), 53
Antigo Regime, 32, 36, 46, 133, 175-6, 258, 334, 385

Antiguidade, 101, 126, 136, 153, 413, 458, 534, 604, 626, 645
antissemitismo, 87, 187-8, 434, 469, 656, 690; *ver também* judeus
Applegarth, Robert, 485, 494, 516-7, 702-3
Archiv des Atheismus [Arquivos do Ateísmo] (periódico proposto), 121, 123
Aristóteles, 62, 102, 135, 227, 240, 448, 651, 653
Arndt, Ernst Moritz, 60, 635
Arnim, Bettina von, 147
Arnim, Heinrich von, conde, 180
Ashley, William, 623
Ásia, 21, 382-4, 411, 601, 603
Assing, Ludmilla, 189, 469
Associação Educacional dos Trabalhadores Alemães: de Bruxelas, 246, 282; de Londres, 273, 322, 337, 398, 430, 510
Associação Educacional dos Trabalhadores Comunistas (Communistischer Arbeiter-Bildungsverein, CABV), 392-3, 682, 690
Associação Geral dos Trabalhadores Alemães (Allgemeiner Deutscher Arbeiterverein, ADAV), 163, 475-6, 583, 585, 587
Associação Internacional dos Trabalhadores (AIT), 21, 460-1, 464, 483, 485-95, 501, 516, 518; Conferência de Londres (1865), 502; Congresso da Basileia (1869), 490, 518, 549-50; Congresso de Bruxelas (1868), 489, 501; Congresso de Genebra (1866), 487, 499, 501-2; Congresso de Haia (1872), 554, 559-61, 563, 583; Congresso de Lausanne (1867), 488, 502, 542; divisões e declínio, 548-55, 564; e a questão irlandesa, 508-15; e Mikhail Bakunin, 543, 546-52, 558; influência de Proudhon, 543
Associação Nacional (Nationalverein), 389, 508, 583
Associação para Reforma da Posse da Terra, 424, 694
Associações de Trabalhadores Alemães, 282, 285, 288
ateísmo, 75, 92, 120, 122, 134, 139, 170-1, 237, 522, 643, 656
Athenäum (periódico), 84, 109, 119

Augsburg Allgemeine Zeitung (jornal), 164
Áustria, 35, 39, 74, 260, 280, 297-8, 302, 310, 372, 377, 390-1, 397, 477, 486, 546, 554-5, 589, 591, 673; e a guerra italiana (1859), 390; Revolução de 1848, 281, 296, 302
autoconsciência, filosofia da, 102-4, 115-8, 121-2, 141, 145
Aveling, Edward, 599, 696, 704, 718
Axelrod, Pavel, 628, 721, 725

Babbage, Charles, 407, 692
Babeuf, François-Noël ("Graco"), 158
babouvismo, 158, 160, 258
Bachofen, Johann Jakob, 625, 723; *Mother-Right* [O matriarcado] (1861), 618
Bacon, Francis, 457
Baden (Alemanha), 120, 147, 233, 279, 289, 299, 318, 321, 324, 326, 328, 368, 394, 479, 680, 689-90
Bakunin, Mikhail, 370, 416, 534, 541, 543-58, 563, 581; ataque ao caráter de Karl Marx [doravante K. M.], 556; características pessoais, 546; *Cartas de um democrata* (1864), 545; *Catecismo revolucionário* (1866), 545; conflito com K. M., 480, 548-59; e a Aliança Internacional da Democracia Socialista, 538, 547, 549-50, 563; e a Associação Internacional dos Trabalhadores, 490; e a Liga da Paz e da Liberdade, 488; e o *Egalité* (jornal), 513; e o pan-eslavismo, 297; em Paris com K. M. (1845), 192; escreve para a *Vorwärts!*, 181; *Estatismo e anarquia* (1873), 555-6; histórico e pensamento político, 119, 543-6; rejeita o "comunismo", 547; tentativa de estabelecer uma comuna em Lyon, 534
Bangya, coronel, 368, 396, 398
banquetes, campanhas de (França), 159, 260, 277
Barbès, Armand, 158, 292, 376
Barmen (Alemanha), 204, 210-3, 234, 238, 248, 251, 283, 311
Barrot, Odilon, 278, 296, 320
Barry, Maltman, 560, 567, 597
Basnage, Jacques, 32

Bastiat, Frédéric, 418, 423, 440, 585, 687
Bauer, Bruno: *A trombeta do juízo final contra Hegel, o ateu e anticristo*, 116, 121-4, 126, 132, 134; *Apresentação crítica da religião do Antigo Testamento*, 116; crítica de Hess a, 232; crítica de K. M. a, 183, 201, 210, 216; crítica de Spinoza, 227; *Crítica do Evangelho de João*, 117-8; *Crítica dos Evangelhos Sinóticos*, 117-8; crítica religiosa a, 113-20, 137, 156; demitido da Universidade de Bonn, 98, 127, 141; divergência de K. M. de, 154-7, 370; e o Clube dos Doutores, 87; e os "Livres" (grupo político), 141; escreve para o *New-York Daily Tribune*, 379; influência sobre K. M., 109, 120, 129, 142; *O cristianismo revelado*, 116; sobre a Universidade de Bonn, 61
Bauer, Edgar, 78, 119, 140, 210, 396-7, 430, 638, 648-9
Bauer, Heinrich, 237, 242, 320, 322, 337
Bavay, Charles de, 268-71
Bayle, Pierre, 32
Bazaine, François Achille, 521
Bebel, August, 22, 24, 163, 400, 571, 584, 586-7, 589, 592, 594-5, 598, 631, 689, 699, 713, 715-8; *A mulher e o socialismo* (1879), 594
Becker, Johann Philipp, 507
Beesly, Edward, 490, 494, 499, 511, 515, 534, 539, 703-4, 706, 708
Bélgica, 46-7, 50, 73, 92, 127, 146, 191, 230, 246, 257, 262, 265-7, 269-70, 273, 287, 311, 325, 487, 489, 541, 548-9, 551, 554, 667, 713; *ver também* Bruxelas
Bentham, Jeremy, 212, 218, 418, 608, 639
Berend, Julius, 288
Berlim, Universidade de, 56, 69, 73, 78-80; Faculdade de Direito, 85, 87, 119
Berlim, vida política e intelectual em, 77-8, 84
Berlin, Isaiah, 25, 631
Bernays, Carl, 176, 179-80, 182, 184, 186-7, 259, 672
Bernkastel, Lion, 44, 56
Bernstein, Eduard, 22-3, 592, 631, 714
Beust, Friedrich von, 303

Bewegungspartei (partido do movimento), 51, 88, 92, 98-9, 144-5, 192, 641
biblioteca do British Museum, 329, 342, 372, 374
Biscamp, Elard, 394-5, 434, 695
Bismarck, Otto von, 163, 367, 390, 475-7, 518, 520, 523, 534, 537-8, 555, 571, 586-7, 589-91, 667, 701
Blanc, Louis, 159, 161, 163, 169, 245, 256, 655, 671; *A organização do trabalho* (1840), 159, 195; defende o cristianismo, 171; e a Liga da Paz e da Liberdade, 488; e a Revolução de 1848, 279; e *La Réforme*, 184; e o "Grupo de Bruxelas" de K. M., 247; encontro com K. M. em Paris, 194; sobre a burguesia, 257
Blanqui, Auguste, 158, 292, 324-5, 331, 376, 463, 478, 530, 539, 543, 698
blanquistas, 296, 324, 327, 522, 528-30, 555, 559, 581, 698
Blervacq, Frédéric, 268
Blind, Karl, 392-4
Blum, Robert, 310
Blumenberg, Werner, 345, 358, 400, 631, 681, 683, 715, 717
Bluntschli, Johann Caspar, 161-2, 232, 654
Bodelschwingh, Ernst von, 129, 138
Boêmia, 184, 297, 373
Böhm-Bawerk, Eugen von, 23, 445, 631, 697
Boisguilbert, Pierre, 198, 432
Boitzenberg, Arnim, 138
Bonald, Louis de, 170
Bonaparte, Luís Napoleão *ver* Napoleão III
Bonaparte, Napoleão *ver* Napoleão Bonaparte
Bonn, Universidade de, 46, 50, 53, 60-2, 69, 113, 126
Born, Stefan, 246, 316, 668
Börne, Ludwig, 98, 161, 204-5, 231, 478, 633, 635, 667-8, 701
Bornstedt, Adalbert von, 180-1, 261-2, 268, 274, 657, 672
Börnstein, Heinrich, 180-1, 213, 657, 663
Bossuet, Jacques-Bénigne, 32
Böttiger, Karl, 125
Botzaris, Markos, 59

Bracke, Wilhelm, 571, 588, 713, 715
Bradlaugh, Charles, 540
Brandemburgo, Frederico Guilherme de, conde, 302, 307
Bray, John Francis, 253, 256, 405, 659
Bright, John, 374, 464-5, 481, 505, 686
Brissot, Jacques Pierre, 31
Brosses, Charles de, 125, 649
Bruxelas: Association Démocratique, 254, 261, 265, 267-9; Comitê de Correspondência Comunista, 73, 235-7, 239-43, 261-2; e o "grupo de Bruxelas" de K. M., 242-3, 247-8, 252; pré-1848, 191
Buchez, Philippe, 171, 183, 475, 657
Büchner, Ludwig, 555
Buckle, Thomas, 596, 705
Bugeaud, marechal, 278
Büllow, Heinrich von, 179
Buonarroti, Philippe, 158
Buret, Eugène, 183, 200, 256, 406, 660
Bürgers, Heinrich, 57, 181, 187, 192, 248-50, 259, 283-4, 286, 301, 311, 389, 658, 663-4, 670
burguesia: Engels sobre, 266-7; Heinrich Bürgers sobre, 260; K. M. sobre, 224-5, 257-8, 308, 320-3, 330-1, 333-4, 362-4, 379, 385-6, 528, 531, 593, 601, 666, 676; Louis Blanc sobre, 195, 257
Burke, Edmund, 32, 86
Burns, Lizzie, 509, 573
Burns, Mary, 206, 248-9, 251, 646
Burrow, John, 607, 719-20
Burschenschaft (associação estudantil), 42, 58, 100, 644

Cabet, Étienne, 158-9, 169, 171, 185, 219, 236-7, 243, 247, 392, 654; *Viagem à Icária* (1840), 159, 654
Café Stehely (Berlim), 84, 90
cameralismo, 62, 69, 162
campesinato, 257, 311, 361, 580, 614, 720; K. M. sobre, 363
Camphausen, Ludolf, 50, 128, 281, 287-91, 305-6, 325, 673-5, 715-6
Capital, O (*Das Kapital*, 1867): e "o fetichismo da mercadoria", 449, 452; e a divisão do trabalho, 253; e a reputação de K. M., 21, 325, 516, 580; e a sociedade burguesa, 418; e a subsunção do trabalho, 439, 442, 454; e empresas de sociedade anônima, 498; e o modo de produção capitalista, 441-2, 444, 458, 497; e produção, 425; e revolução como processo, 496; elo entre industrialização e pauperização, 202; legado, 457-9; pesquisa e fontes para, 456-7; "Pós-escrito a *O capital*", 152; "Posfácio da segunda edição alemã" (1873), 453-5; recepção ao, 23, 489, 580; redação e publicação do, 438-56, 461, 495; relações entre trabalho e capital na Inglaterra, 456, 458; resenha russa do (1872), 453; segunda edição revista (1873), 566, 570, 581, 597, 614; segundo e terceiro volumes, 23-4, 564, 566, 569-71, 598-9, 602; teorias da mais-valia, 440-2, 444-5, 450-1; tradução francesa do, 566-7, 569, 581, 614; tradução inglesa de Laura Lafargue (nascida Marx), 620; tradução russa do, 567, 581; uma "Crítica da economia política", 202; valor de uso e valor de troca, 427, 448-9
capitalismo, 23-4, 257, 264, 331, 334, 384, 461, 495, 497, 514-5, 565, 593, 595, 598-9, 602, 613, 618, 699, 713, 722; acumulação de capital, 199, 255, 419, 444, 448, 456, 498; desenvolvimento capitalista, 456, 497, 613-5; produção do capital, 403, 430, 443-6, 454; *Zusammenbruchstheorie* (teoria do colapso), 23-4, 599
Carbonária (sociedade secreta), 478
Carey, Henry, 378, 380, 382, 423, 592, 687-8, 694
Carlos X, rei da França, 46, 641
Carlsbad, Decretos de, 42, 58, 91, 167, 230, 638, 642
Carlyle, Thomas, 160, 172, 207, 335, 654, 658, 661-2, 679; *Passado e presente* (1843), 207
cartismo, 160, 181, 262, 331, 335, 388, 425, 464, 501, 516-7, 698; contatos de Engels com, 206, 209, 259; declínio do, 425, 464; e a "Escola de Manchester", 385; e a Sociedade Universal de Comunistas Revolucionários, 324; opiniões de K. M. sobre, 330, 516; origens do, 160; Petição (1842), 160, 335

Carver, Terrell, 400, 664, 691
catolicismo *ver* Igreja católica
Cavaignac, Eugène, 291, 294, 296
Cavaignac, Godefroi, 478
Cavour, Camilo Benso de, conde, 390
Chamisso, Adelbert von, 68
Champion de Cicé, bispo de Bordeaux, 31
Chicherin, Georgy, 623
China, 22, 381, 383, 616, 687
classe média, 78, 139, 160, 175, 208, 211, 234, 248, 258, 277, 297, 306, 316, 331, 334-6, 354, 358, 361, 365, 373-5, 387-8, 464, 476, 481-2, 493-4, 503, 506, 508, 520-1, 529, 531, 534, 540, 560, 585, 591, 659, 686, 712
classes trabalhadoras, 200, 234, 256, 260, 285, 333-4, 336, 357, 361, 378, 386, 483, 488-9, 492-4, 499, 517, 519, 529, 535, 540, 542, 545, 551, 560, 585, 619, 660, 680; *ver também* proletariado
Cloots, Anacharsis, 269
Clube dos Doutores (Berlim), 84, 87, 101, 113, 119-20
Cluseret, Gustave Paul, 529, 534
Cluss, Adolph, 281-2, 288, 326, 343, 678
Cobbett, William, 457
Cobden, Richard, 320, 375, 388, 464, 702
Código Napoleônico, 37, 39, 88-9, 314
coletivismo, 542-3, 547-8
Colônia (Alemanha), 27, 33, 47, 114, 163; Associação dos Trabalhadores, 275, 313-4, 316-7, 322, 324, 678; e a Revolução de 1848, 279-86, 299, 302, 310-4; e o *Neue Rheinische Zeitung*, 275; julgamento contra os comunistas (1852), 326; Liga Comunista em, 320-1
colonialismo, 21
Comitê de Correspondência Comunista: em Bruxelas, 73, 235-7, 239-43, 261-2; filial em Londres, 240, 243
Comitê Garibaldi dos Trabalhadores Ingleses, 482
Companhia das Índias Orientais, 382
Comte, Auguste, 515, 522
comtianos, 515

comuna camponesa, 544-5, 603, 609-10, 612-3, 619-20, 624
Comuna de Paris, 21, 325, 515, 525, 560, 572-3, 576, 582, 587, 591, 615; e socialismo alemão, 587; entusiasmo europeu pela, 541; hostilidade inglesa à, 541; *ver também* Paris
comunidades primitivas, teorias de, 603-19, 623-6
comunismo: Bakunin sobre, 547; Cabet sobre, 171; compreensão no século XIX do, 668; distinções de Stein entre comunismo e socialismo, 162-3; e autorrealização individual, 243; e cristianismo, 236; e Engels, 206-12; e o *Manifesto do Partido Comunista*, 263; e os *Deutsch--Französische Jahrbücher*, 178; e revoluções no século XX, 21; K. M. sobre, 164, 213, 221, 324, 330, 537; K. M. volta-se para o, 145, 178; na Alemanha, 161-3, 232, 265, 584; na Suíça, 161, 181, 233; surgimento na França, 158-9
Confederação Alemã, 27, 41-2, 47, 58, 92, 98, 179, 184, 228, 230, 287, 298-9, 310, 320, 390, 635, 639, 667
Congresso de Sindicatos (Grã-Bretanha), 485
Conradi, Jacob, 110
Considérant, Victor, 164, 169, 171
Constant, Benjamin, 365, 685
Courbet, Gustave, 528
Cremer, Randall, 485, 488, 499-500, 516
Crimeia, Guerra da, 371-2, 390, 559
cristianismo, 32, 43-4, 72, 88, 92, 94-6, 98-9, 113, 116-8, 121-3, 125, 131-2, 136-7, 149, 155, 167, 170-1, 173-4, 188, 205-6, 208, 212, 218, 227, 420, 612, 632-3, 641, 643, 690; crítica religiosa de Bauer, 113-20; e a sociedade civil, 136-7, 155-6; e comunismo, 236; e Hegel, 95, 137; e o racionalismo, 100; e o renascimento evangélico, 118, 126; na França após a Revolução, 170-1; "novo cristianismo", 137, 170; *ver também* Jesus Cristo
croatas, 297, 315
Cuba, 22
Cuno, Theodor, 554
Custoza, Batalha de, 297
Cuvier, Georges, 626-7

D'Ester, Karl, 284, 302, 312
D'Holbach, Paul-Henri Thiry, barão, 33
Dana, Charles, 329, 351, 369, 683, 685-8
Daniels, Roland, 192, 248-9, 281, 389, 670, 673
Danielson, Nicolai, 564, 567-8, 613
Danton, Georges, 33
Darboy, Georges, arcebispo de Paris, 530, 539
Darimon, Alfred, 418, 693
Darwin, Charles, 23, 222, 394, 424, 596, 599-601, 625-7, 644, 690, 693, 718, 723
Daumier, Honoré, 258
Davis, Jefferson, 511
Declaração dos Direitos do Homem e do Cidadão (1789), 32, 155-6, 225; K. M. denuncia, 156
Delacroix, Eugène: *A Liberdade guiando o povo*, 126
Demagogenverfolgen ("caça aos demagogos"), 58
Democratas Fraternais (organização internacionalista), 261-2, 268, 273
Demuth, Helena, 178
Demuth, Henry Frederick (filho ilegítimo de K. M.), 348-9, 580
Derby, Edward Smith-Stanley, 14º conde de, 380, 504, 507
desemprego, 163, 282, 332, 405, 407, 461, 659
Destutt de Tracy, Antoine, 198
Deutsche Jahrbücher (periódico), 119, 123, 129, 138, 141, 145, 147-8, 150, 166, 231, 644; ver também *Hallische Jahrbücher* (periódico)
Deutsche-Brüsseler-Zeitung (periódico), 246, 261, 669, 672
Deutscher Bote (periódico), 147, 165
Deutsches Bürgerbuch (periódico), 233
Deutsch-Französische Jahrbücher (periódico), 155, 157, 165-6, 180, 194, 213, 219, 232, 241, 247-9, 252, 327, 655, 663
Dézamy, Théodore, 159, 169
Dickens, Charles, 357, 364, 368, 516, 703
Diderot, Denis, 33, 649
Dinamarca, 302-4, 554-5, 610; e a crise de Schleswig-Holstein, 299-300
Disraeli, Benjamin, 374-5, 385, 388, 504, 507, 705

Dohm, Christian, 35
Dostoiévski, Fiódor, 553
Dresden, insurreição em, 320
Dronke, Ernst, 77, 84, 275, 282, 286, 288, 311, 356, 389, 638-9
Droste-Vischering, Clemens August von, arcebispo de Colônia, 99
Dühring, Eugen, 592
Duncker, Franz (editor), 430-2, 434-5

Eccarius, Johann Georg, 320, 392, 482-3, 487, 489, 502, 506, 563, 684-5
Echtermeyer, Theodor, 100
Economist, The (periódico), 374
Eichhorn, Johann, 119, 129, 138
Eichhorn, Karl Friedrich, 604-5
Elberfeld (Renânia), 204, 211, 234, 238, 248, 310-1
Eliot, George, 148, 644, 653
Elsner, Moritz, 343
Emerson, Ralph Waldo, 369
Enfantin, Père, 170, 640
Engels, Friedrich: apoio financeiro para a família Marx, 341, 352-3, 356, 575, 597; características pessoais, 205; conflito com Moses Hess, 248-9, 251; contribuição para *A sagrada família* de K. M., 210; convidado por Lassalle para reviver o *Neue Rheinische Zeitung*, 468, 470; crença na transformação revolucionária da Europa, 315; discurso junto ao túmulo de K. M. (1883), 595, 599; discursos sobre comunismo em Barmen e Elberfeld, 211, 234, 248; divergência de opiniões com K. M., 597-600; e a Associação Internacional dos Trabalhadores, 563; e a Association Démocratique, 262; e a Comuna de Paris, 530; e a Liga Comunista, 242-4, 262-3, 322; e a questão irlandesa, 509, 512; e a Revolução de 1848, 300, 304, 311; e *Crítica da economia política* de K. M., 434, 437; e *O capital* de K. M., 24, 449, 455, 496, 598, 624; e o legado de K. M., 624; e o *Manifesto do Partido Comunista*, 262-3; e o marxismo, 22, 589, 597-600, 624; e o *Neue*

Rheinische Zeitung, 286, 290; e os jovens hegelianos, 141, 204-6; encontro com K. M. em Paris, 183, 204, 210, 214; envolvimento no "grupo de Bruxelas" de K. M., 192, 247; escreve para a Vorwärts!, 181, 207; expectativa de revolução social inglesa, 164, 195, 204-10, 266; histórico e desenvolvimento político, 119, 164, 204-6; inspiração para O 18 de brumário de Luís Bonaparte de K. M., 359; mulherengo, 251, 311; paternidade de Freddy Demuth atribuída a, 348, 399; relação com Mary Burns, 249, 251; relacionamento com K. M., 312, 355, 447, 620; sobre a classe trabalhadora inglesa, 551, 560; sobre a decadência do "partido" de K. M., 389; sobre Eleanor Marx, 399, 580; sobre Herr Vogt de K. M., 397; sobre o "Partido Democrático" na Alemanha, 285; sobre o desenvolvimento político e social inglês, 330, 517; sobre O único e a sua propriedade de Max Stirner, 212-3; sobre os artigos de K. M. para o New-York Daily Tribune, 380; sobre Ramsgate, 562; sobre refugiados communards em Londres, 575; sobre religião e socialismo, 171; sobre socialismo como ciência, 21, 593; trabalha em fábrica têxtil em Manchester, 160-1, 205-6, 329, 352

Engels, Friedrich: — ESCRITOS: A situação da classe trabalhadora na Inglaterra, 206, 208-9, 211, 258, 263, 465; Anti-Dühring (1878), 22, 580, 592-3, 595-8, 688, 721; "Campanha pela Constituição Imperial Alemã", 328; "Cartas sobre a Alemanha" para o New-York Daily Tribune, 379; Do socialismo utópico ao socialismo científico, 592; "Esboço de uma crítica da economia política", 183, 196, 207; "Ludwig Feuerbach e o fim da filosofia clássica alemã", 215; O Pó e o Reno, 391-2; "Princípios do comunismo", 263; "Sobre a história da Liga Comunista", 214;

Engels, Laura, 348

Epicuro, 101-5, 649, 664

Erlangen, Universidade de, 98

Ermen & Engels (fábrica têxtil em Manchester), 160, 206, 352

Escócia, 389, 623

Escola Histórica do Direito alemã, 85, 88, 129, 133, 223, 604, 608, 639, 666, 696

Espanha, 22, 287, 374, 478, 480, 489, 518, 541, 547-9, 551, 554, 562, 575, 610

Espinosa, Baruch, 93, 117, 188, 218, 227, 230, 644

Estados Unidos, 73, 265, 287, 303, 327, 332, 360, 380-2, 389, 435, 465, 470, 480, 507, 543, 545, 549, 554, 583, 590, 657, 659, 664, 689-90, 713; abolição da escravatura, 460, 480; Bakunin sobre, 545; Constituição da Pensilvânia (1776), 155; e protecionismo, 378-80, 425, 615, 687; e religião, 155; Partido Republicano, 379; ver também Guerra Civil Americana; Revolução Americana

evangelicalismo, 92, 99, 113

Ewerbeck, dr. Hermann, 181-2, 185, 236, 239-40, 242-3, 252, 312, 320, 668-70, 676

Examiner, The (jornal), 374

falanstérios, 171, 369

Favre, Jules, 531, 533, 538-40

Febronius, 50

Federação Social-Democrata da Inglaterra, 589, 715

federalismo, 545-6, 548, 551, 555, 558

feministas/movimento feminista, 425, 461, 481, 712

fenianos (Irmandade Republicana Irlandesa), 507-9, 511-3, 706

Fernando, príncipe de Brunswick-Lüneburg, 70, 75

Ferry, Jules, 533

fetichismo da mercadoria, 217, 366, 435, 449, 452, 653

feudalismo, 132, 152, 155, 207-8, 229, 257-8, 266, 320, 418, 436, 459, 476, 497, 531, 639, 684, 687, 720

Feuerbach, Ludwig: A essência do Cristianismo (1840), 148, 187; barrado de posto na universidade, 98; conceito de abstração, 149-54,

173, 182, 217, 222, 232, 419-20, 664; crítica de K. M. sobre, 216, 221, 253; crítica de Stirner sobre, 211; crítica do cristianismo, 154, 173, 182, 419; e o "ser-espécie", 149, 184, 211; e o proletariado, 176; e os *Deutsch-Französische Jahrbücher*, 169, 172; e os jovens hegelianos, 100, 129, 135; influência sobre Bakunin, 544; influência sobre K. M., 145, 148, 151, 165-6, 168, 179, 185, 202-3, 216-7, 226, 416, 419; *Princípios da filosofia do futuro* (1843), 148, 179; "Teses preliminares para a reforma da filosofia", 148-9, 165, 232

Fichte, Johann Gottlieb, 78, 86-7, 92, 150, 219, 230, 640, 643, 647, 665

"filisteus"/filistinismo, 66-7, 78, 140, 147, 167, 229, 257, 259, 355, 368, 389, 398, 430, 472, 599, 655

Flaubert, Gustave, 277, 317, 672, 677; *A educação sentimental*, 273, 672

Flocon, Ferdinand, 269, 273, 293, 672

Florencourt, Louise von, 74-5

Flourens, Gustave, 526, 562

Förster, Hofrath, 469

Fourier, Charles, 159, 161, 171, 203, 617, 656, 661, 723

fourierismo, 171, 369, 425, 656; falanstério fourierista, 171, 369

Fox, Peter, 510

França: Constituição Francesa (1791), 155; e a Revolução de 1848, 267, 272-9, 291-6, 308-9, 317, 331-6, 359-66; e comunismo, 158-9; e cristianismo, 169-71; e socialismo, 159, 170; Governo Provisório (1848), 273, 292; Monarquia de Julho, 165, 170, 257-8, 277, 279, 360, 363, 652; Revolução de Julho (1830), 46, 48, 145, 158, 160, 277, 478; *ver também* Comuna de Paris; Revolução Francesa; Paris

Frankfurt (Alemanha), 296, 298-9, 315, 318, 338-40, 628; Assembleia Nacional de, 128, 281, 393; Congresso do Partido Democrático Alemão (1848), 288

Frederico Guilherme III, rei da Prússia, 42, 99, 114, 648

Frederico Guilherme IV, rei da Prússia, 42, 72, 99, 101, 114, 119, 131, 142, 148, 184, 281, 289, 302, 310, 326, 468, 635, 648, 674, 689, 719; conservadorismo de, 118-9, 126, 130, 298; e a Revolução de 1848, 276, 280, 289, 302, 304, 310, 314; morte (1861), 468; resposta à revolta dos trabalhadores silesianos, 184; tentativas de assassinato (1844), 185, 187; tentativas de assassinato (1850), 326

Frederico, o Grande, 75, 92, 101-2, 124

Free Press (jornal), 369, 371, 394

Freeman, Edward, 604, 607, 612, 719

Freiligrath, Ferdinand, 192, 261, 288, 312, 320, 327, 397-9, 416, 430, 476, 658, 677-8, 684, 690-1, 696

Freyburger, Louise, 400, 682

Fribourg, Édouard, 481, 543

Fritzsche, Friedrich Wilhelm, 586

Froebel, Julius, 176, 178

Fustel de Coulanges, 622-4, 724

Gans, Eduard, 85, 87-90, 97, 100, 119, 136, 188, 639-42, 650

Garibaldi, Giuseppe, 474, 479-82, 486, 488, 509-10, 546, 548, 564, 701-2

Gassendi, Pierre, 105, 649

George Augustus, 337

Gerlach, Leopold von, 72

Gesellschaftsspiegel (periódico), 233

Gibbon, Edward, 125, 137, 650

Gigot, Philippe, 192, 235, 268, 270

Gladstone, William Ewart, 375, 493, 495, 504, 507-9, 511-3, 559-61, 597, 703, 705

Gluck, Christoph Willibald: *Armide* (ópera), 66

Goethe, Johann Wolfgang von, 58, 64-6, 95, 106-7, 231, 287, 635, 646, 649, 653

Göhringer, Carl, 342

Goncourt, Edmund de, 529

Görres, Joseph, 60, 100, 127, 635

Göschel, Carl Friedrich, 99

Gotha, Congresso de (1875), 588, 590, 592, 595

Gottschalk, Andreas, 265, 283-6, 288-90, 295, 311-6, 321-2, 673, 677

Grã-Bretanha: crescimento econômico (anos 1850), 388, 483; e o livre-comércio, 378-81; e sindicalismo, 461, 465, 480, 483-6, 488, 491, 503; K. M. sobre política britânica, 374-88; Lei da Carta Patente do Banco (1844), 381; Lei de Reforma (1832), 160; Lei de Reforma (1867), 486, 488, 491; Liga da Reforma, 480, 491, 502, 504-6, 509, 511; movimento cartista, 160, 464, 517; Partido Liberal, 388, 464, 504; Plug Plot Riots, 160; Revogação das Leis dos Cereais (1846), 378, 381, 386

Grécia: antiga, 95, 124, 153, 626, 643, 649, 664; Guerra de Independência (anos 1820), 59

Greeley, Horace, 354, 369, 378, 687

Green, J. R., 605

Grégoire, abade, 34-6, 632

greves, 159-60, 464, 485-6, 488-90, 502, 516-7, 521, 528, 533, 542, 548, 587, 654

Greville, Charles, 291, 674

Grote, George, 626, 724

Grün, Karl, 233, 235, 239, 262, 294, 668-9; *O movimento social na França e na Bélgica*, 234, 242

Grund, J. J., 125

Gruner, Justus von, 41

Grupo da Libertação do Trabalho na Rússia, 589

Guerra Civil Americana, 354, 460, 462, 485, 507, 657

Guerra Franco-Prussiana (1870-1), 461, 480, 489, 499, 546, 548, 559, 561, 572, 586, 615, 622

Guerra Russo-Turca (1877-8), 597, 615

Guerras Napoleônicas, 27, 62, 88, 194, 477, 555, 608, 622, 685

Guesde, Jules, 582, 715

Guilherme da Prússia, príncipe herdeiro (posteriormente rei Guilherme I), 280, 289, 468

Guillaume, James, 541, 709

Guizot, François, 180, 187, 276-8, 331, 362, 375, 622, 679, 684, 724

Gumpert, dr., 462, 561, 570, 574, 577, 619

Habsburgo, Império, 296-7

Hagen, Theodor, 327

Hales, John, 516, 563

Halle, Universidade de, 58, 644

Haller, Karl Ludwig von, 58, 131, 133, 454, 650

Hallische Jahrbücher (periódico), 84, 100-1, 119, 121, 611, 638, 644-5; *ver também Deutsche Jahrbücher* (periódico)

Hambach, Festival de, 59, 650

Hamilton, Alexander, 378

Hansard (relatório oficial de debates parlamentares britânicos), 374

Hansemann, David, 50, 299, 305-6, 674

Hanssen, Georg, 605, 719

Hardenberg, Karl von, 40, 46, 91, 635, 638

Harney, Julian, 239, 241, 259, 261, 273, 324, 668-9, 672, 686

Harris, G. E., 481

Harrison, Frederic, 482, 505, 515, 539, 705

Hatzfeldt, Sophie von, condessa, 189, 357, 469-70

Hauranne, Duvergier de, 277

Haussmann, Georges-Eugène, barão, 463, 521

Hawthorne, Nathaniel, 369

Haxthausen, August von, 544, 602, 605, 609, 612, 614, 719-21, 724; *Estudos do interior da Rússia* (1846), 544

Hébert, Jacques, 158

Hecker, Friedrich, 289, 295

Hegel, Georg Wilhelm Friedrich: ataque satírico de K. M. a, 66; *Ciência da lógica* (1816), 97, 114, 150, 152, 218, 223, 416, 454, 569, 653; crítica de Feuerbach sobre, 148-50; crítica de Heine sobre, 126; crítica de Hess sobre, 163; crítica de K. M. sobre, 148, 151-4, 218; crítica de Ruge sobre, 150; crítica de Schelling sobre, 96; e a "vida ética", 220, 454; e a compatibilidade do cristianismo com a filosofia, 92-6; e o "Espírito Absoluto", 99, 123, 149; e sociedade civil, 135-7, 151; *Fenomenologia do espírito* (1807), 219, 536, 643; *Filosofia da história*, 88, 91, 100, 104, 150, 640; *Filosofia da religião*, 116; *Filosofia do direito*, 88, 91, 97, 122, 135-6, 149-50, 162, 239, 455, 475, 640-2, 650, 691; influência sobre K. M., 69, 85, 87, 90,

102-4, 416-7, 437, 454-5, 536; interpretação de Bauer de, 113-6, 121-4
Heine, Heinrich: conversão ao cristianismo, 88; e a "Jovem Alemanha", 98, 161; e as tentativas de K. M. em literatura, 64-6, 85; e os *Deutsch-Französische Jahrbücher*, 172, 176-7, 180; *História da religião e da filosofia na Alemanha* (1834), 126, 188, 230; influência sobre K. M., 126; "Os pobres tecelões", 184; sobre a Revolução de Julho (Paris, 1830), 46; sobre Berlim, 77; sobre Spinoza, 93; suspeita de Bornstedt ser espião prussiano, 261
Heinzen, Karl, 265, 358, 379
Hengstenberg, Ernst, 96, 99-100, 113, 122
Herder, Johann Gottfried, 58, 86, 95
Hermann (jornal), 392, 398-9, 430
Hermes, Georg, 50, 140, 142
Herwegh, Emma, 172
Herwegh, Georg, 140, 177, 181, 479, 651-2, 656-7
Herwegh, Marcel, 172
Herzen, Alexander, 318, 488, 677, 710, 720
Hess, Moses, 144, 156, 201, 208, 210; *A história sagrada da humanidade por um discípulo de Spinoza*, 163, 188; conflito com Engels, 248-9, 251, 312; "converte" Engels ao comunismo, 164, 206; discursos sobre comunismo em Barmen e Elberfeld, 211; e Andreas Gottschalk, 283, 314; e comunismo, 163-4, 237; e o *Manifesto do Partido Comunista*, 244, 264; e os *Deutsch-Französische Jahrbücher*, 169, 171, 177, 185; envolvimento no "grupo de Bruxelas", 247; "Filosofia da ação", 232-3; junta-se a K. M. em Bruxelas, 192; "Sobre a essência do dinheiro", 173, 195, 232; sobre Bakunin e a Internacional, 550; sobre *O único e a sua propriedade* de Stirner, 212; *Triarquia europeia*, 163-4
Heubel, Christiane, 110
Hochromantik (alto romantismo), 64
Hodgskin, Thomas, 253, 256, 659
Hody, Baron, 269-70
Hoffmann, E. T. A., 66, 84
Höfken, Gustav, 128

Holanda, 29, 32, 39, 52-3, 92-3, 127, 269, 355-6, 469, 478, 554, 583
Hölderlin, Friedrich, 94, 166, 643
Holinshed, 457
Holyoake, George, 540
Hompesch, conde de, 267
Howell, George, 484-5, 487, 491, 495, 516, 702
Hugo, Gustav, 133, 650
Hugo, Victor, 359, 488
humanismo, 166, 169, 171, 181-2, 210-1, 215, 221, 227, 237, 330, 422, 656, 668
Humboldt, Wilhelm, 189
Hungria, 297, 590; Revolução de 1848, 297, 319, 370
Hyndman, Henry, 582, 598, 715, 718

icarianismo, 425
Idade Média, 28, 76, 86, 89, 101, 388, 412, 467, 498, 584, 610-2
idealismo, 86-7, 90, 93, 102, 142, 144, 150, 165-6, 176, 206, 210, 215-6, 218-9, 264, 639, 643
Igreja católica, 31, 36, 39, 100-1, 105, 170, 196, 266, 522, 641, 649
Igreja cristã evangélica da Prússia, 29, 44, 49, 57
Iluminismo, 34-5, 50, 57, 75, 92, 95, 100-2, 104, 122-3, 128, 188, 215, 522, 611, 638
Imandt, Peter, 343
imperialismo, 21, 709
Império Austro-Húngaro, 22
Império Otomano, 371-2, 390, 478
Império Romano, 27, 37, 117, 136, 365, 387, 623, 650
Índia, 374, 381-4, 387, 403, 601, 608, 615-6, 721; Rebelião Indiana, 375, 384
individualismo, 170, 172, 195, 209, 607; e a crítica de K. M. a Hegel, 153; e Engels, 207; e Feuerbach, 137, 149; e Hegel, 136; K. M. sobre, 227
industrialização, 127, 176, 202, 207, 209, 329, 374, 493, 660
Inglaterra *ver* Grã-Bretanha
Irlanda, 332, 480, 504, 507-15; e a emancipação católica, 127; fenianismo, 507-14

Itália, 22, 92, 260, 273, 287, 297, 372-3, 390-1, 393, 397, 460-1, 465, 468, 474, 478-80, 482, 485, 489, 504, 541, 546-9, 551, 564, 610; Guerra da Independência Italiana (1859-61), 373, 390-1, 434, 479; Revolução de 1848, 297; Risorgimento, 391, 480-1, 583, 689, 702

Ivanovitch, Fedor, tsar, 623

jacobinismo, 30, 42, 92, 164, 170, 205
jacobinos, 36, 50, 123-4, 147, 170, 180, 229, 365, 424, 528, 605, 700
Jahn, Friedrich, 42
Jaucourt, Louis de, 33
Jean Paul *ver* Richter, Jean Paul
Jellačić, general, 297-8
Jena, Batalha de, 40, 72, 75, 78, 120, 638
Jesus Cristo, 98, 100, 117-8, 137, 149, 212, 236, 239
Jones, Ernest, 273, 369, 375, 386, 388, 464, 507, 699
Jottrand, Lucien-Léopold, 262, 265, 267-70
Jovem Alemanha (grupo), 59, 65, 72, 98, 161, 166, 169, 204, 233, 635
Jovem Europa (sociedade secreta mazziniana), 76, 635
jovens hegelianos, 76, 96, 109, 123, 128-30, 133, 137-8, 141-2, 145, 147-8, 150, 165-6, 169, 205-6, 212, 215, 227, 231, 233, 330, 640, 652; crítica de Hegel, 136; divisões em relação ao comunismo, 145; e republicanismo, 129, 137; e socialismo, 163; surgimento dos, 100-1, 103, 135
judaísmo, 172-4, 187-9
judeus, 25, 29, 32-8, 40-3, 49, 53, 57, 88, 118-9, 128, 173-4, 187-9, 204, 411, 413, 434, 550, 652, 656, 662, 667; e a Revolução Francesa, 32-6; e Napoleão, 37; na Renânia, 33-4, 36, 38, 50; política prussiana em relação aos, 29, 40, 42-3
Jung, Georg, 128, 177, 210, 252, 343, 655-6, 662, 670
Jung, Hermann, 509, 530
Jura, Federação do, 551-2, 554, 710

Kant, Immanuel, 44, 49-50, 58, 75, 86-7, 89, 91-5, 133, 144, 162, 219-20, 222, 225-7, 229-30, 596; *A religião nos limites da simples razão* (1793), 94-5; *Crítica da faculdade do juízo* (1789), 94; *Crítica da razão prática* (1786), 93-4; *Crítica da razão pura* (1781), 93, 653

Kapp, Yvonnne, 400, 681, 691, 702, 709, 712, 714
Kautsky, Karl, 22, 24, 222, 400, 440, 592, 595-6, 631, 657, 665, 696, 713, 717; *Teorias da mais-valia*, 440
Kemble, John Mitchell, 604, 607, 719-20
Kierkegaard, Søren, 119, 644
Kinkel, Gottfried, 328, 358, 368, 392, 398, 430, 678, 685
Kinkel, Joanna, 398
Kircheisen, Friedrich Leopold von, 43
Kock, Paul de, 621
Kölnische Zeitung (jornal), 127, 130, 140, 142-3, 283, 287, 650-1
Kommunistische Zeitschrift, Die (periódico), 262
Köppen, Friedrich, 470
Köppen, Karl, 101-2, 109, 114, 129, 139, 141
Koscielsky, Vladislav, 312
Kossuth, Lajos, 325, 358, 368, 480
Kotzebue, August von, 42, 58, 60, 91, 647
Kovalevsky, Maxim, 578, 616, 722
Krefeld (Renânia), 310
Kreuznach (Renânia), 146-8, 172, 183, 646, 652
Kriege, Hermann, 238, 240, 248, 259, 668, 672
Kugelmann, dr., 258, 441, 444-8, 475, 500-3, 508-9, 511-2, 515, 518, 538-9, 554, 562, 567, 570-1, 600; K. M. briga com, 570, 578
Kugelmann, Franziska, 570

Lachâtre, Maurice, 567, 713, 715
Lafargue, Laura (nascida Marx), 192, 399, 509, 562, 574-6, 620
Lafargue, Paul, 509, 562-3, 574, 576, 582, 628, 706, 712, 714
Lamartine, Alphonse de, 169, 277, 296, 368
Lamennais, Félicité de, 169, 181, 236
Lancet, The (revista), 374
Laponneraye, Alphonse, 170
Lassalle, Ferdinand: *A guerra italiana e a missão da Prússia*, 391; ambição de, 466-7; apoio fi-

nanceiro para a família Marx, 358; Bakunin sobre, 556; discordância com K. M. sobre a guerra italiana, 391; e o socialismo alemão, 24, 473-6, 501, 583, 585-6, 589; encontra editor para a *Crítica da economia política* de K. M., 430-1, 467; K. M. com inveja de, 434, 441; ruptura da relação de K. M. com, 465; tentativas de encontrar editor para os *Grundrisse* de K. M., 401, 429

Lavater, Johann Kaspar, 35, 632
Le Lubez, Victor, 492, 494
Lecomte, Claude, 539
Ledru-Rollin, Alexandre, 169, 184, 273, 292, 296, 319, 358, 672, 677
Leibniz, Gottfried, 44, 162, 220, 640
Leipziger Allgemeine Zeitung (jornal), 138
leis, direito, e a política prussiana, 84-90
Lenchen (empregada de K. M. e Jenny), 192-3, 337, 343, 346-7, 349-50, 355, 358, 399, 574, 577, 620-1, 682; nascimento do filho ilegítimo de K. M., 348
Lênin, Vladimir Ilitch (nascido Ulianov), 22, 624, 715, 721-2
Leo, Heinrich, 100
Leopoldo, rei da Bélgica, 267
Leroux, Pierre, 161, 164-5, 169-70, 544, 655
Leske, Karl, 202, 242, 661, 669
Lessing, Gotthold Ephraim, 44, 69, 241, 633, 643, 649; *A educação do gênero humano*, 95, 643
Lessner, Friedrich, 392
Lewald, Fanny, 272, 672
liberalismo, 32, 46, 76, 119, 134, 138, 140, 145, 163, 257, 266, 476, 522, 591, 689
Liebknecht, Ernestine, 74
Liebknecht, Wilhelm, 63, 346, 430, 561, 563, 574, 689; decepção em relação à *Crítica da economia política* de K. M., 434; e a Associação Educacional dos Trabalhadores Comunistas, 392; e Mikhail Bakunin, 550; e o conflito de K. M. com Carl Vogt, 394-5; e o Partido Social-Democrata Alemão, 163, 489, 584, 586, 594; falta de confiança em Ferdinand Lassalle, 476; sobre a conversão de Heinrich Marx ao cristianismo, 44; sobre o filho de K. M. (Edgar), 246; sobre os passeios de domingo a Hampstead Heath com a família Marx, 350

Liga Comunista, 242-4, 261-3, 270, 273-4; e conflito de K. M. com Carl Vogt, 395-6; e revolução na Alemanha, 282-3, 285-6; K. M. dissolve (1848), 285; revivida em Londres, 311, 320-8
Liga da Paz e da Liberdade, 488, 546, 549
Liga da Terra e do Trabalho, 424, 516, 694
Liga dos Justos (Bund der Gerechten), 180, 236, 241-2, 583, 668; filial em Londres, 241, 243; rebatizada de Liga Comunista, 242-3
Liga Nacional para a Independência da Polônia, 482
Lincoln, Abraham, 480-1, 657
Lissagaray, Prosper-Olivier, 570, 576-7, 579-80, 620, 713
List, Friedrich, 128, 379, 649, 687
livre mercado, 131, 194-5, 436
"Livre" (clube de livres-pensadores de Berlim), 85, 140, 147, 206
livre-câmbio, 254, 256, 263, 265-6, 379-81, 418, 424, 440, 474, 493, 564, 590-1, 601
livre-comércio, 45, 196, 207, 378, 382, 384, 493; crítica francesa do, 194; Engels sobre, 196, 207; K. M. sobre, 254, 266, 375, 378-81, 384; visão norte-americana de, 378-9
Locke, John, 44, 218, 691
Loers, Vitus, 49, 59, 63, 124, 648
Londres: Comitê de Correspondência Comunista, 240, 243; Conselho Sindical de, 482, 485, 503; exilados alemães em, 337-8, 389; Exposição Internacional (1862), 464, 472, 481; Liga Comunista em, 320-8; Liga dos Justos, 243; manifestação pela Reforma (Hyde Park, 1866), 504
Longuet, Charles, 190, 554, 574, 579, 580, 681
Longuet, Jean ("Johnny"), 621
Longuet, Jenny Caroline ("Jennychen", nascida Marx), 177-8, 182, 354, 512, 518, 573-4, 576, 578; doença e morte, 619-20; revistada em

visita à França (1871), 562; sobre refugiados *communards* em Londres, 541
Lopatin, Hermann, 567
Lucas, Betty, 147
Lucraft, Benjamin, 491, 506, 540
Luís Filipe I, rei da França, 67, 72, 145, 158, 163, 171, 206, 277-8, 289, 330, 533
Lumpenproletariat (lumpemproletariado), 333, 363-4, 679
luta de classes, 257, 276, 285, 295, 329-31, 336, 359, 361-2, 375, 501, 513, 538, 595-6, 598, 600, 619, 709; e marxismo, 595-6; Engels e os efeitos da indústria moderna, 209; K. M. sobre, 213, 225, 257, 276, 329-36, 359, 361, 385, 559, 600, 663, 698, 708
Lutero, Martinho, 42, 62, 91, 179, 196, 230, 239, 467
Lyon (França), 145, 534, 548, 558, 654, 684

Macaulay, Thomas, 335, 457
MacMahon, Patrice de, 532
Maine, Henry, 603, 606-9, 612, 616, 618, 623, 625
Mainz (Alemanha), 27
mais-valia, 406-8, 429, 437, 440, 442, 444-5, 448, 450-1, 496, 593, 695, 713
Maitland, Dollie, 579, 620
Malmö, Tratado de, 299-301, 305
Malon, Benoît, 525, 582
Malouet, Pierre-Victor, 31
Malthus, Thomas Robert, 195, 197, 458, 600, 659
Manchester (Inglaterra): descrições de Engels das condições de trabalho, 209; Engels trabalhando em fábrica têxtil, 160, 205-6, 329, 352; "Escola de Manchester", 375, 385-6, 388, 464, 702; K. M. e Engels em viagem de pesquisa a (1845), 193, 242, 253; K. M. visita Engels em (1855), 343
Manifesto do Partido Comunista (1848): crítica de Bakunin ao, 556; e a burguesia, 331, 384, 601; e autorrealização individual, 243; e compreensão do marxismo no século XX, 495; e desenvolvimento industrial na Grã-Bretanha, 375; estrutura e conteúdo do, 257-9, 263-4; origem do *Manifesto* como "Credo"

comunista, 244, 262-3; prefácio à edição russa, 620; republicado (1872), 465
Maquiavel, Nicolau, 136
Marheineke, Philipp, 116
Marrast, Armand, 278
Marshall, Alfred, 623
Marx, "Jennychen" (filha de K. M.) *ver* Longuet, Jenny Caroline (nascida Marx)
Marx, Caroline (irmã de K. M.), 54, 193
Marx, Edgar (filho de K. M.), 246, 344
Marx, Eduard (irmão de K. M.), 54-5, 80, 107
Marx, Eleanor ("Tussy", filha de K. M.): ambição de ser atriz, 579, 620; apoio à causa feniana, 512; em Ramsgate, 562-3; escreve para Abraham Lincoln, 481; idolatra K. M., 399, 580; relacionamento com Lissagaray, 576-9; revistada em visita à França (1871), 562; saúde frágil, 577-8, 619-20; sobre a amizade de K. M. com Heine, 177; sobre a Comuna de Paris, 540; sobre a família Westphalen, 75; sobre a visita ao dr. Kugelmann, 571; sobre Freddy Demuth, 399; sobre Heinrich Marx, 44, 50; sobre K. M. quando criança, 56; sobre o amor de K. M. pela literatura, 63; trabalha em escola em Brighton, 577; traduz a *História da Comuna de 1871* de Lissagaray, 570, 580
Marx, Emilie (irmã de K. M.), 54, 70, 110
Marx, Heinrich (pai de K. M.): ansiedade em relação ao caráter de K. M., 82; carreira jurídica, 28, 38, 42-4, 70; conselhos a K. M., 44, 53, 56, 61, 63, 69, 81-2; converte-se ao protestantismo, 29, 44, 189; e o Casino Club de Trier, 47, 70; e o noivado de K. M. com Jenny von Westphalen, 76, 8-2; morte, 83, 107; opiniões políticas e religiosas, 49, 229; propriedade de vinhedo no vale do Mosela, 44; troca seu nome original (Herschel), 38
Marx, Henriette ("Jettchen", irmã de K. M.), 54-5, 182
Marx, Henriette (nascida Pressburg, mãe de K. M.): consente com o casamento de K. M., 147; filhos de, 54-5; histórico e caráter, 29, 52-4; morte, 347, 356; preocupação com a saúde de

K. M., 53-4, 80; recusa ajuda financeira a K. M., 341; relação com K. M., 107-10, 183, 194
Marx, Hermann (irmão de K. M.), 54, 80, 108
Marx, Jenny (mulher de K. M.) *ver* Westphalen, Jenny von
Marx, Karl: — PRIMEIROS ANOS E EDUCAÇÃO: atitude inicial em relação ao comunismo, 164; carta a seu pai de Berlim (1837), 78-80, 85; casa-se com Jenny von Westphalen, 146-7; como poeta, 63-8, 85; crítica sobre Hegel, 148, 151-4; e o *Rheinische Zeitung*, 114, 127, 129-34, 139-43; e republicanismo, 134-5, 137; envolvido num duelo, 61; estudos de direito, 60-2, 84-90; frequenta a Universidade de Berlim, 69, 73, 78-80, 85; frequenta a Universidade de Bonn, 60-2; frequenta o Ginásio de Trier, 48-9, 57; influências clássicas sobre, 124, 132, 153; irmãos, 54-5; isento de serviço militar, 56; nascimento e contexto familiar, 27-9; noivado com Jenny von Westphalen, 63-4, 69, 111, 146; planeja tratado sobre "arte cristã", 121, 124-6; rompimento das relações com sua família, 107-10; sobre religião, 132, 137, 142, 154-6; tese de doutorado sobre Epicuro, 101-5, 110, 113-4; volta-se para a filosofia, 90; volta-se para o jornalismo, 123

— PARIS (1843-5): abraça o comunismo e a revolução social, 145, 178-9; amizade com Heinrich Heine, 177; crítica de *O único e a sua propriedade* de Stirner, 213; deixa a Prússia e vai para Paris (outubro de 1843), 147, 168; denuncia a Declaração dos Direitos do Homem e do Cidadão, 156; encontro com Engels (1844), 183, 204, 210, 214; escreve para a *Vorwärts!*, 181; estabelece os *Deutsch-Französische Jahrbücher*, 155, 165-8, 171-7, 180; expulso de Paris, 187; nascimento da primeira filha, "Jennychen" (1844), 182; primeiros contatos com proletários, 185; sobre a revolta dos tecelões silesianos, 186

— BRUXELAS (1845-8): breve retorno a Paris (1848), 271; desenvolve ideias sobre trabalho e sociedade civil, 217-27; detido sob suspeita de ajudar a insurreição belga (1848), 267-71; e a Association Démocratique, 261; e a Liga Comunista, 243-4, 262, 270; nascimento de sua segunda filha, Laura (1845), 192; nascimento do filho, Edgar (1846), 246; primeiro envolvimento com economia política, 197-204; renuncia à nacionalidade prussiana, 191; restabelece a Liga Comunista em Paris (1848), 273; trabalha na crítica da economia política, 213, 217, 235, 241, 247, 252-4, 256-8; viagem de pesquisa a Manchester (1845), 193, 242, 253; vida doméstica, 246

— COLÔNIA (1848-9): adere à Sociedade Democrática, 284; deixa Colônia e vai para Paris e depois para Londres, 318-9; dissolve a Liga Comunista, 285; e o *Neue Rheinische Zeitung*, 286-7, 294-5; e o *Neue Rheinische Zeitung*, 301-14; eleito para o Comitê de Salvação Pública (1848), 300; expulso da Prússia (1849), 311; K. M. muda-se para Colônia, 275; pedido para restabelecimento da cidadania prussiana recusado, 295, 300; rivalidade com Andreas Gottschalk, 285; sobre a revolução alemã de 1848, 304-9, 314-7

— LONDRES (1850-83): a redação dos *Grundrisse*, 401-3, 416-8; acusado de conspiração revolucionária em Colônia, 326; adquire fama após a publicação de *A guerra civil na França* (1871), 538; conflito com Bakunin, 549-54; defende a Comuna de Paris, 530-40, 572; dependência financeira de Engels, 597; desenvolvimento da crítica da economia política, 403-29; e o "partido", 358, 388-9, 391-2, 397-8, 402, 461, 465, 500; e a Guerra Franco-Prussiana, 519; e a Liga Comunista, 320-9; e a questão irlandesa, 508-12; e o caso Vogt, 393-9; e o movimento de Reforma inglês, 505-6, 511; escreve *Contribuição à crítica da economia política*, 429-37; escreve para o *New-York Daily Tribune*, 329, 345, 351, 354, 369-88, 461; escreve sobre Índia e Ásia, 381-4; escreve sobre Napoleão III (Luís Bonaparte), 359-60, 363-6, 373, 393; escreve sobre política inglesa, 374-88; escrita e publicação de *O capital*, 438-56; feriados em Ramsgate, 562-3, 577; hostilidade à sua política revolucionária, 573, 581; interesse na comunidade aldeã primitiva, 603, 609-19; moradia e acomodação em, 339-40, 352-3, 462, 471, 572; morte, 621; morte da esposa e da filha Jenny, 619-20; morte de três de seus filhos, 342-4; nascimento da filha Franziska e do filho ilegítimo, Freddy, 348; obtém bilhete de ingresso para a biblioteca do British Museum, 329; publica o *Neue Rheinische Zeitung — Politisch-Ökonomische Revue*, 327-8; relação com filhas e genros, 576-9; reputação intelectual cresce, 580; sem êxito na sua requisição de cidadania britânica, 578; serve no Conselho Geral da Associação Internacional dos Trabalhadores, 461, 482, 486, 494, 499-504, 550-61, 563; sucesso como jornalista, 461; tentativas de readquirir cidadania prussiana, 469-70; vida familiar, 350

— CARÁTER E CARACTERÍSTICAS: amor a Londres, 470; amor a Shakespeare e literatura inglesa, 422; antissemitismo, 29, 187-9, 434, 469; arrogância, 171; autoritarismo, 248; Bakunin ataca, 556; consideração pessoal por Engels, 312; delicadeza como marido e pai, 350; desdém pela opinião dos outros, 317; fumo, 344, 346; habilidade na língua inglesa, 351, 533; hábitos de bebida e comida, 345, 347; hábitos irregulares, 345; indiferença à sua família original, 193; influências clássicas, 422; irritabilidade, 178; joga xadrez, 577; mudanças de humor e pensamento desordenado, 433; preocupação com status social, 353, 357; presença física, 247-8; racismo, 473; senso de ter direito, 56; suscetibilidade, 358; uso de ópio, 347; voz estridente, 248;

— FINANÇAS: apoio financeiro de Engels, 341, 352-3, 356, 575, 597; como estudante, 61, 83; dependência de donativos de amigos e família, 358, 470, 473; heranças de família, 352, 356; penúria em Londres, 339-43, 353-6, 429; renda do *New-York Daily Tribune*, 351, 472

— SAÚDE: afetada por condições insalubres e hábitos pessoais, 343; carbúnculos, 346-7, 462, 577, 681; doenças respiratórias, 55-6, 344, 619-21; efeito sobre seu trabalho, 431, 441, 447, 462, 510, 561, 569; insônia, 563, 567-8, 576-7; preocupação de Engels com, 568; problemas de fígado e vesícula, 344-6, 356, 402-3, 433, 568, 577-8; reumatismo, 561, 563

Marx, Karl: — ESCRITOS: *A guerra civil na França* (1871), 495, 515, 531, 533, 535, 538, 540-1, 551, 555, 558, 562, 575; *A ideologia alemã* (com Friedrich Engels), 215, 257, 264, 663-4; "A questão do livre-câmbio" (discurso, 1848), 254; *A sagrada família, ou a crítica da Crítica crítica: Contra Bruno Bauer e consortes*, 197-8, 203, 210, 213, 215-6, 226, 234, 252, 658; *As lutas de classes na França* (1850), 275, 328-9, 331-2, 359, 361, 365-6, 405, 463; "Bastiat e Carey" (ensaio), 423; *Contribuição à crítica da economia política* (1859), 392, 412, 429, 432, 441, 461, 468, 495, 597, 666; "Crítica da filosofia do direito de Hegel", 148, 174, 209, 232-3, 536; *Crítica do Programa de Gotha*, 258, 495, 641; "Discurso Inaugural" da Associação Internacional dos Trabalhadores, 487, 492-6, 498, 502, 575, 702-3; *Escorpião e Félix* (romance humorístico), 64, 66, 636; *Grundrisse*, 402, 409-10, 416-8, 421, 423, 425, 427-9, 432-3, 436-8, 440, 444-6, 448, 450-1, 453, 455, 459, 569, 599, 648, 665, 671, 687, 691-2, 694; *Herr Vogt*, 373, 393, 395, 397, 461, 686, 690; *Manuscritos econômico-filosóficos*, 196-7, 199, 220, 224, 330, 660, 666;

Miséria da filosofia (1847), 225, 242, 254, 263, 404-5, 463, 641, 666; *O 18 de brumário de Luís Bonaparte* (1852), 275-6, 329, 342, 359-61, 365, 367-8, 396-7, 463, 582, 685; *O rei da Prússia e a reforma social*, 210; *Os grandes homens do exílio*, 367-8, 396; *Oulanem* (tragédia em versos), 64, 66-7, 636; *Palmerston e a Rússia* (panfleto), 371; poesia, 63-4; "Pós-escrito a *O capital*", 152; "Reflexões de um jovem sobre a escolha de uma profissão" (ensaio escolar, 1835), 56; *Revelações da história diplomática do século XVIII*, 372, 396; *Rheinische Zeitung*, artigos no, 45, 129-34; "Sobre a questão judaica" (1844), 155, 183, 187, 196, 202, 231-3; "Teses sobre Feuerbach" (1845), 221, 664; "Trabalho assalariado e capital" (palestras de 1847), 254, 261, 316; *ver também Capital, O* (1867); *Manifesto do Partido Comunista* (1848)
Marx, Laura (filha de K. M.) *ver* Lafargue, Laura (nascida Marx)
Marx, Louise (irmã de K. M.), 53-4
Marx, Mauritz (irmão de K. M.), 54
Marx, Meier Halevi (avô de K. M.), 28
Marx, Samuel (tio de K. M.), 28, 37-8, 45
Marx, Sophie (irmã de K. M.), 54, 68, 70, 81-2, 109-10, 182, 193-4
Marx-Engels, documentos, 24, 628
marxismo, 22, 24, 215, 455, 589, 592-3, 595, 597-8, 601, 722; divergência do próprio pensamento de K. M., 495, 580, 597-600, 628; gênese do, 22-5, 215, 455, 589; influência de Engels sobre, 22, 592-3, 597-600, 624
materialismo: dialético, 22; histórico, 22, 215-6, 435, 624
Maurer, Georg von, 603, 606, 608-13, 617, 622, 624, 653, 692, 720-1, 724
Mayhew, Henry, 356; *London Labour and the London Poor* [Londres do trabalho e os pobres de Londres] (1851), 364, 666, 683, 685
Mazzini, Giuseppe, 76, 236, 319, 325, 358, 390, 392, 478-80, 486, 492, 503, 540, 546, 548-9, 701-2

McCulloch, John Ramsay, 183, 198, 200, 256, 426, 440, 694
McLellan, David, 358
McLennan, John Ferguson, 625; *Primitive Marriage* [O casamento primitivo] (1865), 618, 723
Mehring, Franz, 22, 24, 52, 634, 657
Meissner (editor), 446-7, 496, 566
Melmotte, Augustus, 564
Mendelssohn, Moses, 35, 240, 632
mercados: livre mercado, 131, 194-5, 436; mercado mundial, 195, 255, 263-4, 416-7, 421, 432, 445, 452, 513-4, 679, 687; novos mercados, 23, 381
Metternich, Klemens von, 41-2, 50, 58, 76, 179, 230, 280, 635, 667
Metz (França), 35, 521-2, 529
Mevissen, Gustav von, 50, 128
México, 341; invadido por Napoleão III, 489
Meyen, Eduard, 78, 109-10, 139-42, 638
Meyer, Sigfrid, 561, 712
Meyerbeer, Giacomo, 180, 657
Mill, James, 183, 256, 383, 660; *Elementos de economia política*, 199
Mill, John Stuart, 423-4, 440, 482, 488, 505, 511, 515-6, 519, 558, 694, 712
Moll, Joseph, 237, 242, 245, 273, 288, 301, 311, 320-21
Montagnards (montanheses), 319, 675
Montesquieu, 32, 252, 710
Moore, Samuel, 399, 574, 704
Morávia, 373
More, Thomas, 159, 247, 457; *Utopia*, 159, 247
Morgan, Lewis Henry, 617, 626, 722-4
Mosela, vale do (Renânia), 28, 309
Möser, Justus, 603, 605-6, 609-10, 692, 718-9
Most, Johann, 592
Mottershead, Thomas, 512, 516, 560
Mounier, Jean-Joseph, 31
movimento feminista, 425, 461, 481, 712
movimentos trabalhistas, 157, 460-1
mulheres: e a Comuna de Paris, 529; Jenny von Westphalen sobre o papel das, 193, 572

Müllner, Adolf, 67
Murray, Charles, 481

nacionalismo, 22, 42, 119, 144, 169, 180, 205, 236, 564, 667, 685, 701-2; romântico, 86; transnacionalismo, 460, 477-8, 480, 564
Namier, Lewis: *1848: The Revolution of the Intellectuals*, 555
Napoleão Bonaparte, 27-9, 33, 40-1, 78, 359, 675; atitude em relação aos judeus, 37; campanha russa (1812), 38; Código Napoleônico, 37, 39, 88-9, 314; e promessa de revolução na Europa, 477; Guerras Napoleônicas, 27, 62, 88, 194, 477, 555, 608, 622, 685
Napoleão III (Luís Napoleão Bonaparte), 296, 309, 314, 359, 372, 374, 390, 675; e a Guerra Franco-Prussiana, 519-20; e a guerra italiana (1859), 390; imagem liberal de, 463-4; invasão do México, 489; K. M. sobre, 359-60, 363-6, 373, 393
Nápoles (Itália), 261, 276, 279, 478-9, 548, 554
Nassau, William (Senior), 440, 457, 698
National, Le (jornal), 278-9, 327
Nechaev, Sergei, 552-3, 711, 721
Neue Oder-Zeitung (jornal), 343, 351, 369, 686
Neue Rheinische Zeitung — Politisch-Ökonomische Revue (periódico), 327, 329, 339, 359, 685
Neue Rheinische Zeitung (jornal), 273, 275, 285-8, 290 1, 294-5, 300-15, 317-8, 320, 327, 339, 369, 389, 398-9, 468, 638, 685, 690, 715
Neue Zeit, Die (periódico), 24, 222, 398, 430, 596, 657
New American Cyclopaedia, 354
Newman, John Henry, cardeal, 512
New-York Daily Tribune (jornal), 329, 342, 345, 351, 354, 357-8, 369-70, 374, 378-85, 388, 403, 431, 458, 461-2, 468, 582, 597, 615, 674, 686-7
Nicolau I, tsar, 42, 142, 544
Nieuwenhuis, Domela, 535
Northern Star (jornal), 256, 259
Nothjung, Peter, 326
Novalis, 96, 685

O'Brien, Bronterre, 481, 661

Odger, George, 482, 485-6, 491, 504, 507, 510-3, 516, 540, 702-3
Offenbach, Jacques, 530
Oficinas Nacionais (França, 1848), 279, 291, 293, 296, 332-3, 674, 679
Olmutz, Tratado de, 390
Oppenheim, Dagobert, 128, 139-40, 271, 651
orientalismo, 383
Orsini, Felice, 372
otomanos *ver* Império Otomano
Owen, Robert, 159, 219, 247, 422, 424, 464, 499, 625, 655, 659, 661
owenistas, 197, 206-7, 209, 214, 234, 237, 243, 405, 461, 599, 659

pacifistas, 461
Paepe, César de, 542-3, 552, 554, 561, 563-4, 710-2
Países Baixos *ver* Holanda
Palermo (Sicília), 276, 479
Palmerston, Henry John Temple, lorde (terceiro visconde), 371-2, 374, 481-2, 493, 560, 564, 686
pan-eslavismo, 374, 392, 396, 545-6, 685-6
panteísmo, 93, 96, 117, 137, 227, 230-1, 643
Parée, Louis, 278
Paris: epidemia de cólera (1849), 319-20; exilados políticos em, 479; Insurreição de Junho (1848), 291-6, 332-3; manifestação dos *montagnards* (1849), 319-20; população alemã de (década de 1840), 166, 168-9, 180-1; reconstruída por Haussmann, 463; Revolução de Fevereiro (1848), 267, 272, 276-9, 332; Revolução de Julho (1830), 46, 478; sítio prussiano de (1870-1), 521-3; Tratado de Paris (1856), 559; *ver também* Comuna de Paris
parlamentarismo, 537, 558
Partido Comunista da Alemanha, 245, 274, 282
"partido do movimento" *ver Bewegungspartei*
Partido Operário Francês (Parti Ouvrier Français), 589
Partido Popular Alemão (Deutsche Volkspartei), 583
Partido Republicano dos Estados Unidos, 379

Partido Social-Democrata da Alemanha, 22-4, 584, 589-94; Programa de Erfurt (1891), 594
Partido Social-Democrata da Áustria, 589
Partido Social-Democrata da Suíça, 589
Partido Social-Democrata de Eisenach, 489
Partido Socialista Italiano, 589
Peel, Robert, 381, 688, 694
People's Paper (periódico cartista), 369, 374-5, 388, 464, 684-7, 689
Perthes, Friedrich, 71
Pfuel, Ernst von, general, 280, 300-2, 305, 307, 469, 700
Philips, Antoinette, 469, 471, 658, 700
Philips, Lion, 110, 193, 347, 355, 358, 468, 684
Philips, Sophie (tia de K. M.), 193
philosophes, 33, 170, 218
Picard, Arthur, 531
Picard, Ernest, 531
Piemonte, 390, 478
piemonteses, 297, 391, 479
Pieper, Wilhelm, 350, 389
pietismo, 96, 100, 121-2, 146, 645, 652
Pillot, Jean-Jacques, 159
Pio IX, papa, 260, 479
Plekhanov, Georgi, 22, 215, 222, 592, 613, 615, 624, 627-8, 664-5, 721-2, 724; *Em defesa do materialismo: o desenvolvimento da concepção monista da história*, 627
Polônia, 35, 92, 169, 243, 250, 266, 273, 371, 460, 478, 480-2, 485, 487, 493, 502; Liga Nacional para a Independência da, 482; revolta contra o domínio tsarista (1863), 481-2, 486
população da Europa, aumento da, 195-6
positivismo, 461, 490, 505, 515, 522
Praga, 297, 544, 685; Revolução de 1848, 297
Presse, Die (jornal), 472
Price, Richard, 457
Primeira Guerra Mundial, 21, 27-8, 590
Prinz, Wilhelm, 313
proletariado, 73, 146, 157, 161-3, 165, 171, 175-6, 179, 182, 185-6, 203-4, 209-10, 218-9, 225-7, 232-5, 241, 243, 246, 255, 257, 263, 265, 274, 284, 288, 315, 323, 330-1, 333-4, 336, 359, 362, 385-6, 388, 397-8, 445, 457, 465, 501, 514, 526-8, 556-8, 587-8, 593-5, 598; e a revolta dos tecelões silesianos, 184-6; e a Revolução Industrial na Inglaterra, 208-9, 267; K. M. sobre, 174-6, 226, 330-1, 333, 335; surgimento do, 145, 157, 161-2, 195
propriedade privada, 39, 45, 86, 153, 159, 167, 196-7, 199, 201, 203-4, 209, 218, 221, 223-6, 233-4, 259, 330-1, 384, 404, 407, 410-1, 413, 453, 457, 495, 600, 605, 607, 610, 612, 617-9, 623, 625, 639, 691; e "Esboço de uma crítica da economia política" de Engels, 196-7, 207; e a Constituição, 153; e a Declaração dos Direitos do Homem e do Cidadão, 156; e o proletariado, 176; K. M. sobre, 198, 202-3, 330, 404; Proudhon sobre, 160, 199, 235
protecionismo, 128, 256, 369, 378-80, 388, 424, 464, 590-2, 615, 687-8
protestantismo, 60, 96, 100, 149, 151, 165; e individualismo, 231; *ver também* Reforma Protestante
Proudhon, Pierre-Joseph, 159-61, 164, 188, 197, 199-201, 210, 217, 234-5, 239-44, 247, 253, 256, 404-6, 424, 463, 476, 519, 522, 528, 542-3, 555, 558, 581, 612, 656, 666, 668-70, 695, 710; crítica da economia política, 240-1; crítica de K. M. sobre, 217, 221, 253, 404, 418-9, 434; *De la capacité politique des classes ouvrières* [A capacidade política das classes trabalhadoras], 542; e a Comuna de Paris, 528; e federação, 542-3; e Karl Grün, 234-5, 239-42; *Ideia geral da revolução no século XIX*, 542; *O que é a propriedade?* (1840), 159, 198-9; *Sistema das contradições econômicas ou Filosofia da miséria*, 240
Prússia: década de 1860, 474-5; Dieta Unida (Landtag), 260, 305; e a Renânia, 27, 29, 39-40; "Era da Reforma", 41, 62, 78, 91-2, 113, 130-1, 144, 230, 638, 650; pré-1848, 130; revolta dos tecelões silesianos, 184-6, 232; Re-

volução de 1848, 279-91, 295, 298-318; Revolução de 1848; *ver também* Alemanha

racionalismo, 75, 92, 95, 100, 119, 123, 131, 590, 640

Ramsgate (Inglaterra), 356, 462, 562-3, 574, 577

Raspail, François-Vincent, 296, 331, 376

Raveaux, Franz, 313-4

Rebelião Indiana, 375, 384

Reforma Protestante, 91, 95, 100, 151, 176, 230-1

Réforme, La (jornal), 184, 269, 271-3, 279, 296, 327, 543, 672

Renânia: e a guerra italiana (1859), 390; e a Revolução de 1848, 300-3, 308-16; população católica, 49, 118, 121, 127; sistema judicial, 39-41, 49, 89; sob domínio da Prússia, 39-41, 45-6, 49-50, 99; sob domínio francês, 27-9, 33, 36-8, 229

republicanismo, 22, 32, 75, 92, 134-5, 137, 159-60, 163, 171, 174, 270, 296, 327, 425, 477-9, 528, 546, 564, 654, 687

revolta dos tecelões silesianos (Prússia), 184-6, 232

Revolução Americana, 31, 334, 424

Revolução de Julho (Paris, 1830), 46, 48, 145, 158, 160, 277, 478

Revolução Francesa, 25, 27-9, 91-2, 100, 123, 167, 183, 189, 208, 210, 223, 231, 261, 304, 306, 308, 324, 418, 424, 474, 477, 581, 611, 622, 685; Bauer sobre, 122; e ascensão de movimentos da classe trabalhadora, 334; e babouvismo, 158; e o proletariado, 162; e reação aos valores do Iluminismo, 92; e religião, 170; Hegel sobre, 91, 95, 135, 230; K. M. sobre, 152, 155; Schiller sobre, 229

Revolução Industrial, 208, 263, 497

Revolução Russa, 21, 615, 620, 699

Revolution, Die (jornal), 367-8

Rheinische Zeitung (jornal), 45, 90, 114, 119, 127, 129-30, 132-5, 138-44, 160, 164, 177, 192, 204, 206, 224, 231, 233, 252, 281, 283, 327, 329, 339, 359; círculo de estudos, 163; K. M. desli-

ga-se do, 142-3, 146; supressão do, 138-43, 145, 147

Riazanov, David, 24, 215, 400, 592, 628, 664, 717, 725

ricardiana, escola, 194

Ricardo, David, 183, 195, 198-200, 253-4, 256-7, 287, 376, 402, 404-6, 423, 426-8, 432, 440, 585, 660, 671, 692, 699; influência sobre K. M., 404-6, 425-7; *Princípios de economia política e tributação*, 198, 257, 376, 404, 426

Richter, Jean Paul, 66, 230

Robespierre, Maximilien, 32, 123, 158, 170, 186, 230, 335, 478

Rochow, Gustav von, 132, 138

Roebuck, John Arthur, 464

Rogers, James Thorold, 457

Roma antiga, 153, 291, 411, 650

romantismo, 64, 68, 83, 100, 102, 132, 140, 146, 169, 274, 611; *Hochromantik* (alto romantismo), 64; nacionalismo romântico, 86

Roscher, Wilhelm: *Sistema de economia política*, 473

Röser, Peter, 322, 324, 326, 677

Rossa, Jeremiah O'Donovan, 511, 706

Rossi, Pellegrino, 200, 256

Rousseau, Jean-Jacques, 31-2, 50, 93, 95, 134, 137, 154, 170, 608, 643; *Do contrato social*, 32, 154, 643

Roy, Joseph, 567

Ruge, Arnold: ajuda Eleanor Marx a encontrar trabalho, 577; briga com K. M., 177-8; crítica de Hegel, 150-1; e *Anekdota*, 123, 148; e Bakunin, 544; e o "Livre" (clube de livres-pensadores de Berlim), 140; e os *Deutsch-Französische Jahrbücher*, 165-7, 171-2, 176,-7, 180; e os *Hallische Jahrbücher* (posteriormente *Deutsche Jahrbücher*), 98-100, 119, 123, 126, 129, 132, 138-9, 141, 147, 611; e os jovens hegelianos, 135, 142-3, 227; escreve para a *Vorwärts!*, 181, 184; escreve para o *New-York Daily Tribune*, 379; hostilidade de K. M. em relação a, 358, 368; sobre a revolta dos tecelões silesia-

763

nos, 184; sobre a sociedade civil, 137; sobre a virada de K. M. para o comunismo, 145, 178-9; sobre Paris, 169

Rumohr, Carl Friedrich von, 125, 649

Russell, John (primeiro duque), 374, 504, 507

Rússia, 722; e o Tratado de Paris (1856), 559; Emancipação dos Servos (1861), 602-3, 613-4; Grupo da Libertação do Trabalho na Rússia, 589; Guerra da Crimeia (1853-6), 371-2, 390, 559; Guerra Russo-Turca (1877-8), 597, 615; hostilidade de K. M. em relação à, 370-1; K. M. sobre a comuna camponesa, 601, 612-6, 620; *mir* (comunidade camponesa), 605, 612, 623-4; rebelião (década de 1820), 478; Revolução Russa (1917), 21, 615, 620, 699

Rutenberg, Adolf, 87, 113-4, 120, 129, 138-9, 141

Sack, Johann, 41-3

Sacro Império Romano, 27, 298

Saint-Paul, Wilhelm von, 139, 142

Saint-Simon, Claude Henri de Rouvroy, conde de, 126, 159, 161, 170, 397, 641, 690, 702

saint-simonianos, 76, 88, 126, 137, 161, 178, 230, 373, 424, 640, 655, 690, 695

Sand, George, 169

Sand, Karl, 42

São Petersburgo (Rússia), 77, 371-2, 396, 494, 567, 613, 721

Sass, Friedrich, 77

Savigny, Karl von, 85-9, 97, 604, 639-40, 642, 666

Saxônia, 39, 98, 124, 146, 166, 279, 288, 544, 586, 645

Say, Jean-Baptiste, 183, 197-8, 200, 383, 440, 658, 661

Sazonov, Nikolai, 319-20

Schaible, Karl, 394

Schapper, Karl: atraído para o movimento cartista com base em Londres, 181; e a Association Démocratique, 261; e a Liga Comunista em Londres, 237, 239, 241, 273, 322, 325, 392; e a Revolução de 1848, 282, 288, 301, 311; e o "Partido Comunista da Alemanha", 245; em Colônia, 314, 316, 320; sobre comunismo e autorrealização individual, 243

Schelling, Friedrich Wilhelm Joseph, 94, 96-7, 103, 105, 119, 130, 169, 172, 205, 230-1, 454, 639, 643-5, 670

Schiller, Friedrich, 58, 64, 66, 95, 124, 229, 398, 647, 667, 691

Schlegel, August, 96, 124, 643

Schlegel, Friedrich, 58, 96, 101, 643, 647

Schleiermacher, Friedrich, 96, 115, 122, 643, 647-8

Schleswig-Holstein, crise de, 295, 298-300, 370, 390

Schmalhausen, Robert, 110

Schmalhausen, Wilhelm, 269

Schneemann, J. G., 59

Schneider II, Karl, 289, 303, 313, 676

Schölcher, Victor, 169

Schramm, Conrad, 325, 327, 389, 678

Schreiner, Olive, 579, 671, 714

Schuckmann, Friedrich von, 43, 719

Schulz, Wilhelm, 183

Schulze, Johannes, 113

Schulze-Delitzsch, Hermann, 504, 585-6

Schurz, Carl, 317

Schwarz, J., 605

Schwarzenberg, príncipe Felix von, 298

Schwefelbande ["bando do enxofre"], 395

Schweitzer, Johann Baptist von, 475-7, 501, 586-7, 701, 715

Seebohm, Frederic, 623, 724

Segunda Guerra Mundial, 21

Seiler, Sebastian, 274, 672

Serno-Solovevich, N. A., 613

Serraillier, Auguste, 530

Sérvia, 623

Sethe, Christoph von, 41, 43

Shaftesbury, Anthony Ashley-Cooper, oitavo conde de, 481, 644

Shakespeare, William, 63, 231, 287, 414, 422, 471, 573, 652

Sheffield Free Press (jornal), 371

Sicília, 479, 554
Sieyès, abade, 659; *O que é o terceiro estado?*, 198
Silésia, 184, 232, 282, 299, 303, 658
Simons, Theodor, 55
sindicatos, 424, 461, 475, 485, 489, 491, 500-1, 504, 513, 515, 542, 550, 559-60, 588, 702, 710
Sismondi, J. C. L. Simonde de, 183, 194-5, 256, 332, 423, 440, 641, 658-61, 679; *Novos princípios de economia política* (1819), 194, 641
Skarbek, Fryderyk, 198
Smith, Adam, 136, 183, 194, 196, 198-9, 202, 207, 256, 414, 426, 428, 432, 440, 649, 659, 665; *A riqueza das nações*, 198, 409
social-democracia, 475, 580, 584, 588, 590
socialismo: crítica de K. M. ao, 218-20; e a Internacional, 490; e racionalismo, 92; e revolta proletária, 204; John Stuart Mill sobre, 558; na Alemanha, 22, 161-2, 228, 232, 244, 501, 583-95; na França, 159, 170; "owenista", 197, 206, 209, 219, 234, 237, 405, 425; século XX, 628
sociedade civil: K. M. sobre, 137, 153-7, 173, 187, 197, 223-7, 402, 439, 496, 536; Lassalle sobre, 475; na filosofia de Hegel, 135-7, 149, 151-3, 651, 691
Sociedade Democrática de Colônia, 274-5
Sociedade dos Engenheiros Unidos, 484
Sociedade Universal de Comunistas Revolucionários, 324
Société des Droits de l'Homme [Sociedade dos Direitos do Homem], 158
Société des Saisons, 158, 358
Soho (Londres), 322, 337-9, 341, 350, 358, 369, 487
Sorge, Friedrich, 520, 568, 575, 581, 615, 707, 713-5, 722
Sozial-Demokrat, Der (jornal), 476-7
Staël, Madame de, 229, 478, 667
Stahl, Friedrich Julius, 97-9, 103, 105, 119, 130-1, 133, 645
Stein, barão Freiherr von, 119
Stein, Julius, 299, 315
Stein, Lorenz von, 232, 669; *Socialismo e comunismo na França contemporânea* (1842), 161
Stern, Daniel (pseudônimo) *ver* Agoult, Marie, condessa d'
Sterne, Laurence: *Tristram Shandy*, 66, 287
Stieber, Wilhelm, 434, 538
Stirner, Max, 141, 211-5, 226, 330, 558, 658, 662-3; *O único e a sua propriedade*, 211, 658
Stralow (atual Stralau, Alemanha), 56, 80, 85, 87, 639
Strauss, David, 98, 135, 205; *A vida de Jesus* (1835), 98-9, 116, 118, 135, 141, 205
Strohn, Wilhelm, 446
Struve, Gustav, 368, 392, 395, 624, 690, 721
Stubbs, bispo, 604
Sue, Eugène, 210, 364, 662
sufrágio universal, 153, 367, 476, 503, 532, 583-6, 588-90, 675; hostilidade de K. M. ao, 361, 367, 582; movimentos sufragistas, 276-7, 425
Suíça, 123, 146, 185, 192, 232-3, 236, 260, 265, 276, 279, 324, 328, 374, 377, 382, 395, 397, 465, 487, 490, 513, 541, 546-7, 549, 551-2, 554, 607, 620, 623, 638, 652, 654, 675, 689, 713; comunismo na, 161, 181, 233; Partido Social-Democrata da, 589

Talleyrand, Charles Maurice de, 304
tchecos, 297, 315, 555, 685
Tchernichevski, Nikolai, 566, 612-4, 624, 720, 722
Tedesco, Victor, 268
Thibaut, Anton, 88
Thierry, Augustin, 331, 362
Thiers, Adolphe, 278, 296, 362, 521, 523-6, 529, 531-3, 539-40, 708-9
Thomas, Clément, 539
Thomas, Émile, 293
Thomas, Paul, 400, 691, 710
Thompson, William, 253, 659, 695
Times, The (jornal), 374, 379, 488, 538
Tkatchev, Petr, 624, 724
Tocqueville, Alexis de, 258, 276, 336, 671, 673, 679

Tolain, Henri, 481-2, 488-9, 540, 542-3
Toland, John, 32
Tooke, Thomas: *História dos preços*, 423, 694
trabalho: assalariado, 222, 255, 402, 407, 411, 414-5, 419, 421-2, 432, 439, 558, 619; Bruno Bauer sobre, 227; divisão do, 194, 198, 201, 203, 253, 255, 258, 407, 409, 437, 439, 451, 616-7, 693; escravo, 499, 709; jornadas de, 406, 456, 484, 493, 497, 500-1, 516-7, 527, 659, 704; K. M. sobre, 218-22, 331; movimentos trabalhistas, 157, 460-1
Trades Union Congress, 485
transnacionalismo, 460, 477-8, 480, 564
Trémaux, Pierre, 600
Trier: Casino Club, 47-8, 59, 70, 114; comunidade judaica em, 28, 34, 37; Demokratische Verein zu Trier [Associação Democrática de Trier], 245; e a família Westphalen, 70, 72; Ginásio de, 48-9, 57-60; história e significado de, 28, 46; Jenny von Westphalen sobre, 185, 193; Universidade, 50; viticultura, 45
Trier'sche Zeitung (jornal), 233, 235, 240, 245
Tristan, Flora, 169
Trochu, Louis-Jules, 520-1, 523
Trollope, Anthony, 564
Trower, Hutches, 426
Tschech, Heinrich, 185

ultramontanismo, 101, 127, 138, 590
União das Associações Educacionais dos Trabalhadores Alemães (Verband Deutscher Arbeitervereine), 584, 588
União dos Trabalhadores Alemães (Paris, 1848), 274
Ure, Andrew, 253, 407, 692; *Filosofia das manufaturas*, 253
Urquhart, David, 369, 371, 393-4
Utin, Nicholas, 551

valor de troca, 203, 255, 409, 411-4, 417, 419-20, 422, 426-7, 432, 436, 448-9
valor de uso, 411, 413, 417, 427, 432, 448
Varlin, Eugène, 542-3

Varnhagen von Ense, Karl, 189, 469
Vatke, Wilhelm, 116
Veltheim, Elizabeth von, 71, 74
Veltheim, Werner von, 73, 75
Vidil, Jules, 324
Viena, 314; Revolução de 1848, 275, 280, 297-8, 302
Vinogradoff, Paul, 623, 724
Vizetelly, Henry, 77, 638
Vogt, Carl, 370, 391-3
Volk, Das (jornal), 392-5, 434-5, 437, 690, 695
Voltaire, 33, 37, 50, 137
Vormärz, período do (Alemanha, 1815-48), 84, 90, 127, 188, 228, 231, 233, 636, 667
Vorwärts! (periódico), 180, 184-5, 187, 192, 207, 213, 247, 261, 327, 389, 592, 657-8, 666, 668
voto universal *ver* sufrágio universal

Wade, John, 254
Wagner, Richard, 544, 578, 685
Wallau, Karl, 281-2
Walpole, Spencer, 505-6, 705
Wartburg, Festival de (1817), 42
Waterloo, Batalha de, 27, 41, 49, 320, 372
Watts, John, 659; *Fatos e ficções dos economistas políticos* (1842), 197
Weber, Georg, 181, 187
Weerth, Georg, 181, 281, 286-7, 311, 339, 358, 389, 673
Weitling, Wilhelm, 161, 232, 236, 666, 668
Welcker, Carl, 120-1, 124, 129
Werner, Zacharias, 67
Weston, John, 492, 494, 500
Westphalen, (Johann) Ludwig von: e o noivado de K. M. com sua filha, 76; histórico, carreira e família, 70, 229; morte, 110, 146; relação de K. M. com, 63, 107, 114
Westphalen, Carl von, 71, 75
Westphalen, Caroline von (nascida Heubel), 71, 74-5, 112, 147, 192-3, 341, 358
Westphalen, Christian Philipp Heinrich von, 70, 75

Westphalen, Edgar von, 44, 70-1, 73, 76, 111-2, 147, 182, 192, 245
Westphalen, Ferdinand von, 71, 73, 81, 126, 270
Westphalen, Franziska von, 71-2
Westphalen, Jenny von (posteriormente Marx): amizade com Lizzie Burns, 573; aparência e caráter, 72; casa-se com K. M., 146-7; doença terminal e morte, 578-9, 620; e o nascimento do filho ilegítimo de K. M., 348, 350; em Paris com K. M., 168, 177; envolvimento na política de K. M. em Bruxelas, 246; falta de disposição para deixar a Inglaterra, 470; fica temporariamente em Trier (1848), 275; frustrações em relação ao papel tradicional das mulheres, 572; histórico familiar, 71-5; incentivo ao trabalho de K. M., 213, 252; início da relação com K. M., 111-2; interesse em teatro e Shakespeare, 573; junta-se a K. M. em Londres, 319; K. M. escreve poesia para, 69; morte da filha Franziska, 342; mortes dos filhos Guido e Edgar, 344; muda-se para Bruxelas e dá à luz Laura, 192; não gosta da companheira de Engels (Mary Burns), 248-9; nascimento da primeira filha, "Jennychen" (1844), 182; nascimento da segunda filha, Laura (1845), 192; nascimento do filho, Edgar (1846), 246; nascimento do quarto filho, Guido, 339; noivado com K. M., 63-4, 69, 111, 146; preocupação com status social, 357, 472; prisão em Bruxelas, 270-1; relação com suas filhas, 574-7; relações com a família de K. M., 107; ressentimento pela influência de Engels sobre K. M., 598; saúde frágil, 343, 346-7, 350, 352-4, 429, 574, 578; sobre a casa e a família Marx durante a conspiração comunista de Colônia, 326; sobre a escrita de O capital, 462; sobre a expulsão da família Marx dos alojamentos em Chelsea, 341; sobre a necessidade urgente de apoio financeiro, 327, 340, 342-3; sobre a possibilidade de revolução na Alemanha, 185; sobre a saída dos Marx de Bruxelas, 267; sobre a saúde de K. M., 346, 403; sobre membros do "partido" de K. M., 389; sobre o casamento de "Jettchen" (irmã de K. M.), 55; sobre o destino das mulheres alemãs, 193; sobre o envolvimento de K. M. com a Internacional e a Comuna de Paris, 573; sobre Wilhelm Weitling, 237; trabalha como secretária de K. M., 350, 369, 431

Westphalen, Laura von, 71
Westphalen, Louise von ("Lisette"), 71-3
Westphälische Dampfboot (periódico), 233, 242
Weydemeyer, Joseph, 213, 240, 245, 247, 252, 276, 329, 340, 367, 663-4, 668-70, 673, 677-8, 680-2, 695, 702; e *Die Revolution* (jornal), 367-8
Weydemeyer, Louise, 389
Wigand, Otto, 211, 638, 653
Willich, August von, 321-6, 328, 342, 388-9, 392, 395-6, 678, 682
Winckelmann, Johann, 125, 648
Windischgrätz, Alfred, príncipe, 297-8, 310
Wishart, Jenny, 63, 70, 681, 702, 714
Wolff, Christian, 62, 162
Wolff, Ferdinand, 286, 389
Wolff, Luigi, 492
Wolff, Oskar, 115
Wolff, Wilhelm, 261, 268, 282, 286, 301, 311, 316, 321, 358; deixa herança para K. M., 356
Working Man (periódico), 481
Wrangel, Friedrich Graf von, general, 302, 307
Wyttenbach, Johann Hugo, 49, 57-60, 63, 85, 124, 635

Zaltbommel (Holanda), 53, 110, 193, 347, 356, 462, 468, 470
Zasulich, Vera, 610, 613, 615, 619, 628, 721-3, 725
Zeitschrift für spekulative Theologie (periódico), 116
Zollverein (aliança aduaneira prussiana), 119, 128, 131, 138
Zurique, 124, 147-8, 161, 166, 176, 232, 652
Zusammenbruchstheorie (teoria do colapso), 23-4, 599

ESTA OBRA FOI COMPOSTA PELA SPRESS EM DANTE E IMPRESSA EM OFSETE
PELA RR DONNELLEY SOBRE PAPEL PÓLEN SOFT DA SUZANO PAPEL E CELULOSE
PARA A EDITORA SCHWARCZ EM NOVEMBRO DE 2017

A marca FSC® é a garantia de que a madeira utilizada na fabricação do papel deste livro provém de florestas que foram gerenciadas de maneira ambientalmente correta, socialmente justa e economicamente viável, além de outras fontes de origem controlada.